Beck'sches Handbuch
Umwandlungen international

Beck'sches Handbuch Umwandlungen international

Bearbeitet von

Jörg Stefan *Brodersen*, Dipl.-Kfm., StB, München; Alexander *Euchner*, Dipl.-Kfm., StB, Stuttgart; Dr. Markus J. *Friedl*, LL.M, RA, Frankfurt a.M.; Dr. Joachim *Krämer*, RA, StB, Bonn; Dr. Astrid *Krüger*, RAin, München; Christian *Landgraf*, WP, CPA, Nürnberg; Jens *Oppen*, Dipl.-Bw. (BA), StB, Stuttgart; Robert *Polatzky*, Dipl.-Kfm., StB, Stuttgart; Alexandra *Römer*, Dipl.-Finw. (FH), StBin, Stuttgart; Dr. Jürgen *Schimmele*, RA, FAStR, StB, Düsseldorf; Dr. Andreas *Schmid*, WP, Nürnberg; Markus *Schümmer*, StB, Nettetal; Dr. Alexander *Veith*, RA, München; Daniel *Wernicke*, LL.M., RA, StB, Stuttgart

Länderteile

Dr. Nico H. *Burki*, Zürich; Prof. Dr. Ton *Stevens*, Alberta *de Vries*, Gerco *van Eck*, Rotterdam; Duncan *Bellamy*, London; Frédéric *Moreau*, Ioana *Nicolas*, Siamak *Mostafavi*, Nicolas *André*, Paris; Paolo *Ghiglione*, Marco *Biallo*, Marco *Muratore*, Francesco *Guelfi*, Guiseppe *Franch*, Mailand; Miguel *Cremades Schulz*, Rafael *Garcia Llaneza*, Madrid; Dr. Franz *Althuber*, Dr. Christian *Knauder*, Dr. Babette *Prechtl-Aigner*, Wien

Verlag C.H.Beck München 2013

www.beck.de

ISBN 978 3 406 51609 2

© 2013 Verlag C.H.Beck oHG
Wilhelmstraße 9, 80801 München
Druck und Bindung: fgb · freiburger graphische betriebe
Bebelstraße 11, 79108 Freiburg

Satz: ottomedien, Darmstadt

Gedruckt auf säurefreiem, alterungsbeständigem Papier
(hergestellt aus chlorfrei gebleichtem Zellstoff)

Vorwort

Die Anlässe für grenzüberschreitende Umwandlungen von Unternehmen sind vielfältig: Änderungen der Gesellschafterstruktur, des Geschäftsmodells oder der gesetzlichen oder steuerrechtlichen Rahmenbedingungen. Dem Bedürfnis an grenzüberschreitenden Umstrukturierungen entsprechend, verbietet die in Art. 49, 54 AEUV niedergelegt Niederlassungsfreiheit Beschränkungen der freien Niederlassungen von Staatsangehörigen eines Mitgliedstaates der EU in anderen Mitgliedstaaten. Detailfragen sind jedoch nach wie vor ungeklärt. So ist zwar nach einer Reihe von Entscheidungen des EuGH (*Daily Mai, Centros, Überseering* und *Inspire Art*) gesichert, dass Gesellschaften, die ihren Verwaltungssitz (und nur diesen) aus anderen Mitgliedstaaten nach Deutschland verlegen, in Deutschland in der jeweiligen ausländischen Rechtsform als rechts- und parteifähig anzuerkennen sind. Weiterhin umstritten ist aber beispielsweise die Frage, ob Gesellschaften, die ihren Verwaltungssitz ins Ausland verlegen, ihre Eigenschaft als nationale Gesellschaft aberkannt werden darf. Auch die *Vale*-Entscheidung des EuGH hat hier nur teilweise Klarheit geschaffen. Nach dieser ist nunmehr lediglich geklärt, dass zumindest ein grenzüberschreitender Formwechsel, also die Verlegung sowohl des Verwaltungs- als auch des Satzungssitzes in einen anderen Mitgliedstaat möglich sein muss, wenn der Aufnahmestaat inländischen Gesellschaften einen Rechtsformwechsel ermöglicht. Gesetzlich geregelt hatte erstmals die am 8.10.2004 in Kraft getretene SE-Verordnung die grenzüberschreitende Verschmelzung zweier Aktiengesellschaften zur Gründung einer SE. Zusätzliche Rechtssicherheit hat die Verschmelzungs-Richtlinie vom 15.12.2005 gebracht, die die grenzüberschreitende Verschmelzung von Kapitalgesellschaften regelt.

Weitere gesetzliche Regelungen zu grenzüberschreitenden Umstrukturierungen sind zumindest kurzfristig nicht zu erwarten. In Deutschland liegt bereits seit Januar 2008 ein Referentenentwurf für ein Gesetz zum Internationalen Privatrecht der Gesellschaften, Vereine und juristischen Personen vor. Dieser sieht vor, dass auf Gesellschaften immer das Recht desjenigen Staates anzuwenden ist, in dem die Gesellschaft in ein öffentliches Register eingetragen ist. Eine deutsche Gesellschaft bliebe damit auch nach einer Verlegung des Verwaltungssitzes ins Ausland als deutsche Gesellschaft anerkannt. Der Referentenentwurf wurde aber, soweit ersichtlich, nicht weiterverfolgt. Laut dem Aktionsplan der EU Kommission aus Dezember 2012 soll die grenzüberschreitende Verschmelzung von Gesellschaften weiter vereinfacht und mit Blick auf eine mögliche Initiative zur grenzübergreifenden Verlegung des Unternehmenssitzes weitere Untersuchungen unternommen werden. Ein Konsultationsverfahren der EU-Kommission zur grenzüberschreitenden Verlegung von Firmensitzen wurde erst im April 2013 abgeschlossen.

Das vorliegende Handbuch „Umwandlungen International" berücksichtigt die jeweiligen gesellschaftsrechtlichen, steuerrechtlichen und bilanziellen Aspekte der verschiedenen Umstrukturierungsformen innerhalb der EU sowie in Drittländern. Die gesellschaftsrechtlichen Ausführungen setzen sich schwerpunktmäßig mit den Vorschriften des Umwandlungsgesetzes zur grenzüberschreitenden Verschmelzung auseinander. Daneben wird aber auch die Möglichkeit einer grenzüberschreitenden Spaltung aufgezeigt, die nach der hier vertretenen Auffassung zumindest innerhalb der EU rechtlich möglich sein muss, und auf mögliche alternative Umstrukturierungen eingegangen. In den steuerrechtlichen Ausführungen werden die sich aus grenzüberschreitenden Umwandlungen ergebenden deutschen ertragsteuerlichen Folgen für die beteiligten Rechtsträger dargestellt. Diese Folgen ergeben sich insbesondere aus dem im Jahr 2006 durch das SEStEG europäisierten Umwandlungssteuergesetz und aus einzelnen im Körperschaftsteuergesetz und Einkommensteuergesetz verankerten Regelungen für grenzüberschreitende Umstrukturierungen. Neben einer Darstellung der steuerlichen Grundlagen werden vertiefend auch spezielle Fragestellungen erörtert, die in der Praxis von besonderer Bedeutung sind. Hierbei wird ausführlich auf die im Umwandlungssteuererlass vom 11.11.2011 dargelegte Auffassung der Finanzverwaltung sowie auf die jüngste BFH-Rechtsprechung und auf die einschlägige Literatur eingegangen. Die Ausführungen zur handelsrechtlichen Bilanzierung von Umwandlungen nehmen insbesondere Bezug auf die einschlägigen Stellungnahmen des Instituts der Wirtschaftsprüfer (IDW) zur Rechnungslegung. Diese wurden infolge der Änderungen des Umwandlungsrechts – u.a. bezüglich grenzüberschreitender Verschmelzungen von Kapitalgesellschaften – sowie der Neuerungen durch das Bilanzrechtsmodernisierungsgesetz (BilMoG) umfassend überarbeitet und im Herbst 2012 veröffentlicht. Daneben wird die Abbildung von Umwandlungen in Übereinstimmung mit den International Financial Reporting Standards (IFRS) dargestellt. Dies betrifft in Deutschland vor allem Umstrukturierungen unter Beteiligung kapitalmarktorientierter Konzerne sowie freiwillig nach IFRS bilanzierender international tätiger Familienunternehmen. Da die IFRS keine konkreten Vorschriften zur Darstellung von Umwandlungsvorgängen nach deutschem oder ausländischem Recht beinhalten, wurde die Vorgehensweise aus den allgemeinen Grundsätzen der IFRS abgeleitet. Die Ergebnisse sollen in Anbetracht teilweise bestehender Regelungslücken als Hilfestellung für die Praxis dienen.

Die fachübergreifende Darstellung wird ergänzt durch Darstellungen zu den jeweiligen rechtlichen Rahmenbedingungen in Frankreich, Großbritannien, Italien, Niederlande, Österreich, Schweiz und Spanien.

München, September 2013 *Die Verfasser*

Inhaltsübersicht

Vorwort	V
Abkürzungsverzeichnis	IX
Literaturverzeichnis	XIII

(vor jedem Teil ist ein ausführliches Inhaltsverzeichnis abgedruckt)

S.

1. Teil: Rechtsgrundlagen und Abgrenzung zur Sitzverlegung

A. Gesellschaftsrecht	1
I. Europarechtliche Vorgaben	2
II. Nationale (deutsche) Regelungen	15
B. Steuerrecht	21
I. Europarechtliche Vorgaben	21
II. Nationale (deutsche) Reglungen	26
C. Exkurs: Sitzverlegung über die Grenze	47
I. Europarechtliche Vorgaben	47
II. Nationale (deutsche) Regelungen	50

2. Teil: Verschmelzung

A. Hinausverschmelzung	63
I. Verschmelzung auf eine EU/EWR–Gesellschaft	63
II. Verschmelzung auf eine Drittlandsgesellschaft	153
B. Hereinverschmelzung	163
I. Verschmelzung einer EU/EWR–Gesellschaft	163
II. Verschmelzung einer Drittlandsgesellschaft auf eine deutsche Gesellschaft	258

3. Teil: Spaltung

A. Hinausspaltung aus einer Kapitalgesellschaft	274
I. Spaltung auf eine EU/EWR–Gesellschaft	274
II. Spaltung auf eine Drittlandsgesellschaft	318
B. Hereinspaltung auf eine Kapitalgesellschaft	325
I. Spaltung von einer EU/EWR–Gesellschaft	325
II. Spaltung von einer Drittlandsgesellschaft	361

4. Teil: Umstrukturierungen außerhalb des UmwStG

A. Einleitung und Übersicht über alternative Gestaltungsmöglichkeiten 375
    I. Übersicht 375
    II. Anwachsung als alternative Gestaltungsmöglichkeit 379
    III. Realteilung als alternative Gestaltungsmöglichkeit 381
    IV. Asset Deal als alternative Gestaltungsmöglichkeit 383

B. Anwachsung des Gesellschaftsvermögens über die Grenze 385
    I. Heraus-Anwachsung auf eine EU-/Drittlandsgesellschaft 385
    II. Hinein-Anwachsung auf eine Inlandsgesellschaft 403

C. Realteilung von Personengesellschaften unter Beteiligung ausländischer Gesellschafter 416
    I. Zivil-/gesellschaftsrechtliche Grundlagen 416
    II. Steuerrechtliche Behandlung 426

D. Übertragung von Vermögensgegenständen über die Grenze (Asset Deal) 436
    I. Übertragung von Vermögensgegenständen auf eine EU-/Drittlandskapitalgesellschaft 436
    II. Übertragung von Vermögensgegenständen auf eine Inlandskapitalgesellschaft 450

5. Teil: Grenzüberschreitende Umwandlungen in ausgewählten Ländern

Sachverzeichnis 687

Abkürzungsverzeichnis

AbgÄG	Abgabenänderungsgesetz
ABGB	Allgemeines Bürgerliches Gesetzbuch (Österreich)
AEUV	Vertrag über die Arbeitsweise der Europäischen Union
a.F.	alte Fassung
AG	Aktiengesellschaft
AktG	Aktiengesetz
a.M.	andere Meinung
AO	Abgabenordnung
ArbGG	Arbeitsgerichtsgesetz
ArbVG	Arbeitsverfassungsgesetz (Österreich)
AStG	Außensteuergesetz
BaFin	Bundesanstalt für Finanzdienstleistungsaufsicht
BAO	Bundesabgabenordnung (Österreich)
BetrVG	Betriebsverfassungsgesetz
BeurkG	Beurkundungsgesetz
BewG	Bewertungsgesetz
BGB	Bürgerliches Gesetzbuch
BGBl	Bundesgesetzblatt
BGH	Bundesgerichtshof
CHF	Schweizer Franken
CIT	Cash-in-Transit
DBA	Doppelbesteuerungsabkommen
d.h.	das heißt
DrittelbG	Drittelbeteiligungsgesetz
EBRG	Europäisches Betriebsrätegesetz
EEA	European Economic Area
EFTA	European Free Trade Association
EG	Europäische Gemeinschaft(en)
EGBGB	Einführungsgesetz zum Bürgerlichen Gesetzbuch
EGV	Vertrag zur Gründung der Europäischen Wirtschaftsgemeinschaft
EStG	Einkommensteuergesetz
EStV	Eidgenössische Steuerverwaltung (Schweiz)
EU	Europäische Union
EU/EWR	Europäische Union/Europäischer Wirtschaftsraum
EuGH	Europäischer Gerichtshof
EuGVO	EG-Verordnung Nr. 44/2001
EUR	Euro
e.V.	eingetragener Verein
EWG	Europäische Wirtschaftsgemeinschaft
EWHC	England and Wales High Court
EWIV	Europäische Wirtschaftliche Interessenvereinigung
EWR	Europäischer Wirtschaftsraum
FGG	Gesetz über die freiwillige Gerichtsbarkeit
FSMA	Financial Services and Markets Act
FusG	Fusionsgesetz

GbR	Gesellschaft des bürgerlichen Rechts
GesRÄG	Gesellschaftsrechts-Änderungsgesetz
GewSt	Gewerbesteuer
GewStG	Gewerbesteuergesetz
GG	Grundgesetz
GmbH	Gesellschaft mit beschränkter Haftung
GmbHG	Gesetz betreffend die Gesellschaft mit beschränkter Haftung
GrESt	Grunderwerbsteuer
GrEStG	Grunderwerbsteuergesetz
GWB	Gesetz gegen Wettbewerbsbeschränkungen
hA	herrschende Ansicht
HGB	Handelsgesetzbuch
h.M.	herrschende Meinung
HRegV	Handelsregisterverordnung (Schweiz)
IAS	International Accounting Standards
idF	in der Fassung
idR	in der Regel
idS	in diesem Sinne
IDW	Institut der Wirtschaftsprüfer
idZ	in der Zeit
iE	im Einzelnen
IFRS	International Financial Reporting Standards
iHv	in Höhe von
IPRG	Bundesgesetz über das internationale Privatrecht (Österreich, Schweiz)
iSd	im Sinne des
iSe	im Sinne eines
iSv	im Sinne von
iVm	in Verbindung mit
iZm	in Zusammenhang mit
IZPR	Internationales Zivilprozessrecht
KAGG	Gesetz über Kapitalanlagegesellschaften
KG	Kammergericht; Kommanditgesellschaft
KGaA	Kommanditgesellschaft auf Aktien
KMU	Kleine und mittlere Unternehmen
KSchG	Kündigungsschutzgesetz
KStG	Körperschaftsteuergesetz
LG	Landgericht
Ltd.	Limited
MgVG	Gesetz über die Mitbestimmung der Arbeitnehmer bei einer grenzüberschreitenden Verschmelzung
MitbestG	Mitbestimmungsgesetz
MoMiG	Gesetz zur Modernisierung des GmbH-Rechts und zur Bekämpfung von Missbräuchen
mwN	mit weiteren Nachweisen
NL-BGB	Bürgerliches Gesetzbuch (Niederlande)
N.V.	Naamlooze Vennootschap (niederländische Aktiengesellschaft)
öAktG	österreichisches Aktiengesetz
OECD	Organisation for Economic Co-operation and Development

Abkürzungsverzeichnis

OECD-MA ...	Organisation for Economic Co-operation and Development-Musterabkommen
oHG	offene Handelsgesellschaft
OLG	Oberlandesgericht
öUmwG	österreichisches Umwandlungsgesetz
RegE	Regierungsentwurf
RL	Richtlinie
Rom-I-VO ...	Verordnung (EG) Nr. 593/2008 des Europäischen Parlaments und des Rates vom 17. Juni 2008 über das auf vertragliche Schuldverhältnisse anzuwendende Recht (Rom I)
Rz	Randziffer
S.A.	Société anonyme/Sociedade anónima (Aktiengesellschaft)
SCE	Societas Cooperativa Europea (Europäische Genossenschaft)
SCEAG	Gesetz zur Ausführung der Verordnung (EG) Nr. 1435/2003 des Rates vom 22. Juli 2003 über das Statut der Europäischen Genossenschaft (SCE)
S.C.p.A.	Società consortile per azioni
SE	Societas Europea (Europäische Gesellschaft)
SEAG	Gesetz zur Ausführung der Verordnung (EG) Nr. 2157/2001 des Rates vom 8. Oktober 2001 über das Statut der Europäischen Gesellschaft (SE)
SEBG	Gesetz über die Beteiligung der Arbeitnehmer in einer Europäischen Gesellschaft
SE-RL	Richtlinie 2001/86/EG zur Ergänzung des Statuts der Europäischen Gesellschaft hinsichtlich der Beteiligung der Arbeitnehmer
SEStEG	Gesetz über steuerliche Begleitmaßnahmen zur Einführung der Europäischen Gesellschaft und zur Änderung weiterer steuerlicher Vorschriften
SE-VO	Verordnung (EG) Nr. 2157/2001 des Rates vom 8. Oktober 2001 über das Statut der Europäischen Gesellschaft (SE)
SICAV	Société d'investissement à capital variable/Società di investimento a capitale variabile (Investmentgesellschaft mit variablem Grundkapital)
S.L.	Sociedad de Responsabilidad Limitada (GmbH)
SNB	Schweizerische Nationalbank
SpA	Società per azioni (Aktiengesellschaft)
SpaltG	Spaltungsgesetz
SpruchG	Spruchverfahrensgesetz
Srl	Sociedad de Responsabilidad Limitada (GmbH)
StHG	Steuerharmonisierungsgesetz (Schweiz)
su.	siehe unten
TVG	Tarifvertragsgesetz
ua.	unter anderem
uE	unseres Erachtens
UGB	Unternehmensgesetzbuch (Österreich)
UmgrStG	Umgründungssteuergesetz (Österreich)
UmwG	Umwandlungsgesetz
UmwStG ...	Umwandlungssteuergesetz
USt	Umsatzsteuer
UStG	Umsatzsteuergesetz
uU	unter Umständen
va.	vor allem
VAT	Value added tax
VbVG	Gesetz über die Vergütung von Vormündern und Betreuern
VG	Verwaltungsgericht?
vGA	verdeckte Gewinnausschüttung

Abkürzungsverzeichnis

VO	Verordnung
VStG	Vermögensteuergesetz
VVaG.	Versicherungsverein auf Gegenseitigkeit
WpHG	Wertpapierhandelsgesetz
WPO.	Wirtschaftsprüferordnung
WpÜG	Wertpapiererwerbs- und Übernahmegesetz
zB	zum Beispiel
ZPO	Zivilprozessordnung

Literaturverzeichnis

Baumbach/Hueck, GmbHG, 20. Aufl. 2013
Baums/Thoma (Hrsg.), WpÜG, Kommentar zum Wertpapiererwerbs- und Übernahmegesetz, (Loseblatt), 7. EL, 2012 (zit. Baums/Thoma/*Bearbeiter*)
Blümich, Einkommensteuergesetz Körperschaftsteuergesetz Gewerbesteuergesetz (Loseblatt), 118. Aufl. 2013
Budde/Förschle/Winkeljohann (Hrsg.), Sonderbilanzen, Von der Gründungsbilanz bis zur Liquidationsbilanz, 4. Aufl., 2008 (zit. Sonderbilanzen/*Bearbeiter*)
Dötsch/Patt/Pung/Möhlenbrock, Umwandlungssteuerrecht, 7. Aufl. 2012
Dötsch/Pung/Möhlenbrock, Die Körperschaftsteuer (Loseblatt), 77. EL, April 2013
Ernst & Young, Körperschaftsteuergesetz (Loseblatt), 94. EL, Februar 2013
Ernst & Young (Hrsg.), International GAAP 2013, 2013 (zit. Ernst & Young)
Frotscher/Maas, Kommentar zum Körperschaft-, Gewerbe- und Umwandlungssteuergesetz (Loseblatt), 116. EL, Januar 2013
Geiger/Khan/Kotzur, EUV/AUEV, Kommentar, 5. Aufl. 2010 (zit. Geiger, EUV/AEUV,)
Gosch, Körperschaftsteuergesetz, 2. Aufl. 2009, München.
von der Groeben/Schwarze, Kommentar zum Vertrag über die Europäische Union und zur Gründung der Europäischen Gemeinschaft, 6. Aufl. 2004 (zit. von der Groeben/Schwarze/*Bearbeiter*, EU/EG Kommentar,)
Grundmann, Europäisches Gesellschaftsrecht: Eine systematische Darstellung unter Einbeziehung des Kapitalmarktrechts, 2. Aufl. 2011 (zit. *Grundmann*, Europäisches Gesellschaftsrecht,)
Haase/Hruschka, Umwandlungssteuergesetz Praxiskommentar, 1. Aufl. 2012
Haritz/Menner, Umwandlungssteuergesetz Kommentar, 3. Aufl. 2010
Herrmann/Heuer/Raupach, Einkommensteuer- und Körperschaftsteuergesetz Kommentar (Loseblatt), 257. EL, 2013
Hüffer, Aktiengesetz, 10. Aufl. 2012 (zit. *Hüffer*, AktG)
Van Hulle/Maul/Drinhausen (Hrsg.), Handbuch zur Europäischen Gesellschaft (SE), 1. Aufl. 2007 (zit. Van Hulle/Maul/Drinhausen/*Bearbeiter*,)
IDW (Hrsg.), IDW Stellungnahme zur Rechnungslegung: Auswirkungen einer Verschmelzung auf den handelsrechtlichen Jahresabschluss (IDW RS HFA 42), FN-IDW 12/2012, S. 701 ff. (zit. IDW RS HFA 42)
IDW (Hrsg.), IDW Stellungnahme zur Rechnungslegung: Spaltungen im handelsrechtlichen Jahresabschluss (IDW RS HFA 43), FN-IDW 12/2012, S. 714 ff. (zit. IDW RS HFA 43)
Jannott/Frodermann (Hrsg.), Handbuch der Europäischen Aktiengesellschaft – Societas Europaea –, 1. Aufl. 2005 (zit. Jannott/Frodermann/*Bearbeiter*, Handbuch der Europäischen Aktiengesellschaft,)
Kallmeyer, Umwandlungsgesetz, 5. Aufl. 2013 (zit. *Kallmeyer*, UmwG)
Kölner Kommentar zum UmwG, 1. Aufl. 2009
Kölner Kommentar zum WpÜG, 2. Aufl. 2010
Lademann, Umwandlungssteuergesetz, 1. Aufl. 2012
Lennerz, Ursula – Die internationale Verschmelzung und Spaltung unter Beteiligung deutscher Gesellschaften, 1. Aufl. 2001
Limmer (Hrsg.), Handbuch der Unternehmensumwandlung, 4. Aufl. 2012 (zit. Limmer/*Bearbeiter*, Unternehmensumwandlung)
Littmann/Bitz/Pust, Das Einkommensteuerrecht (Loseblatt), 99. EL, Mai 2013
Löwenstein/Looks/Heinsen, Betriebsstättenbesteuerung, 2. Aufl. 2011
Lüdenbach/Hoffmann (Hrsg.), IFRS Kommentar, 11. Aufl., 2013 (Haufe-IFRS Komm)
Lutter, UmwG, 4. Aufl. 2009
Lutter/Hommelhoff (Hrsg.), GmbH-Gesetz, 18. Aufl. 2012 (zit. Lutter/Hommelhoff/*Bearbeiter*, GmbHG)
Lutter/Hommelhoff (Hrsg.), Die Europäische Gesellschaft, 1. Aufl. 2005 (zit. Lutter/Hommelhoff/*Bearbeiter*, Europäische Gesellschaft,)

Lutter/Hommelhoff (Hrsg.), SE Kommentar, 1. Aufl. 2008 (zit. Lutter/Hommelhoff/*Bearbeiter*, SE)
Manz/Mayer/Schröder (Hrsg.), Europäische Aktiengesellschaft SE, 2. Aufl. 2010 (zit. Manz/Mayer/ Schröder/*Bearbeiter*, SE,)
Maulbetsch/Klumpp/Rose (Hrsg.), Heidelberger Kommentar zum Umwandlungsgesetz, 1. Aufl. 2009 (zit. Heidelberger Kommentar/*Bearbeiter*)
Michalski (Hrsg.), GmbHG, 2. Aufl. 2010 (zit. Michalski/*Bearbeiter*)
Mössner u.a., Steuerrecht international tätiger Unternehmen, 4. Aufl. 2012, Köln.
Münchener Kommentar zum Aktiengesetz Band 7, SE-VO SEBG, 3. Aufl. 2012 (zit. Münchener Kommentar AktG)
Münchener Kommentar zum Bürgerlichen Gesetzbuch, 5. Aufl. 2010 (zit. Münchener Kommentar BGB und Münchkomm BGB)
Münchener Handbuch des Gesellschaftsrechts, Band 4 Aktiengesellschaft, 3. Aufl. 2007
Münchener Kommentar zum Handelsgesetzbuch, 3. Aufl. 2010 (zit. Münchener Kommentar HGB)
Nagel/Freis/Kleinsorge, Die Beteiligung der Arbeitnehmer in der Europäischen Gesellschaft – SE, Kommentar zum SE-Beteiligungsgesetz, 1. Aufl. 2005 (zit. Nagel/Freis/Kleinsorge/*Bearbeiter*)
Palandt, Bürgerliches Gesetzbuch, 72. Aufl. 2013 (zit. *Palandt*, BGB)
Prüm, Thomas, Die grenzüberschreitende Spaltung, 1. Aufl. 2006
Rieble/Junker (Hrsg.), Vereinbarte Mitbestimmung in der SE, Band 12 der ZAAR Schriftenreihe, 1. Aufl. 2008 (zit. Rieble/Junker/*Bearbeiter*)
Rödder/Herlinghaus/van Lishaut, Umwandlungssteuergesetz, 2. Aufl. 2013
Sagasser/Bula/Brünger, Umwandlungen, 4. Aufl. 2011 (zit. Sagasser/Bula/Brünger/*Bearbeiter*)
Schaumburg, Internationales Steuerrecht, 3. Aufl. 2011
Schmidt, Einkommensteuergesetz, 32. Aufl. 2013, München.
Schmitt/Hörtnagl/Stratz, Umwandlungsgesetz, Umwandlungssteuergesetz, 6. Aufl. 2013 (zit. *Schmitt/ Hörtnagl/Stratz*, UmwG)
Schwedhelm, Die Unternehmensumwandlung, 7. Aufl. 2012
Semler/Stengel, Umwandlungsgesetz, 3. Aufl. 2012 (zit. Semler/Stengel/*Bearbeiter*, UmwG,)
Spahlinger/Wegen (Hrsg.), Internationales Gesellschaftsrecht in der Praxis, 1. Aufl. 2005 (zit. Spahlinger/Wegen/*Bearbeiter*, Internationales Gesellschaftsrecht)
Stoye-Benk/Cutura, Handbuch Umwandlungsrecht, 3. Aufl. 2012 (zit. *Stoye-Benk/Cutura*)
Süß/Wachter, Handbuch des Internationalen GmbH-Rechts, 2. Aufl. 2011
Theisen/Wenz (Hrsg.), Die Europäische Aktiengesellschaft, 2. Aufl. 2005 (zit. Theisen/Wenz/*Bearbeiter*, Europäische Aktiengesellschaft)
Tipke/Kruse, Abgabenordnung (Loseblatt), 132. EL, Juli 2013
Tipke/Lang, Steuerrecht, 21. Aufl. 2013
Ulmer/Habersack/Henssler, Mitbestimmungsrecht, 3. Aufl. 2013 (zit. Ulmer/Habersack/Henssler/*Bearbeiter*, Mitbestimmungsrecht)
Ulmer/Winter/Habersack (Hrsg.), GmbHG, 2008 und Ergänzungsband 2010 (zit. Ulmer/Winter/Habersack/*Bearbeiter*)
Wassermeyer/Andresen/Ditz, Betriebsstätten Handbuch, 1. Aufl. 2006
Wassermeyer/Andresen/Ditz, Betriebsstätten Handbuch, Gewinnermittlung und Besteuerung in- und ausländischer Betriebsstätten, 1. Aufl. 2006, Köln.
Widmann/Mayer, Umwandlungsrecht (Loseblatt), 137. EL, Juni 2013 (zit. *Widmann/Mayer*)
Winkeljohann/Fuhrmann, Handbuch Umwandlungssteuerrecht, 1. Aufl. 2007

1. Teil: Rechtsgrundlagen und Abgrenzung zur Sitzverlegung

Gliederung

	Rn.
A. Gesellschaftsrecht	1–61
I. Europarechtliche Vorgaben	1–42
1. Normregelungen	1–3
2. Sekundärrecht	4–29
a) SE-VO und SE-RL	4–7
b) Verschmelzungs-Richtlinie	8–29
3. Primärrecht	30–42
II. Nationale (deutsche) Reglungen	43–61
1. Grenzüberschreitende Verschmelzung	44–55
2. Grenzüberschreitende Spaltung	56–59
3. Andere Grenzüberschreitende Gestaltungen	60, 61
B. Steuerrecht	62–143
I. Europarechtliche Vorgaben	62–79
1. Überblick	62, 63
2. Sekundärrecht – Fusions-Richtlinie	64–74
3. Primärrecht	75–79
II. Nationale (deutsche) Reglungen	80
1. Überblick über die verschiedenen nationalen Rechtsnormen	80–82
2. Umwandlungssteuergesetz	83
a) Rechtsentwicklung	84–89
aa) Vom UmwStG 1934 zur Körperschaftsteuerreform 1977	84, 85
bb) Gesetz zur Änderung des Umwandlungssteuerrechts 1995 und Folgeänderungen	86–88
cc) SEStEG 2006	89
b) Telos, Gesetzesstruktur und Verhältnis zum UmwG	90–95
c) Anwendungsbereich	96–118
aa) Umwandlungen	99–110
(1) Sachlicher Anwendungsbereich	99–106
(2) Persönlicher Anwendungsbereich	107–110
bb) Einbringungen	111–117
(1) Sachlicher Anwendungsbereich	111–114
(2) Persönlicher Anwendungsbereich	115–117
cc) Zeitlicher Anwendungsbereich	118
d) Hauptziel – Steuerneutralität von Umwandlungen	119–132
aa) Entstrickung	123–130
bb) Verstrickung	131, 132
e) Materieller Überblick über die Voraussetzungen der einzelnen Umwandlungsarten	133–143
aa) Grenzüberschreitende Verschmelzung	133–136
bb) Grenzüberschreitende Spaltung	137–139
cc) Einbringungen	140–143
C. Exkurs: Sitzverlegung über die Grenze	144–179
I. Europarechtliche Vorgaben	146–150
II. Nationale (deutsche) Regelungen	151–179
1. Gesellschaftsrecht	151–159

	Rn.
a) Sitzverlegung einer deutschen Gesellschaft ins Ausland (Wegzug)	152–156
b) Sitzverlegung einer ausländischen Gesellschaft nach Deutschland (Zuzug)	157–159
2. Steuerrecht	160–179
a) Sitzverlegung einer deutschen Gesellschaft ins Ausland (Wegzug)	165–173
aa) Besteuerung auf Gesellschaftsebene	165–170
bb) Besteuerung auf Gesellschafterebene	171–173
b) Sitzverlegung einer ausländischen Gesellschaft nach Deutschland (Zuzug)	174–179
aa) Besteuerung auf Gesellschaftsebene	174, 175
bb) Besteuerung auf Gesellschafterebene	176–179

A. Gesellschaftsrecht

I. Europarechtliche Vorgaben

1. Normregelungen

1   Das Europarecht machte erstmals mit der SE-VO und der SE-RL **konkrete Vorgaben** für Umstrukturierungen über die Grenze. Es handelt sich dabei um Vorgaben für grenzüberschreitende Vorgänge, weil die Errichtung einer **Societas Europaea** immer eine Mehrstaatlichkeit erfordert (s. hierzu i.E. nachfolgend Rn. 4 ff.). Auf die SE-RL und die SE-VO folgten weitere konkrete Vorgaben für Umstrukturierungen über die Grenze durch die Verschm-RL. Die Verschm-RL verpflichtet die Mitgliedstaaten, Regelungen für die grenzüberschreitende Verschmelzung von Kapitalgesellschaften zu erlassen (s. hierzu i.E. nachfolgend Rn. 8 ff.).

2   Darüber hinaus befasst sich auch der Entwurf einer 14. Richtlinie zur Verlegung des statutarischen Satzungssitzes mit Umstrukturierungsvorgängen über die Grenze in der Form der Verlegung des Satzungssitzes, d.h. rechtlich einer Art Formwechsel in eine Rechtsform eines anderen Mitgliedstaates.

Für grenzüberschreitende Spaltungen und andere grenzüberschreitende Umstrukturierungsvorgänge gibt es keine konkreten europarechtlichen Vorgaben.

3   Neben den konkreten europarechtlichen Vorgaben in Richtlinien und Verordnungen, macht das **europäische Primärrecht abstrakte Vorgaben** für grenzüberschreitende Umstrukturierungen. Diese finden sich zum einen in Art. 49, 54 AEUV (bis zum Inkrafttreten des Vertrags von Lissabon Art. 43, 48 EG), die die Niederlassungsfreiheit regeln (s. hierzu i.E. nachfolgend Rn. 30 ff.). Die in Art. 293 3. Spiegelstrich EG (früher Art. 220 EG) vorgesehene Möglichkeit, zwischen den Mitgliedstaaten Verhandlungen einzuleiten, um ein Übereinkommen betr. die Verschmelzung von Gesellschaften, die den Rechtsvorschriften verschiedener Mitgliedstaaten unterliegen, abzuschließen, wurde durch den Vertrag von Lissabon aufgehoben und ist im AEUV nicht mehr enthalten.

2. Sekundärrecht

a) SE-VO und SE-RL

4   **SE-VO und SE-RL** sind am 8.10.2004 in Kraft getreten. Die SE-VO regelt unmittelbar, wie eine Societas Europaea gegründet werden kann. Ergänzend macht die SE-RL Vorgaben für die Beteiligung der Arbeitnehmer an der Societas Europaea.

5   Nach Art. 2 SE-VO bestehen vier **Möglichkeiten zur Gründung einer Societas Europaea**: (1) die *Verschmelzung von Aktiengesellschaften* zu einer Societas Europaea,

(2) die *Gründung einer Holding-SE* durch Aktiengesellschaften oder Gesellschaften mit beschränkter Haftung, (3) die *Gründung einer Tochter-SE* durch juristische Personen und (4) der *Formwechsel* einer Aktiengesellschaft in ein Societas Europaea. Die ersten drei Möglichkeiten setzen voraus, dass an dem Gründungsvorgang Gesellschaften aus mindestens zwei verschiedenen Mitgliedstaaten beteiligt sind. Beim Formwechsel in die Societas Europaea besteht das Mehrstaatlichkeitserfordernis in der Voraussetzung, dass die formwechselnde Aktiengesellschaft seit mindestens zwei Jahren eine Tochtergesellschaft in einem anderen Mitgliedstaat haben muss.

Darüber hinaus regelt Art. 8 Abs. 1 SE-VO, dass eine Societas Europaea ihren **Sitz identitätswahrend in einen anderen Mitgliedstaat verlegen** kann. Zu beachten ist in diesem Zusammenhang, dass nach Art. 7, 8 SE-VO Verwaltungs- und Satzungssitz der Societas Europaea nicht auseinander fallen dürfen. Die Societas Europaea kann daher, anders als andere Rechtsformen, auch innerhalb der EU ihren tatsächlichen Sitz nicht ohne ihren Satzungssitz in einen anderen Mitgliedstaat verlegen.[1] Schließlich regelt Art. 66 SE-VO die Rückumwandlung der Societas Europaea in eine Aktiengesellschaft ihres Sitzstaates. 6

Das Verfahren zur **Gründung einer Societas Europaea durch Verschmelzung** entspricht dem aus der 3. gesellschaftsrechtlichen Richtlinie betreffend innerstaatliche Fusionen[2] bekannten Muster. Es erfordert die Aufstellung eines Verschmelzungsplanes mit dem nach Art. 20 SE-VO vorgegebenen Inhalt, dessen Bekanntmachung (Art. 21 SE-VO), Verschmelzungsbericht (Art. 18 SE-VO iVm nationalem Recht) und -prüfung (Art. 22 SE-VO), Zustimmungsbeschlüsse der beteiligten Aktiengesellschaften (Art. 23 SE-VO), ein zweistufiges Prüfungsverfahren (Art. 24, 25 SE-VO) sowie die Wirksamkeit durch Eintragung im Register des Sitzstaates (Art. 27 SE-VO). Vor dem zweistufigen Prüfungsverfahren und der Wirksamkeit ist nach der SE-RL außerdem ein Verhandlungsverfahren über die Arbeitnehmermitbestimmung durchzuführen. 7

Da es sich bei den weiteren Gründungsarten der Holding-SE und der Tochter-SE tatsächlich nicht um Umstrukturierungsvorgänge, sondern nur um Gesellschaftsgründungen handelt, wird auf sie wegen der Beschränkung des Buches auf Umstrukturierungsvorgänge nicht weiter eingegangen. Entsprechendes gilt für den Formwechsel in eine Societas Europaea, der wegen der Regelung des Art. 37 Abs. 3 SE-VO tatsächlich ein nationaler Vorgang ist.

b) Verschmelzungs-Richtlinie

Die deutschen Regelungen zur grenzüberschreitenden Verschmelzung in §§ 122a ff. UmwG basieren auf der **Verschm-RL**[3], die am 15.12.2005 in Kraft getreten ist. Die Verschm-RL basiert auf Art. 50 AEUV. Sie baut wesentlich auf der 3. gesellschaftsrechtlichen Richtlinie betreffend innerstaatliche Fusionen[4] auf. Diese 3. gesellschaftsrechtliche Richtlinie machte den Mitgliedstaaten Vorgaben für die nationale Verschmelzung von Aktiengesellschaften. In Deutschland ist sie heute durch das UmwG umgesetzt, welches 8

---

[1] Kritisch zur Vereinbarkeit mit der Niederlassungsfreiheit: *Kallmeyer* AG 2003, 197, 201; *Louven/Dettmeier/Pöschke/Wenig* BB 2006, 1, 9.

[2] Sog. Fusions-Richtlinie, Dritte Richtlinie 78/855/EWG des Rates vom 9.10.1978 gemäß Artikel 54 Absatz 3 Buchstabe g) des Vertrages betreffend die Verschmelzung von Aktiengesellschaften, ABl. 1978 L 295/36.

[3] Sog. 10. gesellschaftsrechtliche Richtlinie; Richtlinie 2005/56/EG des Europäischen Parlaments und des Rates vom 26.10.2005 über die Verschmelzung von Kapitalgesellschaften aus verschiedenen Mitgliedstaaten, ABl. 2005 L 310/1; zu Überlegungen, die Verschm-RL zu überarbeiten, vgl. COM(2012) 740/2.

[4] Sog. Fusions-Richtlinie, Dritte Richtlinie 78/855/EWG des Rates vom 9.10.1978 gemäß Artikel 54 Absatz 3 Buchstabe g) des Vertrages betreffend die Verschmelzung von Aktiengesellschaften, ABl. 1978 L 295/36.

durch die zusätzliche Regelung von Verschmelzungen von Gesellschaften mit beschränkter Haftung, Personengesellschaften und weiteren Rechtsformen weit über die Vorgaben dieser Richtlinie hinausgeht. Die 3. gesellschaftsrechtliche Richtlinie konnte nicht als Basis für die grenzüberschreitende Verschmelzung verwendet werden, weil sie Gesellschaften mit beschränkter Haftung nicht umfasst.

9   Die **Entstehungsgeschichte** der Verschm-RL begann bereits 1985 mit dem Entwurf einer Rechtsangleichungsrichtlinie[5]. Die Verschm-RL kam aber lange Zeit nicht zustande, weil sich die Mitgliedstaaten nicht über eine Regelung der Mitbestimmung einigen konnten.[6] Erst die Einigung der Regierungschefs über die Societas Europaea Ende 2000 erlaubte es, die Verschm-RL zum Abschluss zu bringen. So folgte auf den Abschlussbericht der hochrangigen Expertentruppe unter der Leitung von *Jaap Winter* im November 2002 Ende 2003 der Vorschlag der Kommission[7] für eine Richtlinie zur grenzüberschreitenden Verschmelzung von Kapitalgesellschaften aus verschiedenen Mitgliedstaaten. Am 8.10.2004 erfolgte die politische Einigung im Rat.[8] Daraufhin verabschiedete das Parlament Anfang 2005 den im Wesentlichen unveränderten Ratstext. Endgültig wurde die Richtlinie am 20.9.2005 verabschiedet und am 26.10.2005 von Parlament und Rat erlassen. Die Veröffentlichung erfolgte am 25.11.2005.

10 Die **Umsetzungsfrist** für die Verschm-RL ist nach Art. 19 Abs. 1 Verschm-RL am 31.12.2007 abgelaufen. Im Zusammenhang mit der Umsetzungsfrist und der Möglichkeit, dass einige Mitgliedstaaten auch mit Ablauf der Umsetzungsfrist keine Regelungen für grenzüberschreitende Verschmelzungen geschaffen haben würden, wurde das Problem der unmittelbaren Geltung der Richtlinie vor ihrer Umsetzung diskutiert. Mit der hM wird man davon ausgehen können, dass, soweit die Verschm-RL nach dem 1.1.2008 noch nicht umgesetzt ist, eine unmittelbare Geltung nach den allgemein für fehlerhaft nicht umgesetzte Richtlinien geltenden Grundsätzen denkbar ist.[9]

11 Das **Konzept der Verschm-RL** sieht vor, dass für jede an der Verschmelzung beteiligten Gesellschaft grundsätzlich das für sie anwendbare nationale Recht gilt, soweit sich aus der Richtlinie nichts anderes ergibt. Dieses nationale Recht ist (oder wird) aufgrund der Vorgaben der Verschm-RL vereinheitlicht.

12 Nach Art. 1 Verschm-RL umfasst der **Anwendungsbereich** der Richtlinie Verschmelzungen von Kapitalgesellschaften, die nach dem Recht eines Mitgliedstaates gegründet worden sind und ihren satzungsmäßigen Sitz, ihre Hauptverwaltung oder ihre Hauptniederlassung in der Gemeinschaft (heute Union) haben, sofern mindestens zwei der Gesellschaften dem Recht verschiedener Mitgliedstaaten unterliegen.

13 Dabei werden **Kapitalgesellschaften** als Gesellschaft im Sinne des Art. 1 der 1. gesellschaftsrechtlichen Richtlinie[10] oder Gesellschaften definiert, die Rechtspersönlichkeit besitzen und über gesondertes Gesellschaftskapital verfügen, das allein für die Verbindlichkeiten der jeweiligen Gesellschaft haftet, und die nach dem für sie maßgeblichen Recht

---

[5] ABl. 1985 C 23/11; vgl. dazu *Ganske* DB 1985, 581. Davor hatte die Kommission 1972 bereits den Entwurf eines Übereinkommens zur grenzüberschreitenden Verschmelzung von Aktiengesellschaften vorgelegt (Bulletin EG, Beilage 13/73, 1). Dieses hätte sich auf Art. 220 EWGV (heute Art. 293 3. Spiegelstrich EG) gestützt und daher der Einstimmigkeit bedurft.

[6] S. zur historischen Entwicklung: *Grohmann/Grunschinske* GmbHR 2006, 191; *Neye* ZIP 2005, 1893; *Neye/Timm* DB 2006, 488; *Wiesner* DB 2005, 91.

[7] Kommissionsentwurf vom 18.11.2003, KOM (2003) 703.

[8] Arbeitsdokument des Rates der Europäischen Union 13133/04.

[9] *Grabitz/Hilf/Nettesheim*, Das Recht der Europäischen Union, Art. 288 AEUV Rn. 142 ff. mwN.

[10] Sog. Publizitätsrichtlinie oder Erste Richtlinie 68/151/EWG des Rates vom 9.3.1968 zur Koordinierung der Schutzbestimmungen, die in den Mitgliedstaaten den Gesellschaften im Sinne des Artikels 58 Absatz 2 des Vertrags im Interesse der Gesellschafter sowie Dritter vorgeschrieben sind, um diese Bestimmungen gleichwertig zu gestalten, ABl. 1968 L 65/8.

Schutzbestimmungen im Sinne der 1. gesellschaftsrechtlichen Richtlinie im Interesse der Gesellschafter sowie Dritter einhalten müssen. In Deutschland werden damit die Aktiengesellschaft, die Kommanditgesellschaft auf Aktien[11] und die Gesellschaft mit beschränkter Haftung erfasst. Für die Genossenschaft, sofern sie – anders als in Deutschland – überhaupt unter die genannte Definition von Kapitalgesellschaften fällt, erlaubt Art. 3 Abs. 2 Verschm-RL die Ausnahme vom Anwendungsbereich durch das nationale Recht. Die deutsche Umsetzung hat davon Gebrauch gemacht; vgl. hierzu i.E. nachfolgend 2. Teil Rn. 6 Art. 3 Abs. 3 Verschm-RL nimmt außerdem Gesellschaften vom Anwendungsbereich aus, deren Zweck es ist, vom Publikum bei ihr eingelegte Gelder nach dem Grundsatz der Risikostreuung gemeinsam anzulegen und deren Anteile auf Verlangen der Anteilsinhaber unmittelbar oder mittelbar zu Lasten des Vermögens dieser Gesellschaft zurückgenommen oder ausgezahlt werden. Diese Formulierung bezieht sich auf sog. Organismen für gemeinsame Anlagen in Wertpapieren.[12] Zu beachten ist schließlich, dass an der grenzüberschreitenden Verschmelzung nur solche Rechtsträger beteiligt sein dürfen, die nach dem jeweiligen nationalen Recht auch innerstaatlich verschmelzen können.

Verschmelzungen werden in Art. 2 Abs. 2 Verschm-RL definiert als Vorgänge, durch die eine oder mehrere Gesellschaften zum Zeitpunkt ihrer Auflösung ohne Abwicklung ihr gesamtes Vermögen auf eine bestehende oder eine neue Gesellschaft gegen Gewährung von Aktien und ggf. eine bare Zuzahlung übertragen. Dabei legt die Regelung des Art. 2 Abs. 2 Verschm-RL fest, dass die bare Zuzahlung 10 % des Nennwerts oder des rechnerischen Werts der zu gewährenden Aktien nicht überschreiten darf. Eine Sonderregel dazu gibt Art. 3 Abs. 1 Verschm-RL vor: die Richtlinie findet auch dann Anwendung, wenn in einem Mitgliedstaat die bare Zuzahlung mehr als 10 % betragen darf. 14

Art. 4 Verschm-RL gibt zudem vor, dass, soweit in der Richtlinie nichts anderes bestimmt wird, grenzüberschreitende Verschmelzungen nur zwischen Gesellschaften möglich sind, die sich nach dem jeweiligen nationalen Recht verschmelzen dürfen. Das ist deshalb von Bedeutung, weil in einigen Mitgliedstaaten nur Aktiengesellschaften verschmolzen werden können.[13] Diese Staaten müssen auch eine grenzüberschreitende Verschmelzung nicht für andere Rechtsformen ermöglichen.

In **inhaltlicher Hinsicht** gibt die Verschm-RL die Grundbausteine Plan und seine Bekanntmachung, Bericht, sachverständige Prüfung und Beschluss sowie Wirksamkeit durch Eintragung vor. Diese Grundbausteine entsprechen den aus der Fusionsrichtlinie und der SE-[14] sowie der SCE-Verordnung[15] bekannten Bausteinen. Darüber hinaus gelten nach Art. 4 Abs. 1 lit. b) der Verschm-RL die jeweiligen nationalen Regelungen. Für deutsche Gesellschaften sind das die Regelungen des UmwG, des AktG und des GmbHG. 15

Nicht harmonisiert werden durch die Verschm-RL **Minderheiten- und Gläubigerschutz**.[16] Vielmehr richtet sich der Schutz der öffentlichen Interessen sowie der Gläubiger gem. Art. 4 Abs. 1 lit. b), Abs. 2 Satz 1 Verschm-RL nach dem jeweiligen nationalen Recht. Nach der hM dürfen die Mitgliedstaaten dazu keine speziellen Sonderregelungen für die 16

---

[11] Zum Streit, ob die Kommanditgesellschaft auf Aktien auch auf Basis des Richtlinienvorschlags der Kommission Beteiligte einer grenzüberschreitenden Verschmelzung hätte sein können, s. *Louven/Dettmeier/Pöschke/Wenig* BB 2006, 1, 13.

[12] Sog. OGAW gemäß Art. 1 der Richtlinie 85/611/EWG des Rates v. 20.12.1985, ABl. 1985 L 375/3.

[13] *Bayer/Schmidt* NJW 2006, 401; *Oechsler* NZG 2006, 161; *Schmidt/Maul* BB 2006, 13, 14.

[14] Verordnung (EG) Nr. 2157/2001 des Rates vom 8.10.2001 über das Statut der Europäischen Gesellschaft (SE), ABl. 2001 L 294/1.

[15] Verordnung (EG) 1435/2003 des Rates vom 22.7.2003 über das Statut der Europäischen Genossenschaft (SCE), ABl. 2003 L 207/1.

[16] Zur Kritik, dass auch die Haftung der Mitglieder des Verwaltungs- und Leitungsorgans sowie der Sachverständigen nicht harmonisiert werden, s. *Frischhut* EWS 2006, 55, 57.

grenzüberschreitende Verschmelzung erlassen.¹⁷ Dagegen dürfen die Mitgliedstaaten nach Art. 4 Abs. 2 Satz 2 Verschm-RL zusätzliche Vorschriften erlassen, um einen angemessenen Schutz derjenigen Gesellschafter sicherzustellen, die die grenzüberschreitende Verschmelzung ablehnen. Mögliche Mittel, um diesen angemessenen Schutz herzustellen, sind zum Beispiel Informationsrechte, Zustimmungs- und Mehrheitserfordernisse oder ein Recht auf Austritt gegen Barabfindung. In Betracht kommt, wie sich aus Art. 10 Abs. 3 Verschm-RL ergibt, auch ein Verfahren zur Kontrolle und ggf. Anpassung des Umtauschverhältnisses. Eine Korrektur des Umtauschverhältnisses ist jedoch nur möglich, wenn die Rechtsordnungen, denen die anderen beteiligten Gesellschaften unterliegen, ein entsprechendes Verfahren vorsehen, oder wenn die Gesellschafter der übrigen beteiligten Gesellschaften einem solchen Verfahren zustimmen.¹⁸

17 Ferner werden in der Verschm-RL **nicht geregelt** weitere Umwandlungsformen wie zum Beispiel die Spaltung sowie Umwandlungsvorgänge unter Beteiligung von Rechtsträgern mit Sitz in einem Drittstaat oder Personengesellschaften.

18 Für den **Verschmelzungsplan**, der von den Leitungs- oder Verwaltungsorganen der an der Verschmelzung beteiligten Gesellschaften gemeinsam aufzustellen ist, gibt Art. 5 Verschm-RL einen umfangreichen Katalog der aufzunehmenden Regelungen vor. Viele davon sind im deutschen Recht bereits aus den Parallelregelungen in Art. 5 der Fusions-Richtlinie¹⁹, Art. 20 Abs. 1 Satz 2 SE-VO und Art. 22 Abs. 1 Satz SCE-VO²⁰ bekannt. Zusätzlich zur Fusions-Richtlinie und dem im deutschen Recht in § 5 UmwG bereits bekannten Inhalt eines Verschmelzungsvertrags verlangt die Verschm-RL die Aufnahme der Satzung der übernehmenden Gesellschaft in den Verschmelzungsplan. Das ist im deutschen Recht bisher nur bei der Verschmelzung zur Neugründung bekannt. Neu sind weiterhin die Angaben zur Bewertung der übergehenden Aktiva und Passiva, der Bilanzstichtage und zum Verfahren der Arbeitnehmerbeteiligung. Nach Art. 6 Abs. 1 Verschm-RL muss der Verschmelzungsplan spätestens einen Monat vor der Gesellschafterversammlung, die darüber zu beschließen hat, nach den jeweiligen nationalen Umsetzungsvorschriften zur Publizitäts-Richtlinie²¹ bekannt gemacht werden. Dagegen macht die Verschm-RL keine Vorgaben zur Form des Verschmelzungsplans.

19 Die Vorgaben der Verschm-RL zum **Verschmelzungsbericht** sind den bisher bekannten Regelungen weniger ähnlich. Nach Art. 7 Satz 1 Verschm-RL sind im Bericht auch die rechtlichen und wirtschaftlichen Aspekte der Verschmelzung zu erläutern. Neben den Auswirkungen auf die Gesellschafter müssen zusätzlich aber auch die Auswirkungen der Verschmelzung auf die Gläubiger und die Arbeitnehmer erläutert werden. Wenn das

---

¹⁷ *Bayer/Schmidt* NJW 2006, 401, 405; *Neye/Thimm* DB 2006, 488, 489; aA der deutsche Gesetzgeber bei der Umsetzung der Parallelnorm in Art. 24 Abs. 1 a) SE-VO durch § 8 SEAG; gegen diese Auslegung Lutter/Hommelhoff/*Bayer*, Europäische Gesellschaft, S. 25, 43; *Ihrig/Wagner* BB 2003, 969, 973; *Scheifele*, Die Gründung der Europäischen Aktiengesellschaft, 2004, S. 226 ff. und S. 299 ff.; *Hirschler/Schindler* RdW 2006, 607, 609; Manz/Mayer/Schröder/*Schröder*, SE, Art. 24 SE-VO Rn. 35.

¹⁸ Zur Kritik an der Umsetzung dieser Vorgaben in Bezug auf die SE sowie den praktischen Bedenken wegen der voraussichtlich geringen Akzeptanz in anderen Ländern vgl. *Bayer/Schmidt* NJW 2006, 401, 405 f.; *Kalss* ZGR 2003, 593, 626 ff.; *Kübler* ZHR 167 (2003), 627, 629 ff.; *Oechsler* NZG 2006, 161, 164; *Teichmann* ZGR 2002, 383, 428; *ders*. ZGR 2003, 367, 385 ff.; Lutter/Hommelhoff/*Vetter*, Europäische Gesellschaft, S. 111, 120 f.

¹⁹ Richtlinie 78/855/EWG des Rates vom 9.10.1978 gemäß Artikel 54 Absatz 3 Buchstabe g) des Vertrages betreffend die Verschmelzung von Aktiengesellschaften, ABl. 1978 L 295/36.

²⁰ Verordnung (EG) 1435/2003 des Rates vom 22.7.2003 über das Statut der Europäischen Genossenschaft (SCE), ABl. 2003 L 207/1.

²¹ Richtlinie 68/151/EWG des Rates vom 9.3.1968 zur Koordinierung der Schutzbestimmungen, die in den Mitgliedstaaten den Gesellschaften im Sinne des Artikels 58 Absatz 2 des Vertrags im Interesse der Gesellschafter sowie Dritter vorgeschrieben sind, um diese Bestimmungen gleichwertig zu gestalten, ABl. 1968 L 65/8.

nationale Recht Stellungnahmen der Arbeitnehmer vorsieht und diese rechtzeitig eingehen, sind solche Stellungnahmen dem Bericht anzufügen. Schließlich ist der Bericht nicht nur den Gesellschaftern sondern auch den Arbeitnehmervertretern oder, wenn es solche nicht gibt, den Arbeitnehmern selbst, spätestens einen Monat vor der über die Verschmelzung beschließenden Gesellschafterversammlung zugänglich zu machen. Zu beachten ist schließlich, dass die Verschm-RL nicht die Möglichkeit eines Verzichts auf den Verschmelzungsbericht vorsieht. Von einem großen Teil der Literatur wird daraus unter Hinweis auf die zusätzliche Gläubiger- und Arbeitnehmerschutzfunktion des Verschmelzungsberichts abgeleitet, dass ein Verzicht nicht möglich ist.[22]

Zur **Verschmelzungsprüfung** gibt. Art. 8 Verschm-RL vor, dass unabhängige Sachverständige die Verschmelzung entweder für jede Gesellschaft gesondert oder für alle Gesellschaften gemeinsam prüfen müssen. Aus dieser Vorgabe ergeben sich nur geringe Besonderheiten gegenüber den bekannten Verfahren.

Zu den **Zustimmungsbeschlüssen** macht Art. 9 Verschm-RL keine neuen Vorgaben. Gem. Art. 9 Abs. 2 Verschm-RL kann die Zustimmung davon abhängig gemacht werden, dass die Modalitäten für die Mitbestimmung der Arbeitnehmer in der aufnehmenden oder neuen Gesellschaft von der Gesellschafterversammlung bestätigt werden. Diese Regelung ist aus Art. 23 Abs. 2 Satz 2 SE-VO und Art. 27 Abs. 2 Satz 2 SCE-VO[23] bekannt, geht allerdings in der Formulierung etwas weiter[24]. Die Einberufungs- und Mehrheitserfordernisse sowie Ablauf und Vorbereitung der Versammlung richten sich nach Art. 4 Abs. 1 lit. b), Abs. 2 Verschm-RL nach dem jeweiligen nationalen Recht. Zu beachten ist schließlich Art. 15 Abs. 1 Satz 1 2. Spiegelstrich Verschm-RL. Danach ist bei der grenzüberschreitenden Verschmelzung einer 100 %igen Tochtergesellschaft auf ihre Mutter ein Zustimmungsbeschluss bei der Tochtergesellschaft nicht erforderlich. Bisher ist im deutschen Recht bei Konzernsachverhalten nur die Entbehrlichkeit des Beschlusses der aufnehmenden Gesellschaft bekannt.[25]

Für die **Rechtmäßigkeitskontrolle** sieht die Verschm-RL in Art. 10 und 11 ein zweistufiges Verfahren vor. Dies entspricht dem Vorbild der Art. 25 f. und 29 f. SE-VO. Auf der ersten Stufe wird im jeweiligen Sitzland die Einhaltung der die jeweilige Gesellschaft betreffenden Verfahrensschritte überprüft. Die Prüfung ist beschränkt auf die Erfordernisse, die ausschließlich die jeweilige Gesellschaft betreffen. Auf der zweiten Stufe erfolgt im Sitzstaat der aufnehmenden oder neuen Gesellschaft eine Kontrolle der Durchführung der Verschmelzung sowie ggf. der Gründung der neuen Gesellschaft. Diese Prüfung erstreckt sich insbesondere auf die Zustimmung zu einem gleichlautenden Verschmelzungsplan und ggf. den Abschluss einer Vereinbarung über die Mitbestimmung. Um die Prüfung auf der zweiten Stufe zu ermöglichen, muss jede Gesellschaft ihre Prüfungsbescheinigung der ersten Stufe binnen sechs Monaten bei der zuständigen Stelle im Zielland vorlegen. Die zuständigen Stellen, die Gericht, Notar oder sonstige zuständige Behörden sein können, werden nach Art. 10 Abs. 1, 11 Abs. 1 Verschm-RL von den Mitgliedstaaten benannt.

Wann die grenzüberschreitende Verschmelzung wirksam wird, bestimmt sich gem. Art. 12 Satz 1 Verschm-RL nach dem Recht des Staates, dem die aus der Verschmelzung hervorgehende Gesellschaft unterliegt. Die **Rechtsfolgen der Wirksamkeit** sind nach

---

[22] *Drinhausen/Keinath* RIW 2006, 81, 83; zur Diskussion im Zusammenhang mit der Umsetzung in deutsches Recht vgl. i.E. nachfolgend 2. Teil Rn. 107.
[23] Verordnung (EG) 1435/2003 des Rates vom 22.7.2003 über das Statut der Europäischen Genossenschaft (SCE), ABl. 2003 L 207/1.
[24] Zur Frage, ob auch Art. 23 Abs. 2 Satz 2 SE-VO so ausgelegt werden kann, dass auch die Geltung der Auffanglösung der nochmaligen Genehmigung durch Gesellschafterbeschluss abhängig gemacht werden kann: *Oechsler* NZG 2006, 161, 163 mwN.
[25] Vgl. zur Kombination dieser beiden Möglichkeiten i.E. nachfolgend 2. Teil Rn. 155 und Rn. 412.

Art. 14 Verschm-RL Übergang des gesamten Vermögens, die Gewährung von Gesellschafterrechten an der übernehmenden Gesellschaft und das Erlöschen der übertragenden Gesellschaft.

24 Bedeutend ist in diesem Zusammenhang der in Art. 17 Verschm-RL vorgesehene **absolute Bestandsschutz**: eine nach Art. 12 Verschm-RL wirksam gewordene Verschmelzung kann nicht mehr für nichtig erklärt werden. Diese Regelung unterscheidet sich von Art. 30 SE-VO, dessen Auslegung streitig ist[26], weil er in Abs. 2 auf die Möglichkeit der Auflösung einer SE hinweist, die aufgrund einer fehlerhaften Verschmelzung entstanden ist. Diese klare Regelung wird wegen der praktischen Probleme einer Rückgängigmachung einer grenzüberschreitenden Verschmelzung allgemein begrüßt.[27]

25 Das für die Erreichung einer Einigung über die Verschm-RL wesentliche Thema der **Mitbestimmung** wird durch Art. 16 Verschm-RL geregelt.[28] Die Regelung entspricht in wesentlichen Punkten den für die Gründung der Societas Europaea geltenden Bestimmungen.

26 Nach Art. 16 Verschm-RL ist grundsätzlich auf die aufnehmende oder neue Gesellschaft das Arbeitnehmermitbestimmungssystem anzuwenden, das im Mitgliedstaat ihres Sitzes gilt. In der Praxis wird aber in den meisten Fällen ein **Verhandlungsverfahren mit den Arbeitnehmern** durchzuführen sein. Ein solches ist durchzuführen, wenn in mindestens einer der an der Verschmelzung beteiligten Gesellschaften in den sechs Monaten vor Veröffentlichung des Verschmelzungsplans durchschnittlich mehr als 500 Arbeitnehmer beschäftigt waren, in dieser Gesellschaft ein System der Arbeitnehmermitbestimmung[29] besteht und das Recht des Sitzstaates der aus der Verschmelzung hervorgehenden Gesellschaft keine mindestens gleichwertige Mitbestimmung vorsieht. Ebenso ist ein Verhandlungsverfahren durchzuführen, wenn der Umfang der Mitbestimmung, d.h. die Zahl der Arbeitnehmervertreter, im Aufnahmeland geringer ist als in den Sitzstaaten der übrigen beteiligten Gesellschaften, oder wenn die Mitbestimmungsbeteiligung für Arbeitnehmer, die sich in anderen Staaten als dem Aufnahmestaat befinden, geringer ist.

27 Zur Einsetzung des **besonderen Verhandlungsgremiums** verweist Art. 16 Abs. 3 Verschm-RL auf Art. 3 Abs. 1 SE-RL. Abweichend von der SE-RL ist gem. Art. 16 Abs. 4 lit. a) Verschm-RL jedoch durch die nationalen Regelungen vorzusehen, dass die Organe der an der Verschmelzung beteiligten Gesellschaften die Auffangregelung zur Mitbestimmung der Arbeitnehmer des Sitzstaates der aufnehmenden oder neuen Gesellschaft ohne Durchführung eines Verhandlungsverfahrens festlegen können.

28 Kommt es im Verhandlungsverfahren nicht zu einer Einigung gilt ebenso wie bei der Societas Europaea eine **Auffanglösung**. Zu beachten sind zwei bedeutende Erleichterungen gegenüber der Regelung der Auffanglösung bei der SE: Der Schwellenwert, der nach Art. 7 Abs. 2 lit. b) der SE-RL 25% beträgt, wurde für die grenzüberschreitende Verschmelzung durch Art. 16 Abs. 3 lit. e) Verschm-RL auf ein Drittel angehoben. Zur Auffangregelung kann es daher nur dann kommen, wenn insgesamt mindestens ein Drittel der Arbeitnehmer, die in den unmittelbar an der Verschmelzung beteiligten Gesellschaften beschäftigt sind, der Mitbestimmung unterliegen. Liegt diese Voraussetzung nicht vor, gelten wiederum die Mitbestimmungsregelungen des Sitzstaates der aufnehmenden oder

---

[26] Vgl. zum Streit: Lutter/Hommelhoff/*Bayer*, Europäische Gesellschaft, S. 25, 44; *Schwarz*, SE-VO, Art. 30 Rn. 4 ff.; *Neye* ZIP 2005, 1893, 1898.

[27] *Bayer/Schmidt* NJW 2006, 401, 404.

[28] Zur Kritik, dass die Mitbestimmungsregelung die Beteiligung deutscher Gesellschaften erschwere und möglicherweise nicht mit der Niederlassungsfreiheit vereinbar sei, s. *Louven/Dettmeier/Pöschke/Wenig* BB 2006, 1, 16; *Meilicke/Rabback* GmbHR 2006, 123, 126; *Müller* ZIP 2004, 1790, 1795.

[29] Art. 16 Abs. 2 Verschm-RL nimmt Bezug auf ein System der Arbeitnehmermitbestimmung im Sinne des Art. 2 lit. k) der Richtlinie 2001/86/EG, d.h. die SE-RL.

neuen Gesellschaft. Außerdem können die Mitgliedstaaten nach Art. 16 Abs. 4 lit. e) Verschm-RL vorsehen, dass die Zahl der Arbeitnehmervertreter im Verwaltungsorgan begrenzt wird. Diese Begrenzung darf zwar für Fälle, in denen zuvor mindestens eine Drittelmitbestimmung bestand nicht unter einem Drittel liegen. Sie kann es aber im Fall der Verschmelzung einer deutschen paritätisch mitbestimmten Gesellschaft ermöglichen, dass die Mitbestimmung in der aufnehmenden oder neuen nicht deutschen Gesellschaft auf ein Drittel beschränkt wird.

Schließlich enthält Art. 16 Abs. 7 Verschm-RL noch eine **Perpetuierungsklausel**. Danach ist sicherzustellen, dass ein Mitbestimmungssystem, welches für eine aufnehmende oder neue aus einer Verschmelzung hervorgehende Gesellschaft gilt, nicht durch Verschmelzungen innerhalb der folgenden drei Jahre entfällt. 29

3. Primärrecht

Über die konkreten Vorgaben der Verschm-RL, der SE-VO und der SE-RL hinaus macht das Europarecht mit der **Niederlassungsfreiheit nach Art. 49, 54 AEUV** eine weitere Vorgabe für Umstrukturierungen über die Grenze. Die Niederlassungsfreiheit verbietet Beschränkungen der freien Niederlassung von Staatsangehörigen eines Mitgliedstaates im Hoheitsgebiet eines anderen Mitgliedstaates. Nach Art. 54 Abs. 1 AEUV gilt diese Freiheit auch für Gesellschaften, die nach dem Recht eines Mitgliedstaates gegründet sind und ihren satzungsmäßigen Sitz, ihre Hauptverwaltung oder ihre Hauptniederlassung innerhalb der EU haben. Gesellschaften sind für Zwecke des Art. 54 Abs. 2 AEUV Gesellschaften des bürgerlichen Rechts und des Handelsrechts einschließlich der Genossenschaften sowie die sonstigen juristischen Personen des öffentlichen und privaten Rechts mit Ausnahme derjenigen, die keinen Erwerbszweck verfolgen. 30

Diese **Freiheit kann eingeschränkt werden**, wenn die Einschränkung gerechtfertigt ist. Für die Beurteilung der Rechtfertigung kommt es darauf an, ob es sich um eine diskriminierende Beschränkung (teilweise auch bezeichnet als „Diskriminierung") handelt oder um eine nicht diskriminierende Beschränkung (teilweise auch nur bezeichnet als „Beschränkung"). Diskriminierende Beschränkungen können nur ausnahmsweise nach den engen Voraussetzungen des Art. 52 Abs. 1 AEUV gerechtfertigt sein, d.h. aufgrund von Verwaltungsvorschriften, die aus Gründen der öffentlichen Ordnung, Sicherheit oder Gesundheit gerechtfertigt sind, eingeschränkt werden.[30] Beschränkungen nicht diskriminierender Art sind bereits dann zulässig, wenn zwingende Gründe des Allgemeininteresses die Maßnahme erfordern und diese die Grundsätze der Verhältnismäßigkeit wahrt, also geeignet, erforderlich und angemessen ist.[31] 31

Als **Folge der Niederlassungsfreiheit** sind Gesellschaften aus einem anderen Mitgliedstaat anzuerkennen. Ferner muss es für diese Gesellschaften möglich sein, ihren Sitz innerhalb der EU zu verlegen. Während die Frage der Anerkennung von Gesellschaften aus anderen Mitgliedstaaten, die dort auch ihren Satzungs- und Verwaltungssitz haben, aus deutscher Sicht eher unproblematisch ist[32], hat die Frage, inwieweit eine Anerkennung auch bei Verlegung des Sitzes oder Auseinanderfallen von Satzungs- und Verwaltungssitz erfolgen muss, in der Vergangenheit viele Fragen aufgeworfen. 32

---

[30] *Geiger*, EUV/AEUV, Art. 54 AEUV Rn. 11.
[31] Zur Differenzierung *Lenz/Borchardt//Scheuer*, EU- und EG-Vertrag, Kommentar, 4. Aufl. 2006, Art. 43 Rn. 11; *Teichmann* ZIP 2006, 355, 357 f.; vgl. auch EuGH GA (Generalanwalt *Tizzano*), Schlussanträge v. 7.7.2005, Rs. C 411/93, ZIP 2005, 1227, 1231 Rn. 55 mwN.
[32] Vgl. nur BH/*Hueck/Fastrich*, GmbHG, § 1 Rn. 36; von der Groeben/Schwarze/*Troberg/Tiedje*, EU/EG-Kommentar, 2004, Art. 48 EG Rn. 16 ff.; *Hüffer*, § 1 Rn. 34.

33 Inzwischen hat sich aufgrund der Entscheidungen des EuGH in Sachen *Daily Mail*[33], *Centros*[34], *Überseering*[35] und *Inspire Art*[36] dazu – wenn auch in Einzelheiten und dogmatisch weiterhin umstritten[37] – ein Konsens herausgebildet: Auch Gesellschaften, die ihren Verwaltungssitz aus einem anderen Mitgliedstaat nach Deutschland verlegen (sog. „**Zuzugsfälle**"), sind in Deutschland weiterhin mit der Rechts- und Parteifähigkeit ihres Gründungsstaates anzuerkennen.[38] Dies gilt auch für Gesellschaften aus einem EWR-Staat.[39]

34 Für die sog. „**Wegzugsfälle**", d.h. die Frage, ob eine Gesellschaft auch dann weiter anzuerkennen ist, wenn sie ihren Verwaltungssitz in einen anderen Mitgliedstaat verlegt, ist nach der Entscheidung des EuGH in Sachen *Cartesio*[40] davon auszugehen, dass das nationale Recht der ihren tatsächlichen Verwaltungssitz aus dem Land herauslegenden Gesellschaft die Eigenschaft als nationale Gesellschaft[41] anlässlich des Wegzugs aberkennen darf. Der EuGH urteilte in der *Cartesio*-Entscheidung, dass dies nicht gegen die Niederlassungsfreiheit verstoße.[42] Allerdings müsse das Land der Gesellschaft den formwechselnden Wegzug, also die gleichzeitige Verlegung des Satzungssitzes, in ein anderes Land ermöglichen. In der Rs. *Cartesio* führte der EuGH dazu noch aus „soweit das andere Land das zulasse", d.h. die Gesellschaft müsse sich ohne Verlust der Rechtsfähigkeit in die Rechtsform des Aufnahmelandes umwandeln könne, wenn das Recht dieses Landes das vorsehe.[43] In der *VALE*-Entscheidung stellte der EuGH aus der Sicht des Zuzugsstaates jedoch klar, dass es gegen die Niederlassung verstieße, wenn einer Gesellschaft ein grenzüberschreitender Formwechsel in einen Mitgliedstaat nicht offenstünde, in dem einer nationalen Gesellschaft ein Formwechsel möglich wäre und dem grenzüberschreitenden Formwechsel nicht zwingende Gründe des Allgemeininteresses entgegen stünden.[44] Aus europarechtlicher Sicht muss daher nun mindestens die identitätswahrende formwechselnde Umwandlung über die Grenze unter Verlegung des Satzungssitzes grundsätzlich möglich sein.[45] Vgl. dazu, der praktischen Durchführung und möglichen Substanzanforderungen i.E. nachfolgend Rn. 144 ff.

35 Aus **Sicht des deutschen Rechts ist daher für den Wegzug** zu differenzieren: Bei einem Wegzug nur des Verwaltungssitzes in einen Mitgliedstaat, der der Gründungstheorie folgt, kommt es bei der Ermittlung des anwendbaren Rechts zu einem Rückverweis auf den Gründungsstaat Deutschland. Deutschland würde diesen *Renvoi* akzeptieren (Art. 4

---

[33] EuGH, Urteil v. 27.9.1988 – Rs. C-81/87, Slg. 1988, 5483.
[34] EuGH, Urteil v. 9.3.1999 – Rs. C-212/97, Slg. 1999, I-1459.
[35] EuGH, Urteil v. 5.11.2002 – Rs. C-208/00, Slg. 2002, I-9919.
[36] EuGH, Urteil v. 30.9.2003 – Rs. C-167/01, Slg. 2003, I-10195.
[37] Vgl. nur *Grundmann*, Europäisches Gesellschaftsrecht, Rn. 776 ff.; *Kegel/Schurig*, Internationales Privatrecht, 9. Aufl. 2004, § 17 S. 577; MünchKomm/*Sonnenberger*, BGB, Einl. IPR Rn. 165 ff.; *Spahlinger/Wegen*/*Spahlinger/Wegen*, Internationales Gesellschaftsrecht in der Praxis, 2005, Rn. 466 f. jeweils mwN.
[38] BGH, Urteil v. 13.3.2003 – VII ZR 370/98, NJW 2003, 1461; Überblick über die umfangreiche Literatur bei: Palandt/*Heldrich*, Anh zu EGEGBG 12 (IPR) Rn. 6 ff.; *Kegel/Schurig*, Internationales Privatrecht, 9. Aufl. 2004, § 17 S. 577.
[39] BGH, Urteil v. 19.9.2005 – II ZR 372/03, NJW 2005, 3351; *Leible/Hoffmann* RIW 2005, 947 ff.; *dies*. RIW 2006, 161, 164; *Rehm* Der Konzern 2006, 166 ff.; *Weller* ZGR 2006, 748 ff.
[40] EuGH, Urteil v. 16.12.2008 – Rs C-210/06, Slg. 2008, I-0000.
[41] Dies erlaubt jedoch noch keine andere Benachteiligung, wenn das nationale Recht die Eigenschaft als nationale Gesellschaft nicht aberkennt: EuGH, Urteil v. 29.11.2010 – Rs. C-371-10, NZG 2012, 114 (National Grid Indus).
[42] EuGH, Urteil v. 16.12.2008 – Rs C-210/06, Slg. 2008, I-0000, Rn. 110.
[43] EuGH, Urteil v. 16.12.2008 – Rs C-210/06, Slg. 2008, I-0000, Rn. 112.
[44] EuGH, Urteil v. 17.7.2012 – Rs. C 378/19, NJW 2012, 2715, 2717, Rn. 41.
[45] *Benrath/König* Der Konzern 2012 377, 382; *Bollacher* RIW 2012, 717; *Cranshaw* jurisPR-InsR 2012, Heft 20, Anm. 1; *Frenzel* NotBZ, 2012, 349, 351; *Hahn* jurisPR-InsR 2012, Heft 39, Anm. 6; *Jaensch* EWS 2012, 353, 356; *Messenzehl/Schwarfischer* BB 2012, 2072; *Teichmann* DB 2012, 2085; *Wöhlert/Degen* GWR 2012, 432; ablehnend noch: OLG Nürnberg, Beschluss v. 13.2.2012 – 12 W 2361/11, DB 2012, 853.

Abs. 1 Satz 2 EGBGB), so dass es in diesem Fall auch ohne Rückgriff auf die Niederlassungsfreiheit zur Anwendung deutschen Rechts und damit zur Anerkennung der Gesellschaft käme.[46]

Bei einem Wegzug in einen Mitgliedsstaat, der der Sitztheorie folgt, stehen sich noch zwei unterschiedliche Auffassung gegenüber. Zum einen wird vertreten, dass – unabhängig von *Cartesio* – inzwischen anerkannt sei, dass innerhalb Europas nach dem deutschen internationalen Privatrecht sowohl für Zuzugs- als auch für Wegzugsfälle die Gründungstheorie gelte; dies, so wird häufig argumentiert, würde spätestens durch die Abschaffung von § 4a Abs. 2 GmbHG und § 5 Abs. 2 AktG belegt.[47] Auch in einem Wegzugsfall bliebe eine deutsche Gesellschaft daher eine deutsche Gesellschaft. Auf der anderen Seite wird argumentiert, dass im deutschen internationalen Privatrecht grundsätzlich die Sitztheorie gelte; nur in Zuzugsfällen innerhalb von Europa sei aufgrund der Vorgaben des EuGH die Gründungstheorie anzuwenden; für die Wegzugsfälle bliebe es daher bei der Anwendung der Sitztheorie.[48] Danach bliebe also nur die Möglichkeit des Wegzugs im Wege des grenzüberschreitenden Formwechsels unter Verlegung des Satzungssitzes und Wechsel der Rechtsordnung.

UE ist der zweiten Auffassung der dogmatische Vorzug zu geben, weil in Deutschland grundsätzlich (noch) die Sitztheorie gilt. Dies hat der BGH in seiner *Trabrennbahn* Entscheidung[49] bestätigt, in der er für „Auslandsgesellschaften aus Drittstaaten" an der Sitztheorie festhält.[50] Durch Rechtsprechung gesichert ist bisher nur, dass die Gründungstheorie für EU-Gesellschaften bei Zuzugsfällen gilt. Auch die Streichung des Erfordernisses in GmbHG und AktG, dass Satzungs- und Verwaltungssitz zusammenfallen, ist nicht geeignet, das deutsche internationale Privatrecht zu ändern, weil es sich um Vorschriften des Sachrechts handelt.[51] Gleichwohl ist uE das praktische Ergebnis nicht richtig, Gesellschaften beim Wegzug ihres Verwaltungssitzes aus Deutschland anders zu behandeln, als beim Zuzug des Verwaltungssitzes. Es ist auch in der europäischen Rechtspraxis zu kompliziert, zwischen diesen Fällen und dann wiederum zwischen den Fällen, in denen der Wegzug in ein Gründungstheorieland oder ein Sitztheorieland erfolgt, zu differenzieren und in einem Fall einen bloßen Wegzug des Verwaltungssitzes möglich sein zu lassen, während im ande-

---

[46] Vgl. nur MünchKomm/*Kindler*, BGB, IntGesR Rn. 112 ff., 339 ff.; *ders.* Der Konzern 2006, 811, 813; *Grundmann*, Europäisches Gesellschaftsrecht, Rn. 790; *Michalski/Leible*, Syst. Darst. 2 Rn. 178.

[47] *Brakalova/Barth* DB 2009, 213, 215 (allerdings einschränkend nur für echte Wegzugs- und nicht für Gründungsfälle); *Behme/Nohlen* BB 2009, 13, 14; *Bollacher* RIW 2009, 150, 154; *Campos Nave* BB 2009, 879, 871; *Däubler/Heuschmid* NZG 2009, 493, 494; Spindler/Stilz/*Drescher*, § 5 AktG Rn. 10; *Franz* BB 2009, 1250, 1251 (auch einschränkend nur für echte Wegzugs- und nicht für Gründungsfälle und trotz Ablehnung der kollisionsrechtlichen Wirkung der Abschaffung von § 4a GmbHG); *Kindler*, Status: Recht 2009, 9; Limmer/*Limmer*, Unternehmensumwandlung, Teil 6 Rn. 9 und 15; *Lieder/Kliebisch* BB 2009, 338, 340; *Richter* IStR 2009, 64, 66; *Kobelt* GmbHR 2009, 808, 811; *Schulz/Schröder* EWiR 2009, 141, 142; *Teichmann* DB 2012, 2085, 2086; *Wicke* DStR 2012, 1756; *Wilhelmi* JZ 2009, 409, 413; *Zimmer/Naendrup* NJW 2009, 545, 548; dogmatisch zweifelnd, aber im Ergebnis befürwortend: *Leitzen* NZG 2009, 728.

[48] *Leible/Hoffmann* BB 2009, 58, 62; *Jaensch* EWS 2012, 353; *Jung* EuZW 2012, 863, 865; *Kindler* IPrax 2009, 189, 192, 197 f.; wohl auch: *Hecksche*n DStR 2009, 166, 168 f.; *Knop* DZWiR 2009, 147, 151; *Pießkalla* EuZW 2009, 81, 83; *Sethe/Winzer* WM 2009, 536, 540; *Werner* GmbHR 2009, 191, 196; wohl auch *Kindler* EuZW 2009, 888 ff.

[49] BGH, Urteil v. 27.10.2008 – II ZR 158/06, BGH Z 178, 192; ebenso Urteil vom 12.7.2011 – II ZR 28/10, NZG 2011, 1114 Rn. 17 (als *obiter dictum*) und Beschluss v. 8.10.2009 – IX ZR 227/06, GWR 2009 – 417.

[50] Zur Bestärkungswirkung der Entscheidung für die Sitztheorie vgl. auch *Koch/Eickmann* AG 2009, 72, 74.

[51] So auch *Franz/Laeger* BB 2008, 678, 680 f.; *Peters* GmbHR 2008, 245, 249; *Preuß* GmbHR 2007, 57 ff.; wohl auch: *Hecksche*n DStR 2009, 166, 168 f.; aA (kollisionsrechtlicher Charakter der Abschaffung wegen Gesetzesbegründung) *Behme* BB 2008, 70, 72; *Fingerhut/Rumpf* IPRax 2008, 90, 92; *Mülsch/Nohlen* ZIP 2008, 1358, 1360.

ren Fall nach *VALE* zwar ein grenzüberschreitender Formwechsel möglich, dessen praktische Durchführung aber unklar ist.[52] Es erscheint daher aus rein praktischer Sicht nicht unwahrscheinlich, dass sich die erste Sicht durchsetzen wird und möglicherweise auch der BGH für eine umfassende Anwendung der Gründungstheorie im EU Kontext entscheidet.[53]

36 Schließlich würde sich der Streit auch erledigen, wenn die durch den **Referentenentwurf für ein Gesetz zum Internationalen Privatrecht** der Gesellschaften, Vereine und juristischen Personen[54] vorgeschlagenen Änderungen des EGBGB unverändert in Kraft träten. Der darin vorgeschlagene Art. 10 Abs. 1 EGBGB sieht nämlich vor, dass sich das auf eine Gesellschaft anwendbare Recht nach dem Recht des Staates richtet, in dem sie in ein öffentliche Register eingetragen sind. Eine deutsche Kapitalgesellschaft bliebe damit nach deutschem Recht als deutsche Gesellschaft auch nach einem Wegzug des Verwaltungssitzes anzuerkennen.

37 Die vorstehend erläuterten Grundsätze beziehen sich zumindest für die Verlegung des Verwaltungssitzes[55] auch auf Fälle, in denen eine Gesellschaft nicht erst nach der Gründung in einem Mitgliedstaat aus diesem wegzieht, sondern auch auf Fälle, in denen eine Gesellschaft bereits von Anfang an ihren tatsächlichen Verwaltungssitz in einem anderen Mitgliedstaat hat als derjenige, nach dessen Recht sie gegründet wird (sog. „**Gründungsfälle**").[56] Es ist davon auszugehen, dass auch die durch den Referentenentwurf für ein Gesetz zum Internationalen Privatrecht der Gesellschaften, Vereine und juristischen Personen vorgeschlagene Regelung des Art. 10 Abs. 1 EGBGB für Gründungsfälle, d.h. eine erstmalige Gründung einer Gesellschaft nach deutschem Recht ohne tatsächlichen Sitz in Deutschland, gelten würde. Etwas anderes könnte sich möglicherweise nur nach allgemeinen international privatrechtlichen Grundsätzen bei einem Missbrauch – der innerhalb der EU nicht bereits in der fehlenden Beziehung zum Gründungsland bestehen dürfte – oder allgemeinen Grundsätzen des *ordre public* ergeben. Dafür spricht auch die Begründung, nach der ein Gleichlauf zwischen europäischen Sachverhalten und Sachverhalten mit Drittstaaten erreicht werden soll.[57]

38 Eine weitere Konkretisierung des Umfangs der Niederlassungsfreiheit hatte bereits Ende 2005 die **SEVIC-Entscheidung zur grenzüberschreitenden Verschmelzung** gebracht. Im zugrunde liegenden Fall sollte die luxemburgische Security Visions Concept SA auf die deutsche SEVIC Systems AG verschmolzen werden. Das AG Neuwied lehnte

---

[52] Vgl. nachfolgende Rn. 147.
[53] Anzeichen dafür können möglicherweise in einem Aufsatz von *Goette* DStR 2009, 128 und in der Meinung von *Drescher*, Spindler/Stilz/*Drescher*, § 5 AktG Rn. 10; gesehen werden, der davon ausgeht, dass der Gesetzgeber die zuvor in Deutschland geltenden Wegzugsbeschränkungen „aufgegeben habe"; ähnlich zum Urteil des BGH v. 12.7.2011, *Thomale* NZG 2011, 1290, 1293 „Kohärenzinteresse".
[54] Vom 7.1.2008, *www.gmbhr.de/heft/03/IntPrivRG-RefEntw.pdf*, seitdem offenbar nicht weiterverfolgt.
[55] Für den grenzüberschreitenden Formwechsel nach *Vale* wird möglicherweise wirtschaftliche Substanz im Zielland bzw. die gleichzeitige Verlegung des Verwaltungssitzes verlangt: *Cranshaw* jurisPR-InsR 2012, Heft 20, Anm. 1; *Jaensch* EWS 2012, 353, 357; *Mutter/Kruchen* EWiR 2012, 541, 542; *Wicke* DStR 2012, 1756, 1759; *Wöhlert/Degen* GWR 2012, 432; kritisch wegen des Fehlens dieses Erfordernisses in der *Sevic*-Entscheidung: *Braun* DZWiR 2012, 411, 414 f.
[56] EuGH, Urteil v. 9.3.1999 – Rs. C-212/97, Slg. 1999, I-1459 (*Centros*); EuGH, Urteil v. 30.9. 2003 – Rs. C-167/01, Slg. 2003, I-10195; in der Literatur vgl. nur: *Bayer* BB 2003, 2357; *Drygala* EWiR 2003, 1029; *Geyrhalter/Gänßler* DStR 2003, 2167; *Goettsche* DStR 1999, 1403; *Kindler* RIW 2000, 649; *ders.* NZG 2003, 1086; *Kleinert/Probst* DB 2003, 2217; *Sandrock* BB 2003, 2588; *Sonnenberger/Großrichter* RIW 1999, 721; *Spindler/Berner* RIW 2003, 949; *Teichmann* ZGR 2011, 639 (soweit das nach dem nationalen Recht möglich ist); *Triebel/von Hase* BB 2003, 2409; *Weller* DStR 2003, 1800; *Zimmer* ZHR 164 (2000), 23, *ders.* NJW 2003, 3585; kritisch jedoch: *König/Bormann* NZG 2012, 1241, 1242 f.; *Mördorf/Jopen* ZIP 2012, 1398, 1399; neuerdings einschränkend und einen „realen Bezug" fordern *Kindler* EuZW 2012, 888, 891 f.
[57] Begründung zum Referentenentwurf für ein Gesetz zum Internationalen Privatrecht der Gesellschaften, Vereine und juristischen Personen, S. 7.

die Eintragung unter Berufung auf § 1 Abs. 1 UmwG ab. Daraufhin legte das LG Konstanz als Beschwerdegericht dem EuGH die Frage vor, ob diese Auslegung des § 1 Abs. 1 UmwG mit der Niederlassungsfreiheit vereinbar sei.[58] Wie bereits der Generalanwalt in seinen Schlussanträgen[59], stellte der EuGH in der Auslegung des § 1 Abs. 1 UmwG einen Verstoß gegen die Niederlassungsfreiheit fest. Grenzüberschreitende Verschmelzungen entsprächen ebenso wie andere Gesellschaftsumwandlungen den Zusammenarbeits- und Umgestaltungsbedürfnissen von Gesellschaften mit Sitz in verschiedenen Mitgliedstaaten. Sie seien daher besondere, für das reibungslose Funktionieren des Binnenmarktes wichtige Modalitäten der Ausübung der Niederlassungsfreiheit.[60] Bei der vom AG Neuwied vorgenommenen Auslegung des § 1 Abs. 1 UmwG handele es sich um eine Beschränkung der Niederlassungsfreiheit, weil grenzüberschreitende Verschmelzungen anders behandelt würden als innerstaatliche.[61] Diese generelle Verweigerung der grenzüberschreitenden Verschmelzung sei nicht gerechtfertigt, weil mit ihr kein legitimes Ziel verfolgt würde, sie nicht durch zwingende Gründe des Allgemeininteresses gerechtfertigt und ihre Anwendung zur Erreichung des damit verfolgten Ziels nicht geeignet und erforderlich sei (sog. „Schrankentheorie").[62] Gleichzeitig weist der EuGH jedoch darauf hin, dass Beschränkungen[63] von grenzüberschreitenden Verschmelzungen unter bestimmten Umständen und bei Beachtung bestimmter Voraussetzungen gerechtfertigt sein könnten, wenn der Schutz der Interessen der Gläubiger, Minderheitsaktionäre und Arbeitnehmer sowie die Wahrung der Wirksamkeit der Steueraufsicht und der Lauterkeit des Handelsverkehrs dies erforderten.[64] Schließlich führte der EuGH aus, dass das Fehlen eines Instrumentariums zur Durchführung der grenzüberschreitenden Verschmelzung deren Einschränkung nicht rechtfertige.[65]

Die nach dem Urteil zunächst umfangreich diskutierten Fragen[66], insbesondere im Hinblick auf die Zulässigkeit der Hinausverschmelzung[67] und faktische Beschränkungen

---

[58] LG Koblenz, Beschluss v. 16.9.2003 – 4 HK T 1/03, NZG 2003, 1124.
[59] EuGH, GA (Generalanwalt *Tizzano*), Schlussanträge v. 7.7.2005 – Rs. C 411/93, ZIP 2005, 1227 ff.
[60] Vgl. Rn. 16–19.
[61] Vgl. Rn. 22.
[62] Vgl. Rn. 30.
[63] Der EuGH geht daher offenbar davon aus, dass es sich um nicht diskriminierende Beschränkungen handelt, vgl. zu dieser Differenzierung und den Folgen für die Möglichkeit der Rechtfertigung vorstehend Rn. 30.
[64] Vgl. Rn. 28; ebenso in EuGH, Urteil v. 17.7.2012 – Rs. C 378/19 (Vale), NJW 2012, 2715, 2717, Rn. 39.
[65] Vgl. Rn. 26. Kritisch zur Kompetenz des EuGH im Hinblick auf die zu diesem Zeitpunkt bereits verabschiedete Richtlinie: *Oechsler* NJW 2006, 812.
[66] Zur Kritik an der Entscheidung s. *Kindler* Der Konzern 2006, 811, 818 f.
[67] Für eine Zulässigkeit von Beschränkungen: *Forsthoff* DStR 2006, 613, 616 f.; *Kappes* NZG 2006, 101, 102; *Kindler* Der Konzern 2006, 811, 820; *Leible/Hoffmann* RIW 2006, 161, 165 f.; *Oechsler* NJW 2006, 812, 813; *Ringe* DB 2005, 2806, 2807; *Schmidt/Maul* BB 2006, 13, 14; für eine Zulässigkeit der Hinausverschmelzung: *Bayer/Schmidt* ZIP 2006, 210, 211; *Brocker* BB 2010, 971; Heidelberger Kommentar/*Becker* Vor §§ 122a ff. Rn. 7; *Bungert* BB 2006, 53, 56; *Decher* Der Konzern 2006, 805, 809; *Drygala* ZIP 2005, 1995, 1997 ff. auf der Basis der Schlussanträge); *ders.* EWiR 2006, 25, 26; *Frischhut* EWS 2006, 55, 75; *Geyrhalter/Weber* DStR 2006, 146, 150; *Gottschalk* EuZW 2006, 83, 84; *Gsell/Krömker* DB 2006, 2558; *dies.* DB 2007, 679 f.; *Herrler* EuZW 2007, 295; 298; SHS/*Hörtnagel*, UmwG, § 1 Rn. 41 f.; *Kieninger* EWS 2006, 49, 51 f.; *Kraft/Bron* IStR 2006, 26, 27; *Krause/Kulpa* ZHR 171 (2007) 38, 45; *Kuntz* EuZW 2005, 524, 527 (auf der Basis der Schlussanträge); *Louven/Dettmeier/Pöschke/Wenig* BB-Special 3 2006, 1, 5 f.; *Lutter/Drygala* JZ 2006, 770, 771; *Lutter/Lutter/Drygala*, UmwG, § 1 Rn. 10; *Meilicke/Rabback* GmbHR 2006, 123, 126; *Sedemund* BB 2006, 519, 520 f.; *Siems* EuZW 2006, 135, 138 f.; *Teichmann* ZIP 2006, 355, 358; *Veil* Der Konzern 2007, 98, 99; *Vetter* AG 2006, 613, 616; *Wachter* GmbHR 2006, 601, 602; *Winter* NZG 2007, 24, 29; so auch EuGH, GA (Generalanwalt *Tizzano*), Schlussanträge v. 7.7.2005 – Rs. C 411/93, ZIP 2005, 1227, 1230 Rn. 45, 49; nicht ausdrücklich entschieden durch OLG München, Beschluss v. 2.5.2006 – 31 Wx 9/06, NZG 2006, 513. Für das niederländisch Recht: Kantongerecht Amsterdam v. 29.1.2007 – EA 06-3338 166, DB 2007, 677.

durch Gläubiger-, Minderheitsaktionärs-, Arbeitnehmer- oder fiskalische Interessen[68], haben durch die *Cartesio*-Entscheidung und die Umsetzung der Verschm-RL erheblich an Relevanz verloren. Die Probleme beziehen sich nun nur noch auf nicht von der Verschm-RL umfasste Umwandlungsformen und Rechtsformen, insbesondere Personengesellschaften; vgl. hierzu i.E. nachfolgend Rn. 41 und 2. Teil Rn. 10.

39   Auf der Basis der *SEVIC*-Entscheidung geht die hM davon aus, dass auch die **Spaltung über die Grenze** innerhalb der EU von der Niederlassungsfreiheit gedeckt ist.[69] Dies wird gestützt durch den Text der *SEVIC*-Entscheidung, der davon spricht, dass die Verschmelzung wie auch „andere Gesellschaftsumwandlungen" Teil der Niederlassungsfreiheit seien.[70] Dem wurde vor der *Cartesio*-Entscheidung des EuGH[71] vereinzelt für die Hinausspaltung widersprochen.[72] Dafür gilt jedoch uE das vorstehend zur Hinausverschmelzung Gesagte; vgl. hierzu i.E. vorstehend Rn. 38.

40   Dass sich die Grundsätze der *SEVIC*-Entscheidung auch auf den grenzüberschreitenden **Formwechsel** übertragen lassen,[73] ist jedenfalls seit der *VALE*-Entscheidung klar; vgl. hierzu i.E. vorstehend Rn. 34 und nachfolgend Rn. 144 ff. Zu beachten ist allerdings, dass der EuGH Schutzregelungen aufgrund zwingender Gründe des Allgemeinwohls zulässt. Solche Regelungen gibt es in Deutschland noch nicht ausdrücklich; ihre Schaffung, zB für Gläubigerschutz und Arbeitnehmermitbestimmung, ist allerdings nicht unwahrscheinlich.[74]

41   Im Hinblick auf die Auswirkungen der SEVIC-Entscheidung auf **Personengesellschaften** besteht weitgehend Einigkeit. Die hM geht davon aus, dass eine Verschmelzung von Personengesellschaften über die Grenze zulässig sein muss, wenn die beteiligten Mitgliedstaaten die Möglichkeit der Verschmelzung von Personengesellschaften grundsätzlich vorsehen.[75]

42   Auch diese Streitfragen würden sich uE erledigen oder mindestens entschärfen, wenn die durch den **Referentenentwurf für ein Gesetz zum Internationalen Privatrecht**

---

[68] So auch: *Geyrhalter/Weber* DStR 2006, 146, 150.
[69] *Bungert* BB 2006, 53, 56; *Decher* Der Konzern 2006, 805, 810; *Kallmeyer/Kappes* AG 2006, 224, 234; *Krause/Kulpa* ZHR 171 (2007) 38, 45; *Geyrhalter/Weber* DStR 2006, 146, 150; *Gottschalk* EuZW 2006, 83, 84; *Gsell/Krömker* DB 2006, 2558; dies. DB 2007, 679, 678; *Meilicke/Rabback* GmbHR 2006, 123, 126; *Siems* EuZW 2006, 135, 139; *Veil* Der Konzern 2007, 98, 99; *Weiss/Wöhlert* WM 2007, 580, 584.
[70] Rn. 19.
[71] S. Fn. 40.
[72] *Leible/Hoffmann* RIW 2006, 162, 165 f.
[73] *Vale* befürwortend: *Bayer/Schmidt* BB 2010, 387, 392; *Engert* in: Eidenmüller (Hrsg.), Ausländische Kapitalgesellschaft im deutschen Recht, 2004, § 4 Rn. 126 f.; *Geyrhalter/Weber* DStR 2006, 146, 150; *Gsell/Krömker* DB 2006, 2558; *Henrichs/Pöschke/von der Laage/Klavina* WM 2009, 2009, 2015; *Herrler* EuZW 2007, 295; 298 f.; *Krause/Kulpa* ZHR 171 (2007) 38, 45; ablehnend für den zuziehenden Formwechsel: Formwechsel gar nicht erfasst: *Krause/Kulpa* ZHR 171 (2007), 38, 46; *Kuntz* IStR 2006, 224, 226; *Siems* EuZW 2006, 135, 139 f.; Formwechsel nur nach Deutschland herein zulässig: *Decher* Der Konzern 2006, 805, 809; *Jaensch* EWS 2007, 97, 101 ff.; *Spahlinger/Wegen* NZG 2006, 721, 725; und insgesamt ablehnend: *Siems* EuZW 2006, 135, 139 f.
[74] Zu möglichen Beschränkungen und ihren Zulässigkeitsgrenzen: *Däubler/Heuschmid* NZG 2009, 493, 495 ff.; *Kindler* Status:Recht 2009, 9; ders. IPrax 2009, 189, 191 f.; *Knop* DZWiR 2009, 147, 151; *Leible/Hoffmann* BB 2009, 58, 62; *Meilicke* GmbHR 2009, 92, 94; *Mörsdorf/Jopen* ZIP 1398 ff.; *Otte/Rietschl* GmbHR 2009, 983 ff.
[75] So auch: *Bayer/Schmidt* NZG 2006, 841; dies. NJW 2006, 401; dies. ZIP 2006, 201, 212; *Decher* Der Konzern 2006, 805, 809; *Drinhausen/Keinath* BB 2006, 725, 732; dies. RIW 2006, 81, 87; *Geyrhalter/Weber* DStR 2006, 146, 151; *Handelsrechtsausschuss des Deutschen Anwaltvereins* NZG 2006, 737, 740; *Gsell/Krömker* DB 2007, 679, 678; *Haritz/von Wolff* GmbHR 2006, 340, 341; *Herrler* EuZW 2007, 295; 299; *Kallmeyer* GmbHR 2006, 418; *Kallmeyer/Kappes* AG 2006, 224 ff.; *Kiem* WM 2006, 1091, 1094; *Louven* ZIP 2006, 2021, 2023; *Schmidt/Maul* BB 2006, 13, 14; *Sedemund* BB 2006, 519, 520; *Veil* Der Konzern 2007, 98, 99; *Vetter* AG 2006, 613, 615 f.; *Wachter* GmbHR 2007, R 161.

der Gesellschaften, Vereine und juristischen Personen[76] vorgeschlagene Regelung des EGBGB unverändert in Kraft träte. Darin ist vorgesehen, einen Art. 10a EGBGB zu schaffen, nach dem sich die Voraussetzungen, das Verfahren und die Wirkungen einer Umwandlung im Wege der Verschmelzung, Spaltung, Vermögensübertragung oder des Formwechsels für jede der beteiligten Gesellschaften nach dem Gesellschaftsstatut richten. Zwar würde die vorgeschlagene Regelung die Zulässigkeit grenzüberschreitender Umwandlungsvorgänge nicht ausdrücklich regeln. Eine gesetzliche Festlegung des auf grenzüberschreitende Umwandlungen anwendbare Recht zu einem Zeitpunkt, zu dem die Zulässigkeit hoch umstritten und viel diskutiert ist, lässt jedoch den Willen des Gesetzgebers erkennen, dass solche Vorgänge zulässig sein sollen. Das ergibt sich auch aus der Begründung des Referentenentwurfs, der offensichtlich davon ausgeht, dass deutschen Gesellschaften durch die vorgeschlagenen Änderungen des EGBGB die grenzüberschreitende Mobilität erleichtert wird.[77] Es ließe sich daher uE nach einem Inkrafttreten der vorgeschlagenen Änderungen des EGBGB kaum noch vertreten zu argumentieren, das UmwG stünde einer Umwandlung unter Beteiligung einer ausländischen Gesellschaft entgegen.

II. Nationale (deutsche) Regelungen

Im deutschen Recht finden sich ausdrückliche Regelungen zu **grenzüberschreitende** 43
Umstrukturierungen nur im Umwandlungsgesetz seit der Fassung des Zweiten Gesetzes zur Änderung des Umwandlungsgesetzes sowie in SEAG, SEBG und SCEAG, welche zur Ausführung und Ergänzung von SE-VO, SE-RL und der Verordnung (EG) Nr. 1435/2003 des Rates vom 22. Juli 2003 über das Statut der Europäischen Genossenschaft (SCE) erlassen wurden.

Die Genossenschaft wird im Folgenden wegen ihrer geringen praktischen Relevanz für grenzüberschreitende Umstrukturierungsvorgänge ausgeklammert.

Darüber hinaus können die allgemeinen Regeln des deutschen Rechts nach international privatrechtlichen Grundsätzen auf Teilbereiche grenzüberschreitender Umstrukturierungsmaßnahmen Anwendung finden. Die für grenzüberschreitende Umstrukturierungsvorgänge geltenden international privatrechtlichen Regelungen würden durch das vorgeschlagene Gesetz zum Internationalen Privatrecht der Gesellschaften, Vereine und juristischen Personen, wenn es wie durch den am 7.1.2008 durch die Bundesregierung vorgelegten Referentenentwurf für ein Gesetz zum Internationalen Privatrecht der Gesellschaften, Vereine und juristischen Personen vorgeschlagen in Kraft träte, erstmals ausdrücklich kodifiziert. Allerdings scheint dieses Gesetzesvorhaben derzeit nicht weiter betrieben zu werden.[78]

1. Grenzüberschreitende Verschmelzung

Für die grenzüberschreitende Verschmelzung von Gesellschaften (Genossenschaften 44 ausgeklammert) sieht das deutsche Recht **zwei Möglichkeiten** vor: (1) – iVm der SE-VO – die Verschmelzung zur Gründung einer Societas Europaea nach Art. 2 Abs. 1, 17 ff. SE-VO und §§ 1 ff. SEAG sowie (2) die Verschmelzung nach §§ 122a ff. UmwG iVm dem MgVG.

---

[76] Vom 7. Januar 2008, seitdem offenbar nicht weiterverfolgt.
[77] Begründung zum Referentenentwurf für ein Gesetz zum Internationalen Privatrecht der Gesellschaften, Vereine und juristischen Personen, S. 5 f.
[78] So auch *Wiehe/Thies* BB 2012, 1891.

45 Die **Verschmelzung zur Gründung einer Societas Europaea** kann ausschließlich von Aktiengesellschaften wahrgenommen werden. Andere deutsche Rechtsformen können an der Gründung einer Societas Europaea nur im Zusammenhang mit der Gründung einer Holding-SE oder einer Tochter-SE beteiligt sein.

Wegen des Fokus dieses Buches auf grenzüberschreitende Umstrukturierungen außerhalb der Gründung einer Societas Europaea wird im folgenden nur insoweit auf die Verschmelzung zur Societas Europaea eingegangen, wie sich durch die Unterschiede zwischen den Regelungen der §§ 122a ff. UmwG und der SE-VO, SE-RL sowie SEAG und SEBG durch den Einsatz einer Societas Europaea vorteilhafte Gestaltungsmöglichkeiten ergeben.

46 Die **Verschmelzung nach § 122a ff. UmwG** steht deutschen Aktiengesellschaften, Kommanditgesellschaften und Gesellschaften mit beschränkter Haftung sowie in eingeschränktem Umfang Societates Europaeae[79] für die Verschmelzung mit bestimmten Kapitalgesellschaften aus anderen Mitgliedstaaten der EU oder des EWR-Abkommens offen. Dabei gilt das deutsche Recht nur, wenn an dieser Verschmelzung mindestens auch eine deutsche Gesellschaft[80] beteiligt ist. Sonst kommt es nach dem Kollisionsrecht gar nicht erst zur Anwendung des deutschen Rechts.

47 Das ergibt sich aus der herrschenden sog. **modifizierten Vereinigungstheorie**[81]. Die modifizierte Vereinigungstheorie wurde vor Geltung der §§ 122a ff. UmwG für die Bestimmung des für grenzüberschreitende Umwandlungsvorgänge anwendbaren Rechts entwickelt und ist in Deutschland gegenwärtig noch nicht gesetzlich kodifiziert. Nach der hM verankert die Verschm-RL diese Vereinigungstheorie für Verschmelzungsvorgänge nach §§ 122a ff. UmwG.[82] Bei einem Inkrafttreten des durch den Referentenentwurf vom 7.1.2008 vorgeschlagenen Gesetz zum Internationalen Privatrecht der Gesellschaften, Vereine und juristischen Personen würde sie durch den vorgeschlagenen Art. 10a EGBGB gesetzlich kodifiziert.

48 **Inhalt der modifizierten Vereinigungstheorie** ist, dass sich die Regeln für eine grenzüberschreitende Verschmelzung für jede der beteiligten Gesellschaften nach ihrem Personalstatut (Gesellschaftsstatut), also der Summe der auf diese Gesellschaft anwendbaren materiell-rechtlichen Normen zur Regelung ihrer gesellschaftsrechtlichen Verhältnisse, richten.[83] Das deutsche Umwandlungsrecht als Bestandteil des deutschen Gesellschaftsrechts ist also nur auf die beteiligten deutschen Gesellschaften anzuwenden. Dabei ist die Frage des anwendbaren Rechts nach der hM im Hinblick auf Voraussetzungen der Verschmelzung, Verfahren und Wirkung einer Verschmelzung jeweils gesondert zu bestimmen.[84] In diesem Zusammenhang sind noch viele Einzelheiten ungeklärt. Als generelle Richtschnur lassen sich aber die folgenden Kategorisierungen heranziehen.

49 Für die Frage nach dem **auf die Voraussetzungen anwendbaren Recht** gilt,[85] dass sich für jede beteiligte Gesellschaft ihre aktive Verschmelzungsfähigkeit, d.h., ob sie an der

---

[79] Vgl. hierzu i.E. nachfolgend 2. Teil Rn. 8 f.
[80] Zur Frage, wann es sich um eine deutsche Gesellschaft handelt, vgl. nachfolgend 2. Teil Rn. 6 ff.
[81] Ausführlich zur Vereinigungstheorie jeweils mwN vgl. *Engert*, in: Eidenmüller (Hrsg.), Ausländische Kapitalgesellschaft im deutschen Recht, 2004, § 4 Rn. 100 ff.; *Kieninger* EWS 2006, 49, 50 f.; Münch-Komm/*Kindler*, BGB, IntGesR Rn. 848 ff.; *Krause/Kulpa* ZHR 171 (2007), 38, 50; Michalski/*Leible*, Syst.-Darst. 2 Rn. 204 ff.; unter Bezugnahme auf die SEVIC-Entscheidung auch OLG München, Beschluss v. 2.5.2006 – 31 Wx 9/06, NZG 513, 414.
[82] *Krause/Kulpa* ZHR 171 (2007) 38, 52 und 54; *Leible/Hoffmann* RIW 2006, 161, 167; *Simon/Rubner* Der Konzern 2006, 835, 836.
[83] Überblick bei: *Bungert* BB 2006, 53, 55; MünchKomm/*Altmeppen/Ego*, AktG, Europ. Niederlassungsfreiheit Rn. 331; Staudinger/*Großfeld*, IntGesR (1998) Rn. 683; MünchKomm BGB/*Kindler*, IntGesR Rn. 848 ff.
[84] Vgl. nur MünchKomm BGB/*Kindler*, IntGesR Rn. 850.
[85] Vgl. nur MünchKomm BGB/*Kindler*, IntGesR Rn. 852 ff.

Verschmelzung beteiligt sein kann, nach der für sie geltenden Rechtsordnung richtet. Ferner ist nach ihrer Rechtsordnung zu prüfen, ob diese auch die passive Verschmelzungsfähigkeit, d.h. ob die beteiligte Gesellschaft mit ihnen eine Verschmelzung eingehen kann, erlaubt. Teilweise wird vertreten, dass es zur Beurteilung der Verschmelzung nur auf das Recht der übertragenden Gesellschaft ankomme, wenn dieses Recht einen Verschmelzungsvorgang vorsehe, an dem die aufnehmende Gesellschaft formell nicht beteiligt werde.[86] Das ist zB bei der Verschmelzung einer österreichischen GmbH auf ihren Alleingesellschafter[87] oder bei einer Anwachsung möglich. UE kommt es aber bereits bei dieser Frage darauf an, welche Vorgaben die Rechtsordnungen aller beteiligten Gesellschaften für einen solchen Verschmelzungsvorgang machen. Handelt es sich also zB um eine Verschmelzung einer österreichischen GmbH auf ihre 100% deutsche Mutter, die ebenfalls als GmbH organisiert ist, so ist aus Sicht des deutschen UmwG die Beteiligung der aufnehmenden deutschen GmbH erforderlich. Eine Verschmelzung ohne die Beteiligung der deutschen GmbH und Beachtung des deutschen Rechts ist daher nicht möglich.[88] Kennen dagegen beide Rechtsordnungen die Anwachsung, an der der übrig bleibende Gesellschafter formell nicht beteiligt ist, so ist es möglich, dass diese sich allein nach dem Recht der anwachsenden Gesellschaft richtet.

Auch das **auf das Verfahren anwendbare Recht** richtet sich für jede beteiligte Gesellschaft nach der für sie geltenden Rechtsordnung.[89] Soweit die Verfahrensvorschriften eines beteiligten Rechtsträgers ein gemeinsames Tätigwerden erfordern, sind die Rechtsordnungen kumulativ anzuwenden. Gelten nach dem deutschen Recht und dem anwendbaren ausländischen Umwandlungsrecht unterschiedliche Maßstäbe, sind nach der sog. modifizierten Vereinigungstheorie grundsätzlich die Voraussetzungen beider Rechtsordnungen zu erfüllen, wobei sich zum Schutz der an der Verschmelzung beteiligten Interessengruppen (etwa Gläubiger, Arbeitnehmer, Minderheitsgesellschafter) die jeweils strengste der auf die beteiligten Rechtsträger anwendbare Vorschrift durchsetzt.[90] 50

Bei der **Wirkung der Verschmelzung** ist zu unterscheiden: die Vermögensübertragung und das Erlöschen des übertragenden Rechtsträgers richten sich nach dem Recht der übertragenden Gesellschaft, die Gewährung neuer Anteile als Gegenleistung nach dem Recht des übernehmenden Rechtsträgers.[91] Der Bestandsschutz richtet sich grundsätzlich kumulativ nach beiden Rechtsordnungen.[92] Allerdings kann sich die Wirkung der Verschmelzung ausnahmsweise, wenn es um beschränkte Auswirkungen für Einzelfragen geht, auch nur nach dem Recht des übernehmenden Rechtsträgers richten.[93] 51

Wegen der mit dieser Kategorisierung noch verbundenen Unsicherheiten wird es aber **in der Praxis** sinnvoll sein, alle Zweifelsfragen, welches Recht für welchen Teil der grenzüberschreitenden Verschmelzung anwendbar ist, mit den zuständigen Behörden abzustimmen. Die durch den Referentenentwurf für ein Gesetz zum Internationalen Privatrecht der Gesellschaften, Vereine und juristischen Personen vorgeschlagene Regelung des 52

---

[86] *Meilicke/Braback* GmbHR 2006, 123, 124.
[87] OGH Wien Urteil v. 20.3.2003 – 6 Ob 283/02i, ZIP 2003, 1086; sog. übertragende Umwandlung gem. §§ 1 ff. öUmwG.
[88] Kritisch auch: *Krause/Kulpa* ZHR 171 (2007), 38, 50; *Kuntz* IStR 2006, 224, 230 f.; *Paefgen* IPRax 2004, 132, 134 ff.; *ders.* GmbHR 2004, 463, 469 f.
[89] Vgl. nur MünchKomm BGB/*Kindler*, IntGesR Rn. 856 ff.
[90] Vgl. *Krause/Kulpa* ZHR 171 (2007), 38, 50 f.; *Spahlinger/Wegen* NZG 2006, 721, 722; *dies.* IntGesR in der Praxis, Rn. 506 mwN.
[91] Staudinger/*Großfeld* BGB, IntGesR Rn. 688; zu den möglichen Änderungen dieses Ansatzes durch die Verschm-RL vgl. i.E. nachfolgend 2. Teil Rn. 174.
[92] Vgl. nur MünchKomm BGB/*Kindler*, IntGesR Rn. 860 ff.
[93] Vgl. *Krause/Kulpa* ZHR 171 (2007), 38, 50; *Spahlinger/Wegen* NZG 2006, 721, 722; *dies.* IntGesR in der Praxis, Rn. 507 mwN.

Art. 10a EGBGB enthält gegenüber den vorstehend erläuterten Grundsätzen keine offenbaren Abweichungen. Ob sich auf der Grundlage des Entwurf oder einer tatsächlich erfolgenden Umsetzung Diskussionen und Konsens zu bisher bestehenden Streitfragen oder ungeklärten Punkten ergibt, bleibt abzuwarten.

53 **Außerhalb der gesetzlich geregelten Fälle** ist zwischen Verschmelzungen mit EU/EWR-Gesellschaften und Verschmelzungen mit Gesellschaften aus Drittstaaten zu unterscheiden.

54 Für den ersten Fall der **Verschmelzung innerhalb der EU und des EWR** gilt nach den Grundsätzen der SEVIC-Entscheidung auf der Basis der hier gefolgten hM (vgl. hierzu i.E. vorstehend Rn. 38 ff.), dass die Verschmelzung möglich sein muss, soweit die beteiligten Rechtsträger nach den Rechtsordnungen aller beteiligten Rechtsträger miteinander verschmolzen werden können. Fraglich ist in diesem Zusammenhang allerdings, welche Regelungen für die beteiligten deutschen Rechtsträger heranzuziehen sind. Hierzu werden zahlreiche verschiedene Auffassungen vertreten. Diese reichen von einer (analogen) europarechtskonformen Anwendung der §§ 20 ff. UmwG[94] zur entsprechenden (unmittelbaren) Anwendung verschiedener thematisch verwandter Richtlinien mit und ohne Heranziehung des UmwG oder der SE-VO[95]. Da die genannten Regelungen sich in vielen Bereichen decken, wird es in der Praxis vernünftig sein, soweit möglich die strengsten und umfangreichsten Regelungen einzuhalten. Darüber hinaus sollte eine Abstimmung mit den zuständigen Behörden erfolgen. Tatsächlich wird sich die Möglichkeit der Verschmelzung außerhalb der §§ 122a ff. UmwG und außerhalb der SE-RL am ehesten im Konzern oder bei sonstiger Vorhersehbarkeit des Verhaltens aller Beteiligten und bei Fehlen eines mitbestimmten Aufsichtsrates anbieten.

55 Für den zweiten Fall der **Verschmelzung mit Gesellschaften aus Drittstaaten** stellt sich die Frage, ob eine grenzüberschreitende Verschmelzung überhaupt möglich ist. Nach einer wohl überwiegend vertretenen Auffassung beschränkt § 1 Abs. 1 UmwG Verschmelzungen – soweit wie vorstehend dargelegt europarechtlich nicht anders geboten – auf Vorgänge unter ausschließlicher Beteiligung deutscher Rechtsträger.[96] Andere Stimmen, dass § 1 UmwG keine solche Beschränkung enthalte,[97] haben sich (bisher) noch nicht durchgesetzt; zur hier vertretenen Zulässigkeit und möglichen Auswirkungen der durch den Referentenentwurf für ein Gesetz zum Internationalen Privatrecht der Gesellschaften, Vereine und juristischen Personen vorgeschlagenen Änderungen des EGBGB; vgl. jedoch i.E. nachfolgend 2. Teil Rn. 316 ff. und 2. Teil Rn. 684 ff. In der Praxis wird man jedenfalls gegenwärtig daher noch davon ausgehen müssen, dass § 1 Abs. 1 UmwG Verschmelzungen außerhalb der EU und des EWR möglicherweise entgegensteht. Allenfalls im Konzern oder bei sonstiger Vorhersehbarkeit des Verhaltens aller Beteiligten kann eine Verschmelzung tatsächlich möglich sein, wenn eine Abstimmung mit den zuständigen Behörden gelingt.

---

[94] *Beul* IStR 2003, 737, 738; *Bungert* BB 2006, 53, 55; *Dorr/Stukenbrok* DB 2003, 647, 649 f.; *Gsell/Krömker* DB 2006, 2558, 2560; *Kieninger* EWS 2006, 49, 51; *Louven/Dettmeier/Pöschke/Wenig* BB-Special 3 2006, 1, 16; *Paefgen* GmbHR 2004, 463, 471.
[95] S. zB: *Kallmeyer/Kappes* AG 2006, 224, 231; *Drygala* EWiR 2006, 25, 26; *Koppensteiner* Der Konzern 2006, 40, 49 f.; Lutter/*Lutter/Drygala*, § 1 Rn. 28; *dies.* JZ 2006, 770, 771; *Nagel* NZG 2006, 97, 101; *Oechsler* NZG 2006, 161.
[96] Überblick über Meinungsstand bei Kallmeyer/*Kallmeyer*, § 1 Rn. 11 f.; Spahlinger/Wegen/*Spahlinger/Wegen*, Internationales Gesellschaftsrecht, Rn. 509 ff.; *Bungert* BB 2006, 53; *Gsell/Krömker* DB 2006, 2558; *Herrler* EuZR 2007, 295.
[97] Ulmer/Winter/Habersack/*Behrens*, Einl. Rn. B 127; *Behrens* JBl. 2001, 341, 353 f.; *Bungert* AG 1995, 489, 502; *Dorr/Stukenbrok* DB 2003, 647, 648; SHS/*Hörtnagel*, § 1 Rn. 42; *Koppensteiner* Der Konzern 2006, 40, 43; *Kronke* ZGR 1994, 26, 35 f.; Lutter/*Lutter/Drygala*, § 1 Rn. 6 ff.; *Picot/Land* DB 1998, 1601, 1606; früher auch: *Kallmeyer* ZIP 1996, 353; Kallmeyer/*Kallmeyer*, 2. Aufl. 2001, § 1 Rn. 14; jetzt aber ausdrücklich nicht mehr 4. Aufl. 2010, § 1 Rn. 11.

2. Grenzüberschreitende Spaltung

Im deutschen Recht finden sich keine Regelungen zur **grenzüberschreitenden** 56
Spaltung. In der Gesetzesbegründung zum Zweiten Gesetz zur Änderung des Umwandlungsgesetzes betont der Gesetzgeber ausdrücklich, dass die Vorschriften über die grenzüberschreitende Verschmelzung für Spaltungen nicht anwendbar sind.[98] Die Beschränkung der gesetzlichen Regelung auf die grenzüberschreitende Verschmelzung von Kapitalgesellschaften begründet der Gesetzgeber damit, dass für andere Umwandlungsarten und für die Beteiligung anderer Rechtsformen gemeinschaftsrechtliche Harmonisierungsregelungen fehlten. Da sich bei 27 Mitgliedstaaten in dem nicht harmonisierten Bereich eine nahezu unüberschaubare Anzahl von Umwandlungsmöglichkeiten ergäben, scheide eine Regelung aller europaweit denkbaren Umwandlungen mit der bisher vom Umwandlungsgesetz bekannten Regelungstiefe aus.[99]

Dennoch geht die heute hM seit der SEVIC-Entscheidung davon aus, dass die **grenz-** 57
überschreitende Spaltung innerhalb der EU sowohl in der Form der Hereinspaltung als auch in der Form der Hinausspaltung auf der Basis der durch Art. 49, 54 AEUV garantierten Niederlassungsfreiheit grundsätzlich möglich sein muss.[100]

Außerhalb der EU dürfte eine grenzüberschreitende Spaltung nur zulässig sein, soweit im 58
Verhältnis zu dem jeweiligen **Drittstaaten** die Niederlassungsfreiheit ähnlich wie in Art. 49 AEUV garantiert ist. Dies ist insbesondere bei den EFTA-Staaten Island, Lichtenstein und Norwegen der Fall, da hier das Abkommen über den Europäischen Wirtschaftsraum (EWR) die Niederlassungsfreiheit in vergleichbarer Weise wie Art. 49 AEUV garantiert.[101] Gleiches gilt für die USA auf der Basis Freundschafts-, Handels- und Schiffahrtsvertrages vom 29. Oktober 1954 („Freundschaftsvertrag").

Der **rechtliche Rahmen**, nach dem solche Spaltungen abgewickelt werden können, 59
bestimmt sich nach der herrschenden sog. modifizierten Vereinigungstheorie.[102]

Aufgrund der fehlenden gesetzlichen Regelungen dürfte eine grenzüberschreitende Spaltung am ehesten im Konzern oder bei sonstiger Vorhersehbarkeit des Verhaltens aller Beteiligter in Betracht kommen. Im Übrigen empfiehlt es sich, das Ziel der grenzüberschreitenden Spaltung durch alternative Gestaltungen zu erreichen. So kann beispielsweise der abzuspaltende Teil eines Unternehmens in einem ersten Schritt nach den §§ 123 ff. UmwG auf eine Kapitalgesellschaft abgespalten und diese in einem zweiten Schritt grenzüberschreitend auf die ausländische Zielgesellschaft verschmolzen werden.

3. Andere Grenzüberschreitende Gestaltungen

Grenzüberschreitende Umstrukturierungen können auch auf **anderem Wege als** 60
durch grenzüberscheitende Verschmelzung oder grenzüberschreitende Spaltung
gestaltet werden.[103] Denn die durch das UmwG vorgegebenen Umstrukturierungsmög-

---

[98] Begründung zum Regierungsentwurf des Zweiten Gesetzes zur Änderung des Umwandlungsgesetzes, BT-Drs. 16/2919 v. 12.10.2006, 41.
[99] Begründung zum Regierungsentwurf des Zweiten Gesetzes zur Änderung des Umwandlungsgesetzes, BT-Drs. 16/2919 v. 12.10.2006, 20.
[100] *Bungert* BB 2006, 53, 56; *Decher* Der Konzern 2006, 805, 810; *Kallmeyer/Kappes* AG 2006, 224, 234; *Krause/Kulpa* ZHR 171 (2007) 38, 45; *Geyrhalter/Weber* DStR 2006, 146, 150; *Gottschalk* EuZW 2006, 83, 84; *Gsell/Krömker* DB 2006, 2558; *dies.* DB 2007, 679, 678; *Meilicke/Rabback* GmbHR 2006, 123, 126; *Siems* EuZW 2006, 135, 139; *Veil* Der Konzern 2007, 98, 99, *Weiss/Wöhlert* WM 2007, 580, 584.
[101] Vgl. Art. 31 EWR.
[102] Vgl. zum Begriff der modifizierten Vereinigungstheorie oben unter Rn. 47 ff. und zu den Einzelheiten des Spaltungsverfahrens nachfolgend 3. Teil Rn. 19 ff.
[103] Siehe hierzu nachfolgend 4. Teil.

lichkeiten sind keinesfalls abschließend.[104] So folgt aus § 1 Abs. 2 UmwG, dass Unternehmen auch auf anderem Weg als durch das UmwG sowohl national als auch international umstrukturiert werden können.[105] Direkt geregelt ist im UmwG allerdings nur die grenzüberschreitende Verschmelzung nach §§ 122a ff. UmwG von Kapitalgesellschaften eines EU-Mitgliedstaats/EWR-Vertragsstaats.[106] Andere Umwandlungsvorgänge des UmwG sind grenzüberschreitend bisher nur in analoger Anwendung aufgrund der Rechtsprechung des EuGH in Sachen „SEVIC" und „Vale" möglich. Parallel dazu zeigt § 1 UmwStG, auf welche Umstrukturierungen und Gesellschaften das UmwStG Anwendung findet. Das UmwStG ist gemäß seines § 1 Abs. 2 und Abs. 4 aus personeller Sicht anwendbar, wenn die an der Umwandlung beteiligten Rechtsträger Gesellschaften im Sinne des Art. 48 EGV (jetziger Art. 54 AEUV) oder Art. 34 EWR-Abkommens oder natürliche Personen sind, die in der EU oder dem EWR ansässig sind[107]. Gesellschaften müssen nach dem Recht eines EU-Mitgliedsstaats/EWR-Vertragsstaats gegründet sein und ihren Sitz und Ort der Geschäftsleitung in einem EU-Mitgliedstaat/EWR-Vertragsstaat haben. Zu den Gesellschaften im Sinne des Art. 48 EGV (Art. 54 AEUV) oder Art. 34 EWR-Abkommens zählen auch Personengesellschaften[108]. Der sachliche Anwendungsbereich des UmwStG erstreckt sich auf die nationalen und grenzüberschreitenden Umwandlungsvorgänge, die in § 1 Abs. 1 und 3 UmwStG abschließend aufgezählt sind. Das sind die in § 1 UmwG genannten Umwandlungsvorgänge einschließlich vergleichbarer ausländischer Vorgänge. Unterfällt ein Umstrukturierungsvorgang nicht dem sachlichen oder personellen Anwendungsbereich des UmwStG, gelten die allgemeinen steuerlichen Regelungen.

61 Außerhalb des UmwG und UmwStG verbleiben daher Gestaltungsmöglichkeiten grenzüberschreitender Umstrukturierungen. So ist das UmwStG nicht auf Rechtsträger anwendbar, die nach dem Recht eines Nicht-EU-Mitgliedsstaats/EWR-Vertragsstaats gegründet wurden oder ihren Sitz und Ort der Geschäftsleitung in einem solchen Staat haben[109]. Umstrukturierungsvorgänge unter Beteiligung anderer Gesellschaften als der genannten und Vorgänge, die nicht denen des UmwG oder des UmwStG entsprechen, sind daher auch nicht in den Kategorien des UmwG zu erfassen. Dies gilt insbesondere für die **grenzüberschreitende Anwachsung** des gesamten Vermögens einer Personengesellschaft, die durch den Austritt aller Gesellschafter bis auf einen verbleibenden Gesellschafter, der einer anderen Jurisdiktion als die Personalgesellschaft unterfällt, erlischt[110], die **grenzüberschreitende Realteilung** von Personengesellschaften verschiedener Jurisdiktionen[111] sowie die **Übertragung von Einzelwirtschaftsgütern (Asset Deal)**[112] **zwischen Rechtsträgern verschiedener Jurisdiktionen**. Diese drei Gestaltungsmöglichkeiten stehen bereit, sollten die Gestaltungsformen des UmwG nicht zur Verfügung stehen. Darüber hinaus können diese Gestaltungsvarianten Umstrukturierungsvorgänge wie die Verschmelzung oder Spaltung, die dem UmwG und/oder UmwStG unterfallen, ersetzen.[113]

---

[104] *SHS/Hörtnagl*, § 1 UmwG, Rn. [58]; BT-Drucks. 12/6699, S. 80.
[105] *J. Semler/Stengel*, UmwG, Einl. A, Rn. 82;
[106] Vgl. oben Rn. 2.
[107] *Rödder/Schumacher* DStR 2006, 1525.
[108] Bei der Beteiligung von Personengesellschaften gelten gem. § 1 Abs. 4 Satz 2 Nr. 2 UmwStG Einschränkungen, wenn Drittstaatengesellschafter beteiligt sind.
[109] Lediglich § 12 Abs. 2 KStG enthält Regelungen für die Verschmelzung von in demselben Drittstaat ansässigen Kapitalgesellschaften.
[110] Vgl. 4. Teil Rn. 31 ff.
[111] Vgl. 4. Teil Rn. 137 ff.
[112] Vgl. 4. Teil Rn. 194 ff.
[113] Vgl. 4. Teil.

B. Steuerrecht

I. Europarechtliche Vorgaben

1. Überblick

Nationales Steuerrecht – folglich auch das die Umwandlungen betreffend – ist kein europarechtsfreier Raum.[114] Es wird vielmehr von primär- und sekundärrechtlichen Normen unterschiedlicher Regelungstiefe flankiert. Eher abstrakten Charakter, allerdings mit nicht zu unterschätzendem Einfluss auf die nationalen Steuerrechtsordnungen, haben allem voran die Grundfreiheiten des AEUV[115]. Konkrete Regelungen sucht man im Primärrecht – mit Ausnahme der steuerlichen Antidiskriminierungsnorm mit Bezug auf den freien Warenverkehr in Art. 110 AEUV – allerdings vergebens.[116]

Der Befund fällt bei einem Blick in das **Sekundärrecht** schon anders aus. Eine erhebliche Regelungsdichte besteht bei den **indirekten Steuern**, haben doch die Mitgliedstaaten den Unionsgesetzgeber in Art. 113 AEUV ermächtigt, diese Steuern in dem für den Binnenmarkt erforderlichen Maße zu harmonisieren.[117] Das Steuerrecht der europäischen Umwandlungen ist von diesen Harmonisierungsbemühungen nur selektiv betroffen, nämlich soweit bei Umwandlungen verkehrsteuerliche Aspekte berührt sind. Diesbezüglich sei auf die Ausführungen in den nachfolgenden Teilen des Handbuchs verwiesen. Hingegen sind Umwandlungen weit mehr Gegenstand der **direkten Steuern**, wofür gerade keine Harmonisierungsermächtigung des Uniongesetzgebers besteht. Folglich fällt die Regelungszuständigkeit in dieser Hinsicht weiterhin den Mitgliedstaaten zu. Es besteht aber nach Art. 115 AEUV ein Recht des Unionsgesetzgebers auf Angleichung von Vorschriften der Mitgliedstaaten, die sich unmittelbar auf den Binnenmarkt auswirken. Auf dieser Grundlage hat der Rat der Europäischen Union die für europäische Umwandlungen zentrale **Fusions-Richtlinie**[118] (FusionsRL) erlassen.[119]

---

[114] So GA am EuGH *Kokott*, Vortrag auf der 50. Münchner Steuerfachtagung am 16.3.2011; vgl. auch *Kokott/Ost* EuZW 2011, 496.
[115] Vertrag über die Arbeitsweise der Europäischen Union in der Fassung der Bekanntmachung vom 9.5.2008, ABl. EG Nr. C 115 S. 47 zuletzt geändert durch Art. 12 ÄndEU-BeitrAkt2013 vom 9.12.2011, ABl. EG 2012 Nr. L 112 S. 21.
[116] Vgl. Rn. 14 ff.
[117] Vgl. insb. Richtlinie 2006/112/EG des Rates v. 28.11.2006 über das gemeinsame Mehrwertsteuersystem, ABl. EG Nr. L 347, S. 1 und Richtlinie 92/12/EWG des Rates v. 25.2.1992 über das allgemeine System, den Besitz, die Beförderung und die Kontrolle verbrauchsteuerpflichtiger Waren, ABl. EG Nr. L 76, S. 1.
[118] Richtlinie 2009/133/EG des Rates vom 19.10.2009 über das gemeinsame Steuersystem für Fusionen, Spaltungen, Abspaltungen, die Einbringung von Unternehmensteilen und den Austausch von Anteilen, die Gesellschaften verschiedener Mitgliedstaaten betreffen, sowie für die Verlegung des Sitzes einer Europäischen Gesellschaft oder einer Europäischen Genossenschaft von einem Mitgliedstaat in einen anderen Mitgliedstaat, ABl. EG Nr. L 310 S. 34, EU-Dok.-Nr. 3 2009 L 0133; vgl. Rn. 64 ff.
[119] Weitere Beispiele: Richtlinie 90/435/EWG des Rates v. 23.7.1990 über das gemeinsame Steuersystem der Mutter- und Tochtergesellschaften verschiedener Mitgliedstaaten, ABl. EG Nr. L 225, S. 6; Richtlinie 2011/16/EU des Rates v. 15.2.2011 über die Zusammenarbeit der Verwaltungsbehörden im Bereich der Besteuerung und zur Aufhebung der Richtlinie 77/799/EWG, ABl. EG Nr. L 64, 1; Richtlinie 2010/24/EU des Rates vom 16.3.2010 über die Amtshilfe bei der Beitreibung von Forderungen in Bezug auf bestimmte Steuern, Abgaben und sonstige Maßnahmen, ABl. EG Nr. L 84, 1.

2. Sekundärrecht – Fusions-Richtlinie

64 Die steuerrechtliche Fusions-Richtlinie hat die Erleichterung der Verlagerung und Umstrukturierung der Unternehmenstätigkeit innerhalb des Binnenmarkts zum Ziel und begünstigt den Aufbau von Konzernen innerhalb der EU durch die Ermöglichung steuerneutraler Transaktionen und Strukturveränderungen. Sie soll verhindern, dass Verschmelzungen, Spaltungen, Einbringungen und Anteilstausche eine Besteuerung des Unterschieds zwischen dem tatsächlichen Wert und dem steuerlichen Wert des übertragenen Vermögens auslösen, und zwar sowohl auf Gesellschafts- als auch auf Gesellschafterebene. Diese Ziele sind jedoch gleichsam durch die finanziellen Interessen des Herkunftsstaats bedingt.[120]

65 Die derzeit geltende FusionsRL aus dem Jahr 2009 ist eine konsolidierte Fassung der zuletzt 2005 geänderten[121] Vorgängerversion aus dem Jahr 1990. Letztere war neben der Mutter-Tochter-Richtlinie und der EU-Schiedskonvention[122] Bestandteil der bislang bedeutendsten Harmonisierungsbestrebung auf dem Gebiet der direkten Steuern. Damit war zwar der steuerliche Grundstein für grenzüberschreitende Umstrukturierungen in der Europäischen Union gelegt, allerdings fehlte seinerzeit eine entsprechende zivilrechtliche Basis. Insofern sah sich der nationale Gesetzgeber gehindert, die gesamte FusionsRL innerhalb der vorgegebenen Frist bis zum 31.12.1991 umzusetzen.[123] Durch das StÄndG 1992[124] erfolgte deshalb zunächst nur die Umsetzung der Anforderungen an grenzüberschreitende Einbringungen und den Anteilstausch. Erst mit der gesellschaftsrechtlichen Verschmelzungs-Richtlinie aus dem Jahr 2005 wurde die Grundlage für die weitere Öffnung des UmwStG für grenzüberschreitende Vorgänge geschaffen.[125] Die vollständige Umsetzung der FusionsRL wurde sodann mit dem SEStEG[126] vom 7.12.2006 vollzogen.[127]

66 Art. 1 FusionsRL[128] legt den **sachlichen Anwendungsbereich** fest und erfasst Fusionen, Spaltungen, Abspaltungen, die Einbringung von Unternehmensteilen und den Anteilstausch. Überdies wird die Sitzverlegung einer SE oder SCE abgedeckt.[129] Der Begriff Fusion wird synonym zur Verschmelzung verstanden. Die Richtlinie meint mit *Spaltung* Vorgänge, die der nationalen *Auf*spaltung nach § 123 Abs. 1 Umwandlungsgesetz (UmwG) entsprechen, vgl. Art. 2 lit. b) FusionsRL. **Persönlich** müssen Gesellschaften aus zwei oder mehr Mitgliedstaaten beteiligt sein. Darunter sind nach Art. 3 FusionsRL die im Anhang I Teil A enumerativ aufgeführten Rechtsformen zu verstehen. Personengesellschaftsformen sind dort nicht enthalten, dafür aber eine Öffnungsklausel dahingehend, dass neben den genannten Gesellschaftsformen auch weitere nach dem deutschen Recht gegründete Gesellschaften, die auch der Körperschaftsteuer unterliegen, erfasst sind. Zudem ist erfor-

---

120 Vgl. FusionsRL, 4. Erwägungsgrund.
121 Richtlinie 2005/19/EG vom 17.2.2005, ABl. EG Nr. L 058, 90 ff.
122 Übereinkommen über die Beseitigung der Doppelbesteuerung im Falle von Gewinnberichtigungen zwischen verbundenen Unternehmen vom 23.7.1990, umgesetzt durch Gesetz vom 26.8.1993, BGBl. II 818.
123 Vgl. BT-Drs. 12/1108, 80.
124 Gesetz vom 25.2.1992, BGBl I 297.
125 Vgl. 1. Teil Rn. 8 ff.
126 Gesetz über steuerliche Begleitmaßnahmen zur Einführung der Europäischen Gesellschaft und zur Änderung weiterer steuerrechtlicher Vorschriften, BGBl. I 2782, ber. 2007 I S. 68.
127 Vgl. zum Stand der Rezeption in allen Mitgliedstaaten: *Ernst & Young*, Studie zur Umsetzung der Fusionsrichtlinie in der Fassung von 2005 (engl.), http://ec.europa.eu/taxation_customs/resources/documents/taxation/company_tax/mergers_directive/study_impl_direct.pdf.
128 Vgl. die ausführliche Darstellung bei Haritz/Menner/*Dautzenberg*, UmwStG Einf. C Rn. 140 ff.
129 Vgl. 1. Teil Rn. 162 ff.

derlich, dass die Gesellschaft nach dem Steuerrecht des Mitgliedsstaats dort als **ansässig** erachtet wird und nicht aufgrund eines DBA mit einem Drittstaat als außerhalb der EU ansässig gilt. Letzteres kann bei **doppelt ansässigen Gesellschaften** der Fall sein, also Gesellschaften, die zwar ihren statuarischen Sitz in der EU, jedoch den Verwaltungssitz im Drittstaat haben. Dann ist bei den DBA, die dem OECD-MA folgen, nach der sog. **tiebreaker-rule** des Art. 4 Abs. 3 OECD-MA eine steuerliche Ansässigkeit im Drittstaat gegeben. Zudem ist die Steuersubjektivität hinsichtlich der in Anhang I Teil B aufgeführten Steuern notwendig. Daraus wird ersichtlich, dass die FusionsRL nur im Gebiet der EU, nicht jedoch in den Staaten des EWR gilt. Zudem ist die FusionsRL auch nicht im Verhältnis zur Schweiz anwendbar, da insbesondere das Zinsabkommen der EU mit der Schweiz[130] nur den Geltungsbereich der Mutter-Tochter-Richtlinie und der Zinsen- und Lizenzgebühren-Richtlinie auf die Schweiz erstreckt, nicht aber die FusionsRL.

Von besonderer Bedeutung für das nationale Recht ist neben der bereits erwähnten **67** Definition der Spaltung in Art. 2 FusionsRL noch der Begriff des **Teilbetriebs** nach Art. 2 lit. j) FusionsRL.[131] Darunter verstanden wird die Gesamtheit der in einem Unternehmensteil einer Gesellschaft vorhandenen aktiven und passiven Wirtschaftsgüter, die in organisatorischer Hinsicht einen selbständigen Betrieb, d.h. eine aus eigenen Mitteln funktionsfähige Einheit, darstellen. Der Teilbetriebsbegriff hat besondere Relevanz bei Spaltungen und Einbringungen.[132] Eine wichtige Rolle spielt schließlich der Begriff der **einbringenden Gesellschaft** nach Art. 2 lit. f) FusionsRL, der auch die übertragende Gesellschaft bei Fusionen, Spaltungen und Abspaltungen umfasst.

Aus Art. 4 Abs. 1 FusionsRL folgt die **Steuerneutralität** von Fusionen, Spaltungen und **68** Abspaltungen, allerdings steht sie unter dem **Betriebsstättenvorbehalt**. Das bedeutet, steuerneutral müssen nur Vorgänge sein, bei denen das Betriebsvermögen der einbringenden Gesellschaft einer Betriebsstätte der übernehmenden Gesellschaft im Herkunftsland zugerechnet werden kann. Dem liegt der Gedanke zugrunde, dass unter Geltung des allgemeinen Betriebsstättenprinzips der Herkunftsmitgliedsstaat durch die Umwandlung sein Besteuerungsrecht gar nicht verliert. Damit verbietet die FusionsRL aber nicht, Vorgänge zu besteuern, bei denen ein Steuerhoheitenwechsel eintritt. Ob und aufgrund welcher Modalitäten dann eine Besteuerung der stillen Reserven erfolgen darf, ist eine Frage des europäischen Primärrechts.[133] Steuerneutralität nach der FusionsRL muss auch gegeben sein, wenn der Aufnahmestaat die einbringende Gesellschaft als steuerlich transparente Gesellschaft qualifiziert, vgl. Art. 4 Abs. 3 FusionsRL. Weitere Voraussetzung ist dann aber die Wertverknüpfung gemäß Art. 4 Abs. 4 FusionsRL. Kann im Aufnahmemitgliedsstaat eine Aufstockung des übernommenen Vermögens nach den Vorschriften des Herkunftslands erfolgen, dann ist die Steuerneutralität zu versagen.

Mit Art. 6 FusionsRL wird die **Verlustübernahme**verpflichtung angesprochen. Da- **69** nach sind die Mitgliedsstaaten angehalten, den Verlustübergang auf die im Herkunftsland verbleibende Betriebsstätte der übernehmenden Gesellschaft zu ermöglichen, allerdings unter dem Vorbehalt, dass dies bei reinen nationalen Umwandlungen ebenfalls möglich ist. Ein „echter" grenzüberschreitender Verlusttransfer wird damit nicht gefordert.[134]

Wie bei der Aufwärtsumwandlung mit **Übernahmegewinnen** umgegangen werden **70** soll, können die Mitgliedsstaaten Art. 7 FusionsRL entnehmen. Solche Gewinne, die dann

---

[130] Abkommen zwischen der Europäischen Gemeinschaft und der Schweizerischen Eidgenossenschaft über Regelungen, die den in der Richtlinie 2003/48/EG des Rates im Bereich der Besteuerung von Zinserträgen festgelegten Regelungen gleichwertig ist, ABl. EG Nr. L 385/31.
[131] Vgl. dazu EuGH, Urteil v. 15.1.02 – C-43/00, IStR 2002, 94 – Andersen og Jensen ApS.
[132] Vgl. 3. Teil Rn. 137, 273.
[133] Vgl. 1. Teil Rn. 75 ff.
[134] Vgl. EUGH, Urteil v. 21.2.2013 – C-123/11 – A Oy, DStR 2013, 392, m. Anm. *Hruschka*.

entstehen, wenn der Wert des übernommenen Vermögens den Buchwert der untergehenden Beteiligung an der einbringenden Gesellschaft übersteigt, dürfen nach Art. 7 Abs. 1 FusionsRL nicht besteuert werden. Anderes darf gelten, wenn die Beteiligung 10% nicht erreicht.

71 Für den **Gesellschafter** der einbringenden Gesellschaft muss der Anteilstausch ebenfalls ohne Steuerfolgen bleiben, vgl. Art. 8 Abs. 1 und 2 FusionsRL. Auch hier werden abweichend als transparent erachtete Gesellschafter in die Rechtsfolgen einbezogen. Wichtig ist zudem die Erkenntnis, dass die Mitgliedstaaten nach Art. 8 Abs. 6 FusionsRL nicht gehindert sind, auf den späteren Anteilsveräußerungsgewinn zuzugreifen, wie sie dies bereits vor dem Tausch der Anteile konnten.

72 Die vorstehenden Grundsätze zu Fusionen, Spaltungen und Abspaltungen werden in Art. 9 FusionsRL auf **Einbringungen von Unternehmensteilen** erstreckt.

73 Art. 15 FusionsRL definiert **Missbrauch**sfälle, in denen die Mitgliedsstaaten berechtigt sind, die Richtlinienvorteile zu verweigern bzw. rückgängig zu machen. Dazu zählt insbesondere die Absicht, Steuern zu hinterziehen bzw. zu umgehen. Dies ist dann der Fall, wenn der Vorgang nicht auf vernünftigen wirtschaftlichen Gründen, insbesondere der Umstrukturierung oder der Rationalisierung der beteiligten Gesellschaften beruht. Der EuGH bestätigt den Ausnahmecharakter der Norm und folgert daraus, dass die Mitgliedstaaten in jedem Einzelfall eine globale Untersuchung des jeweiligen Vorgangs vorzunehmen haben.[135] Folglich sind generelle Vorschriften, mit denen bestimmte Fallgruppen aufgrund einheitlicher Kriterien als Gestaltungsmissbrauch eingestuft werden, unverhältnismäßig.[136] Bereits an dieser Stelle sei angemerkt, dass das deutsche UmwStG in etwa zur Hälfte aus Missbrauchsvermeidungsvorschriften (im weiteren Sinne) besteht,[137] bei denen der überwiegende Teil eine Einzelfallprüfung bzw. die Möglichkeit eines Gegenbeweises durch den Steuerpflichtigen nicht vorsieht. Diesen Normen stehen daher unter dem Verdacht der Richtlinienwidrigkeit.[138]

74 Die Darstellung der Regelungen zur Sitzverlegung der SE oder SCE bleiben dem Exkurs in Abschnitt C. vorbehalten.

3. Primärrecht

75 Über das europäische Sekundärrecht hinaus setzen die vorrangigen Grundfreiheiten des AEUV der Besteuerung von grenzüberschreitenden Umstrukturierungen Grenzen. In erster Linie müssen sich die jeweiligen nationalen Normen an der **Niederlassungsfreiheit** des Art. 49 AEUV messen lassen. Danach umfasst die Niederlassungsfreiheit vorbehaltlich des Kapitels über den Kapitalverkehr die Aufnahme und Ausübung selbständiger Erwerbstätigkeiten sowie die Gründung und Leitung von Unternehmen, insbesondere von Gesellschaften im Sinne des Artikels 48 Abs. 2 AEUV, nach den Bestimmungen des Aufnahmestats für seine eigenen Angehörigen. Das betrifft in erster Linie die durch die FusionsRL nicht verbotene **Schlussbesteuerung** im Falle des Steuerhoheitenwechsels, also Fälle in denen der Betriebsstättenvorbehalt im Herkunftsstaat nicht erfüllt werden kann. Im Fokus stehen damit alle nationalen Rechtsnormen des auf verschiedene Steuergesetze verteilten und mittlerweile hoch komplexen „**Entstrickung**ssystems".[139]

---

[135] Vgl. dazu auch EuGH, Urteil v. 17.7.1997 – C-28/95, Slg. I 4161, LS 2. b) – Leur Bloem.
[136] EuGH, Urteil v. 17.7.1997 – C-28/95, Slg. I 4161, Rn. 44 – Leur Bloem.
[137] Kritisch dazu *Drüen* DStZ 2006, 539 (541).
[138] ZB § 15 Abs. 2 UmwStG (Anti-Missbrauchsnorm bei Spaltungen), § 22 UmwStG (Sperrfristregelung bei Einbringungen); vgl. dazu *Gille* IStR 2007, 194 ff.
[139] Vgl. Rn. 123 ff.

Die Grundfreiheiten verbieten nicht nur jede unmittelbare oder mittelbare Diskriminierung aufgrund der Staatsangehörigkeit oder des Unternehmenssitzes, sondern grundsätzlich auch andere staatliche Regelungen oder Maßnahmen, die ihre Ausübung beschränken.[140] Nimmt ein Mitgliedsstaat eine grenzüberschreitende Umwandlung zum Anlass, eine Schlussbesteuerung vorzunehmen und sieht er sich dazu im vergleichbaren Inlandsfall nicht veranlasst, dann ist die Maßnahme fraglos dazu geeignet, den Inländer von der Ausübung der Niederlassungsfreiheit abzuhalten. Insofern ist eine **Inländerbeschränkung** und keine Ausländerdiskriminierung zu verzeichnen. Eine solche Beschränkung kann nach der hergebrachten Prüfungsdogmatik[141] gerechtfertigt sein. Mangels Relevanz der geschriebenen Rechtfertigungsgründe des Art. 52 AEUV für das Steuerrecht liegt das Hauptaugenmerk auf den ungeschriebenen Rechtfertigungsgründen, die der EuGH in langer Rechtsprechungstradition herausgebildet hat. Das Gericht hat bereits mehrfach über Fälle der nationalen Schlussbesteuerung des Wegzugs von natürlichen Personen[142] und der Verwaltungssitzverlegung von Gesellschaften[143] zu entscheiden gehabt. Der ersichtlich erste Sachverhalt der umwandlungsbedingten Sofortbesteuerung im Einbringungsfall ist derzeit anhängig.[144] Allerdings sind die Vorlagefragen des FG Hamburg so strukturiert, dass eine Antwort zu europarechtlichen Modalitäten der deutschen Schlussbesteuerung von einer anderen materiellen Vorfrage der Einbringungsbesteuerung abhängt, weshalb in diesem Fall keine weiteren Präzisierungen vom EuGH zu erwarten sind. Insofern bleibt, auch aufgrund der inhaltlichen Nähe zu Umwandlungen (im engeren Sinne), die Judikate des EuGH zum betrieblichen Wegzug/zur Sitzverlegung in den Mittelpunkt der Betrachtung zu rücken und die Maßstäbe zu übertragen. 76

Der Gerichtshof differenziert in diesen Fällen auf der Rechtfertigungsebene hinsichtlich des „Ob" des Besteuerungszugriffs und im Rahmen der Verhältnismäßigkeitsprüfung hinsichtlich des „Wie". Dem Grunde nach („Ob") ist die Festsetzung einer Steuer gerechtfertigt, wenn Wirtschaftsgüter aus der Steuerhoheit des Herkunftsstaats ausscheiden, und zwar zur **Wahrung der Aufteilung der Besteuerungsbefugnisse** zwischen den Mitgliedstaaten nach dem Territorialitätsprinzip. Damit hält der Gerichtshof an der bisherigen Rechtsprechung fest.[145] Eine solche Maßnahme soll nämlich Situationen verhindern, die das Recht des Herkunftsmitgliedstaats auf Ausübung seiner Steuerhoheit für die in seinem Hoheitsgebiet durchgeführten Tätigkeiten gefährden können. 77

Eine gerechtfertigte Beschränkung muss aber **verhältnismäßig**, also geeignet sein, die Erreichung des fraglichen Ziels zu gewährleisten, und darf nicht über das hinausgehen, was zur Erreichung dieses Ziels erforderlich ist.[146] Damit ist das „Wie", also die Modalitäten der Schlussbesteuerung angesprochen. Ist die Geeignetheit zur Zielerreichung noch zu 78

---

[140] *Kokott/Ost* EuZW 2011, 496.
[141] Vgl. dazu Tipke/Lang/*Englisch*, Steuerrecht § 4 Rn. 93 ff.
[142] EuGH, Urteil v. 11.3.2004 – C-9/02, Slg. I 2431 – Hughes de Lasteyrie du Saillant; 7.9.2004 – C-479/04, Slg. 2409 – N.
[143] EuGH, Urteil v. 29.11.2011 – Rs. C-371/10, DStR 2011, 2334 m. Anm. *Hruschka* – National Grid Indus; EuGH, Urteil v. 6.9.2012 – C-38/10, IStR 2012, 763 – Kommission ./. Portugal; EuGH, Urteil v. 31.1.2013 – C-301/11, Beck RS 2013, 80253 – Kommission ./. Niederlande; EuGH, Urteil v. 25.4.2013 – C-64/11, IStR 2013, 393 m. Anm. *Mitschke* – Kommission ./. Spanien; vgl. auch das anhängige Verfahren zur Entstrickung bei Wegzug, Rs. C-261/11 (Kommission ./. Dänemark).
[144] Vgl. Vorlagebeschluss des FG Hamburg v. 26.1.2012 – 2 K 224/10, IStR 2012, 305 mit Anm. *Mitschke*; der Rechtsstreit hat § 20 Abs. 3 UmwStG 1995 zum Gegenstand und hat aufgrund bereinigter Regelungen im UmwStG 2006 auf die geltende Rechtslage keinen Einfluss, vgl. *Brünning* BB 2012, 1790.
[145] EuGH, Urteil v. 29.11.2011 – Rs. C-371/10, DStR 2011, 2334 (2339) Rn. 46.
[146] EuGH, Urteil v. 13.12.2005 – C-446/03, Slg. 10837 – Marks & Spencer; v. 12.9.2006 – C-196/04, Slg. 7995 – Cadbury Schweppes und Cadbury Schweppes Overseas; v. 13.5.2007 – C-524/04, Slg. 2107 – Test Claimants in the Thin Cap Group Litigation; v. 18.6.2009 – C-303/07, Slg. 5145 – Aberdeen Property Fininvest Alpha.

bejahen, muss der Sofortbesteuerung jedoch die Erforderlichkeit abgesprochen werden. Es gibt nämlich einen weniger stark beeinträchtigenden Besteuerungsmodus. Dieser soll nach Auffassung des EuGH darin liegen, dass der Herkunftsstaat der wegziehenden Gesellschaft ein Wahlrecht einräumt zwischen einer **sofortigen Besteuerung** (ohne Verwaltungsaufwand in der Zukunft und mit nachteiligem Liquiditätseffekt) *und* einer ggf. **verzinsten Stundung** der Steuer (verbunden mit erhöhtem Aufwand der Nachverfolgung im Zuzugsstaat) bzw. einer **Sicherheit**engestellung.[147] Damit nimmt der EuGH im Ergebnis Ungleichheiten in der Besteuerung im Lichte der Niederlassungsfreiheit hin, die daher rühren, dass die jeweiligen Steuerrechtsordnungen eben (noch) nicht aufeinander abgestimmt sind.

79 Noch weitgehend ungeklärt ist die Frage nach der konkreten Ausgestaltung und der Grenzen der vom EuGH angesprochenen Stundungsvariante insbesondere mit Blick auf eine etwaige Verzinsung.[148] Unseres Erachtens scheitert derzeit eine Stundung im Entstrickungsfall an den fehlenden nationalen Rechtsgrundlagen. Zwar hat der EuGH abstrakt auf nationale Verzinsungsregelungen Bezug genommen.[149] In Deutschland steht die Verzinsung gemäß § 233 Satz 1 AO allerdings unter dem Gesetzesvorbehalt. Das heißt andererseits, der bloße argumentative Verweis auf die EuGH-Rechtsprechung genügt dem Gesetzesvorbehalt nicht. Andererseits enthalten die jeweiligen Entstrickungsnormen die Stundungmöglichkeit derzeit nicht.[150] Letzteres lässt sich uE auch nicht durch gesetzgeberische Nachbesserung beheben, da dann erneut ein Grundfreiheitenverstoß droht, solange ein rein inländischer Wegzug ohne Steuerfestsetzung und Stundung auskommt.[151] Dazu musste sich der EuGH bislang nicht äußern.

II. Nationale (deutsche) Regelungen

1. Überblick über die verschiedenen nationalen Rechtsnormen

80 Das nationale Steuerrecht der grenzüberschreitenden Unternehmensumstrukturierung ist nicht einheitlich kodifiziert. Zentral ist das Umwandlungssteuergesetz (UmwStG)[152], welches die meisten Fälle der zivilrechtlich möglichen Umstrukturierungen nach dem UmwG erfasst. Daneben erfasst das UmwStG auch zivilrechtliche Vermögensübertragungen der Einzelrechtsnachfolge, jedoch nicht abschließend. Der überwiegende Teil der Steuerfolgen von zivilrechtlichen Einzelübertragungen ist abhängig von der Rechtsform im EStG[153] bzw. KStG[154] geregelt. Dazu zählen unter anderem die Veräußerung im engeren Sinne (Asset-Deal) und die steuerliche Realteilung.[155] Die Besteuerung der grenz-

---

[147] EuGH, Urteil v. 29.11.2011 – Rs. C-371/10, DStR 2011, 2334 (2341 f.) Rn. 73.
[148] Vgl. zu den Folgen für die nationalen Entstrickungregelungen statt vieler *Kessler/Philipp* DStR 2012, 267; *Thömmes/Linn* IStR 2012, 282; *Mitschke* DStR 2012, 629.
[149] EuGH, Urteil v. 29.11.2011 – Rs. C-371/10, DStR 2011, 2334 (2341 f.) Rn. 73.
[150] Vgl. zu normierten Modalitäten, wie zinslose Abschmelzung über mehrere Jahre, Rn. 64.
[151] So auch *Gosch* IWB 2012, 779 (784); *Thömmes* IWB 2012, 723 (727).
[152] Vom 7.12.2006, BGBl. I 2782, zuletzt geändert durch Art. 4 Gesetz zur Beschleunigung des Wirtschaftswachstums (Wachstumsbeschleunigungsgesetz) vom 22.12.2009, BGBl. I 3950.
[153] Einkommensteuergesetz in der Fassung der Bekanntmachung vom 8.10.2009, BGBl. I 3366, ber. I 2009, 3862, zuletzt geändert durch Art. 3 Gesetz zur Änderung des Gemeindefinanzreformgesetzes und von steuerlichen Vorschriften vom 8.5.2012, BGBl. I 1030.
[154] Körperschaftsteuergesetz in der Fassung der Bekanntmachung vom 15.10.2002, BGBl. I 4144, zuletzt geändert durch Art. 4 Gesetz zur Umsetzung der Beitreibungsrichtlinie sowie zur Änderung steuerlicher Vorschriften (Beitreibungsrichtlinie-Umsetzungsgesetz – BeitrRLUmsG) vom 7.12.2011, BGBl. I 2592.
[155] Zu erwähnen sind zudem Sonderformen des Steuerrechts der Umstrukturierungen, wie § 6 Abs. 3 EStG (unentgeltliche Übertragung von betrieblichen Einheiten) und § 6 Abs. 5 EStG (steuerrechtssubjekt-

überschreitenden Verlegung des Unternehmenssitzes wird im nachfolgenden Abschnitt C. in Form eines Exkurses dargestellt.[156] Die Darstellung der genannten Vorgänge außerhalb des UmwG bzw. UmwStG einschließlich der Anwachsung bleibt dem 4. Teil dieses Handbuchs vorbehalten.

81 Die Auslandsberührung von grenzüberschreitenden Umwandlungen bringt es mit sich, dass das UmwStG nicht ohne Zuhilfenahme von jeweils einschlägigen bilateralen Abkommen zur Vermeidung der Doppelbesteuerung (**Doppelbesteuerungsabkommen** – kurz: DBA) angewendet werden kann. Damit kann unter anderem die zentrale Frage nach einer etwaigen Steuerentstrickung von Betriebsvermögen gelöst werden. Besteht kein DBA, dann ist auf die nationalen unilateralen Regelungen zur Vermeidung von Doppelbesteuerungen zurückzugreifen.[157]

82 Nicht zuletzt besteht eine Besonderheit des deutschen Steuerrechts darin, dass Besteuerung die Bewältigung von Massenverfahren bedeutet. Um verwaltungsseitig eine einheitliche Rechtsanwendung zu gewährleisten, existieren eine Vielzahl von normkonkretisierenden und ermessensleitenden Verwaltungsvorschriften. Im **Umwandlungssteuererlass**[158] (UmwStE) hat der Bundesminister der Finanzen fünf Jahre nach Inkrafttreten des UmwStG idF des SEStEG seine Auffassung hinsichtlich der verwaltungsseitigen Rechtsanwendung niedergelegt. Die veröffentlichte Fassung ist immerhin 170 Seiten stark. Der Erlass bindet die Gerichte zwar nicht.[159] Für die Praxis ist er jedoch unverzichtbar, da es bei der Beratung von grenzüberschreitenden Umwandlungen regelmäßig um die zukunftsgerichtete Gestaltung von Sachverhalten geht, bei denen zumeist quantitativ erhebliche Steuerfolgen im Raum stehen. Aufgrund des in Rede stehenden Risikos sowohl für den Steuerpflichtigen als auch für den steuerrechtlichen Berater ist die Kenntnis des UmwSt-*Gesetzes* zwar notwendige, aber nicht hinreichende Bedingung. Vielmehr gehört der UmwSt-*Erlass* zum unabdingbaren Rüstzeug des steuerlichen Beraters. Einerseits können langwierige Steuerrechtsstreitigkeiten vermieden werden. Andererseits entspricht es auch dem Eigeninteresse des Beraters, Haftungsfälle gar nicht erst entstehen zu lassen. Dass eine enge Auffassung im UmwStE des Öfteren dazu führen kann, dass der Steuerpflichtige nach entsprechendem Hinweis durch den Berater von einer Umwandlung absieht, ist ein rechtsstaatlich bedenklicher Effekt des „Erstzugriffs" der Finanzverwaltung im Rahmen von Außenprüfungen. Insofern bietet es sich mehr denn je an, zweifelhafte Rechtsfragen mit einem – gebührenpflichtigen[160] – **Antrag auf verbindliche Auskunft** gemäß § 89 Abs. 2 AO abzusichern.

2. Umwandlungssteuergesetz

83 Im Gegensatz zum noch relativ jungen UmwG blickt das Umwandlungssteuergesetz in seiner heutigen Fassung auf eine lange Tradition zurück, welche einleitend anhand gesetzgeberischer Meilensteine nachgezeichnet werden soll. Dem folgt ein Abschnitt, in dem die

---

übergreifenden Übertragungen von Einzelwirtschaftsgütern zwischen Personengesellschaften und ihren Gesellschaftern); § 12 Abs. 2 S. 1 und 3 KStG regeln den Sonderfall der Drittstaatenverschmelzung bei inländischem Anteilseigner und/oder inländischem Betriebsvermögen vgl. 2. Teil Rn. 335 ff., 697 ff.

[156] Auf §§ 4 Abs. 1 S. 3 und 4, 16 Abs. 3a EStG; § 12 Abs. 1 und 3 KStG sei verwiesen.
[157] Vgl. §§ 34c und 34d EStG, § 26 KStG.
[158] BMF, Schreiben betr. Anwendung des Umwandlungssteuergesetzes idF des Gesetzes über steuerliche Begleitmaßnahmen zur Einführung der Europäischen Gesellschaft und zur Änderung weiterer steuerrechtlicher Vorschriften (SEStEG) vom 11.11.2011, BStBl. I 1314.
[159] Vgl. zur systematischen Einordnung von Verwaltungsvorschriften eingehend *Desens*, Bindung der Finanzverwaltung an die Rechtsprechung. Bedingungen und Grenzen für Nichtanwendungserlasse, Tübingen 2010, S. 45; *Hageböke/Stangl* Ubg 2012, 598 (601 ff.).
[160] Vgl. dazu BFH, Urteil v. 30.3.2011 – I R 61/10; BStBl. II 536; *Werder/Dannecker* BB 2011, 1446.

strukturellen und dogmatischen Grundlagen der Umwandlungsbesteuerung dargestellt werden. Dort wird auch auf die Gemeinsamkeiten und Unterschiede zwischen UmwG und UmwStG einzugehen sein. In den weiteren Abschnitten werden die beiden zentralen Prinzipien des Internationalen Umwandlungssteuerrechts, die für alle Umstrukturierungsarten des UmwStG gelten „vor die Klammer gezogen" und vertieft dargestellt. Es handelt sich dabei um den ausdifferenzierten Anwendungsbereich des Gesetzes einerseits und das Entstrickungsprinzip andererseits. Geschlossen wird das vorliegende Kapitel mit einem Überblick über die Steuerfolgen der Verschmelzung, Spaltung und Einbringung.

a) Rechtsentwicklung

84 **aa) Vom UmwStG 1934 zur Körperschaftsteuerreform 1977.** Das heutige UmwStG geht zurück auf eine Fassung aus dem Jahre 1934.[161] Seinerzeit war lediglich die Umwandlung von Kapitalgesellschaften in Personengesellschaften geregelt verbunden mit ermäßigten Steuerfolgen. Die Verschmelzung von Kapitalgesellschaften war im § 15 KStG 1934[162] normiert. In den Folgejahren wurde die Zweigleisigkeit beibehalten. Die Regelungen des UmwStG wurden verschiedentlich in technischer Hinsicht geändert[163], § 15 KStG hingegen blieb weitgehend unverändert bestehen, auch als mit der Ergänzung des UmwStG im Jahre 1969[164] Regelungen für die Umwandlung von Kapital- auf Kapitalgesellschaften aufgenommen wurden. Gleichzeitig wurde die Einbringung von betrieblichen Einheiten (Betrieb, Teilbetrieb und Mitunternehmeranteil) in Kapital- und Personengesellschaften geregelt. Diese waren bereits zuvor aufgrund der vom Bundesfinanzhof entwickelten Rechtsprechungsgrundsätze möglich.[165] Die Einbringungsnormen sind in ihrer Grundstruktur bis heute erhalten geblieben.

85 Mit der Umstellung der Körperschaftsbesteuerung und die der Anteilseigner vom klassischen System[166] – mit Doppelbesteuerungseffekt – zum Anrechnungsverfahren im Jahre 1977 war auch eine Anpassung des UmwStG notwendig geworden. Der Gesetzgeber nahm diesen Umstand zum Anlass, um das UmwStG 1969 durch eine Neuregelung zu ersetzen[167] und § 15 KStG aufzuheben. Die Einbringungsvorschriften blieben unangetastet.

86 **bb) Gesetz zur Änderung des Umwandlungssteuerrechts 1995 und Folgeänderungen.** Das Gesetz zur Änderung des Umwandlungssteuerrechts[168] hat den sachlichen Anwendungsbereich des UmwStG erheblich erweitert. Anlass war die einheitliche Kodifizierung des bis dahin zersplitterten Zivilrechts der Unternehmensumwandlungen im UmwG, womit auch die Einführung der Spaltung einherging. Insofern war eine Angleichung des UmwStG an das Zivilrecht notwendig geworden. Spaltungen von Kapitalgesellschaften waren nunmehr ertragsteuerneutral möglich. Zuvor waren „spaltungsartige" Transferakte nur kraft Billigkeitsmaßnahmen seitens der Finanzverwaltung steuerneutral durchführbar gewesen.[169] Umwandlungen von Kapitalgesellschaften auf Personengesellschaften oder natürliche Personen waren seither ebenfalls steuerneutral möglich. Bei der

---

[161] Gesetz vom 5.7.1934, RGBl. 572, vgl. zur Historie auch *R. Thiel* in FS Flume, Band II, S. 281 (287 f.).
[162] Gesetz v. 16.10.1934, RStBl. 81.
[163] DM-BilErgG 1950 vom 28.12.1950, BGBl. 811; UmwStG 1957 vom 11.10.1957, BGBl. I 1713.
[164] Gesetz v. 14.8.1969, BGBl. I 1163.
[165] Vgl. Rödder/Herlinghaus/van Lishaut/*Rödder*, UmwStG Einführung Rn. 6 f. mwN.
[166] Vgl. dazu statt vieler Herrmann/Heuer/Raupach/*Hey*, KStG Einf. Anm. 186.
[167] UmwStG v. 6.9.1976, BGBl. I 2461.
[168] Gesetz v. 28.10.1994, BGBl. I 3267.
[169] BMF v. 9.1.1992, BStBl. I 47 (sog. Spaltungserlass).

Verschmelzung von Kapitalgesellschaften miteinander wurde ein Verlusttransfer zugelassen, welcher später wieder erheblich eingeschränkt wurde.

Im Unterschied zum Zivilrecht war dem steuerlichen Änderungsvorhaben kein jahrelanger Diskurs von Steuerrechtsexperten aus Verwaltung sowie Wissen-, Richter- und Beraterschaft vorausgegangen. Vielmehr stammt das Gesetz aus der Feder der Ministerialbürokratie und wurde innerhalb nur weniger Monate entworfen. 87

Mit dem Steuersenkungsgesetz[170] wurde die Körperschaftbesteuerung vom Anrechnungsverfahren in das Halbeinkünfteverfahren überführt,[171] was wiederum technische Änderungen des UmwStG erforderte. 88

cc) SEStEG 2006. Zu den bislang tiefgreifendsten Änderungen des UmwStG hat das SEStEG geführt. Zentrales Element war die Einbeziehung grenzüberschreitender Umwandlungen. Hintergrund waren einerseits die Einführung Europäischer Gesellschaftsformen SE und SCE, die durch nationale steuerrechtliche Normen zu flankieren war und andererseits die Vorgabe des Europarechts, die FusionsRL in nationales Recht umsetzen zu müssen. Außerdem waren die jüngsten Entwicklungen der EuGH-Rechtsprechung zu berücksichtigen. Insbesondere die Rs. Sevic Systems[172] und die bevorstehende Ausweitung des UmwG auf grenzüberschreitende Verschmelzungen von Kapitalgesellschaften machten eine internationale Öffnung des nationalen Umwandlungssteuerrechts notwendig. Konkret geändert wurde neben der Europäisierung des Gesetzes: 89

– Aufgabe der Maßgeblichkeit der Handels- für die Steuerbilanz,
– Aufgabe des Instituts der einbringungsgeborenen Anteile zugunsten einer zeitabhängigen Nachversteuerung des Einbringungsgewinns,
– Aufgabe des Bewertungswahlrechts für den übertragenden Rechtsträger hinsichtlich des übergehenden Vermögens zugunsten eines allgemein zwingenden Ansatzes gemeiner Werte und eines antragsgebundenen Buchwert- oder Zwischenwertansatzes,
– Rückgängigmachung von steuerlich wirksamen Teilwertabschreibungen oder Abzügen bei Umwandlung,
– Kein Übergang steuerlicher Verlustabzüge bei Umwandlungen auf den übernehmenden Rechtsträger.

b) Telos, Gesetzesstruktur und Verhältnis zum UmwG

Der Gesetzgeber verfolgt mit dem UmwStG vornehmlich die Intention, betriebswirtschaftlich erwünschte Umstrukturierungen nicht durch steuerrechtliche Folgen zu behindern.[173] Infolgedessen hat er **ertragsteuerliches Sonderrecht** geschaffen. Dies bedeutet, dass es eine „Umwandlungssteuer" als eigenständig erhobene Steuerart nicht gibt, sondern dass die Regelungen des UmwStG die allgemeinen Normen des Einkommen-, Körperschaft- und Gewerbesteuergesetzes als leges speciales verdrängen.[174] Damit wird gleichzeitig festgelegt, dass das Gesetz bezüglich anderer Steuerarten keine Aussagen trifft.[175] Rechtsfolgen im Zusammenhang mit dem AStG oder mit Verkehrsteuern, wie die Umsatzsteuer, die Erbschaft- und Schenkungsteuer sowie die Grunderwerbsteuer, können sich aus den allgemeinen Prinzipien dieser Steuerarten ergeben. Insofern ist ein Rückgriff auf die jeweiligen Einzelsteuergesetze notwendig. Im Rahmen des vorliegen- 90

---

[170] Gesetz vom 23.10.2000, BGBl. I 1433.
[171] Vgl. dazu statt vieler *Desens*, Das Halbeinkünfteverfahren, Köln 2004.
[172] EuGH, Urteil v. 13.12.2005 – C-411/03, Slg. 10805.
[173] BT-Drs. 12/6885, 14.
[174] So klarstellend auch Tz. 01.01 UmwStE 2011.
[175] Tz. 01.01 UmwStE 2011.

den Werks wird auf etwaige Auswirkungen auf andere Steuerarten im jeweiligen Teil hingewiesen.[176]

91 Bereits im UmwStG 1969 war ein dualistischer Aufbau des materiellen Teils des Gesetzes angelegt. Nach wie vor umfasst der erste Komplex mit dem zweiten bis fünften Teil (§§ 3 bis 19 UmwStG) Umwandlungsvorgänge nach dem UmwG, die sich zudem dadurch auszeichnen, dass der übertragende Rechtsträger eine Körperschaft ist. Der zweite Komplex im sechsten bis achten Teil (§§ 20 bis 25 UmwStG) regelt Sacheinlagevorgänge sowohl in Körperschaften als auch in Personengesellschaften. Die diesen Sacheinlagen zugrundeliegenden zivilrechtlichen Vorgänge sind in Abgrenzung zum ersten Komplex nicht auf Vermögensübertragungen in der Form der **Gesamtrechtsnachfolge** festgelegt, sondern umfassen auch **Einzelübertragungen**. Die Finanzverwaltung bezeichnet die beiden Abschnitte daher auch mit den Begriffen „Umwandlungen" einerseits und „Einbringungen" andererseits.[177] Obwohl die Begriffe im Verhältnis zueinander leichte Unschärfen in sich bergen – immerhin erfasst der Einbringungsteil auch Vorgänge des UmwG –, hat sich die Verwendung als praktikabel erwiesen. Ihr soll daher gefolgt werden.

92 Eine durchgehende strenge Akzessorietät zum UmwG ist nicht angezeigt. UmwG und UmwStG folgen zwar einem einheitlichen Zweck, nämlich der Beseitigung bzw. Minimierung von Hindernissen, die einer raschen, geringstmögliche Transaktionskosten auslösenden Anpassung in der Vergangenheit einmal gewählter Formen unternehmerischen Handelns an veränderte Notwendigkeiten der Gegenwart entgegenstehen.[178] Die technische Stoßrichtung ist jedoch völlig verschieden. Stehen beim Zivil-/Gesellschaftsrecht die identitätswahrende Vermögensübertragung ohne Liquidation bei gleichzeitiger Wahrung von Minderheits- und Gläubigerinteressen im Vordergrund, so liegt der Fokus im Steuerrecht auf einer gleichheitskonformen Besteuerung nach der Leistungsfähigkeit des einzelnen Steuersubjekts unter Berücksichtigung eines ungleich ausgestalteten Systems der Ertragsbesteuerung von unterschiedlichen Rechtsformen.[179] Vergegenwärtigt man sich, dass Besteuerung nach der persönlichen Leistungsfähigkeit des Einzelnen bedeutet, jedes Steuersubjekt hat seine Vermögenszuwächse selbst zu versteuern, dann wird die unterschiedliche Regelungstechnik klarer. Während bei Personenunternehmen lediglich eine Besteuerungsebene besteht – nämlich die der Gesellschafter – (sog. **Transparenzprinzip**), werden bei Körperschaften die Ebenen der Körperschaft und der Anteilseigner getrennt besteuert (sog. **Trennungsprinzip**). Das hat Auswirkungen auf die latenten Vermögenszuwächse bzw. stillen Reserven, die im Mittelpunkt des Individualsteuerprinzips stehen. Bei Personenunternehmen sind diese lediglich einmal, bei Körperschaften gleich zweimal steuerverhaftet. Bei Personenunternehmen und bei Körperschaften stecken stille Reserven im Betriebsvermögen; bei Körperschaften kommen die stillen Reserven in der Beteiligung hinzu. Erfolgt nun eine rechtsformübergreifende Umwandlung von der Körperschaft in ein Personenunternehmen, geht eine Ebene mit steuerverhafteten stillen Reserven unter. Im umgekehrten Fall entsteht eine zweite Ebene, auf der stille Reserven steuerverhaftet werden können. Insofern besteht bei der Besteuerung von Umwandlungen die Herausforderung des Gesetzgebers darin, die Nicht- bzw. Doppelbesteuerung von stillen Reserven zu vermeiden. Im internationalen Kontext kommt die Vermeidung der Nichtbesteuerung für den Fall hinzu, dass das Zugriffsrecht auf stille Reserven effektiv auf eine ausländische Steuerhoheit übergeht, unabhängig von der Rechtsform.

---

[176] Vgl. hierzu auch Rödder/Herlinghaus/van Lishaut/*Rasche*, UmwStG Anhang 8 (Grunderwerbsteuer) und Anhang 9 (Umsatzsteuer).
[177] Vgl. Tz. 01.01 UmwStE 2011.
[178] Lademann/*Hahn*, § 1 UmwStG Rn. 1.
[179] Vgl. dazu statt vieler Tipke/Lang/*Montag*, Steuerrecht § 13 Rn. 1 – 108 und *Hey*, ebenda Rn. 157 ff.

Die erste Fallgruppe (Wechsel vom Trennungs- zum Transparenzprinzip) ist im zweiten 93
Teil des UmwStG (§§ 3 bis 10 UmwStG) geregelt, welcher sowohl die Verschmelzung als
auch den Formwechsel von einer Körperschaft in ein Personenunternehmen regelt. Der
zweiten Fallgruppe (Wechsel vice versa) ist der sechste Teil des UmwStG gewidmet. Insofern handelt es sich um die jeweiligen Prototypen des Umwandlungsabschnitts einerseits
und des Einbringungsabschnitts andererseits. Der Umwandlungsabschnitt wird sodann
fortgesetzt mit dem dritten und vierten Teil, der Verschmelzungen sowie Auf- und Abspaltungen von Körperschaften untereinander betrachtet (§§ 11 bis 16 UmwStG). Strukturelle Gemeinsamkeit haben beide Teile mit dem zweiten Teil aufgrund der Vermögensübertragung von Körperschaften durch Gesamtrechtsnachfolge. Der Einbringungsabschnitt
wird mit dem siebten und achten Teil abgeschlossen (§§ 24 und 25 UmwStG). Letzterer
verweist hinsichtlich des Formwechsels eines Personenunternehmens in eine Körperschaft
aufgrund der strukturellen Gemeinsamkeit auf den sechsten Teil (Einbringung in eine
Körperschaft). Der siebte Teil erfasst die Einbringung von Betriebsvermögen in Personenunternehmen und nimmt insofern eine Sonderstellung ein.

Infolge des abweichenden Fokus des Steuerrechts gibt es auch Umstrukturierungsvor- 94
gänge innerhalb und außerhalb des UmwG, die steuerrechtlich nicht regelungsbedürftig
sind, da das Besteuerungsregime unverändert bleibt. Dazu zählt zB der Formwechsel von
einer Körperschaft in eine andere. Dasselbe gilt für den Formwechsel von Personengesellschaftsformen untereinander oder der „Formwechsel" von der Kommanditgesellschaft
(KG) zur Offenen Handelsgesellschaft (OHG) bzw. weiter zur Gesellschaft bürgerlichen
Rechts (GbR) und umgekehrt kraft Erfüllung oder Wegfall rechtsformspezifischer Voraussetzungen des Handelsgesetzbuches (HGB) und des Bürgerlichen Gesetzbuches (BGB).

Für **internationale Umstrukturierung**sfälle gibt es kein eigenständiges Normenge- 95
füge. Vielmehr werden diese Sachverhalte vom UmwStG in der vorstehend beschriebenen
Struktur abgedeckt. Technisch verwirklicht wird die grenzüberschreitende Öffnung des
Gesetzes mittels eines ausdifferenzierten **Anwendungsbereich**s[180] einerseits und dem
Entstrickungsprinzip[181] andererseits. Determiniert durch den Blick auf die stillen Reserven, welche sowohl im inländischen als auch im ausländischen Gesellschaftsvermögen
sowie in den Gesellschaftsanteilen stecken können, haben sich verschiedene Fallgruppen
der Umwandlungen mit Auslandsbezug herausgebildet. Das sind:[182]

– Inländische Umwandlungen mit Auslandsbezug, verstanden als Umwandlungen inländischer Gesellschaften mit ausländischen Gesellschaftern und/oder mit Auslandsvermögen,
– Grenzüberschreitende Umwandlungen, insbesondere Hinaus- und Hereinverschmelzung und -spaltung sowie
– Ausländische Umwandlungen mit Inlandsbezug, also Umwandlungen ausländischer
Gesellschaften mit inländischen Gesellschaftern und/oder mit Inlandsvermögen.

Im Mittelpunkt des vorliegenden Werkes steht die zweite Fallgruppe. Auf die beiden
anderen Fallgruppen wird anlassbezogen Bezug genommen.

c) Anwendungsbereich

Um von den Vorzügen des UmwStG, insb. von der noch darzustellenden Ertragssteuer- 96
neutralität zu profitieren, müssen sowohl der sachliche als auch der persönliche sowie der
zeitliche Anwendungsbereich des Gesetzes eröffnet sein. Sie sind in §§ 1 und 27 Abs. 1

---
[180] Vgl. Rn. 99 ff.
[181] Vgl. Rn. 119 ff.
[182] Nach *Schaumburg*, Internationales Steuerrecht, Rn. 17.1.

bis 3 UmwStG geregelt. § 1 UmwStG ist die Grundnorm des UmwStG und gleichzeitig strukturell eine **tragende Säule des deutschen internationalen Umwandlungssteuerrechts**. Ist der Anwendungsbereich des UmwStG nicht eröffnet, so erübrigt sich ein Blick in den Besonderen Teil des Gesetzes. Die Ertragsteuerfolgen ergeben sich dann aus den allgemeinen Grundsätzen, was insbesondere regelmäßig die Versteuerung der stillen Reserven zur Folge hat.

97 Darüber hinaus oder vielmehr vorrangig wird der Anwendungsbereich des Gesetzes durch die allgemeine Systematik der Ertragbesteuerung begrenzt. Das UmwStG ordnet keine originären Rechtsfolgen an, sondern verändert – faktisch auf einer zweiten Stufe der Rechtsanwendung – den Rechtsfolgenausspruch, wenn weitere Rechtsbedingungen erfüllt sind. Aus diesem Grund kann das Gesetz über seinen eigenen Anwendungsbereich hinaus nur bzw. erst angewendet werden, wenn aufgrund der Einzelsteuergesetze überhaupt eine Steuerpflicht – in welchem Umfang[183] auch immer – in Deutschland besteht.[184] Ansonsten besteht die Gefahr, das UmwStG rechtsfehlerhaft auf Umwandlungen anzuwenden, an denen ausschließlich EU-ausländische Gesellschaften mit EU-ausländischen Gesellschaftern und EU-ausländischem Betriebsvermögen beteiligt sind. Das heißt auch, dass sog. *Compliance*-Pflichten, wie die Antragstellung oder die Aufstellung von Schlussbilanzen in „Herein-Fällen" lediglich dazu dienen, für den im Inland Steuerpflichtigen eine Wertgrundlage zu schaffen. Materielle Steuerfolgen für den im Inland nicht steuerpflichteigen Ausländer können daran nicht geknüpft werden.

98 Der bereits beschriebenen strukturellen Zweiteilung des UmwStG folgend, ist der sachliche und persönliche Anwendungsbereich des Umwandlungsteils in § 1 Abs. 1 und Abs. 2 UmwStG geregelt, hinsichtlich des Einbringungsteils gelten § 1 Abs. 3 und 4 UmwStG.

aa) Umwandlungen

99 **(1) Sachlicher Anwendungsbereich.** § 1 Abs. 1 Nr. 1 UmwStG eröffnet den sachlichen Anwendungsbereich des Zweiten bis Fünften Teils des UmwStG für Verschmelzungen, Aufspaltungen und Abspaltungen von Körperschaften oder vergleichbare ausländische Vorgänge sowie Umwandlungsvorgänge nach der SE- und der SCE-Verordnung. Ausgliederungen iSd § 123 Abs. 3 UmwG werden gemäß § 1 Abs. 1 Satz 2 UmwStG ausdrücklich *nicht* erfasst. In Nummer 2 der Norm wird der sachliche Anwendungsbereich auf den Formwechsel einer Körperschaft in eine Personengesellschaft oder vergleichbare ausländische Vorgänge erweitert, um schließlich in den Nummern 3 und 4 sondergesetzlich angeordnete Umwandlungsvorgänge[185] und Vermögensübertragungen zu erfassen. Letztere bleiben mangels grenzüberschreitender Relevanz im Folgenden unbetrachtet. Auch Verschmelzungen unter Beteiligung von SE und SCE liegen außerhalb des Blickwinkels dieses Werkes.

100 Der sachliche Anwendungsbereich des Umwandlungsteils folgt *streng akzessorisch* den Vorgängen des UmwG und bezieht überdies vergleichbare ausländische Vorgänge und Verschmelzungen nach SE- und SCE-Verordnung mit ein. Aus der Anknüpfung an das UmwG folgt, dass es sich bei **grenzüberschreitenden (Herein-/Hinaus-)Verschmelzungen mit EU/EWR-Bezug** gemäß §§ 122 a ff. UmwG unter Beteiligung von Rechtsträgern, die dem deutschen Gesellschaftsstatut unterliegen, entsprechend der zum UmwG überwiegend vertretenen Meinung[186] bereits um eine Verschmelzung iSd § 2 UmwG

---

[183] § 1 EStG, §§ 1 bis 4 KStG und § 2 GewStG.
[184] Vgl. Haase/Hruschka/*Benecke*, § 1 UmwStG Rn. 3; Tz. 01.02 UmwStE 2011; dies scheinen FGS/BDI/*Sieker/Schänzle/Kaeser*, UmwSt-Erlass 2011, S. 44 zu verkennen.
[185] Z.B. § 38a LwAnpG, § 6b VermG sowie einzelne Sparkassengesetze der Länder.
[186] Vgl. 2. Teil Rn. 2.

handelt und gerade nicht um einen „vergleichbaren ausländischen Vorgang".[187] Folglich bedarf es dabei keiner unter Umständen umfangreichen **Vergleichbarkeitsprüfung**.

Die Finanzverwaltung definiert den Begriff „ausländischer Vorgang" hingegen autonom vom UmwG. Dabei soll es sich um Vorgänge handeln, bei denen auf den übertragenden oder auf den übernehmenden Rechtsträger bzw. beim Formwechsel auf den umzuwandelnden Rechtsträger das UmwG kollisionsrechtlich keine Anwendung findet.[188] Durch diese Negativformulierung wären grenzüberschreitenden Verschmelzungen nach §§ 122 a ff. UmwG – entgegen der zivilrechtlichen Sichtweise – als ausländische Vorgänge zu qualifizieren.[189] Sowohl der Begriff der Verschmelzung als auch der des ausländischen Vorgangs ist zivilrechtlich determiniert. Eine autonome Prüfungs- bzw. Definitionskompetenz steht der Finanzverwaltung als Exekutivorgan nicht zu. Mithin fehlt dieser Auffassung die Rechtsgrundlage.[190] 101

Trotz des engen Verständnisses der ausländischen Vorgänge bei Verschmelzungen nach §§ 122 a ff. UmwG geht auch die Finanzverwaltung von einer grundsätzlichen Vergleichbarkeit der Vorgänge aus,[191] weshalb auf die Vergleichbarkeitsprüfung regelmäßig verzichtet werden kann. In praxi sollten sich daher aus der dargestellten Differenzierung im Regelfall keine abweichenden Ergebnisse hinsichtlich der Anwendbarkeitsprüfung nach § 1 Abs. 1 Nr. 1 UmwStG ergeben. 102

Die hier vertretene Zivilrechtsakzessorietät hat auch zur Folge, dass **grenzüberschreitende (Herein-/Hinaus-)Spaltungen mit EU/EWR-Bezug** bereits als vom UmwG erfasst gelten müssen und somit nicht als ausländische Vorgänge im Sinne des § 1 Abs. 1 Nr. 1 UmwStG angesehen werden können.[192] Zwar ist zivilrechtlich das UmwG erst unter Berufung auf die Grundfreiheiten des AEUV und die EuGH-Rechtsprechung möglich.[193] Ist damit aber das UmwG entsprechend anzuwenden, dann folgt diesem das UmwStG ohne weitere Einschränkungen. Auf die Vergleichbarkeitsprüfung kommt es also auch hier nicht an.[194] 103

Im Hinblick auf grenzüberschreitende Verschmelzungen und Spaltungen unter Beteiligung von **Drittstaatengesellschaften** braucht die gesellschaftsrechtliche Diskussion – auch unabhängig davon, ob diese unter Berufung auf völkerrechtliche Verträge zivilrechtlich überhaupt möglich sind – nicht in die Prüfung des sachlichen Anwendungsbereichs des § 1 Abs. 1 Nr. 1 UmwStG hineingetragen werden, da jedenfalls der persönliche Anwendungsbereich des § 1 Abs. 2 UmwStG *nicht* eröffnet sein wird.[195] Das UmwStG ist auf diese Vorgänge also kraft einfachgesetzlicher Anordnung im Ergebnis nicht anwendbar. Insofern stellt sich die Situation anders dar als im Rahmen des UmwG. Dort wird der Tatbestand des § 1 Abs. 1 UmwG ausgelegt mit dem Ergebnis, dass dieser Drittstaatenumwandlungen nicht entgegensteht. Das UmwStG hingegen beinhaltet mit § 1 Abs. 2 UmwStG eine Norm, die diese Annahme ausdrücklich ausschließt. Zu Recht wird darauf hingewiesen, dass eine Erstreckung auf Drittstaatengesellschaften unter Berufung auf 104

---

[187] So auch *Hahn* Ubg 2012, 738 (739); Widmann/Mayer/*Widmann*, § 1 UmwStG Rn. 60; Schmitt/Hörtnagl/Stratz/*Hörtnagl*, § 1 UmwStG Rn. 27; Frotscher/Maas/*Frotscher*, § 1 UmwStG Rn. 40; Rödder/Herlinghaus/van Lishaut/*Trossen*, § 1 UmwStG, Rn. 46.
[188] Vgl. Tz. 01.20 UmwStE 2011.
[189] Vgl. Tz. 01.21 Satz 1 UmwStE 2011; vgl. auch Haase/Hruschka/*Benecke*, § 1 UmwStG Rn. 40; ders. GmbHR 2012, 113 (116); Dötsch/Patt/Pung/Möhlenbrock/*Möhlenbrock*, § 1 UmwStG Rn. 86.
[190] So auch FGS/BDI/*Sieker/Schänzle/Kaeser*, UmwSt-Erlass 2011 S. 46 und 55.
[191] Vgl. Tz. 01.21 Satz 2 UmwStE 2011.
[192] So auch Rödder/Herlinghaus/van Lishaut/*Trossen*, § 1 UmwStG, Rn. 63; Schmitt/Hörtnagl/Stratz/*Hörtnagl*, § 1 UmwStG Rn. 30.
[193] Vgl. 3. Teil Rn. 8.
[194] **AA** BMF, Tz. 01.20 UmwStE 2011.
[195] Vgl. Rn. 46 ff.

DBA-Diskriminierungsverbote denkbar ist.[196] Dasselbe könnte im Verhältnis zu den USA unter Verweis auf den Deutsch-Amerikanischen Freundschafts-, Handels- und Schifffahrtsvertrag von 1958 eingewendet werden.[197] Diesen Einwand wird man allerdings im Rechtswege geltend machen müssen.

105 Weiter ist bemerkenswert, dass die Finanzverwaltung den sachlichen Anwendungsbereich des § 1 Abs. 1 Nr. 1 UmwStG von einer verwaltungsseitigen **zivilrechtlichen Wirksamkeitsprüfung** des Umwandlungsvorgangs abhängig macht, und zwar sowohl im Inlandsfall als auch beim grenzüberschreitenden Sachverhalt. Zunächst wird die Maßgeblichkeit der jeweiligen registerrechtlichen „Entscheidung" vorgegeben. Dies soll dann aber nicht gelten bei gravierenden Mängeln der Umwandlung.[198] Der Rechtsanwender bleibt mit der Frage allein gelassen, was unter „gravierenden Mängeln" zu verstehen ist. Zudem ist es widersprüchlich, dass der Erlassgeber die grundsätzlich gegebene Vorfragenkompetenz der Verwaltung kraft Bindung an die Entscheidung des Registerrichters einschränkt,[199] diese jedoch an eine Bedingung knüpft, die ihrerseits wieder eine zivilrechtliche Vorprüfung erfordert.[200] Aufgrund der Komplexität der zivilrechtlichen Vorfrage erscheint die Beschränkung der Vorfragenkompetenz und der Verweis auf die Zivilrechtsakzessorietät ein für alle Beteiligten praktikabler Weg. In den §§ 20 Abs. 2, 131 Abs. 2 und 202 Abs. 3 UmwG ist ausdrücklich geregelt, dass die Registereintragung konstitutiv auch derart wirkt, dass Mängel geheilt werden. Einzuräumen ist, dass bei grenzüberschreitenden Verschmelzungen nach §§ 122 a ff. UmwG eine vergleichbare Heilungswirkung nicht angeordnet ist. Allerdings ist das Bescheinigungs- und Eintragungsverfahren in den §§ 122 k f. UmwG derart formalisiert ausgestaltet, dass Bescheinigung, Eintragung und Eintragungsmitteilung durch den Registerrichter ausreichende Wirksamkeitsgewähr auch für das Steuerrecht bietet.

106 Was die bereits angesprochene **Vergleichbarkeitsprüfung** selbst anbelangt, so sei an dieser Stelle auf die Auffassung der Finanzverwaltung in den Textziffern 01.24 bis 01.42 UmwStE 2011 verwiesen.[201] Ein ausländischer Vorgang soll dann mit einer inländischen Umwandlung iSd § 1 Abs. 1 Nr. 1 und 2 UmwStG vergleichbar sein, wenn er seinem Wesen nach einer Verschmelzung, Auf- und Abspaltung oder einem Formwechsel entspricht. Es sind die beteiligten Rechtsträger, die Rechtsnatur bzw. die Strukturmerkmale und sonstige Vergleichskriterien zu prüfen. Insofern ist anzumerken, dass der Erlasstext wiederum engere Kriterien aufstellt als der Gesetzestext dies zulässt oder gar erfordert. Insbesondere die wiederholte Forderung nach der Übereinstimmung der ausländischen Rechtsvorschriften ist viel zu eng gefasst.[202] Die Vergleichbarkeitsprüfung ist nur dann relevant, wenn ausschließlich Umwandlungen von ausländischen Rechtsträgern zu beurteilen sind (ausländische Umwandlungen), an denen inländische Gesellschafter beteiligt sind oder bei denen die Gesellschaften inländisches Betriebsvermögen innehaben.[203] Da im vorliegenden

---

[196] Vgl. *Hahn* in PWC AG (Hrsg.), Reform des Umwandlungssteuerrechts, S. 110.
[197] Dazu *Bernütz/Loll* IStR 2012, 744 ff.
[198] Vgl. Tz. 01.06 UmwStE 2011 (Inlandsumwandlung) und Tz. 01.23 UmwStE 2011 (Auslandsfall).
[199] Vgl. zur Vorfragenkompetenz statt vieler Beermann/Gosch/*vBeckerath*, § 33 FGO Rn. 373.
[200] Kritisch auch *Hahn* Ubg 2012, 738 (745).
[201] Vgl. zur Kritik an der Verwaltungsauffassung Lademann/*Hahn*, § 1 UmwStG Rn. 121 bis 173.
[202] Vgl. ausführlich und kritisch FGS/BDI/*Sieker/Schänzle/Kaeser*, UmwSt-Erlass 2011, S. 58 ff.; vgl. auch Rödder/Herlinghaus/van Lishaut/*Trossen*, § 1 UmwStG Rn. 84; für eine weiteres Begriffsverständnis auch BT-Drs. 16/2710, 35.
[203] Vgl. Rödder/Herlinghaus/van Lishaut/*Trossen*, § 1 UmwStG Rn. 80; anders Lademann/*Hahn*, § 1 UmwStG Rn. 191, der offenbar davon ausgeht, dass diese Fälle von § 12 Abs. 2 S. 1 und 2 KStG erfasst werden. Die genannten Normen sind allerdings nicht auf ausländische Umwandlungen im EU-/EWR-Raum und unter Beteiligung von Personengesellschaften anwendbar, sondern nur auf Drittstaatenverschmelzungen von Kapitalgesellschaften, vgl. 2. Teil Rn. 335 ff. und 697 ff.

Werk der Fokus auf der grenzüberschreitenden Umwandlung zweier oder mehr Rechtsträger liegt, bei dem mindestens einer dem inländischen Gesellschaftsstatut unterliegt und diese Vorgänge nach der hier vertretenen Auffassung – entgegen der Auffassung der Finanzverwaltung – weder bei Verschmelzungen noch bei Spaltungen ausländische Vorgänge im nämlichen Sinne sind, kann es bei dem Hinweis bleiben.

(2) Persönlicher Anwendungsbereich. Die ausdrückliche Erfassung vergleichbarer ausländischer Vorgänge ohne Beschränkung auf den EU/EWR-Raum in § 1 Abs. 1 Nr. 1 UmwStG lässt zunächst auf eine *Globalisierung* des UmwStG schließen.[204] Da jedoch nur die *Europäisierung* bezweckt bzw. notwendig war, erfolgt die entsprechende Einschränkung im persönlichen Anwendungsbereich nach § 1 Abs. 2 UmwStG. 107

Nach § 1 Abs. 2 S. 1 Nr. 1 UmwStG müssen bei grenzüberschreitenden Verschmelzungen und Spaltungen 108

– sowohl der übertragende
– als auch der übernehmende Rechtsträger
– nach den Rechtsvorschriften eines EU-Mitgliedstaats oder eines EWR-Staates
– gegründete Gesellschaften im Sinne des Art. 48 EUV (bzw. Art. 54 AEUV) oder des Art. 34 des EWR-Abkommens sein,
– deren Sitz *und* Ort der Geschäftsleitung sich innerhalb des Hoheitsgebiets eines dieser Staaten befindet (sog. Doppelansässigkeit).

Die Norm spricht soweit für sich selbst. Zu beachten ist, dass der Gesetzgeber mit dem Bezug auf Art. 48 EUV (bzw. 54 AEUV) über Art. 3 der Fusions-RL hinausgegangen ist. Es ist also möglich, dass der enumerative Katalog der Rechtsformen in Anhang I Teil A, auf den Art. 3 Fusions-RL verweist, Gesellschaftsformen nicht aufzählt, die aber in Art. 48 EUV (bzw. 54 AEUV) enthalten sind. Es empfiehlt sich daher primär auf den Anhang zuzugreifen, bei Negativbefund jedoch einen Blick in Art. 48 EUV (bzw. 54 AEUV) zu werfen. 109

Was das **doppelte Ansässigkeitserfordernis** anbelangt, so bedeutet die Gesetzesformulierung nicht, dass sich sowohl Sitz (§ 11 AO) als Ort der Geschäftsleitung (§ 10 AO) in ein und demselben EU-/EWR-Staat befinden müssen. Sie können innerhalb der EU/des EWR auseinanderfallen.[205] Bei solchen Gesellschaften ist dann die steuerliche Ansässigkeit nach der sog. tie-breaker-rule des jeweiligen DBA zu bestimmen,[206] da so die sich im materiellen Teil des UmwStG stellende Frage nach einer etwaigen Entstrickung beantwortet werden kann. Mangels doppelter Ansässigkeit sind also Gesellschaften mit Sitz oder Geschäftsleitung im Drittstaat vom persönlichen Anwendungsbereich des UmwStG ausgenommen, d.h. grenzüberschreitende Verschmelzungen und Abspaltung unter Beteiligung von reinen **Drittlands**gesellschaften oder von **doppelt ansässigen Gesellschaften** mit Drittlandsbezug profitieren nicht von den steuerlichen Vergünstigungen des UmwStG. 110

bb) Einbringungen

(1) Sachlicher Anwendungsbereich. Bereits angeklungen ist, dass sich der Einbringungskomplex durch die fehlende Anbindung an das Zivilrecht auszeichnet. Darauf weist schon der Begriff „Einbringung" hin. Es handelt sich um einen ausschließlich steuerrechtlich vorgeprägten Begriff, der im Zivilrecht keine Entsprechung hat. Er kommt der (Sach-) 111

---

[204] Dem Referentenentwurf zum SEStEG lag noch das Konzept der Globalisierung des Umwandlungssteuerrechts zugrunde.
[205] Vgl. Lademann/*Hahn*, § 1 UmwStG Rn. 86; Tz. 01.49 UmwStE 2011.
[206] Vgl. Art. 4 Abs. 3 OECD-MA.

Einlage recht nahe. Da aber auch umwandlungsrechtliche Gesamtrechtsnachfolgen erfasst sein sollen, ist Einbringung der weitere Begriff. So sind die jeweiligen Vorschriften des Sechsten bis Achten Teils des UmwStG eher auf die Beschreibung eines wirtschaftlichen Vorgangs gerichtet. Insofern ist es notwendig, je nach übernehmendem Rechtsträger die richtige Norm zu identifizieren, um dann zur eigentlichen Subsumtion überzugehen.

112 § 1 Abs. 3 UmwStG bietet nicht nur einen nützlichen Anhaltspunkt dafür, welche Vorgänge vom Einbringungsteil erfasst sind, er ist auch abschließend. Erfasst sind:
– von Nr. 1: die Verschmelzung, Aufspaltung und Abspaltung im Sinne der §§ 2 und 123 Abs. 1 und 2 UmwG von Personenhandelsgesellschaften und Partnerschaftsgesellschaften *oder* vergleichbare ausländische Vorgänge,
– von Nr. 2: die Ausgliederung von Vermögensteilen im Sinne des § 123 Abs. 3 UmwG *oder* vergleichbare ausländische Vorgänge (ohne Unterscheidung des aufnehmenden Rechtsträgers),
– von Nr. 3: der Formwechsel einer Personengesellschaft in eine Kapitalgesellschaft oder Genossenschaft im Sinne des § 190 Abs. 1 UmwG *oder* vergleichbare ausländische Vorgänge,
– von Nr. 4 die Einbringung von Betriebsvermögen durch Einzelrechtsnachfolge in eine Kapitalgesellschaft, eine Genossenschaft oder Personengesellschaft und schließlich
– von Nr. 5: der Austausch von Anteilen.

113 Die letzte Fallgruppe der Nr. 5 kann zivilrechtlich als Unterfall der Nr. 2 oder der Nr. 4 verstanden werden, je nach dem, ob der Anteilstausch durch Einzel- oder durch Gesamtrechtsnachfolge erfolgt.[207] Die Begrifflichkeit folgt der FusionsRL und zudem korrespondiert mit der Nennung in Nr. 5 ein eigener Paragraf, der § 21 UmwStG, in dem das für das Steuerrecht maßgebliche Begriffsverständnis umrissen wird.[208]

Auch hier gilt, dass soweit der sachliche Anwendungsbereich auf die Regelungen des UmwG rekurriert, per se die entsprechend – ggf. über die europäischen Grundfreiheiten – zivilrechtlich zulässigen **grenzüberschreitenden Vorgänge** mit erfasst sind und es eines Rückgriffs auf die vergleichbaren Vorgänge nicht bedarf, mithin die von der Finanzverwaltung streng verstandene Vergleichbarkeitsprüfung auch hier entfällt. Einen solchen Zivilrechtsbezug gibt es in den Nrn. 4 und 5 nicht. Zudem fehlt der Hinweis auf die vergleichbaren ausländischen Vorgänge. Dieses Hinweises bedarf es indes nicht, da der Begriff Einzelrechtsnachfolge auch Einbringungsvorgänge unter Beteiligung von ausländischen Rechtsträgern erfasst.[209] Dies ist durch das Internationale Privatrecht vorgegeben, wenn nach Art. 43 EGBGB die lex rei sitae über die Übertragung dinglicher Rechte entscheidet.[210]

114 Eine Sonderstellung nehmen **Anwachsungs**vorgänge ein. Sie gehören in ihren verschiedenen Facetten – einfache[211] oder erweiterte[212] Anwachsung – zum Standardrepertoire der Gestaltungsberatung; zeichnen sie sich doch durch die hohe Flexibilität, die Kosten- und Zeiteffizienz und die weitgehende Formfreiheit aus. Durch sie kann eine

---

[207] Vgl. Frotscher/Maas/*Frotscher*, § 1 UmwStG Rn. 63.
[208] Vgl. Schmitt/Hörtnagl/Stratz/*Hörtnagl*, § 1 UmwStG Rn. 108; Haritz/Menner/*Haritz*, § 1 UmwStG Rn. 34.
[209] Vgl. Schmitt/Hörtnagl/Stratz/*Hörtnagl*, § 1 UmwStG Rn. 100, 112; Rödder/Herlinghaus/van Lishaut/*Trossen*, § 1 UmwStG Rn. 230; Lademann/*Hahn*, § 1 UmwStG Rn. 220; Haase/Hruschka/*Benecke*, § 1 UmwStG Rn. 117; Dötsch/Patt/Pung/Möhlenbrock/*Möhlenbrock*, § 1 UmwStG Rn. 70.
[210] Vgl. Hörtnagl/Stratz/*Hörtnagl*, § 1 UmwStG Rn. 104.
[211] Sog. Austrittsmodell: Der vorletzte Gesellschafter einer zweigliedrigen Personengesellschaft tritt aus.
[212] Sog. Übertragungsmodell: Die Gesellschafter einer zweigliedrigen Personengesellschaft werden miteinander verschmolzen oder der eine Gesellschafter überträgt seinen Gesellschaftsanteil auf den anderen entweder gegen Geld oder gegen Gesellschaftsrechte.

Personengesellschaft auf eine andere Person aufwärts „verschmolzen" werden, zB eine GbR, die nach dem UmwG nicht verschmelzungsfähig ist. Insbesondere die Einbringungsfälle sind steuerlich nicht unproblematisch. Da die Anwachsung gem. § 738 BGB ipso iure erfolgt und sich nach überwiegender Auffassung im Wege der Gesamtrechtsnachfolge vollzieht,[213] ist fraglich, ob § 1 Abs. 3 Nr. 4 UmwStG überhaupt den Anwendungsbereich des UmwStG eröffnet. Immerhin ist dort lediglich die Übertragung von Betriebsvermögen durch *Einzelrechtsnachfolge* genannt. Mit der überwiegenden Ansicht im Schrifttum wird man für die Anwendung des UmwStG auf den die Anwachsung auslösenden Akt abstellen müssen.[214] Bei der Sacheinlage/Einbringung handelt es sich fraglos um einen Vorgang der Einzelrechtsnachfolge. Überdies unterscheidet § 1 Abs. 3 Nr. 4 UmwStG nicht hinsichtlich des übertragenden Betriebsvermögens und auch nicht danach, welches bei der Übernehmerin ankommt. Schwierigkeiten könnten höchstens bei der Anwendung der materiellen Regelungen der §§ 20 und 24 UmwStG bestehen. Zwar ist der Gesellschaftsanteil Gegenstand der Sacheinlage/Einbringung, dieser kommt allerdings bei der übernehmenden Gesellschaft als solcher nicht an. Vielmehr erhält die Übernehmerin das Betriebsvermögen der eingebrachten Personengesellschaft, da es keinen Zwischenerwerb gibt.[215]

(2) Persönlicher Anwendungsbereich. Welche Rechtsträger an Einbringungen beteiligt sein können, regelt § 1 Abs. 4 UmwStG. Dabei ist zunächst festzuhalten, dass das Gesetz bei Einbringungen von Betriebsvermögen in eine Personengesellschaft, die § 24 UmwStG unterfallen, keine Einschränkungen hinsichtlich der steuerlichen Ansässigkeit des Einbringenden und der übernehmenden Personengesellschaft macht, § 1 Abs. 4 S. 2 UmwStG. **§ 24 UmwStG** ist mithin die einzige **internationalisierte Norm** des UmwStG.

115

Bei den übrigen Umstrukturierungen, die den §§ 20, 21 und 25 UmwStG unterliegen, muss die übernehmende Gesellschaft gemäß § 1 Abs. 4 S. 1 Nr. 1 UmwStG in jedem Fall die oben beschriebenen Voraussetzungen des § 1 Abs. 2 S. 1 Nr. 1 UmwStG erfüllen. Darauf wird verwiesen.[216] Gleiches gilt für die übertragenden Rechtsträger, § 1 Abs. 4 S. 1 Nr. 2 lit. a) aa) UmwStG, sofern es sich nicht um einen Anteilstausch handelt oder das Recht der BRD hinsichtlich der Besteuerung des Gewinns aus der Veräußerung der *erhaltenen* Anteile nicht ausgeschlossen oder beschränkt ist, § 1 Abs. 4 S. 1 Nr. 2 lit. b) UmwStG. Letzteres ist dann der Fall, wenn kein DBA zwischen der BRD und dem jeweiligen Ansässigkeitsstaat des Einbringenden besteht, das anwendbare DBA entgegen dem OECD-MA dem Quellenstaat und nicht dem Ansässigkeitsstaat das Besteuerungsrecht zuweist[217] oder wenn die Beteiligung an der übernehmenden Körperschaft einer Betriebsstätte in Deutschland zuzuordnen ist. Ist das Ansässigkeitserfordernis relevant, dann muss dies sieben weitere Jahre nach Einbringung erfüllt werden, § 22 Abs. 1 S. 6 Nr. 6, Abs. 2 S. 6 UmwStG.

116

Damit lässt sich festhalten, dass **Zielkörperschaft** immer eine **EU-/EWR-Gesellschaft** sein muss. Die einbringende Person muss den EU-/EWR-Ansässigkeits- bzw. Wohnsitzkriterien dann entsprechen, wenn kein Anteilstausch vorliegt oder das Besteuerungsrecht hinsichtlich eines etwaigen Veräußerungsgewinns aus den erhaltenen Anteilen

117

---

[213] Vgl. BFH, Urteil v. 10.3.1998 – VIII R 76/96, BStBl. II 1999, 269; BGH, Urteil v. 15.3.2004 – II ZR 247/01, DStR 2004, 1137; AEAO zu § 45 AO Nr. 1.
[214] Schmitt/Hörtnagl/Stratz/*Schmitt*, § 24 UmwStG Rn. 56; *Kowallik/Merklein/Scheipers* DStR 2008, 173 (177f.); **aA** *Patt*, DK 2006, 730 (732); Tz. 01.44 und 01.47 UmwStE 2011; Dötsch/Patt/Pung/Möhlenbrock/*Patt*, § 24 UmwStG Rn. 14; *Winkeljohann/Fuhrmann*, Handbuch des UmwStR, 829 (889).
[215] BGH, Urteil v. 7.7.2008 – II ZR 37/07, DStR 2008, 1792 vgl. zur Anwachsung 4. Teil Rn. 8 ff.
[216] Vgl. Rn. 112.
[217] Z.B. Tschechien, Slowakei, Zypern und Bulgarien; vgl. Tz. 21.15 Bsp. 2 UmwStE 2011.

bei der BRD liegt. In beiden Fällen kann Einbringender auch eine **Drittstaatengesellschaft** sein.[218] Was den Anteilstausch betrifft, so machen weder der Anwendungsbereich noch die materiell einschlägige Norm des § 21 UmwStG Vorgaben an die Qualität der eingebrachten Kapitalgesellschaftsbeteiligung. Insofern kann es sich beim **Einbringungsobjekt** auch um eine **Drittstaatengesellschaft** handeln, wenn sie einer inländischen Kapitalgesellschaft entspricht.[219]

118 **cc) Zeitlicher Anwendungsbereich.** Nach § 27 Abs. 1 S. 1 UmwStG ist das UmwStG idF des SEStEG 2006 erstmals auf Umwandlungen und Einbringungen anzuwenden, bei denen die Anmeldung zur Eintragung in das für die Wirksamkeit des jeweiligen Vorgangs maßgebende öffentliche Register *nach* dem 12. Dezember 2006 erfolgt ist. Bei Einbringungsvorgängen wird in § 27 Abs. 1 Satz 2 UmwStG die Anmeldung durch die Übertragung des wirtschaftlichen Eigentums an den eingebrachten Wirtschaftsgütern ersetzt. Die vorher geltende Fassung aus dem Jahr 1995 wird nicht außer Kraft gesetzt, sondern durch § 27 Abs. 2 UmwStG lediglich in seiner zeitlichen Wirkung begrenzt mit partiellen Einschränkungen in § 27 Abs. 3 UmwStG hinsichtlich einbringungsgeborener Anteile iSd § 21 UmwStG 1995.

d) Hauptziel – Steuerneutralität von Umwandlungen

119 Der bereits beschriebene Spezialnormcharakter des UmwStG bringt gleichzeitig zum Ausdruck, dass die angeordneten Rechtsfolgen nicht die Regel markieren, sondern als Ausnahme zu den ertragsteuerlichen Grundprinzipien zu verstehen sind. Besonders anschaulich wird dies bei dem Zentralelement des Umwandlungssteuerrechts, der **Steuerneutralität** der Umwandlung unter bestimmten Voraussetzungen.

Die verfassungsrechtlich gebotene Besteuerung nach der Leistungsfähigkeit[220] findet ihre Konkretisierung im Prinzip der Individualbesteuerung[221] und im Realisations(akts-)prinzip des § 5 Abs. 1 EStG iVm § 252 Abs. 1 Nr. 4 HGB. Bei einer Umwandlung wird Betriebsvermögen als Ganzes oder teilweise von einem Steuerrechtssubjekt auf ein anderes übertragen gegen Gewährung einer Gegenleistung – Gesellschaftsrechte oder andere Wirtschaftsgüter. Nach dem Individualsteuerprinzip und dem Realisationsprinzip müssten bei einem solchen Akt die Wertsteigerungen im übertragenen Vermögen durch das übertragende Steuersubjekt versteuert werden.[222] Bei diesen Wertsteigerungen handelt es sich um sog. stille Reserven, welche im betrieblichen Bereich als Folge der steuerlichen Gewinnermittlung die Differenz zwischen dem Buchwert und dem gemeinen Wert beschreiben. Ein derartig gebotener Steuerzugriff wird allgemein durch Veräußerungs-, Entnahme- und Tauschvorschriften – allesamt Realisationsakte – sichergestellt. Unternehmensumwandlungen werden zu den Veräußerungsvorgängen gezählt.[223] Dementsprechend bekräftigt das UmwStG in einem ersten Schritt den ertragsteuerlichen Grundsatz mit der Forderung des Ansatzes des gemeinen Wertes.[224] In einem zweiten Schritt eröffnet es un-

---

[218] Vgl. Dötsch/Patt/Pung/Möhlenbrock/*Möhlenbrock*, § 1 UmwStG Rn. 164.
[219] Vgl. Schmitt/Hörtnagl/Stratz/*Schmitt*, § 21 UmwStG Rn. 21; *Rödder/Schumacher* DStR 2007, 369 (370); Dötsch/Patt/Pung/Möhlenbrock/*Patt*, § 21 UmwStG Rn. 24; Tz. 21.05 UmwStE 2011; Anhaltspunkte zur Vergleichbarkeit bietet das Schreiben des BMF v. 24.12.1999, BStBl. I 1114, Tabelle 1.
[220] Vgl. dazu Tipke/Lang/*Hey*, Steuerrecht § 3 Rn. 40 ff.
[221] Vgl. statt vieler *Hey* in GS Trzaskalik, S. 219 ff.; Tipke/Lang/*Hennrichs*, Steuerrecht § 9 Rn. 88 f., 403 ff.
[222] Vgl. *Luckey*, StuW 1979, 129 (136); *Widmann*, DStJG 4 (1981), S. 163.
[223] Vgl. BFH, Urteil v. 15.10.1997 – I R 22/96, BStBl. II 1998, 168; v. 16.5.2002 – III R 45/98, BStBl. II 2003, 10; v. 17.9.2003 – I R 97/02, BStBl. II 2004, 686; Tz. 00.02 UmwStE 2011.
[224] Vgl. §§ 3 Abs. 1, 11 Abs. 1, 13 Abs. 1, 20 Abs. 2 Satz 1, 21 Abs. 1 Satz 1 und 24 Abs. 2 Satz 1 UmwStG.

ter bestimmten Voraussetzungen die Möglichkeit, den Buchwert anzusetzen, womit die Realisation der stillen Reserven im Zeitpunkt der Umwandlung vermieden und auf einen anderen Realisationsakt in der Zukunft verschoben wird (sog. **Buchwertverknüpfung**).[225] Insofern kommt es zu einem Steuerstundungseffekt.

Formelle Voraussetzung für den Buchwertansatz ist die **Antrag**stellung, materiell steht dem die **Sicherstellung der Besteuerung der stillen Reserven** in dem übertragenen Vermögen zugunsten des deutschen Fiskus gegenüber.[226] Letztere Voraussetzung kann man neben der Definition des Anwendungsbereichs in § 1 UmwStG strukturell als die weitere tragende Säule des deutschen internationalen Umwandlungssteuerrechts bezeichnen. 120

Aus dem Blickwinkel des Art. 3 Grundgesetz (GG) bedarf eine derartige Ungleichbehandlung von wesentlich Gleichem der **verfassungsrechtlichen Rechtfertigung**. Diese wird im Markteinkommensprinzip und im Übermaßverbot gesehen, weil die zukünftige Besteuerung der stillen Reserven vorausgesetzt wird.[227] Das bedeutet aber auch umgekehrt, dass eine Nichtbesteuerung von Umwandlungen in den Fällen ausgeschlossen werden muss, in denen die spätere Besteuerung nicht gesichert ist. 121

Die Frage nach der Sicherstellung der Besteuerung der stillen Reserven stellt sich grundsätzlich in jedem dem UmwStG unterfallenden Umstrukturierungsfall, die Antwort darauf fällt unterschiedlich aus, abhängig davon, ob unter steuerlichem Zugriffsrecht der BRD gebildete stille Reserven den inländischen steuerlichen Nexus verlassen oder nicht. Notwendig dafür ist selbstredend der Auslandsbezug. Dieser kann sich auf Gesellschafter-, Gesellschafts- und/oder Betriebsvermögensebene ergeben. Ist die Besteuerung nicht sichergestellt, dann liegt eine sog. **Entstrickung**[228] vor. Mit Blick auf die Umstrukturierungsrichtung kann dies in „Hinaus-Fällen" der Fall sein. Im umgekehrten Fall – das Besteuerungsrecht der BRD wird erstmals begründet (Herein-Fall) – handelt es sich um die sog. **Verstrickung**.[229] Nur soweit keine Entstrickung erfolgt, kann eine grenzüberschreitende Umstrukturierung steuerneutral erfolgen. Verstrickungen führen per se im Verstrickungszeitpunkt nie zu Steuerfolgen; es wird lediglich ein Wert festgelegt, mit dem das fraglich Vermögen in die deutsche Besteuerungshoheit eintritt. 122

aa) Entstrickung. Die **umwandlungssteuerrechtlichen Entstrickungsnormen** sind Teil eines ertragsteuerlichen Entstrickungssystems, welches aufgrund europarechtlicher Vorgaben mit dem SEStEG 2006 flächendeckend eingeführt wurde. Systematisch beschränkt das Entstrickungsprinzip den oben beschriebenen Aufschub der Besteuerung entgegen der eigentlich gebotenen Verwirklichung des Individualsteuerprinzips und des Realisationsprinzips. Quasi als ultima ratio fordert das Entstrickungsprinzip die Abrechnung der stillen Reserven in dem Zeitpunkt, in dem Vermögen aus der nationalen Steuerverstrickung ausscheidet, um eine Nichtbesteuerung zu vermeiden.[230] Insofern besteht das Entstrickungssystem aus einem Verbund von Quasirealisationstatbeständen. 123

Neben spezialgesetzlichen Entstrickungsregelungen, wie den – hier im Mittelpunkt stehenden – Normen des UmwStG oder des AStG hat der Gesetzgeber mit § 4 Abs. 1 S. 3 124

---

[225] In der Vorgängerfassungen des UmwStG war dieses Regel-/Ausnahme-Prinzip noch umgekehrt geregelt, vgl. statt vieler *Klingberg* in Blümich, UmwStG Vorbem. Rn. 37; die Europäisierung des Gesetzes machte die Umkehrung notwendig.
[226] Vgl. §§ 3 Abs. 2, 11 Abs. 2, 13 Abs. 2, 20 Abs. 2 Satz 2, 21 Abs. 1 Satz 2 und 24 Abs. 2 Satz 2 UmwStG.
[227] BT-Drs. 12/6885, 22; *Schaumburg*, Internationales Steuerrecht, Rn. 17.19; Tipke/Lang/*Hennrichs*, Steuerrecht § 9 Rn. 430.
[228] BT-Drs. 16/2710, 26; *Hagemann/Jakob/Ropohl/Viebrock* NWB-Sonderheft 1/2007, 2; *Kessler/Huck* StuW 2005, 193 (198); *Crezelius* in Kirchhof, § 4 EStG Rn. 106.
[229] Vgl. etwa *Stadler/Elser* BB 2006, Special 8, 18 (23).
[230] Vgl. Tipke/Lang/*Hennrichs*, Steuerrecht § 9 Rn. 450.

EStG und § 12 Abs. 1 KStG erstmals allgemeine Entstrickungsnormen eingeführt.[231] Mit JStG 2010 ist mit § 16 Abs. 3a EStG die Entstrickung anlässlich der grenzüberschreitende Betriebsverlegung hinzugetreten.

125 Was abstrakt als Entstrickung bezeichnet wird, liegt in der Sprache des Gesetzgebers dann vor, wenn das Recht der BRD hinsichtlich der Besteuerung des Gewinns aus der Veräußerung der übertragenen Wirtschaftsgüter bei der übernehmenden Körperschaft ausgeschlossen oder beschränkt wird.[232] Rechtsfolge ist der Ansatz des abgehenden Wirtschaftsguts zum gemeinen Wert nach § 6 Abs. 1 Nr. 4 S. 1 EStG. Dem damit verbundenen Effekt der Sofortbesteuerung bei „Quasirealisation" wirkt § 4g EStG in EU-Sachverhalten mit der Möglichkeit zur Bildung und Auflösung eines Ausgleichspostens über fünf Jahre – beschränkt auf Wirtschaftsgüter des Anlagevermögens – entgegen. Eine solche Gewinnstreckungsmöglichkeit enthalten die Entstrickungsnormen des UmwStG allerdings nicht. Im überwiegenden Teil der Fälle wird sich die Frage nach dem Ausschluss bzw. der Beschränkung des Besteuerungsrechts anhand des DBA lösen lassen. Ordnet das DBA hinsichtlich des Veräußerungsgewinns die Freistellungsmethode an, dann ist das Besteuerungsrecht ausgeschlossen, durch die Anrechnungsmethode ist es zumindest beschränkt.[233] Die Anrechnungsmethode gilt unilateral auch dann, wenn mit dem Zielstaat kein DBA besteht, vgl. § 34c Abs. 1 EStG und § 26 Abs. 1 KStG.

126 Damit ist lediglich die grundsätzliche Wirkweise des Entstrickungskonzeptes umschrieben. Die inhaltliche Reichweite ist nach wie vor unsicher. Es ist nämlich die Frage aufgeworfen worden, wie sich die Entscheidung des BFH vom 17.7.2008[234] auf die Auslegung der seit 2006 geltenden Entstrickungsvorschriften auswirkt. Das Gericht hatte einen Fall zur Überführung von Wirtschaftsgütern in eine Freistellungsbetriebsstätte vor Geltung des SEStEG 2006 zu entscheiden und dabei die sog. **Theorie der finalen Entnahme**[235] aufgegeben. Sie war vor Schaffung der Entstrickungsnormen Grundlage für eine (nicht normierte) Entstrickungsbesteuerung.[236] Hintergrund war die gewandelte Rechtsprechung des BFH zur Abgrenzung zwischen in- und ausländischen Einkünften und die Wirkung der Freistellung durch DBA.[237] Das Gericht stellte klar, dass nach geltendem Erkenntnisstand die spätere Besteuerung im Inland entstandener stiller Reserven durch die abkommensrechtliche **Freistellung** ausländischer Betriebsstättengewinne *nicht* beeinträchtigt wird.[238] Soweit die Gewinne im Stammhaus entstanden seien, stehe das Besteuerungsrecht der Veräußerungsgewinne von beweglichem Vermögen weiterhin dem Stammhausstaat zu. Erst auf die zeitlich nach Übertragung entstehenden stillen Reserven könne der andere Staat zugreifen. Es fehle daher nicht nur eine Rechtsgrundlage, sondern auch das Besteuerungsbedürfnis. Wie die technische Umsetzung erfolgen kann, deutete das Gericht mit dem Hinweis auf die Theorie der aufgeschobenen Gewinnrealisierung oder die Aufteilung nach Wertschöpfungsbeiträgen lediglich an. Das Urteil ist im verwaltungsnahen

---

[231] Eine gewerbesteuerliche Entstrickung existiert nicht, vgl. *Benecke/Schnitger* IStR 2006, 765, (766); *Schönherr/Lemaitre* GmbHR 2006, 567; *Wassermeyer* IStR 2008, 176 (178); Dötsch/Jost/Pung/Witt/*Benecke*, KStG § 12 Rn. 111.
[232] So beispielhaft § 11 Abs. 2 Nr. 2 UmwStG.
[233] Vgl. die mit Art. 13 und Art. 23A sowie 23B OECD-MA vergleichbaren Artikel.
[234] I R 77/06, BStBl. II 2009, 464; zur Aufgabe der sog. Theorie der finalen Betriebsaufgabe, BFH, Urteil v. 28.10.2009 – I R 28/08, I R 99/08, IStR 2009, 103 und 98.
[235] Vgl. BFH, Urteil v. 16.7.1969 – I R 266/65, BStBl. II 1970, 175; v. 30.5.1972 – VIII R 111/69, BStBl. II 760; v. 15.6.2004 – VIII R 7/02, BStBl. II 914.
[236] Vgl. zur Kritik *Baranowski* DB 1962, 881; *Meilicke/Hohlfeld* BB 1972, 505 (508); *Kramer* StuW 1991, 151 (156).
[237] Vgl. Wassermeyer/Andresen/Ditz/*Wassermeyer*, Betriebsstätten-Handbuch 2006 Rn. 3.11.
[238] So bereits *Schaumburg* DStJG 4 (1981), 247 (253) mwN.

Schrifttum auf Kritik gestoßen[239] und wurde seitens des Bundesministers der Finanzen mit einem Nichtanwendungserlass belegt.[240] Dieser wurde mit einem abweichenden Abkommensverständnis begründet.[241] Der überwiegende Teil der Literatur sprach sich für eine Übertragung der Rechtsprechung auf die neue Rechtslage und folglich für ein Leerlaufen der allgemeinen Entstrickungsvorschriften aus.[242] Dies wurde auch für die umwandlungssteuerrechtliche Entstrickung gefolgert.[243] Dem ist zuzustimmen. Es ist zwar richtig, dass der Gesetzgeber davon ausging, dass er mit dem SEStEG für Entstrickungsvorgänge eine Rechtsgrundlage geschaffen hat.[244] Dem wird man entgegenhalten dürfen, dass gut gewollt nicht auch gut gemacht bedeutet. So bekannt die Motivlage des Gesetzgebers ist, so wenig findet sie einen Anhaltspunkt im Gesetz.[245] Verwendet der Gesetzgeber Tatbestandsmerkmale, deren Wortlaut die intendierten Sachverhalte nicht erfasst und sei es nur aufgrund geänderter Rechtsprechungsgrundsätze, so geht dies zu seinen Lasten.

Dasselbe muss für die **Anrechnungsmethode** gelten.[246] Der BFH stützte seine Entscheidung auf die unzutreffende Beurteilung der Abgrenzung zwischen den inländischen und den ausländischen Einkünften (§ 34d Nr. 2 lit. a) EStG). Wie bereits oben ist zwischen den stillen Reserven *vor* und *nach* grenzüberschreitendem Vermögenstransfer zu differenzieren. Besteuert der ausländische Staat bereits nicht, ist eine Beschränkung des Besteuerungsrechts per se ausgeschlossen.[247] Hinsichtlich der im Inland entstandenen stillen Reserven besteht keine Anrechnungsverpflichtung. § 34c Abs. 1 EStG bezieht sich auf die auf ausländische Einkünfte erhobene Steuer.[248] Ausländische Einkünfte sind dabei nach § 34d Nr. 2 lit. a) EStG Einkünfte aus Gewerbebetrieb, die durch eine in einem ausländischen Staat belegene Betriebsstätte erzielt werden. Die Einkünfteerzielung erfolgt *vor* Überführung im Inland. Ausländische Einkünfte, die eine Anrechnungsverpflichtung auslösen könnten, werden damit nicht erzielt. Die zukünftig entstehenden stillen Reserven sind zweifellos ausländische Einkünfte im vorstehenden Sinne. Zum Zeitpunkt der Überführung existieren sie jedoch noch nicht. Das heißt, dass unter Fortführung der BFH-Rechtsprechung die zukünftige Anrechnungsverpflichtung die spätere uneingeschränkte inländische Besteuerung der Alt-Reserven nicht gefährden kann.

Nach all dem bleibt für sämtliche Entstrickungstatbestände ein sehr beschränkter Anwendungsbereich,[249] jedenfalls solange der 2010 eingeführte sog. Functionally Separate Entity Approach des Art. 7 Abs. 2 OECD-MA nicht in die jeweils geltenden DBA übernommen worden ist.[250] Daran konnte unseres Erachtens auch die Einfügung des § 4 Abs. 1 S. 4 EStG – ein Nichtanwendungsgesetz, womit der Gesetzgeber auf die genannte BFH-

---

[239] Vgl. *Mitschke* FR 2008, 1144 ff.; aA *Gosch* BFH-PR 2008, 499 (500); *Hoffmann* DB 2008, 2286 (2287); *Ditz* IStR 2009, 115 (117).
[240] BMF v. 20.5.2009, BStBl. I 2009, 671.
[241] Vgl. OECD-MK zu Art. 7 OECD-MA 2005, Tz. 15, worin seit 2008 die uneingeschränkte Selbständig-keitsfiktion der Betriebsstätte niedergelegt ist/sein soll.
[242] *Gosch* BFH/PR 2008, 499 (500); *Ditz* IStR 2009, 115 (120); *Ditz/Schneider* DStR 2010, 81, (84); *Kahle/Franke* IStR 2009, 406 (407, 411); *Prinz* DB 2009, 807 (810); *Roser* DStR 2009, 2389 (2393); *Schneider/Oepen* FR 2009, 22 (23).
[243] Vgl. *Beinert/Benecke* FR 2010, 1009 (1012 f.); *Köhler* IStR 2010, 337 (344); aA *Mitschke* FR 2009, 326; *Benecke* in Beinert/Benecke FR 2010, 1009 (1012).
[244] So *Mitschke* FR 2009, 326 ff.; *Mitschke* DB 2009, 1376 (1378); *Müller-Gatermann* in FS Schaumburg, 939 (943) unter Verweis auf BT-Drs. 16/2710, 28.
[245] Vgl. statt vieler *Prinz* DB 2009, 807 (811).
[246] Vgl. *Schönfeld* IStR 2010, 133 (135); *Roser* DStR 2008, 2389 (2394).
[247] Vgl. *Kahle/Franke* IStR 2009, 406 (409); *Wiss. Beirat Ernst & Young tax* DB 2010, 1776 (1780).
[248] So bereits *Wassermeyer* DB 2006, 2420; *Prinz* DB 2009, 807 (811); *Wiss. Beirat Ernst & Young tax* DB 2010, 1776 (1781).
[249] Im Bereich der allgemeinen Entstrickungsnormen: die Aufgabe einer inländischen Betriebsstätte durch eine beschränkt steuerpflichtige Person, *Wassermeyer* DB 2006, 1176 (1180).
[250] Vgl. Überblick bei *Kahle/Mödinger* IStR 2010, 757 ff.

Rechtsprechung reagierte – durch das JStG 2010 nichts ändern. Danach liegt ein Ausschluss oder eine Beschränkung des Besteuerungsrechts hinsichtlich des Gewinns aus der Veräußerung eines Wirtschaftsguts insbesondere vor, wenn ein bisher einer inländischen Betriebsstätte des Steuerpflichtigen zuzuordnendes Wirtschaftsgut einer ausländischen Betriebsstätte zuzuordnen ist. Technisch hätte es einer Fiktion und nicht eines Regelbeispiels[251] bedurft, um die zu erwartende Auslegung des § 4 Abs. 1 S. 3 EStG durch den BFH in der oben beschriebenen Form zu verhindern.[252] Ein Regelbeispiel, das feststellt, was bereits im Grundtatbestand nicht ist, hat keinen Anwendungsbereich. Ungeachtet dessen ist diese Ergänzung der allgemeinen Entstrickungsregelungen *nicht* in die Sondernormen des UmwStG aufgenommen worden, weshalb die einleitende Feststellung des Leerlaufens der Entstrickungsnormen des UmwStG unverändert gelten muss.[253] Ein entsprechender Buchwertantrag erscheint damit im überwiegenden Teil der Fälle möglich. Der BFH hat allerdings zu dieser Fragestellung bislang nicht entscheiden müssen, womit der Steuerpflichtige letztlich auf den Rechtsweg angewiesen ist. Käme ein Finanzgericht – wider Erwarten – zum gegenteiligen Ergebnis, dann müsste es auch die angeordnete Sofortbesteuerung europarechtlich würdigen und müsste nach der jüngsten Rechtsprechung des EuGH zumindest die Europarechtswidrigkeit feststellen.[254]

129 Bei der beschriebenen materiellen Diskussion darf nicht übersehen werden, dass immer dann, wenn bei Hinausumwandlungen der Betriebsstättenvorbehalt erfüllt wird, einerseits schon nach der FusionsRL keine Besteuerung erfolgen darf und andererseits nach nationalem Recht entsprechend regelmäßig keine Besteuerung erfolgen wird.[255] Dann wird das Besteuerungsrecht der BRD nämlich unter keinen Umständen beschränkt oder ausgeschlossen; es bleibt vielmehr unangetastet. In dem Fall sperrt das UmwStG die allgemeinen Entstrickungsnormen nach dem lex-specialis-Grundsatz. Wird zu einem späteren Zeitpunkt das bei Umwandlung im Herkunftsland verbliebene Betriebsstättenvermögen tatsächlich in den Zuzugsstaat verbracht, dann sind die allgemeinen Entstrickungsnormen anwendbar, da kein Bezug zur Umwandlung besteht. Maßgeblich sind also die tatsächlichen Verhältnisse zum steuerlichen Übertragungsstichtag[256] hinsichtlich der fraglichen Wirtschaftsgüter. Insofern ist zwischen **umwandlungsbedingter/passiver Entstrickung** und **umwandlungsferner/aktiver Entstrickung** zu unterscheiden. Beide Fallgruppen können aufgrund eines zeitlichen Zusammenhangs derart eng miteinander verknüpft sein, dass eine Abgrenzung schwierig ist.[257]

130 Vorstehendes lässt sich wie folgt zusammenfassen:

– In einem *ersten Schritt* ist anhand der tatsächlichen Umstände zum steuerlichen Umwandlungsstichtag festzustellen, ob es zu einer potenziellen aktiven oder eine passiven Entstrickung kommen kann, womit die jeweils anwendbaren Vorschriften des UmwStG oder die allgemeinen Vorschriften festgelegt sind.

---

[251] BR-Drs. 318/10 S. 8.
[252] Vgl. zum Fehlschlag dieser Änderung *Ortmann-Babel/Bolik/Wernicke* SteuK 2011, 335 (336); *Gosch* IWB 2012, 779 (785).
[253] Vgl. auch *Kutt/Carstens* in FGS/BDI, Umwandlungssteuererlass 2011, S. 145.
[254] Vgl. Rn. 18 f.; auf der Grundlage der EuGH-Rechtsprechung zur Europarechtswidrigkeit der sofortigen Besteuerung von Entstrickungsgewinnen ist bereits vorläufiger Rechtsschutz gewährt worden: FG Rheinland-Pfalz Urteil v. 7.1.2011 – 1 V 1217/10, IStR 2011, 308; FG Köln Urteil v. 16.11.2011 – 10 V 2336/11, IStR 2012, 184.
[255] Daran kann uE auch die von der Finanzverwaltung vertretene Zentralfunktion des Stammhauses nichts ändern (vgl. BMF v. 24.12.1999, BStBl. I S. 1076, Tz. 2.4); vgl. dazu *Beinert/Benecke* FR 2010, 1009 (1016) mwN.
[256] Tz. 02.15 UmwStE 2011.
[257] Vgl. eingehend *Beinert/Benecke* FR 2010, 1009 (1014 ff.).

– Erst in einem *zweiten Schritt* sind die Tatbestandsmerkmale der jeweiligen Normen zu würdigen unter Berücksichtigung der BFH-Rechtsprechung und der Änderungen der allgemeinen Entstrickungsnormen durch das JStG 2010.
– Sollte *zuletzt* – entgegen der hier vertretenen Auffassung – die Entstrickung zu konstatieren sein, könnte man sich auf die Europarechtswidrigkeit der Sofortbesteuerungsmodalitäten berufen.

bb) Verstrickung. Verstrickung, also die erstmalige Begründung des Besteuerungsrechts der BRD an Wirtschaftsgütern, hat genau genommen mit der Steuerneutralität des Umwandlungsvorgangs im eigentlichen Sinne nichts zu tun. Für das übernehmende Steuersubjekt hat der Vorgang zunächst keine Ertragsteuerfolgen. Diese können allerdings bei einem zukünftigen Realisationsakt ausgelöst werden. Erfolgt dann ein Steuerzugriff des Fiskus auf die stillen Reserven, dann wird für die Bestimmung des steuerlich maßgeblichen Gewinns der bei Steuerhoheitswechsel bestimmte Buchwert des fraglichen Wirtschaftsguts relevant. Dieser Buchwert wird durch den **Verstrickungswert** determiniert. Das bedeutet, dass sich aus einem hohen Verstrickungswert bei Grenzübertritt aufgrund der sich dann ergebenden kleinen Differenz zum zB Veräußerungspreis auch ein vergleichbar geringer Veräußerungsgewinn ergibt. Ist dieser Verstrickungswert hingegen ziemlich klein, dann ergibt sich folglich im gleichen Fall ein vergleichbar hoher Gewinn. 131

In Umkehrung der oben beschriebenen Grundsätze der BFH-Rechtsprechung hat der deutsche Fiskus kein Besteuerungsrecht hinsichtlich der stillen Reserven, die unter dem Besteuerungsrecht des anderen Staates entstanden sind.[258] Die technische Umsetzung dieser Prämisse kann unterschiedlich erfolgen. Entweder gilt die grenzüberschreitende Wertverknüpfung konsequent auch bei Buchwertübertragungen und der deutsche Fiskus stellt sicher, dass im zukünftigen Realisationsfall kein Zugriff auf die Alt-Reserven vor Übertragung erfolgt. Oder man wendet die allgemeine Verstrickungsnorm des § 4 Abs. 1 S. 8 2. Halbsatz EStG an, womit nach § 6 Abs. 1 Nr. 5a EStG die fiktive Einlage zum **gemeinen Wert** erfolgt, also einem Wert, der die stillen Reserven im Zugangszeitpunkt entsprechend dem neu entstandenen deutschen Besteuerungsrecht auf Null stellt. Letztere wäre die technisch einfachste Lösung. Sie hängt allerdings davon ab, dass die Norm nicht von einer spezielleren Norm des UmwStG verdrängt wird. Nach einer Auffassung ist dies jedoch der Fall.[259] Die in den jeweiligen materiellen Regelungskomplexen angeordnete Buchwertverknüpfung sei eben diese lex specialis. Dem tritt ein Teil der Literatur entgegen.[260] Die Buchwertverknüpfung sage über Verstrickungsfolgen nichts aus. Zudem wird auf die oben stehende Argumentation zur Aufteilung der Besteuerungsrechte zwischen den beteiligten Staaten verwiesen. Eine eingehende Darstellung dieser Kontroverse erfolgt im Teil zur Hereinverschmelzung.[261] 132

---

[258] So auch Littmann/Bitz/Pust/*Hoffmann*, EStG § 4, 5 Rn. 291; *Roser* DStR 2008, 2389 (2394); Haase/Hruschka/*Haase*, Einl. UmwStG Rn. 9.
[259] Vgl. Sagasser/Bula/Brünger/*Schlösser*, Umwandlungen § 16 Rn. 101 ff.; *Klingberg/Nitzschke* Ubg 2011, 451 (456 f.); *Viebrock/Hagemann* FR 2009, 737 (744); Frotscher/Maas/*Frotscher*, UmwStG § 11 Rn. 47; Rödder/Herlinghaus/van Lishaut/*Rödder*, UmwStG § 11 Rn. 159 und § 12 Rn. 47; *Dörr/Loose/Motz* NWB 2012, 566 (579); *Hruschka/Hellmann* DStR 2010, 1961 (1964); *Körner* DStR 2010, 741 (749).
[260] *Benecke/Beinert* FR 2010, 1120 (1126); *Müller-Gatermann* in FS Schaumburg, 939 (952); Widmann/Mayer/*Schießl*, UmwStG 2009 § 11 Rn. 50.43; Tz. 12.02. iVm Tz. 04.01 S. 2 UmwStE 2011.
[261] Vgl. 2. Teil Rn. 575 ff.

e) Materieller Überblick über die Voraussetzungen der einzelnen Umwandlungsarten

133 aa) **Grenzüberschreitende Verschmelzung.** Auf grenzüberschreitende (Hinaus-/ Herein-)Verschmelzungen von Körperschaften untereinander sind die §§ 11 ff. UmwStG anwendbar. Dabei statuiert § 11 UmwStG die Rechtsfolgen für den übertragenden und § 12 UmwStG die Rechtsfolgen für den übernehmenden Rechtsträger. § 13 UmwStG schließlich regelt die steuerlichen Verschmelzungsfolgen beim Anteilseigner. Dabei hat die übertragende Gesellschaft die Wahl, auf **Antrag** den Buch- oder den Zwischenwert anzusetzen. Wird kein Antrag gestellt, verbleibt es beim Grundsatz des Ansatzes des gemeinen Werts mit der Folge der (Schluss-)Versteuerung der stillen Reserven im Betriebsvermögen der Übertragerin. Neben der bereits bekannten Sicherstellung der stillen Reserven ist für das Antragswahlrecht notwendig, dass die übernehmende Gesellschaft der Körperschaftsteuer unterliegt, wobei eine vergleichbare ausländische Steuer ausreicht.[262] Überdies darf bei der Verschmelzung eine Gegenleistung nicht gewährt werden bzw. darf nur in Gesellschaftsrechten bestehen.

134 An die Wertansätze der übertragenden Gesellschaft ist die übernehmende Gesellschaft gebunden, § 12 Abs. 1 S. 1 UmwStG. In Bezug auf die Hereinverschmelzung wurde auf die Fragestellung des Wertansatzes bei Verstrickung der Wirtschaftsgüter bereits hingewiesen. Im Falle der Aufwärtsverschmelzung könnte in Höhe der Differenz des Buchwertes der untergehenden Beteiligung an der übertragenden Gesellschaft und dem Wert, mit dem die Wirtschaftsgüter bei der Zielgesellschaft zu übernehmen sind ein Gewinn oder Verlust entstehen. Beide bleiben nach § 12 Abs. 2 S. 1 UmwStG außer Ansatz. Auf einen etwaigen Gewinn ist allerdings § 8b KStG anzuwenden, vgl. § 12 Abs. 2 S. 2 UmwStG. Das bedeutet, dass 5% des Gewinns als nicht abzugsfähige Betriebsausgaben fingiert werden und damit der Besteuerung bei der übernehmenden Gesellschaft unterliegen. Die Europarechtskonformität der 5%-igen Besteuerung ist mit Blick auf Art. 7 Abs. 1 FusionsRL höchst fraglich.

Die Übernehmerin folgt der Übertragerin in allen steuerliche Rechtspositionen nach. Was sie nicht übernimmt, sind etwaige **Verluste**. Dies schließt § 12 Abs. 3 aE UmwStG seit Änderung durch das SEStEG 2006 aus. Hintergrund war die Furcht des Gesetzgebers vor dem Verlustimport bei Hereinverschmelzungen.[263] Um sich nicht dem Vorwurf der europarechtlich verbotenen Ausländerdiskriminierung auszusetzen, wurde der Verlusttransfer umfassend auch für nationale Transaktionen ausgeschlossen. Diese Vorgehensweise war jedenfalls nicht unter dem Blickwinkel des Sekundärrechts, namentlich Art. 6 FusionsRL geboten, da diese Norm lediglich den Verlustübergang auf eine im Herkunftsstaat verbleibende Betriebsstätte der übernehmenden Gesellschaft gebietet.[264] Unabhängig davon gerät die Norm in den Hinausverschmelzungsfällen mit dem verfassungsrechtlich geschützten Leistungsfähigkeitsprinzip in der Ausprägung des objektiven Nettoprinzips in Konflikt.[265] Danach unterliegen die Beschränkung und der Ausschluss der Verlustverrechnung besonders strengen Rechtfertigungsmaßstäben, denen der Gesetzgeber nicht gerecht geworden ist.[266]

135 Isoliert von den beiden beteiligten Gesellschaften ist der Anteilseigner nach § 13 UmwStG zu beurteilen. Bei der prototypischen Seitwärtsverschmelzung geht seine Betei-

---

[262] Statt vieler Schmitt/Hörtnagl/Stratz/ *Schmitt*, § 11 UmwStG Rn. 84.
[263] Pressemitteilung des Bundesministers der Finanzen Nr. 89/2006 v. 12.7.2006, Punkt 3.
[264] Vgl. Rn. 69; so auch Rödder/Herlinghaus/van Lishaut/ *Rödder*, § 12 UmwStG Rn. 107.
[265] Vgl. *Ley/Bodden* FR 2007, 265 (276).
[266] Eingehend dazu *Mönikes*, Die Verlustverrechnungsbeschränkungen des Einkommensteuergesetzes im Lichte der Verfassung, S. 46 ff.; so auch *Körner* IStR 2006, 469 (470).

ligung an der übertragenden Gesellschaft unter. An diese Stelle treten die Anteile an der Übernehmerin. Strukturell entspricht der Vorgang einem Anteilstausch. Der Gesetzgeber hat sich für eine **Veräußerungsfiktion** hinsichtlich der untergehenden Anteile und einer **Anschaffungsfiktion** hinsichtlich der Anteile an der Übernehmerin entschieden und zwar grundsätzlich zum gemeinen Wert, also steuerpflichtig. Sind die stillen Reserven in den Anteilen an der übernehmenden Gesellschaft sichergestellt, dann kann der Anteilseigner auf Antrag den Buchwert ansetzen und damit die steuerpflichtige Aufdeckung der stillen Reserven im Anteil vermeiden. Auch hinsichtlich der Anteile gilt die steuerliche Rechtsnachfolge, § 13 Abs. 2 S. 2 UmwStG. Zu beachten ist, dass § 13 UmwStG nicht für sog. Kleingesellschafter gilt, die ihren Anteil im Privatvermögen halten, vgl. § 20 Abs. 4a EStG.[267]

Gewerbesteuerfolgen werden gemäß § 19 Abs. 1 UmwStG nach denselben Grundsätzen bestimmt. Eine **steuerliche Rückwirkung** ist unter Berücksichtigung von § 2 Abs. 3 UmwStG grundsätzlich möglich. 136

bb) Grenzüberschreitende Spaltung. Da die **Spaltung** unter Beteiligung von Körperschaften einer partiellen Verschmelzung gleicht, bedient sich der Gesetzgeber in § 15 Abs. 1 S. 1 UmwStG der Verweistechnik. Es gelten die §§ 11 ff. UmwStG entsprechend mit spaltungsbedingten Besonderheiten. Das Wertwahlrecht besteht nur, wenn auf die Übernehmerin ein Teilbetrieb übertragen wird. In Abweichung vom UmwG reicht es also nicht aus, dass nur Vermögensteile übertragen werden. Vielmehr sollen Umstrukturierungen nur steuerlich begünstig sein, wenn sog. betriebliche Einheiten übertragen werden. Neben dem Teilbetrieb zählt kraft Fiktion auch der Mitunternehmeranteil und die 100%-ige Beteiligung an einer Kapitalgesellschaft dazu, § 13 Abs. 1 S. 3 UmwStG. Der Teilbetriebsbegriff war und ist eines der heiß diskutierten Themen des Umwandlungssteuerrechts. Die Finanzverwaltung geht nunmehr davon aus, dass der **Teilbetriebsbegriff** der FusionsRL gilt. Allerdings besteht über dessen Inhalt keine Einigkeit. 137

Um **Missbräuche** zu vermeiden, sind in § 15 Abs. 2 UmwStG zahlreiche Tatbestände enthalten, die eine Wertansatzwahl ausschließen. Erfasst sind Sachverhalte bei denen innerhalb von drei Jahren vor der Spaltung die Voraussetzungen für das Wahlrecht erst geschaffen wurden, § 15 Abs. 2 S. 1 UmwStG; oder wenn durch die Spaltung die Veräußerung an außenstehende Dritte vollzogen wird, § 15 Abs. 2 S. 2 UmwStG. Das gleiche gilt, wenn eine solche Veräußerung vorbereitet wird, also innerhalb von weiteren fünf Jahren mindestens 20% der Anteile an einer der beteiligten Gesellschaften veräußert werden, § 15 Abs. 2 S. 3 und 4 UmwStG. Auch die Trennung von Gesellschafterstämmen (durch eine nichtverhältniswahrende Spaltung zu Null) soll nur dann steuerbegünstigt vollzogen werden können, wenn die Beteiligungen bereits mindestens fünf Jahre bestanden haben, § 15 Abs. 2 S. 5 UmwStG. Auf die Diskrepanz zu Art. 15 FusionsRL wurde bereits oben hingewiesen.[268] 138

Wie bei der Verschmelzung auch, ist der **Verlust**übergang beschränkt. Er geht bei der übertragenden Gesellschaft in der Höhe unter, wie nach Maßgabe des gemeinen Werts Vermögen abgegangen ist, § 15 Abs. 3 UmwStG. Gewerbesteuerlich gilt wiederum § 19 Abs. 1 UmwStG, ebenso wie § 2 UmwStG für die Rückbeziehungsmöglichkeit. 139

cc) Einbringungen. Die materiellen Steuerfolgen von Einbringungen sind im sechsten bis achten Teil (§§ 20 bis 25 UmwStG) geregelt. Vorliegend werden ausschließlich (Hinaus-/Herein-)Einbringungen in Kapitalgesellschaften behandelt, womit sich die Aus- 140

---

[267] Vgl. *Beinert* GmbHR 2012, 291.
[268] Vgl. Rn. 73.

führungen auf die §§ 20 und 21 sowie 22 und 23 UmwStG beschränken können. Zwischen § 20 und § 21 UmwStG besteht ein Exklusivitätsverhältnis derart, dass erstgenannte Norm die Übertragung von betrieblichen Einheiten, den Betrieb, Teilbetrieb und Mitunternehmeranteil zum Gegenstand hat – sog. steuerrechtliche **Sacheinlage**. Bei dieser hängt der Buchwertantrag neben der Sicherstellung der Besteuerung der stillen Reserven davon ab, dass das übertragene Vermögen einen positiven Wert hat und die neben den Gesellschaftsrechten gewährten anderen Wirtschaftsgüter den Buchwert des eingebrachten Vermögens nicht übersteigen. § 21 UmwStG erfasst hingegen die Übertragung von Beteiligungen an Kapitalgesellschaften gegen Gesellschaftsrechte (**Anteilstausch**) und macht den Buchwertantrag davon abhängig, dass die übernehmende Gesellschaft nach der Einbringung die Mehrheit der Stimmrechte an der erworbenen Gesellschaft hat, sog. **qualifizierter Anteilstausch**.

141 In beiden Fällen liegt das **Antragswahlrecht** – im Gegensatz zur Verschmelzung und Spaltung nach §§ 11 ff. und 15 UmwStG – nicht bei der übertragenden Gesellschaft, sondern bei der Übernehmerin. Die einbringende Person ist reflexartig an den Wertansatz der Übernehmerin gebunden. Bei der Sacheinlage nach § 20 UmwStG ist eine steuerliche **Rückbewirkung** – auch bei den Vorgängen der Einzelrechtsnachfolge – möglich. Ein Anteilstausch nach § 21 UmwStG kann im Gegensatz dazu nicht zurückbezogen werden, auch nicht über die Generalnorm des § 2 UmwStG, da diese nur für den Zweiten bis Fünften Teil gilt. Was den Eintritt der Übernehmerin in die steuerliche Stellung der Rechtsvorgängerin betrifft, wird in § 23 UmwStG differenziert danach ob die Einbringung zum Buch-, Zwischen- oder gemeinen Wert erfolgt.

142 Eine bemerkenswerte Besonderheit von Einbringungsvorgängen wird durch § 22 UmwStG geregelt. Die Norm dient der **Vermeidung von missbräuchlichen Gestaltungen** unter Ausnutzung der in Deutschland nicht rechtsformneutral ausgestalteten Unternehmensbesteuerung. Der Gesetzgeber hat die Missbrauchsvermeidung mit dem SEStEG völlig neu konzipiert. Vom System der sog. **einbringungsgeborenen Anteile** nach § 21 UmwStG a.F. wurde auf die **Sperrfristbehaftung** von Anteilen nach § 22 UmwStG umgestellt. Die Verbesserung des Steuerstatus' bei Einbringungen kann bei Sacheinlagen nach § 20 UmwStG dadurch eintreten, dass das übertragene Betriebsvermögen im Veräußerungsfall vor Einbringung der vollen Einkommen- oder Körperschaftsbesteuerung unterliegt, jedoch nach der Einbringung die Anteile an der übernehmenden Kapitalgesellschaft unter Inanspruchnahme der steuerlichen Vergünstigungen des Teileinkünfteverfahrens bzw. des sog. Schachtelprivilegs des § 8b KStG erfolgen könnte. Ein ähnlicher Effekt wird erzielt, wenn beim Anteilstausch nach § 21 UmwStG ein Einkommensteuersubjekt, welches hinsichtlich der Beteiligung an der zu übertragenden Kapitalgesellschaft dem Teileinkünfteverfahren bzw. dem Abgeltungssatz unterliegt, mittelbar in den Genuss des Schachtelprivilegs des § 8b KStG kommt, wenn die übernehmende Körperschaft die übernommene Beteiligung an der Kapitalgesellschaft veräußert. Deshalb entstehen in beiden Fällen **sperrfristbehaftete Anteile**. Bei der Sacheinlage soll ein Vorteil vermieden werden, der bei Veräußerung der **erhaltenen Anteile** entstünde. Daher sind diese Anteile für sieben Jahre sperrfristbehaftet nach § 22 Abs. 1 UmwStG. Beim Anteilstausch sollen steuerliche Vorteile bei der Veräußerung der **eingebrachten Anteile** durch die Übernehmerin vermieden werden. Daher sind diese nach § 22 Abs. 2 UmwStG ebenfalls sieben Jahre sperrfristbehaftet. Sperrfristbehaftung bedeutet, dass die Veräußerung der Anteile innerhalb von sieben Jahren oder ein gleichgestellter Vorgang nach § 22 Abs. 1 S. 6 Nr. 1 bis 6 UmwStG dazu führt, dass die vorangegangene Einbringung rückwirkend so behandelt wird, als wäre sie zum gemeinen Wert erfolgt. Das heißt, der Einbringende hat die zum Einbringungsstichtag im Einbringungsgegenstand vorhandenen stillen Reserven zu versteuern. Da der Gesetzgeber davon ausgeht, dass der Missbrauchsvorwurf mit jedem

verstrichenen Jahr nach der Einbringung abnimmt, wird ein **rückwirkender Einbringungsgewinn** um jeweils 1/7 für jedes bereits abgelaufene Zeitjahr reduziert. Auf die Diskrepanz zu Art. 15 FusionsRL wurde bereits oben hingewiesen.[269]

Mit der beschriebenen Sperrfristbehaftung ist eine aufwendige Nachweisverpflichtung **143**
des Einbringenden verbunden. Einzelheiten regeln § 22 Abs. 3 UmwStG und der UmwStE 2011.[270]

C. Exkurs: Sitzverlegung über die Grenze

Sitzverlegung als Umstrukturierung. Verlegt eine Gesellschaft ihren Sitz in ein an- **144**
deres Land, so kann dies für sie ebenfalls eine Umstrukturierung darstellen. Allerdings ist bei der Sitzverlegung einer Gesellschaft mit der sitzverlegenden Gesellschaft nur ein Rechtsträger beteiligt. Dies unterscheidet die Sitzverlegung von den hier behandelten Umstrukturierungsformen der Verschmelzung und Spaltung, bei denen mindestens zwei Rechtsträger beteiligt sind. Aus diesem Grund sollen hier nur wenige Ausführungen zur Sitzverlegung von Gesellschaften über die Grenze gemacht werden.

Formen der Sitzverlegung. Bei der Sitzverlegung einer Gesellschaft ist zu unter- **145**
scheiden, ob die Gesellschaft nur ihren Verwaltungssitz oder auch ihren Satzungssitz verlegt. Eine Verlegung des Verwaltungssitzes liegt vor, wenn der Ort, an dem die grundlegenden Entscheidungen der Unternehmensleitung in laufende Geschäftsführungsakte umgesetzt werden[271], dh der Ort des Schwerpunkts des körperschaftlichen Lebens[272], geändert wird. Will im Fall einer Kapitalgesellschaft diese dagegen auch ihren in der Satzung festgeschriebenen und im Register eingetragenen Sitz verlegen, liegt eine Satzungssitzverlegung vor[273]. Darüber hinaus ist für die folgenden Ausführungen zwischen der Sitzverlegung deutscher Gesellschaften ins Ausland (Wegzug) und von ausländischen Gesellschaften nach Deutschland (Zuzug) zu unterscheiden. Eine andere Fallgruppe als Sitzverlegungen bilden insoweit grenzüberschreitende Umwandlungsvorgänge, bei denen die Gesellschaft nicht nur ihren Sitz verlegt, sondern sich aus der Rechtsordnung des Staats ihres bisherigen Satzungssitzes löst und sich dem nationalen Recht des Staats, in den der Satzungssitz verlegt werden soll, unterwirft und dabei eine durch dessen nationales Gesellschaftsrecht zugelassene Rechtsform annimmt (sog. grenzüberschreitender Formwechsel)[274].

I. Europarechtliche Vorgaben

Niederlassungsfreiheit. Hinsichtlich der Sitzverlegung über die Grenze bestehen, mit **146**
Ausnahme bei der Societas Europaea (dazu unten), keine europarechtlichen Vorgaben[275]. Zwar gewährt Art. 49, 54 AEUV den Gesellschaften Niederlassungsfreiheit, wobei zwischen primärer und sekundärer Niederlassungsfreiheit unterschieden wird. Die primäre Niederlassungsfreiheit gewährt den EU-Gesellschaften das Recht, den Schwerpunkt ihrer unternehmerischen Tätigkeit in einem anderen Mitgliedstaat durch eine Hauptniederlassung auszuüben, die sekundäre Niederlassungsfreiheit Agenturen, Zweigniederlassungen

---

[269] Vgl. Rn. 73.
[270] Vgl. Tz. 22.28 ff. UmwStE 2011.
[271] MünchKomm BGB/*Kindler*, IntGesR, Rn. 456; Palandt/*Thorn*, Anh zu Art. 12 EGBGB, Rn. 3.
[272] Palandt/*Thorn*, Anh zu Art. 12 EGBGB, Rn. 3.
[273] Der Fall, dass der Satzungssitz unter Beibehaltung des Verwaltungssitzes verlegt wird, soll hier nicht behandelt werden.
[274] Vgl. *Behme* NZG 2012, 936.
[275] Auch internationale Vorgaben, zB hinsichtlich Nicht-EU Gesellschaften bestehen nicht.

oder Tochtergesellschaften in einem anderen Mitgliedsstaat zu errichten[276]. Aus diesem Umfang der Niederlassungsfreiheit nach Art. 49, 54 AEUV folgt damit aber keine unbegrenzte Mobilität von EU-Gesellschaften bzw. Gesellschaftsformen[277].

147 **Europarechtliche Vorgaben.** Auch fehlen derzeit Vorschriften des europarechtlichen Sekundärrechts bezüglich grenzüberschreitender Sitzverlegungen. Es existierte zwar ein Vorentwurf einer Richtlinie zur innergemeinschaftlichen Sitzverlegung (vierzehnte gesellschaftsrechtliche Richtlinie) vom 20.4.1997, deren Ziel es war, ein Verfahren zu einer statusändernden, aber identitätswahrenden Verlegung des Satzungssitzes oder tatsächlichen Verwaltungssitzes in einen anderen Mitgliedsstaat zur Verfügung zu stellen[278]. Die Kommission hat jedoch das Gesetzgebungsverfahren diesbezüglich trotz zahlreicher Proteste Ende 2007 gestoppt[279]. Mit einer speziellen europäischen Rechtsgrundlage für grenzüberschreitende Sitzverlegungen ist daher in nächster Zeit nicht zu rechnen.[280] Mangels europarechtlicher Rechtsvorschriften wurde bisher die grenzüberschreitende Mobilität von nationalen Gesellschaften daher maßgeblich durch die Rechtsprechung des EuGH geprägt. Dieser hat aufbauend auf der Grundfreiheit der Niederlassungsfreiheit die Möglichkeiten zum Wegzug und Zuzug von Unternehmen innerhalb verschiedener EU-Mitgliedstaaten vorangetrieben.

148 **EuGH zum Wegzug.** Allerdings hat der EuGH Wegzugsbeschränkungen im Einklang mit der Niederlassungsfreiheit angesehen und in der Rechtssache „Daily Mail" festgestellt, dass die Mitgliedsstaaten Gesellschaften, die nach ihren Rechtsordnungen gegründet wurde, die Sitzverlegung ins Ausland verweigern dürfen[281]. Die Niederlassungsfreiheit sei in dieser Hinsicht im Allgemeinen durch die Errichtung von Agenturen, Zweigniederlassungen oder Tochtergesellschaften gewährleistet[282]. Diese Ansicht bezüglich mitgliedstaatlicher Wegzugsbeschränkungen hat der EuGH bis heute nicht aufgegeben. Eine Änderung dieser Grundsätze hat der EuGH auch nicht durch seine Urteile in den Rechtssachen „SEVIC-Systems"[283] und „CARTESIO"[284] vorgenommen. Zwar behandelt der EuGH in „SEVIC-Systems" grenzüberschreitende Umwandlungsvorgänge, unabhängig ob Herein- oder Hinaus-Umwandlung, als Modalitäten der Ausübungsfreiheit[285], die Zulässigkeit einer Sitzverlegung über die Grenze kann daraus jedoch nicht abgeleitet werden[286]. In der Rechtssache „CARTESIO"[287] hat der EuGH an seine Ausführungen in der „Daily Mail" Entscheidung angeknüpft und nochmals bestätigt, dass die Mitgliedsstaaten selbst bestimmen können, unter welchen Voraussetzungen eine Gesellschaft entsteht und aufgelöst wird. Daher kann sich eine Gesellschaft nicht gegen die Auflösung unter Berufung auf die europarechtliche Niederlassungsfreiheit wenden.[288] Den Mitgliedsstaaten steht es daher frei, die Verlegung des Verwaltungssitzes – um die ging es in dem „CARTESIO"-Verfahren – mit

---

276 MünchKomm BGB/*Kindler*, IntGesR, Rn. 96/110; *Bayer* BB 2003, 2357 ff.
277 Vgl. MünchKomm BGB/*Kindler*, IntGesR, Rn. 111 ff.
278 Siehe hierzu MünchKomm BGB/*Kindler*, IntGesR, Rn. [60] ff.; *Spahlinger/Wegen*, Internationales Gesellschaftsrecht in der Praxis, S. 130 f.
279 *Bayer/Schmidt* BB 2008, 454 (458); *Leible/Hoffmann* BB 2009, 58 (63).
280 *Spahlinger/Wegen*, Internationales Gesellschaftsrecht in der Praxis, S. 131.
281 *Drinhausen/Gesell* BB Special 08/2006, 1 (5); *Bayer* BB 2003, 2357 (2359).
282 *Bayer* BB 2003, 2357 (2359).
283 *Siems* EuZW 2006, 135 (139 f.); *Neye* EWiR 2006, Art. 43 EG 1/06; *Spahlinger/Wegen* NZG 2006, 721 (727) (bezogen auf grenzüberschreitenden Formwechsel); aA *Drygala* EWiR 2006, § 1 UmwG 1/06.
284 EuGH, Urteil v. 16.12.2008 – Rs. C-210/06; *Leible/Hoffmann* BB 2009, 58; *Sethe/Winzer* WM 2009, 536 (537); *Zimmer/Naendrup* NJW 2009, 545.
285 *Drinhausen/Gesell* BB Special 08/2006, 1 (5).
286 *Siems* EuZW 2006, 135 (139 f.).
287 Rechtssache C-210/06 (Amtsblatt der EU v. 15.7.2006).
288 EuGH BB 2009, 11 ff., Rn. 109 f.; *Leible/Hoffmann* BB 2009, 58 (59); *Sethe/Winzer* WM 2009, 536 (537).

dem Verlust des Gesellschaftsstatuts zu sanktionieren.[289] Im Ergebnis wurden damit nationale Wegzugsbeschränkungen mit EU-Recht vereinbar erklärt, unabhängig davon, ob die jeweilige Rechtsordnung der Gründungs- oder der Sitztheorie folgt[290]. Das „CARTESIO"-Urteil des EuGH wirft allerdings die bisher für die Praxis noch nicht beantwortete Frage auf, inwieweit aus dem EU-Recht ein Anspruch auf einen identitätswahrenden Formwechsel über die Grenze abzuleiten ist[291]. Diesbezüglich hat der EuGH seine Rechtsprechung in der Sache „CARTESIO" in der Entscheidung „Vale" präzisiert[292]. Darin stellt der EuGH klar, dass der grenzüberschreitende Formwechsel von der Niederlassungsfreiheit gemäß Art. 49, 54 AEUV umfasst ist, wenn das Recht des Aufnahmestaats einen innerstaatlichen Formwechsel gestattet. Der grenzüberschreitende Formwechsel darf keinen strengeren Vorgaben als der innerstaatliche Formwechsel unterliegen[293]. Damit dürfte auch eine solche grenzüberschreitende Umstrukturierungsmaßnahme europarechtlich zulässig sein, wenn der Aufnahmestaat diese auch für innerstaatliche Vorgänge zulässt. Wegzugsbeschränkungen der Mitgliedsstaaten hinsichtlich der Verlegung des Satzungs- und/oder Verwaltungssitzes in einen anderen Mitgliedsstaat bleiben aber weiterhin mit EU-Recht vereinbar.

EuGH zum Zuzug. Hinsichtlich des Zuzugs von Gesellschaften aus einem EU-Mitgliedsstaat in einen anderen hat der EuGH durch seine Entscheidungen „Überseering" und „Inspire Art" entschieden, dass ausländische Gesellschaften, die zulässigerweise ihren Verwaltungssitz in einen anderen Mitgliedsstaat verlegt haben, von diesen als Gesellschaften ausländischen Rechts anzuerkennen sind[294]. Eine Anpassung der ausländischen Gesellschaft an das Recht des Zuzugsstaats kann nicht verlangt werden. Folglich ist nun europarechtlich geklärt, dass Gesellschaften ihren Verwaltungssitz in einen anderen EU-Mitgliedsstaat verlegen dürfen, sofern der Mitgliedstaat, in dem sie gegründet wurden, die Verlegung gestattet. Für die Verlegung des Satzungssitzes gilt dies allerdings nicht. 149

Societas Europaea. Europarechtliche Vorgaben bestehen darüber hinaus für die Sitzverlegung einer Societas Europaea (SE) über die Grenze. Diese ist in Art. 8 SE-VO geregelt. Danach kann eine SE ihren Satzungssitz in einen anderen Mitgliedstaat verlegen, ohne dass dies zugleich zur Auflösung im Wegzugsstaat und zur Gründung einer neuen juristischen Person im Zuzugsstaat führt[295]. Damit folgt aus der SE-VO die Möglichkeit einer identitätswahrenden Sitzverlegung über die Grenze, ohne dass es zu einer Liquidation der SE kommt[296]. Art. 8 SE-VO wurde durch die §§ 12 bis 14 SEAG in deutsches Recht umgesetzt und präzisiert. Verlegt die SE allerdings ihren Satzungssitz nach Art. 8 SE-VO iVm §§ 12 ff. SEAG, hat sie auch den Verwaltungssitz, d.h. den Ort der Hauptverwaltung, in das Land des Satzungssitzes zu verlegen.[297] Dies folgt aus Art. 7 S. 1 SE-VO. Nicht erforderlich ist allerdings, dass Satzungssitz und Ort der Hauptverwaltung der SE identisch sein müssen. Der frühere § 2 SEAG, der von der Ermächtigung des Art. 7 S. 2 SE-VO Gebrauch machte, wurde durch das MoMiG[298] aufgehoben.[299] 150

---

[289] *Leible/Hoffmann* BB 2009, 58 (59).
[290] *Sethe/Winzer* WM 2009, 536 (537).
[291] Vgl. *Zimmer/Naendrup* NJW 2009, 545 (548 f.); *Leible/Hoffmann* BB 2009, 58 (60 f.); jüngst *Böttcher/Kraft* NJW 2012, 2701 f.
[292] EuGH, Urteil v. 12.7.2012 – C-378/10 (Vale Epitesi kft), abgedruckt in NZG 2012, 871 ff.
[293] *Böttcher/Kraft* NJW 2012, 2701 (2702); *Behme* NZG 2012, 936 (938).
[294] *Spahlinger/Wegen*, Internationales Gesellschaftsrecht in der Praxis, S. 127; vgl. *Bayer* BB 2003, 2357 (2361 ff.).
[295] Art. 8 Abs. 1 S. 2 SE-VO; vgl. *Drinhausen/Gesell* BB Special 08/2006, 1 (16).
[296] *Horn* DB 2005, 147 ff.; *Zimmer/Ringe* in: Lutter/Hommelhoff, SE-Kommentar, Art. 8 Rn. 1.
[297] *Zimmer/Ringe* in: Lutter/Hommelhoff, SE-Kommentar, Art. 8 Rn. 4.
[298] Gesetz zur Modernisierung des GmbH-Rechts und zur Begrenzung von Missbräuchen v. 23.10.2008 (BGBl. I, 2026) in Kraft seit 1.11.2008.
[299] Vgl. *Zimmer/Ringe* in: Lutter/Hommelhoff, SE-Kommentar, Art. 7 Rn. 21; Art. 18 Nr. 2 des RegE zum MoMiG, BT-Drs. 16/6140.

II. Nationale (deutsche) Regelungen

1. Gesellschaftsrecht

151 **Einführung.** Auf Ebene des Gesellschaftsrechts bestehen nationale Regelungen zur Sitzverlegung über die Grenze nur hinsichtlich der SE. Für die nationalen Gesellschaftsformen liegen dagegen bisher grundsätzliche Regelungen des deutschen Sachrechts nicht vor. Ein Referentenentwurf zum Internationalen Privatrecht der Gesellschaften, Vereine und juristischen Personen, der unter anderem auch international-privatrechtliche Regelungen zur grenzüberschreitenden Sitzverlegung enthielt[300], wurde nicht umgesetzt. Allerdings hat der Gesetzgeber mit Streichung des § 4a Abs. 2 GmbHG und des § 5 Abs. 2 AktG durch das MoMiG indirekt eine Regelung zum Sitzrecht getroffen und gewährt den Kapitalgesellschaften nun, ihren Verwaltungssitz an einem anderen Ort als dem Satzungssitz zu errichten[301]. Die Sitzverlegung von den hier schwerpunktmäßig behandelten Kapitalgesellschaften über die Grenze ist daher anhand des GmbHG und AktG sowie den allgemeinen Regeln des deutschen Internationalen Privatrechts zu bestimmen. Dabei ist zwischen Wegzug und Zuzug von Gesellschaften zu unterscheiden.

a) Sitzverlegung einer deutschen Gesellschaft ins Ausland (Wegzug)

152 **Verwaltungssitzverlegung.** Mit Änderung der §§ 4a GmbHG, 5 AktG ist es nunmehr deutschen Kapitalgesellschaften aus national-rechtlicher Sicht möglich, ihren Verwaltungssitz ins Ausland zu verlegen.[302] Denn jetzt haben deutsche Gesellschaften in der Rechtsform der GmbH und AG die Möglichkeit, ihren Verwaltungssitz an einem anderen Ort als den in der Satzung festgelegten Sitz und damit auch im Ausland einzurichten. Allerdings muss die Verlegung des Verwaltungssitzes auch von dem Staat des Verwaltungssitzes anerkannt werden. Dies hängt davon ab, ob der Zuzugsstaat, in den Verwaltungssitz verlegt werden soll, der Sitztheorie oder der Gründungstheorie folgt.

153 **Gründungstheorie.** Sofern der Zuzugsstaat der Gründungstheorie folgt, kommt es, da nach deutschem Recht noch die Sitztheorie gilt, zu einer Kollision der anzuwendenden Rechtsgrundsätze des Wegzugs- und des Zuzugsstaats. Da der neue Sitzstaat die nach Gründungsrecht erworbene Rechtsfähigkeit der deutschen Gesellschaft anerkennt und gerade keine Neugründung verlangt[303], beurteilt sich die Zulässigkeit einer Sitzverlegung nach dem deutschen Sachrecht[304]. Dies gilt insbesondere für EU/EWR-Zuzugsstaaten, die aufgrund der vorrangigen Geltung der europäischen Niederlassungsfreiheit der Gründungstheorie zu folgen haben. Aufgrund der §§ 4a GmbHG, 5 AktG ist nunmehr die Verlegung des Verwaltungssitzes nach deutschem Sachrecht erlaubt[305]. Eine GmbH oder AG kann daher durch Gesellschafterbeschluss ihren Verwaltungssitz in EU/EWR Staaten[306] sowie in außereuropäische Staaten, die der Gründungstheorie, zB HongKong, verlegen[307]. Die Verlegung erfolgt durch Gesellschafterbeschluss, der der einfachen Mehrheit der abgegeben Stimmen bedarf[308]. Der Gesellschaftsvertrag oder die Satzung kann diesbe-

---

[300] Siehe hierzu *Franz/Laeger* BB 2008, 678 ff.
[301] Vgl. *Franz/Laeger* BB 2008, 678.
[302] MoMiG-RegE, S. 65.
[303] MünchKommBGB/*Kindler*, IntGesR, Rn. 523.
[304] MünchKomm BGB/*Kindler*, IntGesR, Rn. 524; *Franz* BB 2009, 1250 (1251).
[305] *Franz/Laeger* BB 2008, 678 (684); *Franz* BB 2009, 1250 (1251).
[306] *Wachter* GmbHR Sonderheft Oktober 2008, 81 f.
[307] *Franz/Laeger* BB 2008, 678 (680 f.).
[308] Vgl. *Wachter* GmbHR Sonderheft Oktober 2008, 82.

züglich weitergehende Voraussetzungen vorsehen. Die Verwaltungssitzverlegung muss nicht zum Handelsregister angemeldet werden, zu beachten ist allerdings, dass bei dem Handelsregister weiterhin eine inländische Geschäftsadresse anzugeben ist, die die schnelle und sichere Erreichbarkeit der Gesellschaft ermöglicht.

Sitztheorie. Folgt der Zuzugstaat der Sitztheorie, hat die Verlegung des Verwaltungssitzes einen Statutenwechsel zur Folge. Das Gesellschaftsstatut wird nunmehr durch das Recht des Zuzugsstaates bestimmt[309]. In diesem Fall dürften die Gründungsvorschriften des Zuzugstaats regelmäßig nicht gewahrt sein, was regelmäßig die Auflösung der Gesellschaft zur Folge hat[310]. Darüber hinaus wird die konstitutive Eintragung in das Register des ausländischen Staats nicht zu erlangen sein, da es der zuziehenden Gesellschaft an einem Satzungssitz im Zuzugstaat mangelt[311]. Folglich führt die Verlegung des Verwaltungssitzes ins Ausland zur Auflösung der Gesellschaft, sofern das ausländische Recht keine andere Rechtsfolge anordnet[312]. Die Gesellschaft muss im Zuzugstaat neu gegründet werden. 154

Gesellschafterbeschluss. Davon zu unterscheiden ist der Beschluss der Gesellschafter, den Verwaltungssitz ins Ausland zu verlegen. Die herrschende Ansicht behandelt einen Verlegungsbeschluss als Auflösungsbeschluss[313]. Die Gesellschaft tritt in das Abwicklungsstadium ein[314]. Dieser Ansicht ist zu folgen, allerdings nur insofern, als es sich um einen Beschluss über die Verlegung in einen anderen Sitztheoriestaat handelt[315]. Anderenfalls ist ein solcher Verlegungsbeschluss wirksam. 155

Satzungssitzverlegung. Verlegt die Gesellschaft neben ihrem Verwaltungssitz auch ihren Satzungssitz ins Ausland, so führt dies zur Auflösung der Gesellschaft, denn der inländische Satzungssitz dient als Anknüpfungspunkt für die Zuständigkeit, etwa bei Registereintragungen und verschiedenen gesellschaftsrechtlichen Entscheidungen[316]. Die Änderungen durch das MoMiG ändern daran nichts[317]. Ein schutzwürdiges Interesse für die Verlegung des Satzungssitzes ins Ausland unter Beibehaltung der deutschen Rechtsform ist nicht zu erkennen[318]. Dementsprechend ist auch – im Einklang mit der oben vertretenen Meinung – ein Gesellschafterbeschluss zur Verlegung des Satzungssitzes nach § 241 Nr. 3 AktG nichtig[319]. 156

b) Sitzverlegung einer ausländischen Gesellschaft nach Deutschland (Zuzug)

Verwaltungssitzverlegung einer EU/EWR-Gesellschaft. Verlegt eine ausländische Gesellschaft ihren Verwaltungssitz nach Deutschland, ist entscheidend, ob es sich um eine EU/EWR-Gesellschaft handelt oder nicht. Verlegt eine EU/EWR-Gesellschaft ihren Verwaltungssitz nach Deutschland, so unterliegt sie weiterhin ihrem Gründungsrecht[320]. Da nationale Wegzugsbeschränkungen nicht gegen die europäische Niederlassungsfreiheit 157

---

[309] MünchKommBGB/*Kindler*, IntGesR, Rn. 521.
[310] *Spahlinger/Wegen*, Internationales Gesellschaftsrecht in der Praxis, S. 122.
[311] *Spahlinger/Wegen*, Internationales Gesellschaftsrecht in der Praxis, S. 122.
[312] *Franz* BB 2009, 1250 (1251).
[313] *Spahlinger/Wegen*, Internationales Gesellschaftsrecht in der Praxis, S. 123 f. mit Hinweis zu Mindermeinung, nach der der Verlegungsbeschluss gemäß § 241 Nr. 3 AktG nichtig ist, da er sich auf die Herbeiführung einer unmöglichen Rechtsfolge richtet.
[314] MünchKommBGB/*Kindler*, IntGesR, Rn. 529.
[315] MünchKomm BGB/*Kindler*, IntGesR, Rn. 530.
[316] *Spahlinger/Wegen*, Internationales Gesellschaftsrecht in der Praxis, S. 124.
[317] *Wachter* GmbHR Sonderheft Oktober 2008, 81.
[318] *Spahlinger/Wegen*, Internationales Gesellschaftsrecht in der Praxis, S. 124.
[319] AA Verlegungsbeschluss ist Auflösungsbeschluss; zum Meinungsstand; siehe *Spahlinger/Wegen*, Internationales Gesellschaftsrecht in der Praxis, S. 124 f.; MünchKommBGB/*Kindler* IntGesR, Rn. 532.
[320] MünchKommBGB/*Kindler*, IntGesR, Rn. 534.

verstoßen, können evtl. bestehende Hindernisse des ausländischen Rechts den Umzug nach Deutschland weiter behindern[321]. Diese Gesellschaft ist als Gesellschaft ausländischen Rechts anzuerkennen, wenn das Gründungsrecht einen ausländischen Verwaltungssitz zulässt[322]. Dies ist durch die EuGH-Entscheidungen „Überseering" und „Inspire Art" geklärt. EU-/EWR-Gesellschaften aus Staaten, die der Gründungstheorie folgen, können daher grundsätzlich eine identitätswahrende Sitzverlegung durchführen.

158 **Verwaltungssitzverlegung einer Nicht-EU/EWR-Gesellschaft.** Verlegt eine nicht in einem EU-/EWR-Staat ansässige Gesellschaft ihren Verwaltungssitz nach Deutschland, hat dies einen Wechsel des Gesellschaftsstatuts zur Folge. Bei strenger Anwendung der Sitztheorie würde der ausländischen Gesellschaft jedwede Rechtspersönlichkeit abgesprochen werden[323], da eine ausländische Gründung in der Regel den Gründungsvorschriften des deutschen Rechts nicht genügt[324]. Der BGH hat jedoch die Sitztheorie dahingehend modifiziert, dass eine zugezogene, im Ausland gegründete Gesellschaft zumindest eine rechtsfähige Personengesellschaft darstellt, die auch parteifähig ist[325]. Folglich werden im Ausland gegründete Gesellschaften nach einer Verwaltungssitzverlegung ins Inland als rechts- und parteifähige deutsche Personengesellschaften oder als einzelkaufmännische Unternehmen in individueller Rechtsträgerschaft anerkannt[326]. Eine identitätswahrende Sitzverlegung einer solchen Gesellschaft ist allerdings nicht möglich.

Etwas anderes gilt für Gesellschaften, die unter dem Schutz zweiseitiger Staatsverträge stehen[327]. So sind nach deutsch-amerikanischen Freundschafts-, Handels-, und Schifffahrtsvertrag von 1954 beide Vertragsstaaten verpflichtet, Gesellschaften, die nach dem Recht des anderen Vertragsstaates gegründet sind, im Inland anzuerkennen, woraus die volle Anwendung der Gründungstheorie auf US-amerikanische Gesellschaften mit Sitz in Deutschland folgt[328]. Daher können diese ihren Verwaltungssitz nach Deutschland verlegen[329]. Die Durchführung der Verwaltungssitzverlegung richtet sich nach dem jeweilig anwendbaren ausländischen Recht.

159 **Satzungssitzverlegung.** Verlegt eine ausländische Gesellschaft neben ihrem Verwaltungssitz auch ihren Satzungssitz nach Deutschland, tritt ein Statutenwechsel mit der Folge ein, dass die Gesellschaft fortan dem deutschen Gesellschaftsrecht unterliegt[330]. Dies gilt unabhängig davon, ob es sich um eine EU-/EWR-Gesellschaft handelt oder nicht. Das deutsche Recht gestattet keine identitätswahrende Verlegung des Satzungssitzes.

2. Steuerrecht

160 **Europarechtliche Vorgaben.** Auch aus steuerlicher Sicht ist europarechtlich zwischen der Sitzverlegung einer SE und sonstiger Kapitalgesellschaften zu unterscheiden.

161 **Sitzverlegung sonstiger Kapitalgesellschaften.** Für die steuerliche Behandlung der Sitzverlegung einer Kapitalgesellschaft gibt es europarechtlich keine Vorgaben. Der deutsche Gesetzgeber ist daher nicht gehalten, bestimmte steuerliche Regelungen für die Sitzverlegung einer EU-Kapitalgesellschaft aus dem Ausland ins Inland bzw. die Sitzverlegung

---

321 Siehe oben zu „Daily Mail" und „CARTESIO"; *Franz* BB 2009, 1250 (1252).
322 *Spahlinger/Wegen*, Internationales Gesellschaftsrecht in der Praxis, S. 127.
323 *Bayer* BB 2003, 2357 (2358).
324 BGH NJW 2009, 289 ff.; *Spahlinger/Wegen*, Internationales Gesellschaftsrecht in der Praxis, S. 126.
325 BGH NJW 2002, 3539; vgl. MünchKommBGB/*Kindler*, IntGesR, Rn. 534.
326 MünchKommBGB/*Kindler*, IntGesR, Rn. 534.
327 MünchKommBGB/*Kindler*, IntGesR, Rn. 534.
328 *Horn* NJW 2004, 897.
329 MünchKommBGB/*Kindler*, IntGesR, Rn. 339.
330 MünchKommBGB/*Kindler*, IntGesR, Rn. 536.

einer inländischen Kapitalgesellschaft in einen EU-Mitgliedstaat vorzusehen[331]. Insbesondere sind im Rahmen der teilweise grundlegenden Überarbeitung der steuerlichen Fusionsrichtlinie in 2005[332] keine Regelungen für die Sitzverlegung sonstiger Kapitalgesellschaften vorgesehen worden[333].

Sitzverlegung einer SE. Die Sitzverlegung einer SE wird europarechtlich in Art. 8 SE-VO (vgl. o. I.) und Art. 10b bis 10d Fusionsrichtlinie behandelt. Während Art. 8 SE-VO die gesellschaftsrechtliche Zulässigkeit der Sitzverlegung (gemeint ist die Verlegung des Satzungssitzes) bestimmt, regelt Art. 10b bis 10d Fusionsrichtlinie die steuerlichen Folgen der Sitzverlegung. Die Sitzverlegung einer SE hat steuerliche Auswirkungen auf Ebene der Gesellschaft selbst und auf Ebene der an der Gesellschaft beteiligten Gesellschafter. Art. 10b Fusionsrichtlinie regelt die Auswirkungen der Sitzverlegung auf Ebene der Gesellschaft. Art. 10d Fusionsrichtlinie regelt die steuerlichen Folgen der Sitzverlegung einer SE auf Ebene der an ihr beteiligten Gesellschafter. 162

Besteuerung der SE. Nach Art. 10b Fusionsrichtlinie darf die Sitzverlegung der SE auf Gesellschaftsebene keine Besteuerung aus dem Aktiv- und Passivvermögen der SE auslösen, das in der Folge tatsächlich einer Betriebsstätte der SE in dem Mitgliedstaat, von dem der Sitz verlegt wurde, zugerechnet bleibt, und das zur Erzielung des steuerlich zu berücksichtigenden Ergebnisses beiträgt[334]. Der deutsche Gesetzgeber hat Art. 10b Fusionsrichtlinie im SEStEG in § 12 Abs. 1 KStG und §§ 4 Abs. 1 Satz 7, 6 Abs. 1 Nr. 5a EStG in nationales Recht umgesetzt. 163

Besteuerung der SE-Gesellschafter. Art. 10d Abs. 1 Fusionsrichtlinie sieht auf Gesellschafterebene vor, dass die Verlegung des Sitzes der SE für sich allein keine Besteuerung des Veräußerungsgewinns der Gesellschafter auslösen darf. Die Sitzverlegung der SE darf also kein Realisationstatbestand für die beteiligten Gesellschafter sein. Allerdings gewährt Art. 10d Abs. 2 Fusionsrichtlinie den Mitgliedsstaaten das Recht, den Gewinn aus einer späteren Veräußerung der SE-Anteile zu besteuern. Der deutsche Gesetzgeber hat Art. 10d Fusionsrichtlinie im SEStEG in §§ 4 Abs. 1 Satz 4, 15 Abs. 1a, 17 Abs. 5 Sätze 2–4 EStG und § 12 Abs. 1, 2. HS KStG in nationales Recht umgesetzt. 164

a) Sitzverlegung einer deutschen Gesellschaft ins Ausland (Wegzug)

aa) Besteuerung auf Gesellschaftsebene. SE und sonstige Kapitalgesellschaften werden gleich behandelt.
Beim Wegzug spielt es für die Besteuerung auf Ebene der wegziehenden Gesellschaft selbst keine Rolle, ob es sich um eine SE oder eine andere unbeschränkt steuerpflichtige Kapitalgesellschaft (zB GmbH, AG oder Kapitalgesellschaft ausländischer Rechtsform) handelt. 165

Verlust der unbeschränkten Steuerpflicht. Der Wegzug einer Gesellschaft führt zum Wegfall der unbeschränkten Steuerpflicht, wenn Satzungs- und Verwaltungssitz verlegt werden. Die Gesellschaft ist im Anschluss nur noch mit ihren inländischen Einkünften beschränkt steuerpflichtig. Wird nur einer der beiden (Satzungs- oder Verwaltungssitz) verlegt, führt dies alleine noch nicht zum Verlust der unbeschränkten Steuerpflicht. Nach 166

---

[331] Selbstverständlich bleiben die Mitgliedstaaten aber an die Vorgaben, die aus dem primären Gemeinschaftsrecht erwachsen, gebunden. Das sind insbesondere das Verbot der Ausländerdiskriminierung und das Gebot der Gewährung der Niederlassungsfreiheit.
[332] Richtlinie 90/434/EWG des Rates vom 23.7.1990 über das gemeinsame Steuersystem für Fusionen, Spaltungen, die Einbringung von Unternehmensanteilen und den Austausch von Anteilen die Gesellschaften verschiedener Mitgliedstaaten betreffen, zuletzt geändert durch die Richtlinie des Rates 2006/98/EG vom 20.11.2006 (Fusionsrichtlinie).
[333] *Rödder* DStR 2005, 898.
[334] *Blumenberg/Lechner* BB Special 08/2006, 29.

§ 1 Abs. 1 KStG reicht es zur Begründung der unbeschränkten Steuerpflicht aus, wenn eine Kapitalgesellschaft Geschäftsleitung (also Verwaltungssitz) oder Sitz in Deutschland hat[335].

167 **Rechtslage vor dem SEStEG.** Weil nach h.M. die Verlegung des Satzungs- und/oder Verwaltungssitzes einer Gesellschaft gesellschaftsrechtlich als Auflösung betrachtet wird, war die steuerliche Behandlung des Wegzugs einer Kapitalgesellschaft unklar[336]. Wenn der Wegzug zum Verlust der unbeschränkten Steuerpflicht führte, war eigentlich § 12 Abs. 1 KStG a.F. (sog. Wegzugsbesteuerung) die einschlägige Vorschrift. Gleichzeitig konnte aber auch § 11 KStG (Liquidationsbesteuerung) anwendbar sein, da der Wegzug gesellschaftsrechtlich einer Auflösung gleichgestellt wird[337]. Die Unterscheidung führte im Ergebnis kaum zu Unterschieden in der Besteuerung[338], da nach § 12 Abs. 1 Satz 1 KStG a.F. § 11 KStG entsprechend anzuwenden war. Der Wegzugsbesteuerung unterfielen auch solche Wirtschaftsgüter, die durch den Wegzug nicht dem inländischen Steuerzugriff entzogen worden sind, etwa Immobilien oder Wirtschaftsgüter, die in einer inländischen Betriebsstätte verblieben sind[339]. § 12 Abs. 1 KStG a.F. sollte deswegen diesbezüglich teleologisch reduziert werden. Diese für den Steuerpflichtigen günstige Auffassung, war allerdings mit erheblicher Rechtsunsicherheit behaftet[340].

168 **Allgemeiner Entstrickungstatbestand.** Mit Einführung des SEStEG unterfällt die Sitzverlegung einer SE oder einer sonstigen Kapitalgesellschaft dem neuen allgemeinen körperschaftsteuerlichen Entstrickungstatbestand des § 12 Abs. 1 KStG[341]. Danach gilt es als Veräußerung oder Überlassung eines Wirtschaftsguts zum gemeinen Wert[342] (Veräußerungsfiktion), wenn das deutsche Besteuerungsrecht hinsichtlich des Gewinns aus der Veräußerung oder der Nutzung eines Wirtschaftsguts ausgeschlossen oder beschränkt wird. Bei Wegzug einer SE oder sonstigen Kapitalgesellschaft führt dies im Ergebnis dazu, dass zumindest insoweit keine Besteuerung erfolgt, wie das Besteuerungsrecht des deutschen Fiskus im Rahmen der (dann) beschränkten Steuerpflicht (typischerweise über eine Inlandsbetriebsstätte oder inländisches Immobilienvermögen[343]) erhalten bleibt[344]. Soweit das deutsche Besteuerungsrecht ausgeschlossen oder beschränkt wird, weil zB Wirtschaftsgüter nicht länger der inländischen Betriebsstätte zuzurechnen sind, führt allein die Sitzverlegung zur fiktiven Veräußerungsbesteuerung und zwar zum gemeinen Wert[345]. Soweit gesellschaftsrechtlich an der Auffassung festgehalten wird, der Wegzug deutscher Kapitalgesellschaften (nicht SE) führe zur Auflösung der Gesellschaft (vgl. o. 1. a) soll ebenfalls § 12 Abs. 1 KStG und nicht § 11 KStG Anwendung finden[346].

169 **Ausgleichsposten nach § 4g EStG.** Im Fall einer fiktiven Veräußerungsgewinnbesteuerung aufgrund der Zuordnung von Wirtschaftsgütern des Anlagevermögens zu einer ausländischen Betriebsstätte ermöglicht § 4g EStG die entstehende Steuerbelastung durch

---

335 Bestimmt ein DBA für eine doppelt ansässige Gesellschaft, dass sie als im anderen Vertragsstaat ansässig angesehen wird (Art. 4 Abs. 3 OECD-MA), führt dies nicht zum Wegfall der innerstaatlichen unbeschränkten Steuerpflicht, *Vogel/Lehner* Art. 4 Rn. 243.
336 *Ernst & Young/Wacht* § 12 Rn. 26.
337 *Ebenroth/Auer* RIW 3/1992 Beil 1 Rn. 39 ff.; *Streck* § 12 Rn. 3.
338 *DEJW/Dötsch* § 12 n.F. Rn. 25.
339 *Gosch/Lambrecht*, § 12 Rn. 8.
340 *Rödder* DStR 2005, 898.
341 *Dötsch/Pung* DB 2006, 2649; *Blumenberg/Lechner* BB Sepcial 08/2006, 29.
342 Damit unterfallen auch nicht entgeltlich erworbene immaterielle Wirtschaftsgüter der Besteuerung, *Dötsch/Pung* DB 2006, 2648.
343 *Blumenberg/Lechner* BB Sepcial 08/2006, 25.
344 *Förster* DB 2007, 73.
345 *Dötsch/Pung* DB 2006, 2649.
346 *Dötsch/Pung* DB 2006, 2650.

Bildung eines sog. Ausgleichspostens über fünf Jahre zu verteilen[347]. Die Regelung ist eingeführt worden, um Bedenken, die neuen allgemeinen Entstrickungstatbestände könnten europarechtswidrig sein, zu begegnen. Aufgrund ihres Wortlauts war zunächst umstritten, ob die Vorschrift auch auf Entstrickungen im Rahmen einer Sitzverlegung anwendbar ist[348]. Es sollte aber keinen Unterschied machen, ob die Entstrickung auf der Zuordnung von Wirtschaftsgütern zu einer ausländischen Betriebsstätte beruht oder auf dem Wegfall der unbeschränkten Steuerpflicht bei einer Sitzverlegung. Daher ist es angebracht, den Anwendungsbereich von § 4g EStG auf die Sitzverlegung einer Kapitalgesellschaft zu erstrecken. Der Gesetzgeber hat diese Auffassung mit den entsprechenden Ergänzungen in § 12 Abs. 1 KStG im Jahressteuergesetz 2008 klargestellt.

Liquidationsbesteuerung bei Wegzug in Drittstaaten. Scheidet eine SE oder sonstige Kapitalgesellschaft in Folge der Sitzverlegung aus der unbeschränkten Steuerpflicht in einem EU- oder EWR-Staat aus, gilt sie auch nach Einführung des SEStEG noch als aufgelöst und unterfällt der allgemeinen Liquidationsbesteuerung des § 11 KStG (§ 12 Abs. 3 Satz 1 KStG). Beim Wegzug in einen Drittstaat bleibt es daher wir vor dem SEStEG bei der Liquidationsbesteuerung. Das gilt auch für solche Wirtschaftsgüter, die nach dem Wegzug in Deutschland steuerverstrickt bleiben[349]. 170

bb) Besteuerung auf Gesellschafterebene. Kein Realisationstatbestand. Der Wegzug einer Gesellschaft stellt bezüglich der von einem inländischen Gesellschafter gehaltenen Anteile keinen Realisationstatbestand dar[350]. Soweit der Wegzug identitätswahrend erfolgt, hält der Gesellschafter nach dem Wegzug genau dieselben Anteile wie davor. 171

Allgemeine Entstrickungstatbestände. Allerdings kann der Wegzug der Gesellschaft auf der Ebene solcher Gesellschafter, die ihre Anteile im Betriebsvermögen halten oder wesentlich iSd § 17 EStG beteiligt sind, einen der neuen allgemeinen Entstrickungstatbestände[351] auslösen. Die allgemeinen Entstrickungstatbestände greifen beim Wegzug einer Gesellschaft auf Gesellschafterebene, wenn das Recht der Bundesrepublik Deutschland, Gewinne aus der Veräußerung oder Nutzung der Anteile an der wegziehenden Gesellschaft zu besteuern, aufgrund des Wegzugs ausgeschlossen oder beschränkt wird[352]. Das ist in der Regel nicht der Fall, denn sowohl im Betriebsvermögen wie auch im Rahmen des § 17 EStG werden Anteile an ausländischen Gesellschaften steuerlich genauso behandelt wie Anteile an inländischen Gesellschaften. Der Wegzug ändert an der Besteuerungssituation auf Gesellschafterebene zunächst nichts. Etwas anderes kann sich nur aus einem zwischen der Bundesrepublik Deutschland und dem jeweiligen (neuen) Ansässigkeitsstaat der Gesellschaft abgeschlossenen DBA ergeben. Allerdings gewähren die meisten deutschen DBA dem Ansässigkeitsstaat des Gesellschafters das ausschließliche Besteuerungsrecht hin- 172

---

[347] Nach verbreiteter Auffassung gilt § 4g EStG über § 8 Abs. 1 Satz 1 KStG auch für den allgemeinen körperschaftsteuerlichen Entstrickungstatbestand des § 12 Abs. 1 KStG; aA *Hoffmann* DB 2007/653; *Förster* DB 2007, 75; *Dötsch/Pung* DB 2006, 2651. Durch einen speziellen Verweis in § 12 Abs. 1 letzter HS KStG ist dies im Rahmen des Jahressteuergesetzes 2008 nochmals klargestellt worden.
[348] Dafür *Förster* DB 2007, 75, dagegen *Dötsch/Pung* DB 2006, 2651, die eine gesetzgeberische Klarstellung vorschlagen. Der Referentenentwurf des Jahressteuergesetzes 2008 sah zwar einen speziellen Verweis auf § 4g EStG in § 12 Abs. 1 letzter HS KStG vor, vgl. Fn. 348, daraus ergab sich aber nicht zwingend, dass § 4g EStG auch für Sitzverlegungen gelten sollte; *Häuselmann* BB 2007, 1535.
[349] *Blumenberg/Lechner* BB Special 08/2006, 32; *Dötsch/Pung* DB 2006, 2650.
[350] *Rödder* DStR 2005, 898.
[351] *Stadler/Elser* BB Special 08/2006, 23; § 4 Abs. 1 Satz 3 EStG (Entnahmefiktion) bzw. § 17 Abs. 5 EStG und § 12 Abs. 1 KStG (Veräußerungsfiktion).
[352] Eine den allgemeinen Entstrickungstatbeständen vergleichbare Vorschrift gibt es auch nach der Unternehmensteuerreform für nicht wesentliche Beteiligungen im Privatvermögen nicht. § 20 Abs. 2 EStG idF nach dem Unternehmensteuerreformgesetz 2008 sieht keine derartige Regelung vor. Genauso noch zur alten Rechtslage *Blumenberg/Lechner* BB Special 08/2006, 31.

sichtlich des Gewinns aus der Veräußerung von Kapitalgesellschaftsanteilen[353]. Daher wird es in der Regel beim Wegzug einer Gesellschaft nicht zu einer Entstrickung hinsichtlich der Anteile auf Gesellschafterebene kommen. Der Wegzug bleibt also auf Gesellschafterebene steuerneutral.

173 **Umsetzung von Art. 10d SE-VO.** Für den Ausnahmefall, dass es beim Wegzug einer Gesellschaft zur Auslösung eines der neuen allgemeinen Entstrickungstatbestände kommt, regeln §§ 4 Abs. 1 Satz 4 und 17 Abs. 5 Satz 2 EStG sowie § 12 Abs. 1, 2. HS KStG, dass dies nicht gilt, soweit Anteile an einer SE betroffen sind. Damit wird Art. 10d Abs. 1 SE-VO, wonach die Sitzverlegung einer SE keine Besteuerung auf Ebene der Gesellschafter auslösen darf, umgesetzt. Um dem deutschen Fiskus aber nicht endgültig die Besteuerung der in den Anteilen vorhandenen stillen Reserven entgehen zu lassen, sehen § 15 Abs. 1a EStG iVm § 12 Abs. 1, 2. HS KStG bzw. § 17 Abs. 5 Satz 3 EStG einen *Treaty Override* vor, wenn die Anteile an der Gesellschaft später tatsächlich veräußert werden[354]. Die Bundesrepublik Deutschland beansprucht dann für sich das Recht, die Veräußerungsgewinne zu besteuern, auch wenn dem eigentlich ein DBA mit dem Ansässigkeitsstaat der Gesellschaft entgegenstünde. Das führt zumindest insoweit zu einer übermäßigen deutschen Besteuerung und vorhersehbaren Doppelbesteuerungsproblemen, als im Zeitpunkt der späteren Veräußerung dann auch stille Reserven besteuert werden, die erst nach dem Wegzug der Gesellschaft entstanden sind[355].

b) Sitzverlegung einer ausländischen Gesellschaft nach Deutschland (Zuzug)

174 **aa) Besteuerung auf Gesellschaftsebene. Beginn der unbeschränkten Steuerpflicht.** Der Zuzug einer ausländischen Gesellschaft nach Deutschland führt zur unbeschränkten Steuerpflicht der Gesellschaft in Deutschland nach § 1 Abs. 1 KStG, da die Gesellschaft nach dem Zuzug zumindest eines von beidem – Geschäftsleitung oder Sitz – in Deutschland hat. Nach § 1 Abs. 1 Nr. 1 KStG können auch Kapitalgesellschaften ausländischer Rechtsform körperschaftsteuerpflichtig sein, wenn sie einer deutschen Kapitalgesellschaft vergleichbar sind (Typenvergleich)[356]. Auch bei einer ausländischen Kapitalgesellschaft, die in Deutschland unbeschränkt körperschaftsteuerpflichtig ist, sind alle Einkünfte als Einkünfte aus Gewerbebetrieb zu behandeln. Nach § 8 Abs. 2 KStG in der Fassung des SEStEG kommt es dazu auf die Verpflichtung, nach HGB Bücher führen zu müssen, nicht länger an[357].

175 **Verstrickung zum gemeinen Wert.** Mit dem Zuzug der Gesellschaft kann einhergehen, dass Wirtschaftsgüter erstmals der deutschen Besteuerung unterfallen. Das kann zB der Fall sein, wenn Wirtschaftsgüter dem in Deutschland mit dem Zuzug neu entstehenden Stammhaus zuzurechnen sind[358]. Für solche Wirtschaftsgüter sieht § 4 Abs. 1 Satz 7 EStG iVm § 8 Abs. 1 Satz 1 KStG vor, dass sie als in das Betriebsvermögen eingelegt gelten sollen (allgemeiner Verstrickungstatbestand; Einlagefiktion) und zwar nach § 6 Abs. 1 Nr. 5a EStG iVm § 8 Abs. 1 Satz 1 KStG zum gemeinen Wert. Dabei kommt es nicht darauf an, ob die betroffenen Wirtschaftsgüter einer Schlussbesteuerung im Herkunftsland

---

[353] Eine der wenigen Ausnahmen ist das DBA Tschechoslowakei, das in Art. 23 Abs. 1 Buchst. b) Nr. 3 iVm 13 Abs. 3 eine Verpflichtung zur Anrechnung der tschechischen Steuer vorsieht.
[354] *Förster* DB 2007, 76.
[355] Kritisch dazu u.a.: *Rödder/Schumacher* DStR 2006, 1486; *Stadler/Elser* BB Special 08/2006, 23; *Werra/Teiche* DB 2006, 1455.
[356] Mit dem SEStEG ist das Wort "insbesondere" gerade mit dieser Intention in § 1 Abs. 1 Nr. 1 KStG eingefügt worden, BT-Drs. 16/2710, 30.
[357] BT-Drs. 16/2710, 30.
[358] *Förster* DB 2006, 76.

unterlegen haben³⁵⁹. Die Vorschrift ist als Anreiz für ausländische Investoren gedacht³⁶⁰. Besteuert das Herkunftsland die bei ihm für das Wirtschaftsgut entstandenen stillen Reserven beim Übergang in die deutsche Steuerpflicht nicht, fallen sie wegen des Ansatzes des gemeinen Werts in Deutschland endgültig aus der Steuerverstrickung.

bb) Besteuerung auf Gesellschafterebene. Zuzug kein Realisationstatbestand. 176
Aufgrund der Identitätswahrung beim Zuzug ist dieser selbst keine Realisationstatbestand hinsichtlich der Anteile der Gesellschafter an der zuziehenden Gesellschaft.

Steuerverstrickung aufgrund Zuzugs. Soweit an der zuziehenden Gesellschaft Gesellschafter wesentlich iSd § 17 EStG beteiligt sind, die nicht unbeschränkt steuerpflichtig sind, führt der Zuzug der Gesellschaft grundsätzlich zur steuerlichen Verstrickung der Beteiligung in Deutschland. Für die Begründung der beschränkten Steuerpflicht reicht es nach § 49 Abs. 1 Nr. 2 lit. e Doppelbuchstabe aa EStG aus, dass die Gesellschaft Sitz oder Geschäftsleitung im Inland hat. Ist der ausländische Gesellschafter allerdings in einem DBA-Staat ansässig, wird das Besteuerungsrecht hinsichtlich von Gewinnen aus der Veräußerung von Anteilen in der Regel dem Ansässigkeitsstaat des Gesellschafters zustehen, so dass es im Ergebnis nicht zur Steuerverstrickung der Anteile in Deutschland kommt³⁶¹. 177

Verstrickungswert. Es gibt keine besondere gesetzliche Regelung für den Verstrickungswert in dem Fall, dass der Zuzug der Gesellschaft zur erstmaligen steuerlichen Verstrickung der Anteile an der Gesellschaft in Deutschland führt. Es muss daher davon ausgegangen werden, dass der Verstrickungswert die historischen Anschaffungskosten sind³⁶². 178

Gewinnausschüttungen. Gewinnausschüttungen an nicht unbeschränkt steuerpflichtige Gesellschafter unterliegen nach dem Zuzug der Gesellschaft der deutschen beschränkten Steuerpflicht (§ 49 Abs. 1 Nr. 5 lit. a EStG)³⁶³. 179

---

³⁵⁹ *Förster* DB 2006, 76.
³⁶⁰ BT-Drs. 16/2710, 27.
³⁶¹ Eine der wenigen Ausnahmen ist das DBA Tschechoslowakei, vgl. o. Fn. 354 und *Dötsch/Pung* DB 2006, 2650.
³⁶² *Förster* DB 2006, 79.
³⁶³ Von auf Gewinnausschüttungen einbehaltene und abgeführte Kapitalertragsteuer wird zwei Fünftel erstattet, wenn der beschränkt steuerpflichtige Gesellschafter eine Körperschaft iSd § 2 Nr. 1 KStG ist, § 44a Abs. 9 EStG. Eine weitergehende Freistellung oder Erstattung auf Grund eines DBA oder der Mutter/Tochter-Richtlinie bleibt davon unberührt. Zur Frage der EU-Rechtswidrigkeit der abgeltenden Kapitalertragsbesteuerung sog. Portfoliodividenden beachte auch das Vertragsverletzungsverfahren der EU-Kommission gegen die Bundesrepublik Deutschland Az. 2004/4349 und das Urteil des EuGH v. 10.2.2011 – C-436/08 in der Rs. Haribo Österreich.

2. Teil: Verschmelzung

Gliederung

	Rn.
A. Hinausverschmelzung	1–350
I. Verschmelzung auf eine EU/EWR-Gesellschaft	1–315
1. Gesellschaftsrechtliche Grundlagen	1–214
a) Überblick	1–5
b) Anwendungsbereich der §§ 122a ff. UmwG	6–20
c) Verschmelzungsplan	21–78
aa) Überblick	21–27
bb) Sprache	28, 29
cc) Aufstellung	30–36
dd) Form	37–39
ee) Bekanntmachung	40–54
ff) Zuleitung an Betriebsrat	55
gg) Mit nationaler Verschmelzung im Wesentlichen übereinstimmender Inhalt	56–66
hh) Von nationaler Verschmelzung abweichender Inhalt	67–74
ii) Fehlen von erforderlichen Angaben	75–78
d) Umtausch-/Abfindungsverhältnis	79–99
aa) Umtauschverhältnis	79–87
bb) Bare Zuzahlung	88, 89
cc) Abfindungsangebot	90–99
e) Verschmelzungsbericht	100–127
aa) Formelle Anforderungen, Verzicht	100–106
bb) Inhalt	107–111
cc) Dem Betriebsrat oder den Arbeitnehmern zugänglich machen	112–127
f) Verschmelzungsprüfung	128–141
g) Zustimmungsbeschluss der übertragenden deutschen Gesellschaft	142–161
aa) Vorbereitung	143–146
bb) Beschlussfassung und Zustimmungserklärungen	147–154
cc) Entbehrlichkeit des Beschlusses	155, 156
dd) Möglichkeit des verschmelzungsrechtlichen Squeeze-outs	157
ee) Vorbehalt Mitbestimmungsvereinbarung	158–161
h) Formeller Vollzug der Hinausverschmelzung in Deutschland	162–172
i) Wirksamkeit der Hinausverschmelzung	173–175
j) Verbesserung des Umtauschverhältnisses	176–181
k) Gläubigerschutz	182–190
l) Arbeitnehmermitbestimmung	191–209
aa) Voraussetzungen für die Anwendbarkeit der Auffang- oder Verhandlungslösung	195–199
bb) Auffanglösung	200–203
cc) Verfahren der Verhandlungslösung	204–207
dd) Bestandsschutz	208, 209
m) Sonstige Fragen	210, 211
n) Überblick über zeitlichen Ablauf	212–214
2. Steuerrechtliche Behandlung	215–294
a) Übersicht	215, 216
b) Anwendung des UmwStG	217–236
aa) Sachlicher Anwendungsbereich	217–228

				Rn.
		bb)	Persönlicher Anwendungsbereich	229–236
	c)	Steuerliche Auswirkung auf Ebene der übertragenden Kapitalgesellschaft	237
		aa)	Steuerliche Schlussbilanz	237–256
		bb)	Körperschaftsteuererhöhungsbetrag	257
		cc)	Kapitalertragsteuerpflicht bei Hinausverschmelzung?	258, 259
		dd)	Rückbeziehung und Entzug der Besteuerung	260–269
	d)	Steuerliche Auswirkung auf Ebene der übernehmenden Kapitalgesellschaft	270–274
	e)	Steuerliche Auswirkung auf Ebene der Anteilseigner	275–294
		aa)	Inländischer Anteilseigner	277–287
		bb)	Ausländischer Anteilseigner	288–291
		cc)	Sonderfälle	292–294
3.	Bilanzielle Auswirkungen und Darstellung der Verschmelzung (insbesondere beim übertragenden Rechtsträger)	295–315
	a)	HGB	295–312
		aa)	Jahresabschluss des übertragenden Rechtsträgers	296–310
			(1) Schlussbilanz	296–305
			(a) Allgemeines	296–301
			(b) Ansatz	302–304
			(c) Bewertung	305
			(2) Rechnungslegungspflicht nach Aufstellung der Schlussbilanz	306
			(3) Vermögens- und Ergebniszuordnung	307–310
		bb)	Rechnungslegung bei den Anteilsinhabern	311, 312
	b)	IFRS	313–315
		aa)	Rechnungslegung beim übertragenden Rechtsträger	313
		bb)	Rechnungslegung bei den Anteilsinhabern	314, 315

II. Verschmelzung auf eine Drittlandsgesellschaft ... 316–350
1. Gesellschaftsrechtliche Grundlagen ... 316–329
   a) Zulässigkeit ... 316–321
   b) Anwendbares Verfahren ... 322–329
2. Steuerrechtliche Behandlung ... 330–349
   a) Überblick ... 330–334
   b) Besteuerung der übertragenden Gesellschaft ... 335–339
   c) Besteuerung der aufnehmenden Gesellschaft ... 340–342
   d) Besteuerung der Gesellschafter ... 343–349
3. Bilanzielle Auswirkungen und Darstellung der Verschmelzung (insbesondere beim übertragenden Rechtsträger) ... 350

B. Hereinverschmelzung ... 351–726

I. Verschmelzung einer EU/EWR-Gesellschaft ... 351–683
1. Gesellschaftsrechtliche Grundlagen ... 351–522
   a) Überblick ... 351–353
   b) Anwendungsbereich der §§ 122a ff. UmwG ... 354–363
   c) Verschmelzungsplan ... 364–390
      aa) Anwendbares Recht ... 365
      bb) Sprache ... 366
      cc) Aufstellung ... 367–372
      dd) Form ... 373, 374
      ee) Abweichende Angaben in der Bekanntmachung ... 375–377
      ff) Angaben zur Übertragung der Gesellschaftsanteile ... 378–381
      gg) Angaben zum Beginn der Gewinnberechtigung ... 382–385
      hh) Angaben zu einem möglichen Abfindungsangebot ... 386
      ii) Angaben zur Bewertung des Aktiv- und Passivvermögens ... 387
      jj) Satzung der übernehmenden Gesellschaft ... 388–390

		Rn.
d)	Umtausch-/Abfindungsangebot	391–400
	aa) Umtauschverhältnis	391–397
	bb) Bare Zuzahlung	398, 399
	cc) Abfindungsangebot	400
e)	Verschmelzungsbericht	401
f)	Beachtung von Gründungsvorschriften bei Verschmelzung zur Neugründung	402–405
g)	Verschmelzungsprüfung	406, 407
h)	Zustimmungsbeschluss der übernehmenden deutschen Gesellschaft	408–414
i)	Formeller Vollzug der Hereinverschmelzung nach Deutschland	415–422
j)	Wirksamkeit der Hereinverschmelzung	423–425
k)	Verbesserung des Umtauschverhältnisses	426–429
l)	Gläubigerschutz	430–438
m)	Arbeitnehmermitbestimmung	440–519
	aa) Voraussetzungen für die Anwendbarkeit der Auffang- oder Verhandlungslösung	447–451
	bb) Auffanglösung	452–470
	cc) Verfahren der Verhandlungslösung	471–507
	dd) Inhalt der Verhandlungslösung	508–514
	ee) Bestandsschutz	515–519
n)	Sonstige Fragen	520, 521
o)	Überblick über zeitlichen Ablauf	522
2. Steuerrechtliche Behandlung		523–610
a)	Übersicht und Einführung	523–538
	aa) Begrifflichkeit „Hereinverschmelzung" (einer EU/EWR-Gesellschaft)	523–529
	bb) Sachlicher Anwendungsbereich für Hereinverschmelzungen einer EU/EWR-Gesellschaft	530–534
	cc) Persönlicher Anwendungsbereich für Hereinverschmelzungen	535–538
b)	Besteuerung der übertragenden Gesellschaft	539–574
	aa) Ansatz zum gemeinen Wert, Buchwert oder Zwischenwert	539–551
	bb) Erstellung einer steuerlichen Schlussbilanz	552–557
	cc) Rückwirkungsmöglichkeit	558–574
c)	Besteuerung der übernehmenden Gesellschaft	575–603
	aa) Bewertung des übernommenen Vermögens/Wertverknüpfung	575–584
	bb) Wertaufholung	585–588
	cc) Übernahmeergebnis	589–591
	dd) Eintritt in die steuerliche Rechtsstellung	592–594
	ee) Besonderheit Konfusionsgewinn aus Forderungen zwischen Kapitalgesellschaften	595–598
	ff) Übergang des steuerlichen Einlagekontos	599–603
d)	Besteuerung der Gesellschafter	604–610
	aa) Ansatz der Anteile mit dem gemeinen Wert oder dem Buchwert	604–610
3. Bilanzielle Auswirkungen und Darstellung der Verschmelzung (insbesondere beim aufnehmenden Rechtsträger)		611–683
a)	HGB	611–656
	aa) Jahresabschluss des übernehmenden Rechtsträgers	612–641
	(1) Vermögens- und Ergebniszuordnung	612, 613
	(2) Übernahmebilanzierung	614–627
	(a) Anschaffungskostenprinzip	615–627
	(aa) Ansatz	616, 617
	(bb) Bewertung – Verschmelzung mit Kapitalerhöhung bzw. zur Neugründung	618–621
	(cc) Bewertung – Verschmelzung ohne Kapitalerhöhung	622–625

				Rn.
		(dd)	Bewertung – Mischfälle	626
		(ee)	Bewertung – Verteilung der Anschaffungskosten	627
		(b)	Buchwertfortführung	628–641
		(aa)	Allgemeines	628–630
		(bb)	Ansatz	631–634
		(cc)	Bewertung – Grundlagen	635–637
		(dd)	Bewertung – Verschmelzung mit Kapitalerhöhung	638
		(ee)	Bewertung – Verschmelzung ohne Kapitalerhöhung	639, 640
		(ff)	Bewertung – Mischfälle	641

- bb) Rechnungslegung bei den Anteilsinhabern ... 642, 643
- cc) Konzernabschluss ... 644–656
  - (1) Verschmelzungen mit einem externen Rechtsträger ... 645–649
    - (a) Zugang von einzelnen Vermögensgegenständen und Schulden ... 646, 647
    - (b) Zugang eines Tochterunternehmens ... 648, 649
  - (2) Konzerninterne Verschmelzungen ... 650–656
    - (a) Ohne Minderheitsgesellschafter ... 651–653
    - (b) Mit Minderheitsgesellschaftern ... 654–656
- b) IFRS ... 657–683
  - aa) Rechnungslegung beim übernehmenden Rechtsträger ... 657–682
    - (1) Verschmelzungen mit einem externen Rechtsträger ... 657–676
      - (a) Anwendungsbereich ... 658–662
      - (b) Erwerbsmethode ... 663–676
        - (aa) Identifizierung des Erwerbers ... 664–668
        - (bb) Bestimmung des Erwerbzeitpunkts ... 669
        - (cc) Ansatz und Bewertung der erworbenen identifizierbaren Vermögenswerte, der übernommenen Schulden und aller nicht beherrschenden Anteile an dem erworbenen Unternehmen ... 670–673
        - (dd) Ansatz und Bewertung des Geschäfts- oder Firmenwerts oder eines Gewinns aus einem Erwerb zu einem Preis unter Marktwert ... 674
        - (ee) Ansatz und Bewertung eines Geschäfts- oder Firmenwerts ... 675
        - (ff) Ansatz und Bewertung eines Gewinns aus einem Erwerb zu einem Preis unter Marktwert ... 676
    - (2) Konzerninterne Verschmelzungen ... 677–681
      - (a) Transaktionen unter gemeinsamer Beherrschung ... 677
      - (b) Side-stream-merger ... 678–680
        - (aa) Behandlung im Konzernabschluss eines übergeordneten Mutterunternehmens ... 679
        - (bb) Behandlung im Teikonzernabschluss des die Vermögenswerte und Schulden übernehmenden Tochterunternehmens ... 680
      - (c) Up-stream-merger/down-stream-merger ... 681
    - (3) Umgekehrter Unternehmenserwerb ... 682
  - bb) Rechnungslegung bei den Anteilsinhabern ... 683

II. Verschmelzung einer Drittlandsgesellschaft auf eine deutsche Gesellschaft ... 684–726
1. Gesellschaftsrechtrechtliche Grundlagen ... 684–696
   - a) Zulässigkeit ... 684–687
   - b) Anwendbares Verfahren ... 688–696
2. Steuerrechtliche Behandlung ... 697–725
   - a) Überblick ... 697–701

		Rn.
b)	Besteuerung der übertragenden Gesellschaft	702–707
c)	Besteuerung der übernehmenden Gesellschaft	708–713
d)	Besteuerung der Gesellschafter	714–725
3. Bilanzielle Auswirkungen und Darstellung der Verschmelzung (insbesondere beim aufnehmenden Rechtsträger)		726

A. Hinausverschmelzung

I. Verschmelzung auf eine EU/EWR-Gesellschaft

1. Gesellschaftsrechtliche Grundlagen

a) Überblick

Das UmwG regelt in §§ 122a ff. erstmals[1] ausdrücklich die **grenzüberschreitende** **1** **Verschmelzung**. Eine grenzüberschreitende Verschmelzung ist danach

„[…] eine Verschmelzung, bei der mindestens eine der beteiligten Gesellschaften dem Recht eines anderen Mitgliedstaats der Europäischen Union oder eines anderen Vertragsstaats des Abkommens über den Europäischen Wirtschaftsraum unterliegt."

Die Regelungen der §§ 122a ff. UmwG sind jedoch nur anwendbar, wenn an dieser Verschmelzung mindestens auch eine deutsche Gesellschaft[2] beteiligt ist. Sonst kommt es nach dem Kollisionsrecht gar nicht erst zur Anwendung des deutschen Rechts.[3]

Liegt eine grenzüberschreitende Verschmelzung nach der Definition des § 122a Abs. 1 **2** UmwG vor, sind die auf die daran beteiligten deutschen Kapitalgesellschaften **anzuwendenden Regeln** die §§ 2 bis 38 und 46 bis 78 UmwG, soweit sich aus den Spezialregeln der §§ 122b bis 122i UmwG nichts anderes ergibt. Auf die übrigen Gesellschaften ist das jeweilige nationale Umwandlungsrecht anzuwenden. Dabei ist das anwendbare Recht für Voraussetzungen, Verfahren und Wirkung der Verschmelzung jeweils gesondert zu bestimmen.[4] Gelten nach dem deutschen Recht und dem anwendbaren ausländischen Umwandlungsrecht unterschiedliche Maßstäbe, sind nach der sog. modifizierten Vereinigungstheorie grundsätzlich beide zu erfüllen. Müssen beteiligte Gesellschaften verschiedener Rechtsordnungen gemeinsam tätig werden, sind die Vorschriften aller Rechtsordnungen kumulativ anzuwenden. Bei überschneidenden Regelungen findet die jeweils strengste Vorschrift Anwendung.[5]

---

[1] Die Änderung des Umwandlungsgesetzes durch das Zweite Gesetz zur Änderung des Umwandlungsgesetzes ist am 1.2.2007 durch den Bundestag in zweiter und dritter Lesung beraten und verabschiedet worden. Der Bundesrat hat am 9.3.2007 zugestimmt, und das Änderungsgesetz wurde am 19.4.2007 und damit vor Ablauf der von der Verschm-RL gesetzten Umsetzungsfrist im Bundesgesetzblatt verkündet. Dem Zweiten Gesetz zur Änderung des Umwandlungsgesetzes gingen der Referentenentwurf des Zweiten Gesetzes zur Änderung des UmwG vom 13.2.2006 und der Regierungsentwurf vom 11.8.2006 (BR-Drs. 548/06) voraus.
[2] Zur Frage, wann es sich um eine deutsche Gesellschaft handelt, vgl. nachfolgend Rn. 11.
[3] Vgl. hierzu i.E. vorstehend 1. Teil Rn. 46 f.; zur Kritik an der Formulierung, die „mindestens eine deutsche Gesellschaft" nicht ausdrücklich nennt, siehe *Kallmeyer* GmbHR 2006, 418, 419.
[4] Vgl. hierzu i.E. vorstehend 1. Teil Rn. 47.
[5] MünchKomm/*Kindler* BGB, IntGesR Rn. 848 ff.; *Geyrhalter/Weber* DStR 2006, 146 f.; *Kallmeyer/Kappes* AG 2006, 224, 230; *Koppensteiner* Der Konzern 2006, 40, 43 f.; *Simon/Rubner* Der Konzern 2006, 835, 836; *Spahlinger/Wegen* NZG 2006, 721 f.

Im Hinblick auf die Wirkung der Verschmelzung ist zu unterscheiden: Reichweite sowie Art und Weise der Rechtsnachfolge werden anhand nach der in der international privatrechtlichen Literatur vertretenen Auffassung[6] nach der Rechtsordnung des übertragenden Rechtsträgers bestimmt. Für die Rechtsstellung der Gesellschaft in der übernehmenden Gesellschaft und die nach dem Erlöschen der übertragenden Gesellschaft eintretenden Wirkungen ist hingegen grundsätzlich das Gesellschaftsstatut der übernehmenden Gesellschaft maßgeblich.[7] Sofern allerdings das auf die aufnehmende Gesellschaft anwendbare Recht im Hinblick auf den Schutz von Gläubigern, Arbeitnehmern oder Minderheitsgesellschaftern hinter dem Niveau der auf die übertragende Gesellschaft anwendbaren Schutzvorschriften zurückbleibt, soll wiederum letzteren der Anwendungsvorrang eingeräumt werden.[8] In der Praxis wird daher in solchen Fällen im Zweifel das strengere Recht einzuhalten sein.

3   Tatsächlich wird sich im Regelfall aufgrund der europarechtlichen Vorgaben für die grenzüberschreitende Verschmelzung ein **Ablauf** ergeben, der dem Ablauf einer rein deutschen Verschmelzung vergleichbar ist: Die Bedingungen der Verschmelzung werden durch einen Verschmelzungsplan festgelegt. Dieser bedarf der Zustimmung der Gesellschafterversammlungen der beteiligten Gesellschaften. Dazu sind grundsätzlich Berichte zu erstellen und Prüfungen vorzunehmen. Die Verschmelzung wird nach einem zweistufigen Prüfungsverfahren mit einer Registereintragung oder einer vergleichbaren Maßnahme wirksam. Die Anteilseigner der untergehenden übertragenden Gesellschaft erhalten im Wesentlichen als Gegenleistung Anteile am übernehmenden Rechtsträger. Anders als bei der nationalen Verschmelzung müssen bei Vorliegen bestimmter Voraussetzungen (vgl. hierzu i.E. nachfolgend Rn. 191 ff.) parallel Verhandlungen mit dem besonderen Verhandlungsgremium der Arbeitnehmer über die zukünftige Mitbestimmung erfolgen.

4   Als **Beispiel** für die folgenden Ausführungen zu **grenzüberschreitenden Hinausverschmelzungen** aus Deutschland soll der folgende Fall dienen:

Fall:
A ist eine deutsche Kapitalgesellschaft mit einer deutschen Tochtergesellschaft (T1), einer Tochtergesellschaft mit Satzungs- und Verwaltungssitz im Ausland (T2) und einer Betriebsstätte im Ausland (BS). A ist Eigentümerin von Grundstücken in Deutschland und beschäftigt über 2000 Arbeitnehmer. A hat keinen geschlossenen Gesellschafterkreis. A soll nun auf B, eine Kapitalgesellschaft mit Satzungs- und Verwaltungssitz außerhalb Deutschlands in einem Mitgliedsstaat der EU oder einem anderen Vertragsstaat des EWR, verschmolzen werden.

5   Das gleiche Ziel ließe sich zivilrechtlich auch mit der folgenden **Alternativgestaltung** erreichen: Mit Ausnahme eines Anteils werden sämtliche Anteile an A zunächst in B eingebracht. Der verbleibende Anteil an A wird treuhänderisch für B gehalten. Sodann wird A in eine KG oder OHG formgewechselt. Mit Wirkung auf den Zeitpunkt der Eintragung tritt der Treuhänder aus der formgewechselten A aus, und A wächst auf B an; vgl. hierzu i.E. nachfolgend 4. Teil Rn. 8 ff.

---

[6] Zur in der Literatur zur grenzüberschreitenden Verschmelzung vertretenen Auffassung vgl. i.E. nachstehend 2. Teil Rn. 174 und Rn. 424.
[7] MünchKomm BGB/*Kindler*, IntGesR Rn. 860 ff.; Spahlinger/Wegen/*Spahlinger/Wegen*, Internationales Gesellschaftsrecht Rn. 507.
[8] MünchKomm BGB/*Kindler*, IntGesR Rn. 863.

A. Hinausverschmelzung

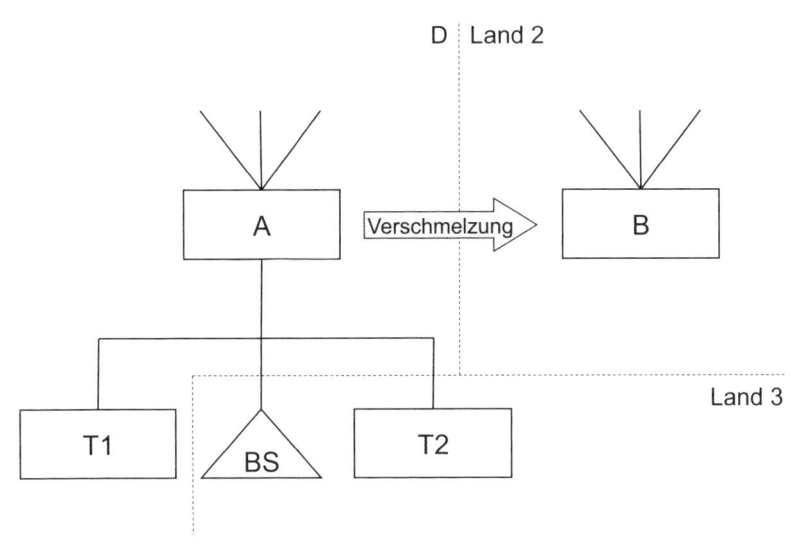

In der **Abwandlung 1** des Beispielfalls haben A und B keine außenstehenden Gesellschafter.

In der **Abwandlung 2** des Beispielfalls ist A eine 100%ige Tochtergesellschaft der B:

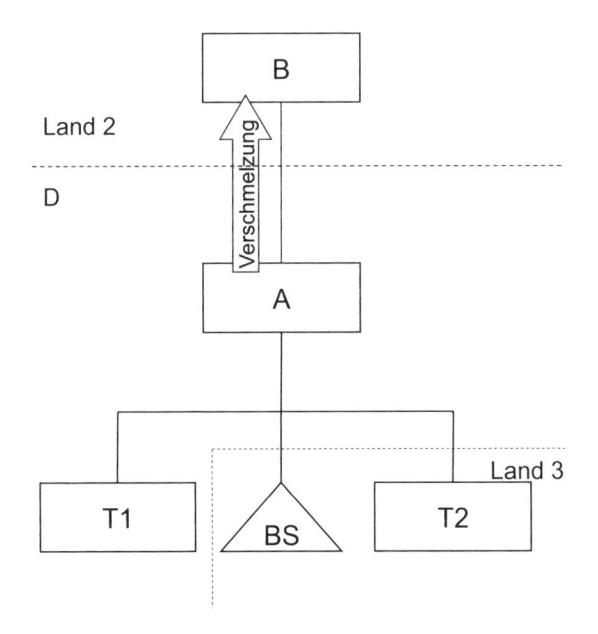

b) Anwendungsbereich der §§ 122a ff. UmwG

Nach § 122a Abs. 2 UmwG richtet sich die grenzüberschreitende Verschmelzung nur **6** für deutsche **Kapitalgesellschaften** nach dem UmwG. Deutsche Kapitalgesellschaften sind nach § 3 Abs. 1 Nr. 2 UmwG die Gesellschaft mit beschränkter Haftung, die Aktiengesellschaft und die Kommanditgesellschaft auf Aktien. Der deutsche Gesetzgeber hat durch § 122a Abs. 2 UmwG von der durch Art. 3 Abs. 2 Verschm-RL eröffneten Möglichkeit Gebrauch gemacht, Genossenschaften vom Anwendungsbereich der grenzüberschreitenden Verschmelzungsvorschriften auszunehmen. Gesellschaften für gemeinsame Kapitalanlagen, zB Kapitalanlagegesellschaften iSd § 1 KAGG, sind nach Art. 3 Abs. 3 Verschm-RL ausdrücklich vom Anwendungsbereich der Richtlinie ausgenommen. Ebenfalls nicht erfasst ist der Versicherungsverein auf Gegenseitigkeit.[9]

7   Gesellschaften, die keiner wirtschaftlichen Tätigkeit nachgehen – d.h. auch **Vorratsgesellschaften** – sind vom Anwendungsbereich des § 122a Abs. 2 UmwG nicht ausgeschlossen.[10]

8   Über die in § 3 Abs. 1 Nr. 2 UmwG ausdrücklich genannten Kapitalgesellschaften hinaus ist uE grundsätzlich auch die deutsche **Societas Europaea** ein verschmelzungsfähiger Rechtsträger im Sinne der §§ 122a Abs. 2 UmwG, 3 Abs. 1 Nr. 2 UmwG.[11] Das ergibt sich aus Art. 9 und 10 SE-VO, nach denen eine deutsche Societas Europaea, soweit SE-VO und SEAG nichts anderes bestimmen, wie eine deutsche Aktiengesellschaft zu behandeln ist. Zur Beteiligung an einer grenzüberschreitenden Verschmelzung bestimmen SE-VO und SEAG nichts anderes. Die Beteiligung der deutschen Societas Europaea an einer grenzüberschreitenden Verschmelzung ist allerdings nicht unumstritten. Teilweise wird argumentiert, dass die Regelung des Art. 66 SE-VO, nach der die Societas Europaea unter bestimmten Voraussetzungen in eine nationale Aktiengesellschaft umgewandelt werden kann, abschließend sei. Dementsprechend seien grenzüberschreitende Verschmelzungen der SE nicht möglich.[12] UE ist die Regelung des Art. 66 SE-VO jedoch keine abschließende Regelung und sperrt damit die Beteiligung der Societas Europaea an anderen Umwandlungsvorgängen nicht. Vielmehr ist sie nur eine ergänzende Regelung, um den Übergang von der Societas Europaea in die nationale Aktiengesellschaft zu ermöglichen, die nach dem nationalen Umwandlungsrecht, das zumindest in Deutschland keinen Formwechsel von der Aktiengesellschaft in eine Aktiengesellschaft vorsieht, sonst möglicherweise nicht erfolgen könnte. In der Praxis ist bis zu Herausbildung einer gesicherten Praxis gleichwohl dazu zu raten, diese Frage mit den beteiligten Registergerichten oder anderen zuständigen Behörden abzustimmen. Ist eine solche Abstimmung nicht möglich, sollte ein vorangehender Formwechsel in eine nationale Aktiengesellschaft erwogen werden.[13]

9   Abzugrenzen von der grenzüberschreitenden Verschmelzung unter Beteiligung einer Societas Europaea ist in jedem Fall aber die grenzüberschreitende **Verschmelzung** *zur*

---

[9] *WM/Heckschen*, § 122b UmwG Rn. 73; *Louven* ZIP 2006, 2021, 2024; zur Anwendbarkeit für den großen Versicherungsverein: *Frenzel* RIW 2008, 12, 14.

[10] *Forsthoff* DStR 2006, 613, 614; *Krause/Kulpa* ZHR 171 (2007), 38, 53; *Oechsler* NZG 2006, 161, 162 mwN zur gleichen Situation bei der Societas Europaea.

[11] So auch Begründung zum Regierungsentwurf eines Zweiten Gesetzes zur Änderung des Umwandlungsgesetze, BT-Drs. 16/2919, S. 14; *Lutter/Bayer*, UmwG, § 122b Rn. 7; *Bayer/Schmidt* NJW 2006, 401; Heidelberger Kommentar/*Becker* § 122b Rn. 6; Semler/Stengel/*Drinhausen* UmwG, § 122a Rn. 14 und § 122b Rn. 5; *Drinhausen/Keinath* BB 2006, 725, 726; *Frenzel* RIW 2008, 12, 15; *Grambow/Stadler* BB 2010, 977, 978; *Sagasser/Bula/Brünger/Gutkès*, § 13 Rn. 1; *WM/Heckschen*, § 122b UmwG Rn. 58 ff.; *Herrler* EuZW 2007, 295, 296; SHS/*Hörnagel*, § 122b Rn. 7; *Kiem* WM 2006, 1091, 1093; *Klein* RNotZ 2007, 565, 573 f.; *Krause/Kulpa* ZHR 171 (2007), 38, 54; *Limmer/Limmer*, Unternehmensumwandlungen, Teil 6 Rn. 47; *Louven* ZIP 2006, 2021, 2024; *Müller* NZG 2006, 286, 297; *Neye/Timm* DB 2006, 488, 490; dies. GmbHR 2007, 561, 562; *Oechsler* NZG 2006, 161, 162; MünchKomm/*Schäfer*, AktG, Art. 66 SE-VO Rn. 1; *Schwedhelm* GmbH-StB, 2007, 182, 183; *Schwarz*, SE-VO, Art. 3 Rn. 35; Kölner Komm/*Simon/Rubner*, § 122b UmwG Rn. 12 ff.; *Spahlinger/Wegen* NZG 2006, 721, 723; *Vetter* AG 2006, 613, 615. *Vossius* ZIP 2005, 741, 748; *Oplustil/Schneider* NZG 2003, 13 ff.; 16 einschränkend, soweit es dadurch nicht zu einer Umgehung der zweijährigen Sperrfrist kommt: *Simon/Rubner* Der Konzern 2006, 835, 836.

[12] Noch in der 2. Aufl. 2006 MünchKomm/*Schäfer*, AktG, Art. 66 SE-VO Rn. 1, 14; *Schwarz*, SE-VO, 2006, Art. 66 Rn. 7 (aber gegenteiliger Ansicht für die nationale Verschmelzung unter Art. 3 Rn. 35); unentschieden: *Winter* Der Konzern 2007, 24, 27; möglich, wenn zweijährige Sperrfrist eingehalten wird: *Simon/Rubner* Der Konzern 2006, 835, 837; Kölner Komm/*Simon/Rubner*, § 122b UmwG Rn. 15.

[13] So auch *Winter* Der Konzern 2007, 24, 27.

Societas Europaea. Diese erfolgt wegen des abschließenden Charakters der Gründungsregelungen für die Societas Europaea immer nach der SE-VO.[14]

Zur Nichtbehandlung der Societas Europaea im Detail; vgl. hierzu i.E. vorstehend 1. Teil Rn. 45.

Das heißt, dass die Societas Europaea an der grenzüberschreitenden Verschmelzung nur als bestehender Rechtsträger, nicht aber als aufnehmender Rechtsträger bei der Verschmelzung zur Neugründung beteiligt sein kann. UE gilt diese Einschränkung aber nicht für die Verschmelzung auf eine Societas Europaea zur Aufnahme, so dass sich eine Verschmelzung einer Kapitalgesellschaft auf eine bestehende Societas Europaea nach den §§ 122 ff. UmwG und nicht nach der SE-VO richtet.

Teilweise wird jedoch vertreten, dass auch die Verschmelzung einer Societas Europaea – und damit wohl auch einer Aktiengesellschaft – auf eine Societas Europaea nicht nach den §§ 122 ff. UmwG, sondern nach Art. 17 ff. SE-VO zu erfolgen habe.[15] Dies sei deshalb der Fall, weil sich aus Art. 3 Abs. 1, 10 SE-VO ergäbe, dass eine (aufnehmende) Societas Europaea für den Gründungsvorgang einer weiteren Societas Europaea als Aktiengesellschaft anzusehen sei. Deshalb müsse sich jeder Fall, in dem bei der Verschmelzung einer Aktiengesellschaft oder Societas Europaea am Ende eine Societas Europaea bestehe gleich und damit nach Art. 17 ff. SE-VO behandelt werden. Das überzeugt uE nicht, weil es bei der Verschmelzung zur Aufnahme auf eine Societas Europaea gerade nicht um eine neue Entstehung einer Societas Europaea geht. Anders als bei dem von Art. 17 ff. SE-VO geregelten Fall, enthält dieser Vorgang keinen Formwechsel und kann daher wie eine „normale" grenzüberschreitende Verschmelzung auf eine Aktiengesellschaft behandelt werden.[16]

Die Frage, ob die Verschmelzung auf eine Societas Europaea sich nach den §§ 122a ff. UmwG oder nach der SE-VO richtet, ist wegen der Unterschiede bei der Mitbestimmung von Bedeutung. Im Ergebnis wäre es bei einer Verschmelzung nach den §§ 122a ff. UmwG möglich, den Mitbestimmungsumfang der SE auf ein Niveau zu senken, dass bei der Verschmelzung nach der SE-VO nur über eine Verhandlungslösung zu erreichen wäre. Zur Regelung der Mitbestimmung bei der grenzüberschreitenden Verschmelzung und den Unterschieden zum SEBG; vgl. i.E. nachfolgend Rn. 191 ff.

Nach welchen Regeln die grenzüberschreitende **Verschmelzung deutscher Personengesellschaft** abläuft, lässt die Neuregelung des Umwandlungsgesetzes offen.[17] Jedoch müsste nach der Rechtsprechung des EuGH zur grenzüberschreitenden Verschmelzung auch die grenzüberschreitende Verschmelzung von deutschen Personengesellschaften, die an einer nationalen Verschmelzung beteiligt sein können, innerhalb der EU und des

10

---

[14] Art. 2 Abs. 1, 17 ff. SE-VO; vgl. auch *Bayer/Schmidt* NJW 2006, 401, Fn. 8; *Drinhausen/Keinath* BB 2006, 725, 726; Semler/Stengel/*Drinhausen*, UmwG, § 122b Rn. 5; SHS/*Hörnagel*, § 122b Rn. 7; *Klein* RNotZ 2007, 565, 574; *Krause/Kulpa* ZHR 171 (2007), 38, 54; *Louven* ZIP 2006, 2021, 2024; *Müller* NZG 2006, 286, 297, *Simon/Rubner* Der Konzern 2006, 835, 836; *Winter* Der Konzern 2007, 24,27; zum abschließenden Charakter der Art. 2 Abs. 1, 17 ff. SE-VO: *Schwarz*, SE-VO, 2006, Art. 2 Rn. 10; *Hommelhoff* AG 2001, 279, 280; *Oechsler* NZG 2006, 161, 162; Jannott/Frodermann/*Jannott*, Handbuch der Europäischen Aktiengesellschaft, 3 Rn. 6, Fn. 16; *Kallmeyer*, AG 2003, 197, 199.

[15] *Oechsler* NZG 2006, 161, 162.

[16] Ebenso Heidelberger Kommentar/*Becker*, § 122b Rn. 7; *Drinhausen/Keinath* BB 2006, 725, 726; *Grambow/Stadler* BB 2010, 977, 979; Sagasser/Bula/Brünger/*Gutkès*, § 13 Rn. 19; Limmer/*Limmer*, Unternehmensumwandlungen, Teil 6 Rn. 47; Manz/Mayer/Schröder/*Schröder*, SE, Art. 17 SE-VO Rn. 3; Kölner Komm/*Simon/Rubner*, § 122b UmwG Rn. 13; nur für die nationale Verschmelzung: *Schwarz*, SE-VO, Art. 3 Rn. 35 (für die internationale s.o. Fn. 12).

[17] Zur Nichteinbeziehung Begründung zum Regierungsentwurf eines Zweiten Gesetzes zur Änderung des Umwandlungsgesetzes, BT-Drs. 16/2919, S. 11; kritisch dazu u.a. *Handelsrechtsausschuss des Deutschen Anwaltsvereins* NZG 2006, 737, 740; *Kallmeyer* GmbHR 2006, 418; *Vetter* AG 2006 613, 616 f.; *Wachter* GmbHR 2007, R 161; *Weiss/Wöhlert* WM 2007, 580, 583.

EWR[18] möglich sein.[19] In seiner SEVIC-Entscheidung führte der EuGH ganz allgemein aus, dass die Niederlassungsfreiheit (damals Art. 43, 48 EG, heute Art. 49, 54 AEUV) die Teilnahme eines Unternehmens am Wirtschaftsverkehr umfassend sichere. Die Beschränkung der Möglichkeit von Verschmelzungen auf inländische Gesellschaften beschränke die Niederlassungsfreiheit und sei deswegen mit dieser unvereinbar. Entsprechend dieser rechtsformunspezifischen Überlegungen des EuGH werden auch grenzüberschreitende Verschmelzungen von Personengesellschaften, die einen Erwerbszweck verfolgen, als von der Niederlassungsfreiheit gedeckt angehen. Soweit nach Vereinigungstheorie die Zulässigkeit der grenzüberschreitenden Verschmelzung nach deutschem Recht zu beurteilen ist, müssten die §§ 1, 3 UmwG entsprechend europarechtskonform ausgelegt werden. Grenzüberschreitende Verschmelzungen von Personengesellschaften, die einen Erwerbszweck verfolgen, sind danach insoweit zugelassen, als die ausländischen Personengesellschaften den in § 3 Nr. 1 UmwG genannten Personenhandelsgesellschaften entsprechen. Weitere auf die Vereinigungstheorie zurückzuführende Voraussetzung ist daneben, dass auch das jeweilige ausländische Recht der beteiligten Gesellschaft die Verschmelzung solcher Gesellschaften zulässt.[20] Zum Streit, ob auch die Hinausverschmelzung von der Niederlassungsfreiheit umfasst ist; vgl. i.E. vorstehend 1. Teil Rn. 38. Wegen der Beschränkung des Buches auf Kapitalgesellschaften wird auf die anwendbaren Regelungen bei grenzüberschreitenden Verschmelzungen von Personengesellschaften jedoch nachfolgend nicht weiter eingegangen. In der Praxis ist zu empfehlen, einen Formwechsel in eine Kapitalgesellschaft vorangehen zu lassen, wenn sich nicht durch eine Anwachsung oder eine Abstimmung mit den beteiligten Registergerichten oder anderen Behörden und aufgrund einer großen Ähnlichkeit der beteiligten Rechtsordnungen ein sicheres Verfahren erreichen lässt.

Dieser Streit dürfte sich mit einem Inkrafttreten der vorgeschlagenen Änderung des EGBGB gemäß dem Referentenentwurf für ein Gesetz zum Internationalen Privatrecht der Gesellschaften, Vereine und juristischen Personen erledigen; vgl. hierzu i.E. vorstehend 1. Teil Rn. 42.

11 Ob es sich bei einer der beteiligten Gesellschaften um eine **deutsche Gesellschaft** handelt, richtet sich nach den allgemeinen kollisionsrechtlichen Regeln.

12 Bei einem Inkrafttreten der Änderungen des EGBGB nach dem Vorschlag des Referentenentwurfs für ein **Gesetz zum Internationalen Privatrecht der Gesellschaften, Vereine und juristischen Personen** würde sich die Qualifikation als deutsche Gesellschaft zukünftig nach Art. 10 EGBGB richten. Danach wäre eine Kapitalgesellschaft deutsch, wenn sie in das deutsche Handelsregister eingetragen wäre.

13 Nach den **gegenwärtig (noch) anwendbaren Regeln** unterliegt eine Gesellschaft deutschem Recht, wenn sie ihren Sitz in Deutschland hat. Im Kontext der grenzüber-

---

[18] Über den Bereich der Europäischen Gemeinschaft hinaus gilt die Niederlassungsfreiheit auch für die Staatsangehörigen der Mitgliedstaaten des EWR, also für Norweger, Isländer und Liechtensteiner. vgl. Art. 31–35 des EWR-Abkommens, ABl. 1994 L 001/3. Vgl. zum Ganzen auch *Callies/Ruffert*, Das Verfassungsrecht der Europäischen Union, 3. Auflage (2007), Art. 43 Rn. 7 f.

[19] So auch: *Bayer/Schmidt* NZG 2006, 841; *dies.* NJW 2006, 401; *dies.* ZIP 2006, 210, 212; *Decher* Der Konzern 2006, 805, 809; Semler/Stengel/*Drinhausen*, UmwG, Einl. C Rn. 27; *Drinhausen/Keinath* BB 2006, 725, 732; *dies.* RIW 2006, 81, 87; *Geyrhalter/Weber* DStR 2006, 146, 151; *Gsell/Krömker* DB 2007, 679, 678; Sagasser/Bula/Brünges/*Gutkès*, § 12 Rn. 19; *Handelsrechtsausschuss des Deutschen Anwaltsvereins* NZG 2006, 737, 740; *Haritz/von Wolff* GmbHR 2006, 340, 341; *Herrler* EuZW 2007, 295; 298; *Kallmeyer* GmbHR 2006, 418; *Kallmeyer/Kappes* AG 2006, 224 ff.; *Kiem* WM 2006, 1091, 1094; Limmer/*Limmer*, Unternehmensumwandlungen, Teil 6 Rn. 19; *Louven* ZIP 2006, 2021, 2023; *Schmidt/Maul* BB 2006, 13, 14; *Sedemund* BB 2006, 519, 520; *Veil* Der Konzern 2007, 98, 99; *Vetter* AG 2006, 613, 615 f.

[20] Zum Ganzen vgl. *Bayer/Schmidt* ZIP 2006, 210, 212 f.; *Kallmeyer/Kappes* AG 2006, 224, 228; *Krause/Kulpa* ZHR 171 (2007), 38, 48; *Spahlinger/Wegen* NZG 2006, 721, 726, 727.

schreitenden Verschmelzung innerhalb der EU und der anderen Mitgliedstaaten ist uE inzwischen für die Bestimmung des Sitzortes auf der Grundlage der Rechtsprechung des EuGH zur grenzüberschreitenden Sitzverlegung der Satzungssitz maßgeblich.[21]

Zur fortbestehenden Restunsicherheit in Fällen, in denen der Verwaltungssitz in einem EU Land liegt, in dem die Sitztheorie gilt, vgl. i.E. vorstehend 1. Teil Rn. 42.

Bisher war – und ist möglicherweise im nicht-europäischen Kontext noch[22] – für die Bestimmung des auf eine Gesellschaft anwendbaren Rechts der tatsächliche Verwaltungssitz[23] maßgeblich. Der EuGH hat jedoch inzwischen mehrfach entschieden,[24] dass innerhalb der EU einer Gesellschaft die Anerkennung als Gesellschaft des Mitgliedstaats des Satzungssitzes nicht verweigert werden darf, wenn ihr tatsächlicher Sitz nicht am Ort des Satzungssitzes liegt. Allerdings hat der EuGH auch entschieden, dass die Frage, ob überhaupt eine wirksam bestehende Gesellschaft existiert vom nationalen Recht frei beantwortet werden darf.[25] Als Folge ist im europäischen Kontext in der Regel das Recht des Satzungssitzes anzuwenden; Ausnahmen können sich dann ergeben, wenn Satzungs- und Verwaltungssitz in zwei Ländern, die die Sitztheorie anwenden, auseinanderfallen. Steht das Gesellschaftsstatut so fest, richtet sich auch das anwendbare Gesellschaftsrecht für andere Fragen nach diesem Recht.[26] Dies gilt nur dann nicht, wenn ausnahmsweise rechtfertigende Gründe vorliegen, die Anwendung des Rechts des Sitzstaats zu verweigern. Der EuGH nennt in diesem Zusammenhang als Grenze für die Pflicht zur Anerkennung ausländischer Gesellschaften unter der Niederlassungsfreiheit den Missbrauch der ausländischen Gesellschaftsform.[27] Das Vorliegen eines Missbrauchs müsse dabei jedoch immer bezogen auf den Einzelfall und durch gerichtliche Entscheidung festgestellt werden.

Die Regeln der Niederlassungsfreiheit gelten nach hM auch für Gesellschaften mit Satzungssitz in anderen Vertragsstaaten des **EWR**.[28] Das hat der Bundesgerichtshof in Bezug auf eine liechtensteinische Gesellschaft auf Grundlage des dem Art. 49 AEUV (damals Art. 43 EG) entsprechenden Art. 31 EWR ausdrücklich entschieden.[29] Im Ergeb- **14**

---

[21] BGH, Urteil v. 5.7.2004 – II ZR 370/98, BGHZ 154, 185, 190 („Delaware"); sog. „Europäische Gründungstheorie", vgl. nur MünchKomm/*Altmeppen/Ego* AktG; Europ. Niederlassungsfreiheit, Rn. 204, 225 ff.; MünchKomm/*Kindler* BGB, IntGesR Rn. 125 ff. mwN.

[22] So OLG Hamburg, Urteil v. 30.3.2007 – 11 U 231/04, NZG 2007, 597; BGH, Beschluss v. 8.10.2009 – IX ZR 227/06, BeckRS 2009, 28205; s. auch *Kindler* AG 2007, 722, 725.

[23] So das Ergebnis der sog. „Sitztheorie", die vor den drei Grundsatzentscheidungen des EuGH in Sachen *Centros*, *Überseering* und *Inspire Art* (s. Fn. 24) in Deutschland überwiegend vertreten worden ist, vgl. nur MünchKomm/*Altmeppen/Ego*, AktG, Europ. Niederlassungsfreiheit, Rn. 173 mit weiteren umfangreichen Nachweisen in Fn. 363.
Nach der Sitztheorie ist auf eine Gesellschaft das Recht desjenigen Staates anzuwenden, in dem sich zum jeweiligen Zeitpunkt der Beurteilung tatsächlich die Hauptverwaltung der Gesellschaft befindet. Maßgeblich ist dabei nach höchstrichterlicher Rechtsprechung der Ort, an dem in erkennbarer Weise die grundlegenden Entscheidungen der Unternehmensleitung effektiv in laufende Geschäftsführungsakte umgesetzt werden, vgl. BGH, Urteil v. 21.3.1986 – I ZR 10/85, BGHZ 97, 260, 272.

[24] EuGH, Urteil v. 9.3.1999 – Rs. C-212/97, Slg. 1999, I-1459 (*Centros*); EuGH, Urteil v. 5.11.2002 – Rs. C-208/00, Slg. 2002, I-9919 (*Überseering*); EuGH, Urteil v. 30.9. 2003 – Rs. C-167/01, Slg. 2003, I-10195 (*Inspire Art*); EuGH Urteil v. 16.12.2008 – Rs. C-210/06 (*Cartesio*), Slg. 2008, I-0000.

[25] EuGH, Urteil v. 16.12.2008 – Rs. C-210/06 (*Cartesio*), Slg. 2008, I-0000; EuGH, Urteil v. 17.7.2012 – Rs. C 378/10 (Vale), NJW 2012, 2715.

[26] Im Ergebnis für Zwecke der §§ 122 a ff. UmwG ebenso: WM/*Heckschen*, § 122a UmwG Rn. 78.

[27] EuGH, Urteil v. 9.3.1999 – Rs. C-212/97, Slg. 1999, I-1459 (*Centros*) Tz. 24 f.; EuGH, Urteil v. 30.9.2003 – Rs. C-167/01, Slg. 2003, I-10195 (*Inspire Art*) Tz. 136.

[28] *Callies/Ruffert*, Das Verfassungsrecht der Europäischen Union, 3. Aufl. 2007, Art. 43 Rn. 7.; *Hirte* in: Hirte/Bücker, Grenzüberschreitende Gesellschaften, 2. Aufl. 2006, § 1 Rn. 21; *Meilicke* GmbHR 2003, 793, 799.

[29] BGH, Urteil v. 19.9.2007 – II ZR 372/OR, BGHZ 164,148; dazu *Binz/Mayer* BB 2005, 2361, 2363.

nis ist daher uE auch für Gesellschaften mit Satzungssitz in einem anderen Vertragsstaat des EWR zur Bestimmung ihrer Nationalität in der Regel dieser Satzungssitz maßgeblich.

15   Handelt es sich um eine in **Deutschland gegründete Gesellschaft mit tatsächlichem Verwaltungssitz in einem nicht der EU oder dem EWR angehörigen Staat**, so kann sie nach § 122b Abs. 1 UmwG verschmelzungsfähig sein[30], wenn sie nach deutschem Kollisionsrecht weiterhin deutschem Recht unterliegt[31]. Die Vorschrift des § 122b Abs. 1 UmwG verlangt nämlich nur, dass die Gesellschaft – neben der Anwendbarkeit des Rechts eines Mitgliedstaates der EU oder eines Vertragsstaates des EWR – ihren Satzungssitz, ihre Hauptverwaltung *oder* ihre Hauptniederlassung in einem Mitgliedstaat der EU oder einem Vertragsstaat des EWR hat. Die dem deutschen Recht unterliegende Gesellschaft wird in einem solchen Fall immer ihren Satzungssitz noch in Deutschland haben, sonst käme es gar nicht zur Anwendung deutschen Rechts.

Fall:
Wäre im oben genannten Beispielfall A eine in Deutschland gegründete GmbH, die ihren tatsächlichen Verwaltungssitz nach USA verlegt hätte, aber aufgrund eines Renvoi oder des deutschamerikanischen Freundschaftsvertrags[32] noch als deutsche Gesellschaft anzuerkennen wäre, wäre sie uE ein verschmelzungsfähiger Rechtsträger. Sie würde die Voraussetzungen des § 122b Abs. 1 2. HS UmwG erfüllen. Sie wäre nach dem deutschen Recht gegründet und hätte ihren Satzungssitz in Deutschland. Weitere Anforderungen stellt § 122b Abs. 1 2. HS UmwG uE nicht.[33]

16   In diesem Zusammenhang ist zu beachten, dass eine **Societas Europaea** immer nur dann eine deutsche Gesellschaft sein kann, wenn sie sowohl Satzungs- als auch tatsächlichen Verwaltungssitz in Deutschland hat. Aus Art. 7 SE-VO ergibt sich, dass bei der Societas Europaea Satzungs- und tatsächlicher Verwaltungssitz nicht auseinander fallen dürfen.

17   Da nach § 122a Abs. 1 UmwG mindestens eine Gesellschaft ihren Sitz in einem anderen Mitgliedstaat der EU oder einem anderen Vertragsstaat des EWR-Abkommens haben muss, müssen im Ergebnis **mindestens zwei Gesellschaften mit Satzungssitzen in unterschiedlichen Mitgliedstaaten** oder Vertragsstaaten des EWR beteiligt sein. Diese können jedoch ihren tatsächlichen Verwaltungssitz im gleichen Land haben. Zum Beispiel können eine deutsche Gesellschaft mit beschränkter Haftung und eine englische *Private Company Limited by Shares* mit tatsächlichem Verwaltungssitz in Deutschland miteinander verschmolzen werden.[34]

---

[30] AA Heidelberger Kommentar/*Becker*, § 122b Rn. 12; auch Semler/Stengel/*Drinhausen*, UmwG, § 122b Rn. 7 und *Müller* ZIP 2007, 1081, 1082 unter Berufung auf die Begründung zum Regierungsentwurf, eines Zweiten Gesetzes zur Änderung des Umwandlungsgesetzes, BT-Drs. 16/2919, S. 14 bzw. BR-Drs. 548/06, S. 29 f.; *Kiem* WM 2006, 1091, 1093 mit Hinweis auf die Begründung zum Referentenentwurf, S. 11. UE ist dies Auffassung mit dem Wortlaut des § 122b Abs. 1 UmwG nicht vereinbar.

[31] Das kann entweder der Fall sein, wenn unter Geltung der Sitztheorie in Deutschland das Land des tatsächlichen Verwaltungssitzes aufgrund der dort geltenden Gründungstheorie auf die Anwendung deutschen Rechts zurückverweist, oder wenn im jeweiligen Fall auch nach deutschem Recht die Gründungstheorie Anwendung findet. Ob das inzwischen generell der Fall ist, kann dahingestellt bleiben.

[32] Freundschafts-, Handels- und Schifffahrtsvertrag zwischen der Bundesrepublik Deutschland und den Vereinigten Staaten von Amerika v. 7.5.1956, BGBl. II S. 487 ff.

[33] Ebenso Kölner Komm/*Simon/Rubner*, § 122b UmwG Rn. 4.

[34] So auch Heidelberger Kommentar/*Becker*, § 122b Rn. 13; Semler/Stengel/*Drinhausen*, UmwG, § 122a Rn. 10; WM/*Heckschen*, § 122a UmwG Rn. 87; *Klein* RNotZ 2007, 565, 575; *Müller* NZG 2006, 286 f.; Kölner Komm/*Simon/Rubner*, § 122b UmwG Rn. 5; *Spahlinger/Wegen* NZG 2006, 721, 724 f.; *Winter* Der Konzern 2007, 24, 27; vor Umsetzung der Verschm-RL auf der Basis der Niederlassungsfreiheit auch *Kieninger* EWS 2006, 49, 54; ausführlich mit Beschreibung des möglichen Ablaufs: *Tebben/Tebben* DB 2007, 2355 ff.

Die §§ 122a ff. UmwG sind auch anwendbar, wenn **mehrere deutsche Gesellschaften** und eine Gesellschaft aus einem anderen Mitgliedstaat der EU oder des EWR beteiligt ist.[35]

18

Umstritten ist, ob es ausreicht, wenn **nur die durch die Verschmelzung neu zu gründende aufnehmende Gesellschaft ihren Satzungssitz in einem anderen Mitgliedstaat** hat, also zum Beispiel zwei deutsche Aktiengesellschaften zur Neugründung auf eine französische *Société Anonyme* verschmolzen werden.[36] Für eine Zulässigkeit spricht, dass nach dem Wortlaut des § 122b Abs. 1 UmwG auch eine im Rahmen der Verschmelzung entstehende „neue Gesellschaft" an der Verschmelzung „beteiligt" ist. Dagegen formuliert Art. 1 Verschm-RL in der Vergangenheitsform, dass die Richtlinie für Kapitalgesellschaften gilt, die „gegründet worden sind" und ihren Sitz „haben". In der Praxis gilt daher für diese Konstellation, dass sie nur in Abstimmung mit den zuständigen Registergerichten oder anderen Behörden umgesetzt werden sollte. Lässt sich eine solche nicht erreichen, kann die Verschmelzung nicht zur Neugründung erfolgen, sondern muss auf eine in dem Zielland bereits bestehende – ggf. Vorrats- – Gesellschaft erfolgen. Zur Zulässigkeit der Beteiligung einer Vorratsgesellschaft i.E. vorstehend Rn. 7.

19

Für die **ausländischen Gesellschaften**, die an der Verschmelzung beteiligt sind, gilt das deutsche Recht nicht; vgl. hierzu i.E. vorstehend Rn. 2. Ob eine beteiligte Gesellschaft **aktiv oder passiv verschmelzungsfähig** ist, ist daher für jede Gesellschaft gesondert nach ihrem Personalstatut zu beantworten.[37] Zu beachten ist in diesem Zusammenhang auch, dass andere Rechtsordnungen möglicherweise die aktive und passive Verschmelzungsfähigkeit nicht gleichlaufend regeln. Es kann daher dazu kommen, dass das ausländische Recht zwar grundsätzlich die Beteiligung der betreffenden Rechtsform zulässt, nicht jedoch ihre Verschmelzung mit einer bestimmten anderen Rechtsform. Solche Beschränkungen sind zu beachten.

20

Fall:
Ist im oben genannten Beispielfall A eine deutsche Aktiengesellschaft und B eine der Gesellschaft mit beschränkter Haftung entsprechende ausländische Rechtsform und gestattet das ausländische Recht die Verschmelzungen von Aktiengesellschaften auf Gesellschaften mit beschränkter Haftung nicht, scheidet auch die grenzüberschreitende Verschmelzung aus.[38]

c) Verschmelzungsplan

aa) Überblick. Grundlage der grenzüberschreitenden Verschmelzung ist der **Verschmelzungsplan**. Nach Art. 5 Satz 1 Verschm-RL stellen die Leitungs- oder Verwaltungsorgane der beteiligten Gesellschaften zusammen einen gemeinsamen Verschmelzungsplan auf.

21

---

[35] Semler/Stengel/*Drinhausen*, UmwG, § 122a Rn. 5.
[36] Für eine Zulässigkeit: Lutter/*Bayer*, UmwG, § 122a Rn. 26; Semler/Stengel/*Drinhausen*, UmwG, § 122a Rn. 10; *Frischhut* EWS 2006, 55, 56; *Grundmann*, Europäisches Gesellschaftsrecht, 1. Aufl. 2004, S. 424 Rn. 191; SHS/*Hörtnagel*, § 122a Rn. 9; *Klein* RNotZ 2007, 565, 575; *Lutz* BWNotZ 2012, 23, 24; *Müller* NZG 2006, 287; ablehnend: WM/*Heckschen*, Vor §§ 122a ff. UmwG Rn. 261; und § 122a Rn. 6 und 55; *Oechsler* NZG 2006, 161, 162 (mit dem Argument, dass es sich tatsächlich um eine noch nicht geregelte grenzüberschreitende Sitzverlegung handelt); *Spahlinger/Wegen* NZG 2006, 721, 722 und 724 auch nach den Grundsätzen der SEVIC-Entscheidung; *Winter* NZG 2007, 24, 27; abwartend: *Forsthoff* EWS 2006, 55, 56.
[37] Insoweit trifft der Hinweis von Heidelberger Komm/*Becker* § 122b Rn. 12; *Haritz/Wolff* GmbHR 2006, 340, 341, *Müller* ZIP 2007, 1081, 1082 und *Kiem* WM 2006, 1091, 1093, in einem Mitgliedsstaat der EU oder des EWR gegründete Gesellschaften, die in einen Drittstaat weggezogen seien, seien nicht verschmelzungsfähig, nur dann zu, wenn deren Wegzug dazu geführt hat, dass die Gesellschaft nicht mehr dem Recht Gründungsstaates unterliegt; siehe dazu auch vorstehend Rn. 15.
[38] Sagasser/Bula/Brünger/*Gutkès*, § 13 Rn. 24; *Müller* ZIP 2007, 1081, 1083.

22 Die **Rechtsnatur** dieses Verschmelzungsplans im Vergleich mit dem im nationalen Umwandlungsrecht maßgeblichen Verschmelzungsvertrag ist umstritten. Zum einen wird vertreten, dass es sich um einen Organisationsakt handele.[39] Zum anderen wird vertreten, dass die Rechtsnatur des Verschmelzungsplans dem des Verschmelzungsvertrags nach § 5 UmwG entspräche.[40] Unterschiede aus diesen Auffassungen können sich allenfalls im Hinblick auf die Anwendung von schuldrechtlichen Regeln wie zum Beispiel der Auslegung von Lücken oder Regeln über Leistungsstörungen, ergeben.[41] Allerdings ist auch für den nationalen Verschmelzungsvertrag anerkannt, dass er organisationsrechtliche Elemente enthält und wegen seiner Wirkung auf Dritte nur eingeschränkt – ähnlich einer Satzung – auslegbar ist.[42] Hinzu kommt der absolute Bestandsschutz der Verschmelzung nach Art. 17 Verschm-RL. Es dürften sich daher aus der unterschiedlichen Beurteilung der Rechtsnatur in der Praxis keine großen Unterschiede ergeben.

23 Teilweise wird angeregt, über den gesetzlich vorgeschriebenen Inhalt des Verschmelzungsplans hinaus ein separates **Business Combination Agreement** abzuschließen.[43] Dieses hätte unabhängig von der Rechtsnatur des Verschmelzungsplans Vertragscharakter und könne dementsprechend weitere vertragliche Regeln zwischen den Parteien enthalten. Ein solcher separater Vertrag ist uE geeignet, weitere Regelungen zwischen den Parteien festzulegen, die die Zeit bis zum Wirksamwerden der Verschmelzung oder das Scheitern der Verschmelzung betreffen. Andere Regelungen würden sich mit der Eintragung der Verschmelzung erledigen, weil dadurch der Vertrag im Wege der Konfusion untergeht.[44]

24 Es besteht Einigkeit darüber, dass es den beteiligten Gesellschaften freisteht, über die nach Art. 5 Satz 2 Verschm-RL, § 122c Abs. 2 UmwG erforderlichen Angaben hinaus **weitere Angaben in den Verschmelzungsplan** aufzunehmen.[45] Dies ergibt sich aus der Formulierung „mindestens" im Wortlaut des Art. 5 Satz 2 Verschm-RL und des § 122c Abs. 2 UmwG sowie dem Erwägungsgrund (4) der Verschm-RL. Solche Regelungen sollten sich wegen der Unsicherheit bez. der Rechtsnatur des Verschmelzungsplans jedoch nicht auf gegenseitige Verpflichtungen für die Zeit vor der Verschmelzung oder für den Fall des Scheiterns beziehen. Darüber hinaus ist uE unklar, inwieweit weiteren Regelungen durch die Eintragung der Verschmelzung Rechtswirkung zu kommen kann. Aus praktischer Sicht kann es vorzugswürdig sein, keinen zusätzlichen Inhalt aufzunehmen, um sich in dem streng formalisierten Verfahren – zB beim Bericht und in den

---

[39] DnotV Stellungnahme zum Referentenentwurf www.dnotv.de, S. 6; *Handelsrechtsausschuss des Deutschen Anwaltsvereins* NZG 2006, 737, 740; *Lutter/Bayer,*UmwG, § 122c Rn. 3; Sagasser/Bula/Brünger/*Gutkès*, § 13 Rn. 53; SHS/*Hörtnagel*, § 122c Rn. 5; WM/*Mayer*, § 122c UmwG Rn. 15; *Frenzel* RIW 2008, 12, 16; *Kallmeyer* AG 2007, 472, 474; *Kiem* WM 2006, 1091, 1094; ebenso für den Verschmelzungsplan der Societas Europaea: *Schwarz*, SE-VO, Art. 20 Rn. 12 ff.

[40] Heidelberger Kommentar/*Becker*, § 122c Rn. 5; *Krause/Kulpa* ZHR 171 (2007), 38, 56; *Forsthoff* DStR 2006, 613, 614; Limmer/*Limmer*, Unternehmensumwandlungen, Teil 6 Rn. 53; *Müller* ZIP 2007, 1081, 1083; *Simon/Rubner* Der Konzern 2006, 835, 837; *Vetter* AG 2006, 613, 617; wohl auch Kölner Komm/*Simon/Rubner*, § 122c UmwG Rn. 5 f., der allerdings den Begriff „organisationsrechtlich" verwendet.

[41] Dafür: Lutter/*Lutter/Drygala*, § 4 Rn. 30 ff.; *Vetter* AG 2006, 613, 617.

[42] Lutter/*Lutter/Drygala*, § 4 Rn. 3 ff. und § 5 Rn. 4; WM/*Mayer*, § 4 UmwG Rn. 23 ff.; Semler/Stengel/*Schröer*, UmwG § 4 Rn. 3 ff.; SHS/*Stratz*, § 4 Rn. 7.

[43] Lutter/*Bayer*, UmwG, § 122c Rn. 4; Semler/Stengel/*Drinhausen*, UmwG, § 122c Rn. 6; Sagasser/Bula/Brünger/*Gutkès*, § 13 Rn. 53; Sagasser/Bula/Brünger/*Gutkès*, § 13 Rn. 54; WM/*Mayer*, § 122c UmwG Rn. 18; *Schwarz*, SE-VO, Art. 20 Rn. 14; *Frenzel* RIW 2008, 12, 16.

[44] Zu beachten ist eine mögliche Beurkundungspflicht für den Fall, dass der Inhalt über Verfahrensregeln hinaus geht: WM/*Heckschen*, § 6 UmwG Rn. 20, Semler/Stengel/*Schröer*, UmwG, § 6 Rn. 7.

[45] *Bayer/Schmidt* NJW 2006, 401, 402; *Drinhausen/Keinath* BB 2006, 725, 727; *dies.* RIW 2006, 81, 83; *Krause/Kulpa* ZHR 171 (2007), 38, 57; *Louven/Dettmeier/Pöschke/Weng* BB 2006, 1, 14; *Müller* NZG 2006, 286, 288; *Neye/Timm* GmbHR 2007, 561, 562.

Gesellschafterversammlungen – keinen unnötigen Rückfragen oder Komplikationen auszusetzen.

Nach Art. 5 Satz 1 Verschm-RL und § 122c Abs. 1 UmwG muss es sich um einen **gemeinsamen Verschmelzungsplan** handeln. Bereits bei der Verschmelzung einer SE ist umstritten, ob es sich bei dem nach Art. 20 SE-VO erforderlichen Verschmelzungsplan um einen einzigen Verschmelzungsplan handeln muss, oder ob jede Gesellschaft einen eigenen Plan aufstellen kann.[46] Art. 20 SE-VO sowie Art. 26 Abs. 3 SE-VO enthalten den Begriff „gemeinsamen", den §§ 122c Abs. 1, 122l Abs. 2 UmwG und Art. 5, 11 Abs. 1 Satz 2 Verschm-RL enthalten, nicht. Es liegt daher nahe, für die grenzüberschreitende Verschmelzung erst recht davon auszugehen, dass mit dem gemeinsamen Verschmelzungsplan ein einziger Plan gemeint ist. 25

Argument für die Zulässigkeit der Aufstellung von zwei gleichlautenden Verschmelzungsplänen auch bei der grenzüberschreitenden Verschmelzung ebenso wie bei der Gründung einer Societas Europaea könnte jedoch sein, dass in Erwägungsgrund (4) der Verschm-RL von einem „gleich lauten[den]" Verschmelzungsplan die Rede ist. Allerdings heißt es auch in diesem Erwägungsgrund „gemeinsame[r] Plan". Außerdem bezieht sich der Wortlaut der eigentlichen Regelung in Art. 5 Satz 1 Verschm-RL auf einen „gemeinsamen Plan".

Es ist daher für die Praxis davon auszugehen, dass es sich bei dem Plan für die grenzüberschreitende Verschmelzung nach § 122c Abs. 1 UmwG tatsächlich um einen Plan handeln muss.[47]

Konsequenz der Forderung, dass es sich um einen gemeinsamen Verschmelzungsplan handeln muss, ist uE, dass die **Aufstellung durch beide Gesellschaften gemeinsam** erfolgen muss. Dies wird jedoch in anderen Ländern teilweise anders gesehen. So lange sich nicht auch in Deutschland eine Auffassung durchsetzt, nach der der Verschmelzungsplan von jeder Gesellschaft allein aufgestellt werden kann, sollte daher tatsächlich ein gemeinsamer Verschmelzungsplan durch beide Gesellschaften aufgestellt werden; zur Aufstellung; vgl. i.E. nachfolgend Rn. 30ff. In diesem Zusammenhang geht *Mayer* davon aus, dass bei unterschiedlichen Anforderungen der verschiedenen beteiligten Rechtsordnungen auch eine Beurkundung in Deutschland – ohne klarzustellen, wer dabei handeln muss – und eine gleichzeitige unbeurkundete Aufstellung nur durch das Vertretungsorgan des ausländischen Rechtsträgers in Betracht kommt.[48] Das ist uE nur dann ausreichend, wenn die Beurkundung in Deutschland unter Beteiligung aller beteiligten Rechtsträger erfolgt und das entsprechende ausländische Recht keinen gemeinsam aufgestellten Verschmelzungsplan fordert. 26

Es ist unklar, welcher **Rechtsordnung** der gemeinsame Verschmelzungsplan unterliegt. Da es sich um einen einzigen Verschmelzungsplan handelt, kann uE auf den Verschmelzungsplan nur eine Rechtsordnung anwendbar sein.[49] Die Literatur geht (bisher) überwiegend auf die Frage, welche Rechtsordnung auf den Verschmelzungsplan anwendbar ist, nicht ein. Vielmehr wird im Regelfall stillschweigend davon ausgegangen, dass deutsches 27

---

[46] Für einen Plan: *Schwarz*, SE-VO, Art. 20 Rn. 10; für individuelle Pläne: Lutter/Hommelhoff/*Bayer*, SE, Art. 20 SE-VO Rn. 2; *Heckschen* DNotZ 2003, 251, 257; *Teichmann* ZGR 2002, 383, 417; dahinstellend, wenn die Pläne inhaltlich übereinstimmen: Theisen/Wenz/*Neun*, Europäische Aktiengesellschaft, S. 57, 79.
[47] So auch: Heidelberger Kommentar/*Becker*, § 122c Rn. 57; Semler/Stengel/*Drinhausen*, UmwG, § 122c Rn. 5; Sagasser/Bula/Brünger/*Gutkès*, § 13 Rn. 54; WM/*Mayer*, § 122c UmwG Rn. 19f. (eher als Erleichterung denn als Pflicht und daher nur mit „inhaltlichem" nicht „wörtlichem" Gleichlauf in zwei Sprachen) und Rn. 184; *Kallmeyer* AG 2007, 472, 473; *Tebben*/*Tebben* DB 2007, 2355, 2356; zwei Pläne ohne wörtliche Identität ausreichend: *Brocker* BB 2010, 971, 972; *Lutz* BWNotZ 2012, 23, 27.
[48] WM/*Mayer*, § 122c UmwG Rn. 191.
[49] So auch *Bayer*/*Schmidt* NJW 2006, 401, 402; *Kallmeyer* AG 2007, 472, 474; *Krüger*, GS Gruson, S. 265; befürwortend auch: *Ege*/*Klett* GWR 2012, 399.

Recht mindestens auch anwendbar ist. Soweit die Frage diskutiert wird, wird zum einen vertreten, dass sich nach der Vereinigungstheorie das strengere Recht durchsetze.[50] Zum anderen wird vertreten, das anwendbare Recht bestimme sich nach dem Land, dessen Recht die aufnehmende Gesellschaft unterliegt.[51]

Kallmeyer argumentiert dabei, dass die Anwendung des jeweils strengeren Rechts zu einer Schlechterstellung gegenüber nationalen Verschmelzungen im Land des weniger strengen Rechts führe. Eine solche Schlechterstellung sei unzulässig. Das anwendbare Recht könne sich daher nicht danach bestimmen, welche Rechtsordnung die strengeren Vorgaben mache. Vielmehr sei ausschlaggebend, dass nach Art. 11 Abs. 1 Satz 1 Verschm-RL der Aufnahmestaat für die Kontrolle der Rechtmäßigkeit des Verschmelzungsplans zuständig sei. Dementsprechend müsse sich der Verschmelzungsplan auch nach dessen Rechtsordnung richten. Die Argumentation von Kallmeyer leuchtet ein, insbesondere weil auf diese Weise die zuständige Behörde nur die Einhaltung des ihr bekannten örtlichen Rechts überprüfen muss.

Etwas anderes ergibt sich uE auch nicht aus dem durch den Referentenentwurf für ein Gesetz zum internationalen Privatrecht der Gesellschaften, Vereine und juristische Personen vorgeschlagenen Art. 10a Abs. 2 Nr. 1 EGBGB. Zwar regelt diese Vorschrift, dass für jede beteiligte Gesellschaft die auf sie anwendbare Rechtsordnung u.a. maßgeblich ist für Aufstellung, Form und Mindestinhalt des Verschmelzungsplans. Die Regelungen zur Umsetzung von Art. 5 Verschm-RL sind aber insoweit spezieller, weil sie einen konkreten Fall der grenzüberschreitenden Umwandlung vollständig regeln. Sie können daher abweichend von einem möglichen zukünftigen Art. 10a Abs. 2 Nr. 1 EGBGB regeln, dass auf den Verschmelzungsplan bei der Verschmelzung nach §§ 122a ff. UmwG nur eine Rechtsordnung anwendbar ist. Es ist im internationalen Privatrecht grundsätzlich anerkannt, dass sich aus zur Umsetzung von europäischen Richtlinien erlassenem nationalem Recht auch kollisionsrechtliche Regelungen ergeben können und diese den allgemeinen Kollisionsregelungen als spezieller vorgehen können.[52]

Gleichwohl sollten in der Praxis bis zur gerichtlichen Klärung dieser Frage entweder eine Abstimmung mit den zuständigen Behörden erfolgen oder vorsorglich, soweit Unterschiede bestehen, beide (oder alle) Rechtsordnungen der beteiligten Rechtsträger eingehalten werden. Im Folgenden wird daher auch für die Hinausverschmelzung jeweils die deutsche Vorschrift erläutert.

28   **bb) Sprache.** Bei der Verschmelzung in ein nicht deutschsprachiges Land stellt sich die Frage, in welcher Sprache der gemeinsame Verschmelzungsplan abzufassen ist. Teilweise wird vertreten, dass der Verschmelzungsplan mindestens auch in **deutscher Sprache** abgefasst werde müsse, weil er nur in Deutsch zum Handelsregister eingereicht werden könne.[53] UE kann der Verschmelzungsplan selbst auch in einer anderen Sprache abgefasst werden. Es muss dann jedoch zusätzlich zum fremdsprachigen Verschmelzungsplan bei dem für die deutsche übertragende Gesellschaft zuständigen Handelsregister eine beglaubigte deutsche Übersetzung eingereicht werden, damit das Handelregister den Inhalt des

---

[50] *Bayer/Schmidt* NJW 2006, 401, 402; Köln Komm/*Simon/Rubner*, § 122c UmwG Rn. 8; wohl auch *Simon/Rubner* Der Konzern 2006, 835, 837.
[51] *Kallmeyer*, AG 2007, 472, 474; *Krüger* GS Gruson, S. 265 ff.
[52] *Kegel/Schurig*, Internationales Privatrecht, 9. Aufl. 2004, § 4 II, S. 221 und § 1 IV, S. 13 f.
[53] *Lutter/Bayer*, UmwG, § 122c Rn. 10; Semler/Stengel/*Drinhausen*, UmwG, § 122c Rn. 5; *Freundorfer/Festner* GmbHR 2011, 195, 197; *Haritz/von Wolf* GmbHR 2006, 340, 341 (Fn. 7); *Lutz* BWNotZ 2010, 23 28; Kölner Komm/*Simon/Rubner*, § 122c UmwG Rn. 38; *Winter* Der Konzern 2007, 24, 33; ähnlich: *Müller* ZIP 2007, 1081, 1083.

Verschmelzungsplans prüfen kann.⁵⁴ Eine Verpflichtung zur Einreichung eines Dokuments in deutscher Sprache besteht allenfalls für die Handelsregisteranmeldung.⁵⁵ Darüber hinaus besteht jedoch im deutschen Recht keine Verpflichtung ein deutschsprachiges Original einzureichen.⁵⁶ Vielmehr ist es nach § 5 Abs. 2 Satz 1 BeurkG ausdrücklich zulässig, dass Urkunden in anderen Sprachen errichtet werden. Einige Autoren gehen dagegen davon aus, dass die maßgebliche Fassung des Verschmelzungsplans immer in der Sprache der aufnehmenden Gesellschaft zu erstellen sei.⁵⁷

In der Praxis bietet es sich allerdings an, gleich ein **zweisprachiges Dokument** zu erstellen. Es ist jedoch dann aus deutscher Sicht darauf zu achten, dass – soweit nach den anderen anwendbaren Rechtsordnungen zulässig – nicht die andere Sprache als die im Zweifel maßgebliche Sprache vereinbart wird. Wäre das der Fall, könnte nämlich das Registergericht möglicherweise eine beglaubigte Übersetzung der als maßgeblich vereinbarten Version verlangen. Besteht diese Möglichkeit nicht oder ist sie nicht erwünscht, so wird vertreten, dass alternativ für jede Gesellschaft ein eigenes Dokument in ihrer Landessprache zu verfasst werden könne. Dies wird für zulässig gehalten, weil Art. 11 Abs. 1 Satz 2 Verschm-RL auf einen „gleich lautendem Verschmelzungsplan" Bezug nehme.⁵⁸ UE sollte dieses Vorgehen jedoch wegen des Wortlautes „gemeinsamen Verschmelzungsplan" (s. hierzu i.E. vorstehend Rn. 26) bis zur Etablierung einer gefestigten Meinung mit den beteiligten Behörden abgestimmt werden. Ist eine Abstimmung über die Erstellung zwei inhaltlich genau übereinstimmender, aber verschiedensprachiger Verschmelzungspläne nicht möglich, sollte nur ein einziger Plan erstellt werden. Dieser kann zweisprachig sein, oder es kann für eine der beiden Sprachen eine (beglaubigte) Übersetzung angefertigt werden. 29

cc) Aufstellung. Die **Aufstellung des Verschmelzungsplans** richtet sich nach der hier vertretenen Auffassung (vgl. zum Streit über das anwendbare Recht i.E. vorstehend Rn. 27) bei der Hinausverschmelzung nach der Umsetzungsvorschrift von Art. 5 Satz 1 Verschm-RL in der Rechtsordnung der aufnehmenden Gesellschaft. 30

Zum Erfordernis der Aufstellung durch beide Gesellschaften gemeinsam vgl. jedoch vorstehend Rn. 26.

Soweit die auf die aufnehmende Gesellschaft anwendbare Rechtsordnung auf die Aufstellung von **Leitungs-, Verwaltungs- oder Vertretungsorganen** verweist, sind dies für die deutsche übertragende Aktiengesellschaft und Kommanditgesellschaft auf Aktien der Vorstand und für die Gesellschaft mit beschränkter Haftung die Geschäftsführer. Für die Societas Europaea sind beim dualistischen System das Leitungsorgan⁵⁹ und beim monisti- 31

---

⁵⁴ So auch *Ege/Klett* GWR 2011, 399; SHS/*Hörtnagel*, § 122c Rn. 42; *Holzborn/Mayston* ZIP 2012, 2380, 2383; Limmer/*Limmer*, Unternehmensumwandlung, Teil 6 Rn. 55; *Oechsler* NZG 2006, 161, 163; *Tebben/Tebben* DB 2007, 2355, 2357; wohl auch: Heidelberger Kommentar/*Becker*, § 122c Rn. 56; vgl. für fremdsprachige Dokumente im Zusammenhang mit deutschen Zweigniederlassungen ausländischer Gesellschaften § 13g Abs. 2 Satz 1 HGB; s.a. LG Düsseldorf, Beschluss v. 16.3.1999 – 36 T 3/99, GmbHR 1999, 609 f. für die englische Satzung einer deutschen GmbH; *Klose-Mokroß* DStR 2005, 1013, 1017 für die englische Satzung einer englischen Ltd. bei der Anmeldung einer deutschen Zweigniederlassung.
⁵⁵ §§ 125 FGG iVm 8 FGG, 184 GVG: Gerichtssprache Deutsch; so auch *Just*, Die englische Limited in der Praxis, 2. Aufl. 2006, Rn. 48; vgl. hierzu i.E. nachfolgend Rn. 164 ff.
⁵⁶ Ebenso: *Bocker* BB 2010, 971, 972; *Klein* RNotZ 2007, 565, 588; für einen Gesellschaftsvertrag auch: LG Düsseldorf, Beschluss v. 16.3.1999 – 36 T 3/99, GmbHR 1999, 609 f.; B/H/*Hueck/Fastrich*, GmbHG § 2 Rn. 9.
⁵⁷ *Krause/Kulpa* ZHR 171 (2007), 38, 60; WM/*Mayer*, § 122c UmwG Rn. 24; dagegen wie hier: *Müller* ZIP 2007, 1081, 1083.
⁵⁸ So *Krause/Kulpa* ZHR 171 (2007), 38, 59.
⁵⁹ Zum Streit, ob sich das bei weiter Auslegung des Begriffs Geschäftsführung in Art. 39 Abs. 1 Satz 1 SE-VO oder aus § 78 AktG ergibt, s. *Schwarz*, SE-VO, Art. 39 Rn. 14, 87 ff.; Theisen/Wenz/*Theisen/Hölzl*, S. 269, 293.

schen System als Vertretungsorgan die geschäftsführenden Direktoren nach § 41 Abs. 1 SEAG und als Leitungsorgan der Verwaltungsrat nach Art. 43 Abs. 1 SE-VO, § 22 Abs. 1 SEAG relevant.

Dies gilt entsprechend soweit auch die deutsche Regelung zu berücksichtigen ist. Diese verweist in § 122c Abs. 2 UmwG die Aufstellung an die „Vertretungsorgane"[60] der beteiligten Gesellschaften; vgl. hierzu i.E. nachfolgend Rn. 367 ff.

32 Ob die **Mitglieder dieser Organe bzw. die einzelnen Geschäftsführer dabei allein handeln können**, richtet sich nach dem jeweils für die Vertretung geltenden Gesetz und der Satzung der jeweiligen Gesellschaft sowie den einschlägigen Vorschriften des Rechts der aufnehmenden Gesellschaft. Aus Sicht des deutschen Rechts, reicht in jedem Fall ein Handeln in vertretungsberechtigter Zahl; eine Aufstellung durch alle Mitglieder des Organs bzw. aller Geschäftsführer der übertragenden deutschen Gesellschaft ist nicht erforderlich.[61] Aus deutscher Sicht ist nach der hM zur nationalen Umwandlung auch eine unechte Gesamtvertretung durch ein Mitglied des Vertretungsorgans und einen Prokuristen zulässig, wenn dies durch die Satzung grundsätzlich vorgesehen ist.[62] Ob die handelnden Mitglieder des Vorstands, des Leitungsorgans oder die Geschäftsführer oder geschäftsführenden Direktoren im Innenverhältnis dazu der Zustimmung der übrigen Mitglieder des Vertretungsorgans, des Aufsichtsrats oder -organs oder eines möglicherweise bestehenden sonstigen weiteren Organs bedürfen, richtet sich nach dem jeweilig anwendbaren Gesetz und der Satzung.

33 Für die **aufnehmende ausländische Gesellschaft** – und ggf. weitere beteiligte ausländische Gesellschaften – richtet sich die Frage, wer handelt, nach dem jeweils anwendbaren ausländischen Recht.

34 Die Aufstellung des Verschmelzungsplans durch **rechtsgeschäftlich Bevollmächtigte** der deutschen übertragenden Gesellschaft ist aus Sicht des deutschen Rechts entsprechend der hM zur nationalen Gesellschaft zulässig.[63] Die durch die deutsche übertragende Gesellschaft erteilte Vollmacht ist nach § 167 Abs. 2 BGB grundsätzlich formfrei; zur Verschmelzung auf eine neu zu gründende deutsche Gesellschaft s. allerdings nachfolgend Rn. 369. In der Praxis sollten die Vollmachten aus Nachweisgründen allerdings mindestens schriftlich abgefasst sein. Tatsächlich kann es oft hilfreich sein, die Vollmachten beglaubigen zu lassen.

Ob und in welcher Form eine Bevollmächtigung für den aufnehmenden ausländischen Rechtsträger zulässig ist, richtet sich nach dem auf ihn anwendbaren Recht. Nach diesem richtet sich auch die Frage, ob bei der Verschmelzung auf einen in diesem Zusammenhang neu zu gründenden ausländischen Rechtsträger oder bei der Verschmelzung zur Aufnahme ein Erfordernis, zB aus registerrechtlicher Sicht, besteht, dass auch die durch den deutschen übertragenden Rechtsträger erteilten Vollmachten zu beglaubigen sind.

35 Schließlich ist aus Sicht des deutschen Rechts auch eine Aufstellung des Verschmelzungsplans durch einen **vollmachtslosen Vertreter und anschließende Genehmigung** möglich.[64] Auch die Genehmigung bedarf nach § 182 Abs. 2 BGB grundsätzlich

---

[60] Zur Kritik an der deutschen Umsetzung, weil bei der Societas Europaea das Gesetz nicht vom Vertretungsorgan, sondern vom Verwaltungs- und Leitungsorgan spricht, s. *Krause/Kulpa* ZHR 171 (2007), 38, 57; *Drinhausen/Keinath* BB 2006, 725, 727; Semler/Stengel/*Drinhausen*, UmwG, § 122c Rn. 9.

[61] Vgl. für die vergleichbare Vorschrift bei der Societas Europaea: Manz/Mayer/Schröder/*Schröder*, SE, Art. 20 SE-VO Rn. 52; für die vergleichbare Vorschrift bei der nationalen Umwandlung: Lutter/*Lutter/Drygala*, UmwG, § 4 Rn. 7; Kallmeyer/*Marsch-Barner*, § 4 Rn. 4; WM/*Mayer*, § 4 UmwG Rn. 35; Semler/Stengel/*Schröer*, UmwG, § 4 Rn. 8; SHS/*Stratz*, § 4 Rn. 11.

[62] Lutter/*Lutter/Drygala*, UmwG, § 4 Rn. 7; Kallmeyer/*Marsch-Barner*, § 4 Rn. 4; WM/*Mayer*, § 4 UmwG Rn. 35; Semler/Stengel/*Schröer*, UmwG, § 4 Rn. 8; SHS/*Stratz*, § 4 Rn. 11.

[63] Lutter/*Lutter/Drygala*, UmwG, § 4 Rn. 9; Kallmeyer/*Marsch-Barner*, § 4 Rn. 5; WM/*Mayer*, § 4 UmwG Rn. 40 f.; Semler/Stengel/*Schröer*, UmwG, § 4 Rn. 9; SHS/*Stratz*, § 4 Rn. 13.

[64] Lutter/*Lutter/Drygala*, UmwG, § 4 Rn. 10; WM/*Mayer*, § 4 UmwG Rn. 41; Semler/Stengel/*Schröer*, UmwG, § 4 Rn. 15.

keiner Form, zur Verschmelzung auf eine neu zu gründende deutsche Gesellschaft s. allerdings nachfolgend Rn. 369. Eine konkludente Genehmigung, die in Teilen der Literatur und Rechtsprechung für zulässig gehalten wird[65], sollte allerdings in der Praxis aus Nachweisgründen und wegen der damit verbundenen Unsicherheiten im grenzüberschreitenden Kontext nicht eingeplant werden.

Bei der **Verschmelzung zur Neugründung** ist der Verschmelzungsplan aus Sicht des deutschen Rechts nur von den relevanten Organen der übertragenden deutschen Gesellschaft und der (den) weiteren übertragenden Gesellschaft(en) aufzustellen; vgl. hierzu für die Hereinverschmelzung i.E. nachfolgend Rn. 372. Ggf. nach dem Recht der aufnehmenden Gesellschaft aufgestellte Erfordernisse sind zu beachten. 36

dd) Form. Bei konsequenter Anwendung des Grundsatzes, dass bei einer Hinausverschmelzung auf den Verschmelzungsplan das **Recht der aufnehmenden Gesellschaft** anzuwenden ist (vgl. zum Streit über das anwendbare Recht i.E. vorstehend Rn. 27), würde sich die Frage nach der Form des Verschmelzungsplans ebenfalls ausschließlich nach dem Recht der aufnehmenden Gesellschaft richten.[66] 37

Gleichwohl wird in der Literatur auch für den Fall der Hinausverschmelzung festgestellt, dass der Verschmelzungsplan bei Beteiligung einer deutschen Gesellschaft mindestens **beurkundet** werden sollte; es wird im Regelfall für die Frage der Beurkundungspflicht nicht zwischen Hinaus- und Hereinverschmelzung differenziert.[67] In der Praxis ist daher zu empfehlen, diese Frage entweder mit den beteiligten Registern zu klären oder tatsächlich den Verschmelzungsplan vorsorglich zu beurkunden. 38

Stellt das für die aufnehmende ausländische Gesellschaft anwendbare Recht ein solches Formerfordernis nicht auf, muss die **vorsorgliche Beurkundung** des Verschmelzungsplans **nur in Deutschland** erfolgen. Eine Beurkundung im Ausland sollte uE im Hinblick auf die gefestigte Praxis, das Strukturmaßnahmen in Deutschland beurkundet werden, nicht erfolgen.[68] Ist auch nach dem auf die aufnehmende Gesellschaft anwendbaren ausländischen Recht eine Beurkundung erforderlich, sollte dementsprechend, wenn das ausländische Recht eine deutsche Beurkundung nicht ausreichen lässt, sowohl in Deutschland als auch im Land des aufnehmenden Rechtsträgers beurkundet werden.[69] 39

---

[65] Vgl. nur Lutter/*Lutter/Drygala*, UmwG, § 4 Rn. 10 mwN; aA WM/*Mayer*, § 4 UmwG Rn. 41: mindestens schriftlich aus Rechtssicherheitsgründen.
[66] So auch *Kallmeyer* AG 2007, 472, 475.
[67] *Bayer/Schmidt* NZG 2006, 841, 842; Heidelberger Kommentar/*Becker* § 122c Rn. 44 ff.; *Drinhausen/Keinath* BB 2006, 725, 727; *Frenzel* RIW 2008, 12, 16; *Freundorfer/Festner* GmbHR 2011, 195, 197; Semler/Stengel/*Drinhausen*, UmwG, § 122c Rn. 42; *Haritz/v. Wolff* GmbHR 2006, 340, 341; *Kiem* WM 2006, 1091, 1095 *Klein* RNotZ 2007, 565, 586; *Krause/Kulpa* ZHR 171 (2007), 38, 58 f.; *Krause* in: Gesellschaftsrechtliche Vereinigung (Hrsg.), Gesellschaftsrecht in der Diskussion 2006, S. 39, 46; Limmer/*Limmer*, Unternehmensumwandlungen, Teil 6 Rn. 58; WM/*Mayer*, § 122c UmwG Rn. 177; *Müller* ZIP 2007, 1081, 1083; Kölner Komm/*Simon/Rubner*, § 122c UmwG Rn. 35, *Simon/Rubner* Der Konzern 2006, 835, 837; *Tebben/Tebben* DB 2007, 2355, 2357; *Vetter* AG 2006, 613, 618, *Winter* Der Konzern 2007, 24, 33.
[68] BGH, Beschluss v. 16.2.1981 – II ZB 8/80, BGHZ 80, 76; vgl. auch Begründung zum Regierungsentwurf eines Zweiten Gesetzes zur Änderung des Umwandlungsgesetzes, BT-Drs. 16/2919, S. 15 und BR-Drs. 548/06, S. 31; wie hier: WM/*Heckschen*, § 122a UmwG Rn. 131; *Krause/Kulpa* ZHR 171 (2007), 38, 59; mit der Forderung nach einer anderen gesetzlichen Regelung wohl auch *Haritz/von Wolff* GmbHR 2006, 340, 341; WM/*Mayer*, § 122c UmwG Rn. 200 ff.; *Müller* ZIP 2007, 1081, 1083; weitergehend für die Möglichkeit einer Beurkundung im Ausland bei „Gleichwertigkeit": Semler/Stengel/*Drinhausen*, UmwG, § 122c Rn. 42; *Simon/Rubner* Der Konzern 2006, 835, 837; und weiter bei Beurkundung im Land einer anderen beteiligten Gesellschaft oder sogar in einem beliebigen EWR-Staat: Lutter/Hommelhoff/*Bayer*, SE, Art. 20 SE-VO Rn. 8.
[69] *Bayer/Schmidt* NZG 2006, 841, 842; *Winter* Der Konzern 2007, 24, 33; *Vetter* AG 2006, 613, 617 f.; für bestimmte Fälle ebenso: Semler/Stengel/*Drinhausen*, UmwG, § 122c Rn. 43.

40   **ee) Bekanntmachung.** Der Verschmelzungsplan oder sein Entwurf[70] ist nach § 122d UmwG **bekanntzumachen**. Dabei richtet sich die Bekanntmachung für die beteiligten deutschen Gesellschaften nach deutschem Recht. Nach der Vorschrift des § 122d UmwG ist der Verschmelzungsplan spätestens einen Monat[71] vor der Versammlung der Anteilsinhaber, die nach § 13 UmwG über die Zustimmung zum Verschmelzungsplan beschließen soll, zum Registergericht einzureichen. Das Gericht hat sodann nach § 10 HGB[72], d.h. in den jeweils von der Landesjustizverwaltung bestimmten elektronischen Informations- und Kommunikationssystemen, die in § 122d Satz 2 Nr. 1 bis 4 UmwG genannten Angaben bekannt zu machen. Zur Frage der zusätzlichen Bekanntmachung des bei der Hinausverschmelzung erforderlichen Abfindungsangebots nach § 122i Abs. 1 UmwG; vgl. i.E. nachfolgend Rn. 97.

41   Die Regelung des § 122d UmwG geht über § 61 UmwG, der die Einreichung beim Handelsregister für die nationale Verschmelzung regelt, hinaus. Bei der Einreichung des Verschmelzungsplans für die grenzüberschreitende Verschmelzung sind dem Registergericht nach **§ 122d Satz 3 UmwG zusätzlich die Angaben mitzuteilen**, die das Registergericht nach § 122d Satz 2 Nr. 1 bis 4 UmwG bekanntmachen muss. Unter diesen Angaben dürften die Nr. 1 bis 3 (Hinweis auf Einreichung, Rechtsform, Firma und Sitz der beteiligten Gesellschaften, Register und Nummer der Eintragung)[73] keine größeren Schwierigkeiten bereiten. Nach § 122d Satz 2 Nr. 4 UmwG ist jedoch auch ein Hinweis auf die Modalitäten für die Ausübung der Rechte der Gläubiger und der Minderheitsgesellschafter der an der grenzüberschreitenden Verschmelzung beteiligten Gesellschaften sowie die Anschrift unter der vollständige Auskünfte über diese Modalitäten kostenlos eingeholt werden können, zu veröffentlichen. Diese Angaben sind – anders als nach Art. 21 c) und d) SE-VO bei der Gründung der Societas Europaea durch Verschmelzung – nicht nur auf die beteiligte deutsche Gesellschaft beschränkt, sondern müssen sich auch auf die beteiligten ausländischen EU/EWR-Gesellschaften beziehen. Auch die Stelle, bei der Auskünfte eingeholt werden können, muss zu allen beteiligten Gesellschaften Auskunft geben können.

42   Die nach § 122d Satz 3 UmwG bekannt zu machenden **Angaben sind bei der Einreichung des Verschmelzungsplans oder seines Entwurfs mitzuteilen**. In der Praxis wird sich daher die übertragende deutsche Gesellschaft nicht darauf zurückziehen können, dass das Registergericht darüber entscheidet, welche Angaben es veröffentlicht. Die übertragende deutsche Gesellschaft muss vielmehr eine Formulierung für die Modalitäten für die Ausübung der Rechte der Gläubiger und der Minderheitsgesellschafter der an der grenzüberschreitenden Verschmelzung beteiligten Gesellschaften finden.

43   Im Hinblick auf den **Umfang dieser Bekanntmachungen** wird zur ähnlichen Vorschrift des Art. 21 d) SE-VO vertreten, dass eine Wiedergabe der einschlägigen Vorschrif-

---

[70] Zur potentiellen Kollision mit anderen Rechtsordnungen, die nur eine Einreichung des aufgestellten Plans erlauben: *Ege/Klett* GWR 2011, 399; dies dürfte jedoch nur relevant werden, wenn die Bekanntmachung in Deutschland und im Aufnahmestaat zeitgleich erfolgen soll und erst ein Entwurf vorliegt.

[71] Zur Kritik an der Frist: *Brocker* BB 2010, 971, 973; WM/*Mayer*, § 122d UmwG Rn. 8; *Müller* ZIP 2007, 1081, 1084; *Pfeiffer/Heilmeier* GmbHR 2009, 1318; zur Möglichkeit des Entfallens der Frist bei Entbehrlichkeit des Zustimmungsbeschlusses der deutschen übertragenden Gesellschaft nach § 122g Abs. 2 UmwG (Verschmelzung auf eine 100%-ige Muttergesellschaft) *Kruse* BB 2010, 3035, 3036.

[72] Der Bundesrat hatte in seiner Stellungnahme vom 22.9.2006, BR-Drs. 549/06, S. 6, angeregt, die Formulierung müsse „in der Form des § 10 HGB" lauten. Das ist nicht umgesetzt worden; der Verweis auf § 10 HGB in § 122d Satz 1 UmwG dürfte aber tatsächlich so auszulegen sein.

[73] Zur Modifikation der Angaben bei der Verschmelzung zur Neugründung: *Pfeiffer/Heilmeier* GmbHR 2009, 1317, 1319; Kölner Komm/*Simon/Rubner* § 122d UmwG Rn. 9.

ten allein nicht ausreichen würde.[74] Es wird daher auch für Zwecke des § 122d Satz 2 Nr. 4 UmwG in der Praxis erforderlich sein, ausformulierte Hinweise darauf, wie Gläubiger und Minderheitsgesellschafter ihre Rechte geltend machen können, in die Mitteilung an das Handelsregister aufzunehmen. Hat ein oder haben mehrere der beteiligten Rechtsträger keine Minderheitsgesellschafter, wird es uE zulässig sein, anstelle der Hinweise zu den möglichen Rechten einen kurzen Hinweis auf das Fehlen der Minderheitsgesellschafter und damit das Entfallen der entsprechenden Angaben zu geben.

Zu den **Rechten der Gläubiger der deutschen übertragenden Gesellschaft** müssen nach dem vorstehend Gesagten uE die Voraussetzungen für die Sicherheitsleistung, das Verfahren für ihre Geltendmachung sowie die Adresse, bei der die Geltendmachung zu erfolgen hat, angegeben werden. Es ist demnach auch anzugeben, dass Sicherheit verlangt werden kann für Forderungen, die vor oder bis zu 15 Tage nach Bekanntmachung des Verschmelzungsplans entstanden sind, deren Befriedigung bis zum Ablauf der Anmeldefrist noch nicht geltend gemacht werden kann und deren Erfüllung durch die grenzüberschreitende Verschmelzung gefährdet wird. Ferner ist anzugeben, dass diese Forderungen unter Angabe des Grundes und der Höhe innerhalb von zwei Monaten ab Bekanntmachung bei der Gesellschaft anzumelden sind. 44

In diesem Zusammenhang stellt sich die Frage, ob die Fristen, die ab der „Bekanntmachung" zu berechnen sind, ab der Einreichung des Verschmelzungsplans nach § 122d Satz 1 UmwG oder ab der Bekanntmachung nach § 10 HGB durch das Registergericht nach § 122d Satz 2 UmwG zu berechnen sind. UE ist die Einreichung maßgeblich;[75] vgl. hierzu i.E. auch nachfolgend Rn. 146 und 184. Wegen der mit der Berechnung der Frist verbundenen Unsicherheit, sollte der Ablauf dieser Frist nicht ausdrücklich angegeben werden. Das ist nach dem Wortlaut des § 122d Nr. 4 UmwG auch nicht erforderlich. Anzugeben ist aber die Adresse, unter der die Anmeldung erfolgen soll. Schließlich ist zu erläutern, dass die Gefährdung der Forderungen durch die grenzüberschreitende Verschmelzung glaubhaft zu machen ist. Hier empfiehlt es sich, zu erläutern, dass eine Glaubhaftmachung die Beschreibung der Umstände sowie Belege dafür erfordert, und welche Anforderungen an diese Belege gestellt werden. Zu den Voraussetzungen der Sicherheitsleistungen; vgl. i.E. nachfolgend Rn. 182 ff. 45

Zu den **Rechten der Minderheitsgesellschafter der deutschen übertragenden Gesellschaft** müssen nach der Literatur zu der entsprechenden Vorschrift des Art. 21 d) SE-VO die Rechte auf Nachbesserung des Umtauschverhältnisses und das Recht auf Abfindung sowie das Verfahren zu ihrer Geltendmachung angegeben werden.[76] Übertragen auf die grenzüberschreitende Hinausverschmelzung bedeutet dies, dass anzugeben ist, dass Gesellschafter der deutschen übertragenden Gesellschaft, die gegen den Zustimmungsbeschluss Widerspruch zur Niederschrift erklären, einen Anspruch auf Erwerb ihrer Anteile gegen eine angemessene Abfindung haben. Das Abfindungsangebot selbst muss nach der hier vertretenen Ansicht nicht in der Bekanntmachung wiedergegeben werden; vgl. hierzu i.E. nachfolgend Rn. 97. Es ist ferner anzugeben, wie und wo die widersprechenden Gesellschafter das Abfindungsangebot geltend machen können. Weiterhin ist anzugeben, unter welchen Umständen – ausnahmsweise im Fall der Verschmelzung auf eine österreichi- 46

---

[74] Sagasser/Bula/Brünger/Gutkès, § 13 Rn. 105; Sagasser/Bula/Brünger/Gutkès, § 13 Rn. 9; WM/Mayer, § 122d UmwG Rn. 17; MünchKomm/*Schäfer*, AktG, Art. 21 SE-VO Rn. 6 f.; *Scheifele*, Die Gründung der Europäischen Aktiengesellschaft (SE), 2004, S. 289; *Schwarz*, SE-VO, Art. 21 Rn. 13; evtl. restriktiver: Manz/Mayer/Schröder/*Schröder*, SE, Art. 21 SE-VO Rn. 11 f.
[75] So auch Heidelberger Kommentar/*Becker*, § 122d Rn. 3; Kölner Komm/*Simon/Rubner*, § 122d UmwG Rn. 18, zweifelnd: Sagasser/Bula/Brünger/*Gutkès*, § 13 Rn. 107 f.
[76] MünchKomm/*Schäfer*, AktG, Art. 21 SE-VO Rn. 7.

sche Gesellschaft wird diese Erläuterung nicht erforderlich sein[77] –, bei welchem Gericht und innerhalb welcher Frist die Gesellschafter die Einleitung eines Spruchverfahrens zur Nachbesserung der Höhe des Abfindungsangebots oder des Umtauschverhältnisses geltend machen können; vgl. hierzu i.E. nachfolgend Rn. 99 und 176 ff. In diesem Zusammenhang wird auch anzugeben sein, dass eine gerichtliche Kontrolle der Höhe der Abfindung sowie des Umtauschverhältnisses für den Fall, dass es nicht zu einer Zulässigkeit des Spruchverfahrens kommt, nur im Rahmen der Anfechtungsklage erfolgt. UE ist daher auch anzugeben, innerhalb welcher Frist und bei welchem Gericht eine Anfechtungsklage erhoben werden kann. Die Angaben zu den Rechten der Minderheitsgesellschafter entfallen bei einer Verschmelzung auf eine 100%-ige Muttergesellschaft.[78]

47 Darüber hinaus sind entsprechende Angaben zu den **Rechten der Gläubiger und Minderheitsgesellschafter der übrigen beteiligten ausländischen Gesellschaften**, die sich nach dem jeweiligen anwendbaren Recht richten, zu machen. Zum Umfang der Angaben vgl. auch die Erläuterungen zur deutschen aufnehmenden Gesellschaft nachfolgend unter Rn. 375 und 376.

48 Schließlich ergibt sich aus § 122d Satz 2 Nr. 4 UmwG, dass es eine[79] **Stelle, bei der vollständige Auskünfte** über die Modalitäten der Ausübung der Rechte der gläubiger und der Minderheitsgesellschafter eingeholt werden können, geben muss. Dies ist aus der nationalen Verschmelzung nicht bekannt. Etwas Vergleichbares – eine Stelle zur Einholung von „erschöpfenden" Auskünften – gibt es jedoch bei der Verschmelzung zur Gründung der Societas Europaea. Daraus wird hergeleitet, dass die Gläubiger und Minderheitsgesellschafter einen Auskunftsanspruch gegenüber dem jeweiligen Rechtsträger haben.[80] UE müssen sich jedoch auch diese „vollständigen" Auskünfte auf abstrakte Angaben zu Fristen, zuständigen Stellen und Form der Rechtsausübung beschränken. Eine individuelle Rechtsberatung kann sich aus diesem Auskunftsrecht nicht ergeben.

Für die Stelle ist eine „Anschrift" anzugeben.[81] Daraus lässt sich uE herleiten, dass es ausreicht, wenn die Stelle schriftliche Auskünfte gibt. Eine Möglichkeit zur Einholung mündlicher, d.h. auch telefonischer, Auskünfte ist uE nicht erforderlich.[82] Zur zügigen Abwicklung kann es sich anbieten, neben einer Postanschrift auch Faxnummer und E-Mailadresse anzugeben. Eine freiwillig vorgesehene Möglichkeit zu Einholung mündlicher Auskünfte ist uE nicht zu empfehlen, da sich bei mündlich erteilten Auskünften das Risiko ergibt, nicht nachweisen zu können, dass die erteilte Auskunft nicht falsch oder sogar kausal für einen Rechtsverlust des Betroffenen war.

49 In diesem Zusammenhang stellt sich die Frage, was die **Fehlerfolge**[83] **einer unzureichenden Bekanntmachung oder einer unvollständigen Auskunftserteilung** ist. Für die Bekanntmachungsregel des § 61 UmwG bei der nationalen Verschmelzung wird vertreten, dass das Unterlassen der Einreichung des Verschmelzungsvertrags ein Verfahrens-

---

[77] Zu diesem offenbar einzigen Fall, bei dem es nicht auf die Zustimmung der Gesellschafter der übernehmenden Gesellschaft ankommt vgl. nachfolgend Rn. 181.
[78] *Kruse* BB 201, 3035, 3036.
[79] Grds. auch mehrere, die alle vollständig Auskunft geben; möglich: Kölner Kommentar/*Simon*/*Rubner* § 122d UmwG Rn. 13 f.
[80] Lutter/*Bayer*, UmwG, § 122d Rn. 16; SHS/*Hörtnagel*, § 122d Rn. 22; MünchKomm/*Schäfer*, AktG, Art. 21 SE-VO Rn. 6; *Scheifele*, Die Gründung der Europäischen Aktiengesellschaft (SE), 2004, S. 289; *Schwarz*, SE-VO, Art. 21 Rn. 14.
[81] Für das Ausreichen einer Internet Adresse: Semler/Stengel/*Drinhausen*, UmwG, § 122d Rn. 18; dagegen Heidelberger Kommentar/*Becker* 122d Rn. 10; Sagasser/Bula/Brünger/*Gutkès*, § 13 Rn. 105; *Grunewald* Der Konzern 2007, 106, 107; Kölner Kommentar/*Simon*/*Rubner*, § 122d UmwG Rn. 15.
[82] *Grunewald* Der Konzern 2007, 106, 107, hält beides alternativ oder kumulativ für zulässig.
[83] *Forsthoff* DStR 2006, 613, 614, weist darauf hin, dass das Risiko besteht, dass Anfechtungskläger diese Vorschrift instrumentalisieren könnten. Aus der Praxis der Gründung der Societas Europaea, bei der eine entsprechende Pflicht besteht, sind bisher noch keine solchen Fälle bekannt geworden.

mangel ist, der nach § 243 Abs. 1 AktG zur Anfechtbarkeit des Zustimmungsbeschlusses führen kann. Gleichzeitig wird aber angenommen, dass der Beschluss regelmäßig nicht auf diesem Fehler beruhen wird, weil der Verschmelzungsvertrag bei der Beschlussfassung ausliegt.[84] Daraus lassen sich für den § 122d UmwG die folgenden Erkenntnisse gewinnen: eine Verletzung ist grundsätzlich geeignet einen Verfahrensfehler iSd § 243 Abs. 1 AktG darzustellen. Sofern sich die Verletzung auf die Einreichung des Verschmelzungsplans beim Handelsregister oder die Angaben nach § 122d Satz 2 Nr. 1 bis 3 UmwG bezieht, dürfte der Beschluss jedoch regelmäßig nicht auf dem Fehler beruhen, weil der Verschmelzungsvertrag bei Beschlussfassung zur Verfügung steht und die Angaben nach § 122d Satz 2 Nr. 2 und 3 UmwG damit ebenfalls bekannt sind.

UE dürfte der Zustimmungsbeschluss auch regelmäßig **nicht auf einem Fehler bei der Veröffentlichung nach § 122d Satz 2 Nr. 4 UmwG beruhen** können.[85] Soweit die fehlerhaften oder unzureichenden Angaben sich auf die Modalitäten der Gläubigerrechte oder der Minderheitsgesellschafter der anderen beteiligten Rechtsträger beziehen, ergibt sich das schon daraus, dass die Informationen für die Beschlussfassung überhaupt nicht relevant sind. Soweit sich die fehlerhaften oder unzureichenden Angaben auf die Rechte der Minderheitsaktionäre der beschlussfassenden Gesellschaft beziehen, dürfte sich uE nichts anderes ergeben: Zum Einen betreffen die Angaben nicht den Beschlussgegenstand selbst, sondern nur die Ausübung nachgelagerter Rechte. Zum Anderen geht das deutsche Recht bei allen anderen Beschlüssen davon aus, dass Minderheitsgesellschafter nicht von der Gesellschaft darüber belehrt werden müssen, wie sie gegen Beschlüsse und ihre Folgen vorgehen können. Es wäre daher unstimmig, nur im Fall der Zustimmung zu einer grenzüberschreitenden Verschmelzung davon auszugehen, dass die Minderheitsgesellschafter ihren Willen nicht richtig bilden können, ohne zu wissen, wie sie gegen den Beschluss und seine Folgen vorgehen können. Schließlich besteht im Fall der nicht völlig unterlassenen Einreichung, jedoch fehlerhaften Veröffentlichung bereits durch die Durchführung der Veröffentlichung durch das Gericht ein Indiz, dass dieses die Veröffentlichung als ausreichend angesehen hat. Es können daher an die betroffene deutsche Gesellschaft keine höheren Anforderungen gestellt werden.

Zur Parallelvorschrift des § 61 UmwG für die nationale Verschmelzung wird auch vertreten, dass die **fehlende Einreichung ein Eintragungshindernis** für die Verschmelzung sei.[86] Erfolgt sie gar nicht, gilt dies uE auch für die grenzüberschreitende Verschmelzung.[87] Bestehen jedoch Mängel nur im Hinblick auf den Umfang der Veröffentlichung, gilt dies uE nicht.[88] Da die Veröffentlichung durch das Gericht vorzunehmen ist, ist es uE danach präkludiert, die Eintragung mit dem Argument, der Inhalt der Veröffentlichung reiche nicht aus, abzulehnen.

Zu beachten ist jedoch, dass die unzureichende Einreichung oder Veröffentlichung dazu führen kann, dass die **Frist des § 122j Abs. 1 Satz 2 UmwG nicht in Gang gesetzt wird**.[89] Dies kann jedoch uE nur dann der Fall sein, wenn die Veröffentlichung im Hinblick auf die Gläubigerrechte unvollständig oder falsch ist. Andere Fehler können sich nicht auf die Frist des § 122j Abs. 1 Satz 2 UmwG auswirken.

---

[84] Semler/Stengel/*Diekmann*, UmwG, § 61 Rn. 19 ff.; Lutter/*Grunewald*, UmwG, § 61 Rn. 5; Kallmeyer/*Marsch-Barner*, § 61 Rn. 3; WM/*Rieger*, § 62 UmwG Rn. 15;
[85] Ebenso: Kölner Komm/*Simon/Rubner*, § 122d UmwG Rn. 24; aA WM/*Mayer*, § 122d UmwG Rn. 40 und 43.
[86] Semler/Stengel/*Diekmann*, UmwG, § 61 Rn. 19.
[87] Ebenso WM/*Mayer*, § 122d UmwG Rn. 42.
[88] AA mit dem Argument der gläubigerschützenden Funktion: Heidelberger Kommentar/*Becker*, § 122d Rn. 12; Kölner Komm/*Simon/Rubner*, § 122d UmwG Rn. 23.
[89] Semler/Stengel/*Drinhausen*, UmwG, § 122j Rn. 8 und § 122d Rn. 9.

53 Anders als bei der nationalen Verschmelzung teilweise angenommen[90], dürfte bei der grenzüberschreitenden Verschmelzung ein **Verzicht auf die Einreichung des Verschmelzungsplans** nicht möglich sein. Das ergibt sich daraus, dass aus § 122d Satz 2 Nr. 4 UmwG deutlich wird, dass die Veröffentlichung – anders als im nationalen Fall – auch gläubigerschützende Wirkung hat.[91] Über diesen Schutz kann daher nicht allein durch die Gesellschafter verfügt werden. Ein Verzicht durch alle Gesellschafter und Gläubiger dürfte praktisch undurchführbar sein.

Aus den gleichen Erwägungen dürfte die Einreichung des Verschmelzungsplans auch nicht entbehrlich sein, wenn ein Zustimmungsbeschluss ausnahmsweise nicht erforderlich ist; vgl. hierzu i.E. nachfolgend Rn. 155.

54 Die Einreichung ist an **keine Form** gebunden.[92] Die Übermittlung hat daher in einfacher elektronischer Form zu erfolgen.[93] Etwas anderes ergibt sich für die grenzüberschreitende Verschmelzung auch nicht aus § 122d Satz 3 UmwG. Auch die danach erforderlichen Angaben können formlos übermittelt werden.[94]

55 **ff) Zuleitung an Betriebsrat.** Es ist umstritten, ob die **Pflicht zur Zuleitung des Verschmelzungsplans an den Betriebsrat** nach § 5 Abs. 3 UmwG auf für die grenzüberschreitende Verschmelzung gilt. Teilweise wird argumentiert, dass die §§ 122a ff. UmwG zu dieser Frage keine Spezialregelung enthalten. Daher gelte § 5 Abs. 3 UmwG über § 122a Abs. 2 UmwG auch für die grenzüberschreitende Verschmelzung.[95] Demgegenüber wird angenommen, dass der Verschmelzungsbericht für Zwecke der Information der Arbeitnehmer an die Stelle des Verschmelzungsvertrags bei nationalen Verschmelzungen trete. Daher sei eine Zuleitung an den Betriebsrat nach § 5 Abs. 3 UmwG nicht erforderlich.[96] Diese Auffassung ist uE richtig. Die Arbeitnehmer sind nicht Beteiligte der Verschmelzung. Sie sind von ihr allenfalls betroffen. Es reicht daher aus, wenn sie über die für sie resultierenden Folgen informiert werden. Da die Folgen bei der grenzüberschreitenden Verschmelzung nach § 122e Satz 1 UmwG (vgl. hierzu i.E. nachfolgend Rn. 110) im Verschmelzungsbericht darzulegen sind und dieser nach § 122e Satz 2 UmwG dem Betriebsrat zugänglich zu machen ist, ist eine zusätzliche Zuleitung des Verschmelzungsplans nicht erforderlich. § 122e Satz 2 UmwG ist insoweit eine Spezialregelung gegenüber § 5 Abs. 3

---

[90] Zur Möglichkeit des Verzichts, die str. ist, s. nur: Semler/Stengel/*Diekmann*, UmwG, § 61 Rn. 17 mwN.
[91] So auch Heidelberger Kommentar/*Becker*, § 122d Rn. 4; Semler/Stengel/*Drinhausen*, UmwG, § 122d Rn. 11; WM/*Heckschen*, § 122a UmwG Rn. 139; WM/*Mayer*, § 122d UmwG Rn. 30; *Müller* Der Konzern 2007, 81, 82; *ders.* NZG 2006, 286, 288.
[92] Zur nationalen Verschmelzung: WM/*Rieger*, § 61 UmwG Rn. 10.
[93] So auch: Semler/Stengel/*Drinhausen*, UmwG, § 122d Rn. 7; Sagasser/Bula/Brünger/*Gutkès*, § 13 Rn. 106; *Klein* RNotZ 2007, 565, 589; Limmer/*Limmer*, Unternehmensumwandlungen, Teil 6 Rn. 88; Köln Komm/*Simon/Rubner*, § 122 d UmwG Rn. 20; aA für den Fall, dass der Verschmelzungsplan bei Einreichung bereits beurkundet ist; dann sei eine Einreichung mit einfachem elektronischen Zeugnis nach § 39a BeurkG erforderlich: WM/*Mayer*, § 122d UmwG Rn. 29.
[94] Elektronisch: Semler/Stengel/*Drinhausen*, UmwG, § 122d Rn. 21.
[95] Lutter/*Bayer*, UmwG, § 122c Rn. 32; *Drinhausen/Keinath* BB 2006, 725, 727; *Herrler* EuZW 2007, 295, 296; SHS/*Hörtnagel*, § 122c Rn. 38; *Krause/Kulpa* ZHR 171 (2007), 38, 60 f.; im Ergebnis auch *Kiem* WM 2006, 1091, 1099.
[96] Heidelberger Kommentar/*Becker*, § 122c Rn. 13; Semler/Stengel/*Drinhausen*, UmwG, § 122c Rn. 44; *Dzida* GmbHR 2009, 459, 465; *Ege/Klett* GWR 2011, 399; Limmer/*Limmer*, Unternehmensumwandlungen, Teil 6 Rn. 90; Sagasser/Bula/Brünger/*Gutkès*, § 13 Rn. 110; *Handelsrechtsausschuss des Deutschen Anwaltsvereins* NZG 2006, 737, 740; WM/*Heckschen*, § 122a UmwG Rn. 132; *Klein* RNotZ 2007, 565, 590; *Krause*, in: Gesellschaftsrechtliche Vereinigung (Hrsg.), Gesellschaftsrecht in der Diskussion 2006, S. 39, 47; *Simon/Rubner* Der Konzern 2006, 835, 837; davon ausgehend wohl auch *Vetter* AG 2006, 613, 620; die Zuleitung wird auch bei *Neye/Timm* GmbHR 2007, 561, 562 f. nicht erwähnt, die den Ablauf vor der Beschlussfassung detailliert beschreiben.

UmwG, so dass der Verweis des § 122a Abs. 2 UmwG nicht greift. Bis sich dazu eine Praxis herausgebildet hat, empfiehlt es sich aber gleichwohl, mit dem Registerrichter im Vorfeld abzustimmen, dass eine Zuleitung des Verschmelzungsplans nicht erforderlich ist. Ist eine Abstimmung nicht möglich, sollte erwogen werden, vorsorglich eine Zuleitung vorzunehmen. Da der Verschmelzungsplan nach § 122d Satz 1 UmwG in jedem Fall, d.h. anders als im nationalen Recht auch bei der GmbH, einen Monat vor der Versammlung der Anteilseigner beim Register einzureichen ist, ergibt sich durch eine solche vorsorgliche Zuleitung kein zeitlicher Nachteil. Entfällt nach § 122g Abs. 2 UmwG der Zustimmungsbeschluss der übertragenden Gesellschaft (vgl. hierzu i.E. nachfolgend Rn. 155) so sollte die einzuhaltende Zuleitungsfrist vorsorglich entsprechend § 62 Abs. 4 S. 3 UmwG berechnet werden.[97]

gg) Mit nationaler Verschmelzung im Wesentlichen übereinstimmender Inhalt. Wie oben erläutert, richtet sich der Inhalt des Verschmelzungsplans bei der Hinausverschmelzung grundsätzlich nach der auf die **aufnehmende Gesellschaft anwendbaren Rechtsordnung**; vgl. zum Streit über das anwendbare Recht i.E. vorstehend Rn. 27. Da aber bis zu einer gerichtlichen Klärung vorsorglich auch die Vorgaben des deutschen Rechts nach § 122c Abs. 2 UmwG eingehalten werden sollten, werden im Folgenden bereits im Abschnitt über die Hinausverschmelzung die deutschen Vorschriften zum Inhalt des Verschmelzungsvertrags erläutert. 56

Der von § 122c Abs. 2 UmwG geforderte **Inhalt des Verschmelzungsvertrags** weicht in Details von dem von § 5 Abs. 1 UmwG geforderten Inhalt eines Verschmelzungsvertrags für nationale Verschmelzungen ab. Es ist unstreitig, dass § 122c Abs. 2 UmwG – soweit er bei der Hinausverschmelzung überhaupt anwendbar ist – § 5 Abs. 1 UmwG verdrängt, so dass nur die in § 122 Abs. 2 UmwG geforderten Angaben zu machen sind.[98] 57

Zu den Angaben über die **beteiligten Gesellschaften**, die nach § 5 Abs. 1 Nr. 1 UmwG zu machen sind, kommt nach § 122c Abs. 2 Nr. 1 UmwG die Angabe der Rechtsform der beteiligten Gesellschaften hinzu. Aus dem Unterschied zwischen dem Wortlaut des § 5 Abs. 1 Nr. 1 UmwG („beteiligte Rechtsträger"), des Art. 20 Abs. 1 a) SE-VO („der sich verschmelzenden Gesellschaften sowie die für die SE…") und des § 122c Abs. 2 Nr. 1 UmwG („der übertragenden und übernehmenden oder neuen Gesellschaft") ergibt sich kein tatsächlicher Unterschied. In allen drei Fällen handelt es sich um eine Beschreibung sämtlicher beteiligter übertragender und übernehmender Rechtsträger unabhängig davon, ob sie schon bestehen oder durch die Verschmelzung gegründet werden. Diese Angaben machen auch bei der nationalen Verschmelzung im Regelfall keine Schwierigkeiten. 58

Anders als der nationale Verschmelzungsvertrag nach § 5 Abs. 1 Nr. 2 UmwG muss der Verschmelzungsplan keine **Vereinbarung über den Übergang des Vermögens als Ganzes** enthalten. Da der Verschmelzungsplan in vielen Rechtsordnungen nicht als Vertrag angesehen wird (vgl. zur Frage der Rechtsnatur des Verschmelzungsvertrags i.E. vorstehend Rn. 22), sondern als ausgestaltende Grundlage für einen öffentlich-rechtlichen Rechtsakt, muss diese Folge nicht ausdrücklich vereinbart werden. Sie tritt nach § 122l UmwG durch die Eintragung der grenzüberschreitenden Verschmelzung ein. 59

Die Angaben zum **Umtauschverhältnis** nach § 122c Abs. 2 Nr. 2 UmwG decken sich mit den Anforderungen des § 5 Abs. 1 Nr. 3 UmwG. Das Gleiche gilt für die **Angaben zur Übertragung der Gesellschaftsanteile** an der aufnehmenden Gesellschaft und den 60

---

[97] So Semler/Stengel/*Drinhausen*, UmwG, § 122g Rn. 16; zu den damit verbundenen praktischen Schwierigkeiten: *Ising* NZG 2011, 1368, 1374.
[98] Heidelberger Kommentar/*Becker*, § 122c Rn. 11; *Haritz/von Wolff* GmbHR 2006, 340, 341.

Beginn der Gewinnberechtigung § 122c Abs. 2 Nr. 3 und Nr. 5 UmwG decken sich mit § 5 Abs. 1 Nr. 4 und Nr. 5 UmwG.

Mit den Angaben zum Umtauschverhältnis werden Angaben dazu verlangt, wie viele Anteile an der übertragenden deutschen Gesellschaft in wie viele Anteile am aufnehmenden oder neuen Rechtsträger getauscht werden. Dazu gehören auch Angaben zu etwaigen baren Zuzahlungen. Die Bezeichnung der Anteile richtet sich dabei nach der typischen Bezeichnung für die betroffenen Anteile, d.h. zB durch Nennwert oder Zahl der Stücke.[99] Bei der Verschmelzung einer deutschen Gesellschaft mit beschränkter Haftung kann wegen der Besonderheit, dass es Anteile mit verschiedenen Nennwerten geben kann, eine einzelne Aufzählung aller Anteile und der dafür zu gewährenden Anteile an der aufnehmenden oder neuen Gesellschaft erforderlich sein. Es ist jedoch nicht zwingend, die in § 46 UmwG festgesetzten Angaben zu machen. Das ergibt sich daraus, dass § 122c UmwG für die im Verschmelzungsplan verpflichtenden Angaben abschließend ist.[100] Die Angaben sind gleichwohl möglich und können im Einzelfall zur genauen Bestimmung der Anteile erforderlich oder zu mindest sinnvoll sein.

Angaben zur Erläuterung des Umtauschverhältnisses sind im Verschmelzungsplan nicht erforderlich.[101] Zur Ermittlung des Umtauschverhältnisses sowie der begrenzten Möglichkeit einer baren Zuzahlung; vgl. i.E. nachfolgend Rn. 79 ff.

Die Angaben zur Übertragung der Gesellschaftsanteile an der übernehmenden bzw. neuen Gesellschaft richten sich nach dem Verfahren, welches das auf die übernehmende bzw. neue Gesellschaft anwendbare ausländische Recht für die Ausgabe an die Gesellschafter der übernehmenden Gesellschaft vorsieht. Das Gleiche gilt für den Beginn der Gewinnberechtigung der neuen Anteile. Zum Inhalt bezüglich der deutschen aufnehmenden Gesellschaft bei der Hereinverschmelzung; vgl. i.E. nachfolgend Rn. 378 ff.

61 Die Angaben zu Umtauschverhältnis, Übertragung der Gesellschaftsanteile der übernehmenden oder neuen Gesellschaft und zum Zeitpunkt der Gewinnberechtigung dieser Anteile nach § 122c Abs. 2 Nr. 2, 3 und 5 UmwG **entfallen nach § 122c Abs. 3 UmwG**, wenn die übertragende Gesellschaft eine 100 %ige Tochtergesellschaft der übernehmenden Gesellschaft ist, soweit sie die Verschmelzung dieser übertragenden Tochtergesellschaft betreffen.

62 In diesem Zusammenhang ist zu beachten, dass der Verschmelzungsplan bei der **Hinausverschmelzung** nach § 122i Abs. 1 UmwG immer ein Abfindungsangebot enthalten muss. Dieses ist von der deutschen übertragenden Gesellschaft im Verschmelzungsplan zu machen. Bei der Hinausverschmelzung muss der Verschmelzungsplan daher dazu immer Angaben enthalten, auch wenn dies in §§ 122c Abs. 2 Nr. 2 und 3 UmwG nicht ausdrücklich vorgesehen ist. Zu den Einzelheiten des Abfindungsangebots; vgl. i.E. nachfolgend Rn. 90 und zur Hinausverschmelzung Rn. 386 sowie Rn. 400.

63 Die zum **Verschmelzungsstichtag** nach § 122c Abs. 2 Nr. 6 UmwG erforderlichen Angaben entsprechen den im Fall der nationalen Verschmelzung nach § 5 Abs. 1 Nr. 6 UmwG erforderlichen Angaben.

64 Auch § 122c Abs. 2 Nr. 7 UmwG entspricht im Hinblick auf die geforderten Angaben zu **Sonderrechten** für Gesellschafter und Inhaber von anderen Wertpapieren im Wesentlichen den Angaben nach § 5 Abs. 1 Nr. 7 UmwG. Allerdings unterscheidet sich der persönliche Anwendungsbereich des § 122c Abs. 2 Nr. 7 UmwG von dem des § 5 Abs. 1 Nr. 7 UmwG. Bei der grenzüberschreitenden Verschmelzung sind die Angaben, ebenso wie nach Art. 20 Abs. 1 f.) SE-VO, für „mit Sonderrechten ausgestattete Gesellschafter und

---

[99] Vgl. für die nationale Verschmelzung nur Kallmeyer/*Müller*, § 5 Rn. 19.
[100] *Neye/Timm* GmbHR 2007, 561, 562.
[101] Lutter/*Lutter/Drygala*, UmwG, § 5 Rn. 19; WM/*Mayer*, § 122c UmwG Rn. 87; Kallmeyer/*Müller*, § 5 Rn. 18; vgl. aber zu den erforderlichen Erläuterungen im Bericht i.E. nachfolgend Rn. 108.

Inhaber von anderen Wertpapieren als Gesellschaftsanteilen" zu machen. Dagegen sind sie bei nationalen Verschmelzungen für „einzelne Anteilsinhaber sowie Inhaber besonderer Rechte wie Anteile ohne Stimmrecht, Vorzugsaktien, Mehrstimmrechtsaktien, Schuldverschreibungen und Genussrechte" zu machen. Gegenüber der nationalen Verschmelzung entfallen damit Angaben über Sonderrechte, die einzelnen Gesellschaftern anlässlich der Verschmelzung erstmals gewährt werden.[102] Hinzu kommen dafür Angaben über Sonderrechte, die nicht nur für einzelne, sondern für alle zu einer Gruppe von mit Sonderrechten ausgestatteten Personen gewährt werden.[103]

Nach einer abweichenden Auffassung[104] soll es auch bei Art. 20 Abs. 1 f.) SE-VO nur erforderlich sein, Angaben zu machen, wenn die Sonderrechte nicht allen Anteilsinhabern gewährt werden. In der Praxis sollten diese Angaben jedoch gleichwohl immer gemacht werden, um eine daraus möglicherweise resultierende Fehlerhaftigkeit des Verschmelzungsplans zu vermeiden.

Der Wortlaut des § 122c Abs. 2 Nr. 7 UmwG unterscheidet sich auch noch in der Verwendung des Begriffs „vorgeschlagene Maßnahmen" von § 5 Abs. 1 Nr. 7 UmwG, der „vorgesehene Maßnahmen" formuliert. Hieraus dürften sich jedoch in der Praxis keine Unterschiede ergeben.[105]

Die Bedeutung der Begriffe „Sonderrechte" oder „andere Wertpapiere als Gesellschaftsanteile" richtet sich nach dem Gesellschaftsstatut derjenigen an der grenzüberschreitenden Verschmelzung beteiligten Gesellschaft, an der sie bestehen. Es ist daher für jede beteiligte Gesellschaft nach dem für sie geltenden Recht zu ermitteln, ob es solche Sonderrechte oder andere Wertpapiere als Gesellschaftsanteile gibt und für deren Inhaber Sonderrechte bestehen. Bei der übertragenden deutschen Gesellschaft können als Sonderrechte zB besondere Stimmrechte, Gewinnbeteiligungsrechte oder Rechte, Mitglieder eines Aufsichtsrats oder anderer Organe zu bestimmen, in Betracht kommen.[106] Andere Wertpapiere können zB Schuldverschreibungen und Genussrechte sein.[107]

Schließlich entsprechen auch die nach § 122c Abs. 2 Nr. 8 UmwG geforderten Angaben zu **besonderen Vorteilen** den nach § 5 Abs. 1 Nr. 8 UmwG erforderlichen Angaben. Bei der grenzüberschreitenden Verschmelzung sind jedoch über die Angaben bei der nationalen Verschmelzung hinaus zusätzlich die den Sachverständigen, die den Verschmelzungsplan prüfen, gewährten Vorteile anzugeben. Als besondere Vorteile kommen finanzielle Zuwendungen, Ämter oder sonstige Zuwendungen in Betracht.[108]

Werden keine Sonderrechte oder besonderen Vorteile im Sinne des § 122c Abs. 2 Nr. 7 und 8 UmwG gewährt, sind **Angaben** dazu **entbehrlich**. In der nationalen Verschmelzungspraxis ist es jedoch üblich, ausdrücklich festzustellen, dass keine Sonderrechte oder besonderen Vorteile gewährt werden. Um den prüfenden Behörden die Kontrolle zu erleichtern, empfiehlt es sich daher, diese Feststellung auch im Fall der nationalen Verschmelzung zu treffen.

---

[102] Sagasser/Bula/Brünger/*Gutkès*, § 13 Rn. 75; WM/*Mayer*, § 122c UmwG Rn. 111; Ebenso Kölner Komm/*Simon/Rubner*, § 122c UmwG Rn. 18.
[103] Ebenso für Art. 20 Abs. 1 f.) SE-VO: Lutter/Hommelhoff/*Bayer*, SE, Art. 20 SE-VO Rn. 23; *Scheifele*, Die Gründung der Europäischen Aktiengesellschaft (SE) 2004, S. 161 f.; *Schwarz*, SE-VO, Art. 20 Rn. 35.
[104] MünchKomm/*Schäfer*, AktG, Art. 20 SE-VO Rn. 18.
[105] Ebenso für Art. 20 Abs. 1 f.) SE-VO wohl auch MünchKomm/*Schäfer*, AktG, Art. 20 SE-VO Rn. 18 und *Schwarz*, SE-VO, Art. 20 Rn. 34 ff., die den Unterschied nicht erwähnen.
[106] Vgl. für die nationale Verschmelzung: Semler/Stengel/*Schröer*, UmwG, § 5 Rn. 65.
[107] Vgl. Wortlaut des § 5 Abs. 1 Nr. 7 UmwG und für den gleichlautenden Art. 20 Abs. 1 f.) SE-VO: *Schwarz*, SE-VO, Art. 20 Rn. 34, der offenbar davon ausgeht, dass es auf eine wertpapierrechtliche Verkörperung der Genussrechte nicht ankommt.
[108] Vgl. für die nationale Verschmelzung Semler/Stengel/*Schröer*, UmwG, § 5 Rn. 72 ff., der auch zur zivilrechtlichen Wirksamkeit nicht offen gelegter besonderer Vorteile Stellung nimmt.

67 **hh) Von nationaler Verschmelzung abweichender Inhalt.** Abweichend von den Regelungen über die nationale Verschmelzung muss der Verschmelzungsplan aus Sicht des deutschen Rechts (zum Streit über das anwendbare Recht vgl. i.E. vorstehend Rn. 27) nach § 122c Abs. 2 Nr. 4 UmwG die **„voraussichtlichen Auswirkungen der Verschmelzung auf die Beschäftigung"** enthalten. § 5 Abs. 1 Nr. 9 UmwG verlangt dagegen die Angabe der „Folgen der Verschmelzung für die Arbeitnehmer und ihre Vertretungen sowie die insoweit vorgesehenen Maßnahmen". UE unterscheidet sich die Regelung des § 122c Abs. 2 Nr. 4 UmwG dadurch von der Regelung für die nationale Verschmelzung, dass keine ausführlichen, sondern nur solche Angaben über die Beschäftigung zu machen sind, die für die Anteilseigner Bedeutung haben.[109] Das ergibt sich daraus, dass bei der grenzüberschreitenden Verschmelzung nach der Verschm-RL nicht der Verschmelzungsplan, sondern der Verschmelzungsbericht die Informationsfunktionen gegenüber den Arbeitnehmern zur Verfügung gestellt werden muss; vgl. hierzu i.E. vorstehend Rn. 55 ff. und nachfolgend Rn. 112 ff. Daher erfüllt bei der grenzüberschreitenden Verschmelzung nur der Verschmelzungsbericht eine Informations- und Schutzfunktion für die Arbeitnehmer, nicht jedoch der Verschmelzungsplan.

In der Praxis können für die Anteilseigner von Bedeutung die aktuellen und erwarteten Mitarbeiterzahlen, künftige Mitbestimmungsregelungen und -organe und ein möglicher Arbeitsplatzabbau sein. Möglicherweise sind dagegen Einzelheiten zum zukünftigen Inhalt der Arbeitsverträge oder der Zusammensetzung der Betriebsräte von geringerer Bedeutung.

Weiteres Argument für eine eingeschränkte Beschreibung gegenüber dem nationalen Verschmelzungsvertrag ist die unterschiedliche Formulierung „Auswirkungen der Verschmelzung auf die Beschäftigung" in § 122c Abs. 2 Nr. 4 UmwG und § 5 Abs. 1 Nr. 9 UmwG. Anders als die Regelung zur nationalen Verschmelzung erscheint die Formulierung des § 122c Abs. 2 Nr. 4 UmwG mit der Bezugnahme auf die „Beschäftigung" nicht im Hinblick auf die Interessen der Arbeitnehmer („Arbeitnehmer und ihre Vertretungen") formuliert. Bis sich eine gängige Praxis herausgebildet hat, sollte der Inhalt jedoch im Zweifel eher umfassend ausgestaltet werden und sich am Standard für die nationalen Verschmelzungen orientieren.[110]

68 Keine Auswirkungen hat diese im Umfang verringerte Inhaltspflicht auf das **eingeschränkte Prüfungsrecht** des Registergerichts in Bezug auf diese Angaben im Verschmelzungsplan. Für die nationale Verschmelzung besteht Einigkeit, dass das Registergericht die Angaben zu den Folgen für die Arbeitnehmer nach § 5 Abs. 1 Nr. 9 UmwG nur formell prüfen darf.[111] Das wird damit begründet, dass es sich nach der Funktion nur um eine Berichtspflicht handele. Dieses Argument lässt sich auch auf den im Vergleich zur nationalen Verschmelzung geringen Umfang des Inhalts des Verschmelzungsplans nach

---

[109] Ebenso: *Dzida/Schramm* NZG 2008, 521, 526; *Klein* RNotZ 2007, 565, 580 f.; Limmer/*Limmer*, Unternehmensumwandlungen Teil 6 Rn. 66; *Lutz* BWNotZ 2012, 23, 29; Kölner Komm/*Simon/Ruber*, § 122c UmwG Rn. 16; *dies.* Der Konzern 2006, 835, 838; *Vetter* AG 2006, 613, 619 f.; für eine engere Auslegung als § 5 Abs. 1 Nr. 9 UmwG auch: *Handelsrechtsausschuss des Deutschen Anwaltsvereins* NZG 2006, 737, 740; *Krause* in: Gesellschaftsrechtliche Vereinigung (Hrsg.), Gesellschaftsrecht in der Diskussion 2006, S. 39, 47; von einer Auslegung wie § 5 Abs. 1 Nr. UmwG ausgehend wohl: Heidelberger Kommentar/*Becker* § 122c Rn. 20 f.; Semler/Stengel/*Drinhausen*, UmwG, § 122c Rn. 20 f.; Sagasser/Bula/Brünger/*Gutkès*, § 13 Rn. 71; *Kiem* WM 2006, 1091, 1093.
[110] Im Ergebnis ebenso: WM/*Mayer*, § 122c UmwG Rn. 98.
[111] OLG Düsseldorf, Beschluss v. 15.5.1998 – 3 Wx 156/98, NZA 1998, 766; Kallmeyer/*Willemsen*, § 5 Rn. 58 ff., 64; SHS/*Stratz*, § 5 Rn. 88; Semler/Stengel/*Simon*, UmwG, § 5 Rn. 95 f.; *Engelmeyer* DB 1996, 2542 ff.; *Willemsen* NZA 1996, 791, 796; teilweise wird auch nach „offensichtlicher Unrichtigkeit" abgegrenzt: WM/*Mayer*, § 5 UmwG Rn. 205; *Mayer* DB 1995, 861, 864; *Priester* DNotZ 1995, 427, 435.

§ 122c Abs. 2 Nr. 4 UmwG übertragen. Auch diese Angaben haben nur Berichtsfunktion und können daher vom Registergericht nur formal und nicht materiell überprüft werden.

Darüber hinaus sind nach § 122c Abs. 2 Nr. 9 bis 12 UmwG noch die folgenden **zu- 69 sätzlichen Angaben** zu machen: die Satzung der übernehmenden oder neuen Gesellschaft, ggf. Angaben zum Verfahren, nach dem die Beteiligung der Arbeitnehmer geregelt werden, Angaben zur Bewertung des Aktiv- und Passivvermögens, das übertragen wird, und der Stichtag der Bilanzen der beteiligten Rechtsträger, die zur Festlegung der Bedingungen der Verschmelzung verwendet werden.

Die **Aufnahme der Satzung** des übernehmenden Rechtsträgers ist im Rahmen der 70 nationalen deutschen Verschmelzung nur bei der Verschmelzung zur Neugründung erforderlich (§ 37 UmwG). Die Aufnahme der Satzung in den Verschmelzungsplan kann problematisch sein, weil bei der Aufstellung des Verschmelzungsplans möglicherweise der Anteil der Arbeitnehmervertreter unter den Aufsichtsratsmitgliedern noch nicht feststeht. Das kann dann der Fall sein, wenn nach der Auffanglösung nach § 24 Abs. 1 MgVG ein bestimmter Anteil erforderlich wäre, dieser aber im Rahmen der Verhandlungslösung unterschritten werden könnte. Da das Verfahren zur Verhandlung mit den Arbeitnehmern nach § 6 Abs. 2 Satz 2 MgVG erst nach Offenlegung des Verschmelzungsplans eingeleitet werden muss, steht sein Ergebnis bei der Erstellung des Verschmelzungsplans im Regelfall noch nicht fest. Dieser Punkt kann dann problematisch sein, wenn nach dem auf die aufnehmende oder neue Gesellschaft anwendbaren nationalen Recht die Angabe des Anteils der Arbeitnehmervertreter in der Satzung erforderlich ist; zu dieser Frage für die deutsche aufnehmende oder neue Gesellschaft bei der Hereinverschmelzung; vgl. i.E. nachfolgend Rn. 388. In der Praxis wird man sich damit behelfen können, dass der Verschmelzungsplan zunächst als Entwurf offen gelegt wird und der Anteil der Arbeitnehmervertreter entweder offen gelassen oder unter dem Vorbehalt des Ausgangs des Verhandlungsverfahrens angegeben wird.[112] Zu den Grenzen des Verhandlungsrahmens; vgl. I.E. nachfolgend Rn. 508 ff.

Der Inhalt der 000000. erforderlichen Angaben über **das Verfahren, nach dem die 71 Einzelheiten über die Beteiligung der Arbeitnehmer** an der Festlegung ihrer Mitbestimmungsrechte geregelt werden, muss sich uE – ebenso wie die Angaben zur Beschäftigung; vgl. hierzu i.E. vorstehend Rn. 67 – am Informationsbedürfnis der Anteilseigner orientieren. In der Praxis wird es daher wohl nicht ausreichen, abstrakt das anwendbare Verfahren zu beschreiben.[113] Vielmehr wird anzugeben sein, in welchem Verfahrensstadium sich die Verhandlungen befinden, welche Ergebnisse schon erzielt sind und welche Schritte folgen. Soweit Punkte der zukünftigen Mitbestimmungsstruktur noch offen sind, können dazu noch keine Angaben gemacht werden. Allerdings ist zu beachten, dass die Anteilseigner bei ihrer Entscheidung über die Zustimmung dann letztlich auch dem Risiko zustimmen müssen, dass eine aus ihrer Sicht unerwünschte Mitbestimmungsvereinbarung getroffen wird.

Alternativ könnte durch die Angabe bestimmter Verhandlungsgrenzen ein eingeschränkter Verhandlungsspielraum geschaffen werden. Ist eine Einigung mit den Arbeitnehmern in diesen Grenzen dann nicht möglich, und sind die Grenzen enger als die gesetzliche Auffanglösung, könnte daran ggf. die Verschmelzung scheitern. In der Praxis erscheint es daher eher sinnvoll, neben dem Stand des Verfahrens das maximale Risiko der Auffanglösung anzugeben und die Anteilseigner dieser damit vorsorglich zuzustimmen zu

---

[112] Ebenso: WM/*Mayer*, § 122c UmwG Rn. 123.
[113] Ebenso: Sagasser/Bula/Brünger/*Gutkès*, § 13 Rn. 78; Kölner Komm/*Simon/Rubner*, § 122c UmwG Rn. 23; *dies.* Der Konzern 2006, 835, 838; abstrakte Darstellung für ausreichend haltend: Limmer/*Limmer*, Unternehmensumwandlungen, Teil 6 Rn. 72; WM/*Mayer*, § 122c UmwG Rn. 135; wohl auch Heidelberger Kommentar/*Becker*, § 122c Rn. 34 (allerdings mit sehr detaillierten Beispielen).

lassen. Zu den Grenzen der Verhandlung aufgrund der Satzungsstrenge bei einer Aktiengesellschaft vgl. i.E. nachfolgend Rn. 511.

72 Es ist nicht ganz eindeutig, welche **Angaben nach § 122c Abs. 2 Nr. 11 UmwG zur Bewertung des übergehenden Aktiv- und Passivvermögens** gemacht werden müssen. Nach der hM geht es hierbei nicht um Angaben zur Bewertungsmethode im Hinblick auf das Umtauschverhältnis oder dem mindestens bei der Hinausverschmelzung erforderlichen Abfindungsangebot nach § 122i UmwG.[114] Das wird damit begründet, dass nur Angaben über das übergehende Vermögen zu machen sind. Für die Beurteilung des Umtauschverhältnisses wären Angaben auch zum Vermögen der übernehmenden Gesellschaft erforderlich. Ferner seien Angaben zur Bewertung im Verschmelzungsbericht zu machen, so dass es nicht gewollt sein könne, solche Angaben auch noch im Verschmelzungsplan zu machen. Vielmehr sollen nach dieser Regelung, die auf ein französisches Vorbild zurückgeht,[115] Angaben über die fortzuführenden Buch- oder Verkehrswerte zu machen sein.[116]

73 Diese Regelung steht potentiell in einem **Konflikt mit § 24 UmwG** bzw. beim hier untersuchten Fall der Hinausverschmelzung entsprechenden Vorschriften in anderen Mitgliedstaaten der EU oder des EWR-Abkommens. Die Vorschrift des § 24 UmwG bzw. entsprechende Regelungen im Land der aufnehmenden oder neuen Gesellschaft sind uE mangels anderweitiger Regelung in den §§ 122a ff. UmwG auch auf den übernehmenden Rechtsträger in der grenzüberschreitenden Verschmelzung anzuwenden.

Nach § 24 UmwG hat der übernehmende Rechtsträger ein Wahlrecht, ob er die Anschaffungskosten für das Vermögen des übertragenden Rechtsträgers mit dem bisherigen Buchwert beim übertragenden Rechtsträger oder mit einem höheren Zwischenwert oder tatsächlichen Wert ansetzt.[117] Dieses Wahlrecht muss noch nicht bei Aufstellung des Verschmelzungsplans, sondern kann noch bis zur Aufstellung der nächsten Bilanz ausgeübt werden. Es stellt sich daher die Frage, ob das Wahlrecht durch die Angabe der zukünftig anzusetzenden Werte im Verschmelzungsplan präkludiert wird. Dazu wird in der bisher veröffentlichten Literatur zu § 122c Abs. 2 Nr. 11 UmwG nur vereinzelt Stellung genommen: Teilweise wird angenommen, dass die Angabe im Verschmelzungsplan das Wahlrecht nach § 24 UmwG einschränke[118], teilweise, dass sie es nicht einschränke[119]. Soweit angenommen wird, dass das Wahlrecht nicht eingeschränkt wird, wird auch vertreten, dass die Angaben nach § 122c Abs. 2 Nr. 11 UmwG nicht zu machen sind, wenn sie für die Umsetzung und bilanzielle Abbildung der Verschmelzung nach den beteiligten Rechtsordnungen nicht erforderlich seien.[120] UE kann das Problem dadurch gelöst werden, dass im

---

[114] Lutter/*Bayer*, UmwG, § 122c Rn. 26; Heidelberger Kommentar/*Becker*, § 122c Rn. 37; Semler/Stengel/*Drinhausen*, UmwG, § 122c Rn. 32 ff.; *Kiem* WM 2006, 1091, 1095; *Klein* RNotZ 2007, 565, 582; *Louven* ZIP 2006, 1021, 1024 f.; *Müller* ZIP 2007, 1081, 1084; *Simon/Rubner* Der Konzern 2006, 835, 838; *Vetter* AG 2006, 613, 618; anders, d.h. Angaben zur Bewertung, noch *Bayer/Schmidt* NJW 2006, 401, 402.

[115] *Bayer/Schmidt* NJW 2006, 301, 402; *Kiem* WM 2006, 1091, 1095; *Klein* RNotZ 2007, 565, 581; *Louven* ZIP 2006, 1021, 1024 f.; *Neye* ZIP 2005, 1893, 1895; *Neye/Thimm* DB 2006, 488, 489; *Vetter* AG 2006, 613, 618.

[116] Semler/Stengel/*Drinhausen*, UmwG, § 122c Rn. 35; Handelsrechtsausschuss des Deutschen Anwaltsvereins NZG 2006, 737, 740, *Kiem* WM 2006, 1091, 1095; *Klein* RNotZ 2007, 565, 581; *Louven* ZIP 2006, 1021, 1025; WM/*Mayer*, § 122c UmwG Rn. 138; *Simon/Rubner* Der Konzern 2006, 835, 838; *Vetter* AG 2006, 613, 618.

[117] Vgl. zum Bewertungswahlrecht bei § 24 UmwG i.E. Kallmeyer/*Müller* § 24 Rn. 7 ff.

[118] Lutter/*Bayer*, UmwG, § 122c Rn. 27; Heidelberger Kommentar/*Becker*, § 122c Rn. 38; Semler/Stengel/*Drinhausen*, UmwG, § 122c Rn. 36; Sagasser/Bula/Brünger/*Gutkès*, § 13 Rn. 80; *Müller* ZIP 2007, 1081, 1084.

[119] Limmer/*Limmer*, Unternehmensumwandlungen, Teil 6 Rn. 74; SHS/*Hörtnagel*, § 122c Rn. 32; Kölner Komm/*Simon/Rubner*, § 122c Rn. 31; *dies.* Der Konzern 2006, 835, 838.

[120] Kölner Komm/*Simon/Rubner*, § 122c Rn. 31; *dies.* Der Konzern 2006, 835, 838; *Vetter* AG 2006, 613, 619.

Verschmelzungsplan das angegeben wird, was für die bilanzielle Umsetzung in den beteiligten Ländern erforderlich ist.[121]

Fall:
Für den hier untersuchten Fall der Verschmelzung der deutschen A auf die B, die eine EU/EWR-Gesellschaft aus einem anderen Mitgliedstaat ist, bedeutet dies, dass der zukünftige Bilanzansatz bei der B anzugeben ist, wenn dies nach der auf die B anwendbaren Rechtsordnung notwendig ist, also zB bei einer französischen, vgl. zu den nach französischem Recht erforderlichen Angaben i.E. nachfolgend 5. Teil Rn. 6. Besteht dagegen im Aufnahmeland eine dem deutschen § 24 UmwG entsprechende Regelung, ist das Wahlrecht der aufnehmenden Gesellschaft zu beschreiben; vgl. zur Hereinverschmelzung i.E. nachfolgend Rn. 387.

Auch der Inhalt der nach § 122c Abs. 2 Nr. 12 UmwG erforderlichen Angaben zum **Stichtag der Bilanzen** der an der Verschmelzung beteiligten Gesellschaften, die zur Festlegung der Bedingungen der Verschmelzung verwendet werden, ist nicht ganz eindeutig. Ebenso wie zu § 122c Abs. 2 Nr. 11 UmwG besteht Einigkeit, dass es hierbei nicht um Angaben im Zusammenhang mit der Bewertung geht.[122] UE ist daher der Stichtag der Bilanz des oder der übertragenden Rechtsträger anzugeben, aus dem der übernehmende Rechtsträger die Buchwerte für eine Fortführung übernehmen kann.[123] 74

Teilweise wird auch davon ausgegangen, dass nicht nur die Stichtage der relevanten Bilanzen der übertragenden Gesellschaften, sondern auch der Stichtag der Bilanz der übernehmenden Gesellschaft anzugeben ist.[124] UE spricht zwar dagegen, das die Bilanz der übernehmenden Gesellschaft nicht verwendet wird, um daraus die fortzuführenden Werte zu ermitteln. Bis zu einer weiteren Klärung dieser Frage sollte jedoch vorsorglich auch der Stichtag der Bilanz der aufnehmenden Gesellschaft, in der die Werte übernommen werden, aufgenommen werden, wenn eine anderweitige Abstimmung mit den zuständigen Registern nicht erreicht werden kann.

Haritz/von Wolff[125] ziehen aus den Pflichtangaben nach §§ 122c Abs. 2 Nr. 11 und 12 UmwG den Schluss, dass mindestens der Jahresabschluss der übertragenden Gesellschaft und möglicherweise auch der der übernehmenden Gesellschaft Teil des Verschmelzungsplans sein muss. Dies geht uE zu weit und wird von § 122c Abs. 2 UmwG nicht gefordert. Die Jahresabschlüsse sind nur vorzulegen, soweit dies für die Handelsregisteranmeldung (vgl. i.E. nachfolgend Rn. 164) und die Vorbereitung der Gesellschafterversammlungen (vgl. i.E. nachfolgend Rn. 144) erforderlich ist. Teil des Verschmelzungsplans werden sie nicht.[126]

ii) Fehlen von erforderlichen Angaben. Die **Rechtsfolgen des Fehlens oder der Unvollständigkeit** von erforderlichen Angaben im Verschmelzungsplan ist auch bei der 75

---

[121] Ähnlich *Lutz* BWNotZ 2012, 23, 30, der vorschlägt, darauf zu verweisen, dass das Wahlrecht noch nicht ausgeübt worden sei.
[122] Heidelberger Kommentar/*Becker*, § 122c Rn. 40; Semler/Stengel/*Drinhausen*, UmwG, § 122c Rn. 37; *Klein* RNotZ 2007, 565, 582 (allerdings mit dem Hinweis, gewollt seien ursprünglich Angaben zum Umtauschverhältnis gewesen); Limmer/*Limmer*, Unternehmensumwandlungen, Teil 6 Rn. 76; Kölner Komm/*Simon/Rubner*, § 122 Rn. 31; *dies.* Der Konzern 2006, 835, 838 f.; *Vetter* AG 2006, 613, 619.
[123] Heidelberger Kommentar/*Becker*, § 122c Rn. 42; Lutter/*Bayer* UmwG, § 122c Rn. 28; *Kiem* WM 2006, 1091, 1093; Limmer/*Limmer*, Unternehmensumwandlungen, Teil 6 Rn. 76; *Winter* Der Konzern 2007, 24, 33; *Vetter* AG 2006, 613, 619; ähnlich: *Simon/Rubner* Der Konzern 2006, 835, 839, wonach nur dann Angaben zu machen sind, wenn eine Rechtsordnung über Stichtag der Schlussbilanz und Verschmelzungsstichtag Angaben verlangt.
[124] Lutter/*Bayer*, UmwG, § 122c Rn. 28; Semler/Stengel/*Drinhausen*, UmwG, § 122c Rn. 37; Sagasser/Bula/Brünger/*Gutkès*, § 13 Rn. 81; SHS/*Hörtnagel*, § 122c Rn. 33; WM/*Mayer*, § 122c UmwG Rn. 140.
[125] GmbHR 2006, 340, 341 f.
[126] Ebenso: Heidelberger Kommentar/*Becker*, § 122c Rn. 40; Semler/Stengel/*Drinhausen*, UmwG, § 122c Rn. 37; Limmer/*Limmer*, Unternehmensumwandlungen, Teil 6 Rn. 76; WM/*Mayer*, § 122c UmwG Rn. 140.

grenzüberschreitenden Verschmelzung nicht ausdrücklich geregelt. Es ist daher aus Sicht des deutschen Rechts möglich, auf die für die nationale Verschmelzung geltenden Grundsätze zurückzugreifen.

76 Bei nationalen Verschmelzungen wird differenziert zwischen **Nichtigkeitsgründen und Eintragungshindernissen**. Der Verschmelzungsvertrag ist nichtig, wenn *essentialia negotii* fehlen. Als solche werden die Angaben nach § 5 Abs. 1 Nr. 1 bis 3 UmwG gesehen.[127] Darüber hinaus besteht Einigkeit, dass bei Fehlen anderer Angaben der Registerrichter die Verschmelzung nicht eintragen darf.[128] Erfolgt die Eintragung dennoch, werden Mängel des Vertrages, die nicht zur Nichtigkeit führen, gem. § 20 Abs. 2 UmwG geheilt. Verstöße gegen § 5 Abs. 1 Nr. 1 bis 3 UmwG sollen nicht geheilt werden können.[129]

77 Diese Differenzierung lässt sich uE **nicht unmittelbar auf den Verschmelzungsplan für die grenzüberschreitende Verschmelzung übertragen**. Da es sich rechtstechnisch nicht um einen Vertrag – oder um einen Vertrag mit überwiegend organisationsrechtlichen Elementen – handelt,[130] ist möglicherweise der Grundsatz, dass ein Vertrag bei Fehlen von *essentialia negotii* nichtig ist, nicht anwendbar. Zudem verlangt die Verschm-RL in Art. 17 einen absoluten Bestandsschutz der grenzüberschreitenden Verschmelzung. Im Ergebnis bedeutet dies für das Fehlen von zwingendem Inhalt des Verschmelzungsplans unabhängig davon, um welchen Inhalt es sich handelt, dass die Verschmelzungsbescheinigung nach § 122k UmwG nicht erteilt werden darf.[131] Ferner darf die Eintragung im Register der übernehmenden oder neuen Gesellschaft nicht erfolgen. Erfolgt die Eintragung dennoch, ist der Fehler des Verschmelzungsplans geheilt.

78 Weitere Auswirkungen kann das Fehlen von Angaben im Verschmelzungsplan auf die **Wirksamkeit des Zustimmungsbeschlusses** der übertragenden deutschen Gesellschaft haben. Bei der nationalen Verschmelzung besteht Einigkeit, dass der Zustimmungsbeschluss wegen unzureichender Informationsgrundlage anfechtbar ist, wenn der Verschmelzungsvertrag unvollständig war.[132] Etwas anderes gilt dann, wenn die fehlenden Informationen anderweitig verfügbar waren und das Fehlen im Verschmelzungsvertrag damit nicht kausal für das Abstimmungsverhalten sein kann. Dies gilt entsprechend für den Zustimmungsbeschluss der deutschen übertragenden Gesellschaft bei der grenzüberschreitenden Verschmelzung: ist der Verschmelzungsplan unvollständig und liegen die Informationen für den Beschluss nicht anderweitig vor, ist der Zustimmungsbeschluss anfechtbar. Zur Anfechtung des Zustimmungsbeschlusses; vgl. hierzu i.E. nachfolgend Rn. 153.

d) Umtausch-/Abfindungsangebot

79 **aa) Umtauschverhältnis.** Nach § 122c Abs. 2 Nr. 2, 3 und 5 UmwG müssen die an der grenzüberschreitenden Verschmelzung beteiligten Gesellschaften im Verschmelzungsplan Angaben zu den als Tausch für den Verlaust der Anteile an der übertragenden Gesellschaft **angebotenen Anteile an der übernehmenden oder neuen Gesellschaft** sowie zu ggf. erfolgenden baren Zuzahlungen machen. Dies reflektiert die Pflicht, den Gesell-

---

[127] OLG Frankfurt, Beschluss v. 10.3.1998 – 20 W 60/98, NZG 1998, 649; KG, Beschluss v. 22.9.1998 – 1 W 4387/97, NZG 1999, 174; Kallmeyer/*Marsch-Barner*, § 5 Rn. 63; Lutter/*Lutter/Drygala*, UmwG, § 5 Rn. 114; Semler/Stengel/*Schröer*, UmwG, § 5 Rn. 127.
[128] Kallmeyer/*Marsch-Barner*, § 5 Rn. 63; Lutter/*Lutter/Drygala*, UmwG, § 5 Rn. 116; WM/*Mayer*, § 4 UmwG Rn. 70; Semler/Stengel/*Schröer*, UmwG, § 5 Rn. 126; SHS/*Stratz*, § 4 Rn. 14.
[129] Lutter/*Lutter/Drygala*, UmwG, § 5 Rn. 114; Semler/Stengel/*Schröer*, UmwG, § 5 Rn. 127.
[130] Zur Frage der Rechtsnatur vgl. i.E. vorstehend Rn. 22.
[131] Generell zu einem Eintragungsverbot: Sagasser/Bula/Brünger/*Gutkès*, § 13 Rn. 112; zum eingeschränkten Prüfungsrecht des Registergerichts im Hinblick auf die Angaben nach § 122c Abs. 2 Nr. 4 UmwG vgl. jedoch vorstehend Rn. 68.
[132] Kallmeyer/*Marsch-Barner*, § 5 Rn. 66; Lutter/*Lutter/Drygala*, UmwG, § 5 Rn. 115 und § 13 Rn. 42; Semler/Stengel/*Schröer*, UmwG, § 5 Rn. 126.

A. Hinausverschmelzung

schaftern der übertragenden Gesellschaft als Gegenleistung für den Untergang ihrer Anteile an der übertragenden Gesellschaft neue Anteile an der übernehmenden oder neuen Gesellschaft zu gewähren. Diese Pflicht ergibt sich aus §§ 122a Abs. 2, 2 UmwG sowie Art. 2 Abs. 2 Verschm-RL. Die Gewährung von Anteilen ist entbehrlich, wenn sich sämtliche Anteile an der übertragenden Gesellschaft in der Hand der übernehmenden Gesellschaft befinden. Das ergibt sich aus § 122c Abs. 3 UmwG, Art. 15 Abs. 1 Verschm-RL.

UE dürfte es darüber hinaus bei der Hinausverschmelzung auch möglich sein, **bei Verzicht aller Anteilsinhaber der übertragenden Gesellschaft von der Gewährung von Anteilen abzusehen**. Dies ergibt sich aus der durch die geänderten §§ 54 Abs. 1 Satz 3, 68 Abs. 1 Satz 3 UmwG neu geschaffene Möglichkeit eines solchen Verzichts bei der nationalen Verschmelzung. Diese Regelungen sind uE über § 122a Abs. 2 UmwG auch auf die grenzüberschreitende Verschmelzung anwendbar.[133] In §§ 122a ff. UmwG findet sich keine anderweitige Regelung. Die formelle Erleichterung in § 122c Abs. 3 UmwG, nach der die Angaben über das Umtauschverhältnis und die neuen Anteile nur entbehrlich sind, wenn sich alle Anteile an der übertragenden Gesellschaft in der Hand der übernehmenden Gesellschaft befinden, ist keine anderweitige Regelung. Wie auch in der Überschrift des zugrunde liegenden Art. 15 Verschm-RL zum Ausdruck kommt, handelt es sich dabei nur um eine Regelung über Formalitäten. Kollisionsrechtlich ist der Verzicht uE dem Recht der betroffenen Anteilsinhaber zuzuordnen. Im Fall der Hinausverschmelzung sind das die Anteilsinhaber der deutschen Gesellschaft. Auf ihre Rechtsverhältnisse im Zusammenhang mit der Verschmelzung ist deutsches Recht anzuwenden. Etwas anderes würde sich nur dann ergeben, wenn die auf die aufnehmende Gesellschaft anwendbare Rechtsordnung der aufnehmenden Gesellschaft verbieten würde, von der Möglichkeit der §§ 54 Abs. 1 Satz 3, 68 Abs. 1 Satz 3 UmwG Gebrauch zu machen. In einem solchen Fall müsste die aufnehmende ausländische Gesellschaft den Anteilsinhabern der übertragenden deutschen Gesellschaft auch dann Anteile gewähren, wenn alle darauf verzichtet hätten. 80

Fall:
Soweit ersichtlich gibt es dazu jedoch noch keine Stellungnahmen in der Literatur. In der Praxis sollte der Verzicht auf eine Anteilsgewährung durch die Anteilsinhaber der übertragenden deutschen Gesellschaft daher bis sich in allen beteiligten Ländern eine gefestigte Meinung herausgebildet hat mit dem für die übertragende deutsche Gesellschaft zuständigen Registergericht und der zuständigen Behörde für die aufnehmende Gesellschaft abgestimmt werden.[134]

Ein solcher Verzicht ist durch sämtliche Anteilsinhaber der deutschen übertragenden Gesellschaft in notariell beglaubigter Form zu erklären. Dieser Verzicht sowie das Absehen der übernehmenden Gesellschaft von der Anteilsgewährung sind im Verschmelzungsplan an Stelle der nach § 122c Abs. 2 Nr. 2, 3 und 5 UmwG erforderlichen Angaben aufzunehmen.

Im Übrigen ist bei der Hinausverschmelzung eine **Anteilsgewährung durch die übernehmende ausländische Gesellschaft nur soweit möglich und erforderlich**, wie dies durch das auf die ausländische Gesellschaft anwendbare Recht bestimmt wird. Enthält die anwendbare ausländische Rechtsordnung mit §§ 54, 68 UmwG vergleichbare Beschränkungen, sind diese zu beachten. Da es beim Verbot der Anteilsgewährung oder der Entbehrlichkeit um die Kapitalerhaltung bei der aufnehmenden Gesellschaft geht, ist auf diese Frage das Recht der aufnehmenden Gesellschaft anzuwenden. Zur Anteilsgewährung durch die deutsche Gesellschaft bei der Hereinverschmelzung vgl. i.E. nachfolgend Rn. 391 ff. 81

---

[133] Ebenso: SHS/*Hörtnagl*, § 122c Rn. 16; Limmer/*Limmer*, Unternehmensumwandlungen, Teil 6 Rn. 63; *Lutz* BWNotZ 2010, 23, 28; allgemein kritisch zur Richtlinienkonformität: WM/*Mayer*, § 122c UmwG Rn. 64 ff.; *Mayer/Weiler* DB 2007, 1235, 1239.
[134] Zur Zulässigkeit des Verzichts bei der nationalen Verschmelzung bereits vor der Änderung der §§ 54 Abs. 1 Satz 3, 68 Abs. 1 Satz 3 UmwG vgl. *Ihrig* ZHR 160 (1996), 317, 339 f.; *Katschinski* ZIP 1998, 1227, 1228; Kallmeyer/*Marsch-Barner*, § 5 Rn. 5; *Priester* DB 1997, 560, 562 ff.

82 Ist eine Anteilsgewährung nach dem Vorstehenden nicht entbehrlich, stellt sich die Frage, **wie das Umtauschverhältnis zu berechnen ist**. Aus §§ 122h Abs. 1, 14 Abs. 2, 15 Abs. 1 UmwG ergibt sich, dass das Umtauschverhältnis – soweit die betroffenen Anteilseigner nicht mit einer Abweichung davon einverstanden sind – einen angemessenen Gegenwert für die untergehende Beteiligung darstellen muss. Um diesen zu ermitteln, müssen die beteiligten Rechtsträger bewertet und ihr Wert zueinander ins Verhältnis gesetzt werden. Das deutsche Recht schreibt nicht ausdrücklich vor, wie diese Unternehmensbewertung zu erfolgen hat.[135] Durch die Rechtsprechung ist inzwischen allgemein anerkannt, dass mit Ausnahme von Sonderfällen eine Bewertung nach dem IDW S1 Standard des Hauptfachausschusses des Instituts der Wirtschaftsprüfer[136] zu einer angemessenen Bewertung führt. Darüber hinaus kann bei börsennotierten Gesellschaften der Börsenkurs als Untergrenze zu berücksichtigen sein.[137] Es gibt grundsätzlich in den §§ 122 a ff. UmwG keinen Anhaltspunkt, bei der grenzüberschreitenden Verschmelzung anders als bei der nationalen Verschmelzung vorzugehen.[138]

83 Bei der grenzüberschreitenden Verschmelzung können sich jedoch Probleme ergeben, wenn das **auf die ausländische Gesellschaft anwendbare Recht nicht die gleiche Bewertungsmethode** wie das deutsche Recht für die deutsche übertragende Gesellschaft vorsieht.[139] Für die Ermittlung des Umtauschverhältnisses kommt es nicht auf den absoluten Wert der beteiligten Gesellschaften, sondern auf das Verhältnis ihrer Werte zueinander an. Dieses Verhältnis kann jedoch nur ermittelt werden, wenn die angewandten Bewertungsmethoden gleich oder mindestens vergleichbar sind.[140] Tatsächlich unterscheiden sich jedoch die in den übrigen Mitgliedstaaten der EU und des EWR-Abkommens anerkannten Bewertungsregeln von den in Deutschland anerkannten Grundsätzen.[141] In der Praxis wird man daher versuchen müssen, entweder eine Methode zu finden, die sich nach allen anwendbaren Rechtsordnungen rechtfertigen lässt.[142] Alternativ wird man alle beteiligten Gesellschaften nach den in den relevanten Ländern anerkannten unterschiedlichen Methoden bewerten müssen und prüfen, ob sich danach das gleiche Umtauschverhältnis ergibt. Tatsächlich wird es noch wichtiger als bei der nationalen Verschmelzung sein, die angewandte Methode im Bericht genau zu beschreiben und gegenüber anderen möglichen Bewertungsmethoden zu rechtfertigen.

Adolff[143] plädiert dafür, dass allein die nach dem Recht des Aufnahmelands anerkannte Methode maßgeblich ist. Eine Kumulation verschiedener Bewertungsmethoden würde tatsächlich zu einer Behinderung der grenzüberschreitenden Verschmelzung führen und

---

[135] Vgl. *von der Linden* EWiR 2011, 515 zu BVerfG, Beschluss v. 26.4.2011 – 1 BvR 2658/10, AG 2011, 511.

[136] Grundsätze zur Durchführung von Unternehmensbewertungen v. 18.10.2005, WPg 2005, 1303 ff.

[137] BVerfG, Beschluss v. 27.4.1999 – 1 BvR 1613/94, BVerfGE 100, 289 für die Abfindung bei Abschluss eines Unternehmensvertrags; OLG Düsseldorf, Beschluss v. 8.7.2003 – 19 W 6/00, AG 2003, 688 mwN; dagegen bei Verschmelzungen: BayObLG, Beschluss v. 18.12.2002 – 3 Z BR 116/00 NZG 2003, 483.

[138] So *Krause* in: Gesellschaftsrechtliche Vereinigung (Hrsg.), Gesellschaftsrecht in der Diskussion 2006, S. 87, 89.

[139] Übersicht über die Rechtslage in verschiedenen europäischen Ländern bei Sagasser/Bula/Brünger/*Gutkès* § 13 Rn. 62 ff. und *Kiem* ZGR 2007, 542, 556.

[140] So auch Heidelberger Kommentar/*Becker*, § 122c Rn. 16; Sagasser/Bula/Brünger/*Gutkès*, § 13 Rn. 65; *Sagasser/Swienty* DStR 1991, 1188, 1192 f. zur Societas Europaea.

[141] S. zu dieser Problematik bei der SE: MünchKomm/*Schäfer*, AktG, Art. 20 SE-VO Rn. 15; *Schwarz*, SE-VO, Art. 20 Rn. 25 f.; zur grenzüberschreitenden Verschmelzung: WM/*Mayer*, § 122c UmwG Rn. 86.

[142] Ähnlich *Koppensteiner* Der Konzern 2006, 40, 45 mit praktischen Hinweisen zur Verschmelzung mit einer österreichischen Gesellschaft; *Kiem* ZGR 2007, 542, 565 ff.; praktische Erwägungen auch bei: *Reuter* AG 2007, 881 ff.

[143] Adolff ZHR 173 (2009), 67 ff.

wäre damit unzulässig. Bei der Hinausverschmelzung sei der Gesellschafter der deutschen übertragenden Gesellschaft zudem ausreichend durch seinen Abfindungsanspruch nach § 122i UmwG geschützt, so dass ihm bei Verbleiben in der Gesellschaft die Bemessung des Umtauschverhältnisses nach der „fremden" Methode zumutbar sei. Dieses schlüssige Konzept birgt in der Praxis die Gefahr, dass die Bewertung für Zwecke des Umtauschverhältnisses nach einer anderen Methode erfolgt als die für die Berechnung der Barabfindung und damit möglicherweise nicht gewünschte Anreize setzt.

Bei der Bestimmung der als Gegenleistung für den Untergang der Anteile an der übertragenden deutschen Gesellschaft zu gewährenden Anteile sind auch **besondere Rechte oder Gattungen** zu beachten, die die untergehenden Anteile gewähren oder denen sie angehören. Das ergibt sich grundsätzlich aus dem Gleichbehandlungsgrundsatz.[144] Teilweise ist dies auch in § 23 UmwG ausdrücklich geregelt. § 23 UmwG gilt bei der grenzüberschreitenden Verschmelzung über § 122a Abs. 2 UmwG. Die §§ 122a ff. UmwG enthalten dazu keine abweichende Regelung. Vielmehr wird durch § 122c Abs. 2 Nr. 7 UmwG und Art. 5 lit. g) Verschm-RL bestätigt, dass diese Regelung auch bei der grenzüberschreitenden Verschmelzung zur Anwendung kommt. In der Praxis bedeutet das, dass besondere Rechte – zB vermögensrechtlicher oder mitverwaltungsrechtlicher Art – oder Anteilsgattungen, die bei der übertragenden deutschen Gesellschaft bestehen, so genau wie möglich bei der übernehmenden Gesellschaft abzubilden sind. Ob das tatsächlich möglich ist, richtet sich nach dem auf die übernehmende ausländische Gesellschaft anwendbaren Recht. 84

Schwierigkeiten bereitet in diesem Zusammenhang die Frage, inwieweit leichte Veränderungen der Rechtsstellung, insbesondere wenn sie durch Unterschiede in der Rechtsform oder im anwendbaren Recht als unerheblich anzusehen sind, durch das Austrittsrecht bei der Hinausverschmelzung nach § 122i Abs. 2 UmwG ausreichend kompensiert werden oder als nicht verhältniswahrende Spaltung der Zustimmung der betroffenen Anteilsinhaber der übertragenden deutschen Gesellschaft bedürfen.

In die erste Gruppe der Veränderungen, die **durch die Bewertung und das Austrittsrecht nach § 122i Abs. 1 UmwG kompensiert** werden, fallen tatsächliche Änderungen, die nur begrenzte Auswirkungen auf den Wert der Anteile haben oder keine besonderen Einflussrechte auf die übertragende Gesellschaft gewähren. Für die nationale Verschmelzung werden als Beispiele das Entfallen von allgemein bestehenden Weisungsrechten bei der GmbH, wenn in der aufnehmenden Gesellschaft solche Weisungsrecht nicht bestehen,[145] sowie der Übergang von mit Zustimmungsvorbehalt der Gesellschaft vinkulierten zu nicht vinkulierten Anteilen[146] genannt. *Schroer*[147] nennt als Maßstab auch die Möglichkeit eine entsprechende Änderung durch Satzungsänderung mit Mehrheitsbeschluss durchzuführen. Folge der Einordnung einer Änderung in diese Gruppe ist, dass die betroffenen Anteilsinhaber nicht ausdrücklich zustimmen müssen. 85

Dagegen handelt es sich dann um eine **nicht verhältniswahrende Verschmelzung**, wenn die Rechtsverschlechterung weitere Auswirkungen hat, zB wesentliche Einflussrechte verloren gehen, besondere Vermögensbeteiligungsrechte ersatzlos untergehen oder bisher nicht bestehende Nebenpflichten auferlegt werden.[148] In einem solchen Fall ist die 86

---

[144] Semler/Stengel/*Schröer*, UmwG, § 5 Rn. 19; SHS/*Stratz*, § 5 Rn. 72.
[145] WM/*Mayer*, § 5 UmwG Rn. 134, 143.
[146] Semler/Stengel/*Schröer*, UmwG, § 5 Rn. 23; zu unterscheiden von den Fällen der Vinkulierung mit Zustimmungsvorbehalt anderer Gesellschafter, in denen nach § 13 Abs. 2 UmwG Zustimmungsvorbehalt dieser Anteilsinhaber bei der Verschmelzung besteht, WM/*Mayer*, § 5 UmwG Rn. 143; Kallmeyer/*Zimmermann*, § 13 Rn. 23 mwN.
[147] Semler/Stengel/*Schröer*, UmwG, § 5 Rn. 23.
[148] Beispiele bei Kallmeyer/*Marsch-Barner*, § 5 Rn. 6 f.; Semler/Stengel/*Schröer*, UmwG, § 5 Rn. 22.

Zustimmung jedes betroffenen Anteilsinhabers erforderlich. In der Praxis wird man sich für die Abgrenzung dieser beiden Fallgruppen im Wesentlichen an den Erkenntnissen zur nationalen Verschmelzung orientieren können. Dabei wird uE wertend zu berücksichtigen sein, dass § 122i UmwG Kompensation für den Wechsel der Rechtsordnung sein soll. Handelt es sich also um rechtsformspezifische und nicht zusätzlich geschaffene Nachteile, wird man eher argumentieren können, dass diese keinen Zustimmungsvorbehalt der betroffenen Anteilsinhaber der deutschen übertragenden Gesellschaft auslösen.

87 Schließlich ist auch der **Zeitpunkt des Beginns der Gewinnberechtigung** ein Umstand der bei der Ermittlung des Umtauschverhältnisses zu berücksichtigen ist. Ab wann die Anteile an der ausländischen übernehmenden Gesellschaft gewinnberechtigt sind, richtet sich nach dem auf die aufnehmende oder neue Gesellschaft anwendbaren Recht. Fügt sich die Gewinnberechtigung nicht nahtlos an die Gewinnberechtigung der untergehenden Anteile an, kann das Einfluss auf die Bewertung der übertragenden deutschen oder die übernehmende ausländische Gesellschaft haben.[149]

88 **bb) Bare Zuzahlung.** Das Umtauschverhältnis muss nicht ausschließlich Anteile am übernehmenden oder neuen Rechtsträger als Gegenleistung festsetzen. Nach Art. 2 Abs. 2 Verschm-RL, der in Deutschland über §§ 122a Abs. 2, 54 Abs. 4, 68 Abs. 3 UmwG umgesetzt ist, ist eine **bare Zuzahlung bis zur Höhe von 10 %** des Gesamtnennbetrags oder rechnerischen Anteils der als Gegenleistung gewährten Anteile zulässig. Die baren Zuzahlungen sollen es ermöglichen, ein rechnerisch exaktes Umtauschverhältnis herzustellen.[150] Sie sollen nicht dazu dienen, den Verlust einzelner Anteile ausschließlich in bar zu kompensieren. Zum Verbot der Unterpariemission, welches bei einer deutschen übernehmenden Gesellschaft nicht durch bare Zuzahlungen umgangen werden darf; vgl. hierzu i.E. nachfolgend Rn. 398.

Fall:
Hat zum Beispiel im oben beschriebenen Fall die übertragende A einen Wert von € 40.000.000 und ihr Kapital ist eingeteilt in 4.000.000 Stückaktien, und hat die übernehmende B einen Wert von 550.000.000, der in 6.400.000 Anteilen zu einem Nennwert von je € 1 verkörpert ist, ergibt sich folgende Rechnung:

Anteilswert A	€ 10
Anteilswert B	€ 85,94
Umtauschverhältnis	je 10 A Aktien: 1 B Aktie + € 14,06 bar **unzulässig**, weil insgesamt € 5.624.000 bare Zuzahlung 10 % des Nennwerts der neu auszugebenden Aktien von € 400.000 überschreiten würde
Umtauschverhältnis	je 43 A Aktien: 5 B Aktien + € 0,30 bar **zulässig**, weil insgesamt € 27.969 bare Zuzahlung 10 % des Nennwerts der neu auszugebenden Anteile von € 465.115 nicht überschreiten würde

Für den Fall, dass ein Aktionär der A nicht über 43 oder ein Vielfaches von 43 Aktien verfügt, gilt wie bei nationalen Verschmelzungen § 72 Abs. 1 UmwG iVm §§ 73, 226 AktG. Es besteht die Möglichkeit, die Aktien zum Zweck der Verwertung für Rechnung des betroffenen Aktionärs der A zusammenzulegen oder sie für kraftlos zu erklären.[151]

89 Es ist unklar, ob Art. 3 Abs. 1 Verschm-RL abweichend vom Vorstehenden **eine bare Zuzahlung von mehr als 10 %** des Nennbetrags oder rechnerischen Anteils der im Tausch gewährten Anteile auch bei Beteiligung einer deutschen Gesellschaft erlaubt. Art. 3 Abs. 1 Verschm-RL sieht die Möglichkeit vor, dass die Regelungen zur grenzüberschrei-

---

[149] Für die nationale Verschmelzung: Kallmeyer/*Marsch-Barner*, § 5 Rn. 28 mwN.
[150] SHS/*Stratz*, § 54 Rn. 20.
[151] Lutter/*Lutter/Drygala*, UmwG, § 5 Rn. 39.

tenden Verschmelzung auch dann anwendbar sind, wenn das nationale Recht keine solche 10% Beschränkung vorsieht. UE ist eine höhere bare Zuzahlung nur dann möglich, wenn sowohl die auf die übertragende Gesellschaft anwendbare Rechtsordnung wie auch die auf die übernehmende Gesellschaft anwendbare Rechtsordnung das vorsehen.[152] Das ergibt sich uE daraus, dass die Obergrenze nicht nur eine Vorschrift zum Schutz der Kapitalerhaltung der aufnehmenden oder neuen Gesellschaft ist, sondern auch zum Schutz der Anteilsinhaber der übernehmenden Gesellschaft. Sie muss daher nach auf beide diese Gruppen anwendbaren Rechtsordnungen beurteilt werden. Im Ergebnis kann es daher bei der Beteiligung einer deutschen Gesellschaft nicht zu baren Zuzahlungen von mehr als 10% des Gesamtbetrags oder rechnerischen Anteils der als Gegenleistung zu gewährenden Anteile kommen.

cc) Abfindungsangebot. Nach § 122i Abs. 1 UmwG ist den Anteilsinhabern der übertragenden deutschen Gesellschaft **bei der Hinausverschmelzung immer ein Abfindungsangebot** zu machen. Die Regelung des § 122i UmwG wird in der Literatur vielfach kritisiert.[153] Argumentiert wird dabei, dass sie verschmelzungsfeindlich sei. Außerdem sei innerhalb der EU und des EWR ein Schutz vor dem Übergang in eine andere europäische Rechtsform nicht erforderlich. Tatsächlich besteht ein solcher Schutz im Rahmen des § 31 Abs. 2 WpÜG oder § 305 Abs. 2 Nr. 1 AktG nicht. 90

§ 122i Abs. 1 Satz 3 UmwG verweist ergänzend auf §§ 29 Abs. 1 Satz 4 und 5, 29 Abs. 2, 30, 31 und 33 UmwG. Das Abfindungsangebot ist nach §§ 122a Abs. 2, 15 Abs. 2 UmwG ab dem Zeitpunkt des Wirksamwerdens der Verschmelzung mit 2% über dem Diskontsatz der Deutschen Bundesbank zu verzinsen.

Das Abfindungsangebot ist im Verschmelzungsplan **durch die übertragende Gesellschaft zu machen.** Insoweit unterscheidet sich § 122i Abs. 1 UmwG von der Regelung für nationale Verschmelzungen in § 29 Abs. 1 UmwG.[154] Bei der nationalen Verschmelzung hat das Angebot durch den übernehmenden Rechtsträger zu erfolgen. Aus §§ 122i Abs. 1 Satz 3, 31 Satz 1 UmwG ergibt sich jedoch, dass das Angebot erst nach Eintragung der Verschmelzung angenommen werden kann.[155] Anspruchsgegner ist daher auch bei der grenzüberschreitenden Verschmelzung tatsächlich die übernehmende oder neue Gesellschaft. Der Anspruch geht durch die Eintragung der Verschmelzung im Wege der Gesamtrechtsnachfolgen nach den Vorschriften des Rechts der übernehmenden Gesellschaft, die §§ 122a Abs. 2, 20 Abs. 1 Nr. 1 UmwG entsprechen, auf die übernehmende Gesellschaft über.[156] 91

Nach § 122i Abs. 1 Satz 2 UmwG gelten für das Abfindungsangebot die **Vorschriften zum Erwerb eigener Aktien.** Dabei wird die schuldrechtliche Unwirksamkeit des zu- 92

---

[152] *Neye* ZIP 2005, 1893, 1894; *Lutz* BWNotZ 2010, 23, 29; Kölner Komm/*Simon/Rubner*, § 122c UmwG Rn. 15; vgl. auch *Oechsler* NZG 2006, 161, 162; aA, wenn das Recht der aufnehmenden Gesellschaft eine höhere Zuzahlung erlaubt: Lutter/*Bayer*, UmwG, § 122c Rn. 14; Sagasser/Bula/Brünger/*Gutkès*, § 13 Rn. 67; wohl auch:WM/*Mayer*, § 122c Rn. 88, der von der Beschränkung ausdrücklich nur für den Fall der Hereinverschmelzung spricht.
[153] Zur Kritik an diesem Konzept s. *Bayer/Schmidt* NZG 2006, 841, 844; Handelsrechtsausschuss des Deutschen Anwaltsvereins NZG 2006, 737, 741; Drinhausen/Keinath BB 2006, 725, 731; Semler/Stengel/*Drinhausen*, UmwG, § 122i Rn. 6; *Kiem* WM 2006, 1091, 1098; *Louven* ZIP 2006, 2021, 2025; *Krause* in: Gesellschaftsrechtliche Vereinigung (Hrsg.), Gesellschaftsrecht in der Diskussion 2006, S. 39, 49; *Vetter* AG 2006, 613, 622.
[154] Zur Kritik an diesem ebenso bei der Societas Europaea eingesetzten Konzept: *Brandes* AG 2005, 177, 180.
[155] Vgl. auch *Simon/Rubner* Der Konzern 2006, 835, 840; *Müller* Der Konzern 2007, 81, 86.
[156] Vgl. auch Begründung zum Regierungsentwurf eines Zweiten Gesetzes zur Änderung des Umwandlungsgesetzes, BT-Drs. 16/2919, S. 16; ebenso: Heidelberger Kommentar/*Becker*, § 122i Rn. 5; Semler/Stengel/*Drinhausen*, UmwG, § 122i Rn. 7; Sagasser/Bula/Brünger/*Gutkès*, § 13 Rn. 86; Limmer/*Limmer*, Unternehmensumwandlungen, Teil 6 Rn. 85; Kölner Komm/*Simon/Rubner*, § 122i UmwG Rn. 6.

grunde liegenden Geschäfts, d.h. des Abfindungsangebots und seiner Annahme, durch Ausnahme der § 71 Abs. 4 Satz 1 AktG und § 33 Abs. 2 Satz 3, 2. HS erste Alternative GmbHG für nicht anwendbar erklärt. Da das Angebot durch die übertragende deutsche Gesellschaft zu machen, aber erst durch die übernehmende ausländische zu erfüllen ist, ist unklar, ob sich die Anwendung der Vorschriften über eigene Anteile auf die deutsche übertragende Gesellschaft oder auf die ausländische übernehmende Gesellschaft bezieht. Die Begründung zum RegE zu § 122i UmwG nimmt dazu nicht Stellung.[157] Zur entsprechenden Vorschrift in § 7 Abs. 1 Satz 2 SEAG wird auf der Basis der Begründung zum RegE zu § 7 SEAG[158] vertreten, dass die ausländische übernehmende Societas Europaea die Vorschriften über den Erwerb eigener Anteile zu beachten habe.[159] Da die Ermächtigung in Art. 4 Abs. 2 Satz 2 Verschm-RL der Ermächtigung in Art. 24 Abs. 2 SE-VO entspricht, wird für die Praxis zunächst trotz der etwas merkwürdigen Konstruktion[160] davon auszugehen sein, dass die Vorschriften zu den eigenen Anteilen, auf die in § 122i Abs. 1 Satz 2 UmwG verwiesen wird, auf die übertragende ausländische Gesellschaft anzuwenden sind.[161]

93 Ausweislich der Begründung zu § 7 SEAG[162] soll dadurch erreicht werden, dass der **durch die Annahme des Abfindungsangebots ausgelöste Erwerb eigener Anteile zulässig ist**, auch wenn dies nach dem auf die aufnehmende oder neue Gesellschaft anwendbare Recht nicht der Fall wäre.[163] UE ist es in diesem Zusammenhang unerheblich, dass § 71 Abs. 1 Nr. 3 AktG nicht um den Verweis auf § 122i UmwG ergänzt worden ist. Aus §§ 122i Abs. 1 Satz 2 UmwG, 71 Abs. 1 Nr. 3 AktG ergibt sich deutlich, dass der Erwerb eigener Anteile zum Zweck der Leistung von Abfindungen bei Verschmelzungen zulässig sein soll.

Aus praktischer Sicht wird sich jedoch das Problem stellen, dass möglicherweise das ausländische Recht diese Zulässigkeit nicht akzeptieren wird.[164] Dieser Punkt sollte daher frühzeitig untersucht und ggf. mit der zuständigen Behörde im Aufnahmestaat abgestimmt werden. Gibt es tatsächlich einen nicht lösbaren Konflikt, ist zu erwägen, ob das vom deutschen Gesetzgeber angestrebte Ergebnis auch dadurch erreicht werden kann, dass der widersprechende Anteilsinhaber der übertragenden Gesellschaft entweder seine Anteile vor Wirksamkeit der Verschmelzung überträgt. Dies müsste in der Praxis wahrscheinlich gegen das Versprechen, die Nachbesserungsregeln abzubilden, erfolgen. Alternativ wäre zu

---

[157] Begründung zum Regierungsentwurf eines Zweiten Gesetzes zur Änderung des Umwandlungsgesetzes, BT-Drs. 16/2919, S. 16.
[158] Begründung zum Regierungsentwurf eines Gesetzes zur Einführung der Europäischen Gesellschaft (SEEG), BT-Drs. 15/2405, S. 33.
[159] Lutter/*Bayer*, UmwG, § 122i Rn. 18; MünchKomm/*Schäfer*, AktG, Art. 20 SE-VO Rn. 24; *Scheifele*, Die Gründung der Europäischen Aktiengesellschaft (SE), 2004, S. 250; *Schwarz*, SE-VO, Art. 24 Rn. 34; aA *Brandes* AG 2005, 177, 180; *Koke*, Finanzverfassung der Europäischen Aktiengesellschaft, 2005, S. 107f., der davon ausgeht, dass dies nur für die deutsche übertragende Gesellschaft gilt und die übernehmende ausländische Gesellschaft nur die entsprechenden Vorschriften ihrer Rechtsordnung berücksichtigen muss.
[160] Kritisch auch: Heidelberger Kommentar/*Becker*, § 122i Rn. 12; *Louven* ZIP 2006, 2021, 2026; *Müller* Der Konzern 2007, 81, 87; *ders.* ZIP 2007, 1081, 1086; *Vetter* AG 2006, 613, 624.
[161] Ebenso: Heidelberger Kommentar/*Becker*, § 122i Rn. 12; aA (ausschließlich ausländisches Recht sei maßgeblich): Semler/Stengel/*Drinhausen*, UmwG, § 122i Rn. 8; (die Regelung beziehe sich nur auf den Zeitraum bis zur Eintragung) Kölner Komm/*Simon/Rubner*, § 122i UmwG Rn. 6; kritisch auch: *Klein* RNotZ 2007, 565, 600.
[162] Begründung zum Regierungsentwurf eines Gesetzes zur Einführung der Europäischen Gesellschaft (SEEG), BT-Drs. 15/2405, S. 33.
[163] Für die grenzüberschreitende Verschmelzung auch: *Müller* Der Konzern 2007, 81, 87.
[164] Zu diesem Risiko auch: *Scheifele*, Die Gründung der Europäischen Aktiengesellschaft (SE), 2004, S. 250; als Risiko für die Möglichkeit der grenzüberschreitenden Hinausverschmelzung bei der Societas Europaea: *Brandes* AG 2005, 177, 180; s.a. Kritik bei *Louven* ZIP 2006, 2021, 2026; *Müller* ZIP 2007, 1081, 1087; *Vetter* AG 2006, 613, 624.

prüfen, ob das ausländische Recht an Stelle des Erwerbs der eigenen Anteile einen Verzicht auf die Anteile mit folgender Kraftloserklärung oder Einziehung gegen Abfindung akzeptiert. Solche Lösungen müssten natürlich wiederum vom deutschen Registergericht akzeptiert werden.

Die **Höhe der anzubietenden Abfindung** richtet sich bei der Hinausverschmelzung 94 nach §§ 122i Abs. 1 Satz 3, 30 Abs. 1 UmwG. Sie muss danach die Verhältnisse des übertragenden Rechtsträgers im Zeitpunkt der Beschlussfassung über die Verschmelzung berücksichtigen. Zur Ermittlung der angemessenen Höhe gelten grundsätzlich die vorstehend unter Rn. 82 gemachten Ausführungen. Zu beachten ist hier aber, dass es nicht mehr auf die Wertrelation der beteiligten Gesellschaft, sondern auf den tatsächlichen Wert der übertragenden deutschen Gesellschaft ankommt. Es kann daher uE geboten sein, nicht die gleiche – die Vorgaben aller beteiligten Rechtsordnungen abbildende – Bewertungsmethode wie für die Ermittlung des Umtauschverhältnisses zu verwenden, sondern die Höhe der Abfindung an dem Ergebnis der in Deutschland anerkannten Bewertungsmethoden zu ermitteln. Dass es dadurch möglicherweise zu einer unterschiedlichen Attraktivität der Barabfindung und des Anteilstauschs kommen kann, zeigt, dass der in Deutschland umgesetzte Minderheitenschutz möglicherweise nicht ganz mit dem Gedanken der freien Möglichkeit der grenzüberschreitenden Verschmelzung innerhalb der EU und des EWR harmoniert. In der Praxis lässt sich das auf der Basis des geltenden Rechts aber nicht ändern.

In **praktischer Hinsicht** ist darauf hinzuweisen, dass vor Abschluss der Verschmelzung 95 bzw., soweit im konkreten Fall durchführbar (vgl. hierzu i.E. nachfolgend Rn. 99 und 177 ff.) vor Abschluss des Spruchverfahrens nicht feststeht, wie hoch die insgesamt zu zahlende Abfindung ist. Faktische Obergrenze ist wegen des Widerspruchserfordernisses (s. nachfolgend Rn. 96) und des Erfordernisses der Zustimmung mit ¾ Mehrheit nur, dass nicht mehr als 25 % der Anteilsinhaber der deutschen übertragenden Gesellschaft das Angebot annehmen werden können. Es wird daher vorgeschlagen, der Verschmelzung ein Übernahmeangebot voranzuschalten.[165]

De lege ferenda ließen sich die größten praktischen Schwierigkeiten, die sich aus der Ungewissheit der Höhe der zu zahlenden Abfindung sowie aus der vorstehend beschriebenen Unklarheit, wie die deutschen Regeln über eigene Anteile auf die ausländische aufnehmende Gesellschaft anzuwenden sind (vgl. hierzu i.E. vorstehend Rn. 93), dadurch beseitigen, dass das Abfindungsangebot nach § 122i Abs. 1 UmwG nicht erforderlich ist, wenn eine deutsche börsennotierte auf eine ebenfalls börsennotierte Gesellschaft verschmolzen wird. In vielen Fällen, in denen eine deutsche nicht börsennotierte Gesellschaft verschmolzen wird, wird es möglich sein, im Vorfeld zu klären, welche Gesellschafter von dem Abfindungsangebot Gebrauch machen werden. Auf dieser Basis kann dann geplant werden, wie mit dem Mittelabfluss und den Restriktionen beim Erwerb eigener Anteile umzugehen ist.

Die Abfindung darf nur von Anteilsinhabern der übertragenden deutschen Gesellschaft 96 geltend gemacht werden, die **Widerspruch gegen den Zustimmungsbeschluss** erklären. Das ergibt sich aus § 122i Abs. 1 Satz 1 UmwG. Über den Verweis auf § 29 Abs. 2 UmwG steht es dem Widerspruch gleich, wenn ein nicht erschienener Anteilsinhaber zu Unrecht nicht zur Gesellschafterversammlung zugelassen wurde oder die Versammlung nicht ordnungsgemäß einberufen oder der Gegenstand der Beschlussfassung nicht ordnungsgemäß bekannt gemacht wurde.

In diesem Zusammenhang ist darauf hinzuweisen, das § 122i Abs. 1 UmwG anders als 97 der entsprechende § 7 Abs. 1 Satz 3 SEAG nicht ausdrücklich darauf verweist, dass das **Abfindungsangebot in die Bekanntmachung des Verschmelzungsplans aufzuneh-**

---

[165] *Kiem* WM 2006, 1091, 1098.

men ist. Da dies auch nicht von § 122d UmwG gefordert wird, ist uE davon auszugehen, dass eine solche zusätzliche Bekanntmachung nicht erforderlich ist und die Hinterlegung des Verschmelzungsplans beim Registergericht sowie die Informationspflichten im Zusammenhang mit der Einberufung und Abhaltung der Gesellschafterversammlung die den Zustimmungsbeschluss fasst, darunter insbesondere §§ 47, 63 Abs. 1 Nr. 1 UmwG, ausreichend sind.[166]

98 Die **Angemessenheit der angebotenen Barabfindung** ist nach §§ 122i Abs. 1 Satz 3 UmwG, 30 Abs. 2 UmwG **zu prüfen**. Das Prüfungsverfahren und ggf. seine Entbehrlichkeit richten sich nach § 122f UmwG; vgl. hierzu i.E. nachfolgend Rn. 128 ff.

99 Der betroffene Anteilsinhaber kann die Angemessenheit der angebotenen Abfindung entweder im Rahmen eines **Spruchverfahrens oder im Rahmen der Anfechtungsklage**, wenn die Möglichkeit des Spruchverfahrens nicht eröffnet ist, überprüfen lassen. Der eingeschränkte Verweis in § 122i Abs. 2 UmwG auf §§ 32, 34 UmwG entspricht der Regelung zur Überprüfung des Umtauschverhältnisses. Zu den Einzelheiten; vgl. hierzu i.E. nachfolgend Rn. 176 ff.

e) Verschmelzungsbericht

100 **aa) Formelle Anforderungen, Verzicht.** Nach § 122e UmwG ist ein **Verschmelzungsbericht** nach § 8 UmwG aufzustellen, der „auch die Auswirkungen der grenzüberschreitenden Verschmelzung auf die Gläubiger und Arbeitnehmer der an der Verschmelzung beteiligten Gesellschaft erläutert."

101 Die **Aufstellungspflicht** trifft nach § 8 Abs. 1 Satz 1 UmwG die Vertretungsorgane der beteiligten Gesellschaften.[167] Die Vertretungsorgane sind die vorstehend unter Rn. 30 ff. beschriebenen Organe. Nach der hM zur nationalen Verschmelzung[168] und zur Verschmelzung zu einer Societas Europaea[169] musste die Erstellung des Berichts durch das Gesamtorgan erfolgen. Nach einer inzwischen ergangenen Entscheidung des BGH ist eine Erstellung durch Mitglieder in vertretungsberechtigter Zahl oder die Stellvertretung sind danach wohl zulässig.[170] Es ist daher davon auszugehen, dass der Verschmelzungsbericht für die übertragende deutsche Gesellschaft von einer vertretungsberechtigten Zahl der Mitglieder ihres Vertretungsorgans persönlich aufzustellen ist.[171] Ob dies auch für das Vertretungsorgan der aufnehmenden ausländischen Gesellschaft gilt, ist nach dem Recht, welches auf die aufnehmende Gesellschaft anzuwenden ist, zu beurteilen.

102 Der Verschmelzungsbericht ist **schriftlich zu erstatten**. Das bedeutet in der Praxis für den Verschmelzungsbericht der beteiligten deutschen Gesellschaft, dass ein schriftliches Original zu erstellen ist, welches von allen Mitgliedern des Vertretungsorgans der deutschen übertragenden Gesellschaft zu unterzeichnen ist. Für die Übermittlung an die Anteilsinhaber und Arbeitnehmer sowie die Auslegung können Kopien oder gedruckte

---

[166] Bei der Societas Europaea bezieht sich dieser Verweis nach der Begründung zum Regierungsentwurf eines Gesetzes zur Einführung der Europäischen Gesellschaft (SEEG) zu § 7 SEAG auf die Bekanntmachung nach § 124 Abs. 2 Satz 2 AktG und nicht nach Art. 21d SE-VO, BT-Drs. 15/2405, S. 33.
[167] Zur Kritik, dass dieser Begriff bei der grenzüberschreitenden Verschmelzung auch für den Bericht zu eng ist, vgl. *Drinhausen/Keinath* BB 2006, 725, 727.
[168] Vgl. nur Semler/Stengel/*Gehling*, UmwG, § 8 Rn. 5; Lutter/*Lutter/Drygala*, UmwG, § 8 Rn. 8; Kallmeyer/*Marsch-Barner*, § 8 Rn. 2 SHS/*Stratz*, § 8 Rn. 6; mit Erläuterungen, warum dies trotz der wortgleichen Formulierung zum Verschmelzungsvertrag/-plan beim Bericht der Fall ist WM/*Mayer*, § 8 UmwG Rn. 13 ff.
[169] *Schwarz*, SE-VO, Art. 20 Rn. 58.
[170] BGH, Beschluss v. 21.5.2007 – II ZR 266/04, NJW-RR 2007, 1409, 1411.
[171] Ebenso: noch in der 2. Aufl. 2007 Semler/Stengel/*Drinhausen*, UmwG, § 122e Rn. 4; WM/*Heckschen*, Vor §§ 122a ff. UmwG Rn. 241; WM/*Mayer*, § 122e UmwG Rn. 9 f.; aA inzwischen in der 3. Aufl. 2012 Semler/Stengel/*Drinhausen*, UmwG, § 122e Rn. 4; SHS/*Hörtnagl*, § 122e Rn. 3.

Versionen, die erkennen lassen, von wem der Bericht im Original unterschrieben ist, verwendet werden.[172]

Wie auch schon beim Verschmelzungsplan stellt sich die Frage nach der **Sprache des Berichts**. Auch beim Verschmelzungsbericht ergibt sich uE aus dem UmwG keine Verpflichtung den Bericht auf Deutsch zu verfassen; vgl. hierzu i.E. vorstehend Rn. 28, so dass eine Erstellung auch in einer anderen Sprache zulässig ist. Allerdings wird man verlangen müssen, dass der Bericht, um dem in § 122e UmwG festgelegten Informationsrecht der Arbeitnehmer und Gläubiger gerecht zu werden, ins Deutsche übersetzt[173] wird. Der Gedanke einer weithin verständlichen Sprache, der es bei kapitalmarktrechtlichen Dokumenten, zB erlaubt, ein Dokument in englischer Sprache zu verbreiten,[174] dürfte im Regelfall nicht auf den Verschmelzungsbericht übertragbar sein. Selbst wenn Empfänger des Verschmelzungsberichts nach § 122e Satz 2 UmwG nicht alle Arbeitnehmer, sondern der Betriebsrat ist, wird man im Regelfall nicht davon ausgehen können, dass ein Betriebsrat der englischen Sprache ausreichend mächtig ist, um die Erläuterungen im Verschmelzungsbericht zu verstehen. Hinzu kommt, dass der Verschmelzungsbericht der deutschen übertragenden Gesellschaft mit beschränkter Haftung nach § 47 UmwG zu übersenden ist oder bei der deutschen übertragenden Aktiengesellschaft, Kommanditgesellschaft auf Aktien oder Societas Europaea alle Verschmelzungsberichte nach § 63 Abs. 1 Nr. 4 UmwG auszulegen sind. Diese zu übersendenden oder auszulegenden Dokumente müssen im Regelfall in deutscher Übersetzung vorgelegt werden.[175] Es ergibt sich also auch deshalb die praktische Notwendigkeit der Übersetzung des Verschmelzungsberichts oder, im Fall der Verschmelzung der deutschen Aktiengesellschaft, Kommanditgesellschaft auf Aktien oder Societas Europaea, sogar der Verschmelzungsberichte aller beteiligten Gesellschaften ins Deutsche.

Es ist umstritten, ob es zulässig ist, dass die an der Verschmelzung beteiligten Gesellschaften einen **gemeinsamen Verschmelzungsbericht** aufstellen. Aus Sicht der deutschen übertragenden Gesellschaft wäre das nach § 8 Abs. 1 Satz 1, 2. HS UmwG zulässig. Ob das auch aus Sicht der ausländischen übernehmenden Gesellschaft zulässig ist, richtet sich nach dem auf diese Gesellschaft anwendbaren Recht. Es ist uE daher dann möglich, einen gemeinsamen Verschmelzungsbericht zu erstellen, wenn auch die anderen beteiligten Rechtsordnungen das zulassen.[176] Dem wird teilweise entgegengehalten, dass Art. 8 Abs. 2 Verschm-RL eine gemeinsame Prüfung ausdrücklich zulässt, einen gemeinsamen Bericht aber nicht.[177] Das ist uE nicht überzeugend, weil es auch möglich ist, dass der Richtliniengeber nur bei der Prüfung einen ausdrücklichen Regelungsbedarf sah. In praktischer Hinsicht dürften sich aus diesem Streit keine größeren Probleme ergeben. Ggf. kann ein wortgleicher Bericht durch jede beteiligte Gesellschaft erstellt werden.

---

[172] Vgl. nur Lutter/*Lutter/Drygala*, UmwG, § 8 Rn. 6.
[173] Strenger „in deutscher Sprache": Sagasser/Bula/Brünger/*Gutkès*, § 13 Rn. 114.
[174] Vgl. hierzu auch nachfolgend Rn. 145.
[175] LG München, Urteil v. 3.5.2001 – 5 HKO 23950/00, NZG 1999, 730 und ZIP 2001, 1148, 1150 mit Gründen; OLG Dresden, Urteil v. 23.4.2003 – 18 U 1976/02, AG 2003, 433, 435; *Hüffer*, § 119 Rn. 19.
[176] Lutter/*Bayer* UmwG, § 122e Rn. 4; *Bayer/Schmidt* NJW 2006, 401, 403; Heidelberger Kommentar/*Becker*, § 122e Rn. 5; *Drinhausen/Keinath* BB 2006, 725, 738; Semler/Stengel/*Drinhausen*, UmwG, § 122e Rn. 5; *Ege/Klett* GWR 2011, 399; *Frenzel* RIW 2008, 12, 17; Sagasser/Bula/Brünger/*Gutkès*, § 13 Rn. 114; *Holzborn/Mayston* ZIP 2012, 2380, 2384; *Klein* RNotZ 2007, 565, 592; Limmer/*Limmer*, Unternehmensumwandlungen, Teil 6 Rn. 93; *Louven* ZIP 2006, 1021, 1025; *Herrler* EuZW 2007, 295, 296; WM/*Mayer*, § 122e UmwG Rn. 36; *Müller* Der Konzern 2007, 81, 82; *ders.* ZIP 2007, 1081, 1084; Kölner Komm/*Simon/Rubner*, § 122e UmwG Rn. 9; skeptisch: *Haritz/von Wolff* GmbHR 2006, 340, 342; *Krause/Kulpa* ZHR 171 (2007), 38, 62; *Kiem* WM 2006, 1091, 1096; für Deutschland/Österreich: *Herrler/Schneider* GmbHR 2011, 795, 798.
[177] *Drinhausen/Keinath* BB 2006, 725, 728; *Louven* ZIP 2006, 1021, 1025; skeptisch auch: *Handelsrechtsausschuss des Deutschen Anwaltvereins* NZG 2006, 737, 740.

105 In praktischer Hinsicht kann es sogar bei der **Verschmelzung einer deutschen Gesellschaft mit beschränkter Haftung vorteilhaft** sein, **keinen gemeinsamen Bericht** zu erstatten. Da bei der Hinausverschmelzung nach § 122k Abs. 1 UmwG nur der Bericht der deutschen übertragenden Gesellschaft zum Handelsregister einzureichen ist (s. dazu i. E. nachfolgend Rn. 169), könnten bei der getrennten Berichterstattung die Berichte in zwei verschiedenen Sprachen verfasst werden. Zumindest aus Sicht des deutschen Rechts wäre es mangels Vorlagepflicht beim Handelsregister nicht erforderlich, den Bericht der aufnehmenden ausländischen Gesellschaft zu übersetzen. Bei der Verschmelzung einer deutschen Aktiengesellschaft, Kommanditgesellschaft auf Aktien oder Societas Europaea besteht dieser Vorteil nicht, wenn nicht die Gesellschafter mit der Vorlage des Berichts der übernehmenden Gesellschaft in fremder Sprache einverstanden sind. In diesem Fall ist nach §§ 122a Abs. 2, 63 Abs. 1 Nr. 4 UmwG zur Vorbereitung des Zustimmungsbeschlusses auch der Bericht der aufnehmenden Gesellschaft auszulegen.

106 Anders als bei der nationalen Verschmelzung kann bei der grenzüberschreitenden Verschmelzung nach dem Wortlaut des § 122e Satz 3 UmwG **auf die Erstellung des Verschmelzungsberichts nicht verzichtet** werden.[178] Dies wird damit begründet, dass sich der Bericht nicht nur an die Anteilsinhaber richtet. In der Literatur wird allerdings diskutiert, dass ein Verzicht gleichwohl möglich sein können müsste, wenn keine Schutzinteressen berührt sind. Der Verschmelzungsbericht bei der grenzüberschreitenden Verschmelzung ist nur den Anteilsinhabern und den Arbeitnehmern zugänglich zu machen. Die Gläubiger haben nach der Umsetzung in Deutschland kein Recht und im Regelfall auch keine Möglichkeit von seinem Inhalt Kenntnis zu nehmen.[179] Die Interessen der durch den Verschmelzungsbericht betroffenen Gruppen wären daher ausreichend geschützt, wenn die Anteilsinhaber und die Arbeitnehmer keinen Verschmelzungsbericht benötigen – entweder weil sie verzichten oder, in Bezug auf die Arbeitnehmer, weil es sie gar nicht gibt.

Es gibt daher auch Stimmen in der Literatur, die davon ausgehen, dass ein Verzicht auf den Verschmelzungsbericht durch die Anteilsinhaber möglich ist, wenn es keine Arbeitnehmer gibt.[180] Auch wenn man dieser Auffassung folgt, wäre ein Verzicht entgegen dem Vorstehenden jedenfalls dann problematisch, wenn das auf die aufnehmende Rechtsordnung anwendbare Recht einen Verzicht nicht zulässt und der Bericht der deutschen übertragenden Gesellschaft nach dem ausländischen Recht vorgelegt werden muss.

In der Praxis sollte ein Verzicht wegen des klaren Wortlauts des § 122e Satz 3 UmwG in jedem Fall mit dem deutschen Registergericht und bei Relevanz für das ausländische

---

[178] So auch: Begründung zum Regierungsentwurf eines Zweiten Gesetzes zur Änderung des Umwandlungsgesetzes, BR-Drs. 548/06, S. 32; *Drinhausen/Keinath* BB 2006, 725, 728; *dies.* RIW 2006, 81, 83; Semler/Stengel/*Drinhausen*, UmwG, § 122e Rn. 12; *Ege/Klett* GWR 2011, 399; *Freundorfer/Festner* GmbHR 2011, 195, 198; Sagasser/Bula/Brünger/*Gutkès*, § 13 Rn. 116; WM/*Heckschen*, § 122a UmwG Rn. 147; *Herrler* EuZW 2007, 295, 296; Kallmayer/*Kappes* AG 2006, 224, 232; *Kiem* WM 2006, 1091, 1096; *Krause/Kulpa* ZHR 171 (2007), 38, 62; Limmer/*Limmer*, Unternehmensumwandlungen, Teil 6 Rn. 108; *Louven* ZIP 2006, 1021, 1025; *ders.* NZG 2006, 286, 288; WM/*Mayer*, § 122e UmwG Rn. 37; *Müller* ZIP 2007, 1081, 1084; *Neye/Timm* DB 2006, 488, 491; *dies.* GmbHR 2007, 561, 563; *Schwedhelm* GmbH-StB, 2007, 182, 183; *ders.* Die Unternehmensumwandlung, 7. Aufl. 2012, Rn. 688.5; *Teicke* DB 2012, 1675, 1678; eine andere gesetzliche Regelung wäre auf Basis der Verschm-RL aber möglich gewesen: Bayer/*Schmidt* NZG 2006, 841, 842; *dies.* NJW 2006, 401, 403; *DNotV* Stellungnahme zum Referentenentwurf www.dnotv.de, S. 8; *Vetter* AG 2006, 613, 620 f.
[179] So auch Sagasser/Bula/Brünger/*Gutkès*, § 13 Rn. 113; *Vetter* AG 2006, 613, 620.
[180] Heidelberger Kommentar/*Becker* § 122e Rn. 9; *Klein* RNotZ 2007, 565, 593; *Kruse* BB 2010, 3035, 3036 (und ganz entbehrlich, wenn gleichzeitig ein Fall des § 122g Abs. 2 UmwG vorliegt); *Müller* Der Konzern 2007, 81, 82; *Vetter* AG 2006, 613, 620; Kölner Komm/*Simon/Rubner*, § 122e UmwG Rn. 11; weitergehend auch wenn Betriebsrat oder Arbeitnehmer verzichten: Semler/Stengel/*Drinhausen*, UmwG, § 122e Rn. 13; weitergehen, sogar, wenn es Arbeitnehmer gibt: *Frenzel* RIW 2008, 12, 18.

bb) Inhalt. Der Inhalt des Verschmelzungsberichts richtet sich nach § 8 Abs. 1 und 2 **107**
UmwG und entspricht daher dem Inhalt bei der nationalen Verschmelzung.[181] Zusätzlich sind bei der grenzüberschreitenden Verschmelzung nach § 122e Satz 1 UmwG die Auswirkungen nicht nur auf Anteilsinhaber, sondern auch auf Gläubiger und Arbeitnehmer zu erläutern. Maßstab des Berichts sollen nach einer teilweise vertretenen Auffassung in erster Linie die Anteilsinhaber sein.[182] Dabei ist jedoch immer zu berücksichtigen, dass auch die Auswirkungen auf Gläubiger und Arbeitnehmer zu erläutern sind und der Verschmelzungsbericht nach § 122e Satz 2 UmwG dem Betriebsrat oder den Arbeitnehmern zugänglich zu machen ist. Deshalb kann der Berichtsmaßstab nicht genau dem des nationalen Verschmelzungsberichts entsprechen.[183] UE wird sich der Bericht neben den Anteilsinhabern auch an den Arbeitnehmern als Adressat zu orientieren haben. Da die Gläubiger nicht Adressat des Verschmelzungsberichts sind,[184] sind sie als Maßstab für den Inhalt und Umfang des Berichts nicht heranzuziehen.

Nach dem Vorbild des Verschmelzungsberichts bei der nationalen Verschmelzung wird **108**
der Bericht **im Einzelnen** folgende Punkte erläutern müssen: die Verschmelzung, den Verschmelzungsvertrag, das Umtauschverhältnis, die Barabfindung, besondere Schwierigkeiten bei der Bewertung – insbesondere auch das Zusammenspiel ggf. unterschiedlicher Bewertungsmethoden in den beteiligten Ländern; vgl. hierzu i.E. vorstehend Rn. 82 ff. –, die Mitgliedschaft bei der übernehmenden Gesellschaft, Folgen für die Beteiligung und wesentliche Angaben zu verbundenen Unternehmen. Für die Details kann auf die Erkenntnisse zur nationalen Verschmelzung zurückgegriffen werden. Zusätzlich kann es sinnvoll sein, Informationen über die beteiligten ausländischen Rechtsträger aufzunehmen, die sonst nur in einer fremden Sprache zur Verfügung stehen würden.[185]

Im Hinblick auf die **Auswirkungen auf die Gläubiger** wird dazu Stellung zu neh- **109**
men sein, was mit den Ansprüchen geschieht, wie das Verfahren zum Gläubigerschutz funktioniert und vorsorglich auch welche Auswirkungen der Rechtsträgerwechsel auf die gerichtliche Geltendmachung der Forderungen hat. Auch wenn der letzte Punkt im Regelfall für die Anteilsinhaber und Arbeitnehmer ohne Bedeutung sein wird und es, wie vorstehend unter Rn. 107 ausgeführt, auf die Interessen der Gläubiger nicht ankommt, kann es sich in praktischer Hinsicht empfehlen, diesen Punkt aufzunehmen, bis sich der im Hinblick auf die Gläubiger nach § 122e Satz 1 UmwG geforderte Inhalt in der Praxis etwas mehr konkretisiert hat.

Zu den **Auswirkungen auf die Arbeitnehmer** wird man sich in der Praxis an den **110**
Ausführungen orientieren können, die zur nationalen Verschmelzung gem. § 5 Abs. 1 Nr. 9 UmwG gemacht werden. Zwar weicht der Wortlaut des § 122e Satz 1 UmwG mit der Formulierung „Auswirkungen der grenzüberschreitenden Verschmelzung auf die [...] Arbeitnehmer" etwas von der Formulierung des § 5 Abs. 1 Nr. 9 UmwG „Folgen für die Arbeitnehmer und ihre Vertretungen sowie die insoweit vorgesehenen Maßnahmen" ab. Da aber der Wortlaut des § 5 Abs. 1 Nr. 9 UmwG weiter ist als der des § 122e Satz 1

---

[181] Kritisch *Handelsrechtsausschuss des Deutschen Anwaltsvereins* NZG 2006, 737, 740, weil § 8 UmwG sich auf den Inhalt des Verschmelzungsvertrags nach § 5 Abs. 1 UmwG beziehe und nach Art. 7 Verschm-RL nicht zu den Einzelheiten des Plans Stellung zu nehmen sei; ferner wären nach § 8 UmwG nicht die zusätzlichen Angaben im Verschmelzungsplan nach § 122c Abs. 2 UmwG umfasst.
[182] *Haritz/von Wolff* GmbHR 2006; 340, 342; *Krause/Kulpa* ZHR 171 (2007), 38, 61;
[183] So auch *Kiem* WM 2006, 1091, 1095; *Müller* NZG 2006, 286, 288.
[184] So auch *Vetter* AG 2006, 613, 620.
[185] Semler/Stengel/*Drinhausen*, UmwG, § 122e Rn. 8.

UmwG und in der deutschen Praxis möglicherweise argumentiert wird, dass der nationale Berichtsumfang bei der grenzüberschreitenden Verschmelzung nicht reduziert werden sollte, bietet der zur nationalen Verschmelzung entwickelte Berichtsstandard einen guten Orientierungspunkt. Tatsächlich sollte daher Stellung genommen werden zu den Folgen für die Arbeitsverträge, für Tarifverträge, Betriebsvereinbarung, Struktur der Betriebe, Auswirkungen auf Bestand und Bestellung von Betriebsräten einschließlich Gesamt-, Konzernbetriebsräten, Sprecher- und Wirtschaftsausschüssen, Mitbestimmung, Kündigungsschutz, künftige arbeitsrechtliche Organisation und ggf. bestehende Pläne zum Personalabbau oder zur betrieblichen Umstrukturierung. Besonderer Wert wird auf das Verfahren und die möglichen Ergebnisse desselben zur Mitbestimmung zu legen sein.[186]

111 UE gilt über § 122e Satz 1 UmwG auch § 8 Abs. 2. Dies hat zur Folge, dass **Tatsachen, die sich zum Nachteil auswirken** würden, nicht aufgenommen werden müssen.[187] Zwar könnte einer solchen Auslegung entgegenstehen, dass die Richtlinie keine solche Einschränkung vorsieht. UE ist dieses Argument jedoch nicht überzeugend, da eine solche Begrenzung zur Wahrung höherrangiger Interessen stets als zulässig anzusehen ist, der Richtlinie nichts Gegenteiliges entnehmen lässt und für den Richtliniengeber kein Anlass bestand, diesen Standard ausdrücklich zu regeln.[188]

112 cc) **Dem Betriebsrat oder den Arbeitnehmern zugänglich machen.** Nach § 122e Satz 2 UmwG ist der Verschmelzungsbericht dem zuständigen Betriebsrat oder, falls es keinen Betriebsrat gibt, den Arbeitnehmern der deutschen Gesellschaft spätestens einen Monat vor der Gesellschafterversammlung, die über die Zustimmung dem Verschmelzungsplan beschließen soll, zugänglich zu machen.

113 Der **zuständige Betriebsrat und die Arbeitnehmer** in § 122e Satz 2 UmwG beziehen sich nur auf die deutschen an der Verschmelzung beteiligten Gesellschaften. Die Information der Arbeitnehmer oder ihrer Vertreter der aufnehmenden Gesellschaft richtet sich nach der auf sie anwendbaren Rechtsordnung. Wie bei der nationalen Verschmelzung ist für die deutschen Arbeitnehmer der zuständige Betriebsrat nach den allgemeinen betriebsverfassungsrechtlichen Bestimmungen der §§ 50, 58 BetrVG zu ermitteln.[189] Gibt es einen Gesamtbetriebsrat, ist dieser zuständig. Gibt es nur einen einfachen Betriebsrat oder mehrere, ohne das ein Gesamtbetriebsrat eingerichtet ist, ist der Verschmelzungsbericht diesem oder diesen zugänglich zu machen.

114 Es ist für die nationale Verschmelzung streitig, ob bei Bestehen eines **Konzernbetriebsrats** auch dieser den Verschmelzungsvertrag erhalten muss.[190] Diese Frage stellt sich für den Verschmelzungsbericht bei der grenzüberschreitenden Verschmelzung genauso. UE ist ein Zugänglichmachen für den Konzernbetriebsrat nicht erforderlich, weil er nicht für die Gesellschaft, die von der Verschmelzung betroffen ist, zuständig ist.[191] Wegen des

---

[186] Ebenso: Heidelberger Kommentar/*Becker* § 122e Rn. 11; Limmer/*Limmer*, Unternehmensumwandlungen, Teil 6 Rn. 93; einschränkend *Dzida/Schramm* NZG 2008, 521, 525f., die nur Angaben zu den Folgen für die Arbeitnehmer selbst für erforderlich halten.
[187] So auch Heidelberger Kommentar/*Becker*, § 122e Rn. 10; Semler/Stengel/*Drinhausen*, UmwG, § 122e Rn. 14; Sagasser/Bula/Brünger/*Gutkès*, § 13 Rn. 122; *Krause/Kulpa* ZHR 171 (2007), 38, 61; Limmer/*Limmer*, Unternehmensumwandlungen, Teil 6 Rn. 99; *Müller* NZG 2006, 286, 288; *ders.* ZIP 2007, 1081, 104.
[188] *Bayer/Schmidt* NJWBB 2006, 401, 403; *Drinhausen/Keinath* BB 2006, 725, 728; *Krause/Kulpa* ZHR 171 (2007), 38, 61.
[189] Vgl. nur Kallmeyer/*Willemsen*, § 5 Rn. 76.
[190] Gegen eine Zuleitung an den Konzernbetriebsrat: Kallmeyer/*Willemsen*, § 5 Rn. 76; *Boecken*, Unternehmensumwandlungen und Arbeitsrecht, 1996, Rn. 334; Lutter/*Lutter/Drygala*, UmwG, § 5 Rn. 106; *Melchior* GmbHR 1996, 833, 835; aA *Engelmeyer* DB 1996, 2542, 2544 für Ausnahmefälle; WM/*Schwarz*, Einf. UmwG Rn. 17.4.3 (wenn die Verschmelzung mehrere Konzernunternehmen betrifft).
[191] Ebenso: *Dzida* GmbHR 2009, 459, 464.

Streits[192] sollte aber, falls es einen Konzernbetriebsrat gibt, dieser im Zweifel auch Zugang zum Verschmelzungsbericht bekommen.

Bestehen für **ausländische Arbeitnehmer der deutschen übertragenden Gesellschaft dem Betriebsrat entsprechende Vertreter**, so ist der Verschmelzungsbericht auch diesen zugänglich zu machen. Zwar erweckt der Wortlaut des § 122e Satz 2 UmwG den Anschein, als ginge es nur um deutsche Betriebsräte. Aus Art. 7 Abs. 2 Verschm-RL ergibt sich jedoch, dass der Verschmelzungsbericht allen Arbeitnehmervertretungen zugänglich gemacht werden soll. Das wird aber bei beteiligten deutschen Gesellschaften mit Arbeitnehmern im Ausland nur erreicht, wenn die Auslegung des Begriffs „Betriebsrat" in § 122e Satz 2 UmwG nicht auf den deutschen Betriebsrat beschränkt wird. 115

Nach § 122e Satz 2 UmwG ist der Verschmelzungsplan, „falls es keinen Betriebsrat gibt", **„den Arbeitnehmern" zugänglich zu machen.** Ein solcher unmittelbarer Zugang der Arbeitnehmer zum Verschmelzungsbericht oder -vertrag ist im deutschen Umwandlungsbericht bisher unbekannt. Zu ihrer Interpretation kann daher nicht auf schon bestehende Vorschriften zurückgegriffen werden. Zunächst ist festzuhalten, dass mit Arbeitnehmern alle Arbeitnehmer und nicht nur die deutschen gemeint sind. Das ergibt sich mittelbar daraus, dass das Zugänglichmachen nicht eine durch den deutschen Gesetzgeber eingeführte Regelung ist, sondern bereits in Art. 7 Abs. 2 Verschm-RL vorgesehen ist. Für eine Beschränkung nur auf die europäischen Arbeitnehmer besteht kein Anhaltspunkt. 116

Ferner stellt sich die Frage, wem der Verschmelzungsbericht zugänglich gemacht werden muss, wenn zwar **eine Arbeitnehmervertretung besteht, diese aber nicht alle Arbeitnehmer repräsentiert.**[193] Nach dem Wortlaut des § 122e Satz 2 UmwG entsteht der Eindruck, dass es bereits bei Bestehen eines Betriebsrats ausreicht, den Verschmelzungsbericht diesem zugänglich zu machen. Aus Art. 7 Abs. 2 Verschm-RL ergibt sich jedoch, dass entweder die Vertreter der Arbeitnehmer oder die Arbeitnehmer selbst informiert werden sollen. Wenn eine Arbeitnehmervertretung informiert wird, die bestimmte Arbeitnehmer nicht repräsentiert, kann ein mittelbarer Zugang für diese Arbeitnehmer nicht erfolgen. Das Ziel des Art. 7 Abs. 2 Verschm-RL wird nicht erreicht. Es wird daher uE erforderlich sein, allen Arbeitnehmern unmittelbar Zugang zu gewähren, die nicht durch einen Betriebsrat oder eine ähnliche Vertretung repräsentiert werden, die ihrerseits Zugang zum Verschmelzungsplan bekommt. 117

Auch der **Begriff des Zugänglichmachens** ist bisher im Hinblick auf die Information von Arbeitnehmern im Umwandlungsrecht nicht bekannt. Bei nationalen Umwandlungsvorgängen ist der Verschmelzungsvertrag „zuzuleiten". Das Gleiche gilt über Art. 18 SE-VO für die Gründung einer Societas Europaea durch Verschmelzung. Der Begriff des Zugänglichmachens bestimmt sich nach § 122e Satz 2 UmwG nach § 63 Abs. 1 Nr. 4 UmwG. Danach wird das Zugänglichmachen erfüllt durch „Auslage im Geschäftsraum". Es ist daher grundsätzlich davon auszugehen, dass dem Betriebsrat oder den Arbeitnehmern der Verschmelzungsbericht zugänglich gemacht ist, wenn er in den Geschäftsräumen ausgelegt wird.[194] 118

Unter **Geschäftsraum**, in dem die Auslegung zu erfolgen hat, wird im Zusammenhang mit § 63 Abs. 1 Nr. 4 UmwG der Sitz oder Ort der Hauptverwaltung der Gesellschaft 119

---

[192] Auch für die Societas Europaea wird vertreten, dass eine Zuleitung an den Konzernbetriebsrat erforderlich sei: MünchKomm/*Schäfer*, AktG, Art. 20 SE-VO Rn. 10.
[193] Zur Frage der Zuständigkeit bei fehlender Bildung eines Gesamtbetriebsrats vgl. *Dzida* GmbHR 2009, 459, 465.
[194] So auch: Heidelberger Kommentar/*Becker*, § 122e Rn. 14; *Dzida* GmbHR 2009, 459, 464; kritisch zur Verweistechnik: *Bayer/Schmidt* NZG 2006, 841, 842; *Handelsrechtsausschuss des Deutschen Anwaltsvereins* NZG 2006, 737, 741.

verstanden.[195] Eine weitergehende Auslegung, zB in wichtigen Zweigniederlassungen wird ausdrücklich nicht verlangt.[196] Nachdem der Verweis auf § 63 Abs. 1 Nr. 4 UmwG ausdrücklich noch in den Gesetzestext aufgenommen wurde und auch die Begründung ausdrücklich die Bezugnahme auf § 63 Abs. 1 Nr. 4 UmwG erwähnt und die „Auslage in den Geschäftsräumen" nennt[197], sprechen sehr gute Argumente dafür, dass der Gesetzgeber von einer Auslage nur in der Hauptverwaltung oder dem Geschäftsraum am Sitz ausging. Gleichwohl besteht uE ein Risiko, dass eine solche Auslage nicht ausreicht, weil sie die Adressaten des Verschmelzungsberichts dann nicht erreicht, wenn entweder der zuständige Betriebsrat nicht am Ort der Hauptverwaltung sitzt oder der Verschmelzungsbericht einzelnen Arbeitnehmern zugänglich zu machen ist, die nicht am Ort der Hauptverwaltung tätig sind. Anders als Aktionären, ist es uE Arbeitnehmern nicht zuzumuten, zur Hauptverwaltung zu reisen, um den Bericht einzusehen. Ferner besteht nach § 122e Satz 2 UmwG kein Recht, eine Abschrift zu erhalten,[198] so dass eine Anreise auch tatsächlich erforderlich wäre. Es ist uE daher zu raten, den Verschmelzungsbericht in sämtlichen Geschäftsräumen der Gesellschaft auszulegen, in denen sich Adressaten des Verschmelzungsberichts nach § 122e Satz 2 UmwG, d.h. entweder ein zuständiges Vertretungsorgan oder Arbeitnehmer, denen der Bericht individuell zugänglich gemacht werden muss, befinden.

120 In der Praxis wird man darüber hinaus dafür sorgen müssen, dass die Vertretungen der Arbeitnehmer und die Arbeitnehmer selbst, denen der Verschmelzungsbericht zugänglich zu machen ist, auf **im Unternehmen übliche Art und Weise davon Kenntnis erhalten**, dass und wo der Verschmelzungsbericht ausliegt.

121 Das Zugänglichmachen hat nach § 122e Satz 2 UmwG **spätestens einen Monat** vor der Versammlung der Anteilsinhaber, die über die Zustimmung zum Verschmelzungsplan beschließen sollen, zu erfolgen. In Anlehnung an die wortgleiche Formulierung von § 5 Abs. 3 UmwG, ist davon auszugehen, dass die Frist nach den allgemeinen Bestimmungen der §§ 186 ff. BGB rückwärts ab dem Datum der Versammlung zu berechnen ist.[199] Tatsächlich bedeutet das, dass der Zugang zum Verschmelzungsbericht ab dem Tag bestehen muss, der dem Datum der Versammlung der deutschen übertragenden Gesellschaft im Vormonat zahlenmäßig um einen Tag vorausgeht.

Fall:
Findet die Gesellschafterversammlung der A also zB am 18.10.2007 statt, ist der Verschmelzungsbericht der A ab dem 17.9.2007 zugänglich zu machen. Da das Zugänglichmachen nicht ein einmaliges punktuelles Ereignis ist, wird man davon ausgehen müssen, dass der Zugang an diesem Tag ab Beginn der gewöhnlichen Öffnung der Geschäftsräume bestehen muss.

Ein Zugänglichmachen über den Zeitpunkt der Beschlussfassung hinaus ist abzulehnen, weil dafür in der gesetzlichen Regelung kein Anhaltspunkt besteht.[200]

122 Fraglich ist, was geschieht, wenn der **erste Tag des Zugänglichmachens auf ein Wochenende oder einen Feiertag** fällt. Wenn man sich an der Zuleitung nach § 5 Abs. 2 UmwG orientieren würde, müsste das Zugänglichmachen am letzten Werktag vor

---

[195] Hauptverwaltung: Kallmeyer/*Marsch-Barner*, § 63 Rn. 2; WM/*Rieger*, § 63 UmwG Rn. 23; zur gleich lautenden Vorschrift des § 175 Abs. 2 Satz 1 AktG: *Hüffer*, § 175 Rn. 5; Sitz: Semler/Stengel/*Diekmann*, UmwG, § 63 Rn. 9.
[196] Kallmeyer/*Marsch-Barner*, § 63 Rn. 2.
[197] Begründung zum Referentenentwurf eines Zweiten Gesetzes zur Änderung des Umwandlungsgesetzes, S. 13.
[198] Ebenso: Lutter/*Bayer*, UmwG, § 122e Rn. 16; Sagasser/Bula/Brünger/*Gutkès*, § 13 Rn. 124.
[199] Vgl. Lutter/*Lutter/Drygala*, UmwG, § 5 Rn. 108; SHS/*Stratz*, § 5 Rn. 104 f.; Kallmeyer/*Willemsen*, § 5 Rn. 77.
[200] Ebenso: Kölner Komm/*Simon/Rubner*, § 122e UmwG Rn. 18; aA (bis zum Abschluss des Arbeitnehmerbeteiligungsverfahrens) WM/*Mayer*, § 122e UmwG Rn. 15.

diesem Wochenende oder Feiertag beginnen. Allerdings ließe sich dagegen auch argumentieren, dass es beim Zugänglichmachen nicht auf den Zeitraum zwischen zwei Ereignissen ankommt, sondern auf die Dauer des Zeitraums, so dass ein Zugänglichmachen vor Beginn des Zeitraums nicht erforderlich ist.[201] Sicherheitshalber sollte aber in einem solchen Fall das Zugänglichmachen bereits am letzten Werktag vor Beginn der Frist erfolgen.

Ein **Fristverzicht** ist grundsätzlich ebenso wie bei der nationalen Verschmelzung möglich.[202] Zu beachten ist allerdings, dass sämtliche Adressaten des Verschmelzungsberichts dem Arbeitnehmerkreis den Verzicht erklären müssen. Das bedeutet, dass bei Bestehen von Vertretungen für alle Arbeitnehmer alle diese Vertretungen den Verzicht erklären müssen. Soweit keine Vertretungen bestehen, müssen die einzelnen Arbeitnehmer verzichten. Das wird in der Praxis nur bei einer geringen Zahl Arbeitnehmer möglich sein. Der Verzicht muss wegen § 17 Abs. 1 UmwG, der nach § 122k Abs. 1 UmwG anwendbar ist, schriftlich erfolgen. Ein völliger Verzicht auf das Zugänglichmachen wird entsprechend der zur nationalen Verschmelzung bestehenden hM[203] nicht möglich sein. 123

Weitere Informationspflichten gegenüber Arbeitnehmervertretungen, die aufgrund von Vorschriften außerhalb des UmwG bestehen, bleiben durch das Zugänglichmachen unberührt. Sie müssen nach der jeweils geltenden Regelung erfüllt werden. 124

Fraglich, ob und ggf. wie ein **Nachweis über das Zugänglichmachen des Verschmelzungsberichts** nach §§ 112k Abs. 1, 17 Abs. 1 UmwG zum Handelsregister einzureichen ist. § 17 Abs. 1 UmwG bezieht sich nach dem Wortlaut nur auf die Zuleitung des Verschmelzungsvertrags, welche nach der hier vertretenen Auffassung rechtlich nicht erforderlich ist; vgl. hierzu i.E. vorstehend Rn. 55. Da es sich beim Zugänglichmachen um einen tatsächlichen Vorgang handelt, den man nicht quittieren kann, lässt sich uE gut argumentieren, dass darüber kein schriftlicher Nachweis beim Handelsregister einzureichen und § 17 Abs. 1 UmwG insoweit nicht entsprechend auf das Zugänglichmachen des Verschmelzungsberichts anzuwenden ist. Gleichwohl empfiehlt es sich aus praktischer Sicht, der Anmeldung eine schriftliche Bestätigung eines mit dieser Aufgabe betrauten Mitarbeiters der betroffenen Gesellschaft oder des Vertretungsorgans beizufügen, aus der hervorgeht ab wann der Verschmelzungsbericht wem zugänglich gemacht wurde.[204] 125

Bei der nationalen Verschmelzung besteht Einigkeit, dass die rechtzeitige Zuleitung des Verschmelzungsvertrags Eintragungsvoraussetzung für die Verschmelzung ist.[205] Es ist daher für die grenzüberschreitende Verschmelzung entsprechend davon auszugehen, dass **Fehlerfolge** der Verletzung der Pflichten nach § 122e Satz 2 UmwG ebenfalls ein **Eintragungshindernis** ist.[206] Dabei ist aber zu beachten, dass die Nachweispflicht nach § 17 Abs. 1 UmwG über die Auslegung, wie vorstehend unter Rn. 125 beschreiben, allenfalls eingeschränkt besteht. 126

Schließlich ist noch darauf hinzuweisen, dass das von Art. 7 Satz 3 Verschm-RL vorgesehene **Anfügen einer Stellungnahme** der Arbeitnehmer oder ihrer Vertreter, in Deutschland nicht vorgesehen ist, weil ein solches Erfordernis auch innerstaatlich nicht besteht. 127

---

[201] So auch: WM/*Mayer*, § 122e UmwG Rn. 12 f.
[202] Für die nationale Verschmelzung hM, vgl. nur Lutter/*Lutter/Drygala*, UmwG, § 5 Rn. 109; WM/*Mayer*, § 5 UmwG Rn. 259, 266; SHS/*Stratz*, § 5 Rn. 103; Kallmeyer/*Willemsen*, § 5 Rn. 77.
[203] Lutter/*Lutter/Drygala*, UmwG, § 5 Rn. 109; Kallmeyer/*Willemsen*, § 5 Rn. 77; aA WM/*Mayer*, § 5 UmwG Rn. 259, 266 jeweils mwN.
[204] So auch *Freundorfer/Festner* GmbHR 2011, 195, 199.
[205] Lutter/*Lutter/Drygala*, UmwG, § 5 Rn. 110; WM/*Schwarz*, Einf. UmwG Rn. 17.3; Semler/Stengel/*Simon*, UmwG, § 5 Rn. 140; Kallmeyer/*Willemsen*, § 5 Rn. 74.
[206] Kölner Komm/*Simon/Rubner*, § 122e UmwG Rn. 20.

f) Verschmelzungsprüfung

128 Nach § 122f Satz 1 UmwG ist der Verschmelzungsplan oder sein Entwurf nach den §§ 9 bis 12 UmwG zu prüfen. Dabei ergibt sich aus der ausdrücklichen Nichtanwendbarkeit von § 48 UmwG, dass – anders als bei der nationalen Verschmelzung – auch bei der Verschmelzung einer deutschen Gesellschaft mit beschränkter Haftung auf eine ausländische Gesellschaft die Prüfung der Regelfall ist. Bei der nationalen Verschmelzung einer Gesellschaft mit beschränkter Haftung findet dagegen eine Prüfung nur auf Verlangen eines Gesellschafters statt.

129 Die Prüfung ist **entbehrlich, wenn sämtliche Gesellschafter auf sie verzichten**.[207] Dabei ist allerdings zu beachten, dass nicht nur die Gesellschafter der deutschen übertragenden Gesellschaft verzichten müssen. Vielmehr müssen alle Gesellschafter aller beteiligten Gesellschaften verzichten. Die Verzichtserklärungen aller Gesellschafter müssen nach §§ 122f Satz 1, 1. HS, 9 Abs. 3, 8 Abs. 3 Satz 2 UmwG beurkundet werden. Es kann nicht ausgeschlossen werden, dass zur Beurkundung und insbesondere dem Ort der Beurkundung das vorstehend zur Beurkundung des Verschmelzungsplans Gesagte gilt;[208] vgl. hierzu i.E. vorstehend Rn. 39. Es empfiehlt sich daher, die Verzichtserklärungen auch der im Ausland ansässigen Gesellschafter vorsorglich von einem deutschen oder einem gleichwertigen Notar beurkunden zu lassen. Eine Bevollmächtigung zur Erklärung des Verzichts ist jedoch möglich und bedarf nach § 167 Abs. 2 BGB keiner Form.

Teilweise wird vertreten[209], dass sich die Form der Verzichtserklärungen der Anteilsinhaber der ausländischen beteiligten Gesellschaften nach der auf diese anwendbaren Rechtsordnungen richtet, so dass eine Beurkundung ihrer Verzichtserklärungen möglicherweise nicht erforderlich ist. Diese Auffassung ist uE problematisch, weil es um die Frage geht, ob die Prüfung der Verschmelzung aus Sicht der deutschen übertragenden Gesellschaft erforderlich ist, auf diese Frage also deutsches Recht anwendbar sein dürfte.

130 Nach der hM ist die Verschmelzungsprüfung nach §§ 122f Satz 1, 9 Abs. 3, 8 Abs. 3 Satz 1 UmwG auch entbehrlich, wenn sich alle Anteile an der übertragenden deutschen Gesellschaft in der Hand der übernehmenden Gesellschaft befinden.[210] Teilweise wird die Entbehrlichkeit in diesem Fall in Frage gestellt, weil § 122e Satz 3 UmwG die Anwendung des § 8 Abs. 3 UmwG für den Verschmelzungsbericht bei der grenzüberschreitenden Verschmelzung ausdrücklich ausschließt.[211] Diese Argumentation ist jedoch uE nicht überzeugend, weil Art. 15 Abs. 1, 1. Spiegelstrich Verschm-RL die Möglichkeit der Entbehrlichkeit bei einer Konzernverschmelzung ausdrücklich vorsieht und § 122f Satz 1 UmwG ausdrücklich auf § 9 UmwG verweist, der den Verzicht über einen weiteren Verweis erlaubt.

---

[207] *Bayer/Schmidt* NZG 2006, 841, 842; Heidelberger Kommentar/*Becker*, § 122f Rn. 10; *Drinhausen/Keinath* BB 2006, 725, 729; Semler/Stengel/*Drinhausen*, UmwG, § 122f Rn. 7; Sagasser/Bula/Brünger/*Gutkès*, § 13 Rn. 127 und 140; *Krause/Kulpa* ZHR 171 (2007), 38, 63; Limmer/*Limmer*, Unternehmensumwandlungen, Teil 6 Rn. 104; *Müller* NZG 2006, 286, 288; *ders.* ZIP 2007, 1081, 1085; Kölner Komm/*Simon/Rubner*, § 122f UmwG Rn. 12: *dies.* Der Konzern 2006, 835, 839.

[208] Dazu kritisch: *Krause/Kulpa* ZHR 171 (2007), 38, 64; *Bayer/Schmidt* NZG 2006, 841, 842; für eine Beurkundung nur der Erklärungen der Gesellschafter der deutschen Gesellschaft: *Müller* ZIP 2007, 1081, 1085; für das Ausreichen einer lokalen Beurkundung: Semler/Stengel/*Drinhausen* UmwG, § 122f Rn. 7.

[209] Heidelberger Kommentar/*Becker*, § 122f Rn. 11; *Herrler* EuZW 2007, 295, 296; *Klein* RNotZ 2007, 565, 594; *Müller* Der Konzern 2007, 81, 82; Kölner Komm/*Simon/Rubner*, § 122f UmwG Rn. 13.

[210] *Bayer/Schmidt* NZG 2006, 841, 842; Heidelberger Kommentar/*Becker*, § 122f Rn. 12; *Drinhausen/Keinath* BB 2006, 725, 729; Semler/Stengel/*Drinhausen*, UmwG, § 122f Rn. 8; Sagasser/Bula/Brünger/*Gutkès*, § 13 Rn. 127; Limmer/*Limmer*, Unternehmensumwandlungen, Teil 6 Rn. 104; Kölner Komm/*Simon/Rubner*, § 122f UmwG Rn. 14: *dies.* Der Konzern 2006, 835, 839.

[211] *Simon/Rubner* Der Konzern 2006, 835, 839; *Winter* Der Konzern 2007, 24, 34.

Inhalt der Prüfung sind aus Sicht des deutschen Rechts wie bei der nationalen Verschmelzung die Vollständigkeit des Verschmelzungsplans, die Richtigkeit der enthaltenen Angaben und die Angemessenheit des Umtauschverhältnisses, der Barabfindung und ggf. barer Zuzahlungen.[212] Da mit Ausnahme der Anforderungen an den zu prüfenden Inhalt, der sich nach § 122c Abs. 2 UmwG und nicht nach § 5 Abs. 1 UmwG richtet, keine Unterschiede im Vergleich zur nationalen Verschmelzung bestehen, kann für weitere Details des Prüfungsumfangs auf die Literatur zu § 9 UmwG zurückgegriffen werden.

131

Der Prüfer hat nach §§ 122f Satz 1, 12 Abs. 1 Satz 1 UmwG über das Ergebnis seiner Prüfung einen **schriftlichen Bericht** zu erstatten. Der Bericht muss, ebenso wie bei der nationalen Verschmelzung, die Ergebnisse der Prüfung wiedergeben.[213] Insbesondere ist nach § 12 Abs. 2 UmwG auf die Angemessenheit des Umtauschverhältnisses, barer Zuzahlungen und der Barabfindung einzugehen. Grenzen ergeben sich aus § 8 Abs. 2 UmwG, der über §§ 122f Satz 1, 12 Abs. 3 UmwG anzuwenden ist: danach braucht der Bericht keine Tatsachen zu enthalten, deren Bekanntwerden geeignet ist, einem der beteiligten Rechtsträger oder einem verbundenen Unternehmen einen nicht unerheblichen Nachteil zuzufügen. Für Einzelheiten kann wiederum auf die Literatur zu § 12 UmwG zurückgegriffen werden.

132

Zur **Sprache des Prüfungsberichts** gilt das zum Verschmelzungsbericht Gesagte entsprechend; vgl. hierzu i.E. vorstehend Rn. 103.[214]

133

Zu beachten ist, dass der Prüfungsbericht nach § 122f Satz 2 UmwG **spätestens einen Monat vor der Gesellschafterversammlung** der deutschen übertragenden Gesellschaft, die über die Zustimmung zur grenzüberschreitenden Verschmelzung beschließt, vorliegen muss. Die Vorschrift beruht auf Art. 8 Abs. 1 Satz 1 Verschm-RL. Zur Berechnung des Monats gilt das oben zum Beginn der Auslagepflicht des Verschmelzungsberichts Gesagte entsprechend; vgl. hierzu i.E. vorstehend Rn. 121. In der Praxis wird der Prüfungsbericht bei der Verschmelzung einer Aktiengesellschaft, Societas Europaea oder Kommanditgesellschaft auf Aktien tatsächlich häufig schon früher vorliegen müssen, weil er nach §§ 122a Abs. 2, 63 Abs. 1 Nr. 5 UmwG bereits von der Einberufung an ausgelegt werden muss und die Einberufung je nach Satzung und Aktionärsstruktur wegen § 123 AktG häufig bereits mehr als einen Monat vor der Hauptversammlung erfolgen muss.

134

Die **Auswahl und Verantwortlichkeit der Prüfer** richtet sich aus Sicht des deutschen Rechts nach §§ 122f Satz 1, 11 UmwG iVm §§ 319, 320, 323 HGB. Auch hier ergeben sich gegenüber der Auswahl und Verantwortlichkeit bei der nationalen Verschmelzung zunächst keine Besonderheiten. Zur Problematik einer gemeinsamen Prüfung vgl. i.E. nachfolgend Rn. 138.

135

Die **Bestellung des Prüfers** für die übertragende deutsche Gesellschaft erfolgt aus Sicht des deutschen Rechts auf Antrag des Vertretungsorgans, d.h. des Vorstands oder der Geschäftsführer in vertretungsberechtigter Zahl, durch das Landgericht, in dessen Bezirk die übertragende deutsche Gesellschaft ihren Sitz hat bzw. bei dem Gericht, bei dem die jeweilige Landesregierung diese Zuständigkeit konzentriert hat.[215] Zur Bestellung eines gemeinsamen Prüfers vgl. i.E. nachfolgend Rn. 138.

136

Über §§ 122f Satz 1, 10 Abs. 1 Satz 2, 12 Abs. 1 Satz 2 UmwG ist es uE aus Sicht des deutschen Rechts grundsätzlich zulässig, dass alle an der Verschmelzung beteiligten Gesell-

137

---

[212] Heidelberger Kommentar/*Becker*, § 122f Rn. 2; Lutter/*Lutter/Drygala*, UmwG, § 9 Rn. 9 ff.; WM/*Mayer*, § 9 UmwG Rn. 19 ff.; Kallmeyer/*Müller*, § 9 Rn. 4; Semler/Stengel/*Zeidler*, UmwG, § 9 Rn. 25 ff.
[213] Lutter/*Lutter/Drygala*, UmwG, § 12 Rn. 6 ff.; WM/*Mayer*, § 12 UmwG Rn. 10 ff.; Kallmeyer/*Müller*, § 12 Rn. 4 ff.; Semler/Stengel/*Zeidler*, UmwG, § 12 Rn. 6 ff.
[214] Wohl strenger, immer eine deutsche Fassung verlangend: Semler/Stengel/*Drinhausen*, UmwG, § 122f Rn. 6.
[215] Übersicht bei Kallmeyer/*Müller*, § 10 Rn. 7.

schaften einen **gemeinsamen Prüfer** bestellen, der einen Bericht erstellt, oder alle Prüfer **einen gemeinsamen Bericht** erstellen.[216] Eine solche gemeinsame Prüfung oder ein gemeinsamer Bericht können jedoch nur erfolgen, wenn auch die auf die anderen beteiligten Rechtsträger anwendbaren Rechtsordnungen diese zulassen.

138 Darüber hinaus kann es zu **praktischen Problemen bei der gemeinsamen Prüfung** kommen, denn der Gesetzgeber hat durch den Verweis auf die Regeln zur Prüfung bei der nationalen Verschmelzung in § 122f Satz 2 UmwG keine besonderen Regeln geschaffen, wie eine gemeinsame Prüfung im grenzüberschreitenden Zusammenhang ablaufen kann. Es ist daher zunächst nach den allgemeinen kollisionsrechtlichen Regeln zu prüfen, welche Vorgaben die auf die beteiligten Gesellschaften anwendbaren Rechtsordnungen machen. Wenn sich die Anforderungen an Prüferauswahl, Prüferbestellung, Prüfungsumfang und Berichtsinhalt nach den anwendbaren ausländischen Rechtsordnungen mit den Anforderungen der §§ 9 bis 12 UmwG in Deckung bringen lassen, kann eine gemeinsame Prüfung nach den kumulativen Anforderungen erfolgen. Ist das nicht der Fall, bestehen uE zwar gute Argumente, dass es ausreichen muss, die gemeinsame Prüfung nach den Regeln einer beteiligten Rechtsordnung durchzuführen.[217] Dabei kann man sich auf Art. 8 Abs. 2 Verschm-RL stützen sowie auf die Literatur zum vergleichbaren Art. 22 Abs. 1 SE-VO. Allerdings bestehen in praktischer Hinsicht bei der grenzüberschreitenden Verschmelzung noch größere Unsicherheiten als bei der Verschmelzung zur Societas Europaea, weil Art. 8 Abs. 2 Verschm-RL grundsätzlich nicht unmittelbar anwendbar ist und der deutsche Gesetzgeber zur Umsetzung ausdrücklich auf die nicht an die grenzüberschreitende Problematik angepassten §§ 9 bis 12 UmwG verwiesen hat.

139 Ein besonderes Problem ergibt sich bei der gemeinsamen Prüfung zum Beispiel im Hinblick auf die **Bestellung des Prüfers**. Durch den Verweis auf § 10 Abs. 2 UmwG sieht das deutsche Recht vor, dass sich das für die Bestellung zuständige Gericht nach dem Sitz der übertragenden Gesellschaft richtet, also ein deutsches Gericht zuständig ist. Wenn dies von den anderen anwendbaren Rechtsordnungen nicht akzeptiert wird, ließe sich diese Frage praktisch dadurch lösen, dass die nach dem ausländischen Recht zuständige(n) Behörde(n) die gleiche Person zum Prüfer bestellen. Zwar ließe sich auf der Basis des Art. 8 Abs. 2 Verschm-RL, der insoweit Art. 22 Abs. 1 SE-VO entspricht, argumentieren, dass jedes Land die Bestellung durch die Behörde eines beteiligten Landes akzeptieren müsse.[218] Da dies jedoch zumindest im deutschen Recht nicht klar geregelt ist, bleibt insoweit ein Unsicherheitsfaktor. In der Praxis sollte dieser Weg – d.h. zB die Bestellung durch eine ausländische Behörde bei deutscher übertragender Gesellschaft – jedoch nur gewählt werden, wenn dies zuvor mit den Behörden, die für Eintragung und Vorabbescheinigung zuständig sind, abgestimmt werden kann.

140 Ein weiteres besonderes Problem der gemeinsamen Prüfung ist die Frage der **Qualifikation des Prüfers**.[219] Nach §§ 11 Abs. 1 UmwG, 319 Abs. 1 HGB, muss der Prüfer ein Wirtschaftsprüfer oder eine Wirtschaftsprüfungsgesellschaft sein. Nach § 1 WPO handelt

---

[216] So auch *Drinhausen/Keinath* BB 2006, 725, 729; *Müller* NZG 2006, 286, 288f.; *Neye/Timm* GmbHR 2007, 561, 563.

[217] Für die ausschließliche Anwendung des gewählten Rechts: Heidelberger Kommentar/*Becker* § 122f Rn. 6; *Müller* ZIP 2007, 1081, 1085; nur im Hinblick auf das Verfahren, nicht jedoch den Inhalt: Semler/Stengel/*Drinhausen*, UmwG, § 122f Rn. 5; wohl auch Kölner Komm/*Simon/Rubner*, § 122f UmwG Rn. 6ff.; kritisch: Sagasser/Bula/Bünger/*Gutkès*, § 13 Rn. 131.

[218] So wohl auch Heidelberger Kommentar/*Becker*, § 122f Rn. 6; *Drinhausen/Keinath* BB 2006, 725, 729 (eine Klarstellung wäre wünschenswert); Sagasser/Bula/Bünger/*Gutkès*, § 13 Rn. 129ff.; dagegen eine Änderung des § 10 UmwG für erforderlich haltend: *Müller* NZG 2006, 286, 288f.; für Art. 22 Abs. 1 SE-VO entspricht: MünchKomm/*Schäfer*, AktG, Art. 22 SE-VO Rn. 8; *Schwarz*, SE-VO, Art. 22 Rn. 16.

[219] Nach Sagasser/Bula/Brünger/*Gutkès*, § 13 Rn. 120 und WM/*Mayer*, § 122f UmwG Rn. 16 reicht es, wenn der gemeinsame Prüfer nach der Rechtsordnung qualifiziert ist, nach der er bestellt wird.

es sich dabei um als solche bestellte Personen, d.h. grundsätzlich um in Deutschland zugelassene Personen oder Gesellschaften. Über Art. 8 Abs. 2 Verschm-RL ließe sich uE wiederum gut argumentieren, dass auch ausländische Personen mit einer vergleichbaren Berufszulassung qualifiziert sein müssten.[220] Wegen des Verweises in § 122f Satz 1 UmwG auf § 11 UmwG ist jedoch auch dies in der Praxis mit Unsicherheit behaftet.

Im Zweifel sind daher bis zu einer gesetzlichen Klarstellung über die anzuwendenden Regelungen oder der Herausbildung einer verlässlichen Praxis parallele Prüfungen für jede beteiligte Gesellschaft nach der jeweils auf sie anwendbaren Rechtsordnung zu empfehlen.

Falls ein **gemeinsamer Prüfungsbericht** erstellt wird, sollte dieser in inhaltlicher Sicht sowohl die Anforderungen des deutschen Rechts wie auch der betroffenen ausländischen Rechtsordnungen erfüllen. Die **Sprache des gemeinsamen Prüfungsberichts** richtet sich nach den Anforderungen, die an die zur Vorbereitung der Gesellschafterversammlung auszulegenden Dokumente zu stellen sind; vgl. hierzu i.E. nachfolgend Rn. 145 und vorstehend Rn. 133. In der Praxis wird man daher davon ausgehen müssen, dass der gemeinsame Prüfungsbericht für die Anteilsinhaber der deutschen übertragenden Gesellschaft mindestens auch in einer deutschen Übersetzung vorliegen muss, wenn die Anteilsinhaber nicht mit einer anderen Sprache einverstanden sind.[221] **141**

g) Zustimmungsbeschluss der übertragenden deutschen Gesellschaft

Nach §§ 122a Abs. 2, 13 UmwG wird der Verschmelzungsplan nur wirksam, wenn ihm die **Gesellschafterversammlung** der deutschen übertragenden Gesellschaft **zustimmt**. **142**

aa) Vorbereitung. Für die Vorbereitung Beschlussfassung der übertragenden deutschen Gesellschaft enthalten die § 122a ff. UmwG keine besonderen Regelungen. Es gelten daher über § 122a Abs. 2 UmwG die allgemeinen Regelungen der §§ 2 ff. UmwG.[222] Dementsprechend richtet sich die Beschlussfassung bei der deutschen übertragenden Aktiengesellschaft, Kommanditgesellschaft auf Aktien oder Societas Europaea nach § 63 UmwG und bei der Gesellschaft mit beschränkter Haftung nach §§ 47, 49 UmwG. Ergänzend sind die Regelungen des AktG und des GmbHG anwendbar. **143**

Zu beachten sind insbesondere die **Auslegungspflichten** nach §§ 49 Abs. 2 und 63 Abs. 1 UmwG, nach denen in jedem Fall die Jahresabschlüsse und Lageberichte der letzten drei Jahre der an der Verschmelzung beteiligten Rechtsträger und bei der Beteiligung von Aktiengesellschaften, Kommanditgesellschaften auf Aktien oder Societates Europaeae zusätzlich der Verschmelzungsplan, die Verschmelzungs- und Prüfungsberichte sowie ggf. Zwischenbilanzen auszulegen sind. Bei Gesellschaften mit beschränkter Haftung sind den Gesellschaftern Verschmelzungsplan und Verschmelzungsbericht nach § 47 UmwG spätestens gemeinsam mit der Einberufung zu übersenden.[223] Da es bei der grenzüberschreitenden Verschmelzung auch bei der Gesellschaft mit beschränkter Haftung im Regelfall einen Prüfungsbericht geben wird und dieser auch bereits spätestens einen Monat vor der Ge- **144**

---

[220] Ebenso: Heidelberger Kommentar/*Becker*, § 122f Rn. 6; Sagasser/Bula/Brünger/*Gutkès*, § 13 Rn. 136; zu Art. 22 SE-VO, der allerdings unmittelbar anwendbar ist, so dass sich die Frage nach dem Umgang mit § 11 UmwG nicht stellt: MünchKomm/*Schäfer*, AktG, Art. 22 SE-VO Rn. 5; *Schwarz*, SE-VO, Art. 22 Rn. 24 f.

[221] Ebenso: Heidelberger Kommentar/*Becker*, § 122f Rn. 8; WM/*Mayer*, § 122e UmwG Rn. 23; Kölner Komm/*Simon/Rubner*, § 122f UmwG Rn. 10; wohl strenger, immer eine deutsche Fassung verlangend: Semler/Stengel/*Drinhausen*, UmwG, § 122f Rn. 6; Sagasser/Bula/Brünger/*Gutkès*, § 13 Rn. 139.

[222] Ebenso *Bayer/Schmidt* NZG 2006, 841, 843; Drinhausen/Keinath BB 2006, 725, 729; *Krause/Kulpa* ZHR 171 (2007), 38, 64; WM/*Mayer*, § 122g UmwG Rn. 12.

[223] Für eine Entbehrlichkeit der Übersendung wegen der Auslagepflicht nach § 122e iVm § 63 Abs. 1 Nr. 4 UmwG: *Freundorfer/Festner* GmbHR 2011, 195, 198; Kölner Komm/*Simon/Rubner*, § 122e UmwG Rn. 17.

sellschafterversammlung vorliegen muss (vgl. hierzu i.E. vorstehend Rn. 128 und 134), ist im Regelfall uE auch dieser nach § 47 UmwG gemeinsam mit der Einberufung zu übersenden.[224]

Diese Pflichten gelten auch für die Unterlagen beteiligter ausländischer Rechtsträger[225], wobei bei der übertragenden GmbH Verschmelzungs- und Prüfungsbericht der ausländischen aufnehmenden Gesellschaft nicht auszulegen ist.

Bei Aktien Aktiengesellschaften, Kommanditgesellschaften auf Aktien oder Societates Europaeae gilt auch § 63 Abs. 3 UmwG mit der Folge, dass jeder Aktionär der übertragenden deutschen Gesellschaft eine kostenlose Abschrift verlangen kann.

145 Für die Vorbereitung wesentlich ist, in welcher **Sprache die auszulegenden oder zu übersendenden Unterlagen vorgelegt werden müssen.** Zu dieser Frage gibt es keine ausdrückliche Regelung. Allgemein wird verlangt, dass Verträge, wenn sie der Hauptversammlung einer Aktiengesellschaft zur Information im Zusammenhang mit einer Zustimmung vorgelegt werden müssen, in deutscher Übersetzung vorzulegen sind.[226]

Zwar ließe sich mit dem Gedanken des § 3b Wertpapierhandelsanzeige- und Insiderverzeichnisverordnung argumentieren, dass eine Vorlage von Finanzinformationen von Gesellschaften mit Sitz außerhalb Deutschlands in englischer Sprache möglich sei. Nach dieser Vorschrift dürfen Emittenten mit Sitz im Ausland und Börsennotierung nicht ausschließlich in Deutschland oder mit Sitz in Deutschland und Börsennotierung ausschließlich in anderen Ländern ihre Finanzberichte nach §§ 37v ff. WpHG in englischer Sprache veröffentlichen. Da aber eine Vorlage fremdsprachiger Dokumente sonst nicht ausdrücklich zugelassen ist, die Erleichterung nach § 3b Wertpapierhandelsanzeige- und Insiderverzeichnisverordnung ein vorangegangene Zulassung eines englischen Prospekts voraussetzt und die Folgen einer erfolgreichen Anfechtungsklage erheblich sein können, dürfte diese Argumentation für die Praxis der Sprache der auszulegenden Dokumente bei einer grenzüberschreitenden Verschmelzung nicht sicher genug sein.

Die auszulegenden Dokumente, die nicht in deutscher Sprache abgefasst sind, sollten daher vorsorglich in deutscher Übersetzung vorgelegt werden.[227] UE ist es aber – anders als *Hüffer*[228] zu vorzulegenden Verträgen – nicht erforderlich, neben der deutschen Übersetzung auch noch das fremdsprachige Original auszulegen oder zu übermitteln.

146 Schließlich ist zu beachten, dass die Beschlussfassung frühestens **einen Monat nach der Einreichung** des Verschmelzungsplans nach § 122d Satz 1 UmwG abgehalten werden kann. Anders als bei der Fristberechnung für den Gläubigerschutz nach § 122j (vgl. hierzu i.E. nachfolgend Rn. 184) wird in diesem Zusammenhang, überwiegend vertreten, dass die Fristberechnung ab Einreichung und nicht ab Veröffentlichung läuft.[229]

---

[224] Ebenso *Louven* ZIP 2006, 2021, 2027; für die nationale Verschmelzung, wenn ausnahmsweise ein Prüfungsbericht vorliegt: Kallmeyer/*Kallmeyer*, § 47 Rn. 1; Semler/Stengel/*Reichert*, UmwG, § 47 Rn. 8; Lutter/*Winter*, UmwG, § 47 Rn. 7; SHS/*Stratz*, § 47 Rn. 1; aA WM/*Mayer*, § 47 UmwG Rn. 4.
[225] Ebenso: WM/*Heckschen*, § 122a UmwG Rn. 99.
[226] LG München, Urteil v. 3.5.2001 – 5 HKO 23950/00, NZG 1999, 730 und ZIP 2001, 1148, 1150 mit Gründen; OLG Dresden, Urteil v. 23.4.2004 – 18 U 1976/02, AG 2003, 433, 435; *Hüffer*, § 119 Rn. 19.
[227] Ebenso: Heidelberger Kommentar/*Becker*, § 122g Rn. 1; Semler/Stengel/*Drinhausen*, UmwG, § 122g Rn. 4; WM/*Heckschen*, § 122g Rn. 44; SHS/*Hörtnagl*, § 122g Rn. 4; *Klein* RNotZ 2007, 565, 595; Für eine Auslegungsmöglichkeit in der Originalsprache plädieren: *Louven* ZIP 2006, 2021, 2027 und *Drinhausen/Keinath* RIW 2006, 81, 84.
[228] *Hüffer* § 119 Rn. 19.
[229] Heidelberger Kommentar/*Becker*, § 122d Rn. 3; Semler/Stengel/*Drinhausen*, UmwG, § 122d Rn. 8; WM/*Heckschen*, Vor §§ 122a ff. UmwG Rn. 105; Kölner Komm/*Simon/Rubner*, § 122d UmwG Rn. 18; zweifelnd Sagasser/Bula/Brünger/*Gutkès*, § 13 Rn. 107 f.

bb) Beschlussfassung und Zustimmungserklärungen. Auch im Hinblick auf die 147
für die Beschlussfassung **notwendigen Mehrheiten** enthalten weder die Verschm-RL
noch die § 122a ff. UmwG besondere Vorgaben. Daher richten sich die für den Zustimmungsbeschluss der übertragenden deutschen Gesellschaft erforderlichen Mehrheiten
nach den Regelungen für nationale Verschmelzungen (§ 122a Abs. 2 UmwG iVm §§ 13,
50, 56, 65, 73 und 78 UmwG). Danach ist der Beschluss in einer Versammlung zu fassen
und bedarf mindestens einer Mehrheit von 75% der abgegebenen Stimmen bei der GmbH
bzw. des vertretenen Grundkapitals. Abweichende Regelungen in der Satzung, die eine
höhere Mehrheit festlegen, sind ebenfalls zu berücksichtigen.

UE ist darüber hinaus auch bei der Hinausverschmelzung aus Deutschland ein mögli- 148
ches **Zustimmungserfordernis aller Gesellschafter nach § 51 Abs. 1 Satz 1 UmwG**
zu beachten. Zwar regelt die Vorschrift nach dem Wortlaut zunächst den Fall der Verschmelzung auf eine GmbH mit nicht voll eingezahltem Stammkapital. Sie sieht jedoch
mit dem Zustimmungsvorbehalt aller Gesellschafter der übertragenden Gesellschaft einen
Schutzmechanismus für die Gesellschafter der übertragenden Gesellschaft vor. Deshalb ist
uE das Zustimmungserfordernis auch bei der grenzüberschreitenden Verschmelzung zu
beachten, wenn bei der ausländischen Gesellschaft eine Situation besteht, die der deutschen Gesellschaft mit beschränkter Haftung, auf deren Geschäftsanteile nicht alle zu leis-
tenden Einlagen in voller Höhe bewirkt sind, entspricht.[230]

Außerdem sind zusätzliche **Zustimmungserklärungen** der Gesellschafter einer über- 149
tragenden deutschen GmbH nach §§ 13 Abs. 2 oder 50 Abs. 2 UmwG, Zustimmungserklärungen des persönlich haftenden Gesellschafters einer Kommanditgesellschaft auf Akti-
en nach § 78 Satz 3 UmwG oder **Sonderbeschlüsse** von Aktionären einer übertragenden
deutschen Aktiengesellschaft oder Societas Europaea nach § 65 Abs. 2 UmwG erforderlich,
wenn die Voraussetzungen dafür vorliegen. Schließlich ist auch dann eine Zustimmung
aller oder der betroffenen Gesellschafter erforderlich, wenn es sich um eine nicht verhältniswahrende Verschmelzung[231] handelt oder sonstige Verschlechterungen der Rechtsposition[232] vereinbart werden.

Solche Verschlechterungen der Rechtsposition sind aber von den rechtsformimmanen-
ten Unterschieden abzugrenzen. Die deutschen Anteilsinhaber werden gegen solche Verschlechterungen ihrer Rechtsposition durch ihr zwingendes Austrittsrecht nach § 122i
Abs. 1 Satz 1 UmwG geschützt. Verschlechterungen, die sich aus der ausländischen Rechtsform der übernehmenden Gesellschaft ergeben, können daher nicht zu einem Zustimmungserfordernis aller oder bestimmter Gesellschafter führen.[233] Zu § 122i Abs. 1 Satz 1
UmwG vgl. i.E. Rn. 90 ff.

Der Zustimmungsbeschluss der deutschen übertragenden Gesellschaft sowie erforderli- 150
che Zustimmungserklärungen sind nach §§ 122a Abs. 2, 13 Abs. 3 Satz 2 UmwG **zu beurkunden**. Da die §§ 122a ff. UmwG zu dieser Frage keine Sonderregelungen enthalten
und es sich bei dem Zustimmungsbeschluss zur grenzüberschreitenden Verschmelzung um
eine Strukturmaßnahme handelt, sollte die Beurkundung vorsorglich in Deutschland erfolgen; vgl. hierzu i.E. vorstehend Rn. 39.

Die **Vertretung bei der Beschlussfassung** und Abgabe erforderlicher Zustimmungs- 151
erklärungen ist zulässig.[234] Nach § 167 Abs. 2 BGB gilt für die Bevollmächtigung das Beurkundungserfordernis nach § 13 Abs. 3 Satz 1 UmwG nicht. Allerdings sind das Textform-

---

[230] Kölner Komm/*Simon/Rubner*, § 122g UmwG Rn. 10; WM/*Heckschen*, § 122g UmwG Rn. 96.
[231] Zur nationalen Verschmelzung Kallmeyer/*Marsch-Barner*, § 5 Rn. 7; SHS/*Stratz*, § 5 Rn. 8.
[232] Zur nationalen Verschmelzung Semler/Stengel/*Schröer*, UmwG, § 5 Rn. 22.
[233] Zur Abgrenzung der Fälle der „Leistungsvermehrung" und der Belastung durch einen Rechtsformwechsel bei der nationalen Verschmelzung vgl. Lutter/*Lutter/Drygala*, UmwG, § 13 Rn. 30 mwN.
[234] Für die nationale Verschmelzung vgl. nur: Kallmeyer/*Zimmermann*, § 13 Rn. 13.

erfordernis des § 47 Abs. 3 GmbHG für die Gesellschaft mit beschränkter Haftung sowie das Schriftformerfordernis nach § 134 Abs. 3 Satz 2 AktG für die Aktiengesellschaft, Societas Europaea und die Kommanditgesellschaft auf Aktien zu beachten.

152 **Gegenstand des Beschlusses** kann entweder der beurkundete Verschmelzungsplan sein. Es ist aber auch ausreichend, wenn über einen Entwurf des Verschmelzungsplans in der Fassung, wie er später beurkundet wird, beschlossen wird.[235] Wird der Beschluss über den Entwurf gefasst, muss der Entwurf mit allen Anlagen vollständig sein und es dürfen danach keine inhaltlichen, sondern allenfalls nur noch redaktionelle Änderungen vorgenommen werden.

153 Die **Anfechtung des Beschlusses** richtet sich nach den allgemeinen für die Rechtsform der übertragenden Gesellschaft zu beachtenden Regelungen und für die Anfechtungsfrist nach §§ 122a Abs. 2, 14 Abs. 1 UmwG. Der Anfechtungsgrund, das Umtauschverhältnis sei zu niedrig bemessen, ist nach §§ 122h Abs. 1, 14 Abs. 2 nur dann ausgeschlossen, wenn die Rechtsordnungen der übrigen beteiligten Rechtsträger ein dem Spruchverfahren vergleichbares Verfahren vorsehen oder die Anteilsinhaber der übrigen beteiligten Gesellschaften der Geltung der §§ 14 Abs. 2, 15 UmwG ausdrücklich zustimmen; vgl. hierzu i.E. nachfolgend Rn. 177 ff. In der Praxis werden bei der Verschmelzung deutscher börsennotierter Aktiengesellschaften wie bei der nationalen Verschmelzung insbesondere informationsbezogene Anfechtungsgründe von Bedeutung sein.

154 Die **Anhängigkeit einer Anfechtungsklage** gegen den Zustimmungsbeschluss der deutschen übertragenden Gesellschaft steht der Ausstellung der Verschmelzungsbescheinigung nach § 122k Abs. 1 Satz 2 UmwG entgegen. In der Folge kann auch eine Eintragung der Verschmelzung durch die für die aufnehmende Gesellschaft zuständige Behörde nicht erfolgen. Das Hindernis für die Erteilung der Vorabbescheinigung kann nach §§ 122a Abs. 2, 16 Abs. 3 UmwG durch das Verfahren zur Überwindung der Registersperre beseitigt werden. Das Verfahren zur Überwindung der Registersperre ist auch anwendbar, wenn ein Spruchverfahren nicht zulässig ist und Rügen des Umtauschverhältnisses in der Anfechtungsklage geltend gemacht werden. Es wird sich in der Praxis herausstellen müssen, wie die Gerichte damit umgehen, in einem Verfahren, das nur kurze Zeit dauern soll, über die Angemessenheit der Bewertung urteilen zu müssen.[236]

155 cc) **Entbehrlichkeit des Beschlusses.** Bei der **Verschmelzung einer deutschen übertragenden Gesellschaft auf ihre 100%ige Muttergesellschaft** ist nach § 122g Abs. 2 UmwG kein Zustimmungsbeschluss der deutschen übertragenden Tochtergesellschaft erforderlich. Dies entspricht inzwischen auch der Rechtslage nach § 62 Abs. 4 UmwG bei der nationalen Verschmelzung auf Aktiengesellschaften[237]. Zur Möglichkeit der Verschmelzung ganz ohne Zustimmungsbeschluss bei der Hereinverschmelzung einer 100%igen Tochtergesellschaft auf eine deutsche Aktiengesellschaft vgl. i.E. nachfolgend Rn. 412.

156 Bei der **Berechnung der Beteiligung** kann auf § 62 Abs. 1 Satz 2 UmwG zurückgegriffen werden. Danach sind eigene Anteile und Anteile, die einem anderen für Rechnung der Gesellschaft gehören, vom maßgeblichen Stamm- oder Grundkapital abzusetzen.

---

[235] WM/*Mayer*, § 122c UmwG Rn. 32; *Müller* ZIP 2007, 1081, 1083; *Vetter* AG 2006, 613, 618; zur nationalen Verschmelzung: Kallmeyer/*Zimmermann*, § 13 Rn. 7; Lutter/*Lutter/Drygala*, UmwG, § 13 Rn. 17; Semler/Stengel/*Gehling*, UmwG, § 13 Rn. 28; zur Societas Europaea: Lutter/Hommelhoff/*Bayer*, SE, Art. 20 SE-VO Rn. 9; Manz/Mayer/Schröder/*Schröder*, SE, Art. 20 SE-VO Rn. 54.
[236] Skeptisch: *Müller* Der Konzern 2007, 81, 84; mit praktischen Vorschlägen zur Erreichung einer praktischen Handhabbarkeit: *Vetter* AG 2006, 613, 622, 624.
[237] Zur Kritik an der Beschränkung auf Aktiengesellschaften: *Ising* NZG 2011, 1369, 1374.

dd) Möglichkeit des verschmelzungsrechtlichen *Squeeze-outs*. Mit dem Dritten **157** Gesetz zur Änderung des Umwandlungsgesetzes[238] hat der Gesetzgeber in § 62 Abs. 5 die Möglichkeit eingeführt, zusammen mit einer Verschmelzung den sog. **verschmelzungsrechtlichen** *Squeeze-out* zu beschließen. Die Regelung findet sich als Teil der auf die übernehmende Gesellschaft anwendbaren Beschlussregelungen. Sie ist also auf eine Verschmelzung einer deutschen Aktiengesellschaft auf eine ausländische Gesellschaft grundsätzlich nicht anwendbar und spielt daher unmittelbar für den hier erläuterten Fall der Hinausverschmelzung keine Rolle. Allerdings beruht § 62 Abs. 5 auf Art. 28 der Richtlinie 78/855/EWG[239], die aufgrund der Änderungsrichtlinie 2009/109/EG v. 16.9.2009 für die Mitgliedsstaaten verbindlich geworden ist. Danach muss das nationale Verschmelzungsrecht entweder vorsehen, dass den außenstehenden Aktionären einer mindestens 90%-igen Tochtergesellschaft, deren Rechtsform der deutschen Aktiengesellschaft entspricht, im Rahmen der Verschmelzung auf die Muttergesellschaft ein Andienungsrecht zusteht oder dass die Mutter den Ausschluss der Minderheitsaktionäre herbeiführen kann. Es ist uE daher denkbar, dass bei einer Verschmelzung einer deutschen Aktiengesellschaft auf eine ausländische Gesellschaft, der ein entsprechendes Verfahren zusteht, § 62 Abs. 5 AktG sowie die entsprechende Regelung des Aufnahmestaates dergestalt anwendbar sind, dass die Minderheitsaktionäre der übertragenden deutschen Aktiengesellschaft im Rahmen der Verschmelzung ausgeschlossen werden. Da diese Konstellation, soweit ersichtlich, in der Literatur noch nicht diskutiert wurde, sollte das Vorgehen jedoch in jedem Fall mit den zuständigen Behörden abgestimmt werden. Zum umgekehrten Fall des verschmelzungsrechtlichen *Squeeze-out* bei der Hereinverschmelzung vgl. i.E. nachfolgend Rn. 414.

ee) Vorbehalt Mitbestimmungsvereinbarung. Die durch den Beschluss erteilte **158** Zustimmung kann nach § 122g Abs. 1 UmwG davon abhängig gemacht werden, dass die Gesellschafter die **Art und Weise der Mitbestimmung der Arbeitnehmer ausdrücklich bestätigen**. Es ist streitig, welche **Mehrheit für diese Bestätigung** erforderlich ist. Zum einen wird vertreten, dass die erforderliche Mehrheit grundsätzlich der für den Beschluss erforderlichen Mehrheit entspricht.[240] Dagegen wird für die ähnliche Vorschrift in Art. 23 Abs. 2 SE-VO vertreten, dass mangels eigenständiger Regelung nach § 133 Abs. 1 AktG die einfache Mehrheit ausreiche.[241]

Schließlich sind auch die **Mehrheitserfordernisse für die Schaffung des Vorbe-** **159** **halts** streitig.[242] In der Praxis wird diese Frage jedoch keine große Rolle spielen, wenn die qualifizierte Mehrheit für die Verschmelzung selbst zustande kommt. Es sollte daher vorsorglich im Beschluss über den Vorbehalt festgelegt werden mit welcher Mehrheit über die Bestätigung zu beschließen ist. Ein Absenken einer ggf. erforderlichen höheren Mehrheit durch den Vorbehaltsbeschluss wird überwiegend auch von den Vertretern des höheren Mehrheitserfordernisses für zulässig gehalten.[243]

---

[238] Drittes Gesetz zur Änderung des Umwandlungsgesetzes vom 11.7.2011, BGBl. I S. 1338.
[239] ABl. L 259 v. 2.10.2009, S. 14.
[240] WM/*Heckschen*, § 122g UmwG Rn. 137; SHS/*Hörtnagel*, § 122g Rn. 8; Oplustil GLJ 2003, 107, 118; Simon/Rubner Der Konzern 2006, 835, 839; nur bei Auswirkungen auf die Satzung: *Müller* ZIP 2007, 1081, 1085.
[241] Lutter/*Bayer*, UmwG, § 122g Rn. 30; Lutter/Hommelhoff/*Bayer*, SE, Art. 23 SE-VO Rn. 17; MünchKomm/*Schäfer*, AktG, Art. 23 SE-VO Rn. 12; *Scheifele*, Die Gründung der Europäischen Aktiengesellschaft, 2004, S. 217; *Schwarz*, SE-VO, Art. 23 Rn. 32; für die grenzüberschreitende Verschmelzung mit bestimmten Vorbehalten *Müller* ZIP 2007, 1081, 1085.
[242] Vgl. nur Heidelberger Kommentar/*Becker*, § 122g Rn. 8; Sagasser/Bula/Brünger/*Gutkès*, § 13 Rn. 158; Semler/Stengel/*Drinhausen*, UmwG, § 122g Rn. 10; MünchKomm/*Schäfer*, AktG, Art. 23 SE-VO Rn. 11; Kölner Komm/*Simon/Rubner*, § 122g UmwG Rn. 16.
[243] Heidelberger Kommentar/*Becker*, § 122g Rn. 8; *Simon/Rubner* Der Konzern 2006, 835, 839; Kölner Komm/*Simon/Rubner*, § 122g UmwG Rn. 17; aA WM/*Heckschen*, § 122g UmwG Rn. 137.

160 Es wird auch diskutiert, ob die Bestätigung an ein **anderes Gremium verlagert** werden kann. Dies wird, soweit in der Satzung nichts anderes geregelt ist, für zulässig gehalten.[244] Allerdings sollte von dieser Möglichkeit bis zur Festigung dieser Auffassung vorsorglich nur Gebrauch gemacht werden, wenn ein nochmaliger Zustimmungsbeschluss ohne größere Probleme eingeholt werden könnte.[245]

161 Schließlich ist zu beachten, dass die **Formulierung des § 122g UmwG** von der Formulierung des Art. 23 Abs. 2 SE-VO abweicht. § 122g UmwG macht die Zustimmung der Anteilsinhaber von der Bestätigung abhängig; Art. 23 Abs. 2 SE-VO dagegen die Eintragung der Societas Europaea. Daraus kann der Schluss gezogen werden, dass bei der grenzüberschreitenden Verschmelzung der Bestätigungsbeschluss bereits vor Anmeldung der Verschmelzung zum Handelsregister vorliegen würde, während diese bei der Verschmelzung zur Societas Europaea erst vor der Eintragung vorliegen müsse.[246]

Um die daraus möglicherweise resultierenden Verzögerungen zu verhindern, wird argumentiert, dass auch bei der grenzüberschreitenden Verschmelzung ein Ergehen des Bestätigungsbeschlusses nach Anmeldung der Verschmelzung, jedoch vor Eintragung ausreichend sei.[247]

h) Formeller Vollzug der Hinausverschmelzung in Deutschland

162 Die Verschm-RL geht von einem **zweistufigen Verfahren** für den formellen Vollzug aus: Zunächst sind für alle beteiligten Gesellschaften jeweils gesondert die sie betreffenden Verfahrensabschnitte von einer nationalen Behörde zu prüfen (Art. 10 Verschm-RL). Auf dieser Basis wird jeweils eine sog. Vorabbescheinigung ausgestellt. In einem zweiten Schritt prüft die für die übernehmende Gesellschaft zuständige Behörde die Rechtmäßigkeit der grenzüberschreitenden Verschmelzung (Art. 11 Verschm-RL).

163 Bei der Verschmelzung einer deutschen Kapitalgesellschaft auf eine EU/EWR-Gesellschaft aus einem anderen Mitgliedsstaat ist daher in Deutschland nur das Einholen der **Vorabbescheinigung** erforderlich; zum Verfahren bei der Hereinverschmelzung auf eine deutsche Kapitalgesellschaft vgl. i.E. nachfolgend Rn. 415 ff. Die Vorabbescheinigung ist in § 122k UmwG geregelt. Nach § 122k Abs. 2 Satz 2 UmwG gilt die Nachricht über die Eintragung der grenzüberschreitenden Verschmelzung in das Register der deutschen übertragenden Gesellschaft als solche Vorabbescheinigung. Diese Eintragung ist mit einem Vermerk zu versehen, dass die grenzüberschreitende Verschmelzung unter den Voraussetzungen des Rechts der übernehmenden oder neuen Gesellschaft wirksam wird. Außerdem ist anzugeben, wenn ein Spruchverfahren anhängig ist (§ 122k Abs. 2 Satz 3 und 4 UmwG).

In der Praxis dürfte es selten zu der Angabe kommen, dass ein Spruchverfahren bereits anhängig ist. Zwar ist es nach hM zulässig, das Spruchverfahren bereits vor Beginn des Fristlaufs nach § 4 SpruchG einzuleiten.[248] Im Regelfall wird das Spruchverfahren tatsächlich jedoch erst nach Eintragung eingeleitet.

Da die Regelung nur zur Umsetzung von Art. 10 Abs. 3 Satz 3 Verschm-RL aufgenommen worden ist[249], ist nach der hier vertretenen Auffassung eine spätere Mitteilung oder Eintragung der Anhängigkeit eines Spruchverfahrens nicht erforderlich.

---

[244] Sagasser/Bula/Brünger/*Gutkès*, § 13 Rn. 138; Limmer/*Limmer*, Unternehmensumwandlung, Teil 6 Rn. 114; *Simon/Rubner* Der Konzern 2006, 835, 839; Komm/*Simon/Rubner*, § 122g UmwG Rn. 18; aA für die Societas Europaea: Lutter/Hommelhoff/*Bayer*, Europäische Gesellschaft, S. 25, 41; aA WM/*Heckschen*, § 122g UmwG Rn. 132 f.; *Müller* ZIP 2007, 1081, 1085.
[245] So auch *Kiem* WM 2006, 1091, 1097.
[246] WM/*Heckschen*, § 122g UmwG Rn. 116 ff.
[247] WM/*Heckschen*, § 122g UmwG Rn. 125 ff.
[248] MünchKomm/*Volhard*, AktG, § 4 SpruchG Rn. 4.
[249] Begründung zum Regierungsentwurf eines Zweiten Gesetzes zur Änderung des Umwandlungsgesetzes, S. 39.

Um diese Eintragung herbeizuführen, müssen der Vorstand bzw. die Geschäftsführung **164** der übertragenden deutschen Gesellschaft in vertretungsberechtigter Anzahl[250] die Verschmelzung **zum Register ihrer Gesellschaft anmelden**. Dabei haben sie nach § 16 Abs. 2 UmwG, auf den § 122k Abs. 1 Satz 2 UmwG ausdrücklich verweist, zu versichern, dass keine Klage gegen den Verschmelzungsbeschluss erhoben wurde.[251] Diese Versicherung entfällt, wenn es sich um eine Verschmelzung auf eine 100%-ige Muttergesellschaft handelt, bei der nach § 122g Abs. 2 UmwG kein anfechtbarer Beschluss gefasst werden muss.[252] Zusätzlich haben der Vorstand bzw. die Geschäftsführer nach § 122k Abs. 1 Satz 3 UmwG zu versichern, dass allen Gläubigern, die darauf nach § 122j UmwG einen Anspruch haben, eine angemessene Sicherheit geleistet worden ist. Eine Anmeldung durch das Vertretungsorgan der übernehmenden Gesellschaft ist, anders als bei der nationalen Verschmelzung, mangels Verweis auf § 16 Abs. 1 Satz 2 UmwG nicht möglich.

Aus der **Versicherung im Hinblick auf die Sicherheitsleistung** nach § 122k Abs. 1 **165** Satz 3 UmwG ergibt sich, dass die Hinausverschmelzung frühestens zwei Monate nach Bekanntmachung des Verschmelzungsplans gem. § 122d UmwG zum Handelsregister der übertragenden Gesellschaft angemeldet werden kann.[253] Mit Bekanntmachung des Verschmelzungsplans ist dabei uE die Einreichung beim Registergericht nach § 122d Satz 1 UmwG gemeint; vgl. hierzu i.E. nachfolgend Rn. 184. Zwar wird sich daraus im Fall der Hinausverschmelzung einer Gesellschaft mit außenstehenden Gesellschaftern faktisch keine Verlängerung des normalen Zeitablaufs ergeben, weil für die Versicherung über das Nichtvorliegen von Klageerhebung auch die Frist für die Erhebung von Anfechtungsklagen abzuwarten ist. Die Zeitverzögerung ist aber bei Konzern- und ähnlichen Sachverhalten, bei denen die Gesellschafter auf die Klageerhebung verzichten, einzuplanen.

Zu beachten ist auch, dass die falsche Abgabe dieser Versicherung **nach § 314a UmwG** **166** **mit Strafe bedroht** ist. Bei der Beurteilung der Berechtigung von geltend gemachten Ansprüchen auf Sicherheitsleistung ist daher besondere Vorsicht anzuwenden.

Die Frage, was eine **angemessene Sicherheitsleistung** ist, ist nicht ausdrücklich gere- **167** gelt. Zur Beurteilung des Maßstabs kann jedoch auf andere Regelungen zur Sicherheitsleistung zurückgegriffen werden.[254]

Die **Anlagen der Anmeldung** richten sich nach §§ 122k Abs. 1 Satz 2 UmwG, 17 **168** UmwG. Es sind daher ebenso wie bei der nationalen Verschmelzung einzureichen der Verschmelzungsplan, die Niederschrift des Zustimmungsbeschlusses der übertragenden deutschen Gesellschaft (sofern dieser nicht nach § 122g Abs. 2 UmwG entfällt), ggf. erforderliche Zustimmungserklärungen einzelner Anteilsinhaber und Zustimmungserklärungen nicht erschienener Anteilsinhaber, Verschmelzungsbericht, Prüfungsbericht oder Verzichtserklärung darauf, ggf. Verzichtserklärungen im Hinblick auf die Gewährung von Anteilen nach § 54 Abs. 1 Satz 3 oder § 68 Abs. 1 Satz 3 UmwG, erforderliche staatliche Genehmigungen und die Schlussbilanz des übertragenden Rechtsträgers. Der Nachweis der rechtzeitigen Zuleitung des Verschmelzungsplans an den zuständigen Betriebsrat ist nach der hier vertretenen Auffassung nicht erforderlich, weil die Zuleitung selbst nicht erforderlich ist; vgl. hierzu i.E. vorstehend Rn. 55. Dagegen ist entsprechend den vorste-

---

[250] S. nur: WM/*Vossius*, § 122k UmwG Rn. 8.
[251] Ausdrücklich darauf hinweisend, dass sich die Erklärung nur auf die deutsche Gesellschaft beziehen muss: *Klein* RNotZ 2007, 565, 604; Limmer/*Limmer*, Unternehmensumwandlung, Teil 6 Rn. 120.
[252] *Kruse* BB 2010, 3035, 3037 f.
[253] Ebenso Sagasser/Bula/Brünger/*Gutkès*, § 13 Rn. 188; von der Möglichkeit einer früheren Anmeldung ausgehend: Kölner Komm/*Simon/Rubner*, § 122k UmwG Rn. 18; WM/*Vossius*, § 122k UmwG Rn. 31; wohl auch Heidelberger Kommentar/*Becker*, § 122k Rn. 9.
[254] Insoweit dürfte das von *Haritz/Wolff* GmbHR 2006, 340, 343 Fn. 12, und *Passarge/Stark* GmbHR 2007, 803 Fn. 5, erkannte Beurteilungsrisiken des anmeldenden Organs gering sein.

henden Ausführungen unter Rn. 125 zu empfehlen, eine Beschreibung des Zugänglichmachens des Verschmelzungsberichts mit einzureichen.[255] Schließlich ist es im Hinblick auf § 122k Abs. 2 S. 4 UmwG anzugeben, ob ein Spruchverfahren anhängig ist oder nicht.

Vossius[256] fordert, dass auch die Vereinbarung über die Mitbestimmung vorzulegen ist. Die Prüfung, ob erforderlichenfalls eine solche Vereinbarung abgeschlossen ist, erfolgt jedoch gem. § 122l Abs. 2 UmwG erst auf der zweiten Stufe, so dass sie uE bei der Anmeldung der Hinausverschmelzung bei der deutschen übertragenden Gesellschaft noch nicht vorzulegen ist.[257]

169 Nach dem Wortlaut des § 122k Abs. UmwG („das Vorliegen der sie betreffenden Voraussetzungen") beziehen sich die Erklärungspflicht nach § 16 Abs. 2 und 3 UmwG und die Pflicht zur Einreichung der Unterlagen nach § 17 UmwG **nur auf die deutsche übertragende Gesellschaft**.[258] Die Kontrolle des Verfahrens der übernehmenden EU/EWR-Gesellschaft erfolgt durch die für sie zuständige Behörde in ihrem Sitzstaat. Das bedeutet – im Fall der hier erläuterten Hinausverschmelzung – u.a., dass die anmeldenden Personen nicht erklären müssen, ob der Zustimmungsbeschluss der aufnehmenden Gesellschaft angefochten wurde, und dass bei getrennter Berichterstattung der Verschmelzungsbericht der aufnehmenden Gesellschaft nicht vorzulegen ist. Ebenfalls nicht zu überprüfen sind die ordnungsgemäße Zuleitung oder das Zugänglichmachen der Unterlagen für die Arbeitnehmer der aufnehmenden Gesellschaft.

170 Auf der **zweiten Stufe** sind die Vorabbescheinigungen und der von den Gesellschafterversammlungen genehmigte Verschmelzungsplan bei der für die übernehmende (oder neue) Gesellschaft zuständigen Behörde vorzulegen. Im Fall der Hinausverschmelzung aus Deutschland erfolgt diese Rechtmäßigkeitsprüfung also durch die für die aufnehmende Gesellschaft zuständige ausländische Behörde. Auch Inhalt und Anlagen zur Anmeldung werden durch das entsprechende ausländische Recht bestimmt. Die zuständige ausländische Behörde prüft die Rechtmäßigkeit der grenzüberschreitenden Verschmelzung. Das umfasst insbesondere die Prüfung ob die beteiligten Gesellschaften einem gemeinsamen gleich lautenden Verschmelzungsplan zugestimmt haben, ob eine Mitbestimmungsvereinbarung abgeschlossen wurde oder entbehrlich war, und ob die erforderlichen Verschmelzungsbescheinigungen vorliegen. Zur Eintragung im deutschen Handelsregister nach § 122l UmwG bei der Hereinverschmelzung auf eine deutsche Kapitalgesellschaft vgl. i.E. nachfolgend Rn. 415 ff.

171 Zu beachten ist in diesem Zusammenhang auch die Regelung des **§ 122k Abs. 3 UmwG**. Danach ist es erforderlich, die Verschmelzungsbescheinigung innerhalb von sechs Monaten bei der zuständigen Behörde des Aufnahmestaates vorzulegen. Allerdings ist zweifelhaft, welche Rechtswirkung diese Regelung hat. Eigentlich ist die Vorlage der Verschmelzungsbescheinigung bei der zuständigen Behörde im Aufnahmestaat eine Frage der zweiten Stufe und unterliegt damit Recht des Staates der aufnehmenden Gesellschaft.[259] Da ohnehin bei Vorlage einer älteren Bescheinigung nicht eingetragen werden darf – so

---

[255] Nachweis eines Zugangs nicht erforderlich: WM/*Vossius*, § 122k UmwG Rn. 17, aber Rn. 36 zum Zugänglichmachen.
[256] WM/*Vossius*, § 122k UmwG Rn. 22.
[257] Ebenso Sagasser/Bula/Brünger/*Gutkès*, § 13 Rn. 191 und 193; Kölner Komm/*Simon/Rubner*, § 122k UmwG Rn. 15.
[258] So auch: Begründung zum Referentenentwurf eines Zweiten Gesetzes zur Änderung des Umwandlungsgesetzes, S. 18, und Begründung zum Regierungsentwurf eines Zweiten Gesetzes zur Änderung des Umwandlungsgesetzes, BR-Drs. 584/06, 37; Semler/Stengel/*Drinhausen*, UmwG, § 122k Rn. 9; *Kiem* WM 2006, 1091, 1099; *Klein* RNotZ 2007, 565, 604; *Neye/Timm* GmbHR 2007, 561, 565; WM/*Vossius*, § 122k UmwG Rn. 12.
[259] *Handelsrechtsausschuss DAV* NZG 2006, 737, 740 hält die Regelung für „überflüssig"; ähnlich *Drinhausen/Keinath* BB 2006, 725, 730.

für die Hereinverschmelzung auch § 122l Abs. 1 Satz 3 1. HS UmwG – gehen von ihr uE keine zusätzlichen Wirkungen aus.

In einem letzten Schritt vermerkt das Gericht der übertragenden deutschen Gesellschaft nach § 122k Abs. 4 UmwG den Tag des Wirksamwerdens der Verschmelzung. Dieser Vermerk erfolgt, wenn das Register der übertragenden deutschen Gesellschaft darüber eine Mitteilung erhalten hat. Die Mitteilung erfolgt unmittelbar durch die für die übernehmende Gesellschaft zuständige Behörde aufgrund der gegenseitigen Unterrichtungspflicht, die nach Art. 13 Verschm-RL in das nationale Recht aufzunehmen ist. Zu diesem Zeitpunkt sind auch die beim Register der deutschen übertragenden Gesellschaft aufbewahrten elektronischen Dokumente an das Register der übernehmenden Gesellschaft zu übermitteln.

i) Wirksamkeit der Hinausverschmelzung

Der **Zeitpunkt der Wirksamkeit der grenzüberschreitenden Verschmelzung** richtet sich entsprechend Art. 12 Verschm-RL nach dem Recht des Staates dem die übernehmende (oder neue) Gesellschaft unterliegt. Bei der Hinausverschmelzung gilt daher das entsprechende ausländische Recht.

Die **Wirkungen der Verschmelzung** umfassen den Vermögensübergang, die Anteilsgewährung an die Gesellschafter der übertragenden Gesellschaft und das Erlöschen der übertragenden – bei der Hinausverschmelzung deutschen – Gesellschaft. Diese Wirkungen werden von Art. 14 Verschm-RL vorgegeben. Sie richten sich bei der Hinausverschmelzung nach dem Recht des Staates, dem die übernehmende (oder neue) Gesellschaft unterliegt.[260]

Die international privatrechtliche Literatur differenziert zwischen der Rechtsnachfolge und den nach dem Erlöschen eintretenden Wirkungen. Erstere sollen sich nach der auf die übertragende Gesellschaft anwendbare Rechtsordnung richten; letztere nach dem Recht der aufnehmenden Gesellschaft. Für die Praxis dürfte dieser Streit unerheblich sein, weil Art. 14 Verschm-RL detaillierte Vorgaben macht und sich die nationalen Rechtsordnungen nach der Umsetzung nicht mehr wesentlich unterscheiden sollten.[261]

Ihre Einzelheiten hängen daher von der Umsetzung im jeweiligen nationalen Recht ab. Zur Umsetzung im deutschen Recht für Hereinverschmelzung auf eine deutsche Kapitalgesellschaft vgl. i.E. nachfolgend Rn. 423 ff.

In der Literatur wird das Risiko diskutiert, dass nach Eintragung der grenzüberschreitenden Verschmelzung im aufnehmenden Land und vor Löschung des Vorläufigkeitsvermerks wegen § 15 Abs. 1 HGB die tatsächlich schon erloschene deutsche übertragende Gesellschaft noch als existierend zu behandeln sein könnte. Daraus könnte sich eine Anknüpfung nach Art. 28 Abs. 2 EGBGB für Austauschverträge und für eine internationale Zuständigkeit nach Art. 2 Abs. 1, Art. 60 Abs. 1 EuGVVO ergeben.[262] Soweit die übertragende deutsche Gesellschaft in Deutschland Aktivitäten hatte, die auf die ausländische Gesellschaft übergehen, und dadurch eine international privatrechtliches Anknüpfung oder der Gerichtsstand des Erfüllungsorts nach Art. 5 Nr. 1a EuGVVO in Betracht kommen, dürfte dieses Risiko im Regelfall nicht bedeutend sein. In jedem Fall kann diesem Risiko dadurch begegnet werden, dass man in Abstimmung mit beiden beteiligten Behörden versucht, die Löschung des Vorläufigkeitsvermerks zeitnah zu erreichen und die Wirksamkeit

---

[260] *Drinhausen/Keinath* BB 2006, 725, 730; *Krause/Kulpa* ZHR 171 (2007), 38, 71; zur Möglichkeit des Aufnahmestaats, nach Art. 14 Abs. 3 Verschm-RL, die Gesamtrechtsnachfolge für bestimmte Vermögensgegenstände an Formalitäten zu knüpfen vgl. Sagasser/Bula/Brünger/*Gutkès*, § 13 Rn. 224.
[261] So auch: Süß/Wachter/*Hoffmann*, Handbuch des internationalen GmbH-Rechts, 2006, § 5 Rn. 32.
[262] *Oechsler* NZG 2006, 161, 164.

der Verschmelzung möglichst schnell durch verschiedene Medien zu verbreiten, so dass § 15 Abs. 1 HGB keine Wirkung mehr entfalten kann.

175 Art. 17 Verschm-RL sieht vor, dass die eingetragene grenzüberschreitende Verschmelzung **absoluten Bestandsschutz** genießt und nicht mehr für nichtig erklärt werden kann. Diese Wirkung richtet sich bei der Hinausverschmelzung wiederum nach dem Recht des Staates, dem die übernehmende (oder neue) Gesellschaft unterliegt.[263] Ihre Einzelheiten hängen daher von der Umsetzung im jeweiligen nationalen Recht ab. Zur Umsetzung im deutschen Recht für Hereinverschmelzung auf eine deutsche Kapitalgesellschaft vgl. i.E. nachfolgend Rn. 423 ff.

j) Verbesserung des Umtauschverhältnisses

176 Neben der frühzeitigen und umfassenden Information der Beteiligten durch den Verschmelzungsplan, -bericht und die Verschmelzungsprüfung (vgl. hierzu i.E. vorstehend Rn. 21 ff., 100 ff. und 128 ff.) ist der **Minderheitenschutz bei der grenzüberschreitenden Verschmelzung** im Wesentlichen über die Regelungen zur Verbesserung des Umtauschverhältnisses nach §§ 122h, 14 Abs. 2, 15 UmwG geregelt. Bei der Hinausverschmelzung kommt die Möglichkeit des Ausscheidens gegen Abfindung nach § 122i Abs. 1 UmwG hinzu; vgl. i.E. vorstehend Rn. 90 ff.

177 Die **Möglichkeit zur Verbesserung des Umtauschverhältnisses** über die Durchführung eines Spruchverfahrens besteht für die Gesellschafter der übertragenden deutschen Gesellschaft bei der grenzüberschreitenden Verschmelzung nach §§ 122h Abs. 1, 14 Abs. 2, 15 UmwG **in zwei Fällen**:[264] entweder sieht die Rechtsordnung, die für die aufnehmende Gesellschaft gilt, ein Verfahren zur Kontrolle und Änderung des Umtauschverhältnisses vor, oder die Anteilsinhaber der aufnehmenden Gesellschaft stimmen der Geltung der §§ 14 Abs. 2, 15 UmwG für die Anteilsinhaber der deutschen übertragenden Gesellschaft ausdrücklich zu. Dieser Grundsatz gilt auch für eine Überprüfung der Angemessenheit der Barabfindung nach § 122i Abs. 1 UmwG.

178 In den meisten Fällen wird die relevante ausländische Rechtsordnung ein solches Verfahren nicht vorsehen. Es ist also ein **Beschluss der Anteilsinhaber der übrigen beteiligten Gesellschaften** erforderlich, der der Anwendung der §§ 14 Abs. 2, 15 UmwG zustimmt. Rechtstechnisch führt dieser Beschluss uE zu einem Anspruch der Anteilsinhaber der deutschen übertragenden Gesellschaft gegen die ausländische übernehmende Gesellschaft auf bare Zuzahlung und eine Anerkennung der internationalen Zuständigkeit des deutschen Gerichts, welches nach § 2 SpruchG zuständig ist.[265]

Einen ähnlichen Ansatz vertritt *Oechsler*[266], der davon ausgeht, dass durch den Zustimmungsbeschluss eine Gerichtsstandsvereinbarung mit den Anteilsinhabern der übertragenden deutschen Gesellschaft zustande kommt, die Bindungswirkung für die aufnehmende Gesellschaft hat. Für die Praxis dürften sich im Regelfall aus der unterschiedlichen Konstruktion der Zuständigkeit keine Folgen ergeben.

Als Folge der Anwendbarkeit des deutschen Spruchverfahrens wird die Anfechtungsklage gegen den Zustimmungsbeschluss der deutschen übertragenden Gesellschaft ausgeschlossen, soweit sie sich darauf stützt, dass das Umtauschverhältnis zu niedrig bemessen

---

[263] Drinhausen/Keinath BB 2006, 725, 730; Krause/Kulpa ZHR 171 (2007), 38, 71.
[264] Für den Fall, dass mehr als zwei Gesellschaften an der Verschmelzung beteiligt sind, muss eine der beiden Voraussetzungen bei allen anderen beteiligten Gesellschaften vorliegen.
[265] Müller Der Konzern 2007, 81, 84; ders. ZIP 2007, 1081, 1083 f.; für den ähnlichen Art. 25 Abs. 3 SE-VO: MünchKomm/Schäfer, AktG, Art. 20 SE-VO Rn. 33; für Österreich: Kalss/Hügel/Kalss, Europäische Aktiengesellschaft, 2005, §§ 21, 22 SEG Rn. 25; s.a. Meilicke/Lochner AG 201, 23.
[266] NZG 2006, 161, 165.

und – soweit das auch bei der nationalen Verschmelzung der Fall ist – Informationen zum Umtauschverhältnis und zur Bewertung nicht ausreichend erteilt worden sind. Ferner bindet die Rechtskraft der Entscheidung im Spruchverfahren nach § 13 SpruchG, Art. 10 Abs. 3 Satz 4 Verschm-RL alle Beteiligten.

Es ist umstritten, ob die **Zustimmung zur Anwendbarkeit des Spruchverfahrens in der Praxis attraktiv** ist. Teilweise wird vertreten, dass das Risiko, Bewertungsrügen in einer Anfechtungsklage behandeln zu müssen, so hoch sei, dass die Durchführung eines Spruchverfahrens für die Anteilsinhaber der aufnehmenden Gesellschaft so vorteilhaft sei, dass sie zustimmen würden.[267] Demgegenüber wird argumentiert, es gäbe für die Anteilsinhaber der übernehmenden Gesellschaft keinen Anreiz, einer Möglichkeit zur einseitigen Verschlechterung ihrer Rechtsposition zuzustimmen.[268] 179

Kommt es tatsächlich zur **Durchführung eines Spruchverfahrens in Deutschland**, ist nach § 6c SpruchG für die Anteilsinhaber der aufnehmenden Gesellschaft und ggf. auch der übrigen beteiligten Gesellschaften auf Antrag eines oder mehrerer dieser Anteilsinhaber ein gemeinsamer Vertreter zu bestellen. Dieser soll das ursprünglich gewählte Umtauschverhältnis verteidigen.[269] Nach der wohl überwiegenden Zahl der Stellungnahmen in der Literatur dazu und zum parallelen § 6a SpruchG, hat dieser gemeinsame Vertreter das Recht zur Teilnahme an sämtlichen Gerichtsterminen, auf Akteneinsicht und Anhörung; er soll dagegen keine Befugnis haben, Rechtsmittel einzulegen.[270] 180

Zu beachten ist, dass die tatsächliche Zahlung einer durch ein Spruchverfahren festgestellten Nachbesserung unzulässig sein kann, wenn dies durch die Kapitalerhaltungsregeln des auf die aufnehmende Gesellschaft anwendbaren Rechts verboten ist.[271] Dieses Risiko sollte ggf. nach dem anwendbaren ausländischen Recht untersucht werden.

Unserer Kenntnis nach sieht bisher nur Österreich und wohl auch Portugal[272] **ein dem Spruchverfahren vergleichbares Verfahren vor**. Es kann daher nur bei einer Hinausverschmelzung von Deutschland nach Österreich zur Durchführung eines Kontrollverfahrens kommen, ohne dass die Anteilsinhaber der übrigen beteiligten Gesellschaften zustimmen. Es ist jedoch unklar, nach welchen Regeln sich das Kontrollverfahren und der Nachbesserungsanspruch sich in diesem Fall richten. 181

Einerseits wird vertreten,[273] dass sich nach den allgemeinen kollisionsrechtlichen Regeln ein Nachbesserungsanspruch gegen die aufnehmende österreichische Gesellschaft nach österreichischem Recht richten müsse, da diese Anspruchsgegnerin sei. Außerdem seien die österreichischen Gerichte für diesen Anspruch nach Art. 2, 60 EuGVVO international zuständig,[274] so dass die Gesellschafter der deutschen übertragenden Gesellschaft das Umtauschverhältnis nach §§ 225c ff. öAktG überprüfen lassen könnten.

---

[267] Heidelberger Kommentar/*Becker*, § 122h Rn. 5; *Forsthoff* DStR 2006, 613, 615; *Müller* Der Konzern 2007, 81, 85; *ders.* ZIP 2007, 1081, 1086; zurückhaltender auch *Oechsler* NZG 2006, 161, 164.
[268] *Bayer/Schmidt* NZG 2006, 841, 844; WM/*Heckschen*, § 122h UmwG Rn. 38, 50 ff.; *Kiem* WM 2006, 1091, 1097; *Klein* RNotZ 2007, 565, 598 f.; *Kubak* Der Konzern 2007, 303; für die Societas Europaea: *Schwarz*, SE-VO, Art. 25 Rn. 30; *Scheifele*, Die Gründung der Europäischen Aktiengesellschaft, 2004, S. 244.
[269] Begründung zum Regierungsentwurf eines Zweiten Gesetzes zur Änderung des Umwandlungsgesetzes, BR-Drs. 548/06, S. 46.
[270] *Müller* Der Konzern 2007, 81, 85; Lutter/Hommelhoff/*Vetter*, Europäische Aktiengesellschaft, S. 111, 131 f.; aA Kölner Komm/*Wasmann*, § 6a SpruchG Rn. 3.
[271] S. auch *Vetter* AG 2006, 613, 623.
[272] Vgl. Heidelberger Kommentar/*Becker*, § 122h Rn. 3.
[273] *Koppensteiner* Der Konzern 2006, 40, 46; *Müller* Der Konzern 2007, 81, 85.
[274] Kalss/Hügel/*Kalss*, Europäische Aktiengesellschaft, 2005, §§ 21, 22 SEG Rn. 24; *Koppensteiner* Der Konzern 2006, 40, 46; *Müller* Der Konzern 2007, 81, 85; ausführlich zur europarechtlichen Zuständigkeit auch *Nießen* NZG 2006, 441, 442 ff.

Andererseits geht die Gesetzesbegründung davon aus,[275] dass in diesem Fall die §§ 14 Abs. 2, 15 UmwG gelten. Die internationale Zuständigkeit deutscher Gerichte soll dabei durch den Gerichtsstand des Erfüllungsorts nach Art. 5 Abs. 1 lit. a EuGVVO[276] oder dadurch zustande kommen, dass die Anteilsinhaber der übertragenden Gesellschaft dem zustimmen.[277] Für die Societas Europaea wird auch mit einer teleologischen Analogie Art. 25 Abs. 3 Satz 4 SE-VO als internationale Zuständigkeitsnorm argumentiert.[278]

UE sprechen gute Argumente dafür, die Sonderanknüpfung der Geltung des deutschen Spruchverfahrens für einen Nachbesserungsanspruch gegen die ausländische übernehmende Gesellschaft auf die Fälle zu begrenzen, in denen sich die Anteilsinhaber der übernehmenden Gesellschaft diesem Verfahren unterwerfen. Eine Geltung des deutschen Spruchverfahrens für einen Nachbesserungsanspruch für den Fall, dass das Recht der übernehmenden Gesellschaft ein ähnliches Verfahren kennt, ist zunächst vom Wortlaut des § 122h Abs. 1 UmwG gar nicht erfasst („gelten nur, sofern [...] zustimmen"). Dafür besteht auch kein Bedarf, gerade weil das Recht der aufnehmenden Gesellschaft im fraglichen Fall ein Verfahren vorsieht. Es leuchtet daher ein, das anwendbare Recht nach den allgemeinen kollisionsrechtlichen Regelungen zu ermitteln. In diesem Zusammenhang sprechen gute Argumente dafür, dass ein Nachbesserungsanspruch gegen die übernehmende Gesellschaft sich nach dem Recht der übernehmenden Gesellschaft richtet. Da sie Anspruchsgegnerin ist, liegt die internationale Zuständigkeit nach Art. 2, 60 EUGVVO auch in ihrem Staat. Vorteil dieser Lösung wäre, dass das zuständige Gericht nach ihrer und nicht einer fremden Rechtsordnung entscheiden könnte.

Gleichwohl bleibt bei dieser Frage insbesondere wegen der klar anders lautenden Gesetzesbegründung eine erhebliche Unsicherheit. Möglicherweise ließe sich diese Unsicherheit etwas reduzieren, wenn die übertragende und die übernehmende Gesellschaft eine Gerichtsstandsvereinbarung treffen, in der sich die aufnehmende Gesellschaft mit Wirkung zu Gunsten der Anteilsinhaber der übertragenden Gesellschaft ausdrücklich einem Kontrollverfahren im Land ihres Sitzes unterwirft. Eine solche Vereinbarung dürfte die Gesellschafter der übertragenden Gesellschaft zwar nicht binden. Sie könnten sich jedoch gegenüber der aufnehmenden Gesellschaft darauf berufen.

k) Gläubigerschutz

182 Die Vorschrift des § 122j Abs. 1 Satz 1 UmwG sieht vor, dass die übertragende Gesellschaft den **Gläubigern der deutschen übertragenden Gesellschaft** bei der Hinausverschmelzung **Sicherheit zu leisten** hat, soweit sie nicht Befriedigung verlangen können. Voraussetzung der Sicherheitsleistung ist, dass der jeweilige Gläubiger seinen Anspruch innerhalb von zwei Monaten nach der Bekanntmachung des Verschmelzungsplans nach Grund und Höhe schriftlich anmeldet und glaubhaft macht, dass durch die Verschmelzung die Erfüllung seiner Forderung gefährdet wird. Dies unterscheidet sich von der nationalen Verschmelzung. Bei der nationalen Verschmelzung erfolgt der Gläubigerschutz nach § 22

---

[275] Begründung zum Regierungsentwurf eines Zweiten Gesetzes zur Änderung des Umwandlungsgesetzes, BR-Drs. 548/06, S. 33; ebenso: Heidelberger Kommentar/*Becker*, § 122h Rn. 5; *Forsthoff* DStR 2006, 613, 614; *Neye* DB 2006, 488, 491; zu Art. 25 Abs. 2 SE-VO MünchKomm/*Schäfer*, AktG, Art. 24 SE-VO Rn. 16.

[276] Kölner Komm/*Simon/Rubner*, § 122h UmwG Rn. 9; wohl auch Kallmeyer/Marsch-Barner, § 122h Rn. 6, allerdings ohne Differenzierung zwischen dem Fall der Anwendbarkeit aufgrund eines vergleichbaren Verfahrens und aufgrund eines Beschlusses.

[277] Zu Art. 25 Abs. 2 SE-VO MünchKomm/*Schäfer*, AktG, Art. 24 SE-VO Rn. 16; mit dem gleichen Ergebnis über Art. 22 Nr. 2 EuGVVO: *Meilicke/Lochner* AG 2010, 23, 32.

[278] MünchKomm/*Schäfer*, AktG, Art. 24 SE-VO Rn. 16.

UmwG erst nach der Eintragung der Verschmelzung und nicht durch die übertragende, sondern durch die übernehmende Gesellschaft.

Die Regelung des § 122j UmwG wird in der Literatur kritisiert, weil sie gegen Art. 4 der Verschm-RL[279] oder sogar die Niederlassungsfreiheit[280] verstoße. Ein Verstoß gegen die Verschm-RL liege deshalb vor, weil § 122j UmwG gegenüber § 22 UmwG eine schärfere Regelung sei. Eine schärfere Regelung sei aber innerhalb des EWR nicht erforderlich, weil die Durchsetzung von Ansprüchen innerhalb des EWR nicht mit besonderen Schwierigkeiten verbunden sei. In der Folge sei die Regelung des § 122j UmwG nicht erforderlich und damit nicht gerechtfertigt. Nur für den Minderheitenschutz nach Art. 4 Abs. 2 Satz 2 Verschm-RL bestehe eine Ermächtigungsgrundlage für eine gegenüber der nationalen Verschmelzung strengere Regelung. Dagegen wird argumentiert, dass § 22 UmwG mit dem nach Eintragung eingreifenden Gläubigerschutz nicht auf die grenzüberschreitende Verschmelzung passe, weil § 22 UmwG nicht auf den übernehmenden ausländischen Rechtsträger anwendbar sei. Die Regelung des § 122j UmwG sei daher gerechtfertigt.[281] In der Praxis wird man in jedem Fall davon ausgehen müssen, dass § 122j UmwG – ebenso wie §§ 8, 13 SEAG, die, soweit ersichtlich, bisher gerichtlich noch nicht angegriffen worden sind – einzuhalten sind.

183 Die Einhaltung des § 122j Abs. 1 UmwG wird durch §§ 122k Abs. 1 Satz 3, 314a UmwG abgesichert. Danach muss das die grenzüberschreitende Verschmelzung anmeldende Vertretungsorgan eine **Versicherung abgeben**, dass allen anspruchsberechtigten Gläubigern Sicherheit geleistet wurde. Die falsche Abgabe dieser Versicherung ist strafrechtlich sanktioniert. Zu dieser Versicherung vgl. i.E. vorstehend Rn. 164 f. und zur Angemessenheit Rn. 167.

184 Anspruchsberechtigt für die Sicherheitsleistung sind nach § 122j Abs. 1 Satz 2 und Abs. 2 UmwG alle Gläubiger der deutschen übertragenden Gesellschaft, die ihre **Forderungen** innerhalb von zwei Monaten „nach dem Tag, an dem der Verschmelzungsplan oder sein Entwurf bekannt gemacht worden sind" **anmelden**.

Es ist nicht eindeutig, ob damit das Datum der Einreichung nach § 122d Satz 1 UmwG oder das Datum der Veröffentlichung nach § 10 HGB gemäß § 122d Satz 2 UmwG gemeint ist. UE kann die Fristberechnung mit der Einreichung beim Handelsregister beginnen.[282] Dies steht im Einklang mit der europarechtlichen Vorgabe des Art. 6 Abs. 1 Verschm-RL. Art. 6 Abs. 1 Verschm-RL sieht vor, dass der Verschmelzungsplan in Übereinstimmung mit Art. 3 der Richtlinie 68/151/EWG (Erste Gesellschaftsrechtliche Richtlinie) bekannt gemacht werden muss. Art. 3 dieser Richtlinie sieht vor, dass für jede Gesellschaft bei einem Register eine Akte geführt werden muss, aus der alle veröffentlichungs-

---

[279] Lutter/Bayer, UmwG, § 122 Rn. 4ff; Bayer/Schmidt NZG 2006, 841, 843; Heidelberger Kommentar/Becker § 122j Rn. 8; Drinhausen BB 2006725, 732; Grunewald Der Konzern, 2007, 106, 107; Haritz/Wolf Der Konzern 2006, 340, 343; Herrler EuZW 2007, 295, 297; Louven ZIP 2006, 2021, 2028; allgemein, dass keine abweichende Regelung für die grenzüberschreitende Verschmelzung zulässig sei: Bayer/Schmidt NJW 2006, 401, 405; dem Gesetzgeber fehle die Regelungskompetenz: Klein RNotZ 2007, 565, 602f.; insgesamt kritisch, aber nicht gegen eine Rechtmäßigkeit auch: Handelsrechtsausschuss des Deutschen Anwaltsvereins NZG 2006, 737, 743; zur Kritik an der gleichlautenden Regelung der §§ 8, 13 SEAG für die Gründung der Societas Europaea durch Verschmelzung vgl. Manz/Mayer/Schröder/Schröder, SE, Art. 24 SE-VO Rn. 35 und Nachweise bei Schwarz, SE-VO, Art. 24 Rn. 11.
[280] Haritz/Wolf Der Konzern 2006, 340, 343; WM/Vossius, § 122j UmwG Rn. 7f.
[281] Begründung zum Regierungsentwurf eines Zweiten Gesetzes zur Änderung des Umwandlungsgesetzes, BR-Drs. 548/06, S. 36; Krause/Kulpa ZHR 171 (2007), 38, 75; Müller NZG 2006, 286, 289; ders. ZIP 2007, 1081, 1087; Neye/Timm DB 2006, 488, 492; mit einigen Zweifeln zur Zulässigkeit einer unterschiedlichen Regelung zur nationalen Verschmelzung: Passarge/Stark GmbHR 2007, 803, 804 f.
[282] AA Heidelberger Kommentar/Becker, § 122j Rn. 2; Semler/Stengel/Drinhausen, UmwG, § 122d Rn. 12 und 22 und § 122j Rn. 8; WM/Heckschen, Vor §§ 122a ff. UmwG Rn. 257; Passarge/Stark GmbHR 2007, 803; Pfeiffer/Heilmeier GmbHR 2009, 1317, 1318.

pflichtigen Tatsachen ersichtlich sind. Diese Pflicht ist bereits mit der Einreichung beim Register erfüllt. Zwar sieht Art. 3 der Richtlinie 68/151/EWG außerdem vor, dass die Einreichungen in einem Amtsblatt veröffentlicht werden müssen. Hierbei handelt es sich jedoch nur um eine zusätzliche Hinweispflicht. Die eigentliche Offenlegung erfolgt nach Art. 3 Abs. 2 der Richtlinie 68/151/EWG durch die Aufnahme in die Akte, d.h. mit der Einreichung. Diese Auffassung steht auch im Einklang mit § 61 UmwG. Nach dieser Regelung ist ebenfalls die Einreichung und nicht die Veröffentlichung maßgeblicher Zeitpunkt.[283] Schließlich deckt sie sich auch mit dem offenbaren Verständnis der Regelung von Bundesrat und Bundesregierung.[284]

In der Praxis ist jedoch gleichwohl dazu zu raten, bis zu einer Festigung der Meinung in der Literatur oder bis zu einer gerichtlichen Entscheidung, die Fristberechnung mit dem Registergericht vorzubesprechen. Wenn es, zB für die Rückwirkung auf einen bestimmten Einreichungstermin ankommt, sollte bereits bei der Planung sichergestellt sein, dass dieser Einreichungstermin auch dann eingehalten werden kann, wenn das Registergericht die Frist nach § 122j Abs. 1 Satz 2 UmwG, welche für die Einreichung wegen § 122k Abs. 1 Satz 2 UmwG von Bedeutung ist, erst ab der Veröffentlichung berechnet.

Auch wenn das Gesetz dies nicht ausdrücklich vorsieht, hat die Anmeldung bei der übertragenden Gesellschaft zu erfolgen. Dabei ist davon auszugehen, dass die Anmeldung richtig erfolgt ist, wenn sie an die in der Bekanntmachung nach § 122d Satz 2 Nr. 4 UmwG genannte Adresse erfolgt.

185 Die Anmeldung muss den Anspruch dem Grund und der Höhe nach beschreiben. In der Anmeldung muss außerdem **glaubhaft gemacht werden,** dass durch die Verschmelzung die Erfüllung der angemeldeten Forderung **gefährdet wird**. Es besteht weitgehend Einigkeit darüber, dass nicht allein der grenzüberschreitende Charakter der Verschmelzung zu einer Gefährdung führt, sondern besondere Umstände hinzukommen müssen.[285] Das wird damit begründet, dass bei der Hinausverschmelzung regelmäßig eine Zweigniederlassung in Deutschland zurückbleibe, an deren Ort der Gläubiger die Forderung weiterhin einklagen könne, oder dass die Vollstreckung von Forderungen durch die EuGVVO innerhalb der EU gewährleistet sei. Eine Gefährdung kann daher zum Beispiel in Betracht kommen, wenn bei der aufnehmenden Gesellschaft eine unsichere Vermögenslage besteht. Möglicherweise kann eine Gefährdung auch bestehen, wenn anlässlich der Verschmelzung Vermögen in das Ausland verlegt wird oder die auf die ausländische übernehmende Gesellschaft anwendbaren Kapitalschutzregeln hinter den deutschen Regeln zurückbleiben.[286] Bei der Beurteilung, ob eine Gefährdung vorliegt, wird man bis zur Herausbildung einer gefestigten Praxis oder Rechtsprechung darauf achten müssen, dass dem Vertretungsorgan bei der Abgabe der Versicherung nach § 122k Abs. 1 Satz 3 UmwG nicht der Vorwurf gemacht werden kann, vorsätzlich eine falsche Versicherung abgegeben zu haben. Bestehen tatsächlich Unsicherheiten, ob eine Gefährdung vorliegt, kann es ratsam sein, den

---

[283] Lutter/*Grunewald*, UmwG, § 61 Rn. 3; Kallmeyer/*Marsch-Barner*, § 61 Rn. 2; WM/*Rieger*, § 61 UmwG Rn. 7; SHS/*Stratz*, § 61 Rn. 2.

[284] Zum Streit über die Notwendigkeit einer Änderung von § 122d UmwG: BT-Drs. 16/2919, S. 24 und S. 7; kritisch zur Regelung auch *Louven* ZIP 2006, 1021, 1025.

[285] Bayer/Schmidt NZG 2006, 841, 843; Heidelberger Kommentar/*Becker*, § 122j Rn. 2; Semler/Stengel/*Drinhausen*, UmwG, § 122j Rn. 9; *Grunewald* Der Konzern 2007, 106, 107; Sagasser/Bula/Brünger/*Gutkès*, § 13 Rn. 175; Handelsrechtsausschuss des Deutschen Anwaltsvereins NZG 2006, 737, 743; *Haritz/Wolf* Der Konzern 2006, 340, 343; *Neye/Timm* DB 2006, 488, 492; *dies.* GmbHR 2007, 561, 564; *Passarge/Stark* GmbHR 2007, 803, 807 ff.; Kölner Komm/*Simon/Rubner*, § 122j Rn. 13; WM/*Vossius*, § 122j UmwG Rn., 32; zur Societas Europaea: *Oechsler* NZG 2006, 161, 165;

[286] Einzelheiten hierzu sind bei der Societas Europaea umstritten: MünchKomm/*Oechsler*, AktG, Art. 8 SE-VO Rn. 41 f. mwN.

Entscheidungsprozess gegen eine Sicherheitsleistung zu dokumentieren, damit sich die Mitglieder des Vertretungsorgans ggf. verteidigen können.

Um die Gefährdung glaubhaft zu machen, wird der jeweilige Gläubiger uE zum einen die Umstände darlegen müssen, aus denen sich die Gefährdung ergibt. Zum anderen wird er für diese Umstände Belege vorlegen müssen. Für die Beurteilung, ob solche Belege ausreichen, wird man sich an § 294 ZPO orientieren können. Allerdings wird man keine zu hohen Anforderungen stellen dürfen, da Adressat der Glaubhaftmachung nicht ein unbeteiligtes Gericht ist, sondern die an der Verschmelzung beteiligte übertragende Gesellschaft. Soweit diese unter Einbeziehung ihrer besonderen Kenntnisse über die übernehmende Gesellschaft anhand der Belege das Vorliegen der Umstände nachvollziehen kann, werden die Belege ausreichend sein. In der Praxis können die Umstände zB durch Vorlage von Informationen der nach § 122d Satz 2 Nr. 4 UmwG bezeichneten Stelle, Auszüge aus dem Verschmelzungsbericht – soweit der Gläubiger tatsächlich Zugang hat –, dem Gläubiger zugängliche Finanzinformationen über die Gesellschaft oder nicht offensichtlich vertrauensunwürdige Zeitungsberichte glaubhaft gemacht werden.

Die Gläubiger dürfen weiterhin nach § 122j Abs. 1 Satz 1 UmwG nur für Forderungen **186** Sicherheit verlangen, deren **Befriedigung sie noch nicht verlangen** können. Auf welchen Zeitpunkt es für die Unmöglichkeit, Befriedigung verlangen zu können, ankommt, regelt das Gesetz nicht. UE wird es auf den Zeitpunkt des Ablaufs der Anmeldefrist ankommen. Wenn der Gläubiger innerhalb dieses Zeitraums berechtigt sein wird, darf er nicht zu einem früheren Zeitpunkt innerhalb dieser Frist Sicherheit verlangen. Andernfalls könnte es parallel zu einer Sicherheitsleistung und einer Befriedigung der Forderung kommen.

Schließlich besteht die Berechtigung zur Sicherheitsleistung nach § 122j Abs. 2 UmwG **187** nur für **Forderungen, die vor oder bis zu 15 Tage nach Bekanntmachung** des Verschmelzungsplans oder seines Entwurfs entstanden sind. Mit der Bekanntmachung ist uE wiederum die Einreichung zum Registergericht nach § 122d Satz 1 UmwG gemeint, wobei allerdings vorsorglich von der Veröffentlichung nach § 122d Satz 2 UmwG ausgegangen werden sollte; vgl. hierzu i.E. vorstehend Rn. 184. Tage iSd § 122j Abs. 2 UmwG sind alle Kalendertage. Eine Verlängerung der Frist bei einem auf einen Sonn- oder Feiertag fallendes Ende besteht nicht.[287]

Die Regelung des § 122j UmwG ist **gegenüber § 22 UmwG eine spezielle Regelung**. § 22 UmwG ist daher uE im Rahmen der Hinausverschmelzung nicht anwendbar.[288] Eine andere Auffassung vertreten *Passarge/Stark*[289], die davon ausgehen, dass § 122j UmwG die Regelung des § 22 UmwG nur teilweise verdrängt. § 22 Abs. 1 Satz 3 und Abs. 2 UmwG sollen anwendbar bleiben. Für § 22 Abs. 1 Satz 3 UmwG besteht uE mit den Regelungen zur Offenlegung des Verschmelzungsplans in § 122d UmwG eine speziellere Regelung. Diese setzt zudem noch zum richtigen Zeitpunkt – nämlich vor der Anmeldung der Verschmelzung an. Der Zeitpunkt der Veröffentlichung nach § 22 Abs. 1 Satz 3 UmwG – nämlich nach Eintragung der Verschmelzung – passt zum zeitlichen Ablauf des Gläubigers bei der Hinausverschmelzung nicht.

Für § 22 Abs. 2 UmwG, nach dem der Anspruch auf Sicherheitsleistung für Gläubiger ausgeschlossen ist, die im Falle der Insolvenz ein Recht auf vorzugsweise Befriedung aus einer geschützten Deckungsmasse haben, gibt es in den §§ 122a ff. UmwG keine ausdrückliche speziellere Regelung. Allerdings wird es in diesen Fällen schwierig sein, die Gefähr-

---

[287] Vgl. zum Vorbild in § 15 Abs. 2 HGB: MünchKomm/*Krebs*, HGB, § 15 Rn. 71.
[288] Ebenso: Semler/Stengel/*Drinhausen*, UmwG, § 122j Rn. 4; Kölner Komm/*Simon/Rubner*, § 122d UmwG Rn. 10; WM/*Vossius*, § 122j UmwG Rn. 3.
[289] GmbHR 2007, 803, 804; ebenso für § 22 Abs. 2 UmwG, wenn die ausländische Rechtsordnung ein vergleichbares Vorzugsrecht der Insolvenzgläubiger kennt: Sagasser/Bula/Brünger/*Gutkès*, § 13 Rn. 177.

dung der Erfüllung durch die Eintragung der Verschmelzung glaubhaft zu machen;[290] vgl. hierzu i.E. vorstehend Rn. 185. In der Praxis wird es daher nicht darauf ankommen, ob man nach § 22 Abs. 2 UmwG oder § 122j Abs. 1 Satz 2 UmwG zum gleichen Ergebnis kommt.

189 Sämtliche Voraussetzungen der Geltendmachung der Sicherheitsleistung sind **in der Bekanntmachung nach § 122d Satz 2 Nr. 4 UmwG zu beschreiben**; vgl. hierzu i.E. vorstehend Rn. 44.

190 Die Rechte der **Gläubiger der übernehmenden ausländischen Gesellschaft** richten sich nach der auf die übernehmende Gesellschaft anwendbaren Rechtsordnung. Da für die nach Erlöschen der übertragenden Gesellschaft eintretenden Wirkungen das Gesellschaftsstatut der übernehmenden Gesellschaft maßgeblich ist, findet § 22 UmwG, der erst nach Wirksamkeit der Verschmelzung eingreift, bei der grenzüberschreitenden Hinausverschmelzung auch auf die Gläubiger der übernehmenden Gesellschaft keine Anwendung.

l) Arbeitnehmermitbestimmung

191 Nach Art. 16 Abs. 1 Verschm-RL und § 4 MgVG gilt für die unternehmerische Mitbestimmung **grundsätzlich das Sitzlandprinzip**. Danach sind auf die aus einer grenzüberschreitenden Verschmelzung hervorgehende Gesellschaft die in der auf sie anwendbaren Rechtsordnung vorgesehenen Regelungen zur Arbeitnehmermitbestimmung anwendbar. Bei der Hinausverschmelzung kommen danach nach Wirksamkeit der Verschmelzung grundsätzlich die ausländischen Mitbestimmungsregelungen zur Anwendung.

192 Dieser **Grundsatz wird jedoch nach Art. 16 Abs. 2 Verschm-RL** unter bestimmten Voraussetzungen **durchbrochen**. Liegen die Voraussetzungen des Art. 16 Abs. 2 Verschm-RL in ihrer nationalen Umsetzung vor, gilt die bereits von der Gründung der Societas Europaea bekannte Verhandlungs- oder Auffanglösung mit einigen Modifikationen. Diese Vorgaben sind in Deutschland durch das MgVG[291] umgesetzt und in den übrigen Mitgliedstaaten der EU und des EWR durch entsprechende Regelungen umzusetzen. Dabei ist jedes nationale Gesetz nur soweit anwendbar, wie inländische beteiligte Gesellschaften oder inländische Arbeitnehmer betroffen sind. Bei der Hinausverschmelzung, bei der der Anwendungsbereich für eine Verhandlungs- oder Auffanglösung eröffnet ist, gilt also für die übernehmende Gesellschaft zunächst das Umsetzungsgesetz der auf sie anwendbaren Rechtsordnung und für die deutsche übertragende Gesellschaft das MgVG. Für deutsche Arbeitnehmer der übernehmenden Gesellschaft können außerdem ergänzend Regelungen des MgVG zur Anwendung kommen.

193 Zu beachten ist, dass sich die Verhandlungslösung bei der grenzüberschreitenden Verschmelzung **nur auf die Mitbestimmung bezieht**. Mitbestimmung ist nach Art. 16 Abs. 2 Verschm-RL, Art. 2 lit. k) SE-RL, die für die Hereinverschmelzung durch § 2 Abs. 7 MgVG umgesetzt sind, die Einflussnahme der Arbeitnehmer auf die Angelegenheiten einer Gesellschaft durch Wahrnehmung des Rechts, einen Teil der Mitglieder des Aufsichts- oder Verwaltungsorgans der Gesellschaft zu wählen oder zu bestellen, oder die Wahrnehmung des Rechts, die Bestellung eines Teils oder aller Mitglieder des Aufsichts- oder Verwaltungsorgans der Gesellschaft zu empfehlen oder abzulehnen.

Die bei der Societas Europaea ebenfalls umfassten Bereiche Unterrichtung und Anhörung werden bei der grenzüberschreitenden Verschmelzung nicht von der Verhandlungs-

---

[290] Ebenso: Semler/Stengel/*Drinhausen*, UmwG, § 122j Rn. 14.
[291] Gesetz zur Umsetzung der Regelungen über die Mitbestimmung der Arbeitnehmer bei einer Verschmelzung von Kapitalgesellschaften aus verschiedenen Mitgliedstaaten vom 21.12.2006, BGBl. I 2006, 3332.

oder Auffanglösung umfasst.[292] Für sie gelten daher nach Wirksamkeit der Verschmelzung nur die auf die übernehmende Gesellschaft anwendbaren Regelungen. Dies ist für deutsche Arbeitnehmervertretungen in § 29 MgVG ausdrücklich bestätigt.

Häufig können sich Unterrichtung und Anhörung in solchen Fällen nach dem jeweiligen nationalen Pendant zum EBRG richten. Die Verhandlungen nach diesen Regelungen sind aber sachlich und zeitlich von der Anmeldung und Eintragung der Verschmelzung unabhängig.

194 Zu beachten ist ferner, dass nach dem auf Art. 11 Abs. 1 Satz 2, 12 Verschm-RL basierenden, auf die übernehmende Gesellschaft anwendbaren Recht die grenzüberschreitende **Verschmelzung erst wirksam werden kann**, wenn entweder kein Verhandlungsverfahren durchzuführen ist oder die Durchführung eines durchzuführenden Verhandlungsverfahrens abgeschlossen ist; vgl. hierzu i.E. vorstehend Rn. 170.

195 **aa) Voraussetzungen für die Anwendbarkeit der Auffang- oder Verhandlungslösung.** Zu einer Verhandlungs- oder Auffanglösung kommt es bei der Hinausverschmelzung nach der Umsetzungsregelung des auf die übernehmende Gesellschaft anwendbaren Rechts zu Art. 16 Abs. 2 Verschm-RL immer dann, wenn mindestens eine der folgenden **Voraussetzungen** vorliegt:

– Mindestens eine der beteiligten Gesellschaft beschäftigt in den sechs Monaten vor der Veröffentlichung des Verschmelzungsplans mehr als 500 Arbeitnehmer und es besteht in dieser Gesellschaft ein System der Mitbestimmung;
– Das auf die übernehmende Gesellschaft anwendbare Recht sieht nicht mindestens den gleichen Umfang an Mitbestimmung der Arbeitnehmer vor, wie er bei den beteiligten Gesellschaften bestand – der Umfang ist dabei nach der Zahl der Arbeitnehmer in Verwaltungsorganen, Aufsichtsorganen oder bestimmten Ausschüsse oder Leitungsgremien[293], die für Ergebniseinheiten der Gesellschaft zuständig sind, zu ermitteln;
– Das auf die übernehmende Gesellschaft anwendbare Recht sieht für Arbeitnehmer der übernehmenden Gesellschaft, die sich in anderen Mitgliedstaaten befinden, nicht den gleichen Anspruch auf Ausübung von Mitbestimmungsrechten vor, wie sie den Arbeitnehmern in demjenigen Mitgliedstaat gewährt werden, in dem die übernehmende Gesellschaft ihren Sitz hat.

196 Bei der Hinausverschmelzung wird es daher **nach der ersten Möglichkeit** immer dann zu einer Verhandlungs- oder Auffanglösung kommen, wenn in Deutschland ein mitbestimmter Aufsichtsrat besteht. Ausnahmsweise kommt es auch in einem solchen Fall nicht zur Anwendung einer Verhandlungs- oder Auffanglösung, wenn die deutsche übertragende Gesellschaft in den sechs Monaten vor der Veröffentlichung durchschnittlich weniger als 500 Arbeitnehmer beschäftigt. Weder die Verschm-RL noch § 5 MgVG regeln, welche Veröffentlichung relevant ist, wenn die Veröffentlichungen des Verschmelzungsplans in den beteiligten Ländern nicht gleichzeitig erfolgen. Wenn auch das auf die ausländische übernehmende Gesellschaft anwendbare Recht dies nicht ausdrücklich regelt, kommt es uE auf die Veröffentlichung des Verschmelzungsplans nach den auf die übernehmende Gesellschaft anwendbaren Regeln an. Grund dafür ist, dass bei der Hinausverschmelzung führendes Recht für die Mitbestimmung – wie auch in § 3 Abs. 1 Satz 1 MgVG für die deutsche aufnehmende Gesellschaft umgesetzt – das Recht der übernehmenden Gesellschaft ist.

---

[292] Vgl. auch *Teichmann* Der Konzern 2007, 89, 91.
[293] Diese vollständige Formulierung des Art. 16 Abs. 2 a) Verschm-RL „Leitungsgremium, das für die Ergebniseinheiten der Gesellschaft zuständig ist" geht wohl auf Besonderheiten bei der finnischen Mitbestimmung zurück; vgl. *Teichmann* Der Konzern 2007, 89, 91 Fn. 13 mwN.

Kommt es tatsächlich einmal auf die beiden unterschiedlichen Veröffentlichungszeitpunkte an, sollte im Zweifel vorsorglich davon ausgegangen werden, dass im Durchschnitt mehr als 500 Arbeitnehmer beschäftigt waren.

197 Zu beachten ist in diesem Zusammenhang auch, dass bei der **Bestimmung der Zahl der Arbeitnehmer**, soweit in dem auf die übernehmende Gesellschaft anwendbaren Umsetzungsgesetz nichts anderes geregelt ist, auch die nicht in Deutschland beschäftigten Arbeitnehmer der deutschen übertragenden Gesellschaft mitzuzählen sind.

In der Praxis kann es daher zur Anwendung der Verhandlungs- oder Auffanglösung kommen, wenn zwar wegen eines Absinkens der Zahl der in Deutschland beschäftigten Arbeitnehmer unter 500 bei der deutschen übertragenden Gesellschaft nach dem DrittelbG kein Aufsichtsrat mehr bestehen müsste, dieser aber noch nicht aufgelöst wurde und unter Hinzurechnung im Ausland beschäftigter Arbeitnehmer mehr als 500 Arbeitnehmer beschäftigt werden. Es kann daher sinnvoll sein, vor Durchführung der grenzüberschreitenden Verschmelzung ein Statusverfahren durchzuführen und einen gesetzlich nicht mehr erforderlichen mitbestimmten Aufsichtsrat aufzulösen. Wenn sich aus dem auf die übernehmende Gesellschaft anwendbaren Umsetzungsgesetz nichts anderes ergibt, sollte in einem solchen Fall die relevante Veröffentlichung des Verschmelzungsplans mehr als sechs Monate nach der Auflösung des mitbestimmten Aufsichtsrats liegen.

In diesem Zusammenhang ist ferner zu beachten, dass der Begriff Arbeitnehmer im MgVG sowie in den zugrunde liegenden Rechtsakten der Verschm-RL und SE-RL offensichtlich voraussetzt, dass damit **nur in einem Mitgliedstaat beschäftigte Arbeitnehmer** gemeint sind.[294] Das ergibt sich im deutschen Umsetzungsgesetz aus der Definition des Begriffs Arbeitnehmer in § 2 Abs. 1 MgVG, der auf die mitgliedstaatlichen Definitionen Bezug nimmt. In der SE-RL und damit mittelbar der Verschm-RL lässt sich das aus den Erwägungsgründen (3) und (4) erkennen. Es ist daher uE davon auszugehen, dass es für Zwecke der Mitbestimmung im Rahmen einer grenzüberschreitenden Verschmelzung nur auf die in einem Mitgliedstaat beschäftigten Arbeitnehmer ankommt.

Der **Begriff Mitgliedstaat** ist im MgVG nicht definiert. Aus § 1 Abs. 3 MgVG und Erwägungsgrund (3) der SE-RL entsteht der Eindruck, damit seien nur Mitgliedstaaten der EU gemeint. Da die grenzüberschreitende Verschmelzung jedoch nach Verschm-RL und § 122a Abs. 1 UmwG nicht nur innerhalb der EU sondern auch innerhalb von Mitgliedstaaten des EWR-Abkommens möglich sind, muss sich der Begriff Mitgliedstaat uE in diesem Zusammenhang auch auf Mitgliedstaaten des EWR-Abkommens beziehen.

Schließlich ist zu beachten, dass es für die Bestimmung der Zahl der Arbeitnehmer nur auf die **Arbeitnehmer der deutschen übertragenden Gesellschaft selbst ankommt**. Eine konzernrechtliche Zurechnung erfolgt nicht.[295]

198 Nach der **zweiten Möglichkeit** wird es in den Fällen der Hinausverschmelzung ohne Beteiligung weiterer ausländischer übertragender Gesellschaften nur dann in anderen Fällen als nach der ersten Möglichkeit zu einer Verhandlungs- oder Auffanglösung kommen, wenn tatsächlich eine Mitbestimmung besteht, diese aber gesetzlich nicht mehr erforderlich wäre. Dann kommt es darauf an, ob das auf die übernehmende Gesellschaft anwendbare Recht Regelungen vorsieht, nach der ebenso viele Arbeitnehmervertreter in Verwaltungs-, Aufsichts-, bestimmte Leitungsorgane oder Ausschüsse zu bestellen sind, wie nach dem deutschen Recht. Auch in einem solchen Fall kann es sinnvoll sein, nach dem vorstehend unter Rn. 197 Erläuterten vorab ein Statusverfahren durchzuführen.

---

[294] So für das SEBG auch MünchKomm/*Jacobs*, AktG, § 2 SEBG Rn. 2; *Kiem* ZHR 173 (2009), 157, 171.
[295] *Brandes* ZIP 2008, 2193, 2195; Sagasser/Bula/Brünger/*Gutkès*, § 13 Rn. 276; *Müller-Bonanni/Müntefering* NJW 2009, 2347, 2350; *Schubert* RdA 2007, 9, 12.

Die **dritte Möglichkeit** der Pflicht zur Durchführung einer Verhandlungs- oder Auf- 199
fanglösung wird bei der Hinausverschmelzung immer dann ausgelöst, wenn die auf die
aufnehmende Gesellschaft anwendbare Rechtsordnung ein Mitbestimmungssystem vorsieht, das im betreffenden Fall zu einer Mitbestimmung führt und in dem die nicht in
diesem Mitgliedstaat beschäftigten Arbeitnehmer einen anderen Anspruch auf Ausübung
der Mitbestimmungsrechte haben, als die in diesem Mitgliedstaat beschäftigten Arbeitnehmer. Dadurch kann es kurioserweise auch dann zu einer Verhandlungs- oder Auffanglösung kommen, wenn die bisher bei der übertragenden Gesellschaft beschäftigten Arbeitnehmer keine Mitbestimmungsrechte haben – zB bei weniger als 500 Arbeitnehmern der
deutschen übertragenden Gesellschaft in Deutschland – und im Staat der aufnehmenden
Gesellschaft nur lokale Arbeitnehmer repräsentiert sind.

bb) Auffanglösung. Anders als bei der Societas Europaea kann es bei der grenzüber- 200
schreitenden Verschmelzung auch dann zu einer **Auffanglösung kommen, wenn kein
besonderes Verhandlungsgremium** eingesetzt wurde. Diese Möglichkeit sieht Art. 16
Abs. 4 lit. a) Verschm-RL für den Fall vor, dass die an der Verschmelzung beteiligten Gesellschaften sich darauf einigen, die in der auf die aufnehmende Gesellschaft anwendbaren
Rechtsordnung vorgesehene Auffanglösung ohne Verhandlung anzuwenden. Die einzelnen Voraussetzungen sowie die Formalitäten dieser Einigung richten sich nach der Umsetzung von Art. 16 Abs. 4 lit. a) Verschm-RL in der auf die übernehmende Gesellschaft
anwendbaren Rechtsordnung. Zu den Voraussetzungen und Formalitäten bei einer deutschen übernehmenden Gesellschaft nach § 23 Abs. 1 Satz 1 Nr. 3, Satz 2 Nr. 1 MgVG vgl.
i.E. nachfolgend Rn. 455 ff. und zur abweichenden Ansicht, dass selbst in diesem Fall ein
besonderes Verhandlungsgremium einzusetzen sei Rn. 458.

Darüber hinaus kann es nach Art. 16 Abs. 3 Verschm-RL iVm Art. 7 Abs. 1 2. Unterabs. 201
SE-RL und Art. 16 Abs. 4 Verschm-RL auf der Basis der auf die übernehmende Gesellschaft anwendbaren Rechtsordnung zur **Auffanglösung kommen, wenn ein besonderes Verhandlungsgremium besteht**. Das ist dann der Fall, wenn die Verhandlungen
nicht innerhalb von sechs Monaten abgeschlossen werden und kein Beschluss über den
Abbruch oder die Nichtaufnahme von Verhandlungen gefasst wurde.

Nach Art. 7 Abs. 3 der SE-RL, auf den Art. 16 Abs. 3 lit. d) Verschm-RL verweist, können die Mitgliedstaaten von der **Anwendung der Auffanglösung absehen**, wenn die
Verhandlungen scheitern (sog. „Spanische Regelung"). Ist das im Sitzstaat der aufnehmenden Gesellschaft der Fall, kommt es bei einem Scheitern der Verhandlungen nicht zur
Auffanglösung und die Verschmelzung würde scheitern.[296]

Ferner kommt es zur Auffanglösung, wenn das besondere Verhandlungsgremium dies
mit einer qualifizierten zwei Drittel Mehrheit beschließt; in diesem Fall ist die Auffanglösung unabhängig von der Zahl der bisher mitbestimmten Arbeitnehmer anzuwenden, und
es kommt nicht mehr zu einer Vereinbarung. Zur Umsetzung durch das MgVG für die
Hereinverschmelzung vgl. i.E. nachfolgend Rn. 453 f.

Auch der **Inhalt der Auffanglösung** richtet sich gem. Art. 16 Abs. 3 Verschm-RL 202
iVm Art. 7 Abs. 1, 2. Unterabs. SE-RL nach der auf die übernehmende Gesellschaft anwendbaren Rechtsordnung. Nach den Vorgaben der Verschm-RL iVm der SE-RL muss
diese Auffanglösung vorsehen, dass die Arbeitnehmer das Recht haben, so viele Arbeitnehmervertreter in das relevante Verwaltungs-, Aufsichtsorgan zu bestellen, wie es dem
höchsten Anteil an Arbeitnehmervertretern entspricht, der in den beteiligten Gesellschaften vor der Verschmelzung bestanden hat. Zu beachten ist aber, dass Art. 16 Abs. 3 lit. e)

---

[296] Nagel NZG 2007, 57, 59; für die Societas Europaea hat von dieser Ermächtigung kein Mitgliedstaat
Gebrauch gemacht.

Verschm-RL gegenüber der Regelung zur Societas Europaea die Quote der zuvor von der Mitbestimmung umfassten Arbeitnehmer von 25% auf 33 1/3% heraufsetzt. Zur Umsetzung durch das MgVG für die Hereinverschmelzung vgl. i.E. nachfolgend Rn. 461 ff.

203 Außerdem darf die auf die übernehmende Gesellschaft anwendbare Rechtsordnung nach Art. 16 Abs. 4 lit. c) Verschm-RL für den Fall, dass es erst nach Verhandlungen zur Auffanglösung kommt, die Zahl der Arbeitnehmervertreter im Verwaltungs- oder Aufsichtsorgan auf **ein Drittel begrenzen**.[297] Für die Hereinverschmelzung hat Deutschland im MgVG von dieser Möglichkeit keinen Gebrauch gemacht.

204 **cc) Verfahren der Verhandlungslösung.** Liegt eine der oben unter aa) genannten Voraussetzungen vor und einigen sich die zuständigen Organe der an der grenzüberschreitenden Verschmelzung beteiligten Gesellschaften nicht auf die unmittelbare Anwendung der Auffanglösung, kommt es zur **Verhandlungslösung**. Nach Art. 16 Abs. 3 lit. d) Verschm-RL iVm Art. 6 SE-RL richtet sich das Verhandlungsverfahren nach der auf die aufnehmende Gesellschaft anwendbaren Rechtsordnung, soweit in der SE-RL oder der Verschm-RL nicht ausdrücklich etwas anderes vorgesehen ist. Das bedeutet für die Hinausverschmelzung, dass im Wesentlichen die auf die aufnehmende ausländische Gesellschaft anwendbare Rechtsordnung anwendbar ist. Deutsches Recht kommt nur ergänzend, zB für die Behandlung deutscher Arbeitnehmer oder Arbeitnehmer der deutschen übertragenden Gesellschaft, in Betracht.

205 Erster Schritt der Verhandlungslösung ist die **Einsetzung des besonderen Verhandlungsgremiums**. Die Einsetzung des besonderen Verhandlungsgremiums beginnt mit der Information der Arbeitnehmer über das Verschmelzungsvorhaben. Diese richtet sich mangels abweichender Regelung in Art. 16 Verschm-RL, Art. 3 Abs. 1 SE-RL nach der auf die übernehmende Gesellschaft anwendbaren Rechtsordnung.

Soweit die auf die übernehmende Gesellschaft anwendbare Rechtsordnung dazu nichts vorsieht, kann für die Ermittlung der Adressaten dieser Information auf § 6 MgVG zurückgegriffen werden; vgl. für den Fall der Hereinverschmelzung nachfolgend Rn. 472.

206 Auch die **Zusammensetzung des besonderen Verhandlungsgremiums** richtet sich nach diesem Recht. Nach Art. 16 Abs. 3 Verschm-RL, Art. 3 Abs. 2 lit. a) SE-RL muss dieses vorsehen, dass die von der Verschmelzung betroffenen Arbeitnehmer wie folgt repräsentiert sind: für jeden angefangenen Anteil von 10% an der Gesamtzahl der betroffenen Arbeitnehmer in einem bestimmten Mitgliedstaat haben die Arbeitnehmer aus diesem Mitgliedstaat Anspruch auf einen Sitz im besonderen Verhandlungsgremium; sind danach die beteiligten übertragenden Gesellschaften nicht repräsentiert und beschäftigen sie Arbeitnehmer, erhalten die von ihnen beschäftigten Arbeitnehmer unter Einhaltung bestimmter Höchstgrenzen für die Mitgliederzahl einen zusätzlichen Sitz.[298] Die Qualifikation und die Verteilung der Sitze der Repräsentanten der deutschen Arbeitnehmer richtet sich nach § 8 und 9 MgVG, die Durchführung der Wahl nach §§ 10 bis 12 MgVG; vgl. hierzu i.E. nachfolgend die für die Hinausverschmelzung entsprechend anwendbaren Ausführungen zur Hereinverschmelzung in Rn. 483 ff.

207 Die **Durchführung des Verhandlungsverfahrens** sowie der **Inhalt der ggf. zustande kommenden Mitbestimmungsvereinbarung** richten sich wiederum nach der

---

[297] Diese Regelung ist zur Milderung der Folgen in einer monistischen Verfassungsstruktur gedacht; vgl. *Teichmann* Der Konzern 2007, 89, 92.
[298] Zu der in manchen Fällen schwierigen Berechnung der Zahl und Verteilung der Sitze vgl. die einschlägige Literatur zu Art. 3 Abs. 3 SE-RL und § 5 SEBG, darunter insbesondere Nagel/Freis/Kleinsorge/*Kleinsorge*, § 5 SEBG Rn. 2ff.; Van Hulle/Maul/Drinhausen/*Köklü*, § 6 Rn. 30ff.; Theisen/Wenz/*Köstler*, Europäische Aktiengesellschaft; S. 331, 340f.; *Köstler* DStR 2005, 745ff.; *Krause* BB 2005, 1221 ff.; Lutter/Hommelhoff/*Oetker*, Europäische Gesellschaft, S. 277, 292 f.

dd) Bestandsschutz. Nach Art. 16 Abs. 7 Verschm-RL muss das auf die übernehmende Gesellschaft anwendbare Recht sicherstellen, dass eine auf die übernehmende Gesellschaft nach der grenzüberschreitenden Verschmelzung anwendbare Mitbestimmung bestimmten **Bestandsschutz** genießt: bei Verschmelzungen innerhalb von drei Jahren nach Wirksamwerden der grenzüberschreitenden Verschmelzung muss die Mitbestimmung durch Vorschriften, die den Schutzvorschriften bei der grenzüberschreitenden Verschmelzung entsprechen, abgesichert werden. Zur Umsetzung durch § 30 MgVG bei der Hereinverschmelzung vgl. i.E. nachfolgend Rn. 517 f. 208

Tatsächlich bedeutet die zeitliche Begrenzung des Bestandsschutzes, dass eine **sog. Flucht aus der deutschen Mitbestimmung** mit einer Hinausverschmelzung nach Ablauf eines Übergangszeitraums von drei Jahren möglich ist. 209

Fall:
Als Beispiel wird die Verschmelzung einer deutschen mitbestimmten Gesellschaft auf eine grundsätzlich nicht mitbestimmte ausländische – meist werden die englische *Company Limited by Shares* oder *Public Limited Company* genannt – Gesellschaft verschmolzen. Durch Vereinbarung der beiden beteiligten Gesellschaften gilt zunächst die deutsche Mitbestimmung in der ausländischen Gesellschaft fort. Nach drei Jahren wird die ausländische Gesellschaft nochmals innerstaatlich mit einer mitbestimmungsfreien Gesellschaft verschmolzen, wodurch die fortgeführte, ehemals deutsche Mitbestimmung entfällt.[299]

m) Sonstige Fragen

Wie auch bei der nationalen Verschmelzung gilt über § 324 UmwG auch bei einer Hinausverschmelzung **§ 613a Abs. 1, 4 bis 6 BGB** für die deutschen Betriebe der übertragenden deutschen Gesellschaft. Gegen die Anwendung dieser Regelung bestehen auch im Hinblick auf Art. 4 Verschm-RL keine Bedenken, weil sie auch auf nationale Verschmelzungen anwendbar ist. Da sich durch den grenzüberschreitenden Charakter keine Besonderheiten ergeben, kann auf die Literatur zu § 324 UmwG im Rahmen der nationalen Verschmelzung verwiesen werden. 210

Die Hinausverschmelzung kann – vorausgesetzt man geht von der Anwendbarkeit im Rahmen einer Verschmelzung aus; vgl. hierzu i.E. nachfolgend Rn. 521 – nur ausnahmsweise die **Pflicht zur Abgabe eines Übernahmeangebots** nach § 35 WpÜG auslösen. Eine solche Pflicht kommt nur in Betracht, wenn die übernehmende Gesellschaft eine taugliche Zielgesellschaft im Sinne der §§ 2 Abs. 3, 1 Abs. 3 WpÜG ist. Das ist sie dann, wenn sie nur in Deutschland zum Handel an einem organisierten Markt zugelassen ist oder wenn sie auch in Deutschland, jedoch nicht in ihrem Sitzland zum Handel zugelassen ist, wobei die Zulassung in Deutschland zuerst oder zumindest gleichzeitig mit den anderen Zulassungen erfolgt sein muss. 211

n) Überblick über zeitlichen Ablauf

Der **zeitliche Ablauf der grenzüberschreitenden Verschmelzung** hängt stark von der jeweiligen Konstellation ab. So wird das Verfahren erheblich beschleunigt, wenn keine der beteiligten Gesellschaften Arbeitnehmer hat oder mitbestimmt ist. Ferner kann das Verfahren schneller durchgeführt werden, wenn die beteiligten Gesellschaften keine Min- 212

---

[299] Vgl. auch *Henssler* ZHR 173 (2009), 223, 230; zu den Gestaltungs- und bedenklichen Missbrauchsmöglichkeiten bei inländischem Verwaltungssitz solcher ausländischen Gesellschaften vgl. *Teichmann* Der Konzern 2007, 91, 96 f. und Diskussionsbericht dazu bei *Wojcik* Der Konzern 2007, 304 f.

derheitsgesellschafter haben oder sämtliche Gesellschafter bekannt und mitzuwirken bereit sind.

213 Die **wesentlichen Unterschiede im Ablauf verglichen mit einer nationalen Verschmelzung** ergeben sich dadurch, dass immer eine Einreichung des Verschmelzungsplans zum Handelsregister[300] und immer ein Verschmelzungsbericht[301] erforderlich sind. Ferner ist immer die zweimonatige Frist für den Gläubigerschutz zu beachten.[302] Schließlich ist, wenn die Voraussetzungen dafür vorliegen und sich die Leitungen nicht auf die Geltung der Auffanglösung einigen, ein Mitbestimmungsverfahren durchzuführen.

214 Vereinfacht gibt die folgenden Darstellung **einen Überblick** über den zeitlichen Ablauf der Verschmelzung:

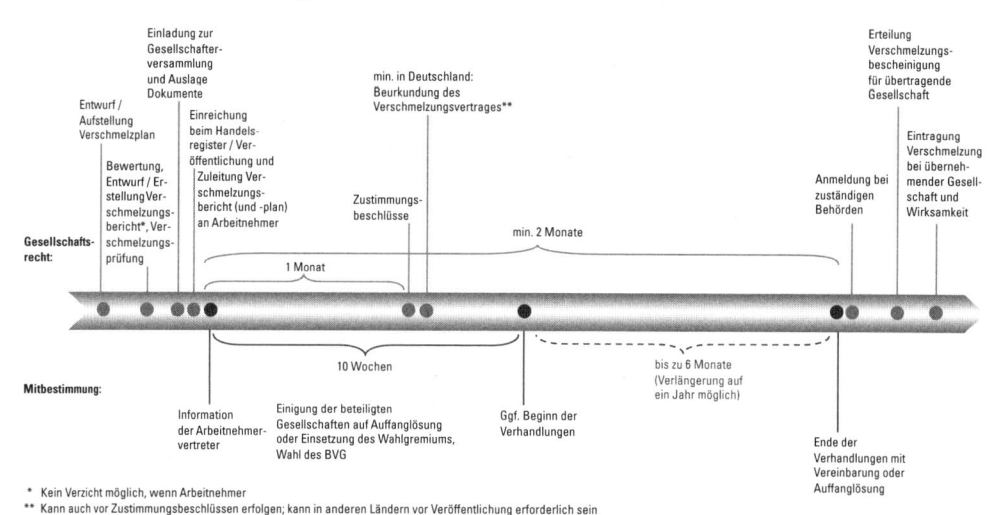

2. Steuerrechtliche Behandlung

a) Übersicht

215 Die Hinausverschmelzung ist dadurch gekennzeichnet, dass eine Kapitalgesellschaft mit Sitz im Inland ihr Vermögen im Wege der Verschmelzung auf eine ausländische Kapitalgesellschaft mit der Folge überträgt, dass im Inland allenfalls eine Betriebsstätte verbleibt. Nachfolgend wird allein die Verschmelzung auf eine Kapitalgesellschaft mit Sitz in einem anderen Mitgliedstaat der EU oder einem Vertragsstaat des EWR betrachtet.[303]

216 Als **Beispiel** für die folgenden Ausführungen zur grenzüberschreitenden Hinausverschmelzung aus Deutschland dient der nachfolgende Fall:

Beispiel:
Die A GmbH mit Sitz in Deutschland ist an folgenden Tochterkapitalgesellschaften beteiligt: an der T1 GmbH mit Sitz in Deutschland und der T2 mit Sitz im Ausland, wo sie ebenfalls eine Betriebsstätte (BS) unterhält. Ferner verfügt sie über Grundbesitz in Deutschland. Die A GmbH soll nun auf die B, eine Kapitalgesellschaft mit Sitz in einem anderen Mitgliedstaat der EU oder einem Vertragsstaat des EWR verschmolzen werden.

---

[300] Vgl. hierzu i.E. vorstehend 1. Teil Rn. 40.
[301] Vgl. hierzu i.E. vorstehend 1. Teil Rn. 106.
[302] Vgl. hierzu i.E. vorstehend Rn. 1. Teil Rn. 165.
[303] Zur Hinausverschmelzung auf eine Kapitalgesellschaft im Drittland siehe nachfolgend Rn. 330 ff.

A. Hinausverschmelzung

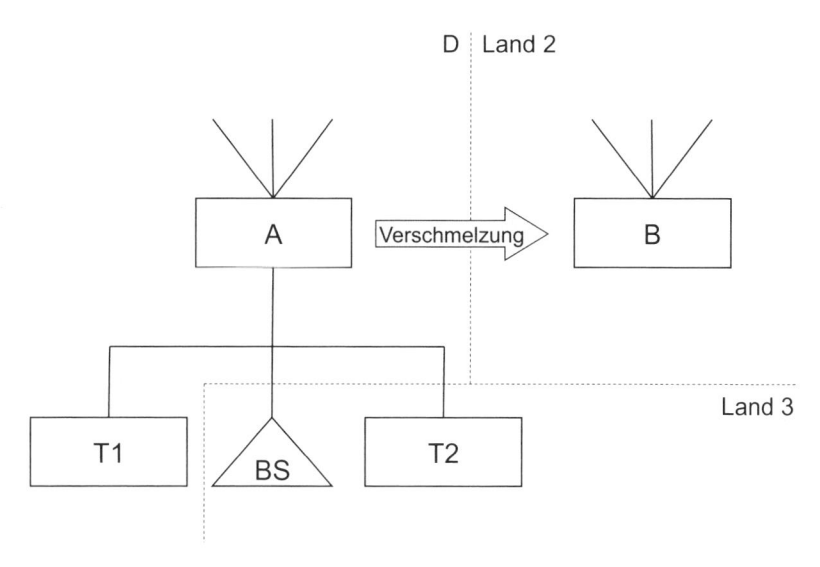

*In der **Abwandlung** ist die A GmbH eine 100%ige Tochtergesellschaft der B.*

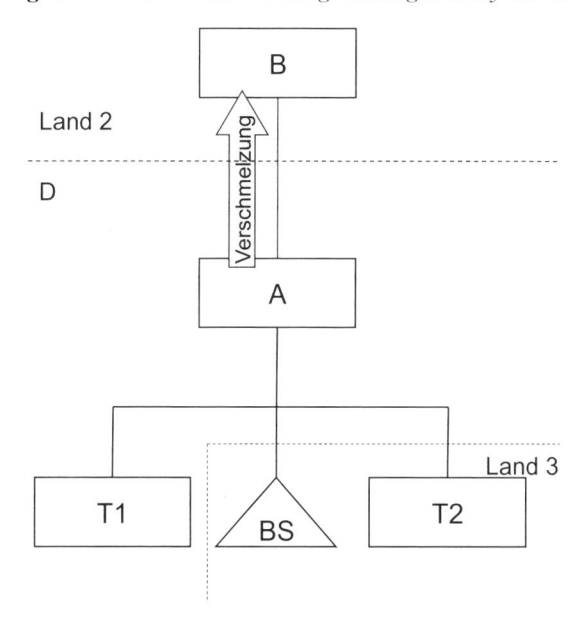

b) Anwendung des UmwStG

aa) Sachlicher Anwendungsbereich. Der sachliche Anwendungsbereich des UmwStG für Verschmelzungen ergibt sich aus § 1 Abs. 1 Nr. 1 UmwStG. Danach gelten die §§ 11 bis 13 UmwStG für Verschmelzungen iSd § 2 UmwG sowie für vergleichbare ausländische Vorgänge. **217**

Die **grenzüberschreitende Verschmelzung iSd § 122a UmwG** ist in § 1 Abs. 1 UmwStG nicht ausdrücklich erwähnt. Dies beruht darauf, dass die Vorschrift zum Zeitpunkt der Neufassung des UmwStG noch nicht erlassen war.[304] Fraglich ist daher, ob **218**

---

[304] Vgl. Frotscher/Maas/*Frotscher*, KStG, § 1 UmwStG Rn. 81.

grenzüberschreitende Verschmelzungen gleichwohl in den sachlichen Anwendungsbereich des UmwStG fallen. Nach der wohl herrschenden Ansicht in der Literatur stellt die grenzüberschreitende Verschmelzung trotz der Gesetzeslücke eine **Verschmelzung i.S. des § 2 UmwG** dar.[305] Demgegenüber vertritt die Finanzverwaltung[306] die Ansicht, dass die grenzüberschreitende Verschmelzung grundsätzlich ein mit der Verschmelzung i.S. des § 2 UmwStG vergleichbarer ausländischer Vorgang ist.[307] Dies führt dazu, dass zunächst eine Vergleichbarkeitsprüfung erforderlich ist, um die Anwendbarkeit des UmwStG überhaupt erst sicherzustellen.[308]

219 Die **Vergleichbarkeit des ausländischen Vorgangs** mit einer Verschmelzung i.S. des § 2 UmwStG muss hinsichtlich der beteiligten Rechtsträger und der Umwandlungsmerkmale, insbesondere den Strukturmerkmalen der Umwandlung bestehen.[309]

220 Der Vergleichbarkeitsprüfung ist nicht abstrakt das ausländische Recht, sondern der konkret zu beurteilende Umwandlungsvorgang zugrunde zu legen.[310] Dies bedeutet, dass eine Vergleichbarkeit auch dann gegeben sein kann, wenn das ausländische Recht zwar Strukturmerkmale enthält, die dem deutschen Recht zuwider laufen, diese Merkmale aber im konkreten Fall nicht umgesetzt worden sind.

221 Die Vergleichbarkeit der Rechtsträger setzt voraus, dass der ausländische Rechtsträger im Rahmen eines Rechtstypenvergleichs einem umwandlungsfähigen Rechtsträger inländischen Rechts entspricht.[311] Dabei soll die steuerliche Beurteilung des jeweiligen Rechtsträgers als Personengesellschaft oder Körperschaft alleine nicht ausreichen.[312] Vielmehr hat der **Rechtstypenvergleich** anhand des gesetzlichen Leitbildes der ausländischen Gesellschaft zu erfolgen.

222 Neben der Umwandlungsfähigkeit der beteiligten Rechtsträger müssen die **Strukturmerkmale einer Verschmelzung** vorliegen. Nach Ansicht der Finanzverwaltung sind die Strukturmerkmale einer Verschmelzung die folgenden Kriterien:[313]

– Übertragung des gesamten Aktiv- und Passivvermögens eines übertragenden Rechtsträgers oder mehrerer übertragender Rechtsträger auf einen übernehmenden Rechtsträger,
– aufgrund eines Rechtsgeschäfts,
– kraft Gesetzes,
– gegen Gewährung von Anteilen am übernehmenden Rechtsträger an die Anteilsinhaber des übertragenden Rechtsträgers,
– bei Auflösung ohne Abwicklung des übertragenden Rechtsträgers oder der übertragenden Rechtsträger.

223 Die Finanzverwaltung leitet diese Strukturmerkmale aus der Verschmelzungsrichtlinie[314] ab.[315] Nach anderer Ansicht soll dagegen die Fusionsrichtlinie[316] heranzuziehen

---

[305] Schmitt/Hörtnagl/Stratz/*Schmitt*, UmwG/UmwStG, § 11 UmwStG Rn. 5; Widmann/Mayer/*Widmann*, Umwandlungsrecht, § 1 UmwStG Rn. 60; vgl. dazu auch *Wernicke* 1. Teil Rn. 42.
[306] UmwSt-Erlass Tz. 01.21.
[307] Gl.A. Dötsch/Patt/Pung/Möhlenbrock/*Möhlenbrock*, UmwStG, § 1 Rn. 100.
[308] Krit. hierzu *Klingberg/Nitzschke* Ubg 2011, 451.
[309] Vgl. UmwSt-Erlass Tz. 01.24.
[310] UmwSt-Erlass Tz. 01.25; gl.A. Frotscher/Maas/*Frotscher*, KStG, § 1 UmwStG Rn. 97.
[311] Vgl. dazu Frotscher/Maas/*Frotscher*, KStG, § 1 UmwStG Rn. 98.
[312] UmwSt-Erlass Tz. 01.27.
[313] UmwSt-Erlass Tz. 01.30.
[314] Richtlinie 78/855/EWG vom 9.10.1978, Abl. EG L 295, 36.
[315] Vgl. UmwSt-Erlass Tz. 01.31.
[316] Richtlinie 2009/133/EG vom 19.10.2009, ABl. EU Nr. L 310, 34.

sein.³¹⁷ Im Kern geht es dabei um das Erfordernis der beiden Strukturmerkmale „Übertragung aufgrund eines Rechtsgeschäfts" und „Übertragung kraft Gesetzes", die in der Fusionsrichtlinie nicht erwähnt werden.

Bei der Prüfung des Erfordernisses zur **Gewährung von Anteilen** sind Kapitalerhöhungsverbote und -wahlrechte entsprechend den Vorgaben des UmwG (zB § 54 UmwG) zu beachten.³¹⁸ Soweit danach eine Kapitalerhöhung ausgeschlossen ist oder das Wahlrecht besteht, von einer Kapitalerhöhung abzusehen, steht dies einer Anwendung des UmwStG nicht entgegen.³¹⁹ 224

Die Finanzverwaltung³²⁰ stellt darüber hinaus weitere Vergleichskriterien auf und nennt dabei insbesondere die **maximale Zuzahlung von 10% des Nennbetrages der gewährten Anteile**, die in § 54 Abs. 4 UmwG vorgesehen ist.³²¹ Werden demnach Zuzahlungen vereinbart, die diesen Rahmen deutlich überschreiten, so soll dies nach Ansicht der Finanzverwaltung³²² als Indiz für eine fehlende Vergleichbarkeit gewertet werden. Maßgebend ist insofern jedoch nicht das abstrakte ausländische Umwandlungsrecht, sondern der abgewickelte konkrete Vorgang. Ist danach zB im Verschmelzungsvertrag eine bare Zuzahlung in Höhe von 10% des Gesamtbetrages der gewährten Anteile vereinbart, ist eine Vergleichbarkeit auch dann gegeben, wenn das ausländische Recht keine mit § 54 Abs. 4 UmwG vergleichbare Beschränkung vorsieht. 225

Aber auch der Vermögensübergang durch **Gesamtrechtsnachfolge** ist ein Strukturelement, das im Rahmen der Vergleichbarkeitsprüfung zu berücksichtigen ist.³²³ Hierbei ist allerdings zu differenzieren: Sieht das jeweilige Gesellschaftsrecht des Mitgliedsstaats eine Verschmelzung mit Gesamtrechtsnachfolge unter Auflösung ohne Abwicklung vor, so ist nur dieser Vorgang mit einer Verschmelzung iSd UmwG vergleichbar. Sieht das ausländische Gesellschaftsrecht einen solchen Vorgang dagegen nicht vor, sondern nur eine Umstrukturierung im Wege der Einzelrechtsnachfolge, die aber zu dem gleichen Ergebnis führt, sollte aufgrund der Niederlassungsfreiheit ein mit einer Verschmelzung vergleichbarer Vorgang bejaht werden.³²⁴ 226

Die **Dauer der gesellschaftsrechtlichen Rückbeziehungsmöglichkeit** des Umwandlungsvorgangs ist kein für die Vergleichbarkeit entscheidendes Merkmal.³²⁵ 227

Die **Hinausverschmelzung nach § 122a UmwG** wird wegen der engen umwandlungsrechtlichen Voraussetzungen regelmäßig mit einer inländischen Verschmelzung vergleichbar sein.³²⁶ Dies entspricht auch der Auffassung der Finanzverwaltung.³²⁷ 228

bb) Persönlicher Anwendungsbereich. Eine Verschmelzung unterfällt gemäß § 1 Abs. 2 UmwStG dem UmwStG, wenn der übertragende Rechtsträger und der übernehmende Rechtsträger nach dem Recht eines EU-Mitgliedsstaats (Art. 48 AEUV) oder eines EWR-Staats (Art. 34 EWR-Abkommen) gegründet sind und beide ihren Sitz (§ 11 AO) 229

---

³¹⁷ Mit überzeugenden Gründen Frotscher/Maas/*Frotscher*, KStG, § 1 UmwStG Rn. 100b; vgl. auch *Bogenschütz* Ubg 2011, 393, 396.
³¹⁸ So auch UmwSt-Erlass Tz. 01.32.
³¹⁹ Vgl. dazu auch Frotscher/Maas/*Frotscher*, KStG, § 1 UmwStG Rn. 102.
³²⁰ UmwSt-Erlass Tz. 01.25.
³²¹ Krit. hierzu Frotscher/Maas/*Frotscher*, KStG, § 1 UmwStG Rn. 104.
³²² UmwSt-Erlass Tz. 01.40.
³²³ Ebenso Dötsch/Patt/Pung/*Möhlenbrock*, § 1 UmwStG Rn. 84; *Benecke/Schnitger* IStR 2006, 769; *Dötsch/Pung* DB 2006, 2704.
³²⁴ Ebenso Frotscher/Maas/*Frotscher*, KStG, § 1 UmwStG Rn. 86; Rödder/Herlinghaus/van Lishaut/ *Trossen* § 11 UmwStG Rn. 21; zust. Schmitt/Hörtnagl/Stratz/*Hörtnagl*, UmwG/UmwStG, § 1 UmwStG Rn. 35.
³²⁵ UmwSt-Erlass Tz. 01.41.
³²⁶ Dötsch/Patt/Pung/*Möhlenbrock*, UmwStG, § 1 Rn. 22.
³²⁷ UmwSt-Erlass Tz. 01.21.

sowie ihren Ort der Geschäftsleitung (§ 10 AO) in einem dieser Staaten haben (Kriterium der doppelten Ansässigkeit). Dabei ist es nicht erforderlich, dass sich der Sitz und der Ort der Geschäftsleitung in ein und demselben EU-Mitgliedsstaat oder EWR-Staat befinden.[328]

230 Die persönlichen Anwendungsvoraussetzungen müssen spätestens in dem **Zeitpunkt** vorliegen, in dem die Verschmelzung zivilrechtlich wirksam wird.[329] Die gegenteilige Ansicht der Finanzverwaltung, die allein bei der Umwandlung zur Neugründung auf die zivilrechtliche Wirksamkeit abstellt, in allen anderen Fällen aber auf den steuerlichen Übertragungsstichtag[330], vermag nicht zu überzeugen. Der steuerliche Übertragungsstichtag hat insofern keine Bedeutung.

231 Der persönliche Anwendungsbereich ist **gesellschaftsbezogen** zu prüfen. Auf die Gesellschafter oder Anteilseigner der an der Umwandlung beteiligten Rechtsträger kommt es nicht; diese können im Inland, im EU/EWR-Ausland oder auch in einem Drittstaat ansässig sein.[331]

232 Zentrale Voraussetzung für den persönlichen Anwendungsbereich des UmwStG ist, dass die an der Hinausverschmelzung beteiligten Rechtsträger nach den Rechtsvorschriften eines EU-Mitgliedsstaats oder eines EWR-Staats gegründet worden sind. Maßgeblich ist danach das bei der Gründung der Gesellschaft anwendbare Gesellschaftsstatut, nicht das aktuell auf den Rechtsträger anwendbare.[332] So sind etwa Gesellschaften, die in einem Drittstaat gegründet worden sind und dann identitätswahrend in einen EU-Mitgliedsstaat gezogen sind, nicht vom persönlichen Anwendungsbereich des UmwStG erfasst.

233 Weitere Voraussetzung ist, dass die beteiligten Rechtsträger sowohl ihren Sitz als auch ihre Geschäftsleitung innerhalb der EU bzw. des EWR haben (**Kriterium der doppelten Ansässigkeit**). Unter dem Sitz des Rechtsträgers ist der statutarische Sitz iSv § 11 AO zu verstehen.[333] Danach hat eine Körperschaft, Personenvereinigung oder Vermögensmasse ihren Sitz an dem Ort, der durch Gesetz, Gesellschaftsvertrag, Satzung, Stiftungsgeschäft oder dergleichen bestimmt ist.[334] Maßgeblich ist allein die formelle Festlegung. Eines weiteren Bezugs zum Sitzstaat, etwa durch den Ort der tatsächlichen Geschäftsführung, die Belegenheit des Vermögens, die Ansässigkeit der Gesellschafter oder sonstige Bezugspunkte bedarf es für den Sitz des Rechtsträgers nicht.[335]

234 Der **Ort der Geschäftsleitung** ist nach § 10 AO der Mittelpunkt der geschäftlichen Oberleitung. Dieser ist dort, wo der für die Geschäftsführung maßgebliche Wille gebildet wird, d.h. an welchem Ort die für die Geschäftsführung nötigen Maßnahmen von einiger Wichtigkeit, die der gewöhnliche Betrieb mit sich bringt, angeordnet werden.[336]

235 Von dem Ort der Geschäftsleitung zu unterscheiden ist der zivilrechtliche Begriff des Verwaltungssitzes, der sich danach richtet, wo die grundlegenden Entscheidungen der Unternehmensleitung effektiv in laufende Geschäfte umgesetzt werden. Beide werden in

---

[328] UmwSt-Erlass Tz. 01.49.
[329] Gl.A. Schmitt/Hörtnagl/Stratz/*Hörtnagl*, UmwG/UmwStG, § 1 UmwStG Rn. 70; Sagasser/Bula/Brünger/*Schlösser*, Umwandlungen § 16 Rn. 25; Rödder/Herlinghaus/van Lishaut/*Trossen*, UmwStG, § 1 Rn. 167.
[330] UmwSt-Erlass Tz. 01.52.
[331] Schmitt/Hörtnagl/Stratz/*Hörtnagl*, UmwG/UmwStG, § 1 UmwStG Rn. 56; Widmann/Mayer/*Widmann*, Umwandlungsrecht, § 1 UmwStG Rn. 26.
[332] Schmitt/Hörtnagl/Stratz/*Hörtnagl*, UmwG/UmwStG, § 1 UmwStG Rn. 61.
[333] Rödder/Herlinghaus/van Lishaut/*Trossen*, UmwStG, § 1 Rn. 168.
[334] Vgl. allgemein Tipke/Kruse/*Kruse*, AO/FGO, § 11 AO Rn. 1 ff.
[335] Schmitt/Hörtnagl/Stratz/*Hörtnagl*, UmwG/UmwStG, § 1 UmwStG Rn. 63; Rödder/Herlinghaus/van Lishaut/*Trossen*, UmwStG, § 1 Rn. 168, ebenda auch zur streitigen Einordnung von „Briefkastenfirmen".
[336] Vgl. BFH, Urteil v. 23.1.1991 – I R 22/90, BStBl. II 1991, 554; v. 7.12.1994 – I K 1/93, BStBl. II 1995, 175; vgl. auch Tipke/Kruse/*Kruse*, AO/FGO, § 10 AO m.w.N.

der Praxis regelmäßig übereinstimmen, obwohl sie definitorisch nicht deckungsgleich sind.[337]

Zusammenfassend ist festzuhalten, dass bei einer grenzüberschreitenden Hinausverschmelzung der übertragende Rechtsträger eine Körperschaft mit Sitz und Geschäftsleitung im Inland ist. Übernehmender Rechtsträger ist eine Körperschaft, die ihren Sitz in einem EU-Mitgliedsstaat oder EWR-Staat hat. **236**

c) Steuerliche Auswirkung auf Ebene der übertragenden Kapitalgesellschaft

aa) Steuerliche Schlussbilanz. Nach § 11 Abs. 1 Satz 1 UmwStG ist die übertragende Körperschaft verpflichtet, eine steuerliche Schlussbilanz auf den steuerlichen Übertragungsstichtag aufzustellen. Die gilt auch in Fällen der grenzüberschreitenden Hinausverschmelzung. **237**

In der steuerlichen Schlussbilanz hat die übertragende Körperschaft die übergehenden Wirtschaftsgüter **grundsätzlich mit dem gemeinen Wert**[338] anzusetzen (§ 11 Abs. 1 Satz 1 UmwStG); eine Ausnahme besteht lediglich für Pensionsrückstellungen, die zwingend gem. § 6a EStG zu bewerten sind. Ein durch den Ansatz des gemeinen Wertes entstehender Übertragungsgewinn ist steuerpflichtig. Es kommt insoweit zu einer **Sofortbesteuerung**, da das UmwStG keine dem § 6 Abs. 5 AStG entsprechende Regelung enthält.[339] Auch liegen die Voraussetzungen für die Bildung eines Ausgleichspostens nach § 4g EStG bei einer Hinausverschmelzung schon wegen § 4 Abs. 1 Satz 5 EStG nicht vor.[340] Zudem sind die Voraussetzungen des § 4g EStG auch deshalb nicht gegeben, da mit der Verschmelzung die unbeschränkte Steuerpflicht entfällt.[341] **238**

Davon abweichend können die zu übertragenden Wirtschaftsgüter auf Antrag mit dem Buchwert oder einem Zwischenwert angesetzt werden, sofern die Voraussetzungen des § 11 Abs. 2 UmwStG erfüllt sind. Auch in den Fällen der Hinausverschmelzung ist der Antrag beim Finanzamt der übertragenden Körperschaft zu stellen.[342] **239**

Nach § 11 Abs. 2 Nr. 1 UmwStG setzt eine **Bewertung** der übergehenden Wirtschaftsgüter **zum Buchwert oder Zwischenwert** voraus, dass sichergestellt ist, dass sie später bei der übernehmenden Körperschaft der Besteuerung mit Körperschaftsteuer unterliegen. Diese Voraussetzung ist erfüllt, wenn das übergehende Vermögen im Ausland der Körperschaftsteuer unterliegt.[343] Zudem darf nach § 11 Abs. 2 Satz 1 Nr. 3 UmwStG eine Gegenleistung nicht gewährt werden oder in Gesellschaftsrechten bestehen. Insoweit bestehen bei Hinausverschmelzungen keine Besonderheiten gegenüber einer inländischen Verschmelzung.[344] **240**

Weitere Voraussetzung für den Ansatz von Buch- oder Zwischenwerten ist gemäß § 11 Abs. 2 Satz 1 Nr. 2 UmwStG, dass das Recht der Bundesrepublik Deutschland hinsichtlich der Besteuerung des Gewinns aus der Veräußerung der übertragenen Wirtschaftsgüter bei der übernehmenden Körperschaft nicht ausgeschlossen oder beschränkt wird. Der Gesetzeswortlaut macht damit den Ansatz des übergehenden Betriebsvermögens mit dem Buchwert oder einem Zwischenwert davon abhängig, dass Deutschland bei einer grenzüberschreitenden Hinausverschmelzung sein bisheriges Besteuerungsrecht für das Be- **241**

---

[337] Vgl. Widmann/Mayer/*Widmann*, Umwandlungsrecht, § 1 UmwStG Rn. 40.
[338] Zur Ermittlung des gemeinen Wertes vgl. Schmitt/Hörtnagl/Stratz/*Schmitt*, UmwG/UmwStG, § 11 UmwStG Rn. 31 ff.
[339] *Kußmaul/Richter/Heyd* IStR 2010, 73, 76.
[340] *Kußmaul/Richter/Heyd* IStR 2010, 73, 76.
[341] Sagasser/Bula/Brünger/*Schlösser*, Umwandlungen § 16 Rn. 61; *Köhler* IStR 2010, 337, 339.
[342] Vgl. UmwSt-Erlass Tz. 11.12.
[343] Vgl. Blümich/*Klingberg*, EStG, § 11 UmwStG Rn. 43.
[344] Vgl. dazu *Körner* IStR 2009, 741, 748.

triebsvermögen der übertragenden Körperschaft nicht verliert bzw. nicht eingeschränkt wird (sog. **Entstrickung**).[345]

242 Nach der Begründung des Regierungsentwurfs zum SEStEG[346] kommt es zu einer Entstrickung gem. § 11 Abs. 2 Satz 1 Nr. 2 UmwStG, wenn:

(1) das deutsche Besteuerungsrecht durch die Verschmelzung ausgeschlossen wird. Danach wird das bisherige Besteuerungsrecht insbesondere in Fällen ausgeschlossen, in denen Wirtschaftsgüter, die bisher der deutschen Besteuerung unterlegen haben, nach dem Grundsatz der „Zentralfunktion des Stammhauses"[347] (siehe hierzu nachfolgend Rn. 248) der ins Ausland verlegten Geschäftsleitung zugeordnet werden,

(2) das deutsche Besteuerungsrecht beschränkt wird. Das kann nach Ansicht der Finanzverwaltung bei einer Hinausverschmelzung etwa bei der Überführung eines Wirtschaftsgutes aus dem inländischen Betriebsvermögen in eine ausländische Anrechnungs-Betriebsstätte oder bei der Überführung aus einer ausländischen Anrechnungs-Betriebsstätte in eine ausländische Freistellungs-Betriebsstätte gegeben sein.

243 Der Ausschluss und die Beschränkung des deutschen Besteuerungsrechts setzen voraus, dass vor der Verschmelzung ein deutsches Besteuerungsrecht überhaupt bestanden hat, welches durch die Verschmelzung entfällt oder eingeschränkt wird. Ein solches deutsches Besteuerungsrecht existiert, wenn die übergehenden Wirtschaftsgüter zu einem inländischen Betriebsvermögen gehören oder ausländisches Betriebsvermögen in einem Nicht-DBA-Staat bzw. in einem DBA-Staat mit Anrechnungsmethode gegeben ist.[348] Demgegenüber wird das deutsche Besteuerungsrecht nicht beschränkt, soweit Deutschland bereits bei der übertragenden Körperschaft an der Besteuerung der stillen Reserven gehindert war.[349] Dies kann etwa bei einem DBA mit Freistellungsmethode Fall sein.[350]

244 Der Ausschluss oder die Beschränkung des deutschen Besteuerungsrechts für Zwecke der Gewerbesteuer stellt keine Beschränkung in diesem Sinne dar.[351]

245 Angesichts der jüngeren BFH- und EuGH-Rechtsprechung wird in der Literatur zunehmend die Frage diskutiert, ob die **Entstrickungsregelungen „leerlaufen"**. Ausgangspunkt der Diskussion war zunächst die geänderte Rechtsprechung des BFH[352], mit er seine frühere Theorie der finalen Entnahme bzw. Betriebsaufgabe aufgegeben hat. Zentrale Aussage der geänderten Rechtsprechung ist, dass die grenzüberschreitende Verbringung eines Wirtschaftsgut ins Ausland – entgegen der früheren Rechtsprechung – nicht zwingend zum Ausschluss bzw. zu einer Einschränkung des deutschen Besteuerungsrechts für die in Deutschland gebildeten stillen Reserven führt, sofern in Deutschland eine Betriebsstätte verbleibt. Vielmehr darf Deutschland die im Zeitpunkt des Grenzübertritts vorhandenen stillen Reserven auch besteuern, wenn diese zu einem späteren Zeitpunkt im Ausland tatsächlich realisiert werden. Im Gegensatz dazu hat der Gesetzgeber des SEStEG die Rechtsfolge der Sofortbesteuerung stiller Reserven allein an den Ausschluss bzw. die Beschränkung des deutschen Besteuerungsrechts geknüpft. Mit der Entscheidung des

---

[345] Vgl. auch UmwSt-Erlass Tz. 11.09 iVm Tz. 03.19.
[346] BT-Drs. 16/2710, 37.
[347] UmwSt.-Erlass Tz. 03.20.
[348] Vgl. Dötsch/Patt/Pung/Möhlenbrock/*Dötsch*, § 11 UmwStG Rn. 54; Rödder/Herlinghaus/van Lishaut/*Rödder*, § 11 UmwStG Rn. 119; Schmitt/Hörtnagl/Stratz/*Schmitt*, UmwG/UmwStG, § 11 UmwStG Rn. 99.
[349] BT-Drucks. 16/2710, 38; Rödder/Herlinghaus/van Lishaut/*Rödder*, § 11 UmwStG Rn. 119.
[350] Vgl. Rödder/Herlinghaus/van Lishaut/*Rödder*, § 11 UmwStG Rn. 119.
[351] UmwSt.-Erlass Tz. 03.18; vgl. auch Rödder/*Schumacher* DStR 2006, 1525; Dötsch/Jost/Pung/Witt/ *Dötsch*, § 11 UmwStG Rn. 15.
[352] BFH, Urteil v. 17.7.2008 – I R 77/06, BStBl. II 2009, 464; v. 28.10.2009 – I R 99/08, BStBl. II 2011, 1019 und I R 28/08, BFH/NV 2010, 432.

EuGH in der Rechtssache *National Grid Indus BV*[353] hat die Diskussion wieder an Fahrt gewonnen.[354]

Die **Finanzverwaltung**[355] vertritt insofern die Ansicht, dass sich die geänderte Rechtsprechung allein auf Zeiträume vor Inkrafttreten des SEStEG bezieht. Durch das SEStEG sei mit § 4 Abs. 1 Satz 3 EStG und § 12 Abs. 1 KStG eine ausreichende Rechtsgrundlage für die steuerliche Entstrickung geschaffen worden.[356] Durch das JStG 2010[357] sei die jahrzehntelange Rechtsprechung des BFH zur finalen Entnahme und Betriebsaufgabe schließlich in § 4 Abs. 1 EStG und § 12 Abs. 1 KStG gesetzlich festgeschrieben worden – so die Finanzverwaltung.[358] 246

Demgegenüber wird im **Schrifttum**[359] im Anschluss an die geänderte Rechtsprechung die Ansicht vertreten, dass Deutschland die Möglichkeit der Nachversteuerung der stillen Reserven auch nach einer verschmelzungsbedingten Überführung eines Wirtschaftsgutes in die Besteuerungshoheit eines anderen Mitgliedsstaats zusteht. Insofern sollen die Voraussetzungen für eine Buchwertfortführung gem. § 11 Abs. 2 Satz 1 UmwStG unabhängig davon vorliegen, ob ein Wirtschaftsgut zu einer inländischen Betriebsstätte der übertragenden Körperschaft zuzuordnen ist oder nicht. Die Zuordnung zu einer Betriebsstätte wäre insofern ohne Bedeutung. Für die Hinausverschmelzung hätte dies zur Folge, dass diese stets steuerneutral erfolgen könnte.[360] 247

Für die **Zuordnung zu einer Betriebsstätte** – sofern sie entgegen vorstehenden Ausführungen überhaupt von Bedeutung ist – soll nach Ansicht der Finanzverwaltung[361] die **Zentralfunktion des Stammhauses** maßgeblich sein. Danach sollen dem Stammhaus in der Regel dem Gesamtunternehmen dienende Finanzmittel sowie Beteiligungen zuzuordnen sein, wenn sie nicht einer in der Betriebsstätte ausgeübten Tätigkeit dienen. Ebenso sollen immaterielle Wirtschaftsgüter, Geschäfts- oder Firmenwert sowie durch Stammhaus und Betriebsstätte gemeinsam genutzte Wirtschaftsgüter tendenziell dem Stammhaus zugeordnet werden. Die Ansicht der Finanzverwaltung führt insbesondere im Falle der Hinausverschmelzung dazu, dass das ungebundene Vermögen grundsätzlich dem ausländischen Stammhaus zuzuordnen und folglich mit dem gemeinen Wert anzusetzen ist; die hierdurch realisierten stillen Reserven unterliegen der Sofortbesteuerung. Im Ergebnis ist es für eine Betriebsstätte unmöglich, eine Finanzierungs-, Holdings oder Lizenzgeberfunktion auszuüben.[362] Für die Praxis stellt die Ansicht der Finanzverwaltung ein echtes Hemmnis dar, wenn Überlegungen deutscher Unternehmen zu Hinausverschmelzungen regemäßig im Stadium der Vorüberlegungen enden.[363] 248

Die von der Finanzverwaltung als maßgeblich erachtete Theorie der Zentralfunktion des Stammhauses wird zu Recht kritisiert.[364] Sie stellt kein geeignetes Kriterium dar, um über die Frage zu entscheiden, ob es etwa im Falle einer Hinausverschmelzung zu einer Entstrickung kommt oder nicht. Die Finanzverwaltung muss sich zu Recht die Frage stel-

---

[353] EuGH, Urteil v. 29.11.2011 – C-371/10, DStR 2011, 2334.
[354] Vgl. zB *Girlich/Philipp* Ubg 2012, 150; *Mitschke* IStR 2012, 6; *Körner* IStR 2012, 1; *Kessler/Phillip* DStR 2012, 267; *Prinz* GmbHR 2012, 195.
[355] BMF 20.5.2009, BStBl. I 2009, 671.
[356] Krit. hierzu *Köhler* IStR 2010, 337.
[357] BGBl. I 2010, 1768.
[358] BMF 18.11.2011, BStBl. I 2011, 1278.
[359] Vgl. *Köhler* IStR 2010, 337; *Körner* IStR 2009, 741.
[360] Krit. hierzu *Wassermeyer* IStR 2010, 461.
[361] BMF 24.12.1999, BStBl. I 1999, 1076, Tz. 2.4; zuletzt geändert durch BMF 25.8.2009, DStR 2009, 1850.
[362] Vgl. *Blumers* DB 2007, 313; *Kußmaul/Richter/Heyd* IStR 2010, 73.
[363] So *Köhler* IStR 2010, 337.
[364] Vgl. dazu *Breuninger* in FS Schaumburg, 587, 592; *Krüger/Heckel* NWB 2009, 3638; *Schönfeld* IStR 2011, 497; *Schaden/Ropohl* BB 2011, Special 1, 11, 12.

len lassen, ob die Betriebsstättenzuordnung nach dem Betriebsstättenerlass noch zeitgemäß ist.[365] Dies gilt insbesondere im Hinblick auf den AOA („Authorised OECD Approach"), wonach Betriebsstätten faktisch wie rechtlich selbständige Tochter-Kapitalgesellschafen zu behandeln sind.[366]

Die **Zuordnung** von Wirtschaftsgütern zu einer Betriebsstätte erfolgt vielmehr **nach funktionalen Gesichtspunkten**, d.h. lediglich diejenigen Wirtschaftsgüter können einer Betriebsstätte zugeordnet werden, die der Erfüllung der in der Betriebsstätte tatsächlich ausgeübten Funktionen dienen.[367] Für solche Wirtschaftsgüter, für die eine funktionale Zuordnung nicht eindeutig vorgenommen werden kann, ist der erkennbare Wille der Geschäftsleitung maßgeblich.[368]

249 Weiterhin fraglich ist der **Entstrickungszeitpunkt**. Die Finanzverwaltung[369] vertritt insofern eine streng stichtagsbezogene Auffassung. Maßgeblich sollen allein die tatsächlichen Verhältnisse am steuerlichen Übertragungsstichtag sein.[370] Nachfolgende Ereignisse, wie etwa Folgen der zivilrechtlichen Wirksamkeit der Verschmelzung sollen hiernach ohne Bedeutung sein.[371] Da aber die zu übertragenden Wirtschaftsgüter auf Grundlage der Zentralfunktion des Stammhauses im Zeitpunkt des steuerlichen Übertragungsstichtages weiterhin grundsätzlich der deutschen Betriebsstätte zuzuordnen sind, entfällt zu diesem Zeitpunkt eine Neuzuordnung. Zu einer Neuzuordnung der übergehenden Wirtschaftsgüter kommt es daher frühestens mit einer Veränderung der tatsächlichen Verhältnisse als Folge der Verschmelzung. Der Entstrickungszeitpunkt ist damit **stets ein der Verschmelzung nachgelagerter Zeitpunkt**.[372]

250 Die vorstehende Ansicht bedeutet, dass eine grenzüberschreitende Hinausverschmelzung regelmäßig nicht zu einer geänderten Zuordnung der Wirtschaftsgüter führt, sofern in Deutschland eine Betriebsstätte verbleibt.[373] Die Wirtschaftsgüter können bei Vorliegen der sonstigen Voraussetzungen des § 11 Abs. 2 UmwStG mit dem Buchwert oder einem Zwischenwert angesetzt werden. Zu einer Entstrickung kommt es erst mit einer Veränderung der tatsächlichen Verhältnisse nach dem steuerlichen Übertragungsstichtag. Entstrickungstatbestand ist dann allerdings regelmäßig nicht der Verschmelzungsvorgang also solcher, sondern ein zeitlich nachgelagerter tatsächlicher Zuordnungsakt. Rechtsgrundlage der Entstrickung für nach dem steuerlichen Übertragungsstichtag abwandernde Wirtschaftsgüter ist dann aber nicht § 11 Abs. 2 UmwStG, sondern § 12 Abs. 1 KStG.[374]

251 **Lediglich in einigen Sonderfällen** kann die grenzüberschreitende Hinausverschmelzung zu einer **Entstrickung** führen. Das ist insbesondere dann der Fall, wenn die übertragende Körperschaft eine ausländische Betriebsstätte in einem Nicht-DBA-Staat oder in einem Staat mit DBA-Anrechnungsmethode unterhält.[375] In diesem Fall verliert

---

[365] So *Schönfeld* IStR 2011, 497; vgl. auch *Girlich/Philipp* Ubg 2012, 150, 153.
[366] Vgl. dazu auch *Schneider/Ruoff/Sistermann* FR 2012, 1, 4; *Girlich/Philipp* Ubg 2012, 150, 153.
[367] Vgl. BFH, Urteil v. 29.7.1992 – II R 39/89, BStBl. II 1993, 63; v. 30.8.1995 – I R 112/94, BStBl. II 1996, 563; v. 29.11.2000 – I R 84/89, BStBl. II 2002, 720.
[368] Vgl. BFH, Urteil v. 1.4.1987 – II R 186/80, BStBl. II 1987, 550.
[369] UmwSt-Erlass Tz. 02.15.
[370] Gl.A. Schmitt/Hörtnagl/Stratz/*Schmitt*, UmwG/UmwStG, § 11 UmwStG Rn. 100.
[371] Diff. Rödder/Herlinghaus/van Lishaut/*Rödder*, UmwStG, § 11 Rn. 121; Widmann/Mayer/*Schießl*, Umwandlungsrecht, § 11 UmwStG Rn. 50.2.
[372] Gl.A. Dötsch/Patt/Pung/Möhlenbrock/*Dötsch*, § 11 UmwStG Rn. 59.
[373] Gl.A. Dötsch/Patt/Pung/Möhlenbrock/*Dötsch*, § 11 UmwStG Rn. 60; *Beinert/Benecke* FR 2010, 1009, 1015.
[374] Gl.A. Dötsch/Patt/Pung/Möhlenbrock/*Dötsch*, § 11 UmwStG Rn. 60; Schmitt/Hörtnagl/Stratz/*Schmitt*, UmwG/UmwStG, § 11 UmwStG Rn. 108; *Schell* FR 2012, 101, 106.
[375] Vgl. Dötsch/Patt/Pung/Möhlenbrock/*Dötsch*, § 11 UmwStG Rn. 61; Schmitt/Hörtnagl/Stratz/*Schmitt*, UmwG/UmwStG, § 11 UmwStG Rn. 109.

Deutschland bereits durch die Verschmelzung sein Besteuerungsrecht, denn das Betriebsstättenvermögen steht mit Wirksamwerden der Verschmelzung dem übernehmenden Rechtsträger zu.

Bezogen auf den **Beispielsfall** gilt auf Grund der vorstehenden Ausführungen auf Ebene der übertragenden Körperschaft folgendes: 252

Beispiel:
Die **A GmbH kann** in ihrer steuerlichen Schlussbilanz gem. § 11 Abs. 2 UmwStG **auf Antrag grundsätzlich die Buchwerte ansetzen**. Dies gilt auf Grundlage der Ansicht der Finanzverwaltung selbst dann, wenn nach der Theorie der Zentralfunktion des Stammhauses einzelne Wirtschaftsgüter ins Ausland abwandern sollten. Denn am steuerlichen Übertragungsstichtag steht Deutschland unzweifelhaft das Besteuerungsrecht hinsichtlich des Gewinns aus der Veräußerung der Wirtschaftsgüter zu. Zu einer Entstrickung kann es allenfalls zeitlich nach dem steuerlichen Übertragungsstichtag aufgrund einer veränderten tatsächlichen Zuordnung der Wirtschaftsgüter kommen. Sofern und soweit dies der Fall sein sollte, kommt es zu einer Besteuerung nicht nach § 11 Abs. 2 UmwStG, sondern nach § 12 Abs. 1 KStG.

Das **Immobilienvermögen der A GmbH** bleibt auch nach der Verschmelzung in Deutschland steuerverstrickt, da Deutschland nach § 49 Abs. 1 Nr. 2 Buchstabe f EStG i.V. mit § 8 Abs. 1 KStG und Art. 6 OECD-MA das Besteuerungsrecht zusteht.[376] Auf das Bestehen einer Betriebsstätte in Deutschland kommt es insoweit nicht an. Es ist deshalb unerheblich, ob das bloße Halten von Immobilienvermögen durch eine ausländische Gesellschaft eine inländische Betriebsstätte begründet.[377] Das Fehlen einer Betriebsstätte hätte lediglich zur Folge, dass das Immobilienvermögen nicht mehr der Gewerbesteuer unterliegt. Dies spielt aber für § 11 Abs. 2 Satz 1 Nr. 2 UmwStG keine Rolle.[378]

Für die Zuordnung der **Beteiligung an der deutschen T1** ist entscheidend, ob die aufnehmende B nach der Verschmelzung eine Betriebsstätte in Deutschland begründet. Dies wäre nach wohl hM nicht der Fall, wenn es sich bei der A GmbH um eine reine Holdinggesellschaft handelt; die übernehmende Kapitalgesellschaft würde in diesem Fall keine Betriebsstätte im Inland begründen,[379] so dass sich die Zuordnungsfrage erst gar nicht stellt. Etwas anderes gilt, wenn die übertragende A GmbH als geschäftsleitende Holding weitere Funktionen ausgeübt hat, die von der B übernommen werden. In diesem Fall begründet die ausländische übernehmende Kapitalgesellschaft eine Betriebsstätte im Inland, so dass sich die Frage nach der Zuordnung der Beteiligung an der T1 zu der deutschen Betriebsstätte stellt.[380]

Entsprechendes gilt für die Zuordnung der **Beteiligung an der T2**. Insofern ist zunächst zu prüfen, ob Deutschland bereits vor der Verschmelzung ein Besteuerungsrecht hatte. Dies dürfte regelmäßig der Fall sein. Lediglich in einigen Ausnahmefällen wird das Besteuerungsrecht für Beteiligungen an Kapitalgesellschaften dem Sitzstaat der Beteiligung zugewiesen. Entscheidend ist damit auch insoweit, ob die aufnehmende B nach der Verschmelzung eine Betriebsstätte in Deutschland begründet, der die Beteiligung an der T2 zuzuordnen ist. Insoweit gelten die gleichen Kriterien wie für die Zuordnung der Beteiligung an der T1.

Für die Beurteilung der steuerlichen Folgen hinsichtlich der **ausländischen Betriebsstätte BS** ist maßgeblich, ob Deutschland bereits vor der Hinausverschmelzung das Besteuerungsrecht zustand oder nicht. Handelt es sich um eine Betriebsstätte in einem Staat, mit dem ein DBA mit Freistellungsmethode besteht, wird das deutsche Besteuerungsrecht an diesen ausländischen Wirtschaftsgütern durch die Verschmelzung nicht eingeschränkt. Die Wirtschaftsgüter waren bereits vor der Verschmelzung von der deutschen Besteuerung ausgenommen. Die A GmbH kann die

---

[376] Schmitt/Hörtnagl/Stratz/*Schmitt*, UmwG/UmwStG, § 11 UmwStG Rn. 106.
[377] Zur Nichtbegründung einer Betriebsstätte in solchen Fällen vgl. BFH, Urteil v. 5.6.2002 – I R 81/00, BStBl. II 2004, 344; v. 10.2.1988 – VIII R 159/84, BStBl. II 1988, 653.
[378] Schmitt/Hörtnagl/Stratz/*Schmitt*, UmwG/UmwStG, § 11 UmwStG Rn. 106; Dötsch/Patt/Pung/Möhlenbrock/*Dötsch*, UmwStG, § 11 Rn. 57.
[379] *Looks/Maier* in Löwenstein/Looks/Heinsen Betriebsstättenbesteuerung 266, 287; *Girlich/Philipp* Ubg 2012, 150, 153.
[380] Vgl. dazu *Figna/Fürstenau* BB Special 1, 2010, 12; *Girlich/Philipp* Ubg 2012, 150, 153 jeweils mit Beispielen.

Wirtschaftsgüter der ausländischen Betriebsstätte in diesem Fall in ihrer steuerlichen Schlussbilanz auf Antrag mit den Buchwerten ansetzen.

Liegt die ausländische Betriebsstätte BS dagegen in einem Staat, mit dem ein DBA mit Anrechnungsmethode besteht,[381] verliert Deutschland infolge der Verschmelzung sein – wenn auch eingeschränktes – Besteuerungsrecht. Das Vermögen der ausländischen Betriebsstätte BS ist in diesem Fall in der steuerlichen Schlussbilanz der A GmbH zwingend mit dem gemeinen Wert zu bewerten. Der entstehende Übertragungsgewinn ist steuerpflichtig. Gegebenenfalls kann allerdings die ausländische Körperschaftsteuer auf die deutsche Körperschaftsteuer nach § 26 KStG anrechenbar sein.[382]

253 Bezogen auf die **Abwandlung** ergeben sich keine Besonderheiten.

254 Das **Wertansatzwahlrecht** muss für die Wirtschaftsgüter, die die Voraussetzungen des § 11 Abs. 2 Satz 1 UmwStG erfüllen, **einheitlich** ausgeübt werden. Das bedeutet, dass die übergehenden Wirtschaftsgüter in der steuerlichen Schlussbilanz der übertragenden Körperschaft einheitlich entweder mit dem Buchwert, dem gemeinen Wert oder einem Zwischenwert anzusetzen sind.[383] Es ist nicht zulässig, einzelne Wirtschaftsgüter mit dem Buchwert, andere dagegen mit dem Zwischenwert oder dem gemeinen Wert anzusetzen.

255 Dies gilt auch im Falle einer Hinausverschmelzung; auch hierbei ist das Wertansatzwahlrecht einheitlich auszuüben.[384] Ist auf die Hinausverschmelzung insgesamt § 11 UmwStG anzuwenden, scheidet eine isolierte Anwendung des Wertansatzwahlrechts allein auf das inländische Betriebsvermögen aus.[385]

Fall:
Nach der hier vertretenen Ansicht führt eine grenzüberschreitende Hinausverschmelzung regelmäßig nicht zu einer geänderten Zuordnung der Wirtschaftsgüter, sofern in Deutschland eine Betriebsstätte verbleibt.[386] Dies gilt auch für den Beispielsfall. Die Wirtschaftsgüter können regelmäßig einheitlich mit dem Buchwert oder einem Zwischenwert angesetzt werden. Zu einer Entstrickung kommt es erst mit einer Veränderung der tatsächlichen Verhältnisse nach dem steuerlichen Übertragungsstichtag. Entstrickungstatbestand ist dann allerdings regelmäßig nicht der Verschmelzungsvorgang also solcher, sondern ein zeitlich nachgelagerter tatsächlicher Zuordnungsakt.

Eine Ausnahme besteht in den Fällen, in denen Deutschland bereits rechtlich infolge der Verschmelzung das Besteuerungsrecht an den übertragenden Wirtschaftsgütern verliert. Das ist etwa der Fall, wenn die übertragende Kapitalgesellschaft eine Betriebsstätte in einem Staat unterhält, mit dem ein DBA mit Anrechnungsmethode besteht.[387] Deutschland verliert in diesem Fall infolge der Verschmelzung sein – wenn auch eingeschränktes – Besteuerungsrecht. Das Vermögen der ausländischen Betriebsstätte wie auch das übrigen Vermögen ist in diesem Fall in der steuerlichen Schlussbilanz der A GmbH zwingend mit dem gemeinen Wert zu bewerten.

256 Der **Antrag** ist grundsätzlich von der übertragenden Körperschaft bzw. von dem übernehmenden Rechtsträger als deren Gesamtrechtsnachfolger zu stellen. Er ist spätestens bis zur erstmaligen Abgabe der steuerlichen Schlussbilanz zu stellen.[388] Der Antrag bedarf keiner besonderen Form, ist bedingungsfeindlich und unwiderruflich. Aus dem Antrag

---

[381] Vgl. dazu Übersicht in Widmann/Mayer/*Widmann*, Umwandlungsrecht, § 3 UmwStG Rn. 564.8.
[382] Vgl. Rödder/Herlinghaus/van Lishaut/*Rödder*, UmwStG, § 11 Rn. 182; Schmitt/Hörtnagl/Stratz/ *Schmitt*, UmwG/UmwStG, § 11 UmwStG Rn. 149.
[383] UmwSt-Erlass Tz. 11.06 iVm 03.13; Vgl. Rödder/Herlinghaus/van Lishaut/*Rödder*, UmwStG, § 11 Rn. 157; Schmitt/Hörtnagl/Stratz/*Schmitt*, UmwG/UmwStG, § 11 UmwStG Rn. 54.
[384] Ebenso Widmann/Mayer/*Schießl*, Umwandlungsrecht, § 11 UmwStG Rn. 50.65.
[385] Widmann/Mayer/*Schießl*, Umwandlungsrecht, § 11 UmwStG Rn. 50.65.
[386] Gl.A. Dötsch/Patt/Pung/Möhlenbrock/*Dötsch*, § 11 UmwStG Rn. 60; *Beinert/Benecke* FR 2010, 1009, 1015.
[387] Vgl. dazu Übersicht in Widmann/Mayer/*Widmann*, Umwandlungsrecht, § 3 UmwStG Rn. 564.8.
[388] UmwSt.-Erlass Tz. 11.12 iVm Tz. 03.28.

muss sich ergeben, ob das übergehende Vermögen mit dem Buchwert oder einem Zwischenwert anzusetzen ist.[389] Wird kein Antrag gestellt, ist das Vermögen in der steuerlichen Schlussbilanz zwingend mit dem gemeinen Wert anzusetzen.

bb) Körperschaftsteuererhöhungsbetrag. Nach § 38 Abs. 9 KStG werden entstandene und festgesetzte Körperschaftsteuererhöhungsbeträge grundsätzlich am 30. September fällig, der auf den steuerlichen Übertragungsstichtag folgt, wenn das Vermögen einer unbeschränkt steuerpflichtigen Körperschaft durch einen Umwandlungsvorgang auf eine nicht unbeschränkt steuerpflichtige Körperschaft übergeht. Bei grenzüberschreitenden Verschmelzungen tritt damit grundsätzlich eine sofortige Fälligkeit des Nachzahlungsbetrages nach § 38 Abs. 1 KStG ein. Etwas anderes gilt jedoch gem. § 38 Abs. 9 KStG in den Fällen einer Hinausverschmelzung auf eine EU/EWR-Kapitalgesellschaft. Denn in diesem Fall ist die übernehmende Körperschaft in einem anderen Mitgliedstaat unbeschränkt steuerpflichtig. **257**

cc) Kapitalertragsteuerpflicht bei Hinausverschmelzung? Im Zusammenhang mit Hinausverschmelzungen wird teilweise diskutiert, ob es durch die Verschmelzung zu einer fiktiven Totalausschüttung der offenen Reserven nach § 12 Abs. 5 UmwStG kommt.[390] Folge einer solchen fiktiven Totalausschüttung wäre eine Kapitalertragsteuerpflicht nach § 43 Abs. 1 Nr. 1 EStG. **258**

Eine Anwendung von § 12 Abs. 5 UmwStG auf Hinausverschmelzungen wird aber zu Recht von der ganz herrschenden Meinung in der Literatur abgelehnt.[391] Der Umwandlungsteuer-Erlass enthält hierzu keine Aussage. **259**

dd) Rückbeziehung und Entzug der Besteuerung. Bei der grenzüberschreitenden Hinausverschmelzung sind allerdings hinsichtlich der Festlegung des steuerlichen Übertragungsstichtages Besonderheiten zu beachten. **260**

Handelsrechtlich bestimmt sich der Zeitpunkt der Wirksamkeit der Vermögensübertragung nach dem Recht der übertragenden Körperschaft, d.h. bei der Hinausverschmelzung nach deutschem Recht, weshalb es insoweit nicht zu einer Kollision zweier Rechtsordnungen kommen kann.[392] **261**

Steuerlich gibt es dagegen keine entsprechende Regel, wonach das Recht der übertragenden Körperschaft maßgeblich ist, so dass die steuerlichen Übertragungsstichtage bei einer Hinausverschmelzung auseinanderfallen können.[393] Ein solches Auseinanderfallen der Übertragungsstichtage könnte zu der Entstehung sog. „weißer" Einkünfte führen, wenn Einkünfte der Besteuerung entzogen werden. **262**

Nach deutschem Recht richtet sich der steuerliche Übertragungsstichtag nach dem Ablauf des Stichtags der Bilanz, die dem Vermögensübergang zu Grunde liegt (§ 2 Abs. 1 UmwStG). Eine Hinausverschmelzung kann auf Grundlage einer Bilanz durchgeführt werden, die höchstens auf einen acht Monate vor der Anmeldung zum Handelsregister liegenden Stichtag aufgestellt sein darf (§ 17 Abs. 2 i.V. mit § 122a Abs. 2 UmwG). Insoweit kann sich ein steuerlicher Rückwirkungszeitraum von bis zu acht Monaten ergeben. **263**

---

[389] UmwSt.-Erlass Tz. 11.12 i.V. mit Tz. 03.29.
[390] Vgl. Schmitt/Hörtnagl/Stratz/*Schmitt*, UmwG/UmwStG, § 12 UmwStG Rn. 102.
[391] Vgl. Widmann/Mayer/*Schießl*, Umwandlungsrecht, § 11 UmwStG Rn. 50.62.2; § 12 UmwStG Rn. 816 ff.; Schmitt/Hörtnagl/Stratz/*Schmitt*, UmwG/UmwStG, § 12 UmwStG Rn. 102; *Schell* IStR 2008, 397; *Figna/Fürstenau* BB Special 1 (zu BB 2010, Heft 5), 12, 15 f.
[392] Vgl. Dötsch/Patt/Pung/Möhlenbrock/*Dötsch*, § 2 UmwStG Rn. 79.
[393] Dötsch/Patt/Pung/Möhlenbrock/*Dötsch*, § 2 UmwStG Rn. 79.

264   Ist der Rückwirkungszeitraum nach ausländischem Recht kürzer als der deutsche Rückwirkungszeitraum, kann es sein, dass Einkünfte in der Interimszeit überhaupt nicht der Besteuerung unterliegen, da Deutschland wegen des insoweit maßgeblichen früheren Übertragungsstichtags nicht mehr besteuert, das Ausland hingegen wegen des späteren (ausländischen) Übertragungsstichtags noch nicht besteuert.

265   Die Problematik soll anhand des nachfolgenden Beispiels erläutert werden:[394]

Beispiel:
Wie im Ausgangsfall soll die A GmbH mit Sitz in Deutschland auf die B, eine Kapitalgesellschaft mit Sitz in einem anderen Mitgliedstaat der EU oder einem Vertragsstaat des EWR, verschmolzen werden. Nach deutschem Recht erfolgt die Verschmelzung rückwirkend zum 31. Dezember 2012, nach dem Recht des ausländischen Staates dagegen zB erst zum 31. März 2013.
Die Hinausverschmelzung führt dazu, dass die Wirtschaftsgüter der A GmbH, soweit sie keiner inländischen Betriebsstätte zugeordnet werden können, steuerlich entstrickt werden. Können zB die Beteiligungen an der T1 und T2 keiner inländischen Betriebsstätte der B zugeordnet werden, sind sie in der steuerlichen Schlussbilanz der A GmbH mit ihrem gemeinen Wert anzusetzen. Etwaige Dividenden aus diesen Beteiligungen oder etwaige Veräußerungsgewinne in der Interimszeit bis zum 1. April 2013 werden allerdings nirgendwo erfasst. Sie unterliegen weder der Besteuerung in Deutschland noch der Besteuerung im aufnehmenden Staat. Dies soll § 2 Abs. 3 UmwStG verhindern, indem der Übergang auch für Zwecke der deutschen Besteuerung erst zum 31. März 2013 angenommen wird.[395]

266   Da die Besteuerung der im Zeitpunkt der Umwandlung vorhandenen Reserven durch entsprechende Regelungen im UmwStG sichergestellt ist (vgl. insb. § 11 Abs. 2 Satz 1 Nr. 2 UmwStG), kommen als „weiße" Einkünfte nur laufende Einkünfte der übertragenden Körperschaft während des Rückwirkungszeitraums in Betracht, die nach dem deutschen UmwStG bereits dem übernehmenden Rechtsträger zugerechnet werden.[396]

267   Der Gesetzgeber hat auf diese Möglichkeit „weißer" Einkünfte durch Einführung des § 2 Abs. 3 UmwStG reagiert.[397] Danach wird die steuerliche Rückwirkung nach § 2 Abs. 1 und 2 UmwStG ausgeschlossen, soweit Einkünfte auf Grund abweichender Regelungen zur Rückbeziehung eines in § 1 Abs. 1 UmwStG bezeichneten Vorgangs in einem anderen Staat der Besteuerung entzogen werden. Dies soll nach Ansicht der Finanzverwaltung[398] insbesondere bei abweichenden Rückwirkungszeiträumen oder unterschiedlicher Ausgestaltung der Rückwirkungsregelungen gegeben sein.

268   Nach zutreffender Auffassung sind unter Einkünften i.S. des § 2 Abs. 3 UmwStG sowohl positive als auch negative Einkünfte zu verstehen, so dass die Vorschrift auch zugunsten des Steuerpflichtigen anwendbar ist, wenn ansonsten die Gefahr besteht, dass sich Verluste steuerlich nicht auswirken.[399]

269   Keine Regelung enthält § 2 Abs. 3 UmwStG für den Fall, dass es durch unterschiedliche Rückbeziehungsfristen zu einer doppelten Besteuerung kommt. Dies kann bei einer Hinausverschmelzung etwa der Fall sein, wenn das ausländische Recht einen zeitlich früheren

---

[394] Weitere Beispiele finden sich bei *Schaflitz/Widmayer* BB Special 8/2006, 36, 38; Widmann/Mayer/*Widmann*, Umwandlungsrecht, § 2 UmwStG Rn. R 117 ff.
[395] Dötsch/Patt/Pung/Möhlenbrock/*Dötsch*, § 2 UmwStG Rn. 171 weist zu Recht darauf hin, dass die Rechtsfolgen des § 2 Abs. 3 UmwStG im Gesetz unklar geregelt sind; vgl. auch Frotscher/Maas/*Frotscher*, § 2 UmwStG Rn. 41.
[396] Frotscher/Maas/*Frotscher* § 2 UmwStG Rn. 40a; vgl. auch Dötsch/Patt/Pung/Möhlenbrock/*Dötsch*, § 2 UmwStG Rn. 82.
[397] Zur entsprechenden gesetzgeberischen Absicht vgl. Regierungsentwurf zum SEStEG vom 12.7.2006, BT-Drs. 16/2710, S. 37. Siehe ferner UmwSt.-Erlass Tz. 02.38.
[398] UmwSt.-Erlass Tz. 02.38.
[399] Vgl. *Ettinger/Königer* GmbHR 2009, 590, 591; Frotscher/Maas/*Frotscher*, § 2 UmwStG Rn. 40; Dötsch/Patt/Pung/Möhlenbrock/*Dötsch*, § 2 UmwStG Rn. 83.

steuerlichen Übertragungsstichtag vorsieht. Hier kann die Lösung nur in einem Billigkeitserlass oder in einem Verständigungsverfahren liegen.[400]

d) Steuerliche Auswirkung auf Ebene der übernehmenden Kapitalgesellschaft

Wird nach der Hinausverschmelzung im Inland eine Betriebsstätte beibehalten, so wird die übernehmende Kapitalgesellschaft in Deutschland beschränkt steuerpflichtig. Sie hat die auf sie übergehenden Wirtschaftsgüter, die der inländischen Betriebsstätte zuzuordnen sind, nach § 12 Abs. 1 UmwStG mit dem Wert der übertragenden Köperschaft anzusetzen (Wertverknüpfung). 270

Der nach § 12 Abs. 2 UmwStG zu ermittelnde Übernahmeerfolg bleibt bei der übernehmenden Kapitalgesellschaft außer Ansatz; Deutschland hat insofern kein Besteuerungsrecht. 271

Dies wird regelmäßig auch in Fällen der Aufwärtsverschmelzung einer inländischen Tochtergesellschaft auf eine in der EU bzw. im EWR ansässige Muttergesellschaft gelten. Die übernehmende Muttergesellschaft wird mit ihren Anteilen an der übertragenden Tochtergesellschaft regelmäßig nicht in Deutschland steuerpflichtig sein, so dass nur § 12 Abs. 2 Satz 1 UmwStG anwendbar ist. Nur ausnahmsweise wird Deutschland ein Besteuerungsrecht an den Anteilen der Muttergesellschaft haben, etwa wenn die Anteile einer inländischen Betriebsstätte zuzuordnen sind oder die übernehmende Muttergesellschaft in einem Staat ansässig ist und das DBA das Besteuerungsrecht an Anteilen nicht dem Ansässigkeitsstaat des Anteilseigners, sondern dem Sitzstaat der Beteiligung zuweist.[401] Nur in diesen Fällen ist gem. § 12 Abs. 2 Satz 2 UmwStG auf den Übernahmegewinn § 8b KStG insoweit anzuwenden, wie die übernehmende Muttergesellschaft unmittelbar an der übertragenden Tochtergesellschaft beteiligt ist.[402] 272

Die übernehmende Köperschaft tritt hinsichtlich des auf sie übergehenden inländischen Betriebsstättenvermögens gem. § 12 Abs. 3 UmwStG in die Rechtsstellung der übertragenden Körperschaft ein (sog. Fußstapfentheorie). Etwaige verrechenbare Verluste, verbleibende Verlustvorträge und einer von der übertragenden Körperschaft nicht verbrauchter Zinsvortrag nach § 4h Abs. 1 Satz 2 EStG gehen nicht über.[403] 273

Trotz des Eintritts in die steuerliche Rechtsstellung konnte bei der Hinausverschmelzung einer inländischen Organträger-Kapitalgesellschaft auf eine in der EU bzw. im EWR ansässige Kapitalgesellschaft eine **bestehende Organschaft bislang regelmäßig nicht fortgesetzt** werden. Organträger konnte nach § 14 Abs. 1 Satz 1 Nr. 2 Satz 1 KStG a.F. nur eine unbeschränkt steuerpflichtige natürliche Person oder eine nicht steuerbefreite Körperschaft, Personenvereinigung oder Vermögensmasse iSd § 1 KStG mit Geschäftsleitung im Inland sein. EU-/EWR-Kapitalgesellschaften ohne Ort der Geschäftsleitung im Inland schieden damit nach bisheriger Rechtslage regelmäßig als Organträger aus.[404] 274

Durch das Gesetz zur Änderung und Vereinfachung der Unternehmensbesteuerung und des steuerlichen Reisekostenrechts vom 20. Februar 2013[405] wurde § 14 Abs. 1 Satz 1 Nr. 2 KStG dahingehend geändert, dass die Beteiligung an der Organgesellschaft nunmehr unun-

---

[400] Vgl. Dötsch/Patt/Pung/Möhlenbrock/*Dötsch*, § 2 UmwStG Rn. 88; Schmitt/Hörtnagl/Stratz/*Hörtnagl*, UmwG/UmwStG, § 2 UmwStG Rn. 121; Widmann/Mayer/*Widmann*, Umwandlungsrecht, § 2 UmwStG Rn. R 119.
[401] Vgl. dazu auch Widmann/Mayer/*Schießl*, Umwandlungsrecht, § 11 UmwStG Rn. 50.63.
[402] Zu einem möglichen Verstoß gegen Art. 7 FusionsRL Schmitt/Hörtnagl/Stratz/*Schmitt*, UmwG/UmwStG, § 12 Rn. 51 m.w.N.; *Ley/Bodden* FR 2007, 265.
[403] Vgl. dazu Rödder/Herlinghaus/van Lishaut/*Rödder*, UmwStG, § 12 Rn. 104.
[404] Zu den unionsrechtlichen Problemen bei der Hinausverschmelzung von Organträger-Kapitalgesellschaften vgl. *Kraft/Michel* IStR 2012, 882.
[405] BGBl. I 2013, 285.

terbrochen während der gesamten Dauer der Organschaft einer inländischen Betriebsstätte iSd § 12 AO zuzurechnen sein muss. Mit dieser Änderung hat der Gesetzgeber auf die Rechtsprechung des BFH[406] zur Reichweite des abkommensrechtlichen Diskriminierungsverbots bei grenzüberschreitenden Organschaften reagiert.[407] Damit ist im Falle einer Hinausverschmelzung einer inländischen Organträger-Kapitalgesellschaft auf eine in der EU bzw. im EWR ansässige Kapitalgesellschaft **zukünftig ein Fortbestehen der bestehenden Organschaft im Verhältnis zum übernehmenden Rechtsträger grundsätzlich möglich**. Allerdings ist hier nicht zu verkennen, dass die nun entscheidende Frage, ob die Beteiligung an der Organgesellschaft der inländischen Betriebsstätte des Organträgers nach funktionalen Gesichtspunkten zugerechnet werden kann[408], in der Praxis regelmäßig zu erheblicher Rechtsunsicherheit führt.[409] In zeitlicher Hinsicht ist darüber hinaus zu beachten, dass die Zuordnung der die finanzielle Eingliederung begründenden Beteiligung zur inländischen Betriebsstätte „ununterbrochen während der gesamten Dauer der Organschaft" vorliegen muss. Dies setzt voraus, dass die Beteiligung an der Organgesellschaft steuerlich rückwirkend zum Beginn des Wirtschaftsjahres der Organgesellschaft zugerechnet werden muss.[410] Andernfalls ist das Erfordernis der ununterbrochenen Zurechnung nicht erfüllt und die Voraussetzungen für das Fortbestehen der Organschaft sind nicht gegeben.

e) Steuerliche Auswirkung auf Ebene der Anteilseigner

275   Die steuerliche Behandlung auf Ebene der Anteilseigner, die in § 13 UmwStG geregelt wird, richtet sich danach, ob es sich um inländische oder ausländische Anteilseigner handelt.

276   § 13 UmwStG gilt nicht nur für die rein inländische Verschmelzung, sondern gleichermaßen auch für die hier zu betrachtende Hinausverschmelzung in den EU/EWR-Raum; Voraussetzung ist, dass die Anteilseigner des übertragenden Rechtsträgers mit ihren Anteilen in Deutschland unbeschränkt oder beschränkt steuerpflichtig sind.[411]

277   **aa) Inländischer Anteilseigner.** Nach § 13 Abs. 1 UmwStG gelten die Anteile an der übertragenden Köperschaft grundsätzlich als zum gemeinen Wert[412] veräußert; korrespondierend gelten die an ihre Stelle tretenden Anteile an der übernehmenden Körperschaft als mit diesem Wert angeschafft. Der sich hierbei ergebende Gewinn unterliegt mit Eintragung der Verschmelzung[413] nach allgemeinen Grundsätzen der Besteuerung.[414]

278   Ist der Anteilseigner allerdings im Inland ansässig, so steht ihm grundsätzlich ein Wertansatzwahlrecht nach § 13 Abs. 2 Satz 1 UmwStG dahingehend zu, die Anteile an der übertragenden Körperschaft davon abweichend mit dem **Buchwert** anzusetzen. Gehören die Anteile nicht zu einem Betriebsvermögen, treten an die Stelle des Buchwerts die Anschaffungskosten (§ 20 Abs. 4a EStG). Ein Zwischenwertansatz ist vom Gesetz nicht vorgesehen.[415]

---

[406] BFH, Urteil v. 9.2.2011 – I R 54, 55/10, BStBl. II 2012, 106.
[407] BT-Drucks. 17/10774, 18.
[408] Vgl. hierzu im Einzelnen *Benecke/Schnitger* IStR 2013, 143 ff.; *Dötsch/Pung* DB 2013, 305 ff.
[409] Vgl. dazu auch *Lenz/Adrian/Handwerker* BB 2012, 2851.
[410] Vgl. UmwSt.-Erlass Tz. Org.02.
[411] Vgl. Schmitt/Hörtnagl/Stratz/*Schmitt*, UmwG/UmwStG, § 13 UmwStG Rn. 4.
[412] Zur Bestimmung des gemeinen Wertes Schmitt/Hörtnagl/Stratz/*Schmitt*, UmwG/UmwStG, § 13 UmwStG Rn. 18 ff.
[413] Ebenso Rödder/Herlinghaus/van Lishaut/*Trossen*, UmwStG, § 13 Rn. 20; a.A. Dötsch/Patt/Pung/Möhlenbrock/*Dötsch*, § 13 UmwStG Rn. 17 zum steuerlichen Übertragungsstichtag.
[414] Vgl. dazu Schmitt/Hörtnagl/Stratz/*Schmitt*, UmwG/UmwStG, § 13 UmwStG Rn. 21.
[415] Rödder/Herlinghaus/van Lishaut/*Trossen*, UmwStG, § 13 Rn. 1; Schmitt/Hörtnagl/Stratz/*Schmitt*, UmwG/UmwStG, § 13 UmwStG Rn. 2.

A. Hinausverschmelzung

Voraussetzung für das Wertansatzwahlrecht nach § 13 Abs. 2 Satz 1 UmwStG ist, dass 279

(1) das deutsche Besteuerungsrecht hinsichtlich des Gewinns aus der Veräußerung der Anteile an der übernehmenden Körperschaft nicht ausgeschlossen oder beschränkt wird, oder
(2) die Mitgliedsstaaten der EU bei einer Verschmelzung Art. 8 Abs. 6 der Fusions-Richtlinie anzuwenden haben.

Der **Antrag auf Buchwertfortführung** ist von dem jeweiligen Anteilseigner eigenständig auszuüben und zwar unabhängig davon, ob auf Ebene der übertragenden Körperschaft die Buchwerte, Zwischenwerte oder der gemeine Wert in der steuerlichen Schlussbilanz angesetzt werden bzw. die Voraussetzungen des § 11 Abs. 2 UmwStG vorliegen.[416] Besitzt der Anteilseigner mehrere Anteile an der übertragenden Körperschaft, soll er das Wahlrecht allerdings nur einheitlich ausüben können.[417] Der Antrag ist nicht fristgebunden und kann bis zur Bestandskraft der Veranlagung des betroffenen Anteilseigners erfolgen; er bedarf keiner besonderen Form. Ein einmal gestellter Antrag kann allerdings weder geändert noch zurückgenommen werden.[418] 280

Das **deutsche Besteuerungsrecht** hinsichtlich des Gewinns aus der Veräußerung der Anteile an der übernehmenden Körperschaft wird durch eine Hinausverschmelzung ausgeschlossen oder beschränkt, wenn nach der Verschmelzung ein DBA mit abweichenden Besteuerungsregeln anzuwenden ist. Die meisten DBA ordnen das Besteuerungsrecht an Anteilen an einer Körperschaft dem Wohnsitzstaat des Anteilseigners zu.[419] Kommt es durch die Hinausverschmelzung insoweit zu keiner veränderten Zuordnung, sind die Voraussetzungen für eine Buchwertfortführung erfüllt, was regelmäßig der Fall sein sollte. 281

Für den Ausgangsfall bedeutet dies folgendes: 282

Fall:
Soweit an der übertragenden A GmbH mit Sitz in Deutschland inländische Anteilseigner beteiligt, liegen im Falle einer Hinausverschmelzung auf eine EU/EWR-Kapitalgesellschaft regelmäßig die Voraussetzungen für eine Buchwertfortführung vor. Auf entsprechenden Antrag des jeweiligen Anteilseigners sind die Buchwerte fortzuführen.
Andernfalls gelten die Anteile als zum gemeinen Wert veräußert. Ein sich hierbei ergebender Gewinn unterliegt nach allgemeinen Grundsätzen der Besteuerung; § 8b KStG und § 3 Nr. 40 EStG sind zu beachten.

In einigen DBA wird das Besteuerungsrecht an Anteilen allerdings dem Sitzstaat der Köperschaft zugeordnet. Kommt es insoweit zu einer abweichenden Zuweisung, wird das deutsche Besteuerungsrecht hinsichtlich des Gewinns aus der Veräußerung der Anteile an der übernehmenden Körperschaft durch eine Hinausverschmelzung ausgeschlossen oder beschränkt.[420] Gleichwohl kann das Wertansatzwahlrecht auch in diesen Fällen bestehen, wenn die Mitgliedsstaaten der EU bei einer Verschmelzung Art. 8 Abs. 6 der Fusions-Richtlinie anzuwenden haben. 283

Nach **Art. 8 Abs. 6 der Fusions-Richtlinie** können die Mitgliedsstaaten den Gewinn aus der Veräußerung der erworbenen Anteile an der übernehmenden Köperschaft – ungeachtet der Bestimmungen des DBA – in der gleichen Weise besteuern, wie den Gewinn aus der Veräußerung der Anteile an der übertragenden Köperschaft. Stellt der Anteilseig- 284

---

[416] Ebenso Dötsch/Patt/Pung/Möhlenbrock/*Dötsch*, § 13 UmwStG Rn. 6.
[417] So Rödder/Herlinghaus/van Lishaut/*Trossen*, UmwStG, § 13 Rn. 29; a.A. *Klingberg* in PWC Reform des Umwandlungssteuerrechts Rn. 1382.
[418] Vgl. dazu Schmitt/Hörtnagl/Stratz/*Schmitt*, UmwG/UmwStG, § 13 UmwStG Rn. 33 f.
[419] Vgl. insoweit die Auflistung bei Widmann/Mayer/*Widmann*, Umwandlungsrecht, § 4 UmwStG Rn. 50.64; Blümich/*Klingberg*, EStG, § 13 UmwStG Rn. 19.
[420] Vgl. dazu Schmitt/Hörtnagl/Stratz/*Schmitt*, UmwG/UmwStG, § 13 UmwStG Rn. 44.

ner einen entsprechenden Antrag, hat Deutschland bei einer späteren Veräußerung der erhaltenden Anteile das Recht auf Besteuerung des Veräußerungsgewinns. Auf diese Weise ist eine Besteuerung der stillen Reserven sichergestellt, so dass nach § 13 Abs. 2 Satz 1 Nr. 2 UmwStG auf Antrag eine Buchwertfortführung möglich ist.

285 Die Frage, ob der Antrag nach § 13 Abs. 2 Satz 1 Nr. 2 UmwStG auf Buchwertfortführung auch sinnvoll ist, bedarf einer genauen Abwägung. Im Einzelfall kann es im Falle einer späteren Veräußerung der erhaltenen Anteile zu einer **Doppelbesteuerung** kommen, wenn sowohl Deutschland als auch der Sitzstaat der übernehmenden Köperschaft von dem Besteuerungsrecht Gebrauch machen.[421]

286 Wird der Antrag nach § 13 Abs. 2 Satz 1 UmwStG auf Buchwertfortführung gestellt, **so treten die Anteile** an der übernehmenden Körperschaft steuerlich **an die Stelle** der übertragenden Körperschaft, d.h. die steuerlichen Merkmale der Anteile springen auf die an ihre Stelle tretenden Anteile an der Übernehmerin über (sog. Fußstapfentheorie).[422] Es liegt weder ein Veräußerungs- noch ein Anschaffungsvorgang vor.

287 War der Anteilseigner der übertragenden Körperschaft bereits vor der Verschmelzung auch an der übernehmenden Körperschaft beteiligt, so springen die steuerlichen Merkmale quotal auf sämtliche Anteile am übernehmenden Rechtsträger über.[423]

288 **bb) Ausländischer Anteilseigner.** Ist bei einer Hinausverschmelzung ein Anteilseigner mit Sitz im Ausland beteiligt, so wird Deutschland **regelmäßig kein Besteuerungsrecht** zustehen. Auf Ebene des Anteilseigners kommt es folglich zu keiner Besteuerung.

289 § 13 UmwStG kommt in diesen Fällen nur dann zur Anwendung, wenn die Anteile des ausländischen Anteilseigners an der übertragenden Körperschaft **in Deutschland steuerverstrickt** sind. Das ist etwa der Fall, wenn die Anteile einer inländischen Betriebsstätte zuzuordnen sind oder aber die Voraussetzungen des § 17 EStG vorliegen und der Anteilseigner in einem Nicht-DBA-Staat ansässig ist. Ferner können die Anteile der deutschen Besteuerung unterliegen, wenn das jeweilige DBA ausnahmsweise dem Sitzstaat der Kapitalgesellschaft das Besteuerungsrecht zuweist. Das ist etwa der Fall in den DBA mit der Slowakei, Tschechien und Zypern.

290 Besteht ein deutsches Besteuerungsrecht, hat auch der ausländische Anteilseigner grundsätzlich die in den Anteilen enthaltenen stillen Reserven aufzudecken und zu versteuern. Nach § 13 Abs. 1 UmwStG gelten die Anteile als zum gemeinen Wert veräußert.

291 Auf Antrag kann der Anteilseigner allerdings gem. § 13 Abs. 2 UmwStG den Buchwert bzw. die Anschaffungskosten fortführen, sofern die oben unter **Rn. 279** beschriebenen Voraussetzungen vorliegen.

292 **cc) Sonderfälle.** Wie dargestellt erfasst § 13 UmwStG grundsätzlich alle Anteile eines unbeschränkt oder beschränkt steuerpflichtigen Anteilseigners am übertragenden Rechtsträger, die nicht dem übernehmenden Rechtsträger zuzurechnen sind. Daneben gibt es wenige Sonderfälle, in denen § 13 UmwStG nicht zur Anwendung gelangt.

293 Die Anwendung von § 13 UmwStG ist allerdings gem. § 20 Abs. 4a Satz 1 EStG ausdrücklich ausgeschlossen, soweit der Anteilstausch beim Anteilseigner nach § 20 Abs. 2 Nr. 1 EStG zu besteuern wäre.[424] Damit ist § 13 UmwStG nicht auf Anteile anzuwenden, die im Privatvermögen gehalten werden, nach dem 31. Dezember 2008 angeschafft wur-

---

[421] Vgl. dazu Widmann/Mayer/*Schießl*, Umwandlungsrecht, § 13 UmwStG Rn. 50.64.
[422] Zu den Rechtsfolgen im Einzelnen Schmitt/Hörtnagl/Stratz/*Schmitt*, UmwG/UmwStG, § 13 UmwStG Rn. 48; Rödder/Herlinghaus/van Lishaut/*Trossen*, UmwStG, § 13 Rn. 46.
[423] Vgl. dazu die Beispiele in Schmitt/Hörtnagl/Stratz/*Schmitt*, UmwG/UmwStG, § 13 UmwStG Rn. 50 ff.
[424] Vgl. UmwSt.-Erlass Tz. 13.01.

den und weder nach § 17 EStG noch nach § 21 Abs. 1 UmwStG a.F. steuerverstrickt sind. Solche Anteile sind nach § 20 Abs. 4a EStG zu besteuern.[425] Das bedeutet, dass die im Zuge eines Anteilstausches erhaltenen Anteile zwingend als zu Buchwerten angeschafft gelten, sie treten – auch ohne entsprechenden Antrag – steuerlich an die Stelle der bisherigen Anteile („Fußstapfentheorie"). Erst im Falle einer späteren Veräußerung der erhaltenen Anteile unterliegt ein etwaiger Gewinn der Abgeltungssteuer.

§ 13 UmwStG kommt auch bei einem sog. *UpStreamMerger* nicht zur Anwendung, d.h. **294** wenn eine Tochtergesellschaft auf ihre Muttergesellschaft verschmolzen wird.[426] In diesem Fall geben die Anteilseigner der übernehmenden Muttergesellschaft keine Anteile an der übertragenden Körperschaft auf; es kommt zu keiner Wertsteigerung bei ihren Anteilen.[427] Insoweit kommt für die Anteile der übernehmenden Muttergesellschaft an der übertragenden Tochtergesellschaft ausschließlich § 12 Abs. 2 UmwStG zur Anwendung.

Für die Abwandlung hat dies die folgenden Konsequenzen:

Beispiel:
In dem Beispielsfall ist die übernehmende B zu 100% an der übertragenden A GmbH beteiligt. Entsteht bei der Aufwärtsverschmelzung ein Übernahmegewinn, wäre im reinen Inlandsfall gem. § 12 Abs. 2 Satz 2 UmwStG bei der übernehmenden Muttergesellschaft § 8b KStG insoweit anzuwenden, als sie unmittelbar an der übertragenden Tochtergesellschaft beteiligt ist.
Bei der Aufwärtsverschmelzung auf eine EU/EWR-Kapitalgesellschaft ist die übernehmende Muttergesellschaft mit ihrer Beteiligung an der Tochtergesellschaft regelmäßig nicht in Deutschland steuerpflichtig. Demgemäß ist nicht § 12 Abs. 2 Satz 2 UmwStG, sondern allein § 12 Abs. 2 Satz 1 UmwStG anwendbar. Ein Übernahmeergebnis bleibt mangels Steuerverstrickung außer Ansatz.[428]
Etwas anderes gilt ausnahmsweise, wenn Deutschland ein Besteuerungsrecht an den Anteilen der B an der A GmbH haben sollte, etwa wenn die Anteile einer inländischen Betriebsstätte zuzuordnen wären oder die übernehmende Muttergesellschaft B in einem Staat ansässig ist und das DBA das Besteuerungsrecht an Anteilen nicht dem Ansässigkeitsstaat des Anteilseigners, sondern dem Sitzstaat der Beteiligung zuweisen würde. Nur in diesem Fall ist gem. § 12 Abs. 2 Satz 2 UmwStG auf den Übernahmegewinn insoweit § 8b KStG anzuwenden, wie die übernehmende Muttergesellschaft unmittelbar an der übertragenden Tochtergesellschaft beteiligt ist.

3. Bilanzielle Auswirkungen und Darstellung der Verschmelzung (insbesondere beim übertragenden Rechtsträger)

a) HGB

Bei einer grenzüberschreitenden Verschmelzung hat die beteiligte inländische Kapital- **295** gesellschaft, hier also der übertragende Rechtsträger, die **Vorschriften** der rein innerstaatlichen Verschmelzung anzuwenden, soweit sich aus den §§ 122b bis 122i UmwG keine Sonderregelungen ergeben. Dies folgt unmittelbar aus dem Generalverweis des § 122a Abs. 2 UmwG.[429] Die beteiligten ausländischen Rechtsträger unterliegen demgegenüber den jeweiligen nationalen Verschmelzungsvorschriften und damit auch den entsprechenden nationalen Bilanzierungsregeln.

---

[425] Vgl. dazu Schmidt/*Weber-Grellet*, EStG, § 20 Rn. 163.
[426] UmwSt.-Erlass Tz. 13.01.
[427] Ebenso Schmitt/Hörtnagl/Stratz/*Schmitt*, UmwG/UmwStG, § 13 UmwStG Rn. 11.
[428] Siehe oben Rn. 272.
[429] Vgl. hierzu vorstehend Rn. 2.

aa) Jahresabschluss des übertragenden Rechtsträgers

(1) Schlussbilanz

296 **(a) Allgemeines.** Der übertragende inländische Rechtsträger ist bei einer Hinausverschmelzung auf eine EU-Gesellschaft zur Aufstellung einer **Schlussbilanz** verpflichtet (§ 122k Abs. 1 S. 2 iVm § 17 Abs. 2 UmwG). Diese ist der Anmeldung zum Handelsregister beizufügen. Aus dem Wortlaut des § 17 Abs. 2 UmwG ergibt sich, dass darüber hinaus weder eine Gewinn- und Verlustrechnung noch ein Anhang eingereicht werden muss.[430] Allerdings darf auf sog. Wahlpflichtangaben, d.h. Angaben, die wahlweise in der Bilanz oder im Anhang gemacht werden können, nicht verzichtet werden. Diese sind entweder direkt in die Schlussbilanz oder in eine Anlage zur Bilanz aufzunehmen.[431]

297 Die Schlussbilanz erfüllt bei einer grenzüberschreitenden Verschmelzung im Wesentlichen zwei **Funktionen**. Erstens bildet sie regelmäßig die Grundlage für die Abgrenzung des Ergebnisses, welches der übertragende Rechtsträger für eigene bzw. für Rechnung des übernehmenden Rechtsträgers bis zur Eintragung in das Handelsregister erwirtschaftet.[432] Zweitens dient die Schlussbilanz den Gläubigern als Entscheidungshilfe dafür, ob sie eine Sicherheitsleistung iSv § 122j UmwG fordern sollen.[433]

298 Der **Stichtag** der Schlussbilanz darf nach § 17 Abs. 2 Nr. 4 UmwG nicht mehr als acht Monate vor der Handelsregisteranmeldung liegen. Grundsätzlich kann der Bilanzstichtag innerhalb dieses Zeitrahmens beliebig gewählt werden.[434] In der Praxis bietet es sich aus Kosten- und Vereinfachungsgründen jedoch an, hierfür den Schluss des Geschäftsjahres, mithin den Stichtag für den Jahresabschluss, zu wählen. Somit kann die Jahresbilanz gleichzeitig als Schlussbilanz iSd § 17 Abs. 2 UmwG verwendet werden.[435] Da die Schlussbilanz der Ergebnisabgrenzung dient, sollte der Bilanzstichtag außerdem mit dem im Verschmelzungsvertrag vereinbarten Verschmelzungsstichtag zusammenfallen bzw. diesem unmittelbar vorausgehen.[436]

299 Bei einer **variablen Stichtagsregelung** verschiebt sich der Verschmelzungsstichtag, wenn die Verschmelzung zu einem festgelegten Zeitpunkt noch nicht im Handelsregister eingetragen ist. In diesem Fall sind die gesetzlichen oder im Verschmelzungsvertrag vereinbarten Rechtsfolgen auf die neu festgelegten Stichtage zu beziehen. Somit verschiebt sich auch der Stichtag der Schlussbilanz auf einen späteren Zeitpunkt.[437]

300 Gem. § 17 Abs. 2 Satz 2 UmwG gelten für die Schlussbilanz die handelsrechtlichen Vorschriften über die Jahresbilanz und deren Prüfung entsprechend. Daraus folgt, dass die Schlussbilanz immer dann der **Prüfungspflicht** durch einen Abschlussprüfer unterliegt, wenn auch ein Jahresabschluss der Gesellschaft auf diesen Stichtag kraft Gesetzes prüfungspflichtig wäre. Eine Prüfung durch den Aufsichtsrat ist hingegen ebenso wenig notwendig wie eine Feststellung durch das entsprechende Organ oder eine Vorlage an Hauptver-

---

[430] Sonderbilanzen/*Budde/Zervas*, H 77; Lutter/*Bork*, UmwG § 17 Rn. 5; WM/*Fronhöfer*, UmwG § 17 Rn. 68; SHS/*Hörtnagl*, UmwG § 17 Rn. 14; Kallmeyer/*Müller*, UmwG § 17 Rn. 18; Winnefeld, Bilanz-Handbuch, N 233; IDW RS HFA 42 Rn. 7.

[431] IDW RS HFA 42 Rn. 7, Sonderbilanzen/*Budde/Zervas* H 77; SHS/*Hörtnagl*, UmwG § 17 Rn. 14; Kallmeyer/*Müller*, UmwG § 17 Rn. 18; Winnefeld, Bilanz-Handbuch, N 233.

[432] Winnefeld, Bilanz-Handbuch, N 229; IDW RS HFA 42 Rn. 10; Semler/Stengel/*Schwanna*, UmwG § 17 Rn. 13.

[433] Sonderbilanzen/*Budde/Zervas* H 82; WM/*Fronhöfer*, UmwG § 17 Rn. 62; Semler/Stengel/*Schwanna*, UmwG § 17 Rn. 13; Lutter/*Bork* UmwG § 17 Rn. 4; SHS/*Hörtnagl*, UmwG § 17 Rn. 14.

[434] Dagegen ist nach IFRS die Umwandlung verpflichtend zum Erwerbszeitpunkt abzubilden, vgl. nachstehend Rn. 669.

[435] Maulbetsch/Klumpp/Rose/*Schäffler*, UmwG § 17 Rn. 12; Semler/Stengel/*Schwanna*, UmwG § 17 Rn. 18; WM/*Fronhöfer*, UmwG § 17 Rn. 71; Kallmeyer/*Müller*, UmwG § 17 Rn. 16.

[436] Kallmeyer/*Müller*, UmwG § 17 Rn. 13; IDW RS HFA 42 Rn. 11.

[437] IDW RS HFA 42, Rn. 26.

sammlung bzw. Gesellschafter.[438] Auch braucht die Schlussbilanz nicht bekanntgemacht zu werden (§ 17 Abs. 2 Satz 3 UmwG).

Aus dem Verweis auf die handelsrechtlichen Vorschriften zur Bilanzierung folgt weiterhin, dass die übertragende Gesellschaft grundsätzlich zur Durchführung einer **Inventur** sowie zur Aufstellung eines Inventars zum Stichtag der Schlussbilanz verpflichtet ist.[439] Auf eine körperliche Inventur darf jedoch dann verzichtet werden, wenn der Bestand der Vermögensgegenstände nach Art, Menge und Wert auch ohne körperliche Bestandsaufnahme bestimmt werden kann (§ 241 Abs. 2 HGB).

Die Angabe von **Vorjahreszahlen** kann nach dem Sinn und Zweck der Schlussbilanz unterbleiben.[440]   301

(b) Ansatz. Bei der Aufstellung der Schlussbilanz des übertragenden Rechtsträgers sind   302
die handelsrechtlichen Ansatzvorschriften (§§ 246–251, 274 HGB) zu beachten. Aus dem **Grundsatz der Stetigkeit** (§ 246 Abs. 3 HGB) folgt, dass Ansatzwahlrechte grundsätzlich in gleicher Weise wie im vorangegangenen Jahresabschluss auszuüben sind. Dies betrifft bspw. die Aktivierungswahlrechte für selbst geschaffene immaterielle Vermögensgegenstände des Anlagevermögens sowie für aktive latente Steuern. Von der Stetigkeit darf gem. § 252 Abs. 2 HGB jedoch abgewichen werden, wenn ein begründeter Ausnahmefall gegeben ist. Ein solcher kann bei einer Verschmelzung vorliegen. Anpassungen an die (ausländischen) Ansatz- und Bewertungsmethoden des übernehmenden Rechtsträgers sind jedoch unzulässig, soweit dies zu Ansätzen bzw. Werten führt, die mit den handelsrechtlichen Regelungen unvereinbar sind.[441]

Etwaige **Forderungen** und **Verbindlichkeiten** der übertragenden Gesellschaft ggü.   303
dem aufnehmenden Rechtsträger sind in der Schlussbilanz weiterhin anzusetzen. Konfusion, d.h. das Erlöschen der Ansprüche bei identischem Schuldner und Gläubiger, ist zum Stichtag der Schlussbilanz rechtlich noch nicht eingetreten.[442] Ebenso sind ggf. **gehaltene Anteile** am übernehmenden Rechtsträger zum Bilanzstichtag noch nicht untergegangen und daher weiterhin zu aktivieren.[443]

Ertragsteuern, die aus einem steuerlichen Übertragungsgewinn resultieren, werden in   304
der Schlussbilanz des übertragenden Rechtsträgers nicht passiviert. Dies gilt ungeachtet der steuerlichen Rückbeziehung in das Wirtschaftsjahr, das mit Ablauf des Stichtags der steuerlichen Schlussbilanz endet.[444] Die **verschmelzungsbedingten Ertragsteuern** schlagen sich aber insoweit nieder, als sie das auf den übernehmenden Rechtsträger übergehende Reinvermögen mindern.

(c) Bewertung. Die **Bewertung** der Vermögensgegenstände und Schulden in der   305
Schlussbilanz richtet sich aufgrund des § 17 Abs. 2 Satz 2 UmwG ebenfalls nach den handelsrechtlichen Rechnungslegungsvorschriften. Die Schlussbilanz ist damit also keine Vermögensaufstellung, sondern eine Erfolgsbilanz, in der die Geschäftsvorfälle zum Stichtag abgegrenzt werden.[445] Die Werte in der Schlussbilanz werden aus dem vorhergehenden

---

[438] Kallmeyer/*Müller*, UmwG § 17 Rn. 18; IDW RS HFA 42, Rn. 13; Sonderbilanzen/*Budde/Zerwas*, H 112; aA SHS/*Hörtnagl*, UmwG § 17 Rn. 18; WM/*Widmann*, UmwG § 24 Rn. 51.
[439] SHS/*Hörtnagl*, UmwG § 17 Rn. 19; Sonderbilanzen/*Budde/Zerwas*, H 80.
[440] IDW RS HFA 42, Rn. 16.
[441] IDW RS HFA 42, Rn. 84.
[442] SHS/*Hörtnagl*, UmwG § 17 Rn. 26; Lutter/*Priester*, UmwG § 24 Rn. 14; Sonderbilanzen/*Budde/Zerwas*, H 94; Winnefeld, Bilanz-Handbuch, N 232.
[443] Sonderbilanzen/*Budde/Zerwas*, H 96; Winnefeld, Bilanz-Handbuch, N 232.
[444] IDW RS HFA 42, Rn. 20; aA SHS/*Hörtnagl*, UmwG § 17 Rn. 29; WM/*Widmann*, UmwG, § 24 Rn. 93: Passivierungspflicht.
[445] Sonderbilanzen/*Budde/Zerwas*, H 103; Lutter/*Bork*, UmwG § 17 Rn. 5; SHS/*Hörtnagl*, UmwG § 17 Rn. 9; Winnefeld, Bilanz-Handbuch, N 229.

Jahresabschluss unter Berücksichtigung zwischenzeitlicher Transaktionen und Wertänderungen entwickelt. Obwohl der übertragende Rechtsträger im Zuge der Verschmelzung untergeht, ist bei der Bewertung des Vermögens von der Fortführung des Unternehmens auszugehen (sog. Going-Concern-Prämisse).[446] Somit können bspw. langfristige Rückstellungen nicht wegen Wegfall des Grundes aufgelöst werden. Die Anschaffungs- oder Herstellungskosten, vermindert um zwischenzeitliche planmäßige und außerplanmäßige Abschreibungen, bilden auch in der Schlussbilanz die Wertobergrenze der Vermögensgegenstände (Anschaffungskostenprinzip, § 253 Abs. 1 Satz 1 HGB). Zuschreibungen können nur vorgenommen werden, soweit die Gründe für eine zuvor durchgeführte außerplanmäßige Abschreibung mittlerweile weggefallen sind (§ 253 Abs. 5 Satz 1 HGB). Eine darüber hinaus gehende Zuschreibung ist hingegen nicht möglich. Ein solches Wahlrecht kann auch nicht daraus abgeleitet werden, dass in der steuerrechtlichen Schlussbilanz die Wirtschaftsgüter der übertragenden Gesellschaft zu einem höheren Wert als dem Buchwert angesetzt werden dürfen (§ 3 Satz 1 UmwStG).[447]

(2) Rechnungslegungspflicht nach Aufstellung der Schlussbilanz

306   Die handelsrechtliche **Rechnungslegungspflicht** des übertragenden Rechtsträgers bleibt auch nach Aufstellung der Schlussbilanz bis zur Handelsregistereintragung grundsätzlich bestehen. Sofern die Verschmelzung am folgenden Bilanzstichtag noch nicht rechtswirksam eingetragen ist (zB wegen Anfechtung des Verschmelzungsbeschlusses), hat die Gesellschaft weiterhin einen Jahresabschluss nach allgemeinen Grundsätzen aufzustellen. Ebenso besteht die Prüfungs- und Offenlegungspflicht fort.[448] Erst mit Erlöschen des übertragenden Rechtsträgers (§ 20 Abs. 1 Nr. 2 UmwG) entfällt schließlich auch die Pflicht zur Aufstellung des Jahresabschlusses endgültig. Da die Verschmelzung üblicherweise zeitnah in das Handelsregister eingetragen wird, und die Aufstellungspflicht nicht auf die Organe des übernehmenden Rechtsträgers übergeht, kommt es in der Praxis regelmäßig nicht mehr zur Aufstellung eines Jahresabschlusses.[449]

(3) Vermögens- und Ergebniszuordnung

307   Die Frage der **Vermögenszuordnung** zwischen Verschmelzungsstichtag und Registereintragung betrifft vor allem den übernehmenden Rechtsträger.[450] Für die übertragende Gesellschaft ist der Zeitpunkt des Vermögensübergangs nur in den Fällen von Bedeutung, in denen sich die Eintragung in das Handelsregister verzögert und die Gesellschaft daher auch noch nach dem Verschmelzungsstichtag zur Aufstellung eines Jahresabschlusses verpflichtet ist.

308   Nach den allgemeinen handelsrechtlichen Grundsätzen ist das Vermögen beim übernehmenden Rechtsträger zu bilanzieren, sobald dieser das **wirtschaftliche Eigentum** erworben hat und nicht erst, wenn mit der Eintragung in das Handelsregister auch das rechtliche Eigentum übergegangen ist.[451] Die übertragende Gesellschaft hat dann grund-

---

[446] Kallmeyer/*Müller*, UmwG § 17 Rn. 30; SHS/*Hörtnagl*, UmwG § 17 Rn. 31; Sonderbilanzen/*Budde*/*Zervas*, H 103.
[447] SHS/*Hörtnagl*, UmwG § 17 Rn. 31; Kallmeyer/*Müller*, UmwG § 17 Rn. 29.
[448] IDW RS HFA 42, Rn. 22; Kallmeyer/*Müller*, UmwG § 17 Rn. 19 ff.; SHS/*Hörtnagl*, UmwG § 17 Rn. 41.
[449] Kallmeyer/*Müller* UmwG, § 17 Rn. 20; IDW RS HFA 42, Rn. 23.
[450] Vgl. hierzu ausführlich Rn. 612 f.
[451] Kallmeyer/*Müller*, UmwG § 17 Rn. 21; Maulbetsch/Klumpp/Rose/*Maulbetsch*, UmwG § 24 Rn. 18; Semler/Stengel/*Moszka*, UmwG § 24 Rn. 15. Für die Kriterien zum Übergang des wirtschaftlichen Eigentums vgl. nachstehend Rn. 612.

sätzlich sämtliche Vermögensgegenstände auszubuchen. Ebenso unterbleibt im Jahresabschluss der übertragenden Gesellschaft ab diesem Zeitpunkt eine Passivierung der im eigenen Namen eingegangenen Schulden. Eine vertragliche Schuldübernahme ist für eine Ausbuchung der Schulden nicht erforderlich, da die Eintragung der Verschmelzung in das Handelsregister ohne Mitwirkung der Gläubiger zu einem Übergang der Schulden auf den übernehmenden Rechtsträger führt.[452]

Neben der Vermögenszuordnung ist auch der Zeitpunkt zu bestimmen, ab welchem der übernehmende Rechtsträger die **Erträge und Aufwendungen** erfassen muss. Zwar handelt die übertragende Gesellschaft bereits ab dem Verschmelzungsstichtag für Rechnung des übernehmenden Rechtsträgers (§ 5 Abs. 1 Nr. 6 UmwG), diese Zuordnung wird jedoch erst im Zeitpunkt der Handelsregistereintragung rechtswirksam. Es muss daher wiederum danach unterschieden werden, ob das wirtschaftliche Eigentum an den zu übertragenden Vermögensgegenständen bereits auf die übernehmende Gesellschaft übergegangen ist. Ist dies der Fall, darf der übertragende Rechtsträger keine originären Aufwendungen und Erträge mehr ausweisen. Ist der Übergang des wirtschaftlichen Eigentums hingegen noch nicht erfolgt, so sind die Aufwendungen und Erträge weiterhin bei der übertragenden Gesellschaft zu buchen.[453] 309

Aus den Geschäftsvorfällen zwischen Verschmelzungsstichtag und Jahresabschlussstichtag kann sich ein Gewinn ergeben. Im Jahresabschluss des übertragenden Rechtsträgers ist in diesem Fall zu erläutern, dass der Gewinn für **fremde Rechnung** erwirtschaftet wurde und deshalb nicht für eine Ausschüttung zur Verfügung steht. Eine Rückstellung für den für fremde Rechnung erwirtschafteten Gewinn darf der übertragende Rechtsträger nicht bilden, da der nach dem Abschlussstichtag gefasste Verschmelzungsbeschluss ein wertbegründendes Ereignis darstellt.[454] 310

bb) Rechnungslegung bei den Anteilsinhabern

Den außenstehenden Gesellschaftern des übertragenden Rechtsträgers werden im Zuge der Verschmelzung üblicherweise Anteile an der übernehmenden Gesellschaft gewährt. Diese stellen eine Gegenleistung für die untergehende Beteiligung dar. Es handelt sich insofern also um einen Tauschvorgang, auf welchen die allgemeinen Tauschgrundsätze Anwendung finden.[455] Nach hM besteht für die Bestimmung der **Anschaffungskosten** der Anteile am übernehmenden Rechtsträger damit ein Wahlrecht. Die Anteile können entweder zum Buchwert der untergehenden Beteiligung oder gewinnrealisierend zu deren höheren Zeitwert angesetzt werden. Als dritte Möglichkeit ist auch der Ansatz des erfolgsneutralen Zwischenwerts, d.h. des Buchwerts zzgl. der durch den Umwandlungsvorgang ausgelösten Ertragsteuerbelastung, zulässig.[456] 311

Sind Anteilsinhaber des übertragenden und des übernehmenden Rechtsträgers identisch (**Side Stream Merger**) und verzichten diese auf eine Anteilsgewährung, so fehlt es insoweit zunächst an der notwendigen Gegenleistung für die untergehende Beteiligung am übertragenden Rechtsträger. Aus wirtschaftlicher Sicht liegt hier jedoch ebenfalls ein Tausch vor, da der innere Wert der Anteile an der übernehmenden Gesellschaft infolge der Verschmelzung steigt. Der Beteiligungsansatz muss daher um nachträgliche Anschaffungs- 312

---

[452] IDW RS HFA 42, Rn. 30.
[453] IDW RS HFA 42, Rn. 31; Lutter/*Priester*, UmwG § 24 Rn. 29.
[454] IDW RS HFA 42, Rn. 31.
[455] IDW RS HFA 42, Rn. 77; Maulbetsch/Klumpp/Rose/*Maulbetsch*, UmwG § 24 Rn. 82.
[456] IDW RS HFA 42, Rn. 46 – BeBiKo/*Grottel/Gadek*, HGB § 255 Rn. 40; ADS HGB § 255 Rn. 89 ff.; Haufe/*Waschbusch*, HGB § 255 Rn. 29 ff.; aA SHS/*Hörtnagl*, UmwG § 24 Rn. 100: zwingende Bewertung zum Zeitwert.

kosten erhöht werden, welche wiederum nach den allgemeinen Tauschgrundsätzen zu bestimmen sind.[457]

b) IFRS

aa) Rechnungslegung beim übertragenden Rechtsträger

313 Die IFRS enthalten hinsichtlich der bilanziellen Abbildung von Verschmelzungen im Einzel- oder Konzernabschluss des übertragenden Rechtsträgers keine expliziten Regelungen. Eine Verpflichtung des übertragenden Rechtsträgers zur Aufstellung einer Schluss- oder Übertragungsbilanz wie im deutschen Recht besteht nicht. Damit der übernehmende Rechtsträger wiederum die Kaufpreisallokation vornehmen kann,[458] wird in praxi die Zurverfügungstellung von Abschlusszahlen nach den Vorgaben des übernehmenden Rechtsträgers notwendig sein.

bb) Rechnungslegung bei den Anteilsinhabern

314 Die Bilanzierung der als Gegenleistung für die untergehende Beteiligung am übertragenden Rechtsträger gewährten Anteile am übernehmenden Rechtsträger ist in den IFRS nicht explizit geregelt. Die Regelungslücke ist gem. IFRS 8.10 ff. auszufüllen. Bei der Entscheidungsfindung sind Anforderungen und Anwendungsleitlinien in Standards und Interpretationen, die ähnliche und verwandte Fragen behandeln, zu berücksichtigen. Es könnte somit das Fair-Value Konzept[459] der Tauschgrundsätze analog der Regelungen in IAS 16.24–26 „Sachanlagen" und IAS 38.45–47 „Immaterielle Vermögenswerte" Anwendung finden. Demgemäß erfolgt der Ansatz der gewährten Anteile zum beizulegenden Zeitwert, es sei denn, dem Tauschgeschäft fehlt es an wirtschaftlicher Substanz,[460] oder weder der beizulegende Zeitwert der gewährten Anteile noch der untergehenden Anteile sind verlässlich messbar. In diesen Fällen hat die Bewertung mit dem Buchwert der untergehenden Anteile zu erfolgen.

315 Weiterhin könnten auch die Regelungen des IFRS 2 „Anteilsbasierte Vergütung", welcher sich mit der bilanziellen Abbildung von Einlagen und Einbringungen aus Sicht der übernehmenden Gesellschaft befasst, auf die Rechnungslegung bei den Anteilsinhabern übertragen werden. Der Ansatz der gewährten Anteile würde auch in diesem Fall grundsätzlich mit dem beizulegenden Zeitwert erfolgen und somit dem Tauschgedanken Rechnung tragen.[461]

Wurde der übertragende Rechtsträger bisher vollkonsolidiert, so verliert der beherrschende Anteilsinhaber aus Konzernsicht durch die Übertragung des Geschäftsbetriebs im Rahmen der Verschmelzung die Beherrschung über den übertragenden Rechtsträger.[462]

Die bilanzielle Abbildung des Beherrschungsverlusts an einem Tochterunternehmen im Konzernabschluss regelt IAS 27.34 bzw. IFRS 10.25 und IFRS 10.B98. Demnach haben die Anteilsinhaber die Vermögenswerte und Schulden des übertragenden Rechtsträgers sowie etwaige nicht beherrschende Anteile zum Buchwert am Tag des Beherrschungsverlusts auszubuchen und die empfangene Gegenleistung in Form der Eigenkapitalinstrumente des übernehmenden Rechtsträgers sowie ggf. einer Barzuzahlung mit dem beizule-

---

[457] IDW RS HFA 42, Rn. 78.
[458] Vgl. hierzu nachstehend Rn. 663 ff.
[459] Beck IFRS-Hdb/*Scheinpflug*, § 5 Rn. 29.
[460] Vgl. hierzu nachstehend Rn. 680 sowie im speziellen IAS 16.25 bzw. IAS 38.45.
[461] IFRS 2.10, sofern der beizulegende Zeitwert verlässlich geschätzt werden kann; vgl. auch Haufe IFRS-Komm/*Hoffmann* § 8 Rn. 50. Nicht anzuwenden sind die Bewertungsregeln des IFRS 2 für Unternehmenszusammenschlüsse (IFRS 2.5); hierfür ist IFRS 3 lex specialis.
[462] Siehe auch *Balzer* KoR 2013 S. 133.

genden Zeitwert anzusetzen. Eine hieraus resultierende Differenz ist erfolgswirksam in der GuV zu erfassen.

II. Verschmelzung auf eine Drittlandsgesellschaft

1. Gesellschaftsrechtliche Grundlagen

a) Zulässigkeit

Die **Verschmelzung auf sog. Drittlandsgesellschaften** ist nach dem ausdrücklichen Wortlaut des § 122b Abs. 1 UmwG nicht durch die §§ 122a ff. UmwG geregelt. Es stellt sich daher die Frage, ob eine Verschmelzung auf eine solche Gesellschaft zulässig ist und, wenn sie zulässig ist, nach welchen Regeln sie abzuwickeln ist; vgl. i.E. hierzu nachfolgend Rn. 322 ff. 316

Wegen des in § 1 Abs. 2 UmwG angeordneten *numerus clausus* der Umwandlungsmöglichkeiten, ist eine **Verschmelzung einer deutschen Gesellschaft auf eine Drittlandsgesellschaft nur möglich**, wenn sie durch das UmwG (oder ein anderes Bundes- oder Landesgesetz) zugelassen ist. Nach der bisherigen Rechtslage ist streitig, ob das UmwG die grenzüberschreitende Verschmelzung – soweit nicht inzwischen durch §§ 122a ff. UmwG ausdrücklich geregelt – überhaupt zulässt; zu den möglichen Änderungen durch das Gesetz zum Internationalen Privatrecht der Gesellschaften, Vereinen und juristischen Personen vgl. nachfolgend Rn. 319. Ein Teil der Literatur[463] geht davon aus, dass § 1 Abs. 1 UmwG voraussetzt, dass alle an einem Umwandlungsvorgang beteiligten Rechtsträger deutsche Gesellschaften sein müssen. 317

Argumentiert wird dabei, dass eine Umwandlung eines deutschen mit einem ausländischen Rechtsträger durch das UmwG nicht vorgesehen und damit nicht zulässig sei. Es komme durch den Gesetzeswortlaut zum Ausdruck, dass der Gesetzgeber die Umwandlung nur für deutsche Gesellschaften habe regeln wollen. Da nach der Vereinigungstheorie Umwandlungen ausländischer Gesellschaften im Hinblick auf die ausländische Gesellschaft der auf diese anwendbaren Rechtsordnung unterlägen, scheide die Anwendung des UmwG auf solche Konstellationen aus.

Ein anderer Teil der Literatur nimmt an, dass § 1 Abs. 1 zur Frage der Zulässigkeit grenzüberschreitender Umwandlungsvorgänge keine Aussage trifft.[464] Daraus werden wiederum unterschiedliche Schlussfolgerungen gezogen.

Zum einen wird vertreten, dass der grenzüberschreitende Umwandlungsvorgang zwar nicht an § 1 Abs. 1 UmwG scheitere, aber abhängig davon sei, welche Folgen die mit der Umwandlung verbundene Verlegung des Sitzes der Gesellschaft habe. Die Herausumwandlung sei damit faktisch unmöglich. Mit dem Verlassen von Deutschland erlösche die

---

[463] Vgl. nur LG Koblenz, Beschluss v. 16.9.2003 – 4 HK T 1/03, NZG 2003, 1124 (sonst wäre die Vorlage für die SEVIC-Entscheidung nicht möglich gewesen); *von Busekist* GmbHR 2004, 650, 652; WM/*Heckschen* § 1 UmwG Rn. 108; Süß/Wachter/*Hoffmann*, Handbuch des internationalen GmbH-Rechts, 2006, § 5 Rn. 8, allerdings unter Bezugnahme auf § 3 Abs. 1 Nr. UmwG statt § 1 Abs. 1 UmwG; Staudinger/*Großfeld*, BGB, IntGesR (1998) Rn. 699 mit dem Argument, die grenzüberschreitende Verschmelzung sei in § 1 Abs. 1 UmwG nicht vorgesehen (nicht: verboten) und daher wegen des Analogieverbots unzulässig; Kallmeyer/*Kallmeyer*, § 1 Rn. 11; MünchKomm/*Kindler*, BGB, IntGesR Rn. 872 und 868 ff. mwN.; *Paefgen* GmbHR 2004, 463, 464; in der 2. Aufl. 2007 noch Semler/Stengel/*Drinhausen* UmwG, Einl. C Rn. 26; wohl auch Spahlinger/Wegen/*Spahlinger/Wegen*, Internationales Gesellschaftsrecht, Rn. 509.

[464] Lutter/*Lutter/Drygala*, UmwG, § 1 Rn. 11; SHS/*Hörtnagl*, § 1 Rn. 24, 47; noch in der 1. Aufl. Semler/Stengel/*Semler/Stengel*, UmwG, Einl. A Rn. 104, 110 und möglicherweise immer noch in der 2. Aufl. in § 1 Rn. 41.

Gesellschaft nach der im Zusammenhang mit Drittstaaten noch anwendbaren Sitztheorie.[465]

Zum anderen wird angenommen, dass grenzüberschreitende Umwandlungen grundsätzlich unter Beteiligung deutscher Rechtsträger zulässig sind. Ihre Durchführung sei jedoch problematisch, weil sich die unterschiedlichen Vorgaben der auf die deutsche Gesellschaft anwendbaren Regelungen des UmwG und der entsprechenden ausländischen Gesetze nicht aufeinander abgestimmt seien.[466]

Teilweise haben sich die Auffassungen in den letzten Jahren mehrfach geändert und teilweise sind die Grenzen zwischen den verschiedenen Auffassungen fließend; es werden aus den gleichen Annahmen – insbesondere aus der Frage des Regelungsbereichs des UmwG – unterschiedliche Schlussfolgerungen gezogen. Insgesamt herrscht daher bisher keine große Klarheit in der Frage der Zulässigkeit grenzüberschreitender Verschmelzungen deutscher Gesellschaften auf Gesellschaften in Drittstaaten.

318 UE ist auf der Basis des bisher geltenden Rechts **der Auffassung der Vorzug zu geben**, dass § 1 Abs. 1 UmwG grenzüberschreitende Verschmelzungen nicht verbietet, sondern nur den Anwendungsbereich des UmwG auf deutsche Gesellschaften beschränkt. Dafür spricht aus uE zum einen, dass sich ein Verbot aus dem Wortlaut nicht ausdrücklich entnehmen lässt. Zudem könnte ein deutsches Gesetz, welches Verschmelzungen unter Einschluss grenzüberschreitender Verschmelzungen regelt, ohnehin nach der herrschenden kollisionsrechtlichen Vereinigungstheorie (vgl. hierzu i.E. vorstehend 1. Teil Rn. 47) nur die auf die deutsche Gesellschaft anzuwendenden Regeln vorgeben. Die Formulierung des § 1 Abs. 1 UmwG sagt uE nicht zwingend mehr als das. Außerdem spricht für diese Auffassung, dass sonst die §§ 122a ff. UmwG entweder ins Leere gingen oder an der falschen Stelle im UmwG geregelt wären.

Wären grenzüberschreitende Umwandlungen durch § 1 Abs. 1 UmwG tatsächlich verboten, würde diese im Ersten Buch des UmwG „vor die Klammer" gezogenen Regelungen grundsätzlich, d.h. von der durch die SEVIC-Entscheidung festgestellten Europarechtswidrigkeit dieser Regel abgesehen, auch für die im Zweiten Buch des UmwG geregelten grenzüberschreitenden Verschmelzungen gelten. Der Gesetzgeber hätte in diesem Fall die §§ 122a ff. ausdrücklich als Ausnahme zu § 1 Abs. 1 UmwG regeln müssen.

Schließlich spricht auch nicht gegen die Zulässigkeit der grenzüberschreitenden Verschmelzung auf eine Drittlandsgesellschaft, dass eine deutsche Gesellschaft aufgrund der derzeit herrschenden Sitztheorie in bestimmten Fällen erlischt. UE ist die Verschmelzung gerade kein Wegzug einer bestehenden Gesellschaft, sondern eine bestimmte Form ihrer Beendigung. Das ergibt sich aus § 20 Abs. 1 Nr. 2 Satz 1 UmwG.

319 Eine Klärung der Rechtslage würde sich möglicherweise ergeben, wenn das **Gesetz zum Internationalen Privatrecht der Gesellschaften, Vereine und juristischen Personen**, welches die Bundesregierung am 7.1.2008 als Referentenentwurf vorgelegt hat, unverändert in Kraft träte. Durch dieses Gesetz soll in Art. 10a EGBGB eine Regelung eingefügt werden, nach der sich die Voraussetzungen, das Verfahren und die Wirkungen einer Umwandlung für jede der beteiligten Gesellschaften nach dem auf sie anwendbaren Gesellschaftsstatut richtet. Nach dem ausdrücklichen Wortlaut des vorgeschlagenen Art. 10a EGBGB gilt die Regelung auch für Verschmelzungen.

Zwar würde das vorgeschlagene Gesetz das UmwG nicht ändern. Die der Argumentation, grenzüberschreitende Umwandlungen mit Drittstaaten seien mangels ausdrücklicher Regelungen unzulässig[467], zugrundeliegenden Vorschriften blieben daher unverändert. Bei

---

[465] Lutter/*Lutter*/*Drygala*, UmwG, § 1 Rn. 12; ähnlich: Staudinger/*Großfeld* BGB, IntGesR (1998) Rn. 691 f., der allerdings schon von einer Unzulässigkeit nach § 1 UmwG ausgeht.
[466] SHS/*Hörtnagl*, § 1 Rn. 24, 47.
[467] Vgl. hierzu i.E. vorstehend Rn. 317.

konsequenter Fortführung dieser Argumentation müssten die Vertreter dieser Auffassung daher auch bei Umsetzung des vorgeschlagenen Art. 10a EGBGB argumentieren, dass grenzüberschreitende Verschmelzungen mit Drittstaaten unzulässig seien. Allerdings kommt in der Gesetzesbegründung zum Ausdruck, dass der Gesetzgeber davon ausgeht, dass grenzüberschreitende Umwandlungen außerhalb der §§ 122a ff. UmwG bisher ungeregelt, mithin also nicht verboten, sind.[468] Hinzu kommt, dass die vorgeschlagene Regelung des Art. 10a EGBGB ohne eine gleichzeitige Änderung des UmwG leerliefe, wenn man annähme, dass das UmwG die grenzüberschreitende Verschmelzung mit Drittstaaten verbiete. UE ist daher davon auszugehen, dass bei einem Inkrafttreten der vorgeschlagenen Änderungen des EGBGB zukünftig von einer Zulässigkeit grenzüberschreitender Verschmelzungen mit Drittstaaten auszugehen wäre.

320 Auch wenn man nach der hier für die gegenwärtige Rechtslage vertretenen Auffassung von der Zulässigkeit von Verschmelzungen deutscher Gesellschaften auf Drittlandsgesellschaften ausgeht, ist die Verschmelzung einer deutschen Gesellschaft auf eine Drittlandsgesellschaft jedoch **in der Praxis mit großen Unsicherheiten behaftet**. Das Gleiche würde auch nach einer möglicherweise durch das Gesetz zum Internationalen Privatrecht der Gesellschaften, Vereine und juristischen Personen erfolgenden Änderung des EGBGB zunächst weiter gelten. Selbst wenn man weiß, welche Regelungen für die deutsche Gesellschaft anzuwenden sind, sind diese nicht mit den auf die ausländische Gesellschaft anwendbaren Regeln harmonisiert. Es wird im Regelfall zu vielen Zweifelsfragen und auch Widersprüchen zwischen den anwendbaren Rechtsordnungen kommen. Die grenzüberschreitende Verschmelzung in ein Drittland sollte daher derzeit und voraussichtlich auch nach einer Änderung des EGBGB nur in enger Abstimmung mit dem deutschen Registergericht und der entsprechenden ausländischen Behörde vorgenommen werden. Sie sollte außerdem auf Fälle beschränkt werden, in denen möglichst wenige Parteien beteiligt sind, die sich auf die Unsicherheiten berufen können, d.h. eher nicht bei nicht zustimmenden Minderheitsgesellschaftern o.ä. Schließlich sollten sie nur eingesetzt werden, wenn keine Alternativlösung zur Verfügung steht, die – wie zB ein Formwechsel in eine Personengesellschaft und eine folgende Anwachsung auf die ausländisch Gesellschaft – zu vergleichbaren Ergebnissen führt. Zu Alternativlösungen vgl. i.E. nachfolgend 4. Teil, Rn. 1 ff. Im Übrigen wäre zu wünschen, dass der deutsche Gesetzgeber für die grenzüberschreitende Verschmelzung mit Drittländern klare Vorgaben macht.[469]

321 Auf die **Differenzierung zwischen Drittlandsgesellschaften ohne und mit Schutz eines völkerrechtlichen Abkommens,** wie sie teilweise vorgenommen wird[470], komme es nach der hier vertretenen Auffassung schon auf der Basis des gegenwärtig geltenden Rechts nicht an.[471] Auf diese Streitfrage würde es nur ankommen, wenn man davon ausginge, dass § 1 Abs. 1 UmwG – oder eine andere Vorschrift – grenzüberschreitende

---

[468] Begründung zum RefE des Gesetzes zum Internationalen Privatrecht der Gesellschaften, Vereine und juristischen Personen, S. 5.
[469] Vgl. dazu *Sonnenberger/Bauer,* Vorschlag des Deutschen Rates für Internationales Privatrecht für eine Regelung des Internationalen Gesellschaftsrechts auf europäischer/nationaler Ebene, RIW Beilage zu Heft 4/2006; *Veil* Der Konzern 2007, 98, 101 ff.
[470] Für eine Zulässigkeit in einem solchen Fall insbesondere nach dem deutsch-amerikanischen Freundschaftsvertrag: *Drinhausen/Keinath* RIW 2006, 81, 87; *Hoffmann* NZG 1999, 1077, 1082 f.; *Kiem* WM 2006, 1091, 1093; *Samson/Flindt* NZG 2006, 290, 292; *Wachter* GmbHR 2007, R 161; ablehnend mit dem Argument, dass nur die Anerkennung der Gesellschaft und keine Gleichbehandlung bei Umwandlungsvorgängen erforderlich sei: WM/*Heckschen,* § 122b UmwG Rn. 81; MünchKomm/*Kindler,* BGB, Int GesR Rn. 879; *Süß/Wachter/Hoffmann,* Handbuch des internationalen GmbH-Rechts, 2006, § 5 Rn. 38; für den Formwechsel auch: *Jaensch* EWS 2007, 97, 103.
[471] Zur Ablehnung der Anwendung der Niederlassungsfreiheit auf Drittlandsgesellschaften vgl. *Leible/Hoffmann* RIW 2006, 161, 167.

Umwandlungen verbieten würde. Dann könnte man erwägen, ob die europarechtlich gebotene Zulässigkeit von grenzüberschreitenden Verschmelzungen innerhalb der EU und des EWR auf Drittlandsgesellschaften zu übertragen wäre, wenn diese nach einem völkerrechtlichen Abkommen wie eine E/EWR-Gesellschaft zu behandeln wäre. Ob das tatsächlich geboten ist, ist umstritten.[472]

In der Praxis kann diese Argumentation auf der Basis der gegenwärtigen Rechtslage jedoch möglicherweise bei Verschmelzungen in ein Drittland, mit dem eine Vereinbarung mit Meistbegünstigungsklausel besteht, hilfreich sein.

b) Anwendbares Verfahren

322 Geht man nach der hier vertretenen Auffassung von der Zulässigkeit der grenzüberschreitenden Verschmelzung einer deutschen Gesellschaft auf eine Drittlandsgesellschaft aus, richtet sich **das anwendbare Recht** nach der Vereinigungstheorie. Das im Wesentlichen Gleiche würde nach dem Entwurf des Art. 10a EGBGB auch bei Umsetzung des bisher als Referentenentwurf vorliegenden Gesetzes zum Internationalen Privatrecht der Gesellschaften, Vereine und juristischen Personen gelten.

323 Daraus folgt nach der einhelligen Meinung, dass **Voraussetzungen und Verfahren der Verschmelzung** für die deutsche übertragende Gesellschaft nach deutschem und für die aufnehmende Drittlandsgesellschaft nach der auf sie anwendbaren Rechtsordnung zu beurteilen sind. Dies würde durch den vorgeschlagenen Art. 10a Abs. 1 EGBGB bei Umsetzung des Gesetzes zum Internationalen Privatrecht der Gesellschaften, Vereine und juristischen Personen gesetzlich ausdrücklich geregelt. Gemeinsame Erfordernisse richten sich nach der zum gegenwärtigen Recht herrschenden Vereinigungstheorie nach dem jeweils strengeren Recht.[473] Es ist anzunehmen, dass dieser Grundsatz auch nach Umsetzung des Gesetzes zum Internationalen Privatrecht der Gesellschaften, Vereine und juristischen Personen Anwendung finden würde.

324 Für die deutsche Gesellschaft dürften uE die **§§ 2 ff. UmwG und nicht die §§ 122a ff. UmwG anwendbar** sein. §§ 122a ff. UmwG sind Spezialvorschriften, die ausdrücklich für die grenzüberschreitende Verschmelzung innerhalb der EU und des EWR vorgesehen wurden. Sie basieren auf der Verschm-RL und der gleichartigen Umsetzung in den anderen beteiligten Ländern. Eine Anwendung auf Verschmelzungen mit Drittländern kommt daher uE nicht in Betracht.[474] Zur Sonderfrage der Mitbestimmung im Fall der Hereinverschmelzung vgl. i.E. nachfolgend Rn. 691.

Etwas anderes kommt nur in Betracht für die Gläubigerschutzregelung nach § 122j UmwG. Die Gläubigerschutzregelung nach § 22 UmwG kann den Gläubigern der deutschen übertragenden Gesellschaft möglicherweise nicht genug Schutz bieten, weil unklar ist, ob die übernehmende ausländische Gesellschaft sie tatsächlich anwendet. § 122j UmwG dagegen ist eine Sondervorschrift, die speziell auf den Fall des Wechsels der anwendbaren Rechtsordnung zu geschnitten ist; sie verlegt den Gläubigerschutz vor in die Zeit, in der noch deutsches Recht anwendbar ist. Es ließe sich daher uE gut argumentieren, dass § 122j UmwG auf die Verschmelzung auf eine Drittlandsgesellschaft entsprechend anzuwenden ist.

Für den Minderheitenschutz nach § 122i UmwG gelten diese Erwägungen nicht. Hier lässt sich § 29 UmwG anwenden. Diese Vorschrift dürfte auch auf die Hinausverschmelzung auf eine Drittlandsgesellschaft anwendbar sein, weil es sich um eine Verfahrensvor-

---

[472] Vgl. die Nachweise in Fn. 462.
[473] Vgl. nur *Staudinger/Großfeld*, BGB, IntGesR (1998) Rn. 683.
[474] Zur durch den Gesetzgeber gewollten eingeschränkten Anwendung auf EU/EWR-Gesellschaften s. auch: Semler/Stengel/*Drinhausen*, UmwG, § 122a Rn. 11 und § 122b Rn. 7.

schrift handelt, die zwar die übernehmende ausländische Gesellschaft trifft, aber Teil des Verfahrens für die deutsche übertragende Gesellschaft ist.

Der Entwurf des Gesetzes zum Internationalen Privatrecht der Gesellschaften, Vereine und juristischen Personen sowie die Begründung des Referentenentwurfs schweigen zu dieser Frage. Die vorstehende Argumentation könnte daher auch nach einer möglichen Verabschiedung des Gesetzes zum Internationalen Privatrecht der Gesellschaften, Vereine und juristischen Personen fortgelten.

Eine beteiligte Gesellschaft ist in diesem Zusammenhang eine **deutsche Gesellschaft**, 325 wenn sie nach den allgemeinen Regeln als solche anerkannt wird. D.h., nach der gegenwärtigen Rechtslage ist sie deutsch, wenn sie entweder ihren Verwaltungs- und Satzungssitz in Deutschland hat oder, bei Satzungssitz in Deutschland, ihren Verwaltungssitz in einem Mitgliedstaat der EU oder des EWR, in einem Staat, der für das anwendbare Recht auf Deutschland zurückverweist oder mit dem ein völkerrechtliches Abkommen über die Anerkennung einer solchen Gesellschaft besteht. Nach einem möglichen Inkrafttreten des Gesetzes zum Internationalen Privatrecht der Gesellschaften, Vereine und juristischen Personen wäre sie nach dem vorgeschlagenen Art. 10a Abs. 1 EGBGB deutsch, wenn sie in das deutsche Handelsregister eingetragen wäre; vgl. hierzu auch i.E. vorstehend Rn. 11.

Die übertragende deutsche Gesellschaft ist nach dem gegenwärtig geltenden Recht 326 **aktiv verschmelzungsfähig**, wenn sie auch innerhalb von Deutschland als übertragende Gesellschaft an einer Verschmelzung beteiligt sein könnte. Sie kann jedoch nur auf eine Drittlandsgesellschaft verschmolzen werden, die ihrerseits nach der auf sie anwendbaren Rechtsordnung **passiv verschmelzungsfähig** ist. Das bedeutet, dass die Verschmelzung dann nicht möglich ist, wenn nach dem auf die übernehmende Drittlandsgesellschaft anwendbaren Recht nicht vorgesehen ist, dass eine Gesellschaft auf sie verschmolzen werden kann.

Da das deutsche Recht für die Verschmelzung von Kapitalgesellschaften keinen Vorgang kennt, nach dem die übertragende Gesellschaft ohne Mitwirkung der übernehmenden Gesellschaft verschmolzen werden kann, brauchen in diesem Zusammenhang keine Überlegungen angestellt zu werden, wie sie im Zusammenhang mit der Verschmelzung von österreichischen Tochtergesellschaften nach §§ 2ff. öUmwG auf deutsche Gesellschaften angestellt wurden.[475]

Daran würde sich auch durch ein Inkrafttreten des Gesetzes zum Internationalen Privatrecht der Gesellschaften, Vereine und juristischen Personen nichts ändern.

Für den **weiteren Ablauf des Verfahrens** wird man in praktischer Hinsicht für beide 327 beteiligten Gesellschaften ermitteln müssen, wie die Verschmelzung nach ihrer Rechtsordnung abzulaufen hat. Dann wird man in einem nächsten Schritt versuchen müssen, diese beiden Verfahren in Deckung zu bringen und die beteiligten Register zu überzeugen, alle für eine Wirksamkeit erforderlichen Eintragungen vorzunehmen.

Aus **deutscher Sicht sind die erforderlichen Schritte** insbesondere Offenlegung 328 des Verschmelzungsvertrags bei der Aktiengesellschaft, Abschluss eines Verschmelzungsvertrags, Verschmelzungsbericht und -prüfung, Zuleitung des Verschmelzungsvertrags an die deutschen Arbeitnehmer der deutschen übertragenden Gesellschaft, Zustimmungsbeschluss der deutschen übertragenden Gesellschaft, Gewährung von Gläubigerschutz (vgl. hierzu i.E. vorstehend Rn. 324), Anmeldung zum Handelsregister der übertragenden Gesellschaft und Eintragung in deren Register. Sieht die auf die übertragende Drittlandsgesellschaft anwendbare Rechtsordnung an Stelle eines Verschmelzungsvertrags einen Verschmelzungsplan vor, lässt sich der Unterschied uE dadurch lösen, dass die ausländische Gesellschaft ihren Verschmelzungsplan nach den Anforderungen ihrer Rechtsordnung

---

[475] Vgl. hierzu nur: Spahlinger/Wegen/*Spahlinger/Wegen*, Internationales Gesellschafsrecht, Rn. 512f.

aufstellt und beide Parteien dann den Inhalt dieses Plans sowie den Inhalt, der nach deutschem Recht erforderlich ist, nochmals als Vertrag abschließen. Der Verschmelzungsvertrag ist uE zu beurkunden. Die Erwägungen, nach denen bei der grenzüberschreitenden Verschmelzung nach §§ 122 a ff. UmwG auf den Verschmelzungsvertrag nur eine Rechtsordnung anwendbar ist und deshalb bei der Hinausverschmelzung die Beurkundung möglicherweise entfallen kann (vgl. hierzu i.E. vorstehend Rn. 37 ff.) lassen sich auf die Hinausverschmelzung auf eine Drittlandsgesellschaft nicht übertragen. Dies würde bei einem Inkrafttreten des Gesetzes zum Internationalen Privatrecht der Gesellschaften, Vereine und juristischen Personen vorgeschlagenen Art. 10a EGBGB durch den vorgeschlagenen Art. 10a Abs. 2 EGBGB ausdrücklich bestätigt.[476]

329 Die **Wirkung der Verschmelzung** richtet sich nach dem gegenwärtig geltenden Recht für den Untergang der übertragenden deutschen Gesellschaft nach dem auf sie anwendbaren deutschen Recht. Das bedeutet aus Sicht des deutschen Rechts, dass die Verschmelzung der deutschen Gesellschaft auf die Drittlandsgesellschaft wirksam wird, wenn sie nach der auf die übernehmende Gesellschaft anwendbaren Rechtsordnung wirksam erklärt ist. Dies wird durch den Entwurf des Gesetzes zum Internationalen Privatrecht der Gesellschaften, Vereine und juristischen Personen vorgeschlagenen Art. 10a Abs. 3 EGBGB ausdrücklich ebenso geregelt.

Dieser Wirksamkeitszeitpunkt kann dann problematisch sein, wenn das ausländische Recht keine der Eintragung vergleichbare Erklärung der Wirksamkeit vorsieht; zB, wenn die Wirksamkeit im Ausland bereits durch einen Zustimmungsbeschluss o.ä. eintritt. In einem solchen Fall ist zu prüfen, ob es einen Schritt gibt, den man als vergleichbar ansehen kann. Wenn allerdings der deutsche Registerrichter nicht bereit ist, die Eintragung des Wirksamkeitsvermerks nach § 19 Abs. 2 Satz 2 UmwG auf der Basis dieses Schritts vorzunehmen sollte möglicherweise von der Vornahme der Verschmelzung abgesehen werden.

Nach Wirksamkeit richten sich die Folgen der Verschmelzung nach der zum bisherigen Recht herrschenden Meinung nach dem Recht der übernehmenden ausländischen Gesellschaft.[477] Zu unterscheiden von einer nach Wirksamkeit eintretenden Folge ist dabei jedoch die Frage der Rechtsnachfolge. Diese soll sich nach dem auf die übertragende Gesellschaft anwendbaren Recht richten; vgl. dazu und zur abweichenden Anwendung des Rechts der übernehmenden Gesellschaft nach Art. 14 Verschm-RL vorstehend Rn. 174.

Der im Referentenentwurf für ein Gesetz zum Internationalen Privatrecht der Gesellschaften, Vereine und juristischen Personen vorgeschlagene Art. 10a Abs. 2 Nr. 5 EGBGB bestätigt die bisher in der international privatrechtlichen Literatur vertretene Auffassung. Nach dem Entwurf soll sich das auf den Übergang von Vermögensgegenständen aufgrund einer Umwandlung anwendbare Recht nach dem auf die betreffende Gesellschaft anwendbaren Gesellschaftsstatut richten.

Das bedeutet zum Beispiel bei einer Verschmelzung einer deutschen Gesellschaft mit beschränkter Haftung auf eine Delaware Gesellschaft, dass sich der Übergang der ursprünglich von der deutschen Gesellschaft mit beschränkter Haftung gehaltenen Vermögensgegenstände nach deutschem Recht richtet.

Zu beachten ist, dass der Referentenentwurf für ein Gesetz zum Internationalen Privatrecht der Gesellschaften, Vereine und juristischen Personen insoweit vom Vorschlag des

---

[476] Die Begründung des Referentenentwurfs des Gesetzes zum Internationalen Privatrecht der Gesellschaften, Vereine und juristischen Personen vorgeschlagenen Art. 10a EGBGB geht auf S. 13 zwar davon aus, dass die „Kumulation der Rechtsordnungen", wie sie von Art. 10a EGBGB angeordnet würde, der Verschm-RL entspräche. Es ist jedoch davon auszugehen, dass die nicht sehr detaillierte Begründung dabei nichts zu Einzelfragen, wie der bei einer Verschmelzung nach § 122 a ff. UmwG bestehenden Frage nach dem auf den Verschmelzungsplan anwendbaren Recht sagen wollte.
[477] *Staudinger/Großfeld*, BGB, IntGesR (1998) Rn. 688.

Rates für internationales Privatrecht[478] abweicht. Dieser sah vor, dass sich die auf die Rechtsnachfolge anwendbare Rechtsordnung für jeden Gegenstand nach der auf diesen anwendbaren Rechtsordnung richten sollte. Auch bei einheitlicher Geltung des Rechts des übertragenden Rechtsträgers wie vom vorgeschlagenen Art. 10a Abs. 2 Nr. 5 EGBGB vorgesehen wird man gleichwohl für jeden einzelnen Gegenstand prüfen müssen, ob die auf ihn anwendbare Rechtsordnung die Gesamtrechtsnachfolge anerkennt. In der Praxis sollte eine solche Prüfung tatsächlich für alle wesentlichen Vermögensgegenstände erfolgen.

2. Steuerrechtliche Behandlung

a) Überblick

Die Verschmelzung einer inländischen Kapitalgesellschaft auf eine Kapitalgesellschaft im Drittland ist vom persönlichen Anwendungsbereich des Umwandlungssteuergesetzes nicht erfasst. Nach § 1 Abs. 2 Nr. 1 UmwStG wäre für die Anwendbarkeit des Umwandlungssteuergesetzes erforderlich, dass sowohl der übertragende als auch der übernehmende Rechtsträger nach dem Recht eines Mitgliedstaates der Europäischen Union oder des Europäischen Wirtschaftsraums (EWR) gegründet wurden und deren Sitz sowie Ort der Geschäftsleitung sich in einem dieser Staaten befinden. Diese Voraussetzungen sind für den übernehmenden Rechtsträger bei einer Hinausverschmelzung auf eine Drittlandsgesellschaft per Definition nicht erfüllt. 330

Auch § 12 KStG, der bei Verschmelzungen zweier Rechtsträger innerhalb eines Drittstaates anwendbar ist, wird tatbestandlich bei einer Hinausverschmelzung auf eine Drittlandsgesellschaft nicht erfüllt. Denn der übertragende Rechtsträger ist hier nicht beschränkt, sondern aufgrund des Sitzes und des Orts der Geschäftsleitung im Inland unbeschränkt steuerpflichtig. 331

Damit gelten für Hinausverschmelzungen auf Drittlandsgesellschaften die allgemeinen steuerlichen Grundsätze außerhalb des Umwandlungssteuergesetzes und des § 12 KStG. Diese Grundsätze außerhalb des gesetzlich kodifizierten Umwandlungssteuerrechts wurden allerdings in Rechtsprechung, Literatur, Verwaltungs- und Beratungspraxis bislang nur spärlich untersucht und behandelt.[479] Denn die zivilrechtliche Grundlage für Verschmelzungen unter Beteiligung von Drittlandsgesellschaften ist so unsicher (vgl. hierzu vorstehend 2. Teil Rn. 320), dass es – wenn überhaupt – kaum praktische Fälle gibt. Nachfolgend wird jedoch die gesellschaftsrechtliche Möglichkeit einer solchen Umwandlung unterstellt. 332

Im Umwandlungssteuergesetz geregelte, umwandlungssteuerrechtliche Besonderheiten, wie zum Beispiel die Rückwirkungsfiktion, kommen bei der Hinausverschmelzung auf eine Drittlandsgesellschaft nicht zur Anwendung. Die steuerlichen Konsequenzen aus der Hinausverschmelzung sind daher auf den Tag der gesellschaftsrechtlichen Wirksamkeit der Verschmelzung zu ziehen. Dies wäre bei einer Inlandsverschmelzung die Eintragung der Verschmelzung im Handelsregister des übernehmenden Rechtsträgers. Bei einer Hinausverschmelzung auf eine Drittlandsgesellschaft ist analog davon auszugehen, dass diese mit einer der Handelsregistereintragung vergleichbaren Erklärung der Wirksamkeit nach der im Drittland geltenden Rechtsordnung wirksam wird, vgl. hierzu vorstehend 2. Teil: Rn. 329. 333

---

[478] Vorschlag des deutschen Rates für IPR v. 9.2.2006, abgedruckt in RIW 2006, Beilage 1, 4; Einzelheiten bei *Veil* Der Konzern 2007, 98, 99 ff.

[479] Zum Meinungsstand vgl. *Dötsch/Patt/Pung* UmwStG, § 1 Rn. 189; *Rödder/Herlinghaus/van Lishaut*, UmwStG, Anh. 5 Rn. 62 ff.; WM/*Widmann*, UmwStG, Vor § 1 Rn. 43 ff.

334 Der Übergang des steuerlichen Einlagekontos vom übertragenden Rechtsträger auf den übernehmenden Rechtsträger (§ 29 KStG) kommt bei einer Hinausverschmelzung auf eine Drittlandsgesellschaft schon deshalb nicht in Betracht, weil für die aufnehmende Gesellschaft mangels unbeschränkter Steuerpflicht kein steuerliches Einlagekonto festgestellt wird.[480]

b) Besteuerung der übertragenden Gesellschaft

335 Auf Ebene der übertragenden, inländischen Gesellschaft ist nach Auffassung der Finanzverwaltung im Zuge der Verschmelzung von einer Veräußerung aller Wirtschaftsgüter auszugehen.[481] Damit kommt es zur Realisierung sämtlicher stiller Reserven und stiller Lasten.[482]

336 In der Literatur und der Rechtsprechung ist die Begründung für die Realisierung der stillen Reserven allerdings durchaus umstritten. Außer der Qualifikation als Veräußerung[483] wird unter anderem vertreten, dass die Verschmelzung als liquidationsähnlicher Vorgang[484], Tausch[485], Organisationsvorgang oder gesellschaftsrechtliche Einlage zu behandeln ist.[486] Im Ergebnis ist mit der ganz herrschenden Meinung jedenfalls davon auszugehen, dass eine Verschmelzung außerhalb des Anwendungsbereichs des Umwandlungssteuergesetzes und des § 12 KStG zu einer Realisierung aller stiller Reserven des übertragenden Rechtsträgers führt.

337 Es kommt dabei nicht darauf an, inwieweit das deutsche Besteuerungsrecht hinsichtlich der Wirtschaftsgüter beim übernehmenden Rechtsträger eingeschränkt wird. Da bereits der Verschmelzungsvorgang ein Realisationsakt ist, kommt auf die Anwendbarkeit der Entstrickungsgrundsätze in § 12 Abs. 1 KStG nicht mehr an.

338 Da der übertragende Rechtsträger mit der Verschmelzung aufgelöst wird, geht ein nach Verrechnung mit dem Quasi-Übertragungsgewinn verbleibender Verlustvortrag des übertragenden Rechtsträgers unter.

339 Kapitalertragsteuer sollte durch die Verschmelzung nicht ausgelöst werden. Das sollte unabhängig von einer möglichen Beteiligung des übernehmenden Rechtsträgers am übertragenden Rechtsträger gelten, das heißt auch im Fall einer Aufwärtsverschmelzung. Denn die Verschmelzung ist keine Liquidation, die zweifelsfrei zu einer Kapitalertragsteuerpflicht führt. Die übertragende Gesellschaft wird gerade nicht abgewickelt, sondern ohne eine solche aufgelöst. Die Verneinung einer Kapitalertragsteuerpflicht ergibt sich auch aus dem Vergleich mit einer Inlandsverschmelzung von Kapitalgesellschaften oder einer grenzüberschreitenden Verschmelzung einer inländischen Kapitalgesellschaft auf eine EU-ausländische Kapitalgesellschaft. In beiden Fällen wird – abgesehen von den Ausnahmen für gemeinnützige Rechtsträger oder Rechtsträger im Bereich der öffentlichen Hand mit einem steuerfreien Bereich[487] – keine Kapitalertragsteuer ausgelöst. Die Kapitalertragsteuerbefreiung resultiert nicht aus den speziellen umwandlungssteuerrechtlichen

---

[480] § 27 Abs. 1 KStG.
[481] BMF 11.11.2011, BStBl. I 2012, 1314 Rn. 00.02.
[482] Die Beschränkung des Umwandlungssteuergesetzes für die Bewertung von Pensionsrückstellungen auf den steuerbilanziellen Buchwert nach § 6a EStG (§ 11 Abs. 1 Satz 2 UmwStG) findet keine Anwendung.
[483] BFH, Urteil v. 23.1.2002 – XI R 48/99, BFH/NV 2002, 993; BMF 11.11.2011, BStBl. I 2012, 1314 Rn. 00.02.
[484] Rödder/Herlinghaus/*van Lishaut*, UmwStG, Anh. 5 Rn. 63.
[485] BFH, Urteil v. 15.10.1997 – I R 22/96, BStBl. II 1998 168; WM/*Widmann*, UmwStG, Vor § 1 Rn. 45.
[486] Zu einem Überblick und weiteren Vorschlägen in der Literatur und Rechtsprechung vgl. WM/*Widmann*, UmwStG, Vor § 1 Rn. 43.
[487] § 12 Abs. 5 UmwStG.

A. Hinausverschmelzung

Vorschriften, die für die Verschmelzungen innerhalb der EU Anwendung finden. Daraus ergibt sich, dass eine Verschmelzung an sich grundsätzlich nicht der Kapitalertragsteuer unterliegt. Die Schlussfolgerung wird durch die Vorschriften in § 7 UmwStG und § 12 Abs. 5 UmwStG bestätigt. Hier werden Ausschüttungsfiktionen kodifiziert, um bestimmte Verschmelzungen[488] der Kapitalertragsteuer zu unterwerfen. Dieser Regelungen hätte es nicht bedurft, wenn der Gesetzgeber davon ausginge, dass Verschmelzungen grundsätzlich der Kapitalertragsteuer unterliegen.

c) Besteuerung der aufnehmenden Gesellschaft

Analog zur Behandlung der Verschmelzung als Veräußerung auf Ebene des übertragenden Rechtsträgers ist die Umwandlung bei der aufnehmenden Gesellschaft als Anschaffungsvorgang hinsichtlich des übernommenen Vermögens zu qualifizieren.[489] 340

Die Wirtschaftsgüter sind mit ihrem gemeinen Wert als Anschaffungskosten zu erfassen. Dieser Wert bildet gleichzeitig die Bemessungsgrundlage für die Abschreibung abnutzbarer Wirtschaftsgüter. Der übernehmende Rechtsträger ist nicht an die Abschreibungsmethode des übertragenden Rechtsträgers gebunden. Denn er tritt mangels Anwendbarkeit des § 12 Abs. 3 UmwStG nicht in die steuerliche Rechtsstellung des übertragenden Rechtsträgers ein. Es gehen daher auch keine steuerlichen Attribute, wie zum Beispiel steuerliche Verlustvorträge, über. 341

Soweit der übernehmende Rechtsträger Anteile am übertragenden Rechtsträger hält (Aufwärtsverschmelzung), ist ein Quasi-Übernahmegewinn zu ermitteln. Die Ermittlung erfolgt zwar nicht nach § 12 Abs. 2 UmwStG, die Verschmelzung ist aber auch in Bezug auf die Beteiligung des übernehmenden Rechtsträgers am übertragenden Rechtsträger als Veräußerungsvorgang zu verstehen.[490] In Höhe der Differenz zwischen den übernommenen Wirtschaftsgütern, die zum gemeinen Wert in die Bilanz des übernehmenden Rechtsträgers übernommen werden, und dem bisherigen Buchwert der Beteiligung am übertragenden Rechtsträger, ergibt sich ein nach § 8b Abs. 2 und 3 KStG begünstigtes Veräußerungsergebnis. Ein ggf. entstehender Quasi-Übernahmeverlust ist nicht abzugsfähig. 342

d) Besteuerung der Gesellschafter

Da auch auf Ebene der Gesellschafter das Umwandlungssteuergesetz grundsätzlich nicht zur Anwendung kommt, stellt sich wiederum die Frage, wie eine Verschmelzung nach allgemeinen steuerlichen Grundsätzen zu würdigen ist. Zur möglichen Anwendbarkeit des Umwandlungssteuergesetzes auf Gesellschafterebene bei Verschmelzungen mit Drittlandsbezug nach § 12 Abs. 2 Satz 2 KStG vgl. ausführlich nachstehend 2. Teil: Rn. 716 ff. 343

Nach Auffassung der Finanzverwaltung ist auch hier von einer Veräußerung und einer Anschaffung auszugehen. Die Anteile am übertragenden Rechtsträger gelten also als veräußert und die Anteile am übernehmenden Rechtsträger gelten als erworben.[491] Diese Auffassung deckt sich auch mit BFH-Rechtsprechung.[492] 344

Als Veräußerungserlös der Anteile am übertragenden Rechtsträger gilt nach allgemeinen Tauschgrundsätzen der gemeine Wert der im Rahmen der Verschmelzung erhaltenen Anteile am übernehmenden Rechtsträger. Gleichzeitig bildet der gemeine Wert der An- 345

---

[488] Verschmelzungen von Kapital- auf Personengesellschaften und Verschmelzungen von Kapitalgesellschaften auf übernehmende Rechtsträger mit steuerbarem oder steuerbefreiten Bereich.
[489] BMF 11.11.2011, BStBl. I 2012, 1314 Rn. 00.02.
[490] BFH, Urteil v. 23.1.2002 – XI R 48/99, BFH/NV 2002, 993, II.2.a).
[491] BMF 11.11.2011, BStBl. I 2012, 1314 Rn. 00.02.
[492] BFH, Urteil v. 19.8.2008 – IX R 71/07, BStBl. II 2009, 13.

teile am übertragenden Rechtsträger die Anschaffungskosten der Anteile am übernehmenden Rechtsträger.[493]

346 Die vorstehenden Grundsätze gelten allerdings nur dann uneingeschränkt, wenn der Wert der vom jeweiligen Gesellschafter im Zuge der Verschmelzung vom übernehmenden Rechtsträger erhaltenen Anteile dem Wert der untergegangenen Anteile am übertragenden Rechtsträger entspricht. Ist der Wert der erhaltenen Anteile geringer als der Wert der untergegangenen Anteile oder werden gar keine Anteile ausgegeben, so ist dies regelmäßig darin begründet, dass eine Seitwärtsverschmelzung vorliegt, der Gesellschafter des übertragenden Rechtsträgers also mit gleicher Quote auch am übernehmenden Rechtsträger beteiligt ist. In diesem Fall ist bei wirtschaftlicher Betrachtungsweise als Veräußerungspreis die Wertsteigerung der bestehenden Anteile am übernehmenden Rechtsträger anzusetzen. Die Anschaffungskosten der bestehenden Anteile am übernehmenden Rechtsträger erhöhen sich um den gemeinen Wert der untergegangenen Anteile am übertragenden Rechtsträger.

347 Liegt der Grund für die nicht fremdübliche Höhe der ausgegebenen Anteile am übernehmenden Rechtsträger in sonstigen gesellschaftsrechtlichen (Konzern-) Beziehungen, sind diese Verschiebungen durch die Institute der verdeckten Gewinnausschüttung bzw. der verdeckten Einlage zu korrigieren.

Beispiel:
Die inländische A-GmbH wird auf die schweizerische B-AG verschmolzen. Alleinige Gesellschafterin der A-GmbH ist die deutsche M-AG. Die M-AG und die aufnehmende Gesellschaft B-AG werden beide von der schweizerischen Konzernmuttergesellschaft Top-AG gehalten. Umgangssprachlich könnte man von einer Verschmelzung auf die Tante sprechen. Bei der Verschmelzung wird auf die Ausgabe von Anteilen von der B-AG an die M-AG verzichtet, um die Konzernstruktur nicht zu verkomplizieren.

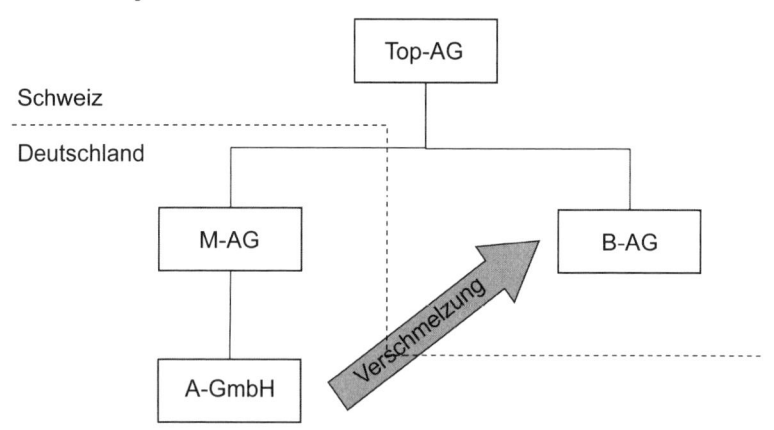

Auf Ebene der M-AG ist ein Veräußerungsgewinn aus der untergegangenen Beteiligung an der A-GmbH zu ermitteln. Als Veräußerungspreis wäre grundsätzlich der gemeine Wert der im Zuge der Verschmelzung erhaltenen Anteile am übernehmenden Rechtsträger B-AG anzusetzen. Aus im Gesellschaftsverhältnis liegenden Gründen hat die M-AG im vorliegenden Fall jedoch auf die Ausgabe von Anteilen an der B-AG in Höhe des Werts der untergegangenen Anteile an der A-GmbH verzichtet. Dieser Verzicht qualifiziert als verdeckte Gewinnausschüttung der M-AG an die Top-AG. Die verdeckte Gewinnausschüttung kommt der Top-AG in Form einer entsprechenden Wertsteigerung ihrer Beteiligung an der B-AG zugute. Der Wert der verdeckten Gewinnausschüttung und damit auch der fiktive Veräußerungserlös der M-AG aus der Beteiligung an der

---

[493] Analog zu § 6 Abs. 6 EStG (gilt nur für Einzelwirtschaftsgüter).

A-GmbH entsprechen damit regelmäßig dem gemeinen Wert der untergegangenen Beteiligung am übertragenden Rechtsträger A-GmbH. Die Steuerbefreiung nach § 8b Abs. 2 und 3 KStG kommt zur Anwendung.

Auf Ebene der Top-AG wären nachträgliche Anschaffungskosten für ihre Beteiligung an der B-AG zu erfassen. Diese dürften im Beispielsfall allerdings nicht von Bedeutung sein, da ein künftiger Veräußerungsgewinn nicht in Deutschland steuerpflichtig sein sollte.

348 Die Steuerbefreiung des Veräußerungsgewinns nach § 8b Abs. 2 und 3 KStG, das Teileinkünfteverfahren nach § 3 Nr. 40 EStG und die Grundsätze zur Abgeltungssteuer kommen zur Anwendung.

349 Auf einen Verlust oder eine Beschränkung des deutschen Besteuerungsrechts im Sinne der Entstrickungsvorschriften (§ 12 Abs. 1 KStG) sollte es wiederum nicht ankommen, weil es ohnehin zu einer Aufdeckung aller stillen Reserven kommt.

3. Bilanzielle Auswirkungen und Darstellung der Verschmelzung (insbesondere beim übertragenden Rechtsträger)

350 Die Ausführungen zur bilanziellen Abbildung einer Hinausverschmelzung[494] auf eine EU-Gesellschaft gelten, soweit die rechtliche Zulässigkeit gegeben ist, analog für die Hinausverschmelzung auf eine Drittlandsgesellschaft.

B. Hereinverschmelzung

I. Verschmelzung einer EU/EWR-Gesellschaft

1. Gesellschaftsrechtliche Grundlagen

a) Überblick

351 Die **grenzüberschreitende Hereinverschmelzung** einer EU/EWR-Gesellschaft ist für die beteiligte deutsche Gesellschaft ebenso wie die Hinausverschmelzung in §§ 122a ff. UmwG geregelt. Zum Begriff der grenzüberschreitenden Verschmelzung vgl. i.E. vorstehend Rn. 1.

352 Für die aufnehmende deutsche Gesellschaft sind die **anzuwendenden Regelungen** §§ 2 bis 38 und 46 bis 78 UmwG, soweit sich nicht aus §§ 122b bis 122i UmwG etwas anderes ergibt. Auf die übrigen beteiligten übertragenden Gesellschaften ist das jeweilige nationale Umwandlungsrecht anzuwenden. Dabei sind wiederum Voraussetzungen, Verfahren und Wirkung der grenzüberschreitenden Verschmelzung jeweils gesondert anzuknüpfen; vgl. hierzu i.E. vorstehend Rn. 2 ff.

353 Als **Beispiel** für die folgenden Ausführungen zu **grenzüberschreitenden Hereinverschmelzungen** nach Deutschland soll der folgende Fall dienen.

Beispiel:
A ist eine Kapitalgesellschaft mit Satzungs- und Verwaltungssitz in einem Mitgliedstaat der EU oder des EWR. Sie hat eine Tochtergesellschaft mit Satzungs- und Verwaltungssitz im gleichen Mitgliedsstaat der EU oder des EWR (T1) sowie eine Tochtergesellschaft mit Satzungs- und Verwaltungssitz im Ausland (T2) und eine Betriebsstätte im Ausland (BS1). A hat ferner eine Betriebsstätte in Deutschland (BS2) und hält eine Tochtergesellschaft mit Satzungs- und Verwaltungssitz in Deutschland (T3). A ist Eigentümerin von Grundstücken im Land ihres Sitzes und beschäftigt über 2000 Arbeitnehmer. A hat keinen geschlossenen Gesellschafterkreis. A soll nun auf

---
[494] Vgl. hierzu vorstehend Rn. 295 ff.

B, eine Kapitalgesellschaft mit Satzungs- und Verwaltungssitz in Deutschland, verschmolzen werden.

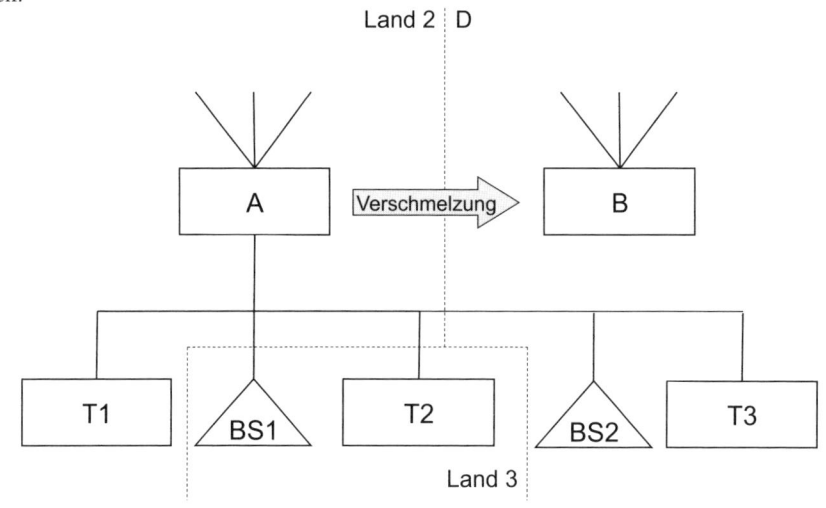

In der **Abwandlung 1** des Beispielfalls haben A und B keine außenstehenden Gesellschafter.

In der **Abwandlung 2** des Beispielfalls ist A eine 100%ige Tochtergesellschaft der B:

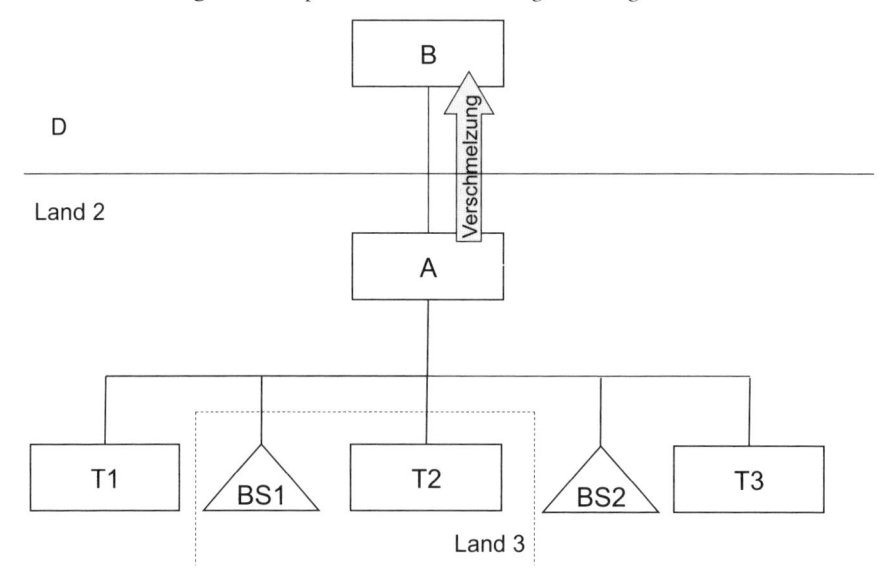

b) Anwendungsbereich der §§ 122a ff. UmwG

354 Auch bei der Hereinverschmelzung richtet sich die grenzüberschreitende Verschmelzung nur für aufnehmende deutsche **Kapitalgesellschaften** nach dem UmwG. Aufnehmende deutsche Kapitalgesellschaften können nach § 3 Abs. 1 Nr. 2 UmwG die Gesellschaft mit beschränkter Haftung, die Aktiengesellschaft und die Kommanditgesellschaft auf Aktien sein.

355 Über die in § 3 Abs. 1 Nr. 2 UmwG ausdrücklich genannten Kapitalgesellschaften hinaus uE, wie vorstehend in Rn. 8 i.E. erläutert, kann grundsätzlich auch die **Societas**

B. Hereinverschmelzung

Europaea ein passiv verschmelzungsfähiger Rechtsträger im Sinne der §§ 122a Abs. 2 UmwG, 3 Abs. 1 Nr. 2 UmwG sein. Es ist jedoch auch bei der Hereinverschmelzung nach Deutschland zu beachten, dass die Societas Europaea mit Satzungssitz in Deutschland nur aufnehmende Gesellschaft sein kann, wenn sie bereits besteht. Die Verschmelzung zur Neugründung einer Societas Europaea richtet sich abschließend nach der SE-VO; vgl. hierzu i.E. vorstehend Rn. 9.

Zu **weiteren Rechtsformen** vgl. i.E. vorstehend Rn. 6 ff. 356

Ob es sich bei der aufnehmenden Gesellschaft um eine **deutsche Gesellschaft** handelt, 357 richtet sich nach den allgemeinen kollisionsrechtlichen Regeln. Eine Gesellschaft unterliegt danach deutschem Recht, wenn sie ihren Satzungssitz in Deutschland und ihren tatsächlichen Verwaltungssitz innerhalb eines Mitgliedstaates der EU oder des EWR hat; vgl. hierzu i.E. vorstehend Rn. 11 ff.

Bei einem Inkrafttreten der Änderungen des EGBGB nach dem Vorschlag des Referen- 358 tentenentwurfs für ein **Gesetz zum Internationalen Privatrecht der Gesellschaften, Vereine und juristischen Personen** würde sich die Qualifikation als deutsche Gesellschaft zukünftig nach Art. 10 EGBGB richten. Danach wäre eine Kapitalgesellschaft deutsch, wenn sie in das deutsche Handelsregister eingetragen wäre.

Hat die Gesellschaft ihren **Satzungssitz in Deutschland, ihren tatsächlichen Ver-** 359 **waltungssitz aber in einem nicht der EU oder dem EWR angehörigen Staat**, so kann sie nach den (bisher noch) geltenden Regeln nach § 122b Abs. 1 UmwG verschmelzungsfähig sein, wenn sie nach deutschem Kollisionsrecht weiterhin deutschem Recht unterliegt; vgl. hierzu i.E. vorstehend Rn. 15.

Abweichend vom Vorstehenden kann eine **Societas Europaea** immer nur dann eine 360 deutsche Gesellschaft sein, wenn sie sowohl Satzungs- als auch tatsächlichen Verwaltungssitz in Deutschland hat. Aus Art. 7 SE-VO ergibt sich, dass bei der Societas Europaea Satzungs- und tatsächlicher Verwaltungssitz nicht auseinander fallen dürfen.

Da nach § 122a Abs. 1 UmwG mindestens eine Gesellschaft ihren Sitz in einem anderen 361 Mitgliedstaat der EU oder einem anderen Vertragsstaat des EWR-Abkommens haben muss, muss außer der aufnehmenden deutschen Gesellschaft noch **mindestens eine Gesellschaft beteiligt sein, die** nach den vorstehenden Regeln **keine deutsche Gesellschaft ist**. Zur Möglichkeit der Verschmelzung einer EU/EWR-Gesellschaft mit tatsächlichem Verwaltungssitz auf eine deutsche Gesellschaft; vgl. i.E. vorstehend Rn. 17.

UE ist es auch zulässig, eine Hereinverschmelzung nach Deutschland in der Weise vor- 362 zunehmen, dass zwei nicht deutsche EU/EWR-Gesellschaften auf eine **deutsche neu zu gründende Kapitalgesellschaft** verschmolzen werden; vgl. hierzu i.E. vorstehend Rn. 19. Dies sollte jedoch wegen der noch nicht gesicherten Rechtslage in der Praxis nur in Abstimmung mit den zuständigen Registergerichten oder anderen Behörden umgesetzt werden. Lässt sich eine solche nicht erreichen, sollte die Verschmelzung stattdessen auf eine bereits bestehende deutsche Kapitalgesellschaft erfolgen. Dies kann auch eine Vorratsgesellschaft sein; zur Zulässigkeit der Beteiligung einer Vorratsgesellschaft; vgl. i.E. vorstehend Rn. 7.

Für die an der Verschmelzung beteiligten übertragenden **ausländischen Gesellschaf-** 363 **ten** gilt das deutsche Recht nicht; vgl. hierzu i.E. vorstehend Rn. 352.

c) Verschmelzungsplan

Für die Hereinverschmelzung gelten die vorstehend unter Rn. 21 ff. zur Herausver- 364 schmelzung gemachten Ausführungen zum Verschmelzungsplan, darunter insbesondere zu seiner Rechtsnatur, seiner Bekanntmachung, seiner Zuleitung an den Betriebsrat und zu seinem Inhalt, entsprechend. Zu beachten sind jedoch die folgenden **Unterschiede oder Besonderheiten gegenüber der Herausverschmelzung**:

365 **aa) Anwendbares Recht.** Nach der hier vertretenen Auffassung richtet sich der Verschmelzungsplan bei der Hereinverschmelzung grundsätzlich nach **deutschem Recht**; vgl. hierzu i.E. vorstehend Rn. 27. Vorsorglich sollten jedoch bis zur gerichtlichen Klärung dieser Frage ggf. strengere Regeln ausländischer Rechtsordnungen auch eingehalten werden.

366 **bb) Sprache.** Für die **Sprache** des Verschmelzungsplans gilt das oben zur Hinausverschmelzung Gesagte; vgl. hierzu i.E. vorstehend Rn. 28. Es ist darauf hinzuweisen, dass einige Autoren davon ausgehen, dass der Verschmelzungsplan bei der Hereinverschmelzung immer in deutsch aufzustellen sei.[495]

367 **cc) Aufstellung.** Die **Aufstellung des Verschmelzungsplans** erfolgt bei der Hereinverschmelzung nach § 122c Abs. 2 UmwG durch die „Vertretungsorgane"[496] der beteiligten Gesellschaften. Zum Erfordernis der gemeinsamen Aufstellung vgl. vorstehend Rn. 25 ff.

368 Für die deutsche übertragende Aktiengesellschaft und Kommanditgesellschaft auf Aktien ist das der **Vorstand**, und für die Gesellschaft mit beschränkter Haftung sind es die **Geschäftsführer**. Für die Societas Europaea ist das Vertretungsorgan beim dualistischen System das **Leitungsorgan**[497] und beim monistischen System die **geschäftsführenden Direktoren** nach § 41 Abs. 1 SEAG.[498] Ob die Mitglieder dieser Organe bzw. die einzelnen Geschäftsführer dabei allein handeln können, richtet sich nach dem jeweils für die Vertretung geltenden Gesetz und der Satzung der jeweiligen Gesellschaft. In jedem Fall reicht ein Handeln in vertretungsberechtigter Zahl; eine Aufstellung durch alle Mitglieder des Organs bzw. aller Geschäftsführer der übertragenden deutschen Gesellschaft ist nicht erforderlich.[499] Nach der hM zur nationalen Umwandlung ist auch eine unechte Gesamtvertretung durch ein Mitglied des Vertretungsorgans und einen Prokuristen zulässig, wenn dies durch die Satzung grundsätzlich vorgesehen ist.[500] Ob die handelnden Mitglieder des Vorstands, des Leitungsorgans oder die Geschäftsführer oder geschäftsführenden Direktoren im Innenverhältnis dazu der Zustimmung der übrigen Mitglieder des Vertretungsorgans, des Aufsichtsrats oder -organs oder eines möglicherweise bestehenden sonstigen weiteren Organs bedürfen, richtet sich nach dem jeweilig anwendbaren Gesetz und der Satzung.

Für die übertragende ausländische Gesellschaft – und ggf. weitere beteiligte ausländische Gesellschaften – richtet sich die Frage, wer als „Vertretungsorgan" handelt, nach dem jeweils anwendbaren ausländischen Recht.

---

[495] *Krause/Kulpa* ZHR 171 (2007), 38, 59; WM/*Mayer*, § 122c UmwG Rn. 24.

[496] Zur Kritik an der deutschen Umsetzung, weil bei der Societas Europaea das Gesetz nicht vom Vertretungsorgan, sondern vom Verwaltungs- und Leitungsorgan spricht: *Krause/Kulpa* ZHR 171 (2007), 38, 57; *Drinhausen/Keinath* BB 2006, 725, 727; Semler/Stengel/*Drinhausen*, UmwG, § 122c Rn. 9.

[497] Zum Streit, ob sich das bei weiter Auslegung des Begriffs Geschäftsführung aus Art. 39 Abs. 1 Satz 1 SE-VO oder aus § 78 AktG ergibt: *Schwarz*, SE-VO, Art. 39 Rn. 14, 87 ff.; Theisen/Wenz/*Theisen/Hölzl*, S. 269, 293.

[498] Ebenso: Sagasser/Bula/Brünger/*Gutkès*, § 13 Rn. 56; aA Heidelberger Kommentar/*Becker*, § 122c Rn. 8 (Verwaltungsrat).

[499] Vgl. für die vergleichbare Vorschrift bei der Societas Europaea: Manz/Mayer/Schröder/*Schröder*, SE, Art. 20 SE-VO Rn. 52; für die vergleichbare Vorschrift bei der nationalen Umwandlung: Lutter/*Lutter/Drygala*, UmwG, § 4 Rn. 7; Kallmeyer/*Marsch-Barner*, § 4 Rn. 4; WM/*Mayer*, § 4 UmwG Rn. 35; Semler/Stengel/*Schröer*, UmwG, § 4 Rn. 8; SHS/*Stratz*, § 4 Rn. 11.

[500] Lutter/*Lutter/Drygala*, UmwG, § 4 Rn. 8; Kallmeyer/*Marsch-Barner*, § 4 Rn. 5; WM/*Mayer*, § 4 UmwG Rn. 35; Semler/Stengel/*Schröer*, UmwG, § 4 Rn. 8; SHS/*Stratz*, § 4 Rn. 11; zur entsprechenden Geltung der Grundsätze der nationalen Verschmelzung in diesem Zusammenhang: WM/*Mayer*, § 122c Rn. 23.

Die Aufstellung des Verschmelzungsplans durch **rechtsgeschäftlich Bevollmächtigte** 369
der deutschen Gesellschaft ist entsprechend der hM zur nationalen Gesellschaft zulässig.[501]
Die durch die deutsche übertragende Gesellschaft erteilte Vollmacht ist nach § 167 Abs. 2
BGB grundsätzlich formfrei. Bei der Hereinverschmelzung auf eine neu zu gründende
deutsche Gesellschaft können Bevollmächtigte jedoch nur aufgrund einer beglaubigten
Vollmacht handeln. Dies ergibt sich daraus, dass bei der Hereinverschmelzung zur Neugründung nach §§ 122a Abs. 2, 36 Abs. 2 UmwG die Gründungsvorschriften für die aufnehmende Gesellschaft mit beschränkter Haftung, Aktiengesellschaft oder Kommanditgesellschaft auf Aktien zu beachten sind. Diese sehen in §§ 2 Abs. 2 GmbHG, 23 Abs. 1
Satz 2, 280 Abs. 1 Satz 3 AktG vor, dass Bevollmächtigte nur aufgrund einer beglaubigten
oder notariell errichteten Vollmacht tätig werden dürfen.[502] Dieses Formerfordernis gilt
auch für die Genehmigung des Handelns eines vollmachtlosen Vertreters.

Das Formerfordernis für die Bevollmächtigung gilt jedoch nur bei der Hereinverschmelzung zur Neugründung. Bei der Hereinverschmelzung zur Aufnahme ergibt sich
auch aus den anwendbaren Kapitalerhöhungsvorschriften kein Beglaubigungserfordernis
für die Vollmachten, da im Rahmen der Verschmelzung keine Übernahmeerklärung erforderlich ist.[503] In der Praxis sollten die Vollmachten aus Nachweisgründen allerdings mindestens schriftlich abgefasst sein. Tatsächlich kann es oft hilfreich sein, die Vollmachten
beglaubigen zu lassen und einen der deutschen notariellen Vertretungsbescheinigung entsprechenden Vertretungsnachweis beizufügen.

Ob und in welcher Form eine **Bevollmächtigung für den übertragenden ausländischen Rechtsträger** zulässig ist, richtet sich nach dem auf ihn anwendbaren Recht. 370
Nach diesem richtet sich auch die Frage, ob ein Erfordernis, zB aus registerrechtlicher
Sicht, besteht, dass auch die durch den deutschen übertragenden Rechtsträger erteilten
Vollmachten zu beglaubigen sind.

Schließlich ist aus Sicht des deutschen Rechts auch eine Aufstellung des Verschmelzungsplans durch einen **vollmachtlosen Vertreter und anschließende Genehmigung** möglich.[504] Auch die Genehmigung bedarf nach § 182 Abs. 2 BGB grundsätzlich 371
keiner Form; zur Verschmelzung auf eine neu zu gründende deutsche Gesellschaft vgl. allerdings vorstehend Rn. 369. Eine konkludente Genehmigung, die in der Literatur und
Rechtsprechung für zulässig gehalten wird[505], sollte allerdings in der Praxis aus Nachweisgründen und wegen der damit verbundenen Unsicherheiten im grenzüberschreitenden
Kontext nicht eingeplant werden.

Bei der **Verschmelzung zur Neugründung** ist der Verschmelzungsplan nur von den 372
Vertretungsorganen der übertragenden deutschen Gesellschaft und der weiteren übertragenden Gesellschaft(en) aufzustellen. Zwar ist die im Rahmen der Verschmelzung neu zu
gründende aufnehmende Gesellschaft nach dem Wortlaut des § 122b Abs. 1 UmwG auch
eine „beteiligte Gesellschaft"; zur Zulässigkeit der Verschmelzung nur deutscher Gesellschaften auf eine neu zu gründende EU/EWR-Gesellschaft vgl. i.E. vorstehend Rn. 17.
Da es die neu zu gründende aufnehmende Gesellschaft zum Zeitpunkt der Aufstellung des

---

[501] Lutter/*Lutter/Drygala*, UmwG, § 4 Rn. 9; Kallmeyer/*Marsch-Barner*, § 4 Rn. 5; WM/*Mayer*, § 4 UmwG Rn. 40f.; Semler/Stengel/*Schröer*, UmwG, § 4 Rn. 9; Kölner Komm/*Simon*, § 4 UmwG Rn. 12; SHS/*Stratz*, § 4 Rn. 13; zur entsprechenden Geltung der Grundsätze der nationalen Verschmelzung in diesem Zusammenhang vgl. WM/*Mayer*, § 122c Rn. 23.
[502] Vgl. für die nationale Verschmelzung zur Neugründung: Semler/Stengel/*Schröer*, UmwG, § 4 Rn. 11.
[503] Vgl. für die nationale Verschmelzung: WM/*Mayer*, § 4 UmwG Rn. 41.
[504] Lutter/*Lutter/Drygala*, UmwG, § 4 Rn. 10; WM/*Mayer*, § 4 UmwG Rn. 41; Semler/Stengel/*Schröer*, UmwG, § 4 Rn. 15; Kölner Komm/*Simon*, § 4 UmwG Rn. 17.
[505] Vgl. nur Lutter/*Lutter/Drygala*, UmwG, § 4 Rn. 10 mwN; aA WM/*Mayer*, § 4 UmwG Rn. 41: mindestens schriftlich aus Rechtssicherheitsgründen.

Verschmelzungsplans noch nicht gibt, kann ihr Vertretungsorgan jedoch noch nicht an der Aufstellung mitwirken.[506]

373 **dd) Form.** Nach § 122c Abs. 4 UmwG ist der Verschmelzungsplan **notariell zu beurkunden**. Das wird von der Verschm-RL nicht gefordert. Teilweise wird daher die Berechtigung des deutschen Gesetzgebers in Frage gestellt, eine Beurkundung vorzuschreiben.[507] Für die Praxis spielt diese Diskussion jedoch keine Rolle. Der Verschmelzungsplan ist bei Beteiligung einer deutschen Gesellschaft als aufnehmender Gesellschaft zu beurkunden. Zur Frage der Beurkundung bei einer deutschen übertragenden Gesellschaft vgl. i.E. vorstehend Rn. 39.

Stellt das für die aufnehmende ausländische Gesellschaft anwendbare Recht ein solches Formerfordernis nicht auf, ist der Verschmelzungsplan nur in Deutschland zu beurkunden. Besteht auch nach dem Recht der übertragenden Gesellschaft ein Formerfordernis, sollte dies nach dem vorstehend Erläuterten vorsorglich berücksichtigt werden; vgl. hierzu vorstehend Rn. 364.

374 Eine **Beurkundung im Ausland** sollte uE im Hinblick auf die gefestigte Praxis, dass Strukturmaßnahmen in Deutschland beurkundet werden, nicht erfolgen.[508] Ist auch nach dem auf die aufnehmende Gesellschaft anwendbaren ausländischen Recht eine Beurkundung erforderlich, muss dementsprechend, wenn das ausländische Recht eine deutsche Beurkundung nicht ausreichen lässt, sowohl in Deutschland als auch im Land des aufnehmenden Rechtsträgers beurkundet werden.[509]

375 **ee) Abweichende Angaben in der Bekanntmachung.** Nicht ganz klar ist, welche Angaben bei der Hereinverschmelzung in der Bekanntmachung nach § 122d Nr. 4 UmwG zu den **Rechten der Minderheitsgesellschafter der aufnehmenden deutschen Gesellschaft** zu machen sind. In der Literatur werden zu dieser Frage immer Schutzrechte zu Gunsten der Minderheitsgesellschafter einer übertragenden Gesellschaft, d.h. Abfindungs- und ggf. Nachbesserungsansprüche genannt.[510] Solche gibt es jedoch für die Gesellschafter der aufnehmenden deutschen Gesellschaft nicht. Die Minderheitsgesellschafter der aufnehmenden deutschen Gesellschaft können sich gegen die grenzüberschreitende Verschmelzung nur mit der Anfechtung des Zustimmungsbeschlusses wehren. Diese richtet sich nach den allgemeinen Regeln, die für die Anfechtung für die jeweilige Rechtsform der deutschen aufnehmenden Gesellschaft gelten. UE sollte daher bei der Hereinverschmelzung zu den Rechten der Minderheitsgesellschafter der deutschen aufnehmenden Gesellschaft ein Hinweis auf die Möglichkeit der Anfechtung des Zustimmungsbeschlusses sowie die darauf anwendbaren Regeln gegeben werden.

376 Zu den **Rechten der Gläubiger der aufnehmenden deutschen Gesellschaft** sind uE wie bei der Herausverschmelzung für die Gläubiger der übertragenden deutschen Ge-

---

[506] Ebenso auf der Basis der entsprechenden Regelungen der §§ 3 Abs. 1, 4 Abs. 1, 36 Abs. 1 UmwG: Lutter/*Grunewald*, UmwG, § 37 Rn. 2; Kallmeyer/*Marsch-Barner*, § 36 Rn. 4; WM/*Mayer*, § 36 UmwG Rn. 20; SHS/*Stratz*, Vor §§ 36–38 Rn. 2.
[507] *Kallmeyer* GmbHR 2006, 418, 420.
[508] BGH, Beschluss v. 16.2.1981 – II ZB 8/80, BGHZ 80, 76; vgl. auch: Begründung zum Regierungsentwurf eines Zweiten Gesetzes zur Änderung des Umwandlungsgesetzes, BT-Drs. 16/2919, S. 15 und BR-Drs. 548/06, S. 31; wie hier: *Krause/Kulpa* ZHR 171 (2007), 38, 59; mit der Forderung nach einer anderen gesetzlichen Regelung wohl auch *Haritz/von Wolff* GmbHR 2006, 340, 341; weitergehend für die Möglichkeit einer Beurkundung im Ausland bei „Gleichwertigkeit": Semler/Stengel/*Drinhausen*, UmwG, § 122c Rn. 42; *Simon/Rubner* Der Konzern 2006, 835, 837.
[509] *Bayer/Schmidt* NZG 2006, 841, 842; *Winter* Der Konzern 2007, 24, 33; *Vetter* AG 2006, 613, 617 f.; nur für bestimmte Fälle: Semler/Stengel/*Drinhausen*, UmwG, § 122c Rn. 42.
[510] Vgl. für die Societas Europaea: MünchKomm/*Schäfer*, AktG, Art. 21 SE-VO Rn. 7; *Schwarz*, SE-VO, Art. 21 Rn. 11; sowie vorstehend Rn. 46.

sellschaft die Voraussetzungen für die Sicherheitsleistung, das Verfahren für ihre Geltendmachung sowie die Adresse, bei der die Geltendmachung zu erfolgen hat, anzugeben. Hinzu kommen die Rechte der Gläubiger der übertragenden ausländischen Gesellschaft nach § 22 UmwG (vgl. hierzu i.E. nachfolgend Rn. 432) sowie ggf. nach der auf die übertragende Gesellschaft anwendbaren Rechtsordnung.

Die Angaben zu den Rechten **der Minderheitsgesellschafter und Gläubiger der übertragenden ausländischen Gesellschaft** müssen die Rechte wiedergeben, die die Minderheitsgesellschafter und Gläubiger nach der auf die übertragende Gesellschaft anwendbaren Rechtsordnung haben, soweit solche bestehen. Außerdem sind deren Rechte nach deutschem Recht anzugeben. Zur Geltung von § 22 UmwG auch für die Gläubiger der übertragenden ausländischen Gesellschaft vgl. i.E. nachfolgend Rn. 432, und zur fehlenden Geltung von § 29 UmwG vgl. i.E. nachfolgend Rn. 400. 377

ff) Angaben zur Übertragung der Gesellschaftsanteile. Da bei der Hereinverschmelzung als Gegenleistung Anteile an einer deutschen aufnehmenden Gesellschaft gewährt werden, richtet sich der Inhalt der Angaben nach § 122c Abs. 2 Nr. 3 UmwG zu den **Einzelheiten hinsichtlich der Übertragung der Gesellschaftsanteile an der übernehmenden oder neuen Gesellschaft** nach deutschem Recht. Bei der Auslegung, was nach § 122c Abs. 2 Nr. 3 UmwG anzugeben ist, kann auf die Auslegung der fast wortgleichen Vorschrift des § 5 Abs. 1 Nr. 4 UmwG zurückgegriffen werden.[511] Wie bei der nationalen Verschmelzung ist daher anzugeben, ob es sich bei den zu gewährenden Anteilen um neue Anteile oder um bereits bestehende Anteile handelt, wie die Anteile durch die ehemaligen Gesellschafter der übertragenden Gesellschaft erworben werden und wer die Kosten dafür trägt.[512] 378

Umstritten ist, ob auch die Höhe der damit verbundenen Kosten anzugeben ist.[513] UE ist die Angabe der Höhe jedenfalls dann nicht erforderlich, wenn die Kosten – wie im Regelfall – von der übernehmenden Gesellschaft getragen werden. Dafür spricht, dass es oft schwierig sein wird, die Kosten im Voraus genau zu bestimmen und die Anteilsinhaber der übertragenden Gesellschaft kein Informationsbedürfnis haben, wenn sie die Kosten nicht selbst tragen müssen. Das Argument, dass alle Anteilsinhaber generell ein Interesse haben zu erfahren, mit welchen Kosten die übernehmende Gesellschaft belastet wird, überzeugt nicht. Es gibt für die – wahrscheinlich deutlich höher liegenden – sonstigen mit der Verschmelzung verbundenen Kosten auch keine Angabepflicht.

Ist die aufnehmende deutsche Gesellschaft eine **Aktiengesellschaft oder Kommanditgesellschaft auf Aktien**, ist wie bei der nationalen Verschmelzung[514] der nach §§ 71 Abs. 1, 73, 78 UmwG zu bestellende Treuhänder für den Empfang der zu gewährenden Aktien und baren Zuzahlungen anzugeben. Da die §§ 122a ff. UmwG keine Sonderregelungen über die Ausgabe der neuen Anteile enthalten, ist davon auszugehen, dass die Regelungen zum Treuhänder ebenso wie bei der nationalen Verschmelzung anwendbar sind.[515] 379

---

[511] So auch für die entsprechende Vorschrift in Art. 20 Abs. 1 c) SE-VO: MünchKomm/*Schäfer*, AktG, Art. 20 SE-VO Rn. 16.

[512] Lutter/*Lutter/Drygala*, UmwG, § 5 Rn. 40; Semler/Stengel/*Schröer*, UmwG, § 5 Rn. 35; ebenso, jedoch Angaben zu Kosten ganz für entbehrlich haltend: WM/*Mayer*, § 5 UmwG Rn. 138 f.

[513] Für eine Angabe der Kosten: Lutter/*Lutter/Drygala*, UmwG, § 5 Rn. 40; a.A. Kallmeyer/*Marsch-Barner*, § 5 Rn. 24; WM/*Mayer*, § 5 UmwG Rn. 139.1; Semler/Stengel/*Schröer*, UmwG, § 5 Rn. 35.

[514] Vgl. zur nationalen Verschmelzung: Lutter/*Lutter/Drygala*, UmwG, § 5 Rn. 41; Kallmeyer/*Marsch-Barner*, § 5 Rn. 24; WM/*Mayer*, § 5 UmwG Rn. 138; Semler/Stengel/*Schröer*, UmwG, § 5 Rn. 37.

[515] Ebenso für die Verschmelzung zur Societas Europaea: MünchKomm/*Schäfer*, AktG, Art. 20 SE-VO Rn. 16; Manz/Mayer/Schröder/*Schröder*, SE, Art. 20 Rn. 23; *Schwarz*, SE-VO, Art. 20 Rn. 30.

Es ist bei der nationalen Verschmelzung üblich, den Auftrag an den Treuhänder mit in den Verschmelzungsvertrag aufzunehmen. Wegen der unklaren Rechtsnatur des Verschmelzungsplans (vgl. hierzu i.E. vorstehend Rn. 22) erscheint es uE sinnvoll, dies bei der grenzüberschreitenden Verschmelzung ausschließlich separat zu regeln.

Nicht erforderlich sind nach hM bei der nationalen Verschmelzung Angaben über eine geplante Börsenzulassung sowie zu Einzelheiten des Umtauschverfahrens wie zB die Einreichung der alten Aktien, ihre Zusammenlegung und Kraftloserklärung. Dies wird damit begründet, dass dazu ohnehin gesonderte Aufforderungen erlassen werden müssten.[516]

380 Die Ausführungen zur Aktiengesellschaft gelten für die aufnehmende deutsche **Societas Europaea** entsprechend, da für sie insoweit keine Sonderregelungen bestehen. Sie ist in diesem Zusammenhang daher gem. Art. 3 Abs. 1 SE-VO wie eine Aktiengesellschaft zu behandeln.

381 Ist die aufnehmende Gesellschaft eine **Gesellschaft mit beschränkter Haftung**, ist zu differenzieren, ob die zu gewährenden Anteile im Rahmen einer Kapitalerhöhung neu geschaffen werden oder bereits bestehen.[517] Bestehen die Anteile bereits, müssen die gegenwärtigen Inhaber und die Nennbeträge der Anteile genannt werden. Zur Möglichkeit der Zurverfügungstellung von Anteilen durch Dritte vgl. i.E. nachfolgend Rn. 369.

Handelt es sich nicht um eigene Anteile, sollte auch angegeben werden, wie die übernehmende Gesellschaft diese Anteile erwirbt.[518] Werden dagegen die Anteile im Rahmen einer Kapitalerhöhung neu geschaffen, werden bei der nationalen Verschmelzung Angaben im Verschmelzungsvertrag für entbehrlich gehalten, weil sich die Einzelheiten dazu bereits aus §§ 55, 56 UmwG ergeben.[519] UE gilt das grundsätzlich auch für die grenzüberschreitende Hereinverschmelzung. Dies entbindet aber nicht davon, grundsätzlich angeben zu müssen, woher die zu gewährenden Anteile stammen.

382 **gg) Angaben zum Beginn der Gewinnberechtigung.** Auch der Inhalt der Angaben zum **Zeitpunkt, ab dem die neuen Anteile gewinnberechtigt sind**, sowie die mit der Gewinnberechtigung verbundenen Besonderheiten nach § 122c Abs. 2 Nr. 5 UmwG richten sich bei der Hereinverschmelzung nach deutschem Recht. Bei der Auslegung, was nach § 122c Abs. 2 Nr. 5 UmwG anzugeben ist, kann ebenfalls auf die Auslegung der fast wortgleichen Vorschrift des § 5 Abs. 1 Nr. 5 UmwG zurückgegriffen werden.[520] Danach ist anzugeben, ab wann die als Gegenleistung für die Verschmelzung gewährten Anteile eine Gewinnberechtigung vermitteln.

383 Bei **bereits bestehenden Anteilen** hängt dies von der Ausstattung der bestehenden Anteile ab. Werden die **Anteile neu ausgegeben**, kann der Zeitpunkt der Gewinnberechtigung frei gewählt werden.[521] Die für die jeweilige Rechtsform geltenden Grenzen, darunter insbesondere § 60 Abs. 2 Satz 3 AktG, sind zu beachten.

---

[516] Lutter/*Lutter/Drygala*, UmwG, § 5 Rn. 38 f.; Kallmeyer/*Marsch-Barner*, § 5 Rn. 24; WM/*Mayer*, § 5 UmwG Rn. 139.1; Semler/Stengel/*Schröer*, UmwG, § 5 Rn. 37.
[517] Kallmeyer/*Marsch-Barner*, § 5 Rn. 25; WM/*Mayer*, § 5 UmwG Rn. 138; Semler/Stengel/*Schröer*, UmwG, § 5 Rn. 38.
[518] Kallmeyer/*Marsch-Barner*, § 5 Rn. 25; Semler/Stengel/*Schröer*, UmwG, § 5 Rn. 36.
[519] Vgl. zur nationalen Verschmelzung: Kallmeyer/*Marsch-Barner*, § 5 Rn. 25; WM/*Mayer*, § 5 UmwG Rn. 138.
[520] So auch für die entsprechende Vorschrift in Art. 20 Abs. 1 d) SE-VO: MünchKomm/*Schäfer*, AktG, Art. 20 SE-VO Rn. 17.
[521] Für die nationale Verschmelzung: Lutter/*Lutter/Drygala*, UmwG, § 5 Rn. 44; WM/*Mayer*, § 5 UmwG Rn. 144; Kallmeyer/*Marsch-Barner*, § 5 Rn. 28; Semler/Stengel/*Schröer*, UmwG, § 5 Rn. 38 ff.; SHS/*Stratz*, § 5 UmwG Rn. 61; für die Verschmelzung zur Societas Europaea: MünchKomm/*Schäfer*, AktG, Art. 20 SE-VO Rn. 17; Manz/Mayer/Schröder/*Schröder*, SE, Art. 20 Rn. 24; Schwarz, SE-VO, Art. 20 Rn. 31.

Der Zeitpunkt des Beginns der Gewinnberechtigung **ist in die Ermittlung des Um-** 384
tauschverhältnisses einzubeziehen; vgl. hierzu i.E. vorstehend Rn. 87. In der Praxis empfiehlt es sich daher, den Stichtag so zu wählen, dass er an das Ende der Gewinnberechtigung beim übertragenden Rechtsträger anknüpft. Üblich ist die Festlegung einer Gewinnberechtigung ab dem Beginn des Geschäftsjahres, welches auf den Stichtag der letzten Jahresbilanz des übertragenden Rechtsträgers folgt. Besteht – zB wegen des Risikos von Anfechtungsklagen oder der Durchführung eines Verhandlungsverfahrens – Unsicherheit, wann die Verschmelzung wirksam wird, kann es zweckmäßig sein, den Stichtag variabel festzulegen.[522]

Besonderheiten in Bezug auf den Gewinnanspruch können sich aus Vorzugsrechten 385
oder besonderen Gewinnverteilungsregeln ergeben.[523]

hh) Angaben zu einem möglichen Abfindungsangebot. Anders als bei der Hin- 386
ausverschmelzung muss es bei der Hereinverschmelzung nicht zwingend zu einem **Abfindungsangebot** kommen. Ist ein solches erforderlich (vgl. hierzu i.E. nachfolgend Rn. 400), sind dazu im Verschmelzungsplan auch Angaben zu machen.

ii) Angaben zur Bewertung des Aktiv- und Passivvermögens. Nach der hier 387
vertretenen Auffassung (vgl. hierzu i.E. vorstehend Rn. 73) ist bei der Hereinverschmelzung zu § 122c Abs. 2 Nr. 11 UmwG das **Wahlrecht nach § 24 UmwG** zu beschreiben. Es ist nicht erforderlich, im Verschmelzungsplan bereits festzulegen, mit welchem Wert die deutsche aufnehmende Gesellschaft die übertragenen Vermögensgegenstände bilanzieren wird. Steht der Wert ausnahmsweise bereits fest, ist eine Angabe jedoch möglich.

jj) Satzung der übernehmenden Gesellschaft. Bei der grenzüberschreitenden He- 388
reinverschmelzung ist nach § 122c Abs. 2 Nr. 9 UmwG stets die **Satzung der deutschen aufnehmenden Gesellschaft** in den Verschmelzungsplan aufzunehmen.

Zur **Sprache der Satzung** gilt das i.E. vorstehend unter Rn. 28 Erläuterte. Sie kann 389
auch bei der Hereinverschmelzung in einer fremden Sprache abgefasst sein. Es muss dann aber eine beglaubigte Übersetzung zum Register eingereicht werden.

Problematisch kann dabei die **Angabe des Anteils der Arbeitnehmervertreter** un- 390
ter den Aufsichtsratsmitgliedern und ggf. auch der Zahl der Aufsichtsratsmitglieder in der Satzung sein. Letztere muss bei der Aktiengesellschaft, der Kommanditgesellschaft auf Aktien und der Societas Europaea gem. §§ 95 Abs. 1 Satz 2, 278 Abs. 3 AktG, § 17 Abs. 1 Satz 2 SEAG in der Satzung angegeben werden.

Bei der Gesellschaft mit beschränkter Haftung ist eine Angabe der Zahl der Aufsichtsratsmitglieder grundsätzlich nicht zwingend erforderlich.[524] Allerdings gilt bei der Anwendbarkeit des DrittelbG nach § 1 Abs. 1 Nr. 3 DrittelbG § 95 AktG entsprechend, und bei Anwendbarkeit des MitbestG müssen Abweichungen von den in § 7 Abs. 1 Satz 1 MitbestG vorgesehenen Zahlen nach § 7 Abs. 1 Satz 2 MitbestG in der Satzung geregelt werden. Kommt es zu einer Vereinbarung über die Mitbestimmung empfiehlt es sich ebenso, um Schwierigkeiten bei der Bestellung der von den Anteilseigner zu bestimmenden Aufsichtsratsmitgliedern zu vermeiden, die Zahl der Mitglieder und den Anteil der Arbeitnehmervertreter in der Satzung in Übereinstimmung mit dem nach dem MgVG geltenden Mitbestimmungssystem anzugeben.

---

[522] Für die nationale Verschmelzung: Lutter/*Lutter/Drygala*, UmwG, § 5 Rn. 47; WM/*Mayer*, § 5 UmwG Rn. 146; Kallmeyer/*Marsch-Barner*, § 5 Rn. 29; Semler/Stengel/*Schröer*, UmwG, § 5 Rn. 47; SHS/ *Stratz*, § 5 UmwG Rn. 61; für die Verschmelzung zur Societas Europaea: MünchKomm/*Schäfer*, AktG, Art. 20 SE-VO Rn. 17; *Schwarz*, SE-VO, Art. 20 Rn. 31.
[523] Kallmeyer/*Marsch-Barner*, § 5 Rn. 27.
[524] LH/*Lutter/Hommelhoff*, § 52 Rn. 5; BH/*Zöllner/Noack*, GmbHG, § 52 Rn. 32.

Nach § 24 Abs. 3 MgVG darf die Satzung der aus einer grenzüberschreitenden Verschmelzung hervorgehenden Gesellschaft nicht mit dem Mitbestimmungssystem im Widerspruch stehen. Bei der Vorbereitung des Verschmelzungsplans einschließlich der Satzung der übernehmenden deutschen Gesellschaft steht jedoch der Inhalt einer ggf. zu treffenden Vereinbarung über die Mitbestimmung noch nicht fest. Es kann daher evtl. noch nicht möglich sein, den Anteil der Arbeitnehmervertreter anzugeben. Zu den Grenzen der Verhandlungsautonomie in diesem Zusammenhang insbesondere im Hinblick auf die Gesamtzahl der Aufsichtsratmitglieder vgl. jedoch i.E. nachfolgend Rn. 511.

d) Umtausch-/Abfindungsangebot

391 **aa) Umtauschverhältnis.** Die Bestimmung des **Umtauschverhältnisses** sowie die dazu nach § 122c Abs. 2 Nr. 2 UmwG zu machenden Angaben unterliegen bei der Hereinverschmelzung auf eine deutsche Gesellschaft keinen Besonderheiten gegenüber der Hinausverschmelzung; vgl. hierzu i.E. vorstehend Rn. 79 ff.

392 Zu beachten ist jedoch, dass sich die Frage, ob ein **Verzicht auf die Gewährung von Anteilen** möglich ist, nach der auf die übertragende Gesellschaft anwendbaren Rechtsordnung richtet; vgl. hierzu auch vorstehend Rn. 80.

393 Dagegen richtet sich die Frage, ob eine **Anteilsgewährung durch die übernehmende deutsche Gesellschaft zulässig** ist, nach den in §§ 54, 68 UmwG geregelten deutschen Vorschriften. Dementsprechend ist eine Anteilsgewährung bei der grenzüberschreitenden Hereinverschmelzung weder zulässig noch nach §§ 122a Abs. 2, 20 Abs. 1 Nr. 3 Satz 1 UmwG erforderlich, soweit die übernehmende deutsche Gesellschaft Anteile an einer übertragenden Gesellschaft innehat (*Upstream Merger*) oder eine übertragende Gesellschaft eigene Anteile innehat.

In der Abwandlung 2 des oben beschriebenen Beispielsfalls erfolgt somit keine Anteilsgewährung durch die aufnehmende B. Eine Kapitalerhöhung der B ist nicht erforderlich. Eine Kapitalerhöhung ist deshalb nicht nötig, weil B sich sonst als ehemalige Gesellschafterin der A selbst neue Anteile gewähren müsste. Das hätte keinen wirtschaftlichen Sinn. Überdies ist eine Zeichnung oder Übernahme neuer Anteile an sich selbst durch die Gesellschaft nicht zulässig.

Soweit im oben beschrieben Beispielsfall A eigene Anteile hält, gehen diese mit der Verschmelzung auf B über. B müsste sich daraufhin als Abfindung für diese wiederum selbst neue Anteile gewähren. Dies ist aus den im vorstehenden Absatz beschriebenen Gründen weder sinnvoll noch zulässig.

394 Nach §§ 122a Abs. 2, 54 Abs. 1 Nr. 3, 68 Abs. 1 Nr. 3 UmwG ist eine Anteilsgewährung an die ehemaligen Anteilsinhaber der übertragenden Gesellschaft nicht zulässig, soweit die übertragende ausländische Gesellschaft Anteile **an der übernehmenden deutschen Gesellschaft hält, auf die die Einlage nicht voll geleistet** sind.

Im Beispielsfall würde diese Regel eingreifen, wenn A an B Anteile halten würde, auf die die Einlagepflicht noch nicht vollständig erfüllt wäre. Eine Verschmelzung kann erst erfolgen, wenn die rückständigen Einlagen erfüllt oder die Anteile an einen Dritten veräußert werden.

Zu beachten ist, dass – anders als in den Fällen der jeweiligen Nr. 1 und Nr. 2 – in diesem Fall eine Anteilsgewährung auch nicht entbehrlich ist. Vielmehr ist sie grundsätzlich erforderlich, sie darf jedoch nicht erfolgen. Begründung dafür ist das Verbot des Erwerbs eigener, nicht voll eingezahlter Anteile.

Es ist nicht ganz eindeutig, ob sich daraus ein grundsätzliches Verbot der Verschmelzung in dieser Situation ergibt. Davon scheint *Kallmeyer*[525] auszugehen, nach dessen Auffassung nicht nur die Kapitalerhöhung „soweit", sondern die Verschmelzung ganz unzulässig ist.

---

[525] Kallmeyer/*Kallmeyer*, § 54 Rn. 7.

Danach könnte die Verschmelzung erst erfolgen, wenn die rückständigen Einlagen auf die von der übertragenden Gesellschaft an der übernehmenden Gesellschaft gehaltenen Anteile geleistet sind. Demgegenüber ist nach anderer Auffassung[526] die Verschmelzung zulässig, wenn die nicht voll eingezahlten Anteile nicht durch die übernehmende Gesellschaft erworben werden, sondern für den Anteilstausch verwendet und an ehemalige Anteilseigner der übertragenden Gesellschaft ausgegeben werden. Dies würde dem Verbot der Kapitalerhöhung „insoweit" gerecht werden und einen Erwerb der nicht voll eingezahlten eigenen Anteile verhindern. In der Praxis sollte eine Verschmelzung in einer solchen Konstellation, wenn eine Leistung der Einlage oder eine Übertragung der Anteile an Dritte nicht in Betracht kommt, jedoch vorsorglich mit dem für die deutsche übernehmende Gesellschaft zuständigen Handelsregister abgestimmt werden.

Nach §§ 122a Abs. 2, 65 Abs. 1 Satz 2, 68 Abs. 1 Satz 2 UmwG ist eine **Kapitalerhöhung darüber hinaus nicht erforderlich**, aber zulässig, wenn die übernehmende deutsche Gesellschaft eigene Anteile oder die übertragende Gesellschaft voll eingezahlte Anteile an der übernehmenden Gesellschaft hält. Diese Anteile können dann anstelle neu geschaffener Anteile als Gegenleistung für die Abfindung der ehemaligen Anteilseigner der übertragenden Gesellschaft genutzt werden. 395

Schließlich ist für die nationale Verschmelzung anerkannt, dass eine Kapitalerhöhung auch dann entbehrlich ist, wenn **Dritte Geschäftsanteile zur Verfügung stellen**, die für die Gegenleistung an die ehemaligen Anteilsinhaber der übertragenden Gesellschaft verwendet werden können.[527] Es spricht uE nichts dagegen, dies auch bei der grenzüberschreitenden Verschmelzung auf eine deutsche Gesellschaft zuzulassen. 396

Etwas unklar ist in diesem Zusammenhang, wie die von einem Dritten zur Verfügung gestellten Anteile auf die ehemaligen Anteilsinhaber des übertragenden Rechtsträgers übergehen. Vor Einführung des UmwG wurde vertreten, dass diese Anteile zunächst dem übernehmenden Rechtsträger übereignet werden müssen, damit sie von diesem auf die ehemaligen Anteilsinhaber der übertragenden Gesellschaft übergehen können.[528] Demgegenüber wird vertreten, dass wegen §§ 54 Abs. 2, 68 Abs. 2 UmwG eine Treuhandabrede zwischen dem Dritten und der übernehmenden Gesellschaft ausreicht.[529] Es ist uE überzeugend, dass wegen der Gleichstellung von treuhänderisch gehaltenen Anteilen mit durch die übernehmende Gesellschaft gehaltenen Anteilen eine Treuhandabrede ausreicht. Diese sollte jedoch ausdrücklich getroffen werden. Zusätzlich kann erwogen werden, ob der Dritte den ehemaligen Anteilseignern der übertragenden Gesellschaft vorsorglich ein unwiderrufliches Angebot auf Abtretung der Anteile macht, das diese bei ggf. auftretenden Zweifeln an der Wirkung der Übertragung nach § 20 Abs. 1 Nr. 3 Satz 1 UmwG noch annehmen können.

Im Übrigen ist zu beachten, dass auch für die treuhänderisch gehaltenen Anteile die Vorschriften über den Erwerb eigener Anteile einzuhalten sind.[530]

---

[526] Unter dem Vorbehalt, dass das in der Praxis nur in Ausnahmefällen möglich sei: Lutter/*Winter*, UmwG, § 54 Rn. 9; Semler/Stengel/*Reichert*, UmwG, § 54 Rn. 10; wohl auch WM/*Mayer*, § 5 UmwG Rn. 23; unklar, offenbar Verschmelzung möglich, nur Kapitalerhöhung unzulässig: SHS/*Stratz*, § 54 UmwG Rn. 5.
[527] Kallmeyer/*Kallmeyer*, § 54 Rn. 13; Semler/Stengel/*Reichert*, UmwG, § 54 Rn. 18; Lutter/*Winter*, UmwG, § 54 Rn. 18 mwN.
[528] Hachenburg/*Schilling/Zutt*, 7. Aufl. 1984, Anh. § 77 II Rn. 10; *Scholz/Priester*, 7. Aufl. 1988, § 23 KapErhG Rn. 6; zum UmwG auch noch Bermel/Goutier/Knopf/Tulloch/*Bermel*, Rn. 18.
[529] Kallmeyer/*Kallmeyer*, § 54 Rn. 13; Semler/Stengel/*Reichert*, UmwG, § 54 Rn. 18; Lutter/*Winter*, UmwG, § 54 Rn. 18; alternativ auch direkte Übertragung an ehemalige Anteilsinhaber der übertragenden Gesellschaft möglich: WM/*Mayer*, § 5 UmwG Rn. 46.
[530] Kallmeyer/*Kallmeyer*, § 54 Rn. 13; Semler/Stengel/*Reichert*, UmwG, § 54 Rn. 18.

397 Ist die übernehmende Gesellschaft eine Gesellschaft mit beschränkter Haftung, gelten über § 122a Abs. 2 UmwG für die durch sie auszugebenden Anteile die **Erleichterungen nach § 54 Abs. 3 UmwG**.

398 bb) **Bare Zuzahlung.** Zur Herstellung eines rechnerisch exakten Umtauschverhältnisses ist es nach §§ 122a Abs. 2, 54 Abs. 4, 68 Abs. 3 UmwG möglich, eine **bare Zuzahlung bis zur Höhe von 10%** des Gesamtnennbetrags oder rechnerischen Anteils der als Gegenleistung gewährten Anteile festzusetzen. In diesem Zusammenhang bestehen bei der Hereinverschmelzung keine Unterschiede gegenüber der Hinausverschmelzung; vgl. hierzu i.E. vorstehend Rn. 88.

399 Zu beachten ist bei der Hereinverschmelzung zusätzlich, dass mit der baren Zuzahlung nicht das für die deutsche Gesellschaft bestehende **Verbot der Unterpariemission** umgangen werden darf.[531] Das bedeutet, dass der Wert des durch die Verschmelzung übertragenen Vermögens nicht nur den Nennwert der neu geschaffenen Anteile decken muss, sondern zusätzlich den Betrag der insgesamt geleisteten baren Zuzahlung.

400 cc) **Abfindungsangebot.** Bei der Hereinverschmelzung findet § 122i UmwG keine Anwendung. Es stellt sich daher die Frage, ob die **übernehmende Gesellschaft** nach §§ 122a Abs. 2, 29 Abs. 1 UmwG ein **Abfindungsangebot** zu machen hat.[532] Zu einer Anwendung des § 29 Abs. 1 UmwG würde es kommen, wenn auf die Frage des Schutzes der Minderheitsgesellschafter der übertragenden Gesellschaft deutsches Recht anwendbar wäre und § 122i UmwG für diese Frage keine abschließende Regelung wäre.

UE richtet sich der Minderheitsschutz nach dem auf die Gesellschaft anwendbaren Recht, deren Gesellschafter die betroffenen Personen sind.[533]

Dafür spricht, dass es sich um eine Verfahrensfrage handelt, die für jede beteiligte Gesellschaft nach der auf sie anwendbaren Rechtsordnung zu beurteilen ist. Ferner passt es auch in das System der Vereinigungstheorie, jede Rechtsordnung selbst entscheiden zu lassen, unter welchen Umständen sie den Gesellschaftern der von ihr regierten Gesellschaften den Verlust ihrer Gesellschafterstellung zumutet. Schließlich weist Art. 4 Abs. 2 Satz 2 Verschm-RL das Regelungsrecht für den Minderheitenschutz dem Gesellschaftsstatut der Gesellschaft zu, an der die Minderheitsgesellschafter beteiligt sind.[534] So regelt das deutsche Umsetzungsgesetz nur das Schicksal der Gesellschafter der deutschen übertragenden Gesellschaft.

Dementsprechend wäre ein Abfindungsangebot an die Gesellschafter der übertragenden Aktionäre nur zu machen, wenn die auf diese anwendbare Rechtsordnung dies vorsieht. Ein solches Abfindungsangebot würde sich ausschließlich nach dieser Rechtsordnung richten.[535] Zu beachten sind jedoch deutsche Kapitalschutzvorschriften, soweit diese eine Zahlung der Abfindung unzulässig machen.[536]

---

[531] Kallmeyer/*Kallmeyer*, § 54 Rn. 20; WM/*Mayer*, § 54 UmwG Rn. 56; Semler/Stengl/*Reichert*, § 54 Rn. 43; SHS/*Stratz*, § 54 UmwG Rn. 23; Lutter/*Winter*, UmwG, § 54 Rn. 39.
[532] Offenlassend: *Geyrhalter/Weber* DStR 2006, 146, 148 f.; *Kallmeyer/Kappes* AG 2006, 224, 233.
[533] So auch: *Müller* Der Konzern 2007, 81, 88; Kölner Komm/*Simon/Rubner*, § 122i UmwG Rn. 4.
[534] Ebenso für die Verschmelzung zur Societas Europaea: *Schwarz*, SE-VO, Art. 24 Rn. 19; *Scheifele*, Die Gründung der europäischen Aktiengesellschaft, 2004, S. 232; *Ihrig/Wagner* BB 2003, 969, 971; aA *Teichmann* ZGR 2002, 383, 429.
[535] Ebenso: WM/*Vossius*, § 122i Rn. 6.
[536] Zum Streit, inwieweit diese im Rahmen einer Verschmelzung anwendbar sind, vgl. nur *Hoger* AG 2008, 149 ff.

e) Verschmelzungsbericht

Bei der Hereinverschmelzung ergeben sich für den Verschmelzungsbericht keine besonderen Umstände gegenüber der Hinausverschmelzung. Auf die Erläuterungen zur Hinausverschmelzung kann daher verwiesen werden; vgl. hierzu i.E. vorstehend Rn. 100 ff. **401**

f) Beachtung von Gründungsvorschriften bei Verschmelzung zur Neugründung

Erfolgt die Hereinverschmelzung zur Neugründung, müssen wie bei der nationalen Verschmelzung für die aufnehmende Gesellschaft die **anwendbaren Gründungsvorschriften** beachtet werden. Das ergibt sich aus §§ 122a Abs. 2, 36 Abs. 2 UmwG, da die §§ 122a ff. UmwG zu dieser Frage keine speziellen Regelungen enthalten. **402**

Bei der **Gesellschaft mit beschränkter Haftung** sind dies die §§ 1 bis 11 GmbHG, bei der **Aktiengesellschaft** oder **Kommanditgesellschaft auf Aktien** die §§ 1 bis 53, 278 bis 288 AktG. Gründer sind dabei nach § 36 Abs. 2 Satz 2 UmwG jeweils die übertragenden Gesellschaften. Zu beachten ist, dass die Gründung im Rahmen der Verschmelzung eine Sachgründung darstellt. **403**

Zu den Einzelheiten kann auf die Literatur zur nationalen Verschmelzung verwiesen werden, da sich bei der grenzüberschreitenden Verschmelzung mit Ausnahme des im Folgenden erwähnten Problems keine Besonderheiten ergeben.

Eine Besonderheit ergibt sich bei der grenzüberschreitenden Hereinverschmelzung zur Neugründung im Hinblick auf die Frage, ob für die neuzugründende deutsche Gesellschaft **Gründungsprüfung und Gründungsprüfungsbericht** erforderlich sind. §§ 58 Abs. 2 und 75 Abs. 2 UmwG ordnen für die nationale Verschmelzung zur Neugründung an, dass ein Sachgründungsbericht und bei der Aktiengesellschaft und der Kommanditgesellschaft auf Aktien auch eine Sachgründungsprüfung nicht erforderlich sind, wenn die übertragende Gesellschaft eine Kapitalgesellschaft ist. Hintergrund dieser Regelung ist, dass bei einer deutschen übertragenden Kapitalgesellschaft sichergestellt ist, dass die Kapitalschutzvorschriften erfüllt sind. Eine erneute Prüfung bei der Neugründung im Rahmen der Verschmelzung ist daher nicht erforderlich.[537] Dies lässt sich uE auch auf die grenzüberschreitende Verschmelzung übertragen, soweit die übertragende ausländische Kapitalgesellschaft ebensolche Kapitalschutzvorschriften einhalten musste.[538] **404**

Dies gilt mindestens für Aktiengesellschaften im Sinne des Art. 1 der Zweiten Richtlinie[539] sowie für alle anderen verschmelzungsfähigen Gesellschaften, die diese Maßstäbe nach dem auf sie anwendbaren Recht ebenfalls einhalten müssen.

Weiter geht *Oechsler*[540], der davon ausgeht, dass alle übertragenden Gesellschaften wegen Art. 43, 48 EG (heute Art. 49, 54 AEUV) gleich behandelt werden müssen. Wenn eine Gründungsprüfung und ein Gründungsbericht vermieden werden sollen, obwohl die übertragende GmbH-ähnliche Gesellschaft nach der auf sie anwendbaren Rechtsordnung keine Kapitalschutzvorschriften anwenden muss, sollte diese Frage in der Praxis vorab mit dem Registergericht geklärt werden.

Schließlich ist auch zu beachten, dass es bei der Hereinverschmelzung auf eine bestehende deutsche Aktiengesellschaft nach §§ 122a Abs. 2, 67 UmwG zur Anwendung der **Nachgründungsvorschriften** kommen kann. Da die §§ 122a ff. UmwG insoweit keine Sonderregelungen enthalten, ist § 67 UmwG ebenso wie bei der nationalen Verschmel- **405**

---

[537] Zum Hintergrund: *Petersen*, Der Gläubigerschutz im Umwandlungsrecht, 2001, S. 323.
[538] Ebenso: WM/*Heckschen*, § 122a UmwG Rn. 100.
[539] 77/91/EWG, ABl. 1976 L 26/1; so auch Sagasser/Bula/Brünger/*Gutkès*, § 13 Rn. 235.
[540] NZG 2006, 161, 164.

zung anwendbar.⁵⁴¹ Auf die dazu veröffentlichte Literatur kann daher verwiesen werden. Es ist darauf hinzuweisen, dass der Anwendungsbereich durch die Ergänzung des § 67 Satz 2 UmwG durch das Zweite Gesetz zur Änderung des Umwandlungsgesetzes vom 19. April 2007 bei einem vorherigen Bestehen als GmbH eingeschränkt worden ist.

g) Verschmelzungsprüfung

406 Auch für die Verschmelzungsprüfung ergeben sich bei der Hereinverschmelzung **gegenüber der Hinausverschmelzung** mit einer Ausnahme **keine besonderen Umstände**. Auf die Erläuterungen zur Hinausverschmelzung kann daher verwiesen werden; vgl. hierzu i.E. vorstehend Rn. 128 ff.

407 Problematisch ist bei der Hereinverschmelzung lediglich die **Bestellung des Prüfers** für die deutsche übernehmende Gesellschaft, wenn kein gemeinsamer Prüfer bestellt wird. Nach §§ 122f Satz 1, 10 Abs. 2 Satz 1 UmwG ist das Landgericht, in dessen Bezirk ein übertragender Rechtsträger seinen Sitz hat, für die Bestellung zuständig. Ist nicht auch noch eine weitere deutsche Gesellschaft als übertragende Gesellschaft beteiligt, würde das dazu führen, dass ein ausländisches Gericht für die Bestellung des Prüfers zuständig wäre. Es wird deshalb vertreten, dass entgegen dem Wortlaut von § 10 Abs. 2 Satz 1 UmwG auch eine Zuständigkeit des Gerichts am Sitz des deutschen übernehmenden Rechtsträgers bestehen müsse.⁵⁴²

h) Zustimmungsbeschluss der übernehmenden deutschen Gesellschaft

408 Für die **Vorbereitung der Beschlussfassung** der übernehmenden deutschen Gesellschaft gelten die zur Hinausverschmelzung gemachten Ausführungen; vgl. hierzu i.E. Rn. 142 ff. In diesem Zusammenhang bestehen keine Besonderheiten für die Hereinverschmelzung.

409 Dies gilt grundsätzlich auch für die zur Beschlussfassung **notwendigen Mehrheiten** sowie ggf. erforderliche **Zustimmungserklärungen**; vgl. hierzu i.E. Rn. 147 ff.

410 Im Zusammenhang mit dem Erfordernis von Zustimmungserklärungen ist jedoch zu beachten, dass Zustimmungserfordernisse nach deutschem Recht nur anzuwenden sind, soweit sie den Beschluss der deutschen übernehmenden Gesellschaft betreffen. So ist das Zustimmungserfordernis nach **§ 51 Abs. 1 Satz 2 UmwG** bei der Hereinverschmelzung nicht anzuwenden; ein ggf. bestehender Schutz der Gesellschafter der übertragenden Gesellschaft vor der Verschmelzung auf eine Gesellschaft mit beschränkter Haftung mit nicht voll eingezahltem Kapital richtet sich nach der auf die übertragende Gesellschaft anwendbaren Rechtsordnung. Dagegen ist **§ 51 Abs. 1 Satz 3 UmwG** in der Neufassung durch das Zweite Gesetz zur Änderung des UmwG anwendbar: hat die übertragende Gesellschaft eine der deutschen Gesellschaft mit beschränkter Haftung vergleichbare Rechtsform und ist ihr Kapital nicht voll eingezahlt, bedarf der Zustimmungsbeschluss der deutschen aufnehmenden Gesellschaft, wenn sie eine Gesellschaft mit beschränkter Haftung ist, der Zustimmung aller Gesellschafter.⁵⁴³

411 **§§ 13 Abs. 2, 50 Abs. 2 und 65 Abs. 2 UmwG** sind auch bei der Hereinverschmelzung anwendbar.

412 Bei der Hereinverschmelzung besteht die Möglichkeit, dass eine Verschmelzung unter Umständen **ganz ohne Zustimmungsbeschlüsse** möglich ist. Dies ist der Fall, wenn

---

⁵⁴¹ WM/*Mayer*, § 122c UmwG Rn. 162.
⁵⁴² Heidelberger Kommentar/*Becker*, § 122f Rn. 3; Semler/Stengel/*Drinhausen*, UmwG, § 122f Rn. 4; Sagasser/Bula/Brünger/*Gutkès*, § 13 Rn. 133; *Holzborn/Mayston* ZIP 2012, 2380, 2384; Kölner Komm/*Simon/Rubner*, § 122f UmwG Rn. 4; ähnlich: Lutter/*Bayer*, UmwG, § 122f. Rn. 5.
⁵⁴³ Ebenso: WM/*Heckschen*, § 122a UmwG Rn. 97.

eine 100%ige ausländische Tochtergesellschaft auf ihre deutsche Muttergesellschaft, die die Rechtsform einer Aktiengesellschaft, Kommanditgesellschaft auf Aktien oder Societas Europaea hat, verschmolzen wird. Dies ergibt sich aus der Umsetzung von Art. 15 Abs. 1 2. Spiegelstrich Verschm-RL in der auf die übertragende Gesellschaft anwendbaren Rechtsordnung iVm §§ 122a Abs. 2, 62 Abs. 1 Satz 1, 78 Satz 1 UmwG, Art. 3 Abs. 1 SE-VO.[544]

Bei der **Berechnung der Beteiligung** sind für Zwecke der Bestimmung der Entbehrlichkeit des Zustimmungsbeschlusses auf Ebene der deutschen übernehmenden Aktiengesellschaft eigene Anteile oder treuhänderisch für die Aktiengesellschaft gehaltene Anteile nicht mitzurechnen. Maßgeblicher Zeitpunkt für die Berechnung ist uE die Eintragung in das Registergericht. Da dies jedoch nicht unumstritten ist, sollte diese Frage vorab mit dem für die übernehmende deutsche Gesellschaft zuständigen Registergericht abgestimmt werden.[545] Für den Beschluss der ausländischen übertragenden Gesellschaft richtet sich diese Frage nach der auf sie anwendbaren Rechtsordnung. 413

Schließlich stellt sich im Fall der Hereinverschmelzung die Frage, ob die Möglichkeit des **verschmelzungsrechtlichen Squeeze-Out** nach § 62 Abs. 5 AktG zur Verfügung steht, wenn eine deutsche aufnehmende Aktiengesellschaft mindestens 90% an einer übertragenden Gesellschaft hält, die einer deutschen Aktiengesellschaft entspricht. Dagegen ließe sich zunächst anführen, dass § 122a Abs. 2 UmwG nur insoweit auf die §§ 2 ff. UmwG verweist, als sich aus den §§ 122a ff. UmwG nichts anderes ergibt. Bei den § 122a ff. UmwG geht es bei der Anwendung in einem Hereinverschmelzungsfall gerade nicht um die Verschmelzung einer deutschen Aktiengesellschaft. Der unmittelbare Regelungsgegenstand von § 65 UmwG könnte daher nicht eröffnet sein. Allerdings beruht § 62 Abs. 5 AktG auf einer europarechtlichen Vorgabe, die auch in anderen Mitgliedsländern, in denen die Alternative eines Andienungsrechts nicht zur Verfügung steht,[546] ähnlich vorgesehen sein könnte. Dementsprechend müsste es zumindest bei einer grenzüberschreitenden Verschmelzung aus Mitgliedsstaaten die eine entsprechende Regelung kennen, praktisch möglich sein, die Verschmelzung mit dem verschmelzungsrechtlichen *Squeeze Out* zu verbinden. Wenn die Umsetzungsregelung des Übertragungsstaates im Wesentlichen mit der deutschen Regelung übereinstimmt und diese parallel zu § 62 Abs. 5 UmwG eingehalten wird, sollten die besseren Argumente dafür sprechen, dass auch die grenzüberschreitende Verschmelzung nach Deutschland mit einem *Squeeze Out* bei der übertragenden ausländischen Gesellschaft verbunden werden kann. Wegen der, soweit ersichtlich, zu dieser Frage bisher fehlenden Literatur, sollte die Umsetzung jedoch mit den zuständigen Behörden abgestimmt werden. 414

i) Formeller Vollzug der Hereinverschmelzung nach Deutschland

Auch bei der Hereinverschmelzung vollzieht sich die grenzüberschreitende Verschmelzung nach einem **zweistufigen Verfahren**. Allerdings erfolgt bei der Hereinverschmelzung die Prüfung in Deutschland nach § 122l Abs. 1 UmwG nur auf der zweiten Stufe.[547] 415

---

[544] Vgl. auch Heidelberger Kommentar/*Becker*, § 122g Rn. 11; Semler/Stengel/*Drinhausen*, UmwG, § 122g Rn. 16; Kölner Komm/*Simon/Rubner*, UmwG, § 122g Rn. 26; *Winter* Der Konzern 2007, 24, 23; *Müller* ZIP 2007, 1081, 1085 f.

[545] Wie hier: WM/*Heckschen*, § 122g UmwG Rn. 155 f. mwN zu abweichenden Ansichten.

[546] Vgl. Art. 27, 28 der Richtlinie 78/855/EWG (nationale Verschmelzungsrichtlinie) in der Fassung von Art. 2 Nr. 11 der Richtlinie 2009/109/EG.

[547] Zur Kritik an der einstufigen Umsetzung siehe *Bayer/Schmidt* NZG 2006, 841, 843; *dies.* NJW 2006, 401, 404; Semler/Stengel/*Drinhausen*, UmwG, § 122k Rn. 5 f.; *Haritz/von Wolf* GmbHR 2006, 340, 343 f.; *Kallmeyer* GmbHR 2006, 418, 420; *Krause/Kulpa* ZHR 171 (2007), 38, 67 f.; *Louven* ZIP 2006, 1021, 1027; *Müller* ZIP 2007, 1081, 1088; WM/*Vossius*, § 122k UmwG Rn. 54 mit Erläuterungen zu einer möglichen zusätzlichen „Bescheinigung".

416 Auf der **ersten Stufe** sind für jede übertragende Gesellschaft die sie betreffenden Verfahrensabschnitte von der für sie zuständigen nationalen Behörde zu prüfen. Danach ist eine Verschmelzungsbescheinigung auszustellen.

417 Auf der **zweiten Stufe** erfolgt die Prüfung der Verschmelzung in Deutschland. Dazu hat zunächst das Vertretungsorgan der übernehmenden deutschen Gesellschaft in vertretungsberechtigter Anzahl[548] die grenzüberschreitende Verschmelzung beim für die übernehmende Gesellschaft zuständigen Handelsregister anzumelden. Bei der Verschmelzung zur Neugründung erfolgt die Anmeldung durch die Vertretungsorgane der übertragenden Gesellschaften. Welche das sind, richtet sich nach dem jeweils auf diese Gesellschaften anwendbaren Recht.

418 Der **Prüfungsumfang** des deutschen Registergerichts umfasst die Eintragungsvoraussetzungen für die Verschmelzung aus Sicht des deutschen Rechts und nach § 122l Abs. 2 UmwG zusätzlich die Zustimmung aller Gesellschaften zu einem gemeinsamen, gleichlautenden Verschmelzungsplan sowie den ggf. erforderlichen Abschluss einer Vereinbarung über die Beteiligung der Arbeitnehmer. Der erste Teil dieses Prüfungsumfangs ist zwar nicht ausdrücklich im deutschen Recht geregelt. Er ergibt sich jedoch aus Art. 11 Abs. 1 Satz 1 Verschm-RL und mittelbar aus der Formulierung „insbesondere" in § 122l Abs. 2 UmwG.[549] Da das deutsche Recht für die deutsche übernehmende Gesellschaft keine unabhängige Prüfung auf der ersten Stufe vorsieht, muss diese in der zweiten Stufe enthalten sein.

Bei der Verschmelzung zur Societas Europaea ist str., ob auf der zweiten Prüfungsstufe nochmals materiell die Rechtmäßigkeit des Verfahrens in Bezug auf die übertragende Gesellschaft geprüft werden darf.[550] UE muss auch für die grenzüberschreitende Verschmelzung gelten, dass jede Rechtsfrage nur einmal geprüft wird und die Prüfung, soweit nicht anders angeordnet, durch die Behörde des Landes erfolgt, nach dessen Rechtsordnung sich die Frage richtet. Daher gilt uE: soweit das auf die übertragende Gesellschaft anwendbare Verfahren bereits für die Erteilung der Verschmelzungsbescheinigung der jeweilgen übertragenden Gesellschaft geprüft worden ist, d.h. die auf sie anwendbaren Verfahrensregeln nach dem jeweiligen nationalen Recht, erfolgt durch das deutsche Registergericht keine Prüfung mehr. Das Prüfungsergebnis der für die jeweilige übertragende Gesellschaft zuständigen Behörde ist verbindlich.

Im Ergebnis hat das deutsche Registergericht daher uE zunächst die Verschmelzungsfähigkeit der deutschen übernehmenden Gesellschaft, die Rechtmäßigkeit ihres Zustimmungsbeschlusses, die Bekanntmachung des Verschmelzungsplans in Deutschland und die Rechtmäßigkeit von Verschmelzungsbericht und -prüfung aus Sicht des deutschen Rechts zu prüfen. Sodann hat das deutsche Registergericht zu prüfen, ob es sich um einen gemeinsamen, gleichlautenden Verschmelzungsplan handelt (vgl. hierzu i.E. vorstehend Rn. 25), ob eine Vereinbarung über die Mitbestimmung erforderlich war und ggf. ob diese vorliegt und rechtmäßig ist.

---

[548] WM/*Vossius*, § 122l UmwG Rn. 6; unberührt bleiben weitere Vertretungserfordernisse zB im Zusammenhang mit der Anmeldung einer Kapitalerhöhung.

[549] Soweit ersichtlich unstreitig; von diesem Prüfungsumfang ausgehend: Begründung zum Regierungsentwurf eines Zweiten Gesetzes zur Änderung des Umwandlungsgesetzes, BR-Drs. 548/06, S. 40; Heidelberger Kommentar/*Becker*, § 122l Rn. 10 ff.; *Drinhausen/Keinath* BB 2006, 725, 729; *Krause/Kulpa* ZHR 171 (2007), 38, 69; *Müller* ZIP 2007, 1081, 1088; Kölner Komm/*Simon/Rubner*, § 122l UmwG Rn. 13; etwas unklar *Louven* ZIP 2006, 2021, 2027, der § 122k UmwG sowohl auf die Heraus- wie die Hineinverschmelzung anwenden zu wollen scheint, allerdings nur auf die „deutsche übertragende Gesellschaft".

[550] Gegen eine Zulässigkeit: Theisen/Wenz/*Neun*, Europäische Aktiengesellschaft, S. 57, 140 f.; *Oechsler* NZG 2006, 161, 163; MünchKomm/*Schäfer*, AktG, SE-VO Art. 26 Rn. 10; *Scheifele*, Die Gründung der Europäischen Aktiengesellschaft, 2004, S. 276; *Schwarz* Art. 26 Rn. 16; für eine Zulässigkeit: möglicherweise *Bungert/Beier* EWS 2002, 1, 7.

Drinhausen geht davon aus, dass zusätzlich nochmals der Inhalt des Zustimmungsbeschlusses der ausländischen übertragenden Gesellschaft zu überprüfen ist, weil dieser nicht in der Verschmelzungsbescheinigung wiedergegeben sei.[551] Dementsprechend sei dieser Beschluss auch zum Handelsregister einzureichen. UE ist das nicht erforderlich, weil sich die materielle Prüfung in der ersten Stufe auch darauf erstreckt, dass ein inhaltlich richtiger Zustimmungsbeschluss gefasst worden ist.[552]

Der Anmeldung sind nach § 122l Abs. 1 UmwG die **folgenden Anlagen** beizufügen: die Verschmelzungsbescheinigungen der übertragenden Gesellschaften, der gemeinsame Verschmelzungsplan und, soweit eine solche geschlossen wurde, die Vereinbarung über die Beteiligung der Arbeitnehmer. Die Verschmelzungsbescheinigungen dürfen dabei nach § 122l Abs. 1 Satz 3 1. HS UmwG nicht älter als sechs Monate sein.

Die Anwendung von **§§ 16 Abs. 2 und 3, 17 UmwG** ist nach § 122l Abs. 1 Satz 3, 2. HS UmwG **für die übertragenden Gesellschaften ausdrücklich ausgeschlossen**. Es ist daher nach dem Gesetzeswortlaut nicht erforderlich, den Zustimmungsbeschluss sowie ggf. erforderliche Zustimmungserklärungen, den Verschmelzungsbericht, den Prüfungsbericht oder Verzichtserklärungen der übertragenden Gesellschaft beizufügen. Ferner ist es nicht erforderlich zu versichern, dass gegen den Zustimmungsbeschluss einer ggf. beteiligten deutschen übertragenden Gesellschaft keine Klagen erhoben worden sind. Dies wird damit begründet, dass diese Voraussetzungen für deutsche übertragende Gesellschaften bereits im Rahmen des § 122k UmwG geprüft würden.[553] Entsprechendes gilt nach der jeweils anzuwendenden Rechtsordnung auch für ausländische übertragende Gesellschaften.

Für **die deutsche übernehmende Gesellschaft** bleibt es jedoch bei der Anwendung von §§ 16 Abs. 2 und 3, 17 UmwG. Es sind daher der Zustimmungsbeschluss der übernehmenden Gesellschaft, ggf. erforderliche Zustimmungserklärungen, Verschmelzungs- und Prüfungsbericht oder entsprechende Verzichtserklärungen und Nachweise über die Zuleitung des Verschmelzungsplans (vgl. zur hier vertretenen Entbehrlichkeit dieser Zuleitung i.E. vorstehend Rn. 55) sowie über die Zugänglichmachen des Verschmelzungsberichts (vgl. hierzu i.E. vorstehend Rn. 112 ff.) bei der deutschen übernehmenden Gesellschaft einzureichen. Ferner ist anzugeben, ob Klagen gegen den Zustimmungsbeschluss der aufnehmenden Gesellschaft anhängig sind. Nicht erforderlich sind Angaben nach § 122k Abs. 1 S. 3 UmwG zur Sicherheitsleistung für die Gläubiger, da diese Vorschrift nur für eine deutsche übertragende Gesellschaft gilt; vgl. hierzu i.E. Rn. 80 ff.

Nach der Eintragung teilt das deutsche Registergericht gem. **§ 122l Abs. 3 UmwG** den für die übrigen beteiligten Gesellschaften zuständigen Registern den Tag der Eintragung von Amts wegen mit.

j) Wirksamkeit der Hereinverschmelzung

Die Hereinverschmelzung wird **mit der Eintragung** in das Register der deutschen übernehmenden Gesellschaft **wirksam**. Das ergibt sich aus Art. 12 Verschm-RL und § 20 Abs. 1 UmwG. Einziger Vorbehalt nach Art. 12 Verschm-RL ist, dass das Kontrollverfahren nach Art. 11 Verschm-RL abgeschlossen sein muss. Dementsprechend führt eine Eintragung in Deutschland ausnahmsweise dann nicht zur Wirksamkeit einer grenzüberschrei-

---

[551] Semler/Stengel/*Drinhausen*, UmwG, § 122l Rn. 8.
[552] Ähnlich WM/*Vossius*, § 122l UmwG Rn. 30, der davon ausgeht, dass das deutsche Registergericht sich auf die Verschmelzungsbescheinigung für den übertragenden Rechtsträger verlassen darf; auch Heidelberger Kommentar/*Becker*, § 122l Rn. 11; Kölner Komm/*Simon/Rubner*, § 122l UmwG Rn. 13.
[553] Begründung zum Regierungsentwurf eines Zweiten Gesetzes zur Änderung des Umwandlungsgesetzes, BT-Drs. 548/06, S. 11.

tenden Verschmelzung, wenn vorher keine Verschmelzungsbescheinigungen für die übertragenden Gesellschaften erteilt worden sind.

424　Nach der Literatur zur grenzüberschreitenden Verschmelzung richtet sich die **Wirkung der Eintragung** bei der Hereinverschmelzung nach deutschem Recht.[554] Im Zusammenhang mit der Vereinigungstheorie wird dagegen differenziert. Die Rechtsnachfolge soll sich nach der auf die übertragende Gesellschaft anwendbaren Rechtsordnung richten, die Wirkungen nach Erlöschen der übertragenden Gesellschaft dagegen nach dem Recht der aufnehmenden Gesellschaft. Wie bereits oben zur Hinausverschmelzung dargestellt (vgl. hierzu i.E. vorstehend Rn. 174), dürfte dieser Streit jedoch in der Praxis keine große Rolle spielen, da Art. 14 Verschm-RL für die Wirkung der Verschmelzung detaillierte Vorgaben macht. Nach der Umsetzung dürften sich daher die nationalen Regelungen im Wesentlichen gleichen.

425　Soweit danach deutsches Recht anwendbar ist, richten sich die Wirkungen der grenzüberschreitenden Hereinverschmelzung nach § 20 Abs. 1 UmwG.

Die Literatur geht davon aus, dass eine separate Umsetzung der von Art. 14 Verschm-RL vorgegebenen Wirkungen der grenzüberschreitenden Verschmelzung in den §§ 122aff. UmwG nicht erforderlich ist, weil bereits § 20 UmwG ausreichende Regelungen enthält.[555] Teilweise wird jedoch vertreten, dass die Regelung des § 20 UmwG nicht ausreicht, um den von Art. 17 Verschm-RL geforderten absoluten Bestandsschutz umzusetzen. Dies sei deshalb der Fall, weil die Heilungswirkung des § 20 UmwG nicht umfassend sei.[556] Für die Praxis der Durchführung einer grenzüberschreitenden Verssschmelzung ergeben sich aus diesem Streit jedoch zunächst keine Folgen. Allerdings kann es bei einem späteren Streit über die Wirksamkeit einer grenzüberschreitenden Verschmelzung europarechtlich geboten sein, der Heilungswirkung der Eintragung nach § 20 UmwG keine Grenzen zu setzen.

Mit Ausnahme der vorstehend genannten Einschränkung in Bezug auf die Heilungswirkung der Eintragung kann im Übrigen für die Einzelheiten der Wirkungen der Eintragung auf die Erkenntnisse zur nationalen Verschmelzung zurückgegriffen werden. Die Übertragungswirkung umfasst grundsätzlich auch nicht dem deutschen Recht jedoch dem Recht anderer Mitgliedstaaten der EU oder des EWR unterliegende Gegenstände und Rechte.[557]

k) Verbesserung des Umtauschverhältnisses

426　Bei der Hereinverschmelzung ist für die **Gesellschafter der deutschen übernehmenden Gesellschaft** keine Verbesserung des Umtauschverhältnisses vorgesehen. Dies entspricht der Regelung zur nationalen Verschmelzung, die in § 15 UmwG nur für die Gesellschafter der übertragenden Gesellschaft ein Spruchverfahren vorsieht. Ein Vorschlag[558], die Möglichkeit der Überprüfung des Umtauschverhältnisses auch für die Gesellschafter der übernehmenden Gesellschaft vorzusehen, wurde nicht aufgegriffen.

---

[554] Heidelberger Kommentar/*Becker*, § 122l Rn. 14; *Drinhausen/Keinath* BB 2006, 725, 730; *Krause/Kulpa* ZHR 171 (2007), 38, 71.

[555] So ausdrücklich *Drinhausen/Keinath* BB 2006, 725, 730; vom überwiegenden Teil der Literatur wird diese Frage nicht problematisiert.

[556] *Haritz/von Wolff* GmbHR 2006, 340, 344; *Krause/Kulpa* ZHR 171 (2007), 38, 70; s. zu den Grenzen der Heilungswirkung auch BGH, Urteil v. 29.6.2001 – V ZR 186/00, ZIP 2001, 2006 nwN und WM/*Vossius* § 20 UmwG Rn. 388ff.

[557] Vgl. nur WM/*Vossius*, § 20 UmwG Rn. 33ff.; *Kollmorgen/Feldhaus* BB 2007, 2189, 2190ff. auch mit Hinweisen zur Wirkung auf Gegenstände und Rechte, die anderen Rechtsordnungen unterliegen.

[558] *Bayer/Schmidt* NJW 2006, 401, 406.

Dagegen sieht § 122h Abs. 2 UmwG für die **Gesellschafter der ausländischen über-** 427
tragenden Gesellschaft ein solches Verfahren grundsätzlich vor. Dafür müssen aber zwei
Voraussetzungen erfüllt sein: das Recht der übertragenden Gesellschaft muss ein Verfahren
zur Kontrolle und Änderung des Umtauschverhältnisses vorsehen und deutsche Gerichte
müssen international zuständig sein.

Das Vorliegen der ersten Voraussetzung – **Regelung eines entsprechenden Verfah-** 428
rens im Recht der übertragenden Gesellschaft – ist unproblematisch zu ermitteln. Nach
unserer Kenntnis sieht nur Österreich ein solches Verfahren vor. Die erste Voraussetzung
kann daher nur vorliegen, wenn eine österreichische oder eine andere deutsche Gesellschaft als übertragende Gesellschaft an der Verschmelzung beteiligt sind.

Problematischer ist das Vorliegen der zweiten Voraussetzung, die internationale **Zu-** 429
ständigkeit deutscher Gerichte für die Durchführung eines Überprüfungsverfahrens.
Die Zuständigkeit kann sich zum einen durch eine Gerichtsstandsvereinbarung[559] ergeben. Allerdings gibt es bei der Hereinverschmelzung anders als bei der Hinausverschmelzung (vgl. hierzu i.E. vorstehend Rn. 181) keinen Zustimmungsbeschluss, der als Gerichtsstandsvereinbarung gedeutet werden kann. Es würde daher einer zusätzlichen Vereinbarung
bedürfen. Zum anderen kann sich die Zuständigkeit nach Art. 2, 60 EuGVVO ergeben,
weil Anspruchsgegnerin die deutsche übernehmende Gesellschaft ist und sich deren Sitz
in Deutschland befindet.

UE sind danach die deutschen Gerichte immer international zuständig, wenn das ausländische Recht ein Überprüfungsverfahren vorsieht.[560] Das deckt sich mit der von einigen Autoren für den Fall der Herausverschmelzung nach Österreich vertretenen Ansicht[561]; vgl. hierzu i.E. vorstehend Rn. 181.

l) Gläubigerschutz

Anders als für die Hinausverschmelzung sehen die §§ 122 ff. UmwG für die Hereinver- 430
schmelzung keine besonderen Regeln für den Gläubigerschutz vor. Es gilt daher über
§ 122a Abs. 2 UmwG für den Gläubigerschutz bei der Hereinverschmelzung **§ 22 UmwG**.
UE ist § 122j UmwG nur eine Spezialregelung für die Hinausverschmelzung. Sie verdrängt daher die Anwendung des § 22 UmwG für den Fall der Hereinverschmelzung
nicht.[562]

Um einen Fall des § 22 UmwG handelt es sich auch, wenn **neben der Hereinver-** 431
schmelzung einer ausländischen Gesellschaft **gleichzeitig eine deutsche Gesellschaft**
auf die aufnehmende deutsche Gesellschaft verschmolzen wird. Dies ist zwar nach der
Definition des § 122a Abs. 1 UmwG auch ein Fall der grenzüberschreitenden Verschmelzung. Da die übernehmende Gesellschaft jedoch deutschem Recht unterliegt, ist § 122j
UmwG nicht anwendbar.[563]

Nach § 22 UmwG ist den Gläubigern der an der Verschmelzung **beteiligten Rechts-** 432
träger unter bestimmten Umständen Sicherheit zu leisten. Beteiligte Rechtsträger sind
dabei nach dem Wortlaut sowohl die deutsche übernehmende als auch die ausländische
übertragende Gesellschaft. Kollisionsrechtlich stellt sich jedoch die Frage, ob auch die
Gläubiger einer ausländischen übertragenden Gesellschaft Sicherheit von der deutschen

---

[559] So auch *Forsthoff* DStR 2006, 613, 614; *Klein* RNotZ 2007, 565, 599.
[560] Ebenso: Heidelberger Kommentar/*Becker* § 122h Rn. 12; Semler/Stengel/*Drinhausen*, UmwG,
§ 122h Rn. 10.
[561] *Koppensteiner* Der Konzern 2006, 40, 46; *Müller* Der Konzern 2007, 81, 85.
[562] So auch; *Klein* RNotZ 2007, 565, 601; *Passarge/Stark* GmbHR 2007, 803, 804; WM/*Vossius*, § 122j
UmwG Rn. 14; mindestens für die Gläubiger der aufnehmenden deutschen Gesellschaft auch: *Grunewald*
Der Konzern 2007, 106, 107.
[563] Ebenso: Kölner Komm/*Simon/Rubner*, § 122j UmwG Rn. 2; *Passarge/Stark* GmbHR 2007, 803, 804.

übernehmenden Gesellschaft verlangen können. Bei der Sicherheitsleistung nach § 22 UmwG handelt es sich um einen Anspruch, der erst nach der Eintragung der Verschmelzung entsteht. Dieser ist daher nach den allgemeinen Regeln der Vereinigungstheorie als Folge der Verschmelzung dem Recht der übernehmenden Gesellschaft zuzuordnen; vgl. hierzu i.E. vorstehend Rn. 2. § 22 UmwG gilt daher grundsätzlich auch für die Gläubiger des ausländischen übertragenden Rechtsträgers.[564]

Sollte die Rechtsordnung der übertragenden Gesellschaft eine § 122j UmwG entsprechende Regelung vorsehen, so würde diese – Vereinbarkeit mit Europarecht vorausgesetzt; vgl. hierzu i.E. vorstehend Rn. 182 – ggf. zu einem weiteren, parallel bestehenden Anspruch der Gläubiger der übertragenden ausländischen Gesellschaft führen.

433 Weitere Voraussetzung einer Sicherheitsleistung ist nach § 22 Abs. 1 UmwG, dass die Gläubiger ihren Anspruch **innerhalb von sechs Monaten** nach der für sie relevanten Bekanntmachung **angemeldet** haben. Für die deutsche aufnehmende Gesellschaft beginnt die Anmeldefrist mit der Bekanntmachung der Eintragung der grenzüberschreitenden Verschmelzung in ihr Handelsregister. Diese Bekanntmachung richtet sich für die aufnehmende deutsche Gesellschaft ebenso wie bei der nationalen Verschmelzung nach § 19 Abs. 3 UmwG. Für diese Vorschrift enthalten die §§ 122a ff. UmwG keine Spezialregelungen. Für die übertragende ausländische Gesellschaft beginnt die Frist mit der Bekanntmachung der Erteilung der Verschmelzungsbescheinigung nach der auf sie anwendbaren Rechtsordnung. Die Erteilung der Verschmelzungsbescheinigung bei der grenzüberschreitenden Verschmelzung entspricht in ihrer Funktion der Eintragung beim übertragenden Rechtsträger im Rahmen der nationalen Verschmelzung. Es ist daher sachgerecht, sie als Auslöser der Anmeldefrist heranzuziehen. Ist nach der auf den übertragenden Rechtsträger anwendbaren Rechtsordnung eine Veröffentlichung nicht vorgesehen, sprechen uE gute Argumente dafür, dass die Anmeldefrist auch für die Gläubiger der ausländischen übertragenden Gesellschaft mit der deutschen Veröffentlichung zu laufen beginnen. Die Anmeldefrist ist auch bei der grenzüberschreitenden Verschmelzung eine materiell-rechtliche Ausschlussfrist.[565]

434 Die **Anmeldung** hat Grund und Höhe des Anspruchs zu enthalten. Auch wenn dies nicht ausdrücklich geregelt ist, ist die Anmeldung an die übernehmende deutsche Gesellschaft zu richten. Dabei ist davon auszugehen, dass die Anmeldung richtig erfolgt ist, wenn sie an die in der Bekanntmachung nach § 122d Satz 2 Nr. 4 UmwG genannte Adresse erfolgt.

435 Weitere Anspruchsvoraussetzung ist, dass die **Gläubiger nicht Befriedigung verlangen können**. Die Gläubiger können daher für sämtliche Ansprüche, die bereits fällig und durchsetzbar sind oder innerhalb der Anmeldefrist fällig und durchsetzbar werden, nicht Sicherheit verlangen.

436 Strittig ist in diesem Zusammenhang, ob es für den Zeitpunkt darauf ankommt, wann die **Forderung entstanden oder begründet** ist. Die überwiegende Meinung geht davon aus, dass es darauf ankommt, wann die Forderung begründet worden ist.[566] Einigkeit besteht zwar, dass zeitlicher Abgrenzungszeitpunkt die Wirksamkeit der Verschmelzung sein soll. Unklar ist jedoch, ob es dafür auf die Eintragung[567], die Bekanntmachung[568] oder

---

[564] So auch: SHS/*Hörtnagl*, § 122j Rn. 10; *Passage/Stark* GmbHR 2007, 803, 804; aA *Ege/Klett* GWR 2011, 399.
[565] Für die nationale Verschmelzung: SHS/*Stratz*, § 22 UmwG Rn. 12.
[566] Lutter/*Grunewald*, UmwG, § 22 Rn. 7; Kallmeyer/*Marsch-Barner*, § 22 Rn. 3; Semler/Stengel/*Maier-Reimer*, UmwG, § 22 Rn. 9; SHS/*Stratz*, § 22 Rn. 6.
[567] SHS/*Stratz*, § 22 Rn. 6; differenzierend nach Gläubigergruppen: WM/*Vossius*, § 22 UmwG Rn. 19.
[568] Kallmeyer/*Marsch-Barner*, § 22 Rn. 3.

den Ablauf der Schonfrist nach § 15 HGB[569] ankommt. Für die Praxis bedeutet dies, dass der übernehmende Rechtsträger im Zweifel damit rechnen muss, Sicherheit für Forderungen leisten zu müssen, die bis 15 Tage nach Bekanntmachung der Verschmelzung begründet wurden. Umgekehrt muss der Gläubiger damit rechnen, dass er Sicherheit nur für Forderungen verlangen kann, die vor Wirksamkeit der Verschmelzung begründet wurden.

Zu den Unterschieden zur Sicherheitsleistung bei der Hinausverschmelzung; vgl. i.E. vorstehend Rn. 182. **437**

Schließlich können die Gläubiger nur Sicherheit verlangen, wenn sie **glaubhaft machen**, dass durch die Verschmelzung die Erfüllung ihrer **Forderung gefährdet** wird. In praktischer Hinsicht wird damit eine Sicherheitsleistung zu Gunsten der Gläubiger der ausländischen übertragenden Gesellschaft schon immer dann ausscheiden, wenn sie nach der auf die übertragende Gesellschaft anwendbaren Rechtsordnung einen Anspruch auf Sicherheitsleistung haben. Im Übrigen kann die Gefährdung noch nicht bereits in der Tatsache liegen, dass es sich um eine grenzüberschreitende Verschmelzung handelt; vgl. hierzu auch vorstehend Rn. 185. Für die Auslegung dieses Tatbestandsmerkmals kann auf die Erkenntnisse zur nationalen Verschmelzung zurückgegriffen werden. **438**

Sämtliche Voraussetzungen der Geltendmachung der Sicherheitsleistung sind **in der Bekanntmachung nach § 122d Satz 2 Nr. 4 UmwG** zu beschreiben; vgl. hierzu i.E. vorstehend Rn. 376.

m) Arbeitnehmermitbestimmung

Nach Art. 16 Abs. 1 Verschm-RL und § 4 MgVG gilt für die unternehmerische Mitbestimmung der aus einer Verschmelzung hervorgehenden Gesellschaft **grundsätzlich das Sitzlandprinzip**. Danach sind bei der Hereinverschmelzung auf die aus der Verschmelzung hervorgehende deutsche Gesellschaft[570] grundsätzlich die deutschen Mitbestimmungsregeln anwendbar. Diese richten sich nach dem jeweils anwendbaren deutschen Mitbestimmungsrecht, also in den meisten Fällen nach dem DrittelbG oder dem MitbestG. **440**

Etwas anderes ergibt sich jedoch nach Art. 16 Abs. 2 Verschm-RL grundsätzlich dann, wenn die Voraussetzungen für den Abschluss einer **Mitbestimmungsvereinbarung** vorliegen; vgl. hierzu i.E. nachfolgend Rn. 97 ff. In einem solchen Fall gilt die bereits von der Gründung der Societas Europaea bekannte Verhandlungs- oder Auffanglösung mit einigen Modifikationen. **441**

Zu beachten ist in diesem Zusammenhang jedoch, dass es bei der Hereinverschmelzung nach § 18 Satz 3 MgVG trotz Vorliegen der Voraussetzungen für den Abschluss einer Mitbestimmungsvereinbarung zur **Geltung der deutschen Mitbestimmungsregeln** kommt, wenn das besondere Verhandlungsgremium nach seiner Einsetzung (vgl. hierzu i.E. nachfolgend Rn. 471 ff.) nach § 18 Satz 1 MgVG beschließt, die Verhandlungen entweder nicht aufzunehmen oder abzubrechen. **442**

Für die Praxis ist zu beachten, dass es auf diese Weise zur Geltung der gesetzlichen Mitbestimmung kommen kann, auch wenn die beteiligten Gesellschaften ein abweichendes, ausverhandeltes Modell anstreben.

Die Vorgaben der Verschm-RL für die Verhandlungs- oder Auffanglösung sind in Deutschland durch das **MgVG**[571] umgesetzt und in den übrigen Mitgliedstaaten der EU **443**

---

[569] *Semler/Stengel/Maier-Reimer*, UmwG, § 22 Rn. 12; *Lutter/Grunewald*, UmwG, § 22 Rn. 7.
[570] Ob eine Gesellschaft deutsch ist, bestimmt sich auch hier nach dem Satzungssitz, vgl. i.E. vorstehend Rn. 11; siehe auch *Forsthoff* DStR 2006, 613, 615.
[571] Gesetz zur Umsetzung der Regelungen über die Mitbestimmung der Arbeitnehmer bei einer Verschmelzung von Kapitalgesellschaften aus verschiedenen Mitgliedstaaten vom 21.12.2006, BGBl. I 2006, 3332.

und des EWR durch entsprechende Gesetze umzusetzen. Dabei ist jedes nationale Gesetz nur soweit anwendbar, wie inländische beteiligte Gesellschaften oder inländische Arbeitnehmer betroffen sind.

444 Bei der **Hereinverschmelzung**, bei der der Anwendungsbereich für eine Verhandlungs- oder Aufganglösung eröffnet ist, gilt daher für die übernehmende deutsche Gesellschaft das MgVG; vgl. auch § 3 Abs. 1 MgVG. Für die übrigen beteiligten übertragenden Gesellschaften gilt die jeweils auf sie anwendbare Rechtsordnung. Für in einem anderen Land als dem Sitzstaat der jeweiligen Gesellschaft beschäftigte Arbeitnehmer kann ergänzend das im Land ihrer Beschäftigung geltende Umsetzungsrecht zur Anwendung kommen.

445 Auch bei der Hereinverschmelzung ist zu beachten, dass sich die Verhandlungslösung bei der grenzüberschreitenden Verschmelzung **nur auf die Mitbestimmung bezieht**. Mitbestimmung ist nach Art. 16 Abs. 2 Verschm-RL, Art. 2 lit. k) SE-RL, die für die Hereinverschmelzung durch § 2 Abs. 7 MgVG umgesetzt sind, die Einflussnahme der Arbeitnehmer auf die Angelegenheiten einer Gesellschaft durch Wahrnehmung des Rechts, einen Teil der Mitglieder des Aufsichts- oder Verwaltungsorgans der Gesellschaft zu wählen oder zu bestellen, oder die Wahrnehmung des Rechts, die Bestellung eines Teils oder aller Mitglieder des Aufsichts- oder Verwaltungsorgans der Gesellschaft zu empfehlen oder abzulehnen.

Die bei der Societas Europaea ebenfalls umfassten Bereiche Unterrichtung und Anhörung werden bei der grenzüberschreitenden Verschmelzung nicht von der Verhandlungs- oder Auffanglösung umfasst.[572] Für sie gelten daher nach Wirksamkeit der Verschmelzung nur die auf die übernehmende Gesellschaft anwendbaren Regelungen. Dies ist für deutsche Arbeitnehmervertretungen in § 29 MgVG ausdrücklich bestätigt.

Häufig können sich Unterrichtung und Anhörung in solchen Fällen nach dem jeweiligen nationalen Pendant zum EBRG richten. Die Verhandlungen nach diesen Regelungen sind aber sachlich und zeitlich von der Eintragung der Verschmelzung unabhängig.

446 Zu beachten ist ferner, dass nach dem auf Art. 11 Abs. 1 Satz 2, 12 Verschm-RL basierenden, auf die übernehmende Gesellschaft anwendbaren Recht – bei der Hereinverschmelzung § 122l Abs. 2 UmwG – die grenzüberschreitende **Verschmelzung erst wirksam werden kann**, wenn entweder kein Verhandlungsverfahren durchzuführen ist oder die Durchführung eines erforderlichen Verhandlungsverfahrens abgeschlossen ist; vgl. hierzu i. E. vorstehend Rn. 418.

447 **aa) Voraussetzungen für die Anwendbarkeit der Auffang- oder Verhandlungslösung.** Zu einer Verhandlungs- oder Auffanglösung kommt es bei der Hereinverschmelzung nach **§ 5 MgVG** nur, wenn mindestens eine[573] der folgenden **Voraussetzungen** vorliegt:

– Mindestens eine der beteiligten Gesellschaften beschäftigt in den sechs Monaten vor der Veröffentlichung des Verschmelzungsplans mehr als 500 Arbeitnehmer und es besteht in dieser Gesellschaft ein System der Mitbestimmung im Sinne des § 2 Abs. 7 MgVG;
– Das auf die deutsche übernehmende Gesellschaft anwendbare Recht sieht nicht mindestens den gleichen Umfang an Mitbestimmung der Arbeitnehmer vor, wie er bei den beteiligten Gesellschaften bestand – der Umfang ist dabei nach der Zahl der Arbeitneh-

---

[572] Vgl. auch *Teichmann* Der Konzern 2007, 89, 91.
[573] Zur strengen Alternativität der Voraussetzungen vgl. *Forsthoff* DStR 2006, 613, 615; für eine kumulative Anwendung von Nr. 1 in den Fällen der Nr. 2 und Nr. 3: *Drinhausen/Keinath* AG 2010, 398, 403.

mer in Verwaltungsorganen, Aufsichtsorganen oder bestimmter Ausschüsse oder Leitungsgremien[574], die für Ergebniseinheiten der Gesellschaft zuständig sind, zu ermitteln;
– Das auf die übernehmende Gesellschaft anwendbare deutsche Recht sieht für Arbeitnehmer der übernehmenden Gesellschaft, die sich in anderen Mitgliedstaaten befinden, nicht den gleichen Anspruch auf Ausübung von Mitbestimmungsrechten vor, wie sie den Arbeitnehmern in demjenigen Mitgliedstaat gewährt werden, in dem die übernehmende Gesellschaft ihren Sitz hat.

Bei der Hereinverschmelzung wird es daher nach der **ersten Möglichkeit** immer dann zu einer Verhandlungs- oder Auffanglösung kommen, wenn in Deutschland ein mitbestimmter Aufsichtsrat besteht. Ausnahmsweise kommt es auch in einem solchen Fall nicht zur Anwendung einer Verhandlungs- oder Auffanglösung, wenn die deutsche übernehmende Gesellschaft in den sechs Monaten vor der Veröffentlichung durchschnittlich weniger als 500 Arbeitnehmer beschäftigt. 448

Zum **relevanten Zeitpunkt der Veröffentlichung** vgl. i.E. vorstehend Rn. 196 und zur **Bestimmung der Zahl der Arbeitnehmer** Rn. 197.

Auch im Fall der Hereinverschmelzung ist es daher sinnvoll, vor Durchführung der grenzüberschreitenden Verschmelzung ein bestehendes Mitbestimmungssystem abzuschaffen oder zu reduzieren, wenn die Voraussetzungen dafür vorliegen.

Darüber hinaus kann es zur einer Verhandlungs- oder Auffanglösung kommen, wenn zwar in Deutschland keine Mitbestimmung, aber in einem anderen beteiligten Land eine Mitbestimmung besteht und die beteiligte Gesellschaft aus diesem Land nach den genannten Kriterien über 500 Arbeitnehmer beschäftigt.

Nach der **zweiten Möglichkeit** wird es in den Fällen der Hereinverschmelzung wahrscheinlich eher selten zu einer Verhandlungs- oder Auffanglösung kommen, da das deutsche Recht vergleichbar umfangreiche Mitbestimmungsregelungen vorsieht. 450

Dagegen wird es nach der **dritten Möglichkeit** immer dann zu einer Verhandlungs- oder Auffanglösung kommen, wenn bei einer der übertragenden Gesellschaften ein System der Mitbestimmung besteht. Das ergibt sich daraus, dass nach den deutschen Mitbestimmungssystemen nach dem DrittelbG und dem MitbestG nie ausländische Arbeitnehmer einbezogen werden.[575] 451

UE kommt es für die Beurteilung, ob die Voraussetzungen des § 5 Nr. 3 MgVG vorliegen, auf den konkreten Fall und nicht auf die abstrakte Situation an. Das bedeutet, dass es nicht allein schon deshalb zum Vorliegen der Voraussetzungen der Verhandlungs- und Auffanglösung kommt, weil an der Verschmelzung eine Gesellschaft aus einem Mitgliedstaat beteiligt ist, der abstrakt die Möglichkeit einer Mitbestimmung vorliegt. Vielmehr muss diese Möglichkeit in der übertragenden ausländischen Gesellschaft auch tatsächlich angewendet werden.[576]

---

[574] Die vollständige Formulierung des Art. 16 Abs. 2 a) Verschm-RL „Leitungsgremium, das für die Ergebniseinheiten der Gesellschaft zuständig ist" geht wohl auf Besonderheiten bei der finnischen Mitbestimmung zurück; vgl. *Teichmann* Der Konzern 2007, 89, 91 Fn. 13 mwN.
[575] So auch Begründung zum Regierungsentwurf eines Gesetzes zur Umsetzung der Regelungen über die Mitbestimmung der Arbeitnehmer bei einer Verschmelzung von Kapitalgesellschaften aus verschiedenen Mitgliedstaaten, BR-Drcks. 540/06, S. 42; vgl. auch *Ege/Grzimek/Schwarzfischer* DB 2011, 1205, 2010; Sagasser/Bula/Brünger/*Gutkès*, § 13 Rn. 280; Nagel/Freis/Kleinsorge/*Nagel*, § 5 MgVG Rn. 5.
[576] Ebenso: *Drinhausen/Keinath* AG 2010, 398, 400; *Müller-Bonanni/Müntefering* NJW 2009, 2347, 2349; *Nikoleyczik/Führ* DStR 2010, 1743, 1745; wohl auch *Schubert* RdA 2007, 9, 11; *Sieja* NWB 2013, 1820, 1827 aA „immer": *Brandes* ZIP 2008, 2193, 2196; Sagasser/Bula/Brünger/*Gutkès*, § 13 Rn. 281; *Kleinsorge* NWB 2007, 1877, 1880; wohl auch *Habersack* ZHR 171 (2007), 613, 622; *Heither/von Morgen* in Hümmerich/Boecken/Düwell Nomos Kommentar Arbeitsrecht, 2. Aufl. 2010, § 5 MgVG Rn. 5; Limmer/*Limmer*, Unternehmensumwandlung, Teil 6 Rn. 152.

452 **bb) Auffanglösung.** Nach § 23 Abs. 1 Satz 1 MgVG gibt es drei Situation, in denen es zur **Anwendung der Auffanglösung** kommen kann: eine Vereinbarung über die Geltung der Auffanglösung (Nr. 1), das Scheitern der Verhandlungen (Nr. 2) und die Entscheidung der Leitungen (Nr. 3). Nach § 28 MgVG ist die Auffanglösung bei Tendenzunternehmen ausgeschlossen.

Für Tendenzunternehmen können die Voraussetzungen des § 5 MgVG nur dann erfüllt sein, wenn bei einer übertragenden Gesellschaft ein Mitbestimmungssystem bestand, weil diese Unternehmen in Deutschland nach §§ 1 Abs. 2 DrittelbG, 1 Abs. 4 MitbestG von der Mitbestimmung freigestellt sind. In einem solchen Fall muss ein Verhandlungsverfahren durchgeführt werden. Kommt es dabei zu keiner Vereinbarung tritt uE an Stelle der Auffanglösung die deutsche Mitbestimmung nach § 4 MgVG. Dadurch kehrt sich das Verhandlungsrisiko bei der Beteiligung deutscher Tendenzunternehmen um.

453 Liegen die Voraussetzungen des § 5 MgVG vor (vgl. hierzu i.E: vorstehend Rn. 447ff.), kann es nach **§ 23 Abs. 1 Satz 1 Nr. 1** MgVG zur Auffanglösung kommen, wenn die Leitungen und das besondere Verhandlungsgremium das vereinbaren. In diesem Fall sind keine weiteren Voraussetzungen erforderlich.

454 Weiterhin kann es, wenn die Voraussetzungen des § 5 MgVG vorliegen, nach **§ 23 Abs. 1 Satz 1 Nr. 2** MgVG zur Auffanglösung kommen, wenn innerhalb von sechs Monaten ab der Einsetzung des besonderen Verhandlungsgremiums keine Vereinbarung zustande gekommen ist und kein Beschluss nach § 18 MgVG über die Nichtaufnahme oder den Abbruch der Verhandlungen gefasst wurde. In diesem Fall ist es nach § 23 Abs. 1 Satz 2 MgVG zusätzlich erforderlich, dass sich die Mitbestimmung vor der grenzüberschreitenden Verschmelzung entweder auf mindestens ein Drittel der Arbeitnehmer der beteiligten Gesellschaft und betroffenen Tochtergesellschaften erstreckte oder das besondere Verhandlungsgremium einen entsprechenden Beschluss gefasst hat. Der Begriff der betroffenen Tochtergesellschaft richtet sich dabei nach § 2 Abs. 3 und 4 MgVG und ist mit Bezug auf die Richtlinie zum Europäischen Betriebsrat definiert.[577]

Danach ist eine Tochtergesellschaft eine Gesellschaft, an der ein anderes Unternehmen direkt oder indirekt a) die Mehrheit des gezeichneten Kapitals dieses Unternehmens besitzt oder b) über die Mehrheit der mit den Anteilen am *anderen* Unternehmen verbundenen Stimmrechte verfügt oder c) mehr als die Hälfte der Mitglieder des Verwaltungs-, Leitungs- oder Aufsichtsorgans des anderen Unternehmens bestellen kann.

Für die Bestimmung der Zahl der relevanten Arbeitnehmer kommt es uE auf die Zahl der in der EU oder einem Mitgliedstaat des EWR-Abkommens beschäftigten Arbeitnehmer an; vgl. hierzu i.E. vorstehend Rn. 197. Relevanter Zeitpunkt für die Bestimmung der Zahl ist nach § 6 Abs. 4 MgVG der Zeitpunkt der Information der Arbeitnehmer nach § 6 Abs. 2 MgVG; vgl. hierzu i.E. nachfolgend Rn. 474.

Bestanden vor der grenzüberschreitenden Verschmelzung ein oder mehrere Mitbestimmungssysteme nur für weniger als ein Drittel der relevanten Arbeitnehmer und hat das besondere Verhandlungsgremium keinen Beschluss über die Anwendung der Auffanglösung gefasst bleibt es bei der Grundregel des § 4 MgVG: es gilt deutsches Mitbestimmungsrecht.

455 Schließlich kann es, wenn die Voraussetzungen des § 5 MgVG vorliegen, nach **§ 23 Abs. 1 Satz 1 Nr. 3**, Satz 2 Nr. 1 MgVG auch dann zu einer Auffanglösung kommen, wenn die Leitungen der beteiligten Gesellschaften dies entscheiden. Dieser Fall ist gegenüber den von der Societas Europaea bekannten Regeln eine Besonderheit. Es kann da-

---

[577] Richtlinie 94/45/EG des Rates vom 22.9.1994 über die Einsetzung eines europäischen Betriebsrates oder die Schaffung eins Verfahrens zur Unterrichtung und Anhörung der Arbeitnehmer in gemeinschaftsweit operierenden Unternehmen und Unternehmensgruppen, ABl. 1994 L 254/64.

durch auch dann zu einer Auffanglösung kommen, wenn kein besonderes Verhandlungsgremium eingesetzt wurde. Diese Lösung kann sich insbesondere bei konzerninternen Verschmelzungen anbieten, um das sonst erforderliche aufwändige und zeitaufwändige Verhandlungsverfahren zu vermeiden.[578]

456 Voraussetzung der Geltung der Auffanglösung ohne Einsetzung eines besonderen Verhandlungsgremiums ist zunächst, dass **die Leitungen entscheiden**, die Auffanglösung ab dem Zeitpunkt der Eintragung der grenzüberschreitenden Verschmelzung anzuwenden. Das Gesetz regelt nicht, was unter einer solchen „Entscheidung" zu verstehen ist. Es kommt daher darauf an, dass das Leitungsgremium jeder beteiligten Gesellschaft darüber nach den für dieses Gremium anwendbaren Regelungen eine Entscheidung getroffen hat. Für die deutsche aufnehmende Gesellschaft ist zu diesem Zweck entweder eine übereinstimmende Erklärung sämtlicher Mitglieder des Geschäftsführungsorgans erforderlich oder, soweit dies durch Satzung oder eine Geschäftsordnung vorgesehen ist, ein entsprechender Beschluss nach den dafür geltenden Regelungen. Die Entscheidung der Leitung der ausländischen übertragenden Gesellschaften richtet sich nach dem auf sie anwendbaren Recht.

457 Weitere Voraussetzung ist, dass bereits **vor der grenzüberschreitenden Verschmelzung mindestens eine Form der Mitbestimmung** bestanden hat, die sich auf mindestens ein Drittel der Gesamtzahl der Arbeitnehmer aller beteiligten Gesellschaften und betroffenen Tochtergesellschaften erstreckte.[579] Zum Begriff der betroffenen Tochtergesellschaften; vgl. i.E. vorstehend Rn. 454 und zum Begriff der relevanten Arbeitnehmer vorstehend Rn. 197.

Für die Bestimmung der Zahl der relevanten Arbeitnehmer kann es hier nicht auf den in § 6 Abs. 4 MgVG genannten Zeitpunkt ankommen, weil eine Information der Arbeitnehmervertreter nach der hier vertretenen Auffassung bei einer Entscheidung der Leitungen über die Auffanglösung nicht erforderlich ist; vgl. hierzu i.E. nachfolgend Rn. 460. Mangels einer anderweitigen gesetzlichen Bestimmung ist uE statt dessen der Zeitpunkt, an dem eine Information der Arbeitnehmer oder ihrer Vertretungen nach § 6 Abs. 2 Satz 3 MgVG stattzufinden hätte, wenn sie erforderlich wäre. Maßgeblicher Zeitpunkt für die Ermittlung der Zahl der Arbeitnehmer ist daher der Zeitpunkt maßgeblich, zu dem sämtliche erforderlichen Veröffentlichungen des Verschmelzungsplans nach den auf die beteiligten Gesellschaften anwendbaren Rechtsordnungen erfolgt sind; vgl. hierzu i.E. nachfolgend Rn. 474.

458 Liegen diese Voraussetzungen vor, muss das **besondere Verhandlungsgremium nicht konstituiert** werden.[580]

Etwas anderes ergibt sich uE auch nicht aus § 23 Abs. 2 Satz 1 MgVG[581] oder § 23 Abs. 1 Satz 2 Nr. 2 MgVG. Zwar sind beide Vorschriften nach ihrem Wortlaut auch anwendbar, wenn es zu einer Auffanglösung durch Entscheidung der Leitungen kommt, und beide Vorschriften beziehen sich auf eine Entscheidung des besonderen Verhandlungsgremiums. In beiden von den Regelungen betroffenen Situationen ist jedoch eine Entscheidung des besonderen Verhandlungsgremiums nicht zwingend erforderlich. Im Fall des § 23

---

[578] So auch *Winter* Der Konzern 2007, 24, 33.
[579] Für verfassungswidrig hält *Brandes* ZIP 2008, 2193, 2197 das Quorum.
[580] So auch *Brandes* ZIP 2008, 2193, 2197; Sagasser/Bula/Brünger/*Gutkès* § 13 Rn. 343; Limmer/*Limmer*, Unternehmensumwandlung, Teil 6 Rn. 162; Willemsen/Hohenstatt/Schweibert/Seibt, Umstrukturierung und Übertragung von Unternehmen, 3. Aufl. 2008, F Rn. 135b; *Teichmann* Der Konzern 2007, 89, 92; doch erforderlich für die Durchführung der Besetzung des Aufsichtsrats: *Müller-Bonanni/Müntefering* NJW 2009, 2347, 2352.
[581] So aber WM/*Heckschen*, Vor §§ 122a ff. UmwG, Rn. 197 und 214, allerdings mit dem Hinweis, dass die Konstituierung und Entscheidung des besonderen Verhandlungsgremiums der Eintragung der Verschmelzung nicht entgegen steht.

Abs. 2 Satz 1 MgVG trifft § 23 Abs. 2 Satz 2 MgVG ausdrücklich auch eine Regelung für den Fall, dass es keine Entscheidung des besonderen Verhandlungsgremiums gibt. Der Fall des § 23 Abs. 1 Satz 2 Nr. 2 MgVG kann zwar bei der Entscheidung der Leitung nicht eintreten. Durch § 23 Abs. 1 Satz 2 Nr. 1 MgVG wird aber klar, dass die Leitungen über die Anwendung der Auffanglösung ohne besonderes Verhandlungsgremium nur entscheiden können, wenn die Drittel-Schwelle überschritten ist. Ist sie es nicht, können sie entweder – wenn die Voraussetzungen des § 5 MgVG nicht vorliegen – auf eine Abweichung von der deutschen Mitbestimmung verzichten oder sie müssen ein besonderes Verhandlungsgremium zur Festlegung einer abweichenden Mitbestimmung einsetzen. Liegen die Voraussetzungen des § 5 MgVG vor, wird aber die Drittel-Schwelle nicht überschritten, ist eine Auffanglösung ohne besonderes Verhandlungsgremium nicht möglich.

Der Fall des letzten Satzes liegt zum Beispiel dann vor, wenn bei der deutschen aufnehmenden Gesellschaft mehr als 500 Arbeitnehmer beschäftigt sind und ein mitbestimmter Aufsichtsrat besteht, und die übertragenden ausländischen Gesellschaften sowie betroffenen Tochtergesellschaften der übertragenden und der übernehmenden Gesellschaft zusammen mehr als 1000 Arbeitnehmer beschäftigen, die aber nicht in einem Mitbestimmungssystem repräsentiert sind. Das wäre sogar schon dann der Fall, wenn im oben genannten Beispielfall A und ihre Tochtergesellschaften 10 Arbeitnehmer beschäftigen und Tochtergesellschaften der B 991. Dann wäre den Leitungen wegen § 23 Abs. 1 Satz 2 Nr. 1 MgVG der Weg zu einer Entscheidung ohne Einsetzung des besonderen Verhandlungsgremiums verschlossen, wegen § 5 MgVG eine grenzüberschreitende Verschmelzung ohne Verhandlungs- oder Auffanglösung aber unzulässig.

Es stellt sich die Frage, ob in einem solchen Fall die Leitungen nicht *erst recht* berechtigt sein müssten, die Auffanglösung festzulegen. UE sprechen gute Argumente dafür,[582] insbesondere weil die Drittel-Schwelle als Schutzvorschrift zu Gunsten der Arbeitnehmer gedacht ist und in diesem Fall ihr Schutz bei einem Unterschreiten der Schwelle höher ist als bei einem Überschreiten. In der Praxis sollte dieser Weg aber nicht beschritten werden, ohne vorher eine Abstimmung mit den zuständigen Registern herbeizuführen. Schließlich muss ein besonderes Verhandlungsgremium auch nicht zur Bestimmung der Sitzverteilung eingesetzt werden; vgl. hierzu i. E. nachfolgend Rn. 466. Dies kann durch die Leitungen erfolgen.

459 Die Entscheidung der Leitungen kann nach einer in der Literatur vertretenen Auffassung **auch später, d.h. nach Beginn des Verhandlungsverfahrens**, noch getroffen werden.[583]

Gegen diese Betrachtungsweise könnte der Wortlaut des § 23 Abs. 1 Nr. 3 MgVG und des Art. 16 Abs. 4 lit. a) Verschm-RL „ohne [jede] vorhergehende Verhandlung" sprechen. UE besteht nach dem Regelungsziel der Verschm-RL jedoch kein Bedürfnis dafür, die Entscheidungsmöglichkeit der Leitungen einzuschränken und eine freiwillige Wahl der Auffanglösung nur vor der Aufnahme von Verhandlungen zuzulassen. Vielmehr bezieht sich die Formulierung uE auf die gegenüber der Societas Europaea bestehenden Erleichterung, die Auffanglösung quasi „sogar" ohne Verhandlungen festlegen zu können.

Damit lässt sich faktisch das Verfahren beschleunigen, wenn absehbar ist, dass es nicht vor Ablauf der Verhandlungen zu einer Einigung kommen wird oder die Einigung gegenüber der Auffanglösung keine Vorteile bietet.

460 Das Gesetz sieht für den Fall der Entscheidung der Leitungen über die Geltung der Auffanglösung nicht vor, dass die **Arbeitnehmer zusätzlich informiert** werden müssen. Es ist daher ausreichend, die Auffanglösung in dem dafür vorgesehenen Umfang im Verschmelzungsplan und -bericht zu erläutern. Die Arbeitnehmer werden durch die Pflicht,

---

[582] Ebenso Sagasser/Bula/Brünger/*Gutkès*, § 13 Rn. 342.
[583] WM/*Heckschen*, Vor §§ 122a ff. UmwG, Rn. 198.

den Verschmelzungsbericht zugänglich zu machen (vgl. hierzu i.E. vorstehend Rn. 112ff.), ausreichend informiert.

UE ergibt sich auch durch § 6 MgVG nichts anderes. Diese Vorschrift regelt nur eine Informationspflicht, nicht jedoch einen Informationsanspruch der Arbeitnehmer. Kommt es im gesetzlich vorgesehenen Fall des § 23 Abs. 1 Satz 1 Nr. 3 MgVG nicht zur Bildung eines Verhandlungsgremiums entfällt auch die Informationspflicht. Das ist deshalb der Fall, weil die Information nach § 6 Abs. 2 MgVG die Einleitung der Bildung des Verhandlungsgremiums darstellt, welche im hier relevanten Fall entfällt. Darüber hinaus ist Zweck des § 23 Abs. 1 Satz 1 Nr. 3 MgVG das aufwändige Verfahren entbehrlich zu machen, wenn sich die Leitungen sofort für die Auffanglösung entscheiden. Dieser Zweck würde nicht erreicht, wenn die Arbeitnehmer oder ihre Vertretungen dennoch einen Anspruch auf die Informationen nach § 6 MgVG hätten. In der Praxis erscheint es aber gleichwohl sinnvoll, sämtliche Daten, die für die Ermittlung des Inhalts der Auffanglösung relevant sind, in den Verschmelzungsbericht aufzunehmen, damit die Arbeitnehmer das Ergebnis nachvollziehen können. Weitere Informationsrechte aufgrund der bestehenden Arbeitnehmervertretungen bleiben ohnehin unberührt.

In allen drei Fällen des § 23 Abs. 1 MgVG richtet sich der **Inhalt der Auffanglösung** 461 nach §§ 23 Abs. 2, 24 ff. MgVG. Grundsätzlich richtet sich das Mitbestimmungssystem nach der vor der grenzüberschreitenden Verschmelzung bestehenden Form der Mitbestimmung. Bestanden vor der grenzüberschreitenden Verschmelzung verschiedene Formen der Mitbestimmung, sieht § 23 Abs. 2 MgVG zwei Möglichkeiten zur Bestimmung der fortzuführenden Form vor: nach Satz 1 legt das besondere Verhandlungsgremium die Form fest. Gibt es kein besonderes Verhandlungsgremium (vgl. hierzu i.E. vorstehend Rn. 458) oder trifft es keine Entscheidung, gilt die deutsche Form der Mitbestimmung durch Bestimmung von Mitgliedern des Aufsichtsrats, wenn die deutsche aufnehmende oder eine weitere deutsche übertragende Gesellschaft zuvor mitbestimmt waren. Bestand vorher keine deutsche Mitbestimmung, ist die Mitbestimmungsform maßgeblich, die sich vor der Verschmelzung auf die höchste Zahl an Arbeitnehmern (zur Ermittlung der relevanten Zahl; vgl. i.E. vorstehend Rn. 197 und zum relevanten Zeitpunkt Rn. 454 und Rn. 457) erstreckte. Die anzuwendende Form der Mitbestimmung kann dann entweder die Bestimmung von Mitgliedern des Aufsichtsrats – oder, im Fall der deutschen aufnehmenden Societas Europaea mit monistischer Struktur, auch des Verwaltungsorgans – nach § 2 Abs. 7 Nr. 1 MgVG oder die Empfehlung oder das Recht zur Ablehnung solcher Mitglieder nach § 2 Abs. 7 Nr. 2 MgVG beinhalten.

Die **Zahl der Arbeitnehmervertreter**, für die das im vorstehenden Absatz beschrie- 462 bene Recht besteht, bemisst sich nach § 24 Abs. 1 Satz 2 MgVG nach dem höchsten vor der grenzüberschreitenden Verschmelzung bestehenden Anteil von Arbeitnehmervertretern in Organen der beteiligten Gesellschaften. Mit dem Begriff „Zahl" in diesem Zusammenhang ist ein Anteil und keine absolute Zahl gemeint. Selbst wenn vor der grenzüberschreitenden Verschmelzung in einer Gesellschaft eine höhere absolute Zahl an Arbeitnehmervertretern – oder empfohlenen oder abgelehnten Mitgliedern – bestand, ist das betroffene Organ der aufnehmenden deutschen Gesellschaft nach der grenzüberschreitenden Verschmelzung nicht so groß festzulegen, dass die gleiche absolute Zahl erreicht werden kann.[584]

---

[584] So auch Begründung zum Regierungsentwurf eines Gesetzes zur Umsetzung der Regelungen über die Mitbestimmung der Arbeitnehmer bei einer Verschmelzung von Kapitalgesellschaften aus verschiedenen Mitgliedstaaten, BR-Drs. 540/04, S. 60; Sagasser/Bula/Brünger/*Gutkès*, § 13 Rn. 348; *Henssler* ZHR 173 (2009), 223, 229; zur Gründung der Societas Europaea durch Verschmelzung: Ulmer/Habersack/Henssler/*Habersack*, Mitbestimmungsrecht, § 35 SEBG Rn. 11; MünchKomm/*Jacobs*, AktG, § 35 SEBG Rn. 12; Nagel/Freis/Kleinsorge/*Nagel*, § 35 SEBG Rn. 4.

Zum Streit, ob das Verhandlungsgremium die Größe des mitbestimmten Gremiums festlegen darf, vgl. i.E. nachfolgend Rn. 511. Bei der Auffanglösung muss es den Gesellschaftern der aufnehmenden Gesellschaft erst recht freistehen, die Größe des Gremiums festzulegen, weil es zur Auffanglösung auch ohne Einsetzung eines Verhandlungsgremiums kommen kann. Dazu ergibt sich auch aus § 24 Abs. 3 MgVG nichts anderes. Diese Vorschrift bezieht sich auf Anpassungen des Systems, d.h. zB überhaupt das Bestehen eines mitbestimmten Aufsichtsrats, Bestimmung oder Empfehlungs- oder Ablehnungsrechte usw., und nicht der Größe.

In diesem Zusammenhang ist darauf hinzuweisen, dass das deutsche Umsetzungsgesetz nicht von der Möglichkeit Gebrauch gemacht hat, die Mitbestimmung in Gesellschaften mit einem monistischen Verwaltungssystem auf maximal ein Drittel zu begrenzen. Dies wurde damit begründet, dass in Deutschland kein monistisches Verwaltungssystem bestehe. Ein solches kann jedoch tatsächlich bei der aufnehmenden Societas Europaea bestehen. Diese könnte dann ggf. auch paritätisch mitbestimmt werden.

463 Zu beachten ist in diesem Zusammenhang die **Sonderregelung des § 26 Abs. 3 MgVG**. Danach ist auch in der aufnehmenden Gesellschaft bei einer paritätischen Mitbestimmung ein weiteres, von Anteilseignern und Arbeitnehmern bestimmtes Mitglied des Aufsichtsrats – oder, bei der monistisch verfassten Societas Europaea, des Verwaltungsrats – zu bestellen, wenn es vor der grenzüberschreitenden Verschmelzung in einer der beteiligten Gesellschaften ein solches Mitglied gab. Diese Vorschrift soll nach der Gesetzesbegründung[585] die Fortgeltung der Besonderheiten der Montanmitbestimmung sowie des Mitbestimmungsergänzungsgesetzes sicherstellen. Sie kann aber theoretisch auch anwendbar sein, wenn es im Sitzstaat einer übertragenden Gesellschaft ein entsprechendes System gibt.

464 Zu beachten ist ferner, dass es nach § 26 Abs. 2 Satz 1 MgVG bei der aus einer grenzüberschreitenden Verschmelzung hervorgehenden deutschen **Gesellschaft immer mindestens zwei Geschäftsführer oder Vorstandsmitglieder** geben muss. Eines der Mitglieder muss für den Bereich Arbeit und Soziales zuständig sein. Diese Regel gilt auch für die aufnehmende Societas Europaea, bei der ggf. ein solches Mitglied im Verwaltungsrat zu bestimmen ist. Sie gilt nicht für Kommanditgesellschaft auf Aktien, § 27 Abs. 2 Satz 2 MgVG.

Die Regelung führt zu dem überraschenden Ergebnis, dass in Folge einer grenzüberschreitenden Verschmelzung auch bei einer nur drittelparitätisch mitbestimmten Gesellschaft ein Arbeitsdirektor zu bestellen ist.

465 **Widerspricht die Satzung** der deutschen aufnehmenden Gesellschaft dem aufgrund der Auffanglösung geltenden Mitbestimmungssystem, ist sie nach § 24 Abs. 3 MgVG anzupassen. Nach § 24 Abs. 2 MgVG ist ggf. bei der aufnehmenden deutschen Gesellschaft mit beschränkter Haftung ein Aufsichtsrat einzuführen.

466 Die **Sitzverteilung** im mitbestimmten Aufsichtsrat – oder, bei der monistischen Societas Europaea, im Verwaltungsrat – richtet sich nach § 25 MgVG und wird im Regelfall durch das besondere Verhandlungsgremium festgelegt. Kommt es ohne besonderes Verhandlungsgremium zur Auffanglösung (vgl. hierzu i.E. vorstehend Rn. 458), legen uE die Leitungen die Sitzverteilung nach den Regeln des § 25 MgVG fest.[586] Inhaltlich richtet sich die Sitzverteilung nach dem Verhältnis der in den Mitgliedstaaten in beteiligten Gesellschaften oder Tochtergesellschaften beschäftigten Arbeitnehmern; zur Ermittlung der

---

[585] Begründung zum Regierungsentwurf eines Gesetzes zur Umsetzung der Regelungen über die Mitbestimmung der Arbeitnehmer bei einer Verschmelzung von Kapitalgesellschaften aus verschiedenen Mitgliedstaaten, BR-Drs. 540/06, S. 63.

[586] Ebenso: Sagasser/Bula/Brünger/*Gutkès*, § 13 Rn. 343; für ein Erfordernis der Bildung des besonderen Verhandlungsgremiums für diesen Zweck: *Müller-Bonanni* NJW 2009, 2347, 2352.

relevanten Zahl der Arbeitnehmer und zum Begriff des Mitgliedstaats; vgl. hierzu i.E. Rn. 197 und zum relevanten Zeitpunkt Rn. 454 und 457. Reichen die Sitze nicht zur Berücksichtigung aller Mitgliedstaaten aus, ist der letzte Sitz einem bisher unbeteiligten Mitgliedstaat und darunter vorzugsweise dem Sitzstaat, bei der Hereinverschmelzung also Deutschland, zuzuweisen.

Die **Wahl der deutschen Arbeitnehmervertreter** erfolgt nach § 25 Abs. 3 MgVG durch ein Wahlgremium aus den Arbeitnehmervertretungen der übernehmenden deutschen Gesellschaft, ihrer Tochtergesellschaften und Betriebe. UE können in diesem Zusammenhang nur die deutschen Arbeitnehmervertretungen und Arbeitnehmer gemeint sein, weil die Berücksichtigung der übrigen Arbeitnehmer parallel dazu nach § 25 Abs. 2 MgVG für die ihnen zugewiesenen Sitze erfolgt. 467

Das Wahlverfahren entspricht dem für das besondere Verhandlungsgremium; vgl. hierzu i.E. nachfolgend Rn. 483 ff.

Die **Wahl der Arbeitnehmervertreter aus den übrigen Mitgliedstaaten** richtet sich nach § 25 Abs. 2 MgVG grundsätzlich nach dem Recht des jeweiligen Mitgliedstaats. Sieht dieses keine Regelung vor, bestimmt das besondere Verhandlungsgremium die Arbeitnehmervertreter. Unklar bleibt, was in einem solchen Fall passiert, wenn es ohne die Einsetzung eines besonderen Verhandlungsgremiums zur Auffanglösung kommt (vgl. i.E. vorstehend Rn. 455 ff.), oder was zu einem späteren Zeitpunkt bei Neuwahlen geschieht, wenn das besondere Verhandlungsgremium nicht mehr besteht. Auf die Literatur zur Societas Europaea kann für dieses Problem ausnahmsweise nicht zurückgegriffen werden, weil der entsprechende § 36 Abs. 2 SEBG diese Zuständigkeit dem SE Betriebsrat zuweist. Wenn das anwendbare nationale Recht gar kein Wahlverfahren vorsieht, auf das zurückgegriffen werden kann, müssen notfalls für dieses Land nach den dort anwendbaren Regeln die Mitglieder des besonderen Verhandlungsgremiums bestellt werden, die dann die Arbeitnehmervertreter bestimmen.[587] 468

Für die **Abberufung und Anfechtung** der Arbeitnehmervertreter bzw. ihrer Wahl gilt § 26 MgVG. Dabei erfolgt die Abberufung grundsätzlich entsprechend der Wahl. Zu beachten ist, dass für die Abberufung eine drei Viertel Mehrheit erforderlich ist. Die Anfechtung erfolgt nach § 26 Abs. 2 Satz 3 MgVG im Wege der Klage innerhalb eines Monats. Der Fehler muss kausal für das Ergebnis gewesen sein. Antragsberechtigt sind das Vertretungsorgan der aufnehmenden Gesellschaft und die Abberufungsberechtigten Personen. 469

Die **Rechte der Arbeitnehmervertreter** im Aufsichtsrat entsprechen nach § 26 Abs. 1 den Rechten der Anteilseignervertreter. 470

cc) Verfahren der Verhandlungslösung. Liegt eine der oben unter aa) genannten Voraussetzungen vor und einigen sich die zuständigen Organe der an der grenzüberschreitenden Verschmelzung beteiligten Gesellschaften nicht auf die unmittelbare Anwendung der Auffanglösung, kommt es zur **Verhandlungslösung**. Nach Art. 16 Abs. 3 lit. d) Verschm-RL iVm Art. 6 SE-RL, welche in Deutschland durch § 3 MgVG umgesetzt sind, richtet sich das Verhandlungsverfahren nach der auf die aufnehmende Gesellschaft anwendbaren Rechtsordnung, soweit in der SE-RL oder der Verschm-RL nicht ausdrücklich etwas anderes vorgesehen ist. Das bedeutet für die Hereinverschmelzung, dass im Wesentlichen deutsches Recht anwendbar ist. Die auf die übertragenden Gesellschaften anwendbaren Rechtsordnungen kommen nur ergänzend, zB für die Behandlung ausländischer Arbeitnehmer oder Arbeitnehmer der übertragenden Gesellschaften, in Betracht. 471

---

[587] Vgl. auch *Brandes* ZIP 2008, 2193, 2198 zu tatsächlichen Fehlen eines Anwendungsbereichs dieses Problems.

472 **Erster Schritt der Verhandlungslösung** ist die **Einsetzung des besonderen Verhandlungsgremiums**. Diese beginnt nach § 6 Abs. 1 und 2 MgVG mit der schriftlichen Aufforderung zur Bildung des Verhandlungsgremiums und der Information der Arbeitnehmervertretungen und Sprecherausschüsse in der übernehmenden und den übertragenden Gesellschaften, deren Tochtergesellschaften und Betrieben. Arbeitnehmervertretungen sind nach § 2 Abs. 6 MgVG alle nach dem BetrVG gebildeten Vertretungen. Für Zwecke des § 6 Abs. 2 MgVG sind jedoch auch ausländische Vertretungen einzubeziehen. Im Zweifel richtet sich die Bestimmung der Gremien, die zu informieren sind, nach dem Recht des Staates, in dem die Vertretung besteht.[588]

473 Soweit **keine Arbeitnehmervertretungen bestehen**, sind die Arbeitnehmer nach § 6 Abs. 2 Satz 2 MgVG unmittelbar zu informieren. Dementsprechend sind sämtliche Arbeitnehmer der beteiligten Gesellschaften, ihrer Tochtergesellschaften und ihrer Betriebe im Sinne des § 2 Abs. 1 bis 4 MgVG, die nicht durch eine Arbeitnehmervertretung repräsentiert sind, persönlich zu informieren. Zu den zu informierenden Arbeitnehmern gehören jedoch nur die innerhalb der EU oder der Mitgliedstaaten des EWR-Abkommens beschäftigten Arbeitnehmer; vgl. hierzu i.E. vorstehend Rn. 197. Im Zusammenhang mit der Gründung der Societas Europaea wird es für die Information individueller Arbeitnehmer für ausreichend gehalten, diese über Aushang, E-Mail, Intranet oder in einer Betriebsversammlung zu informieren. Es soll ausreichen, dass die Arbeitnehmer in zumutbarer Weise Kenntnis nehmen können. Eine Empfangsbestätigung soll nicht erforderlich sein.[589] UE ist das auf die grenzüberschreitende Verschmelzung übertragbar. Allerdings sollte auch bei einer Information in einer Betriebsversammlung eine schriftliche Aufforderung zur Bildung des Verhandlungsgremiums veröffentlicht oder jedem relevanten Arbeitnehmer zugesandt werden. Sonst besteht die Gefahr, dass das Schriftformerfordernis nach § 6 Abs. 1 MgVG für die Aufforderung zur Bildung des besonderen Verhandlungsgremiums nicht eingehalten wird.

474 Der **Zeitpunkt der Information** wird durch § 6 Abs. 2 Satz 3 MgVG bestimmt als unverzüglich nach der Offenlegung des Verschmelzungsplans. Das Gesetz geht nicht darauf ein, dass die Offenlegung in den Sitzstaaten der beteiligten Gesellschaften zu unterschiedlichen Zeitpunkten stattfinden kann. UE ist die Offenlegung des Verschmelzungsplans erst abgeschlossen, wenn sämtliche für die beteiligten Gesellschaften geltenden Offenlegungspflichten erfüllt sind. Die Information der Arbeitnehmer hat daher unverzüglich nach der letzten Veröffentlichung zu erfolgen.

In praktischer Hinsicht empfiehlt es sich, die Information in allen betroffenen Ländern am gleichen Tag vorzunehmen. Da der Tag der Information nach § 6 Abs. 4 MgVG für die Berechnung der Arbeitnehmerzahlen relevant ist, ist es vorteilhaft, wenn keine Unsicherheit darüber besteht, ob die Arbeitnehmerzahlen in den einzelnen Ländern zu unterschiedlichen Zeitpunkten und möglicherweise sogar noch differenziert nach Gesellschafts- oder Konzernzugehörigkeit zu jeder einzelnen beteiligten Gesellschaft zu ermitteln sind. Aus organisatorischer Sicht sollten sämtliche Arbeitnehmerzahlen auf den Tag der Information ermittelt und dokumentiert werden.

475 Die Information hat nach § 6 Abs. 2 MgVG **durch die Leitungen** zu erfolgen. Die Leitungen sind in § 2 Abs. 5 MgVG definiert als die Geschäftsführungs- und Vertretungsorgane. Für die deutsche übernehmende Gesellschaft sind das die Geschäftsführer, Vorstän-

---

[588] Zu den Einzelheiten zur Bestimmung der relevanten Arbeitnehmervertretungen, der Frage, ob bei Bestehen eines Betriebsrats, aber Fehlen eines Sprecherausschusses die leitenden Angestellten unmittelbar zu informieren sind, und welche Arbeitnehmer repräsentiert sind, kann auf die Erkenntnisse zu § 4 SEBG zurückgegriffen werden: MünchKomm/*Jacobs*, AktG, § 4 SEBG Rn. 6 f. und Nagel/Freis/Kleinsorge/*Kleinsorge*, § 4 SEBG Rn. 10 mwN.

[589] *Grobys* NZA 2005, 84, 86; MünchKomm/*Jacobs*, AktG § 4 SEBG Rn. 13.

B. Hereinverschmelzung

de, persönlich haftenden Gesellschafter der Kommanditgesellschaft auf Aktien oder der Verwaltungsrat der monistisch organisierten Societas Europaea. Für die ausländischen übertragenden Gesellschaften richtet sich diese Frage nach der auf sie jeweils anwendbaren Rechtsordnung. Das Handeln in jeweils vertretungsberechtigter Zahl ist ausreichend. Die Information sollte jedoch vorsorglich gegenüber allen Adressaten durch die Leitungen aller beteiligten Gesellschaften erfolgen.

Der **Inhalt der Information** richtet sich nach § 6 Abs. 3 MgVG. Er hat sich am Zweck 476 der Information zu orientieren, die Bildung des besonderen Verhandlungsgremiums zu ermöglichen.[590] Im Einzelnen sind zunächst nach § 6 Abs. 3 Nr. 1 MgVG die beteiligten Gesellschaften, ihre betroffenen Tochtergesellschaften und Betriebe und ihre Verteilung auf die Mitgliedstaaten nach „Struktur und Identität" zu nennen. Weiter sind nach § 6 Abs. 3 Nr. 2 und 3 MgVG die in diesen Gesellschaften bestehenden Arbeitnehmervertretungen und die Zahl der dort jeweils beschäftigten Arbeitnehmer sowie die Gesamtzahl pro Mitgliedstaat zu nennen. Damit ist in die Information eine Beschreibung der Konzernstruktur der aufnehmenden und der übertragenden Gesellschaften aufzunehmen, wobei die beteiligten Gesellschaften als Konzernspitze anzusehen sind. In dieser Beschreibung sind sämtliche Tochtergesellschaften (zum Begriff; vgl. vorstehend Rn. 454) und Betriebe mit den jeweils innerhalb der EU oder des EWR (vgl. hierzu i.E. vorstehend Rn. 197) beschäftigten Arbeitnehmern aufzunehmen. Ferner ist die Gesamtzahl der Arbeitnehmer pro Mitgliedstaat der EU und des EWR-Abkommens zu nennen. Schließlich ist nach § 6 Abs. 3 Nr. 4 MgVG auch anzugeben, auf wie viele Arbeitnehmer jeweils Mitbestimmungsrechte in den beteiligten Gesellschaften und Tochtergesellschaften entfallen.

In der Praxis kann die Ermittlung dieser Daten schwierig sein. Sie ist jedoch auch für die Ermittlung des relevanten Mitbestimmungssystems sowie die Auffanglösung von Bedeutung, so dass diese Zahlen bereits im Rahmen der Vorbereitung der grenzüberschreitenden Verschmelzung ermittelt und auf den Informationsstichtag aktualisiert werden sollten.

Die Angaben nach § 6 Abs. 3 MgVG sind nicht abschließend. Soweit in spezifischen Konstellationen noch weitere Informationen zur Ermittlung der Mitglieder des besonderen Verhandlungsgremiums oder des Inhalts der Auffanglösung erforderlich sein sollten, sind auch diese anzugeben.

In der Praxis kann es hilfreich sein, in die Information auch Angaben zum weiteren Verfahrensablauf aufzunehmen. Dadurch kann möglicherweise die Abwicklung der Bestellung des besonderen Verhandlungsgremiums beschleunigt werden, wenn nicht aufgrund der überschaubaren Zahl an Arbeitnehmervertretungen ohnehin eine zügige Abwicklung zu erwarten ist. Zur Angabe eines oder mehrerer möglicherweise für das Verhandlungsverfahren bestellter Bevollmächtigter; vgl. nachfolgend Rn. 488.

Die nicht rechtzeitige Information nach § 6 Abs. 2 MgVG ist nach § 35 MgVG **buß-** 477 **geldbewehrt**.

Streitigkeiten über die Anwendung des § 6 MgVG sind im arbeitsgerichtlichen 478 Beschlussverfahren nach §§ 2a Abs. 1 Nr. 3f, 80ff. ArbGG zu klären. Die örtliche Zuständigkeit richtet sich dabei nach § 82 Abs. 5 ArbGG und bestimmt sich nach dem Sitz der aus der Verschmelzung hervorgehenden Gesellschaft. Bei dieser Zuständigkeit handelt es sich nach der Doppelfunktionstheorie auch um die internationale Zuständigkeit.[591] Diese internationale Zuständigkeit dürfte auch im Einklang mit der EuGVVO stehen, weil die aufnehmende Gesellschaft nach der EuGVVO an ihrem Sitz verklagt werden kann, und

---

[590] MünchKomm/*Jacobs*, AktG § 4 SEBG Rn. 14.
[591] Allgemein für betriebsverfassungsrechtliche Streitigkeiten im Beschlussverfahren: *Geimer*, Internationales Zivilprozeßrecht, 6. Aufl. 2009, Rn. 847, 1188 und 1477 mwN.

sich diese internationale Zuständigkeit nach Art. 6 Nr. 1 EuGVVO auch auf die anderen beteiligten Gesellschaften erstrecken lässt. Problematisch könnte das nur sein bei einer Verschmelzung zur Neugründung mehrerer nicht deutscher Gesellschaften auf eine deutsche Gesellschaft. Hier besteht die aufnehmende Gesellschaft zum Zeitpunkt der Information nach § 6 MgVG noch nicht und kann daher nicht Antragsgegnerin sein.

479 **Im nächsten Schritt** ist für jeden Mitgliedstaat, in dem betroffene Arbeitnehmer beschäftigt sind, ein **Wahlgremium für die Wahl des besonderen Verhandlungsgremiums einzuberufen**. Für Deutschland erfolgt diese Einberufung nach § 11 MgVG durch den Vorsitzenden des Konzernbetriebsrats, wenn es einen solchen nicht gibt, durch den Vorsitzenden des Gesamtbetriebsrats oder, wenn es einen solchen auch nicht gibt, durch den Vorsitzenden des Betriebsrats. Bestehen in der betroffenen Gruppe mehrere Gesamtbetriebsräte oder mehrere Betriebsräte, trifft die Einberufungspflicht denjenigen Vorsitzenden, dessen Arbeitnehmervertretung die meisten Arbeitnehmer vertritt. Bestehen keine Arbeitnehmervertretungen, kommt es zu einer direkten Wahl; vgl. nachfolgend Rn. 482.

480 Die **Mitglieder des Wahlgremiums** bestimmen sich nach § 10 MgVG. Dabei wird auf bestehende Arbeitnehmervertretungen zurückgegriffen. Im Einzelnen lassen sich die Szenarien je nach Konzernstruktur der in Deutschland betroffenen Gesellschaften differenzieren:

– Nur ein Betrieb in Deutschland (§ 10 Abs. 4 MgVG): Wahlgremium = Betriebsrat.
– Nur eine Gesellschaft in Deutschland (§ 10 Abs. 3 MgVG): Wahlgremium = Gesamtbetriebsrat oder, bei Fehlen eines solchen, Betriebsrat. Für betriebsratslose Betriebe dieser Gesellschaft sind keine weiteren Vertreter zu entsenden.
– Mehrere Gesellschaften in Deutschland, die zur gleichen „Unternehmensgruppe"[592] gehören (§ 10 Abs. 2 MgVG): Wahlgremium = Konzernbetriebsrat oder bei Fehlen eines solchen alle Gesamtbetriebsräte und Betriebsräte, soweit im betreffenden Unternehmen kein Gesamtbetriebsrat besteht. Für betriebsratslose Betriebe und Unternehmen sind keine weiteren Vertreter zu entsenden.
– Mehrere Betriebe oder Gesellschaften in Deutschland, die nicht zur gleichen Unternehmensgruppe gehören oder nicht verbunden sind: Wahlgremium = Konzernbetriebsrat, Gesamtbetriebsrat und/oder Betriebsrat nach den vorstehenden Spiegelstrichen für jeden bzw. jedes nicht zur gleichen Unternehmensgruppe oder Konzern gehörenden Betrieb oder Unternehmen. Für Betriebe und Unternehmen innerhalb einer Unternehmensgruppe oder eines Konzerns, für die es nach den vorstehend genannten Regeln keine Arbeitnehmervertretungen gibt, erfolgt eine Wahl der Mitglieder des Wahlgremiums in Urwahl. Die Wahl wird nach § 10 Abs. 5 Satz 2 MgVG durch die entsprechende Betriebs-, Unternehmens- oder Konzernleitung eingeleitet und bezieht sich auf die Zahl an Vertretern, die der betroffene Betrieb, das Unternehmen oder der Konzern hätte, wenn bei ihm eine Vertretung bestünde.

Hat der betroffene Betrieb, das Unternehmen oder die Unternehmensgruppe keine Arbeitnehmervertreter, weil die Zahl der beschäftigten Arbeitnehmer zu niedrig liegt, ist uE von der kleinstmöglichen Zahl an Arbeitnehmervertretern auszugehen, die zu wählen bzw. bestimmen wäre, wenn die maßgebliche Schwelle überschritten wäre.

---

[592] Dieser Begriff ist wieder im MgVG noch im SEBG definiert. Die Literatur zum SEBG geht davon aus, dass damit der Begriff des EBRG gemeint ist; vgl. MünchKomm/*Jacobs*, AktG, § 2 SEBG Rn. 25. Danach handelt es sich um herrschende und abhängige Unternehmen; vgl. zum Begriff der Tochtergesellschaft als Gegenstück zum herrschenden Unternehmen i.E. vorstehend Rn. 454.

B. Hereinverschmelzung

Ergeben sich aus den vorstehenden Regeln **mehr als 40 Mitglieder** des Wahlgremiums, wird die Zahl der Mitglieder nach § 10 Abs. 6 MgVG nach dem d'Hondtschen Höchstzahlverfahren gekürzt.[593]

481

Wenn in keinem bzw. keiner der deutschen Betriebe, Gesellschaften und Unternehmensgruppen **Arbeitnehmervertretungen bestehen**, wählen die Arbeitnehmer des betroffenen Betriebs, Unternehmens oder der Unternehmensgruppe die Mitglieder des besonderen Verhandlungsgremiums nach § 10 Abs. 7 MgVG unmittelbar in geheimer Wahl. Es kommt dann nicht zur Bestellung eines Wahlgremiums.[594] Der Begriff der geheimen und unmittelbaren Wahl orientiert sich dabei an § 14 BetrVG. Darüber hinaus legen § 10 Abs. 7 Satz 2 bis 6 MgVG weitere Wahlgrundsätze fest. Die Gesetzesbegründung[595] stellt dabei fest, dass diese Regelungen die Regelung zur Mitbestimmung nachbilden würden. Es kann daher ergänzend auf Vorschriften zur geheimen und unmittelbaren Wahl in Mitbestimmungsgesetzen zurückgegriffen werden.[596] Die Regelungen des § 9 MgVG zur Verteilung der auf Deutschland entfallenden Sitze im besonderen Verhandlungsgremium sind auch bei der unmittelbaren Wahl zu beachten.

482

Im dritten Schritt folgt **die Wahl der deutschen Mitglieder des besonderen Verhandlungsgremiums**. Diese richtet sich nach § 12 MgVG. Danach müssen mindestens zwei Drittel der Mitglieder des Wahlgremiums bei der Wahl anwesend sein, die mindestens zwei Drittel der Arbeitnehmer vertreten. Jedes Mitglied des Wahlgremiums hat so viele Stimmen wie es Arbeitnehmer repräsentiert. Für die Berechnung der repräsentierten Stimmen gelten § 12 Abs. 2 und 3 MgVG. Danach vertritt jede Arbeitnehmervertretung alle Arbeitnehmer der organisatorischen Einheit, für die sie nach § 10 Abs. 2 bis 5 MgVG Mitglied des Wahlgremiums geworden ist. Soweit für Betriebe oder Unternehmen keine eigene Arbeitnehmervertretung bestand, werden sie den für ihre Unternehmensgruppe bestehenden Arbeitnehmervertretungen anteilig zugerechnet.

483

Praktisch bedeutet das, dass im oben genannten Beispiel die Arbeitnehmer der Betriebsstätte BS2, wenn sie keinen eigenen Betriebsrat haben, dem Betriebsrat der T3 zugerechnet werden. Hat die T3 mehrere Betriebe mit jeweils einem Betriebsrat aber keinen Gesamtbetriebsrat, so werden die Arbeitnehmer der BS2 den Betriebsräten der T3 anteilig zugerechnet.

Sind im Wahlgremium Betriebsräte mit mehreren Mitgliedern vertreten, werden die durch sie insgesamt vertretenen Mitglieder anteilig auf sie aufgeteilt. Das erlaubt, dass einzelne Betriebsratsmitglieder auch gewichtet abstimmen können, wenn andere Mitglieder des gleichen Gremiums fehlen.

Die Wahl erfolgt nach § 10 Abs. 1 Satz 3 MgVG mit einfacher Mehrheit der abgegebenen Stimmen.

Vor der Wahl der Mitglieder des besonderen Verhandlungsgremiums sind zunächst nach § 7 MgVG die Gesamtzahl der Mitglieder und die Zusammensetzung des besonderen Verhandlungsgremiums zu ermitteln. Sodann ist nach §§ 8, 9 MgVG die Verteilung der auf Deutschland entfallenden Sitze zu bestimmen. Die **Zusammensetzung des besonderen Verhandlungsgremiums** nach § 7 MgVG lässt sich wie folgt ermitteln:

484

– Bestimmung der Zahl der Arbeitnehmer in jedem Mitgliedstaat sowie Gesamtzahl aller Arbeitnehmer in Mitgliedstaaten; vgl. zu Zeitpunkt und Zahl der Arbeitnehmer sowie

---

[593] Vgl. auch § 9 Abs. 3 MgVG; zu § 8 Abs. 6 SEBG: Nagel/Freis/Kleinsorge/*Kleinsorge*, § 8 SEBG Rn. 35 ff.
[594] MünchKomm/*Jacobs*, AktG, § 8 SEBG Rn. 11.
[595] Begründung zum Regierungsentwurf eines Gesetzes zur Umsetzung der Regelungen über die Mitbestimmung der Arbeitnehmer bei einer Verschmelzung von Kapitalgesellschaften aus verschiedenen Mitgliedstaaten, BR-Drs. 540/06, S. 50.
[596] Zu weiteren Einzelheiten vgl. MünchKomm/*Jacobs*, AktG, § 8 SEBG Rn. 12 ff.

zum Begriff des Mitgliedstaates i.E. vorstehend Rn. 197, und vorstehend Rn. 454 und 457.
– Zuordnung eines Sitzes für jeden Mitgliedstaat für jede angefangene 10% der Gesamtzahl der Arbeitnehmer im jeweiligen Mitgliedstaat[597], § 7 Abs. 1 Satz 2 MgVG.[598]
– Hinzufügen von weiteren Mitgliedern nach § 7 Abs. 2 und 3 MgVG.

Zu einem Hinzufügen von weiteren Mitgliedern nach § 7 Abs. 2 und 3 MgVG kann es nur dann kommen, wenn aus einem Mitgliedstaat mehr übertragende Gesellschaften beteiligt sind, als auf dieses Land nach seinem Anteil an der Gesamtzahl der Arbeitnehmer Sitze im besonderen Verhandlungsgremium entfallen. Im Regelfall der grenzüberschreitenden Verschmelzung von einer Gesellschaft auf eine andere bestehende oder von zwei Gesellschaft auf eine neue Gesellschaft ist das unwahrscheinlich.

Liegt eine solche Situation dennoch vor, erhält jede Gesellschaft, für die nach dem Anteil ihres Mitgliedstaats noch kein Sitz besteht, einen zusätzlichen Sitz. Die Zahl solcher zusätzlichen Sitze ist jedoch auf 20% der vor der Hinzufügung ermittelten Sitze beschränkt. Sollte es nach § 7 Abs. 2 MgVG mehr als 20% zusätzlicher Sitze geben, limitiert § 7 Abs. 3 MgVG diese nach dem d'Hondtschen Höchstzahlverfahren und unter Berücksichtigung aller Mitgliedstaaten bevor an einen Mitgliedstaat ein weiterer Sitz vergeben wird.[599] Dieser Fall dürfte aber in der Praxis sehr unwahrscheinlich sein.

485 **Verändern sich während der laufenden Verhandlungen** mit dem besonderen Verhandlungsgremium die Struktur der grenzüberschreitenden Verschmelzung oder die Arbeitnehmerzahlen, so dass sich die Zusammensetzung des besonderen Verhandlungsgremiums bei seiner erstmaligen Bestimmung ändern würde, so ist das besondere Verhandlungsgremium nach § 7 Abs. 4 MgVG neu zusammenzusetzen. Nach der zur Gründung der Societas Europaea vertretenen Auffassung handelt es sich dabei nicht um eine Neukonstituierung des besonderen Verhandlungsgremiums. Die Verhandlungsfrist wird daher dadurch nicht erneut in Gang gesetzt.[600]

486 Die auf **Deutschland entfallenden Sitze im besonderen Verhandlungsgremium** sind nach § 9 MgVG zu verteilen. Danach erhält zunächst jede an der Verschmelzung beteiligte, d.h. aufnehmende oder übertragende, deutsche Gesellschaft, die in Deutschland Arbeitnehmer beschäftigt, einen Sitz. Gibt es mehr beteiligte deutsche Gesellschaften als Sitze, erfolgt die Begrenzung nach § 9 Abs. 3 MgVG wiederum nach dem d'Hondtschen Höchstzahlverfahren. Gibt es mehr Deutschland zugeordnete Sitze als beteiligte deutsche Gesellschaften, sind diese Sitze nach § 9 Abs. 4 MgVG ebenfalls nach dem d'Hondtschen Höchstzahlverfahren auf die beteiligten deutschen Gesellschaften zu verteilen. Im Regelfall der Hereinverschmelzung einer Gesellschaft auf eine deutsche Gesellschaft können alle deutschen Sitze mit Vertretern der deutschen aufnehmenden Gesellschaft besetzt werden.

487 Bei der Verteilung der deutschen Sitze ist darüber hinaus nach § 8 Abs. 2 bis 4 MgVG zu beachten, dass **jedes dritte Mitglied ein Gewerkschaftsvertreter** und **jedes siebte Mitglied** ein leitender Angestellter sein muss. Die Gewerkschaftsvertreter gehören Gewerkschaften an, die bei einer deutschen beteiligten Gesellschaft, betroffenen Tochtergesellschaft oder einem deutschen betroffenen Betrieb vertreten sind. Weiterhin sollen nach § 8 Abs. 2 MgVG auch bei der Verteilung der Mitglieder zwischen Männern und Frauen die zahlenmäßigen Verhältnisse berücksichtigt werden.

---

[597] Vgl. auch Begründung zum Regierungsentwurf eines Gesetzes zur Umsetzung der Regelungen über die Mitbestimmung der Arbeitnehmer bei einer Verschmelzung von Kapitalgesellschaften aus verschiedenen Mitgliedstaaten, BR-Drs. 540/06, S. 44.
[598] Kritisch dazu Jannott/Frodermann/*Kienast*, Handbuch der Europäischen Aktiengesellschaft, 13 Rn. 129.
[599] Einzelheiten und Berechnungsbeispiele bei van Hulle/Maul/Drinhausen/*Köklü*, 6 Rn. 31 ff.
[600] MünchKomm/*Jacobs*, AktG, § 5 SEBG Rn. 4; van Hulle/Maul/Drinhausen/*Köklü*, 6 Rn. 35.

UE sind damit die zahlenmäßigen Verhältnisse in Deutschland gemeint, da sich die persönlichen Voraussetzungen für die Repräsentanten anderer Mitgliedstaaten nach § 8 Abs. 1 MgVG nach den jeweils im betreffenden Mitgliedstaat geltenden Regeln richten.

Schließlich ist zu beachten, dass nach § 8 Abs. 2 MgVG wählbar nur in Deutschland beschäftigte Arbeitnehmer und Gewerkschaftsvertreter sind.

Die Wahl des besonderen Verhandlungsgremiums nach den vorstehenden Regelungen **488** soll **innerhalb von zehn Wochen** ab der Information nach § 6 Abs. 2 und 3 MgVG (vgl. hierzu i.E. vorstehend Rn. 472) **abgeschlossen** sein. Nach Abschluss des Verfahrens sind die Leitungen der übertragenden und übernehmenden Gesellschaften darüber nach § 13 Abs. 1 Satz 2 MgVG zu informieren. Diese Information hat durch den Vorsitzenden des Wahlgremiums zu erfolgen.[601] Die informierten Leitungen haben wiederum nach § 13 Abs. 1 Satz 3 MgVG die „örtlichen" Betriebs- und Unternehmensleitungen sowie die dort bestehenden Arbeitnehmervertretungen und die in inländischen Betrieben vertretenen Gewerkschaften zu informieren.

Der Begriff „örtlich" ist in diesem Zusammenhang verwirrend. Für die Praxis bedeutet er, dass die Leitungen aller beteiligten Gesellschaften nach dem MgVG sämtliche der genannten Gremien in Deutschland informieren müssen. Die Informationspflichten gegenüber Gremien in anderen Mitgliedstaaten richten sich nach den dort geltenden Regelungen.

Für die Erleichterung dieser Informationspflichten bietet es sich an, dass die Leitungen der übertragenden und der übernehmenden Gesellschaft zu Beginn des Verfahrens eine oder mehrere Personen bevollmächtigen, sämtliche Informationen in ihrem Namen zu erteilen und entgegen zu nehmen. Diese Personen sollten zur Erleichterung des Verfahrens auch in der Information nach § 6 Abs. 3 MgVG genannt werden.

Die **Mitglieder des besonderen Verhandlungsgremiums** genießen, soweit sie Be- **489** schäftigte einer beteiligten Gesellschaft oder einer Tochtergesellschaft sind, nach § 32 Nr. 1 MgVG den gleichen **Schutz wie Arbeitnehmervertreter** insbesondere im Hinblick auf Kündigungen, Teilnahme an Sitzungen und Entgeltfortzahlung im Land, in dem sie beschäftigt sind. Das Schutzniveau ist daher nicht für alle Mitglieder einheitlich geregelt, sondern kann je nach Beschäftigungsland unterschiedlich sein. Für die deutschen Mitglieder des besonderen Verhandlungsgremiums bedeutet das, dass sie dem besonderen Kündigungsschutz nach § 103 BetrVG sowie § 15 Abs. 1 und Abs. 3 bis 5 KSchG unterliegen. Dieser Schutz wirkt für ein Jahr nach Beendigung der Mitgliedschaft im besonderen Verhandlungsgremium nach.[602] Ferner sind sie für die Teilnahme an den Sitzungen des besonderen Verhandlungsgremiums nach § 37 Abs. 2 BetrVG freizustellen bzw. von der Arbeit zu befreien. Außerdem gilt der in § 37 Abs. 2 Satz 2 bis 5 BetrVG geregelte Entgeltschutz.

Dieser Schutz gilt nach § 32 Nr. 2 MgVG auch für die späteren Arbeitnehmervertreter im Aufsichts- oder Verwaltungsorgan der aus der grenzüberschreitenden Verschmelzung hervorgehenden Gesellschaft. Dabei sind aber nicht die Maßstäbe des BetrVG sondern bei der deutschen aufnehmenden Gesellschaft die Maßstäbe des MitbestG und des DrittelbG heranzuziehen.[603]

Nicht vom Schutz des § 32 MgVG umfasst sind die Mitglieder des Wahlgremiums und die Gewerkschaftsvertreter, die nicht gleichzeitig in einer der beteiligten Gesellschaften oder ihrer Tochtergesellschaften beschäftigt sind.

---

[601] Zum entsprechenden § 11 Abs. 1 Satz 2 SEBG: Manz/Mayer/Schröder/*Hennings*, § 11 SEBG Rn. 6; MünchKomm/*Jacobs*, AktG, § 11 SEBG Rn. 2.
[602] Zum entsprechend § 42 SEBG: MünchKomm/*Jacobs*, AktG, § 42 SEBG Rn. 6.
[603] Ebenso zu § 42 SEBG: MünchKomm/*Jacobs*, AktG, § 42 SEBG Rn. 5 ff. mwN zu den in diesem Zusammenhang umstrittenen Fragen.

490 **Auf die Einsetzung des Verhandlungsgremiums folgt schließlich** die Durchführung der Verhandlungen über das Mitbestimmungssystem.

491 Die **Dauer der Verhandlungen** beträgt nach § 21 Abs. 1 MgVG von der Einsetzung des Verhandlungsgremiums an bis zu sechs Monate. Sie kann nach § 21 Abs. 2 MgVG durch einvernehmlichen Beschluss der Leitungen und des besonderen Verhandlungsgremiums auf bis zu einem Jahr verlängert werden. Vor Ablauf der sechs Monate wird die Verhandlungsdauer beendet durch den Abschluss einer Mitbestimmungsvereinbarung oder einen Beschluss des Verhandlungsgremiums nach § 18 MgVG, die Verhandlungen nicht aufzunehmen oder abzubrechen. Zu den Voraussetzungen des Abschlusses einer Vereinbarung sowie Beschlüssen durch das besondere Verhandlungsgremium; vgl. i.E. nachfolgend Rn. 508 ff.

492 **Maßgeblicher Zeitpunkt für den Beginn** der mindestens sechs Monate langen **Verhandlungsfrist** ist nach § 21 Abs. 1 MgVG iVm § 14 Abs. 1 MgVG die Einladung durch die Leitungen zur konstituierenden Sitzung des besonderen Verhandlungsgremiums. UE muss die Einladung an alle den Leitungen benannten Mitglieder des besonderen Verhandlungsgremiums ergehen. Wegen der an die Einladung geknüpften Folgen empfiehlt es sich, die Einladung schriftlich zu erteilen. Soweit im Hinblick auf die Zahl der Mitglieder des besonderen Verhandlungsgremiums praktikabel, sollte auch der Zugang der Einladungen bei den Mitgliedern des besonderen Verhandlungsgremiums dokumentiert werden. Für die Societas Europaea wird offenbar davon ausgegangen, dass die Einladung erst erfolgt ist, wenn sie bei allen Adressaten zugegangen ist.[604] Es spielt für die Berechnung der Frist keine Rolle, wann die konstituierende Sitzung wirklich stattgefunden hat.[605]

493 Die **Einladung zur konstituierenden Sitzung** kann erfolgen, sobald den Leitungen die Mitglieder des besonderen Verhandlungsgremiums nach § 13 Abs. 1 Satz 2 MgVG genannt worden sind, oder die zehn Wochen Frist nach § 13 Abs. 1 Satz 1 MgVG aus Gründen, die die Arbeitnehmer zu vertreten haben, überschritten ist.[606]

Kommt es danach zu einer Einladung zur konstituierenden Sitzung, bevor alle Mitglieder des besonderen Verhandlungsgremiums bestellt oder gewählt sind, finden die Konstituierung sowie die Verhandlungen gleichwohl statt. Die später hinzukommenden Mitglieder wirken erst ab ihrer Wahl oder Bestellung mit.[607]

Zeitgleich mit der Einladung informieren die Leitungen die örtlichen Betriebs- und Unternehmensleitungen nach § 14 Abs. 1 Satz 1 MgVG; vgl. zur vergleichbaren Informationspflicht nach § 13 Abs. 1 Satz 3 MgVG i.E. vorstehend Rn. 488.

494 Im Rahmen der **konstituierenden Sitzung des besonderen Verhandlungsgremiums** wählt das besondere Verhandlungsgremium nach § 14 Abs. 1 Satz 3 MgVG einen Vorsitzenden und mindestens zwei Stellvertreter. Es kann sich darüber hinaus eine Geschäftsordnung geben. Die Geschäftsordnung ist fakultativ. Es kann aber zweckmäßig sein, in ihr zu regeln, wer die Sitzungen des besonderen Verhandlungsgremiums vorbereitet, wie und mit welcher Frist die Sitzungen einzuberufen sind (vgl. zur Frage, wer einberuft, nachfolgend Rn. 495), wer die Verhandlungen führt, wer Protokolle der Sitzungen erstellt und in welcher Sprache kommuniziert wird.[608]

Für die Societas Europaea wird angenommen, dass der Vorsitzende des besonderen Verhandlungsgremiums und seine Stellvertreter die Geschäfte des besonderen Verhandlungs-

---

[604] MünchKomm/*Jacobs*, AktG, § 12 SEBG Rn. 2.
[605] Zum entsprechenden § 20 Abs. 1 SEBG: MünchKomm/*Jacobs*, AktG, § 20 SEBG Rn. 2.
[606] Zum gleichen Ablauf bei der Gründung der Societas Europaea vgl. MünchKomm/*Jacobs*, AktG, § 11 SEBG Rn. 3 f.; van Hulle/Maul/Drinhausen/*Köklü*, 6 Rn. 37 ff.
[607] So für die Societas Europaea auch van Hulle/Maul/Drinhausen/*Köklü*, 6 Rn. 39.
[608] Zum entsprechenden § 12 Abs. 1 SEBG: MünchKomm/*Jacobs*, AktG, § 12 SEBG Rn. 5; van Hulle/Maul/Drinhausen/*Köklü*, 6 Rn. 41.

gremiums führen. Vertretungsberechtigt gegenüber den Leitungen sind sie nur, soweit sich die Handlungen im Rahmen der gefassten Beschlüsse halten.[609]

Weitere Sitzungen des besonderen Verhandlungsgremiums werden nach § 14 Abs. 2 MgVG durch den Vorsitzenden einberufen. Ob weitere Sitzungen einberufen werden, steht im Ermessen des Vorsitzenden. Grenzen für dieses Ermessen können sich jedoch aus der Pflicht der Leitungen ergeben, nach § 20 MgVG die Kosten für die Sitzungen zu tragen; vgl. hierzu i.E. nachfolgend Rn. 507. Dementsprechend müssen die Sitzungen erforderlich sein, d.h. der Vorbereitung oder der Absegnung der Verhandlungen mit den Leitungen dienen.[610] Auch wenn eine ausdrückliche Regelung dazu fehlt, ist davon auszugehen, dass die Sitzungen nicht öffentlich sind und nur die Mitglieder des besonderen Verhandlungsgremiums teilnahmeberechtigt sind.[611]

495

Das besondere Verhandlungsgremium trifft seine Entscheidungen durch **Beschlüsse**. Beschlüsse werden nach § 17 Abs. 2 Satz 1 MgVG grundsätzlich mit Mehrheit der Mitglieder – d.h. der absoluten Mehrheit –, die zugleich die Mehrheit der vertretenen Arbeitnehmer repräsentieren muss, gefasst. Die repräsentierten Arbeitnehmer ergeben sich aus § 17 Abs. 1 Satz 1, Abs. 2 Satz 2 MgVG. Danach repräsentiert jedes in Deutschland gewählte Mitglied des besonderen Verhandlungsgremiums den Bruchteil der in Deutschland beschäftigten Arbeitnehmer, der der Zahl der in Deutschland gewählten Mitglieder des besonderen Verhandlungsgremiums entspricht.[612] Solange ein Mitgliedstaat keine Mitglieder in das besondere Verhandlungsgremium entsandt hat, gelten die in diesem Mitgliedstaat beschäftigten Arbeitnehmer nach § 17 Abs. 1 Satz 2 MgVG als nicht vertreten.

496

Der **Zeitpunkt** auf den die Zahl der repräsentierten Mitglieder zu ermitteln ist, ist nicht ausdrücklich geregelt. In der Literatur zur Beschlussfassung des besonderen Verhandlungsgremiums im Zusammenhang mit der Gründung einer Societas Europaea wird überwiegend angenommen, dass es auf den Zeitpunkt der ersten Information durch die Leitungen ankommt.[613] Da diese Zahl wegen der Information nach § 6 Abs. 3 MgVG bekannt ist, bereits der Bildung des besonderen Verhandlungsgremiums zugrunde lag und sonst Unklarheit darüber bestünde, welche Zahl maßgeblich ist, ist diese Ansicht uE richtig und praktisch umsetzbar. Sie lässt sich im Gesetzestext des MgVG auch an § 6 Abs. 4 und § 7 Abs. 4 anknüpfen. Die andere mögliche Auffassung, dass der Tag der Einberufung der konstituierenden Sitzung des besonderen Verhandlungsgremiums maßgeblich sein könnte, überzeugt uE nicht.[614] Eine Änderung der Zahl der Arbeitnehmer ist daher nur zu berücksichtigen, wenn er nach § 7 Abs. 4 MgVG auch auf die Zusammensetzung des besonderen Verhandlungsgremiums durchschlagen würde. Das ist uE deshalb folgerichtig, weil es dann gemäß § 7 Abs. 4 Satz 3 MgVG zu einer erneuten Dokumentation der Arbeitnehmerzahlen nach § 6 Abs. 3 MgVG kommt.

497

---

[609] van Hulle/Maul/Drinhausen/*Köklü*, 6 Rn. 41; weitergehend MünchKomm/*Jacobs*, AktG, § 12 SEBG Rn. 5, der die Festlegung eines Vertretungsrechts in der Geschäftsführung für möglich hält – praktisch dürfte sich jedoch kein großer Unterschied daraus ergeben, ob die Vertretungsmacht aus einem Beschluss oder aus der Geschäftsordnung, die aufgrund eines Beschlusses erlassen wird, resultiert.

[610] So auch für den entsprechenden § 12 Abs. 2 SEBG: MünchKomm/*Jacobs*, AktG, § 12 SEBG Rn. 4; van Hulle/Maul/Drinhausen/*Köklü*, 6 Rn. 44.

[611] So auch für den entsprechenden § 12 Abs. 2 SEBG: MünchKomm/*Jacobs*, AktG, § 12 SEBG Rn. 4.

[612] Die Vorschrift des § 17 MgVG entspricht § 15 SEBG, so dass in Zweifelsfällen auf die dazu bereits veröffentlichte Literatur zurückgegriffen werden kann.

[613] *Grobys* NZA 2005, 84, 88; Nagel/Freis/Kleinsorge/*Kleinsorge*, § 4 SEBG Rn. 6; MünchKomm/*Jacobs*, AktG, § 15 SEBG Rn. 8; van Hulle/Maul/Drinhausen/*Köklü*, 6 Rn. 59; ebenso für die Berechnung der Schwelle nach § 17 Abs. 3 MgVG: Sagasser/Bula/Brünger/*Gutkès*, § 13 Rn. 321.

[614] Ebenso MünchKomm/*Jacobs*, AktG, § 15 SEBG Rn. 8, der diese Möglichkeit nur nennt, aber auch verwirft.

498 Der Beschluss zur **Billigung** einer Verhandlungslösung, die eine **Minderung der Mitbestimmungsrechte** zur Folge hat, wenn sich gleichzeitig die Mitbestimmung mindestens auf 25 % der Arbeitnehmer der beteiligten Gesellschaften und der betroffenen Tochtergesellschaften erstreckt, bedarf nach § 17 Abs. 3 MgVG abweichend von der Grundregel einer Mehrheit von zwei Dritteln der Mitglieder, die mindestens zwei Drittel der Arbeitnehmer in mindestens zwei Mitgliedstaaten vertreten.

Eine Minderung der Mitbestimmungsrechte wird nach § 17 Abs. 4 MgVG dann angenommen, wenn der Anteil der Arbeitnehmervertreter in einem Gremium der übernehmenden Gesellschaft nach der Vereinbarung geringer ist als der höchste in den beteiligten Gesellschaften vor der Verschmelzung bestehende Anteil. Eine Minderung besteht außerdem dann, wenn das Recht, Mitglieder des Aufsichts- oder Verwaltungsorgans der Gesellschaft zu wählen, zu bestellen, zu empfehlen oder abzulehnen, beseitigt oder eingeschränkt wird.

Zur Parallelvorschrift des § 15 Abs. 3 lit. a) SEBG wird angenommen, dass das Kriterium der Erstreckung der Mitbestimmung vor der Verschmelzung auf mindestens 25 % der Arbeitnehmer bereits erfüllt ist, wenn für mindestens 25 % der Arbeitnehmer vor der Verschmelzung überhaupt eine Form der Mitbestimmung bestand. Es soll nicht darauf ankommen, ob genau für diesen Anteil der Arbeitnehmer die Mitbestimmung auch gemindert wird.[615] Wegen der Terminologie „Mitbestimmung" in § 17 Abs. 3 Satz 2 MgVG und nicht „Minderung der Mitbestimmung" wie in § 17 Abs. 3 Satz 1 MgVG, spricht viel dafür, dass diese Auffassung auch für die Anwendbarkeit der erhöhten Mehrheit bei Beschlüssen des besonderen Verhandlungsgremiums im Rahmen einer grenzüberschreitenden Verschmelzung gilt.

Schließlich ist zu beachten, dass § 17 Abs. 3 Satz 2 MgVG – ebenso wie die Parallelvorschrift des § 15 Abs. 3 lit. a) SEBG – die vorstehend erläuterte 25 % Grenze auf die Arbeitnehmer der beteiligten Gesellschaften und der betroffenen Tochtergesellschaften bezieht. Dagegen nimmt Art. 3 Abs. 4 Satz 3 SE-RL, auf den Art. 16 Abs. 3 lit. a) Verschm-RL verweist, nur auf die beteiligten Gesellschaften Bezug. Daher wird der Zusatz der betroffenen Tochtergesellschaften teilweise für europarechtswidrig gehalten.[616] In der Praxis wird man bis zu einer Klärung durch den EuGH davon ausgehen müssen, dass bereits bei einer Mitbestimmung, die sich auf 25 % der Arbeitnehmer entweder mit Berücksichtigung der Arbeitnehmer der betroffenen Tochtergesellschaften oder ohne Berücksichtigung der Arbeitnehmer der betroffenen Tochtergesellschaft erstreckt, die Minderungsklausel des § 17 Abs. 3 MgVG greift.

499 Die gleiche erhöhte Mehrheit von zwei Dritteln der Mitglieder, die zwei Drittel der Arbeitnehmer in mindestens zwei Mitgliedstaaten vertreten, ist bei der **Beschlussfassung über** die **Nichtaufnahme** von Verhandlungen und den **Abbruch** der Verhandlungen erforderlich. Das ergibt sich aus § 18 Satz 1 und 2 MgVG.

500 Nach § 19 MgVG ist **eine Niederschrift anzufertigen** über Beschlüsse, die den Abschluss einer Vereinbarung oder die Nichtaufnahme oder den Abbruch der Verhandlungen zum Gegenstand haben. Die Niederschrift ist vom Vorsitzenden und einem weiteren Mit-

---

[615] MünchKomm/*Jacobs*, AktG § 15 SEBG Rn. 7; Begründung zum Regierungsentwurf eines Gesetzes zu Einführung der Europäischen Gesellschaft (SEEG), BR-Drs. 438/04, S. 124.

[616] *Grobys* NZA 2004, 779, 781; *ders.* NZA 2005, 84, 89; Sagasser/Bula/Brünger/*Gutkès*, § 13 Rn. 321; *Habersack* AG 2007, 642, 643; Manz/Mayer/Schröder/*Hennings*, § 15 SEBG Rn. 11 f.; *Kallmeyer* ZIP 2004, 1443; Jannott/Frodermann/*Kienast*, Handbuch der Europäischen Aktiengesellschaft, 13 Rn. 266 ff.; *Rehberg* ZGR 2005, 859, 889; aA Nagel/Freis/Kleinsorge/*Freis*, § 15 SEBG Rn. 14; MünchKomm/*Jacobs*, AktG, § 15 SEBG Rn. 9, der das Fehlen der betroffenen Tochtergesellschaften in der SE-RL eher für ein Redaktionsversehen hält; *Niklas* NZA 2004, 1200, 1203; *Schubert* RdA 2007, 9, 13 f.; wohl auch van Hulle/Maul/Drinhausen/*Köklü*, 6 Rn. 62.

glied des besonderen Verhandlungsgremiums zu unterzeichnen. Für die Parallelvorschrift des § 17 SEBG wird angenommen, dass dieser Niederschrift Wirksamkeitserfordernis für den Beschluss ist, weil sie nicht nur Beweis-, sondern auch Warnfunktion habe.[617] In der Praxis sollte daher darauf geachtet werden, dass die Niederschrift tatsächlich angefertigt wird.

Für das besondere Verhandlungsgremium im Rahmen der Gründung einer Societas Europaea wird angenommen, dass Beschlüsse **nur in Sitzungen** des besonderen Verhandlungsgremiums gefasst werden. Beschlüsse im Umlaufverfahren seien unzulässig.[618] Dafür gibt es uE weder im Gesetzestext noch in der zugrundeliegenden Verschm-RL einen Ansatzpunkt. Eine Beschlussfassung ist daher grundsätzlich auch außerhalb einer Sitzung möglich, wenn sichergestellt ist, dass sich alle Mitglieder des besonderen Verhandlungsgremiums so daran beteiligen können, wie bei einer Beschlussfassung in einer Sitzung. Das bedeutet uE, dass eine Beschlussfassung außerhalb einer Sitzung dann möglich ist, wenn der Vorsitzende des besonderen Verhandlungsgremiums diese angekündigt und die Regeln dafür festgelegt hat. Wegen der damit in der Praxis verbundenen Unsicherheiten sollte eine Beschlussfassung über die Billigung der verhandelten Mitbestimmungslösung jedoch vorsorglich nur in einer Sitzung erfolgen. 501

Nach § 16 MgVG kann das besondere Vershandlungsgremium **Sachverständige** hinzuziehen, die es bei seiner Arbeit unterstützen. Diese Sachverständigen dürfen auch Vertreter einschlägiger Gewerkschaftsorganisationen sein. 502

Für die Societas Europaea ist str., ob diese „einschlägigen Gewerkschaftsorganisationen auf Gemeinschaftsebene" europaweit tätig sein müssen.[619] Da die Gesetzesbegründung nationale Gewerkschaftsorganisationen ausdrücklich für zulässig hält, wird man in der Praxis davon ausgehen können, dass sie als Sachverständige nicht abgelehnt werden können.[620]

Die Sachverständigen dürfen an den Verhandlungen in beratender Funktion teilnehmen. Ihre Hinzuziehung erfolgt aufgrund eines Beschlusses des besonderen Verhandlungsgremiums.[621] Das besondere Verhandlungsgremium kann auch beschließen, die Vertreter von geeigneten außenstehenden Organisationen vom Beginn der Verhandlungen zu unterrichten, ohne sie hinzuzuziehen.

Die **Termine der Verhandlungen** zwischen dem besonderen Verhandlungsgremium sowie den Leitungen und der Ort der Verhandlungen werden zwischen den Leitungen und dem besonderen Verhandlungsgremium nach § 15 Abs. 2 Satz 3 MgVG einvernehmlich festgelegt. 503

Während der Dauer der Verhandlungen haben die Leitungen und das besondere Verhandlungsgremium nach § 15 Abs. 1 Satz 2 MgVG **vertrauensvoll zusammenzuarbeiten**. Nach § 15 Abs. 2 Satz 1 und 2 MgVG haben die Leitungen dem besonderen Verhandlungsgremium rechtzeitig alle erforderlichen Auskünfte zu erteilen und Unterlagen zur Verfügung zu stellen. Zur erforderlichen Information gehört insbesondere das Verschmelzungsvorhaben und der Verlauf des Verfahrens bis zur Eintragung. 504

---

[617] MünchKomm/*Jacobs*, AktG, § 17 SEBG Rn. 1 mit Verweis auf Begründung zum Regierungsentwurf eines Gesetzes zur Einführung der Europäischen Gesellschaft (SEEG) BR-Drs. 438/04, S. 126.
[618] MünchKomm/*Jacobs*, AktG, § 15 SEBG Rn. 4.
[619] So *Oetker* BB-Special 2005, 8; nationale Gewerkschaften ausreichend: van Hulle/Maul/Drinhausen/ *Köklü*, 6 Rn. 52; Nagel/Freis/Kleinsorge/*Freis*, § 14 SEBG Rn. 6.
[620] Begründung zum Regierungsentwurf eines Gesetzes zur Umsetzung der Regelungen über die Mitbestimmung der Arbeitnehmer bei einer Verschmelzung von Kapitalgesellschaften aus verschiedenen Mitgliedstaaten, BR-Drs. 540/06, S. 53.
[621] Zur gleichlautenden Vorschrift bei der Societas Europaea: MünchKomm/*Jacobs*, AktG, § 14 SEBG Rn. 2.

Zur Societas Europaea wird vertreten, dass die Pflicht zur vertrauensvollen Zusammenarbeit die Parteien verpflichte, mit dem ernstlichen Willen zur Einigung vorzugehen.[622] Eine allgemeine Verhandlungspflicht bestehe aber nicht; ebenso wenig eine Pflicht, eine bestimmte Zahl Verhandlungstermine abzuhalten.[623] In der Praxis ist es daher uE zulässig, nach Konstituierung des besonderen Verhandlungsgremiums mit diesem überhaupt nicht zu verhandeln. Die Sanktion eines solchen Verhaltens erfolgt uE nicht über einen durchsetzbaren Verhandlungsanspruch, sondern durch das Eingreifen der Auffanglösung.

505   Die **Grenzen der Informationspflichten** der Leitungen ergeben sich aus § 31 Abs. 1 MgVG. Danach müssen Informationen nicht erteilt werden, wenn dadurch Betriebs- oder Geschäftsgeheimnisse der beteiligten Gesellschaften gefährdet würden.

506   Parallel dazu normieren § 31 Abs. 2 und 3 MgVG eine **Verschwiegenheitspflicht** der Mitglieder, Ersatzmitglieder, Sachverständigen und Dolmetscher des besonderen Verhandlungsgremiums. Sie dürfen die Betriebs- und Geschäftsgeheimnisse, die ihnen wegen ihrer Zugehörigkeit zum besonderen Verhandlungsgremium bekannt geworden und von den Leitungen ausdrücklich als geheimhaltungsbedürftig bezeichnet worden sind, nicht offenbaren und nicht verwerten. Die Verschwiegenheitspflicht gilt nach § 31 Abs. 3 MgVG nicht innerhalb des besonderen Verhandlungsgremiums selbst. In der Praxis ist besonders darauf zu achten, dass Betriebs- und Geschäftsgeheimnisse, die dem besonderen Verhandlungsgremium übermittelt werden, als geheimhaltungsbedürftig identifiziert werden. Sonst besteht das Risiko, dass sie nicht geheim gehalten werden müssen. Die Verletzung der Verschwiegenheitspflicht ist nach § 34 Abs. 1 MgVG strafbewehrt.

507   Nach § 20 MgVG tragen die beteiligten Gesellschaften die durch die Bildung und Tätigkeit des besonderen Verhandlungsgremiums entstehenden **erforderlichen Kosten**. Dazu gehören insbesondere die Kosten für Räume, sachliche Mittel, Dolmetscher, Büropersonal und Reise- sowie Aufenthaltskosten. Ebenfalls erfasst sind die Kosten für Sachverständige, die nach § 16 MgVG hinzugezogen werden können; vgl. hierzu i.E. vorstehend Rn. 502. In der Literatur zum SEBG wird vertreten, dass die Erforderlichkeit solcher Kosten daran zu messen sei, dass das besondere Verhandlungsgremium seine Aufgaben in angemessener Weise erfüllen können muss. Dabei soll das besondere Verhandlungsgremium einen Beurteilungsspielraum haben, der wegen der Komplexität der mit den Verhandlungen verbundenen Rechtsfragen und der beschränkten Zeit nicht zu eng ausgelegt werden dürfe.[624] In praktischer Hinsicht kann es sich empfehlen, sofern eine Einigung mit dem besonderen Verhandlungsgremium darüber möglich ist, zu Beginn der Verhandlungen einen Katalog über zulässige Kosten und möglichst auch die maximale Zahl an Sachverständigen zu vereinbaren. Streitigkeiten über Fragen der Kostentragung nach § 20 MgVG sind im arbeitsgerichtlichen Beschlussverfahren nach §§ 2a Abs. 1 Nr. 3f, 80ff. ArbGG auszutragen. Die örtliche Zuständigkeit des Arbeitsgerichts ergibt sich aus § 82 Abs. 5 ArbGG. Bei dieser Zuständigkeit handelt es sich nach der Doppelfunktionstheorie auch um die internationale Zuständigkeit.[625]

508   **dd) Inhalt der Verhandlungslösung.** Der **Inhalt der Vereinbarung** über die Mitbestimmung in der aus der grenzüberschreitenden Verschmelzung hervorgehenden Gesellschaft richtet sich nach § 22 MgVG. Danach sind zu regeln der Geltungsbereich der Vereinbarung, der Zeitpunkt des Inkrafttretens und die Laufzeit, die Zahl der Mitglieder

---

[622] Nagel/Freis/Kleinsorge/*Freis*, § 13 SEBG Rn. 5; MünchKomm/*Jacobs*, AktG, § 13 SEBG Rn. 3; van Hulle/Maul/Drinhausen/*Köklü*, 6 Rn. 43.
[623] Nagel/Freis/Kleinsorge/*Freis*, § 13 SEBG Rn. 6; MünchKomm/*Jacobs*, AktG, § 13 SEBG Rn. 3.
[624] Van Hulle/Maul/Drinhausen/*Köklü*, 6 Rn. 72.
[625] Allgemein für betriebsverfassungsrechtliche Streitigkeiten im Beschlussverfahren: *Geimer*, Internationales Zivilprozeßrecht, 6. Aufl. 2009, Rn. 847, 1188 und 1477 mwN.

des Aufsichtsorgans, welche von den Arbeitnehmern gewählt, bestellt, empfohlen oder abgelehnt werden können, das Verfahren, nach dem die Arbeitnehmer die Wahl, Bestellung, Empfehlung oder Ablehnung durchführen, und die Rechte dieser Mitglieder.

Die Einleitung des § 22 Abs. 1 MgVG lautet: „wird, unbeschadet der Autonomie der Parteien im Übrigen, festgelegt". Dazu wie auch zur entsprechenden Formulierung in § 21 Abs. 1 SEBG ist streitig, ob die darauf folgend genannten Bestandteile zwingend in der Vereinbarung enthalten sein müssen[626] oder insgesamt eine Autonomie der Verhandlungsparteien besteht und das Fehlen genannter Bestandteile unerheblich ist[627]. UE spricht der Wortlaut des deutschen Gesetzes wie auch der Wortlaut des zugrunde liegenden Art. 4 Abs. 2 SE-RL, der über Art. 16 Abs. 2 lit. b) Verschm-RL gilt, dafür, dass diese Bestandteile zwingend enthalten sein müssen. In der Praxis dürfte es nicht schwierig und sogar sinnvoll sein, diese Bestandteile alle in eine Vereinbarung aufzunehmen, so dass dieser Streit keine wesentlichen praktischen Auswirkungen haben dürfte. Es empfiehlt sich aber vorsorglich, in der Vereinbarung mindestens alle in § 22 Abs. 1 genannten Regelungspunkte aufzuführen.

Es ist zu beachten, dass sich der **Geltungsbereich** der Verhandlungslösung nach § 22 MgVG auch außerhalb der Mitgliedstaaten der EU und des EWR erstrecken kann. Dementsprechend können zB auch us-amerikanische Arbeitnehmer in die Mitbestimmung einbezogen werden.

Weitere Regelungen können grundsätzlich ohne Einschränkungen getroffen werden. So ist es zB nach der hier vertretenen Auffassung sinnvoll, eine Regelung darüber aufzunehmen, wie die Arbeitnehmervertreter auf die betroffenen Länder oder Betriebe zu verteilen sind. In Betracht kommt bei der Verschmelzung zur Neugründung auch eine Regelung der Besetzung des ersten Aufsichtsrats. Zu den Grenzen aufgrund zwingenden Gesellschaftsrechts; vgl. jedoch i.E. nachfolgend Rn. 511. Die Parteien können nach § 21 Abs. 3 MgVG auch regeln, dass die oder Teile der Auffanglösung Anwendung finden.

Problematisch ist jedoch bei einer Aktiengesellschaft als aufnehmende Gesellschaft das **Verhältnis der Vereinbarung zur Satzungsautonomie und zur Satzungsstrenge nach § 23 Abs. 5 AktG.** Das betrifft vor allem die Frage, ob die Vereinbarung über die Mitbestimmung die Größe des Aufsichtsrats festlegen und von den Größenvorgaben für den Aufsichtsrat der Aktiengesellschaft nach § 95 AktG oder den Vorgaben für die innere Ordnung §§ 107 ff. AktG abweichen darf. UE bleibt zum einen das Gesellschaftsrecht auch im Bereich der durch eine Vereinbarung nach § 22 MgVG festgelegten Mitbestimmung zwingend.[628] Zum anderen bleibt auch die Kompetenzordnung der Aktiengesellschaft durch das MgVG unberührt.[629] Das bedeutet zum einen, dass die Verhandlungslösung kei-

---

[626] MünchKomm/*Jacobs*, AktG, § 21 SEBG Rn. 2; *Nagel* NZG 2007, 57, 58; *Teichmann* Der Konzern, 89, 95; Manz/Mayer/Schröder/*Hennings*, § 21 SEBG Rn. 10; Nagel/Freis/*Kleinsorge/Freis*, § 21 SEBG Rn. 9; wohl auch: Begründung zum Regierungsentwurf eines Gesetzes zur Umsetzung der Regelungen über die Mitbestimmung der Arbeitnehmer bei einer Verschmelzung von Kapitalgesellschaften aus verschiedenen Mitgliedstaaten, BR-Drs. 540/06, S. 57; Begründung zum Regierungsentwurf eines Gesetzes zur Umsetzung der Regelungen über die Mitbestimmung der Arbeitnehmer bei einer Verschmelzung von Kapitalgesellschaften aus verschiedenen Mitgliedstaaten, BT-Drs. 16/2922, S. 17; und *Krause/Janko* BB 2007, 2194, 2197.

[627] So noch Manz/Mayer/Schröder/*Hennings* in der 1. Aufl. 2005, Art. 4 SE-RL Rn. 4; widersprüchlich Van Hulle/Maul/Drinhausen/*Köklü*, 6 Rn. 140.

[628] Ebenso MünchHdb/*Austmann*, AG, § 35 Rn. 37; *Habersack* ZHR 171 (2007), 613, 628 ff.; und für den Vereinbarungsspielraum nach § 21 SEBG: *Habersack* AG 2006, 345, 351 ff.; Lutter/Hommelhoff/*Hommelhoff*, Europäische Gesellschaft, S. 5, 16; *Kiem* ZHR 173 (2009), 156, 177 f.; teilweise auch *Oetker* ZIP 2006, 1113 ff.; für die SE: Rieble/Junker/*Schäfer*, § 1 Rn. 36 ff. und in der Anhörung zum MgVG: *Thüsing* Ausschussdrucksache 16(11)432, S. 26, 27.

[629] *Lunk/Hinrichs* NZA 2007, 773, 778; für die SE: MünchHdb/*Austmann*, AG, § 35 Rn. 37; *Habersack* AG 2006, 345, 351 ff.; *Oetker*, FS Konzen, S. 635, 651; Rieble/Junker/*Schäfer*, § 1 Rn. 34 ff.; *Winbichler*, FS Canaris, S. 1423, 1429.

nen Inhalt haben kann, der zwingendem Aktienrecht widerspricht. Das MgVG geht dem AktG nicht vor. Außerdem bedeutet dass, dass der Vorstand nur im Rahmen seiner Kompetenz verhandeln kann. Insbesondere kann der Vorstand keine verbindlichen Festlegungen über Inhalte treffen, die in die Entscheidungskompetenz der Hauptversammlung fallen.

Für die viel diskutierte Frage, ob die Vereinbarung über die Mitbestimmung die Größe des Aufsichtsrats abweichend von einer Regelung in der Satzung festlegen kann, bedeutet das, dass die Vereinbarung keine Größe des Aufsichtsrats festlegen kann, die nicht mit der Satzung übereinstimmt.[630] Trifft die Satzung also bereits eine Regelung über die Größe, kann die Vereinbarung diese nicht ändern. Das muss die Hauptversammlung beschließen. Dazu ist sie aber nicht gezwungen. Die Pflicht zur Anpassung der Satzung in § 22 Abs. 4 MgVG beschränkt sich nur auf die Regelungen, die erforderlich sind, um die vorgesehene, prozentuale Beteiligung der Arbeitnehmer zu ermöglichen.[631]

Die Gegenmeinung[632] argumentiert damit, dass bei einer Beachtung der Satzungsstrenge nach § 23 Abs. 5 AktG und der Satzungsautonomie kein Regelungsspielraum über die bereits in § 22 Abs. 1 MgVG bzw. § 21 Abs. 1 SEBG genannten Regelungsgegenstände hinaus verbliebe. Daher müssten weiterreichende Regelungen zulässig sein. Ferner ginge es bei § 21 Abs. 1 SEBG um die Regelung der „Beteiligung" der Arbeitnehmer. Dies ginge über den engen Begriff der Mitbestimmung nach § 2 Abs. 7 MgVG und § 2 Abs. 12 SEBG hinaus. Schließlich stünden die SE-RL und die Verschm-RL als Basis für die Verhandlungslösung in der Normenhierachie über dem deutschen Gesellschaftsrecht.[633] Diese Argumentation überzeugt uE nicht, weil auch im Rahmen der in § 22 Abs. 1 MgVG genannten Gegenstände noch Verhandlungsspielraum bleibt und nicht erkennbar ist, dass der Gesetzgeber zwingend von einem weiteren Spielraum ausging. Außerdem bezieht sich der Begriff „Beteiligung" für Zwecke der Vereinbarung nach § 21 Abs. 1 SEBG auf die Mitbestimmung und die Informations- und sonstigen Rechte im Rahmen von Betriebsräten, so dass aus dieser Terminologie keinesfalls geschlossen werden kann, der Begriff der Mitbestimmung, welcher für den Inhalt der Vereinbarung mit dem besonderen Verhandlungsgremium relevant ist, ginge über den Begriff der Mitbestimmung in § 2 Abs. 7 MgVG hinaus.

512 Auch als problematisch angesehen wird die Frage, ob der Aufsichtsratsvorsitzende in einem paritätisch besetzten Aufsichtsrat aufgrund der Vereinbarung ein **Stichentscheidrecht** haben könne.[634] Da das MitbestG im Rahmen der Verhandlungslösung ausdrücklich nicht anwendbar ist, ist auch das gesetzliche Stichentscheidrecht des Aufsichtsratsvorsitzenden nach § 29 Abs. 2 S. 1 MitbestG oder § 31 Abs. 4 MitbestG nicht unmittelbar anwendbar. Es kann also nur zu einem Stichentscheidrecht kommen, wenn es anderweitig geregelt ist.[635] Dafür kommt uE die Satzung der aufnehmenden Gesellschaft in Betracht.

---

[630] Sagasser/Bula/Brünger/*Gutkès*, § 13 Rn. 335; *Lunk/Hinrichs* NZA 2007, 773, 778; für die SE: MünchHdb/*Austmann*, AG, § 35 Rn. 37; *Frost* AG 2010, 350, 356; *Habersack* AG 2006, 345, 347, 350; MünchKomm/*Jacobs*, AktG, Art. 21 SE-VO Rn. 19; *Kallmeyer* AG 2003, 197, 199; *Rieble/Junker/Schäfer*, § 1 Rn. 43; MünchKomm/*Reichert/Brandes*, AktG, Art. 40 SE-VO Rn. 66; *Winbichler*, FS Canaris, S. 1423, 1429.

[631] Ebenso *Lunk/Hinrichs* NZA 2007, 773, 778 f.

[632] *Kiefner/Friebel* NZG 2010, 537; *Teichmann* Der Konzern 2007, 89, 94 f.; *ders.* BB 2010, 1113, 1115; ausgehend von der Frage, ob die Zahl der Aufsichtsratsmitglieder durch 3 teilbar sein muss auch: LG Nürnberg-Fürth Beschluss v. 8.2.2010 – 1 HK O 8471/09, BB 2010, 1113.

[633] *Teichmann* AG 2008, 797, 808 ff.

[634] Vgl. *Louven/Wenig* BB 2008, 797 ff.

[635] *Habersack* ZHR 171 (2007), 613, 623, plädiert für ein ungeschriebenes Stichentscheidrecht des Aufsichtsratsvorsitzenden.

Die Zulässigkeit einer Vereinbarung des Stichentscheidrechts wird in Frage gestellt, weil die Verschm-RL und das MgVG, anders als SE-VO und SE-RL, keine Regelung zu dieser Frage enthalten.[636] UE steht noch nicht allein die Nichtregelung des Stichentscheidrechts seiner Vereinbarung entgegen. Die Nichtregelung führt allenfalls dazu, dass es nicht automatisch besteht. Es kann jedoch in der Satzung vereinbart werden. Um sicher zu stellen, dass es gesellschaftsrechtlich auch tatsächlich wirkt, sollte es auch in der Satzung und nicht nur in der Vereinbarung über die Mitbestimmung geregelt werden.

Die Regelung des § 22 Abs. 2 MgVG sieht vor, dass die Vereinbarung über die Mitbestimmung auch die **Wiederaufnahme von Verhandlungen** festlegen soll, wenn strukturelle Veränderungen bei der aus der Verschmelzung hervorgehenden Gesellschaft anstehen. 513

Es ist hervorzuheben, dass das MgVG anders als § 18 Abs. 3 SEBG keine Pflicht zur Wiederaufnahme von Verhandlungen und kein Missbrauchsverbot enthält. Dies steht im Zusammenhang mit dem formellen Bestandsschutz der Mitbestimmungsvereinbarung für drei Jahre nach § 30 MgVG (vgl. hierzu i.E. nachfolgend Rn. 517) der an die Stelle des bei der Societas Europaea verfolgten Konzept des Missbrauchsverbots tritt.

Die Auslegung von § 22 Abs. 2 MgVG ist wegen des Begriffs „soll" nicht ganz klar. Die bisher überwiegende Meinung geht davon aus, dass es sich um eine Anregung und keine verbindliche Vorgabe handelt.[637] Dies ist uE überzeugend, weil den Parteien nach § 22 Abs. 1 MgVG ein möglichst großer Verhandlungsspielraum eingeräumt werden soll. Fehlt eine solche Regelung, hindert dies nicht, die Vereinbarung als ausreichend für eine Eintragung der grenzüberschreitenden Verschmelzung anzusehen. In der Praxis kann eine Regelung über die Auswirkungen von Veränderungen gleichwohl sinnvoll sein. Dies gilt insbesondere dann, wenn mit erheblichen Veränderungen bei der Arbeitnehmerzahl zu rechnen ist und das Verhandlungsergebnis in engem Zusammenhang mit der Arbeitnehmerzahl erreicht worden ist. Fehlt eine solche Vereinbarung, ist davon auszugehen, dass Anpassungen in Abgrenzung zur Regelung des § 18 Abs. 3 SEBG eher restriktiv zu handhaben sind. Tatsächlich lässt sich eine Anpassung nach Ablauf von drei Jahren im Regelfall über eine Umwandlungsmaßnahme, die entweder in ein gesetzliches System überführt oder eine erneute Verhandlungspflicht auslöst, erreichen.

Die Vereinbarung muss nach § 22 Abs. 1 MgVG **schriftlich** getroffen werden. Sie ist zwischen den Leitungen und dem besonderen Verhandlungsgremium zu vereinbaren. Zum Begriff der Leitungen vgl. i.E. vorstehend Rn. 475) und zur Vertretung des besonderen Verhandlungsgremiums vgl. i.E. vorstehend Rn. 494. Im Ergebnis muss die Vereinbarung daher für die deutsche übernehmende Gesellschaft durch die Geschäftsführer, Vorstände, persönlich haftenden Gesellschafter der Kommanditgesellschaft auf Aktien oder den Verwaltungsrat der monistisch organisierten Societas Europaea unterzeichnet werden. Für die ausländischen übertragenden Gesellschaften richtet sich diese Frage nach der auf sie jeweils anwendbaren Rechtsordnung, und für das besondere Verhandlungsgremium handelt der Vorsitzende auf der Basis eines Beschlusses. Zur Beschlussfassung vgl. i.E. vorstehend Rn. 499 ff. 514

ee) Bestandsschutz. Das MgVG sieht an zwei Stellen **Regelungen zum Bestandsschutz** von Arbeitnehmerrechten vor: zum einen das Fortbestehen nationaler Arbeitnehmervertretungsstrukturen nach Eintragung der Verschmelzung und zum anderen das Fortbestehen der für die übernehmende Gesellschaft geltenden Mitbestimmung bei folgenden 515

---

[636] Vgl. *Louven/Wenig* BB 2008, 797 ff., allerdings ohne Hinweis auf konkrete Vertreter dieser Auffassung.
[637] Sagasser/Bula/Brünger/*Gutkès*, § 13 Rn. 338; *Nagel* NZG 2007, 57, 58; *Teichmann* Der Konzern 2007, 89, 93.

Verschmelzungen. Diese Regelung unterscheidet sich vom bei der Societas Europaea vorgesehenen Konzept. Anders als bei der Societas Europaea sind bei der Verschmelzung kein Missbrauchsschutz und keine Nachverhandlungspflicht vorgesehen.[638]

516 Das **Fortbestehen nationaler Arbeitnehmervertretungsstrukturen** nach § 29 MgVG bezieht sich auf Arbeitnehmervertretungen in den übertragenden Gesellschaften. Diese Vertretungen sollen nach Eintragung der Verschmelzung und Erlöschen der übertragenden Gesellschaft fortbestehen. Es ist nicht ganz klar, was Arbeitnehmervertretungen in diesem Zusammenhang bedeutet. Zu Art. 13 Abs. 4 SE-RL, auf dem § 29 MgVG über den Verweis des Art. 16 Abs. 2 lit. g) Verschm-RL basiert, wird angenommen, dass es sich nicht um betriebliche Arbeitnehmervertretungen handelt. Vielmehr soll es sich um überbetriebliche, d.h. gesellschafts- oder konzernbezogene Arbeitnehmervertretungen, wie zB in Deutschland Gesamt- und Konzernbetriebsrat sowie Wirtschaftsausschuss, handeln.[639] Es ist daher davon auszugehen, dass auch bei der grenzüberschreitenden Verschmelzung solche Arbeitnehmervertretungen der erlöschenden übertragenden Gesellschaft fortbestehen, die zuvor an der untergehenden Gesellschaft anknüpften. Für sie ist nach § 29 Satz 2 MgVG sicherzustellen, dass sie ihre Aufgaben weiter erfüllen können. Dazu soll auch das Benennen eines geeigneten Ansprechpartners gehören.[640]

UE gilt § 29 MgVG nur soweit, wie diese Gremien nicht schon nach dem anwendbaren nationalen Recht fortbestehen. Bestehen sie bereits nach diesem Recht weiter, gilt dieses Recht auch im Hinblick auf alle zukünftigen Veränderungen und geht § 29 MgVG vor. Nur wenn die Arbeitnehmervertretungen der erlöschenden übertragenden Gesellschaft andernfalls in Folge der Wirksamkeit der Verschmelzung untergehen würden, greift § 29 MgVG. Aus diesem Gedanken folgt uE auch, dass § 29 MgVG nicht nur für die überbetrieblichen Arbeitnehmervertretungen gilt, sondern auch für betriebliche Arbeitnehmervertretungen Anwendung finden kann, wenn diese infolge der Verschmelzung erlöschen.

Kommt es zur Anwendung des § 29 MgVG stellt sich die Frage, wie lange der Bestandsschutz andauert. In diesem Zusammenhang ließe sich uE gut argumentieren, dass er spätestens dann entfällt, wenn die betreffenden Gremien bei Fortbestehen der übertragenden Gesellschaft nicht mehr zu bilden wären.

517 Der **Bestandsschutz nach § 30 MgVG** bezieht sich auf die als Folge der Verschmelzung für die Mitbestimmung der übernehmenden Gesellschaft geltende Regelung. Grundsätzlich gilt nach § 30 Satz 1 MgVG bei einer auf die Hereinverschmelzung nach Deutschland folgenden innerdeutschen Verschmelzung für die Mitbestimmung über § 4 MgVG deutsches Recht. Sollte das Mitbestimmungsniveau nach deutschem Recht jedoch niedriger sein, als das der zuvor aus der grenzüberschreitenden Verschmelzung hervorgegangenen Gesellschaft, so sieht § 30 Satz 2 MgVG vor, dass die aufgrund der grenzüberschreitenden Verschmelzung geltenden Mitbestimmungsregelungen für einen Zeitraum von drei Jahren ab Eintragung der grenzüberschreitenden Verschmelzung fortdauern.[641]

Wenn im Beispielsfall die aufnehmende deutsche B nach Wirksamkeit der grenzüberschreitenden Verschmelzung weiter auf die deutsche C verschmolzen wird, wäre diese Regel anwendbar, wenn bei C nach der Verschmelzung der B auf sie nach DrittelbG, MitbestG, MontanmitbestG, MitbestErgG oder SEBG eine niedrigeres Mitbestimmungsniveau gelten würde als zuvor bei B. Das wäre dann denkbar, wenn aufgrund der Vereinbarung bei B eine paritätische Mitbestimmung gegolten hätte, bei C aber wegen der tatsächlichen Zahl der Arbeitnehmer in Deutschland nur eine drittelparitätische Mitbestimmung anwendbar wäre. Obwohl C nicht Partei der Mitbestimmungsvereinba-

---

[638] Dazu auch *Teichmann* Der Konzern 2007, 89, 93.
[639] Nagel/Freis/Kleinsorge/*Kleinsorge*, § 29 MgVG Rn. 3; Zum gleichlautenden § 47 Abs. 2 SEBG: Manz/Mayer/Schröder/*Hennings* § 47 SEBG Rn. 2; Nagel/Freis/Kleinsorge/*Kleinsorge*, § 47 SEBG Rn. 7 f.
[640] So zum SEBG Nagel/Freis/Kleinsorge/*Kleinsorge*, § 47 SEBG Rn. 9.
[641] Vgl. auch *Ege/Grzimek/Schwarzfischer* DB 2011, 1205, 2010.

rung war, würde C dann nach der nationalen Verschmelzung den auf B wegen der grenzüberschreitenden Verschmelzung anwendbaren Mitbestimmungsregeln unterliegen.

Im Zusammenhang mit § 30 MgVG **ist noch unklar**, ob § 30 Satz 1 MgVG, d.h. die **518** Anordnung der Geltung der gesetzlichen Mitbestimmungsregeln im Sinne des § 4 MgVG, nur gilt, wenn die aus der grenzüberschreitenden Verschmelzung hervorgegangene deutsche Gesellschaft bei einer folgenden Verschmelzung übertragende Gesellschaft ist, oder auch, wenn sie übernehmende Gesellschaft ist.

Das wäre dann der Fall, wenn im Beispielsfall nicht B auf C, sondern C auf B verschmolzen würde. Nach dem Wortlaut des § 30 Satz 1 MgVG handelt es sich dabei um eine nachfolgende innerstaatliche Verschmelzung. Es ließe sich daher argumentieren, dass nicht mehr die Mitbestimmung, die aus der grenzüberschreitenden Verschmelzung folgte, anwendbar ist, sondern die nach nationalem Recht im Sinne des § 4 MgVG.
Gleichwohl gilt für die aufnehmende B nach einer solchen innerstaatlichen Verschmelzung uE nicht das nationale deutsche Mitbestimmungsrecht, sondern die aufgrund der grenzüberschreitenden Verschmelzung geltende Regelung gilt fort. Etwas anderes gilt nur dann, wenn eine für B getroffene Mitbestimmungsvereinbarung anlässlich von Strukturmaßnahmen Veränderungen oder neue Verhandlungen vorsieht. Für eine solche Auslegung des § 30 Satz 1 MgVG spricht uE das Ziel der Verschm-RL, welches in Art. 16 Abs. 7 Verschm-RL[642] und in ihrem 13. Erwägungsgrund zum Ausdruck kommt, eine Mitbestimmungsregelung zu schaffen, die die Arbeitnehmer aller beteiligten Gesellschaften schützt und diese für einen bestimmten Zeitraum aufrechtzuerhalten. Führt eine Mitbestimmungsvereinbarung oder eine Auffanglösung dazu, dass auch ausländische Arbeitnehmer durch die Mitbestimmungslösung beteiligt werden, ginge dies durch die folgende Geltung des nationalen Rechts im Sinne des § 4 MgVG wieder verloren. Diese Verschlechterung ist für die Anwendung von § 30 Satz 2 MgVG irrelevant, weil sie keine Verschlechterung im Sinne des § 5 Nr. 2 MgVG ist. Ferner ist eine Verschmelzung auf die nach der grenzüberschreitenden Verschmelzung mitbestimmte Gesellschaft, d.h. im Beispielsfall B, für diese letztlich nur ein Geschäftsvorfall wie der Erwerb eines Betriebs oder die Einstellung neuer Arbeitnehmer. Es verändert nicht ihre gesellschaftsrechtliche Struktur. Eine solche Verschmelzung auf die aus der grenzüberschreitenden Verschmelzung hervorgegangene Gesellschaft ist daher uE kein ausreichender Anlass, um die Geltung der aus der grenzüberschreitenden Verschmelzung folgenden Mitbestimmungsregelung zu beenden. Sie wird von der aufnehmenden Verschmelzung nicht berührt.

Für die Praxis ist es auch deshalb besonders ratsam, in die Mitbestimmungsvereinbarung eine Regelung über ihre Beendigung aufzunehmen.

Schließlich stellt sich im Zusammenhang mit dem Bestandsschutz noch die Frage, ob, **519** wann und wie eine nach der grenzüberschreitenden Verschmelzung geltende Verhandlungs- oder Auffanglösung modifiziert werden kann. Für die Verhandlungslösung lässt sich dieses Problem dadurch lösen, dass eine Regelung über ihre Dauer oder Veränderungen aufgenommen wird. Nicht klar ist die Lage jedoch bei Geltung der Auffanglösung, wenn sie ohne eine Vereinbarung mit dem besonderen Verhandlungsgremium zur Anwendung kommt, oder einer Verhandlungslösung, die keine Änderungs- oder Beendigungsregelung enthält. Da Art. 16 Abs. 7 Verschm-RL gerade nicht auf die Regelungen der SE-RL zu

---

[642] In diesem Zusammenhang könnte man die Frage stellen, ob § 30 MgVG die Vorgaben des Art. 16 Abs. 7 Verschm-RL überhaupt ausreichend umsetzt und insbesondere die Beschränkung auf ein Zurückbleiben der Mitbestimmung im Hinblick auf die Zahl der Arbeitnehmervertreter, nicht jedoch auf die beteiligungsberechtigten Arbeitnehmer (§ 5 Nr. 3 MgVG, Art. 16 Abs. 2 lit. b) Verschm-RL) europarechtswidrig ist. In der Praxis dürfte diese Frage keine zusätzliche Rolle spielen, weil bei einer weiteren Verschmelzung innerhalb von drei Jahren wegen der mit § 30 MgVG verbundenen Unsicherheiten ohnehin eine Abstimmung mit dem Registergericht erfolgen sollte; zur möglichen Europarechtswidrigkeit vgl.: *Habersack* ZHR 171 (2007), 613, 638; *Schubert* RdA 2007, 9, 15 f.

strukturellen Veränderungen und zum Missbrauchsschutz verweist, kommt eine entsprechende Anwendung der §§ 18 Abs. 3, 43 SEBG uE gerade nicht in Betracht.[643]

Alternativ ließe sich erwägen, nach allgemeinen Grundsätzen zu Folgen einer Veränderung der Umstände bei erheblichen Veränderungen der Arbeitnehmersituation, die bei Bestehen zum Zeitpunkt des Beginns des Verhandlungsverfahrens zu einem anderen Ergebnis geführt hätte, die Anpassung einer Auffanglösung an die veränderten Umstände zuzulassen. Die Rechtmäßigkeit der angepassten Auffanglösung und der Beginn ihrer Geltung könnten durch ein Statusverfahren entsprechend §§ 97 ff. festgestellt werden. Für eine Verhandlungslösung ließe sich erwägen, die erneute Bildung eines Verhandlungsgremiums und Verhandlungen nach dem MgVG zuzulassen. Bei einem Scheitern könnte wiederum die nun passende Auffanglösung zur Geltung gebracht werden. Dies ist jedoch im Gesetz nicht vorgesehen und möglicherweise durch die Entscheidung des europäischen Gesetzgebers gegen eine Regelung wie bei der Societas Europaea gerade nicht möglich.[644]

Bis zu einer gesetzlichen oder gerichtlichen Klärung – und soweit steuerlich und wirtschaftlich sinnvoll – erscheint es daher am sichersten, eine nicht mehr passende Auffang- oder Verhandlungslösung durch eine Verschmelzung auf eine weitere Gesellschaft nach Ablauf der drei Jahre zu beenden.[645]

n) Sonstige Fragen

520   Ebenso wie bei der Hinausverschmelzung (vgl. hierzu i.E: vorstehend Rn. 210) kann es bei der Hereinverschmelzung über § 324 UmwG für die deutschen Betriebe der ausländischen übertragenden Gesellschaft zu einer **Anwendbarkeit von § 613a Abs. 1, 4 bis 6 BGB** kommen. Der Anwendung von § 324 UmwG steht uE Art. 4 Abs. 1 lit. b) Satz 1 Verschm-RL nicht entgegen. Bei § 613a Abs. 1, 4 bis 6 BGB handelt es sich nicht um eine gesellschaftsrechtliche Regelung, die nach dem Gesellschaftsstatut anzuknüpfen ist, sondern um eine arbeitsrechtliche Regelung, die sich nach dem Ort des Betriebs richtet. Etwas anderes ergibt sich auch nicht aus der Ansiedelung des § 324 UmwG in einem gesellschaftsrechtlichen Gesetz; sein Regelungsgehalt betrifft das Arbeitsrecht.[646]

521   Bei der Hereinverschmelzung auf eine Aktiengesellschaft ist zu beachten, dass die Wirksamkeit der Verschmelzung unter Umständen die **Pflicht zur Abgabe eines Übernahmeangebots** nach § 35 WpÜG auslösen kann. Das ist deshalb der Fall, weil die übernehmende deutsche Aktiengesellschaft eine taugliche Zielgesellschaft im Sinne des § 2 Abs. 3 WpÜG ist.

Die Einzelheiten der Frage, ob und in welchen Konstellationen eine Verschmelzung einen Kontrollerwerb im Sinne des § 35 WpÜG auslösen kann, sind umstritten. Da sich in diesem Zusammenhang aus dem grenzüberschreitenden Charakter der Hereinverschmelzung keine Besonderheiten ergeben, kann auf die zur nationalen Verschmelzung veröffentlichte Literatur verwiesen werden.[647]

---

[643] Ebenso *Schubert* RdA 2007, 9, 16; *Müller-Bonanni/Müntefering* BB 2009, 1699, 1703.

[644] Für ein vollständiges Einfrieren auch: *Habersack* AG 2007, 641, 643; Ulmer/Habersack/Henssler/ *Habersack*, Mitbestimmungsrecht, § 35 SEBG Rn. 14; Ulmer/Habersack/Henssler/*Henssler*, Mitbestimmungsrecht, Einl. SEBG Rn. 214; restriktiver Lutter/Hommelhoff/*Oetker*, Europäische Gesellschaft, 277, 308.

[645] Für eine Zulässigkeit auch: *Forsthoff* DStR 2006, 613, 615; *Teichmann* Der Konzern 2007, 89, 93, 97.

[646] Zur rein klarstellenden Funktion des § 324 UmwG vgl. auch SHS/*Hörtnagl*, § 324 Rn. 1; Lutter/ Joost, UmwG, § 324 Rn. 3; Semler/Stengel/*Simon*, § 324 Rn. 1; Kallmeyer/*Willemsen*, § 324 Rn. 1.

[647] Vgl. Baums/Thoma/*Baums/Hecker*, § 35 WpÜG Rn. 112; Kölner Komm./*v. Bülow*, WpÜG, § 35 WpÜG Rn. 82; *Burg/Braun* AG 2009, 22; Ehricke/Ekkenga/Oechsler/*Ekkenga/Schulz*, Wertpapiererwerbs- und Übernahmegesetz, Kommentar, 2003, § 35 WpÜG Rn. 31; Haarmann/Riehmer/Schüppen/ *Hommelhoff/Witt*, Frankfurter Kommentar zum Wertpapiererwerbs- und Übernahmegesetz, 3. Aufl. 2008, § 35 WpÜG Rn. 54 ff.; *Kleindiek* ZGR 2002, 546, 570; Assmann/Pötzsch/Schneider/*Krause/Pötzsch*, Wert-

o) Überblick über zeitlichen Ablauf

Für den **zeitlichen Ablauf der Hereinverschmelzung** gelten die Ausführungen zur Hinausverschmelzung entsprechend; vgl. hierzu i.E. vorstehend Rn. 212. Anders als bei der Hinausverschmelzung ist lediglich, dass bei der Hereinverschmelzung die Frist für den Gläubigerschutz nach § 122j Abs. 1 Satz 2 UmwG nicht gilt.[648] Eine ähnliche Frist kann sich jedoch aus dem auf die übertragende Gesellschaft anwendbaren Recht ergeben.

2. Steuerrechtliche Behandlung

a) Übersicht und Einführung

aa) Begrifflichkeit „Hereinverschmelzung" (einer EU/EWR-Gesellschaft).

Die Entstehung des Begriffs der Hereinverschmelzung ist – wie auch der der Hinausverschmelzung – Auswuchs der Internationalisierung des deutschen UmwG und UmwStG[649] und der seitdem bestehenden Möglichkeit der Verschmelzung einer inländischen Kapitalgesellschaft mit einer EU/EWR Kapitalgesellschaft.

Eine gesetzliche Definition für den Begriff der Hereinverschmelzung (oder auch Hinausverschmelzung) gibt es nicht. Diese Begriffe einer Definition zuzuführen, die über gesellschaftsrechtliche und steuerrechtliche Regelungen hinweg gleichermaßen verwendbar wäre, sollte sich auch sehr schwierig erweisen, da Gesellschaftsrecht und Steuerrecht unterschiedliche Anknüpfungspunkte haben und teilweise unterschiedliche Zielsetzungen verfolgen. Gleichwohl lassen sich in der Literatur zahlreiche Versuche finden, die neue Vielzahl von Verschmelzungen/Umwandlungen zu ordnen oder Fallgruppen für diese zu bilden.[650]

Ohne einen neuen Versuch einer solchen Einordnung oder Begriffsdefinition vornehmen zu wollen, sollen Hereinverschmelzungen – allein zum Zweck der besseren Einordnung der nachfolgenden Ausführungen – vom allgemeinen Wortverständnis ausgehend, als eine Teilmenge derjenigen gesellschaftsrechtlich zulässigen Verschmelzungen verstanden werden, infolge derer Vermögen einer steuerlich im Ausland ansässigen Gesellschaft in den steuerlich relevanten Bereich einer in Deutschland unbeschränkt steuerpflichtigen Kapitalgesellschaft gelangt; quasi eine Verschmelzung in die deutsche Besteuerungshoheit herein. Der Begriff suggeriert eine „steuerliche Grenzüberschreitung" nach Deutschland.

Das UmwStG oder sonstige für Umwandlungen anwendbare steuerliche Normen stellen nicht explizit darauf ab, ob eine Hereinverschmelzung (im vorgenannten Wortverständnis) vorliegt oder nicht.[651] Für die steuerliche Würdigung ist eine Definition oder sonstige Einordnung deshalb auch entbehrlich. Hereinverschmelzungen (nach dem allgemeinen Wortverständnis) bringen aber eine Reihe verschmelzungsrichtungsspezifischer (eben „herein nach Deutschland") Fragestellungen mit sich, von denen einige – neben den allgemeinen sich für Verschmelzungen von Kapitalgesellschaften ergebenden Fragestellungen – nachfolgend dargestellt und diskutiert werden.

Der praktische Hauptanwendungsfall der Hereinverschmelzung einer EU/EWR-Gesellschaft – und nachfolgend besprochener Fall – ist die Verschmelzung einer EU- oder

---

papiererwerbs- und Übernahmegesetz, 2005, § 35 WpÜG Rn. 139; *Süßmann* WM 2003, 1453, 1455f.; *Steinmeyer/Häger*, WpÜG: Wertpapiererwerbs- und Übernahmegesetz, Kommentar, 2. Aufl. 2006, § 35 WpÜG Rn. 14ff.; gegen eine Anwendbarkeit: *Grabbe/Fett* NZG 2003, 755, 759ff.; *Vetter* WM 2002, 1999ff.

[648] Zum Gläubigerschutz bei der Hereinverschmelzung vgl. i.E. vorstehend 2. Teil Rn. 80ff.
[649] Vgl. bzgl. Internationalisierung des deutschen UmwStG Ausführungen Rn. 27.
[650] Vgl. zB *Hahn* Ubg 2012, 738, 740 mwN.
[651] Vgl. Rn. 33 DW, es gibt kein eigenständiges Normenwerk für internationale/grenzüberschreitende Umwandlungen im UmwStG.

2. Teil: Verschmelzung

EWR-Kapitalgesellschaft auf eine deutsche Kapitalgesellschaft nach dem Regelungswerk der §§ 122a ff. UmwG, also auch im gesellschaftsrechtlichen Sinne eine grenzüberschreitende Hereinverschmelzung. Es sind aber auch Fälle denkbar, in denen zwar gesellschaftsrechtlich eine Verschmelzung nach § 122a UmwG vorliegt, aber keine Hereinverschmelzung im vorgenannten Wortverständnis,[652] oder aber eine Hereinverschmelzung ohne gesellschaftsrechtliche Grenzüberschreitung.[653] Letztere Fälle sind jedoch nicht Gegenstand dieses Kapitels.

528 Als Diskussionsfälle sollen die folgenden Fallbeispiele dienen:

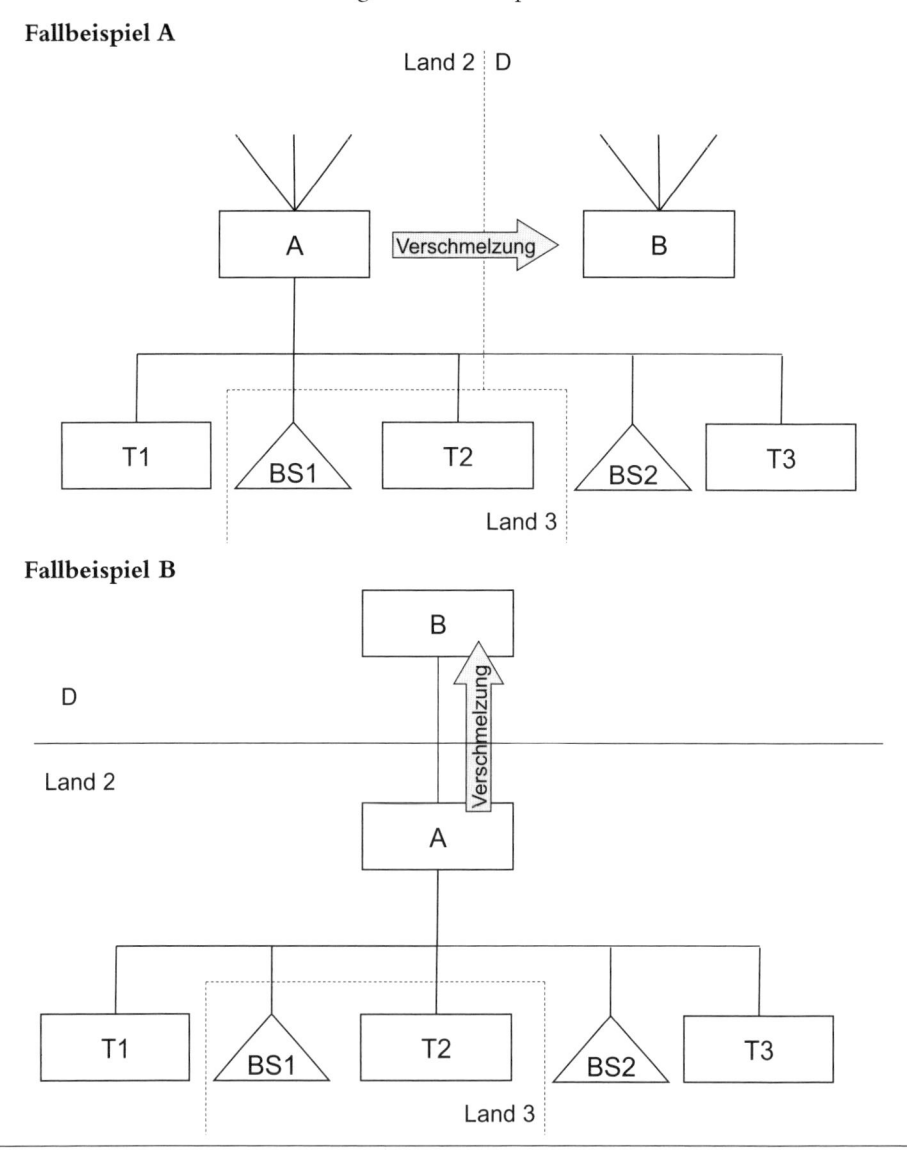

Fallbeispiel A

Fallbeispiel B

---

[652] Denkbar ist beispielsweise eine Verschmelzung einer EU/EWR-Kapitalgesellschaft, die bereits nach Deutschland verzogen und unbeschränkt steuerpflichtig ist, auf eine deutsche Kapitalgesellschaft.
[653] Denkbar ist beispielsweise eine Verschmelzung einer EU/EWR-Kapitalgesellschaft auf eine andere EU/EWR- Kapitalgesellschaft mit Verwaltungssitz in Deutschland.

Gesellschaft B ist jeweils eine in Deutschland unbeschränkt steuerpflichtige Kapitalgesellschaft (die **deutsche Übernehmerin**) und Gesellschaft A eine ausländische (nicht unbeschränkt steuerpflichtige) EU- oder EWR-Kapitalgesellschaft (die **ausländische Überträgerin**). Übergehendes Vermögen der ausländischen Überträgerin sind Beteiligungen an Tochterkapitalgesellschaften (T1, T2 und T3) und Betriebsstätten (BS1 und BS2), jeweils entweder im Land der ausländischen Gesellschaft (Land 2), in Deutschland oder in einem weiteren Land (Land 3). Die Tochterkapitalgesellschaften (T1, T2 und T3) werden nicht aktiv geleitet, Gesellschafterrechte werden von der ausländischen Überträgerin in Land 2 ausgeübt.

Als mögliche gesellschaftsrechtliche Verschmelzungsrichtungen für Hereinverschmelzungen kommen – wie im reinen Inlandsfall – grundsätzlich die Verschmelzung einer (ausländischen) Tochterkapitalgesellschaft auf die deutsche Mutterkapitalgesellschaft (*Up-Stream*-Verschmelzung, Fallbeispiel B), die Verschmelzung einer (ausländischen) Mutterkapitalgesellschaft auf die deutsche Tochterkapitalgesellschaft (*Down-Stream*-Verschmelzung, nicht gesondert dargestellt) sowie die Verschmelzung einer ausländischen auf eine deutsche Kapitalgesellschaft, wobei beide über den gemeinsamen (unmittelbaren oder mittelbaren) Anteilseigner oder gar nicht gesellschaftsrechtlich verbunden sind (*Side-Stream*-Verschmelzung, Fallbeispiel A). 529

bb) Sachlicher Anwendungsbereich für Hereinverschmelzungen einer EU/EWR-Gesellschaft. Der sachliche Anwendungsbereich des UmwStG für Hereinverschmelzungen einer EU/EWR-Gesellschaft ist wie für alle Verschmelzungen durch § 1 Abs. 1 Satz 1 Nr. 1 UmwStG geregelt. Danach gilt der zweite bis fünfte Teil des UmwStG für Verschmelzungen im Sinne der §§ 2, 123 Abs. 1 und 2 des UmwG von Körperschaften oder für *vergleichbare ausländische* Vorgänge. 530

Die Hereinverschmelzung nach § 122a UmwG ist nach zivilrechtlichen Grundsätzen eine „*Verschmelzung im Sinne der §§ 2, 123 Abs. 1 und 2 UmwG*".[654] Damit ist nach der hier vertretenen Auffassung der sachliche Anwendungsbereich des UmwStG grundsätzlich eröffnet. Eine Vergleichbarkeitsprüfung eines solchen Verschmelzungsvorgangs, wie sie für ausländische (Verschmelzungs-)Vorgänge erforderlich ist, ist deshalb nicht durchzuführen. 531

Die Finanzverwaltung[655] sowie teilweise Meinungen in der Kommentarliteratur[656] sehen Verschmelzungen nach § 122a UmwG dagegen als einen ausländischen Vorgang an, der aber zugleich grundsätzlich ein mit einer Verschmelzung nach §§ 2, 123 UmwG vergleichbarer (ausländischer) Vorgang sein soll. Auch wenn die Einordnung als ausländischer Vorgang nicht überzeugt[657], bleibt eine Vergleichbarkeitsprüfung in solchen Fällen letztlich auch nach Auffassung der Finanzverwaltung entbehrlich. 532

Für die übrigen – hier nicht vertieften – Hereinverschmelzungen einer EU/EWR-Gesellschaft wird wohl regelmäßig eine Vergleichbarkeitsprüfung erfolgen müssen. Auf die Ausführungen im UmwStE 2011[658] und auf die diesbezügliche Literatur[659] wird verwiesen. Regelmäßig wird es wohl empfehlenswert sein, die Vergleichbarkeit im Vorhinein verbindlich mit der Finanzverwaltung abzuklären. 533

---

[654] Vgl. 2. Teil Rn. 2 oder Henssler/Strohn/*Polley* UmwG § 122a Rn. 8–11.
[655] Rn. 1.21 UmwSt-Erlass 2011; nach Ansicht der FinVerw. sind ausländische Vorgänge im Allgemeinen solche, bei denen auf den übertragenden oder (und) den übernehmenden Rechtsträger kollisionsrechtlich nicht die allgemeinen Grundsätze des UmwG anwendbar sind.
[656] Vgl. Dötsch/Patt/Pung/Möhlenbrock/*Möhlenbrock*, Umwandlungssteuerrecht, § 1 Rn. 22.
[657] Vgl. auch *Hahn* Ubg 2012, 738.
[658] Vgl. Rn. 01.20 bis 01.41 UmwStE 2011.
[659] Vgl. stellvertretend *Benecke* GmbHR 2012, 113, 117 ff.

534 Die (Herein-)Verschmelzung muss gesellschaftsrechtlich zulässig und wirksam sein. Die Finanzverwaltung ist angewiesen, dafür regelmäßig von der *Entscheidung* der Registerbehörden auszugehen. Auf die Entscheidung der Registerbehörden soll es aber nicht bei gravierenden Mängeln bei der Umwandlung ankommen.[660] Bei Hereinverschmelzungen nach § 122a UmwG dürfte es auf die Entscheidung sowohl der ausländischen als auch der inländischen Registerbehörden ankommen. Etwaigen Zweifeln der Finanzverwaltung an der Zulässigkeit und Wirksamkeit dürfte deshalb gegebenenfalls leichter zu entgegnen sein, da auch eine Überprüfung der Verschmelzung durch ein deutsches Handelsregister erfolgt ist.

535 **cc) Persönlicher Anwendungsbereich für Hereinverschmelzungen.** Der persönliche Anwendungsbereich des UmwStG für Hereinverschmelzungen ist durch § 1 Abs. 2 Satz 1 Nr. 1 UmStG geregelt.[661] § 1 Abs. 2 Satz 1 Nr. 1 UmwStG erfordert, dass

– die ausländische Überträgerin (und die deutsche Übernehmerin) eine nach den Rechtsvorschriften eines Mitgliedstaates der EU oder eines Staates, auf den das EWR-Abkommen Anwendung findet, gegründete *Gesellschaft* im Sinne des Artikels 48 des EU-Vertrages oder des Artikels 34 des EWR-Abkommens ist, und
– deren Sitz und Ort der Geschäftsleitung sich innerhalb des Hoheitsgebietes eines dieser Staaten befinden

536 Die Anforderungen an die Gesellschaftsform sollten bei einer Hereinverschmelzung auf eine deutsche Kapitalgesellschaft nach § 122a UmwG regelmäßig erfüllt sein, da bei einer grenzüberschreitenden Hereinverschmelzung nach § 122a UmwG ausländische Überträgerin nur eine *Kapitalgesellschaft* im Sinne des Artikels 2 Nr. 1 der Richtlinie 2005/56/EG des Europäischen Parlaments und des Rates vom 26. Oktober 2005 über die Verschmelzung von Kapitalgesellschaften aus verschiedenen Mitgliedstaaten (ABl. EU Nr. L 310 S. 1) sein kann, die nach dem Recht eines Mitgliedstaats der Europäischen Union oder eines anderen Vertragsstaats des Abkommens über den Europäischen Wirtschaftsraum gegründet worden ist. Insoweit sollte der Kreis der nach § 122b Abs. 1 UmwG (herein-)verschmelzungsfähigen Gesellschaften eine Teilmenge der nach § 1 Abs. 2 Satz 1 Nr. 1 UmwStG darstellen.

537 Anders als § 1 Abs. 2 Satz 1 Nr. 1 UmwStG erfordert der persönliche Anwendungsbereich des § 122a UmwG aber lediglich, dass die Kapitalgesellschaft ihren satzungsmäßigen Sitz **oder** ihre Hauptverwaltung oder ihre Hauptniederlassung in einem Mitgliedstaat der Europäischen Union oder einem anderen Vertragsstaat des Abkommens über den Europäischen Wirtschaftsraum hat.[662] § 1 Abs. 2 Satz 1 Nr. 1 UmwStG fordert dagegen, dass sowohl Sitz als auch Ort der Geschäftsleitung innerhalb der EU/EWR[663] sind. Soweit innerhalb des § 122a UmwG deshalb auch Hereinverschmelzungen von EU/EWR-Kapitalgesellschaften möglich sind, die bspw. ihren Sitz oder Verwaltungssitz in ein Drittland verlegt haben, so ist eine Anwendung des UmwStG auf diese Verschmelzung nicht anwendbar.[664]

538 Maßgeblicher Zeitpunkt für die Erfüllung des Ansässigkeitserfordernisses ist der Zeitpunkt der Eintragung der Verschmelzung.[665]

---

[660] Vgl. Rn. 01.23 UmwStE 2011 sowie ausführlicher zu der damit einhergehenden Rechtsunsicherheit für den Rechtsanwender Rn. 105 mit weiteren Verweisen.
[661] Vgl. hierzu bereits Rn. 107 ff.
[662] § 122b Abs. 1 UmwG.
[663] Zu Einzelheiten vgl. Dötsch/Patt/Pung/Möhlenbrock/*Möhlenbrock*, UmwStG, § 1, Rn. 149.
[664] Vgl. Rödder/Herlinghaus/van Lishaut/*Trossen*, UmwStG, § 1 Rn. 166.
[665] Vgl. Rödder/Herlinghaus/van Lishaut/*Trossen*, UmwStG, § 1 Rn. 167.

B. Hereinverschmelzung

b) Besteuerung der übertragenden Gesellschaft

aa) Ansatz zum gemeinen Wert, Buchwert oder Zwischenwert. Für die Besteuerung der ausländischen Überträgerin gilt der Regelungsbereich des § 11 UmwStG. 539

Nach § 11 Abs. 1 UmwStG hat die ausländische Überträgerin die übergehenden Wirtschaftsgüter, mit Ausnahme der Pensionsrückrückstellungen[666], zunächst grundsätzlich mit dem gemeinen Wert anzusetzen.[667] Dadurch muss die ausländische Überträgerin aus deutscher Sicht grundsätzlich einen Übertragungsgewinn oder -verlust über etwaige stille Reserven bzw. stille Lasten in den übergehenden Wirtschaftsgütern realisieren. Der gemeine Wert bestimmt sich nach deutschen Rechtsgrundsätzen.[668] 540

Der Ansatz zum gemeinen Wert erfolgt unabhängig von einem ggf. abweichenden Ansatz nach ausländischem Steuerrecht oder Handelsrecht. 541

Ein Übertragungsgewinn-/verlust unterliegt nach allgemeinen Normen der Besteuerung. Der deutschen Besteuerung sollte ein Übertragungsgewinn nur insoweit unterliegen, als die übergehenden Wirtschaftsgüter der ausländischen Überträgerin bisher in Deutschland steuerverstrickt waren.[669] In unserem Fallbeispiel A würde dies bspw. bezogen auf die deutsche Betriebsstätte (BS2) der Fall sein, da die ausländische Überträgerin mit einem Übertragungsgewinn betreffend die der Betriebsstätte zuordenbaren Wirtschaftsgüter regelmäßig steuerpflichtig ist.[670] Im Ausland wird der nach deutschen Grundsätzen ermittelte Übertragungsgewinn wohl nur dann und insoweit besteuert, als die Verschmelzung bezogen auf die übergehenden Wirtschaftsgüter zunächst einmal nach jeweils einschlägigem ausländischem Steuerrecht ebenfalls zu einer Realisierung eines Gewinns führt[671] und darüberhinaus der jeweilige ausländische Staat auch besteuern darf sowie tatsächlich besteuert. 542

Abweichend vom Ansatz zum gemeinen Wert, kann die ausländische Überträgerin gemäß § 11 Abs. 2 Satz 1 UmwStG die übergehenden Wirtschaftsgüter einheitlich mit dem Buchwert oder einheitlich mit einem Wert zwischen dem gemeinen Wert und dem Buchwert (Zwischenwert) ansetzen, soweit 543

(1) sichergestellt ist, dass *sie* (die aus der Nutzung oder aus der Veräußerung der übergehenden Wirtschaftsgüter erzielten Erträge[672]) später bei der deutschen Übernehmerin der Besteuerung mit Körperschaftsteuer unterliegen; und
(2) das Recht der BRD hinsichtlich der Besteuerung de Gewinns aus der Veräußerung der übertragenen Wirtschaftsgüter bei der deutschen Übernehmerin nicht ausgeschlossen oder beschränkt wird;
(3) eine Gegenleistung nicht gewährt wird oder in Gesellschaftsrechten besteht.

Die Sicherstellung der späteren Besteuerung mit Körperschaftsteuer bei der deutschen Übernehmerin sollte regelmäßig gegeben sein, da die deutsche Übernehmerin unbeschränkt körperschaftsteuerpflichtig ist. Problematisch werden aber die Fälle betrachtet, bei denen eine (Herein-)Verschmelzung auf eine deutsche Übernehmerin erfolgt, die am steuerlichen Übertragungsstichtag[673] Organgesellschaft ist. Die Finanzverwaltung sieht das 544

---

[666] Die Pensionsrückstellungen sind gemäß § 11 Abs. 1 Satz 2 UmwStG zwingend mit dem (Buch-)Wert nach § 6a EStG anzusetzen.
[667] § 11 Abs. 1 UmwStG; vgl. Haritz/Menner/*Bärwaldt*, UmwStG, § 11 Rn. 19 ff.
[668] § 9 Nr. 2 BewG.
[669] Die ausländische Überträgerin wäre insoweit mit dem Übertragungsergebnis im Rahmen ihrer beschränkten Steuerpflicht steuerpflichtig.
[670] § 49 Abs. 1 Nr. 2 EStG.
[671] Das anwendbare Steuerrecht des ausländisches Staates bzw. ggf. mehrerer ausländischer Staaten könnte die Verschmelzung ggf. begünstigen.
[672] Vgl. Dötsch/Patt/Pung/Möhlenbrock/*Dötsch*, UmwStG, § 11 Rn. 44.
[673] Abzustellen ist bei der Beurteilung des Kriteriums der späteren Besteuerung bei der Übernehmerin mit Körperschaftsteuer auf steuerlichen Übertragungszeitpunkt, Rn. 11.05 UmwStE 2011.

Kriterium der späteren Besteuerung bei der Übernehmerin mit Körperschaftsteuer nur dann als erfüllt an, wenn die spätere Besteuerung beim Organträger mit Körperschaftsteuer sichergestellt ist bzw. bei dessen Organträger, wenn dieser wiederum Organgesellschaft ist. Im Falle eines einkommensteuerpflichtigen Organträgers lässt die Finanzverwaltung ein Buchwertansatz nur im Wege einer Billigkeitsregelung zu.[674] Von Bedeutung ist dies dann, wenn die ausländische Überträgerin inländisches steuerverhaftetes Vermögen überträgt, welches bei Ansatz zum gemeinen Wert zu einer Besteuerung stiller Reserven führen würde, obwohl die deutsche Besteuerung innerhalb des Organkreises weiter gegeben wäre. Aber auch wenn kein im Inland steuerverstricktes Vermögen vorhanden ist, könnte die Sicht der Finanzverwaltung dann (ungerechtfertigt) nachteilhaft sein, wenn dadurch ein höherer Übernahmegewinn entstünde (siehe unten).

545 Auch die zweite Voraussetzung sollte bei Hereinverschmelzungen regelmäßig erfüllt sein. Dies liegt daran, dass es sich bei den übergehenden Wirtschaftsgütern der ausländischen Überträgerin oftmals um ausländisches Betriebsvermögen handelt, das bisher nicht in Deutschland der Besteuerung unterlegen hat (siehe Fallbeispiel B mit ausschließlich ausländischem Vermögen). Insoweit kann das Besteuerungsrecht der BRD denklogisch nicht ausgeschlossen oder beschränkt werden und ist ein Ansatz zum Buch- oder Zwischenwert grundsätzlich möglich.[675] Für Betriebsvermögen der ausländischen Gesellschaft, welches in Deutschland steuerverstrickt ist (beispielsweise BS2 im Fallbeispiel A), wird das Besteuerungsrecht ebenfalls nicht beschränkt oder ausgeschlossen (eher verstärkt); ein Ansatz zum Buch- oder Zwischenwert sollte auch insoweit bei Hereinverschmelzungen möglich sein.

546 Der Ansatz zum Buchwert erfolgt nur auf Antrag der ausländischen Überträgerin[676]. Wird kein Antrag gestellt oder wird der Antrag zu spät oder formal unwirksam gestellt, gelten (auch) die Wirtschaftsgüter bzgl. derer ein Wahlrecht zum Ansatz mit dem Buch- oder Zwischenwert grundsätzlich besteht, als nach § 11 Abs. 1 UmwStG mit dem gemeinen Wert angesetzt.

547 Der ggf. gewählte Buchwert bestimmt sich nach deutschem Recht[677]. Buchwerte, die die ausländische Überträgerin etwa nach ausländischem Steuer- oder Handelsrecht angesetzt hat, sind ohne Bedeutung. Der Ansatz zum Buchwert oder Zwischenwert ist auch nicht davon abhängig, ob die ausländische Überträgerin nach ausländischem Steuerrecht einen gewinnrealisierenden Ansatz etwa zum nach deutschem Verständnis gemeinen Wert wählt oder vornehmen muss und ob und wie eine etwaige Gewinnrealisierung nach ausländischem Recht besteuert wird.

548 Wird ein Antrag auf Buchwertansatz gewählt, ergeben sich jedoch praktische Probleme, da die ausländische Überträgerin in aller Regel zuvor wohl keine deutsche steuerliche Gewinnermittlung vorgenommen (mit Ausnahme von ggf. der inländischen Besteuerung unterliegendem Vermögen). Auf die Ausführungen unter Rn. 552 ff. wird verwiesen.

549 Das Ansatzwahlrecht ist zwingend einheitlich auszuüben[678]. Die einheitliche Ausübung des Wahlrechts bezieht sich dabei konsequenterweise auf alle diejenigen übergehenden Wirtschaftsgüter, bezüglich derer die Voraussetzungen des § 11 Abs. 2 Satz 1 UmwStG erfüllt sind. Innerhalb dieser Wirtschaftsgüter ist es nicht möglich, das Wahlrecht unterschiedlich auszuüben.[679] Die zwingende einheitliche Wahlrechtsausübung führt bei Her-

---

[674] Rn. 11.08 UmwStE 2011.
[675] Siehe bereits Dötsch/Patt/Pung/Möhlenbrock/*Dötsch/Pung*, UmwStG § 3 Rn. 38.
[676] § 11 Abs. 3 iVm § 3 Abs. 2 Satz 2 UmwStG, aufgrund der Auflösung der ausländischen Überträgerin infolge der Verschmelzung und Rechtsnachfolge der deutschen Übernehmerin wird das Wahlrecht faktisch durch die deutsche Übernehmerin ausgeübt.
[677] § 1 Abs. 5 Nummer 4 UmwStG.
[678] § 11 Abs. 2 UmwStG „einheitlich", so auch Rn. 11.06 iVm Rn. 03.13 UmwStE 2011.
[679] Rn. 03.13 iVm Rn. 11.06 UmwStE 2011.

einverschmelzungen dann zu unerwünschten Nachteilen, wenn die ausländische Überträgerin inländisches (steuerverhaftetes) Betriebsvermögen und ausländisches (bisher nicht steuerverhaftetes) Betriebsvermögen überträgt, dass infolge oder nach der Verschmelzung in Deutschland der Besteuerung unterliegt: bezogen auf das ausländische Betriebsvermögen hat die deutsche Übernehmende wohl folglich regelmäßig das Interesse, etwaige in der Vergangenheit geschaffene stille Reserven nicht in die deutsche Besteuerung „hereinzuziehen"[680] und deshalb nicht den Buchwert anzusetzen. Im Beispielsfall A wäre dies bspw. für die Beteiligungen an den Tochtergesellschaften der Fall, für die Deutschland nach der Verschmelzung grundsätzlich das Besteuerungsrecht erhalten dürfte. Die erforderliche Einheitlichkeit der Wahlrechtsausübung würde aber für die Vermeidung der Steuerverhaftung der Beteiligungen erfordern, dass insgesamt kein Antrag zum Buchwertansatz gestellt wird, was im Beispielsfall A dann aber zur Aufdeckung und Versteuerung stiller Reserven im inländischen Betriebsvermögen (BS2) führen würde.

Hat die ausländische Überträgerin neben dem ausländischen Vermögen kein in Deutschland verstricktes Betriebsvermögen (wie im Fallbeispiel B), so dürfte dem (einheitlichen) Ansatz des gemeinen Wertes nichts entgegenstehen. Allenfalls ergibt sich dadurch aber ein höherer Übernahmegewinn bei der deutschen Übernehmerin.[681] **550**

Eine Vermeidung der Verstrickung bisheriger stiller Reserven kann sich zudem u.E. unter Anwendung der allgemeinen Verstrickungsnormen auf Ebene der Übernehmenden ergeben[682], so dass möglichen „Ansatzkonflikten" zwischen einzelnen Wirtschaftsgütern aufgrund der erforderlichen einheitlichen Wahlrechtsausübung insoweit aus dem Wege gegangen werden könnte. **551**

bb) Erstellung einer steuerlichen Schlussbilanz. Die ausländische Überträgerin ist verpflichtet, auf den steuerlichen Übertragungsstichtag[683] eine **steuerliche Schlussbilanz** aufzustellen, in welcher die übergehenden Wirtschaftsgüter mit dem jeweiligen Ansatz (gemeiner Wert, Buchwert oder Zwischenwert) ausgewiesen sind.[684] **552**

Nach Auffassung der **Finanzverwaltung** ist eine Schlussbilanz nur dann (ausnahmsweise) nicht erforderlich, wenn sie (insgesamt, also sowohl für die Übertragende, die Übernehmende und die Gesellschafter) nicht für inländische Besteuerungszwecke erforderlich ist.[685] Für Hereinverschmelzungen fordert die Finanzverwaltung jedoch explizit, dass die ausländische Überträgerin eine steuerliche Schlussbilanz (unter Zugrundelegung deutschen Steuerrechts) erstellt.[686] **553**

---

[680] Eine solche erstmalige Verstrickung würde sich dann ergeben, wenn Deutschland infolge bzw. nach der Umwandlung das Besteuerungsrecht bezogen auf das ausländische Betriebsvermögen hätte. Im Fallbeispiel A und B wäre dies beispielsweise in Bezug auf BS 1 möglich, wenn Deutschland mit Land 3 die Anrechnungsmethode im DBA vereinbart hat oder aber kein DBA besteht. Denkbar wäre aber auch eine Steuerverstrickung der Beteiligungen T1, T2 und T3, wenn diese infolge bzw. nach der Hereinverschmelzung funktional keiner Betriebsstätte in Land 2 zuordenbar wären.

[681] Nur in den Fällen einer *Up-Stream*-Verschmelzung bzw. einer Hereinverschmelzung, bei der die deutsche Übernehmerin an der ausländischen Überträgerin beteiligt ist.

[682] Zur detaillierten Diskussion über Verstrickung nach allgemeinen Verstrickungsnormen bei der übernehmenden Gesellschaft und Vermeidung der Verstrickung stiller Reserven durch allgemeine Entstrickungsnormen bei der übernehmenden Gesellschaft, § 4 Abs. 1 Satz 7 EStG und § 12 Abs. 1 KStG unter Rn. 123 ff.

[683] Bezüglich des steuerlichen Übertragungsstichtages verweisen wir auf die Ausführungen unter Rn. 558 ff. in diesem Abschnitt. Aufgrund der Auflösung der ausländischen Überträgerin und der Rechtsnachfolge der deutschen Übernehmerin wird die Schlussbilanz in der Praxis regelmäßig von der deutschen Übernehmerin aufgestellt werden.

[684] Das UmwStG differenziert nicht zwischen rein inländischen Umwandlungen und Umwandlungen mit Auslandsbezug, so dass sich keine Ausnahme für die ausländische Überträgerin ergeben, vgl. Rödder/Herlinghaus/van Lishaut/*Rödder*, UmwStG, § 11 Rn. 59.

[685] Rn. 11.02 Satz 2 UmwStE 2011 iVm Rn. 03.02 UmwStE 2011.

[686] Rn. 11.02 Satz 3 UmwStE 2011.

554 In der **Praxis** hat die Schlussbilanz für die ausländische Überträgerin zumeist nur dann eine **Bedeutung**, wenn sie im Inland steuerverhaftetes Vermögen hat. Im Fallbeispiel A wäre dies bezogen auf BS2 der Fall, da insoweit auch deutsche Besteuerungsfolgen für die ausländische Überträgerin aus der Schlussbilanz eintreten. Die Schlussbilanz der ausländischen Überträgerin hat jedoch stets auch Auswirkungen auf die deutsche Besteuerung der deutschen Übernehmerin (Ansatz der übernommenen künftig ggf. steuerverstrickten Wirtschaftsgüter (siehe oben), Übernahmegewinn etc.) oder ggf. auch auf einen deutschen Gesellschafter der ausländischen Überträgerin (zB im Rahmen der dt. Hinzurechnungsbesteuerung).

555 Bei Hereinverschmelzungen wird aber schnell deutlich, dass die Erstellung der Schlussbilanz in **praktischer Hinsicht** sehr viele **Probleme** mit sich bringt, insbesondere, wenn ein Ansatz zu Buchwerten gewählt wird. Die ausländische übertragende Gesellschaft hat in den seltensten Fällen eine Gewinnermittlung nach deutschem Steuerrecht durchgeführt oder aber nur teilweise. Regelmäßig dürfte die ausländische Gesellschaft nur eine nach jeweiligem (ausländischem) Handelsrecht zu erstellende (ausländische) Handelsbilanz aufstellen sowie je nach ausländischem Recht eine Steuerbilanz oder eine Überleitung der (ausländischen) Handelsbilanz für steuerliche Zwecke.

556 Die Pflicht zur Aufstellung einer Schlussbilanz nach deutschen Gewinnermittlungsgrundsätzen erfordert deshalb grundsätzlich, dass die ausländische Überträgerin einen (deutschen) **steuerlichen Betriebsvermögensvergleich** (ab Gründung der ausländischen Überträgerin) durchführt. Für die deutsche steuerliche Gewinnermittlung besteht der Grundsatz der Maßgeblichkeit der Handelsbilanz nach HGB. Insoweit würde auch eine Erstellung einer Handelsbilanz oder ein Überleitung der Handelsbilanz nach ausländischem Recht auf eine Handelsbilanz nach HGB als Ausgangspunkt für die steuerliche Gewinnermittlung erforderlich sein.

557 Eine **Vereinfachungsregelung** ergibt sich aus dem Gesetz nicht, und hat auch die FinVerw im UmwStE (erwartungsgemäß) nicht zugelassen. In der Praxis wird es dennoch regelmäßig zu einer pragmatischen Lösung kommen, da bereits die notwendigen Informationen für die Nachholung eines nach deutschen steuerlichen Grundsätzen erforderlichen Betriebsvermögensvergleichs oftmals nicht mehr verfügbar sind. Eine solche Lösung wird wohl regelmäßig darin bestehen, dass die ausländische Überträgerin ihre Handelsbilanz (sofern diese auf den aus deutscher steuerlicher Sicht maßgeblichen Übertragungszeitpunkt erstellt wurde) als Ausgangspunkt für die Schlussbilanz heranziehen wird und davon ausgehend eine Überleitung zu deutschen Steuerbilanzansätzen vornimmt bzw. nachweisen muss, dass die in der ausländischen Handelsbilanz ausgewiesenen Ansätze deutschen Gewinnermittlungsvorschriften entsprechen.

558 **cc) Steuerliche Rückbeziehung.** Gemäß § 2 Abs. 1 Satz 1 UmwStG sind das Einkommen und das Vermögen der übertragenden Kapitalgesellschaft sowie der übernehmenden Kapitalgesellschaft so zu ermitteln, als ob das Vermögen mit Ablauf des Stichtages der Bilanz, die dem Vermögensübergang zu Grunde liegt (**steuerlicher Übertragungsstichtag**), ganz oder teilweise auf den übernehmenden Rechtsträger übergangen wäre. Die Regelungen sind zwingend. Gemäß § 2 Abs. 1 Satz 2 UmwStG gilt dies auch für die Gewerbesteuer.

559 Bis zur Einführung des SEStEG war die Regelung mangels Anwendbarkeit des UmwStG auf ausländische/grenzüberschreitende Umwandlungen faktisch nur auf inländische Umwandlungen anwendbar. Sie war bzw. ist insoweit in Zusammenhang mit § 17 Absatz 2 UmwG zu sehen. Danach ist der Anmeldung der Verschmelzung beim Handelsregister der **übertragenden** (deutschen) **Gesellschaft** eine (handelsrechtliche) Schlussbilanz beizufügen (Satz 1), die jedoch auf einen Bilanzstichtag aufgestellt sein muss, der

B. Hereinverschmelzung

höchstens 8 Monate vor dem **Tag der Anmeldung** liegt (Satz 4). Diese Schlussbilanz bestimmt regelmäßig auch den handelsrechtlichen Verschmelzungsstichtag, als den Tag, der auf den Tag der Schlussbilanz folgt.[687] Diese Schlussbilanz ist diejenige, auf die sich § 2 Abs. 1 Satz 1 UmwStG bezieht. Regelmäßig findet man den Stichtag der der Umwandlung zugrundegelegten Schlussbilanz im Verschmelzungsvertrag.[688]

Wesentliche Rechtsfolge aus § 2 Abs. 1 Satz 1 UmwStG in Zusammenhang mit der Bezugnahme auf die nach § 17 Abs. 2 UmwG zugrundegelegte Schlussbilanz ist die **Rückbeziehung** des steuerlichen Übertragungsstichtags auf den Ablauf eben dieses Bilanzstichtages und die Ermittlung von Einkommen und Vermögen, als ob die Übertragung des Vermögens der übertragenden Gesellschaft auf die übernehmende Gesellschaft – ungeachtet des ggf. erst später geschlossenen Verschmelzungsvertrages und/oder der späteren Anmeldung und Eintragung der Verschmelzung beim Handelsregister[689] – mit Ablauf dieses steuerlichen Übertragungsstichtages erfolgt wäre. Die übertragende Gesellschaft gilt – trotz zivilrechtlichen Fortbestehens bis zur Eintragung der Verschmelzung – als mit Ablauf des steuerlichen Übertragungsstichtages für (ertrag-)steuerliche Zwecke quasi nicht mehr existent; Einkommen und Vermögen der übertragenden Gesellschaft gelten ab dem steuerlichen Übertragungsstichtag als der übernehmenden Gesellschaft zugerechnet.[690]

560

Im Ergebnis regelt § 2 Abs. 1 UmwStG in Durchbrechung des Grundsatzes, dass ein einmal verwirklichter Sachverhalt nicht rückwirkend verändert werden kann, die steuerliche Rückwirkung von Umwandlungen von Körperschaften[691] in bestimmten Fällen und für bestimmte Steuerarten. Diese Regelungen dient der Praktikabilität.[692]

561

§ 2 Abs. 1 UmwStG ist im Zuge der Einführung des SEStEG unverändert geblieben. Die Regelung differenziert insofern nicht zwischen inländischen Umwandlungen und infolge des SEStEG zusätzlich unter das UmwStG fallenden ausländischen oder grenzüberschreitenden Umwandlungen; eine zwingende Rückbeziehung des steuerlichen Übertragungsstichtags ergibt sich – bei Vorliegen der Voraussetzungen des § 2 Abs. 1 UmwStG – deshalb grundsätzlich auch in Fällen der hier besprochenen Hereinverschmelzungen. Führt die Anwendung des § 2 Abs. 1 UmwStG für die Hereinverschmelzung zunächst zu einer Rückbeziehung (auf den Tag der Schlussbilanz), ist aber zusätzlich § 2 Abs. 3 UmwStG zu beachten (siehe unten).

562

Für die Bestimmung des steuerlichen Übertragungsstichtages bei Hereinverschmelzungen kommt es gleichermaßen auf die der Verschmelzung zugrundegelegte Schlussbilanz an. Das UmwG und damit § 17 Abs. 2 UmwG finden auf die ausländische Überträgerin jedoch keine Anwendung.[693] Die Verschmelzung richtet sich insoweit nach **ausländischem Gesellschaftsrecht.** § 2 Abs. 1 Satz 1 UmwStG knüpft folglich an das ausländische Gesellschaftsrecht an; für die Frage, ob und innerhalb welchen Zeitrahmens die Verschmelzung gemäß § 2 Abs. 1 Satz 1 UmwStG auf eine in der Vergangenheit liegende Schlussbilanz zurück zu beziehen ist, sind allein die Regelungen des ausländischen Gesellschaftsrechts maßgeblich.[694]

563

---

[687] Vgl. Henssler/Strohn/*Heidinger*, UmwG, § 17 Rn. 30.
[688] § 5 Abs. 1 Nr. 6 UmwG, vgl. Henssler/Strohn/*Heidinger*, UmwG, § 17 Rn. 23.
[689] Die Eintragung im Handelsregister bzw. ggf. bereits die Schließung der Verschmelzungsverträge würden sonst – unter Anwendung der allgemeinen Grundsätze zum Übergang des wirtschaftlichen Eigentums – den steuerlichen Übertragungsstichtag bestimmen.
[690] Zu den Einzelheiten zur Festlegung/Bestimmung des steuerlichen Übertragungsstichtages und den Rechtsfolgen wird auf die einschlägige Kommentarliteratur verwiesen.
[691] Vgl. Dötsch/Patt/Pung/Möhlenbrock/*Dötsch*, UmwStG, § 2 Rn. 22.
[692] Vgl. Dötsch/Patt/Pung/Möhlenbrock/*Dötsch*, UmwStG, § 2 Rn. 2ff.
[693] Vgl. Semler/Stengel/*Drinhausen*, UmwG, § 122c Verschmelzungsplan Rn. 24.
[694] Vgl. anstatt vieler Rödder/Herlinghaus/van Lishaut/*van Lishaut*, UmwStG, § 2 Rn. 102.

564 Da auf das ausländische Gesellschaftsrecht abgestellt wird, kann der sich folglich nach § 2 Abs. 1 UmwStG ergebende **Rückbeziehungszeitraum** grundsätzlich auch länger oder kürzer als die nach § 17 Abs. 2 UmwG möglichen acht Monate sein, etwa wenn die Schlussbilanz nach ausländischem Gesellschaftsrecht frei gewählt werden darf oder aber älter oder jünger als acht Monate sein kann. Auch insoweit ist die Rückbeziehung nach § 2 Abs. 1 UmwStG grundsätzlich zwingend[695].

565 Ist nach ausländischem Gesellschaftsrecht keine Schlussbilanz zu erstellen, wäre § 2 Abs. 1 UmwStG nach dem Wortlaut nicht anwendbar und eine steuerliche Rückbeziehung nicht gegeben.[696] Denkbar wäre in solchen Fällen, dass es für die Anwendung des § 2 Abs. 1 Satz 1 UmwStG genügt, wenn zwar keine Schlussbilanz zugrundegelegt wurde, für die Hereinverschmelzung aber ein handelsrechtlicher Verschmelzungsstichtag bestimmt ist.[697] Auffallend erscheint insoweit die Rn. 02.07 im UmwStE 2011, mit der die Finanzverwaltung innerhalb der sonst sehr spärlichen Ausführungen zur Anwendung des § 2 Abs. 1 UmwStG auf ausländische Umwandlungen scheinbar eine Hilfestellung geben möchte, dass der Verschmelzungsstichtag (bei ausländischen Verschmelzungen) regelmäßig aus dem Verschmelzungsvertrag oder -plan entnommen werden kann. Das verwundert schon deshalb, als zuvor klargestellt wird, dass es auf den handelsrechtlichen Umwandlungsstichtag für die Bestimmung des steuerlichen Übertragungsstichtages nicht ankommt[698], sondern auf den Tag der Schlussbilanz. Ob daraus aber abgeleitet werden kann, dass die Finanzverwaltung sich für Zwecke des § 2 Abs. 1 UmwStG (in Fällen ohne Schlussbilanz) am handelsrechtlichen Umwandlungsstichtag orientieren will, ist wohl dennoch mehr als zweifelhaft. Im Hinblick auf den ursprünglichen Zweck der Vorschrift, der Vereinfachung, wäre eine solche vereinfachende Vorgehensweise jedoch wünschenswert.

566 Ist § 2 Abs. 1 UmwStG nicht anwendbar, bestimmt sich der steuerliche Übertragungsstichtag entsprechend nach den **allgemeinen Grundsätzen** zum Übergang des wirtschaftlichen Eigentums von Wirtschaftsgütern, wobei regelmäßig der Tag der Eintragung der Verschmelzung bei dem für die deutsche Übernehmerin[699] zuständigen Handelsregister der (letztmögliche[700]) Zeitpunkt sein sollte.

---

[695] Eine solche nach ausländischem Gesellschaftsrecht längere oder kürzere Rückbeziehung ist auch unschädlich in Bezug auf die Vergleichbarkeit eines etwaigen ausländischen Vorgangs, vgl. Rn. 01.41 UmwStE 2011.

[696] Vgl. Rödder/Herlinghaus/van Lishaut/*van Lishaut*, UmwStG, § 2 Rn. 102.

[697] Nach § 122c Abs. 2 Nr. 6 UmwG ist bei grenzüberschreitenden Verschmelzungen mit deutscher Übertragerin mindestens der Verschmelzungsstichtag zu bestimmen; im Falle einer deutschen Übertragerin würde dies regelmäßig der Tag nach dem Tag sein, auf die nach § 17 Abs. 2 UmwG zugrundegelegte Bilanz erstellt wurde. Die Vorschrift des § 122c Abs. 2 Nr. 6 UmwG entspricht Artikel 5 Buchstabe f der Richtlinie 2005/56/EG des Europäischen Parlaments und des Rates vom 26. Oktober 2005, die von den Mitgliedstaaten umzusetzen war. Insoweit ist davon auszugehen, dass nach dem jeweils ausländischem Gesellschaftsrecht ebenfalls mindestens stets ein Verschmelzungsstichtag zu bestimmen ist, selbst wenn keine Schlussbilanz zu erstellen ist. Vgl. jedoch Dötsch/Patt/Pung/Möhlenbrock/*Dötsch*, UmwStG, § 2 Rn. 23, der selbst bei Verschmelzungen, für die eine Schlussbilanz nach dem Gesellschaftsrecht erforderlich ist und die trotz fehlender Schlussbilanz eingetragen wurden, eine Rückbeziehung ausschließt.

[698] Vgl. Rn. 02.01/Rn. 02.07 Satz 1 UmwStE 2011.

[699] Die Verschmelzung ist grundsätzlich sowohl im Handelsregister der ausländischen Übertragerin als auch – danach folgend – im Handelsregister der deutschen Übernehmerin einzutragen. Zwischen den Eintragungen können zuweilen Wochen bis Monate liegen. Nach Artikel 12 iVm Artikel 14 der Richtlinie 2005/56/EG des Europäischen Parlaments und des Rates vom 26. Oktober 2005 bestimmt sich der Zeitpunkt der Wirksamkeit der Verschmelzung nach dem Recht des Mitgliedstaats im Falle der (Herein-)Verschmelzung nach Deutschland somit nach deutschem Recht. Gemäß § 122l UmwG ist die Verschmelzung mit Eintragung in das Handelsregister der übernehmenden wirksam, vgl. Henssler/Strohn/*Heidinger*, UmwG, § 122l Rn. 18.

[700] Das wirtschaftliche Eigentum kann ggf. auch bereits vor Eintragung in das Handelsregister übergangen sein.

Ungeachtet der Bestimmung des steuerlichen Übertragungsstichtages nach § 2 Abs. 1 UmwStG oder aber ungeachtet der allgemeinen Regelungen (wenn § 2 Abs. 1 UmwStG nicht anwendbar ist), bestimmen sich die steuerlichen Folgen der Hereinverschmelzung einschließlich der Bestimmung des steuerlichen Übertragungsstichtags im Ausland wohl eigenständig auch nach ausländischem Steuerrecht. Da es keine Abstimmung der steuerlichen Regelungen innerhalb der EU gibt[701], wird deutlich, dass der steuerliche Übertragungsstichtag nach ausländischem Recht und deutschem Recht wohl in den seltensten Fällen übereinstimmen dürfte. Dies wird umso wahrscheinlicher, wenn von der Umwandlung weitere Staaten betroffen sind, beispielsweise bei einer Betriebsstätte in einem weiteren EU/EWR oder Drittland (im Fallbeispiel die BS 1 in Land 3), welches wiederum seine eigenen Bestimmungen anwendet. Denkbar wären bei Hereinverschmelzungen beispielsweise folgende Konstellationen: **567**

(1) eine Rückwirkung nach § 2 Abs. 1 UmwStG ist zwingend, aber der ausländische Staat lässt eine steuerliche Rückbeziehung der Verschmelzung nicht zu
(2) eine Rückwirkung nach § 2 Abs. 1 UmwStG ist zwingend, aber der ausländische Staat sieht eine steuerliche Rückbeziehung der Verschmelzung nur auf einen früheren Stichtag als nach § 2 Abs. 1 UmwStG zu
(3) eine Rückwirkung nach § 2 Abs. 1 UmwStG ist zwingend, aber der ausländische Staat sieht eine steuerliche Rückbeziehung der Verschmelzung nur auf einen späteren Stichtag als nach § 2 Abs. 1 UmwStG zu
(4) eine Rückwirkung nach § 2 Abs. 1 UmwStG greift nicht, aber der ausländische Staat erfordert zwingend eine Rückwirkung;
(5) eine Rückwirkung nach § 2 Abs. 1 UmwStG und nach ausländischem Recht greift nicht, die Anwendung der jeweils allgemeinen Regelungen führt jedoch im Ausland zu einem jüngeren Übertragungsstichtag als in Deutschland;
(6) eine Rückwirkung nach § 2 Abs. 1 UmwStG und nach ausländischem Recht greift nicht, die Anwendung der jeweils allgemeinen Regelungen führt jedoch im Ausland zu einem älteren Übertragungsstichtag als in Deutschland

Das **Auseinanderfallen** des **steuerlichen Übertragungsstichtages** führt grundsätzlich dazu, dass der ausländische Staat und Deutschland das Einkommen und Vermögen der übertragenden ausländischen Gesellschaften ganz oder teilweise ab unterschiedlichen Zeitpunkten der deutschen Übernehmerin zurechnen. Dabei könnte Einkommen und Vermögen für einen gewissen Zeitraum (ganz oder teilweise) steuerlich weder im Ausland noch in Deutschland erfasst werden (möglicherweise Fälle Rn. 567, (2), (4), (5)) oder aber Einkommen und Vermögen könnten für einen gewissen Zeitraum doppelt erfasst werden (möglicherweise Fälle Rn. 567, (1), (3), (6)). Dies ist im Einzelfall unter Berücksichtigung einschlägiger Doppelbesteuerungsabkommen zu prüfen. **568**

Dem Gesetzgeber war die Möglichkeit des Auseinanderfallens des steuerlichen Übertragungsstichtages bewusst. Mit § 2 Abs. 3 UmwStG hat er entsprechend versucht, eine gesetzliche Regelung zur (punktuellen) Vermeidung solcher Situationen zu schaffen. § 2 Abs. 3 UmwStG gilt nach dem Gesetzeswortlaut nur für die Fälle, in denen Einkünfte[702] aufgrund eines von § 2 Abs. 1 UmwStG unterschiedlichem Übertragungsstichtag im Ausland (und in Deutschland) nicht erfasst werden (sogenannten weiße Einkünfte).[703] **569**

---

[701] Vgl. ein Überblick über steuerliche Rückwirkungsregelungen *von Brocke/Göbel/Ungemach/von Cossel* DStZ 2011, 684.
[702] Laufende Einkünfte im Rückwirkungszeitraum, vgl. Dötsch/Patt/Pung/Möhlenbrock/*Dötsch*, UmwStG, § 2 Rn. 82.
[703] So auch bedauerlicherweise die Gesetzesbegründung sowie UmwStE, eine gesetzlich geregelte Vermeidung einer Doppelbesteuerung von Einkünften war nicht beabsichtigt.

570 Bei Hereinverschmelzungen dürfte sich die praktische Anwendung der Regelung auf die Fälle beschränken, in denen der steuerliche Übertragungsstichtag nach ausländischem Recht vor dem sonst nach § 2 Abs. 1 UmwStG zwingenden steuerlichen Übertragungsstichtag liegt (Fall Rn. 567, (2)). Die übrigen Fälle bleiben von § 2 Abs. 3 UmwStG unberührt, insoweit bleibt das Vorhandensein von nicht besteuerten oder doppelt besteuerten Einkünften zunächst bestehen bzw. ist außerhalb des UmwStG zu lösen.[704]

571 Zudem regelt der Gesetzeswortlaut des § 2 Abs. 3 UmwStG für diesen Fall nicht eindeutig, wie der steuerliche Übertragungszeitpunkt anstelle der (suspendierten) zwingenden Rückbeziehung nach § 2 Abs. 1 UmwStG zu bestimmen ist. Grundsätzlich denkbare Rechtsfolgen bei Hereinverschmelzungen könnte die Anwendung der Grundsätze zum Übergang des wirtschaftlichen Eigentums an Wirtschaftsgütern (regelmäßig spätestens die Eintragung) oder aber eine (erweiterte) Rückbeziehung über § 2 Abs. 1 UmwStG hinaus auf den früheren ausländischen Übertragungsstichtag sein.[705]

572 Für die Anwendung der Grundsätze zum Übergang des **wirtschaftlichen Eigentums** an Wirtschaftsgütern spricht, dass die zwingende Rückwirkung nach § 2 Abs. 1 UmwStG lediglich suspendiert wird und mangels anderweitiger Regelung die allgemeinen Grundsätze zur Anwendung kommen sollten. Das Gesetzesziel dürfte insoweit jedoch nicht erfüllt werden, da dies lediglich zu einer Vergrößerung des Zeitraums der weißen Einkünfte führt und deshalb nicht vom Gesetzgeber gewollt sein kann. Für die weitergehende Rückbeziehung auf den früheren ausländischen Übertragungsstichtag spricht, dass insoweit der Gesetzeszweck erfüllt würde und eine Nichtbesteuerung der Einkünfte vermieden würde. Eine solche (weitergehende) Rückbeziehung auf den noch früheren ausländischen Übertragungsstichtag ist indes nicht vom Gesetzeswortlaut gedeckt.[706] Die Vorschrift des § 2 Abs. 3 UmwStG dürfte für Hereinverschmelzungen somit insgesamt keine hinreichende Grundlage bilden, eine mögliche Nichtbesteuerung weißer Einkünfte wirksam zu vermeiden.

573 § 2 Abs. 3 UmwStG regelt ebenfalls nicht, was in den Fällen passiert, in denen Einkünfte infolge des Auseinanderfallens von Rückbeziehungszeiträumen **doppelt besteuert** werden. Dies ist etwa der Fall, wenn der steuerliche Übertragungsstichtag aus deutscher steuerlicher Sicht vor dem steuerlichen Übertragungsstichtag nach ausländischem Steuerrecht liegt (Fälle Rn. 567, (1), (3), (6)). Auch der UmwStE 2011 enthält zu diesem Problem keine Aussage. Deshalb ist davon auszugehen, dass die Finanzverwaltung die Fälle der Doppelbesteuerung hinnehmen wird. Bei Hereinverschmelzungen wird sich eine tatsächliche Doppelbesteuerung dann ergeben, wenn und soweit die Einkünfte bei der deutschen Übernehmerin nicht nach einem DBA freizustellen sind, etwa weil ein DBA nicht anwendbar ist oder keine bzw. nur eine teilweise Freistellung möglich ist.

574 Die Rückbeziehungsregelungen des § 2 Abs. 1 und Abs. 3 UmwStG gelten nur für Steuern vom Einkommen und Vermögen sowie für die Gewerbesteuer, nicht dagegen für Verkehrssteuern wie die Grunderwerbsteuer und die Umsatzsteuer.[707]

c) Besteuerung der übernehmenden Gesellschaft

575 **aa) Bewertung des übernommenen Vermögens/Wertverknüpfung.** Die Besteuerungsfolgen bei der deutschen Übernehmerin regelt § 12 UmwStG. Nach § 12 Abs. 1 S. 1

---

[704] Unter Anwendung einschlägiger Doppelbesteuerungsabkommen bzw. durch Verständigungs- oder Schiedsverfahren.
[705] Vgl. Dötsch/Patt/Pung/Möhlenbrock/*Dötsch*, UmwStG, § 2 Rn. 84.
[706] Vgl. Haritz/Menner/*Slabon* UmwStG, § 2 Rn. 108 und Dötsch/Patt/Pung/Möhlenbrock/*Dötsch*, UmwStG, § 2 Rn. 85.
[707] § 2 Abs. 1 Satz 1 und 2 UmwStG; vgl. Dötsch/Patt/Pung/Möhlenbrock/*Dötsch*, UmwStG, § 2 Rn. 17.

UmwStG hat die deutsche Übernehmerin die auf sie übergehenden Wirtschaftsgüter, mit den nach § 11 UmwStG in der steuerlichen Schlussbilanz der ausländischen Überträgerin enthaltenen Werten am steuerlichen Übertragungsstichtag in ihrer Steuerbilanz anzusetzen. Eine Wertverknüpfung zu einer ggf. nach ausländischem Steuerrecht zu erstellenden steuerlichen (Schluss-)Bilanz besteht nicht.[708]

Zur Frage, inwieweit die übernehmende Kapitalgesellschaft an den **Wertansatz** in der steuerlichen Übertragungsbilanz **gebunden** ist, bestehen für solche Wirtschaftsgüter, die *im Zuge der* Verschmelzung erstmals in Deutschland steuerverstrickt werden, jedoch gegensätzliche Auffassungen. Nach dem Wortlaut des § 12 Abs. 1 S. 1 UmwStG ist die übernehmende Kapitalgesellschaft grds. an den Wertansatz der übertragenden Kapitalgesellschaft gebunden. Da in der steuerlichen Übertragungsbilanz der Wertansatz nur einheitlich erfolgen kann, ist für ausländisches Vermögen strittig, ob die allgemeine Regelung in § 12 Abs. 1 S. 1 UmwStG durch die speziellen Regelungen zur Verstrickung in § 4 Abs. 1 S. 8 EStG iVm § 6 Abs. 1 Nr. 5a EStG verdrängt wird und,[709] insoweit unabhängig von dem Wertansatz in der steuerlichen Übertragungsbilanz auf Ebene der übernehmenden Gesellschaft, ein Ansatz zum gemeinen Wert erfolgen muss.[710] 576

Nach einer Auffassung finden die **allgemeinen Regelungen zur Verstrickung** in § 4 Abs. 1 S. 8 EStG iVm § 6 Abs. 1 Nr. 5a EStG neben den umwandlungsteuerlichen Bewertungsvorschriften auf Ebene der übernehmenden Gesellschaft Anwendung, soweit Deutschland an den Wirtschaftsgütern der übertragenden Gesellschaft ein erstmaliges Besteuerungsrecht begründet.[711] Begründet wird diese Auffassung mit der andernfalls drohenden Doppelbesteuerung, die eintreten kann, wenn Wirtschaftsgütern, die im Ausland ggf. schon einer Entstrickungsbesteuerung unterlegen haben, in Deutschland mit dem Buchwert angesetzt werden und damit die zum Zeitpunkt der Verschmelzung bestehenden, im Ausland entstandenen, stillen Reserven bei einer späteren Veräußerung der Besteuerung in Deutschland unterliegen könnten. Hiervon umfasst sind also insbesondere Fälle, bei denen die übertragende Kapitalgesellschaft über Betriebsvermögen verfügt, das im Verhältnis zu Deutschland in einem Staat belegen ist, mit dem Deutschland ein DBA geschlossen hat, in dem für Einkünfte (einschließlich der Veräußerungsgewinne) aus diesen Wirtschaftsgütern die Anrechnungsmethode vorgesehen ist oder in einem Staat belegen ist zu dem kein Abkommensschutz besteht; nicht jedoch Wirtschaftsgüter die in einer ausländischen Betriebsstätte belegen sind, für dessen Staat ein DBA mit vereinbarter Freistellungsmethode besteht. Da es für solche Wirtschaftsgüter zu einer erstmaligen Verstrickung kommt und im Umwandlungsteuergesetz keine spezialgesetzliche Verstrickungsregel 577

---

[708] Vgl. SHS/*Schmitt*, UmwStG § 11, Rn. 15; *Viebrock/Hagemann* FR 2009, 737, 744.

[709] Relevant ist diese Fragestellung insbesondere für Betriebsvermögen im Sitzstaat der EU/EWR-Kapitalgesellschaft soweit kein DBA besteht bzw. die Anrechnungsmethode vorgesehen ist oder für Vermögen das in einem anderen Staat belegen ist, mit dem weder der Sitzstaat noch Deutschland ein DBA geschlossen hat oder in dem DBA die Anrechnungsmethode vereinbart wurde.

[710] Ein weiterer Lösungsansatz ist den Wertansatz bereits in der steuerlichen Übertragungsbilanz zielführend zu lösen, d.h. Wirtschaftsgüter, die erstmals in Deutschland steuerverstrickt werden, von dem einheitlichen Wertansatz auszunehmen. Insoweit sollten diese Wirtschaftsgüter in der steuerlichen Übertragungsbilanz zwingend mit dem gemeinen Wert anzusetzen sein, dieser Wertansatz dürfte sich dann jedoch nicht auf den übrigen Buchwertansatz auswirken. Da diesbezüglich eine Anpassung des Gesetzeswortlautes des § 11 Abs. 2 Nr. 2 UmwStG erforderlich wäre, und hieraus zudem ein höheres Übernahmeergebnis resultiert, wird diese Alternative hier nicht betrachtet, weiterführend jedoch auf *Hruschka/Hellmann* verwiesen, vgl. *Hruschka/Hellmann* DStR 2010, 1961, 1965.

[711] Vgl. Sagasser/Bula/Brünger/*Schlösser*, UmwStG § 16 Rn. 101 ff.; *Klingberg/Nitzschke* Ubg 2011, 451, 456 f.; *Viebrock/Hagemann* FR 2009, 737, 744; Frotscher/Maas/*Frotscher*, UmwStG, § 11 Rn. 7; Rödder/Herlinghaus/van Lishaut/*Rödder*, UmwStG 2013 § 11 Rn. 159 und § 12 Rn. 47; *Dörr/Loose/Motz* NWB 2012, 566, 579; *Hagemann/Jakob/Ropohl/Viebrock* NWB Sonderheft 1/2007, 32; Widmann/Mayer/*Widmann*, UmwStG 2009, § 3 Rn. 65.1.

für den Dritten Teil besteht,[712] finden nach dieser Auffassung die allgemeinen Verstrickungsregeln Anwendung.

578 Nach einer anderen Meinung hat der übernehmende Rechtsträger auch für erstmals in Deutschland verstricktes Vermögen zwingend die **Werte** aus der **steuerlichen Übertragungsbilanz** zu übernehmen.[713] Abgeleitet wird dies aus dem Wortlaut der §§ 11, 12 UmwStG, aus dem sich keine der Entstrickung vergleichbaren Verstrickungsregelungen ergeben soll, womit die für die Inlandsumwandlung maßgeblichen Regeln mit der Folge einer Bindung an die Wertansätze in der steuerlichen Übertragungsbilanz greifen sollen. Teilweise wird aber auch für diesen Fall aufgrund der drohenden Doppelbesteuerung eine entsprechende Billigkeitsregelung gefordert.[714]

579 Nach Auffassung der **FinVerw.** ist die übernehmende Kapitalgesellschaft im Sinne einer **strengen Wertverknüpfung** an die Wertansätze in der steuerlichen Übertragungsbilanz der ausländischen Kapitalgesellschaft gebunden.[715] Vertreter der FinVerw. leiten hieraus ab, dass § 12 Abs. 1 S. 1 UmwStG damit die allgemeine Verstrickungsregel der §§ 4 Abs. 1 S. 8, 6 Abs. 1 Nr. 5a EStG verdrängt.[716] Eine Verstrickung zum gemeinen Wert käme nach dieser Auffassung nur in Betracht, wenn in der nach deutschen steuerlichen Grundsätzen aufgestellten Schlussbilanz der übertragenden Gesellschaft alle Wirtschaftsgüter einheitlich mit dem gemeinen Wert angesetzt werden. U.E. ist *Heinemann* nicht zuzustimmen. Aus der im UmwSt-Erlass 2011 genannten Textstellen, dass die übernehmende Kapitalgesellschaft grds. auch an die Wertansätze der steuerlichen Übertragungsbilanz der übertragenden (ausländischen) Körperschaft gebunden ist, kann kein eindeutiges Verhältnis zwischen den Regelungen des UmwStG und den allgemeinen Verstrickungsregelungen abgeleitet werden; wie nachfolgend dargestellt ist. Insoweit dürfte die Auffassung der FinVerw. zu diesem Verhältnis auch weiterhin ungeklärt sein.

580 Nach der hier vertretenen Auffassung finden die Regelungen des UmwStG und die allgemeinen Verstrickungsregelungen **nebeneinander Anwendung**, es ist jedoch in zeitlicher Hinsicht zu differenzieren. Aufgrund des klaren Wortlautes des § 12 Abs. 1 S. 1 UmwStG kommt es im Zuge der Verschmelzung zunächst zu einer zwingenden Wertverknüpfung bei der übernehmenden Gesellschaft, da in § 12 Abs. 1 S. 1 UmwStG insoweit auch nicht unterschieden wird, ob Vermögen übertragen wird, das im Inland steuerverstrickt ist oder nicht. Bei dieser strengen Wertverknüpfung handelt es sich für ausländisches, nicht deutsches Betriebsvermögen, jedoch weitestgehend nur um einen „Reflex". Dieser reflexartige Ansatz in der Bilanz der übernehmenden Kapitalgesellschaft führt dazu, dass Deutschland an diesen Wirtschaftsgütern nun erstmalig ein Besteuerungsrecht begründet (soweit diese Wirtschaftsgüter nicht in einem Staat belegen sind mit dem ein DBA besteht in dem die Freistellungsmethode vorgesehen ist). Damit kommen in einer logischen Sekunde nach der Verschmelzung zwingend die allgemeinen Verstrickungsregeln nach § 4 Abs. 1 S. 8 EStG iVm § 6 Abs. 1 Nr. 5a EStG zur Anwendung, mit der Folge, dass diese Wirtschaftsgüter zum gemeinen Wert anzusetzen sind. Sollte man diese „Aufstockung" in einer logischen Sekunde nach der Verschmelzung verneinen, müsste diese

---

[712] Auch handelt es sich um einen anders gelagerten Fall als § 20 Abs. 3 S. 2 UmwStG, vgl. *Klingberg/Nitzschke* Ubg 2011, 451, 457.
[713] Vgl. *Benecke/Beinert* FR 2010, 1120, 1126; *Haritz/Menner/Brinkauf*, UmwStG § 3 Rn. 174; Schaumburg, Internationales Steuerrecht, Rn. 17.13; Rödder/Herlinghaus/van Lishaut/*Birkemeier* UmwStG 2013, § 3 Rn. 106; Dötsch/Patt/Pung/Möhlenbrock/*Möhlenbrock/Pung*, UmwStG, § 3 Rn. 43; Müller-Gatermann, FS Harald Schaumburg, 939, 952; Widmann/Mayer/*Schießl*, UmwStG, § 11 Rn. 50.43 und § 12 Rn. 12; *Schell* FR 2012, 101, 108.
[714] Vgl. bspw. *Benecke/Beinert* FR 2010, 1120, 1126; *Schell* FR 2012, 101, 108.
[715] Vgl. Rn. 12.02. iVm Rn. 04.01 S. 2 UmwSt-Erlass 2011, wo explizit auch eine ausländische Körperschaft als übertragende Gesellschaft genannt ist.
[716] Vgl. *Heinemann* GmbHR 2012, 133, 136.

zwingend am nächsten Bilanzstichtag erfolgen, da zu diesem Zeitpunkt auch nach Auffassung der FinVerw. die allgemeinen bilanziellen Grundsätze gelten.[717]

Zumindest für Wirtschaftsgüter, die als Ergebnis der Verschmelzung aufgrund einer **geänderten funktionalen Zuordnung** bspw. aufgrund der Zentralfunktionsthese des Stammhauses, der inländischen übernehmenden Gesellschaft zugeordnet werden (also insbesondere immaterielle Wirtschaftsgüter wie Patente aber auch Geschäftswerte und Beteiligungen an Tochtergesellschaften), soll es auf den Ansatz in der steuerlichen Schlussbilanz gar nicht ankommen.[718] Da die Zuordnung von Wirtschaftsgütern jedoch nicht nur nach der Zentralfunktionsthese erfolgt, sondern vielmehr nach funktionalen Gesichtspunkten, sind diese entscheidend.[719] Nach dieser Überlegung gilt für solche (ausgewählte) Wirtschaftsgüter, dass – soweit im Zuge der Verschmelzung Funktionen und Aufgabenbereiche auf das inländische Stammhaus übertragen werden – diese Wirtschaftsgüter, die nicht nur allein der im Ausland verbleibenden Betriebsstätte zugeordnet werden können, dieser geänderten Funktionszuordnung folgen. Zeitlich gesehen ergibt sich eine solche geänderte Funktionszuordnung auch nach Auffassung der FinVerw. jedoch nicht bereits mit der grenzüberschreitenden Umwandlung, sondern ist nach allgemeinen Grundsätzen zu prüfen.[720] Damit ist für die Verstrickung eine weitere aktive Handlung der Beteiligten erforderlich, welche zB darin bestehen kann, dass die ausländischen Geschäftsführer bei der übernehmenden inländischen Kapitalgesellschaft angestellt werden und dort auch entsprechende Kompetenzen übertragen bekommen.[721] Da für die Verstrickung damit nicht die Verschmelzung sondern die tatsächliche Handlung maßgebend ist (zB Verabschiedung neuer Funktionsaufteilungen, Abschluss der Anstellungs- und Geschäftsführerverträge im Inland; Aufgabe von ausländischen Geschäftsräumen und Verlagerung des Personals), kommt es für diese Wirtschaftsgüter auf den Wertansatz in der steuerlichen Schlussbilanz nur im Zuge der Verschmelzung an. Die **Verstrickung** zum gemeinen Wert erfolgt erst nach dem steuerlichen Übertragungsstichtag, mit Vornahme der **tatsächlichen Handlung**. Nach der hier vertretenen Auffassung kommt es damit erst zu diesem Zeitpunkt zu einer Verstrickung dieser Wirtschaftsgüter mit dem gemeinen Wert nach § 4 Abs. 1 S. 8 EStG iVm § 6 Abs. 1 Nr. 5a EStG (iVm § 8 Abs. 1 KStG).[722] Soweit diese Wirtschaftsgüter in der steuerlichen Schlussbilanz mit einem Wert unter dem gemeinen Wert angesetzt waren, ergibt sich in Deutschland aus dem anschließenden Ansatz zum gemeinen Wert gerade auch kein „Verstrickungsgewinn", da die Wirtschaftsgüter wie oben gezeigt bis zu diesem Zeitpunkt unabhängig von der Verschmelzung in Deutschland noch nicht steuerverstrickt waren.

Im Ergebnis ist für den Fall der Hereinverschmelzung in der Beratungspraxis für den Wertansatz auf Ebene der übernehmenden Gesellschaft zu unterscheiden, über welches Betriebsvermögen/Wirtschaftsgüter die EU/EWR-Kapitalgesellschaft verfügt:

581

582

---

[717] Vgl. Rn. 12.04 iVm Rn. 03.06 u. 04.16 UmwSt-Erlass 2011.
[718] Vgl. zur Zentralfunktion des Stammhauses BMF 24. 12. 1999, BStBl. I 1999, 1076 Tz. 2.4; zuletzt geändert durch BMF 26.8.2009, DStR 2009, 1850. Nach der Zentralfunktion des Stammhauses sollen Wirtschaftsgüter, die in der Regel dem Gesamtunternehmen dienen, dem Stammhaus zugeordnet werden. Gleiches soll für immaterielle Wirtschaftsgüter gelten.
[719] Vgl. zu den Anforderungen einer Zuordnung nach funktionalen Gesichtspunkten bspw. BFH, Urteil v. 30.8.1995 – I R 112/94, BStBl. II 1996, 563; BFH, Beschluss v. 19.12.2007 – I R 66/06, BStBl. 2008, 510.
[720] Vgl. Rn. 03.20 UmwSt-Erlass 2011.
[721] Zum Erfordernis einer aktiven Handlung vgl. auch Schmitt/Schloßmacher, UmwStE 2011 Rn. 12.02; *Käbisch/Bunzeck* IWB 2011, 392, 395; vgl. SHS/*Schmitt*, UmwStG, § 11 Rn. 108 zum Fall der Hinausverschmelzung.
[722] Vgl. SHS/*Schmitt*, UmwStG, § 11 Rn. 114; *Schönfeld* IStR 2011, 497, 500; Rödder/Herlinghaus/van Lishaut/*Rödder*, UmwStG, § 12 Rn. 47; *Schell* FR 2012, 101, 108 Fn. 56.

- Fall 1: Ausschließlich in ihrem Sitzstaat
- Fall 2: In ihrem Sitzstaat und in Deutschland in Form einer Betriebsstätte oder Mitunternehmeranteile
- Fall 3: In ihrem Sitzstaat und in einem Drittstaat mit dem Deutschland ein DBA vereinbart hat, für das die Freistellungsmethode greift
- Fall 4: In ihrem Sitzstaat, Deutschland und in einem Drittstaat, mit dem weder der EU/EWR Sitzstaat noch Deutschland ein DBA vereinbart hat, bzw. in dem vereinbarten DBA die Anrechnungsmethode für ausländisches Betriebsstättengewinne vorgesehen ist

Wie oben gezeigt, kommt insbesondere im Fall 2 und 4 der Frage inwieweit eine strenge Wertverknüpfung zur steuerlichen Übertragungsbilanz besteht oder eine Verstrickung zum gemeinen Wert erfolgt eine besondere Bedeutung zu.[723] Für den Fall 1 und 3 besitzt diese Frage aus praktischer Sicht hingegen weniger Relevanz, da hier bereits durch den Wertansatz in der steuerlichen Übertragungsbilanz zum gemeinen Wert – soweit kein deutsches Betriebsvermögen beseht – eine „Verstrickung" zum gemeinen Wert herbeigeführt werden kann. Da für Fälle, in denen die übertragende Kapitalgesellschaft über keine Wirtschaftsgüter in Deutschland verfügt, der Wertansatz in der steuerlichen Übertragungsbilanz zu keiner Besteuerung eines Übertragungsgewinnes im Inland führt, ist zu empfehlen hier einen Ansatz zum gemeinen Wert zu wählen. Für den Fall 2 kommt dies hingegen nicht in Betracht, da aufgrund des einheitlichen Wertansatzes in der Übertragungsbilanz ein Ansatz zum gemeinen Wert grds. zu einer Aufdeckung von stillen Reserven in Deutschland führen würde. Zu beachten ist, dass sich aus einem solchen Ansatz zum gemeinen Wert in der steuerlichen Übertragungsbilanz dann grds. auch ein höheres Übernahmeergebnis ergibt. Daher ist der oben dargestellten Auffassung eines Buchwertansatzes mit einer zeitlich nachgelagerten Verstrickung der Vorzug zu geben.[724]

583 Übertragen auf das Fallbeispiel A gilt das Folgende:

Fall:
In Fallbeispiel A verfügt die EU/EWR-Kapitalgesellschaft A über eigenes Betriebsvermögen in Land 2 (**Holdinggeschäftsbetrieb**). Die A Kapitalgesellschaft ist für eine bestimmte Produktsparte im Konzern zuständig. Zu diesem Zweck unterhält die A auch eine Betriebsstätte in Deutschland. Die für die Sparte relevanten immateriellen Wirtschaftsgüter (Patente und Marken) sowie Anteile an den Vertriebsgesellschaften werden unmittelbar von der A gehalten. Die BS1 und T2 sind in den Vereinigten Arabischen Emiraten belegen, so dass nach dem einschlägigen DBA für den Betriebstättengewinn die Anrechnungsmethode gilt. Der gemeinsame Gesellschafter der A Kapitalgesellschaft beabsichtigt, die A auf seine deutsche Tochtergesellschaft B zu verschmelzen. Der Abschluss des Verschmelzungsvertrages soll am 31.7.2012 erfolgen. Der Verschmelzung soll eine auf den 31.12.2011 erstellte Schlussbilanz zugrunde gelegt werden. Die Betriebsstätte der A (geschäftsleitende Holding) mit 25 Mitarbeitern soll nach der Eintragung der Verschmelzung im September 2012 nach Deutschland verlegt werden.
Aufgrund der hohen stillen Reserven in der deutschen Betriebsstätte (BS2) wählt die A in der zu erstellenden steuerlichen Schlussbilanz den **Buchwertansatz** nach § 11 Abs. 2 UmwStG für das zu übertragende Vermögen, die Voraussetzungen sind insoweit erfüllt. Da dieser Antrag einheitlich ausgeübt werden muss, werden auch die Beteiligungen an der T1 und T2 sowie die Wirtschaftsgüter der eigenen Betriebsstätte der A sowie der BS1 zum Buchwert angesetzt.
Auf Ebene der B besteht nach § 12 Abs. 1 S. 1 UmwSt eine **Wertverknüpfung** und die übergehenden Wirtschaftsgüter werden zum steuerlichen Übertragungsstichtag (dem 31.12.2011), bei der übernehmenden B zunächst mit dem Buchwert angesetzt. Für das Vermögen der BS2 besteht eine strenge Wertverknüpfung; die B tritt insoweit in die steuerliche Rechtstellung der A ein. Für das Vermögen der BS1 wird durch den Ansatz bei der B ein erstmaliges Besteuerungsrecht an den

---

[723] Gleiches gilt für ähnlich gelagerte Fälle, in denen neben ausländischem Vermögen, das erstmalig in Deutschland steuerverstrickt wird, auch inländisches Betriebsvermögen besteht.
[724] Vgl. hierzu vorstehend Rn. 58.

Wirtschaftsgütern im Sinne des § 4 Abs. 1 S. 8 EStG begründet, da es sich bei der BS1 um eine sog. Anrechnungsbetriebsstätte handelt. In einer logischen Sekunde nach der Verschmelzung führt die Begründung des Besteuerungsrechtes insoweit zu einer Verstrickung und diese Wirtschaftsgüter sind nach § 6 Abs. 1 Nr. 5a EStG zwingend mit dem **gemeinen Wert** anzusetzen. Auch für die Holdingbetriebsstätte der A und die Beteiligung an der T1, T2 und T3 gilt zunächst der Buchwertansatz. Der Verlagerung der Betriebsstätte der A und der damit verbundenen Tätigkeit der geschäftsleitenden Holding im September 2012 aus Land 2 nach Deutschland folgen aufgrund der funktionalen Betrachtungsweise auch die immateriellen Wirtschaftsgüter und die Anteile an der T1, T2 und T3. Im September 2012 kommt es damit zu einer erstmaligen Steuerverstrickung dieser Wirtschaftsgüter in Deutschland so dass nach § 4 Abs. 1 S. 8 EStG iVm § 6 Abs. 1 Nr. 5a EStG zu diesem Zeitpunkt zwingend ein Ansatz zum gemeinen Wert erfolgt. Da es sich um eine Side-Stream-Verschmelzung handelt, ist bei der B auch kein Übernahmeergebnis zu ermitteln.

In der Abwandlung in Fallbeispiel B ergeben sich die folgenden Änderungen: **584**

Fall:
In **Fallbeispiel B**, bei der A eine 100 %ige Tochtergesellschaft der B ist, soll A über keine deutsche Betriebsstätte verfügen. Entsprechend des oben dargestellten Sachverhaltes soll eine Verschmelzung der A auf die B erfolgen (jetzt upstream-Verschmelzung).
Auf Ebene der A gilt in der steuerlichen Übertragungsbilanz ein einheitlicher Wertansatz. Da die A über kein deutsches Betriebsvermögen verfügt ist zur Vermeidung eines in Deutschland steuerpflichtigen Übertragungsgewinnes ein Ansatz zum Buchwert nicht erforderlich. In der steuerlichen Übertragungsbilanz käme grds. damit auch ein einheitlicher Ansatz zum **gemeinen Wert** in Betracht.
Auf Ebene der B besteht eine Wertverknüpfung nach § 12 Abs. 1 S. 1 UmwStG und die B hat nach § 12 Abs. 2 UmwStG ein Übernahmeergebnis zu ermitteln. Da eine Beteiligung der B an der A besteht ist ein Übernahmegewinn in Deutschland auch grds. zu 5 % steuerpflichtig. Soweit in der steuerlichen Übertragungsbilanz ein Ansatz zum gemeinen Wert gewählt wurde, sind die übergehenden Wirtschaftsgüter bei der B auch mit dem gemeinen Wert anzusetzen. Insoweit wird damit auch eine **Verstrickung** zum gemeinen Wert erreicht. Korrespondierend erhöht sich aber auch der in Deutschland steuerpflichtige Übernahmegewinn entsprechend. Da im vorliegenden Fall dieser Übernahmegewinn grds. zu 5 % steuerpflichtig ist und eine Verstrickung des Vermögens grds. auch durch die in Rn. 581 dargestellten Grundsätze erzielt werden kann, ist im Ergebnis ein Buchwertansatz in der steuerlichen Schlussbilanz vorteilhaft.

bb) Wertaufholung. Ist die deutsche Übernehmerin an der ausländischen Überträ- **585** gerin beteiligt, dann ist der Buchwert der Beteiligung an der ausländischen Überträgerin zwingend um in der Vergangenheit steuerwirksam[725] vorgenommene Teilwertabschreibungen sowie um Abzüge gemäß § 6b EStG zu erhöhen (**Beteiligungskorrekturbetrag**).[726] Die Summe des Buchwertes und des Beteiligungskorrekturbetrages darf den gemeinen Wert der Beteiligung aber nicht überschreiten.

Allerdings sieht der Wortlaut des Gesetzes eine zwingende *Wertaufholung* nur in Höhe **586** der zuvor **steuerwirksam vorgenommenen Teilwertabschreibungen** vor. Wurden in der Vergangenheit steuerwirksame und auch steuerunwirksame Teilwertabschreibungen vorgenommen, so sind dennoch nur die steuerwirksam vorgenommenen Teilwertabschreibungen (innerhalb der Grenze des gemeinen Werts) zu korrigieren. Insoweit können sich gegenüber der Wertaufholung nach § 6 Abs. 1 Nr. 2 Satz 3 iVm Nr. 1 Satz 4 EStG Nachteile für die deutsche Überträgerin ergeben. Der Beteiligungskorrekturbetrag setzt jedoch auf dem Buchwert auf, der sich qua Definition aus den deutschen Gewinnermittlungsvorschriften ergibt. Es bleibt der deutschen Überträgerin insoweit die Möglichkeit vorbehal-

---

[725] Nach der Einführung des § 8b Abs. 3 KStG waren steuermindernde Abschreibungen auf Beteiligungen nur bis 2001 möglich.
[726] § 12 Abs. 1 Satz 2 iVm § 4 Abs. 1 Satz 2 und 3 UmwStG.

ten, eine ggf. steuergünstigere Zuschreibung[727] bereits in der letzten Steuerbilanz vorzunehmen,[728] wenn der Grund für die dauernde Wertminderung weggefallen ist.

587 Die Vorschrift greift nur **soweit** die deutsche Übernehmerin an der ausländischen Überträgerin beteiligt ist (Beispielsfall B der **Up-Stream-Verschmelzung**); soweit keine Beteiligung an der ausländischen Überträgerin besteht, ist keine Beteiligungskorrektur nach dieser Vorschrift vorzunehmen. Ggf. gelten die Vorschriften des § 13 UmwStG, wonach das Wertaufholungsgebot bezogen auf die untergegangenen Anteile auf die neuen Anteile übergehen.

588 Keine Anwendung findet die Beteiligungskorrektur nach § 12 Abs. 1 UmwStG bei der downstream-Verschmelzung;[729] im Bereich der Hereinverschmelzungen sollten sich insoweit jedoch zumeist ohnehin keine diesbezüglichen Anknüpfungspunkte ergeben.

589 **cc) Übernahmeergebnis.** Gemäß § 12 Abs. 2 UmwStG hat die deutsche Übernehmerin auf den steuerlichen Übertragungszeitpunkt ein Übernahmeergebnis als **Unterschiedsbetrag** zwischen dem Buchwert[730] der (untergehenden) Beteiligung an der ausländischen Überträgerin und dem Wert, mit dem die Wirtschaftsgüter unter Berücksichtigung der Wertverknüpfung zu übernehmen sind, sowie abzüglich der Kosten[731] für die Verschmelzung, zu ermitteln. Das Übernahmeergebnis bleibt außer Ansatz, d.h. ein Gewinn ist nicht zu versteuern und ein Verlust ist nicht abzugsfähig. Technisch erfolgt dies durch eine einkommensmindernde bzw. einkommenserhöhende außerbilanzielle Korrektur.

590 Auf einen ggf. entstandenen Übernahmegewinn ist gemäß § 12 Abs. 2 Satz 2 KStG § 8b KStG anzuwenden, soweit die deutsche Übernehmerin an der ausländischen Überträgerin beteiligt ist.[732] Nach derzeitiger Rechtslage führt der Verweis auf § 8b KStG in den überwiegenden Fällen zu einer Fiktion von, mit dem Übernahmegewinn in Zusammenhang stehenden, Betriebsausgaben in Höhe von **pauschal 5 %** des Übernahmegewinns, die nicht abzugsfähig sind. Insoweit ist – wiederum außerbilanziell – eine einkommenserhöhende Korrektur in Höhe von 5 % vorzunehmen; effektiv bleibt damit ein Übernahmegewinn nur zu 95 % außer Ansatz. In den Fällen der Anwendung des § 8b Abs. 7 oder 8 KStG wäre der Übernahmegewinn voll steuerpflichtig. Auf die in der Literatur vertretene Auffassung der Unvereinbarkeit der 5 %-Besteuerung mit Art. 7 der Fusionsrichtlinie wird verwiesen.[733]

591 Soweit keine Beteiligung der übernehmenden Kapitalgesellschaft an der übertragenden Kapitalgesellschaft besteht, also für den Fall einer **sidestream-Verschmelzung**, ist unseres Erachtens nach dem Gesetzeswortlaut **kein Übernahmeergebnis** zu ermitteln.[734] Die

---

[727] Wertaufholungen sind nach der Rechtsprechung des BFH (BFH-Urteil v. 19. 8. 2009 – I R 2/09, BStBl. II 2010, 760) vorrangig mit zuvor steuerunwirksam vorgenommenen Teilwertabschreibungen zu verrechnen und sind insoweit gemäß § 8b Abs. 2 Satz 3 KStG steuerfrei; unterliegen lediglich der pauschalen 5 %-Hinzurechnung nach § 8b Abs. 5 KStG.
[728] Vgl. ausführlicher Dötsch/Patt/Pung/Möhlenbrock/*Pung*, UmwStG, § 4 Rn. 17.
[729] Eine Beteiligungskorrektur findet hier aber ggf. nach § 11 Abs. 2 UmwStG statt.
[730] Ggf. zuvor erhöht um den Beteiligungskorrekturbetrag.
[731] Dabei handelt es sich ausschließlich um Kosten auf Ebene der deutschen Übernehmerin.
[732] Abgestellt wird auf die tatsächliche oder fingierte (§ 12 Abs. 2 Satz 3 iVm § 5 Abs. 1 UmwStG) Beteiligung am steuerlichen Übertragungsstichtag.
[733] Vgl. hierzu vorstehend 1. Teil: Rn. 70 und 134; sowie *Ley/Bodden* FR 2007, 265, 274; *Haritz* GmbHR 2009, 1194, 1997; *Figna/Fürstenau* BB Special 1/2010, 12, 17; *Hagemann/Jakob/Ropohl/Viebrock* NWB Sonderheft 1/2007, 26; aA Dötsch/Patt/Pung/Möhlenbrock/*Dötsch*, UmwStG, § 12 Rn. 44.
[734] Vgl. *Schaden/Ropohl* BB Special 1/2011, 11, 13; *Schießl* in Widmann/Mayer, UmwStG 2011, § 12 Rn. 267.24; *Schaflitzl/Götz* DB Beilage 1/2012, 25, 30; *Rödder/Schmidt-Fehrenbach* in FGS/BDI UmwSt-Erlass 2011, 257; *Rödder* in Rödder/Herlinghaus/van Lishaut, UmwStG § 12 Rn. 71; aA Dötsch/Patt/Pung/Möhlenbrock/*Dötsch*, UmwStG, § 12 Rn. 39; *Heinemann* GmbHR 2012, 133, 137.

FinVerw. vertritt hingegen die Auffassung, dass auch für diesen Fall ein Übernahmeergebnis zu ermitteln ist,[735] mit der Folge, dass für alle Verschmelzungsfälle die Umwandlungskosten effektiv nicht zum Ansatz gebracht werden können.[736] Auch in diesem Fall erfolgt eine außerbilanzielle Kürzung des Übernahmeergebnisses, so dass sich die Frage, ob ein Übernahmeergebnis zu ermitteln ist, vor allem neben den Verschmelzungskosten auf die Höhe des steuerlichen Einlagekontos auswirkt.[737] Der BFH hat die Auffassung der Finanzverwaltung bestätigt. Entgegen der hM in der Literatur ist nach Auffassung des BFH ein Übernahmeergebnis unabhängig von der Beteiligungsquote und damit auch für die *Side-Stream*-Verschmelzung zu ermitteln.[738]

dd) Eintritt in die steuerliche Rechtstellung. Die deutsche Übernehmerin tritt gemäß § 12 Abs. 3 UmwStG grundsätzlich in die **steuerliche Rechtstellung** der ausländischen Überträgerin ein. 592

Nach § 12 Abs. 3 UmwStG iVm § 4 Abs. 2 S. 2 UmwStG gehen – abweichend von der sonst eintretenden Rechtsnachfolge – verrechenbare **Verluste**, verbleibende Verlustvorträge, nicht ausgeglichene negative Einkünfte, ein Zinsvortrag und ein EBITDA-Vortrag nach § 4h EStG der ausländischen Überträgerin nicht über. In der Praxis sollte dies bei Hereinverschmelzungen nur dann zur Anwendung kommen, wenn die ausländische Überträgerin zuvor inländische Einkünfte erzielt hat, für die solche steuerlichen Attribute festzustellen waren. 593

Soweit nach ausländischem Steuerrecht nicht genutzte Verluste, Verlustvorträge oder Zinsvorträge bestehen, so sind diese durch § 12 Abs. 3 UmwStG nicht berührt. Es gilt das anwendbare **ausländische Steuerrecht**. In den Fällen, in denen nach der Verschmelzung kein Vermögen im Ausland verbleibt, ist nach Auffassung von *Schlösser* unabhängig von dieser Regelung unter Anwendung der Rechtsprechung von EuGH und BFH jedoch die **Verrechnung ausländischer Verluste** im Inland zu prüfen.[739] Dem steht uE auch nicht die Spezialregelung in § 12 Abs. 3 UmwStG iVm § 4 Abs. 2 S. 2 UmwStG entgegen, nach der eine Verlustverrechnung ausgeschlossen wäre, da diese durch die Rechtsprechung zu finalen Verlusten überlagert wird und die nach ausländischem Steuerrecht ermittelten Verluste von dieser Regelung bereits nicht umfasst sind.[740] Soweit Vermögen im Ausland verbleibt (in Form einer Betriebsstätte) ist zu prüfen, ob die Verluste durch die übernehmende Kapitalgesellschaft im Rahmen ihrer dann beschränkten Steuerpflicht genutzt werden können. 594

ee) Besonderheit Konfusionsgewinn aus Forderungen zwischen Kapitalgesellschaften. Besteht zwischen der übernehmenden deutschen Kapitalgesellschaft und der übertragenden EU/EWR-Kapitalgesellschaft eine **Forderung**, beispielsweise aus Darlehensbeziehungen, so erlischt diese grundsätzlich auf Ebene der übernehmenden deutschen Kapitalgesellschaft infolge der Hereinverschmelzung (**Konfusion**). Waren die sich gegenüberstehende Forderung und Verbindlichkeit in der Schlussbilanz der ausländischen Überträgerin bzw. der Steuerbilanz der deutschen Übernehmerin in unterschiedlicher Höhe bilanziert, kommt es infolge des Erlöschens bei der deutschen Übernehmerin zu einem Ertrag bzw. Aufwand. In der Praxis treten dabei häufiger solche Fälle auf, bei denen die 595

---

[735] Vgl. Rn. 12.05 UmwSt-Erlass 2011.
[736] Vgl. *Heinemann* GmbHR 2012, 133, 137.
[737] Vgl. zur Diskussion Dötsch/Patt/Pung/Möhlenbrock/*Dötsch*, UmwStG, § 12 Rn. 36 ff.
[738] Vgl. BFH, Urteil v. 9.1.2013 – I R 24/12, DStR 2013, 533.
[739] Vgl. Sagasser/Bula/Brünger/*Schlösser*, UmwStG § 16 Rn. 107; gl.A. Lademann/*Hahn*, UmwStG 2011, § 12 Rn. 55.
[740] Vgl. hierzu vorstehend 1. Teil: Rn. 134.

Forderung mit einem niedrigeren Wert angesetzt wurde, etwa infolge einer Teilwertminderung. Ein Ertrag oder ein Verlust aus der Konfusion sind vom Übernahmegewinn auszusondern und als laufender Gewinn bzw. Verlust grundsätzlich voll steuerpflichtig.

596 Nach Auffassung der FinVerw. ist der Ertrag aus einer solchen Konfusion auch dann **voll steuerpflichtig**, wenn der niedrigere Ansatz der Forderung auf einer Teilwertabschreibung beruht, die aufgrund von § 8b Abs. 3 Sätze 3ff KStG zuvor nicht steuerlich abzugsfähig war.[741] In der Praxis sollte man daher versuchen, einen Gewinn aus der Konfusion soweit möglich durch vorherige innerkonzernliche Übertragung der Forderung oder, sofern steuerlich vorteilhaft, durch vorherigen Forderungsverzicht[742], zu vermeiden. Wichtig ist dabei, dass eine solche Übertragung bzw. Forderungsverzicht rechtzeitig vor dem steuerlichen Übertragungsstichtag erfolgt; insbesondere in den Fällen der Verschmelzung mit steuerlicher Rückwirkung ist sonst ggfs. kritisch da auch der Übernahmefolgegewinn der steuerlichen Rückwirkung unterliegt.

597 Ist eine gestalterische Vermeidung des Konfusionsgewinns nicht möglich, verbleibt ggfs. die Inanspruchnahme der Vergünstigung des § 6 Abs. 1 UmwStG. § 6 Abs. 1 UmwStG gewährt die Vergünstigung, den Ertrag aus der Konfusion in eine gewinnmindernde Rücklage einzustellen und über drei Jahre zu verteilen. Eine solche Rücklage ist jedoch bei Verschmelzungen von Kapitalgesellschaften nur insoweit möglich, als die übernehmende Körperschaft an der übertragenden Kapitalgesellschaft beteiligt ist.

598 Bezüglich eines Verlustes, der auf den Wegfall der höheren Forderung zurückzuführen ist, wäre zu prüfen, ob dieser ggf. nach § 8b Abs. 3 KStG steuerlich nicht abzugsfähig ist.

599 **ff) Übergang des steuerlichen Einlagekontos.** Bei Verschmelzungen zwischen inländischen Kapitalgesellschaften regelt § 29 Abs. 1 bis 5 KStG den Übergang der **steuerlichen Einlagekonto-Bestände** auf die übertragende Kapitalgesellschaft. Gemäß § 29 Abs. 6 KStG sind die Regelungen der Absätze 1 bis 5 auch für die ausländische Übertragerin bei einer Hereinverschmelzung anzuwenden[743].

600 **Technisch** erfolgt der Übergang des steuerlichen Einlagekontos vereinfacht wie folgt:

- Schritt 1 (§ 29 Abs. 1 KStG): Fiktion der vollen Herabsetzung des Nennkapitals der ausländischen Übertragerin und im Falle einer Beteiligung der ausländischen Übertragerin an der deutschen Übernehmerin auch das Nennkapitals der deutschen Übernehmerin im Sinne des § 28 Abs. 2 S. 1 KStG. In der Folge ist gemäß § 28 Abs. 2 KStG das steuerliche Einlagekonto (der ausländischen Übertragerin) um den Betrag des (fiktiv) herabgesetzten Nennkapitals zu erhöhen, soweit dieses zuvor durch Einlagen einbezahlt war[744];
- Schritt 2 (§ 29 Abs. 2 Satz 1 und 2 KStG): Hinzurechnung des nach Schritt 1 angepassten Bestandes des steuerlichen Einlagekontos der ausländischen Übertragerin zum (ggf. ebenfalls angepassten) steuerlichen Einlagekonto der deutschen Übernehmerin. Eine Hinzurechnung unterbleibt insoweit, als die deutsche Übernehmerin an der ausländischen Übertragerin (unmittelbar oder mittelbar[745]) beteiligt ist.

---

[741] Vgl. Rn. 06.02. UmwSt-Erlass 2011.
[742] Ein Forderungsverzicht könnte beispielsweise dann vorteilhaft(er) sein, wenn die übertragende Körperschaft noch steuerliche Verluste hat und/oder aber bei der übertragenden Körperschaft im steuerlichen EU/EWR Ausland der Forderungsverzicht nicht zu einem steuerpflichtigen Ertrag führt.
[743] Vgl. *Stadler/Jetter* IStR 2009, 336, 339; *Schießl* DStZ 2008, 852, 853; Frotscher/Maas/*Frotscher*, UmwStG, § 29 Rn. 28; einschränkende Anwendung nur auf EU/EWR-Gesellschaften: Dötsch/Patt/Pung/Möhlenbrock/*Dötsch*, UmwStG, § 29 Rn. 59 und Rödder/Herlinghaus/van Lishaut/*van Lishaut*, UmwStG 2013, Anh. 2 Rn. 8.
[744] Für den Fall einer Down-Stream-Verschmelzung gilt dies auch für die übernehmende Kapitalgesellschaft.
[745] Vgl. Rn. K 11 UmwSt-Erlass 2011.

- Schritt 3 (§ 29 Abs. 2 Satz 1 3 KStG): Minderung des steuerlichen Einlagekontos der deutschen Übernehmerin insoweit, als die ausländische Überträgerin an ihr beteiligt ist.
- Schritt 4 (§ 29 Abs. 4 KStG): Minderung des sich nach den Schritten 1 und 2 ergebenden steuerlichen Einlagekonto der deutschen Übernehmerin in Höhe der Anpassung des Nennkapitals

Kern der Regelung ist Schritt 2, durch den das steuerliche Einlagekonto übergeht. Durch die Beschränkung der Hinzurechnung in Fällen der Beteiligung an der ausländischen Überträgerin, beschränkt sich der Anwendungsbereich im Wesentlichen auf den Fall **Side-Stream-Verschmelzung** (also Fallbeispiel A).[746]

Bei einer **Down-Stream-Verschmelzung** wird hingegen das steuerliche Einlagekonto der ausländischen Muttergesellschaft auf die deutsche Tochtergesellschaft übertragen, das steuerliche Einlagekonto der deutschen Tochtergesellschaft verringert sich entsprechend der Beteiligung der ausländischen Muttergesellschaft (Regelung des Schritt 3).[747]

Anders als im Falle einer rein inländischen Verschmelzung verfügt eine ausländische Überträgerin über kein „Bestand des steuerlichen Einlagekontos".[748] Vor der Anwendung der vorgenannten Schritte ist deshalb zunächst einmal der **(Ersatz-)Bestand** des steuerlichen Einlagekontos im Sinne des § 29 Abs. 6 KStG zu ermitteln. § 29 Abs. 6 Satz 1 KStG bestimmt, dass für Körperschaften, für die ein Bestand des steuerlichen Einlagekontos bisher nicht festzustellen war, für die Anwendung der Absätze 1 bis 5 an die Stelle des Einlagekontos der Bestand der nicht in das Nennkapital geleisteten Rücklagen zum Zeitpunkt des Vermögensübergangs tritt. Gemäß § 29 Abs. 6 Satz 2 KStG gilt § 27 Abs. 8 KStG (hierfür) entsprechend, die Ermittlung des (Ersatz-)Bestandes des steuerlichen Einlagekontos ist nicht im Rahmen einer formalen Feststellung nach § 27 Abs. 1 KStG vorzunehmen, sondern die Verfahrensgrundsätze des § 27 Abs. 8 KStG gelten.[749] Fraglich ist, ob durch diesen Verweis zur Bestimmung der Höhe der Einlagen eine „**Schattenrechnung**" durchgeführt werden muss, in der sämtliche Einlagen und Einlagerückgewährungen seit der Gründung der ausländischen Gesellschaft nach deutschen steuerlichen Gewinnermittlungsvorschriften nachvollzogen werden. Nach der wohl herrschenden Auffassung in der Literatur soll es genügen, eine vereinfachte Ermittlung des steuerlichen Einlagekontos der ausländischen Überträgerin auf den steuerlichen Übertragungsstichtag gemäß den von *Dötsch* und *Schießl* entwickelten Grundsätzen durchzuführen:[750]

- Ausgangspunkt ist die Höhe der Einlagen gemäß ausländischer Steuerbilanz zum Schluss des dem steuerlichen Übertragungsstichtag vorangegangenen Wirtschaftsjahres[751]
- Hinzuzurechnen sind die im laufenden Wirtschaftsjahr geleisteten Einlagen
- Es erfolgt eine Kürzung um die im laufenden Wirtschaftsjahr erbrachte Leistungen (mit Ausnahme der Rückzahlung von Nennkapital) soweit diesen den auf den Schluss des vorangegangenen Wirtschaftsjahr ergebenden ausschüttbaren Gewinn übersteigen. Zur Ermittlung des ausschüttbaren Gewinns soll dabei die nach ausländischen Grundsätzen aufgestellte Bilanz zugrunde gelegt werden.

---

[746] Vgl. Rn. K 10 UmwSt-Erlass 2011.
[747] Vgl. Rn. K 12 f. UmwSt-Erlass 2011.
[748] Gemäß § 27 Abs. 1 Sätze 1 und 2 KStG haben nur unbeschränkt steuerpflichtige Kapitalgesellschaften ein steuerliches Einlagekonto fortzuschreiben.
[749] Vgl. BT-Drs. 16/2710, 32.
[750] Vgl. Dötsch/Patt/Pung/Möhlenbrock/*Dötsch*, UmwStG, § 29 Rn. 61; *Schießl* DStZ 2008, 852, 853; *Stadler/Jetter* IStR 2009, 336, 340; FGS/BDI/*Schänzle/Jonas/Montag*, UmwSt-Erlass 2011, 593.
[751] Einlagen, die im steuerlichen Rückwirkungszeitraum zivilrechtlich an die übertragende Kapitalgesellschaft geleistet werden, sind unmittelbar bei der Fortschreibung des steuerlichen Einlagekontos der übernehmenden Kapitalgesellschaft zu berücksichtigen.

– Der Bestand ist ferner auch um eine fiktive Kapitalherabsetzung der ausländischen Überträgerin nach § 29 Abs. 1 KStG iVm § 28 Abs. 2 KStG zu erhöhen.[752]

An dieser vereinfachten Ermittlung ändert auch der Verweis in § 29 Abs. 6 KStG auf eine entsprechende Anwendung des § 27 Abs. 8 KStG nichts, da auch dort keine formelle Ermittlung des steuerlichen Einlagekontos vorgesehen ist.[753]

602 **Verfahrensrechtlich** ist zu berücksichtigen, dass in den Fällen des § 29 Abs. 6 KStG das Finanzamt der Übernehmerin in Abstimmung mit dem Bundeszentralamt für Steuern für die Ermittlung des Einlagekontos der übertragenden (ausländischen) Kapitalgesellschaft örtlich zuständig ist.[754] Nach § 29 Abs. 6 KStG iVm § 27 Abs. 8 KStG hat der Antrag grds. auf amtlich vorgeschriebenen Vordruck zu erfolgen. Soweit ein solcher, amtlich vorgeschriebenen Vordruck, weiterhin nicht vorliegt, muss der Antrag auf gesonderte Feststellung der Einlagen auch formlos gestellt werden können.[755]

603 Aus **zeitliche Hinsicht** ist zu beachten, dass der Antrag auf die gesonderte Feststellung fristgebunden ist. Fristauslösender Moment ist der Zeitpunkt der zivilrechtlichen Wirksamkeit der Verschmelzung, also der Zeitpunkt der Eintragung der Verschmelzung ins (inländische) Handelsregister bei der übernehmenden Kapitalgesellschaft und nicht der (aufgrund einer etwaigen Rückwirkungsfiktion ggf. davor liegende) steuerliche Übertragungsstichtag.[756] Nach § 27 Abs. 8 S. 4 KStG endet die Frist für die Antragstellung am Ende des Kalenderjahrs, das auf das Kalenderjahr folgt, in dem die Verschmelzung eingetragen wurde.

d) Besteuerung der Gesellschafter der übertragenden Gesellschaft

604 **aa) Ansatz der Anteile mit dem gemeinen Wert oder dem Buchwert.** Für die steuerlichen Folgen bei Hereinverschmelzungen für die **Gesellschafter** der ausländischen Überträgerin gilt § 13 UmwStG. Gegebenenfalls ist jedoch der Vorrang des § 20 Abs. 4a EStG zu beachten.[757]

605 § 13 UmwStG ist **nicht anwendbar** auf **Up-Stream-Hereinverschmelzungen**, da Gesellschafter der Übertragenden und die Übernehmende identisch sind und die Anteile an der ausländischen Übertragenden untergehen.[758] Bei downstream-Hereinverschmelzungen ist § 13 UmwStG anwendbar auf die Anteile des Gesellschafters der übertragenden ausländischen Mutterkapitalgesellschaft der deutschen Übernehmerin.[759] Anwendung findet § 13 UmwStG auch, wenn im Zuge der (Herein-)Verschmelzung keine Anteile an der übernehmenden Gesellschaft ausgegeben werden.[760]

---

[752] Damit ist in dem zu übertragenden Betrag also auch das in der ausländischen Bilanz ausgewiesene Nennkapital enthalten, so dass es insoweit auch zu einem Übergang kommt. Vgl. *Stadler/Jetter* IStR 2009, 329, 336; Dötsch/Patt/Pung/Möhlenbrock/*Dötsch*, UmwStG, § 29 Rn. 61.

[753] Vgl. *Figna/Fürstenau* BB Special 1/2010, 12, 17; *Stadler/Jetter* IStR 2009, 336, 340; Dötsch/Patt/Pung/Möhlenbrock/*Dötsch*, UmwStG 2011, § 29 Rn. 61.

[754] Vgl. Rn. K 19 UmwSt-Erlass 2011.

[755] Vgl. Dötsch/Patt/Pung/Möhlenbrock/*Dötsch*, UmwStG, § 29 Rn. 61; FGS/BDI/*Schänzle/Jonas/Montag*, UmwSt-Erlass 2011, 593.

[756] Vgl. *Stadler/Jetter* IStR 2009, 336, 340; Dötsch/Patt/Pung/Möhlenbrock/*Dötsch*, UmwStG, § 29 Rn. 61; FGS/BDI/*Schänzle/Jonas/Montag*, UmwSt-Erlass 2011, 593.

[757] Vgl. ausführlich zur Kleingesellschafterbesteuerung bei Umwandlungen, *Beinert* GmbHR 2011, 291, 293.

[758] Vgl. auch Dötsch/Patt/Pung/Möhlenbrock/*Dötsch*, UmwStG, § 13 Rn. 12.

[759] Die Besteuerung der Anteile der ausländischen Überträgerin an der deutschen Übernehmerin richtet sich nach § 11 Abs. 2 Satz 2 UmwStG.

[760] So zum Beispiel bei sidestream-Verschmelzungen nach § 54 UmwG, wenn an der übertragenden und übernehmenden die gleichen Gesellschafter beteiligt sind und gemeinsam auf die Ausgabe neuer Anteile verzichten.

B. Hereinverschmelzung

Gemäß § 13 Abs. 1 UmwStG gelten die Anteile an der übertragenden Gesellschaft als zum **gemeinen Wert veräußert** und die an ihre Stelle tretenden Anteile an der übernehmenden Körperschaft gelten als mit diesem Wert angeschafft. Der gemeine Wert bestimmt sich nach deutschem Recht. Der Ansatz zum gemeinen Wert führt grundsätzlich zu einer Aufdeckung etwaiger stiller Reserven in den Anteilen aus deutscher Sicht, unabhängig von dem Ansatz nach ggf. ebenfalls einschlägigem ausländischem Steuerrecht. Die stillen Reserven unterliegen aber nur dann der deutschen Besteuerung, wenn die Anteile zuvor in Deutschland steuerverstrickt waren. Bei Hereinverschmelzungen sind grds. folgende Fälle denkbar:

(1) der Gesellschafter der übertragenden ausländischen Gesellschaft ist eine unbeschränkt steuerpflichtige Person;
(2) der Gesellschafter der übertragenden ausländischen Gesellschaft ist eine ausländische Person, aber die Anteile sind funktional einer deutschen Betriebsstätte zuzuordnen (§ 49 Abs. 1 Nr. 2a) EStG);
(3) der Gesellschafter der übertragenden ausländischen Gesellschaft ist eine ausländische Person, aber Deutschland hat ungeachtet eines DBAs das Besteuerungsrecht, weil kein DBA besteht (§ 49 Abs. 1 Nr. 2e) bb) EStG),

606

Abweichend vom Ansatz mit dem gemeinen Wert sind auf Antrag die Anteile an der übernehmenden Körperschaft mit dem **Buchwert** der Anteile an der übertragenden anzusetzen, wenn die übrigen Voraussetzungen des § 13 Abs. 2 UmwStG erfüllt werden.[761] Der Buchwertansatz setzt voraus, dass entweder

607

(1) das Recht der BRD hinsichtlich der Besteuerung des Gewinns aus der Veräußerung der Anteile an der übernehmenden Gesellschaft nicht ausgeschlossen oder beschränkt wird, oder (alternativ)
(2) die Mitgliedstaaten der EU bei einer Verschmelzung Artikel 8 der Richtlinie 90/434/EWG anzuwenden haben; in diesem Fall ist der Gewinn aus einer späteren Veräußerung der erworbenen Anteile ungeachtet der Bestimmungen eines Abkommens zur Vermeidung Doppelbesteuerung in der gleichen Art und Weise zu besteuern, wie die Veräußerung der Anteile an der übertragenden Körperschaft zu besteuern wäre.[762]

Gemäß § 13 Abs. 2 Satz UmwStG treten (im Fall des **Buchwertansatzes**) die Anteile an der übernehmenden Körperschaft steuerlich an die Stelle der Anteile der übertragenden Körperschaft.[763]

608

In praktischer Hinsicht sollte die Buchwertfortführung in den Fällen gewünscht sein, in denen die Anteile an der ausländischen Überträgerin in Deutschland steuerverstrickt sind und andernfalls eine Besteuerung erfolgen würde.

609

Ist Gesellschafter der ausländischen Überträgerin eine inländische Person (Fallbeispiel 1 der Rn. 606), dann verbleibt Deutschland das uneingeschränkte Besteuerungsrecht an den Anteilen an der deutschen Übernehmerin und der Buchwert kann fortgeführt werden.

Ist Gesellschafter eine ausländische Person und waren die Anteile an der ausländischen Überträgerin bisher funktional einer deutschen Betriebsstätte zuzuordnen und ändert sich dies für die Anteile an der übernehmenden Gesellschaft nicht, so ist („wird") das Besteuerungsrecht Deutschlands an den Anteilen an der deutschen Übernehmenden nicht ausgeschlossen oder eingeschränkt und kann der Buchwert fortgeführt werden. Dies sollte wohl dann gelten, wenn auch die Anteile an der deutschen Übernehmenden bereits zuvor der

---
[761] Vgl. Rödder/Herlinghaus/van Lishaut/*Trossen*, UmwStG § 13 Rn. 25.
[762] Vgl. Dötsch/Patt/Pung/Möhlenbrock/*Dötsch*, UmwStG, § 13 Rn. 20.
[763] Vgl. SHS/*Schmitt* UmwStG, § 13 Rn. 48.

deutschen Betriebsstätte funktional zuzuordnen war. Probleme bereiten die Fälle, in denen die Anteile an der deutschen Übernehmenden bisher nicht funktional der deutschen Betriebsstätte zuzuordnen waren. Ein Buchwertansatz sollte dann dennoch möglich sein, wenn Deutschland die Veräußerung der Anteile an der deutschen Übernehmenden deshalb besteuern kann, weil etwa zwischen dem Ansässigkeitsstaat des ausländischen Gesellschafters und Deutschland kein DBA besteht oder aber ein DBA, dass (auch) Deutschland ein Besteuerungsrecht zuweist.

Ist der Gesellschafter eine ausländische Person und waren die Anteile nur aufgrund § 49 Abs. 1 Nr. 2a) ee) EStG iVm § 21 Abs. 2 Satz 3 Nr. 2 UmStG oder § 13 Abs. 2 Satz 1 Nr. 2 UmStG in Deutschland steuerverstrickt, so sollte sich eine Steuerverstrickung nur noch dann ergeben, wenn Deutschland die Veräußerung der Anteile an der deutschen Übernehmenden deshalb besteuern kann, weil etwa zwischen dem Ansässigkeitsstaat des ausländischen Gesellschafters und Deutschland kein DBA besteht oder aber ein DBA, dass (auch) Deutschland ein Besteuerungsrecht zuweist. Problematisch sollten solche Fälle sein, in denen ein DBA besteht, dass ausschließlich dem Ansässigkeitsstaat des Gesellschafters das Besteuerungsrecht zuweist. Fraglich ist, ob ein Buchwertansatz in solchen Fällen aufgrund des Eintritts der Anteile an der Übernehmenden in die Rechtstellung der Anteile der Überträgerin möglich ist, sprich ob die Steuerverhaftung nach § 49 Abs. 1 Nr. 2a) ee) EStG iVm § 21 Abs. 2 Satz 3 Nr. 2 UmStG oder § 13 Abs. 2 Satz 1 Nr. 2 UmStG per Rechtsnachfolge auf die neuen Anteile übergehen kann. Die durch § 13 Abs. 2 Satz 2 UmStG angeordnete Rechtsnachfolge sollte rechtstechnisch aber Rechtsfolge aus dem (zuvor) gewählten Buchwertansatz sein und kann daher nicht als Grundlage für den Buchwertansatz (vorweg) herangezogen werden.

610 Da – wie auch bei § 11 UmStG – ein zwingender Ansatz mit dem gemeinen Wert von bisher nicht verstrickten Anteilen fehlt, ist auch insoweit ein Buchwertansatz möglich. Regelmäßig sollte es jedoch keine Gründe für einen tatsächlichen Ansatz zum Buchwert geben.[764] Gemäß § 13 Abs. 2 Satz 2 UmStG treten die gemäß Abs. 2 Satz 1 zu Buchwert angesetzten Anteile an der deutschen Übernehmerin steuerlich an die Stelle der Anteile an der ausländischen Überträgerin. Alle steuerlichen Merkmale in den Anteilen springen auf die Anteile an der deutschen Übernehmerin über[765]; dies betrifft vor allem mit den Anteilen verbundene Sperrfristen, Wertaufholungspotentiale und Haltedauern[766]. Von Bedeutung ist dies in der Praxis wohl zumeist nur dann, wenn die Anteile an der ausländischen Überträgerin bisher in Deutschland steuerverhaftet waren.

3. Bilanzielle Auswirkungen und Darstellung der Verschmelzung (insbesondere beim aufnehmenden Rechtsträger)

a) HGB

611 Bei einer grenzüberschreitenden Verschmelzung hat die beteiligte inländische Kapitalgesellschaft, hier also der übernehmende Rechtsträger, die **Vorschriften** der rein innerstaatlichen Verschmelzung anzuwenden, soweit sich aus den §§ 122b bis 122i UmwG keine Sonderregelungen ergeben. Dies folgt unmittelbar aus dem Generalverweis des § 122a Abs. 2 UmwG.[767] Die beteiligten ausländischen Rechtsträger unterliegen demgegenüber

---

[764] Denkbar wären Fälle, in denen unmittelbarer oder mittelbarer Gesellschafter des Gesellschafters der ausländischen Überträgerin wiederum eine ausländische Person ist und sich eine Hinzurechnungsbesteuerung (beispielsweise in Ausnahmefällen des § 8 Abs. 1 Nr. 10 iVm Nr. 9 AStG) ergeben könnte.
[765] Vgl. Dötsch/Patt/Pung/Möhlenbrock/*Dötsch*, UmStG, § 13 Rn. 55.
[766] Siehe weitere Beispiele Rn. 13.11 UmStErlass 2011.
[767] Vgl. hierzu vorstehend Rn. 2.

den jeweiligen nationalen Verschmelzungsvorschriften und damit auch den entsprechenden nationalen Bilanzierungsregeln.

aa) Jahresabschluss des übernehmenden Rechtsträgers

(1) Vermögens- und Ergebniszuordnung. Bei der Verschmelzung zur Aufnahme stellt der **Übergang des Vermögens und der Schulden** einen laufenden Geschäftsvorfall dar. Die übernehmende Gesellschaft muss daher keine gesonderte Übernahmebilanz aufstellen.[768] In ihrer Buchführung sind die erhaltenen Vermögensgegenstände zu dem Zeitpunkt einzubuchen, an dem das wirtschaftliche Eigentum an ihnen übergeht. Dies kann bereits vor Übergang des zivilrechtlichen Eigentums der Fall sein, der erst mit der Eintragung der Verschmelzung in das Handelsregister des übernehmenden Rechtsträgers erfolgt. Für den Übergang des wirtschaftlichen Eigentums müssen folgende Voraussetzungen kumulativ erfüllt sein:[769]

– Der Verschmelzungsvertrag wurde bis zum Abschlussstichtag formwirksam abgeschlossen und Verschmelzungsbeschlüsse sowie Zustimmungserklärungen der Anteilsinhaber liegen zum Abschlussstichtag formwirksam vor.
– Der vereinbarte Verschmelzungsstichtag liegt vor dem Abschlussstichtag oder fällt mit diesem zusammen.
– Die Verschmelzung ist bis zur Beendigung der Aufstellung des Jahresabschlusses bereits in das Handelsregister eingetragen oder es kann mit an Sicherheit grenzender Wahrscheinlichkeit von einer Eintragung ausgegangen werden. Insbesondere dürfen keine Gründe bekannt sein, die einer Eintragung entgegenstehen könnten.
– Es ist faktisch oder durch eine entsprechende Regelung im Verschmelzungsvertrag sichergestellt, dass der übertragende Rechtsträger nur im Rahmen eines ordnungsmäßigen Geschäftsgangs oder mit Einwilligung des übernehmenden Rechtsträgers über die Vermögensgegenstände verfügen kann.

Liegen die genannten Voraussetzungen vor, d.h. ist der Übergang des wirtschaftlichen Eigentums an den Vermögensgegenständen bereits erfolgt, muss der übernehmende Rechtsträger auch die Schulden des übertragenden Rechtsträgers in seinem Jahresabschluss ausweisen – sei es unmittelbar oder als Ausgleichsverpflichtung.

Ab dem Verschmelzungsstichtag gelten die Geschäfte des übertragenden Rechtsträgers als für Rechnung des übernehmenden Rechtsträgers vorgenommen. Diese Zuordnung wird erst durch die Eintragung der Verschmelzung in das Handelsregister endgültig rechtswirksam, wirkt sich jedoch schon in der Zeit zwischen dem Abschluss des Verschmelzungsvertrages und der Eintragung auf die Rechnungslegung der beteiligten Rechtsträger aus. Dabei ist hinsichtlich der Rechnungslegung beim übernehmenden Rechtsträger zu unterscheiden, ob der Übergang des wirtschaftlichen Eigentums an den zu übertragenden Vermögensgegenständen und Schulden zum betreffenden Abschlussstichtag bereits stattgefunden hat. Ist dies der Fall, muss der übernehmende Rechtsträger die Verschmelzung so abbilden, als ob die Handelsregistereintragung bereits erfolgt wäre. Dieser hat somit nicht nur die übergehenden Vermögensgegenstände und Schulden, sondern auch die damit in Zusammenhang stehenden originären **Aufwendungen und Erträge** zu erfassen.[770] Liegt der Übergang des wirtschaftlichen Eigentums nach dem Verschmelzungsstichtag, aber vor dem Abschlussstichtag (zB bei Vereinbarung eines vor dem Abschluss des Verschmelzungs-

---

[768] Lutter/*Priester*, UmwG § 24 Rn. 21; Kallmeyer/*Müller*, UmwG § 24 Rn. 5; Semler/Stengel/*Moszka*, UmwG § 24 Rn. 19.
[769] IDW RS HFA 42, Rn. 29 f.
[770] Lutter/*Priester*, UmwG § 24 Rn. 29; IDW RS HFA 42, Rn. 31.

vertrags liegenden Verschmelzungsstichtags), so kann der übernehmende Rechtsträger die Vermögensgegenstände und Schulden aus Vereinfachungsgründen nach den Verhältnissen am Verschmelzungsstichtag einbuchen und Veränderungen dieser Vermögensgegenstände und Schulden (Aufwendungen und Erträge) seit dem Verschmelzungsstichtag wie eigene Geschäftsvorfälle abbilden.[771]

613 Wenn das **wirtschaftliche Eigentum** am Abschlussstichtag **noch nicht übergegangen** ist, werden die originären Erträge und Aufwendungen weiterhin beim übertragenden Rechtsträger erfasst. Erwirtschaftet die übertragende Gesellschaft zwischen Verschmelzungsstichtag und Abschlussstichtag ein negatives Ergebnis, so darf der übernehmende Rechtsträger hierfür keine Rückstellung ansetzen, da der nach dem Abschlussstichtag gefasste Verschmelzungsbeschluss ein wertbegründendes Ereignis darstellt.[772] Ebenso wenig kann bei einem positiven Ergebnis ein Gewinnanspruch aktiviert werden. Ist der Übergang des wirtschaftlichen Eigentums an dem zu übertragenden Vermögen schließlich erfolgt, so muss der übernehmende Rechtsträger sämtliche Geschäfte, die zwischenzeitlich für seine Rechnung geführt wurden, in die eigenen Bücher übernehmen. Hierbei ist es nicht notwendig, alle Aufwendungen und Erträge einzeln zu erfassen. Stattdessen kann auch ein Saldo (als „vom übertragenden Rechtsträger für fremde Rechnung erwirtschaftetes Ergebnis") ausgewiesen werden.[773]

614 **(2) Übernahmebilanzierung.** Der übernehmenden Gesellschaft wird hinsichtlich der Bewertung der übergehenden Vermögensgegenstände und Schulden in § 24 UmwG ein **Wahlrecht** eingeräumt. Die Verschmelzung kann demnach zum einen nach dem allgemeinen Anschaffungskostenprinzip abgebildet werden. Alternativ dürfen aber auch die Buchwerte des übertragenden Rechtsträgers fortgeführt werden. Das Wahlrecht des § 24 UmwG wird nur insoweit eingeschränkt, als dass es für sämtliche Vermögensgegenstände und Schulden einheitlich ausgeübt werden muss.[774]

615 **(a) Anschaffungskostenprinzip.** Entscheidet sich der übernehmende Rechtsträger, die Verschmelzung nach dem allgemeinen **Anschaffungskostenprinzip** (§§ 253 Abs. 1, 255 Abs. 1 HGB) abzubilden, so erfolgt die Übernahmebilanzierung wie bei einem entgeltlichen Erwerbsvorgang. Dabei gelten die entsprechenden handelsrechtlichen Ansatz- und Bewertungsgrundsätze.

616 **(aa) Ansatz.** Der Ansatz des übergegangenen Vermögens richtet sich nach §§ 246 ff. HGB. Dabei ist insbesondere das Vollständigkeitsgebot zu beachten. Der übernehmende Rechtsträger muss sämtliche **Vermögensgegenstände** bilanzieren, die die handelsrechtlichen Ansatzkriterien nach § 246 Abs. 1 Satz 1 HGB erfüllen. Dies gilt unabhängig davon, ob die Vermögensgegenstände beim übertragenden Rechtsträger Aktivierungsverboten oder Aktivierungswahlrechten unterlegen haben. Da die Verschmelzung als entgeltlicher Anschaffungsvorgang abgebildet wird, sind auch die vom übertragenden Rechtsträger selbst geschaffenen immateriellen Vermögensgegenstände des Anlagevermögens verpflichtend anzusetzen. Wurden bei der übertragenden Gesellschaft entgeltlich erworbene Geschäfts- oder Firmenwerte aktiviert, sind diese beim übernehmenden Rechtsträger nicht

---

[771] IDW RS HFA 42, Rn. 31.
[772] IDW RS HFA 42, Rn. 31; Maulbetsch/Klumpp/Rose/*Maulbetsch*, UmwG § 24 Rn. 17; Lutter/*Priester*, UmwG § 24 Rn. 28.
[773] IDW RS HFA 42, Rn. 33.
[774] SHS/*Hörtnagl*, UmwG § 24 Rn. 85; IDW RS HFA 42, Rn. 35; Kallmeyer/*Müller*, UmwG § 24 Rn. 16; Lutter/*Priester*, UmwG § 24 Rn. 77; WM/*Widmann*, UmwG § 24 Rn. 311; Semler/Stengel/*Moszka*, UmwG § 24 Rn. 74.

mehr gesondert auszuweisen. Sie gehen stattdessen ggf. in einem anlässlich der Verschmelzung ermittelten Geschäfts- oder Firmenwert auf.[775]

Auch auf der Passivseite darf die übernehmende Gesellschaft nicht vom Vollständigkeitsgebot nach § 246 Abs. 1 Satz 3 HGB abweichen. Demnach muss sie alle bilanzierungsfähigen **Schulden** des übertragenden Rechtsträgers in ihrem Jahresabschluss ausweisen.

Eigene Anteile der übertragenden Gesellschaft gehen durch das Erlöschen des Rechtsträgers ebenso unter wie **Forderungen und Verbindlichkeiten** zwischen den an der Verschmelzung beteiligten Rechtsträgern. Bei Letzteren fallen als Folge der Verschmelzung Gläubiger und Schuldner der Verpflichtung zusammen, es kommt zur Konfusion.[776] Die genannten Posten sind daher beim übernehmenden Rechtsträger nicht zu bilanzieren.

In der Schlussbilanz der übertragenden Gesellschaft angesetzte aktive und passive **latente** 617 **Steuern** sind vom übernehmenden Rechtsträger nicht zu übernehmen. Stattdessen muss die übernehmende Gesellschaft neu prüfen, ob sie nach § 274 Abs. 1 HGB für eine sich insgesamt ergebende zukünftige Steuerentlastung aktive latente Steuern ansetzen darf bzw. für eine zukünftige Steuerbelastung passive latente Steuern bilden muss. Hierzu kann es bspw. kommen, weil sich die Wertansätze der übernommenen Vermögensgegenstände und Schulden in Handels- und Steuerbilanz zeitlich begrenzt unterscheiden. Soweit die Abweichungen aus einem erfolgsneutralen Anschaffungsvorgang im Rahmen der Verschmelzung resultieren, ist es sachgerecht, die latenten Steuern ebenfalls erfolgsneutral zugunsten bzw. zulasten des Geschäfts- oder Firmenwerts bzw. des Eigenkapitals zu erfassen.[777]

(bb) Bewertung – Verschmelzung mit Kapitalerhöhung bzw. zur Neugrün- 618 **dung.** Die **Bewertung** der übernommenen Vermögensgegenstände und Schulden richtet sich nach dem handelsrechtlichen Anschaffungskostenprinzip. Gemäß § 255 Abs. 1 HGB versteht man unter Anschaffungskosten die Aufwendungen, die geleistet werden, um einen Vermögensgegenstand zu erwerben. Hinsichtlich der Frage, wie diese Aufwendungen im Einzelnen zu bestimmen sind, ist zwischen den unterschiedlichen Verschmelzungskonstellationen zu unterscheiden.

Bei einer Verschmelzung **mit Kapitalerhöhung** bzw. einer Verschmelzung zur Neu- 619 gründung erhalten die Anteilsinhaber des übertragenden Rechtsträgers (neue) Anteile am übernehmenden Rechtsträger. Aus Sicht des übernehmenden Rechtsträgers stellt sich der Übergang der Vermögensgegenstände und Schulden damit wie eine Sacheinlage durch die Anteilsinhaber des übertragenden Rechtsträgers dar. Für die Bewertung des übergegangenen Vermögens kommen folglich die allgemeinen Grundsätze über die Bestimmung der Anschaffungskosten bei Sacheinlagen zur Anwendung.[778]

Die Anschaffungskosten für das übernommene Vermögen insgesamt werden durch den 620 **Ausgabebetrag** der neu gewährten Anteile bestimmt.[779] Der Ausgabebetrag ist die Summe aus dem Nennbetrag der Anteile und dem ggf. im Kapitalerhöhungsbeschluss verein-

---

[775] IDW RS HFA 42, Rn. 36; SHS/*Hörtnagl*, UmwG § 24 Rn. 24; aA Kallmeyer/Müller, UmwG § 24 Rn. 6: Derivativer GoF ist fortzuführen.
[776] IDW RS HFA 42, Rn. 38; SHS/*Hörtnagl*, UmwG § 24 Rn. 28; Semler/Stengel/*Moszka*, UmwG § 24 Rn. 21; Sonderbilanzen/*Förschle/Hoffmann*, K 25 f.
[777] IDW RS HFA 42, Rn. 39; BeBiKo/*Kozikowski/Fischer*, HGB § 274 Rn. 10; Haufe/*Bertram*, HGB § 274 Rn. 118 f. Zur Bilanzierung passiver latenter Steuern bei Verschmelzungen vgl. auch *Schein* DB 2013, 485.
[778] IDW RS HFA 42, Rn. 41.
[779] IDW RS HFA 42, Rn. 42; Sonderbilanzen/*Förschle/Hoffmann*, K 44; aA Maulbetsch/Klumpp/Rose/ *Maulbetsch*, UmwG § 24 Rn. 43; Lutter/*Priester* UmwG § 24 Rn. 45: Wahlrecht zwischen Ausgabebetrag und Zeitwert des übergehenden Vermögens; aA SHS/*Hörtnagl*, UmwG, § 24 Rn. 31: Bewertung zum Zeitwert zwingend.

barten Aufgeld. Bei einem unbezifferten Agio, wenn also im Kapitalerhöhungsbeschluss bestimmt wird, dass eine Differenz zwischen dem Zeitwert des übernommenen Vermögens und dem Nennbetrag/geringsten Ausgabebetrag der neuen Anteile in die Kapitalrücklage nach § 272 Abs. 2 Nr. 1 HGB einzustellen ist, setzen sich die Anschaffungskosten aus dem Nennbetrag/geringsten Ausgabebetrag der Anteile und dem diesen Betrag übersteigenden Teil des Zeitwerts zusammen. Wird im Kapitalerhöhungsbeschluss hingegen ausschließlich der Nennbetrag/geringste Ausgabebetrag der neuen Anteile festgelegt, muss durch Auslegung bestimmt werden, ob die Anschaffungskosten durch den Nennbetrag/geringsten Ausgabebetrag bestimmt sind oder ob in Höhe der Differenz zum Zeitwert des übernommenen Vermögens zusätzlich ein Aufgeld in die Kapitalrücklage nach § 272 Abs. 2 Nr. 1 HGB einzustellen ist (mit der Folge entsprechend höherer Anschaffungskosten).[780]

621 Zu den Anschaffungskosten zählen weiterhin bare Zuzahlungen iSv § 5 Abs. 1 Nr. 3 UmwG. Verschmelzungsbedingte Aufwendungen (zB Notar- und Gerichtskosten) sind als **Anschaffungsnebenkosten** einzubeziehen.[781]

622 **(cc) Bewertung – Verschmelzung ohne Kapitalerhöhung.** Eine Verschmelzung darf **ohne Kapitalerhöhung** durchgeführt werden, soweit die übernehmende Gesellschaft eigene Anteile innehat (§§ 54 Abs. 1 Satz 2 Nr. 1, 68 Abs. 1 Satz 2 Nr. 1 UmwG). Weitere Fälle, in denen auf eine Kapitalerhöhung verzichtet werden darf bzw. muss, ergeben sich vor allem bei innerkonzernlichen Umwandlungsvorgängen. Die bilanzielle Behandlung hängt dabei maßgeblich von der gewählten Verschmelzungsrichtung ab.

623 Obwohl bei der **Gewährung eigener Anteile** als Gegenleistung für die Gesellschafter des übertragenden Rechtsträgers insoweit keine Erhöhung des Stamm- bzw. Grundkapitals erforderlich ist, ist der Vorgang nach § 272 Abs. 1b HGB ähnlich einer Kapitalerhöhung abzubilden. Die Anschaffungskosten des übernehmenden Rechtsträgers bestimmen sich somit durch den für die eigenen Anteile erzielten Betrag, d.h. maximal den vorsichtig geschätzten Zeitwert des übergehenden Nettovermögens.[782]

Ist die übernehmende Gesellschaft an dem übertragenden Rechtsträger zu 100% beteiligt, darf gem. § 54 Abs. 1 Satz 1 Nr. 1 UmwG bzw. § 68 Abs. 1 Satz 1 Nr. 1 UmwG keine Erhöhung des Stamm- bzw. Grundkapitals erfolgen. Bei einer Aufwärtsverschmelzung (*Up-Stream-Merger*) können damit keine neuen Anteile ausgegeben werden. Vielmehr erlischt die Beteiligung an der übertragenden Gesellschaft, so dass aus Sicht des übernehmenden Rechtsträgers insoweit ein tauschähnlicher Vorgang vorliegt. Die Anschaffungskosten für das übergegangene Vermögen bestimmen sich folglich nach den allgemeinen Tauschgrundsätzen, d.h. die übertragenen Vermögensgegenstände und Schulden können beim übernehmenden Rechtsträger wahlweise zum Buchwert der untergehenden Anteile, zu deren Zeitwert oder zum erfolgsneutralen Zwischenwert angesetzt werden.[783]

624 Bei der Verschmelzung eines Mutterunternehmens auf eine hundertprozentige Tochter (***Down Stream Merger***) erhalten die Gesellschafter des übertragenden Rechtsträgers sämtliche Anteile an der aufnehmenden Tochtergesellschaft (§ 20 Abs. 1 Nr. 3 UmwG). Der Erwerb dieser Anteile erfolgt unmittelbar und ohne Durchgangserwerb beim übernehmenden Rechtsträger.[784] Im Rahmen der Verschmelzung geht somit nur das Restvermö-

---

[780] IDW RS HFA 42, Rn. 43; Sonderbilanzen/*Förschle/Hoffmann*, K 44; Kritisch zur Berücksichtigung eines Agios: Semler/Stengel/*Moszka*, UmwG § 24 Rn. 35.
[781] Sonderbilanzen/*Förschle/Hoffmann*, K 55; Kallmeyer/*Müller*, UmwG § 24 Rn. 11.
[782] IDW RS HFA 42, Rn. 53.
[783] Lutter/*Priester*, UmwG § 24 Rn. 55; IDW RS HFA 42, Rn. 46.
[784] SHS/*Hörtnagl*, UmwG § 24 Rn. 47; IDW RS HFA 42, Rn. 47; Lutter/*Priester*, UmwG § 24 Rn. 61; Kallmeyer/*Müller*, UmwG § 24 Rn. 38.

gen – ohne die Beteiligung des Mutterunternehmens an der übernehmenden Tochtergesellschaft – über. Die Bewertung der übernommenen Vermögensgegenstände und Schulden erfolgt zu vorsichtig geschätzten Zeitwerten.[785] Ist das übergehende Reinvermögen (d.h. die übernommenen Vermögensgegenstände abzüglich der übernommenen Schulden) positiv, liegt aus wirtschaftlicher Sicht eine Sachzuzahlung seitens der Gesellschafter vor. Da die Reinvermögensmehrung nicht aus der laufenden Geschäftstätigkeit, sondern aus einer umwandlungsrechtlichen Maßnahme resultiert, ist der Differenzbetrag nach h.M. unmittelbar in die Kapitalrücklage nach § 272 Abs. 2 Nr. 4 HGB einzustellen.[786] Entsprechend wird bei der Übertragung eines negativen Reinvermögens eine erfolgsneutrale Verrechnung mit dem Eigenkapital für sachgerecht erachtet, da es sich dabei um eine Sachentnahme handelt.[787]

Neben den bisher aufgeführten Fällen kann eine Verschmelzung auch dann ohne Kapitalerhöhung durchgeführt werden, wenn sämtliche Anteilsinhaber des übertragenden Rechtsträgers freiwillig auf eine Anteilsgewährung verzichten (§§ 54 Abs. 1 Satz 3, 68 Abs. 1 Satz 3 UmwG). In der Praxis wird dieses Wahlrecht vor allem bei der Verschmelzung von Schwestergesellschaften (**Side Stream Merger**) in Anspruch genommen. Wie bei der Verschmelzung auf ein Tochterunternehmen kann hierbei grundsätzlich sowohl ein positives als auch ein negatives Reinvermögen auf die übernehmende Gesellschaft übertragen werden. Insoweit entspricht die bilanzielle Abbildung der bei einem *Down Stream Merger*.[788] **625**

(dd) Bewertung – Mischfälle. Ein sog. **Mischfall** liegt vor, wenn die übernehmende Gesellschaft zu weniger als 100% an der übertragenden Gesellschaft beteiligt ist. Beim übernehmenden Rechtsträger findet eine Verschmelzung ohne Kapitalerhöhung statt, soweit Anteile des übertragenden Rechtsträgers untergehen bzw. eigene Anteile hingegeben werden. Soweit der übernehmende Rechtsträger den weiteren Anteilsinhabern der übertragenden Gesellschaft neue Anteile gewährt, findet eine Verschmelzung mit Kapitalerhöhung statt.[789] Entsprechend erfolgt die bilanzielle Abbildung als Kombination aus einer Verschmelzung mit Kapitalerhöhung und ohne Kapitalerhöhung. Die Anschaffungskosten für das übernommene Vermögen sind demnach getrennt zu ermitteln. Ebenso muss ein etwaiger Verschmelzungsgewinn oder -verlust separat verbucht werden.[790] **626**

(ee) Bewertung – Verteilung der Anschaffungskosten. Die ermittelten Gesamtanschaffungskosten müssen auf die einzelnen Vermögensgegenstände und Schulden aufgeteilt werden. Die **Verteilung** hat nach einem sachgerechten Verfahren[791] zu erfolgen, welches gem. § 284 Abs. 2 Nr. 1 HGB im Anhang erläutert werden muss. Die einzelnen Vermögensgegenstände können dabei höchstens mit ihrem Zeitwert angesetzt werden, **627**

---

[785] IDW RS HFA 42, Rn. 47; SHS/*Hörtnagl*, UmwG § 24 Rn. 50; aA Sonderbilanzen/*Försche/Hoffmann*, K 67; Maulbetsch/Klumpp/Rose/*Maulbetsch*, UmwG § 24 Rn. 58: Wahlrecht zur Abstockung der übernommenen Vermögensgegenstände auf den Wert der übernommenen Verbindlichkeiten.
[786] IDW RS HFA 42, Rn. 48; Sonderbilanzen/*Försche/Hoffmann*, K 67; SHS/*Hörtnagl*, UmwG § 24 Rn. 51; aA Kallmeyer/*Müller*, UmwG § 24 Rn. 38; Lutter/*Priester*, UmwG § 24 Rn. 61: erfolgswirksamer Verschmelzungsgewinn.
[787] IDW RS HFA 42, Rn. 49. Demgegenüber wird in der Literatur bislang überwiegend eine erfolgswirksame Erfassung als Verschmelzungsverlust über die Gewinn- und Verlustrechnung befürwortet, vgl. Sonderbilanzen/*Försche/Hoffmann*, K 67; SHS/*Hörtnagl*, UmwG § 24 Rn. 52; Kallmeyer/*Müller*, UmwG § 24 Rn. 38.
[788] IDW RS HFA 42, Rn. 50.
[789] IDW RS HFA 42, Rn. 54.
[790] Lutter/*Priester*, UmwG § 24 Rn. 60.
[791] IDW RS HFA 42, Rn. 56; Semler/Stengel/*Moszka*, UmwG § 24 Rn. 77; Kallmeyer/*Müller*, UmwG § 24 Rn. 36.

während die einzelnen übernommenen Verbindlichkeiten den Zeitwert nicht unterschreiten dürfen. Übernommene Rückstellungen sind nach § 253 Abs. 1 Satz 2 HGB in Höhe des nach vernünftiger kaufmännischer Beurteilung notwendigen Erfüllungsbetrags zu bilanzieren. Übersteigen die ermittelten Gesamtanschaffungskosten die Zeitwerte der erhaltenen Vermögensgegenstände abzüglich der Zeitwerte der Schulden, so ist der Unterschiedsbetrag nach § 246 Abs. 1 Satz 4 HGB als Geschäfts- oder Firmenwert zu aktivieren und in den Folgejahren erfolgswirksam abzuschreiben.

(b) Buchwertfortführung

628 **(aa) Allgemeines.** Anstatt die übergehenden Vermögensgegenstände und Schulden nach dem allgemeinen Anschaffungskostenprinzip neu zu bewerten, darf die übernehmende Gesellschaft nach § 24 UmwG alternativ die **Buchwerte** aus der Schlussbilanz des übertragenden Rechtsträgers fortführen. Nach h.M. kann der inländische übernehmende Rechtsträger dieses Wahlrecht auch bei einer grenzüberschreitenden Verschmelzung in Anspruch nehmen.[792] Voraussetzung ist jedoch, dass der übertragende Rechtsträger nach seinem nationalen Recht oder kraft Vereinbarung im Verschmelzungsplan eine Schlussbilanz aufstellen muss.[793]

629 Für die **Zulässigkeit** der Buchwertverknüpfung nach § 24 UmwG ist es also nicht erforderlich, dass die zugrunde liegende Schlussbilanz nach den deutschen Rechnungslegungsvorschriften aufgestellt wird. Die Buchwerte aus der ausländischen Schlussbilanz müssen bei der inländischen Gesellschaft nur insoweit angepasst werden, als die Buchwerte der Aktiva (Passiva) deren Zeitwerte nicht überschreiten (unterschreiten) dürfen. Außerdem dürfen Posten aus der Schlussbilanz des ausländischen Rechtsträgers, die nach den handelsrechtlichen Vorschriften einem Ansatzverbot unterliegen, nicht fortgeführt werden. Diese ggf. erforderlichen Korrekturen sind bei der übernehmenden inländischen Gesellschaft mit Einbuchung des Vermögens erfolgsneutral zu erfassen.[794]

630 Die Ausübung des Wahlrechts zur Buchwertfortführung gem. § 24 UmwG muss nach h.M. bereits im **Verschmelzungsplan** erfolgen (§ 122c Abs. 2 Nr. 11 UmwG).[795] Eine Mindermeinung hält es aber auch für zulässig, wenn das Wahlrecht des § 24 UmwG im Verschmelzungsplan lediglich beschrieben wird, ohne eine endgültige Aussage über dessen tatsächliche Ausübung zu treffen.[796] Nach dieser Auffassung muss sich die übernehmende Gesellschaft also erst verbindlich festlegen, wenn sie den ersten Jahresabschluss nach der Verschmelzung aufstellt.

631 **(bb) Ansatz.** Bei der Buchwertfortführung ist der übernehmende Rechtsträger im Rahmen der Übernahmebilanzierung an sämtliche Bilanzierungsentscheidungen der übertragenden Gesellschaft in der Schlussbilanz gebunden. Nach h.M. erstreckt sich der Geltungsbereich nicht nur auf die Bewertung des Vermögens, sondern auch auf den **Ansatz** der Vermögensgegenstände und Schulden.[797] Wahlrechte, die dem übertragenden Rechtsträger rechtsformabhängig zugestanden hätten, dürfen somit nicht abweichend aus-

---

[792] Kallmeyer/*Müller*, UmwG § 24 Rn. 62; Lutter/*Priester*, UmwG § 24 Rn. 96; SHS/*Hörtnagl*, UmwG § 122c Rn. 30.
[793] Lutter/*Priester*, UmwG § 24 Rn. 96; IDW RS HFA 42, Rn. 87.
[794] IDW RS HFA 42, Rn. 90 f.
[795] Semler/Stengel/*Drinhausen*, § 122c Rn. 36; IDW RS HFA 42, Rn. 87; Lutter/*Bayer*, UmwG § 122c Rn. 27.
[796] Vgl. hierzu vorstehend Rn. 73. Ähnlich SHS/*Hörtnagl*, UmwG § 122c Rn. 32; *Simon/Rubner* Der Konzern 2006, 838.
[797] SHS/*Hörtnagl*, UmwG § 24 Rn. 65; Kallmeyer/*Müller*, UmwG § 24 Rn. 13; Lutter/*Priester*, UmwG § 24 Rn. 38; Semler/Stengel/*Moszka*, UmwG § 24 Rn. 20.

geübt werden. Für künftige Jahresabschlüsse unterliegt der übernehmende Rechtsträger allerdings hinsichtlich der Ansatz- und Bewertungsmethoden des übertragenden Rechtsträgers im Rahmen des Anschaffungskostenprinzips nicht dem Stetigkeitsgrundsatz nach §§ 246 Abs. 3 Satz 1, 252 Abs. 1 Nr. 6 HGB.[798]

632 Von der übertragenden Gesellschaft selbst geschaffene **immaterielle Vermögensgegenstände** des Anlagevermögens können nur angesetzt werden, wenn diese bereits in deren Schlussbilanz aktiviert wurden. Hinsichtlich der Übernahme von Geschäftswerten muss differenziert werden. Derivative Geschäftswerte, die bereits in der Schlussbilanz des übernehmenden Rechtsträgers aktiviert wurden, sind bei der übernehmenden Gesellschaft fortzuführen. Demgegenüber kann aber bei der Buchwertfortführung – im Gegensatz zur Übernahmebilanzierung nach dem allgemeinen Anschaffungskostenprinzip – kein neuer Geschäfts- oder Firmenwert aus einer Differenz zwischen Buchwert des übernommenen Vermögens und Anschaffungskosten angesetzt werden.[799]

633 **Eigene Anteile** der übertragenden Gesellschaft sowie **Forderungen und Verbindlichkeiten** zwischen den an der Verschmelzung beteiligten Rechtsträgern können nicht übernommen werden. Vielmehr gehen diese Posten durch das Erlöschen des übertragenden Rechtsträgers unter.[800]

634 Zu einer weiteren Ausnahme von der Buchwertfortführung kann es hinsichtlich **latenter Steuern** kommen, die in der Schlussbilanz des übertragenden Rechtsträgers angesetzt wurden. Diese sind nur zu übernehmen, soweit die temporären Differenzen zwischen dem handelsrechtlichen und dem steuerlichen Wertansatz auch nach der Verschmelzung bestehen. Gleichzeitig muss die Bewertung an die steuerlichen Verhältnisse der übernehmenden Gesellschaft angepasst werden.[801]

Verschmelzungsbedingte Aufwendungen (zB Notar- und Gerichtskosten) dürfen bei Anwendung der Buchwertfortführung nicht als Anschaffungsnebenkosten aktiviert werden. Stattdessen sind sämtliche **Verschmelzungskosten** sofort aufwandswirksam in der Gewinn- und Verlustrechnung des übernehmenden Rechtsträgers zu erfassen.[802]

635 **(cc) Bewertung – Grundlagen.** Die **Bewertung** der übernommenen Vermögensgegenstände und Schulden erfolgt grundsätzlich zu den in der Schlussbilanz des übertragenden Rechtsträgers angesetzten Buchwerten. Für den ersten auf die Verschmelzung folgenden Jahresabschluss sind die Werte entsprechend fortzuentwickeln (bspw. hinsichtlich planmäßiger Abschreibungen).[803]

636 Die aus der Schlussbilanz des übertragenden Rechtsträgers fortgeführten Buchwerte gelten als **Anschaffungskosten** beim übernehmenden Rechtsträger. Sie bilden damit die Wertobergrenze für die übernommenen Vermögensgegenstände. Eine darüber hinaus gehende Zuschreibung darf in den folgenden Jahren nicht vorgenommen werden und zwar auch dann nicht, wenn die Werte auf eine außerplanmäßige Abschreibung zurückzuführen sind.[804] Im Anlagenspiegel werden die übernommenen Gegenstände des Anlagevermögens als Zugang in Höhe der (neuen) Anschaffungskosten ausgewiesen. Zusätzlich können

---

[798] IDW RS HFA 42, Rn. 60.
[799] Lutter/*Priester*, UmwG § 24 Rn. 40; SHS/*Hörtnagl*, UmwG § 24 Rn. 67; Sonderbilanzen/*Förschle/ Hoffmann*, K 72.
[800] SHS/*Hörtnagl*, UmwG § 24 Rn. 70.
[801] IDW RS HFA 42, Rn. 61.
[802] IDW RS HFA 42, Rn. 62; SHS/*Hörtnagl*, UmwG § 24 Rn. 73; Lutter/*Priester*, UmwG § 24 Rn. 66; Sonderbilanzen/*Förschle/Hoffmann*, K 86; Kallmeyer/*Müller*, UmwG § 24 Rn. 44.
[803] Semler/Stengel/*Moszka*, UmwG § 24 Rn. 55; SHS/*Hörtnagl*, UmwG § 24 Rn. 64; Lutter/*Priester*, UmwG § 24 Rn. 67; Kallmeyer/*Müller*, UmwG § 24 Rn. 42.
[804] Sonderbilanzen/*Förschle/Hoffmann*, K 86; Lutter/*Priester*, UmwG § 24 Rn. 66; WM/*Widmann*, UmwG § 24 Rn. 358; Kallmeyer/*Müller*, UmwG § 24 Rn. 43; IDW RS HFA 42, Rn. 64.

zu Informationszwecken auch die ursprünglichen Anschaffungs- und Herstellungskosten sowie die kumulierten Abschreibungen des übertragenden Rechtsträgers erfasst werden. Dies setzt aber voraus, dass die entsprechenden Angaben in gesonderten Spalten ausgewiesen werden. Außerdem ist die Darstellungsform im Anhang zu erläutern.[805]

637 Bei Anwendung der Buchwertverknüpfung entsteht regelmäßig ein **Unterschiedsbetrag** zwischen dem zu Buchwerten übernommenen Reinvermögen und der Gegenleistung des übernehmenden Rechtsträgers. In vielen Fällen ist diese Differenz negativ, weil die Vermögensgegenstände des übertragenden Rechtsträgers stille Reserven aufweisen.[806] Die bilanzielle Behandlung des Unterschiedsbetrags ist abhängig von der jeweiligen Verschmelzungskonstellation.

638 **(dd) Bewertung – Verschmelzung mit Kapitalerhöhung.** Bei einer **Verschmelzung mit Kapitalerhöhung** stellt der Ausgabebetrag[807] der gewährten Anteile (zzgl. etwaiger barer Zuzahlungen) die Gegenleistung für die übernommenen Vermögensgegenstände und Schulden dar. Übersteigt der Buchwert des übergegangenen Reinvermögens diesen Betrag, ist die positive Differenz in die Kapitalrücklage gem. § 272 Abs. 2 Nr. 1 HGB einzustellen.[808] Ein negativer Unterschiedsbetrag muss hingegen als außerordentlicher Aufwand in der Gewinn- und Verlustrechnung der aufnehmenden Gesellschaft erfasst werden. Der Ansatz eines Geschäfts- oder Firmenwerts ist ebenso wenig möglich wie eine Verrechnung mit den Rücklagen.[809]

639 **(ee) Bewertung – Verschmelzung ohne Kapitalerhöhung.** Im Falle einer **Verschmelzung ohne Kapitalerhöhung** hängt die bilanzielle Behandlung des Unterschiedsbetrags von der Verschmelzungsrichtung ab. Wird ein Tochterunternehmen auf die Mutter verschmolzen (*Up-Stream-Merger*), entsteht eine positive oder negative Differenz zwischen dem Buchwert des übernommenen Nettovermögens und dem Buchwert der untergehenden Anteile. Dieser Unterschiedsbetrag ist erfolgswirksam in der Gewinn- und Verlustrechnung zu erfassen.[810] Bei einem *Down-Stream-Merger* erscheint es sachgerecht, einen positiven Differenzbetrag unmittelbar als Zuzahlung in die Kapitalrücklage nach § 272 Abs. 2 Nr. 4 HGB einzustellen.[811] Im Falle eines negativen Unterschiedsbetrags ist die Differenz erfolgsneutral mit den frei verfügbaren Bestandteilen des Eigenkapitals zu verrechnen.[812] Bei einer Seitwärtsverschmelzung (*Side-Stream-Merger*) mit Anteilsverzicht erfolgt die bilanzielle Behandlung des Unterschiedsbetrags wie bei einem *Down-Stream-Merger*.

640 Die **Gewährung eigener Anteile** an die Anteilsinhaber der übertragenden Gesellschaft ist als entgeltliche Veräußerung der eigenen Anteile nach § 272 Abs. 1b HGB abzubilden. Veräußerungserlös ist hierbei der Betrag des zu Buchwerten übernommenen Nettovermögens.[813]

---

[805] IDW RS HFA 42, Rn. 64; SHS/*Hörtnagl*, UmwG § 24 Rn. 84.
[806] Lutter/*Priester*, UmwG § 24 Rn. 69.
[807] Vgl. hierzu vorstehend Rn. 620.
[808] IDW RS HFA 42, Rn. 68; SHS/*Hörtnagl*, UmwG § 24 Rn. 77; Lutter/*Priester*, UmwG § 24 Rn. 71; Sonderbilanzen/*Förschle/Hoffmann*, K 90; Maulbetsch/Klumpp/Rose/*Maulbetsch*, UmwG § 24 Rn. 69.
[809] IDW RS HFA 42, Rn. 70; SHS/*Hörtnagl*, UmwG § 24 Rn. 76; WM/*Widmann*, UmwG § 24 Rn. 331.
[810] Kallmeyer/*Müller*, UmwG § 24 Rn. 47; SHS/*Hörtnagl*, UmwG § 24 Rn. 79; Lutter/*Priester*, UmwG § 24 Rn. 71; IDW RS HFA 42, Rn. 72.
[811] SHS/*Hörtnagl*, UmwG § 24 Rn. 78; Sonderbilanzen/*Förschle/Hoffmann*, K 95; IDW RS HFA 42, Rn. 74; aA Kallmeyer/*Müller*, UmwG § 24 Rn. 47: erfolgswirksame Erfassung.
[812] IDW RS HFA 42, Rn. 74.
[813] IDW RS HFA 42, Rn. 73.

(ff) Bewertung – Mischfälle. Ein **Mischfall** liegt vor, wenn die übernehmende Gesellschaft zu weniger als 100 % an der übertragenden Gesellschaft beteiligt ist. Die bilanzielle Abbildung erfolgt in diesem Fall als Kombination aus einer Verschmelzung mit Kapitalerhöhung und ohne Kapitalerhöhung.[814] 641

bb) Rechnungslegung bei den Anteilsinhabern

Bei den Gesellschaftern des übernehmenden Rechtsträgers ergeben sich durch die Verschmelzung grundsätzlich **keine bilanziellen Auswirkungen**. Im Falle von Verschmelzungen mit Kapitalerhöhung kommt es allerdings zu einer Verwässerung ihrer Anteile. Ändern sich durch den Umwandlungsvorgang die zukünftigen Ertragsaussichten des Unternehmens, kann eine Wertaufholung (§ 253 Abs. 5 Satz 1 HGB) oder eine außerplanmäßige Abschreibung (§ 253 Abs. 3 Satz 3 HGB) auf den niedrigeren beizulegenden Zeitwert angebracht sein. 642

Ein Sonderfall liegt vor, wenn die Anteilsinhaber des übernehmenden Rechtsträgers gleichzeitig auch an der übertragenden Gesellschaft beteiligt sind (*Side-Stream-Merger*) und auf eine Gewährung von Anteilen am übernehmenden Rechtsträger verzichten. Bei den Gesellschaftern geht dann zwar die Beteiligung am übertragenden Rechtsträger unter, im Gegenzug erhöht sich aber der innere Wert der Anteile an der aufnehmenden Gesellschaft. Wirtschaftlich betrachtet kommt es also zu einem tauschähnlichen Vorgang. Folglich ist der Wertansatz der Beteiligung unter Anwendung der allgemeinen Tauschgrundsätze zu erhöhen.[815] 643

cc) Konzernabschluss

Wenn eine inländische Kapitalgesellschaft mittelbar oder unmittelbar beherrschenden Einfluss auf ein anderes Unternehmen (Tochterunternehmen) ausüben kann, so sind die gesetzlichen Vertreter dieses Mutterunternehmens zur **Aufstellung eines Konzernabschlusses** verpflichtet (§ 290 Abs. 1 HGB). Dieser hat die Vermögens-, Finanz- und Ertragslage der einbezogenen Unternehmen so darzustellen, als ob diese insgesamt ein einziges Unternehmen wären (**Einheitstheorie**, § 297 Abs. 3 Satz 1 HGB). Im Konzernabschluss ist gem. § 301 HGB der Jahresabschluss des Mutterunternehmens mit den Jahresabschlüssen der Tochterunternehmen zusammenzufassen, wobei eine Kapitalkonsolidierung durchzuführen ist. Hierbei wird der Wertansatz der dem Mutterunternehmen gehörenden Anteile an einem einbezogenen Tochterunternehmen mit dem (anteiligen) Eigenkapital des entsprechenden Tochterunternehmens verrechnet. Vor diesem Hintergrund stellt sich die Frage, wie die aus einer Verschmelzung resultierenden Änderungen der Konzernstruktur im Konzernabschluss abzubilden sind. 644

(1) Verschmelzungen mit einem externen Rechtsträger. Bei der Hereinverschmelzung eines konzernexternen Unternehmens endet die Existenz dieses Unternehmens als rechtlich (und in Zusammenhang damit bilanziell) selbständige Einheit und seine Vermögensgegenstände und Schulden gehen auf einen Rechtsträger innerhalb des Konsolidierungskreises über. Die Verschmelzung stellt sich damit als **Zugang von (einzelnen) Vermögensgegenständen und Schulden** im Jahresabschluss des betreffenden, in den Konzernabschluss einbezogenen Unternehmens dar. Eine Kapitalkonsolidierung des „in den Konzern" verschmolzenen Unternehmens ist somit nicht erforderlich. Im Einzelfall 645

---

[814] IDW RS HFA 42, Rn. 76; Maulbetsch/Klumpp/Rose/*Maulbetsch*, UmwG § 24 Rn. 70; SHS/*Hörtnagl*, UmwG § 24 Rn. 82.
[815] IDW RS HFA 42, Rn. 81. Zu den allgemeinen Tauschgrundsätzen vgl. vorstehend Rn. 311.

kann es jedoch im Zuge der Verschmelzung zum **Zugang eines Tochterunternehmens** zum Konzern kommen – nämlich dann, wenn der übertragende Rechtsträger bereits an diesem Tochterunternehmen beteiligt ist oder wenn die vom übertragenden Rechtsträger gehaltenen Anteile zusammen mit bereits bisher von Konzernunternehmen gehaltenen Anteilen einen beherrschenden Einfluss begründen. In solchen Fällen ist dann auch eine erstmalige Kapitalkonsolidierung erforderlich. Im Folgenden wird auf die Behandlung dieser beiden Fälle – Zugang von einzelnen Vermögensgegenständen und Schulden einerseits, Zugang eines Tochterunternehmens andererseits – im Konzernabschluss eingegangen.

646 **(a) Zugang von einzelnen Vermögensgegenständen und Schulden.** Ansatz und Bewertung der im Zuge der Verschmelzung übernommenen Vermögensgegenstände und Schulden im Konzernabschluss richten sich in diesem Fall grundsätzlich nach den im Jahresabschluss getroffenen Bilanzierungsentscheidungen. Insbesondere besteht in diesem Jahresabschluss die Wahlmöglichkeit zwischen einer Bilanzierung nach dem allgemeinen Anschaffungskostenprinzip und einer Buchwertfortführung gem. § 24 UmwG. Das Wahlrecht kann nach § 308 Abs. 1 HGB auf Ebene des Konzernabschlusses unabhängig von der Inanspruchnahme im gesetzlichen Jahresabschluss neu ausgeübt werden. Dies erfolgt in der als Grundlage für die Einbeziehung in den Konzernabschluss dienenden, nach konzerneinheitlichen Bilanzierungs- und Bewertungsgrundsätzen aufgestellten sog. Handelsbilanz II (HB II).

647 Eine Einschränkung des Wahlrechts zur Buchwertfortführung könnte sich aus dem **Deutschen Rechnungslegungs Standard Nr. 4** „Unternehmenserwerbe im Konzernabschluss" (DRS 4) ergeben. Nach DRS 4.1 lit. c) fallen auch Unternehmenserwerbe im Wege der Verschmelzung in den Anwendungsbereich des Standards. Demnach wäre DRS 4 auch für die Bewertung der einzelnen, im Rahmen der Verschmelzung übergegangenen Vermögensgegenstände und Schulden anzuwenden. Nach DRS 4.12 ff. bemessen sich die Anschaffungskosten für das erworbene Vermögen nach der Gegenleistung des erwerbenden Unternehmens. Bei einer Verschmelzung mit Kapitalerhöhung entsprechen die Anschaffungskosten damit dem Zeitwert der neu ausgegebenen Anteile und bei einer Verschmelzung ohne Kapitalerhöhung dem Zeitwert der hingegebenen eigenen Anteile. Eine Fortführung der Buchwerte des übertragenden Rechtsträgers wäre nach DRS 4 nicht zulässig. Das betreffende Konzernunternehmen müsste dann, auch wenn es in seinem gesetzlichen Jahresabschluss die Buchwerte fortführt, in seiner HB II die Anschaffungskosten nach den allgemeinen Grundsätzen ansetzen. Dies entspricht dem Grundgedanken der Einheitstheorie und führt zu einer einheitlichen Behandlung des Zugangs von Vermögensgegenständen und Schulden im Konzernabschluss aufgrund eines Unternehmenserwerbs, unabhängig davon, ob dieser über eine Verschmelzung oder über einen Anteilserwerb erfolgt. Allerdings schränkt der Standard damit das gesetzliche Wahlrecht zur Buchwertverknüpfung gem. § 24 UmwG ein. Hierzu ist anzumerken, dass die durch das Bundesministerium der Justiz bekanntgemachten DRS zwar die Vermutung von Grundsätzen ordnungsmäßiger Konzernrechnungslegung in sich tragen. Soweit sie gesetzliche Wahlrechte einschränken, besitzen sie jedoch lediglich Empfehlungscharakter. Der Ansatz zu Anschaffungskosten iSv DRS 4 führt entsprechend zwar zu einer besser den tatsächlichen Verhältnissen entsprechenden Darstellung der Lage des Konzerns im Konzernabschluss – die Fortführung der Buchwerte des übertragenden Rechtsträgers ist jedoch ebenfalls nicht zu beanstanden.[816]

---

[816] So auch WPH II E 91; IDW PS 201, Rn. 12.

(b) Zugang eines Tochterunternehmens. Von den in den vorangegangenen Erläuterungen dargestellten Fällen sind diejenigen zu unterscheiden, in welchen der Konsolidierungskreis tatsächlich um ein oder mehrere neue **Tochterunternehmen** erweitert wird. Hierzu kann es dann kommen, wenn der übertragende Rechtsträger Anteile an einem anderen Unternehmen besitzt und diese im Rahmen der Verschmelzung auf den übernehmenden Rechtsträger übergehen. Sofern die übernehmende Gesellschaft nach der Verschmelzung beherrschenden Einfluss auf das entsprechende Unternehmen ausüben kann, entsteht damit ein neues Mutter-Tochter-Verhältnis iSd § 290 HGB.

648

Ist Letzteres der Fall, ist das neu zugegangene Tochterunternehmen nach § 301 HGB unter Anwendung der Erwerbsmethode erstmalig zu konsolidieren. Nach § 301 Abs. 1 HGB erfolgt die **Erstkonsolidierung** nach der Neubewertungsmethode, d.h. der Wertansatz der dem Mutterunternehmen gehörenden Anteile an dem einbezogenen Tochterunternehmen wird mit dem auf diese Anteile entfallenden, auf Basis von Zeitwerten ermittelten Betrag des Eigenkapitals des Tochterunternehmens verrechnet. Entsprechend werden im Konzernabschluss die Vermögensgegenstände des zugegangenen Tochterunternehmens zu diesen Zeitwerten angesetzt.

Fraglich ist der **Wertansatz der zu konsolidierenden Anteile.** Nach DRS 4.12 f. bemessen sich die Anschaffungskosten für das erworbene Unternehmen nach der Gegenleistung des erwerbenden Unternehmens. Als Gegenleistung ist dabei der Anschaffungspreis bzw. der beizulegende Zeitwert der hingegebenen Vermögenswerte oder Anteile zuzüglich Anschaffungsnebenkosten anzusetzen. Eine Verrechnung mit dem gem. § 24 UmwG fortgeführten Buchwert der Anteile entspräche demnach nicht den Grundsätzen ordnungsmäßiger Konzernrechnungslegung. Entsprechend wäre das Wahlrecht auf Ebene der HB II zugunsten einer Bewertung nach dem allgemeinen Anschaffungskostenprinzip neu auszuüben (§ 308 Abs. 1 Satz 2 HGB). Dies erscheint auch sachgerecht, würde doch die Verrechnung mit dem Buchwert ggf. zum unzutreffenden Ausweis des Geschäfts- oder Firmenwertes bzw. eines passiven Unterschiedsbetrags aus der Kapitalkonsolidierung gem. § 301 Abs. 3 HGB führen.

649

(2) Konzerninterne Verschmelzungen. Eine konzerninterne Verschmelzung liegt vor, wenn sämtliche an der Verschmelzung beteiligten Rechtsträger bereits im Wege der Vollkonsolidierung in den Konzernabschluss einbezogen sind. Dabei kann zwischen einer Aufwärtsverschmelzung von einem Tochter- auf das Mutterunternehmen (*Up-Stream-Merger*), einer Abwärtsverschmelzung von der Mutter- auf die Tochtergesellschaft (*Down-Stream-Merger*) sowie einer Seitwärtsverschmelzung von zwei oder mehr Tochterunternehmen untereinander (*Side-Stream-Merger*) unterschieden werden. Nach der **Einheitstheorie**[817], also aus der Perspektive des Konzerns als einheitliches Unternehmen, stellt eine solche Verschmelzung konzerninterner Unternehmen keinen Anschaffungsvorgang, sondern lediglich einen internen Geschäftsvorfall dar. Es darf insoweit zu keiner Änderung des Reinvermögens des Konzerns kommen.[818]

650

(a) Ohne Minderheitsgesellschafter. Ist der übertragende Rechtsträger ein **100 %-iges Tochterunternehmen**, so darf der Umwandlungsvorgang keine unmittelbaren Auswirkungen auf den Konzernabschluss haben. Sämtliche Vermögens- und Ergebniseffekte, die sich im Rahmen der Verschmelzung in den Jahresabschlüssen ergeben haben, müssen demnach im Konzernabschluss eliminiert werden.[819] Anpassungsbedarf resultiert

651

---

[817] Vgl. hierzu vorstehend Rn. 644.
[818] WPH II E 93; Sonderbilanzen/*Förschle/Hoffmann* K 101; SHS/*Hörtnagl*, UmwG § 24 Rn. 104.
[819] BeBiKo/*Förschle/Deubert*, HGB § 301 Rn. 291; HdKR/*Dusemond/Weber/Zündorf*, HGB § 301 Rn. 390; ADS HGB § 301 Rn. 289; *Küting* DStR 1995, 232.

insbesondere aus der Bewertung der übertragenen Vermögensgegenstände und Schulden. Gem. § 24 UmwG können diese im Jahresabschluss des übernehmenden Rechtsträgers wahlweise zu Anschaffungskosten oder zum Buchwert aus der Schlussbilanz angesetzt werden. Regelmäßig wird es dabei zu Abweichungen dieser Wertansätze von den fortgeführten Konzern-Anschaffungskosten kommen, die korrigiert werden müssen.

Weitere Korrekturen können sich hinsichtlich des Wertansatzes der im Rahmen der Verschmelzung erlangten (bzw. im inneren Wert gestiegenen) Anteile am übernehmenden Rechtsträger ergeben. Nach den allgemeinen Tauschgrundsätzen dürfen diese Anteile im Jahresabschluss entweder zum Buchwert der untergehenden Beteiligung am übertragenden Rechtsträger, zu deren Zeitwert oder zum erfolgsneutralen Zwischenwert angesetzt werden. Soll der Anpassungsbedarf möglichst gering gehalten werden, empfiehlt es sich, auf Jahresabschlussebene sowohl das übertragene Vermögen als auch die erlangten Anteile zum Buchwert zu bewerten.[820]

652 Die notwendigen **Anpassungen** an die Konzernwerte können bereits in der HB II vorgenommen werden. Damit wird gleichzeitig ein etwaiger Verschmelzungsgewinn oder -verlust beseitigt.[821] Alternativ ist aber auch eine Berücksichtigung im Rahmen der Zwischenergebniseliminierung möglich.[822] Sind die notwendigen Anpassungen für die Vermögens-, Finanz- und Ertragslage des Konzerns nur von untergeordneter Bedeutung, so darf auf eine Korrektur der Vermögens- und Ergebniseffekte vollständig verzichtet werden (§§ 303 Abs. 2, 304 Abs. 2, 305 Abs. 2 HGB).

653 Einen Sonderfall stellt die Verschmelzung des Mutterunternehmens auf ein in den Konzernabschluss einbezogenes Tochterunternehmen (**Down-Stream-Merger**) dar. Mit dem Erlöschen des Mutterunternehmens aufgrund der Verschmelzung endet auch dessen Pflicht zur Aufstellung des Konzernabschlusses. Gleichzeitig wird das bisherige Tochterunternehmen zum neuen Mutterunternehmen des Konzerns. Sofern die übernehmende Gesellschaft bislang von den Befreiungsmöglichkeiten der §§ 290 ff. HGB Gebrauch gemacht hat, ist sie damit erstmalig zur Aufstellung eines Konzernabschlusses verpflichtet. Nach den handelsrechtlichen Vorschriften ist in diesem Fall grundsätzlich für alle Unternehmen, zu denen ein Mutter-Tochter-Verhältnis iSd § 290 HGB besteht, eine Erstkonsolidierung nach den allgemeinen Grundsätzen durchzuführen.[823] Eine Behandlung als konzerninterne Umstrukturierung, wie dies die IFRS-Regelungskonzepte (*Transaction under Common Control* bzw. *Reverse Acquisition*[824]) vorsehen, und damit eine Fortführung der Werte im Konzernabschluss des bisherigen Mutterunternehmens, ist nach den geltenden Vorschriften des HGB nicht möglich.[825]

654 **(b) Mit Minderheitsgesellschaftern.** Weitere Besonderheiten ergeben sich, wenn bei einer **Aufwärtsverschmelzung** (*Up-Stream-Merger*) Minderheitsgesellschafter an dem übertragenden Rechtsträger beteiligt sind und diese mit Anteilen des Konzern-Mutterunternehmens abgefunden werden.

655 Die **Minderheitsgesellschafter** des übertragenden Rechtsträgers werden durch den Vorgang zu Anteilsinhabern der Konzernobergesellschaft. Damit geht das bisher auf sie entfallende Vermögen auf den Konzern über. Im Konzernabschluss entfällt infolgedessen der Ausgleichsposten für Anteile anderer Gesellschafter (§ 307 HGB).[826] Konzeptionell

---

[820] BeBiKo/*Förschle/Deubert*, HGB § 301 Rn. 291 f.
[821] ADS HGB § 301 Rn. 290; HdKR/*Dusemond/Weber/Zündorf*, HGB, § 301 Rn. 390.
[822] BeBiKo/*Förschle/Deubert*, HGB § 301 Rn. 293.
[823] BeBiKo/*Förschle/Deubert*, HGB § 301 Rn. 295.
[824] Vgl. hierzu nachstehend Rn. 677, 682.
[825] So auch DRS 4.A5; BeBiKo/*Förschle/Deubert*, HGB § 301 Rn. 295; aA *Beine/Roß* BB 2012, 2743 ff.
[826] *Schmidbauer* BB 2001, 2470.

ähnelt der Vorgang also der Aufstockung einer bestehenden Mehrheitsbeteiligung. Entsprechend erhöht sich durch die Verschmelzung auch der Konzernanteil an Unternehmen nachgeordneter Konzernstufen, an denen der übertragende Rechtsträger beteiligt war.[827]

Unklar ist, ob die Verschmelzung bei dieser Konstellation als Erwerbsvorgang mit einer gesonderten Erstkonsolidierung oder, analog IFRS[828], als Transaktion zwischen den Gesellschaftergruppen abzubilden ist. In der Literatur werden beide Vorgehensweisen für zulässig erachtet.[829] Im ersten Fall muss das vormals den Minderheitsgesellschaftern zugerechnete Nettovermögen neu bewertet werden. Bewertungsgrundlage ist dabei entweder der Zeitwert oder der Ausgabebetrag der gewährten Anteile. Bei einer Abbildung als interner Vorgang zwischen den Gesellschaftergruppen bleiben Ansatz und Bewertung der Vermögensgegenstände und Schulden hingegen unverändert. Ein aktiver Unterschiedsbetrag aus der Aufrechnung von Anschaffungskosten und anteiligem Eigenkapital ist in diesem Fall mit den Konzernrücklagen zu verrechnen, ein passiver Unterschiedsbetrag in die Kapitalrücklagen einzustellen.[830]

656

b) IFRS

aa) Rechnungslegung beim übernehmenden Rechtsträger

(1) Verschmelzungen mit einem externen Rechtsträger. Bei einer grenzüberschreitenden Verschmelzung ergibt sich die bilanzielle Abbildung nach IFRS bei der beteiligten inländischen Kapitalgesellschaft aus IFRS 3 „Unternehmenszusammenschlüsse". Dieser ist für alle rechtlichen Formen von Unternehmenszusammenschlüssen zur Abbildung im Einzel- als auch Konzernabschluss anzuwenden. Sämtliche Arten von Umwandlungsvorgängen fallen deswegen grundsätzlich in dessen Anwendungsbereich, unabhängig davon, ob es sich um Verschmelzungen, Spaltungen, Realteilungen, Anwachsungen oder einen *Asset Deal* handelt. Weiterhin ist es für die Anwendung des IFRS 3 unerheblich, ob es sich um grenzüberschreitende Umwandlungsvorgänge handelt.

657

Unternehmenszusammenschlüsse sind im Erwerbszeitpunkt von dem übernehmenden Rechtsträger grundsätzlich nach der Erwerbsmethode (*Acquisition Method*), d.h. unter Aufdeckung von stillen Reserven und eines etwaigen Geschäfts- oder Firmenwerts zu bilanzieren.[831]

(a) Anwendungsbereich. IFRS 3 ist auf Transaktionen oder Ereignisse anzuwenden, die die Definition eines Unternehmenszusammenschlusses erfüllen. Die Regelungen von IFRS 3 gelangen somit nur dann zur Anwendung, wenn das Erwerbsobjekt einen Geschäftsbetrieb bzw. ein Unternehmen (*Business*) darstellt.

658

Die Übertragung einer Sachgesamtheit fällt nicht in den Anwendungsbereich des IFRS 3.[832] Im Transaktionszeitpunkt ist deshalb zu überprüfen, ob es sich beim übernommenen Reinvermögen um einen Geschäftsbetrieb iSv IFRS 3.B7 ff. handelt.[833] Würden lediglich einzelne Vermögenswerte durch die Ausgabe von Anteilen erworben, ergäbe sich die bilanzielle Abbildung beim übernehmenden Rechtsträger grundsätzlich aus IFRS 2.[834]

---

[827] WPH II E 93; *Schmidbauer* BB 2001, 2470.
[828] Vgl. hierzu nachstehend Rn. 681.
[829] BeBiKo/*Förschle*/*Deubert*, HGB § 301 Rn. 215 f.; Haufe/*Müller*, HGB § 301 Rn. 177; HdKR/*Dusemond*/*Weber*/*Zündorf*, HGB § 301 Rn. 195 f.
[830] BeBiKo/*Förschle*/*Deubert*, HGB § 301 Rn. 215; HdKR/*Dusemond*/*Weber*/*Zündorf*, HGB § 301 Rn. 196.
[831] IFRS 3.4.
[832] IFRS 3.2 b) Zur Erläuterung des Begriffs „Sachgesamtheit" vgl. hierzu nachstehend Rn. 662.
[833] IFRS 3.3.
[834] Ausgenommen hiervon sind finanzielle Vermögenswerte, vgl. IFRS 2.5.

Der erworbene Gegenstand wäre dann gemäß IFRS 2.10 zum beizulegenden Zeitwert anzusetzen, welcher auch die Erhöhung des Eigenkapitals determiniert. Sollte der beizulegende Zeitwert nicht verlässlich ermittelbar sein, bestimmt der beizulegende Zeitwert der ausgegebenen Anteile gemäß IFRS 2.13 die Anschaffungskosten der Einlage.

659 Ein **Geschäftsbetrieb** iSv IFRS 3 liegt vor, wenn eine integrierte Gruppe von Tätigkeiten und Vermögenswerten mit dem Ziel geführt und geleitet werden kann, Erträge zu erwirtschaften, die in Form von Dividenden, niedrigeren Kosten oder sonstigem wirtschaftlichen Nutzen direkt den Anteilsinhabern oder anderen Eigentümern, Gesellschaftern oder Teilnehmern zugehen.[835] Demzufolge ist ein Geschäftsbetrieb ein „lebendes Unternehmen"[836] mit Ressourceneinsatz (Anlagevermögen, Know-How, Angestellte), Verfahren (Einsatz der Ressourcen) und Leistung (Ergebnis von Ressourceneinsatz und darauf angewendete Verfahren) mit dem Ziel Erträge zu erwirtschaften. Die Existenz eines Geschäftsbetriebs ist nicht schon dadurch begründet, dass es sich beim erworbenen Unternehmen um eine Kapital- oder Personengesellschaft handelt. Die wirtschaftliche Sichtweise ist deswegen grundsätzlich immer losgelöst von der rechtlichen Ausgestaltung.

Ausgenommen vom Anwendungsbereich des IFRS 3 sind:
– die Gründung eines Gemeinschaftsunternehmens;
– der Erwerb eines Vermögenswerts oder einer Gruppe von Vermögenswerten, die keinen Geschäftsbetrieb bilden;
– ein Zusammenschluss von Unternehmen oder Geschäftsbetrieben unter gemeinsamer Beherrschung.[837]

660 IFRS 3.B7 a) versteht unter **Ressourceneinsatz** (bzw. *Inputs*) sämtliche ökonomischen Ressourcen, welche Leistung generieren können, sofern ein oder mehrere Verfahren auf diese angewendet werden. Beispiele hierfür sind nicht nur bereits bilanzierte Vermögenswerte, sondern auch nicht bilanzierungsfähige immaterielle Vermögenswerte. Hierunter fallen u. a. Know-How oder der eingearbeitete Mitarbeiterstamm.

661 Die erworbenen Ressourcen sind auf die Existenz von **Verfahren** (bzw. Prozessen) zu untersuchen, um zu ermitteln, ob die erworbenen Vermögenswerte eigenständig Leistung generieren können. Bereits implementierte Systeme, Standards, Protokolle, Konventionen oder Regeln, welche den Ressourceneinsatz verarbeiten können, lassen auf einen Geschäftsbetrieb schließen. Strategische Managementprozesse, Betriebsverfahren und Ressourcenmanagementprozesse sind Verfahren, welche i.d.R. dokumentiert sein werden. Es ist allerdings nicht zwingend notwendig, dass die Prozesse dokumentiert sind. Eine organisierte Belegschaft, welche über die notwendigen Fähigkeiten verfügt, um den Ressourceneinsatz zu verarbeiten, kann eine Dokumentation ersetzen.[838]

Buchhaltung, Rechnungsstellung, Lohn- und Gehaltsabrechnung und andere Verwaltungssysteme gehören typischerweise nicht zu den Prozessen, die zur Generierung von Leistung verwendet werden, und sind somit nicht für einen Geschäftsbetrieb prägend.[839]

662 Für den Ressourceneinsatz und die darauf angewendeten Verfahren ist also zu prüfen, ob diese **Leistung** (bzw. *Output*) generieren. Unter Leistung versteht IFRS 3.B7 c) Dividenden, niedrigere Kosten oder sonstigen wirtschaftlichen Nutzen, welcher direkt den Anteilsinhabern oder anderen Eigentümern, Gesellschaftern oder Teilnehmern zugeht.

---

[835] IFRS 3 Anhang A.
[836] IFRS-HB/*Theile/Pawelzik* Rn. 5520.
[837] IFRS 3.2; zur genaueren Erläuterung von Transaktionen unter gemeinsamer Beherrschung vgl. hierzu nachstehend Rn. 677 ff.
[838] IFRS 3.B7 b).
[839] IFRS 3.B7.

Damit eine integrierte Gruppe die Kriterien eines Geschäftsbetriebs erfüllt, ist die Erfüllung des Kriteriums Leistung nicht zwingend erforderlich.[840] Es stehen vielmehr der Input als auch die Prozesse bei der Identifizierung eines Geschäftsbetriebs im Vordergrund.[841]

Bei der Beurteilung der Eigenschaften ist es wichtig, dass nach IFRS 3.B11 die Sicht eines Marktteilnehmers einzunehmen ist. Dieser müsste in der Lage sein, die integrierte Gruppe wie einen Geschäftsbetrieb zu führen. Es spielt damit keine Rolle, ob der Verkäufer oder Käufer die integrierte Gruppe als Geschäftsbetrieb geführt hat oder führen wird.

Im Rahmen einer Verschmelzung ist das Vorliegen der Geschäftsbetriebseigenschaft regelmäßig zu bejahen.[842] Ist die Geschäftsbetriebseigenschaft nicht erfüllt und werden somit lediglich einzelne Vermögenswerte wie zB Grundstücke, Immobilien oder Maschinen ohne Unternehmensqualität übertragen, sind die Anschaffungskosten nach Maßgabe des beizulegenden Zeitwerts auf die identifizierbaren Vermögenswerte und Schulden zum Erwerbszeitpunkt zu verteilen. Die Aufdeckung eines Geschäfts- oder Firmenwerts erfolgt im Rahmen einer solchen Transaktion gem. IFRS 3.2 b) nicht.[843]

(b) Erwerbsmethode. Unternehmenszusammenschlüsse sind zwingend nach der **Erwerbsmethode** abzubilden.[844] Nach IFRS 3.5 erfordert die Anwendung der Erwerbsmethode: 663

– die Identifizierung des Erwerbers
– die Bestimmung des Erwerbszeitpunkts
– den Ansatz und die Bewertung der erworbenen identifizierbaren Vermögenswerte, der übernommenen Schulden und aller nicht beherrschenden Anteile an dem erworbenen Unternehmen; sowie
– die Bilanzierung und Bewertung des Geschäfts- oder Firmenwerts oder eines Gewinns aus einem Erwerb zu einem Preis unter Marktwert

(aa) Identifizierung des Erwerbers. Die **Identifizierung des Erwerbers** ist nach IFRS von Bedeutung, da die Erwerbsmethode aus Sicht des erwerbenden Unternehmens anzuwenden ist. Der Erwerber führt seine Buchwerte weiter, wohingegen stille Reserven und ggf. ein Geschäfts- oder Firmenwert beim erworbenen Unternehmen aufgedeckt werden. Grundsätzlich ist als Erwerber dasjenige Unternehmen zu identifizieren, welches die Kontrolle über das erworbene Unternehmen erhält. IFRS 3.7 verweist auf den Kontrollbegriff des IAS 27 „Konzern- und Einzelabschlüsse" bzw. IFRS 10 „Konzernabschlüsse".[845] Unter Bezugnahme auf das **control**-Kriterium des IAS 27 bzw. IFRS 10 wird generell das Unternehmen als Erwerber identifiziert, welches als beherrschende Einheit aus dem Unternehmenszusammenschluss hervorgeht.[846] Die Identifizierung des Erwerbers erfolgt unabhängig von der rechtlichen Ausgestaltung; dies kann dazu führen, dass das rechtlich erworbene Unternehmen als wirtschaftlicher Erwerber zu klassifizieren ist. Für diesen Fall eines **umgekehrten Unternehmenserwerbs** ist der Unternehmenszusammenschluss aus der Perspektive des wirtschaftlichen Erwerbers zu bilanzieren.[847] 664

---
[840] IFRS 3.B7.
[841] Beck IFRS-HB/*Senger/Brune*, § 34 Rn. 4/5.
[842] HBdR/*Langecker* B776 Rn. 296.
[843] Zur Beurteilung der Geschäftsbetriebseigenschaft siehe hierzu weiterführend Beck IFRS-HB/*Senger/Brune*, § 34 Rn. 3 ff.; Ernst & Young (2013) S. 582 ff.
[844] IFRS 3.4.
[845] IFRS 10 ist innerhalb der EU für Geschäftsjahre beginnend ab dem 1.1.2014 verpflichtend anzuwenden.
[846] IFRS 3.7.
[847] Zur bilanziellen Abbildung von umgekehrten Unternehmenserwerben vgl. hierzu nachstehend Rn. 682.

665 **Beherrschung** ist gem. IAS 27.4 als die Möglichkeit definiert, die Finanz- und Geschäftspolitik eines Unternehmens zu bestimmen und aus dessen Tätigkeit Nutzen zu ziehen. Die abstrakte Definition von Beherrschung in IAS 27.4 wird in IAS 27.13 näher konkretisiert. Grundsätzlich werden zwei Fallgruppen unterschieden. Hält ein Unternehmen direkt oder indirekt die Mehrheit der Stimmrechte an einem anderen Unternehmen, wird Beherrschung widerlegbar angenommen. Unwiderlegbar liegt Beherrschung gem. IAS 27.13 vor, wenn einem Unternehmen höchstens die Hälfte der Stimmrechte gehört, es gleichzeitig aber die Möglichkeit hat,

- über mehr als die Hälfte der Stimmrechte zu verfügen kraft einer mit anderen Anteilsinhabern abgeschlossenen Vereinbarung,
- gemäß einer Satzung oder einer Vereinbarung die Finanz- und Geschäftspolitik des Unternehmens zu bestimmen,
- die Mehrheit der Mitglieder der Geschäftsführungs- und/oder Aufsichtsorgane zu ernennen oder abzuberufen, wobei die Verfügungsgewalt über das andere Unternehmen bei diesen Organen liegt, oder
- die Mehrheit der Stimmen bei Sitzungen der Geschäftsführungs- und/oder Aufsichtsorgane oder eines gleichwertigen Leitungsgremiums zu bestimmen, wobei die Verfügungsgewalt über das andere Unternehmen bei diesen Organen liegt.

Kann der Erwerber anhand der Kriterien des IAS 27 nicht eindeutig ermittelt werden, sind die zusätzlichen Leitlinien des IFRS 3.B13–B18 heranzuziehen.

666 Gem. IFRS 3.B15 ist der Erwerber im Allgemeinen dasjenige der sich zusammenschließenden Unternehmen:

- dessen Eigentümer als eine Gruppe den größten Anteil der Stimmrechte an dem zusammengeschlossenen Unternehmen behalten oder erhalten;
- dessen alleiniger Eigentümer oder organisierte Gruppe von Eigentümern den größten Stimmrechtsanteil der Minderheiten an dem zusammengeschlossenen Unternehmen hält;
- dessen Eigentümer eine Mehrheit der Mitglieder des Leitungsgremiums des zusammengeschlossenen Unternehmens wählen, ernennen oder abberufen;
- dessen (bisherige) Geschäftsleitung die Geschäftsleitung des zusammengeschlossenen Unternehmens dominiert;
- das einen Aufschlag auf den vor dem Zusammenschluss geltenden beizulegenden Zeitwert der Eigenkapitalanteile des/der anderen sich zusammenschließenden Unternehmen zahlt.

667 Nach IFRS 10 liegt Beherrschung vor, wenn ein Investor alle der nachfolgenden Eigenschaften besitzt:

- die Verfügungsgewalt über das Beteiligungsunternehmen;
- eine Risikobelastung durch oder Anrechte auf schwankende Renditen aus seinem Engagement in dem Beteiligungsunternehmen;
- die Fähigkeit, seine Verfügungsgewalt über das Beteiligungsunternehmen dergestalt zu nutzen, dass dadurch die Höhe der Rendite des Beteiligungsunternehmens beeinflusst wird.[848]

Bei einer Verschmelzung zur Aufnahme, welche primär durch einen Tausch von Eigenkapitalanteilen geprägt ist (Verschmelzung mit Kapitalerhöhung), ist insbesondere IFRS 3.B15 zur Identifizierung des Erwerbers zu berücksichtigen. Hierbei kann es auch möglich

---

[848] IFRS 10.7; weiterhin sind die Leitlinien des IFRS 10.B3–B10 sowie B73–B75 zu beachten.

sein, dass der übernehmende Rechtsträger, welcher Eigenkapitalanteile ausgibt, als das erworbene Unternehmen identifiziert wird (umgekehrter Unternehmenserwerb).[849]

IFRS 3.B16–B18 identifiziert weitergehend als Erwerber dasjenige Unternehmen, welches: **668**

– das wesentlich größere Unternehmen, gemessen in Vermögenswerten, Erlösen oder Gewinnen ist,
– den Zusammenschluss veranlasst hat, oder
– bei einem Zusammenschluss die Gegenleistung in Form von Zahlungsmitteln und anderen Vermögenswerten, einer Übernahme von Schulden oder in Anteilen gewährt.

Bei einer Verschmelzung durch Neugründung ist eines der zuvor bestehenden Unternehmen als Erwerber zu identifizieren. Auch ein neu gegründetes Unternehmen kann allerdings als Erwerber anzusehen sein, wenn es als Gegenleistung für den Unternehmenserwerb Zahlungsmittel oder andere Vermögenswerte gewährt oder Verbindlichkeiten übernimmt.[850]

(bb) Bestimmung des Erwerbszeitpunkts. Nach IFRS 3.8 hat der Erwerber den **669** **Erwerbszeitpunkt** zu bestimmen, d.h. den Zeitpunkt, an dem er die Beherrschung über das erworbene Unternehmen erlangt hat. Der Zeitpunkt ist deshalb von Bedeutung, da der Erwerber zum Erwerbszeitpunkt

1. die Bewertung der erworbenen identifizierbaren Vermögenswerte und der übernommenen Schulden zum beizulegenden Zeitwert sowie die Ermittlung der gewährten Gegenleistung durchführt;
2. die Aufwendungen und Erträge des erworbenen Geschäftsbetriebs in der GuV sowie die Zahlungsmittelzuflüsse und -abflüsse in der Kapitalflussrechnung zu erfassen hat.[851]

Im Allgemeinen ist der Erwerbszeitpunkt der Tag, an dem der Erwerber die Gegenleistung rechtmäßig transferiert, die Vermögenswerte erhält und die Schulden des erworbenen Unternehmens übernimmt.[852]

Für die Bestimmung des Erwerbszeitpunkts im Rahmen einer Verschmelzung sind insbesondere der Verschmelzungsvertrag und der darin vereinbarte Verschmelzungsstichtag, die Vereinbarungen zum Geschäftsfortgang bei schwebenden Verschmelzungen sowie etwaige aufschiebende oder auflösende Bedingungen zu würdigen.[853]

Frühester Erwerbszeitpunkt bei einer Verschmelzung dürfte idR die Unterzeichnung des Verschmelzungsvertrages sein. Der Verschmelzungsstichtag kann zwar rückwirkend zwischen den Gesellschaften vereinbart und diesem Zeitpunkt somit zeitlich vor- oder nachgelagert sein. Allerdings stellt die Kontrollerlangung zur Bestimmung der Finanz- und Geschäfspolitik bzw. die Erlangung der Verfügungsgewalt über den übernehmenden Rechtsträger eine zeitpunktbezogene Tatsachenfrage dar, welche nicht rückwirkend vollzogen werden kann.[854]

---

[849] Zur bilanziellen Abbildung von umgekehrten Unternehmenserwerben vgl. hierzu nachstehend Rn. 682.
[850] IFRS 3.B18 S. 3.
[851] IFRS 3.10; IFRS 3.15; IFRS 3.18; IFRS 3.32.
[852] IFRS 3.9; siehe weiterführend Beck-IFRS HB/*Senger/Brune*, § 34 Rn. 45 ff.
[853] Lieck, Bilanzierung von Umwandlungen nach IFRS, 2011, S. 84.
[854] Kallmeyer/*Müller*, UmwG § 17 Rn. 21 sowie Lieck, Bilanzierung von Umwandlungen nach IFRS, 2011, S. 84 sowie allgemein Haufe IFRS-Komm/*Lüdenbach*, § 31 Rn. 35.

Weiterhin dürfte der Erwerbszeitpunkt grundsätzlich nicht vor dem Verschmelzungsstichtag liegen, da erst ab dem Verschmelzungsstichtag die Handlungen der übertragenden Rechtsträger als für Rechnung des übernehmenden Rechtsträgers als vorgenommen gelten. Somit ist fraglich, ob vor diesem Zeitpunkt Beherrschung iSv IAS 27 bzw. IFRS 10 angenommen werden kann. In die Würdigung der Gesamtumstände sind dabei insbesondere auch die Regelungen des Verschmelzungsvertrages für den Zeitraum der schwebenden Verschmelzung zwischen Vertragsschluss und Handelsregistereintragung (zB Zustimmungsvorbehalte, Weisungsbefugnisse, Gremienbesetzung) einzubeziehen. Eine Vereinbarung, gemäß der der übertragende Rechtsträger für Verfügungen außerhalb des gewöhnlichen Geschäftsbetriebs der Zustimmung des Erwerbers bedarf, dürfte für sich allein betrachtet noch nicht zur Erlangung der Beherrschung führen. Ebenso haben Gewinnbezugsabreden keinen Einfluss auf die Bestimmung des Erwerbszeitpunkts.[855]

Auf den Zeitpunkt der Eintragung der Verschmelzung in das Handelsregister kommt es grundsätzlich nicht an. Stehen der Eintragung der Verschmelzung nur noch technische Hindernisse entgegen, ist davon auszugehen, dass Beherrschung bereits besteht.[856] Erforderliche Gremienbeschlüsse der Gesellschafter zur Erlangung der Beherrschung können den Erwerbszeitpunkt beeinflussen. Dagegen sind Behördenzustimmungen unbeachtlich, sofern mit an Sicherheit grenzender Wahrscheinlichkeit davon ausgegangen werden kann, dass eine auflagenfreie Genehmigung erteilt wird.[857]

670 **(cc) Ansatz und Bewertung der erworbenen identifizierbaren Vermögenswerte, der übernommenen Schulden und aller nicht beherrschenden Anteile an dem erworbenen Unternehmen.** Der Erwerber hat zum Erwerbszeitpunkt die erworbenen identifizierbaren Vermögenswerte, die übernommenen Schulden und alle nicht beherrschenden Anteile an dem erworbenen Unternehmen getrennt vom Geschäfts- oder Firmenwert anzusetzen.[858]

Allgemein orientiert sich der Ansatz der erworbenen Vermögenswerte und übernommenen Schulden an den im Rahmenkonzept und den anderen Standards formulierten Regeln. Um im Rahmen der Anwendung der Erwerbsmethode die Ansatzkriterien zu erfüllen, müssen die erworbenen identifizierbaren Vermögenswerte und die übernommenen Schulden den im Rahmenkonzept für die Aufstellung und Darstellung von Abschlüssen dargestellten Definitionen von Vermögenswerten und Schulden zum Erwerbszeitpunkt entsprechen.[859]

671 Bei der Übernahmebilanzierung werden nicht nur Vermögenswerte und Schulden angesetzt, die bereits bei der übertragenden Gesellschaft bilanziert wurden, sondern auch **selbst geschaffene immaterielle Vermögenswerte** der erworbenen Gesellschaft. Um das Ansatzkriterium zu erfüllen, müssen diese identifizierbar sein.[860] Ein selbst geschaffener immaterieller Vermögenswert ist identifizierbar, wenn er entweder das Separierbarkeitskriterium oder das vertragliche/gesetzliche Kriterium erfüllt.[861] Separierbar ist ein Vermögenswert, wenn er einzeln veräußert oder verwertet werden kann. Weiterhin ist ein Vermögenswert identifizierbar, wenn er aus vertraglichen oder anderen gesetzlichen Rechten entsteht, unabhängig davon ob diese Rechte vom Unternehmen oder von anderen Rech-

---

855 Vgl. auch *Balzer* KoR 2013 S. 131, welcher Beherrschung auch bereits bei vertraglicher Verpflichtung zur Abstimmung bedeutender finanz- und geschäftspolitischer Entscheidungen für möglich hält, und Lieck, Bilanzierung von Umwandlungen nach IFRS, 2011, S. 85.
856 HBdR/*Langecker* B776 Rn. 313.
857 Lieck, Bilanzierung von Umwandlungen nach IFRS, 2011, S. 84 f. mit weiteren Nachweisen.
858 IFRS 3.10.
859 IFRS 3.10 ff.
860 IFRS 3.13.
861 IFRS 3.B31 ff.

ten und Verpflichtungen übertragbar oder separierbar sind.[862] Beispiele für identifizierbare selbst geschaffene immaterielle Vermögenswerte sind u.a. Markennamen, Patente oder Kundenbeziehungen.[863]

Als Bewertungsmaßstab findet regelmäßig der **beizulegende Zeitwert** im Zeitpunkt des Unternehmenserwerbs Anwendung.[864] Dieser konkretisiert sich je nach Art des Vermögenswertes oder der Schuld und je nach Verfügbarkeit von Marktdaten über unterschiedliche Techniken (*Market Approach, Income Approach, Cost Approach*). Wird die übernehmende Gesellschaft einen übernommenen Vermögenswert, wie zB eine Marke oder ein begonnenes Entwicklungsprojekt, nicht nutzen oder fortführen, ist dieser allerdings dennoch zum beizulegenden Zeitwert zu bilanzieren.[865] 672

Ausnahmen von den oben beschriebenen Ansatz- und Bewertungsgrundsätzen bestehen beim Ansatz und/oder der Bewertung von Eventualschulden, Entschädigungsansprüchen gegenüber dem Veräußerer sowie von zurückerworbenen Rechten. In IFRS 3.22f. stellt der IASB klar, dass als Eventualschulden bei einem Unternehmenszusammenschluss lediglich gegenwärtige Verpflichtungen angesetzt werden dürfen, da es sich dabei um unbedingte Verpflichtungen handelt. Bedingte mögliche Verpflichtungen dürfen nach IFRS 3 bei einem Unternehmenszusammenschluss nicht als Schuld angesetzt werden. Darüber hinaus sind nach IFRS 3 abweichend von dem Grundsatz latente Steueransprüche und Steuerschulden, Leistungen an Arbeitnehmer, aktienbasierte Vergütungsprogramme und zur Veräußerung gehaltene langfristige Vermögenswerte sowie aufgegebene Geschäftsbereiche nach den Regelungen in IAS 12, IAS 19, IFRS 2 bzw. IFRS 5 anzusetzen und zu bewerten.[866] 673

Die Folgebewertung der erworbenen und übernommenen Vermögenswerte, Schulden und Eigenkapitalinstrumente hat grundsätzlich im Einklang mit den anwendbaren IFRS zu erfolgen. IFRS 3.54 sieht jedoch Leitlinien für die Folgebewertung und Folgebilanzierung von zurückerworbenen Rechten, zum Erwerbszeitpunkt angesetzten Eventualverbindlichkeiten, Vermögenswerte für Entschädigungsleistungen und bedingte Gegenleistungen vor.

(dd) Bilanzierung und Bestimmung des Geschäfts- oder Firmenwerts oder eines Gewinns aus einem Erwerb zu einem Preis unter Marktwert. Die **Ermittlung der gewährten Gegenleistung** stellt keinen eigenständigen Schritt der Erwerbsmethode dar; sie ist lediglich Teil der Ermittlung des Geschäfts- oder Firmenwerts.[867] Die gewährte Gegenleistung kann bei einem Unternehmenszusammenschluss in der Gewährung von Anteilen der übernehmenden Gesellschaft, Zahlungsmitteln und anderen Vermögenswerten sowie in der Übernahme von Schulden der Anteilsinhaber der untergehenden Gesellschaft bestehen und ist zum beizulegenden Zeitwert im Erwerbszeitpunkt zu bewerten.[868] 674

Bei Bartransaktionen lässt sich der Wert der Gegenleistung unmittelbar bestimmen. Bei der Ausgabe von Eigenkapitalinstrumenten bedarf es dagegen einer Bewertung der ausgegebenen Anteile.[869]

---

[862] IFRS 3 Anhang A.
[863] IFRS 3.13.
[864] IFRS 3.18.
[865] IFRS 3.19, vgl. auch Haufe IFRS-Komm/*Lüdenbach*, § 31 Rn. 69/100.
[866] IFRS 3.21 ff.; siehe hierzu weiterführend ua Beck IFRS-Hdb § 34 Rn. 152 ff.; Ernst & Young (2013) S. 618 ff.
[867] IFRS-Komm/*Baetge/Hayn/Ströher*, IFRS 3 Rn. 130.
[868] IFRS 3.32 a); IFRS 3.37.
[869] Beck IFRS-HB/*Senger/Brune/Diersch*, § 34 Rn. 176.

Im Rahmen eines Unternehmenszusammenschlusses durch Anteilstausch ist nach IFRS 3.33 bei der Ermittlung des beizulegenden Zeitwerts der gewährten Gegenleistung auf den beizulegenden Zeitwert der Eigenkapitalanteile des Erwerbers im Erwerbszeitpunkt und nicht auf einen früheren Abschlussstichtag zurückzugreifen.[870] Kann der zum Erwerbszeitpunkt geltende beizulegende Zeitwert der Eigenkapitalanteile des erworbenen Unternehmens verlässlicher bestimmt werden als der des erwerbenden Unternehmens, hat der Erwerber den zum Erwerbszeitpunkt geltenden beizulegenden Zeitwert der Eigenkapitalanteile des erworbenen Unternehmens zu ermitteln. Diesem in IFRS 3.33 vorgeschriebenen Rückgriff auf den Wert der Anteile, die verlässlicher bestimmt werden, liegt die Annahme zugrunde, dass Leistung und Gegenleistung regelmäßig gleich hoch sind.[871]

Im Rahmen einer Verschmelzung mit Kapitalerhöhung gewährt der übernehmende Rechtsträger Anteile sowie ggf. bare Zuzahlungen an die Anteilsinhaber des übertragenden Rechtsträgers.[872] Wird ein nicht börsennotiertes Unternehmen auf ein börsennotiertes Unternehmen verschmolzen, ist somit regelmäßig auf den Wert der hingegebenen Anteile abzustellen. Im umgekehrten Fall kann dagegen zur Bestimmung des Werts der Gegenleistung auf den beizulegenden Zeitwert des erworbenen Unternehmens zurückgegriffen werden.[873]

Anschaffungsnebenkosten, welche im Zusammenhang mit der Verschmelzung entstehen, sind sofort als Aufwand in der Periode zu erfassen, in der die Kosten anfallen. Diese Kosten umfassen neben Kosten der Beurkundung des Verschmelzungsvertrages oder Kosten der Börsenzulassung der neuen Aktien u.a. Vermittlerprovisionen, Rechtsberatungs-, Wirtschaftsprüfungs-, Bewertungs- und sonstige Fachberatungskosten.

Bedingte Gegenleistungen sind gem. IFRS 3.39 und IFRS 3.40 als Teil der im Tausch gegen das erworbene Unternehmen übertragenen Gegenleistung mit ihren beizulegenden Zeitwerten zum Erwerbszeitpunkt zu erfassen. Nachträgliche Änderungen des beizulegenden Zeitwerts der bedingten Gegenleistungen führen nicht zur Anpassung des Geschäfts- oder Firmenwerts. Handelt es sich bei den bedingten Gegenleistungen um Verbindlichkeiten, werden die Wertänderungen nach der erstmaligen Erfassung erfolgswirksam erfasst. Weiterhin sind gemäß IFRS 3.51 f. die vom Erwerber für den Erwerb gezahlten Entgeltbestandteile von solchen getrennt zu erfassen und zu bilanzieren, die auf Transaktionen außerhalb des Unternehmenszusammenschlusses zurückzuführen sind sowie die Abwicklung bereits vorher bestehender Beziehungen zum Erwerber betreffen.

Ist am Ende der Berichtsperiode, in welcher die Verschmelzung erfolgt, die **Abbildung** des Zusammenschlusses **unvollständig**, sind ggf. vorläufige Werte zu verwenden. Die vorläufigen Werte sind retrospektiv anzupassen, wenn neue Tatsachen zum Erwerbszeitpunkt bekannt werden. Sobald alle Tatsachen bekannt sind, endet das Zeitfenster für die Anpassung; maximal endet es nach einem Jahr ab dem Erwerbszeitpunkt.[874]

675 (ee) **Bilanzierung und Bestimmung eines Geschäfts- oder Firmenwerts.** Bei Unternehmenszusammenschlüssen hat der Erwerber einen **Geschäfts- oder Firmenwert** anzusetzen, wenn sich ein positiver Saldo zwischen dem beizulegenden Zeitwert der gewährten Gegenleistung und dem in Einklang mit IFRS 3 bilanzierten erworbenen Nettovermögen ergibt.[875]

---

[870] IFRS 3 BC 338 ff.
[871] IFRS 3 BC 331.
[872] Vgl. hierzu vorstehend Rn. 222 ff.
[873] IFRS 3.33, vgl. auch IFRS-HB/*Theile/Pawelzik*, Rn. 5562.
[874] IFRS 3.45.
[875] IFRS 3.32.

Sind nach einem Unternehmenszusammenschluss weiterhin nicht beherrschende Gesellschafter an dem übernommenen Unternehmen beteiligt, ist für den Konzernabschluss zur Ermittlung des Unterschiedsbetrags dem beizulegenden Zeitwert der Gegenleistung der Wert der Anteile der nicht beherrschenden Gesellschafter hinzuzuaddieren.[876] **Nicht beherrschende Anteile** dürfen nach IFRS 3.19 zum beizulegenden Zeitwert oder zum entsprechenden Anteil des identifizierbaren Nettovermögens des erworbenen Unternehmens bewertet werden. Wird der nicht beherrschende Anteil mit dem beizulegenden Zeitwert angesetzt spricht man von der *Full Goodwill*-Methode.

Eine bereits vor Kontrollerlangung bestehende Beteiligung an den erworbenen Unternehmen wird in die Ermittlung der Anschaffungskosten miteinbezogen. Der Wert der Gegenleistung wird zusätzlich um den beizulegenden Zeitwert der zuvor bestehenden Beteiligung erhöht. Die Ermittlung des Unterschiedsbetrags lässt sich demzufolge wie folgt darstellen:[877]

	Anschaffungskosten
+	nicht beherrschende Anteile (wahlweise zum beizulegenden Zeitwert oder als Anteil am beizulegenden Zeitwert des Nettovermögens)
+	beizulegender Zeitwerte bereits vor der Kontrollerlangung bestehender Beteiligungen (Altanteile)
−	beizulegender Zeitwert des erworbenen Nettovermögens (unter Berücksichtigung latenter Steuern)
=	Geschäfts- oder Firmenwert (falls > 0) bzw. negativer Unterschiedsbetrag (falls < 0)

(ff) **Bilanzierung und Bestimmung eines Gewinns aus einem Erwerb zu einem Preis unter Marktwert.** In Ausnahmefällen kann es dazu kommen, dass ein Erwerber ein Unternehmen zu einem Preis unter dem Marktwert erwirbt. In diesem Fall kommt es im Rahmen eines Unternehmenszusammenschlusses zu einem Überschuss der erworbenen Vermögenswerte und Schulden über die übertragene Gegenleistung (negativer Unterschiedsbetrag). IFRS 3.34 spricht insoweit von einem „*Bargain Purchase*". Einen Erwerb zu einem Preis unter dem Marktwert kann es beispielsweise bei einem Unternehmenszusammenschluss geben, bei dem es sich um einen Zwangsverkauf handelt und der Verkäufer somit unter Zwang handelt.[878]

Vor der Erfassung eines Gewinns aus einem Erwerb zu einem Preis unter dem Marktwert hat der Erwerber die Bilanzierung des Unternehmenszusammenschlusses zu überprüfen. Bei der Durchführung des sog. *Reassessment* hat der Erwerber nochmals zu beurteilen, ob er alle erworbenen Vermögenswerte und alle übernommenen Schulden richtig identifiziert und bewertet hat.[879]

Ein nach dem *Reassessment* verbleibender negativer Unterschiedsbetrag ist unmittelbar erfolgswirksam zu erfassen.[880]

---

[876] IFRS 3.32 a) spricht nicht von Anteilen der Minderheitsgesellschafter sondern von nicht beherrschenden Anteilen, die gem. IFRS 3 Anhang A als das Eigenkapital eines Tochterunternehmens definiert werden, das nicht einem Mutterunternehmen zugeordnet wird. Lieck, Bilanzierung von Umwandlungen nach IFRS, 2011, S. 91.
[877] Haufe IFRS-Komm/*Lüdenbach*, § 31 Rn. 132.
[878] IFRS 3.35.
[879] IFRS 3.36.
[880] Zur Durchführung der Kaufpreisallokation siehe hierzu weiterführend Beck-IFRS HB *Senger/Brune/Elprana/Diersch*, § 34 Rn. 65–273; Ernst & Young (2013) S. 549 ff.; PWC (2013) S. 25038 ff.

(2) Konzerninterne Verschmelzungen

677 **(a) Transaktionen unter gemeinsamer Beherrschung.** Unternehmenszusammenschlüsse,

- bei denen dieselben Personen vor und nach der Transaktion
- aufgrund vertraglicher Vereinbarungen
- die Kontrolle über ein oder mehrere beteiligte Unternehmen ausüben,
- vorausgesetzt, die Kontrolle ist nicht von vorübergehender Natur,[881]

werden als Transaktionen unter gemeinsamer Beherrschung (*Transactions Under Common Control*) bezeichnet.

Transaktionen unter gemeinsamer Beherrschung können sich bspw. bei Verschmelzungen des Tochterunternehmens auf das Mutterunternehmen (*Up-Stream-Merger*), des Mutterunternehmens auf das Tochterunternehmen (*Down-Stream-Merger*), zweier Tochtergesellschaften *(Side-Stream-Merger)*, Anwachsungen oder Ausgliederungen und Abspaltungen von Unternehmensteilen ergeben.

Derzeit enthalten die IFRS keine Regelungen zur bilanziellen Abbildung von Transaktionen unter gemeinsamer Beherrschung. Zwar hat das IASB 2007 das Projekt *Transactions under Common Control* auf seine Agenda gesetzt; dieses pausiert allerdings derzeit.[882]

Konzerninterne Verschmelzungsvorgänge können sowohl aus Sicht eines übergeordneten Mutterunternehmens als auch aus Sicht der beteiligten Tochterunternehmen als Unternehmenszusammenschlüsse unter gemeinsamer Beherrschung angesehen werden.[883] Auf die Bilanzierung von Transaktionen unter gemeinsamer Beherrschung findet IFRS 3 grundsätzlich keine Anwendung, so dass für diesen ungeregelten Bereich eine IFRS-konforme Bilanzierung entwickelt werden muss.[884]

678 **(b) *Side-Stream-Merger*.** In IDW RS HFA 2 „Einzelfragen zur Anwendung von IFRS" äußert sich der HFA lediglich zu der Regelungslücke für Transaktionen unter gemeinsamer Beherrschung bei konzerninternen Verschmelzungen im Rahmen einer Verschmelzung eines Tochterunternehmens auf ein anderes Tochterunternehmen. Die Ausführungen beziehen sich hier allerdings auch lediglich auf die Behandlung in einem Teilkonzernabschluss desjenigen Tochterunternehmens, auf das die Vermögenswerte, Schulden und Eventualschulden übergehen und auf die Behandlung im Konzernabschluss des übergeordneten Mutterunternehmens. Zu der bilanziellen Abbildung im Einzelabschluss der übernehmenden Gesellschaft nimmt der HFA des IDW nicht Stellung.

679 **(aa) Behandlung im Konzernabschluss eines übergeordneten Mutterunternehmens.** Finden innerhalb eines Gesamtkonzerns Umwandlungsvorgänge wie zB die Verschmelzung zweier Tochterunternehmen aufeinander statt, so haben sich aus Sicht der Konzernmutter keine Änderungen ergeben. Ein Unternehmenszusammenschluss liegt daher schon dem Grunde nach nicht vor.[885] Die Verschmelzung ist nach den Regelungen des IAS 27 bzw. IFRS 10 abzubilden. Demnach sind resultierende Ergebnisse aus dem Umwandlungsvorgang im Rahmen der Zwischengewinneliminierung grundsätzlich zu eliminieren.[886] Die übertragenen Vermögenswerte, Schulden und Eventualschulden sind

---

[881] IFRS 3.B1 ff.; IFRS-HB/*Theile/Pawelzik*, Rn. 5840.
[882] Work plan des IASB vom 21.6.2013, vgl. auch PWC (2013) S. 24100; Ernst & Young (2013) S. 692.
[883] IDW FN 2011, S. 681.
[884] IFRS 3.2 c); IFRS 3.B1 ff.; IAS 8.10.
[885] So auch IFRS-HB/*Theile/Pawelzik*, Rn. 5850 mit Verweis auf IDW RS HFA 2, Rn. 36; IDW FN 2011, 680.
[886] IAS 27.21; IFRS 10.B86c).

auch nach Abwicklung des Verschmelzungsvorgangs unabhängig von der Höhe der vereinbarten Gegenleistung, die das übernehmende Tochterunternehmen an das Mutterunternehmen zu erbringen hat, weiterhin zu den fortgeführten Konzernbuchwerten zu bewerten; stille Reserven können demzufolge nicht realisiert werden. Diese bilanzielle Abbildung ergibt sich aus der Einheitstheorie, da innerhalb des Konzerns kein Vermögensübergang stattgefunden hat.[887] Auf eine Zwischengewinneliminierung kann nur aus Gründen der Wesentlichkeit verzichtet werden.[888]

Bei der Verschmelzung eines nicht im 100%-igen Anteilsbesitz des Mutterunternehmens stehenden Tochterunternehmens auf ein anderes Tochterunternehmen ist ebenfalls eine Wertaufstockung über die bisherigen Konzernbuchwerte hinaus aufgrund der Einheitsfiktion nicht zulässig.[889] IAS 27.30 sieht vor, dass Änderungen der Beteiligungsquote des Mutterunternehmens an einem Tochterunternehmen, die nicht zu einem Verlust der Beherrschung führen, als Eigenkapitaltransaktionen bilanziert werden. Dabei ist gem. IAS 27.31 die Differenz zwischen der notwendigen Änderung des ausgewiesenen Anteils der Minderheitsgesellschafter und dem beizulegenden Zeitwert der gezahlten oder erhaltenen Gegenleistung unmittelbar im Eigenkapital zu erfassen und den Eigentümern des Mutterunternehmens zuzuordnen.[890]

(bb) Behandlung im Teilkonzernabschluss des die Vermögenswerte und Schulden übernehmenden Tochterunternehmens. Die bilanzielle Behandlung konzerninterner Verschmelzungen im Teilkonzernabschluss eines Tochterunternehmens, welches die Vermögenswerte, Schulden und Eventualschulden einer Schwestergesellschaft übernimmt, hängt davon ab, ob ein Teilkonzernabschluss als ein eigenständiger, vom Konzernabschluss des übergeordneten Mutterunternehmens losgelöster Konzernabschluss oder lediglich als ein Ausschnitt aus dem Konzernabschluss des übergeordneten Mutterunternehmens angesehen wird.[891] 680

Wird der Teilkonzernabschluss als eigenständiger Konzernabschluss losgelöst vom Konzernabschluss des übergeordneten Mutterunternehmens angesehen, hat die bilanzielle Abbildung nach dem *Separate Reporting Entity Approach* zu erfolgen.[892] Die Verschmelzung ist demzufolge wie unter fremden Dritten nach IFRS 3 abzubilden; die Ausführungen in Rn. 657 ff. finden analog Anwendung.[893]

Wird dagegen der Teilkonzernabschluss als Ausschnitt aus dem Konzernabschluss des übergeordneten Mutterunternehmens angesehen, erfolgt die bilanzielle Abbildung nach dem *Predecessor Accounting*. Diese Lösung ist unter Bezugnahme von IAS 8.10–12 möglich. Die bilanzielle Behandlung erfolgt somit nicht nach der in IFRS 3 dargestellten Erwerbsmethode. Die im Rahmen der Verschmelzung erworbenen Vermögenswerte und Schulden sind vielmehr mit den Konzernbuchwerten des Mutterunternehmens im Zeitpunkt der Transaktion zu bewerten. Ein sich ergebender Differenzbetrag zwischen der gewährten Gegenleistung und dem Saldo der übernommenen Vermögenswerte und Schulden ist direkt mit dem Eigenkapital zu verrechnen.[894]

---

[887] IFRS-HB/*Theile/Pawelzik*, Rn. 6271.
[888] RK.29 f.
[889] IDW RS HFA 2, Rn. 44.
[890] IDW RS HFA 2, Rn. 44.
[891] IDW RS HFA 2, Rn. 36.
[892] IDW RS HFA 2, Rn. 37.
[893] IDW RS HFA 2, Rn. 37; IAS 8.11 a).
[894] IDW RS HFA 2, Rn. 41.

Zwischen den beiden dargestellten Methoden besteht nach Auffassung des IDW ein faktisches Wahlrecht.[895] Im Anhang ist das für die IFRS eher untypische Wahlrecht gem. IAS 1.112 a) und IAS 1.117 darzustellen und zu erläutern.[896]

In der angelsächsischen Literatur wird dieses faktische Wahlrecht hingegen eingeschränkt.[897]

Die IFRS enthalten limitierte Umstände, in denen es zulässig ist, Vermögenswerte zu ihrem beizulegenden Zeitwert anzusetzen. Damit Transaktionen unter gemeinsamer Beherrschung nicht dazu verwendet werden, diese Regelungen zu umgehen, sollte die Erwerbsmethode demgemäß nur nach eingehender Untersuchung der Transaktion auf deren Substanz angewendet werden.[898]

Folgende Faktoren sollten bei der Untersuchung der Transaktion auf Substanz berücksichtigt werden:

– Beteiligung Dritter an der Transaktion, wie zB nicht beherrschende Gesellschafter
– derzeitige Aktivitäten der Gesellschaften, welche in die Transaktion involviert sind
– Durchführung der Transaktion zum beizulegenden Zeitwert?
– Zusammenschluss zweier Gesellschaften zu einer neu gegründeten Gesellschaft?
– Neugründung einer NewCo, um einen signifikanten Gesellschafterwechsel durchzuführen (zB IPO etc.)?[899]

Ist die Transaktion von Substanz, kann die Erwerbsmethode angewendet werden.[900] In allen anderen Fällen findet das *Predecessor Accounting* Anwendung.

681 **(c) Up-stream-merger/down-stream-merger.** Die vorstehend in Rn. 678 erläuterte Vorgehensweise zur bilanziellen Abbildung von *Side-Stream-Mergern* findet auf *Up-Stream* sowie grundsätzlich auch **Down-Stream-Merger** Anwendung. Im Falle eines *Down-Stream-Mergers* liegt wirtschaftlich betrachtet auch hier eine konzerninterne Transaktion vor, aus rechtlicher Sicht wird das bisherige Tochterunternehmen jedoch zum neuen Mutterunternehmen des Konzerns. Dieses unterliegt daher ggf. erstmals der Pflicht zur Aufstellung eines Konzernabschlusses. Für sämtliche Unternehmen, zu denen ein Mutter-Tochter-Verhältnis iSv IAS 27 bzw. IFRS 10 besteht, muss eine Erstkonsolidierung durchgeführt werden.

Weitere Besonderheiten ergeben sich, wenn bei einem **Up-Stream-Merger** nicht beherrschende Gesellschafter an dem übertragenden Rechtsträger beteiligt sind und diese mit Anteilen des Konzern-Mutterunternehmens abgefunden werden. Die nicht beherrschenden Gesellschafter des übertragenden Rechtsträgers werden durch den Vorgang zu Anteilseignern der Konzernobergesellschaft. Damit geht das bisher auf sie entfallende Vermögen über. Konzeptionell ähnelt der Vorgang der Aufstockung einer bestehenden Mehrheitsbeteiligung.

Unter diesen Umständen sind gem. IAS 27.30 f. die Buchwerte der beherrschenden und nicht beherrschenden Anteile anzupassen, so dass sie die Änderungen der an dem Tochterunternehmen bestehenden Anteilsquoten widerspiegeln. Jede Differenz zwischen dem Betrag, um den die nicht beherrschenden Anteile angepasst werden, und dem beizulegen-

---

[895] IDW RS HFA 2, Rn. 42; IFRS-Komm/*Baetge/Hayn/Ströher*, IFRS 3 Rn. 46; Lieck, Bilanzierung von Umwandlungen nach IFRS, 2011, S. 195.
[896] Beck IFRS-HB/*Senger/Brune*, § 34 Rn. 25; IDW RS HFA 2, Rn. 42.
[897] Ernst & Young (2013) S. 699–702; PWC (2013) S. 25188–25193.
[898] Ernst & Young (2013) S. 700; PWC (2013) S. 24100; IFRS-Komm/*Baetge/Hayn/Ströher*, IFRS 3 Rn. 47.
[899] Ernst & Young (2013) S. 700.
[900] Vgl hierzu vorstehend Rn. 663 ff.

den Zeitwert der gezahlten oder erhaltenen Gegenleistung ist unmittelbar im Eigenkapital zu erfassen und den Eigentümern des Mutterunternehmens zuzuordnen.

Handelt es sich dagegen bei der übernehmenden Gesellschaft um ein vollkonsolidiertes Tochterunternehmen, sind weiterhin Anteile der nicht beherrschenden Gesellschafter des übertragenden Rechtsträgers, die nunmehr zu nicht beherrschenden Gesellschaftern des übernehmenden Rechtsträgers wurden, im Konzernabschluss anzusetzen.[901]

(3) Umgekehrter Unternehmenserwerb. Wie bereits vorstehend in Rn. 664 ff. erläutert, kann es im Rahmen der Bestimmung des Erwerbers zur Identifizierung eines umgekehrten Unternehmenserwerbs kommen. Ein typischer Anwendungsfall in der Praxis ist die Einbringung – z. B. im Rahmen einer Verschmelzung – eines großen nichtbörsennotierten Unternehmens in eine kleinere börsennotierte Gesellschaft gegen Gewährung von Anteilsrechten. Für diesen Fall eines umgekehrten Unternehmenserwerbs ist der Unternehmenszusammenschluss aus der Perspektive des wirtschaftlichen Erwerbers zu bilanzieren.[902] **682**

Die wesentlichen Aspekte bei der Bilanzierung eines umgekehrten Unternehmenserwerbs sind:[903]

– **Ermittlung der übertragenden Gegenleistung**
  Der beizulegende Zeitwert der gewährten Gegenleistung des bilanziellen Erwerbers basiert auf der Anzahl der Anteile, die er auszugeben hätte, um den Anteilsinhabern der rechtlich übernehmenden Gesellschaft den gleichen prozentualen Anteil am Eigenkapital am zusammengeschlossenen Unternehmen zu gewähren, wie er sich nach Durchführung des umgekehrten Unternehmens ergeben hat.[904]

– **Ansatz und Bewertung der erworbenen Vermögenswerte und Schulden sowie eines Geschäfts- oder Firmenwerts**
  Die stillen Reserven und ein Geschäfts- oder Firmenwert des rechtlichen Erwerbers (= wirtschaftlicher Erworbener) sind aufzudecken. Das rechtlich erworbene Unternehmen (= wirtschaftlicher Erwerber) hat dagegen seine Buchwerte fortzuführen.

– **Ausweis des Konzerneigenkapitals**
  Das Konzerneigenkapital errechnet sich nach einem umgekehrten Unternehmenserwerb wie folgt:

  Buchwert Eigenkapital wirtschaftlicher Erwerber vor Erwerb
  + Anschaffungskosten des Unternehmenserwerbs
  = konsolidiertes Eigenkapital

– **Ermittlung der Anteile ohne beherrschenden Einfluss**
  Die Anteile ohne beherrschenden Einfluss bemessen sich nach den Buchwerten des wirtschaftlichen Erwerbers.

Die dargestellten Regelungen zur Abbildung eines umgekehrten Unternehmenserwerbs gelten auch im Einzelabschluss der übernehmenden Gesellschaft. Da nach einer Verschmelzung das wirtschaftlich erwerbende Unternehmen auf das rechtliche Unternehmen mittels Aufnahme verschmolzen wird und untergeht, ist die Transaktion im separaten IFRS-Einzelabschluss des verbleibenden Unternehmens als umgekehrter Unternehmens-

---

[901] So auch Lieck, Bilanzierung von Umwandlungen nach IFRS, 2011, S. 91.
[902] Beck IFRS-HB/*Senger/Brune*, § 34 Rn. 55.
[903] Für detaillierte Ausführungen vgl. ua IFRS-Komm/*Baetge/Hayn/Ströher*, IFRS 3 Rn. 360–389; Haufe IFRS-Komm/*Lüdenbach*, § 31 Rn. 198–206.
[904] IFRS 3.B20.

erwerb gem. IFRS 3 abzubilden. Nur so ist es möglich, den wirtschaftlichen Gehalt der Verschmelzung im IFRS-Einzelabschluss abzubilden.[905]

683   bb) Rechnungslegung bei den Anteilsinhabern. Durch die Verschmelzung ergeben sich bei den Gesellschaftern des übernehmenden Rechtsträgers keine unmittelbaren Auswirkungen. Im Falle von Verschmelzungen mit Kapitalerhöhung kommt es allerdings zu einer Verwässerung ihrer Anteile. Ändern sich durch den Umwandlungsvorgang die zukünftigen Ertragsaussichten des Unternehmens, stellt sich ggf. die Frage der Werthaltigkeit der betroffenen Vermögenswerte.

Ein Sonderfall liegt vor, wenn die Anteilinhaber des übernehmenden Rechtsträgers gleichzeitig auch an der übertragenden Gesellschaft beteiligt sind (*Side-Stream-Merger*) und auf eine Gewährung von Anteilen am übernehmenden Rechtsträger verzichten. Bei den Gesellschaftern geht die Beteiligung am übertragenden Rechtsträger unter, im Gegenzug erhöht sich aber der innere Wert der Anteile an der aufnehmenden Gesellschaft. Wirtschaftlich betrachtet kommt es also zu einem tauschähnlichen Vorgang. Folglich kann es auch hier zu einer Erhöhung der Anschaffungskosten der Beteiligung kommen.[906]

II. Verschmelzung einer Drittlandsgesellschaft auf eine deutsche Gesellschaft

1. Gesellschaftsrechtrechtliche Grundlagen

a) Zulässigkeit

684   Auch für die **Hereinverschmelzung einer Drittlandsgesellschaft auf eine deutsche Gesellschaft** gilt, das die §§ 122a ff. UmwG nach dem ausdrücklichen Wortlaut des § 122b Abs. 2 UmwG nicht anwendbar sind.

685   Ihre **Zulässigkeit** hängt daher – ebenso wie bei der Hinausverschmelzung – davon ab, ob sie durch das UmwG (oder ein anderes Bundes- oder Landesgesetz) zugelassen ist. Hier gelten die oben zur Hinausverschmelzung dargelegten Auffassungen und Argumente; vgl. hierzu i.E. vorstehend Rn. 317, ebenso. Nur das gegen eine Zulässigkeit vorgebrachte Argument, dass die übertragende Gesellschaft durch ihren in der Verschmelzung enthaltenen Wegzug untergehe ist nicht ganz übertragbar. Diese Frage richtet sich im Fall der Hereinverschmelzung nach der auf die übertragende Gesellschaft anwendbaren ausländischen Rechtsordnung.

686   UE gilt daher auch für die Hereinverschmelzung einer Drittlandsgesellschaft, dass sie **grundsätzlich zulässig** ist. Allerdings bestehen in der Praxis erhebliche Unsicherheiten, wie sie durchzuführen ist; vgl. hierzu i.E. vorstehend Rn. 318 f.

687   Zu den möglichen Änderungen durch das **Gesetz zum internationalen Privatrecht der Gesellschaften, Vereine und juristischen Personen**, welches die Bundesregierung am 7.1.2008 als Referentenentwurf vorgelegt hat, vgl. i.E. vorstehend Rn. 319.

b) Anwendbares Verfahren

688   Geht man nach der hier vertretenen Auffassung von der Zulässigkeit der grenzüberschreitenden Verschmelzung einer Drittlandsgesellschaft auf eine deutsche Gesellschaft aus, richtet sich das **anwendbare Recht** nach der Vereinigungstheorie.

---

[905] Siehe auch IFRS-Komm/*Baetge/Hayn/Ströher* IFRS 3 Rn. 369; HBdR/*Langecker* B776 Rn. 315.
[906] Zu den Tauschgrundsätzen vgl. nachstehend 4. Teil: Rn. 158.

Daraus folgt nach der einhelligen Meinung, dass **Voraussetzungen und Verfahren** 689
der Verschmelzung für die deutsche übertragende Gesellschaft nach deutschem und für die aufnehmende Drittlandsgesellschaft nach der auf sie anwendbaren Rechtsordnung zu beurteilen sind. Gemeinsame Erfordernisse richten sich nach dem jeweils strengeren Recht.[907]

Für die deutsche Gesellschaft dürften uE, wie vorstehend unter Rn. 324 erläutert, die 690
§§ 2ff. UmwG und nicht die §§ 122a ff. UmwG anwendbar sein. §§ 122a ff. UmwG sind Spezialvorschriften, die ausdrücklich für die grenzüberschreitende Verschmelzung innerhalb der EU und des EWR vorgesehen wurden. Die oben erwogene Anwendung des Gläubigerschutzes nach § 122j UmwG kommt bei der Hereinverschmelzung nicht in Betracht.

Dass die aufgrund der Umsetzung der Verschm-RL geschaffenen Regeln nicht an- 691
wendbar sind gilt uE auch für die Frage der **Mitbestimmung**. Das MgVG trifft sehr spezielle Bestimmungen für den Fall der Verschmelzung innerhalb der EU und des EWR. Es ist in Umsetzung der Verschm-RL erlassen worden. Daher kann es uE trotz des weiten Wortlauts in § 1 Abs. 1 MgVG „regelt die Mitbestimmung der Arbeitnehmer […] der aus einer grenzüberschreitenden Verschmelzung hervorgehenden Gesellschaft", nicht auf die Verschmelzung einer Drittlandsgesellschaft auf eine deutsche Gesellschaft anwendbar sein.

Eine beteiligte Gesellschaft ist in diesem Zusammenhang eine **deutsche Gesellschaft**, 692
wenn sie nach den allgemeinen Regeln als solche anerkannt wird. D.h., sie ist deutsch, wenn sie entweder ihren Verwaltungs- und Satzungssitz in Deutschland hat oder, bei Satzungssitz in Deutschland, ihren Verwaltungssitz in einem Mitgliedstaat der EU oder des EWR, in einem Staat, der für das anwendbare Recht auf Deutschland zurückverweist oder mit dem ein völkerrechtliches Abkommen über die Anerkennung einer solchen Gesellschaft besteht; vgl. hierzu auch i.E. vorstehend Rn. 13 ff. Nach einem möglichen Inkrafttreten des Gesetzes zum Internationalen Privatrecht der Gesellschaften, Vereine und juristischen Personen wäre sie nach dem vorgeschlagenen Art. 10a Abs. 1 EGBGB deutsch, wenn sie in das deutsche Handelsregister eingetragen wäre; vgl. hierzu auch i.E. vorstehend Rn. 12.

Die übertragende ausländische Gesellschaft ist **aktiv verschmelzungsfähig**, wenn sie 693
nach der auf sie anwendbaren Rechtsordnung an einer Verschmelzung nach Deutschland beteiligt sein kann. Die übernehmende deutsche Gesellschaft ist **passiv verschmelzungsfähig**, wenn sie auch innerhalb von Deutschland als übernehmende Gesellschaft an einer Verschmelzung beteiligt sein kann. Daran würde sich auch durch ein Inkrafttreten des Gesetzes zum Internationalen Privatrecht der Gesellschaften, Vereine und juristischen Personen nichts ändern.

Für den **weiteren Ablauf des Verfahrens** wird man in praktischer Hinsicht für beide 694
beteiligten Gesellschaften ermitteln müssen, wie die Verschmelzung nach ihrer Rechtsordnung abzulaufen hat. Dann wird man in einem nächsten Schritt versuchen müssen, diese beiden Verfahren in Deckung zu bringen und die beteiligten Register zu überzeugen, alle für eine Wirksamkeit erforderlichen Eintragungen vorzunehmen. Zu weiteren Einzelheiten und möglichen Auswirkungen des Inkrafttretens des vorgeschlagenen Gesetzes zum internationalen Privatrecht der Gesellschaften, Vereine und juristischen Personen vgl. i.E. vorstehend Rn. 328.

Aus **deutscher Sicht sind die erforderlichen Schritte** insbesondere Offenlegung 695
des Verschmelzungsvertrags bei der Aktiengesellschaft, Abschluss eines Verschmelzungsvertrags, Verschmelzungsbericht und -prüfung, Zuleitung des Verschmelzungsvertrags an die deutschen Arbeitnehmer der deutschen übernehmenden Gesellschaft, Zustimmungs-

---

[907] Vgl. nur Staudinger/*Großfeld*, BGB, IntGesR (1998) Rn. 683.

beschluss der deutschen übernehmenden Gesellschaft, Anmeldung zum Handelsregister der übernehmenden Gesellschaft, Eintragung in deren Register und Gewährung von Anteilen an die Gesellschafter der übertragenden Drittlandsgesellschaft. Sieht die auf die übertragende Drittlandsgesellschaft anwendbare Rechtsordnung an Stelle eines Verschmelzungsvertrags einen Verschmelzungsplan vor, lässt sich der Unterschied uE dadurch lösen, dass die ausländische Gesellschaft ihren Verschmelzungsplan nach den Anforderungen ihrer Rechtsordnung aufstellt und beide Parteien dann den Inhalt dieses Plans sowie den Inhalt, der nach deutschem Recht erforderlich ist, nochmals als Vertrag abschließen. Der Verschmelzungsvertrag ist uE zu beurkunden.

696 Die **Wirkung der Verschmelzung** richtet sich für den Untergang der übertragenden Drittlandsgesellschaft nach dem auf sie anwendbaren ausländischen Recht. Nach Wirksamkeit richten sich die Folgen nach deutschem Recht.[908] Das bedeutet auch, dass sich die Gesamtrechtsnachfolge im Hinblick auf das Vermögen der übertragenden Drittlandsgesellschaft nach deutschem Recht richten müsste. Allerdings sollte in diesem Zusammenhang geprüft werden, ob auch das betroffene ausländische Recht eine Gesamtrechtsnachfolge grundsätzlich anerkennt. Sollte das nicht der Fall sein, könnte es problematisch sein, die durch das deutsche Recht ausgelöste Gesamtrechtsnachfolge anzuerkennen.

Zu den möglichen Auswirkungen des Inkrafttretens des vorgeschlagenen Gesetzes zum internationalen Privatrecht der Gesellschaften, Vereine und juristischen Personen vgl. i. E. vorstehend Rn. 329.

2. Steuerrechtliche Behandlung

a) Überblick

697 Auch wenn die **Hereinverschmelzung** einer **Drittlandsgesellschaft** auf eine inländische Gesellschaft unter den Voraussetzungen der §§ 2 ff. UmwG grundsätzlich zulässig ist (vgl. hierzu vorstehend 2. Teil: Rn. 686), findet das UmwStG auf eine solche Umwandlung keine unmittelbare Anwendung. Denn § 1 Abs. 1 Satz 1 Nr. 1 UmwStG eröffnet den persönlichen Anwendungsbereich des Zweiten bis Fünften Teils für Verschmelzungen nur, wenn sowohl der übertragende als auch der übernehmende Rechtsträger nach dem Recht eines EU-/EWR-Staates gegründet sind und dort ihren Sitz und Ort der Geschäftsleitung haben (§ 1 Abs. 2 Satz 1 Nr. 1 UmwStG, vgl. hierzu vorstehend 1. Teil: Rn. 108. Diese Voraussetzung wird von einem in einem Drittstaat ansässigen übertragenden Rechtsträger nicht erfüllt.

698 Außerhalb der Regeln des UmwStG erlaubt § 12 Abs. 2 Satz 1 KStG bei **Drittlandsverschmelzungen** unter bestimmten Voraussetzungen eine Übertragung von im Inland steuerverstricktem Betriebsvermögen zu Buchwerten. Allerdings verlangt diese Vorschrift die Verschmelzung des Rechtsträgers aus dem Drittstaat auf eine Körperschaft desselben ausländischen Staates und findet daher bei einer Hereinverschmelzungen auf eine im Inland unbeschränkt steuerpflichtige Körperschaft ebenfalls keine Anwendung.

699 Es bleibt damit festzuhalten, dass das deutsche Steuerrecht für die Ebene des übertragenden Rechtsträgers im Regelfall keine spezielle Begünstigungsvorschrift für Hereinverschmelzungen aus dem Drittland vorsieht. Damit werden entsprechend der allgemeinen steuerlichen Grundsätze Wirtschaftsgüter, die bereits vor der Hereinverschmelzung der Besteuerung in der Bundesrepublik unterliegen (zB bei Zuordnung zu einer inländischen Betriebsstätte), von der übertragenden Körperschaft unter Realisierung der stillen Reserven steuerpflichtig übertragen.[909]

---

[908] Staudinger/*Großfeld*, BGB, IntGesR (1998) Rn. 688.
[909] BMF 11.11.2011, BStBl. I 1314, Rn. 00.02; Frotscher/Maas/*Frotscher*, KStG, § 12 Rn. 135.

B. Hereinverschmelzung

Einzig für die Anteilseigner der übertragenden Körperschaft lässt sich vertreten, dass sie unter den Voraussetzungen des § 12 Abs. 2 Satz 2 KStG und über den dortigen Verweis auf § 13 UmwStG in den Genuss eines steuerneutralen Tausches ihrer Anteile an der übertragenden Körperschaft gegen neue Anteile an der übernehmenden Körperschaft kommen können. **700**

Auch weitere Besonderheiten des UmwStG wie bspw. die **Rückwirkungsfiktion** des § 2 UmwStG gelten nicht für Hereinverschmelzungen aus einem Drittstaat. Als Besteuerungszeitpunkt ist daher grundsätzlich auf den Zeitpunkt des zivilrechtlichen Übergangs abzustellen, für den die Eintragung ins Handelsregister am Sitz der übernehmenden Körperschaft maßgeblich sein sollte (vgl. hierzu vorstehend 2. Teil: Rn. 695). **701**

b) Besteuerung der übertragenden Gesellschaft

Da das UmwStG auf Verschmelzungen aus dem Drittland keine Anwendung findet, ist der übertragenden Gesellschaft eine Buchwertübertragung nach § 11 Abs. 2 UmwStG verwehrt. **702**

Auch ein Buchwertansatz nach § 12 Abs. 2 S. 1 KStG kommt bei einer Hereinverschmelzung grundsätzlich nicht in Betracht. Denn die Vorschrift gilt nur für die Verschmelzung (bzw. einen vergleichbaren Vorgang nach ausländischem Recht) einer beschränkt steuerpflichtigen Körperschaft, Personenvereinigung oder Vermögensmasse aus einem Drittstaat auf eine andere Körperschaft desselben Staates. Die Verschmelzung auf eine im Inland unbeschränkt steuerpflichtige Körperschaft ist damit nicht erfasst.[910] **703**

Anders wäre es allenfalls, wenn die übernehmende Körperschaft zwar nach dem Recht desselben Drittstaates gegründet ist, jedoch ihren Ort der Geschäftsleitung im Inland hat (sog. **doppelansässige Gesellschaft**). Eine Hereinverschmelzung auf eine solche doppelansässige Gesellschaft wäre grundsätzlich vom Wortlaut des § 12 Abs. 2 Satz 1 KStG gedeckt, denn die Voraussetzung der (nur) beschränkten Steuerpflicht gilt nur für den übertragenden Rechtsträger.[911] Rechtsfolge wäre, dass die übergehenden Wirtschaftsgüter unter den weiteren in § 12 Abs. 2 Satz 1 KStG genannten sachlichen Voraussetzungen zwingend mit dem Buchwert anzusetzen wären (ein Wahlrecht für einen Ansatz zum Zwischenwert oder zum gemeinen Wert ist nicht vorgesehen).[912] Allerdings stellt sich zumindest bis zur Verankerung der **Gründungstheorie** im deutschen Gesellschaftsrecht durch das Gesetz zum Internationalen Privatrecht der Gesellschaften, Vereine und juristischen Personen die Frage, ob ein im Drittstaat gegründeter Rechtsträger mit Geschäftsleitung im Inland überhaupt als *Körperschaft* und nicht als Personengesellschaft oder Einzelkaufmann anerkannt wird (vgl. hierzu vorstehend 2. Teil: Rn. 686). Sofern nicht besondere staatsvertragliche Regelungen bestehen wie bspw. der Freundschafts-, Handels- und Schifffahrtsvertrag mit den USA[913], der eine solche Anerkennung vorsieht, dürfte diese Fallkonstellation daher derzeit in der Praxis keine bedeutsame Rolle spielen und wird an dieser Stelle nicht weiter vertieft. **704**

Aus deutscher steuerlicher Sicht wird bei der Hereinverschmelzung auf Ebene der übertragenden Körperschaft im Drittstaat folglich regelmäßig ein **Gewinnrealisierungstatbestand** verwirklicht. Der Vorgang gleicht einer Betriebsveräußerung: Sämtliche stille Reserven und ggf. stille Lasten in den Einzelwirtschaftsgütern sowie ein etwaiger Firmen- **705**

---

[910] Frotscher/Maas/*Frotscher*, KStG, § 12 Rn. 134.
[911] Gl.A. Dötsch/Jost/Pung/Witt/*Benecke*, KStG, § 12 Rn. 171; Blümich/*Klingberg*, UmwStG, § 11 Rn. 86; a.A. Frotscher/Maas/*Frotscher*, KStG, § 12 Rn. 137; zur Diskussion verschiedener Auslegungsvarianten vgl. auch Dötsch/Patt/Pung/Möhlenbrock/*Möhlenbrock*, UmwStG, § 1 Rn. 183.
[912] Blümich/*Klingberg*, UmwStG, § 11 Rn. 87.
[913] Gesetz zu dem Freundschafts-, Handels- und Schifffahrtsvertrag vom 29.10.1954 zwischen der Bundesrepublik Deutschland und den Vereinigten Staaten von Amerika, BGBl. II 1956, 487.

wert sind aufzudecken.⁹¹⁴ Die Bewertung erfolgt gemäß den allgemeinen Verstrickungsregeln des § 4 Abs. 1 S. 8, 2. HS iVm § 6 Abs. 1 Nr. 5a EStG zum **gemeinen Wert** (vgl. hierzu vorstehend 1. Teil: Rn. 132).⁹¹⁵ Mitunter wird auch unter der Begründung, es handele sich aus Sicht der übertragenen Körperschaft um einen Veräußerungs- bzw. aus Sicht der übernehmenden Körperschaft um einen Erwerbsvorgang der Teilwert vertreten, der im Unterschied zum gemeinen Wert insbesondere keinen Gewinnaufschlag umfasst.⁹¹⁶

706 Soweit die übertragende Körperschaft im Inland nach § 49 Abs. 1 EStG beschränkt steuerpflichtig ist und es sich damit um im Inland steuerverhaftetes Vermögen handelt, unterliegt der Verschmelzungsvorgang der **Körperschaftsteuer** und – soweit inländisches Betriebsstättenvermögen betroffen ist – der **Gewerbesteuer**. Mangels entsprechender Begünstigungsvorschriften gilt dies unabhängig davon, ob die Bundesrepublik Deutschland das Besteuerungsrecht auf Ebene der aufnehmenden Körperschaft beibehält (was regelmäßig der Fall ist).⁹¹⁷

707 Verfügt der übertragende Rechtsträger über einen im Inland festgestellten **Verlustvortrag** oder laufende auf Inlandsvermögen entfallende Verluste, ist eine Verrechnung im Rahmen des § 10d EStG möglich.

c) Besteuerung der übernehmenden Gesellschaft

708 Auch auf Ebene der übernehmenden inländischen Körperschaft findet bei einer Drittlandshereinverschmelzung weder § 12 UmwStG noch § 12 Abs. 2 KStG Anwendung. Sowohl im Hinblick auf diejenigen Wirtschaftsgüter, die bereits bei der übertragenden Körperschaft einer inländischen Betriebsstätte zuzuordnen waren als auch bei denjenigen Wirtschaftsgütern, die zuvor nicht einer inländischen Betriebsstätte, jedoch nach der Verschmelzung als dem Stammhaus der übernehmenden Körperschaft zugerechnet gelten, liegt ein **Anschaffungsvorgang** vor. Auch ein etwaiger Geschäfts- oder Firmenwert ist anzusetzen.

709 Mangels Anwendung des UmwStG erfolgt kein Eintritt der übernehmenden Körperschaft in die Rechtstellung des übertragenden Rechtsträgers. Die Restnutzungsdauern der übertragenen Wirtschaftsgüter sind daher grundsätzlich neu zu schätzen. Auch steuerliche Fristen – wie bspw. nach § 6b EStG – werden nicht fortgeführt sondern beginnen ab dem steuerlichen Übertragungsstichtag von neuem. Ein etwaiger Verlustvortrag der übertragenden Körperschaft geht ebenfalls nicht auf die übernehmende Körperschaft über, selbst soweit er auf inländischen Betriebsstättenverlusten gründet.

710 Grundsätzlich ist bei Verschmelzungen nach § 2 UmwG das **steuerliche Einlagekonto** der übertragenden Körperschaft dem steuerlichen Einlagekonto der übernehmenden Körperschaft hinzuzurechnen (§ 29 Abs. 2 Satz 1 KStG, vgl. hierzu vorstehend 2. Teil: Rn. 599 ff.). Eine Hinzurechnung unterbleibt nur, soweit es sich um eine Aufwärtsverschmelzung handelt, die übernehmende Körperschaft also die Anteile an der übertragenden Körperschaft hält (§ 29 Abs. 2 Satz 2 KStG).

711 Im Falle einer Hereinverschmelzung aus dem Drittland ist zwar für die übertragende Körperschaft kein steuerliches Einlagekonto festzustellen, da dies nur Rechtsträgern zu-

---

⁹¹⁴ Analog zur Herausverschmelzung lassen sich unterschiedliche rechtliche Begründungen für die Gewinnrealisation anführen. Anstelle einer Veräußerung sämtlicher Wirtschaftsgüter ließe sich bspw. auch ein liquidationsähnlicher Vorgang oder ein Einlagevorgang nach § 4 Abs. 1 Satz 8, 2. HS EStG (Rödder/Herlinghaus/van Lishaut/*Ritzer*, UmwStG Anhang 5 Rn. 81) vertreten. Gemein ist diesen Auffassungen jedoch in jedem Fall die steuerpflichtige Aufdeckung sämtlicher stiller Reserven.
⁹¹⁵ Rödder/Herlinghaus/van Lishaut/*Ritzer*, UmwStG Anhang 5 Rn. 81; *Körner* IStR 2009, 741, 749; Blümich/*Klingberg*, UmwStG, § 11 Rn. 87.
⁹¹⁶ Frotscher/Maas/*Frotscher*, KStG, § 12 Rn. 136.
⁹¹⁷ Frotscher/Maas/*Frotscher*, KStG, § 12 Rn. 135.

steht, die in einem Staat der Europäischen Union unbeschränkt steuerpflichtig sind (§ 27 Abs. 8 KStG). Allerdings erlaubt § 29 Abs. 6 Satz 1 KStG auch die Anwendung des § 29 Abs. 2 KStG für Fälle, in denen bislang kein Einlagekonto festzustellen war. In der Literatur umstritten ist die Frage, ob dies dazu führt, dass auch im Falle einer Hereinverschmelzung aus einem Drittstaat ein solches „fiktives Einlagekonto" auf die übernehmende Körperschaft übertragen wird. Die Beantwortung der Frage hängt im Wesentlichen von der Auslegung des Verweises in § 29 Abs. 6 Satz 2 KStG auf § 27 Abs. 8 KStG ab. Teilweise wird der Verweis vollinhaltlich verstanden, so dass dadurch auch die persönlichen Voraussetzungen des § 27 Abs. 8 KStG erfüllt werden müssten.[918] Damit würde die Regel ausschließlich für in einem ausländischen Staat der Europäischen Union ansässige Körperschaften und Personenvereinigungen gelten. Allerdings wird auch vertreten, dass es sich bei dem Verweis in § 29 Abs. 6 Satz 2 KStG lediglich um einen Verweis auf die verfahrensrechtlichen Bestimmungen des § 27 Abs. 8 KStG handeln soll.[919] Dies entspricht auch der Gesetzesbegründung.[920] Auf die persönlichen Voraussetzungen des § 27 Abs. 8 KStG käme es damit nicht an, so dass auch eine Hinzurechnung von Einlagen eines übertragenden Rechtsträgers aus einem EWR- oder Drittstaat zum steuerlichen Einlagekonto der übernehmenden Körperschaft möglich wäre. Da auch § 27 Abs. 2 Satz 3 für die Feststellung des steuerlichen Einlagekontos beim Zuzug von ausländischen Körperschaften keine Beschränkung auf EU-Gesellschaften vorsieht und kein Grund ersichtlich ist, wieso die Hereinverschmelzung insoweit anders behandelt werden sollte, ist m.E. letzterer Auffassung der Vorzug zu geben. Im Ergebnis tritt dann an die Stelle des Einlagekontos der Bestand der Einlagen zum Zeitpunkt des Vermögensübergangs, wobei zuvor nach § 29 Abs. 1 KStG das Nennkapital als herabgesetzt gilt und den Bestand der Einlagen entsprechend erhöht.[921] Es werden also sowohl offene als auch verdeckte Einlagen der Anteilseigner der übertragenden Körperschaft erfasst und dem steuerlichen Einlagekonto der übernehmenden Körperschaft hinzugerechnet, soweit die Einlagen im Verschmelzungszeitpunkt noch vorhanden sind und nicht bereits vor Wirksamkeit der Verschmelzung von der übertragenden Körperschaft verwendet wurden.[922]

In welcher **gesonderten Feststellung** (also in welchem Wirtschaftsjahr) eine Hinzurechnung der Einlagen zum Einlagekonto der übernehmenden Körperschaft erfolgt hängt davon ab, ob die Verschmelzung zur Aufnahme oder zur Neugründung erfolgt. Bei einer Hereinverschmelzung zur Aufnahme existiert die unbeschränkte Steuerpflicht des übernehmenden Rechtsträgers bereits, so dass § 27 Abs. 2 Satz 3 KStG nicht einschlägig ist und die Feststellung erst im Wirtschaftsjahr der Verschmelzung vorgenommen wird.[923] Wird die Verschmelzung jedoch zur Neugründung gestaltet, so gilt das Einlagekonto des übernehmenden Rechtsträgers bereits am Ende des vorangegangenen Wirtschaftsjahres als entsprechend erhöht.[924] Damit wäre auch die Verwendung des Einlagekontos für Auskehrungen des übernehmenden Rechtsträgers bereits im Jahr der Verschmelzung möglich.[925]

712

---

[918] Dötsch/Jost/Pung/Witt/*Dötsch*, KStG, § 29 Rn. 59; Rödder/Herlinghaus/van Lishaut/*van Lishaut*, UmwStG, Anhang 2 Rn. 8 und 35.
[919] Blümich/*Danelsing*, KStG, § 29 Rn. 30; *Stadler/Jetter* IStR 2009, 336, 339; *Schießl* DStZ 2008, 852, 853.
[920] BT-Drs. 16/2710 S. 32.
[921] Frotscher/Maas/*Frotscher*, KStG, § 29 Rn. 30.
[922] Dötsch/Jost/Pung/Witt/*Dötsch*, KStG, § 27 Rn. 128.
[923] Dötsch/Jost/Pung/Witt/*Dötsch*, KStG, § 29 Rn. 63; Rödder/Herlinghaus/van Lishaut/*van Lishaut* UmwStG, Anhang 2 Rn. 35; a.A. *Stadler/Jetter* IStR 2009, 336, 340 f.
[924] Rödder/Herlinghaus/van Lishaut/*van Lishaut*, UmwStG, Anhang 2 Rn. 35; Dötsch/Jost/Pung/Witt/*Dötsch*, KStG, § 27 Rn. 128.
[925] Frotscher/Maas/*Frotscher*, KStG, § 27 Rn. 55.

713 Aus praktischer Sicht dürfte die Hinzurechnung zum Einlagekonto gleichwohl nicht unproblematisch sein. Denn zunächst muss der Nachweis erbracht werden, dass es sich bei der Verschmelzung um einen Vorgang nach § 2 UmwG handelt, wobei bei einer Verschmelzung nach ausländischem Recht sinnvollerweise analog zu § 27 Abs. 3 Satz 1 KStG auch ein vergleichbarer Vorgang im Sinne des § 2 UmwG ausreichend sein muss. Darüber hinaus dürfte eine historische Aufarbeitung sämtlicher in der Vergangenheit geleisteter – offener wie verdeckter – Einlagen unter Berücksichtigung zwischenzeitlicher Abflüsse gerade bei längeren Betrachtungszeiträumen oder bei nicht selbst gegründeten sondern von einem Dritten erworbenen Gesellschaften einen beachtlichen Verwaltungsaufwand bedeuten, wenn im Ausland nicht ohnehin aufgrund entsprechender lokaler Regelungen eine Dokumentation vorliegt (zur vereinfachten Ermittlung des steuerlichen Einlagekontos vgl. vorstehend 2. Teil: Rn. 601).

d) Besteuerung der Gesellschafter

714 Die Ebene der **Anteilseigner** der übertragenden Drittlands-Körperschaft ist aus deutscher steuerlicher Sicht nur dann von Bedeutung, wenn deren Anteile überhaupt im Inland **steuerverstrickt** sind. Dies ist der Fall, soweit die Anteilseigner im Inland ansässig sind oder zumindest ihre Anteile am übertragenden Rechtsträger einer inländischen Betriebsstätte zuzuordnen sind. Andernfalls unterliegen die Anteilseigner mit ihren Anteilen ohnehin nicht der deutschen Besteuerung.

715 § 13 UmwStG, der bei unter das UmwStG fallenden Verschmelzungen die steuerlichen Folgen für die Anteilseigner der übertragenden Körperschaft regelt, kommt zwar nicht unmittelbar zur Anwendung, denn die persönlichen Eingangsvoraussetzungen des § 1 Abs. 2 Satz 1 Nr. 1 UmwStG werden bei einer Hereinverschmelzung aus einem Drittstaat durch den übertragenden Rechtsträger nicht erfüllt (vgl. hierzu vorstehend 2. Teil: Rn. 697 und 1. Teil: Rn. 107).

716 Allerdings gilt § 13 UmwStG durch Rechtsfolgeverweis auch für **Drittstaatenfälle** des § 12 Abs. 2 Satz 2 KStG.[926] Voraussetzung des § 12 Abs. 2 Satz 2 KStG ist lediglich, dass das Vermögen einer Körperschaft durch einen Vorgang im Sinne des § 12 Abs. 2 Satz 1 KStG auf eine andere Körperschaft übertragen wird. Damit wird m.E. ausschließlich auf den Übertragungsvorgang, mithin auf die **sachlichen Voraussetzungen** des § 12 Abs. 2 Satz 1 KStG, nicht jedoch auf dessen persönliche Voraussetzungen verwiesen. Anders als für eine unmittelbare Anwendung von § 12 Abs. 2 Satz 1 KStG ist es damit ausweislich der Gesetzesbegründung nicht erforderlich, dass die übernehmende Körperschaft eine Körperschaft desselben Staates wie der übertragende Rechtsträger ist.[927] Sie kann also – wie bei einer Hereinverschmelzung – durchaus eine im Inland unbeschränkt steuerpflichtige Körperschaft sein.

717 Der Wortlaut im Hinblick auf die **Vergleichbarkeit** des Vorgangs mit einer Verschmelzung im Sinne des § 2 UmwG entspricht insoweit dem des § 1 Abs. 1 Satz 1 Nr. 1 UmwStG. Selbst wenn es sich mangels EU/EWR-Anknüpfung nicht unmittelbar um eine Verschmelzung gemäß § 2 UmwG handelt, kann zur Prüfung der Vergleichbarkeit m.E.

---

[926] *Dötsch/Pung* DB 2006, 2704, 2705.
[927] Gesetzesbegründung Finanzausschuss BT-Drs 16/3369, 8; Gl.A. Ernst & Young/*Holland*, KStG, § 12 Rn. 55; Dötsch/Patt/Pung/Möhlenbrock/*Möhlenbrock*, UmwStG, § 1 Rn. 187; Dötsch/Jost/Pung/Witt/*Benecke*, KStG, § 12 Rn. 181; Blümich/*Hofmeister*, KStG, § 12 Rn. 85; Herrmann/Heuer/Raupach/*Kolbe*, KStG, § 12 Rn. 51; *Benecke/Schnitger* IStR 2007, 22, 25; *Becker/Kamphaus/Loose* IStR 2013, 329 f.; wohl auch BMF 11.11.2011, BStBl. I 2011, 1314 Rn. 13.04; zur Diskussion vgl. auch *Dötsch/Pung* DB 2006, 2648, 2651 und 2704, 2714; a.A. Widmann/Mayer/*Schießl*, UmwStG, § 13 Rn. 217.2; Rödder/Herlinghaus/van Lishaut/*Trossen*, UmwStG, § 13, Rn. 6, Frotscher/Maas/*Frotscher*, KStG, § 12 Rn. 134; wohl auch Schmitt/Hörtnagl/Stratz/*Schmitt*, UmwStG, § 13 Rn. 4; Gosch/*Lambrecht*, KStG, § 12 Rn. 53.

B. Hereinverschmelzung

auf die Definition der **Fusionsrichtlinie** und auf die Verwaltungsgrundsätze zur Prüfung der Vergleichbarkeit im UmwSt-Erlass zurückgegriffen werden.[928] Eine Verschmelzung in diesem Sinne setzt voraus, dass der übertragende Rechtsträger sein gesamtes Aktiv- und Passivvermögen auf eine bestehende oder durch diesen Vorgang neu gegründete Gesellschaft überträgt und dass hierfür den Anteilseignern des übertragenden Rechtsträgers Anteile am übernehmenden Rechtsträger gewährt werden (es sei denn, es handelt es sich um eine Aufwärtsverschmelzung). Der übertragende Rechtsträger muss in diesem Zuge ohne Abwicklung erlöschen.[929]

Legt man den Bezug auf einen „Vorgang im Sinne des § 12 Abs. 2 Satz 1 KStG" weit aus, sind auch die einzelnen **Buchwertvoraussetzungen** des Satz 1 zu erfüllen. Diese sachlichen Voraussetzungen sind die Folgenden: **718**

1. Es muss sichergestellt sein, dass die Wirtschaftsgüter später bei der übernehmenden Körperschaft der Besteuerung mit Körperschaftsteuer unterliegen;
2. Das Recht der Bundesrepublik Deutschland hinsichtlich der Besteuerung der übertragenen Wirtschaftsgüter bei der übernehmenden Körperschaft darf nicht beschränkt werden;
3. Eine Gegenleistung darf nicht gewährt werden oder muss in Gesellschaftsrechten bestehen; und
4. Es dürfen nicht der übertragende und der übernehmende Rechtsträger die Voraussetzungen des § 1 Abs. 2 Satz 1 und 2 UmwStG erfüllen.

Die ersten drei Bedingungen entsprechen wortgleich § 11 Abs. 2 Satz 1 Nr. 1 bis 3 UmwStG (vgl. im Einzelnen vorstehend 2. Teil: Rn. 239 ff.). Allerdings wird unter Bezugnahme auf die Gesetzesbegründung vielfach vertreten, dass der Verweis in § 12 Abs. 2 Satz 2 KStG auf Satz 1 eng auszulegen ist und es daher nur auf einen Vorgang im Sinne des § 2 UmwG ankommt, nicht jedoch darauf, ob die einzelnen Voraussetzungen für eine steuerneutrale Übertragung auf der Gesellschaftsebene gegeben sind.[930] Diese Auffassung führt zu einem systemgerechten Ergebnis, denn auch eine unmittelbare Anwendung von § 13 UmwStG ist von den Voraussetzungen des § 11 Abs. 2 UmwStG unabhängig. In den Fällen der Hereinverschmelzungen auf eine inländische Körperschaft dürften die Voraussetzungen jedoch ohnehin regelmäßig erfüllt sein, so dass diese Auslegungsfrage hier von geringer Bedeutung ist. **719**

Ferner hat bei einer Hereinverschmelzung aus einem Drittstaat die übertragende Körperschaft per Definition ihren Sitz nicht in der Europäischen Union oder im Europäischen Wirtschaftsraum. Sie ist daher nicht von § 1 Abs. 2 Satz 1 oder Satz 2 UmwStG erfasst. Bereits durch den einseitigen Drittlandsbezug können nicht „beide" Rechtsträger in den persönlichen Anwendungsbereich des UmwStG fallen, wodurch die in Satz 1 Nr. 4 genannte Voraussetzung für Hereinverschmelzungen aus dem Drittland dem Wortlaut nach ebenfalls stets erfüllt sein sollte. Auf die (inländische) Ansässigkeit der übernehmenden Körperschaft kommt es daher nicht mehr an. **720**

---

[928] Richtlinie 2009/133/EG des Rates vom 19. Oktober 2009 über das gemeinsame Steuersystem für Fusionen, Spaltungen, Abspaltungen, die Einbringung von Unternehmensteilen und den Austausch von Anteilen, die Gesellschaften verschiedener Mitgliedstaaten betreffen, sowie für die Verlegung des Sitzes einer Europäischen Gesellschaft oder einer Europäischen Genossenschaft von einem Mitgliedstaat in einen anderen Mitgliedstaat, ABl. Nr. L 310 S. 34, EU-Dok.-Nr. 3 2009 L 0133; BMF 11.11.2011, BStBl. I 2011, 1314 Rn. 01.24; Dötsch/Jost/Pung/Witt/*Beneke*, KStG, § 12 Rn. 173 ff.
[929] Für Einzelheiten vgl. BMF 11.11.2011, BStBl. I 2011, 1314 Rn. 01.24 - 01.42.
[930] Gesetzesbegründung Finanzausschuss BT-Drs 16/3369, 8; *Dötsch/Pung* DB 2006, 2648, 2651 und 2704, 2714; Haritz/Menner/*Schroer*, UmwStG, § 13 Rn. 8; Ernst & Young/*Holland*, KStG, § 12 Rn. 55.

721 Im Ergebnis dürfte damit der Anwendungsbereich des § 13 UmwStG für die Ebene der inländischen Anteilseigner auch bei einer Hereinverschmelzung aus einem Drittstaat unter den o.g. Voraussetzungen eröffnet sein.[931] Auf **Antrag** können damit die erhaltenen Anteile an der übernehmenden Körperschaft mit dem **Buchwert** der Anteile an der übertragenden Körperschaft angesetzt werden, wenn das Recht der Bundesrepublik Deutschland hinsichtlich der Besteuerung des Gewinns aus der Veräußerung der erhaltenen Anteile an der übernehmenden Körperschaft nicht ausgeschlossen oder beschränkt wird (§ 13 Abs. 2 Satz 1 Nr. 1 UmwStG; der Tatbestand der Nr. 2 kann bei Hereinverschmelzungen aus dem Drittstaat nicht erfüllt werden).[932] Dies ist regelmäßig gegeben, wenn bereits zuvor die Anteile an der übertragenden Körperschaft im Inland steuerverstrickt waren (andernfalls hat die Bundesrepublik ohnehin kein Besteuerungsrecht und § 13 UmwStG läuft leer). Damit kann eine inländische Besteuerung der stillen Reserven in den Anteilen an der übertragenden Körperschaft in allen Fällen vermieden werden, in denen die sachlichen Voraussetzungen eines Übertragungsvorgangs nach § 12 Abs. 2 Satz 1 KStG vorliegen.[933]

722 Als weitere Rechtsfolge des § 13 Abs. 2 UmwStG treten die Anteile an der übernehmenden Körperschaft an die Stelle der übertragenden Körperschaft. Eine Rückwirkungsfiktion scheidet für die Anteilseigner aus, denn § 2 UmwStG ist nicht anwendbar (und gilt ohnehin nicht für die Anteilseigner der übertragenden Körperschaft).[934] Für weitere Einzelheiten zum Antrag und zu den Rechtsfolgen von § 13 UmwStG vgl. vorstehend 2. Teil: Rn. 280 und 286).

723 Sofern es sich bei den jeweiligen Anteilseignern um Steuerpflichtige handelt, die ihre Anteile an der übertragenden Körperschaft im **Privatvermögen** halten (also keine originäre Zugehörigkeit der Anteile zu einem inländischen Betriebsvermögen und keine wesentliche Beteiligung im Sinne des § 17 Abs. 1 EStG), stellt sich die Frage nach dem Konkurrenzverhältnis zwischen § 12 Abs. 2 Satz 2 KStG und § 20 Abs. 4a EStG. Letztere Vorschrift legt u.a. die steuerneutrale Behandlung eines Anteilstausches fest, wenn der Tausch auf Grund gesellschaftsrechtlicher Maßnahmen vollzogen wird, die von den beteiligten Unternehmen ausgehen, und die erhaltenen Anteile im Inland steuerverstrickt sind. Der Anwendungsbereich ist weder auf inländische, noch auf EU-/EWR-Maßnahmen beschränkt und gilt daher grundsätzlich auch für eine zivilrechtlich anerkannte Hereinverschmelzung aus dem Drittland, bei der der Anteilseigner Altanteile an der übertragenden Körperschaft gegen neue Anteile am übernehmenden Rechtsträger „tauscht". Rechtsfolge ist, dass die erhaltenen Anteile steuerlich an die Stelle der bisherigen Anteile treten; erst bei späterer Veräußerung der erhaltenen Anteile erfolgt eine Besteuerung in der Weise, wie sie bei Veräußerung der ursprünglichen Anteile an der übertragenden Körperschaft eingetreten wäre. Es wird also – wie auch bei § 13 Abs. 2 UmwStG, allerdings ohne Wahlrecht – der Besteuerungszeitpunkt in die Zukunft verschoben, was insbesondere eine Kapitalertragsteuerpflicht im Tauschzeitpunkt vermeidet (§ 43a Abs. 2 Satz 2 EStG).

724 Ausweislich des Gesetzeswortlautes geht § 20 Abs. 4a EStG zumindest einer unmittelbaren Anwendung von § 13 UmwStG vor. Allerdings ist § 13 UmwStG im Falle einer Hereinverschmelzung aus dem Drittland ohnehin nicht unmittelbar anwendbar. Vielmehr wird sein Anwendungsbereich erst durch den Verweis in § 12 Abs. 2 Satz 2 KStG unter den dort genannten Voraussetzungen eröffnet. Folgt man der Gesetzesbegründung, soll

---

[931] Für Fälle, in denen die Voraussetzungen nicht erfüllt sind, vgl. analog zu Drittstaatenverschmelzungen mit inländischen Anteilseignern auch *Becker/Kamphaus/Loose* IStR 2013, 330 ff.
[932] *Frotscher/Maas/Frotscher*, KStG, § 12 Rn. 149.
[933] *Frotscher/Maas/Frotscher*, KStG, § 12 Rn. 150, 152; für Fallgruppen vgl. auch *Schießl*, Der neue Umwandlungssteuererlass S. 69.
[934] BMF 11.11.2011, BStBl. I 2011, 1314 Rn. 13.06.

§ 20 Abs. 4a EStG nicht gelten, wenn die Voraussetzungen von § 12 Abs. 2 Satz 2 KStG erfüllt sind.[935] Denn in diesen Fällen wird auf Antrag bereits eine Steuerfreiheit beim Anteilseigner nach § 13 Abs. 2 UmwStG ermöglicht.[936] Gleichwohl definiert die Begründung dieses Konkurrenzverhältnis nur für „Verschmelzungen ausländischer, beschränkt steuerpflichtiger Gesellschaften". Ob der Vorrang von § 12 Abs. 2 Satz 2 KStG gegenüber § 20 Abs. 4a EStG daher auch bei einer Hereinverschmelzung auf eine unbeschränkt steuerpflichtige Körperschaft gilt, bleibt offen. Im Sinne der hier vertretenen Auffassung, dass es auf die Ansässigkeit des übernehmenden Rechtsträgers in Fällen des § 12 Abs. 2 Satz 2 KStG nicht ankommt, liegt es jedoch nahe, letzterer Vorschrift allgemeinen Vorrang einzuräumen. § 20 Abs. 4a EStG käme dann bei Sachverhalten mit Drittlandsbezug nur zur Anwendung, wenn es sich zwar um einen Tauschvorgang handelte, der jedoch nicht mit einer Verschmelzung nach § 2 UmwG vergleichbar wäre (bspw. Aufspaltung).[937]

Beispiel: 725
Die schweizerische A-AG wird auf die inländische B-GmbH verschmolzen (die zivilrechtliche Zulässigkeit und Vergleichbarkeit mit einem Vorgang nach § 2 UmwG wird unterstellt). Gesellschafter der A-AG sind sowohl im Inland als auch im Drittland ansässige Personen, die Anteile der B-GmbH werden ausschließlich von Inländern gehalten. Die A-AG unterhält in einem weiteren Drittland sowie im Inland jeweils eine Betriebsstätte und eine Tochtergesellschaft. Bei der Verschmelzung werden den Anteilseignern der A-AG als Gegenleistung neue Anteile an der B-GmbH gewährt.
Abwandlung: Die Vergleichbarkeit mit einem Vorgang nach § 2 UmwG ist nicht gegeben.

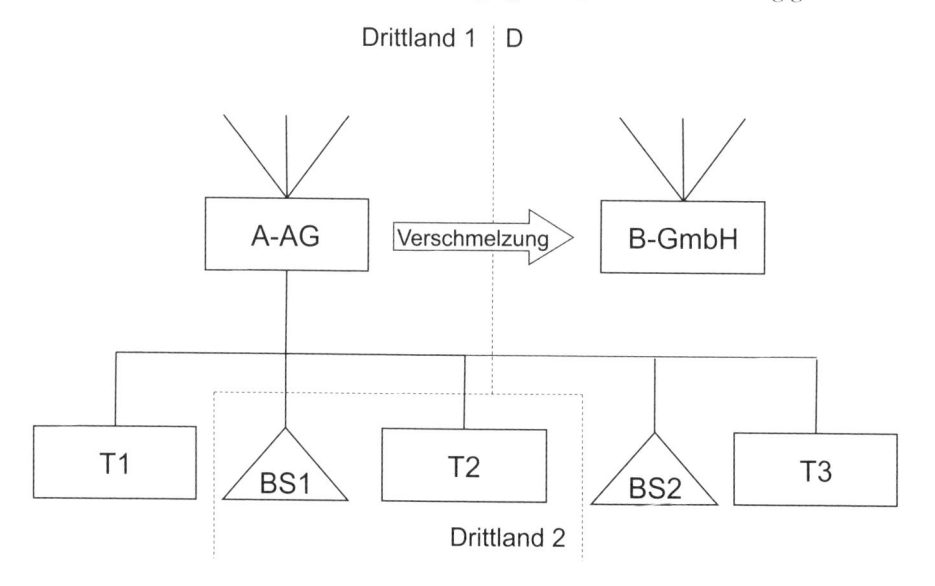

Lösung:
Deutsche steuerliche Folgen für die A-AG: Das UmwStG findet auf die Hereinverschmelzung keine Anwendung. Ebenso wenig liegen die Voraussetzungen für § 12 Abs. 2 Satz 1 KStG vor, da die Verschmelzung auf eine inländische (und keine schweizerische) Körperschaft durchgeführt wird. Die Umwandlung wird daher als Veräußerungs- und Anschaffungsvorgang behandelt und führt aus deutscher steuerlicher Sicht zur Aufdeckung sämtlicher stiller Reserven in denjenigen Wirtschaftsgütern, die bereits im Umwandlungszeitpunkt im Inland steuerverstrickt sind. Dies betrifft die der BS2 zuzurechnenden Wirtschaftsgüter sowie die Anteile an der T3.

---

[935] Entwurf eines Jahressteuergesetzes 2009 v. 2.9.2008, BT-Drs. 16/10189, 50.
[936] Kirchhof/Söhn/*Jochum*, EStG, § 20 Rn. Fa28.
[937] Vgl. hierzu auch Kirchhof/Söhn/*Jochum*, EStG, § 20 Rn. Fa15 f.

Die Aufdeckung der Wirtschaftsgüter der BS2 ist grundsätzlich voll steuerpflichtig; im Hinblick auf die Anteile an der T3 kommt unter Berücksichtigung von 5% nicht abziehbarer Betriebsausgaben ggf. die Steuerbefreiung nach § 8b Abs. 2 u. Abs. 3 KStG zum Tragen.

Deutsche steuerliche Folgen für die B-GmbH: Aus Sicht der B-GmbH liegt im Hinblick auf sämtliche Wirtschaftsgüter der A-AG ein Anschaffungsvorgang vor. Steuerliche Attribute der A-AG wie bspw. etwaige Verlustvorträge gehen nicht auf die B-GmbH über. Nach der hier vertretenen Auffassung können jedoch die in der Vergangenheit in die A-AG geleisteten Einlagen das steuerliche Einlagekonto der B-GmbH erhöhen (§ 29 Abs. 6 KStG), sofern sie im Verschmelzungszeitpunkt noch vorhanden sind und ein entsprechender Nachweis erbracht werden kann. Erfolgt die Verschmelzung zur Aufnahme, wird die Hinzurechnung erst in der Feststellung des Einlagekontos des laufenden Wirtschaftsjahres vorgenommen. Erfolgt die Verschmelzung zur Neugründung, wird sie bereits auf den Schluss des vorangegangenen Wirtschaftsjahres der B-GmbH fingiert.

Deutsche steuerliche Folgen für die Anteilseigner der A-AG: Soweit die Anteile im Inland steuerverstrickt sind und der Verschmelzungsvorgang mit einem Vorgang nach § 2 UmwG vergleichbar ist, ist der Vorgang als Tausch grundsätzlich im Inland steuerbar. Jedoch steht den Anteilseignern über § 12 Abs. 2 Satz 2 KStG auf Antrag das Wahlrecht zur Buchwertübertragung nach § 13 UmwStG zu. Erforderlich hierfür ist zudem, dass die erhaltenen Anteile an der B-GmbH im Inland steuerverstrickt bleiben.

Abwandlung: Ist die Hereinverschmelzung zivilrechtlich nicht mit einem Vorgang nach § 2 UmwG vergleichbar, ergeben sich für die Ebene der A-AG gleichwohl keine Unterschiede zum Ausgangsbeispiel. Für die B-GmbH folgt jedoch, dass die sachlichen Voraussetzungen des § 29 Abs. 6 KStG nicht erfüllt sind und damit keine Hinzurechnung des „fiktiven Einlagekontos" der A-AG zur B-GmbH erfolgt. Für die Anteilseigner der A-AG kommt ein Wahlrecht auf Buchwertfortführung nach § 13 UmwStG nicht in Betracht, da der Vorgang mangels Vergleichbarkeit nicht die Voraussetzungen des § 12 Abs. 2 Satz 2 in Verbindung mit Satz 1 KStG erfüllt. Der Anteilstausch ist in jedem Fall steuerbar, soweit die Anteile an der übertragenden A-AG im Inland steuerverstrickt waren. Geht man anstelle eines Anteilstauschs von einem liquidationsähnlichen Vorgang der A-AG mit anschließender Wiedereinlage in die B-GmbH aus, käme es anstelle einer Anteilsveräußerung zu einer fingierten Ausschüttung unter Verrechnung mit den Anschaffungskosten. Die steuerlichen Folgen auf Anteilseignerebene richten sich dann nach der individuellen Qualifikation des Steuerpflichtigen (ggf. Anwendung von § 8b KStG oder Besteuerung nach dem Teileinkünfteverfahren).

Beispiel 2
Die schweizerische A-AG wird auf die inländische B-GmbH verschmolzen. Alleinige Gesellschafterin der A-AG ist die B-GmbH. Die A-AG unterhält in einem weiteren Drittland sowie im Inland jeweils eine Betriebsstätte und eine Tochtergesellschaft.

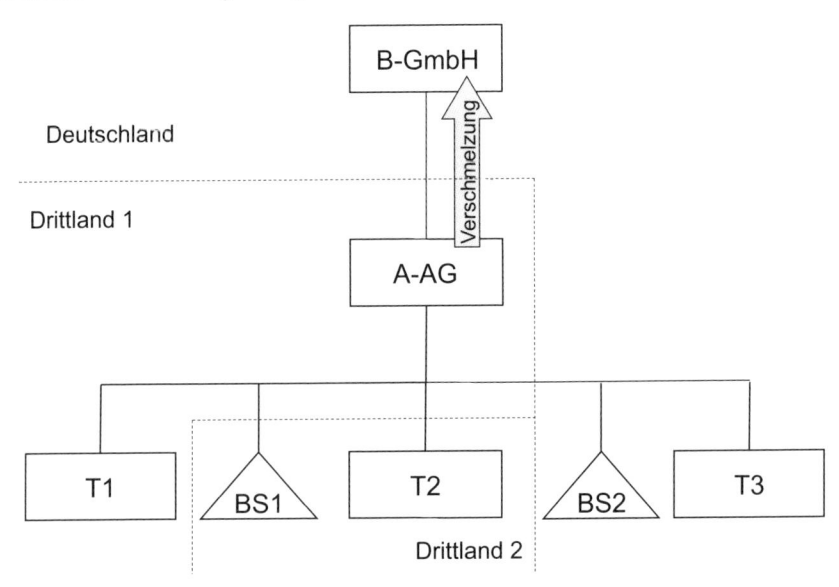

Lösung:

Deutsche steuerliche Folgen für die A-AG: Wie Bsp. 1.

Deutsche steuerliche Folgen für die B-GmbH: Wie Bsp. 1. Allerdings erfolgt beim Upstream-Merger keine Hinzurechnung des „fiktiven" Einlagekontos der A-AG zum steuerlichen Einlagekonto der B-GmbH (§ 29 Abs. 2 Satz 2 KStG). Ein Übernahmegewinn ist grundsätzlich unter Berücksichtigung von 5% nicht abziehbaren Betriebsausgaben steuerbefreit (§ 8b Abs. 2 und Abs. 3 KStG).

3. Bilanzielle Auswirkungen und Darstellung der Verschmelzung (insbesondere beim aufnehmenden Rechtsträger)

Die Ausführungen zur bilanziellen Abbildung einer Hereinverschmelzung einer EU-Gesellschaft auf eine inländische Kapitalgesellschaft[938] gelten, soweit zulässig, analog für die Hereinverschmelzung einer Drittlandsgesellschaft auf eine inländische Kapitalgesellschaft.

726

---

[938] Vgl. hierzu vorstehend Rn. 611–683.

3. Teil: Spaltung

Gliederung

	Rn.
A. Hinausspaltung	1-198
I. Spaltung auf eine EU-Gesellschaft	1-163
1. Zivil- und gesellschaftsrechtliche Grundlagen	1-121
a) Überblick	1-24
b) Alternativen	25-27
c) Voraussetzung der grenzüberschreitenden Hinausspaltung	28-34
aa) Spaltung als zulässiges Rechtsinstitut	29
bb) Spaltungsfähigkeit der beteiligten Gesellschaften	30-34
d) Durchführung der grenzüberschreitenden Hinausspaltung	35-93
aa) Spaltungsvertrag/-plan	36-45
bb) Umtauschverhältnis, Bewertung	46-54
cc) Zuleitung des Spaltungsvertrags bzw. -plans oder des jeweiligen Entwurfs an Betriebsrat	55-57
dd) Abfindungsangebot	58-64
ee) Spaltungsbericht	65-69
ff) Prüfung und Prüfungsbericht	70-76
gg) Zustimmungsbeschlüsse	77-83
hh) Kapitalerhöhungsbeschluss bei der übernehmenden Gesellschaft	84
ii) Kapitalherabsetzungsbeschluss bei der übertragenden Gesellschaft	85
jj) Registereintragung, Wirksamkeitszeitpunkt	86–88
kk) Wirkung	89-93
e) Schutz der Anteilsinhaber	94-98
aa) Abfindungsangebot an widersprechende Gesellschafter	95
bb) Verbesserung des Umtauschverhältnisses bzw. des Barabfindungsangebotes	96-98
f) Schutz der Gläubiger	99-107
aa) Recht auf Sicherheitsleistung	103-105
bb) Gesamtschuldnerische Haftung	106, 107
g) Schutz der Arbeitnehmer	108-121
aa) Individualarbeitsrecht	109
bb) Kollektivarbeitsrecht	110-121
2. Steuerrechtliche Behandlung	122–139
a) Übersicht	122
b) Anwendung des UmwStG	123-134
aa) Sachlicher Anwendungsbereich	123-133
bb) Persönlicher Anwendungsbereich	134
c) Grundsätzliche Verweisung auf die Verschmelzungsvorschriften	135-139
3. Bilanzielle Auswirkungen und Darstellung der Spaltung (insbesondere beim übertragenden Rechtsträger)	140–163
a) HGB	140-155
aa) Jahresabschluss des übertragenden Rechtsträgers	141-151
(1) Schlussbilanz	141-144
(2) Bilanzielle Abbildung der Spaltung beim übertragenden Rechtsträger	145–151
(a) Aufspaltung	146

3. Teil: Spaltung

(b) Abspaltung		147-150
(c) Ausgliederung		151
bb) Rechnungslegung bei den Anteilsinhabern		152-155
b) IFRS		156-163
aa) Rechnungslegung beim übertragenden Rechtsträger		156-159
bb) Rechnungslegung bei den Anteilsinhabern		160-163

II. Spaltung auf eine Drittlandsgesellschaft 164-198
    1. Zivil- und gesellschaftsrechtliche Grundlagen 164-188
        a) Überblick 164-179
            aa) Staatsverträge, EU-Abkommen 166–175
                (1) USA 166-168
                (2) EFTA-Staaten 169-171
                (3) Überseeische Länder und Hoheitsgebiete 172, 173
                (4) Kroatien und Mazedonien 174
                (5) Übrige Staaten 175
            bb) Gleichbehandlungsgrundsatz 176-179
        b) Voraussetzungen und Durchführung der grenzüberschreitenden
            Spaltung 180-182
        c) Schutz der Anteilsinhaber 183
        d) Schutz der Gläubiger 184
        e) Schutz der Arbeitnehmer 185-188
    2. Steuerrechtliche Behandlung 189–197
        a) Überblick 189
        b) Besteuerung der spaltenden/einbringenden Gesellschaft 190-192
        c) Besteuerung der aufnehmenden Gesellschaft 193
        d) Besteuerung der Gesellschafter 194-197
    3. Bilanzielle Auswirkungen und Darstellung der Spaltung
        (insbesondere beim übertragenden Rechtsträger) 198

B. Hereinspaltung auf eine Kapitalgesellschaft 199–395
  I. Spaltung einer EU-Gesellschaft 199–353
    1. Zivil- und gesellschaftsrechtliche Grundlagen 199–269
        a) Überblick 199, 200
        b) Voraussetzung und Durchführung der grenzüberschreitenden
            Spaltung 201-262
            aa) Spaltung als zulässiges Rechtsinstitut 201, 202
            bb) Beteiligte Rechtsträger 203
            cc) Spaltungsvertrag/-plan 204-215
            dd) Umtauschverhältnis, Bewertung 216-219
            ee) Zuleitung des Spaltungsvertrags bzw. -plans oder
                des jeweiligen Entwurfs an Betriebsrat 220-222
            ff) Abfindungsangebot 223-227
            gg) Spaltungsbericht 228
            hh) Prüfung und Prüfungsbericht 229, 230
            ii) Zustimmungsbeschlüsse 231
            jj) Beachtung der Gründungsvorschriften 232-249
                (1) Anwendbare Gründungsvorschriften bei der GmbH 233-240
                (2) Anwendbare Gründungsvorschriften bei
                    der Aktiengesellschaft 241-249
            kk) Kapitalerhöhungsbeschluss bei der übernehmenden Gesellschaft 250-254
            ll) Kapitalherabsetzungsbeschluss bei der übertragenden
                Gesellschaft 255
            mm) Registereintragung, Wirksamkeitszeitpunkt 256-258
            nn) Wirkung 259-262
        c) Schutz der Anteilsinhaber 263, 264

	d)	Schutz der Gläubiger	265–268
	e)	Schutz der Arbeitnehmer	269
2. Steuerrechtliche Behandlung			270–336
	a)	Aufspaltung oder Abspaltung nach § 15 UmwStG	270–285
		aa) Allgemeines	270–272
		bb) Ebene der spaltenden EU-/EWR-Gesellschaft	273–280
		cc) Ebene der aufnehmenden deutschen Kapitalgesellschaft	281–284
		dd) Ebene der Gesellschafter beider Gesellschaften	285
	b)	Einbringung nach § 20 UmwStG	286–311
		aa) Allgemeines	286, 287
		bb) Ebene der einbringenden EU-/EWR-Gesellschaft ..	288–293
		cc) Ebene der aufnehmenden inländischen Kapitalgesellschaft	294–300
		dd) Steuerlicher Übertragungsstichtag (Einbringungszeitpunkt)	301–304
		ee) Ausnahmen von der Rückwirkungsfiktion bei grenzüberschreitenden Einbringungen	305–311
	c)	Einbringung nach § 21 UmwStG	312–336
		aa) Allgemeines	312–314
		bb) Ebene der einbringenden EU-/EWR-Gesellschaft ..	315–329
		cc) Ebene der aufnehmenden inländischen Kapitalgesellschaft	330–336
3. Bilanzielle Auswirkungen und Darstellung der Spaltung			337–353
	a)	HGB	337–351
		aa) Jahresabschluss des übernehmenden Rechtsträgers .	338–343
		(1) Anschaffungskostenprinzip	339–341
		(2) Buchwertfortführung	342, 343
		bb) Rechnungslegung bei den Anteilsinhabern	344, 345
		cc) Konzernabschluss	346–351
		(1) Spaltungen mit konzernexternem Unternehmen als übertragendem Rechtsträger	347
		(2) Konzerninterne Spaltungen	348–351
	b)	IFRS	352, 353
		aa) Rechnungslegung beim übernehmenden Rechtsträger	352
		bb) Rechnungslegung bei den Anteilsinhabern	353

II. Spaltung einer Drittlandsgesellschaft 354–395
   1. Zivil- und gesellschaftsrechtliche Grundlagen 354–373
      a) Überblick 354–363
          aa) Staatsverträge, EU-Abkommen 356–361
          bb) Gleichbehandlungsgrundsatz 362, 363
      b) Voraussetzungen und Durchführung der grenzüberschreitenden Spaltung 364–366
      c) Schutz der Anteilsinhaber 367, 368
      d) Schutz der Gläubiger 369–372
      e) Schutz der Arbeitnehmer 373
   2. Steuerrechtliche Behandlung 374–394
      a) Abspaltung oder Aufspaltung 374–381
          aa) Ertragsteuerliche Behandlung der Hereinspaltung einer Kapitalgesellschaft aus einem Drittstaat, wenn der Vorgang vom UmwStG erfasst ist 375
          bb) Ertragsteuerliche Behandlung der Hereinspaltung einer Kapitalgesellschaft aus einem Drittstaat, wenn der Vorgang nicht vom UmwStG erfasst ist 376–381
      b) Einbringungen von Betrieben, Teilbetrieben und Mitunternehmeranteilen 382–389
          aa) Ertragsteuerliche Behandlung der Hereineinbringung durch eine Drittstaaten-Gesellschaft, wenn der Vorgang vom UmwStG erfasst ist 384–386

bb)	Ertragsteuerliche Behandlung der Hereineinbringung durch eine Drittstaaten-Gesellschaft, wenn der Vorgang nicht vom UmwStG erfasst ist	387-389
c)	Einbringungen von Kapitalgesellschaften	390-394
3.	Bilanzielle Auswirkungen und Darstellung der Spaltung (insbesondere beim übertragenden Rechtsträger)	395

A. Hinausspaltung

I. Spaltung auf eine EU-Gesellschaft

1. Zivil- und gesellschaftsrechtliche Grundlagen

a) Überblick

1   Die Regelungen zur Spaltung in den §§ 123 ff. UmwG gehen auf die **Sechste Gesellschaftsrechtliche Richtlinie** vom 17.12.1982 (82/891 EWG, „Spaltungs-RL") zurück. Bereits mit der Dritten Gesellschaftsrechtlichen Richtlinie vom 9.10.1978 (78/855/EWG, „Verschmelzungs-RL") waren die Regelungen zur Verschmelzung von Aktiengesellschaften harmonisiert worden. Die Harmonisierung zielte unter anderem auf den Schutz der Gesellschafter und der Gläubiger der an einer Verschmelzung beteiligten Aktiengesellschaften. Angesichts der Verwandtschaft zwischen Verschmelzung und Spaltung stand jedoch zu befürchten, dass der durch die Verschmelzungs-RL gewährleistete Schutz von Gesellschaftern und Gläubigern umgangen wird. Der gewünschte Erfolg einer Verschmelzung lässt sich auch unter Zuhilfenahme des Instituts der Spaltung erzielen, indem das wesentliche Vermögen einer Gesellschaft auf die übernehmende Gesellschaft abgespalten wird und nur ein unwesentlicher Teil des Vermögens bei der übertragenden Gesellschaft verbleibt. Daher sollte auch das Institut der Spaltung hinsichtlich der Gesellschafter- und Gläubigerschutzrechte harmonisiert werden. Da es in erster Linie aber darum ging, eine Umgehung der Verschmelzungs-RL zu verhindern, wurde den Mitgliedstaaten anders als bei der Verschmelzung die Einführung des Instituts der Spaltung nicht zwingend vorgeschrieben. Lediglich für den Fall, dass ein Mitgliedstaat seinen Gesellschaften die Spaltung gestattet, sind die Vorgaben der Spaltungs-RL zu beachten (vgl. Art. 1 Abs. 1 der Spaltungs-RL). Die Spaltungs-RL ist in den folgenden Mitgliedstaaten umgesetzt:[1]

Belgien	Niederlande
Bulgarien	Österreich
Dänemark	Polen
Deutschland	Portugal
Estland	Rumänien
Finnland	Schweden
Frankreich	Slowakei
Griechenland	Slowenien

[1] Quelle: EUR-Lex (Stand Januar 2012).

A. Hinausspaltung

Irland	Spanien
Italien	Tschechische Republik
Lettland	Ungarn
Litauen	Vereinigtes Königreich
Luxemburg	Zypern
Malta	

Das **deutsche Umwandlungsgesetz** regelt die Spaltung von Gesellschaften in den §§ 123 bis 173 UmwG. § 123 UmwG sieht als mögliche Arten der Spaltung die Aufspaltung, die Abspaltung und die Ausgliederung vor. 2

Bei der **Aufspaltung** wird nach § 123 Abs. 1 UmwG das Vermögen der spaltenden Gesellschaft als Gesamtheit im Wege der partiellen Gesamtrechtsnachfolge auf mindestens zwei andere Gesellschaften übertragen. Im Gegenzug erhalten die Anteilsinhaber der übertragenden Gesellschaft Anteile an der übernehmenden Gesellschaft. Die übertragende Gesellschaft wird ohne Abwicklung aufgelöst. Erfolgt die Übertragung des Vermögens auf bereits bestehende Gesellschaften, handelt es sich um eine Aufspaltung zur Aufnahme. Wird der übernehmenden Rechtsträger dagegen neu gegründet, handelt es sich um eine Aufspaltung zur Neugründung. 3

Bei der **Abspaltung** bleibt die übertragende Gesellschaft bestehen. Diese spaltet nur einen Teil ihres Vermögens auf eine oder mehrere übernehmende Gesellschaften ab (§ 123 Abs. 2 UmwG). Auch bei der Abspaltung erhalten die Gesellschafter der übertragenden Gesellschaft im Gegenzug für die Übertragung des Vermögens Anteile an der übernehmenden Gesellschaft. Die Abspaltung ist ebenfalls entweder als Spaltung zur Aufnahme auf eine oder mehrere bestehende Gesellschaften oder zur Neugründung auf eine oder mehrere im Zuge der Spaltung entstehende Gesellschaften möglich. 4

Schließlich kann ein Rechtsträger gemäß § 123 Abs. 3 einen oder mehrere Teile seines Vermögens jeweils als Gesamtheit im Wege der **Ausgliederung** auf einen oder mehrere Rechtsträger übertragen. Im Gegenzug zur Auf- und zur Abspaltung gewährt die übernehmende Gesellschaft bei der Ausgliederung im Gegenzug für die Übertragung des Vermögens nicht den Gesellschaftern der übertragenden Gesellschaft sondern der übertragenden Gesellschaft selbst neue Anteile. Die Ausgliederung kann ebenfalls zur Aufnahme auf bestehende Gesellschaften oder zur Neugründung auf im Zuge der Ausgliederung entstehende Gesellschaften erfolgen. 5

Regelungen zur **grenzüberschreitenden Spaltung** kennt das deutsche Umwandlungsrecht nicht. Im Gegensatz zur grenzüberschreitenden Verschmelzung nach den §§ 122a ff. UmwG hat der Gesetzgeber keine Regelungen zur grenzüberschreitenden Spaltung getroffen. In der Gesetzesbegründung zum Zweiten Gesetz zur Änderung des Umwandlungsgesetzes betont der Gesetzgeber ausdrücklich, dass die Vorschriften über die grenzüberschreitende Verschmelzung für Spaltungen nicht anwendbar sind.[2] Die Beschränkung der gesetzlichen Regelung auf die grenzüberschreitende Verschmelzung von Kapitalgesellschaften begründet der Gesetzgeber damit, dass für andere Umwandlungsarten und für die Beteiligung anderer Rechtsformen gemeinschaftsrechtliche Harmonisierungsregelungen fehlten. Da sich bei 27 Mitgliedstaaten in dem nicht harmonisierten Bereich eine nahezu unüberschaubare Anzahl von Umwandlungsmöglichkeiten ergäben, 6

---

[2] Begründung zum Regierungsentwurf des Zweiten Gesetzes zur Änderung des Umwandlungsgesetzes, BT-Drs. 16/2919 v. 12.10.2006, 41.

scheide eine Regelung aller europaweit denkbaren Umwandlungen mit der bisher vom Umwandlungsgesetz bekannten Regelungstiefe aus.³

7 Nach früher vorherrschender Ansicht stand das deutsche Recht – mit Ausnahme der nunmehr geregelten grenzüberschreitenden Verschmelzung von Kapitalgesellschaften – grenzüberschreitenden Umwandlungen unter Beteiligung von Rechtsträgern mit (Satzungs-)Sitz in Deutschland ablehnend gegenüber.⁴ In der **SEVIC-Entscheidung** hatte der EuGH jedoch bereits vor der Einführung der Regelungen zur grenzüberschreitenden Verschmelzung in den §§ 122a ff. UmwG festgestellt, dass eine **Hereinverschmelzung** einer ausländischen Gesellschaft auf eine deutsche Gesellschaft aufgrund der gemeinschaftsrechtlichen Vorgaben grundsätzlich möglich sein muss. Nach Ansicht des EuGH verstieß das deutsche Umwandlungsgesetz insoweit gegen die durch Art. 49 und 54 AEUV garantierte Niederlassungsfreiheit, als es nach seinem Wortlaut allein Verschmelzungen deutscher Gesellschaften untereinander gestattet.⁵ Mit vergleichbaren Argumenten hat der EuGH in der **VALE-Entscheidung** festgestellt, dass auch der grenzüberschreitende **Formwechsel** einer italienischen in eine ungarische Gesellschaft m möglich sein muss.⁶

8 Das wirft die Frage auf, ob gleiches auch für grenzüberschreitende **Hereinspaltungen** gilt. Die Frage ist unter der Voraussetzung zu bejahen, dass auch die Spaltung vom Schutzbereich der Niederlassungsfreiheit umfasst ist. Der EuGH fasst den Schutzbereich der Niederlassungsfreiheit grundsätzlich weit: Geschützt wird nicht nur das Recht, sich in einem anderen Mitgliedstaat niederzulassen und dort eine eigene Tätigkeit auszuüben, sondern auch alle Maßnahmen, die den Zugang zu einem anderen Mitgliedstaat ermöglichen oder auch nur erleichtern. In der VALE-Entscheidung hat der EuGH den Begriff der Niederlassungsfreiheit dahingehend präzisiert, dass darunter die tatsächliche Ausübung einer wirtschaftlichen Tätigkeit mittels einer festen Einrichtung im Aufnahmemitgliedstaat auf unbestimmte Zeit zu verstehen ist.⁷ Eine Verschmelzung stellt für den EuGH ein wirksames Mittel zur Tätigkeitsausübung in einem anderen Mitgliedstaat dar, insbesondere weil sie eine Neuansiedlung in einem Vorgang (also ohne vorherige Auflösung) ermöglicht. Gleiches muss für die Spaltung gelten. Zu denken ist etwa an Fälle, in denen Unternehmen Betriebsteile in das europäische Ausland verlagern wollen und sie deshalb auf eine dort ansässige Gesellschaft abspalten. Die Spaltung unter Zuhilfenahme der partiellen Gesamtrechtsnachfolge stellt gegenüber der Neugründung einer ausländischen Gesellschaft und der anschließenden Einzelübertragung der zum abzuspaltenden Betriebsteil gehörenden Vermögensgegenstände eine deutliche Vereinfachung dar. Nach richtiger und heute herrschender Ansicht schützt die (sekundäre⁸) Niederlassungsfreiheit daher auch Spaltungsvorgänge.⁹ Formal lässt sich dies darüber hinaus auch damit begründen, dass der EuGH bereits

---

³ Begründung zum Regierungsentwurf des Zweiten Gesetzes zur Änderung des Umwandlungsgesetzes, BT-Drs. 16/2919 v. 12.10.2006, 20.
⁴ *Bungert* BB 2006, 53; *Gesell/Krömker* DB 2006, 2558; Kallmeyer/*Kallmayer*, UmwG, § 1 Rn. 10 ff.; Semler/Stengel/*Drinhausen*, UmwG, Einleitung C Rn. 21 ff.; Spahlinger/Wegen/*Wegen*, Internationales Gesellschaftsrecht, Rn. 509 ff.; nach aA verhält sich das UmwG zu grenzüberschreitenden Umwandlungen neutral, vgl. Ulmer/Winter/Habersack/*Behrens*, GmbHG, Einl. B Rn. B127; *Koppensteiner* Der Konzern 2006, 40, 43; Lutter/Drygala/*Lutter*, UmwG, § 1 Rn. 6 ff.
⁵ EuGH Urteil v. 13.12.2005 – C-411/03 (*SEVIC Systems AG*), NJW 2006, 425.
⁶ EuGH Urteil v. 13.12.2005 – C-378/10 (VALE Építési kft), NJW 2012, 2715.
⁷ EuGH Urteil v. 13.12.2005 – C-378/10 (VALE Építési kft), NJW 2012, 2715 (Tz. 34).
⁸ Art. 49 Abs. 1 AEUV unterscheidet in Satz 1 und Satz 2 zwischen der primären Niederlassungsfreiheit in Form der beruflichen Hauptsitznahme und der sekundären Niederlassungsfreiheit durch Zweitniederlassungen in Form von Agenturen, Zweigniederlassungen und Tochtergesellschaften unter Beibehaltung der bisherigen Hauptniederlassung.
⁹ *Bayer/Schmidt* NZG 2006, 841; *Herrler* EuZW 2007, 295; *Kallmeyer/Kappes* AG 2006, 224, 234; Kallmeyer/*Marsch-Barner*, Umwandlungsgesetz, Vor §§ 122a-122l Rn. 11; *Krause/Kulpa* ZHR 171 (2007), 38, 46 f.; *Limmer*, Handbuch der Unternehmensumwandlung, Teil 6 Rn. 20; *Prüm*, Die grenzüberschreitende

in der SEVIC-Entscheidung nicht nur von Verschmelzungen, sondern ganz allgemein von Umwandlungen gesprochen hat.[10] Grenzüberschreitende Verschmelzungen entsprechen demnach wie andere Gesellschaftsumwandlungen den Zusammenarbeits- und Umgestaltungsbedürfnissen von Gesellschaften mit Sitz in verschiedenen Mitgliedsstaaten. Sie stellen daher nach Ansicht des EuGH wichtige Modalitäten der Ausübung der Niederlassungsfreiheit dar.

In der Literatur weiterhin umstritten ist die Frage, ob auch **Hinausumwandlungen** von der Niederlassungsfreiheit umfasst sind. Der EuGH musste sich in der SEVIC-Entscheidung mit der Hinausverschmelzung nicht unmittelbar auseinandersetzen. Den Ausführungen des Generalanwalts, der neben dem Zuzug auch den Wegzug einer Gesellschaft in einen anderen Mitgliedstaat und damit letztlich auch die Hinausverschmelzung als von der Niederlassungsfreiheit geschützt ansah, hat sich der EuGH nicht ausdrücklich angeschlossen. Die Differenzierung zwischen Herein- und Hinausumwandlung geht auf die Daily-Mail-Entscheidung des EuGH aus dem Jahre 1988 zurück, in welcher der EuGH Wegzugsbeschränkungen unter bestimmten Voraussetzungen für rechtens erklärt hat.[11] Zur Begründung führte der EuGH aus, dass die Gesellschaften ein Produkt der Rechtsordnung ihres Heimatstaates seien und außerhalb ihrer Heimatrechtsordnung keine Existenz hätten. Daher werde den „existenzschaffenden" Mitgliedstaaten durch Art. 54 Abs. 1 AEUV ein gewisser Spielraum hinsichtlich der notwendigen Verknüpfung ihrer Gesellschaftsformen zur nationalen Rechtsordnung eingeräumt.[12]

Diese Grundsätze hat der EuGH in seiner **Cartesio-Entscheidung**[13] bestätigt. In dem zu entscheidenden Sachverhalt hatte eine Kommanditgesellschaft ungarischen Rechts (*Cartesio Oktató és Szolgáltató bt*) ihren Verwaltungssitz nach Italien verlegt. Anschließend hatte die Gesellschaft bei dem zuständigen Gericht beantragt, die Verlegung ihres Sitzes nach Italien zu bestätigen und die Sitzangabe im Handelsregister entsprechend zu ändern. Dieser Antrag wurde mit der Begründung abgelehnt, nach geltendem ungarischen Recht könne eine in Ungarn gegründete Gesellschaft ihren Sitz nicht unter Beibehaltung des Personalstatutes ins Ausland verlegen. Wie bereits in der Daily-Mail-Entscheidung hat der EuGH in der Cartesio-Entscheidung herausgearbeitet, dass die Frage, ob einer Gesellschaft die Niederlassungsfreiheit zugute komme, mangels einer einheitlichen gemeinschaftsrechtlichen Definition eine Frage des jeweiligen nationalen Rechts sei. Ein Mitgliedstaat könne daher sowohl die Anknüpfung bestimmen, die eine Gesellschaft aufweisen muss, um nach seinem innerstaatlichen Recht als gegründet angesehen zu werden und damit in den Genuss der Niederlassungsfreiheit zu gelangen, als auch die Anknüpfung, die für den Erhalt dieser Eigenschaft erforderlich sind. Diese Befugnis umfasse die Möglichkeit, es einer Gesellschaft nicht zu gestatten, diese Eigenschaft zu behalten, wenn sie sich durch Verlegung ihres (Verwaltungs-)Sitzes in einen anderen Mitgliedstaat neu organisieren möchte und damit die Anknüpfung löst, die das nationale Recht vorsieht.[14] Die Entscheidung ist in der

---

Spaltung, S. 108 ff.; Sagasser/Bula/Brünger/*Sagasser/Bultmann*, Umwandlungen, § 18 Rn. 194 ff.; *Schmidtbleicher* BB 2007, 613, 616; Semler/Stengel/*Drinhausen*, Umwandlungsgesetz, Einleitung C Rn. 28; *Simon/Rubner* Der Konzern 2006, 835, 843; *Simon/Rubner*, Kölner Kommentar zum UmwG, Vor §§ 122a ff. Rz 53; *Spahlinger/Wegen* NZG 2006, 721, 727; *Wöhlert* GWR 2009, 161; *Wöhlert/Degen* GWR 2012, 432, 433.
[10] EuGH, Urteil v. 13.12.2005 – C-411/03 (*SEVIC Systems AG*), NJW 2006, 425 (Tz. 19).
[11] EuGH, Urteil v. 27.9.1988 – Rs. 81/87 (*Daily Mail*), NJW 1989, 2186.
[12] EuGH, Urteil v. 27.9.1988 – Rs. 81/87 (*Daily Mail*), NJW 1989, 2186, 2187.
[13] EuGH, Urteil v. 16.12.2008 – Rs. 210/06 (*CARTESIO Oktató és Szolgáltató bt*), NZG 2009, 61 ff.
[14] EuGH, Urteil v. 16.12.2008 – Rs. 210/06 (*CARTESIO Oktató és Szolgáltató bt*), NZG 2009, 67 (Tz. 108 bis 110).

Literatur berechtigterweise auf Kritik gestoßen.[15] Der EuGH hat seine ständige Rechtsprechung dennoch in der VALE-Entscheidung bestätigt.[16]

11 Für die hier relevanten Zwecke dürfte jedoch eine weitere Aussage des EuGH in der Cartesio-Entscheidung von wesentlich größerer Relevanz sein. Der EuGH hebt in einer Art *obiter dictum* hervor, dass ein Mitgliedstaat die Verlegung einer Gesellschaft in einen anderen Mitgliedstaat dann nicht beschränken darf, wenn die Gesellschaft aus einem Mitgliedstaat in einen anderen Mitgliedstaat unter Änderung des anwendbaren nationalen Rechts verlegt und dabei in eine dem nationalen Recht des zweiten Mitgliedstaates unterliegende Gesellschaftsform umgewandelt wird (**grenzüberschreitender Formwechsel**). Derartige Hemmnisse für eine tatsächliche Umwandlung ohne vorherige Auflösung und Liquidation würden eine Beschränkung der Niederlassungsfreiheit der betreffenden Gesellschaft darstellen, die, wenn sie nicht durch zwingende Gründe des Allgemeininteresses gerechtfertigt ist, gegen die Niederlassungsfreiheit verstoße.[17] Der Wegzug in der Form einer Hinausumwandlung darf demnach jedenfalls dann nicht beschränkt werden, wenn der Zuzugsstaat die entsprechende Hineinumwandlung gestattet.[18] In den hier zu diskutierenden Fällen der Hinausspaltung besteht das abgespaltene Vermögen im Zuzugsstaat in einer Rechtsform des Zuzugsstaates weiter. Es sprechen daher gute Gründe dafür, dass die Hinausspaltung nach den in der Cartesio-Entscheidung entwickelten Grundsätzen grundsätzlich nicht beschränkt werden darf.[19] Fraglich bleibt lediglich, ob dies nur dann gilt, wenn der Zuzugsstaat die Hereinspaltung ausdrücklich gestattet. UE muss es ausreichen, wenn die Hereinspaltung im Zuzugsstaat nach den in der SEVIC-Entscheidung entwickelten Grundsätzen zulässig ist.[20]

12 Für die Zulässigkeit der Hinausspaltung spricht auch, dass diese den **Kernbereich der Niederlassungsfreiheit** berührt. Wird ein im Inland belegener Betriebsteil auf eine ausländische Gesellschaft abgespalten, stellt die grenzüberschreitende Spaltung ein Hilfsmittel zur Begründung einer Zweigniederlassung durch eine ausländische Gesellschaft in Deutschland dar.[21] Auch der Fall der Gründung einer ausländischen Tochtergesellschaft durch die Ausgliederung eines Betriebsteils, der auch tatsächlich ins Ausland verlegt wird, betrifft unmittelbare die Niederlassungsfreiheit. Darüber hinaus bleibt bei Abspaltungen oder Ausgliederungen die inländische Gesellschaft auch weiterhin bestehen, so dass kein Wegzug einer deutschen Gesellschaft vorliegt. Die Daily Mail-Entscheidung des EuGH ist folglich in diesen Fallgestaltungen ohnehin nicht einschlägig.[22]

13 Zuletzt spricht für die Zulässigkeit der hier zu diskutierenden Fälle einer Hinausspaltung durch eine deutsche AG oder GmbH, dass der Gesetzgeber den genannten Gesellschaften mit dem Gesetzes zur Modernisierung des GmbH-Rechts und zur Bekämpfung von Missbräuchen (**MoMiG**) und der damit eingehenden Änderung der §§ 4a GmbHG und § 5 AktG den Wegzug unter Verlegung des Verwaltungssitzes ins Ausland gestatten wollte.[23]

14 Im Ergebnis sollten grenzüberschreitende Spaltungen sowohl in der Form der Herein- als auch in der Form der Hinausspaltung grundsätzlich möglich sein. Allerdings ist der

---

[15] *Leible/Hoffmann* BB 2009, 58, 59 f.; *Paefgen* WM 2009, 529, 533 f.; *Frobenius* DStR 2009, 487, 489 f.
[16] EuGH, Urteil v. 13.12.2005, C-378/10 (VALE Építési kft), NJW 2012, 2715 (Tz. 27 bis 29).
[17] EuGH, Urteil v. 16.12.2008, Rs. 210/06 (*CARTESIO Oktató és Szolgáltató bt*), NZG 2009, 67 (Tz. 111 bis 114).
[18] So generell unter Berufung auf die Niederlassungsfreiheit auch *Wöhlert* GWR 2009, 161.
[19] *Semler/Stengel/Drinhausen*, Umwandlungsgesetz, Einleitung C Rn. 30 mwN; *Simon/Rubner*, Kölner Kommentar zum UmwG, Vor §§ 122a ff. Rz 53.
[20] Vgl. 1. Teil: Rn. 57.
[21] *Herrler* EuZW 2007, 295, 298; *Kallmeyer/Kappes* AG 2006, 224, 234.
[22] *Kallmeyer/Kappes* AG 2006, 224, 234; *Spahlinger/Wegen* NZG 2006, 721, 725.
[23] Vgl. BT-Drs 16/6140 v. 25.7.2007, 29.

rechtliche Rahmen, nach dem solche Spaltungen abgewickelt werden können, umstritten. Da nationale Vorschriften zur Durchführung grenzüberschreitender Spaltungen nicht existieren, ist das anwendbare Recht nach den allgemeinen Kollisionsregeln zu bestimmen. Dabei stehen mit der Einheits- und der Vereinigungstheorie grundsätzlich zwei Ansätze zur Verfügung. Folgt man der **Einheitstheorie**, so wird die grenzüberschreitende Spaltung vollständig einer der berührten Rechtsordnungen unterstellt. Sie unterliegt dann entweder dem Recht der aufnehmen Gesellschaft (Aufnahmetheorie) oder dem Recht der übertragenden Gesellschaft (Übertragungstheorie).[24] Dieser Ansatz wird heute jedoch ganz überwiegend abgelehnt, da er zu zahlreichen Schwierigkeiten führt, die nicht zuverlässig gelöst werden könnten.[25] Die einseitige Anwendung des Rechts der übertragenden oder aufnehmenden Gesellschaft würde den Anwendungsbereich des jeweils dominierenden Rechts auf rein innerstaatliche Vorgänge ausdehnen, die eigentlich der jeweils verdrängten Rechtsordnung unterliegen. Die Wertentscheidungen der verdrängten Rechtsordnung würden so außer Acht gelassen.

Durchgesetzt hat sich daher die **Vereinigungstheorie**. Für deren Anwendung spricht nicht zuletzt, dass sich auch der europäische Gesetzgeber beim Erlass der Richtlinie über die Verschmelzung von Kapitalgesellschaften aus verschiedenen Mitgliedsstaaten auf sie gestützt hat.[26] Auch der EuGH geht in der VALE-Entscheidung von der „sukzessiven Anwendung" von zwei nationalen Rechtsordnungen auf grenzüberschreitende Umwandlungen aus.[27] Nach der Vereinigungstheorie wird grundsätzlich das Recht aller an der transnationalen Umwandlung beteiligten Unternehmen berücksichtigt. Sie darf jedoch zum einen nicht dahingehend verstanden werden, dass jeweils sämtliche Anforderungen der beteiligten Rechtsordnungen kumulativ zu berücksichtigen sind. Vielmehr greifen die beteiligten Rechtsordnungen derart ineinander, dass sich grundsätzlich die strengste durchsetzt.[28] Qualitativ sind folglich die jeweils höheren Anforderungen einzuhalten. Kommt es zu Normwidersprüchen, sind diese anhand der kollisionsrechtlichen Anpassungsmethoden aufzulösen.[29] 15

Allerdings wird die Vereinigungstheorie bei Umwandlungen **nicht uneingeschränkt angewendet**. Eine uneingeschränkte Anwendung würde zu Schwierigkeiten führen, da jeweils im Einzelfall geprüft werden müsste, wann welche der beteiligten Rechtsordnung anzuwenden ist. Ein allgemein gültiges Kriterium, welche Rechtsordnung im Einzelfall die strengeren Anforderungen stellt und sich daher durchsetzt, ließe sich kaum bestimmen. Um diese Schwierigkeiten zu vermeiden hat die inzwischen wohl herrschende Lehre einen differenzierten Ansatz entwickelt. Demnach ist zwischen den folgenden drei Stufen einer grenzüberschreitenden Umwandlung zu unterscheiden, die jeweils gesondert anzuknüpfen sind: die Voraussetzungen, das Verfahren und die Wirkungen der Umwandlung.[30] 16

---

[24] So die vielfach kritisierte Entscheidung des OGH Wien v. 20.3.2003 6 OB 283/02i, ZIP 2003, 1086, der auf eine deutsch-österreichische Verschmelzung allein österreichisches Recht als Statut der übertragenden Gesellschaft angewendet hat.
[25] Vgl. Ulmer/Winter/Habersack/*Behrens*, GmbHG 2005, Einl. B Rn. B125; MünchKomm/*Kindler*, BGB, IntGesR, Rn. 843 ff.; vgl. auch *Paefgen* GmbHR 2004, 463, 467 und 474.
[26] Vgl. MünchKomm/*Kindler*, BGB, IntGesR, Rn. 848 ff.; *Veil* Der Konzern 2007, 98, 103.
[27] EuGH, Urteil v. 13.12.2005, C-378/10 (VALE Építési kft), NJW 2012, 2715 (Tz. 37 und 44).
[28] *Limmer*, Handbuch der Unternehmensumwandlung, Teil 6 Rn. 27.
[29] MünchKomm/*Kindler*, BGB, IntGesR, Rn. 848.
[30] *Prüm*, Die grenzüberschreitende Spaltung, S. 73 ff., verfolgt mit der Konkordanzlehre einen anderen Ansatz. Da die Bewertung einer Norm des Sachrechts als „streng" oder „weniger streng" die Handhabung der Kollisionsnorm erschwert und Sach- und Kollisionsrecht vermischt, sollen nach der Konkordanzlehre die Gesellschaftsrechte der beteiligten Rechtsträger grundsätzlich nebeneinander anwendbar sein. Erst auf der sachrechtlichen Ebene soll dann zu prüfen sein, ob einzelne Normen teleologisch zu reduzieren sind, da sie nur für einen inländischen Rechtsträger gelten sollen.

17 Die **Voraussetzungen** einer Umwandlung richten sich für jede der beteiligten Gesellschaften nach ihrem Personalstatut. Zu den Voraussetzungen gehören sowohl die Zulässigkeit des jeweiligen Umwandlungsvorgangs, als auch die (aktive und passive)[31] Umwandlungsfähigkeit der jeweils beteiligten Gesellschaften. Es handelt sich folglich um einen Fall der distributiven Rechtsanknüpfung. Die distributive Anknüpfung wird damit gerechtfertigt, dass es sich noch nicht um das eigentliche Verschmelzungsverfahren handelt und es noch zu keinen Berührungspunkten zwischen den Gesellschaften kommt.

18 Im Hinblick auf das anwendbare **Verfahrensrecht** ist danach zu differenzieren, ob die beteiligten Gesellschaften jeweils isoliert betroffen sind, oder ob in dem jeweiligen Verfahrensschritt ein gemeinsames Handeln der beteiligten Gesellschaften erforderlich ist. Verfahrensschritte, die die jeweiligen Gesellschaften nur isoliert betreffen, bestimmen sich nach deren Personalstatut (beispielsweise die Umwandlungsbeschlüsse). Ist jedoch ein gemeinsames Tätigwerden der beteiligten Gesellschaften erforderlich, kommt es zu einer kumulativen Anwendung der Rechtsordnungen (beispielsweise beim Abschluss des Spaltungsvertrags). Dies ist erforderlich um den jeweils betroffen Interessen innerhalb der beteiligten Gesellschaften Rechnung zu tragen. Dabei setzt sich die jeweils strengste Rechtsordnung durch. Zu den Verfahrensschritten einer grenzüberschreitenden Umwandlung gehören insbesondere der Abschluss des Umwandlungsvertrages, die Erstellung des Umwandlungsberichts, die Prüfung des Umwandlungsvertrages, und die Offenlegung der Umwandlung.

19 Hinsichtlich der **Wirkung** der Spaltung sind die beteiligten Rechtsordnungen zum Schutz aller betroffenen Interessen grundsätzlich kumulativ anzuwenden.[32] Zu den Wirkungen zählen neben dem Vermögensübergang im Wege der (partiellen) Gesamtrechtsnachfolge das Erlöschen der übertragenden Gesellschaft sowie der Übergang der Gesellschaftsanteile an der aufnehmenden Gesellschaft auf die Gesellschafter der übertragenden Gesellschaft bzw., im Fall der Ausgliederung, auf die übertragende Gesellschaft. Auch hinsichtlich des Bestandsschutzes der Umwandlung sind die beteiligten Rechtsordnungen kumulativ anzuwenden.[33]

20 An der Anwendung der Vereinigungstheorie wird zum Teil **kritisiert**, dass es möglicherweise zu unnötigen wirtschaftlichen Lasten führt, wenn sich die jeweils strengste Rechtsordnung durchsetzt. Die in der Folge eintretende Erschwernis von grenzüberschreitenden Umwandlungen sei mit der SEVIC-Entscheidung des EuGH nicht vereinbar. Nach dieser müssten ausländischen Gesellschaften die Beteiligung an Umwandlungen unter denselben Bedingungen gestattet werden, wie inländischen Gesellschaften. Dies sei jedoch nicht der Fall, wenn sich aufgrund der kumulativen Anwendung der beteiligten Rechtsordnungen das jeweils strengere Rechts durchsetze.[34]

21 In Folge dessen wird zum Teil erwogen, die Regelungen zur grenzüberschreitenden Spaltung aus den **Regeln und Grundsätzen der Verschmelzungs- und der Spaltungs-RL** kombiniert mit allgemeinen Grundsätzen für Strukturentscheidungen abzulei-

---

[31] Zu den Begriffen aktive und passive Umwandlungsfähigkeit vgl. noch unter 3. Teil Rn. 31.
[32] Ulmer/Habersack/Winter/*Behrens*, GmbHG, Einl. B Rn. B125; unklar MünchKomm/*Kindler*, BGB, IntGesR, der bezüglich des Vermögensübergangs einerseits nur an das Statut der übertragenden Gesellschaft anknüpfen will (Rn. 860), andererseits davon spricht, dass hinsichtlich der Wirkungen der transnationalen Verschmelzung zum Schutz aller betroffenen Interessen die beteiligten Personalstatute zu kumulieren sind. Die Ansicht von Behrens überzeugt, da eine grenzüberschreitende Umwandlung beispielsweise dann ausscheiden dürfte, wenn das Personalstatut des übernehmenden Rechtsträgers das Institut der (partiellen) Gesamtrechtsnachfolge nicht kennt.
[33] Vgl. MünchKomm/*Kindler*, BGB, IntGesR, Rn. 864.
[34] So *Kallmeyer/Kappes* AG 2006, 224, 230; kritisch auch *Veil* Der Konzern 2007, 98, 104.

ten³⁵ oder die **Richtlinie zur grenzüberschreitenden Verschmelzung** anzuwenden³⁶. Gegen die Ableitung des auf grenzüberschreitende Umwandlungen anwendbaren materiellen Rechts aus europäischen Richtlinien spricht jedoch, dass es sich bei diesen nicht um unmittelbar in den Mitgliedstaaten anwendbares Recht handelt. Richtlinien sind lediglich an die Mitgliedstaaten gerichtet. Diese haben die Richtlinien erst in nationale Gesetze umzusetzen. In Bezug auf einzelne Rechtssubjekte entfalten Richtlinien allenfalls Wirkung, wenn ein Mitgliedstaat die Umsetzungsfrist verstreichen lässt.³⁷ Richtlinien bedürfen daher grundsätzlich der Umsetzung in nationales Recht. Folglich bleibt es bei der Ermittlung des anwendbaren Sachrechts nach der Vereinigungstheorie.

Im Ergebnis abzulehnen ist auch eine analoge **Anwendung der Regelungen zu grenzüberschreitenden Verschmelzungen** (§§ 122a ff. UmwG). Dafür könnte zwar angeführt werden, dass Spaltungen das Spiegelbild von Verschmelzungen sind und folglich die Verschmelzungsvorschriften weitgehend analog angewendet werden können. Schließlich verweist auch § 125 UmwG für nationale Spaltungen weitgehend auf die Vorschriften zur Verschmelzung. Gegen eine analoge Anwendung der Regelungen zur grenzüberschreitenden Verschmelzung spricht jedoch, dass nach der Begründung des Zweiten Gesetzes zur Änderung des Umwandlungsgesetzes die neuen Vorschriften über die grenzüberschreitende Verschmelzung im Zehnten Abschnitt des Zweiten Buches für Spaltungen nicht anwendbar sind.³⁸ Dementsprechend verweist § 125 Satz 1 UmwG – im Gegensatz zur Fassung des Referentenentwurfs des Zweiten Gesetzes zur Änderung des Umwandlungsgesetzes³⁹ – auch nur auf den ersten bis neunten Abschnitt und nicht auf den neu eingefügten zehnten Abschnitt des Umwandlungsgesetzes. Die Gesetzesbegründung zum Zweiten Gesetz zur Änderung des Umwandlungsrechts führt dazu aus, dass für andere Umwandlungsarten als die Verschmelzung gemeinschaftsrechtliche Harmonisierungsregeln fehlen und auch nicht damit zu rechnen ist, dass solche Regeln – vielleicht abgesehen von einer Richtlinie über die Verlegung des Satzungssitzes von Kapitalgesellschaften – in der Zukunft geschaffen werden. In diesem nicht harmonisierten Bereich ergebe sich bei 27 Mitgliedstaaten und den drei weiteren EWR-Staaten eine unüberschaubare Anzahl von möglichen Umwandlungsarten, nicht zuletzt unter Berücksichtigung der zahlreichen beteiligten Rechtsformen. Vor diesem Hintergrund scheide es zwangsläufig aus, alle im Anwendungsbereich des Art. 54 AEUV europaweit denkbaren Umwandlungen unter Berücksichtigung sämtlicher von dieser Vorschrift erfassten Rechtsformen mit der Regelungstiefe des Umwandlungsgesetzes zu kodifizieren.

Der Gesetzgeber hat sich daher für einen anderen Weg ausgesprochen. Nach dem Vorbild ausländischer Rechtsordnungen (zB dem Schweizer Recht) solle ein kollisionsrechtlicher Ansatz gewählt werden. Auf der Grundlage eines **Vorschlags des Deutschen Rates für Internationales Privatrecht**⁴⁰ solle generell geregelt werden, welches Recht auf Gesellschaften anwendbar ist, die eine Verbindung zum Recht mehrerer Staaten aufweisen. In diesem Zusammenhang sollen auch die Grundprinzipien für grenzüberschreitende Umstrukturierungen normiert werden. Aus Gründen der Rechtssicherheit solle angestrebt werden, diese Regelungen in eine in allen Mitgliedstaaten unmittelbar anwendbare EG-Verordnung aufzunehmen. Nur für den Fall, dass eine solche europäische Regelung nicht

---

³⁵ Lutter/Drygala/*Lutter*, UmwG, § 1 Rn. 28 ff.
³⁶ *Kallmeyer/Kappes* AG 2006, 224, 231.
³⁷ *Gesell/Krömker* DB 2006, 2558, 2559.
³⁸ Begründung zum Regierungsentwurf des Zweiten Gesetzes zur Änderung des Umwandlungsgesetzes, BT-Drs. 16/2919, S. 41.
³⁹ Der Referentenentwurf des Zweiten Gesetzes zur Änderung des Umwandlungsgesetzes ist abrufbar unter http://www.bmj.bund.de/enid/206099bab5361242749f472d147334ca,0/Gesellschaftsrecht/Zweites_Gesetz_zur_aenderung_des_Umwandlungsgesetzes_xd.html.
⁴⁰ Vgl. RiW 2006, Beilage zu Heft 4.

zustande komme, soll zumindest das deutsche Internationale Privatrecht entsprechend ergänzt werden.[41] Vor dem Hintergrund dieses dezidiert zum Ausdruck gebrachten Willen des Gesetzgebers scheidet auch eine analoge Anwendung der Vorschriften zur grenzüberschreitenden Verschmelzung aus. 2008 hatte das Bundesministerium der Justiz den **Referentenentwurf eines Gesetzes zum Internationalen Privatrecht der Gesellschaften, Vereine und juristischen Personen** vorgelegt, der sich im Wesentlichen an dem Vorschlag des Deutschen Rates für Internationales Privatrecht orientiert. Darin war unter anderem vorgesehen, das EGBGB um einen Art. 10a zu ergänzen, nach dem die Voraussetzungen, das Verfahren und die Wirkung einer Umwandlung im Wege der Verschmelzung, Spaltung, Vermögensübertragung oder des Formwechsels für jede der beteiligten Gesellschaften, Vereine oder juristischen Personen dem jeweiligen Gesellschaftsstatut unterliegen. Das Vorhaben wurde jedoch nicht weiter verfolgt. Laut einem Aktionsplan der EU-Kommission aus Dezember 2012, der das Bedürfnis einer klaren Regelung zur grenzüberschreitenden Spaltung anerkennt, soll möglicherweise die Richtlinie über die Verschmelzung von Kapitalgesellschaften aus verschiedenen Mitgliedstaaten[42] ergänzt werden.

24   Das für grenzüberschreitende Spaltungen geltende Recht ist folglich nach den allgemeinen Kollisionsregeln des internationalen Privatrechts zu bestimmen. Soweit das deutsche Sachrecht berufen ist, finden die §§ 123 ff. UmwG Anwendung. § 1 UmwG ist dabei gemäß der SEVIC-Entscheidung europarechtskonform dahingehend auszulegen, dass die Vorschrift der Anwendung der §§ 123 ff. UmwG auf grenzüberschreitende Spaltungen nicht entgegensteht.[43] Die §§ 122a ff. UmwG sind allenfalls für Besonderheiten bei grenzüberschreitenden Spaltungen analog heranzuziehen.[44]

b) Alternativen

25   Das Ziel einer grenzüberschreitenden Spaltung kann auch dadurch erreicht werden, dass der Vorgang in zwei Schritte zerlegt wird. In einem ersten Schritt ist das abzuspaltende Vermögen im Wege einer **inländischen Spaltung** auf einen gesonderten Rechtsträger zu übertragen. Im zweiten Schritt wird der übernehmende Rechtsträger dann **auf den ausländischen Rechtsträger verschmolzen**. Der Vorteil dieser Lösung besteht sicherlich darin, dass sowohl die inländische Spaltung, als auch die Verschmelzung über die Grenze gesetzlich geregelt sind. Die Transaktionssicherheit ist daher wesentlich größer als bei einer grenzüberschreitenden Spaltung, für welche die anwendbaren Regeln nach allgemeinem Kollisionsrecht bestimmt werden müssen. Allerdings zieht die Aufspaltung des Vorgangs in zwei Umwandlungen einen erheblich höheren Aufwand nach sich. Die Aufspaltung der grenzüberschreitenden Spaltung in eine inländische Spaltung und eine grenzüberschreitende Verschmelzung dürfte trotz des erhöhten Aufwands insbesondere empfehlenswert sein, wenn an einer der beteiligten Gesellschaften Minderheitsbeteiligungen bestehen und mit einer Anfechtung der Umwandlungsmaßnahme gerechnet werden muss.

26   Denkbar ist es weiterhin, das Ziel einer grenzüberschreitenden Spaltung mit **Mitteln außerhalb des Umwandlungsgesetzes** zu erreichen. Das abzuspaltende Vermögen kann im Wege der **Einzelrechtsübertragung** auf die Zielgesellschaft übertragen werden. Auch diese Variante zieht jedoch einen erheblichen Mehraufwand im Vergleich zur Spaltung des Vermögens im Wege der partiellen Gesamtrechtsnachfolge nach sich. Insbeson-

---

[41] Vgl. Begründung zum Regierungsentwurf des Zweiten Gesetzes zur Änderung des Umwandlungsgesetzes, BT-Drs. 16/2919, S. 11.
[42] Richtlinie 2005/56/EG des Europäischen Parlaments und des Rates vom 26.10.2005 über die Verschmelzung von Kapitalgesellschaften aus verschiedenen Mitgliedstaaten, ABl. 2005 L 310/1.
[43] *Spahlinger/Wegen* NZG 2006, 721, 727.
[44] *Veil* Der Konzern 2006, 98, 104 f.

re sind die im einzelnen anwendbaren Formvorschriften für die Übertragung der jeweiligen Vermögensgegenstände zu beachten und die Zustimmung sämtlicher Vertragspartner zur Übertragung der Verträge auf die Zielgesellschaft einzuholen. Für den Fall, dass die Zustimmung Dritter zur Übertragung von Verträgen verweigert wird, müssen sich die beteiligten Gesellschaften im Innenverhältnis so stellen, als hätte die Übertragung stattgefunden.

Schließlich können beide genannten Alternativen mit der aus dem deutschen Personengesellschaftsrecht bekannten **Anwachsung** kombiniert werden. Dabei wird das zu spaltende Vermögen entweder durch eine inländische Spaltung oder im Wege der Einzelrechtsübertragung auf eine Personengesellschaft übertragen. An dieser Personengesellschaft ist auch der ausländische Rechtsträger zu beteiligen. Anschließend tritt die übertragende Gesellschaft gegen Abfindung aus der Personengesellschaft aus oder überträgt ihre Anteile auf die ausländische Zielgesellschaft. Im Wege der Anwachsung wird das abzuspaltende Vermögen damit auf den ausländischen Rechtsträger übertragen. Die Abfindung kann dabei in Anteilen an dem ausländischen Zielrechtsträger erfolgen, so dass es zu einer gesellschaftsrechtlichen Beteiligung der übertragenden Gesellschaft an der übernehmenden Gesellschaft kommt. 27

c) Voraussetzung der grenzüberschreitenden Hinausspaltung

Nach dem hier gewählten kollisionsrechtlichen Ansatz ist eine grenzüberschreitende Spaltung unter den folgenden **Voraussetzungen** möglich. 28

aa) Spaltung als zulässiges Rechtsinstitut. Grundlage für grenzüberschreitende Spaltung ist zunächst, dass sowohl die Rechtsordnung der übertragenden Gesellschaft als auch diejenige der übernehmenden Gesellschaft(en) das **Institut der Spaltung kennen**.[45] Kennt die Rechtsordnung eines übernehmenden Rechtsträgers das Institut der Spaltung nicht, scheidet eine grenzüberschreitende Spaltung aus. Entsprechendes gilt, wenn die Rechtsordnung einer übernehmenden Gesellschaft einzelne Formen der Spaltung nicht kennt. So stellt etwa die Ausgliederung, bei der nicht die Gesellschafter der übertragenden Gesellschaft sondern diese selbst als Folge der Spaltung Anteile an der übernehmenden Gesellschaft erhält, eine Besonderheit des deutschen Umwandlungsrechts dar. Entsprechende Harmonisierungsregeln in der Spaltungs-RL fehlen. Die Spaltungs-RL sieht lediglich die Auf- und Abspaltung (jeweils durch Übernahme und durch Neugründung) vor. Zahlreiche Mitgliedstaaten kennen daher die Ausgliederung als besondere Form der Spaltung nicht. Hat sich ein Mitgliedstaat gegen die Einführung des Rechtsinstituts der Spaltung oder einzelner Spaltungsformen entschieden, kann diese sachrechtliche Beschränkung nicht unter Zuhilfenahme des Internationalen Privatrechts kollisionsrechtlich unterlaufen werden.[46] 29

bb) Spaltungsfähigkeit der beteiligten Gesellschaften. Sowohl bei der übertragenden Gesellschaft als auch bei der bzw. den übernehmenden Gesellschaften muss es sich um **spaltungsfähige Rechtsträger** handeln. 30

Unter **Spaltungsfähigkeit der übertragenden Gesellschaft** ist deren Fähigkeit zu verstehen, das abzuspaltende Vermögen im Wege der Spaltung zu übertragen. Dabei stellt sich die Frage, nach welcher Rechtsordnung dies zu prüfen ist. Unzweifelhaft richtet sich dies jedenfalls nach dem Gesellschaftsstatut der übertragenden Gesellschaft (**aktive Spaltungsfähigkeit**). Entscheidend ist das jeweils anwendbare Gesellschaftsstatut. Bei Beteili- 31

---
[45] *Dorr/Stukenborg* DB 2003, 647, 650; MünchKomm/*Kindler*, BGB IntGesR, Rn. 853.
[46] *Prüm*, Die grenzüberschreitende Spaltung, S. 76f.

gung einer *Private Company Limited by Shares* richtet sich die Frage der aktiven bzw. passiven Spaltungsfähigkeit daher beispielsweise auch dann nach englischem Gesellschaftsrecht, wenn diese ihren tatsächlichen Verwaltungssitz in Deutschland hat.

32   Dagegen erscheint auf den ersten Blick zweifelhaft, ob auch das Gesellschaftsstatut der übernehmenden Gesellschaft auf die Frage der Spaltungsfähigkeit der übertragenden Gesellschaft hin zu untersuchen ist (**passive Spaltungsfähigkeit**). Dagegen könnte zunächst sprechen, dass die Interessen der Rechtsordnung der übernehmenden Gesellschaft nicht berührt erscheinen, wenn die übernehmende Gesellschaft Teile eines nach ihrem Gesellschaftsstatut nicht spaltungsfähigen Rechtsträgers übernimmt. Eine solche Sichtweise greift aber zu kurz. Auch die Rechtsordnung der übernehmenden Gesellschaft verfolgt bestimmte Ziele, wenn sie einzelne Gesellschaftsformen von der Beteiligung an einem Umwandlungsvorgang ausschließt. So ist eine Gesellschaft bürgerlichen Rechts beispielsweise in Deutschland nicht umwandlungsfähig, da sie nicht im Handelsregister eingetragen ist. Die fehlende Eintragung erschwert das Verfahren der Umwandlung, da die Eintragung der Umwandlung Voraussetzung für deren Wirksamkeit ist. Soweit nun eine der deutschen Gesellschaft bürgerlichen Rechts vergleichbare ausländische Rechtsform ebenfalls einer Eintragung in einem Register nicht zugänglich ist, ist diese sachrechtliche Entscheidung der Rechtsordnung des übernehmenden Rechtsträgers hinzunehmen. Folglich muss die übertragende Gesellschaft auch nach der Rechtsordnung der übernehmenden Gesellschaft einer Spaltung zugänglich sein.[47]

Die passive Spaltungsfähigkeit ist in zwei Schritten zu prüfen. Im ersten Schritt ist zu prüfen, ob die für Spaltungen einschlägigen Rechtsnormen der übernehmenden Gesellschaft grundsätzlich für fremde Gesellschaftsformen offen sind. Dies wäre beispielsweise für § 1 UmwG aufgrund einer europarechtskonformen Auslegung zu bejahen. In einem zweiten Schritt ist zu prüfen, unter welchen Voraussetzungen die einschlägigen Sachnormen eine Substitution zulassen. So kann es grundsätzlich auf die Gleichartigkeit des fremden Rechtsträgers oder nur auf eine Ähnlichkeit ankommen. In der Regel ist jedoch eine Funktionsäquivalenz ausreichend.[48]

33   Unter **Spaltungsfähigkeit der übernehmenden Gesellschaft** ist deren Fähigkeit zu verstehen, den spaltungsgegenständlichen Vermögensteil in Form der Spaltung aufzunehmen. Die Prüfung erfolgt nach den gleichen Grundsätzen wie die Prüfung der Spaltungsfähigkeit der übertragenden Gesellschaft. Folglich ist die Spaltungsfähigkeit auch hier sowohl nach dem Gesellschaftsstatut der übernehmenden Gesellschaft (aktive Spaltungsfähigkeit) als auch nach dem Gesellschaftsstatut der übertragenden Gesellschaft (passive Spaltungsfähigkeit) zu prüfen.

34   Im Ergebnis ist festzuhalten, dass **sowohl die übertragende Gesellschaft als auch die übernehmende** oder neu zu gründende Gesellschaft nach den beteiligten Rechtsordnungen **spaltungsfähige Rechtsträger** sein müssen. Eine grenzüberschreitende Spaltung unter Beteiligung einer deutschen Gesellschaft ist folglich beispielsweise dann nicht möglich, wenn die Rechtsform einer der beteiligten Gesellschaften derjenigen der Gesellschaft bürgerlichen Rechts gleicht.

d) Durchführung der grenzüberschreitenden Hinausspaltung

35   Für die **Durchführung** der grenzüberschreitenden Hinausspaltung gelten nach dem hier gewählten kollisionsrechtlichen Ansatz die nachfolgend dargestellten Regeln.

---

[47] *Dorr/Stukenborg* DB 2003, 647, 650; MünchKomm/*Kindler*, BGB IntGesR, Rn. 854.
[48] BGH, Beschluss v. 4.10.1989, IVb ZB 9/88, BGHZ 109, 1, 6; BayObLG, Beschluss v. 9.12.1987, 3 Z 42/87, IPRax 1990, 117.

aa) Spaltungsvertrag/-plan. Grundlage der Spaltung ist der **Spaltungsvertrag bzw. 36 -plan**. Da der Spaltungsvertrag bzw. -plan ein für alle beteiligten Gesellschaften gemeinsam zu erstellendes Dokument ist, sind sowohl die Vorschriften der Rechtsordnung der übertragenden Gesellschaft als auch diejenigen der übernehmenden Gesellschaft zu berücksichtigen.[49]

Nach dem **deutschen Umwandlungsrecht** schließen im Falle der Spaltung zur Auf- 37 nahme die übertragende Gesellschaft und die übernehmende Gesellschaft einen Spaltungsvertrag (vgl. § 126 UmwG). Nur im Falle einer Spaltung zur Neugründung, bei der die übernehmende Gesellschaft naturgemäß noch nicht existiert, stellen die Vertretungsorgane der übertragenden Gesellschaft einen Spaltungsplan auf (§ 136 UmwG). Art. 3 der Spaltungs-RL spricht dagegen generell davon, dass die Verwaltungs- oder Leitungsorgane der an der Spaltung beteiligten Gesellschaften einen schriftlichen Spaltungsplan aufstellen.

Sieht das deutsche Recht den Abschluss eines **Spaltungsvertrages**, das ausländische 38 Recht aber die Aufstellung eines **Spaltungsplans** vor, wird zum Teil dazu geraten, sowohl einen Spaltungsvertrag als auch einen Spaltungsplan zu erstellen, diese aber in einer einheitlichen Urkunde zu dokumentieren. So werde gewährleistet, dass den jeweils zuständigen Stellen in den beteiligten Mitgliedstaaten diejenigen Dokumente vorgelegt werden, die ihnen aus den rein nationalen Vorgängen bekannt sind. Die Prüfung der Voraussetzungen der Spaltung werde dadurch vereinfacht.[50] Rechtlich erscheint ein solches Vorgehen nicht erforderlich. Bei einem Spaltungsplan handelt es sich nach allgemeiner Ansicht um eine einseitige Willenserklärung[51]. Diese ist zugleich als körperschaftlicher Organisationsakt einzustufen.[52] Die gemeinsame Erstellung eines solchen Spaltungsplans durch die Organe der beteiligten Gesellschaften stellt nichts anderes dar, als die Abgabe übereinstimmender Willenserklärungen. Auch beim Abschluss des Spaltungsvertrages kommt es zur Abgabe übereinstimmender Willenserklärungen. Sowohl im Falle eines gemeinsam zu erstellen Spaltungsplans als auch beim Abschluss eines Spaltungsvertrages kommt es folglich zur Erstellung eines einheitlichen Dokuments. Die Erstellung eines solchen einheitlichen Dokuments – und nicht die Bezeichnung des Dokuments als Spaltungsvertrag oder Spaltungsplan – ist wesentliche Voraussetzung für die Durchführung der Spaltung. Im Interesse der Einheitlichkeit des Spaltungsvertrags bzw. -plans kann unseres Erachtens daher von der Erstellung zweier Dokumente abgesehen werden, auch wenn diese in einer Urkunde zusammengefasst würden. Auch die Prüfung des Spaltungsvertrages bzw. -plans wird dadurch vereinfacht, da nicht sicherzustellen ist, dass zwei unterschiedliche Dokumente inhaltlich tatsächlich identisch sind.

Die **inhaltlichen Mindesterfordernisse** des Spaltungsvertrages bzw. -plans sind ku- 39 mulativ anzuknüpfen. Nur so ist gewährleistet, dass sämtliche Gesichtspunkte, die nach den jeweils anwendbaren Rechtsordnungen zu berücksichtigen sind, Niederschlag im Spaltungsvertrag bzw. -plan finden. Bei Spaltungen unter Beteiligung von EU-Gesellschaften stellt dies jedoch keine erhebliche Einschränkung dar, da der Inhalt des Spaltungsvertrages durch Art. 3 Abs. 1 Spaltungs-RL vorgegeben ist.

Nach § 126 Abs. 1 Nr. 1 UmwG sind der Name oder die Firma und der Sitz der an der Spaltung beteiligten Gesellschaften anzugeben. Die Regelung bleibt insoweit hinter den

---

[49] *Koppensteiner* Der Konzern 2006, 44; *Limmer*, Handbuch der Unternehmensumwandlung, Teil 6 Rn. 31 (jeweils für Verschmelzungsvertrag).
[50] Für die grenzüberschreitende Verschmelzung vor Inkrafttreten der §§ 122a ff. UmwG *Gesell/Krömker* DB 2006, 2558, 2561.
[51] Vgl. Begründung zum Regierungsentwurf des Umwandlungsgesetzes zu 136 UmwG, abgedruckt bei *Schaumburg/Röder*, UmwG/UmwStG, S. 236; *Mayer* DB 1995, 861, 862; *Lutter/Priester*, UmwG, § 136 Rn. 4; *Körner/Rodewald* BB 1999, 853, 854; Semler/Stengel/*Schröer*, UmwG, § 136 Rn. 3; Kallmeyer/*Zimmermann*, UmwG, § 136 Rn. 1.
[52] *Körner/Rodewald* BB 1999, 853.

Vorgaben des Art. 3 Abs. 2 Buchst. a) der Spaltungs-RL zurück, als die Rechtsform nicht gesondert zu benennen ist. Dies ist bei rein deutschen Spaltungen zweckmäßig, da sich die Rechtsform aus dem Rechtsformzusatz in der Firma der Gesellschaft ergibt. Bei Beteiligung anderer EU-Gesellschaften sollte jedoch die entsprechende Rechtsform angegeben werden. Dies dient der Information der Gesellschafter der an der Spaltung beteiligten Gesellschaften und erleichtert dem Registerrichter die Prüfung der Voraussetzungen der Spaltung.[53]

Anders als nach den Vorgaben der Spaltungs-RL hat der Spaltungsvertrag nach deutschem Recht eine Vereinbarung über die Übertragung des auf- oder abzuspaltenden Vermögens als Gesamtheit gegen Gewährung von Anteilen an der übernehmenden Gesellschaft zu enthalten (vgl. § 126 Abs. 1 Ziffer 2 UmwG). Zwingend notwendig wäre diese Vorgabe des deutschen Gesetzgebers nicht gewesen, da der Übergang des Vermögens gegen Gewährung von Anteilen *ipso iure* durch die Eintragung der Spaltung im Handelsregister der übertragenden Gesellschaft eintritt (vgl. § 131 Abs. 1 Ziffer 1 UmwG). Da die Vereinbarung über die Übertragung des auf- oder abzuspaltenden Vermögens als Gesamtheit gegen Gewährung von Anteilen an der übernehmenden Gesellschaft jedoch zu den gesetzlichen Mindestangaben des Spaltungsvertrages gehört, hat auch der Spaltungsvertrag bei der grenzüberschreitenden Spaltung entsprechende Angaben zu enthalten.

Die nach § 126 Abs. 1 Ziffer 3 bis 10 UmwG erforderlichen Angaben im Spaltungsvertrag decken sich mit den Vorgaben von Art. 3 Abs. 2 der Spaltungs-RL. Insoweit dürften sie mit den Anforderungen ausländischer Rechtsordnungen weitgehend übereinstimmen. Dies ist jedoch im Einzelfall zu prüfen und die Angaben im Spaltungsvertrag bzw. -plan ggf. entsprechend zu ergänzen.

Eine Besonderheit des deutschen Umwandlungsrechts stellt § 126 Abs. 1 Nr. 11 UmwG dar, nach dem die Folgen der Spaltung für die Arbeitnehmer und ihre Vertretungen sowie die insoweit vorgesehenen Maßnahmen im Spaltungsvertrag bzw. -plan darzustellen sind. Eine entsprechende Information der Arbeitnehmer ist zwar durch Art. 11 der Spaltungs-RL iVm Art. 6 der Betriebsübergangsrichtlinie (77/187/EWG – Betriebsübergangs-RL) vorgeschrieben, die Spaltungs-RL schreibt jedoch nicht vor, dass derartige Informationen im Spaltungsvertrag bzw. -plan enthalten sein müssen. Die Vorgaben des deutschen Gesetzgebers sind jedoch aufgrund der kumulativen Anknüpfung an die Rechtsordnungen der beteiligten Gesellschaften zu beachten. Die Darstellung sollte sich sowohl auf die Arbeitnehmer der deutschen übertragenden Gesellschaft als auch auf die Arbeitnehmer der ausländischen übernehmenden Gesellschaft beziehen. Dagegen ließe sich zwar argumentieren, dass das deutsche Umwandlungsgesetz nur die Arbeitnehmer der beteiligten deutschen Gesellschaft schützt. Es besteht jedoch das Risiko, dass sich das Registergericht bei der Prüfung des Spaltungsvertrages bzw. -plans auf den Wortlaut des § 126 Abs. 1 Nr. 11 UmwG beruft und daher auch auf der Darstellung der Folgen der Spaltung für die Arbeitnehmer (und – soweit vorhanden – ihrer Vertretungen) der aufnehmenden Gesellschaft besteht.

40 Hinsichtlich des **Spaltungsstichtags** (§ 126 Abs. 1 Ziffer 6 UmwG) sind die nach ausländischen Rechtsordnungen ggf. abweichenden Bestimmungen zu berücksichtigen. Der Stichtag markiert den Tag, von dem an die Spaltung obligatorisch im Verhältnis zwischen den beteiligten Rechtsträgern und ihren Anteilsinhabern wirken soll. Nach h.M. ist er im deutschen Umwandlungsrecht mit dem Stichtag der Schlussbilanz des übertragenden Rechtsträgers identisch.[54] Wie dieser kann er im Rahmen der Acht-Monats-Frist gemäß

---

[53] Wie unter 3. Teil Rn. 31 dargestellt, setzt die Spaltung voraus, dass der ausländische Rechtsträger auch nach deutschem Recht spaltungsfähig ist.
[54] Nachweise bei Lutter/*Priester*, UmwG, § 24 Rn. 13.

§ 125 iVm § 17 Abs. 2 UmwG in die Vergangenheit gelegt werden. Soweit die in diesem Zusammenhang maßgebliche Rechtsordnung des übertragenden Rechtsträgers hierzu abweichendes bestimmt,[55] ist der Stichtag so zu wählen, dass er sowohl den Vorgaben des Umwandlungsgesetzes als auch denjenigen der beteiligten ausländischen Rechtsordnungen gerecht wird.

Hinsichtlich der **Sprache** des Spaltungsvertrags bzw. -plans wird teilweise vertreten, **41** dieser müsse mindestens auch in deutscher Sprache abgefasst werden. Dies wird damit begründet, dass der Spaltungsvertrag bzw. -plan nur in deutscher Sprache zum Handelsregister eingereicht werden könne.[56] Hiergegen ist einzuwenden, dass die Einreichung einer beglaubigten deutschen Übersetzung des Spaltungsvertragsvertrags bzw. -plans bei dem für den deutschen Rechtsträger zuständigen Handelsregister für Zwecke der Prüfung durch das Handelsregister ausreichend ist.[57] Darüber hinaus besteht im deutschen Recht keine Verpflichtung, ein deutschsprachiges Original einzureichen.[58] Vielmehr ist es nach § 5 Abs. 2 Satz 1 BeurkG ausdrücklich zulässig, dass Urkunden in anderen Sprachen errichtet werden. Der Spaltungsvertrag bzw. -plan kann daher uE auch in einer anderen Sprache abgefasst werden.

Sofern die an der grenzüberschreitenden Spaltung beteiligten Gesellschaften aus unterschiedlichen Sprachkreise kommen, bietet es sich in der Praxis an, ein mehrsprachiges Dokument zu erstellen. Im Hinblick auf die Prüfung des Spaltungsvertrages bzw. -plans durch das Handelsregister der beteiligten deutschen Gesellschaft sollte jedoch darauf geachtet werden, dass nicht eine in ausländischer Sprache abgefasste Version als die im Zweifel maßgebliche Fassung vereinbart wird. Andernfalls könnte wiederum eine beglaubigte Übersetzung der maßgeblichen Fassung in die deutsche Sprache für Zwecke der Einreichung beim Handelsregister erforderlich werden.

Nach deutschem Recht ist der Spaltungsvertrag **von den Vertretungsorganen der** **42** **beteiligten Rechtsträger abzuschließen**, bzw. bei der Spaltung zur Neugründung von den Vertretungsorganen aufzustellen (§ 136 UmwG).[59] Eine **Vertretung** der Gesellschaft allein durch Prokuristen ist nicht zulässig, da Umwandlungsmaßnahmen nicht zu denjenigen Rechtshandlungen gehören, die eine Handelsgesellschaft mit sich bringt und folglich vom gesetzlichen Umfang der Prokura nicht erfasst sind.[60] Die vertretungsberechtigten Organe können jedoch andere Personen rechtsgeschäftlich zum Abschluss des Spaltungsvertrages bevollmächtigen.[61] Notarielle Form ist hierfür grundsätzlich nicht erforderlich (§ 167 Abs. 2 BGB).[62] Auch eine vollmachtlose Vertretung mit nachträglicher Genehmigung ist grundsätzlich möglich. Eine Ausnahme gilt lediglich bei der Aufstellung eines Spaltungsplans, da es sich hierbei um ein einseitiges Rechtsgeschäft handelt. Ein solches kann von einem Vertreter ohne Vertretungsmacht nicht wirksam vorgenommen werden (§ 180 Satz 1 BGB).

---

[55] So ist beispielsweise nach niederländischem Recht eine weitergehende Rückwirkung möglich, vgl. *Gesell/Krömker* DB 2006, 2558 (2562).
[56] *Haritz/von Wolf* GmbHR 2006, 340, 341 (Fn. 7); *Winter* Der Konzern 2007, 24, 33 (Fn. 109) für den Verschmelzungsvertrag bzw. -plan.
[57] So auch *Just*, Die englische Limited in der Praxis, 2. Aufl. 2006, Rn. 48.
[58] So auch für einen Gesellschaftsvertrag: LG Düsseldorf, Beschluss v. 16.3.1999, 36 T 3/99, GmbHR 1999, 609 f.; Baumbach/Hueck/*Hueck/Fastrich*, GmbHG, § 2 Rn. 9.
[59] Lutter/*Priester*, UmwG, § 126 Rn. 12.
[60] Lutter/*Priester*, UmwG, § 126 Rn. 12; Semler/Stengel/*Schröer*, UmwG, § 4 Rn. 8.
[61] Lutter/*Priester*, UmwG, § 126 Rn. 12; Semler/Stengel/*Schröer*, UmwG, § 126 Rn. 7, § 4 Rn. 9.
[62] Etwas anderes gilt nach deutschem Recht nur bei der Spaltung zur Neugründung, da hier die Satzung des übernehmenden Rechtsträgers festgestellt wird (§ 2 Abs. 2 GmbHG, § 23 Abs. 1 Satz 2 AktG); ob die jeweils einschlägigen ausländischen Rechtsordnungen entsprechende Formvorschriften vorsehen, ist im Einzelfall zu prüfen.

43 Hinsichtlich der **Form** des Spaltungsvertrages sind die Formerfordernisse der beteiligten Rechtsformen kumulativ anzuknüpfen. Damit setzt sich die jeweils strengste Rechtsordnung durch. Bei einer Spaltung unter Beteiligung deutscher Rechtsträger ist der Spaltungsvertrag bzw. -plan daher stets notariell zu beurkunden (§ 125 iVm § 6 UmwG). Die Beurkundung sollte in Deutschland erfolgen, da nach gefestigter Praxis die Beurkundung gesellschaftsrechtlicher Strukturmaßnahmen durch ausländische Notare unzulässig ist.[63] Ist nach dem für den übernehmenden Rechtsträger anwendbaren Recht eine Beurkundung nicht erforderlich, ist die Beurkundung des Spaltungsvertrages bzw. -plans in Deutschland ausreichend. Sieht auch die Rechtsordnung des beteiligten ausländischen Rechtsträgers eine Beurkundung vor und ist die ausländische Rechtsordnung im Hinblick auf Beurkundungen durch ausländische Notare ähnlich restriktiv wie das deutsche Recht, stellt sich die Frage, wo die Beurkundung zu erfolgen hat. Teils wird vertreten, dass es sich bei einem Umwandlungsvorgang um einen einheitlichen Vorgang handle und es daher zwingend aus der Sicht einer der beteiligten Rechtsordnungen zu einer Auslandsbeurkundung kommen müsse.[64] In der Praxis dürfte das Problem jedoch durch eine Doppelbeurkundung sowohl in Deutschland als auch im Land des übernehmenden Rechtsträgers zu lösen sein.[65] Eine Abstimmung mit den Registergerichten erscheint auch hier angezeigt.

44 Eine gewisse Flexibilität bietet das deutsche Umwandlungsrecht hinsichtlich des **Zeitpunkts der Beurkundung**, da die Zustimmungsbeschlüsse der Gesellschafterversammlungen sich auch auf einen Entwurf des Spaltungsvertrags bzw. -plans beziehen können (§ 125 iVm § 4 Abs. 2 UmwG). Dies erweist sich insbesondere dann als hilfreich, wenn die ausländische Rechtsordnung zwingend den Abschluss bzw. die Beurkundung des Spaltungsvertrages zu einem bestimmten Zeitpunkt vorschreibt.[66]

45 Auch bezüglich der Form der **Mitteilung des Spaltungsvertrages bzw. -plans an die Gesellschafter** sind die Formerfordernisse der Rechtsordnungen der beteiligten Rechtsträger kumulativ anzuknüpfen. Handelt es sich bei der deutschen, an der Spaltung beteiligten Gesellschaft um eine GmbH, ist der Spaltungsvertrag bzw. -plan oder der jeweilige Entwurf den Gesellschaftern spätestens zusammen mit der Einberufung der Gesellschafterversammlung, die gemäß § 125 iVm § 13 UmwG über die Zustimmung beschließen soll, zu übersenden (§ 125 iVm § 47 UmwG). Bei einer Aktiengesellschaft ist der Spaltungsvertrag bzw. -plan oder der jeweilige Entwurf vor der Einberufung der Hauptversammlung, die gemäß § 125 iVm 13 UmwG über die Zustimmung beschließen soll, zum Register einzureichen (§ 125 iVm § 61 UmwG).[67] Das Gericht hat in der Bekanntmachung nach § 10 HGB darauf hinzuweisen, dass der Spaltungsvertrag bzw. -plan oder der jeweilige Entwurf beim Handelsregister eingereicht ist. Entsprechende Vorschriften der ausländischen Rechtsordnungen sind zu berücksichtigen. § 122d UmwG, der für grenzüberschreitende Verschmelzungen zusätzliche Bekanntmachungen vorsieht, findet auf die grenzüberschreitende Spaltung keine analoge Anwendung. Eine hierfür erforderliche Regelungslücke fehlt bereits aufgrund der Regelungen in § 125 iVm §§ 47, 61 UmwG.

---

[63] Vgl. zur Geltung der Ortsform (Art. 11 Abs. 1 Alt. 2 EGBGB) Staudinger/*Großfeld*, BGB IntGesR, Rn. 452 ff.; Lutter/*Drygala*/*Lutter*, UmwG, § 6 Rn. 8 f.; die Begründung zum Zweiten Gesetz zur Änderung des Umwandlungsgesetzes zu § 122c UmwG verweist bezüglich der Auslandsbeurkundung allerdings lediglich auf die „allgemeinen Regeln (Erfordernis der Gleichwertigkeit; vgl. BGHZ 80, 76)"; ebenso *H.-F. Müller* ZIP 2007, 1081, 1083; vgl. auch den Erfahrungsbericht zu einer Verschmelzung einer deutschen GmbH auf eine österreichische GmbH, bei dem dem deutschen Registergericht ein in Österreich beurkundeter Verschmelzungsvertrag vorlag, *Wenglorz* BB 2004, 1061, 1064.

[64] *Dorr*/*Stukenborg* DB 2003, 647, 651.

[65] *Bayer*/*Schmidt* NZG 2006, 841, 842; *H.-F. Müller* ZIP 2007, 1081, 1083; *Vetter* AG 2006, 613, 618.

[66] So das italienische Recht, nach dem der Verschmelzungsvertrag zwingend nach der Beurkundung der Zustimmungsbeschlüsse abzuschließen ist, vgl. *Dorr*/*Stukenborg* DB 2003, 647, 650.

[67] Dieses Publizitätserfordernis geht auf die Vorschrift des Artikels 4 der Spaltungs-RL zurück.

A. Hinausspaltung

bb) Umtauschverhältnis, Bewertung. Nach § 126 Abs. 1 Nr. 3 müssen die an der **46** Spaltung beteiligten Gesellschaften im Spaltungsvertrag bzw. -plan Angaben über das **Umtauschverhältnis der Anteile** und gegebenenfalls die Höhe der baren Zuzahlungen machen. Den Anteilsinhabern des übertragenden Rechtsträgers ist gemäß § 123 UmwG eine hinreichende Kompensation für den Verlust (bei Aufspaltung) bzw. die Wertminderung ihrer Anteile (bei Abspaltung) zu gewähren. Maßgebend für die Bestimmung des Umtauschverhältnisses ist der tatsächliche Wert der übertragenen Vermögenswerte im Verhältnis zum Wert des übernehmenden Rechtsträgers. Die Höhe der zu gewährenden Anteile ergibt sich aus der Relation dieser Werte.

Zur Festlegung des Umtauschverhältnisses hat eine **Bewertung** des übernehmenden **47** Rechtsträgers und des auf diesen zu übertragenden Vermögens stattzufinden. Das anwendbare Bewertungsverfahren bestimmt sich nach dem jeweiligen Gesellschaftsstatut.[68] Unter Zugrundelegung der Gründungstheorie sind Aktiengesellschaften und GmbH nach der Ertragswert- oder der Discounted Cashflow-Methode zu bewerten. Die jeweiligen Bewertungsgrundsätze haben ihren Niederschlag in der Literatur und in den Verlautbarungen des Instituts der Wirtschaftsprüfer in Deutschland e.V. (IDW), insbesondere im Standard „Grundsätze zur Durchführung von Unternehmensbewertungen" (IDW S1) vom 18. Oktober 2005[69] gefunden und sind in der Rechtsprechung deutscher Gerichte anerkannt.[70] Welche Bewertungsverfahren bei grenzüberschreitenden Transaktionen anzuwenden sind, ist weder gesetzlich vorgeschrieben noch besteht hierzu eine gefestigte Praxis. Einigkeit besteht jedoch darüber, dass die Bewertung des übernehmenden Rechtsträgers und des zu übertragende Vermögens zur Ermittlung des Umtauschverhältnisses nach der gleichen Methode durchgeführt werden muss.[71] Dabei kommt es – anders als bei Bewertungen im Rahmen von Abfindungen – weniger auf die absolute Richtigkeit der Bewertung der beteiligten Gesellschaften bzw. des zu übertragenden Vermögens an als auf die Richtigkeit der festzustellenden Wertrelationen.[72]

Da sich in der Praxis die in den anderen Mitgliedstaaten der EU anerkannten Bewertungsmethoden von den in Deutschland anerkannten Grundsätzen zum Teil unterscheiden,[73] sind zwei Methoden zur Ermittlung des angemessenen Umtauschverhältnisses **48** denkbar. Zum einen können die jeweils national üblichen Bewertungsverfahren anhand der **kollisionsrechtlichen Anpassungsmethode** angepasst werden.[74] Dies erscheint zumindest dann möglich, wenn auch nach dem jeweiligen ausländischen Gesellschaftsstatut grundsätzlich vergleichbare Bewertungsmethoden Anwendung finden. Dann sind ggf. landesübliche Parameter wie der Basiszinssatz und der Risikozuschlag und die Berechnung des *Cash-Flows* zu vereinheitlichen. Andere Parameter wie der Betafaktor sind ohnehin für jedes zu bewertende Unternehmen individuell festzulegen.[75]

---

[68] *Großfeld* BB 2001, 1836 f.; *ders.* Unternehmens- und Anteilsbewertung im Gesellschaftsrecht, 4. Aufl. 2002, 246 f.
[69] Grundsätze zur Durchführung von Unternehmensbewertungen v. 18.10.2005, WPg 2005, 1303 ff.
[70] BGH, Urteil v. 24.5.1993, II ZR 36/92, NJW 1993, 2101 ff.; BGH, Urteil v. 9.11.1988, II ZR 190/97, ZIP 1998, 2151; BayObLG, Beschluss v. 18.12.2002, 3Z BR 116/00, ZIP 2003, 253, 254; OLG Düsseldorf, Beschluss v. 2.4.1998, 19 W 3/93, WM 1998, 2058.
[71] BGH, Beschluss v. 12.3.2001, II ZB 15/00, BGHZ 147, 108, 121; BayObLG, Beschl. v. 18.12.2002, 3Z BR 116/00, ZIP 2003, 253, 254; Goutier/Knopf/Tulloch/*Bermel/Hannappel*, UmwG, § 5 Rn. 23; Lutter/*Drygala*/Lutter, UmwG, § 5 Rn. 19; *Sagasser/Swienty* DStR 1991, 1188, 1192.
[72] Lutter/*Lutter/Drygala*, UmwG, § 5 Rn. 19; Goutier/Knopf/Tulloch/*Bermel/Hannappel*, UmwG, § 5 Rn. 24.
[73] Übersicht zur Rechtslage in verschiedenen europäischen Ländern bei *Kiem* ZGR 2007, 542, 556.
[74] Vgl. *Großfeld*, Unternehmens- und Anteilsbewertung im Gesellschaftsrecht, 4. Aufl. 2002, S. 246 f.; Semler/Stengel/*Drinhausen*, UmwG, § 122c Rn. 16; Kallmeyer/*Müller*, UmwG, § 122c Rn. 11.
[75] Vgl. dazu *Großfeld* NZG 2002, 353, 355 ff.

49 Ein solches Vorgehen ist in der Praxis jedoch zumindest dann nicht empfehlenswert, wenn das **Risiko** besteht, dass der Zustimmungsbeschluss einer der beteiligten Gesellschaften **angefochten** wird. Bei der Hinausspaltung ist den Gesellschaftern der deutschen Gesellschaft die Erhebung einer Anfechtungsklage gegen den Spaltungsbeschluss aufgrund eines unangemessenen Umtauschverhältnisses verwehrt. Sie werden auf das Spruchverfahren verwiesen (§ 125 Satz 1 iVm § 14 Abs. 2, 15 UmwG). Es besteht jedoch die Möglichkeit, dass sich die Gesellschafter der aufnehmenden ausländischen Gesellschaft mit einer **Anfechtungsklage** gegen ein unangemessenes Umtauschverhältnis zur Wehr setzen. Auch wenn es bei der Ermittlung des Umtauschverhältnisses nicht auf die Ermittlung des objektiv richtigen Unternehmenswertes ankommt, ist nicht auszuschließen, dass eine Anfechtungsklage, mit der Abweichungen von den üblichen Bewertungsverfahren gerügt wird, vor Gericht Erfolg hat oder zumindest die Transaktion erheblich verzögert.

50 In derartigen Fällen empfiehlt es sich, das zu übertragende Vermögen und die übernehmende Gesellschaft sowohl nach dem **landesüblichen Bewertungsverfahren** der übertragenden Gesellschaft als auch nach demjenigen der übernehmenden Gesellschaft zu bewerten. Vorausgesetzt beide angewandte Bewertungsmethoden führen zu vergleichbaren Umtauschverhältnissen, kann auf dieser Basis ein einheitliches Umtauschverhältnis festgesetzt werden und ein bestehendes Anfechtungsrisiko erheblich reduziert werden.

51 Bei börsennotierten Gesellschaften stellt sich die Frage, ob hier auf den sich aus der **Marktkapitalisierung** ergebenden Unternehmenswert abgestellt werden kann. Nach einer Entscheidung des OLG Frankfurt Frankfurt a.M. kann eine marktorientierte Bewertungsmethode anhand der Börsenkurse eine geeignete und vertretbare Schätzmethode zur Ermittlung des Wertes eines Unternehmens sein. Die Bewertung anhand der Börsenkurse kann demnach insbesondere bei Unternehmen, die in einen bedeutenden Aktienindex aufgenommen sind und in einem hochliquiden Markt gehandelt werden, einer Bewertung anhand der Ertragswertmethode überlegen sein.[76] Verfassungsrechtliche Bedenken stehen dem nicht entgegen.[77]

52 Die **Festsetzung barer Zuzahlungen** im Spaltungsvertrag ist nach deutschem Umwandlungsrecht nur in geringem Umfang möglich. Die Zuzahlungen sind bei der GmbH und der Aktiengesellschaft gemäß § 125 Satz 1 iVm §§ 54 Abs. 4 bzw. 68 Abs. 3 UmwG auf maximal 10 % des Nennbetrages aller den Anteilsinhabern des übertragenden Rechtsträgers gewährten Gesellschaftsanteile begrenzt. Die genannten Vorschriften sollen zum einen vor dem Hintergrund des deutschen Kapitalerhaltungssystems die Kapitalgrundlage und Liquidität der übernehmenden Gesellschaft schützen. Vor diesem Hintergrund wäre die Norm bei der Hinausspaltung nicht zwingend anwendbar, da sich der Schutz des Kapitals der ausländischen übernehmenden Gesellschaft nach dem Gesellschaftsstatut dieser Gesellschaft bestimmt. Die Begrenzung der baren Zuzahlungen soll jedoch auch sicherstellen, dass es nicht gegen den Willen einer Minderheit zu einem Auskauf der Anteilsinhaber der übertragenden Gesellschaft kommt.[78] Sie ist daher auch bei Hinausspaltungen zum Schutz der Gesellschafter der deutschen Gesellschaft zu beachten.

53 Im Falle einer **Ausgliederung** ist die **Festlegung eines Umtauschverhältnisses nicht erforderlich** (§ 126 Abs. 1 Nr. 3 UmwG) da kein Anteilstausch auf Gesellschafterebene stattfindet. Die Anteile an der übernehmenden Gesellschaft fallen bei der Ausgliederung in das Vermögen der übertragenden Gesellschaft (§ 123 Abs. 3 UmwG). Gleichwohl muss der Spaltungsvertrag bzw. -plan festlegen, in welchem Umfang der übertragenden Gesellschaft Anteile an der übernehmenden Gesellschaft zu gewähren sind.

---

[76] OLG Frankfurt a.M., Urteil v. 3.9.2010 – 5 W 57/09, NZG 2010, 1141 ff.; *Schiessl* AG 1999, 442, 447; a.A. BayObLG v. 18.12.2002 – 3Z BR 116/00, ZIP 2003, 253, 257.
[77] BVerfG, Beschluss v. 26.4.2011 – 1 BvR 2658/10, BB 2011, 1518 ff.
[78] Lutter/*Winter*, UmwG § 54 Rn. 31 ff.

Nach § 54 Abs. 1 Satz 3 und § 68 Abs. 1 Satz 3 UmwG, die durch das Zweite Gesetz zur **54** Änderung des Umwandlungsgesetzes neu in das deutsche Umwandlungsrecht eingeführt wurden, kann von der **Gewährung von Anteilen** durch die übernehmende Gesellschaft **abgesehen** werden, wenn alle Anteilsinhaber der übertragenden Gesellschaft darauf verzichten. Die Vorschriften gelten über § 125 Satz 1 UmwG analog für die Spaltung. Die Verzichtserklärungen sind notariell zu beurkunden. Ob für die ausländische Gesellschaft ähnliche Vorschriften existieren, ist im Einzelfall zu prüfen.

cc) Zuleitung des Spaltungsvertrags bzw. -plans oder des jeweiligen Entwurfs **55** **an Betriebsrat.** Die Spaltungs-RL verweist in Art. 11 bezüglich der Wahrung der Ansprüche der Arbeitnehmer auf die Regelungen der Betriebsübergangsrichtlinie (77/187/EWG – Betriebsübergang-RL). Diese regelt in Art. 6, dass die **Vertreter der Arbeitnehmer** rechtzeitig vor dem Vollzug der jeweiligen Maßnahme über deren Grund, die rechtlichen, wirtschaftlichen und sozialen Folgen für die Arbeitnehmer und die hinsichtlich der Arbeitnehmer in Aussicht genommenen Maßnahmen **zu informieren** sind.

Nach deutschem Umwandlungsrecht sind im Spaltungsvertrag bzw. -plan die **Folgen** **56** **der Spaltung** für die Arbeitnehmer und ihre Vertretungen sowie die insoweit **vorgesehenen Maßnahmen** zu erläutern (§ 126 Abs. 1 Nr. 11 UmwG). Der Spaltungsvertrag bzw. -plan oder der jeweilige Entwurf ist spätestens einen Monat vor dem Tag der Versammlung der Anteilsinhaber, die gemäß §§ 125 iVm § 13 Abs. 1 über die Zustimmung zum Spaltungsvertrag bzw. -plan beschließen soll, dem zuständigen Betriebsrat dieser Gesellschaft zuzuleiten. Der Betriebsrat kann auf die Einhaltung der Monatsfrist verzichten.[79] Nicht erforderlich ist, dass der Spaltungsvertrag stets genau in seiner späteren Form oder mit allen Anlagen zugeleitet wird.[80] Wird der Spaltungsvertrag bzw. -plan nach Zuleitung an den Betriebsrat geändert, löst dies allerdings eine erneute Zuleitungspflicht aus, wenn die Änderungen Arbeitnehmerinteressen berühren.[81] Dem Registergericht ist bei der Anmeldung der Spaltung ein Nachweis über die Zuleitung zu übergeben. Zu diesem Zweck sollte eine entsprechende schriftliche Bestätigung des Betriebsrats bei der Zuleitung eingeholt werden.

Besteht **kein Betriebsrat**, greift die Informationspflicht nicht ein. Dies gilt unabhängig **57** von dem Grund für das Fehlen des Betriebsrats. Die Informationspflicht entfällt daher auch dann, wenn das beteiligte Unternehmen grundsätzlich betriebsratsfähig ist, aber keinen Betriebsrat hat.[82]

dd) Abfindungsangebot. Handelt es sich bei der übernehmenden Gesellschaft um **58** eine Gesellschaft „anderer Rechtsform", hat die übernehmende Gesellschaft im Spaltungsvertrag jedem Anteilsinhaber, der gegen den Spaltungsbeschluss des übertragenden Rechtsträgers Widerspruch zur Niederschrift erklärt, den **Erwerb seiner Anteile** gegen eine angemessene **Barabfindung** anzubieten (§ 125 Satz 1 iVm § 29 UmwG). Dem Widerspruch steht es gleich, wenn ein nicht erschienener Anteilsinhaber zu Unrecht nicht zur Gesellschafterversammlung zugelassen wurde oder die Versammlung nicht ordnungsge-

---

[79] Lutter/*Priester*, UmwG, § 126 Rn. 15; SHS/*Hörtnagl*, UmwG/UmwStG, § 126 Rn. 109; für den Verschmelzungsvertrag: OLG Naumburg, Urteil v. 17.3.2003 – 7 Wx 6/02, GmbHR 2003, 1433; LG Stuttgart, Urteil v. 11.4.2000 – 4 KfH T 17+18/99, MittRhNotK 2000, 299; *Melchior* GmbHR 1996, 833, 836.
[80] LG Essen, Urteil v. 15.3.2002 – 42 T 1/02, ZIP 2002 893, 894 f.; zust. Kiem EWiR 2002, 637 f.; Lutter/*Priester*, UmwG, § 126 Rn. 15.
[81] OLG Naumburg, Urteil v. 6.2.1997 – 7 U 236/96, DB 1997, 466, 467; Lutter/*Priester*, UmwG § 126 Rn. 15 und 97; Kallmeyer/*Willemsen*, UmwG, § 5 Rn. 77.
[82] Lutter/*Priester*, UmwG, § 126 Rn. 16; *Geck* DStR 1995, 416, 420; *Joost* ZIP 1995, 976, 985.

mäß einberufen oder der Gegenstand der Beschlussfassung nicht ordentlich gemacht wurde (§ 125 Satz 1 iVm § 20 Abs. 2 UmwG).

59 In diesem Zusammenhang stellt sich die Frage, ob es sich bei der Spaltung eines Teils des Vermögens auf eine **ausländische Gesellschaft** ohne weiteres um eine Spaltung auf eine Gesellschaft „**anderer Rechtsform**" handelt. Alternativ könnte man ein Abfindungsangebot nur dann für erforderlich halten, soweit es sich bei der ausländischen Gesellschaft nicht um eine der deutschen Gesellschaft vergleichbare Rechtsform handelt.

Für den vergleichbaren Fall einer grenzüberschreitenden Verschmelzung ist den Anteilsinhabern der übertragenden Gesellschaft nach § 122i UmwG immer dann ein Abfindungsangebot zu unterbreiten, wenn die übernehmende Gesellschaft nicht dem deutschen Recht unterliegt. Dies gilt selbst dann, wenn es sich um weitgehend angeglichene Rechtsformen, wie beispielsweise die Aktiengesellschaft innerhalb der EU-Mitgliedstaaten handelt. Dem liegt der Gedanke zugrunde, dass kein Anteilsinhaber gezwungen werden soll, die mit dem Wechsel in eine ausländische Rechtsform verbundene Änderung seiner Rechte und Pflichten hinzunehmen.[83] Diese Argumente gelten gleichfalls für die grenzüberschreitende Spaltung. Eine Substitution der Rechtsformen ist auch hier nicht vorzunehmen. Selbst wenn bestimmte Gesellschaftsformen in den EU-Mitgliedstaaten angeglichen sind, können den Anteilsinhabern die Wahrung ihrer Rechte unter einer fremden Rechtsordnung und die damit ggf. verbundenen nicht unerheblichen Beratungskosten nicht gegen ihren Willen zugemutet werden.

60 Gemäß § 125 Satz 1 iVm § 29 UmwG hat daher die **übernehmende Gesellschaft** im Spaltungsvertrag oder -plan bzw. den entsprechenden Entwürfen jedem Anteilsinhaber, der gegen die Spaltung Widerspruch zur Niederschrift erklärt, den **Erwerb seiner Anteile** gegen eine angemessene Barabfindung **anzubieten**.

Bei grenzüberschreitende Verschmelzungen schreibt § 122i UmwG vor, dass bereits der übertragende Rechtsträger das Abfindungsangebot im Verschmelzungsplan zu unterbreiten hat. Gemäß § 122i Abs. 1 Satz 3 iVm § 31 UmwG kann das Angebot jedoch erst nach Vollzug der Verschmelzung gegen den übernehmenden Rechtsträger geltend gemacht werden. Die Verpflichtung zur Abfindung der Anteilsinhaber geht daher im Wege der Universalsukzession auf den ausländischen Rechtsträger über. Das Austrittsrecht des dissentierenden Gesellschafters würde sich zwar eigentlich bereits aus § 29 UmwG ergeben. Die Vorverlagerung des Anspruchs in § 122i UmwG stellt jedoch sicher, dass der Anspruch aus § 29 UmwG nicht leer läuft, da die übernehmende ausländische Gesellschaft nicht dem deutschen Recht unterliegt.[84] Im Ergebnis ergeben sich jedoch keine Unterschiede, da die dissentierenden Gesellschafter ihren Abfindungsanspruch auch hier gegen den ausländischen Rechtsträger geltend machen müssen.

Auch bei grenzüberschreitenden Hinausspaltungen ist der Anspruch auf Abfindung sicherzustellen. Aufgrund kumulativer Anwendung der Rechtsordnungen der beteiligten Gesellschaften auf den Spaltungsvertrag bzw. -plan hat die ausländische übernehmende Gesellschaft den Gesellschaftern der übertragenden Gesellschaft den Erwerb ihrer Anteile gegen eine angemessene Abfindung anzubieten.

61 Die Gesellschafter der übertragenden deutschen Gesellschaft müssen sich daher bei der grenzüberschreitenden Spaltung wie auch bei der grenzüberschreitenden Verschmelzung **bezüglich ihres Abfindungsanspruchs an die ausländische Gesellschaft** halten. Auch eine gesamtschuldnerische Haftung der übertragenden Gesellschaft nach § 133 UmwG kommt nicht in Betracht, da diese nur für Verbindlichkeiten der übertragenden

---

[83] Begründung zum Regierungsentwurf des Zweiten Gesetzes zur Änderung des Umwandlungsgesetzes, BT-Drs. 16/2919 v. 12.10.2006, 35.
[84] *H.-F. Müller* ZIP 2007, 1081, 1086.

Gesellschaft und auch diesbezüglich nur insoweit gilt, als die Ansprüche bereits vor dem Wirksamwerden der Spaltung begründet wurden. Beides ist im Hinblick auf den Abfindungsanspruch nicht der Fall, da das Abfindungsangebot durch die übernehmende Gesellschaft unterbreitet wird und erst nach Vollzug der Spaltung angenommen werden kann.

Probleme können sich in diesem Zusammenhang ergeben, wenn der ausländische Rechtsträger **eigene Anteile nicht oder nur in begrenztem Umfang erwerben darf** oder wenn das auf die übernehmende Gesellschaft anwendbare Recht die Möglichkeit eines **Austritts aus der Gesellschaft** anlässlich der Umwandlung **ablehnt**. Die entsprechenden Vorschriften des deutschen Rechts, die den Konflikt zwischen dem Recht auf Abfindung der widersprechenden Gesellschafter und den für die GmbH und die Aktiengesellschaft geltenden Kapitalerhaltungsgrundsätzen lösen (§ 71 Abs. 1 Ziffer 3 AktG, § 33 Abs. 3 GmbHG, § 29 Abs. 1 Satz 1 Hs. 2 UmwG), sind auf ausländische Gesellschaften nicht anwendbar.[85] Soweit der beteiligten ausländischen Gesellschaft der Erwerb eigener Anteile nicht gestattet ist, scheitert die grenzüberschreitende Spaltung folglich am Abfindungsanspruch der deutschen Anteilsinhaber. Für die Praxis könnte eine Lösung des Problems jedoch darin bestehen, dass die widersprechenden Anteilsinhaber vor Vollzug der Spaltung von der übertragenden Gesellschaft abgefunden werden.[86] Die § 71 Abs. 1 Ziffer 3 AktG, § 33 Abs. 3 GmbHG, § 29 Abs. 1 Satz 1 Hs. 2 UmwG sollten in diesem Fall analoge Anwendung finden. Ein derartiges Vorgehen bedarf jedoch der Abstimmung mit dem Registergericht.

62

Die **Höhe der anzubietenden Abfindung** richtet sich nach § 125 Satz 1 iVm § 30 UmwG. Sie muss danach die Verhältnisse der übertragenden Gesellschaft im Zeitpunkt der Beschlussfassung über die Spaltung berücksichtigen. Den Anteilsinhabern ist daher der Verkehrswert ihrer Beteiligung an dem zu übertragenden Vermögen im Zeitpunkt der Beschlussfassung über die Spaltung anzubieten.[87] Zur Ermittlung der angemessenen Barabfindung kann grundsätzlich auf die Bewertung der beteiligten Gesellschaften im Zusammenhang mit der Ermittlung des Umtauschverhältnisses zurückgegriffen werden. Probleme ergeben sich allerdings dann, wenn zur Ermittlung des Umtauschverhältnisses eine andere als die in Deutschland anerkannte Bewertungsmethoden gewählt wurde. Dies ist im Rahmen der Ermittlung des Umtauschverhältnisses möglich, da dort nicht die Feststellung des objektiven Wertes, sondern die Feststellung der Wertrelation im Vordergrund steht. Im Rahmen der Ermittlung des angemessenen Abfindungsangebotes ist zum Schutz der deutschen Anteilsinhaber der Verkehrswert ihrer Beteiligung an dem zu übertragenden Vermögen nach den in Deutschland anerkannten Bewertungsmethoden zu ermitteln.

63

Die **Angemessenheit** der Barabfindung ist stets durch einen **Spaltungsprüfer zu prüfen**. Die Prüfung kann nur entfallen, wenn die Berechtigten durch notariell beurkundete Erklärungen auf sie verzichten (§ 125 Satz 1 iVm 30 Abs. 2 UmwG).

64

ee) Spaltungsbericht. Gemäß § 127 UmwG haben die Vertretungsorgane der an der Spaltung beteiligten Rechtsträger einzeln oder gemeinsam einen ausführlichen schriftlichen **Spaltungsbericht** zu erstatten, in dem insbesondere die Spaltung, der Spaltungsvertrag, das Umtauschverhältnis der Anteile bzw. die Beteiligung an dem übernehmenden Rechtsträger sowie der Maßstab für ihre Aufteilung rechtlich und wirtschaftlich erläutert und begründet werden. Da auch Art. 7 der Spaltungs-RL einen Spaltungsbericht vorsieht,

65

---

[85] Anders für den vergleichbaren Fall der Gründung einer Societas Europaea durch Verschmelzung auf eine ausländische Gesellschaft, vgl. die Gesetzesbegründung zu § 7 SEEG (BTDrucks. 15/3405 v. 21.6.2004, 33). Die Gesetzesbegründung beruft sich dabei darauf, dass sich die Anordnung der Nichtgeltung des § 71 Abs. 4 Satz 2 AktG in § 7 SEEG auf Art. 24 Abs. 2 der SEVO stützen kann.
[86] So auch *Prüm*, Die grenzüberschreitende Spaltung, S. 104 f.
[87] Lutter/*Grunewald*, UmwG, § 30 Rn. 2.

gilt gleiches zumindest in den Mitgliedstaaten der EU, die ihren Rechtsträgern eine Spaltung ermöglichen.

66 Die Aufstellungspflicht trifft nach § 125 Satz 1 iVm § 8 Abs. 1 Satz 1 UmwG die **Vertretungsorgane** der beteiligten Gesellschaften. Nach h.M. zum nationalen Umwandlungsrecht hat die Erstellung des Berichts durch das Gesamtorgan zu erfolgen. Eine Erstellung durch Mitglieder in vertretungsberechtigter Zahl oder eine Stellvertretung sind nicht zulässig.[88]

67 Nach deutschem Umwandlungsrecht können die Vertretungsorgane der beteiligten Rechtsträger einen **gemeinsamen Spaltungsbericht** erstatten (§ 125 Satz 1 iVm § 8 Abs. 1 Satz 1 Hs. 2 UmwG). Bei der grenzüberschreitenden Spaltung ist dies nur möglich, wenn auch die Rechtsordnung der beteiligten ausländischen Gesellschaft die Möglichkeit eines gemeinsamen Spaltungsberichts vorsieht.

68 Zur **Sprache** des Spaltungsberichts gelten die Ausführungen zum Spaltungsvertrag bzw. -plan entsprechend (vgl. vorstehend 3. Teil Rn. 41). Da auch der Spaltungsbericht zum Handelsregister eingereicht werden muss (vgl. § 125 Satz 1 iVm § 17 Abs. 1 UmwG) kann der Spaltungsbericht zwar in ausländischer Sprache erstellt werden, ist dann jedoch in beglaubigter Form ins Deutsche zu übersetzen.

69 Art. 10 der Spaltungs-RL ermöglicht es den Mitgliedstaaten, den **Spaltungsbericht** für **entbehrlich** zu erklären, wenn sämtliche Anteilsinhaber der beteiligten Gesellschaften auf seine Erstattung verzichten. Der deutsche Gesetzgeber hat von dieser Möglichkeit in §§ 125, 8 Abs. 3 UmwG Gebrauch gemacht. Bei einer grenzüberschreitenden Spaltung kann auf den Spaltungsbericht aber nur dann verzichtet werden, wenn auch die ausländische Rechtsordnung die Verzichtsmöglichkeit vorsieht. Bezüglich der **Form** etwaiger Verzichtserklärungen erscheint eine distributive Anknüpfung zum Schutz der Beteiligten ausreichend, da das Erfordernis der Beurkundung des Verzichts (§ 8 Abs. 3 Satz 2 UmwG) lediglich dem Schutz der Anteilsinhaber der beteiligten deutschen Gesellschaft dient. Die Form der Verzichtserklärung der Gesellschafter der ausländischen Gesellschaft unterliegt folglich deren Gesellschaftsstatut.[89] Da jedoch nicht auszuschließen ist, dass das Registergericht allein aufgrund des Wortlauts des § 8 Abs. 3 Satz 2 UmwG auch eine notarielle Beurkundung der Verzichtserklärungen durch die Gesellschafter der ausländischen Gesellschaft verlangt, sollte dies vorab mit dem zuständigen Registerrichter abgesprochen werden.

70 ff) **Prüfung und Prüfungsbericht.** Art. 8 Abs. 1 der Spaltungs-RL schreibt eine **Prüfung des Spaltungsplans** und die Erstattung eines schriftlichen **Prüfungsberichts** an die Aktionäre der an der Spaltung beteiligten Gesellschaften durch gerichtlich bestellte Sachverständige vor. Grundsätzlich hat die Prüfung für jede an der Spaltung beteiligte Gesellschaft durch gesonderte Sachverständige zu erfolgen. Die Mitgliedstaaten können jedoch die Prüfung durch einen gemeinsamen Prüfer zulassen, wenn dieser auf gemeinsamen Antrag der beteiligten Gesellschaften von einem Gericht oder einer Verwaltungsbehörde bestellt wird.

71 Bei **Aktiengesellschaften** ist der Spaltungsvertrag bzw. -plan oder der jeweilige Entwurf stets nach den §§ 9 bis 12 zu prüfen (§ 125 Satz 1 iVm § 60 UmwG). Handelt es sich bei der deutschen Gesellschaft um eine **GmbH**, ist eine Prüfung nach deutschem Recht nur auf Verlangen eines ihrer Gesellschafter erforderlich (§ 125 Satz 1 iVm § 48 UmwG). Bei einer grenzüberschreitenden Spaltung ist eine Prüfung jedoch unabhängig von einem

---

[88] Kallmeyer/*Marsch-Barner*, UmwG, § 8 Rn. 2; Semler/Stengel/*Gehling*, UmwG, § 8 Rn. 5; Lutter/*Lutter/Drygala*, UmwG, § 8 Rn. 8.
[89] So auch *H.-F. Müller* ZIP 2007, 1081, 1087 für die Verschmelzung.

Verlangen eines Gesellschafters der beteiligten GmbH erforderlich, wenn die Rechtsordnung des beteiligten ausländischen Rechtsträgers eine Prüfung zwingend vorschreibt.

Anders als bei der Verschmelzung entfällt das Erfordernis der Prüfung auch dann nicht, wenn sich alle Anteile des übertragenden Rechtsträgers in den Händen des übernehmenden Rechtsträgers befinden, da § 125 Satz 1 UmwG die Anwendung von § 9 Abs. 2 UmwG bei der Spaltung ausschließt.

Der deutsche Gesetzgeber hat von der in der Spaltungs-RL vorgesehenen Möglichkeit eines **gemeinsamen Prüfers** Gebrauch gemacht (vgl. § 125 Satz 1 iVm § 10 UmwG). Bei einer grenzüberschreitenden Spaltung setzt eine gemeinsame Prüfung zunächst voraus, dass auch das jeweilige ausländische Recht die Möglichkeit einer gemeinsamen Prüfung vorsieht. Ist das der Fall, stellt sich die Frage, nach welchen Kriterien und in welchem Verfahren der gemeinsame Prüfer zu bestellen ist sowie in welcher Sprache der gemeinsame Prüfer seinen Bericht zu erstatten hat. **72**

Hinsichtlich der **Person des Prüfers** sind die Vorschriften sämtlicher beteiligter Rechtsordnungen sowohl betreffend die persönlichen Qualifikationen als auch betreffend etwaiger Ausschlussgründe kumulativ anzuwenden. Ein gemeinsamer Prüfer muss folglich sowohl die Voraussetzungen nach § 125 Satz 1 iVm § 11 Abs. 1 Satz 1, § 319 HGB als auch diejenigen entsprechender Vorschriften der Rechtsordnung der beteiligten ausländischen Gesellschaften erfüllen. **73**

Der Spaltungsprüfer ist nach § 125 Satz 1 iVm § 10 Abs. 1 Satz 1 UmwG auf Antrag des Vertretungsorgans vom Gericht auszuwählen und zu bestellen. Zuständig ist gemäß § 125 Satz 1 iVm § 10 Abs. 1 Satz 1 UmwG jedes Landgericht, in dessen Bezirk ein übertragender Rechtsträger seinen Sitz hat. Maßgeblich ist dabei der Verwaltungssitz.[90] Für den Fall der Hinausspaltung ist daher nach deutschem Recht das Landgericht zuständig, in dessen Bezirk die übertragende Gesellschaft ihren Sitz hat. Fraglich ist jedoch, ob die Bestellung des Prüfers durch ein deutsches Gericht den jeweiligen ausländischen Vorschriften gerecht wird. Ist dies nicht der Fall, sollte der gemeinsame Prüfer auch von der zuständigen ausländischen Behörde bestellt werden, um Schwierigkeiten bei der Eintragung der Spaltung zu vermeiden.

Da der Prüfungsbericht dem Schutz der Anteilsinhaber dient, muss er – auch im Fall eines einheitlichen Berichts – zumindest in der **Sprache** der Sitzstaaten sämtlicher beteiligter Gesellschaften vorliegen.[91] Nach deutschem Recht müsste der in einer fremden Sprache abgefasste Spaltungsbericht für Zwecke der Einreichung beim Handelsregister im Zusammenhang mit der Anmeldung der Spaltung (vgl. § 125 Satz 1 iVm § 17 Abs. 1 UmwG) ohnehin in beglaubigter Form übersetzt werden. **74**

Der Prüfungsbericht muss das **Ergebnis der Prüfung** wiedergeben und insbesondere auf die Angemessenheit des Umtauschverhältnisses, etwaiger barer Zuzahlungen und der Barabfindung eingehen (§ 125 Satz 1 iVm § 12 Abs. 2 UmwG). Der Bericht braucht jedoch keine Tatsachen zu enthalten, deren Bekanntwerden geeignet ist, einer der beteiligten Gesellschaften oder einem verbundenen Unternehmen einen nicht unerheblichen Nachteil zuzufügen (§ 125 Satz 1 iVm § 12 Abs. 3, 8 Abs. 2 UmwG). **75**

Art. 10 der Spaltungs-RL ermöglicht es den Mitgliedstaaten, die **Prüfung und den Prüfungsbericht für entbehrlich zu erklären**, wenn sämtliche Anteilsinhaber der beteiligten Gesellschaften auf die Prüfung und die Erstattung des Prüfungsberichts verzichten. Der deutsche Gesetzgeber hat von dieser Möglichkeit in §§ 125 Satz 1 iVm § 9 Abs. 3, 8 Abs. 3 UmwG Gebrauch gemacht. Bei einer grenzüberschreitenden Spaltung kann auf **76**

---

[90] Lutter/*Lutter*/*Drygala*, UmwG, § 10 Rn. 7.
[91] *Sagasser*/*Swienty* DStR 1991, 1222, 1224; Manz/Mayer/Schröder/*Schröder*, Europäische Aktiengesellschaft, Art. 22 SE-VO Rn. 15 (jeweils für den Verschmelzungsbericht im Fall der Gründung einer Societas Europaea durch Verschmelzung).

die Prüfung und den Prüfungsbericht aber nur dann verzichtet werden, wenn auch die ausländische Rechtsordnung die Verzichtsmöglichkeit vorsieht. Bezüglich der Form etwaiger Verzichtserklärungen erscheint eine distributive Anknüpfung zum Schutz der Beteiligten ausreichend. Zumindest für die Verzichtserklärung der deutschen Anteilsinhaber ist folglich eine notarielle Beurkundung erforderlich. Die Form der Verzichtserklärung der Gesellschafter der ausländischen Gesellschaft bestimmt sich nach dem Gesellschaftsstatut der übertragenden Gesellschaft.[92] In der Praxis sollte jedoch mit dem zuständigen Registergericht die Form der Verzichtserklärungen der Anteilsinhaber des ausländischen Rechtsträgers besprochen werden, da nicht auszuschließen ist, dass das Registergericht auch eine Beurkundung dieser Verzichtserklärungen, evtl. sogar vor einem deutschen oder einem gleichwertigen Notar, verlangt.

77 **gg) Zustimmungsbeschlüsse.** Die **Zustimmungsbeschlüsse der Anteilsinhaber** der beteiligten Rechtsträger sind nach der Vereinigungstheorie nach den jeweils einschlägigen nationalen Vorschriften zu fassen.

78 **Gegenstand** des Zustimmungsbeschlusses nach deutschem Umwandlungsrecht ist entweder der Spaltungsvertrag bzw. -plan oder dessen Entwurf (§ 125 iVm §§ 13, 4 Abs. 2 UmwG). Wird der Beschluss über den Entwurf gefasst, muss der Entwurf mit allen Anlagen vollständig sein. Nach der Beschlussfassung dürfen keine inhaltlichen, sondern nur noch redaktionelle Änderungen vorgenommen werden.

79 Bei konsequenter Anwendung international-privatrechtlicher Grundsätze ist für die **Form** der Beschlussfassung allein das jeweils einschlägige nationale Recht ausschlaggebend. Eine kumulative Anknüpfung, nach der sich das jeweils strengere Recht durchsetzen würde, erscheint hier zum Schutze der beteiligten Anteilsinhaber nicht erforderlich. Dennoch ist für die Praxis anzuraten, auch diesbezüglich eine Abstimmung mit den zuständigen Registerstellen vorzunehmen. Es ist nicht auszuschließen, dass das deutsche Registergericht auf einer Beurkundung auch des Zustimmungsbeschlusses der Gesellschafter des ausländischen Rechtsträgers gemäß § 125 iVm § 13 Abs. 1 Satz 1 UmwG besteht, auch wenn dies nach der einschlägigen ausländischen Rechtsordnung nicht erforderlich ist.[93] Darüber hinaus ist auch nicht auszuschließen, dass das deutsche Registergericht eine Beurkundung des Zustimmungsbeschlusses der Gesellschafter des ausländischen Rechtsträgers durch einen inländischen Notar für erforderlich hält. Ist In diesem Fall auch nach dem jeweils anwendbaren ausländischen Recht eine Beurkundung des Zustimmungsbeschlusses der Gesellschafter der ausländischen Gesellschaft erforderlich und erkennt die ausländische Rechtsordnung eine Beurkundung in Deutschland nicht an, ist möglicherweise eine Doppelbeurkundung des Spaltungsbeschusses sowohl vor einem deutschen als auch vor einem ausländischen Notar vorzunehmen.[94]

80 Auch die **Mehrheitserfordernisse** richten sich ausschließlich nach dem jeweiligen nationalen Recht. Bei der übertragenden Gesellschaft ist daher im Falle einer GmbH gemäß § 125 Satz 1 iVm § 50 Abs. 1 Satz 1 UmwG grundsätzlich ein Beschluss mit einer Mehrheit von mindestens drei Vierteln der abgegebenen Stimmen, im Falle einer Aktiengesellschaft gemäß § 125 Satz 1 iVm § 65 Abs. 1 UmwG ein Beschluss mit einer Mehrheit von drei Vierteln des bei der Beschlussfassung vertretenen Grundkapitals erforderlich. Bei der GmbH kann der Gesellschaftsvertrag größere Mehrheiten oder weitere Erfordernisse vorsehen (§ 125 Satz 1 iVm § 50 Abs. 1 Satz 1 UmwG). Sind die Einlagen bei der überneh-

---

[92] So auch *H.-F. Müller* ZIP 2007, 1081, 1087 für die Verschmelzung.
[93] Vgl. den Praxisbericht bei *Dorr/Stukenborg* DB 2007, 647, 653; auch *Gesell/Krömker* DB 2006, 2558, 2562 empfehlen, den Zustimmungsbeschluss des ausländischen Rechtsträgers ggf. auch in Deutschland zu beurkunden.
[94] *Gesell/Krömker* DB 2006, 2558, 2562.

menden Gesellschaft nicht in voller Höhe geleistet und kommt nach dem anwendbaren ausländischen Recht eine Gesamthaft aller Gesellschafter für die ausstehenden Einlagen ähnlich wie nach § 24 GmbHG in Betracht, ist in analoger Anwendung von § 125 Satz 1 iVm 51 Abs. 1 UmwG die Zustimmung sämtlicher bei der Beschlussfassung der übertragenden Gesellschaft anwesenden Gesellschafter erforderlich. Sind bei der Aktiengesellschaft mehrere Gattungen von Aktien vorhanden, bedarf es gesonderter Zustimmungsbeschlüsse der stimmberechtigten Aktionäre jeder Gattung (§ 65 Abs. 2 UmwG). Im Falle einer nicht verhältniswahrenden Spaltung bedarf es darüber hinaus der Zustimmung sämtlicher Anteilsinhaber des übertragenden Rechtsträgers (§ 128 UmwG).

Ist an der Spaltung eine deutsche **GmbH** beteiligt, ist der Spaltungsvertrag bzw. -plan 81 oder der entsprechende Entwurf den Gesellschaftern spätestens zusammen mit der Einberufung der Gesellschafterversammlung, die über die Zustimmung beschließen soll, zu übersenden (§ 125 Satz 1 iVm § 47 UmwG). Darüber hinaus sind ab der Einberufung der Gesellschafterversammlung, die über die Zustimmung zum Spaltungsvertrag bzw. -plan entscheidet, die Jahresabschlüsse und die Lageberichte der an der Spaltung beteiligten Gesellschaften für die letzten drei Geschäftsjahre zur Einsicht auszulegen (§ 125 Satz 1 iVm 49 Abs. 2 UmwG). Für den Fall der Beteiligung einer deutschen **Aktiengesellschaft** sind darüber hinaus (i) der Spaltungsvertrag bzw. -plan (bzw. sein Entwurf), (ii) falls sich der letzte Jahresabschluss auf ein Geschäftsjahr bezieht, das mehr als sechs Monate vor dem Abschluss des Spaltungsvertrages oder der Aufstellung des Spaltungsplan (bzw. der Aufstellung der jeweiligen Entwürfe) abgelaufen ist, eine Zwischenbilanz auf einen Stichtag, der nicht vor dem ersten Tag des dritten Monats liegt, der dem Abschluss oder der Aufstellung vorausgeht, (iii) der Spaltungsbericht und (iv) der bzw. die Prüfungsberichte von der Einberufung der Hauptversammlung an auszulegen. Soweit die genannten Unterlagen zum Handelsregister einzureichen sind, müssen sie in deutscher Sprache erstellt bzw. in beglaubigter Form übersetzt werden.

Fraglich bleibt, in welcher **Sprache** die Jahresabschlüsse und Lageberichte ausgelegt 82 werden müssen. Der Gesetzgeber hat hier auch im Zusammenhang mit den Regelungen zu grenzüberschreitenden Verschmelzungen keine Klarheit geschaffen, obwohl dies zur Vermeidung anfechtbarer Formfehler wünschenswert gewesen wäre.[95] Angesichts ohnehin zunehmend internationaler Gesellschafterstrukturen erscheint der immense Aufwand der Übersetzung in die Sprache des Landes der jeweils beteiligten Gesellschaften wenig zielführend. Die Auslegung in der Originalsprache sollte daher ausreichend sein. Besteht das Risiko der Anfechtung des Zustimmungsbeschlusses kann der Aufwand der Übersetzung aber gerechtfertigt sein, um das Risiko einer Blockade der Umstrukturierung für nicht unerhebliche Zeiträume zu minimieren.[96]

Eine **Vertretung** bei der Beschlussfassung ist zulässig. Nach § 167 Abs. 2 BGB gilt für 83 die Bevollmächtigung das Beurkundungserfordernis nach § 125 Satz 1 iVm § 13 UmwG nicht. Allerdings sind im Falle der Beteiligung einer GmbH das Textformerfordernis nach § 47 Abs. 3 GmbHG und bei der Beteiligung einer Aktiengesellschaft, einer Societas Europaea und einer Kommanditgesellschaft auf Aktien das Schriftformerfordernis nach § 134 Abs. 3 Satz 2 AktG zu beachten.

hh) Kapitalerhöhungsbeschluss bei der übernehmenden Gesellschaft. Bei der 84 Auf- oder Abspaltung zur Aufnahme muss die übernehmende Gesellschaft in der Regel ihr **Kapital erhöhen**, um den Anteilsinhabern der übertragenden Gesellschaft neue An-

---

[95] *Drinhausen/Keinath* RIW 2006, 81, 84; *Louven* ZIP 2007, 2021, 2027.
[96] Ebenso *Louven* ZIP 2007, 2021, 2027.

teile gewähren zu können. Die Kapitalerhöhung richtet sich als rein gesellschaftsinterner Vorgang nach dem Gesellschaftsstatut der übernehmenden Gesellschaft.

85   **ii) Kapitalherabsetzungsbeschluss bei der übertragenden Gesellschaft.** Die Abspaltung eines Teils des Vermögens bei der übertragenden Gesellschaft kann dazu führen, dass deren **Grund- bzw. Stammkapital nicht mehr gedeckt** ist. Handelt es sich bei der übertragenden Gesellschaft um eine deutsche GmbH oder eine Aktiengesellschaft, ist gegebenenfalls das Stamm- bzw. Grundkapital entsprechend herabzusetzen um das Entstehen einer Unterbilanz zu vermeiden. Die Kapitalherabsetzung richtet sich ebenso wie die Kapitalerhöhung ausschließlich nach dem Gesellschaftsstatut der betroffenen Gesellschaft. Bei der GmbH und der Aktiengesellschaft ist diesbezüglich zu beachten, dass die Kapitalherabsetzung jeweils in vereinfachter Form vorgenommen werden kann (§§ 139, 145 UmwG).

86   **jj) Registereintragung, Wirksamkeitszeitpunkt.** Nach Art. 15 Spaltungs-RL bestimmen die Mitgliedstaaten den **Zeitpunkt**, zu dem die **Spaltung wirksam** wird. Nach deutschem Recht ist die Eintragung der Spaltung im Register des Sitzes der übertragenden Gesellschaft Voraussetzung für die Wirksamkeit der Spaltung (§ 131 UmwG). Die Spaltung darf erst dann in das Register des Sitzes der übertragenden Gesellschaft eingetragen werden, wenn sie im Register des Sitzes der übernehmenden Gesellschaft eingetragen ist. Die Eintragung im Register des Sitzes der übernehmen Gesellschaft ist dabei mit dem Vermerk zu versehen, dass die Spaltung erst mit der Eintragung im Register des Sitzes der übertragenden Gesellschaft wirksam wird (§ 130 UmwG).

87   Probleme können sich ergeben, wenn die Spaltung nach der **Rechtsordnung der beteiligten ausländischen Gesellschaft** zu einem **anderen Zeitpunkt** wirksam wird. Gemäß der Vereinigungstheorie ist in solchen Fällen sicherzustellen, dass die Spaltung nicht wirksam wird, bevor sämtliche Voraussetzungen nach den beteiligten Rechtsordnungen erfüllt sind.[97] Dies kann zB durch die Aufnahme entsprechender aufschiebender Bendingungen in den Spaltungsvertrag bzw. -plan erfolgen.

Die jeweiligen Wirksamkeitszeitpunkte sind daher im Einzelfall zu überprüfen. Erforderlichenfalls ist eine genaue Abstimmung des Umwandlungsvorgangs mit den nationalen Registern vorzunehmen.

88   Im Zusammenhang mit der **Anmeldung der Spaltung** gilt weiterhin zu beachten, dass von dem deutschen Registergericht kaum verlangt werden kann, die Voraussetzungen der Spaltungen nach der einschlägigen ausländischen Rechtsordnung zu überprüfen. Dieses Problem ist jedoch auch aus anderen Sachverhalten hinlänglich bekannt. So wird in der Praxis die Vertretungsbefugnis bei ausländischen Gesellschaften gegenüber deutschen Registergerichten durch entsprechende notarielle Bescheinigungen nachgewiesen. Anhand einer solchen Bescheinigung sollte in Absprache mit dem Registergericht auch die Rechtmäßigkeit der Spaltung nach der ausländischen Rechtsordnung nachgewiesen werden. Hierbei kann es sich um die Bescheinigung des ausländischen Registers oder jeder anderen Stelle handeln, die die Voraussetzung der Spaltung zu prüfen hat.[98] Mit solchen Bescheinigungen sollten die Registergerichte zunehmend vertraut werden, da auch § 122k für grenzüberschreitende Verschmelzungen eine solche Bescheinigung vorsieht.

---

[97] *Limmer*, Handbuch der Unternehmensumwandlung, Teil 6 Rn. 34 (für Verschmelzung).
[98] So ist beispielsweise in den Niederlanden der beurkundende Notar für die Überprüfung der Rechtmäßigkeit verantwortlich. Die Eintragung im Register hat dagegen nur deklaratorischen Charakter, vgl. *Gesell/Krömker* DB 2006, 2558, 2562.

kk) Wirkung. Nach Art. 17 Abs. 1 der Spaltungs-RL treten bei der Aufspaltung (für 89 die Abspaltung gilt entsprechendes über Art. 25 der Spaltungs-RL) *ipso iure* folgende **Wirkungen** ein:

- das gesamte auf- bzw. abzuspaltende Vermögen geht gemäß der im Spaltungsvertrag bzw. -plan vorgesehenen Aufteilung von der übertragenden auf die übernehmende Gesellschaft über,
- wird im Falle der Aufspaltung ein Gegenstand des Aktivvermögens im Spaltungsvertrag bzw. -plan nicht zugeteilt und lässt sich die Zuteilung auch durch Auslegung nicht ermitteln, so wird der Gegenstand oder dessen Gegenwert auf alle übernehmenden Gesellschaften anteilig entsprechend der Aufteilung des Nettoaktivvermögens im Spaltungsvertrag bzw. -plan übertragen.
- die Gesellschafter der spaltenden Gesellschaft werden entsprechend der im Spaltungsvertrag bzw. -plan vorgesehen Aufteilung Gesellschafter der übernehmenden Gesellschaft und
- im Falle der Aufspaltung erlischt die übertragende Gesellschaft.

Entsprechende Regelungen sieht § 131 UmwG vor. Bei Spaltungen unter Beteiligung von Rechtsträgern anderer Mitgliedstaaten der EU dürften insoweit keine Schwierigkeiten auftreten.

Nach Art. 17 Abs. 3 Satz 1 der Spaltungs-RL bleiben jedoch die Rechtsvorschriften der 90 Mitgliedstaaten, die für die Wirksamkeit der Übertragung bestimmter Vermögensgegenstände **besondere Förmlichkeiten** erfordern, unberührt. Eine dahingehende Regelung sah § 132 UmwG a.F. vor der Umsetzung des Zweiten Gesetzes zur Änderung des Umwandlungsgesetzes vom 19. April 2007 vor. Weitergehend als die Spaltungs-RL, die lediglich von „Förmlichkeiten" spricht, sah § 132 UmwG a.F. vor, dass allgemeine Vorschriften, welche die Übertragung eines bestimmten Gegenstandes ausschließen oder an bestimmte Voraussetzungen knüpfen, unberührt bleiben.[99] Aufgrund des sehr weiten Wortlauts der Norm wurden zahlreiche Versuche unternommen, den Anwendungsbereich der Vorschrift teleologisch zu reduzieren. In der Praxis verblieben dennoch zahlreiche Zweifelsfragen.[100] Die Vorschrift wurde daher ersatzlos gestrichen.

Hinsichtlich des **Vermögensübergangs** im Wege der (partiellen) Gesamtrechtsnachfolge sind die Personalstatuten der beteiligten Gesellschaften kumulativ anzuknüpfen.[101] Bei der Spaltung unter Beteiligung von Gesellschaften aus anderen EU-Mitgliedstaaten ist daher zu prüfen, ob diese Art. 17 Abs. 3 Satz 1 der Spaltungs-RL in entsprechende nationale Vorschriften umgesetzt haben. Ist dies der Fall, so ist im Einzelnen zu prüfen, nach welchen Rechtsvorschriften sich die Form der Übertragung der von der Spaltung betroffenen Vermögensgegenstände richtet.[102] Die anwendbaren Formvorschriften sind dann ggf. zu beachten.

Die Gesamtrechtsnachfolge umfasst grundsätzlich auch das im **Ausland belegene Ver-** 92 **mögen** der übertragenden Gesellschaft. Erkennt das Belegenheitsrecht die Gesamtrechts-

---

[99] Vgl. zur Vereinbarkeit des § 132 UmwG a.F. mit Art. 17 der Spaltungs-RL Widmann/Mayer/*Mayer*, Umwandlungsrecht, § 132 UmwG Rn. 6ff.
[100] Vgl. Lutter/*Teichman*, UmwG, § 132 Rn. 10ff.; Kallmeyer/*Kallmeyer*, UmwG, § 132 Rn. 2ff.
[101] Ulmer/Habersack/Winter/*Behrens*, GmbHG, Einl. B Rn. B125; nicht eindeutig MünchKomm/*Kindler*, BGB, IntGesR, Rn. 860 (Personalstatut des übertragenden Rechtsträgers für Vermögensübergang) und Rn. 863 (kumulative Anwendung der Personalstatute).
[102] Nach deutschem internationalen Privatrecht bestimmt sich das auf Verträge anwendbare Recht nach Art. 3ff. Rom I-VO, das auf Sachen anwendbare Recht nach dem Ort der Belegenheit (*lex rei sitae*, vgl. Art. 43 EGBGB). Hinsichtlich der zu beachtenden Formvorschriften gilt grundsätzlich alternativ das Wirkungs- oder das Ortsstatut (vgl. Art. 11 EGBGB).

nachfolge jedoch nicht an, empfiehlt es sich, eine Einzelrechtsübertragung vorzunehmen.[103]

93 Hinsichtlich des **Bestandsschutzes** schreibt Art. 19 der Spaltungs-RL vor, dass eine wirksam gewordene Spaltung grundsätzlich nur durch eine gerichtliche Entscheidung für nichtig erklärt werden kann. Nach Wirksamwerden der Spaltung kann diese nur innerhalb von sechs Monaten und nur wegen Fehlens einer vorbeugenden richterlichen Kontrolle oder einer öffentlichen Beurkundung oder dann für nichtig erklärt werden, wenn festgestellt wird, dass der Beschluss der Hauptversammlung nach innerstaatlichem Recht nichtig oder anfechtbar ist. In der Literatur wird die Ansicht vertreten, dass sich der Bestandsschutz bei der Hinausumwandlung nach dem Recht des Staates richtet, dem die übernehmende Gesellschaft unterliegt.[104] Dem kann jedoch nicht gefolgt werden. Sieht das Recht der übertragenden Gesellschaft gemäß der Spaltungs-RL beispielsweise vor, dass die Spaltung aufgrund eines nichtigen oder anfechtbaren Zustimmungsbeschlusses für nichtig erklärt werden kann, muss dieses Recht den Anteilsinhabern auch im Falle einer grenzüberschreitenden Spaltung zustehen. Der Bestandsschutz ist daher kumulativ anzuknüpfen. Nach deutschem Recht lassen Mängel der Spaltung die Wirkung der Eintragung der Spaltung grundsätzlich unberührt (§ 131 Abs. 2 UmwG). Ausnahmen sind allenfalls denkbar, wenn Kernvoraussetzungen der Umwandlung missachtet werden und dadurch in den Kernbereich des Mitgliedschaftsrechts eingegriffen wird. Dies wird jedoch nur in Ausnahmefällen erwogen, beispielsweise wenn kein Umwandlungsbeschluss gefasst wurde.[105]

e) Schutz der Anteilsinhaber

94 Im Hinblick auf den **Schutz der Anteilsinhaber** ist ein distributiver Ansatz notwendig aber auch ausreichend, da der Schutz bei grenzüberschreitenden Spaltungen weder hinter demjenigen bei rein nationalen Spaltungen zurückbleiben darf, noch über diesen hinausgehen muss. Der Schutz der Anteilsinhaber der beteiligten deutschen Gesellschaft bestimmt sich daher ausschließlich nach deutschem Recht. Die wesentlichen Elemente des Schutzes der Anteilsinhaber sind das Abfindungsangebot, das denjenigen Gesellschaftern zu unterbreiten ist, die dem Spaltungsbeschluss widersprechen und die Möglichkeit der gerichtlichen Überprüfung des Umtauschverhältnisses bzw. des Barabfindungsangebotes.

95 **aa) Abfindungsangebot an widersprechende Gesellschafter.** Vgl. dazu die Ausführungen vorstehend unter Rn. 58 zum Abfindungsangebot im Spaltungsvertrag bzw. -plan.

96 **bb) Verbesserung des Umtauschverhältnisses bzw. des Barabfindungsangebotes.** Nach deutschem Umwandlungsrecht können Klagen der Anteilsinhaber der übertragenden Gesellschaft gegen die Wirksamkeit des Spaltungsbeschlusses nicht darauf gestützt werden, dass das **Umtauschverhältnis** der Anteile (§ 125 iVm § 14 Abs. 2 UmwG) oder das **Barabfindungsangebot** (§ 125 iVm § 32 UmwG) **zu niedrig** bemessen ist. In beiden Fällen sieht das Gesetz die Einleitung eines Spruchverfahrens vor, in dem das angemessen Umtauschverhältnis bzw. die angemessene Barabfindung festgelegt wird (§ 125 iVm § 15 Abs. 1 Satz 2, § 34 UmwG).

97 Konflikte können sich in diesem Zusammenhang ergeben, wenn das **ausländische Recht** ein dem **Spruchverfahren** vergleichbares Verfahren zur Überprüfung der Ange-

---

[103] Lutter/*Grunewald*, UmwG, § 20 Rn. 11; Semler/Stengel/*Kübler*, UmwG, § 20 Rn. 10; Kallmeyer/ Marsch-Barner, UmwG, § 20 Rn. 5; Widmann/Mayer/*Vossius*, UmwG, § 20 Rn. 33 ff.
[104] *Drinhausen/Keinath* BB 2006, 725, 730; *Krause/Kulpa* ZHR 171 (2007), 38, 69 f.
[105] Lutter/*Teichmann*, UmwG, § 131 Rn. 15.

messenheit des Umtauschverhältnisses oder der Barabfindung **nicht kennt**. In vergleichbaren Situationen bei der Societas Europaea und bei grenzüberschreitenden Verschmelzungen kommt ein Spruchverfahren nur dann in Betracht, wenn auch die beteiligte ausländische Rechtsordnung ein solches Verfahren zur Kontrolle und Änderung des Umtauschverhältnisses bzw. der Abfindung kennt oder die Anteilsinhaber der beteiligten ausländischen Gesellschaft im Umwandlungsbeschluss der Möglichkeit der Einleitung eines Spruchverfahrens ausdrücklich zustimmen (vgl. § 122i Abs. 2 UmwG bei grenzüberschreitenden Verschmelzungen und Art. 25 Abs. 3 SE-VO für Gründung einer Societas Europaea durch Verschmelzung). Hintergrund ist die vom europäischen Verordnungsgeber gewollte Gleichbehandlung der Anteilsinhaber der an den jeweiligen Verfahren beteiligten Gesellschaften.[106] Zu einer Benachteiligung der Anteilseigner, denen ein Spruchverfahren nicht offen steht, kommt es jedoch nicht, da diesen die Möglichkeit offen steht, den Umwandlungsbeschluss insgesamt anzufechten.[107] Auch nach deutschem Umwandlungsrecht sind lediglich die Anteilsinhaber der übertragenden Gesellschaft zwingend auf das Spruchverfahren verwiesen, wenn sie das Umtauschverhältnis oder die angebotene Abfindung überprüfen lassen wollen. Dagegen steht den Gesellschaftern der übernehmenden Gesellschaft die Erhebung einer Anfechtungsklage gegen den Spaltungsbeschluss offen. Auch hier werden die Anteilsinhaber der beteiligten Gesellschaften folglich ungleich behandelt. Da es sich im Falle der Societas Europaea und der grenzüberschreitenden Verschmelzung um Ergebnisse politischer Einigungsprozesse handelt, die keinen zwingenden rechtlichen Hintergrund haben, kommt der Anfechtungsausschluss und die Möglichkeit der Einleitung eines Spruchverfahrens (§ 125 iVm §§ 14 Abs. 2, 15 Abs. 1 Satz 2, 32, 34 UmwG) bei grenzüberschreitenden Spaltungen u.E. auch dann zur Anwendung, wenn die Rechtsordnung des beteiligten ausländischen Rechtsträgers ein dem Spruchverfahren vergleichbares Verfahren nicht kennt. Um Zweifelsfragen zu umgehen, sollte in der Praxis jedoch in dem Spaltungsbeschluss eine Zustimmung der Anteilsinhaber des ausländischen Rechtsträgers zur Anwendung des Spruchverfahrens vorgesehen werden.

Unabhängig von der soeben erörterten Thematik stellt sich die Frage nach der **internationalen Zuständigkeit** deutscher Gerichte im Spruchverfahren. Nach deutschem Internationalen Zivilprozessrecht (IZPR) richtet sich die internationale Zuständigkeit grundsätzlich nach den örtlichen Gerichtsstandsnormen.[108] Nach § 2 SpruchG ist demnach das Landgericht zuständig, in dessen Bezirk der Rechtsträger, dessen Anteilsinhaber antragsberechtigt sind, seinen Sitz hat. Bei der Spaltung stellt sich wie bei der Verschmelzung die Frage, welcher Rechtsträger der maßgebliche ist. Da der Antrag gegen den übernehmenden Rechtsträger zu richten ist, könnte insbesondere in Fällen, in denen der übertragende Rechtsträger liquidationslos erlischt, der übernehmende Rechtsträger gemeint sein. Für die Zuständigkeit des Landgerichts am Sitz des übertragenden Rechtsträgers spricht jedoch der Wortlaut des § 15 UmwG, der den Anteilsinhabern des *übertragenden* Rechtsträgers einen Anspruch auf bare Zuzahlung zuspricht.[109] Die deutschen Regelungen des IZPR werden vorliegend jedoch durch die Verordnung (EG) Nr. 44/2001 des Rates vom 22.12.2000 über die gerichtliche Zuständigkeit und Anerkennung und Vollstreckung von Entscheidungen in Zivil- und Handelssachen (EUGVVO) als höherrangigem Recht verdrängt.[110] Gemäß Art. 22 Nr. 2 EUGVVO sind ohne Rücksicht auf den (Wohn)Sitz des Beklagten für Klagen, die die Gültigkeit der Beschlüsse der Organe einer

98

---

[106] Manz/Mayer/Schröder/*Schröder*, Europäische Aktiengesellschaft, Art. 25 SE-VO Rn. 27.
[107] Kritisch auch Manz/Mayer/Schröder/*Schröder*, Europäische Aktiengesellschaft, Art. 25 SE-VO Rn. 27.
[108] *Geimer*, Int. Zivilprozessrecht, Rn. 946.
[109] Widmann/Mayer/*Vollrath*, Umwandlungsrecht, Anh. 13 SpruchG, § 2 Rn. 6.
[110] *Nießen* NZG 2006, 441.

Gesellschaft zum Gegenstand haben, die Gerichte des Mitgliedstaates, in dessen Hoheitsgebiet die Gesellschaft ihren Sitz hat, ausschließlich zuständig. Obwohl das Spruchverfahren nicht die Gültigkeit des Gesellschafterbeschlusses zum Gegenstand hat, bejaht die herrschende Ansicht in der Literatur die (analoge) Anwendbarkeit dieser Vorschrift, da das Spruchverfahren an die Stelle der Anfechtungsklage tritt und es auch hier um die materielle Überprüfung des Beschlussinhalts geht.[111] Für Spruchverfahren, die von Anteilsinhabern einer deutschen übertragenden Gesellschaft eingeleitet werden, sind daher die deutschen Gerichte zuständig.

f) Schutz der Gläubiger

99   Gerade im Vergleich zur Verschmelzung ist der **Schutz der Gläubiger** bei der Spaltung besonders dringlich. Das Vermögen des Schuldners wird bei der Spaltung aufgeteilt. Die Gläubiger müssen sich an diejenige Gesellschaft halten, der die jeweilige Verbindlichkeit im Spaltungsvertrag bzw. -plan zugewiesen wurde. Dabei sind sie zum einen der Willkür der an der Spaltung beteiligten Gesellschaften ausgeliefert, die nicht verpflichtet sind, die an der Spaltung beteiligten Rechtsträger ihren Verbindlichkeiten entsprechend mit Aktivvermögen auszustatten. Zum anderen müssen sie ggf. mit den Altgläubigern eines neuen Schuldners konkurrieren. Aber auch die Altgläubiger der aufnehmenden Gesellschaft sind schützenswert, da ihren Schuldnern unter Umständen Verbindlichkeiten ohne entsprechende Aktiva zugeordnet werden.[112]

100   Art. **12 der Spaltungs-RL** verlangt die Einrichtung **angemessener Schutzsysteme** für diejenigen Gläubiger der an der Spaltung beteiligten Gesellschaften, deren Forderungen vor der Bekanntmachung des Spaltungsplans entstanden, aber zum Zeitpunkt der Bekanntmachung noch nicht fällig sind (Art. 12 Abs. 1 der Spaltungs-RL). Die Spaltungs-RL stellt es den Mitgliedstaaten frei, entweder einen Anspruch auf angemessene Garantien kombiniert mit einer subsidiären gesamtschuldnerischen Haftung der beteiligten Gesellschaft (vgl. Art. 12 Abs. 2 und 3 der Spaltungs-RL), oder eine primäre und unbegrenzte gesamtschuldnerische Haftung der beteiligten Gesellschaften (vgl. Art. 12 Abs. 5 der Spaltungs-RL) vorzusehen. Art. 12 Abs. 2 der Spaltungs-RL sieht einen Anspruch der Gläubiger auf angemessene Garantien vor, wenn die finanzielle Lage der beteiligten Rechtsträger einen solchen Schutz erforderlich macht. Zusätzlich schreibt Art. 12 Abs. 3 der Spaltungs-RL eine als Ausfallhaftung ausgestaltete Gesamthaft der an der Spaltung beteiligten Rechtsträger für die Ansprüche der Gläubiger vor. Diese kann jedoch mit Ausnahme derjenigen Gesellschaft, auf welche die betroffene Verbindlichkeit übertragen wurde, auf das übernommene Nettoaktivvermögen begrenzt werden. Alternativ können die Mitgliedstaaten gemäß Art. 12 Abs. 5 der Spaltungs-RL eine primäre gesamtschuldnerische Haftung der beteiligten Rechtsträger vorsehen, die nicht auf das jeweils übernommene Nettoaktivvermögen begrenzt werden kann. Eine Harmonisierung der Gläubigerschutzsysteme ist mit den Vorgaben der Spaltungs-RL jedoch nicht verbunden. Es fehlen beispielsweise Vorgaben zum Zeitpunkt der Stellung von Sicherheiten oder dazu, welche der beteiligten Gesellschaften die Sicherheiten zu stellen haben. Es bleibt den Mitgliedstaaten überlassen, den Gläubigerschutz im Rahmen der Vorgaben der Spaltungs-RL auszugestalten.

101   Das **deutsche Umwandlungsrecht** kennt sowohl das Recht der Gläubiger auf **Sicherheitsleistung** (§ 125 iVm § 22 UmwG) als auch die **gesamtschuldnerische Haf-**

---

[111] *Wasmann*, Kölner Kommentar zum Spruchgesetz, § 2 Rn. 21; kritisch *Nießen* NZG 2006, 441, 444, der jedoch über Art. 5 Nr. 1a EUGVVO ebenfalls zur Zuständigkeit der deutschen Gerichte kommt, da der Leistungsort für auf dem Gesellschaftsvertrag beruhende Rechte und Pflichten der jeweilige Sitz der Gesellschaft sei.
[112] A.A. *Prüm*, Die grenzüberschreitende Spaltung, S. 86 f.

tung der an der Spaltung beteiligten Gesellschaften (§ 133 UmwG). So können Gläubiger der an der Spaltung beteiligten Rechtsträger, die glaubhaft machen, dass durch die Spaltung die Erfüllung ihrer Forderungen gefährdet wird, gemäß § 125 iVm § 22 UmwG die Stellung von Sicherheiten verlangen. Zum anderen sieht § 133 UmwG eine gesamtschuldnerische Haftung der beteiligten Rechtsträger für Forderungen der Gläubiger des übertragenden Rechtsträgers vor, die vor dem Wirksamwerden der Spaltung begründet wurden. Ansprüche gegenüber derjenigen Gesellschaft, der die entsprechende Forderung nicht zugewiesen wurde, müssen jedoch innerhalb von fünf Jahren gerichtlich geltend gemacht werden (Ausschlussfrist). Die gesamtschuldnerische Haftung ist eine primäre Haftung. Eine Beschränkung der Haftung auf das jeweils übernommene Aktivvermögen sieht das deutsche Recht nicht vor.

Es erscheint interessengerecht, die Gläubigerschutzsysteme der beteiligten Gesellschaften **distributiv anzuknüpfen**. Der Schutz der Gläubiger bestimmt sich daher nach demjenigen Recht, dem der Schuldner, also die an der Spaltung beteiligte Gesellschaft, unterliegt. Für einen darüber hinausgehenden kumulativen Ansatz zum Schutz der Gläubiger bestehen keine erkennbaren Gründe.[113] Abzulehnen ist auch eine einheitliche Anknüpfung an das Statut des übertragenden Rechtsträgers. Hiergegen spricht, dass ein Teil der Gläubiger darauf verwiesen würde, ihre Rechte nach einem fremden, nicht von ihnen durch die Wahl des Schuldners bestimmten Statut geltend zu machen.[114]

102

aa) Recht auf Sicherheitsleistung. Zwar ist es grundsätzlich ausreichend, die Vorschriften zum Gläubigerschutz distributiv anzuknüpfen. Denkbar ist jedoch, dass die **nach einer Rechtsordnung vorgesehene Haftung den Rechtsträger einer anderen Rechtsordnung trifft**. So ordnen § 125 Satz 1 iVm § 22 UmwG beispielsweise die Leistung von Sicherheiten an. Der Anspruch auf die Sicherheitsleistung kann jedoch erst nach Wirksamwerden der Spaltung geltend gemacht werden, richtet sich also gegen die übernehmende Gesellschaft. Fraglich ist, ob dieser Anspruch auch dann durchsetzbar ist, wenn die betreffende ausländische Rechtsordnung einen Anspruch auf Sicherheitsleistung nicht vorsieht. Dies ist zu bejahen. Die Gläubiger der deutschen Gesellschaft müssen auf die Schutzmechanismen, die ihnen das auf ihren Schuldner anwendbare Statut gewährt, vertrauen können. Sie dürfen nicht deswegen schlechter gestellt werden, weil sich ihr Schuldner zu einem Umwandlungsvorgang unter Beteiligung einer ausländischen Gesellschaft entschließt. Die ausländische Gesellschaft, die sich dafür entscheidet, einen Teil des Vermögens einer deutschen Gesellschaft im Wege der Spaltung zu übernehmen, kann sich dagegen auf die hieraus resultierenden Rechtsfolgen einstellen. Der dann gegen die ausländische Gesellschaft durchsetzbare Anspruch auf Sicherheitsleistung benachteiligt zwar u.U. die Gläubiger der übernehmenden Gesellschaft. Diese nur mittelbare Benachteiligung ist jedoch hinzunehmen, da die Gläubiger auch sonst nicht davor geschützt sind, dass ihr Schuldner Rechtsgeschäfte abschließt, die sich auf seine Vermögenslage negativ auswirken. Dies gilt unabhängig davon, ob der Anspruch auf Sicherheitsleistung bereits vor dem Wirksamwerden der Spaltung entstanden und damit im Wege der partiellen Gesamtrechts-

103

---

[113] *Lennerz*, Die internationale Verschmelzung und Spaltung unter Beteiligung deutscher Gesellschaften, S. 207; *Prüm*, Die grenzüberschreitende Spaltung, S. 86 f.; a.A. *Behrens*, Großkommentar GmbHG, Einl. B 125.
[114] *Lennerz*, Die internationale Verschmelzung und Spaltung unter Beteiligung deutscher Gesellschaften, S. 210; a.A. *Beitzke*, FS Hallstein, 14, 29 f., der im Falle von Abweichungen beim Gläubigerschutz der übertragenden und der übernehmenden Gesellschaft von der einheitlichen Geltung des Gläubigerschutzsystems des übertragenden Rechtsträgers ausgeht.

nachfolge auf die übernehmende Gesellschaft übergeht, oder ob der Anspruch erst nach dem Wirksamwerden der Spaltung entsteht.[115]

104 Ein weiteres Problem kann auftreten, wenn zwar sowohl die Gläubiger des übertragenden als auch die Gläubiger des übernehmenden Rechtsträgers einen Anspruch auf Sicherheitsleistung haben, die **Ansprüche** in den beteiligten Rechtsordnungen aber **an verschiedene Zeitpunkte anknüpfen**. Nach Art. 12 Abs. 1 der Spaltungs-RL müssen die Rechtsvorschriften einen angemessenen Schutz der Gläubiger vorsehen, deren Forderungen vor der *Bekanntmachung des Spaltungsplans* entstanden, aber noch nicht fällig sind. Dagegen knüpft § 22 UmwG an den Zeitpunkt der *Bekanntmachung der Eintragung der Spaltung* (§ 125 iVm § 19 Abs. 3 UmwG) an. Folglich ist es denkbar, dass nach ausländischem Recht die Gläubiger der ausländischen an der Spaltung beteiligten Gesellschaft zu einem Zeitpunkt Sicherheiten verlangen können, zu dem dies den Gläubigern der deutschen Gesellschaft noch nicht möglich ist. Damit der Gläubigerschutz nicht teilweise leerläuft, muss sichergestellt werden, dass die Gläubiger eines der beteiligten Rechtsträger nicht zu einem früheren Zeitpunkt Sicherheiten verlangen können, als die Gläubiger des anderen Rechtsträgers. Zwar ist grundsätzlich eine Gleichbehandlung der Gläubiger des übertragenden und des übernehmenden Rechtsträgers nicht erforderlich. Art. 12 Abs. 3 der Spaltungs-RL iVm Art. 13 Abs. 3 der Verschmelzungsrichtlinie besagt ausdrücklich, dass der Schutz der Gläubiger der übertragenden Rechtsträger anders ausgestaltet werden kann, als der Schutz der Gläubiger der übernehmenden Rechtsträger. Gewähren beide Rechtssysteme den Gläubigern jedoch einen Anspruch auf Sicherheitsleistung, kann der Anspruch der Gläubiger eines Rechtsträgers nicht dadurch faktisch ausgehöhlt werden, dass die Gläubiger des anderen Rechtsträgers den Anspruch auf Sicherheitsleistung bereits zu einem früheren Zeitpunkt durchsetzen können. Es ist daher im Wege der Anpassung sicherzustellen, dass die Gläubiger der beteiligten Rechtsträger ihren Anspruch auf Sicherheitsleistung nur zeitgleich durchsetzen können.

In der Praxis kann dies dann Probleme bereiten, wenn nach der ausländischen Rechtsordnungen der Anspruch auf Sicherheitsleistung an Verfahrensschritte anknüpft, die nach dem deutschen Recht nicht vorgesehen sind.[116] Gemäß der Vereinigungstheorie sollte der einschlägige Verfahrensschritt auch bezüglich des deutschen Rechtsträgers nachvollzogen werden.[117]

105 Zu beachten gilt weiterhin, dass manche ausländische Rechtsordnungen den Gläubigern der beteiligten Gesellschaften ein **Recht zum Widerspruch** gegen die Spaltung einräumen.[118]

106 **bb) Gesamtschuldnerische Haftung.** Die deutschen Regelungen zur **gesamtschuldnerischen Haftung** der an der Spaltung beteiligten Rechtsträger gehen teilweise

---

[115] *Lennerz*, Die internationale Verschmelzung und Spaltung unter Beteiligung deutscher Gesellschaften, S. 219 f.
[116] Vgl. *Gesell/Krömker* DB 2006, 2558, 2561 zum Fall der Verschmelzung einer niederländischen auf eine deutsche Gesellschaft.
[117] So knüpft beispielsweise das niederländische Recht an die Veröffentlichung der Tatsache an, dass die Umwandlungsdokumente beim Handelsregister hinterlegt worden sind, vgl. *Gesell/Krömker* DB 2006, 2558, 2561; nach französischem Recht ist der Spaltungsvertrag bzw. -plan einen Monat vor der Erteilung der Zustimmungsbeschlüsse beim Register auszulegen, um den Gläubigern zu ermöglichen, Sicherheitsleistung zu verlangen, vgl. *Dorr/Stukenborg* DB 2007, 647, 652. Eine solche Veröffentlichung findet nach dem deutschen Umwandlungsgesetz aber nur bei Beteiligung von Aktiengesellschaft (§ 125 iVm § 61 UmwG) bzw. bei grenzüberschreitenden Verschmelzungen (§ 122d UmwG) statt.
[118] Vgl. *Dorr/Stukenborg* DB 2003, 647, 650 für die Verschmelzung nach italienischem Recht, nach dem die Gläubiger in dem Zeitraum von zwei Monaten vor der Eintragung der Verschmelzung widersprechen können,

über die Vorschriften der Spaltungs-RL hinaus, teilweise bleiben sie hinter der Spaltungs-RL zurück. So haften die beteiligten Rechtsträger für die Verbindlichkeiten des übertragenden Rechtsträgers, die vor der Spaltung begründet wurden, als Gesamtschuldner. Der deutsche Gesetzgeber hat dabei nicht von der in Art. 12 der Spaltungs-RL vorgesehenen Möglichkeit Gebrauch gemacht, die Haftung als subsidiäre Ausfallhaftung auszugestalten oder die Haftung auf das übernommene Aktivvermögen zu beschränken.[119] Anderseits haften diejenigen Rechtsträger, denen die betroffene Verbindlichkeit nicht zugewiesen wurden, nach § 133 Abs. 3 AktG nur, wenn diese vor Ablauf von fünf Jahren nach der Spaltung fällig sind und die Ansprüche gerichtlich geltend gemacht wurden.[120]

Im Hinblick auf die gesamtschuldnerische Haftung der an der Spaltung beteiligten **107** Rechtsträger ergeben sich Probleme, wenn die Rechtsordnungen der anderen beteiligten Rechtsträger die **gesamtschuldnerische Haftung anders ausgestaltet** haben, als das deutsche Recht. So kann beispielsweise gemäß der Spaltungs-RL in anderen Mitgliedstaaten die gesamtschuldnerische Haftung eines Rechtsträgers, dem die in Frage stehende Verbindlichkeit nicht zugewiesen ist, auf das übernommene Aktivvermögen beschränkt sein. Die gesamtschuldnerische Haftung kann auch anders als im deutschen Recht nur als subsidiäre Haftung ausgestaltet sein. In solchen Fällen liegt aber zumindest nach deutschem Recht gar keine Gesamtschuld iSd § 421 Satz 1 BGB vor. Auch wenn eine vollständige Identität von Leistungsinhalt und -umfang nicht Voraussetzung einer Gesamtschuld ist, müssen die Verpflichtungen zumindest gleichstufig sein.[121] Andernfalls kann sich der Gläubiger seinen Schuldner nicht nach seinem Belieben aussuchen (vgl. § 421 Satz 1 BGB). Zum Schutz der Gläubiger des übertragenden Rechtsträgers – nur um diese geht es bei der gesamtschuldnerischen Haftung – muss sich daher die Rechtsordnung des übertragenden Rechtsträgers gegen die Rechtsordnung des übernehmenden Rechtsträgers durchsetzen. Die Gläubiger des übertragenden Rechtsträgers müssen darauf vertrauen können, dass diejenigen Regelungen Anwendung finden, die für ihren Schuldner gelten. Dies ist auch im Hinblick auf die anderen beteiligten Rechtsträger gerechtfertigt, da diese sich über das infolge des Spaltungsvorgangs anwendbare Haftungsregime im Vorhinein informieren können. Allerdings werden die Gläubiger des übertragenden Rechtsträgers durch die grenzüberschreitende Spaltung auch nicht besser gestellt, so dass beispielsweise die fünfjährige Ausschlussfrist des § 133 Abs. 3 UmwG auch dann gilt, wenn die entsprechende ausländische Rechtsordnung eine solche Regelung nicht vorsieht.

Denkbar wäre demgegenüber auch, den ausländischen Rechtsträger nur der Haftung nach seinem Haftungsregime zu unterwerfen, soweit diese den Vorgaben der Spaltungs-RL entsprechen bzw. auf die in der Spaltungs-RL festgesetzten Regeln zurückzugreifen.[122] Hiergegen spricht jedoch, dass die kumulative Anwendung mehrerer Haftungsregime zu Unklarheiten führt. Auch der Rückgriff auf die in der Spaltungs-RL festgesetzten Regeln führt zu Rechtsunsicherheit, da die Spaltungs-RL mehrere Haftungssysteme alternativ zur Auswahl stellt.

g) Schutz der Arbeitnehmer

Zu unterscheiden sind der **individualrechtliche** (insbes. Kündigungsschutz) und der **108** **kollektivrechtliche** (insbes. Mitbestimmung) Schutz der Arbeitnehmer.

---

[119] *Kallmeyer/Kappes* AG 2006, 224, 235.
[120] Dies lässt sich mit den Vorgaben der Spaltungs-RL nicht vereinbaren, da insbesondere Gläubiger, deren Verbindlichkeiten erst nach Ablauf der fünf Jahre fällig werden, völlig rechtlos gestellt werden, vgl. *Habersack*, Europäisches Gesellschaftsrecht, § 7 Rn. 50.
[121] *Palandt/Grüneberg*, Bürgerliches Gesetzbuch, § 421 Rn. 7.
[122] So *Kallmeyer/Kappes* AG 2006, 224, 235.

109 **aa) Individualarbeitsrecht.** Gemäß § 323 Abs. 1 UmwG verschlechtert sich die **kündigungsrechtliche Stellung** eines Arbeitnehmers aufgrund einer Spaltung für einen Übergangszeitraum von zwei Jahren ab Wirksamwerden der Spaltung nicht. Die kündigungsrechtliche Stellung des Arbeitnehmers hängt unter anderem von den betrieblichen Verhältnissen des den Arbeitnehmer beschäftigenden Betriebes ab. Insbesondere gilt das Kündigungsschutzgesetz nicht für Betriebe, in denen in der Regel fünf oder weniger Arbeitnehmer beschäftigt sind (vgl. § 23 Abs. 1 Satz 2 KSchG, sog. Kleinbetriebsklausel). Die Spaltung kann dazu führen, dass die Voraussetzungen für die Geltung des Kündigungsschutzes entfallen. Daneben ist die Frist für die ordentliche Kündigung des Arbeitsverhältnisses durch den Arbeitgeber gemäß § 622 Abs. 2 BGB in Abhängigkeit von der Dauer des Bestehens des Arbeitsverhältnisses gestaffelt. Aufgrund der Spaltung wird das Arbeitsverhältnis mit dem übertragenden Rechtsträger beendet und mit dem übernehmenden Rechtsträger neu begründet. § 323 Abs. 1 UmwG soll insoweit eine befristete Beibehaltung des Kündigungsschutzes bewirken.

§ 323 Abs. 1 UmwG gilt ohne weiteres, wenn der auf einen ausländischen Rechtsträger abgespaltene Betriebsteil in Deutschland fortbesteht und der Arbeitnehmer folglich weiterhin in Deutschland tätig ist. Gemäß Art. 8 Rom I-VO gelten in diesem Fall – selbst bei anders lautender Rechtswahl im Arbeitsvertrag – zumindest die zwingenden Bestimmungen des deutschen Rechts zum Schutz des Arbeitnehmers. Wird der Betriebsteil tatsächlich ins Ausland verlegt und wechselt der Arbeitnehmer den Arbeitsort daher auf Dauer, kommt es zu einem Statutenwechsel.[123] Die deutschen Vorschriften zum Schutz der Arbeitnehmer finden dann keine Anwendung.

110 **bb) Kollektivarbeitsrecht.** Bezüglich der Kollektivvereinbarungen ist zwischen **Tarifvereinbarungen** und **Betriebsvereinbarungen** zu unterscheiden.

111 **Tarifvertragliche Vereinbarungen** bleiben grundsätzlich gemäß § 3 Abs. 3 TVG bestehen, bis der Tarifvertrag endet. Die Norm soll verhindern, dass Arbeitgeber oder Arbeitnehmer die Fortgeltung des Tarifvertrages durch einseitige Maßnahmen beeinflussen können.[124] Die Vorschrift findet jedoch keine Anwendung bei einem Betriebsübergang in Folge einer Spaltung, da die Ausdehnung der Vorschrift auf Rechtsnachfolger gegen die negative Koalitionsfreiheit verstoßen würde.[125] Für den Fall der grenzüberschreitenden Spaltung ist daher eine unmittelbare kollektivrechtliche Fortgeltung des Tarifvertrages ausgeschlossen, da der übernehmende ausländische Rechtsträger nicht seinerseits der Tarifbindung unterliegen wird. Fehlt es an einer kollektivrechtlichen Fortgeltung, werden die durch den Tarifvertrag geregelten Rechte und Pflichten gemäß § 324 UmwG iVm § 613 a Abs. 1 Satz 2 BGB Inhalt des Arbeitsverhältnisses zwischen dem neuen Betriebsinhaber und dem Arbeitnehmer.[126] Dies gilt zumindest dann, wenn der Arbeitnehmer weiterhin in Deutschland tätig ist. Wechselt der Arbeitnehmer seinen Arbeitsplatz auf Dauer ins Ausland, kommt es zu einem Statutenwechsel, so dass die Transformation der tarifvertraglichen Bestimmungen in das Individualarbeitsverhältnis gemäß § 324 UmwG iVm § 613a Abs. 1 Satz 2 BGB nicht erfolgt, es sei denn, das ausländische Recht kennt vergleichbare Bestimmungen.

112 **Betriebsvereinbarungen** des übertragenden Rechtsträgers gelten für den übernehmenden Rechtsträger normativ weiter, soweit die Identität der bisherigen betrieblichen Einheit erhalten bleibt.[127] Dies gilt jedoch aufgrund des im internationalen Betriebsverfas-

---

[123] Palandt/*Heldrich*, BGB, Art. 8 Rom I-VO Rn. 11.
[124] *Wiedemann/Oetker*, Tarifvertragsgesetz, § 3 TVG Rn. 60.
[125] *Wiedemann/Oetker*, Tarifvertragsgesetz, § 3 TVG Rn. 75, 209 ff.
[126] Lutter/*Joost*, UmwG, § 324 Rn. 31, 35 ff.
[127] Lutter/*Joost*, UmwG, § 324 Rn. 39.

sungsrechts geltenden Territorialitätsprinzips nur, soweit der Betrieb auch weiterhin in Deutschland liegt[128] oder soweit nach dem jeweils einschlägigen ausländischen Recht die Fortgeltung von Betriebsvereinbarungen ebenfalls angeordnet wird. Verliert die betriebliche Einheit ihre Identität aufgrund tatsächlicher Auswirkungen der Spaltung auf die betriebsverfassungsrechtliche Einheit, erfolgt eine Transformation der Rechte und Pflichten aus der Betriebsvereinbarung in das individuelle Arbeitsverhältnis (§ 324 UmwG iVm § 613a Abs. 1 Satz 2 BGB). Wechselt der Arbeitnehmer seinen Arbeitsplatz auf Dauer ins Ausland, kommt es zu einem Statutenwechsel, so dass die Transformation der Rechte und Pflichten aus der Betriebsvereinbarung in das Individualarbeitsverhältnis gemäß § 324 UmwG iVm § 613a Abs. 1 Satz 2 BGB nicht erfolgt, es sei denn, das ausländische Recht kennt vergleichbare Bestimmungen.

Hinsichtlich der **Mitbestimmung** der Arbeitnehmer ist zwischen der **Unternehmensmitbestimmung** einerseits und der **betrieblichen Mitbestimmung** andererseits zu unterscheiden. 113

Nach den Materialien zum **Mitbestimmungsgesetz 1976** sind die Mitbestimmungsgesetze **auf ausländische Gesellschaften nicht anwendbar**. Im Bericht des Ausschusses für Arbeit- und Sozialordnung heißt es ausdrücklich, es habe Einmütigkeit bestanden, dass sich das Gesetz auf Unternehmen beschränkt, die ihren Sitz im Geltungsbereich des Umwandlungsgesetzes haben und dass Gesellschaften ausländischen Rechts nicht erfasst seien.[129] Der Gesetzgeber hatte jedoch aufgrund der damals unangefochten geltenden Sitztheorie lediglich ausländische Gesellschaften mit Sitz im Ausland vor Augen. Aber auch vor dem Hintergrund der jetzt zumindest in den Mitgliedstaaten der EU geltenden Gründungstheorie gilt nichts anderes. Denn selbst bei ausländischen Gesellschaften mit Verwaltungssitz in Deutschland geht die ganz überwiegende Auffassung von der Nichtanwendbarkeit der deutschen Mitbestimmungsregeln aus.[130] Zwar war zunächst die Meinung verbreitet, das deutsche Mitbestimmungsrecht finde aufgrund seiner Zugehörigkeit zum deutschen *Ordre Public* auf solche sog. Scheinauslandsgesellschaften Anwendung. Vor dem Hintergrund der neueren EuGH-Rechtsprechung zur Niederlassungsfreiheit lässt sich diese Ansicht jedoch nicht aufrechterhalten. Die Berufung auf den inländischen *Ordre Public* alleine reicht nicht aus, um entgegen der Fortgeltung des ausländischen Gründungsrechts für diese Gesellschaften das Eingreifen von Inlandsrecht zu rechtfertigen.[131] Zwar hat der EuGH in der Überseering-Entscheidung ausdrücklich betont, es lasse sich nicht ausschließen, dass zwingende Gründe des Gemeinwohls, wie der Schutz u.a. der Arbeitnehmer unter bestimmten Umständen und unter Beachtung bestimmter Voraussetzungen Beschränkungen der Niederlassungsfreiheit rechtfertigen können.[132] Derartige Eingriffe müssen nach der ständigen Rechtsprechung des EuGH jedoch diskriminierungsfrei, durch zwingende Gründe des Allgemeinwohls gerechtfertigt sowie zur Erreichung des verfolgten Ziels geeignet sein und dürfen nicht über das hinausgehen, was zur Erreichung des Ziels erforderlich ist.[133] 114

---

[128] Palandt/*Heldrich*, BGB, Art. 8 Rom I-VO Rn. 5.
[129] Bericht des Ausschusses für Arbeit- und Sozialordnung, BT-Drs. 7/4845 v. 10.3.1976, 4.
[130] Nachweise bei *Hirte/Brücker*, Grenzüberschreitende Gesellschaften, § 14 Rn. 18; Ulmer/Habersack/Henssler/*Ulmer*, Mitbestimmungsrecht, Einl. Rn. 43.
[131] *Bayer* AG 2004, 535; *Eidenmüller* ZIP 2002, 2242; *Hüffer*, AktG, § 1 Rn. 44; *Kamp* BB 2004, 1496, 1498 f.; *Müller-Bonani* GmbHR 2003, 1235, 1237 f.; *Paefgen* DB 2003, 487, 491 f.; Ulmer/Habersack/Henssler/*Ulmer/Habersack*, Mitbestimmungsrecht, § 1 Rn. 8a; *Riegger* ZGR 2004, 510, 518 ff.; *Sandrock* AG 2004, 57, 59 ff.; *Schwark* AG 2004, 173, 178; *Veit/Wichert* AG 2004, 14, 16 f.; *Zimmer* NJW 2003, 3585, 3590.
[132] EuGH, Urteil v. 5.11.2002 – Rs. C-208/00 (*Überseering*), NJW 2002, 3614, 3617 Tz. 92.
[133] Vgl. nur EuGH, Urteil v. 30.9.2003 – Rs. C-167/01 (*Inspire Art*), GmbHR 2003, 1260, Tz. 133.

Diese Voraussetzung sind bei der Anwendung des deutschen Mitbestimmungsrechts auf Auslandsgesellschaften mit tatsächlichem Verwaltungssitz im Inland nach ganz überwiegender Ansicht nicht erfüllt. Die Anwendung des deutschen Mitbestimmungsrechts wäre bereits unverhältnismäßig, da dem Bedürfnis der Arbeitnehmer an der Vertretung ihrer Interessen bereits durch die Tätigkeit von Betriebsräten und Gewerkschaften Genüge getan wird. Dass der Unternehmensmitbestimmung lediglich eine ergänzende Funktion zukommt, zeigt sich auch daran, dass diese auch bei Inlandssachverhalten nicht ausnahmslos sondern nur bei Gesellschaften in bestimmter Rechtsform und in Abhängigkeit von deren Größe zur Anwendung kommt. Dem stünden tiefgreifende Eingriffe in die Organisationsstruktur der ausländischen Gesellschaften entgegen, insbesondere, wenn diese in monistischer Form organisiert sind. Hier müsste entweder ein Aufsichtsrat eingerichtet werden oder die Arbeitnehmervertreter im Geschäftsleitungsorgan zugelassen werden.[134] Auch unter Missbrauchsgesichtspunkten lässt sich die Anwendung deutscher Mitbestimmungsgesetze auf Auslandsgesellschaften nicht begründen. Selbst die Gründung einer Auslandsgesellschaft zu dem Zweck, diese im Inland einzusetzen und damit der deutschen Unternehmensmitbestimmung zu entgehen, stellt keine missbräuchliche Ausnutzung der Niederlassungsfreiheit dar. Der EuGH hat in der Inspire Art-Entscheidung nochmals ausdrücklich klargestellt, dass es zu den Zielen der Niederlassungsfreiheit gehöre, den Angehörigen der Mitgliedstaaten die Wahlmöglichkeit zwischen den verschiedenen Gesellschaftsrechtsordnungen innerhalb der Gemeinschaft zu eröffnen.[135] Schließlich hat diese Auffassung auch der deutsche Gesetzgeber zumindest mittelbar bestätigt. Dieser hat das erst zum 1. Juli 2004 in Kraft getretene Drittelbeteiligungsgesetz nicht zum Anlass genommen, die Problematik der Auslandsgesellschaft mit inländischem Verwaltungssitz aufzugreifen. Die Gegenauffassung[136] würde letztlich eine Nichtanerkennung der ausländischen Rechtsform bedeuten und stünde damit mit der insoweit eindeutigen Rechtsprechung des EuGH in Widerspruch.[137]

115 Für die Spaltung eines Teils des Vermögens einer deutschen Gesellschaft auf eine Gesellschaft mit Sitz in einem anderen Mitgliedstaat der EU bedeutet dies, dass das **deutsche Mitbestimmungsrecht** auf den abgespaltenen Betriebsteil **nicht unmittelbar anwendbar** ist, selbst wenn der Betriebsteil (räumlich) unverändert in Deutschland belassen wird. Gleiches muss erst recht gelten, wenn der abgespaltene Betriebsteil (räumlich) tatsächlich ins Ausland verlegt wird.

116 Auch ein „Transport" des deutschen Mitbestimmungsrecht in den abgespaltenen Betriebsteil durch eine **analoge Anwendung** des **SE-Beteiligungsgesetzes** oder des Gesetzes zur Umsetzung der Regelungen über die Mitbestimmung der Arbeitnehmer bei einer Verschmelzung von Kapitalgesellschaften aus verschiedenen Mitgliedstaaten (**MgVG**) ist im Ergebnis abzulehnen.

117 Die Anwendung des **Mitbestimmungsmodells der Societas Europaea** stellt eine Beschränkung der Niederlassungsfreiheit dar, da der betroffenen Gesellschaft ein abweichendes Mitbestimmungsmodell aufgedrängt würde. Das im SE-Beteiligungsgesetz vorgesehene Mitbestimmungsmodell verletzt zwar als solches keine europarechtlichen Vorgaben. Allerdings würde es einen Eingriff in die Niederlassungsfreiheit darstellen, wenn der deutsche Gesetzgeber die Geltung des Mitbestimmungsmodells der Societas Europaea ein-

---

[134] Henssler/Willemsen/Kalb/*Seibt*, Arbeitsrecht Kommentar, § 1 MitbestG Rn. 9.
[135] EuGH, Urteil v. 30.9.2003 – Rs. C 167/01 (*Inspire Art*), GmbHR 2003, 1260, 1270 Tz. 138.
[136] Vgl. *Kindler* NJW 2003, 1073; *Altmeppen/Wilhelm* DB 2004, 1083.
[137] Zur Möglichkeit des deutschen Gesetzgebers, de lege ferenda neue Vorschriften zu erlassen, die von Scheinauslandsgesellschaften die Einführung einer Mitbestimmung entsprechend dem DrittelbG oder dem MitbestG verlangen vgl. *Raiser*, Unternehmensmbitbestimmung vor dem Hintergrund europarechtlicher Entwicklungen, Gutachten B zum 66. Deutschen Juristentag Stuttgart 2006, B 107 f.

seitig für Fälle der Verlegung des Verwaltungssitzes einer ausländischen Gesellschaft nach Deutschland anordnen und damit das Mitbestimmungsmodell des Gründungsstaates beiseite schieben würde. Ein solcher Eingriff wäre aber ebenso wenig gerechtfertigt, wie die originäre Ausdehnung des deutschen Mitbestimmungsmodells auf ausländische Gesellschaften.[138] Hinzu kommt, dass das SE-Mitbestimmungsmodell auf die besondere Rechtsnatur und die Gründungskonstellation der Europäischen Aktiengesellschaft zugeschnitten ist.[139] Mit der Societas Europaea sollte eine europaweit einheitliche Rechtsform für grenzüberschreitende Unternehmenszusammenschlüsse und Konzernierungsvorgänge zur Verfügung gestellt werden. Es ist dagegen nicht Aufgabe der deutschen Ausführungsgesetze zu den europäischen SE-Vorschriften, grenzüberschreitende Sachverhalte generell zu regeln.

Gleiches gilt für das **MgVG**. Das MgVG regelt die Mitbestimmung für den Fall der grenzüberschreitenden Verschmelzung eines Rechtsträgers auf einen anderen, in deren Folge der übertragende Rechtsträger liquidationslos erlischt. Zumindest bei Spaltungen in der Form der Abspaltung und der Ausgliederung erlischt die übertragende Gesellschaft jedoch nicht. Der deutsche Gesetzgeber schützt bei nationalen Spaltungen lediglich den Mitbestimmungsstatus der übertragenden Gesellschaft. Gemäß § 325 Satz 1 UmwG finden die vor der Spaltung anwendbaren Mitbestimmungsvorschriften für einen Übergangszeitraum von fünf Jahren nach dem Wirksamwerden der Spaltung auf den *übertragenden Rechtsträger* Anwendung, selbst wenn die Voraussetzungen für die Mitbestimmung aufgrund der Spaltung entfallen. Hieraus ergibt sich mittelbar, dass die Fortgeltung der Mitbestimmungsregeln nur für die übertragende Gesellschaft angeordnet wird. Eine Erstreckung des bisherigen Mitbestimmungsstatuts auf die übernehmende Gesellschaft ist gesetzlich nicht vorgesehen.[140] Erlischt die übertragende Gesellschaft durch Aufspaltung, findet die Vorschrift keine Anwendung, selbst wenn dies der Mitbestimmungsvermeidung dient.[141] Eine analoge Anwendung der Vorschrift scheidet schon deshalb aus, weil es im Gesetzgebungsverfahren ausdrücklich abgelehnt wurde, weitere Formen der Umwandlung in den Bestandsschutz einzubeziehen.[142] Wenn aber schon bei rein nationalen Spaltungen der abgespaltene Betriebsteil nicht vor einem Verlust der Mitbestimmung geschützt ist, kann dies bei grenzüberschreitenden Vorgängen ebenso wenig der Fall sein. **118**

Auch das **Mitbestimmungs-Beibehaltungsgesetz** zielt lediglich auf den Erhalt des Bestands der Arbeitnehmervertretung im Aufsichtsrat eines *Unternehmens* ab. Nicht geschützt ist hingegen auch nach dem Mitbestimmungs-Beibehaltungsgesetz der Mitbestimmungsverlust, den die Belegschaft eines übertragenen Betriebs auf Grund des Ausscheidens aus einem mitbestimmten Unternehmen erleidet.[143] **119**

Unseres Erachtens besteht daher im Hinblick auf die Unternehmensmitbestimmung bei grenzüberschreitenden Spaltungen **kein Handlungsbedarf**. In der Praxis empfiehlt es sich dennoch, auch die Frage der Unternehmensmitbestimmung bei der übernehmenden Gesellschaft mit dem Registergericht abzustimmen. Es ist nicht auszuschließen, dass das Registergericht auf einer analogen Anwendung der Regelungen des MgVG besteht und **120**

---

[138] *Müller-Bonnani* GmbHR 2003, 1235; *Binz/Mayer* GmbHR 2003, 249, 257; Henssler/Willemsen/Kalb/*Seibt*, Arbeitsrecht Kommentar, § 1 MitbestG Rn. 9; *Veit/Wichert* AG 2004, 14, 19; *Zimmer* NJW 2003, 3585, 3591; dagegen hält *Bayer* BB 2003, 2357, 2365 eine Anwendung des SE-Mitbestimmungsmodells auf ausländische Gesellschaften mit Verwaltungssitz in Deutschland grundsätzlich für denkbar.
[139] Vgl. Nachweise in Fußnote 138.
[140] Lutter/*Joost*, UmwG, § 325 Rn. 28; *Kallmeyer* ZIP 1994, 1746, 1757; Semler/Stengel/*Simon*, UmwG, § 325 Rn. 2; Kallmeyer/*Willemsen*, UmwG, § 325 Rn. 3.
[141] SHS/*Hörtnagl*, UmwG/UmwStG, § 325 UmwG Rn. 11; Semler/Stengel/*Simon*, UmwG, § 325 Rn. 3.
[142] Semler/Stengel/*Simon*, UmwG, § 325 Rn. 3; *Däubler* RdA 1995, 136, 141.
[143] Widmann/Mayer/*Wissmann*, Umwandlungsrecht, Anh. 2 Mitbestimmungsrecht Rn. 145.

daher der Anmeldung der Spaltung eine Vereinbarung über die Beteiligung der Arbeitnehmer beizufügen ist (§ 122l UmwG analog).

121 Im Hinblick auf die **betriebliche Mitbestimmung** kommt es zunächst darauf an, ob der Betrieb als solcher gespalten wird. Wird der Betrieb unter Wahrung seiner Identität auf einen anderen Rechtsträger übertragen, ändert dies an der betrieblichen Mitbestimmung nichts. Der Betriebsrat bleibt unverändert im Amt.[144] Kommt es dagegen aufgrund der Spaltung des Betriebes zu einem Wegfall von (Beteiligungs)Rechten des Betriebsrates, so tritt – anders als bei der Unternehmensmitbestimmung – die Fortgeltung dieser Rechte nicht von Gesetzes wegen ein, sondern kann durch kollektivrechtliche Verträge vereinbart werden (§ 325 Abs. 2 UmwG). Bei grenzüberschreitenden Spaltungen ergeben sich insoweit keine Besonderheiten.

2. Steuerrechtliche Behandlung

a) Übersicht

122 Die Spaltung stellt neben der Verschmelzung ein Instrument der Umstrukturierung dar, das aufgrund der voranschreitenden Verflechtung von Unternehmen auch im internationalen Bereich zunehmend an Bedeutung gewinnt. Die nachfolgenden Ausführungen beziehen sich allein auf die Hinausspaltung von Vermögen bzw. Vermögensteilen aus einer Kapitalgesellschaft mit Sitz und Geschäftsleitung in Deutschland auf eine Kapitalgesellschaft mit Sitz und Geschäftsleitung in einem EU- bzw. EWR Staat.[145]

b) Anwendung des UmwStG

123 **aa) Sachlicher Anwendungsbereich.** Wie oben beschrieben enthält das UmwG keine Regelungen zur grenzüberschreitenden Spaltung.[146] Unabhängig von der umwandlungsrechtlichen Zulässigkeit einer grenzüberschreitenden Spaltung sind die steuerlichen Folgen im UmwStG geregelt.

124 Nach § 1 Abs. 1 Satz 1 Nr. 1 UmwStG ist das UmwStG sachlich auch auf ausländische Vorgänge anwendbar, die mit Aufspaltungen und Abspaltungen iSd § 123 Abs. 1 und Abs. 2 UmwG „vergleichbar" sind.

125 Für die Beurteilung, ob ein ausländischer Umwandlungsvorgang mit einer Aufspaltung oder Abspaltung iSd UmwG vergleichbar ist, sind wiederum die beteiligten Rechtsträger[147], die Rechtsnatur bzw. die Rechtsfolgen des Umwandlungsvorgangs (Strukturmerkmale) und die sonstigen Vergleichskriterien[148] zu prüfen.[149]

126 Die **Strukturmerkmale** leitet die Finanzverwaltung aus der Spaltungsrichtline ab, die weitgehend der Verschmelzungsrichtlinie entspricht, aber nur die Abspaltung regelt.[150]

127 Für die Vergleichbarkeit eines ausländischen Vorgangs mit einer **Aufspaltung** sind hiernach die folgenden Strukturmerkmale erforderlich:[151]

– Die Übertragung des gesamten Aktiv- und Passivvermögens eines Rechtsträgers auf mindestens zwei übernehmende Rechtsträger,

---

[144] Lutter/*Joost*, UmwG, § 325 Rn. 40.
[145] Zur Hinausspaltung einer inländischen Kapitalgesellschaft auf eine Kapitalgesellschaft im Drittland siehe Rn. 374 ff.
[146] Zur umwandlungsrechtlichen Zulässigkeit grenzüberschreitender Spaltungen siehe oben Rn. 1 ff.
[147] Siehe dazu oben 2. Teil Rn. 219.
[148] Siehe dazu oben 2. Teil Rn. 222.
[149] UmwSt.-Erlass Tz. 01.24.
[150] Frotscher/Maas/*Frotscher*, KStG, § 1 UmwStG Rn. 106.
[151] Vgl. UmwSt.-Erlass Tz. 01.33.

- aufgrund eines Rechtsgeschäfts,
- kraft Gesetzes,
- gegen Gewährung von Anteilen an den übernehmenden Rechtsträgern an den Anteilsinhaber des übertragenden Rechtsträgers,
- bei Auflösung ohne Abwicklung des übertragenden Rechtsträgers.

Die Übertragung **aufgrund eines Rechtsgeschäfts** ist mit Abschluss eines Spaltungs- und Übernahmevertrages bzw. mit Erstellung eines Spaltungsplans gegeben. Nach Ansicht der Finanzverwaltung[152] muss der notwendige Inhalt des Spaltungs- und Übernahmevertrags bzw. des Spaltungsplans dabei den Vorgaben der Verschmelzungsrichtlinie entsprechen. 128

Bei der Prüfung des Erfordernisses zur **Gewährung von Anteilen** sind – wie bei der Verschmelzung – Kapitalerhöhungsverbote und -wahlrechte entsprechend den Vorgaben des UmwG (zB § 54 UmwG) zu beachten.[153] Soweit danach eine Kapitalerhöhung ausgeschlossen ist oder das Wahlrecht besteht, von einer Kapitalerhöhung abzusehen, steht dies einer Anwendung des UmwStG nicht entgegen.[154] 129

Ebenso wie bei der Verschmelzung ist auch bei der Spaltung umstritten, ob eine Vergleichbarkeit des ausländischen Vorgangs zwingend voraussetzt, dass die Übertragung im Wege der **Gesamtrechtsnachfolge** erfolgt.[155] Nach der hier vertretenen Ansicht ist hier zu differenzieren; insoweit kann an dieser Stelle auf die Ausführungen zur Verschmelzung verwiesen werden.[156] 130

Für die **Abspaltung** vertritt die Finanzverwaltung die Ansicht, dass keine europarechtlichen Sekundärregelungen bestehen.[157] Für die Vergleichbarkeit sei daher auf die Bestimmungen des UmwG zurückzugreifen. Die Strukturmerkmale der Abspaltung entsprechen dabei weitgehend denen der Aufspaltung, so dass an dieser Stelle auf die Ausführungen zu Tz. 6 ff. verwiesen werde kann. 131

Frotscher[158] weist zu Recht darauf hin, dass die Finanzverwaltung insofern übersieht, dass die Abspaltung in Art. 2 Buchst. c) der FusionsRL definiert wird. Spaltungsspezifische Besonderheiten bestehen daher lediglich bei der Abspaltung, bei der der übertragende Rechtsträger nicht aufgelöst wird. 132

Nach ausländischem Recht ist es zum Teil möglich, dass bei einer Spaltung nicht der Anteilseigner der übertragenden Körperschaft, sondern der übertragende Rechtsträger selbst die aus der Vermögensübertragung resultierenden Anteile erhält. Sieht das ausländische Recht zudem vor, dass die erhaltenen Anteile zeitnah unentgeltlich an den Gesellschafter weiter übertragen werden können, so soll dies nach Ansicht der Finanzverwaltung nicht mit einer deutschen Spaltung, wohl aber gegebenenfalls mit einer Ausgliederung vergleichbar sein.[159] Diese Ansicht der Finanzverwaltung, die einen im Grunde genommen einheitlichen Vorgang formal in zwei Schritte aufteilt, ist zu kritisieren. Für eine derartige Sichtweise besteht keine Rechtsgrundlage. Voraussetzung für die Anwendbarkeit 133

---

[152] Vgl. UmwSt.-Erlass Tz. 01.34.
[153] UmwSt-Erlass Tz. 01.35 iVm Tz. 01.32.
[154] Vgl. dazu auch Frotscher/Maas/*Frotscher*, KStG, § 1 UmwStG Rn. 102.
[155] So UmwSt.-Erlass Tz. 01.34; a.A. Sagasser/Bula/Brünger/*Schöneberger*, Umwandlungen, § 20 Rn. 12.
[156] Siehe oben 2. Teil Rn. 226.
[157] UmwSt.-Erlass Tz. 01.37.
[158] Frotscher/Maas/*Frotscher*, KStG, § 1 UmwStG Rn. 103.
[159] Vgl. UmwSt.-Erlass Tz. 01.38 zur Teileinbringung nach französischem Recht (Apport partiel d´actif).

des UmwStG ist, dass der ausländische Vorgang „vergleichbar" ist. Er muss nicht identisch sein.[160]

134 **bb) Persönlicher Anwendungsbereich.** Eine Hinausspaltung unterfällt wie jede Umwandlung gemäß § 1 Abs. 2 dem UmwStG, wenn der übertragende Rechtsträger und der übernehmende Rechtsträger nach dem Recht eines EU-Mitgliedsstaats (Art. 48 AEUV) oder eines EWR-Staats (Art. 34 EWR-Abkommen) gegründet sind und beide ihren Sitz (§ 11 AO) sowie ihren Ort der Geschäftsleitung (§ 10 AO) in einem dieser Staaten haben (Kriterium der doppelten Ansässigkeit). Dabei ist es nicht erforderlich, dass sich der Sitz und der Ort der Geschäftsleitung in ein und demselben EU-Mitgliedsstaat oder EWR-Staat befinden.[161] Insoweit kann wegen der Einzelheiten wiederum auf die Ausführungen zur Hinausverschmelzung verwiesen werden.[162]

c) Grundsätzliche Verweisung auf die Verschmelzungsvorschriften

135 Nach § 15 Abs. 1 Satz 1 UmwStG gelten die Vorschriften über die Verschmelzung (§§ 11 bis 13 UmwStG) für die Aufspaltung und Abspaltung einer Kapitalgesellschaft auf eine oder mehrere Kapitalgesellschaften entsprechend. Mithin gelten auch die Voraussetzungen und steuerlichen Rechtsfolgen für eine Hinausspaltung entsprechend. Insoweit kann grundsätzlich auf die Ausführungen zur Hinausverschmelzung verwiesen werden.[163]

136 Für die entsprechende Anwendung der Verschmelzungsvorschriften sind allerdings die Besonderheiten der Spaltung zu beachten: Bei einer Verschmelzung geht das gesamt Vermögen der übertragenden Körperschaft auf die übernehmende Körperschaft über. Dagegen wird bei einer Auf- oder Abspaltung das Vermögen auf mindestens zwei Körperschaften aufgeteilt.

137 Die **Steuerneutralität der Spaltung**, d.h. die Inanspruchnahme des Bewertungswahlrechts nach § 11 Abs. 2 UmwStG, setzt allerdings zusätzlich voraus, dass **spaltungsspezifische Tatbestandsvoraussetzungen** erfüllt werden: § 11 Abs. 2 UmwStG ist gem. § 15 Abs. 1 Satz 2 UmwStG nur anzuwenden, wenn auf die Übernehmerinnen ein Teilbetrieb übertragen wird und im Falle der Abspaltung oder Teilübertragung bei der übertragenden Körperschaft ein Teilbetrieb verbleibt (sog. **doppeltes Teilbetriebserfordernis**[164]).

138 Zudem sind die **Missbrauchsregelungen des § 15 Abs. 2 UmwStG** zu beachten: Sie betreffen zum einen den Erwerb und die Aufstockung fiktiver Teilbetriebe durch die übertragende Körperschaft vor der Spaltung (§ 15 Abs. 2 Satz 1 UmwStG), die Veräußerung von Anteilen an den an der Spaltung beteiligten Körperschaften durch oder nach der Spaltung (§ 15 Abs. 2 Satz 2 bis 4 UmwStG) und die Änderung von Beteiligungsverhältnissen an der übertragenden Körperschaft vor einer Trennung von Gesellschafterstämmen (§ 15 Abs. 2 Satz 5 UmwStG). In den Fällen der Hinausspaltung ergeben sich insofern keine Besonderheiten im Vergleich zu rein nationalen Fällen der Spaltung, so dass an dieser Stelle auf die allgemeinen Ausführungen verwiesen werden kann.[165]

139 Besonderheiten ergeben sich in den Fällen der grenzüberschreitenden Hinausspaltung insofern, als fraglich ist, ob die Missbrauchsregelungen des § 15 Abs. 2 UmwStG mit der FusionsRL vereinbar sind.[166] Nach Art. 11 Abs. 1 Buchst. a) der FusionsRL kann ein Mit-

---

160 So auch Frotscher/Maas/*Frotscher*, KStG, § 1 UmwStG Rn. 107.
161 UmwSt-Erlass Tz. 01.49.
162 Siehe oben 2. Teil Rn. 229.
163 Siehe oben 2. Teil Rn. 215 ff.
164 Vgl. dazu allgemein Schmitz/Hörtnagl/Stratz/*Hörtnagl*, UmwG/UmwStG, § 15 UmwStG Rn. 62 ff.
165 Vgl. dazu allgemein Schmitz/Hörtnagl/Stratz/*Hörtnagl*, § 15 UmwStG Rn. 117 ff.
166 Vgl. dazu Schmitz/Hörtnagl/Stratz/*Hörtnagl*, UmwG/UmwStG, § 15 UmwStG Rn. 243 m.w.N.; Rödder/Herlinghaus/van Lishaut/*Schumacher*, UmwStG, § 15 Rn. 209.

gliedsstaat die Anwendung der Begünstigungen ganz oder teilweise versagen oder rückgängig machen, wenn diese als hauptsächlichen Beweggrund oder als einen der hauptsächlichen Beweggründe die Steuerhinterziehung oder Steuerumgehung haben. Vom Vorliegen eines solchen Beweggrundes kann ausgegangen werden, wenn die Umstrukturierung nicht auf vernünftigen wirtschaftlichen Gründen – insbesondere der Umstrukturierung oder der Rationalisierung der beteiligten Gesellschaften – beruht. Nach der Rechtsprechung des EuGH[167] bedeutet dies, dass in jedem Fall eine gerichtlich nachprüfbare globale Untersuchung stattfinden muss. Eine generelle systematische Einstufung bestimmter Vorgänge und ein damit verbundener Ausschluss von den Begünstigungen der FusionsRL – unabhängig davon, ob tatsächlich eine Steuerumgehung vorliegt – wären hiermit nicht vereinbar. Vor diesem Hintergrund sind die typisierenden Missbrauchsregelungen des § 15 Abs. 2 UmwStG, die keinen Gegenbeweis zulassen, mit der FusionsRL nicht vereinbar.[168]

3. Bilanzielle Auswirkungen und Darstellung der Spaltung (insbesondere beim übertragenden Rechtsträger)

a) HGB

Im Rahmen der Hinausspaltung können Vermögensteile durch Aufspaltung, durch Abspaltung oder durch Ausgliederung auf einen ausländischen Rechtsträger übertragen werden. Hinsichtlich der relevanten Regelungen zur Bilanzierung bei der inländischen Gesellschaft gilt grundsätzlich der **Generalverweis** des § 125 UmwG. Demnach sind bei der Spaltung die Vorschriften zur Verschmelzung entsprechend anzuwenden, sofern sich aus den §§ 123 bis 173 UmwG nichts anderes ergibt. Da – im Gegensatz zur Verschmelzung – keine Regelungen zu grenzüberschreitenden Spaltungsvorgängen existieren, ist der rechtliche Rahmen in diesen Fällen nach der Vereinigungstheorie zu bestimmen.[169] Somit hat der übertragende inländische Rechtsträger bei einer Hinausspaltung grundsätzlich die gleichen Vorschriften zu beachten, die auch bei einer rein inländischen Spaltung gelten. **140**

aa) Jahresabschluss des übertragenden Rechtsträgers

(1) Schlussbilanz

Der übertragende inländische Rechtsträger muss bei einer Hinausspaltung gem. § 125 Satz 1 iVm § 17 Abs. 2 UmwG eine **Schlussbilanz** aufstellen. Sie ist der Anmeldung zum Register beizufügen. Eine Schlussbilanz muss auch dann erstellt werden, wenn – wie im Falle der Abspaltung und Ausgliederung – der übertragende Rechtsträger nach der Spaltung bestehen bleibt. **141**

Für die Schlussbilanz gelten gem. § 17 Abs. 2 Satz 2 UmwG die handelsrechtlichen Vorschriften über die Jahresbilanz und deren Prüfung. Daraus folgt, dass die Schlussbilanz immer dann der **Prüfungspflicht** durch einen Abschlussprüfer unterliegt, wenn auch der Jahresabschluss der Gesellschaft prüfungspflichtig ist. Eine Prüfung durch den Aufsichtsrat ist hingegen ebenso wenig notwendig wie eine Feststellung durch das entsprechende Or- **142**

---

[167] EuGH, Urteil v. 17.7.1997 – Rs. C-28/95 (Leur/Bloem), Slg. 1997, I-4161 Rn. 41 und 44.
[168] Gl.A. in Schmitz/Hörtnagl/Stratz/*Hörtnagl*, UmwG/UmwStG, § 15 UmwStG Rn. 243; Rödder/Herlinghaus/van Lishaut/*Schumacher*, UmwStG, § 15 Rn. 209; *Hahn* GmbHR 2006, 462, 464; *Gille* IStR 2007, 194, 196.
[169] Vgl. hierzu vorstehend Rn. 15.

gan.¹⁷⁰ Auch braucht die Schlussbilanz nicht bekanntgemacht zu werden (§ 17 Abs. 2 Satz 3 UmwG).

143   Die Schlussbilanz ist nach den handelsrechtlichen **Ansatz- und Bewertungsgrundsätzen** aufzustellen. Insoweit ergeben sich keine Unterschiede zur Schlussbilanz bei der Verschmelzung.¹⁷¹ Vom Stetigkeitsprinzip (§§ 246 Abs. 3, 252 Abs. 1 Nr. 6 HGB) darf grundsätzlich abgewichen werden, da die Spaltung einen begründeten Ausnahmefall iSd § 252 Abs. 2 HGB darstellt. Diese Möglichkeit erstreckt sich aber nur auf die Vermögensgegenstände und Schulden, die auch tatsächlich im Rahmen der Spaltung übertragen werden.¹⁷² Anpassungen an die (ausländischen) Ansatz- und Bewertungsmethoden des übernehmenden Rechtsträger sind unzulässig, soweit dies zu Ansätzen bzw. Werten führt, die mit den handelsrechtlichen Regelungen unvereinbar sind.

144   Unterschiedliche Auffassungen bestehen dahingehend, ob in jedem Fall eine Gesamtbilanz einzureichen ist oder ob der Handelsregisteranmeldung stattdessen auch **Teilbilanzen** für die zu übertragenden Vermögensteile (Aufspaltung) bzw. für das zu übertragende und das verbleibende Vermögen (Abspaltung) beigefügt werden dürfen. Grundsätzlich hat der übertragende Rechtsträger eine Bilanz für sein gesamtes Vermögen einzureichen. Die Vorschriften über die Jahresbilanz sowie deren Prüfung gelten dabei entsprechend.¹⁷³ Somit ist es dem übertragenden Rechtsträger möglich, den letzten Jahresabschluss auch als Schlussbilanz zu verwenden, soweit die Acht-Monats-Frist des § 17 Abs. 2 Satz 4 UmwG gewahrt wird. Gleichwohl kann § 17 Abs. 2 HGB auch dahingehend ausgelegt werden, dass bei Auf- und Abspaltungen anstelle einer Gesamtbilanz geprüfte Teilbilanzen eingereicht werden können.¹⁷⁴ Aus Vereinfachungsgründen erscheint es bei der Abspaltung eines nur unwesentlichen Teils des Gesamtvermögens auch sachgerecht, wenn ausschließlich eine Teilbilanz für das zu übertragende Vermögen aufgestellt wird.¹⁷⁵

(2) Bilanzielle Abbildung der Spaltung beim übertragenden Rechtsträger

145   Für die **Vermögens- und Ergebniszuordnung** zwischen Verschmelzungsstichtag und Eintragung der Spaltung in das Handelsregister gelten grundsätzlich die gleichen Regeln wie bei der Verschmelzung. Das Vermögen sowie die hieraus resultierenden Erträge und Aufwendungen müssen solange beim übertragenden Rechtsträger erfasst werden, bis das wirtschaftliche Eigentum an den Vermögensgegenständen und Schulden auf die übernehmende Gesellschaft übergegangen ist.¹⁷⁶ Für die bilanzielle Abbildung der Spaltung beim übertragenden Rechtsträger ist dabei zwischen Aufspaltung, Abspaltung und Ausgliederung zu unterscheiden.

(a) Aufspaltung

146   Bei der **Aufspaltung** wird der übertragende Rechtsträger gem. § 123 Abs. 1 UmwG ohne Abwicklung aufgelöst, d.h. die Gesellschaft erlischt im Zeitpunkt der Handelsregistereintragung (§ 131 Abs. 1 Nr. 2 UmwG). Damit entfällt auch die Pflicht zur Rechnungs-

---

170 Kallmeyer/*Müller*, UmwG, § 17 Rn. 18; IDW RS HFA 42, Rn. 13; Sonderbilanzen/*Budde/Zerwas* H 112; aA SHS/*Hörtnagl*, UmwG, § 17 Rn. 18; WM/*Widmann*, UmwG § 24 Rn. 51.
171 Vgl. hierzu vorstehend 2. Teil: Rn. 302 ff.
172 Sonderbilanzen/*Klingberg*, I 315.
173 SHS/*Hörtnagl*, UmwG, § 17 Rn. 51; IDW RS HFA 43, Rn. 8.
174 IDW RS HFA 43, Rn. 8; WM/*Widmann*, UmwG § 24 Rn. 163.
175 IDW RS HFA 43, Rn. 8; Semler/Stengel/*Schwanna*, UmwG, § 17 Rn. 23; Kallmeyer/*Sickinger*, UmwG, § 125 Rn. 23; Winnefeld, Bilanz-Handbuch, N 340a; Lutter/*Priester*, UmwG, Anh. § 134 Rn. 2.
176 IDW RS HFA 43, Rn. 20; Ausführlich zu den Voraussetzungen für den Übergang des wirtschaftlichen Eigentums vgl. vorstehend 2. Teil: Rn. 612.

legung; die Frage nach der bilanziellen Abbildung im Folgeabschluss stellt sich somit nicht mehr.

(b) Abspaltung

Bei der **Abspaltung** besteht der übertragende Rechtsträger fort. Je nachdem, ob ein positiver oder ein negativer bilanzieller Reinvermögenssaldo abgespalten wird, liegt entweder eine Vermögensauskehrung oder eine Vermögenseinlage vor. Da es sich um einen durch das Gesellschaftsverhältnis veranlassten Vorgang handelt und nicht um einen laufenden Geschäftsvorfall, ist der Vorgang beim übertragenden Rechtsträger erfolgsneutral abzubilden. Aus der Abspaltung dürfen sich somit keine Aufwendungen und Erträge ergeben, die sich auf das Jahresergebnis des übertragenden Rechtsträgers auswirken.[177] 147

Die Abspaltung eines positiven Nettobuchvermögens (abspaltungsbedingte bilanzielle Vermögensminderung) führt bei der übertragenden Gesellschaft zu einer **Minderung des bilanziellen Eigenkapitals**. In diesem Fall sind die ungebundenen Eigenkapitalbestandteile (Gewinnvortrag, Gewinnrücklagen und Kapitalrücklagen) aufzulösen.[178] Bei einer AG kann, falls nötig, auch die gesetzliche Rücklage nach § 150 Abs. 1 AktG zur Deckung der Vermögensminderung verwendet werden, soweit die gesetzliche Rücklage und die Kapitalrücklagen nach § 272 Abs. 2 Nr. 1 bis 3 HGB zusammen den Betrag von 10% des nach der Spaltung verbleibenden Grundkapitals übersteigen.[179] Pflichtrücklagen laut Satzung bzw. Gesellschaftsvertrag dürfen hingegen ebenso wenig aufgelöst werden wie die Rücklage für Anteile an einem herrschenden Unternehmen und Rücklagenteile, die nach § 268 Abs. 8 HGB der Ausschüttungssperre unterliegen.[180] Reicht die Verwendung der genannten Eigenkapitalanteile nicht aus, muss das gezeichnete Kapital herabgesetzt werden. Nach § 139 UmwG (GmbH) bzw. § 145 UmwG (AG und KGaA) ist hierzu neben einer ordentlichen Kapitalherabsetzung auch, wenn dies zur Durchführung der Abspaltung erforderlich ist, eine Kapitalherabsetzung in vereinfachter Form zulässig. Die Beurteilung über die Erforderlichkeit einer Kapitalherabsetzung in vereinfachter Form erfolgt auf Basis des in der Schlussbilanz auszuweisenden Eigenkapitals, wobei dieses um Eigenkapitalmaßnahmen zwischen Spaltungsstichtag und Beschlussfassung über die Abspaltung fortzuschreiben ist.[181] 148

Handelt es sich beim übertragenden Rechtsträger um eine AG, so ist der **Vermögensabgang** in Ergänzung der Gewinn- und Verlustrechnung als „Vermögensminderung durch Abspaltung" nach dem Posten „Jahresüberschuss/Jahresfehlbetrag" darzustellen. Die zur Deckung aufgelösten Eigenkapitalbestandteile sind ebenfalls in der Überleitungsrechnung zum Bilanzgewinn auszuweisen (§§ 158 Abs. 1 Satz 1, 240 AktG). Für die Abbildung in der Gewinn- und Verlustrechnung einer GmbH wird eine entsprechende Darstellung empfohlen.[182] 149

Zu einer **Reinvermögensmehrung** kommt es beim übertragenden Rechtsträger immer dann, wenn zu Buchwerten mehr Schulden als Vermögensgegenstände abgespalten werden. Wirtschaftlich ist darin eine Gesellschafterleistung zu sehen. Der Differenzbetrag ist daher erfolgsneutral gem. § 272 Abs. 2 Nr. 4 HGB in die Kapitalrücklage einzustellen.[183] 150

---

[177] IDW RS HFA 43, Rn. 11; Lutter/*Priester*, UmwG, Anh. § 134 Rn. 7.
[178] BeBiKo/*Förschle/Hoffmann*, HGB, § 272 Rn. 375; ADS HGB § 272 Rn. 51; Haufe/*Knorr/Seidler*, HGB, § 272 Rn. 355.
[179] ADS HGB, § 272 Rn. 52; IDW RS HFA 43, Rn. 14.
[180] BeBiKo/*Förschle/Hoffmann*, HGB, § 272 Rn. 379; IDW RS HFA 43, Rn. 14.
[181] IDW RS HFA 43, Rn. 15.
[182] IDW RS HFA 43, Rn. 18.
[183] IDW RS HFA 43, Rn. 19; ADS HGB § 272 Rn. 51; Winnefeld, Bilanz-Handbuch, N 340; ergänzend SHS/*Hörtnagl*, UmwG, § 17 Rn. 58; Sonderbilanzen/*Klingberg*, I 332; BeBiKo/*Förschle/Hoffmann*, HGB, § 272 Rn. 375: nur sofern die Gesellschafter nicht ausdrücklich einen Ertragszuschuss erklären.

(c) Ausgliederung

151 Im Gegensatz zur Abspaltung ist eine **Ausgliederung** im Folgeabschluss des übertragenden Rechtsträgers als laufender Geschäftsvorfall abzubilden. Die Gesellschaft erhält als Gegenleistung für das abgespaltene Vermögen Anteile am übernehmenden Rechtsträger. Insofern handelt es sich bei der Ausgliederung um einen tauschähnlichen Vorgang. Die zugegangenen Anteile können entweder mit dem Buchwert, dem Zeitwert oder dem erfolgsneutralen Zwischenwert (Buchwert zzgl. der durch den Umwandlungsvorgang ausgelösten Ertragsteuerbelastung) des ausgegliederten Vermögens bewertet werden.[184] Dieses Wahlrecht gilt nicht mehr, wenn Vermögen mit negativem Buchwertsaldo (bei positivem Zeitwert) übertragen wird. In diesem Fall sind die erhaltenen Anteile zumindest mit einem Merkposten[185] anzusetzen. Der Unterschiedsbetrag zwischen dem Buchwert des ausgegliederten Vermögens und dem Wertansatz der zugegangenen Anteile ist dann erfolgswirksam in der Gewinn- und Verlustrechnung zu erfassen.[186]

bb) Rechnungslegung bei den Anteilsinhabern

152 Im Zuge der **Aufspaltung** gehen sämtliche Anteile an dem übertragenden Rechtsträger unter. Die Gesellschafter erhalten stattdessen Anteile an den übernehmenden bzw. neu gegründeten Rechtsträgern. Die Anschaffungskosten für die erhaltenen Anteile ermitteln sich nach den allgemeinen Tauschgrundsätzen, d.h. diese können wahlweise zum Buchwert der abgehenden Beteiligung, zu deren Zeitwert oder in Höhe des erfolgsneutralen Zwischenwerts angesetzt werden. Die gesamten Anschaffungskosten sind anschließend im Verhältnis der Zeitwerte des übertragenen Nettovermögens auf die erhaltenen Anteile an den einzelnen übernehmenden bzw. neuen Rechtsträgern aufzuteilen.[187]

153 Auch im Falle der **Abspaltung** liegt aus Sicht der Gesellschafter des übertragenden Rechtsträgers ein tauschähnlicher Vorgang vor. Im Gegensatz zur Aufspaltung gehen allerdings nicht die Anteile an der übertragenden Gesellschaft unter. Vielmehr kommt es, sofern ein positives Reinvermögen abgespalten wird, zu einer Verminderung des inneren Werts der Beteiligung. Daher ist ein mengenmäßiger Abgang auf den bislang bilanzierten Beteiligungswert zu erfassen. Die Höhe des Abgangs ergibt sich dabei aus dem Verhältnis der Zeitwerte des abgespaltenen Vermögens zum ursprünglichen Vermögen des übertragenden Rechtsträgers. Für die Anschaffungskosten der im Gegenzug gewährten Anteile an der übernehmenden Gesellschaft gelten wiederum die allgemeinen Tauschgrundsätze.[188]

154 Besonderheiten ergeben sich bei einer Auf- oder Abspaltung, wenn die Anteilsinhaber der übertragenden Gesellschaft gleichzeitig auch am übernehmenden Rechtsträger beteiligt sind (***Side-Stream-Split-up*** bzw. ***Side-Stream-Spin-off***) und keine Gewährung von Anteilen erfolgt. Bei der Abspaltung eines positiven Reinvermögens erhöht sich dann der innere Wert der Anteile an der übernehmenden Gesellschaft. Entsprechend sind auf die Beteiligung am übernehmenden Rechtsträger nachträgliche Anschaffungskosten zu aktivieren. Im Gegenzug ist ein mengenmäßiger Abgang auf die Beteiligung am übertragenden Rechtsträger zu buchen. Wird ein negatives Nettovermögen abgespalten, so entstehen nachträgliche Anschaffungskosten auf die Beteiligung am übertragenden Rechtsträger.

---

[184] IDW RS HFA 43, Rn. 21; Sonderbilanzen/*Klingberg*, I 335; WM/*Widmann*, UmwG, § 24 Rn. 169; aA SHS/*Hörtnagl*, UmwG, § 17 Rn. 60: zwingende Bewertung zum Zeitwert.

[185] IDW RS HFA 43, Rn. 21; WM/*Widmann*, UmwG, § 24 Rn. 169.

[186] IDW RS HFA 43, Rn. 21; Sonderbilanzen/*Klingberg*, I 336; Lutter/*Priester*, UmwG, Anh. § 134 Rn. 8; ADS HGB § 272 Rn. 54; BeBiKo/*Förschle/Hoffmann*, HGB, § 272 Rn. 380; Haufe/*Knorr/Seidler*, HGB, § 272 Rn. 357.

[187] IDW RS HFA 43 Rn. 32.

[188] IDW RS HFA 43, Rn. 33 f.; Sonderbilanzen/*Klingberg*, I 360; Winnefeld, Bilanz-Handbuch, N 341.

Gleichzeitig mindert sich der Buchwert der Anteile an der übernehmenden Gesellschaft. Als Bewertungsmaßstab sind in beiden Fällen wiederum die allgemeinen Tauschgrundsätze heranzuziehen.[189]

Bei der **Ausgliederung** sind die Anteilsinhaber auch nach dem Umwandlungsvorgang 155 an der übertragenden Gesellschaft beteiligt. Der innere Wert der Beteiligung bleibt dabei unverändert. Für die Gesellschafter ergeben sich insoweit keine bilanziellen Konsequenzen.[190]

b) IFRS

aa) Rechnungslegung beim übertragenden Rechtsträger

Die Rechnungslegung für Spaltungen beim übertragenden Rechtsträger ist differenziert 156 zu betrachten, da der übertragende Rechtsträger bei einer Abspaltung bzw. Ausgliederung weiterhin existiert und nicht wie bei Verschmelzungsvorgängen untergeht. Hingegen kann für Aufspaltungen, bei denen der übertragende Rechtsträger ohne Abwicklung aufgelöst wird und für den somit die Pflicht zur Rechnungslegung entfällt, auf die Ausführungen zur Verschmelzung verwiesen werden.[191]

Die bilanzielle Abbildung einer **Abspaltung** erfolgt nach IFRIC 17 „Sachdividenden 157 an Eigentümer", sofern es sich nicht um eine Transaktion unter gemeinsamer Beherrschung handelt.[192] IFRIC 17 findet im engeren Sinne auf Sachausschüttungen an Eigentümer Anwendung. Nach h.M. können die Regelungen des IFRIC 17 allerdings auch auf Abspaltungen übertragen werden.[193] Auch ein Geschäftsbetrieb kann somit Gegenstand einer Sachdividende sein. Gemäß IFRIC 17 ist im Zeitpunkt des Beschlusses eine entsprechende Ausschüttungsverbindlichkeit gegen das Eigenkapital einzubuchen.[194] Die Ausschüttungsverbindlichkeit ist dann mit dem beizulegenden Zeitwert der zu übertragenden Vermögenswerte zu bewerten. Eventuelle Änderungen der beizulegenden Zeitwerte zwischen Beschluss und Bilanzstichtag oder dem Tag des Vollzugs der Ausschüttung sind im Eigenkapital zu erfassen.[195] Die Differenz zwischen dem Buchwert der ausgeschütteten Vermögenswerte und Schulden und dem Buchwert der Ausschüttungsverbindlichkeit am Vollzugstag ist erfolgswirksam in der GuV zu berücksichtigen. In der GuV ist der Abgangserfolg als gesonderter Posten darzustellen.[196]

Für den Fall von Abspaltungen unter gemeinsamer Beherrschung enthalten die IFRS keine Regelungen. In diesem Fall besteht ein faktisches Wahlrecht, die Ausschüttungsverbindlichkeit entweder mit dem beizulegenden Zeitwert oder aber mit dem Buchwert zu bewerten.[197]

Bei der **Aufspaltung** wird der übertragende Rechtsträger ohne Abwicklung aufgelöst, 158 d.h. die Gesellschaft erlischt im Zeitpunkt der Handelsregistereintragung. Damit entfällt auch die Pflicht zur Rechnungslegung, so dass die Aufspaltung beim übertragenden Rechtsträger nicht mehr bilanziell abgebildet werden muss.

Im Gegensatz zur Abspaltung ist eine **Ausgliederung** im Folgeabschluss des übertra- 159 genden Rechtsträgers als laufender Geschäftsvorfall abzubilden. Die Gesellschaft erhält als

---

[189] IDW RS HFA 43, Rn. 35 f.
[190] IDW RS HFA 43, Rn. 37; Sonderbilanzen/*Klingberg*, I 365; Winnefeld, Bilanz-Handbuch, N 341.
[191] Vgl. hierzu vorstehend 2. Teil: Rn. 313.
[192] IFRIC 17.5.
[193] So auch Haufe IFRS-Komm/*Lüdenbach*, § 31 Rn. 195; *Schreiber/Schmidt* BB 2009, 2022.
[194] IFRIC 17.10.
[195] IFRIC 17.11; IFRIC 17.13.
[196] IFRIC 17.14; IFRIC 17.15.
[197] So auch *Dieter* PiR 2012, 167, 177.

Gegenleistung für das abgespaltene Vermögen Anteile am übernehmenden Rechtsträger. Insofern handelt es sich bei der Ausgliederung um einen tauschähnlichen Vorgang.[198]

Ungeachtet dessen, ob sich der Gegenstand der Sachdividende vor und nach der Verteilung unter gleicher Kontrolle befindet, kommen im Falle der Abspaltung sowie der Ausgliederung die Ausweis-, Bewertungs- und Anhangsvorschriften von IFRS 5 zur Anwendung.[199]

bb) Rechnungslegung bei den Anteilsinhabern

160 Hinsichtlich der Bilanzierung der erhaltenen Anteile im Rahmen einer **Auf- bzw. Abspaltung** ist IAS 39 „Finanzinstrumente: Ansatz und Bewertung" einschlägig, falls es sich nicht um Anteile an Tochterunternehmen, assoziierten Unternehmen und gemeinschaftlich geführten Unternehmen handelt. Stellt der Anteilsinhaber einen Einzelabschluss auf, so sind die Anteile in den vorgenannt beschriebenen Fällen gemäß IAS 27.38 entweder zu Anschaffungskosten oder nach IAS 39 zu bilanzieren.[200]

161 Im Zuge der **Aufspaltung** gehen sämtliche Anteile an dem übertragenden Rechtsträger unter. Den Gesellschaftern werden daher als Gegenleistung Anteile an den übernehmenden bzw. neu gegründeten Rechtsträgern gewährt. Deren Anschaffungskosten ermitteln sich grundsätzlich nach den Tauschgrundsätzen.[201]

162 Auch im Falle der **Abspaltung** liegt aus Sicht der Gesellschafter des übertragenden Rechtsträgers ein tauschähnlicher Vorgang vor. Im Gegensatz zur Aufspaltung gehen allerdings nicht die bisherigen Anteile unter. Vielmehr kommt es, sofern ein positives Reinvermögen abgespalten wird, zu einer Verminderung des beizulegenden Zeitwerts der Beteiligung. Daher ist ein mengenmäßiger Abgang auf den bislang bilanzierten Beteiligungswert zu erfassen. Die Höhe des Abgangs ergibt sich dabei aus dem Verhältnis der Zeitwerte des abgespaltenen Vermögens zum ursprünglichen Vermögen des übertragenden Rechtsträgers. Die Anschaffungskosten der im Gegenzug gewährten Anteile an der übernehmenden Gesellschaft werden wiederum grundsätzlich nach den Tauschgrundsätzen bestimmt.[202]

163 Bei der **Ausgliederung** sind die Anteilsinhaber auch nach dem Umwandlungsvorgang noch an der übertragenden Gesellschaft beteiligt. Für die Gesellschafter ergeben sich damit keine bilanziellen Konsequenzen.

II. Spaltung auf eine Drittlandsgesellschaft

1. Zivil- und gesellschaftsrechtliche Grundlagen

a) Überblick

164 Die Zulässigkeit der grenzüberschreitenden Spaltung unter Beteiligung einer Gesellschaft nach dem Recht eines der Mitgliedstaaten der EU wird mit der durch die Art. 49 ff. AEUV garantierten Niederlassungsfreiheit begründet. Fraglich ist, ob auch die grenzüberschreitende **Spaltung unter Beteiligung von Gesellschaften, die dem Recht eines Drittstaates unterliegen,** zulässig ist.

---

[198] Zu den Tauschgrundsätzen vgl. hierzu nachstehend 4. Teil: Rn. 158.
[199] Zu den Ausführungen zu IFRS 5 vgl. hierzu nachstehend 4. Teil: Rn. 207 f.
[200] So auch HBdR/*Langecker/Böcking*, B776 Rn. 442.
[201] Zur den Tauschgrundsätzen vgl. hierzu nachstehend 4. Teil: Rn. 158.
[202] Vgl. hierzu nachstehend 4. Teil Rn. 158.

Eine Ausdehnung der unter vorstehend Rn. 164 ff. genannten Grundsätze zur grenzüberschreitenden Spaltung auf Drittlandsgesellschaften kann sich aus zwei Gesichtspunkten ergeben. Zum einen kann sich die Zulässigkeit einer grenzüberschreitenden Spaltung unter Beteiligung von Drittlandsgesellschaften aus dem Rechtsgedanken der Niederlassungsfreiheit ergeben. Dies setzt jedoch voraus, dass die Niederlassungsfreiheit ähnlich wie in Art. 49 ff. AEUV auch im Verhältnis zu dem jeweiligen Drittstaat garantiert ist. Ein solcher Schutz kann sich beispielsweise aus Staatsverträgen ergeben. Darüber hinaus stellt sich die Frage, ob die Niederlassungsfreiheit nicht generell auch gegenüber Drittstaaten aufgrund des verfassungsrechtlich verankerten Gleichbehandlungsgrundsatz zu gelten hat, der eine Ungleichbehandlung gleicher Sachverhalte untersagt (vgl. Art. 3 GG). 165

aa) Staatsverträge, EU-Abkommen

(1) USA. Der Freundschafts-, Handels- und Schifffahrtsvertrag zwischen Deutschland und USA vom 29. Oktober 1954[203] („Freundschaftsvertrag") verbürgt in Art. VII ausdrücklich die Inländergleichbehandlung und Niederlassungsfreiheit der Gesellschaften des anderen Vertragsteils. Dadurch wird der Gleichlauf mit der rechtlichen Behandlung der in den Mitgliedstaaten der EU gegründeten Gesellschaft bewirkt. Unter anderem vor diesem Hintergrund hat der BGH in vier Entscheidungen in den USA gegründete Gesellschaften denjenigen aus anderen Mitgliedstaaten der EU weitgehend gleichgestellt.[204] 166

Der BGH hat in den genannten Entscheidungen lediglich offen gelassen, ob die Anwendung des Freundschaftsvertrages voraussetzt, dass über das formale Band der Gründung hinaus ein Mindestmaß an tatsächlichen, effektiven Beziehungen der US-Gesellschaft zu ihrem Gründungsstaat (*Genuine Link*) besteht.[205] Der BGH hat jedoch festgehalten, dass zur Begründung eines *Genuine Link* nicht etwa erforderlich sei, dass sich der tatsächliche Verwaltungssitz der Gesellschaft im Gründungsstaat befindet. Ausreichend ist vielmehr, dass die Gesellschaft irgendwelche geschäftlichen Aktivitäten in den USA (nicht notwendig im Gründungsbundesstaat) aufweisen kann. Letzteres wird jedoch in den hier zu diskutierenden Fällen einer grenzüberschreitenden Spaltung stets gegeben sein. 167

Die grenzüberschreitende Spaltung eines Teils des Vermögens einer deutschen Gesellschaft auf eine Gesellschaft, die dem Recht der USA unterliegt, ist daher ebenso zulässig, wie eine grenzüberschreitende Spaltung innerhalb der EU. 168

(2) EFTA-Staaten. Die EFTA (*European Free Trade Association*) besteht zur Zeit aus den folgenden vier Mitgliedstaaten: Island, Lichtenstein, Schweiz und Norwegen. Gesellschaften aus den EFTA Staaten können sich zwar nicht auf die Niederlassungsfreiheit nach Art. 49 ff. AEUV berufen, jedoch folgt aus dem Abkommen über den Europäischen Wirtschaftsraum (EWR), dass bezüglich der Niederlassungsfreiheit nach Art. 31 EWR bzw. Art. 49 AEUV in der Sache kein Unterschied bestehen soll. 169

Vor diesem Hintergrund hat der BGH klargestellt, dass die Grundsätze des EuGH zur Reichweite der europäischen Niederlassungsfreiheit auf die Gesellschaften, die in den EFTA-Staaten gegründet wurden, gleichermaßen Anwendung finden.[206] Art. 31 EWR entspreche der im Wesentlichen gleichlautenden Bestimmung des Art. 49 AEUV und sei 170

---

[203] BGBl II 1956, 487.
[204] BGH, Urteil v. 13.10.2004-I ZR 245/01, NZG 2005, 44 f.; BGH, Urteil v. 5.7.2004-II ZR 389/02, NZG 2004, 1001 f.; BGH, Urteil v. 29.1.2003, VIII ZR 155/02, NZG 2003, 531; BGH, Urteil v. 23.4.2002, XI ZR 136/01, NJW-RR 2002, 1359.
[205] BGH, Urteil v. 13.10.2004-I ZR 245/01, NZG 2005, 44 f.; BGH, Urteil v. 5.7.2004-II ZR 389/02, NZG 2004, 1001 f.
[206] Für eine in dem Fürstentum Liechtenstein gegründete Kapitalgesellschaft BGH, Urteil v. 19.9.2005-II ZR 372/03, WM 2005, 2049.

daher wie diese anzuwenden und auszulegen. Folglich ist auch eine grenzüberschreitende Spaltung unter Beteiligung einer Gesellschaft aus den EFTA-Staaten grundsätzlich zulässig.

171 Eine Sonderrolle innerhalb der EFTA-Staaten nimmt allerdings die Schweiz ein. Diese hat das EWR-Abkommen nicht unterzeichnet. Der BGH hat vor diesem Hintergrund in seiner Trabrennbahn-Entscheidung im Verhältnis zwischen Deutschland und der Schweiz die Sitztheorie für weiterhin anwendbar erklärt.[207] Zwischen der Schweiz und Deutschland bestünden keine völkerrechtlichen Verträge, nach denen eine Aktiengesellschaft schweizerischen Rechts mit Verwaltungssitz in Deutschland nach dem Recht ihres Gründungsstaates zu behandeln sei. Das „Freizügigkeitsabkommen"[208] begründe für die Angehörigen der Vertragsstaaten Dienstleistungsfreiheit in dem jeweiligen anderen Vertragsstaat für die Dauer von 90 Arbeitstagen. Daraus ergebe sich keine Niederlassungsfreiheit für Gesellschaften, die von der Dienstleistungsfreiheit auch ohne Verlegung des Verwaltungssitzes Gebrauch machen könne.[209] Auch wenn die Schweiz ihr Gesellschaftsrecht dem Recht der EU-Mitgliedstaaten stark angeglichen habe, komme eine Anwendung der Gründungstheorie im Verhältnis zur Schweiz aus Gründen der Rechtssicherheit nicht in Betracht. Andernfalls müsse auch bei anderen Staaten jeweils geprüft werden, ob ihre Rechtsordnung so weit den europäischen Standards angeglichen wäre, dass man sie wie einen EU-Mitgliedstaat behandeln könne.[210] Auch die Einheitlichkeit des deutschen Kollisionsrechts lässt der BGH als Argument nicht gelten.[211] Die Arbeiten an einem Gesetz zum Internationalen Privatrecht, nach dem die Gründungstheorie im deutschen Recht kodifiziert werden soll, seien noch nicht abgeschlossen. Es sei nicht Sache des BGH, der Willensbildung des Gesetzgebers vorzugreifen und die bisherige Rechtsprechung zu ändern.[212]

172 **(3) Überseeische Länder und Hoheitsgebiete** Der BGH erstreckt die Niederlassungsfreiheit nach Art. 49 AEUV auch auf diejenigen überseeischen Länder und Hoheitsgebiete, die mit Dänemark, Frankreich, den Niederlanden und dem Vereinigten Königreich besondere Beziehungen unterhalten und die in Anhang II zum Vertrag über die Arbeitsweise der EU genannt sind. Diese seien gemäß Art. 198 Abs. 1, 199 Nr. 5 AEUV in den Geltungsbereich der Niederlassungsfreiheit gemäß Art. 49ff. AEUV einbezogen.[213] Praktische relevant dürfte dies insbesondere im Hinblick auf die niederländischen und britischen Gebiete sein, die ein eigenes, auf *offshore*-Gesellschaften ausgerichtetes Gesell-

---

[207] BGH, Urteil v. 27.10.2008-II ZR 158/06 (*Trabrennbahn*), DStR 2009, 59ff.
[208] Abkommen zwischen der Europäischen Gemeinschaft und ihren Mitgliedstaaten einerseits und der Schweizerischen Eidgenossenschaft andererseits über die Freizügigkeit vom 21.6.1999 (AblEG Nr. L 114 v. 30.4.2002, S. 6ff.).
[209] BGH, Urteil v. 27.10.2008-II ZR 158/06 (*Trabrennbahn*), DStR 2009, 59, 60; so auch *Jung* NZG 2008, 681, 684; *Prüm*, Die grenzüberschreitende Spaltung, S. 207ff.; *Wachter* BB 2006, 2487, 2490; a.A. OLG Hamm, Urteil v. 26.5.2006-30 U 166/05, BB 2006, 2487ff.
[210] BGH, Urteil v. 27.10.2008-II ZR 158/06 (*Trabrennbahn*), DStR 2009, 59, 61.
[211] BGH, Urteil v. 27.10.2008-II ZR 158/06 (*Trabrennbahn*), DStR 2009, 59, 61; a.A. OLG Hamm, Urteil v. 26.5.2006-30 U 166/05, BB 2006, 2487ff.; *Eidenmüller* ZIP 2002, 223, 2244; *Leible/Hoffmann* ZIP 2003, 925, 930; *Paefgen* WM 2003, 561, 570).
[212] BGH, Urteil v. 27.10.2008-II ZR 158/06 (*Trabrennbahn*), DStR 2009, 59, 61.
[213] BGH, Urteil v. 13.9.2004-II ZR 276/02, NJW 2004, 3706, 3707; kritisch hierzu *Thölke* DNotZ 2006, 143, 146, der darauf verweist, dass der Rat der Europäischen Gemeinschaften in dem auf Art. 187 EG (Art. 203 AEUV) gestützten Übersee-Assoziierungsbeschluss vom 27.11.2001 Grundsätze zur Niederlassungsfreiheit aufgestellt hat, die von der Regelung der Niederlassungsfreiheit in Art. 43ff. EG (Art. 49ff. AEUV) abweichen. Nach diesen ist es nicht ausreichend, dass eine Gesellschaft ihren Sitz in den genannten Ländern oder Gebieten liegt. Hinzukommen muss zumindest eine tatsächlich und dauerhafte Verbindung mit der Wirtschaft des betreffenden Landes oder Gebietes. Eine reine *offshore*-Gesellschaft mit Verwaltungssitz in den Mitgliedstaaten der EU ohne Bezug zur Wirtschaft des Gründungslandes wäre daher nicht erfasst. In den hier zu diskutierenden Fällen einer grenzüberschreitenden Spaltung dürfte der Bezug zur Wirtschaft des Gründungslandes jedoch in der Regel gegeben sein.

schaftsrecht haben (Aruba, Niederländische Antillen, Anguilla, Kaimaninseln, Montserrat, Turks- und Caicoinseln, Britische Jungferninseln, Bermuda). Eine grenzüberschreitende Spaltung unter Beteiligung von Gesellschaften aus den genannten Ländern und Gebieten ist daher grundsätzlich zulässig.

Dagegen findet die Niederlassungsfreiheit des Art. 49 AEUV keine Anwendung hinsichtlich der Isle of Man, der Kanalinseln und den Färöer Inseln (vgl. Art. 355 Abs. 5 lit. a) und c) AEUV). 173

(4) Kroatien und Mazedonien. Die Bestimmungen der Europa-Abkommen mit Kroatien[214] und Mazedonien[215] verbieten es, Gesellschaften aus diesen Ländern im Rahmen der Niederlassung zu diskriminieren. Zur Niederlassung gehört nach den Abkommen ausdrücklich auch die Errichtung von Zweigniederlassungen. Eine grenzüberschreitende Spaltung unter Beteiligung von Gesellschaften aus den genannten Ländern und Gebieten ist daher grundsätzlich zulässig. 174

(5) Übrige Staaten. In den übrigen Staaten ist stets zu prüfen, ob Deutschland Vertragspartei von bilateralen oder multilateralen Abkommen ist, welche die Niederlassungsfreiheit im Verhältnis mit dem jeweiligen Staat gewährleisten. Im Übrigen ist davon auszugehen, dass eine grenzüberschreitende Spaltung unter Beteiligung von Gesellschaften, die dem Recht dieser Mitgliedstaaten unterliegen, allenfalls aufgrund des in Art. 3 Abs. 1 GG verankerten Gleichbehandlungsgrundsatzes möglich ist (vgl. dazu noch nachstehend Rn. 177). Der BGH hat in diesem Zusammenhang allerdings ausdrücklich darauf hingewiesen, dass er im Verhältnis zu Drittstaaten, mit denen keine gesonderte Abkommen bestehen, grundsätzlich an der Sitztheorie festhält.[216] Damit gibt der BGH zu erkennen, dass zwischen Deutschland und Drittstaaten grundsätzlich keine dem Regelungsgehalt des Art. 49 AEUV entsprechende Niederlassungsfreiheit gewährleistet ist.[217] Dem folgt auch die wohl noch überwiegende Ansicht in der Literatur.[218] 175

bb) Gleichbehandlungsgrundsatz. Zunächst ist festzuhalten, dass die in § 1 Abs. 1 UmwG niedergelegte territoriale Beschränkung trotz ihres **Verstoßes gegen die in Art. 49 ff. AEUV** verbürgte Niederlassungsfreiheit nicht etwa nichtig ist. Der Verstoß gegen die Niederlassungsfreiheit führt lediglich dazu, dass die Vorschrift des § 1 Abs. 1 UmwG in dem jeweiligen Einzelfall nicht anwendbar ist. Nach der Rechtsprechung des EuGH trifft den Mitgliedstaat zwar unter Umständen die Pflicht, eine gegen das Gemeinschaftsrecht verstoßende Vorschrift aufzuheben.[219] Der EuGH leitet aber aus dem Vertrag über die Arbeitsweise der EU nicht die Nichtigkeit der jeweiligen nationalen Vorschrift ab, es verbleibt lediglich bei der Nichtanwendbarkeit. Die in § 1 Abs. 1 UmwG enthaltene territoriale Beschränkung bleibt daher grundsätzlich in Kraft. 176

Eine Gesellschaft, die an einer Spaltung unter Beteiligung einer in einem Drittstaat ansässigen Gesellschaft aufgrund der Beschränkung des § 1 Abs. 1 UmwG gehindert ist, 177

---

[214] BGBl. 2002 II, 1914 (Art. 48, 49), in Kraft seit 1.2.2005; **Kroation ist seit 1.7.2013 Mitgliedstaat** der Europäischen Union.
[215] BGBl. 2002 II, 1210 (Art. 47, 48), in Kraft seit 1.4.2004.
[216] BGH, Urteil v. 29.1.2003-VIII ZR 155/02, BB 2003, 810 ff.; BGH, Urteil v. 27.10.2008-II ZR 158/06 (*Trabrennbahn*), DStR 2009, 59, 61.
[217] Ebenso BayObLG, Beschluss v. 20.2.2003-1 Z AR 160/02, DB 2003, 819; OLG Hamburg, Zwischenurteil v. 30.3.2007-11 U 231/04, NZG 2007, 597.
[218] *Großerichter* DStR 2003, 159, 167; *Kindler* NJW 2003, 1073, 1079; *Mankowski* RIW 2004, 485; *Vallender* ZGR 2006, 434; *Wachter* BB 2006, 2487, 2490; a.A. *Eidenmüller* ZIP 2002, 2233, 2244; *Leible/Hoffmann* RIW 2002, 925, 935 f. und ZIP 2003, 925, 930.
[219] *Von der Groeben/Schwarze/Tiedje/Troberg*, EU-/EG-Vertrag, 2004, Art. 49 EG Rn. 120.

könnte sich jedoch auf den **in Art. 3 Abs. 1 GG verankerten Gleichbehandlungsgrundsatz** berufen. Nach diesem darf der deutsche Gesetzgeber weder wesentlich Gleiches willkürlich ungleich noch wesentlich Ungleiches willkürlich gleich behandeln. Ein Verstoß gegen den Gleichbehandlungsgrundsatz liegt daher vor, wenn der deutsche Gesetzgeber ohne sachlichen Grund Spaltungen unter Beteiligungen von Gesellschaften aus Mitgliedstaaten der EU zulässt, eine Spaltung unter Beteiligung von Gesellschaften aus Drittstaaten dagegen verhindert.

178 Zur Feststellung eines Verstoßes gegen den Gleichbehandlungsgrundsatz ist die Gruppe der inländischen Gesellschaften, die eine grenzüberschreitende Spaltung unter Beteiligung einer Gesellschaft aus einem anderen Mitgliedstaat der EU durchführen können, mit der Gruppe inländischer Gesellschaften zu vergleichen, denen eine grenzüberschreitende Spaltung unter Beteiligung einer in einem Drittstaat ansässigen Gesellschaft aufgrund der in § 1 Abs. 1 UmwG enthaltenen territorialen Beschränkung verwehrt ist. Grundsätzlich dürfte eine im Vergleich zu den Mitgliedstaaten wesentlich geringere Rechtsangleichung ein ausreichendes Differenzierungskriterium darstellen, um im Falle einer Spaltung unter Beteiligung einer Gesellschaft aus einem Drittstaat von einem wesentlich ungleichen Sachverhalt auszugehen.[220] Der Schutz des Rechtsverkehrs kann es hier geboten erscheinen lassen, eine Spaltung unter Beteiligung einer Gesellschaft aus einem Drittstaat zu untersagen. Konsequenz einer solchen Argumentation wäre jedoch, dass der Verstoß gegen den Gleichbehandlungsgrundsatz in jedem Einzelfall geprüft werden müsste. Tendenziell wäre eine willkürliche Ungleichbehandlung eher anzunehmen, je vergleichbarer die Rechtsordnung des fremden Rechtsträgers mit den Rechtsordnungen der Mitgliedstaaten ist.[221]

179 Der BGH hat sich in seiner **Trabrennbahn-Entscheidung** gegen ein solches Vorgehen ausgesprochen. Aus Gründen der Rechtssicherheit könne die Anwendung der Sitz- bzw. Gründungstheorie nicht von einer Prüfung im Einzelfall abhängig gemacht werden, ob die Rechtsordnung des Drittstaates so weit den europäischen Standards angeglichen ist, dass man ihn wie einen EU-Mitgliedstaat behandeln könne.[222]

b) Voraussetzungen und Durchführung der grenzüberschreitenden Spaltung

180 Soweit eine grenzüberschreitende Spaltung unter Beteiligung einer in einem Drittstaat ansässigen Gesellschaft nach den vorstehend unter Rn. 164 ff. geschilderten Grundsätzen nach deutschem Recht grundsätzlich zulässig ist, gelten im Hinblick auf die **Voraussetzungen der Spaltung** die Ausführungen zur grenzüberschreitenden Spaltung unter Beteiligung von EU-Gesellschaften entsprechend (vgl. vorstehend Rn. 28 ff.).

181 Voraussetzung der grenzüberschreitenden Spaltung ist demnach zunächst, dass auch die Rechtsordnung der übernehmenden Gesellschaft das Institut der Spaltung und die jeweilige Form der Spaltung (Aufspaltung, Abspaltung oder Ausgliederung) kennt. Darüber hinaus müssen die übertragende und die übernehmende Gesellschaft sowohl nach dem Gesellschaftsstatut der übertragenden als auch der übernehmenden Gesellschaft zur Spaltung zugelassen sein (**aktive und passive Spaltungsfähigkeit**).

182 Das anwendbare materielle Recht ist wie bei grenzüberschreitenden Spaltungen innerhalb der EU nach der **Vereinigungstheorie** zu ermitteln (vgl. vorstehend Rn. 15 f.). Für

---

[220] Vgl. *Binz/Mayer* BB 2005, 2361, 2363, die hinsichtlich des Differenzierungskriteriums schon allein darauf abstellen, ob zwischenstaatlich die Niederlassungsfreiheit vereinbart ist.
[221] So für das schweizerische Gesellschaftsrecht, das durch das am 1. Juli 2004 in Kraft getretene Schweizerische Fusionsgesetz, durch welches die europäischen Fusions- und Spaltungsrichtlinie inkorporiert wurde, harmonisiert wurde: *Prüm*, Die grenzüberschreitende Spaltung, S. 207 ff.
[222] BGH, Urteil v. 27.10.2008 - II ZR 158/06 (*Trabrennbahn*), DStR 2009, 59, 61.

A. Hinausspaltung

die Durchführung der grenzüberschreitenden Spaltung unter Beteiligung einer Gesellschaft die dem Recht eines Drittstaates unterliegt, gelten daher die Ausführungen vorstehend unter Rn. 35 ff. entsprechend. Allerdings sind die Vorschriften der Mitgliedstaaten der EU zur Spaltung – soweit vorhanden – weitgehend durch die Spaltungs-RL harmonisiert. Eine solche Harmonisierung der Regelungen fehlt in der Regel bei grenzüberschreitenden Spaltungen unter Beteiligung von Gesellschaften aus Drittstaaten.[223] Folglich kann es hier zu weitergehenden Abweichungen der anwendbaren Vorschriften kommen. Solche Abweichungen sind im Einzelfall anhand der Vereinigungstheorie zu überbrücken.

c) Schutz der Anteilsinhaber

Im Hinblick auf den **Schutz der Anteilsinhaber** ist ein distributiver Ansatz notwendig aber auch ausreichend, da der Schutz bei grenzüberschreitenden Spaltungen weder hinter demjenigen bei rein nationalen Spaltungen zurückbleiben darf, noch über diesen hinausgehen muss. Der Schutz der Anteilsinhaber der beteiligten deutschen Gesellschaft bestimmt sich daher ausschließlich nach deutschem Recht. Für das Abfindungsangebot, welches den der Spaltung widersprechenden Gesellschaftern zu unterbreiten ist, und eine etwaige Verbesserung des Umtauschverhältnisses gelten die Ausführungen vorstehend unter Rn. 58 ff. entsprechend. **183**

d) Schutz der Gläubiger

Grundsätzlich ist es ausreichend, bezüglich des **Gläubigerschutzes** distributiv an die Gläubigerschutzsysteme der beteiligten Gesellschaften anzuknüpfen. Der Schutz der Gläubiger bestimmt sich daher nach demjenigen Recht, dem der Schuldner, also die an der Spaltung beteiligte Gesellschaft, unterliegt. Ein darüber hinausgehender kumulativer Ansatz ist zum Schutz der Gläubiger nicht erforderlich.[224] Abzulehnen ist auch eine einheitliche Anknüpfung an das Statut des übertragenden Rechtsträgers. Gegen eine solche einheitliche Anknüpfung spricht, dass Gläubiger darauf verwiesen würden, ihre Forderungen nach einem anderem Statut geltend zu machen, als demjenigen, das sie durch die Wahl des Schuldners bestimmt haben.[225] Für das Recht auf Sicherheitsleistung (§ 125 Satz 1 iVm § 22 UmwG) und die gesamtschuldnerische Haftung nach § 133 UmwG gelten die die Ausführungen vorstehend unter Rn. 103 ff. und Rn. 106 f. entsprechend. **184**

e) Schutz der Arbeitnehmer

Die **zwingenden Bestimmungen des deutschen Rechts** zum Schutz des Arbeitnehmers finden bei grenzüberschreitenden Spaltungen gemäß Art. 8 Rom I-VO **weiterhin Anwendung**, wenn der auf einen ausländischen Rechtsträger abgespaltene Betriebsteil in Deutschland fortbesteht und die Arbeitnehmer folglich weiterhin in Deutschland tätig sind. Dies gilt selbst bei anders lautender Rechtswahl im Arbeitsvertrag. **185**

---

[223] Eine Ausnahme dürfte für Schweizer Gesellschaften gelten, da die Schweiz ihr Fusionsgesetz an die entsprechenden Regelungen der Verschm-RL und der Spaltungs-RL angepasst hat, vgl. *Watter/Vogt/Tschäni/Daeniker/Morscher*, Fusionsgesetz, Art. 1 Rn. 26 ff.

[224] *Prüm*, Die grenzüberschreitende Spaltung, S. 86 f.; *Lennerz* in: Die internationale Verschmelzung und Spaltung unter Beteiligung deutscher Gesellschaften, S. 207; a.A. *Behrens*, Großkommentar GmbHG, Einl. B 125.

[225] *Lennerz* in: Die internationale Verschmelzung und Spaltung unter Beteiligung deutscher Gesellschaften, S. 210; a.A. *Beitzke*, FS Hallstein, 14, 29 f., der im Falle von Abweichungen im Gläubigerschutz der übertragenden und der übernehmenden Gesellschaft von der einheitlichen Geltung des Gläubigerschutzsystems des übertragenden Rechtsträgers ausgeht.

187 § 323 Abs. 1 UmwG, nach dem sich die **kündigungsrechtliche Stellung** des Arbeitnehmers für die Dauer von zwei Jahre ab Wirksamwerden der Spaltung nicht verschlechtert (vgl. dazu vorstehend Rn. 109), gilt folglich ohne weiteres. Wird der Betriebsteil allerdings tatsächlich ins Ausland verlegt und wechselt der Arbeitnehmer den Arbeitsort daher auf Dauer, kommt es zu einem Statutenwechsel.[226] Die deutschen Vorschriften zum Schutz der Arbeitnehmer finden dann keine Anwendung.

188 Im Hinblick auf die Fortgeltung etwaiger **tarifvertraglicher Vereinbarungen, Betriebsvereinbarungen** und der **Mitbestimmung der Arbeitnehmer** gelten die Ausführungen vorstehend unter Rn. 110 entsprechend.

2. Steuerrechtliche Behandlung

a) Überblick

189 Die Hinausspaltung einer inländischen Kapitalgesellschaft auf eine Kapitalgesellschaft im Drittland ist vom persönlichen Anwendungsbereich des Umwandlungssteuergesetzes wie schon die Hinausverschmelzung auf eine Drittlandsgesellschaft nicht erfasst. Für die Aufspaltung und die Abspaltung ergibt sich dies aus § 1 Abs. 2 Nr. 1 UmwStG und für Ausgliederung aus § 1 Abs. 4 Nr. 1 UmwStG. Es gelten daher die allgemeinen Ausführungen zur Hinausverschmelzung, vgl. hierzu vorstehend 2. Teil: Rn 330 ff.

b) Besteuerung der spaltenden/einbringenden Gesellschaft

190 Auf Ebene der übertragenden, inländischen Gesellschaft ist nach Auffassung der Finanzverwaltung im Zuge der Hinausspaltung von einer Veräußerung aller Wirtschaftsgüter auszugehen, die im Rahmen der Spaltung auf den übernehmenden Rechtsträger übergehen.[227] Bei einer Aufspaltung werden demnach die gesamten stillen Reserven in den Wirtschaftsgütern des übertragenden Rechtsträgers aufgedeckt, während bei einer Abspaltung oder Ausgliederung nur die stillen Reserven der übergehenden Wirtschaftsgüter realisiert werden.

191 Es gelten im übrigen die Ausführungen zur Hinausverschmelzung, vgl. hierzu vorstehend 2. Teil: Rn. 335 ff.

192 Zu einem Untergang von Verlustvorträgen oder Zinsvorträgen sollte es im Zuge der Hinausspaltung mangels Anwendbarkeit des § 15 Abs. 3 UmwStG nicht kommen.

c) Besteuerung der aufnehmenden Gesellschaft

193 Analog zur Behandlung der Verschmelzung ist die Spaltung bei der aufnehmenden Gesellschaft als Anschaffungsvorgang hinsichtlich des übernommenen Vermögens zu qualifizieren.[228] Auch hier gelten daher die Ausführungen zur Hinausverschmelzung, vgl. hierzu vorstehend 2. Teil: Rn 340 ff.

d) Besteuerung der Gesellschafter

194 Ausgliederungen bleiben für den Gesellschafter des übertragenden Rechtsträgers ohne Auswirkung.

195 Bei einer Aufspaltung gelten die Anteile am übertragenden Rechtsträger vollständig als veräußert und die Anteile an den übernehmenden Rechtsträgern gelten als erworben. Als

---

[226] Palandt/*Heldrich*, BGB, Art. 8 Rom I-VO Rn. 11.
[227] BMF 11.11.2011, BStBl. I 2012, 1314 Rn. 00.02.
[228] BMF 11.11.2011, BStBl. I 2012, 1314 Rn. 00.02.

Veräußerungserlös der Anteile am übertragenden Rechtsträger gilt nach allgemeinen Tauschgrundsätzen der gemeine Wert der im Rahmen der Aufspaltung erhaltenen Anteile an den übernehmenden Rechtsträgern. Gleichzeitig bildet der gemeine Wert der Anteile am übertragenden Rechtsträger die Anschaffungskosten der Anteile an den übernehmenden Rechtsträgern, wobei die Anschaffungskosten anteilig nach dem gemeinen Wert der auf die übernehmenden Rechtsträger jeweils übergehenden Wirtschaftsgüter aufgeteilt werden.[229]

Bei einer Abspaltung gelten die Anteile am übertragenden Rechtsträger im Verhältnis des gemeinen Werts der übergehenden Wirtschaftsgüter zum gemeinen Wert der gesamten Wirtschaftsgüter des übertragenden Rechtsträgers als veräußert. Als Veräußerungserlös der Anteile am übertragenden Rechtsträger gilt nach allgemeinen Tauschgrundsätzen der gemeine Wert der im Rahmen der Abspaltung erhaltenen Anteile am übernehmenden Rechtsträger. Gleichzeitig bildet der gemeine Wert der als veräußert geltenden Anteile am übertragenden Rechtsträger die Anschaffungskosten der Anteile am übernehmenden Rechtsträger.

196

Zu Korrekturen bei nicht fremdvergleichskonformen Umtauschverhältnissen durch die Institute der verdeckten Gewinnausschüttung und verdeckter Einlage vgl. vorstehend die Ausführungen zur Hinausverschmelzung auf Drittlandsgesellschaften im 2. Teil: Rn. 346 ff.

197

3. Bilanzielle Auswirkungen und Darstellung der Spaltung (insbesondere beim übertragenden Rechtsträger)

Die Ausführungen zur bilanziellen Abbildung einer Hinausspaltung auf eine EU-Gesellschaft[230] gelten, soweit deren rechtliche Zulässigkeit gegeben ist, entsprechend für Hinausspaltungen auf eine Drittlandsgesellschaft.

198

B. Hereinspaltung auf eine Kapitalgesellschaft

I. Spaltung einer EU-Gesellschaft

1. Zivil- und gesellschaftsrechtliche Grundlagen

a) Überblick

An der grundsätzlichen **Zulässigkeit** der Spaltung einer EU Gesellschaft auf eine inländische Kapitalgesellschaft dürften nach der SEVIC-Entscheidung des EuGH[231] keine Zweifel mehr bestehen. Anders als bei der Hinausumwandlung ist die Hereinumwandlung unstreitig von der Niederlassungsfreiheit umfasst. Ist die Anwendung der in der Daily-Mail Entscheidung des EuGH[232] vorgetragenen Grundsätze schon bei der Hinausspaltung zweifelhaft, finden diese bei der Hereinspaltung keinesfalls Anwendung (vgl. dazu im Einzelnen vorstehend Rn. 7 f.).

199

Das auf die Hereinspaltung anwendbare Recht bestimmt sich wie bei der Hinausspaltung nach der **Vereinigungstheorie**. Danach findet für jeden an der Spaltung beteiligten Rechtsträger grundsätzlich sein Personalstatut Anwendung. Soweit der Umwandlungsvorgang ein gemeinsames Handeln der Gesellschaften erforderlich macht, ist das Recht beider

200

---

[229] Analog zu § 6 Abs. 6 EStG (gilt nur für Einzelwirtschaftsgüter).
[230] Vgl. hierzu vorstehend Rn. 140 ff.
[231] EuGH, Urteil v. 13.12.2005-Rs. C-411/03 (*SEVIC Systems AG*), NJW 2006, 425.
[232] EuGH, Urteil v. 27.9.1988-Rs. 81/87 (*Daily Mail*), NJW 1989, 2186, 2187.

Gesellschaften zu beachten. Das jeweils strengere Recht setzt sich dabei durch. Unterschieden wird dabei zwischen den Voraussetzungen, dem Verfahren und den Wirkungen der Umwandlung. Für die aktive und passive Umwandlungsfähigkeit ist das jeweilige Personalstatut maßgebend. Das jeweils anwendbare Verfahrensrecht bestimmt sich grundsätzlich nach dem Recht des jeweiligen Sitzstaates. Die beteiligten Rechtsordnungen greifen jedoch ineinander, soweit es um den Abschluss des Spaltungsvertrages, das Erstellen des Spaltungsberichts und die Prüfung des Spaltungsvertrages geht. Dagegen ist auf die jeweiligen Beschlussfassungen wiederum das jeweilige Personalstatut anwendbar. Hinsichtlich der Wirkung der Spaltung, insbesondere für Fragen des Vermögensübergangs und der Gläubigersicherung, sind die beteiligten Rechtsordnungen grundsätzlich kumulativ anzuwenden.[233] Die Gewährung neuer Anteile als Gegenleistung bestimmt sich nach dem Recht des übernehmenden Rechtsträgers. Der Bestandsschutz richtet sich grundsätzlich kumulativ nach beiden Rechtsordnungen.[234] Das Statut der übertragenden Gesellschaft ist maßgeblich, soweit es um den Schutz ihrer Anteilsinhaber, Gläubiger oder Arbeitnehmer geht. Soweit sowohl die Rechtsordnung der übertragenden Gesellschaft als auch diejenige der übernehmenden Gesellschaft anwendbar ist, setzt sich bei Widersprüchen, Regelungslücken oder sonstigen Abweichungen diejenige Rechtsordnung durch, welche die strengeren Anforderungen stellt.[235]

Soweit nach der Vereinigungstheorie deutsches Sachrecht berufen ist, finden auf die grenzüberschreitende Spaltung die §§ 123 ff. UmwG Anwendung. § 1 UmwG ist dabei gemäß der SEVIC-Entscheidung europakonform dahingehend auszulegen, dass die Vorschrift der Anwendung der Spaltungsvorschriften auf grenzüberschreitende Spaltungen nicht entgegensteht.[236] Ergänzend können die §§ 122a ff. UmwG für Besonderheiten bei grenzüberschreitenden Spaltungen herangezogen werden.[237]

b) Voraussetzung und Durchführung der grenzüberschreitenden Spaltung

201 **aa) Spaltung als zulässiges Rechtsinstitut. Grundlage** für eine Hereinspaltung über die Grenze ist zunächst, dass jede beteiligte Rechtsordnung das Institut der Spaltung kennt.[238] Kennt die Rechtsordnung des übertragenden Rechtsträgers das Institut der Spaltung nicht, scheidet eine Hereinspaltung aus. Entsprechendes gilt, wenn die Rechtsordnung des übertragenden Rechtsträgers einzelne Formen der Spaltung nicht kennt. Hat sich ein Mitgliedstaat gegen die Einführung des Rechtsinstituts der Spaltung oder einzelner Spaltungsformen entschieden, kann diese sachrechtliche Beschränkung nicht nach Internationalem Privatrecht kollisionsrechtlich unterlaufen werden.[239]

202 Die Spaltungsrichtlinie sieht darüber hinaus lediglich die **Auf-** und die **Abspaltung** (jeweils durch Übernahme und durch Neugründung) vor. Im Falle einer **Ausgliederung**, bei der die übertragende Gesellschaft und nicht deren Gesellschafter Anteile an der über-

---

[233] Ulmer/Habersack/Winter/*Behrens*, GmbHG, Einl. B Rn. B125; unklar *MünchKomm/Kindler*, BGB, IntGesR, der bezüglich des Vermögensübergangs einerseits nur an das Statut der übertragenden Gesellschaft anknüpfen will (Rn. 860), andererseits davon spricht, dass hinsichtlich der Wirkungen der transnationalen Verschmelzung zum Schutz aller betroffenen Interessen die beteiligten Personalstatute zu kumulieren sind (Rn. 863). Die Ansicht von Behrens überzeugt, da beispielsweise eine grenzüberschreitende Umwandlung dann ausscheiden dürfte, wenn das Personalstatut des übernehmenden Rechtsträgers das Institut der (partiellen) Gesamtrechtsnachfolge nicht kennt.
[234] Vgl. nur MünchKomm/*Kindler*, BGB, IntGesR, Rn. 860 ff.
[235] Vgl. dazu MünchKomm/*Kindler*, BGB, IntGesR, Rn. 850 ff.
[236] *Spahlinger/Wegen* NZG 2006, 721, 727.
[237] *Veil* Der Konzern 2006, 98, 104 f.
[238] MünchKomm/*Kindler*, IntGesR, Rn. 853; *Dorr/Stukenborg* DB 2003, 647, 650.
[239] *Prüm*, Die grenzüberschreitende Spaltung, S. 76 f.

bb) Beteiligte Rechtsträger. Sowohl die übertragende Gesellschaft als auch die übernehmende oder neu zu gründende Gesellschaft müssen nach ihrer jeweiligen Rechtsordnung zur Spaltung zugelassen sein (**aktive Spaltungsfähigkeit**). Hinzukommen muss jedoch, dass sowohl die Rechtsordnung der spaltenden als auch diejenige der übernehmenden oder neu zu gründenden Gesellschaft die jeweils andere an der Spaltung beteiligte Gesellschaft als spaltungsfähige Rechtsträger anerkennt (**passive Spaltungsfähigkeit**).[240] Zu den Anforderungen, die an die Spaltungsfähigkeit der übertragenden bzw. übernehmenden Gesellschaft zu stellen sind, vgl. vorstehend Rn. 17 ff.

Die Spaltungsfähigkeit bestimmt sich nach dem jeweils anwendbaren Gesellschaftsstatut. Bei Beteiligung einer *Private Company Limited by Shares* richtet sich die Frage der aktiven bzw. passiven Spaltungsfähigkeit folglich auch dann nach englischem Gesellschaftsrecht, wenn diese ihren tatsächlichen Verwaltungssitz in Deutschland hat.

cc) Spaltungsvertrag/-plan. Grundlage der Abspaltung bzw. Ausgliederung stellt gemäß § 126 UmwG der **Spaltungs- und Übernahmevertrag** dar. Im Falle einer Aufspaltung, bei welcher der übernehmende Rechtsträger naturgemäß noch nicht existiert, stellen die Vertretungsorgane des übertragenden Rechtsträgers einen **Spaltungsplan** auf (§ 136 UmwG). Art. 3 der Spaltungsrichtlinie spricht generell davon, dass die Verwaltungs- oder Leitungsorgane der an der Spaltung beteiligten Gesellschaften einen schriftlichen Spaltungsplan aufstellen. Auch in Fällen in denen deutsches Recht den Abschluss eines Spaltungsvertrages, das ausländische Recht aber die Erstellung eines Spaltungsplans verlangt, ist unserer Ansicht nach die Erstellung eines einheitlichen Dokuments ausreichend (vgl. dazu vorstehend Rn. 38).

Der Spaltungsvertrag bzw. -plan kann sowohl in deutsch als auch in einer ausländischen **Sprache** verfasst sein (vgl. dazu vorstehend Rn. 41). Für Zwecke der Prüfung des Spaltungsvertrages bzw. -plans durch das Handelsregister ist jedoch eine beglaubigte deutsche Übersetzung des Spaltungsvertrags- bzw. -plans bei dem für den deutschen Rechtsträger zuständigen Handelsregister einzureichen.[241] In der Praxis bietet es sich an, ein mehrsprachiges Dokument zu erstellen. Dabei sollte jedoch darauf geachtet werden, dass nicht eine in ausländischer Sprache abgefasste Version als die im Zweifel maßgebliche Fassung vereinbart wird. Andernfalls könnte wiederum eine beglaubigte Übersetzung der maßgeblichen Fassung in deutscher Sprache für Zwecke der Einreichung beim Handelsregister erforderlich werden. Besteht die Möglichkeit eines mehrsprachigen Dokuments nicht oder ist sie nicht erwünscht, käme alternativ in Betracht, für jeden Rechtsträger ein eigenes Dokument in der jeweiligen Landessprache zu verfassen.

Nach deutschem Recht ist der Spaltungsvertrag von den Vertretungsorganen der beteiligten Rechtsträger[242] abzuschließen, bzw. ist bei der Spaltung zur Neugründung der Spaltungsplan von den Vertretungsorganen der übertragenden Gesellschaft aufzustellen (§ 136 UmwG). Eine **Vertretung** der Gesellschaft allein durch Prokuristen ist nicht zulässig, da Umwandlungsmaßnahmen nicht zu denjenigen Rechtshandlungen gehören, die eine Handelsgesellschaft mit sich bringt und folglich vom gesetzlichen Umfang der Prokura

---

[240] MünchKomm/*Kindler*, IntGesR, Rn. 854; *Dorr/Stukenborg* DB 2003, 647, 650.
[241] § 125 FGG iVm §§ 8 FGG, 184 GVG: Gerichtssprache ist Deutsch; so auch *Just*, Die englische Limited in der Praxis, Rn. 48; für einen Gesellschaftsvertrag auch: LG Düsseldorf, Beschluss v. 16.3.1999-36 T 3/99, GmbHR 1999, 609 f.; Baumbach/Hueck/*Hueck/Fastrich*, GmbHG, § 2 Rn. 9.
[242] Lutter/*Priester*, UmwG, § 126 Rn. 12.

nicht erfasst sind.[243] Die vertretungsberechtigten Organe können jedoch andere Personen rechtsgeschäftlich zum Abschluss des Spaltungsvertrages bevollmächtigen.[244] Notarielle Form ist hierfür grundsätzlich nicht erforderlich (§ 167 Abs. 2 BGB). Etwas anderes gilt nur bei der Spaltung zur Neugründung, da hier die Satzung des übernehmenden Rechtsträgers festgestellt wird (§ 2 Abs. 2 GmbHG, § 23 Abs. 1 Satz 2 AktG). In Folge dessen ist die Vollmacht bei der Spaltung zur Neugründung notariell zu errichten oder zu beglaubigen.[245] Auch eine vollmachtlose Vertretung mit nachträglicher Genehmigung ist grundsätzlich möglich.[246]

207 Hinsichtlich der **Form** des Spaltungsvertrages sind die Formerfordernisse der beteiligten Rechtsformen kumulativ anzuknüpfen. Gemäß § 125 iVm § 6 UmwG ist der Spaltungsvertrag bzw. -plan daher stets notariell zu beurkunden (§ 125 iVm § 6 UmwG). Die Beurkundung sollte in Deutschland erfolgen, da nach gefestigter Praxis die Beurkundung gesellschaftsrechtlicher Strukturmaßnahmen durch ausländische Notare für unzulässig gehalten wird.[247] Sieht auch die Rechtsordnung des beteiligten ausländischen Rechtsträgers eine Beurkundung vor und ist die ausländische Rechtsordnung im Hinblick auf Beurkundungen durch ausländische Notare ähnlich restriktiv wie das deutsche Recht, sollte eine Doppelbeurkundung sowohl in Deutschland als auch im Land des übertragenden Rechtsträgers erfolgen (vgl. dazu vorstehend Rn. 43). Eine Abstimmung mit den Registergerichten erscheint auch hier angezeigt.

208 Eine gewisse Flexibilität bietet das deutsche Umwandlungsrecht hinsichtlich des **Zeitpunkts der Beurkundung**, da die Zustimmungsbeschlüsse der Gesellschafterversammlungen sich auch auf einen Entwurf des Spaltungsvertrags bzw. -plans beziehen können (§ 125 iVm § 4 Abs. 2 UmwG). Dies erweist sich insbesondere dann als hilfreich, wenn die ausländische Rechtsordnung zwingend die Beurkundung zu einem bestimmten Zeitpunkt vorschreibt.[248]

209 Auch bezüglich der Form der **Mitteilung** des Spaltungsvertrages bzw. -plans sind die Formerfordernisse der Rechtsordnungen der beteiligten Rechtsträger kumulativ anzuknüpfen. Bei einer GmbH ist der Spaltungsvertrag bzw. -plan oder der jeweilige Entwurf den Gesellschaftern spätestens zusammen mit der Einberufung der Gesellschafterversammlung, die gemäß § 125 iVm § 13 UmwG über die Zustimmung beschließen soll, zu übersenden (§ 125 iVm § 47 UmwG). Bei einer Aktiengesellschaft ist der Spaltungsvertrag bzw. -plan oder der jeweilige Entwurf zurückgehend auf Art. 4 der Spaltungs-RL vor der Einberufung der Hauptversammlung, die gemäß § 125 iVm 13 UmwG über die Zustimmung beschließen soll, zum Register einzureichen (§ 125 iVm § 61 UmwG). Das Gericht hat in der Bekanntmachung nach § 10 HGB darauf hinzuweisen, dass der Spaltungsvertrag bzw. -entwurf oder der jeweilige Entwurf beim Handelsregister eingereicht ist. Entsprechende

---

[243] Lutter/*Priester*, UmwG, § 126 Rn. 12; Semler/Stengel/*Schröer*, UmwG, § 4 Rn. 8.
[244] Lutter/*Priester*, UmwG, § 126 Rn. 12; Semler/Stengel/*Schröer*, UmwG, § 126 Rn. 7, § 4 Rn. 9.
[245] Semler/Stengel/*Schröer*, UmwG, § 126 Rn. 7, § 4 Rn. 11.
[246] Eine Ausnahme gilt nach deutschem Recht lediglich bei der Aufstellung eines Spaltungsplans, da es sich hierbei um ein einseitiges Rechtsgeschäft handelt (§ 180 Satz 1 BGB); ob die jeweils einschlägige ausländische Rechtsordnung ähnliche Vorschriften enthält, ist im Einzelfall zu prüfen.
[247] Vgl. zur Geltung der Ortsform (Art. 11 Abs. 1 Alt. 2 EGBGB) Staudinger/*Großfeld*, IntGesR, Rn. 452 ff.; Lutter/*Lutter/Drygala*, UmwG, § 6 Rn. 8 f.; die Begründung zum Regierungsentwurf des Zweiten Gesetzes zur Änderung des Umwandlungsgesetzes, BT-Drs. 16/2919 v. 12.10.2006 zu § 122c UmwG verweist bezüglich der Auslandsbeurkundung allerdings lediglich auf die „allgemeinen Regeln (Erfordernis der Gleichwertigkeit; vgl. BGHZ 80, 76)"; ebenso *H.-F. Müller* ZIP 2007, 1081, 1083; vgl. auch den Erfahrungsbericht zu einer Verschmelzung einer deutschen GmbH auf eine österreichische GmbH, bei der dem deutschen Registergericht ein in Österreich beurkundeter Verschmelzungsvertrag vorlag, *Wenglorz* BB 2004, 1061, 1064.
[248] So das italienische Recht, nach dem der Verschmelzungsvertrag zwingend nach der Beurkundung der Zustimmungsbeschlüsse abzuschließen ist, vgl. *Dorr/Stukenborg* DB 2003, 647, 650.

Vorschriften der ausländischen Rechtsordnungen sind zu berücksichtigen. § 122d UmwG, der für grenzüberschreitende Verschmelzungen zusätzliche Bekanntmachungen vorsieht, findet auf die grenzüberschreitende Spaltung keine analoge Anwendung, da es angesichts der Regelungen in § 125 iVm §§ 47, 61 UmwG schon an einer Regelungslücke fehlt.

Die **inhaltlichen Mindesterfordernisse** des Spaltungsvertrages sind kumulativ an die beteiligten Rechtsordnungen anzuknüpfen. Nur so ist gewährleistet, dass sämtliche Gesichtspunkte, die nach den jeweils anwendbaren Rechtsordnungen zu berücksichtigen sind, Niederschlag im Spaltungsvertrag bzw. -plan finden. Bei Spaltungsvorgängen innerhalb der EU stellt dies jedoch keine erhebliche Einschränkung dar, da der Inhalt des Spaltungsvertrages durch Art. 3 Abs. 1 Spaltungs-RL vorgegeben ist. Lediglich die Darstellung der Folgen der Spaltung für die Arbeitnehmer und ihre Vertretungsorgane sowie der insoweit vorgesehenen Maßnahmen im Spaltungsvertrag bzw. -plan ist eine deutsche Besonderheit. Da § 126 Abs. 1 Nr. 11 UmwG die Arbeitnehmer des deutschen Rechtsträgers schützt, sind lediglich Angaben zu den Folgen der Spaltung für diese zwingend vorzusehen. 210

Zu den **inhaltlichen Anforderungen** an den Spaltungsvertrag bzw. -plan im Übrigen vgl. vorstehend Rn. 39. 211

Nach § 126 Abs. 1 Nr. 1 UmwG sind die **Firma** und der **Sitz** der an der Spaltung beteiligten Gesellschaften anzugeben. Die Regelung bleibt insoweit hinter den Vorgaben des Art. 3 Abs. 2 Buchst. a) der Spaltungs-RL zurück, als die **Rechtsform** nicht gesondert zu benennen ist. Dies ist bei rein deutschen Spaltungen zweckmäßig, da sich die Rechtsform aus dem Rechtsformzusatz in der Firma des Rechtsträgers ergibt. Bei Beteiligung ausländischer Gesellschaften sollte jedoch die entsprechende Rechtsform angegeben werden. Dies dient der Information der Gesellschafter der an der Spaltung beteiligten Gesellschaften und erleichtert dem Registerrichter die Prüfung der Voraussetzungen der Spaltung.[249] 212

Anders als nach den Vorgaben der Spaltungs-RL hat der Spaltungsvertrag nach deutschem Recht eine **Vereinbarung über die Übertragung des auf- oder abzuspaltenden Vermögens** als Gesamtheit gegen Gewährung von Anteilen an dem übernehmenden Rechtsträger zu enthalten. Da in vielen Rechtsordnungen ein Spaltungs*plan* zu erstellen ist und dieser nicht als Vertrag angesehen wird, sondern als ausgestaltende Grundlage für einen öffentlich-rechtlichen Rechtsakt, müssen die Rechtsfolgen in diesen Rechtsordnungen nicht ausdrücklich vereinbart werden. Sie treten automatisch mit Wirksamwerden der Spaltung ein. 213

Die nach § 126 Abs. 1 Ziffer 3 bis 10 UmwG **erforderlichen Angaben** im Spaltungsvertrag decken sich mit den Vorgaben von Art. 3 Abs. 2 der Spaltungs-RL. Insoweit dürften sie mit den Anforderungen der Rechtsordnungen anderer Mitgliedstaaten der EU weitgehend übereinstimmen. Dies ist jedoch im Einzelfall zu prüfen und die Angaben im Spaltungsvertrag bzw. -plan sind ggf. entsprechend zu ergänzen. 214

Hinsichtlich des **Spaltungsstichtags** sind die nach ausländischen Rechtsordnungen ggf. abweichenden Bestimmungen zu berücksichtigen. Der Stichtag markiert den Tag, von dem an die Spaltung obligatorisch, im Verhältnis zwischen den beteiligten Rechtsträgern und ihren Anteilsinhabern wirken soll. Nach h.M. ist der Stichtag im deutschen Umwandlungsrecht mit dem Stichtag der Schlussbilanz des übertragenden Rechtsträgers identisch.[250] Wie dieser kann er im Rahmen der Acht-Monats-Frist gemäß § 125 iVm § 17 Abs. 2 UmwG in die Vergangenheit gelegt werden. Soweit die in diesem Zusammenhang 215

---

[249] Wie vorstehend unter Rn. 30 ff. dargestellt, setzt die Spaltung voraus, dass der ausländische Rechtsträger auch nach deutschem Recht spaltungsfähig ist.
[250] Nachweise bei Lutter/*Priester*, UmwG, § 24 Rn. 13.

maßgebliche Rechtsordnung des übertragenden Rechtsträgers hierzu abweichendes bestimmt, ist die jeweils strengere Vorschrift zu berücksichtigen.[251]

216 **dd) Umtauschverhältnis, Bewertung.** Nach § 126 Abs. 1 Nr. 3 müssen die an der Spaltung beteiligten Gesellschaften im Spaltungsvertrag bzw. -plan Angaben über das **Umtauschverhältnis der Anteile** und gegebenenfalls die Höhe der baren Zuzahlungen machen. Den Anteilsinhabern des übertragenden Rechtsträgers ist gemäß § 123 UmwG eine hinreichende Kompensation für den Verlust (bei Aufspaltung) bzw. die Wertminderung ihrer Anteile (bei Abspaltung) zu gewähren. Maßgebend für die Bestimmung des Umtauschverhältnisses ist der tatsächliche Wert der zu übertragenden Vermögenswerte im Verhältnis zum Wert des übernehmenden Rechtsträgers. Die Höhe der zu gewährenden Anteile ergibt sich aus der Relation dieser Werte.

217 Zur Festlegung des Umtauschverhältnisses hat eine **Bewertung** der übernehmenden Gesellschaft und des auf diesen zu übertragenden Vermögens stattzufinden. Das anwendbare Bewertungsverfahren bestimmt sich nach dem jeweiligen Gesellschaftsstatut.[252] Welche Bewertungsverfahren bei grenzüberschreitenden Transaktionen anzuwenden sind, ist weder gesetzlich vorgeschrieben noch besteht hierzu eine gefestigte Praxis. Einigkeit besteht jedoch darin, dass die Bewertung für den übernehmenden Rechtsträger und das zu übertragende Vermögen zur Ermittlung des Umtauschverhältnisses nach gleichen oder zumindest vergleichbaren Methoden durchgeführt werden muss.[253]

Denkbar sind daher grundsätzlich zwei Wege. Zum einen können die jeweils national üblichen Bewertungsverfahren anhand der **kollisionsrechtlichen Anpassungsmethode** angepasst werden.[254] Ein solches Vorgehen ist in der Praxis jedoch zumindest dann nicht empfehlenswert, wenn das Risiko besteht, dass der Zustimmungsbeschluss einer der beteiligten Gesellschaften angefochten wird. Bei der Hereinspaltung können die Gesellschafter der übernehmenden Gesellschaft den Spaltungsbeschluss mit dem Argument anfechten, das Umtauschverhältnis sei unangemessen. Daher kann es zur Verringerung von Anfechtungsrisiken empfehlenswert sein, die übernehmende Gesellschaft und das zu übertragende Vermögen sowohl nach den landesüblichen Bewertungsverfahren der übernehmenden Gesellschaft als auch nach denjenigen der übertragenden Gesellschaft zu bewerten. Anschließend ist dann zu prüfen, ob die jeweils angewandten Bewertungsmethoden zu den gleichen Umtauschverhältnissen führen. Bei börsennotierten Gesellschaften kann Umtauschverhältnis anhand der Börsenkurse ermittelt werden (vgl. dazu im Einzelnen vorstehend Rn. 46 ff.).

218 Nach deutschem Umwandlungsrecht sind **bare Zuzahlungen** nur in geringem Umfang möglich. Die Zuzahlungen sind bei der GmbH und der Aktiengesellschaft gemäß § 125 Satz 1 iVm §§ 54 Abs. 4 bzw. 68 Abs. 3 UmwG auf maximal 10 % des Nennbetrages aller den Anteilsinhabern des übertragenden Rechtsträgers gewährten Gesellschaftsanteile begrenzt. Die genannten Vorschriften sollen zum einen den Auskauf der Anteilsinhaber der übertragenden Gesellschaft verhindern. Zum anderen sollen sie vor dem Hintergrund des deutschen Kapitalerhaltungssystems die Kapitalgrundlage und Liquidität der übernehmenden Gesellschaft schützen.[255] Damit dient die Vorschrift zumindest auch dem Schutz

---

[251] So ist beispielsweise nach niederländischem Recht eine weitergehende Rückwirkung möglich, vgl. *Gesell/Krömker* DB 2006, 2558, 2562.
[252] *Großfeld* BB 2001, 1836 f.; *ders.* in: Unternehmens- und Anteilsbewertung im Gesellschaftsrecht, S. 246 f.
[253] BayObLG, Beschluss v. 18.12.2002-3Z BR 116/00, ZIP 2003, 253, 254; *Lutter/Lutter/Drygala*, UmwG, § 5 Rn 19; SHS/*Stratz*, UmwG/UmwStG, § 5 UmwG Rn. 51; *Sagasser/Swienty* DStR 1991, 1188, 1192.
[254] Vgl. *Großfeld* in: Unternehmens- und Anteilsbewertung im Gesellschaftsrecht, 4. Aufl. 2002, S. 246 f.
[255] Lutter/*Winter*, UmwG, § 54 Rn. 31 ff.

der Gläubiger der übernehmenden deutschen Gesellschaft. Die Vorschriften zur Begrenzung der baren Zuzahlungen sind daher bei Hereinspaltungen zu beachten.

Nach den in das deutsche Umwandlungsrecht neu eingeführten § 54 Abs. 1 Satz 3 und **219** § 68 Abs. 1 Satz 3 UmwG kann von der **Gewährung von Anteilen** durch den übernehmenden Rechtsträger **abgesehen werden**, wenn alle Anteilsinhaber der übertragenden Gesellschaft darauf verzichten. Die Vorschriften gelten über § 125 Satz 1 UmwG analog für die Spaltung. Die Verzichtserklärungen sind notariell zu beurkunden (§ 54 Abs. 1 Satz 3 Hs. 2 und § 68 Abs. 1 Satz 3 Hs. 2 UmwG).

ee) Zuleitung des Spaltungsvertrags bzw. -plans oder des jeweiligen Entwurfs **220** **an Betriebsrat.** Die Spaltungs-RL verweist bezüglich der Wahrung der Ansprüche der Arbeitnehmer auf die Regelungen der Betriebsübergangsrichtlinie (77/187/EWG – Betriebsübergangs–RL). Diese regelt in Art. 6, dass die **Vertreter der Arbeitnehmer rechtzeitig** vor dem Vollzug der jeweiligen Maßnahme über den Grund der Maßnahme, die rechtlichen, wirtschaftlichen und sozialen Folgen der Maßnahme für die Arbeitnehmer und die hinsichtlich der Arbeitnehmer in Aussicht genommenen Maßnahmen zu **informieren** sind.

Nach deutschem Umwandlungsrecht ist der Spaltungsvertrag bzw. -plan oder der jeweilige Entwurf spätestens einen Monat vor dem Tag der Versammlung der Anteilsinhaber, die **221** gemäß §§ 125 iVm § 13 Abs. 1 UmwG über die Zustimmung zum Spaltungsvertrag bzw. -plan beschließen soll, **dem zuständigen Betriebsrat** dieses Rechtsträgers **zuzuleiten**. Zu den Einzelheiten vgl. vorstehend Rn. 55 ff. Ein Nachweis über die Zuleitung ist bei der Anmeldung der Spaltung dem Registergericht einzureichen. Zu diesem Zweck sollte eine entsprechende schriftliche Bestätigung des Betriebsrats bei der Zuleitung eingeholt werden.

Besteht kein Betriebsrat, greift die Informationspflicht nicht ein. Dies gilt unabhän- **222** gig von dem Grund für das Fehlen des Betriebsrats. Die Informationspflicht entfällt daher auch dann, wenn das beteiligte Unternehmen grundsätzlich betriebsratsfähig ist, aber keinen Betriebsrat hat.[256]

ff) Abfindungsangebot. Bei der Spaltung über die Grenze stellt der übernehmende **223** Rechtsträger stets einen **Rechtsträger „anderer Rechtsform"** iSd § 125 Satz 1 iVm § 29 UmwG dar. Nach den einschlägigen Vorschriften des deutschen Umwandlungsrechts (§ 125 Satz 1 iVm § 29 Abs. 1 UmwG) wäre der übernehmende Rechtsträger daher grundsätzlich verpflichtet, im Spaltungsvertrag jedem Anteilsinhaber, der gegen den Spaltungsbeschluss des übertragenden Rechtsträgers Widerspruch zur Niederschrift erklärt, den Erwerb seiner Anteile gegen eine angemessene Barabfindung anzubieten.[257] Sieht das Gesellschaftsstatut des übertragenden ausländischen Rechtsträgers kein Austrittsrecht der widersprechenden Gesellschafter vor, stellt sich die Frage, ob die übernehmende deutsche Gesellschaft dennoch ein Abfindungsangebot unterbreiten muss. Hätte der Gesellschafter der ausländischen Gesellschaft bei einer rein nationalen Spaltung kein Austrittsrecht gehabt, lässt sich argumentieren, dass ihm ein solches auch bei einer grenzüberschreitenden Spaltung nicht zwingend gewährt werden muss. Die Frage, ob bei einer grenzüberschreitenden Hereinspaltung die deutsche übernehmende Gesellschaft ein Abfindungsangebot unterbreiten muss, sollte sich demnach nach dem Gesellschaftsstatut der übertragenden Gesellschaft entscheiden.[258] Sieht das Gesellschaftsstatut der übertragenden Gesellschaft jedoch ein Abfindungsangebot durch den übernehmenden Rechtsträger vor, ist die deut-

---

[256] Lutter/*Priester*, UmwG, § 126 Rn. 16; *Geck* DStR 1995, 416, 420; *Joost* ZIP 1995, 976, 985.
[257] Eine Ausnahme gilt lediglich für Ausgliederungen. Hier ist kein Abfindungsangebot erforderlich (vgl. § 125 Satz 1 UmwG).
[258] *Kallmeyer/Kappes* AG 2006, 224, 233; *Geyrhalter/Weber* DStR 2006, 146, 148 f.

sche übernehmende Gesellschaft an die einschlägigen Vorschriften grundsätzlich gebunden. Dies ist aus Gründen des Schutzes der Gesellschafter der übertragenden Gesellschaft geboten.

224 Kommt die Verpflichtung zur Barabfindung mit den deutschen Regeln der Kapitalerhaltung in Konflikt, ist nach den einschlägigen deutschen Regelungen in gewissen Grenzen eine **Durchbrechung der Kapitalerhaltungsvorschriften** möglich. Bei der **GmbH** erlaubt § 33 Abs. 3 GmbHG die Leistung der Abfindung, auch wenn diese entgegen dem in § 33 Abs. 2 GmbHG enthaltenen Grundsatz nicht aus freiem, über den Betrag des Stammkapitals hinaus vorhandenen Vermögen geleistet werde kann. Allerdings setzt auch § 33 Abs. 3 GmbHG voraus, dass die Gesellschaft im Zeitpunkt des Erwerbs der Anteile Rücklagen in Höhe der Aufwendungen für den Erwerb ohne Minderung des Stammkapitals oder einer nach dem Gesellschaftsvertrag zu bildenden Rücklage, die nicht zur Zahlung an die Gesellschafter verwendet werden darf, bilden könnte. Für die **Aktiengesellschaft** bestimmt § 29 Abs. 1 Satz 1 Hs. 2 UmwG, dass § 71 Abs. 4 Satz 2 AktG keine Anwendung findet. Der dem Erwerb der eigenen Aktien im Rahmen des Abfindungsangebotes zugrunde liegende schuldrechtliche Vertrag ist daher auch im Falle eines Verstoßes gegen die Bestimmungen des § 71 Abs. 1 oder 2 AktG wirksam. Gleiches gilt für das dingliche Rechtsgeschäft (vgl. § 71 Abs. 4 Satz 1 AktG). Im Übrigen ist davon auszugehen, dass auch § 57 Abs. 1 Satz 1 AktG keine Anwendung findet. Andernfalls würde ein Rückerwerb eigener Anteile im Rahmen der Abfindung, der gegen § 71 Abs. 1 oder 2 AktG verstößt, eine unzulässige Rückgewähr von Einlagen darstellen. Der dem Spaltungsbeschluss widersprechende Gesellschafter müsste die Abfindungszahlung in diesem Fall zurückgewähren. Das kann der Gesetzgeber jedoch nicht gewollt haben, da andernfalls das Austrittsrecht leerlaufen würde.[259]

225 Die genannten Regeln sind auf den **Abfindungsanspruch der Gesellschafter** der übertragenden Gesellschaft, der sich nicht aus dem Umwandlungsgesetz sondern aus den entsprechenden ausländischen Vorschriften ergibt, analog anwendbar. Die Nichtanwendung der Regeln auf den Abfindungsanspruch der Gesellschafter der ausländischen übertragenden Gesellschaft würde eine Erschwerung der grenzüberschreitenden Spaltung darstellen und folglich gegen das Diskriminierungsverbot aus Art. 18 AEUV verstoßen.

Ist bereits vor Fassung des Spaltungsbeschlusses absehbar, dass sich die Leistung der Abfindung nicht in dem durch § 33 Abs. 3 GmbHG bzw. § 71 Abs. 2 AktG vorgegeben Rahmen bewegen wird, muss die Spaltung unterbleiben. Ein gleichwohl gefasster Spaltungsbeschluss ist rechtswidrig und anfechtbar. Stellt sich der Verstoß erst nach Fassung der Verschmelzungsbeschlüsse heraus, ist die Aktiengesellschaft dennoch zum Erwerb der eigenen Aktien verpflichtet, da gemäß § 29 Abs. 1 Satz 1 Hs. 2 UmwG das Angebot zum Erwerb der Aktien trotz des Verstoßes gegen § 71 AktG wirksam ist.[260] Gleiches gilt nach § 29 Abs. 1 Satz 1 Hs. 2 UmwG in der Fassung des Zweiten Gesetzes zur Änderung des Umwandlungsgesetzes auch für die GmbH.[261]

226 Die **Höhe der anzubietenden Abfindung** bestimmt sich nach dem Gesellschaftsstatut der übertragenden Gesellschaft. Ähnlich den § 125 Satz 1 iVm § 30 UmwG wird den Gesellschaftern in der Regel der Verkehrswert ihrer Beteiligung im Zeitpunkt der Beschlussfassung über die Spaltung anzubieten sein. Zur Ermittlung der angemessenen Barabfindung kann grundsätzlich auf die Bewertung der beteiligten Rechtsträger im Zusam-

---

[259] Lutter/*Grunewald*, UmwG, § 29 Rn. 27; *Vetter* ZHR 168 (2004), 8, 22; Widmann/Mayer/*Vollrath*, § 29 UmwG, Rn. 37; a.A.: *Petersen* in: Der Gläubigerschutz im Umwandlungsrecht, S. 178.

[260] Lutter/*Grunewald*, UmwG, § 29 Rn. 26; Semler/Stengel/*Kalss*, UmwG, § 29 Rn. 33; nach *Vetter* ZHR 168 (2004), 8, 23 und *Ihrig* GmbHR 1995, 622, 631 steht der Aktiengesellschaft ein Leistungsverweigerungsrecht zu.

[261] Semler/Stengel/*Kalss*, UmwG, § 29 Rn. 34; Widmann/Mayer/*Wälzholz*, § 29 UmwG Rn. 39.

menhang mit der Ermittlung des Umtauschverhältnisses zurückgegriffen werden. Probleme ergeben sich allerdings dann, wenn zur Ermittlung des Umtauschverhältnisses eine andere als die in der jeweiligen Rechtsordnung des übertragenden Rechtsträgers anerkannte Bewertungsmethode gewählt wurde. Dies ist zwar im Rahmen der Ermittlung des Umtauschverhältnisses möglich, da dort nicht die Feststellung des objektiven Wertes, sondern die Feststellung der Wertrelation im Vordergrund steht. Im Rahmen der Ermittlung des angemessenen Abfindungsangebotes ist zum Schutz der Gesellschafter der übertragenden Gesellschaft der Verkehrswert ihrer Beteiligung nach den in der jeweiligen anwendbaren Rechtsordnung anerkannten Bewertungsmethoden zu ermitteln.

Die **Angemessenheit der Barabfindung** ist im Falle der Beteiligung einer Aktiengesellschaft stets (§ 125 Satz 1 iVm 60 UmwG), bei der Beteiligung einer GmbH auf Verlangen eines der Gesellschafter zu prüfen (§ 125 Satz 1 iVm § 48 UmwG). Eine Prüfung ist allerdings nicht erforderlich, wenn alle Anteilinhaber der beteiligten Rechtsträger auf die Prüfung verzichten (§ 125 Satz 1 iVm § 9 Abs. 3, 8 Abs. 3 UmwG). Das Erfordernis der Beurkundung des Verzichts (§ 8 Abs. 3 Satz 2 UmwG) dient lediglich dem Schutz der Anteilinhaber der beteiligten deutschen Gesellschaft. Die Form der Verzichtserklärung der Gesellschafter der ausländischen Gesellschaft bestimmt sich nach dem Gesellschaftsstatut des übernehmenden Rechtsträgers.[262] Da jedoch nicht auszuschließen ist, dass das Registergericht allein aufgrund des Wortlauts des § 8 Abs. 3 Satz 2 UmwG auch eine notarielle Beurkundung der Verzichtserklärungen durch die Gesellschafter der ausländischen Gesellschaft verlangt, sollte dies vorab mit dem zuständigen Registerrichter abgesprochen werden. 227

gg) Spaltungsbericht. Gemäß § 127 UmwG haben die Vertretungsorgane der an der Spaltung beteiligten Rechtsträger einzeln oder gemeinsam einen **ausführlichen schriftlichen Spaltungsbericht** zu erstatten. Zum Inhalt, den aufstellungspflichtigen Personen, der Möglichkeit eines gemeinsamen Spaltungsberichts, der Sprache des Spaltungsberichts und einem möglichen Verzicht auf den Spaltungsbericht vgl. vorstehend Rn. 65. 228

hh) Prüfung und Prüfungsbericht. Bei **Aktiengesellschaften** ist der Spaltungsvertrag bzw. -plan oder der jeweilige Entwurf auf jeden Fall nach den §§ 9 bis 12 zu prüfen (§ 125 Satz 1 iVm § 60 UmwG). Handelt es sich bei der deutschen Gesellschaft um eine **GmbH**, ist eine Prüfung nach deutschem Recht nur auf Verlangen eines ihrer Gesellschafter erforderlich (§ 125 Satz 1 iVm § 48 UmwG). Bei einer grenzüberschreitenden Spaltung ist eine Prüfung jedoch unabhängig von einem Verlangen eines Gesellschafters der beteiligten GmbH erforderlich, wenn die Rechtsordnung des beteiligten ausländischen Rechtsträgers eine Prüfung zwingend vorschreibt. 229

Anders als bei der Verschmelzung entfällt das Erfordernis der Prüfung auch dann nicht, wenn sich alle Anteile des übertragenden Rechtsträgers in den Händen des übernehmenden Rechtsträgers befinden, da § 125 Satz 1 UmwG die Anwendung von § 9 Abs. 2 UmwG bei der Spaltung ausschließt.

Zur Möglichkeit der **Bestellung eines gemeinsamen Prüfers**, zum **Inhalt** und zur **Sprache** des Prüfungsberichts sowie zur Möglichkeit eines **Verzichts auf die Prüfung** vgl. vorstehend Rn. 72 ff. Nach deutschem Umwandlungsrecht ist das Landgericht, in dessen Bezirk die übertragende Gesellschaft ihren Sitz hat, für die Bestellung des Prüfers zuständig. Dem Wortlaut der Vorschrift nach wäre für die Bestellung des gemeinsamen Prüfers dasjenige Gericht am Sitz der ausländischen übertragenden Gesellschaft zuständig, das dem deutschen Landgericht entspricht. Die Zuständigkeit eines ausländischen Gerichts kann jedoch durch eine einfachgesetzliche Bestimmung des deutschen Rechts nicht be- 230

---

[262] *H.-F. Müller* ZIP 2007, 1081, 1087 für die Verschmelzung.

gründet werden. Damit eine grenzüberschreitende Spaltung gegenüber einer inländischen Spaltung nicht erschwert und damit diskriminiert wird, ist die Vorschrift dahingehend auszulegen, dass die Bestellung des Prüfers durch die gemäß dem Recht der übertragenden Gesellschaft zuständigen Stelle erfolgen kann. Um Schwierigkeiten bei der Eintragung der Spaltung zu vermeiden, sollte die Bestellung des Prüfers jedoch mit dem zuständigen Registergericht der deutschen Gesellschaft besprochen werden.

231 **ii) Zustimmungsbeschlüsse.** Die **Zustimmungsbeschlüsse der Anteilsinhaber** der beteiligten Rechtsträger sind gemäß der Vereinigungstheorie nach den jeweils einschlägigen nationalen Vorschriften zu fassen. Zum Gegenstand der Zustimmungsbeschlüsse, der erforderlichen Form, den Mehrheitserfordernissen, der Einberufung der Gesellschafterversammlungen und einer etwaigen Vertretung bei der Beschlussfassung vgl. vorstehend Rn. 77 ff.

232 **jj) Beachtung der Gründungsvorschriften.** Bei einer **Hereinspaltung zur Neugründung** sind gemäß § 135 Abs. 2 Satz 1 UmwG die für die jeweilige neue Rechtsform der neuen Gesellschaft geltenden Gründungsvorschriften anzuwenden. Den Gründern steht dabei der übertragende Rechtsträger gleich (§ 135 Abs. 2 Satz 2 UmwG). Ist an dem Spaltungsvorgang nur ein übertragender Rechtsträger beteiligt, handelt es sich um eine Ein-Personen-Gründung.

233 **(1) Anwendbare Gründungsvorschriften bei der GmbH.** Handelt es sich bei der übernehmenden Gesellschaft um eine **GmbH**, sind die §§ 1 bis 11 GmbHG zu beachten. Die Vorschriften werden jedoch teilweise durch das Umwandlungsgesetz modifiziert.

234 Der **Gesellschaftsvertrag** ist notariell zu beurkunden (§ 2 Abs. 1 Satz 1 GmbHG). Da der Gesellschaftsvertrag jedoch ohnehin Bestandteil des zu beurkundenden Spaltungsplans ist[263], wird § 2 Abs. 1 Satz 1 GmbHG verdrängt. Auch § 2 Abs. 1 Satz 2 GmbHG wird verdrängt, da die GmbH durch die übertragende Gesellschaft errichtet wird. Folglich schließen die Vertretungsorgane der übertragenden Gesellschaft und nicht die künftigen Gesellschafter, also die Gesellschafter der übertragenden Gesellschaft, den Gesellschaftsvertrag ab und unterzeichnen diesen. Bezüglich des Inhalts des Gesellschaftsvertrages ist § 3 GmbHG uneingeschränkt anzuwenden.

235 Das **Stammkapital** der GmbH muss gemäß § 5 Abs. 1 Satz 1 GmbHG mindestens EUR 25.000 betragen (§ 5 Abs. 1 GmbHG). Der Nennbetrag jedes **Geschäftsanteils** muss auf volle Euro lauten (§ 5 Abs. 1 Satz 1 GmbHG).

236 Die **Angaben**, die bei der Sachgründung gemacht werden müssen (§ 5 Abs. 4 Satz 1 GmbHG), beschränken sich bei der Spaltung zur Neugründung auf den Hinweis, dass das Stammkapital durch Übertragung des Vermögens der übertragenden Gesellschaft erlangt wurde. Zusätzlich sind lediglich der Gegenstand der Sacheinlage und der Betrag der Stammeinlage, auf die sich die Sacheinlage bezieht, im Gesellschaftsvertrag festzusetzen.

Die **Bestellung der Geschäftsführer** kann gemäß § 6 Abs. 3 GmbHG im Gesellschaftsvertrag, der Bestandteil des Spaltungsplans ist, erfolgen. In diesem Fall wird die Bestellung jedoch nicht bereits mit der Aufstellung des Gesellschaftsvertrages im Spaltungsplan wirksam, sondern erst mit der Zustimmung der Anteilsinhaber der übertragenden Gesellschaft zur Spaltung (§ 125 Satz 1 iVm § 59 UmwG). Alternativ kann die Bestellung nach Entstehen der Gesellschaft durch den Spaltungsbeschluss durch einen Beschluss der Gesellschafterversammlung erfolgen. Die Bestellung des Geschäftsführers hat jedenfalls vor

---

[263] Semler/Stengel/*Schröer*, UmwG, § 136 Rn. 13; Lutter/*Priester*, UmwG, § 136 Rn. 11 ff.

der Eintragung der Spaltung zu erfolgen, um zu verhindern, dass die Gesellschaft nach der Eintragung handlungsunfähig ist.[264]

Ein **Sachgründungsbericht** ist bei Spaltungen unter Beteiligung von Kapitalgesellschaften entbehrlich (§ 125 Satz 1 iVm § 58 Abs. 2 UmwG). 237

Die **Anmeldung der Gesellschaft** erfolgt durch die Vertretungsorgane der übertragenden Gesellschaft. §§ 7 Abs. 1, 78 GmbHG werden insofern verdrängt. Auch die Bestimmungen der § 7 Abs. 2, 3 GmbHG zur Leistung von Einlagen sind nicht anzuwenden. Die **Leistung der Einlage** erfolgt durch die bei Eintragung *ipso iure* erfolgende partielle Gesamtrechtsnachfolge. Bezüglich der **Anlagen zur Anmeldung** werden § 8 Abs. 1 Nr. 4 (Verträge über Sacheinlagen und Sachgründungsbericht) und 5 (Wertnachweis für Sacheinlagen) GmbHG durch das Umwandlungsgesetz verdrängt. § 8 Abs. 1 Nr. 1 ist nur hinsichtlich einer etwaigen Vertretung anwendbar und wird im Übrigen durch die §§ 136, 125 Satz 1 iVm § 17 UmwG verdrängt, da der Gesellschaftsvertrag Teil des Spaltungsplans ist. Anwendbar sind dagegen die Bestimmungen des § 8 Abs. 1 Nr. 2 (Legitimation der Geschäftsführer) und 3 (unterschriebene Gesellschafterliste) sowie Abs. 3 bis 5 GmbHG. 238

Eine etwaige **Differenzhaftung** nach § 9 GmbHG trifft nicht die Gesellschafter der übertragenden Gesellschaft, sondern lediglich die übertragende Gesellschaft selbst. Diese steht gemäß § 135 Abs. 2 Satz 2 UmwG den Gründern gleich.[265] Die übertragende Gesellschaft und die Geschäftsführer der übernehmenden Gesellschaft haften nach § 9a GmbHG als Gesamtschuldner für **falsche Angaben** im Rahmen der Spaltung. 239

Anwendbar ist auch § 11 Abs. 1 GmbHG, nach dem die GmbH vor der Eintragung der Spaltung nicht besteht. Mit dem Wirksamwerden des Spaltungsplans entsteht jedoch wie bei der regulären Gründung eine **Vor-GmbH**. Ein Handeln für die Vor-GmbH vor der Eintragung der Spaltung (§ 11 Abs. 2 GmbHG) dürfte ein eher theoretischer Fall sein, da bis zur Eintragung die Geschäfte grundsätzlich noch vom übertragenden Rechtsträger getätigt werden. 240

(2) Anwendbare Gründungsvorschriften bei der Aktiengesellschaft. Auch die Vorschriften für die Gründung einer **Aktiengesellschaft** werden durch das Umwandlungsgesetz modifiziert. 241

Die **Satzung** ist notariell zu beurkunden (§ 23 Abs. 1 Satz 1 AktG). Die Satzung ist jedoch ohnehin Bestandteil des zu beurkundenden Spaltungsplans.[266] § 23 Abs. 1 Satz 1 AktG wird daher verdrängt. Der Inhalt der Satzung ergibt sich aus § 27 Abs. 3 bis 5 AktG. Zusätzlich sind etwaige Festsetzungen über Sondervorteile, Gründungsaufwand, Sacheinlagen und Sachübernahmen aus dem Gesellschaftsvertrag der übertragenden Gesellschaft zu übernehmen (§ 125 Satz 1 iVm § 74 UmwG). 242

Das **Grundkapital** der Aktiengesellschaft muss gemäß § 7 AktG mindestens EUR 50.000 betragen. Nennbetragsaktien müssen mindestens auf einen Euro lauten (§ 8 Abs. 2 Satz 1 AktG). 243

Die **Angaben**, die bei der Sachgründung gemacht werden müssen (§ 27 AktG), beschränken sich bei der Spaltung zur Neugründung auf den Hinweis, dass das Grundkapital durch Übertragung des Vermögens der Ausgangsrechtsträger erlangt wurde. Zusätzlich sind lediglich der Nennbetrag und bei Stückaktien die Zahl der Aktien, auf die sich die Sacheinlage bezieht, in der Satzung festzusetzen. 244

Die **Bestellung der Organe** der Aktiengesellschaft erfolgt gemäß §§ 30, 31 AktG. Die Bestellung des Aufsichtsrats bedarf der notariellen Beurkundung (§ 30 Abs. 1 Satz 2 AktG) 245

---

[264] Semler/Stengel/*Bänwaldt*, UmwG, § 36 Rn. 36; Lutter/*Winter*, UmwG, § 56 Rn. 23.
[265] Für den vergleichbaren Fall der Verschmelzung BGH Urteil v. 12.3.2007, II ZR 302/05, ZIP 2007, 1104 ff.
[266] Semler/Stengel/*Schröer*, UmwG, § 136 Rn. 13; Lutter/*Priester*, UmwG, § 136 Rn. 11 ff.

und eines Zustimmungsbeschlusses der Anteilsinhaber der übertragenden Gesellschaft (§ 125 Satz 1 iVm § 76 Abs. 2 Satz 2 UmwG). § 31 AktG findet stets Anwendung, da es sich bei der Spaltung zur Neugründung stets um eine Sachgründung handelt.[267] Sollte den Verschmelzungsbeschlüssen lediglich ein Entwurf des Verschmelzungsvertrages mit den entsprechenden Angaben zu den Aufsichtsratsmitgliedern zugrunde liegen, wird die Bestellung erst mit der notariellen Beurkundung des Verschmelzungsvertrages wirksam.[268]

246 Ein **Gründungsbericht** (§ 32 AktG) sowie eine **Gründungsprüfung** (§ 33 Abs. 2 AktG) sind nach der ausdrücklichen Bestimmung des § 144 UmwG stets erforderlich.

247 Die **Anmeldung** der Gesellschaft erfolgt durch die Vertretungsorgane der übertragenden Gesellschaft, § 36 Abs. 1 AktG wird insofern verdrängt. Auch die Bestimmungen der §§ 36 Abs. 2, 36a Abs. 2, 37 Abs. 1 AktG sind nicht anzuwenden. Die **Leistung der Einlage** erfolgt durch die *ipso iure* bei Eintragung erfolgende partielle Gesamtrechtsnachfolge. Bezüglich der **Anlagen** zur Anmeldung wird § 37 Abs. 4 AktG durch das Umwandlungsgesetz verdrängt.

248 Eine etwaige **Differenzhaftung** nach § 9 GmbHG analog trifft nicht die Gesellschafter der übertragenden Gesellschaft, sondern lediglich die übertragende Gesellschaft selbst. Diese steht gemäß § 135 Abs. 2 Satz 2 UmwG den Gründern gleich.[269] Auch die **Gründerhaftung** nach § 46 AktG trifft daher die übertragende Gesellschaft. Im Übrigen gelten die §§ 47 bis 51 AktG.

249 Anwendbar ist auch § 41 Abs. 1 Satz 1 AktG, nach dem die Aktiengesellschaft vor der Eintragung der Spaltung nicht besteht. Mit dem Wirksamwerden des Spaltungsplans entsteht jedoch wie bei der regulären Gründung eine **Vor-Aktiengesellschaft**. Ein Handeln für die Aktiengesellschaft vor der Eintragung der Spaltung (§ 41 Abs. 1 Satz 2 AktG) dürfte ein eher theoretischer Fall sein, da vor der Eintragung der Spaltung die Geschäfte grundsätzlich noch vom übertragenden Rechtsträger getätigt werden.

250 **kk) Kapitalerhöhungsbeschluss bei der übernehmenden Gesellschaft.** Bei der Auf- oder Abspaltung zur Aufnahme wird die übernehmende Gesellschaft in der Regel ihr **Kapital erhöhen**, um den Anteilsinhabern der übertragenden Gesellschaft neue Anteile gewähren zu können. Die Kapitalerhöhung richtet sich als rein gesellschaftsinterner Vorgang nach dem Gesellschaftsstatut der übernehmenden Gesellschaft.

Die Kapitalerhöhung zur Durchführung der Spaltung unterscheidet sich von der regulären Kapitalerhöhung durch Einlagen insbesondere dadurch, dass eine Übernahme der Anteile durch die Gesellschafter der übertragenden Gesellschaft nicht erfolgt und die als Gegenleistung für die neuen Anteile zu leistende (Sach-) Einlage nicht von den zukünftigen Gesellschaftern, sondern durch die übertragende Gesellschaft erbracht wird. Dieser Sondersituation tragen die § 125 Satz 1 iVm § 55 und § 69 UmwG Rechnung.

251 Für die **GmbH** bedeutet dies insbesondere, dass keine nähere Spezifikation des **Sacheinlagegegenstandes** erforderlich ist, die Gesellschafter der übertragenden Gesellschaft keine **Übernahmeerklärungen** abzugeben haben, der **Anmeldung** der Kapitalerhöhung an Stelle der Übernahmeerklärungen der Spaltungsvertrag bzw. -plan beizufügen ist, der Geschäftsführer keine Erklärung betreffend den **Vollzug der Einlageleistung** und deren freie Verfügung abzugeben hat und das **Bezugsrecht** der Gesellschafter ausgeschlossen ist. Der Registerrichter hat nach § 57a iVm § 9c Satz 2 GmbHG insbesondere die **Werthaltigkeit der Sacheinlage** zu prüfen. Deckt das Reinvermögen des zu übertragenden Vermögens zu Netto-Buchwerten den Gesamtnennbetrag der den Gesellschaf-

---

[267] Semler/Stengel/*Bärwaldt*, UmwG, § 36 Rn. 50.
[268] Semler/Stengel/*Bärwaldt*, UmwG, § 36 Rn. 50; Lutter/*Grunewald*, UmwG, § 76 Rn. 8.
[269] Für den vergleichbaren Fall der Verschmelzung BGH Urteil v. 12.3.2007 II ZR 302/05, ZIP 2007, 1104 ff.

B. Hereinspaltung auf eine Kapitalgesellschaft

tern der übertragenden Gesellschaft zu gewährenden Geschäftsanteile (zuzüglich etwaiger barer Zuzahlungen) genügt zum Werthaltigkeitsnachweis die nach § 125 Satz 1 iVm § 17 Abs. 2 UmwG ohnehin zum Register einzureichende Schlussbilanz der übertragenden Gesellschaft. Übersteigt der Nennbetrag der Kapitalerhöhung (zuzüglich etwaiger barer Zuzahlungen) den Netto-Buchwert des zu übertragenden Vermögens gemäß der Schlussbilanz, sind weitere Wertermittlungen des Registergerichts geboten. In diesen Fällen wird regelmäßig ein Sachverständigengutachten zum Nachweis eines Höheren (Ertrags-)Wertes des zu übertragenden Vermögens erforderlich sein. Die Erstattung eines Sachkapitalerhöhungsberichts analog § 5 Abs. 4 Satz 2 GmbHG ist jedoch bei Kapitalerhöhungen zur Durchführung einer Spaltung weder erforderlich, noch kann sie nach richtiger Ansicht verlangt werden.[270]

Auch bei der **Aktiengesellschaft** sind nähere Spezifikationen des **Sacheinlagegegenstandes** nicht erforderlich. Darüber hinaus müssen die Gesellschafter der übertragenden Gesellschaft keinen **Zeichnungsschein** ausstellen, der **Anmeldung** der Kapitalerhöhung ist an Stelle der Zeichnungsscheine der Spaltungsvertrag bzw. -plan beizufügen, der Vorstand hat keine Erklärung betreffend den Vollzug der Einlageleistung und deren freie Verfügung abzugeben und das **Bezugsrecht** der Aktionäre ist ausgeschlossen. Schließlich ist die Kapitalerhöhung zur Durchführung der Spaltung entgegen den sonst geltenden Regelungen auch dann möglich, wenn **ausstehende Einlagen** auf das bisherige Grundkapital noch erlangt werden können.[271] Nach herrschender Meinung findet entgegen dem Wortlaut des § 69 Satz 1 UmwG auch § 182 Abs. 3 AktG keine Anwendung.[272] Nach § 182 Abs. 3 AktG ist, sofern die neuen Aktien für einen höheren Betrag als den **geringsten Ausgabebetrag** (§ 9 Abs. 1 AktG) ausgegeben werden sollen, der Mindestbetrag unter dem die Aktien nicht ausgegeben werden sollen, im Beschluss über die Erhöhung des Grundkapitals festzusetzen. Da es bei der Kapitalerhöhung zur Durchführung der Spaltung nicht um eine Kapitalbeschaffung sondern nur um die Schaffung einer bestimmten Stückzahl neuer Aktien geht, macht die Festsetzung eines solchen Agios vielfach keinen Sinn. Sollte dennoch ein Agio festgesetzt werden – was zulässig, aber nicht notwendig ist – so ist eine entsprechende Kapitalrücklage nach § 272 Abs. 2 Nr. 1 HGB zu bilden. Die in § 183 Abs. 3 AktG vorgesehene Prüfung findet gemäß § 125 Satz 1 iVm § 69 Satz 1 Hs. 2 UmwG nur statt, wenn Vermögensgegenstände in der Schlussbilanz eines übertragenden Rechtsträgers höher bewertet worden sind, als in dessen letzter Jahresbilanz, wenn die in der Schlussbilanz angesetzten Werte nicht als Anschaffungskosten in der Jahresbilanz der übernehmenden Gesellschaft angesetzt werden oder wenn das Gericht Zweifel hat, ob der Wert der Sacheinlage den geringsten Ausgabebetrag der dafür zu gewährenden Aktien erreicht.

252

Für die Kapitalerhöhung zur Durchführung der Spaltung kann auch ein bestehendes **genehmigtes Kapital** ausgenutzt werden, wenn die Ermächtigung vorsieht, dass die Aktien gegen Sacheinlage ausgegeben werden dürfen. Auch ein **bedingtes Kapital** kann theoretisch zur Durchführung der Spaltung genutzt werden (§ 192 Abs. 2 Ziffer 2 AktG). Für die beteiligten Rechtsträger ist damit jedoch der Nachteil verbunden, dass die Spaltungspläne frühzeitig bekannt werden, da diese der Hauptversammlung im Zusammenhang mit dem Beschluss über die bedingte Kapitalerhöhung offen gelegt werden müssen.[273]

253

---

[270] Lutter/*Winter*, UmwG, § 55 Rn. 26; Kallmeyer/*Zimmermann*, UmwG, § 53 Rn 12; a.A. Widmann/Mayer/*Mayer*, UmwG/UmwStG, § 55 UmwG Rn. 58; Semler/Stengel/*Reichert*, UmwG, § 53 Rn. 7.
[271] Lutter/*Grunewald*, UmwG, § 69 Rn. 6; Kallmeyer/*Marsch-Barner*, UmwG, § 69 Rn. 5; SHS/*Stratz*, UmwG, § 69 Rn. 7; Widmann/Mayer/*Rieger*, UmwG/UmwStG, § 69 UmwG Rn. 15.
[272] Lutter/*Grunewald*, UmwG, § 69 Rn. 7; Semler/Stengel/*Diekmann*, UmwG, § 69 Rn. 5; Kallmeyer/*Marsch-Barner*, UmwG, § 69 Rn. 17; a.A. SHS/*Stratz*, UmwG/UmwStG, § 69 Rn. 21.
[273] Lutter/*Grunewald*, UmwG, § 69 Rn. 24.

254 Eine etwaige **Differenzhaftung** im Falle der Überbewertung des zu übertragenden Vermögens trifft nicht die Gesellschafter der übernehmenden Gesellschaft sondern die übertragende Gesellschaft. Dies hat der BGH für den Fall der Verschmelzung einer Aktiengesellschaft im Wege der Aufnahme (§ 2 Nr. 1 UmwG) mit Kapitalerhöhung der übernehmenden Gesellschaft (§ 69 UmwG) entschieden.[274] Für den hier zu diskutierenden Fall einer Kapitalerhöhung im Rahmen einer Spaltung kann nichts anderes gelten.

255 **ll) Kapitalherabsetzungsbeschluss bei der übertragenden Gesellschaft.** Aufgrund der Abspaltung eines Teils des Vermögens bei der übertragenden ausländischen Gesellschaft ist zu prüfen, ob nach dem jeweils anwendbaren Gesellschaftsstatut eine **Kapitalherabsetzung** erforderlich ist.

256 **mm) Registereintragung, Wirksamkeitszeitpunkt.** Nach Art. 15 der Spaltungs-RL bestimmen die Mitgliedstaaten den Zeitpunkt, zu dem die **Spaltung wirksam wird**. Nach deutschem Recht ist die Eintragung der Spaltung im Register des Sitzes der übertragenden Gesellschaft Voraussetzung für die Wirksamkeit der Spaltung (§ 131 UmwG). Die Eintragung darf erst dann in das Register des Sitzes der übertragenden Gesellschaft eingetragen werden, wenn sie im Register des Sitzes der übernehmenden Gesellschaft eingetragen ist. Die Eintragung im Register des Sitzes der übernehmenden Gesellschaft ist dabei mit dem Vermerk zu versehen, dass die Spaltung erst mit der Eintragung im Register des Sitzes der übertragenden Gesellschaft wirksam wird (§ 130 UmwG).

257 Probleme können sich ergeben, wenn die **Rechtsordnung der beteiligten ausländischen Gesellschaft** die Wirksamkeit der Spaltung an einen **anderen Zeitpunkt** anknüpft. Ein solcher Konflikt ist durch die Anwendung der Vereinigungstheorie zu überwinden, nach der die Einhaltung der Spaltungsvorschriften aller beteiligten Staaten erforderlich ist. Aufgrund der kumulativen Anknüpfung wird die Spaltung daher erst dann wirksam, wenn sämtliche Voraussetzungen nach den beteiligten Rechtsordnungen erfüllt sind.

Die jeweiligen Wirksamkeitszeitpunkte sind daher im Einzelfall zu überprüfen. Erforderlichenfalls ist eine genaue Abstimmung des Umwandlungsvorgangs mit den zuständigen Registerstellen vorzunehmen.

258 Im Zusammenhang mit der **Anmeldung der Spaltung** gilt weiterhin zu beachten, dass es dem deutschen Registergericht nur schwerlich möglich ist, die Voraussetzungen der Spaltungen nach der einschlägigen ausländischen Rechtsordnung zu überprüfen. Dieses Problem ist jedoch auch aus anderen Sachverhalten hinlänglich bekannt. So wird in der Praxis die Vertretungsbefugnis bei ausländischen Gesellschaften gegenüber dem deutschen Registergericht durch entsprechende notarielle Bescheinigungen nachgewiesen. Anhand einer solchen Bescheinigung sollte in Absprache mit dem Registergericht auch die Rechtmäßigkeit der Spaltung nach der ausländischen Rechtsordnung nachgewiesen werden. Daher sollte das ausländischen Register bzw. die jeweils zuständige Stelle, welche die Voraussetzung der Spaltung prüft, eine entsprechende Bescheinigung ausstellen.[275] Mit solchen Bescheinigungen sollten die zuständigen Stellen zunehmend vertraut werden, da auch § 122k für grenzüberschreitende Verschmelzungen eine solche Bescheinigung vorsieht.

259 **nn) Wirkung.** Nach Art. 17 Abs. 1 der Spaltungs-RL bewirkt die Aufspaltung *ipso iure* die **Übertragung des aufgespaltenen Vermögens** auf die übernehmende Gesellschaft, die **Beteiligung der Gesellschafter** der übertragenden Gesellschaft an der übernehmen-

---

[274] BGH Urteil v. 12.3.2007-II ZR 302/05, ZIP 2007, 1104 ff.
[275] So ist beispielsweise in den Niederlanden der beurkundende Notar für die Überprüfung der Rechtmäßigkeit verantwortlich. Die Eintragung im Register hat dagegen nur deklaratorischen Charakter, vgl. *Gesell/Krömker* DB 2006, 2558 (2562).

B. Hereinspaltung auf eine Kapitalgesellschaft

den Gesellschaft gemäß den Regelungen des Spaltungsvertrages bzw. -plans sowie das **Erlöschen der übertragenden Gesellschaft**. Für die Abspaltung gilt, mit Ausnahme des Erlöschens des übertragenden Rechtsträgers, entsprechendes über Art. 25 der Spaltungs-RL.

Nach Art. 17 Abs. 3 Satz 1 der Spaltungs-RL bleiben jedoch die Rechtsvorschriften der Mitgliedstaaten, die für die Wirksamkeit der Übertragung bestimmter Vermögensgegenstände **besondere Förmlichkeiten** erfordern, unberührt. Eine entsprechende Regelung sah § 132 UmwG a.F. vor, der durch das zweite Gesetz zur Änderung des Umwandlungsgesetzes vom 19. April 2007 ersatzlos gestrichen wurde. Es ist jedoch im Einzelfall zu prüfen, ob die Rechtsordnungen der beteiligten ausländischen Gesellschaften vergleichbare Vorschriften vorsehen. Ggf. sind etwaige weitergehende Formvorschriften zu beachten. 260

Die Gesamtrechtsnachfolge umfasst grundsätzlich auch das im **Ausland belegene Vermögen** der übertragenden Gesellschaft. Erkennt das Belegenheitsrecht die Gesamtrechtsnachfolge jedoch nicht an, empfiehlt es sich, eine Einzelrechtsübertragung vorzunehmen.[276] 261

Hinsichtlich des **Bestandsschutzes** der wirksam gewordenen Spaltung ist eine distributive Anknüpfung an die beteiligten Rechtsordnungen erforderlich. Nach deutschem Recht lassen Mängel der Spaltung die Wirkung der Eintragung der Spaltung grundsätzlich unberührt (§ 131 Abs. 2 UmwG). Ausnahmen sind allenfalls denkbar, wenn Kernvoraussetzungen der Umwandlung missachtet werden und dadurch in den Kernbereich des Mitgliedschaftsrechts eingegriffen wird, beispielsweise wenn kein Umwandlungsbeschluss gefasst wurde.[277] 262

Zu weiteren Einzelheiten der Wirkung der Spaltung und des Bestandsschutzes vgl. vorstehend Rn. 89 ff.

c) Schutz der Anteilsinhaber

Anders als die Hinausspaltung stellt die **Hereinspaltung** die Anteilsinhaber der beteiligten deutschen Gesellschaft vor **geringere Probleme**. Sie bleiben grundsätzlich an dem identischen Rechtsträger beteiligt und sind weder einer neuen Gesellschaftsform noch einer neuen Rechtsordnung unterworfen. Ein Austrittsrecht steht ihnen daher nicht zu. 263

Gegen ein **unangemessenes Umtauschverhältnis**, das die Anteilsinhaber der übernehmenden Gesellschaft benachteiligt, steht diesen die Anfechtungsklage offen. Die Vorschriften der § 125 Satz 1 iVm § 14 Abs. 2 UmwG, nach der eine Klage gegen die Wirksamkeit des Spaltungsbeschlusses nicht darauf gestützt werden kann, dass das Umtauschverhältnis unangemessen ist, gilt nur für den Spaltungsbeschluss der übertragenden Gesellschaft. Die Anteilsinhaber des übernehmenden Rechtsträgers können daher die **Wirksamkeit ihres Spaltungsbeschlusses** ohne weiteres mit der Begründung in Frage stellen, das Umtauschverhältnis sei zu ihren Lasten unangemessen. 264

d) Schutz der Gläubiger

Von der Spaltung sind nicht lediglich die Interessen der Gläubiger der übertragenden Gesellschaft sondern auch diejenigen der **Gläubiger der übernehmenden Gesellschaft** betroffen. Sie müssen nach Wirksamwerden der Spaltung mit den neu hinzugekommenen Gläubigern konkurrieren. Auch ist nicht gesichert, dass dem Zuwachs an Verbindlichkeiten beim übernehmenden Rechtsträger ein entsprechender Zuwachs an Haftungsmasse 265

---

[276] Lutter/*Grunewald*, UmwG, § 20 Rn. 11; Semler/Stengel/*Kübler*, § 20 UmwG Rn. 10; Kallmeyer/Marsch-Barner, § 20 UmwG Rn. 5; Widmann/Mayer/*Vossius*, § 20 UmwG Rn. 33 ff.
[277] Lutter/*Teichmann*, UmwG, § 131 Rn. 15.

gegenüber steht. Lediglich bei der Spaltung zur Neugründung stellen sich keine Probleme, da es bei dem erst im Zuge der Spaltung entstehenden Rechtsträger keine Altgläubiger gibt.

266 Der in § 133 Abs. 1 Satz 1 UmwG vorgesehen Gläubigerschutz gilt nicht für die **Gläubiger der übernehmenden Gesellschaft**. Die gesamtschuldnerische Haftung wird dort allein für die Verbindlichkeiten der übertragenden Gesellschaft angeordnet. Die Altgläubiger der übernehmenden Gesellschaft können daher lediglich unter bestimmten Voraussetzungen einen Anspruch auf Sicherheitsleistung geltend machen (§ 133 Abs. 1 Satz 2 Halbs. 1 Alt. 2, § 125 Satz 1 iVm § 22 UmwG). Ein Altgläubiger des übernehmenden Rechtsträgers, dem eine noch nicht fällige Forderung zusteht, hat Anspruch auf Sicherheitsleistung, sofern er glaubhaft machen kann, dass die Spaltung und deren Folgen die Erfüllung seiner Forderung gefährden. Der Anspruch ist innerhalb von sechs Monaten nach Bekanntmachung der Eintragung der Spaltung im Register des übernehmenden Rechtsträgers geltend zu machen.

267 Die Gläubiger der deutschen übernehmenden Gesellschaft können den **Anspruch auf Sicherheitsleistung** ausschließlich bei derjenigen Gesellschaft geltend machen, welche die Erfüllung der noch nicht fälligen Forderung schuldet, also gegen den bisherigen Schuldner (§ 133 Abs. 1 Satz 2 Hs. 2 UmwG). Dabei treten sie wiederum in Konkurrenz zu denjenigen Gläubigern der übertragenden Gesellschaft, deren Forderungen im Spaltungsvertrag der übernehmenden Gesellschaft zugewiesen wurden. Von den anderen beteiligten Gesellschaften können die Altgläubiger keine Sicherheitsleistung verlangen.

268 Das Problem der **Konkurrenz der Gläubiger** der übertragenden und der übernehmenden Gesellschaft im Hinblick auf die Sicherheitsleistung stellt sich insbesondere dann, wenn die Ansprüche in den beteiligten Rechtsordnungen an verschiedene Zeitpunkte anknüpfen. Für diesen Fall ist im Wege der Anpassung ein Wettlauf der Gläubiger um die verfügbaren Sicherheiten zu vermeiden (vgl. dazu vorstehend Rn. 104).

e) Schutz der Arbeitnehmer

269 Die **Rechtsstellung der Arbeitnehmer** der übernehmenden deutschen Gesellschaft wird bei einer grenzüberschreitenden Spaltung **nicht berührt**. Die Spaltung eines Teils des Vermögens einer ausländischen Gesellschaft auf eine deutsche Gesellschaft führt weder zu einer Verkürzung der individual- noch der kollektivrechtlichen Stellung der Arbeitnehmer der übernehmenden Gesellschaft. Sie kann allenfalls zu einem Mehr an Mitbestimmung führen, wenn durch den Zuwachs an Arbeitnehmern die einschlägigen Schwellenwerte für die Anwendbarkeit des Drittelbeteiligungsgesetzes (in der Regel mehr als 500 Arbeitnehmer) oder des Mitbestimmungsgesetzes (in der Regel mehr als 2000 Arbeitnehmer) überschritten werden.

2. Steuerrechtliche Behandlung

a) Aufspaltung oder Abspaltung nach § 15 UmwStG

270 **aa) Allgemeines.** Die Hereinspaltung von Vermögen einer EU-/EWR-Kapitalgesellschaft auf eine inländische Kapitalgesellschaft im Wege der Auf- oder Abspaltung ist vom deutschen UmwG nicht explizit erfasst. Das UmwG ist jedoch vor dem Hintergrund der Niederlassungsfreiheit **europarechtskonform auszulegen**, so dass auch die Hereinspaltung einer EU-/EWR-Gesellschaft in den Anwendungsbereich des UmwG fällt, vgl. dazu auch Rn. 199 ff.

271 Steuerrechtlich dagegen sind die Hereinspaltungen von Vermögen einer EU-/EWR-Kapitalgesellschaften auf eine inländische Kapitalgesellschaft explizit vom Anwendungsbereich des UmwStG erfasst, vgl. dazu auch 1. Teil, Rn. 99 ff. und Rn. 107 ff.

B. Hereinspaltung auf eine Kapitalgesellschaft

Im Folgenden sollen die deutschen steuerlichen Konsequenzen dargestellt werden, die 272
sich ergeben, wenn eine EU-/EWR-Kapitalgesellschaft durch Auf- oder Abspaltung
Vermögen auf eine inländische Kapitalgesellschaft überträgt. Die Auf- oder Abspaltung ist
dabei *Sidestream*, d.h. auf eine inländische Schwestergesellschaft oder *Upstream*, d.h. auf die
inländische Muttergesellschaft möglich. Beim zu übertragenden Vermögen ist zu unterscheiden, ob es sich um Betriebsvermögen, Mitunternehmeranteile oder um Anteile an
Kapitalgesellschaften handelt sowie, ob deutsches, EU-/EWR- oder Drittstaatenvermö-
gen übertragen wird. Die nachfolgenden Schaubilder veranschaulichen die möglichen
Vorgänge.

Auf-/Abspaltung auf eine inländische Schwestergesellschaft (*Sidestream*):

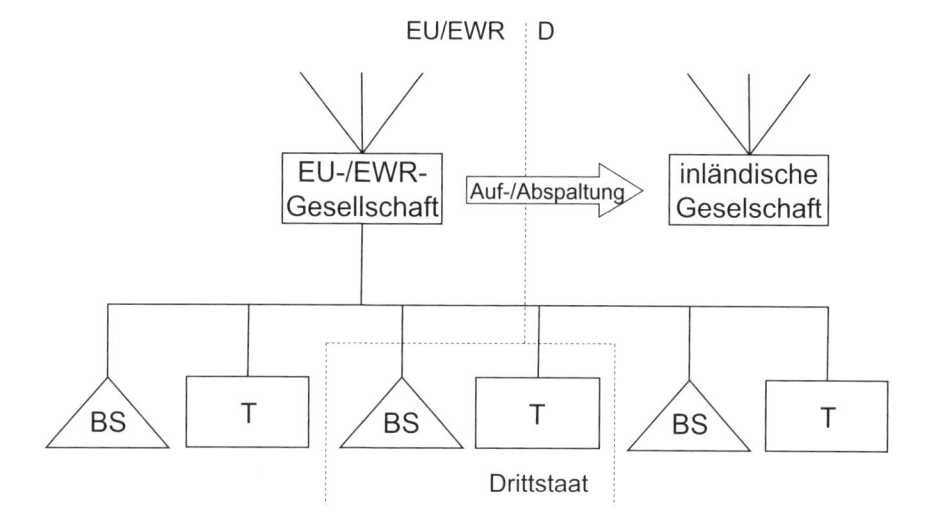

Auf-/Abspaltung auf eine inländische Muttergesellschaft (*Upstream*):

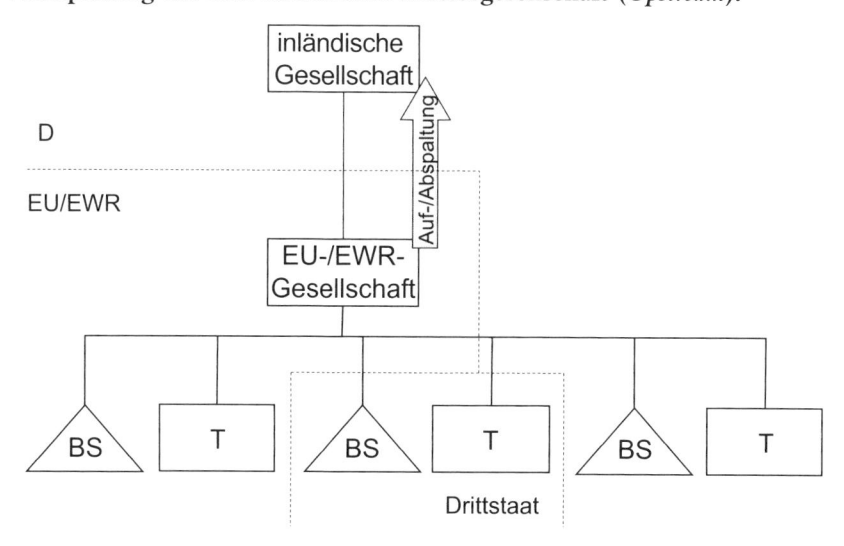

273 **bb) Ebene der spaltenden EU-/EWR-Gesellschaft.** Für die Ebene der übertragenden EU-/EWR-Gesellschaft gilt § 11 UmwStG entsprechend, § 15 Abs. 1 S. 1 UmwStG. § 11 Abs. 2 UmwStG, welcher unter bestimmten Voraussetzungen einen **Buch- oder Zwischenwertansatz** ermöglicht, gilt jedoch nur, wenn auf die übernehmende Kapitalgesellschaft ein Teilbetrieb übertragen wird und im Falle der Abspaltung bei der übertragenden Kapitalgesellschaft ein Teilbetrieb verbleibt. Als Teilbetrieb gilt dabei auch ein Mitunternehmeranteil oder die 100%ige Beteiligung an einer Kapitalgesellschaft, § 15 Abs. 1 S. 2 und 3 UmwStG.

274 Die übertragende EU-/EWR-Gesellschaft hat für Zwecke der Auf- oder Abspaltung eine **Schlussbilanz** nach deutschen steuerlichen Grundsätzen aufzustellen und abzugeben. Siehe hierzu die Ausführungen zur Hereinverschmelzung, vgl. 2. Teil Rn. 552 ff. Im Falle der Abspaltung bezieht sich die Verpflichtung dabei nur auf das zu übertragende Vermögen.[278]

275 Hinsichtlich der **Ausübung des Bewertungswahlrechts** nach § 11 Abs. 2 UmwStG gelten die vorstehenden Ausführungen zur Hereinverschmelzung entsprechend, vgl. dazu 2. Teil Rn. 539 ff. Zu berücksichtigen ist jedoch, dass der Buch- bzw. Zwischenwertansatz für das zu übertragende Vermögen nur möglich ist, wenn ein Teilbetrieb übertragen wird und im Falle der Abspaltung bei der übertragenden EU-/EWR-Gesellschaft auch ein Teilbetrieb zurückbleibt. Weiterhin sind die Missbrauchsvorschriften des § 15 Abs. 2 UmwStG auch im Falle der Hereinspaltung zu berücksichtigen. Relevant ist dies jedoch nur für in Deutschland steuerverstricktes Vermögen. Bei ausländischem Vermögen ergeben sich mangels deutschen Besteuerungsrechtes im Falle eines Ansatzes über dem Buchwert in der Regel keine deutschen steuerlichen Folgen. Im Falle einer *Upstream*-Abspaltung erhöht sich jedoch der Übernahmegewinn der übernehmenden inländischen Muttergesellschaft, vgl. dazu auch 2. Teil Rn. 550.

276 Das **Wahlrecht zum Ansatz** des Buch- oder Zwischenwerts für das übertragene Vermögen wird vom zuständigen Organ des übertragenden Rechtsträgers ausgeübt.

277 Bezüglich des **Buch- oder Zwischenwertantrags** ist zu beachten, dass der Antrag spätestens bis zur erstmaligen Abgabe der steuerlichen Schlussbilanz zu stellen ist (§ 11 Abs. 3 iVm § 3 Abs. 2 S. 2 UmwStG). Ein besonderes Formerfordernis wird von der Finanzverwaltung nicht gesehen.[279] Wird der Antrag jedoch nicht gestellt, gilt das Vermögen mit dem gemeinen Wert angesetzt.[280] Es ist darauf hinzuweisen, dass die Steuerbilanz nur auf ausdrückliche Erklärung hin als steuerliche Schlussbilanz in diesem Sinne gewertet werden kann.[281] Der Antrag ist grundsätzlich bei dem für die Ertragsbesteuerung des übertragenden Rechtsträgers zuständigen Finanzamt zu stellen. Bei EU-/EWR-Gesellschaften, die über kein inländisches Vermögen verfügen oder keine Tätigkeit im Inland ausüben, dürfte im Regelfall kein bestimmtes Finanzamt im Inland zuständig sein[282]. Aus Rn. 3.27 des UmwStE[283] kann gefolgert werden, dass – soweit die steuerliche Schlussbilanz nur für die übernehmende Körperschaft von Bedeutung ist – der Antrag beim zuständigen Finanzamt der übernehmenden Körperschaft zu stellen ist[284].

278 Bezüglich des **Stichtags der aufzustellenden Schlussbilanz** und der damit verbundenen steuerlichen Rückwirkung wird ebenfalls auf die vorstehenden Ausführungen zur Hereinverschmelzung verwiesen, vgl. dazu 2. Teil Rn. 558 ff.

---

[278] Vgl. BMF 11.11.2011, BStBl. I 2011, 1314, Rn. 15.14 iVm 11.02.
[279] Vgl. BMF 11.11.2011, BStBl. I 2011, 1314, Rn. 3.29.
[280] Vgl. *Rödder* in *Rödder/Herlinghaus/van Lishaut*, § 12 UmwStG Rn. 95.
[281] Vgl. BMF 11.11.2011, BStBl. I 2011, 1314, Rn. 3.01.
[282] Vgl. *Rödder* in *Rödder/Herlinghaus/van Lishaut*, § 12 UmwStG Rn. 98.
[283] Vgl. BMF 11.11.2011, BStBl. I 2011, 1314, Rn. 3.27.
[284] So auch *Rödder* in *Rödder/Herlinghaus/van Lishaut*, § 12 UmwStG Rn. 98.

Bei einer Abspaltung mindern sich **Verlust-, Zins- und EBITDA-Vorträge** der 279
übertragenden Kapitalgesellschaft in dem Verhältnis, in dem bei Zugrundelegung des gemeinen Werts Vermögen auf die übernehmende Kapitalgesellschaft übergeht, § 15 Abs. 3 UmwStG. Bei der Bestimmung des Teils der untergehenden Verlust-, Zins- und EBITDA-Vorträge ist folglich im reinen Inlandsfall darauf abzustellen, zu welchem Anteil Vermögen im Verhältnis zum Gesamtvermögen übertragen wird, nicht jedoch darauf, inwieweit der zu übertragende oder der zurückbleibende Teilbetrieb die entsprechenden Vorträge verursacht hat.[285] Dies gilt ebenso für die gewerbesteuerlichen Verlustvorträge, § 19 Abs. 2 UmwStG. Die Vorschrift wurde wohl aus verwaltungsökonomischen Gründen eingeführt und dient der Vereinfachung.

Fraglich ist, ob diese Grundsätze auch gelten, wenn eine EU-/EWR-Kapitalgesellschaft, welche über deutsches und ausländisches Betriebsstättenvermögen verfügt, entweder nur das deutsche oder nur das ausländische Betriebsstättenvermögen abspaltet. 280
Aufgrund der quotalen Aufteilung ohne Berücksichtigung der Verursachung der entsprechenden Vorträge ginge jeweils ein Teil der Vorträge unter. Im Falle der Hereinabspaltung nur des deutschen Betriebsstättenvermögens, verbliebe bei der EU-/EWR-Kapitalgesellschaft ein entsprechender Verlust-, Zins- bzw. EBITDA-Vortrag. Die Vorträge wären jedoch mangels deutschen Besteuerungssubstrates nicht mehr nutzbar. Im Falle der Abspaltung nur des ausländischen Betriebsstättenvermögens unter Zurückbehaltung des deutschen Betriebsstättenvermögens bei der EU-/EWR-Kapitalgesellschaft, gingen die Verlust-, Zins- bzw. EBITDA-Vorträge ebenfalls anteilig unter. Die Beispiele zeigen, dass eine solche Auslegung nicht sinnhaft sein kann. Unseres Erachtens sollte in diesen Fällen ein Untergang von Verlust-, Zins- bzw. EBITDA-Vorträgen nur in dem Verhältnis stattfinden, in dem deutsches Betriebsstättenvermögen im Verhältnis zum gesamten deutschen Betriebsstättenvermögen der EU-/EWR-Gesellschaft übertragen wird.[286] Dies gilt insbesondere deshalb, weil in dem Fall, in dem lediglich ausländisches Betriebsstättenvermögen übertragen wird und deutsches Betriebsstättenvermögen zurückbleibt, eine Nutzung von Verlustvorträgen durch den Ansatz von Zwischenwerten bzw. gemeinen Werten in der steuerlichen Schlussbilanz mangels Übertragung deutschen Betriebsstättenvermögens nicht möglich ist.

cc) Ebene der aufnehmenden deutschen Kapitalgesellschaft. Die übernehmende 281
deutsche Kapitalgesellschaft hat die von der EU-/EWR-Gesellschaft auf sie übergehende Wirtschaftsgüter mit den Werten anzusetzen, mit denen die Wirtschaftsgüter in der steuerlichen Schlussbilanz der EU-/EWR-Gesellschaft iSd § 11 UmwStG angesetzt worden sind, § 15 Abs. 1 S. 1 iVm § 12 Abs. 1 S. 1 UmwStG. Es besteht folglich eine grundsätzliche **Wertverknüpfung** zur steuerlichen Schlussbilanz der übertragenden EU-/EWR-Gesellschaft. Fraglich ist, wie mit Wirtschaftsgütern zu verfahren ist, die in der steuerlichen Schlussbilanz der EU-/EWR-Gesellschaft mit einem Wert unter dem gemeinen Wert angesetzt wurden, jedoch aufgrund der Hereinspaltung in Deutschland erstmals steuerverstrickt werden. Hierzu gelten die Ausführungen zur Hereinverschmelzung entsprechend, vgl. dazu auch 2. Teil Rn. 576 ff.

Überträgt eine EU-/EWR-Gesellschaft durch Spaltung deutsches Betriebsstättenvermögen, welches **Verlust-, Zins- oder EBITDA-Vorträge** erwirtschaftet hat, auf eine deutsche Kapitalgesellschaft, gehen die entsprechenden Vorträge nicht auf die deutsche 282

---

[285] Vgl. *Dötsch/Pung* in *Dötsch/Patt/Pung/Möhlenbrock*, § 15 UmwStG Rn. 235 f.; *Sagasser/Schöneberger* in *Sagasser/Bula/Brünger*, § 20 Rn. 84 f.
[286] Eine ähnliche Ansicht vertritt *Schießl* in *Widmann/Mayer*, § 15 UmwStG Rn. 516.13 zu vergleichbaren inländischen Fällen.

Kapitalgesellschaft über, § 15 Abs. 1 S. 1 iVm §§ 12 Abs. 3, 4 Abs. 2 S. 2 UmwStG. Die Vorträge gehen vielmehr unter, vgl. Rn. 279 f. Um entsprechende Verlust- bzw. Zinsvorträge zu „retten", kann darüber nachgedacht werden, in der steuerlichen Schlussbilanz Zwischenwerte bzw. gemeine Werte anzusetzen. Dabei sind jedoch die Abzugsbeschränkungen der Mindestbesteuerung sowie der Zinsschranke zu berücksichtigen.

283　Erfolgt die Hereinspaltung *Upstream*, d. h. wird Vermögen von einer EU-/EWR-Gesellschaft auf eine deutsche Mutterkapitalgesellschaft abgespalten, ist ein **Übernahmeergebnis** iSd § 12 Abs. 2 UmwStG zu ermitteln, sofern die Anteile an der übertragenden EU-/EWR-Gesellschaft in Deutschland steuerverstrickt sind. Auf das Übernahmeergebnis findet § 8b KStG entsprechend Anwendung. Es ist zu beachten, dass ein Ansatz der Wirtschaftsgüter in der steuerlichen Schlussbilanz mit Werten oberhalb der Buchwerte auch zu einer Erhöhung des Übernahmeergebnisses führt. Vergleiche zum Übernahmeergebnis auch 2. Teil Rn. 589 ff.

284　Geht im Rahmen einer Auf- oder Abspaltung Vermögen von einer EU-/EWR-Kapitalgesellschaft auf eine inländische Kapitalgesellschaft über, hat auch ein entsprechender Übergang des **steuerlichen Einlagekontos** zu erfolgen. Die entsprechende Regelung in § 29 Abs. 3 KStG verweist auf § 123 Abs. 1 und 2 UmwG. Soweit sich hieraus ableiten ließe, dass die Vorschrift nur die inländische Spaltung erfasst und folglich im Falle der Hereinspaltung nicht anwendbar ist, kann dem aus gemeinschaftsrechtlichen Gründen nicht gefolgt werden. Zudem findet sich in § 29 Abs. 6 KStG eine explizite Regelung für den Fall, dass wie vorliegend für die übertragende Kapitalgesellschaft ein steuerliches Einlagekonto nicht festzustellen war. Danach tritt an die Stelle des Einlagekontos der Bestand der nicht in das Nennkapital geleisteten Einlagen zum Zeitpunkt des Vermögensübergangs. Hinsichtlich der verfahrensrechtlichen Grundsätze gilt die Regelung der Vorschrift § 27 Abs. 8 KStG entsprechend.[287] Vergleiche hierzu sowie zum praktischen Vorgehen auch 2. Teil Rn. 559 ff. Im Übrigen gelten für den Übergang des steuerlichen Einlagekontos die allgemeinen Regelungen des § 29 Abs. 3 KStG auch für die Hereinspaltung entsprechend. Der Übergang des steuerlichen Einlagekontos gilt jedoch nur für den Fall der *Sidestream*-Spaltung auf eine inländische Schwestergesellschaft. Bei der *Upstream*-Spaltung auf eine inländische Muttergesellschaft findet kein Übergang des steuerlichen Einlagekontos statt, § 29 Abs. 3 S. 3 iVm Abs. 2 KStG.

285　**dd) Ebene der Gesellschafter beider Gesellschaften.** Im Falle einer Auf- oder Abspaltung von Vermögen nach § 15 UmwStG gilt für die Ebene der Gesellschafter die Vorschrift des **§ 13 UmwStG** entsprechend. Aus deutscher steuerlicher Sicht ist die Ebene der Gesellschafter jedoch nur von Bedeutung, wenn hinsichtlich der Anteile an der übertragenden EU-/EWR-Gesellschaft ein deutsches Besteuerungsrecht besteht oder hinsichtlich der Anteile an der übernehmenden deutschen Kapitalgesellschaft ein Besteuerungsrecht begründet wird. Es gelten die Ausführungen zur Hereinverschmelzung entsprechend, vgl. dazu 2. Teil Rn. 604 ff.

b) Einbringung nach § 20 UmwStG

286　**aa) Allgemeines.** Die Einbringung von Betriebsvermögen einer EU-/EWR-Gesellschaft in eine inländische Kapitalgesellschaft ist zivilrechtlich durch **Einzelrechtsnachfolge** oder durch **Gesamtrechtsnachfolge** im Rahmen einer Ausgliederung denkbar. Vergleiche zu den zivilrechtlichen Grundlagen einer grenzüberschreitenden Hereinausgliederung vorstehend Rn. 199 ff.

---

[287] Vgl. *van Lishaut* in Rödder/Herlinghaus/van Lishaut, UmwStG, Anh. 2 Rn. 35.

Zur **Anwendbarkeit des UmwStG** auf grenzüberschreitende Einbringungen, vergleiche vorstehend 1. Teil Rn. 111 ff. und 115 ff. **287**

Im Folgenden sollen die deutschen steuerlichen Konsequenzen dargestellt werden, die sich ergeben, wenn eine EU-/EWR-Kapitalgesellschaft Betriebsvermögen in eine inländische Kapitalgesellschaft einbringt. Dabei kann grundsätzlich inländisches, EU-bzw. EWR-, oder Drittstaatenbetriebsvermögen übertragen werden. Im entsprechenden Betriebsvermögen können sich zudem Anteile an Kapitalgesellschaften befinden. Das nachfolgende Schaubild verdeutlicht den Vorgang.

Einbringung von Betriebsvermögen in eine inländische Kapitalgesellschaft:

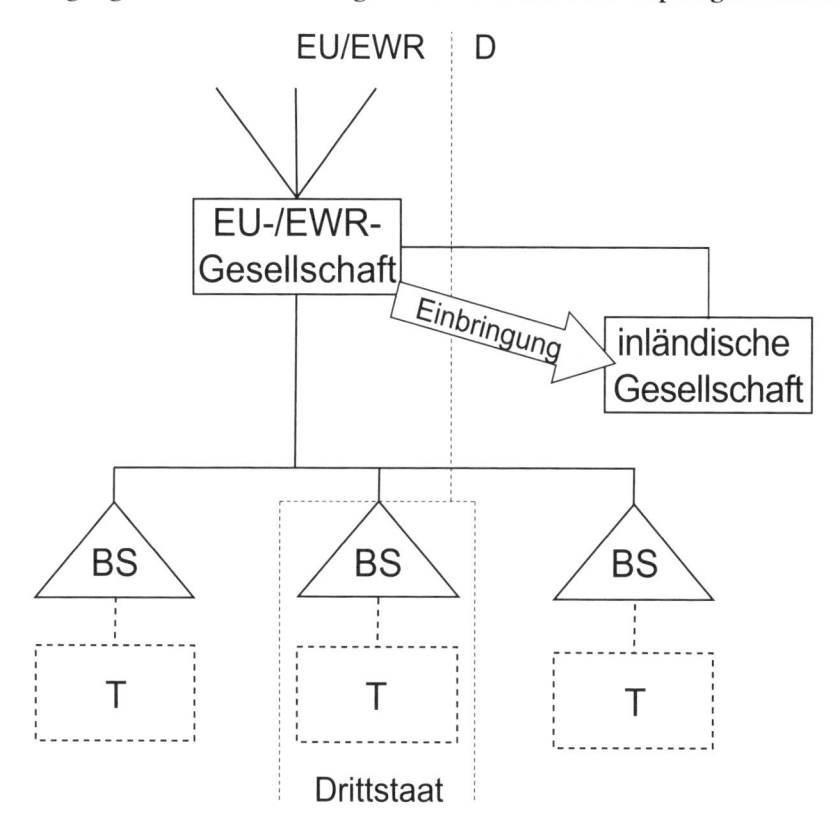

bb) Ebene der einbringenden EU-/EWR-Gesellschaft. Die einbringende EU-/EWR-Gesellschaft kann gemäß § 20 Abs. 1 UmwStG einen Betrieb, Teilbetrieb oder Mitunternehmeranteil in die inländische Kapitalgesellschaft einbringen. Es ist dabei **unbeachtlich**, wo das eingebrachte Betriebsvermögen belegen ist. Die Vorschrift erfasst damit im Inland, in EU-/EWR-Staaten oder in Drittstaaten belegenes Betriebsvermögen sowie Mitunternehmerschaften, die in diesen Staaten ansässig sind.[288] Ebenso sind von der Einbringung nach § 20 UmwStG Anteile an Kapitalgesellschaften, die den Betrieben, Teilebetrieben oder Mitunternehmeranteilen zuzuordnen sind, mit umfasst.[289] **288**

---
[288] Vgl. *Herlinghaus* in *Rödder/Herlinghaus/van Lishaut*, § 20 UmwStG Rn. 23, 100 f.
[289] Vgl. *Menner* in *Haritz/Menner*, § 21 UmwStG Rn. 8; *Schmitt* in *Schmitt/Hörtnagl/Stratz*, § 20 UmwStG Rn. 22.

289 Der Wert, mit dem die übernehmende Gesellschaft das eingebrachte Vermögen ansetzt (vgl. Rn. 249 ff.), gilt für den Einbringenden als Veräußerungspreis und als Anschaffungskosten der erhaltenen Anteile an der übernehmenden Gesellschaft, § 20 Abs. 3 S. 1 UmwStG. Es besteht daher eine grundsätzliche **Wertverknüpfung** zwischen dem Ansatz des Vermögens bei der übernehmenden inländischen Kapitalgesellschaft und dem (i) **Veräußerungspreis** für das Vermögen und den daraus resultierenden Veräußerungsgewinn oder -verlust bei der einbringenden EU-/EWR-Gesellschaft sowie (ii) den **Anschaffungskosten** der EU-/EWR-Gesellschaft für die neuen Anteile an der inländischen Kapitalgesellschaft.

290 Hinsichtlich der Anschaffungskosten der EU-/EWR-Gesellschaft für die neu erhaltenen Anteile an der inländischen Kapitalgesellschaft sieht der § 20 Abs. 3 S. 2 UmwStG jedoch eine Ausnahme vor. Danach gilt für den Einbringenden insoweit der gemeine Wert des eingebrachten Betriebsvermögens als Anschaffungskosten der erhaltenen Anteile, soweit das Recht der Bundesrepublik Deutschland hinsichtlich der Besteuerung des Gewinns aus der Veräußerung des eingebrachten Betriebsvermögens im Zeitpunkt der Einbringung ausgeschlossen ist und auch nicht durch die Einbringung begründet wird. Damit wird die Wertverknüpfung zum Ansatz auf Ebene der inländischen Kapitalgesellschaft durchbrochen, soweit entsprechendes **nicht steuerverhaftetes Betriebsvermögen** übertragen wird.[290] Die Regelung will verhindern, dass stille Reserven im nicht steuerverhafteten Auslandsvermögen über die neu ausgegebenen Anteile an der aufnehmenden Gesellschaft ins Inland gelangen.[291] Zwar kann das nicht steuerverhaftete Auslandsvermögen auf Ebene der inländischen Kapitalgesellschaft auch zu gemeinen Werten angesetzt werden. Dies hätte jedoch aufgrund der notwendigen Einheitlichkeit der Wahlrechtsausübung im Falle der gleichzeitigen Einbringung von steuerpflichtigen inländischen Betriebsvermögen (vgl. Rn. 297 ff.) eine Versteuerung der stillen Reserven im Inlandsvermögen zur Folge.[292]

291 Wird Betriebsvermögen aufgrund der Einbringung **erstmals im Inland steuerverstrickt**, ist aufgrund der Begründung des deutschen Besteuerungsrechts auf Ebene der inländischen Kapitalgesellschaft der gemeine Wert anzusetzen (vgl. Rn. 296). Dies wiederum führt zu einer korrespondieren Bewertung der Anschaffungskosten der neu erhaltenen Anteile an der inländischen Kapitalgesellschaft.[293]

292 Die resultierenden **Anschaffungskosten** an den neu ausgegebenen Anteilen an der inländischen Kapitalgesellschaft sind für deutsche steuerliche Zwecke nur relevant, sofern Deutschland nach dem DBA mit dem entsprechenden EU-/EWR-Staat ein Besteuerungsrecht an diesen Anteilen zusteht. Dies dürfte in der Regel nicht der Fall sein, da das OECD-MA nach Art. 13 Abs. 5 OECD-MA grundsätzlich dem Ansässigkeitsstaat des Veräußerers und damit dem EU-/EWR-Staat das Besteuerungsrecht für die erhaltenen Anteile zuteilt. Ausnahmen gelten für Grundbesitzgesellschaften nach Art. 13 Abs. 4 OECD-MA, aufgrund von Sonderregelungen in einzelnen DBAs (zB Art. 13 Abs. 3 DBA Tschechien) sowie wenn die Anteile an der inländischen Kapitalgesellschaft einer inländischen Betriebsstätte der einbringenden EU-/EWR-Gesellschaft zuzuordnen sind.

293 Hinsichtlich des Veräußerungspreises besteht keine Durchbrechung der Wertverknüpfung zwischen dem Ansatz des Vermögens bei der übernehmenden inländischen Kapitalgesellschaft und des Veräußerungspreises bei der übertragenden EU-/EWR-Gesellschaft. Ein **Veräußerungsgewinn oder -verlust** ist jedoch für deutsche steuerliche Zwecke

---

[290] Vgl. *Menner* in *Haritz/Menner*, § 20 UmwStG Rn. 515; wohl ebenso: BMF 11.11.2011, BStBl. I 2011, 1314, Rn. 20.34.
[291] Vgl. *Patt*, in *Dötsch/Patt/Pung/Möhlenbrock*, § 20 UmwStG Rn. 296.
[292] Vgl. *Herlinghaus* in *Rödder/Herlinghaus/van Lishaut*, § 20 UmwStG Rn. 195.
[293] Vgl. *Schmitt* in *Schmitt/Hörtnagl/Stratz*, § 20 UmwStG Rn. 370; *Patt* in *Dötsch/Patt/Pung/Möhlenbrock*, § 20 UmwStG Rn. 293.

auch nur relevant, wenn im Inland steuerverhaftetes Vermögen von der EU-/EWR-Gesellschaft eingebracht wird. Hierbei kann es sich zB um inländisches Betriebsstättenvermögen, inländische Grundstücke oder Anteile an inländischen Kapitalgesellschaften handeln, sofern das entsprechende DBA Deutschland ein Besteuerungsrecht an diesem Vermögen gewährt.

cc) Ebene der aufnehmenden inländischen Kapitalgesellschaft. Die übernehmende inländische Kapitalgesellschaft hat das durch die EU-/EWR-Gesellschaft eingebrachte Betriebsvermögen mit dem **gemeinen Wert** anzusetzen; für die Bewertung von Pensionsrückstellungen gilt § 6a EStG, § 20 Abs. 2 S. 1 UmwStG. Abweichend von diesem Grundsatz kann nach § 20 Abs. 2 S. 2 UmwStG das übernommene Betriebsvermögen **auf Antrag einheitlich** mit dem Buchwert oder einem Zwischenwert angesetzt werden, soweit (i) sichergestellt ist, dass es später bei der übernehmenden inländischen Kapitalgesellschaft der Besteuerung mit Körperschaftsteuer unterliegt, (ii) die Passivposten des eingebrachten Betriebsvermögens die Aktivposten nicht übersteigen; dabei ist das Eigenkapital nicht zu berücksichtigen und (iii) das Recht der Bundesrepublik Deutschland hinsichtlich der Besteuerung des Gewinns aus der Veräußerung des eingebrachten Betriebsvermögens bei der inländischen Kapitalgesellschaft nicht ausgeschlossen oder beschränkt wird. 294

Die Ausübung des Wahlrechts, auf Ebene der aufnehmenden inländischen Kapitalgesellschaft Buch- bzw. Zwischenwerte anzusetzen, ist insbesondere dann relevant, wenn die EU-/EWR-Gesellschaft **im Inland steuerverstricktes Vermögen** (wie zB inländisches Betriebsstättenvermögen, inländische Grundstücke oder Anteile an inländischen Kapitalgesellschaften) einbringt. Aufgrund der Wertverknüpfung zum Veräußerungspreis hat der gewählte Ansatz direkte Auswirkungen auf den im Inland steuerpflichtigen Veräußerungsgewinn auf Ebene der EU-/EWR-Gesellschaft. Zur Erzielung einer steuerneutralen Einbringung dürfte in der Regel der Buchwertansatz gewählt werden. Verfügt die einbringende EU-/EWR-Gesellschaft dagegen über deutsche steuerliche Verlust- oder Zinsvorträge, welche zB aus einer inländischen Betriebsstätte resultieren, kann ein Zwischenwertansatz oder ein Ansatz gemeiner Werte zur Nutzung der Vorträge sinnvoll sein, da die Verlust- und Zinsvorträge nicht auf die inländische Kapitalgesellschaft übergehen.[294] Dabei sind jedoch die Abzugsbeschränkungen der Mindestbesteuerung sowie der Zinsschranke zu berücksichtigen. 295

Wird **nicht im Inland steuerverstricktes Vermögen** (wie zB Betriebsstättenvermögen aus EU-/EWR- oder Drittstaaten) eingebracht, kann aus deutscher steuerlicher Sicht grundsätzlich der gemeine Wert angesetzt werden, da dies mangels deutschen Besteuerungsrechts keine Auswirkungen auf den steuerpflichtigen Veräußerungsgewinn hat. Erfolgt bei nicht im Inland steuerverstricktem Vermögen aufgrund der Einbringung in die inländische Kapitalgesellschaft **erstmals eine Steuerverstrickung**, d.h. eine Begründung des deutschen Besteuerungsrechts, soll nach der Gesetzesbegründung aufgrund der allgemeinen Verstrickungsregelung des § 4 Abs. 1 Nr. 8 Hs. 2, § 6 Abs. 1 Nr. 5a EStG, insoweit, unabhängig von der Ausübung des Bewertungswahlrechts, der gemeine Wert zum Ansatz kommen.[295] Der Auffassung wird in der Literatur zugestimmt.[296] 296

---

[294] Vgl. zum Zinsvortrag § 20 Abs. 9 UmwStG und zum Verlustvortrag bei der Ausgliederung eines Betriebs- oder Teilbetriebs R 10a.3 Abs. 4 S. 6 GewStR sowie zur Ausgliederung einer Mitunternehmerschaft R 10a.3 Abs. 3 S. 9 Nr. 6 S. 2 GewStR.
[295] Vgl. BT-Drs. 16/2710, 43.
[296] Vgl. *Schmitt* in Schmitt/Hörtnagl/Stratz, § 20 UmwStG Rn. 317; *Nitzschke* in Blümich, § 20 UmwStG Rn. 78; *Patt* in Dötsch/Patt/Pung/Möhlenbrock, § 20 UmwStG Rn. 228; a.A. *Herlinghaus* in Rödder/Herlinghaus/van Lishaut, § 20 UmwStG Rn. 167.

297 Der Antrag, dass eingebrachte Betriebsvermögen zu Buch- oder Zwischenwerten anzusetzen, kann **für einen Einbringungsvorgang nur einheitlich** ausgeübt werden, § 20 Abs. 2 S. 2 UmwStG. Ein abweichender Ansatz einzelner Wirtschaftsgüter durch Über- oder Unterbewertung ist damit nicht möglich. Vielmehr sind entweder alle Wirtschaftsgüter einheitlich zum Buchwert anzusetzen bzw. im Falle eines Zwischenwertansatzes ist eine gleichmäßige Aufstockung vorzunehmen.[297] Die Grundsätze gelten auch, wenn eine EU-/EWR-Gesellschaft in einem Vorgang im Inland **steuerverstricktes und nichtsteuerverstricktes Betriebsvermögen** in eine inländische Kapitalgesellschaft einbringt. Auch hier kann nur einheitlich zum Buch- oder Zwischenwertansatz optiert werden. Damit ist es nicht möglich, steuerverstricktes inländisches Vermögen zum Buchwert und nicht steuerverstricktes Vermögen zum gemeinen Wert anzusetzen. Eine Ausnahme gilt, wie oben dargelegt, nur wenn eine erstmalige Steuerverstrickung im Inland erfolgt. Dann kommt insoweit der gemeine Wert unabhängig von der Ausübung des Buch- oder Zwischenwertwahlrechts zum Ansatz.

298 Das Wahlrecht besteht nur „**soweit**" die oben aufgeführten Voraussetzungen des § 20 Abs. 2 S. 2 UmwStG erfüllt sind.[298] Werden einzelne Wirtschaftsgüter im Rahmen der Einbringung steuerlich entstrickt, weil durch die Einbringung das deutsche Besteuerungsrecht ausgeschlossen oder beschränkt wird, ist der gemeine Wert anzusetzen. Dies dürfte bei einer Einbringung in eine inländische Kapitalgesellschaft jedoch in der Regel nicht der Fall sein.

299 Werden gleichzeitig mehrere Betriebe, Teilbetriebe oder Mitunternehmeranteile eingebracht, kann das Wahlrecht für die einzelnen Einbringungsgegenstände auch unterschiedlich ausgeübt werden.[299] Wird folglich in einem Vorgang gleichzeitig inländisches und EU-/EWR- bzw. Drittstaaten-Betriebsvermögen eingebracht, ist eine verschiedenartige Ausübung des Wahlrechts nur möglich, wenn es sich jeweils um gesonderte Betriebe, Teilbetriebe oder Mitunternehmeranteile handelt.

300 Gemäß § 20 Abs. 2 S. 3 UmwStG ist der **Antrag, Buch- bzw. Zwischenwerte anzusetzen,** spätestens bis zur erstmaligen Abgabe der steuerlichen Schlussbilanz bei dem für die Besteuerung der übernehmenden Gesellschaft zuständigen Finanzamts zu stellen. Bezüglich Frist- und Formerfordernisse wird auf Rn. 277 verwiesen. Der Gesetzeswortlaut lässt offen, von wem der Antrag zu stellen ist und um wessen steuerliche Schlussbilanz es sich hierbei handelt. Dies hat die Finanzverwaltung im Rahmen des UmwStE[300] klar gestellt. Dort ist ausgeführt, dass der Antrag „von der übernehmenden Gesellschaft spätestens bis zur Abgabe ihrer steuerlichen Schlussbilanz" zu stellen ist.

301 **dd) Steuerlicher Übertragungsstichtag (Einbringungszeitpunkt).** Das Einkommen und das Vermögen der einbringenden EU-/EWR-Gesellschaft und der übernehmenden inländischen Kapitalgesellschaft sind auf Antrag so zu ermitteln, als ob das eingebrachte Betriebsvermögen mit Ablauf des **steuerlichen Übertragungsstichtags** auf die inländische Kapitalgesellschaft übergegangen wäre, § 20 Abs. 5 S. 1 UmwStG.[301] Als steuerlicher Übertragungsstichtag darf bei einer Ausgliederung nach § 123 UmwG der Stichtag angesehen werden, für den die Schlussbilanz jedes der übertragenden Unternehmen im

---

[297] Vgl. *Menner* in *Haritz/Menner*, § 20 UmwStG Rn. 229; *Schmitt* in *Schmitt/Hörtnagl/Stratz*, § 20 UmwStG Rn. 304; *Patt* in *Dötsch/Patt/Pung/Möhlenbrock*, § 20 UmwStG Rn. 198.
[298] Vgl. *Menner* in *Haritz/Menner*, § 20 UmwStG Rn. 230.
[299] Vgl. *Nitzschke* in *Blümich*, § 20 UmwStG Rn. 88; *Schmitt* in *Schmitt/Hörtnagl/Stratz*, § 20 UmwStG Rn. 306; *Herlinghaus* in *Rödder/Herlinghaus/van Lishaut*, § 20 UmwStG Rn. 153.
[300] Vgl. BMF 11.11.2011, BStBl. I 2011, 1314, Rn. 20.21.
[301] Eine Ausnahme gilt gemäß § 20 Abs. 5 S. 2 und 3 UmwStG für Entnahmen und Einlagen im Rückwirkungszeitraum.

Sinne des § 17 Abs. 2 UmwG aufgestellt worden ist; dieser Stichtag darf höchstens acht Monate vor der Anmeldung der Verschmelzung zur Eintragung in das Handelsregister liegen, § 20 Abs. 6 S. 2 iVm S. 1 UmwStG. Erfolgt die Einbringung im Wege der **Gesamtrechtsnachfolge** darf folglich auf den Stichtag der handelsrechtlichen Schlussbilanz nach § 17 Abs. 2 S. 1 UmwG abgestellt werden. Das Registergericht darf die Verschmelzung nur eintragen, wenn die Bilanz auf einen höchstens acht Monate vor der Anmeldung liegenden Stichtag aufgestellt worden ist, § 17 Abs. 2 S. 4 UmwG. Trägt das Registergericht die Ausgliederung dennoch ein, ohne die Acht-Monats-Frist einzuhalten, kommt die steuerliche Rückwirkungsfiktion nicht zum Tragen, § 20 Abs. 6 S. 2 iVm S 1 HS 2. Die Ausgliederung wird dann steuerlich wie zivilrechtlich mit der Eintragung der Ausgliederung in das Handelsregister wirksam.[302]

Nach dem Wortlaut des UmwStG findet die Rückwirkungsfiktion bei Gesamtrechtsnachfolge nur bei Ausgliederungen nach § 123 UmwG, d.h. nur bei inländischen Ausgliederungsvorgängen, nicht aber bei Ausgliederungen von Vermögen einer **EU-/EWR-Gesellschaft** auf eine inländische Kapitalgesellschaft Anwendung. Aufgrund der Niederlassungsfreiheit muss jedoch auch die steuerliche Rückwirkungsfiktion für entsprechende grenzüberschreitende Vorgänge zur Anwendung kommen. Fraglich ist jedoch, auf welchen Stichtag die Rückwirkung bezogen werden soll. Anders als bei der Rückwirkungsfiktion für die Verschmelzung nach § 2 Abs. 1 UmwStG enthält § 20 Abs. 6 S. 2 iVm S. 1 UmwStG einen expliziten Verweis auf die Schlussbilanz des übertragenden Rechtsträgers nach § 17 Abs. 2 UmwG. Für die übertragende EU-/EWR-Gesellschaft findet § 17 Abs. 2 UmwG jedoch keine Anwendung. Hält man die grenzüberschreitende Hereinausgliederung jedoch zivilrechtlich für zulässig, so muss unseres Erachtens bei der Frage der Rückwirkung analog der Verschmelzung auf das ausländische Gesellschaftsrecht und somit auf die ausländische Schlussbilanz abgestellt werden. Vergleiche hierzu die Ausführung zur Hereinverschmelzung, Teil 2 Rn. 56. Anders als bei der grenzüberschreitenden Verschmelzung kann es jedoch aufgrund des Wortlauts des § 20 Abs. 6 S. 1 HS 2 UmwStG bei einer grenzüberschreitenden Hereinausgliederung nicht zu einer Rückwirkung kommen, die länger als acht Monate ist.

Erfolgt die Einbringung im Wege der **Einzelrechtsnachfolge**, darf die Einbringung auf einen Tag zurückbezogen werden, der höchstens acht Monate vor dem Tag des Abschlusses des Einbringungsvertrags liegt und höchstens acht Monate vor dem Zeitpunkt liegt, an dem das eingebrachte Betriebsvermögen auf die übernehmende Gesellschaft übergeht, § 20 Abs. 6 S. 3 UmwStG. Damit darf ein beliebiger Zeitpunkt innerhalb von acht Monaten vor Abschluss des Einbringungsvertrages gewählt werden. Geht das wirtschaftliche Eigentum jedoch erst nach Abschluss des Einbringungsvertrages über, darf die Einbringung maximal auf einen Zeitpunkt innerhalb von acht Monaten vor Übergang des wirtschaftlichen Eigentums zurückbezogen werden.[303]

Der **Antrag** auf Rückwirkung ist von der übernehmenden inländischen Kapitalgesellschaft bei dem für sie zuständigen Finanzamt zu stellen.[304]

ee) Ausnahmen von der Rückwirkungsfiktion bei grenzüberschreitenden Einbringungen. Eine **Ausnahme** von der Rückwirkungsfiktion sieht § 20 Abs. 6 S. 4

---

[302] Vgl. *Vossius* in *Widmann/Mayer*, § 20 UmwStG Rn. 293; *Schmitt* in *Schmitt/Hörtnagl/Stratz*, § 20 UmwStG Rn. 237; *Menner* in *Haritz/Menner*, § 20 UmwStG Rn. 560; *Herlinghaus* in *Rödder/Herlinghaus/van Lishaut*, § 20 UmwStG Rn. 233 f.; *Patt* in *Dötsch/Patt/Pung/Möhlenbrock*, § 20 UmwStG Rn. 308 f.
[303] *Schmitt* in *Schmitt/Hörtnagl/Stratz*, § 20 UmwStG Rn. 239; *Menner* in *Haritz/Menner*, § 20 UmwStG Rn. 567.
[304] Vgl. *Herlinghaus* in *Rödder/Herlinghaus/van Lishaut*, § 2 UmwStG Rn. 225.

iVm § 2 Abs. 3 UmwStG für grenzüberschreitende Einbringungsvorgänge vor. Danach kommt die Rückwirkungsfiktion nicht zum Tragen, soweit Einkünfte aufgrund abweichender oder nicht bestehender ausländischer Rückbeziehungsregelungen der Besteuerung in beiden Staaten entzogen werden und dadurch sog. **weiße Einkünfte** entstehen.[305]

306 Fraglich ist, inwieweit die Regelung bei der Einbringung von Betriebsvermögen einer EU-/EWR-Gesellschaft in eine deutsche Kapitalgesellschaft zur Anwendung gelangen kann. Ein typischer in der Literatur diskutierter Fall ist die geänderte Zuordnung einzelner Wirtschaftsgüter zu Stammhaus bzw. Betriebsstätte aufgrund der Einbringung, welche in beiden Staaten durch die Rückwirkung zu unterschiedlichen Zeitpunkten erfolgt.

307 **Fall:**
Die EU-/EWR-Gesellschaft bringt ausländisches Betriebsvermögen in eine inländische Kapitalgesellschaft ein. Einzelne Wirtschaftsgüter werden aufgrund der Einbringung erstmals dem deutschen Stammhaus zugeordnet. Die Einbringung erfolgt aus deutscher steuerlicher Sicht mit achtmonatiger Rückwirkung. Der ausländische Staat lässt für die Einbringung eine zwölfmonatige Rückwirkung zu. Die künftig dem deutschen Stammhaus zuzuordnenden Wirtschaftsgüter scheiden folglich vier Monate bevor sie in Deutschland steuerlich erfasst werden aus der ausländischen Besteuerung aus. Einkünfte aus diesen Wirtschaftsgütern im entsprechenden Vier-Monats-Zeitraum würden nicht erfasst werden.

308 Die Rechtsfolge der Vorschrift, die Rückwirkung der Einbringung nicht zuzulassen bzw. zu beschränken, führt jedoch im vorliegenden Fall dazu, dass sich der zeitliche Auseinanderfall der Einbringung noch weiter, nämlich von vier auf zwölf Monate, erhöht. *Ettinger/Königer* schließen aus § 2 Abs. 3 UmwStG, dass in diesem Fall ein kürzerer Rückwirkungszeitraum als acht Monate nicht möglich sein soll, da sich ansonsten die viermonatige Besteuerungslücke weiter erhöht.[306] Einer solchen Auslegung kann auf Basis des Gesetzeswortlauts jedoch nicht gefolgt werden.

309 Es bleibt festzuhalten, dass die Rechtsfolge von § 2 Abs. 3 UmwStG daher nur im umgekehrten Fall der Hinausumwandlung zu sinnvollen Ergebnissen führt. Kommt es bei der Einbringung von inländischem Betriebsvermögen in eine EU-/EWR-Gesellschaft aufgrund der Rückwirkung nach deutschem Steuerrecht zu einer zeitlich früheren Zuordnung von Wirtschaftsgütern beim ausländischen Stammhaus als nach ausländischen Steuerrecht, ist eine Beschränkung der inländischen Rückwirkungsfiktion systematisch sinnvoll.

310 Dies zeigt auch, dass weniger die Rückwirkungsfiktion an sich zu weißen Einkünften führen kann, als die Tatsache, dass im In- und Ausland unterschiedliche nicht aufeinander abgestimmte Rückwirkungszeiträume vorliegen können. Zu kritisieren ist weiterhin, dass die Vorschrift nur eingreifen soll, wenn Einkünfte in beiden Staaten der Besteuerung entzogen werden, nicht dagegen, wenn Einkünfte aufgrund der Einbringung in beiden Staaten und damit **doppelt besteuert** werden.[307] In solchen Fällen ist ggf. ein Verständigungsverfahren durchzuführen.[308]

311 Die Rechtsfolge des § 2 Abs. 3 UmwStG tritt in jedem Fall nur ein, **soweit** Einkünfte der Besteuerung entzogen werden. Dies bedeutet, dass der deutsche steuerliche Rückwir-

---

[305] Vgl. *Herlinghaus* in *Rödder/Herlinghaus/van Lishaut*, § 20 UmwStG Rn. 236; *Menner* in *Haritz/Menner*, § 20 UmwStG Rn. 587; *Vossius* in *Widmann/Mayer*, § 20 UmwStG Rn. 254.
[306] Vgl. *Ettinger/Königer* GmbHR 2009, 590.
[307] Vgl. *Menner* in *Haritz/Menner*, § 20 UmwStG Rn. 591; *Schmitt* in *Schmitt/Hörtnagl/Stratz*, § 2 UmwStG Rn. 121.
[308] Vgl. *Dötsch* in *Dötsch/Patt/Pung/Möhlenbrock*, § 2 UmwStG Rn. 88.

kungszeitraum nur für die Wirtschaftsgüter und Einkünfte, die der Besteuerung entzogen werden, verkürzt wird. Weiterhin erfolgt die Verkürzung des deutschen Rückwirkungszeitraums maximal bis auf den kürzeren ausländischen Rückwirkungszeitraum.[309]

c) Einbringung nach § 21 UmwStG

aa) Allgemeines. Die Einbringung einer Kapitalgesellschaft durch eine EU-/EWR-Gesellschaft in eine inländische Kapitalgesellschaft ist im Wege der **Einzelrechtsnachfolge** oder im Wege der **Gesamtrechtsnachfolge** durch Ausgliederung denkbar. Vergleiche zu den zivilrechtlichen Grundlagen einer grenzüberschreitenden Hereinausgliederung vorstehend Rn. 199 ff. **312**

Das UmwStG stellt keine Anforderungen an die Person des Einbringenden oder den Einbringungsgegenstand. Damit sind Einbringungen durch EU-/EWR-Gesellschaften erfasst. Eingebracht werden können Kapitalgesellschaften aus dem Inland, EU-/EWR oder aus Drittstaaten. Voraussetzung ist jedoch, dass die **aufnehmende Kapitalgesellschaft eine EU-/EWR-Gesellschaft** (zB eine inländische Kapitalgesellschaft) ist, § 1 Abs. 3 Nr. 5, Abs. 4 S. 1 Nr. 1 UmwStG. Vgl. hierzu auch vorstehend 1. Teil Rn. 111 ff. und 115 ff. **313**

Im Folgenden sollen die steuerlichen Konsequenzen dargestellt werden, die sich ergeben, wenn eine EU-/EWR-Gesellschaft eine (inländische, EU-/EWR- oder Drittstaaten-) Kapitalgesellschaft in eine inländische Kapitalgesellschaft einbringt. **314**

---

[309] Vgl. *van Lishaut* in *Rödder/Herlinghaus/van Lishaut*, § 2 UmwStG Rn. 105; *Hörtnagl* in *Schmitt/Hörtnagl/Stratz*, § 2 UmwStG Rn. 121.

Einbringung einer Kapitalgesellschaft in eine inländische Kapitalgesellschaft:

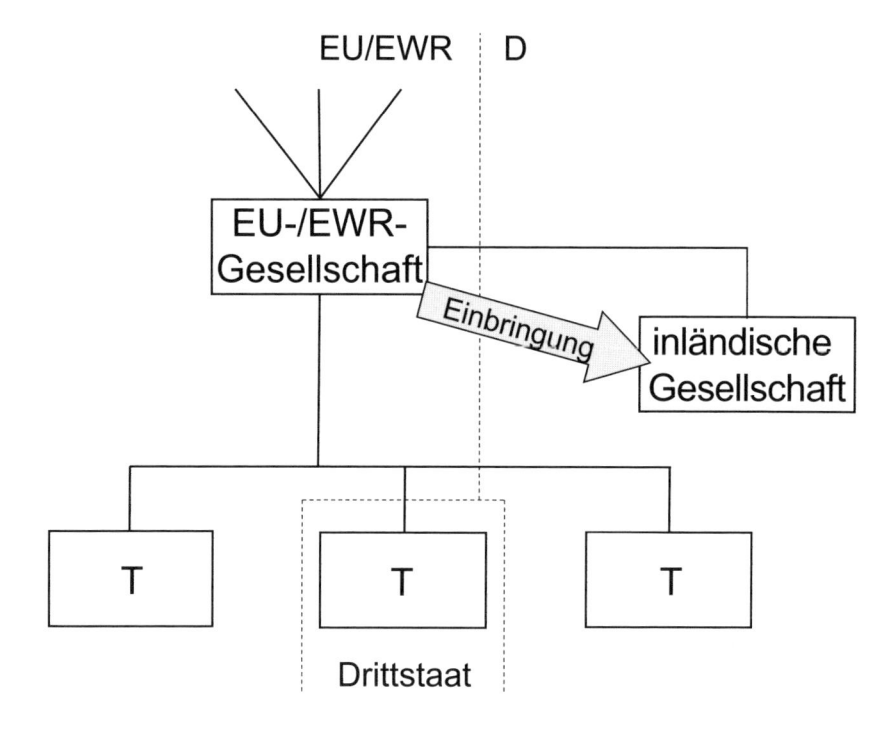

315 **bb) Ebene der einbringenden EU-/EWR-Gesellschaft.** Der Wert, mit dem die übernehmende inländische Kapitalgesellschaft die eingebrachten Anteile ansetzt (vgl. dazu Rn. 330) gilt für die einbringende EU-/EWR-Gesellschaft als Veräußerungspreis der eingebrachten Anteile und als Anschaffungskosten der erhaltenen Anteile an der inländischen Kapitalgesellschaft, § 21 Abs. 2 S. 1 UmwStG. Es besteht folglich eine **Wertverknüpfung** zwischen dem Ansatz der Anteile auf Ebene der inländischen Kapitalgesellschaft und dem Veräußerungspreis sowie den steuerlichen Anschaffungskosten an der inländischen Kapitalgesellschaft.[310]

316 **Abweichend** hiervon gilt für die einbringende EU-/EWR-Gesellschaft der gemeine Wert der eingebrachten Anteile als Veräußerungspreis und als Anschaffungskosten für die neu erhaltenen Anteile an der inländischen Kapitalgesellschaft, wenn für die **eingebrachten Anteile** nach der Einbringung das Recht der Bundesrepublik Deutschland hinsichtlich der Besteuerung des Gewinns aus der Veräußerung der eingebrachten Anteile ausgeschlossen oder beschränkt ist, § 21 Abs. 2 S. 2 Hs. 1 UmwStG. Dies setzt voraus, dass vor der Einbringung ein deutsches Besteuerungsrecht bestanden hat, welches entweder verloren geht oder durch eine Verpflichtung zur Anrechnung ausländischer Steuern eingeschränkt wird.[311] Da nach dem Art. 13 Abs. 5 OECD-MA grundsätzlich der Ansässigkeitsstaat des Veräußerers das Besteuerungsrecht für den Gewinn aus der Veräußerung von Anteilen hat, dürfte aus der Einbringung von Anteilen aus einer EU-/EWR-Gesellschaft in eine inländische Kapitalgesellschaft in der Regel keine Einschränkung des deutschen Besteuerungsrechts resultieren.

---

[310] Vgl. *Patt* in *Dötsch/Patt/Pung/Möhlenbrock*, § 21 UmwStG Rn. 56.
[311] Vgl. *Schmitt* in *Schmitt/Hörtnagl/Stratz*, § 21 UmwStG Rn. 85.

Ebenfalls gilt **abweichend** von der grundsätzlichen Wertverknüpfung für die einbringende EU-/EWR-Gesellschaft der gemeine Wert der eingebrachten Anteile als Veräußerungspreis und als Anschaffungskosten für die neu erhaltenen Anteile, wenn das Recht der Bundesrepublik Deutschland hinsichtlich der Besteuerung des Gewinns aus der Veräußerung der **erhaltenen Anteile** ausgeschlossen oder beschränkt wird, § 21 Abs 2 S. 2 Hs. 2 UmwStG. Für die Frage, ob ein Ausschluss oder eine Beschränkung vorliegt, ist ein Vergleich des Besteuerungsrechts an den eingebrachten Anteilen vor Einbringung mit dem Besteuerungsrecht an den erhaltenen Anteilen nach Einbringung vorzunehmen.[312]

Für die **erhaltenen Anteile** an der inländischen Kapitalgesellschaft dürfte nach der Einbringung **regelmäßig kein deutsches Besteuerungsrecht** bestehen, da Art. 13 Abs. 5 OECD-MA das Besteuerungsrecht grundsätzlich dem Ansässigkeitsstaat der EU-/EWR-Gesellschaft zuweist. Eine Ausnahme besteht insbesondere (i) für inländische Grundbesitzgesellschaften (nach Art. 13 Abs. 4 OECD-MA), (ii) bei besonderen Regelungen in einzelnen DBAs, wonach der Ansässigkeitsstaat der veräußerten Kapitalgesellschaft das Besteuerungsrecht hat (zB Art. 13 Abs. 3 DBA Tschechien, Art. 13 Abs. 3 DBA Slowakei, Art. 13 Abs. 3 Zypern) oder (iii) wenn die Anteile an der inländischen Kapitalgesellschaft von der EU-/EWR-Gesellschaft in einer inländischen Betriebsstätte gehalten werden.

Die einbringende EU-/EWR-Gesellschaft hat den Anteilstausch unter Realisierung der stillen Reserven zum gemeinen Wert vorzunehmen, wenn das deutsche Besteuerungsrecht an den eingebrachten Anteilen **und/oder** an den neu erhaltenen Anteilen ausgeschlossen oder beschränkt wird.[313]

Ein Ausschluss oder eine Beschränkung des Besteuerungsrechts an den **eingebrachten Anteilen** bzw. den erhaltenen Anteilen kann nur vorliegen, wenn vor der Einbringung überhaupt ein deutsches Besteuerungsrecht bestanden hat. Ein solcher Fall ist zB denkbar, wenn (i) eine inländische Grundstücksgesellschaft nach Art. 13 Abs. 4 OECD-MA eingebracht wird, (ii) eine inländische Kapitalgesellschaft eingebracht wird, für welche das Recht auf Besteuerung des Veräußerungsgewinns vor der Einbringung in Deutschland lag (zB nach Art. 13 Abs. 3 DBA Tschechien, Art. 13 Abs. 3 DBA Slowakei, Art. 13 Abs. 3 Zypern) oder (iii) die eingebrachten Anteile vor der Einbringung einer deutschen Betriebsstätte der EU-/EWR-Gesellschaft zugeordnet worden sind. In all diesen Fällen wird in der Regel nach der Einbringung das deutsche Besteuerungsrecht an den **eingebrachten Anteilen** nicht ausgeschlossen oder beschränkt. Es sind jedoch auch Konstellationen denkbar, in denen durch die Einbringung in die inländische Kapitalgesellschaft das Besteuerungsrecht an den eingebrachten Anteilen ausgeschlossen oder beschränkt wird, zB wenn die Anteile nach der Einbringung einer ausländischen Betriebsstätte der inländischen Kapitalgesellschaft zugeordnet werden. Weiterhin ist es für eine steuerneutrale Einbringung notwendig, dass das Besteuerungsrecht an den **erhaltenen Anteilen** nicht ausgeschlossen oder beschränkt wird, vgl. dazu Rn. 318.

Liegen diese Voraussetzungen nicht vor, kommt die Wertverknüpfung nicht zur Anwendung. Auf Antrag kann jedoch in solchen Fällen der **Buchwert** oder Zwischenwert der eingebrachten Anteile als Veräußerungspreis für die eingebrachten Anteile und als Anschaffungskosten für die erhaltenen Anteile an der inländischen Kapitalgesellschaft zugrunde gelegt werden, wenn ein qualifizierter Anteilstausch vorliegt (vgl. Rn. 330) und (i) das Recht der Bundesrepublik Deutschland hinsichtlich der Besteuerung des Gewinns aus der Veräußerung der **erhaltenen Anteile** nicht ausgeschlossen oder beschränkt wird oder

---

[312] Vgl. *Patt* in *Dötsch/Patt/Pung/Möhlenbrock*, § 21 UmwStG Rn. 58 und 60 Bsp. 2.
[313] Vgl. *Patt* in *Dötsch/Patt/Pung/Möhlenbrock*, § 21 UmwStG Rn. 58; *Behrens* in *Haritz/Menner*, § 21 UmwStG Rn. 273.

(ii) der Gewinn aus dem Anteilstausch auf Grund **Artikel 8 der Richtlinie 90/434/ EWG** nicht besteuert werden darf, § 21 Abs. 2 S. 3 Nr. 1 und 2 UmwStG.

322 Ein **uneingeschränktes Besteuerungsrecht der Bundesrepublik Deutschland** für den Veräußerungsgewinn an den **erhaltenen Anteilen** dürfte im vorliegenden Fall eher die Ausnahme sein. Es kann jedoch zB bestehen, wenn (i) es sich bei der aufnehmenden inländischen Kapitalgesellschaft um eine Grundstücksgesellschaft nach Art. 13 Abs. 4 OECD-MA handelt, (ii) das Besteuerungsrecht an den Anteilen an der aufnehmenden inländischen Kapitalgesellschaft nach DBA beim Ansässigkeitsstaat, d.h. bei Deutschland, liegt (zB nach Art. 13 Abs. 3 DBA Tschechien, Art. 13 Abs. 3 DBA Slowakei, Art. 13 Abs. 3 DBA Zypern) oder (iii) die erhaltenen Anteile an der inländischen Kapitalgesellschaft einer deutschen Betriebsstätte der EU-/EWR-Gesellschaft zuzuordnen sind, vgl. Rn. 318.

323 Wird das Besteuerungsrecht für die erhaltenen Anteile eingeschränkt oder ausgeschlossen, kann der Buchwert der eingebrachten Anteile jedoch auch dann als Veräußerungspreis für die eingebrachten Anteile und als Anschaffungskosten für die erhaltenen Anteile angesetzt werden, wenn der Gewinn aus dem Anteilstausch auf Grund von **Art. 8 der Richtlinie 90/434/EWG** (sog. Fusions-Richtlinie) nicht besteuert werden darf. Ein Anteilstausch darf nach Art. 8 Abs. 1 Fusionsrichtlinie keine Besteuerung auslösen, wenn (i) an dem Anteilstausch nur EU-Gesellschaften (nach Art. 3 Fusions-Richtlinie) beteiligt sind, die aus verschiedenen Mitgliedstaaten stammen (Art. 1 Buchst. a Fusions-Richtlinie) und (ii) keine baren Zuzahlungen an die übertragende EU-/EWR-Gesellschaft geleistet werden bzw. die baren Zuzahlungen 10% des Nennwerts bzw. des rechnerischen Werts der ausgegebenen Anteile an der inländischen Kapitalgesellschaft nicht übersteigen (Art. 2 Buchst. d Fusions-Richtlinie).

324 Um die Fusions-Richtlinie anwenden zu können, müssen an dem Anteilstausch Gesellschaften **aus verschiedenen EU-Staaten** beteiligt sein. Als beteiligt gelten die übernehmende Gesellschaft sowie die Gesellschaft, die übertragen wird (Art. 2 Buchst. d iVm Art. 1 Buchst. a Fusions-Richtlinie). Hinsichtlich der einbringenden Person bestehen keine Anforderungen. Die einbringende Person kann auch aus Nicht-EU-Staaten stammen.[314] Damit ist eine Einbringung an Anteilen durch eine EU-/EWR-Gesellschaft in eine inländische Kapitalgesellschaft nur erfasst, wenn es sich bei den eingebrachten Anteilen um Anteile an einer EU-Gesellschaft nach Art. 3 Fusions-Richtlinie handelt. Einbringungen von EWR- und Drittstaatengesellschaften sind nicht erfasst.[315] Weiterhin ist die Beschränkung barer Zuzahlungen zu beachten, welche nicht mit der Regelung des § 21 Abs. 1 S. 3 UmwStG korrespondiert, die im Falle des Buchwertansatzes eine Begrenzung der Gewährung anderer Wirtschaftsgüter auf den Buchwert der eingebrachten Anteile vorsieht.

325 Kommt die Fusions-Richtlinie zur Anwendung, kann der Buchwert der eingebrachten Anteile als Veräußerungspreis für die eingebrachten Anteile und als Anschaffungskosten für die erhaltenen Anteile angesetzt werden. In diesem Fall ist der Gewinn aus einer späteren Veräußerung der **erhaltenen Anteile** ungeachtet der Bestimmungen eines Abkommens zur Vermeidung der Doppelbesteuerung in der gleichen Art und Weise zu besteuern, wie die Veräußerung der Anteile an der eingebrachten Gesellschaft zu besteuern gewesen wäre, § 21 Abs. 2 S. 3 Nr. 2 Hs. 2 UmwStG.[316] Eine Besteuerung findet ebenfalls statt, wenn später die Anteile an der aufnehmenden Gesellschaft verdeckt in eine Kapitalgesellschaft eingelegt werden, die aufnehmende Gesellschaft aufgelöst wird oder wenn ihr Kapital herabgesetzt und zurückgezahlt wird oder wenn Beträge aus dem steuerlichen

---

[314] Vgl. *Nitzschke* in *Blümich*, § 21 UmwStG Rn. 52.
[315] Vgl. *Haase* in *Haase/Hruschka*, Eil. UmwStG Rn. 51.
[316] Vgl. ebenso Art. 8 Abs. 6 Fusions-Richtlinie.

Einlagenkonto iSd § 27 KStG ausgeschüttet oder zurückgezahlt werden, § 21 Abs. 2 S. 3 Nr. 2 Hs. 3 UmwStG iVm § 15 Abs. 1a Satz 2 EStG.

Die entsprechende **beschränkte Steuerpflicht** der einbringenden EU-/EWR-Gesellschaft aus der Veräußerung der erhaltenen Anteile an der inländischen Kapitalgesellschaft ist in § 49 Abs. 1 Nr. 2 Buchst. e bb EStG geregelt.[317] Die spätere Besteuerung des Veräußerungsgewinns aus den erhaltenen Anteilen ohne Besteuerungsrecht aufgrund eines DBA stellt einen **treaty-override** dar.[318]

326

Strittig ist, in welchem Umfang Deutschland einen **späteren Veräußerungsgewinn** besteuern darf und inwieweit eventuelle ausländische Steuern auf den Veräußerungsgewinn im Inland anzurechnen sind.[319] Steuersystematisch betrachtet sollte Deutschland nur den Teil des späteren Veräußerungsgewinns besteuern dürfen, der sich ergibt, wenn man den gemeinen Wert der erhaltenen Anteile zum Zeitpunkt des Anteilstauschs zugrunde legt. Der ausländische Staat sollte das Besteuerungsrecht für die stillen Reserven haben, welche nach dem Anteilstausch entstanden sind. Dann bestünde auch keine Notwendigkeit für die Anrechnung ausländischer Steuern.[320] Da der Gesetzeswortlaut keine Einschränkung des Besteuerungsumfangs enthält, findet sich jedoch auch die Auffassung, dass Deutschland den späteren Veräußerungsgewinn in vollem Umfang besteuern darf, ohne dass eine Verpflichtung zur **Anrechnung ausländischer Steuern** besteht.[321] Unseres Erachtens ist dieser Auffassung nicht zu folgen. Aus Art. 8 Abs. 6 Fusions-Richtlinie ergibt sich, dass Deutschland der Gewinn aus der späteren Veräußerung der erworbenen Anteile in der gleichen Weise besteuern darf wie den Gewinn aus einer Veräußerung der vor dem Erwerb vorhandenen Anteile an der eingebrachten Gesellschaft. Daraus ist zu schlussfolgern, dass das Besteuerungsrecht auf die vorhandenen stillen Reserven im Zeitpunkt des Anteilstauschs beschränkt ist.[322] Es ist jedoch zu befürchten, dass die Finanzverwaltung dieser Auffassung nicht folgt.

327

Sind die Voraussetzungen für eine steuerneutrale Einbringung nicht erfüllt, gelten die Anteile an der einzubringenden Gesellschaft durch die EU-/EWR-Gesellschaft als zum gemeinen Wert veräußert. Da die Einbringung durch eine EU-/EWR-Körperschaft erfolgt, ist der **Veräußerungsgewinn** grundsätzlich zu 5 % körperschaftsteuerpflichtig und ein Veräußerungsverlust nicht abzugsfähig, § 8b Abs. 2 und 3 KStG. Es kommt dagegen zu einer vollständigen Körperschaftsteuerpflicht, wenn die Ausnahmeregelung für Finanzunternehmen zur Anwendung gelangt, § 8b Abs. 7 KStG. Gewerbesteuerlich ist das Veräußerungsergebnis nur relevant, wenn die EU-/EWR-Gesellschaft die Anteile in einer inländischen Betriebsstätte hält und eine Gewerbesteuerpflicht vorliegt, § 2 Abs. 1 GewStG.

328

Der **Antrag** ist spätestens bis zur erstmaligen Abgabe der Steuererklärung bei dem für die Besteuerung des Einbringenden zuständigen Finanzamt zu stellen, § 21 Abs. 2 S. 4 UmwStG. Die EU-/EWR-Gesellschaft als Einbringende ist in Deutschland beschränkt steuerpflichtig mit ihren inländischen Einkünften, § 2 Nr. 1 KStG. Sie ist jedoch nur zur Abgabe einer Steuererklärung verpflichtet, wenn die Steuerschuld nicht durch den Steuerabzug abgegolten ist, § 32 Abs. 1 Nr. 2 KStG.[323] Der UmwStE trifft keine Aussage zur Frage, wie in solchen Fällen der Antrag auf Buch- oder Zwischenwertansatz zu stellen ist. Unseres Erachtens besteht auch hier kein Formerfordernis. Der Antrag kann damit sowohl

329

---

[317] Vgl. *Patt* in *Dötsch/Patt/Pung/Möhlenbrock*, § 21 UmwStG Rn. 61.
[318] Vgl. *Nitzschke* in *Blümich*, § 21 UmwStG Rn. 52; *Behrens* in *Haritz/Menner*, § 21 UmwStG Rn. 299.
[319] Vgl. *Nitzschke* in *Blümich*, § 21 UmwStG Rn. 53.
[320] Vgl. *Benz/Rosenberg* DB 2012, Beil. 1, 38.
[321] Vgl. *Patt* in *Dötsch/Patt/Pung/Möhlenbrock*, § 21 UmwStG Rn. 60; BT-Drs. 16/3369.
[322] Vgl. *Benz/Rosenberg* DB 2012, Beil. 1, 38; a.A.: *Patt* in *Dötsch/Patt/Pung/Möhlenbrock*, § 21 UmwStG Rn. 60.
[323] Vgl. *Nitzschke* in *Blümich*, § 21 UmwStG Rn. 55.

explizit als auch konkludent, d.h. durch Abgabe einer Steuererklärung, in der kein Veräußerungsgewinn ausgewiesen ist, gestellt werden. Zur Vermeidung von Missverständnissen ist ein explizit gestellter Antrag ratsam. Der Antrag ist weiterhin bis zur erstmaligen Abgabe der Steuererklärung zu stellen. Hat die EU-/EWR-Gesellschaft keine Steuererklärung abzugeben, bestünde nach dem Gesetzeswortlaut praktisch auch keine Frist für die Antragstellung auf Ansatz eines Buch- bzw. Zwischenwertansatzes. Es ist jedoch in Praxis ratsam, den Antrag innerhalb der Frist zu stellen, innerhalb derer die Steuererklärung abzugeben wäre.

330   **cc) Ebene der aufnehmenden inländischen Kapitalgesellschaft.** Bringt die EU-/EWR-Gesellschaft Anteile an einer Kapitalgesellschaft in eine inländische Kapitalgesellschaft gegen Gewährung neuer Anteile an der inländischen Kapitalgesellschaft ein (Anteilstausch), hat die inländische Kapitalgesellschaft die erhaltenen Anteile grundsätzlich mit dem gemeinen Wert anzusetzen, § 21 Abs. 1 S. 1 UmwStG. Abweichend hiervon kann die inländische Kapitalgesellschaft die erhaltenen Anteile zum Buchwert oder Zwischenwert, höchstens jedoch zum gemeinen Wert ansetzen, wenn die inländische Kapitalgesellschaft nach der Einbringung unmittelbar die Mehrheit der Stimmrechte an der erworbenen Gesellschaft hat (sog. qualifizierter Anteilstausch), § 21 Abs. 1 S. 2 UmwStG.

331   Besteht vor der Einbringung kein deutsches Besteuerungsrecht an den eingebrachten Anteilen und wird durch die Einbringung in die inländische Kapitalgesellschaft das deutsche Besteuerungsrecht an den eingebrachten Anteilen erst **begründet**, so sind die eingebrachten Anteile zum **gemeinen Wert** anzusetzen, wobei in der Literatur teilweise strittig ist, ob sich dies aus § 21 UmwStG oder aus der allgemeinen Verstrickungseinlage des § 4 Abs. 1 S. 8 Hs. 2 EStG iVm § 6 Abs. 1 Nr. 5a EStG ergibt. Da nach dem OECD-MA grundsätzlich jeweils der Vertragsstaat das alleinige Besteuerungsrecht für einen Veräußerungsgewinn hat, in dem der Veräußerer der Anteile ansässig ist, dürfte bei einer Einbringung von Anteilen durch eine EU-/EWR-Gesellschaft in eine inländische Kapitalgesellschaft, eine Begründung des Besteuerungsrechts der Regelfall sein.

332   Sofern vor der Einbringung ein deutsches Besteuerungsrecht an den einzubringenden Anteilen besteht und das Besteuerungsrecht an den einzubringenden und den erhaltenen Anteilen durch die Einbringung auch **nicht ausgeschlossen oder beschränkt** wird, kann zur Vermeidung einer Steuerbelastung ein Antrag auf **Buchwertfortführung** (oder ggf. ein Antrag auf einen Zwischenwertansatz) gestellt werden. Ein solcher Fall ist zB denkbar, wenn das jeweilige DBA nicht dem OECD-MA folgt und das Besteuerungsrecht für einen Veräußerungsgewinn dem Ansässigkeitsstaat der einzubringenden Kapitalgesellschaft zuweist, wie zB Art. 13 Abs. 3 DBA Tschechien (ebenfalls Art. 13 Abs. 3 DBA Slowakei, Art. 13 Abs. 3 DBA Zypern). Bringt eine tschechische Kapitalgesellschaft eine inländische Kapitalgesellschaft in eine inländische Kapitalgesellschaft ein, wird weder für die eingebrachten noch für die erhaltenen Anteile das deutsche Besteuerungsrecht ausgeschlossen oder beschränkt. Um in solchen Fällen eine 5%ige Versteuerung des Veräußerungsgewinn (§ 8b Abs. 2 und 3 KStG) bzw. eine vollständige Steuerpflicht (§ 8b Abs. 7 KStG) zu vermeiden, ist ein Buchwertantrag sinnvoll.

333   Eine ähnliche Konstellation, kann sich ergeben, wenn eine **deutsche Grundbesitzgesellschaft** durch eine EU-/EWR-Gesellschaft in eine inländische Kapitalgesellschaft eingebracht wird. Aufgrund des Art. 13 Abs. 4 OECD-MA bestand bereits vor der Einbringung ein deutsches Besteuerungsrechts an den eingebrachten Anteilen, welches sich auch nach der Einbringung fortsetzt. Fraglich ist jedoch, ob hier das deutsche Besteuerungsrecht an den erhaltenen Anteilen ausgeschlossen oder beschränkt wird. Sofern es sich bei der aufnehmenden inländischen Kapitalgesellschaft um eine Grundbesitzgesellschaft handelt bzw. die Gesellschaft in einer inländischen Betriebsstätte gehalten wird, dürfte ein deut-

sches Besteuerungsrecht an den erhaltenen Anteilen bestehen. Ein Buchwertantrag ist dann zur Vermeidung der Veräußerungsgewinnbesteuerung sinnvoll. Weist das OECD-MA dagegen dem Ansässigkeitsstaat der EU-/EWR-Gesellschaft das Besteuerungsrecht an den erhaltenen Anteilen zu, kann eine Veräußerungsgewinnbesteuerung nicht vermieden werden. Auch eine Berufung auf Art. 8 der EU-Fusions-Richtlinie ist dann nicht möglich, da wenn die eingebrachte und die aufnehmende Kapitalgesellschaft jeweils inländisch sind, der Anwendungsbereich der der EU-Fusions-Richtlinie nicht eröffnet ist.

Besteht vor und nach der Einbringung **kein deutsches Besteuerungsrecht** an den einzubringenden Anteilen, ergeben sich unabhängig vom Ansatz der einzubringenden Anteile auf Ebene der inländischen Kapitalgesellschaft keine deutschen steuerlichen Konsequenzen. Um dennoch einen möglichst hohen steuerlichen Ansatz auf Ebene der inländischen Kapitalgesellschaft zu erzielen, sollte ein Antrag auf einen Buch- oder Zwischenwertansatz unterlassen werden. 334

Liegt **kein qualifizierter Anteilstausch** vor, d.h. verfügt die inländische Kapitalgesellschaft nach der Einbringung nicht über die Mehrheit der Stimmrechte an der eingebrachten Kapitalgesellschaft, so ist stets der gemeine Wert anzusetzen. Sofern vor der Einbringung ein deutsches Besteuerungsrecht bestand, führt dies im Inland zur steuerpflichtigen Aufdeckung von stillen Reserven. 335

Bezüglich des Antrags zum Ansatz des Buchwerts oder Zwischenwerts wird bezüglich Frist- und Formerfordernis auf die Ausführungen in Rn. 277 verwiesen. Auch in § 21 Abs. 1 S. 2 UmwStG wird nicht ausdrücklich geregelt, wer den Antrag zu stellen hat. In Rn. 21.12 des UmwStE[324] wird insoweit auf die Regelungen bei der Einbringung gemäß § 20 UmwStG verwiesen. Dementsprechend geht die Finanzverwaltung davon aus, dass der Antrag bei dem zuständigen Finanzamt der übernehmenden inländischen Kapitalgesellschaft zu stellen ist. Dies wird in der Literatur bejaht.[325] Dementsprechend wird auf die Ausführungen unter Rn. 300 verwiesen. 336

3. Bilanzielle Auswirkungen und Darstellung der Spaltung

a) HGB

Im Rahmen der Hereinspaltung werden Vermögensteile eines ausländischen Rechtsträgers durch Aufspaltung, durch Abspaltung oder durch Ausgliederung auf eine inländische Gesellschaft übertragen. Hinsichtlich der relevanten Regelungen zur Bilanzierung beim inländischen Rechtsträger gilt grundsätzlich der **Generalverweis** des § 125 UmwG. Demnach sind bei der Spaltung die Vorschriften zur Verschmelzung entsprechend anzuwenden, sofern sich aus den §§ 123 bis 173 UmwG nichts anderes ergibt. Da – im Gegensatz zur Verschmelzung – keine Regelungen zu grenzüberschreitenden Spaltungsvorgängen existieren, ist der rechtliche Rahmen in diesen Fällen nach der Vereinigungstheorie zu bestimmen.[326] Somit hat der übernehmende inländische Rechtsträger bei einer Hereinspaltung grundsätzlich die gleichen Vorschriften zu beachten, die auch bei einer rein inländischen Spaltung gelten. 337

aa) Jahresabschluss des übernehmenden Rechtsträgers. Wie im Falle der Verschmelzung werden bei der Spaltung Vermögensgegenstände und Schulden im Wege der 338

---

[324] Vgl. BMF 11.11.2011, BStBl. I 2011, 1314, Rn. 21.12, 20.21.
[325] Vgl. *Rabback* in *Rödder/Herlinghaus/van Lishaut*, § 21 UmwStG Rn. 77; *Widmann* in *Widmann/Mayer*, § 21 UmwStG Rn. 417.
[326] Vgl. hierzu vorstehend Rn. 15.

Gesamtrechtsnachfolge auf die übernehmende bzw. neu gegründete Gesellschaft übertragen. Insofern kann die Spaltung auch als „**partielle Verschmelzung**"[327] bezeichnet werden.

Für die **Bilanzierung** des übergegangenen Vermögens macht es folgerichtig keinen Unterschied, ob der übernehmende Rechtsträger das Vermögen im Rahmen einer Spaltung oder Verschmelzung erhält.[328] In beiden Fällen finden die gleichen Rechnungslegungsvorschriften Anwendung. Somit können auch bei der Spaltung die zugegangenen Vermögensgegenstände und Schulden wahlweise mit den tatsächlichen Anschaffungskosten oder mit den fortgeführten Buchwerten aus der Schlussbilanz der übertragenden Gesellschaft angesetzt werden (§ 125 iVm § 24 UmwG).

Im Folgenden werden nur die Grundzüge der Übernahmebilanzierung dargestellt. Für eine ausführliche Erläuterung sei auf die Ausführungen zur Hereinverschmelzung verwiesen.[329]

(1) Anschaffungskostenprinzip

339   Aus Sicht des aufnehmenden Rechtsträgers handelt es sich bei der Übernahme des Vermögens um einen laufenden Anschaffungsvorgang.[330] Entscheidet sich die Gesellschaft für eine Bilanzierung nach dem **allgemeinen handelsrechtlichen Anschaffungskostenprinzip**, dann richten sich die Anschaffungskosten der übernommenen Vermögensgegenstände also nach der Höhe der erbrachten Gegenleistung.

340   Soweit bei einer Spaltung **mit Kapitalerhöhung** bzw. einer Spaltung zur Neugründung Anteile am übernehmenden Rechtsträger gewährt werden, entsprechen die Gesamtanschaffungskosten dem Ausgabebetrag der gewährten Anteile. Die so ermittelten Anschaffungskosten sind sachgerecht auf die einzelnen übernommenen Vermögensgegenstände und Schulden aufzuteilen, höchstens aber bis zu deren Zeitwert. Eine verbleibende Differenz wird als Geschäfts- oder Firmenwert aktiviert.

341   Eine Kapitalerhöhung kann unterbleiben, wenn alle Anteilsinhaber des übertragenden Rechtsträgers darauf verzichten (§ 125 UmwG iVm §§ 54 Abs. 1 Satz 3, 68 Abs. 1 Satz 3 UmwG). In der Praxis kommt es hierzu vor allem bei **konzerninternen Spaltungen**, wie zB einer Spaltung auf eine Schwestergesellschaft (sog. *Side-Stream-Split-up* bzw. *Side-Stream-Spin-off*).[331] Das übertragene Vermögen stellt dann eine unentgeltliche Gesellschafterleistung dar und ist bei einer Bewertung nach dem allgemeinen Anschaffungskostenprinzip mit dem vorsichtig geschätzten Zeitwert in der Bilanz des übernehmenden Rechtsträgers anzusetzen. Dabei erscheint es sachgerecht, den daraus resultierenden Vermögenszuwachs durch eine Einstellung in die Kapitalrücklage nach § 272 Abs. 2 Nr. 4 HGB zu erfassen.

(2) Buchwertfortführung

342   Wählt der übernehmende Rechtsträger anstelle einer Bilanzierung nach dem allgemeinen Anschaffungskostenprinzip die **Buchwertfortführung** nach § 125 Satz 1 UmwG iVm § 24 UmwG, ist er hinsichtlich Ansatz und Bewertung an die bilanziellen Entscheidungen in der Schlussbilanz der übertragenden Gesellschaft gebunden. Dabei entsteht üb-

---

[327] Semler/Stengel/*Moszka*, UmwG, § 24 Rn. 83.
[328] SHS/*Hörtnagl*, UmwG, § 24 Rn. 93; Lutter/*Priester*, UmwG, Anh. § 134 Rn. 10; Semler/Stengel/*Moszka*, UmwG, § 24 Rn. 82; IDW RS HFA 43, Rn. 24 f.; Kallmeyer/*Kallmeyer/Sickinger*, UmwG, § 125 Rn. 35a.
[329] Vgl. hierzu vorstehend 2. Teil: Rn. 614 ff.
[330] IDW RS HFA 43, Rn. 24; Sonderbilanzen/*Klingberg*, I 166; SHS/*Hörtnagl*, UmwG, § 24 Rn. 93; Winnefeld, Bilanz-Handbuch, N 343.
[331] IDW RS HFA 43, Rn. 25.

licherweise eine Differenz zwischen dem zu Buchwerten übernommenen Nettovermögen und der gewährten Gegenleistung. Bezüglich der bilanziellen Behandlung dieses Unterschiedsbetrags wird auf die Ausführungen zur Übernahmebilanzierung bei der Verschmelzung verwiesen.[332]

Nach h.M. kann der inländische übernehmende Rechtsträger das Wahlrecht zur Fortführung der Buchwerte auch bei einer **grenzüberschreitenden Umwandlung** in Anspruch nehmen.[333] Voraussetzung ist jedoch, dass der übertragende Rechtsträger eine Schlussbilanz aufstellt. Fraglich ist, ob auch solche Buchwerte übernommen werden dürfen, die nicht den handelsrechtlichen Grundsätzen ordnungsmäßiger Buchführung entsprechen. Sofern diese Buchwerte nicht schon bei der Einbuchung der Vermögensgegenstände und Schulden korrigiert werden, muss die inländische Kapitalgesellschaft spätestens im ersten Jahresabschluss nach der Spaltung eine Anpassung an die handelsrechtlichen Ansatz- und Bewertungsvorschriften vornehmen. 343

bb) Rechnungslegung bei den Anteilsinhabern. Für die **Anteilsinhaber** der übernehmenden Gesellschaft ergeben sich aus der Spaltung in der Regel keine bilanziellen Konsequenzen. Werden im Rahmen der Spaltung neue Anteile ausgegeben, kommt es aus Sicht der bestehenden Gesellschafter der übernehmenden Gesellschaft allerdings zu einer Verwässerung ihres Anteilsbesitzes. Ändern sich durch den Umwandlungsvorgang die zukünftigen Ertragsaussichten, kann außerdem eine außerplanmäßige Abschreibung (§ 253 Abs. 3 Satz 3 HGB) auf den niedrigeren beizulegenden Wert oder eine Wertaufholung (§ 253 Abs. 5 Satz 1 HGB) erforderlich werden. 344

Die Spaltung schlägt sich dann im Jahresabschluss der Anteilsinhaber nieder, wenn diese gleichzeitig auch am übertragenden Rechtsträger beteiligt sind (*Side-Stream-Split-up* bzw. *Side-Stream-Spin-off*). Bei der Abspaltung eines positiven Reinvermögens ist in diesem Fall ein mengenmäßiger Abgang auf die Beteiligung am übertragenden Rechtsträger zu buchen. Die Höhe dieses Abgangs ergibt sich aus dem Verhältnis der Zeitwerte des abgespaltenen Vermögens zum ursprünglichen Vermögen des übertragenden Rechtsträgers. Im Gegenzug erhöht sich der innere Wert der Anteile an der übernehmenden Gesellschaft. Entsprechend sind auf den bestehenden Beteiligungsansatz nachträgliche Anschaffungskosten zu aktivieren. Als Bewertungsmaßstab sind dabei die allgemeinen Tauschgrundsätze heranzuziehen. Somit kann der Beteiligungswert wahlweise um den Buchwert, den Zeitwert oder den erfolgsneutralen Zwischenwert der abgegangenen Beteiligung am übertragenden Rechtsträger erhöht werden.[334] 345

cc) Konzernabschluss. Wenn eine inländische Kapitalgesellschaft beherrschenden Einfluss auf ein anderes Unternehmen ausüben kann, so sind die gesetzlichen Vertreter dieses Mutterunternehmens handelsrechtlich zur **Aufstellung eines Konzernabschlusses** verpflichtet (§ 290 Abs. 1 HGB). In diesen sind grundsätzlich alle Tochterunternehmen unabhängig vom Sitz der Geschäftsleitung einzubeziehen und unter Anwendung der Erwerbsmethode nach § 301 HGB zu konsolidieren. Vor diesem Hintergrund stellt sich die Frage, wie grenzüberschreitende Spaltungsvorgänge bilanziell im Konzernabschluss abzubilden sind. 346

---

[332] Vgl. hierzu vorstehend 2. Teil: Rn 637 ff.
[333] Zur Zulässigkeit der Buchwertfortführung bei einer Hereinverschmelzung vgl. Kallmeyer/*Müller*, UmwG, § 24 Rn. 62; Lutter/*Priester*, UmwG, § 24 Rn. 96; SHS/*Hörtnagl*, UmwG, § 122c Rn. 30; IDW RS HFA 42, Rn. 89.
[334] IDW RS HFA 43, Rn. 35.

(1) Spaltungen mit konzernexternem Unternehmen als übertragendem Rechtsträger

347 Im Zuge einer **Aufspaltung** oder einer **Abspaltung** können – wie bei einer Verschmelzung[335] – Vermögensgegenstände und Schulden auf ein in den Konzernabschluss einbezogenes Unternehmen übertragen werden. Hierbei kann auch ein neues Tochterunternehmen zugehen. Diese Vorgänge sind folglich auch bei der Aufstellung des Konzernabschlusses zu berücksichtigen. Bei Zugang einzelner Vermögensgegenstände und Schulden richten sich Ansatz und Bewertung im Konzernabschluss grundsätzlich nach den in den Jahresabschlüssen getroffenen Bilanzierungsentscheidungen. Bei Zugang eines Tochterunternehmens ist hingegen eine Erstkonsolidierung erforderlich. Die Vorgehensweise hierbei entspricht grundsätzlich der Vorgehensweise bei der Verschmelzung.[336]

Gliedert ein ausländischer Rechtsträger einen Teil seines Vermögens einschließlich einer Beteiligung an einem Tochterunternehmen auf einen inländischen Rechtsträger aus, kann bei Letzterem ggf. eine erstmalige **(Teil-)Konzernrechnungslegungspflicht** entstehen (sofern die Befreiungsvorschriften nach §§ 291, 292 HGB nicht greifen). Hierbei ist dann eine Erstkonsolidierung nach allgemeinen Grundsätzen durchzuführen.

(2) Konzerninterne Spaltungen

348 Eine konzerninterne Hereinspaltung liegt vor, wenn in einem Konzern, für den nach § 290 ff. HGB ein Konzernabschluss aufgestellt wird, durch Aufspaltung, Abspaltung oder Ausgliederung Teile des Vermögens von ausländischen Konzernunternehmen auf inländische Konzernunternehmen übergehen. Nach der **Einheitstheorie**[337], also aus der Perspektive des Konzerns als einheitliches Unternehmen, stellt eine solche Spaltung keinen Anschaffungsvorgang, sondern lediglich einen internen Geschäftsvorfall dar.[338] Damit sind die Auswirkungen, die sich infolge konzerninterner Spaltungen auf die Einzelabschlüsse der beteiligten Rechtsträger ergeben, im Konzernabschluss zu eliminieren.[339]

349 Ein möglicher Anpassungsbedarf ergibt sich insbesondere aus der Bewertung der **übergegangenen Vermögensgegenstände** und Schulden. Im Jahresabschluss des übernehmenden Rechtsträgers können diese wahlweise zu Anschaffungskosten oder zum Buchwert aus der Schlussbilanz angesetzt werden (§ 125 UmwG iVm § 24 UmwG).[340] Im Konzernabschluss sind hingegen die Konzern-Anschaffungskosten fortzuführen, d.h. eine Aufdeckung stiller Reserven oder Lasten muss unterbleiben.

350 Daneben können weitere Korrekturen hinsichtlich des Wertansatzes der im Rahmen der Spaltung erlangten (bzw. im inneren Wert gestiegenen) **Anteile am übernehmenden Rechtsträger** erforderlich werden. Nach den allgemeinen Tauschgrundsätzen dürfen diese Anteile im Jahresabschluss entweder zum Buchwert der untergehenden Beteiligung am übertragenden Rechtsträger, zu deren Zeitwert oder zum erfolgsneutralen Zwischenwert angesetzt werden. Soll der Anpassungsbedarf möglichst gering gehalten werden, empfiehlt es sich, auf Jahresabschlussebene sowohl das übertragene Vermögen als auch die erlangten Anteile zum Buchwert zu bewerten. In diesem Fall sind in der Regel keine weiteren Korrekturen notwendig.[341]

---

[335] Vgl. hierzu vorstehend 2. Teil: Rn. 645 ff.
[336] Vgl. hierzu vorstehend 2. Teil: Rn. 648 ff.
[337] Vgl. hierzu vorstehend 2. Teil: Rn. 644.
[338] BeBiKo/*Förschle*/*Deubert*, HGB, § 301 Rn. 290.
[339] WPH II E 119; ausführlich zur konzerninternen Ausgliederung *Küting*/*Hayn* BB 1997, 570.
[340] Vgl. hierzu vorstehend Rn. 338 ff.
[341] BeBiKo/*Förschle*/*Deubert*, HGB, § 301 Rn. 291 f.; *Küting*/*Hayn* BB 1997, 571.

Die ggf. erforderlichen **Anpassungsbuchungen** können bereits auf Ebene der HB II 351 vorgenommen werden. Alternativ ist es aber auch zulässig, die Korrekturen erst im Rahmen der Zwischenergebniseliminierung durchzuführen.[342] Sind die nötigen Anpassungen für die Vermögens-, Finanz- und Ertragslage des Konzerns nur von untergeordneter Bedeutung, so darf auf eine Korrektur der Vermögens- und Ergebniseffekte im Konzernabschluss vollständig verzichtet werden (§§ 303 Abs. 2, 304 Abs. 2, 305 Abs. 2 HGB).

Weiterhin können sich im Zuge von konzerninternen Spaltungsvorgängen ggf. Auswirkungen auf die **Minderheitenanteile** im Konzern ergeben. Hier ist entsprechend vorzugehen wie bei Verschmelzungen.[343]

b) IFRS

aa) Rechnungslegung beim übernehmenden Rechtsträger. Da auch bei der 352 Spaltung Vermögenswerte und Schulden im Wege der Gesamtrechtsnachfolge auf den übernehmenden (ggf. neu gegründeten) Rechtsträger übertragen werden, stellt diese insoweit einen verschmelzungsähnlichen Vorgang dar. Aufgrund der Ähnlichkeit zur Verschmelzung können auch nach IFRS die Ausführungen zur Bilanzierung beim übernehmenden Rechtsträger von Verschmelzungen auf Spaltungen übertragen werden.[344]

bb) Rechnungslegung bei den Anteilsinhabern. Für die Anteilsinhaber der über- 353 nehmenden Gesellschaft ergeben sich aus der Spaltung grundsätzlich keine bilanziellen Konsequenzen. Werden im Rahmen der Spaltung neue Anteile ausgegeben, kommt es aus Sicht der bestehenden Gesellschafter allerdings zu einer Verwässerung ihres Anteilsbesitzes. Ändern sich durch den Umwandlungsvorgang die zukünftigen Ertragsaussichten, stellt sich auch nach IFRS die Frage der Werthaltigkeit der betroffenen Vermögenswerte.

II. Spaltung einer Drittlandsgesellschaft

1. Zivil- und gesellschaftsrechtliche Grundlagen

a) Überblick

Während die Spaltung einer EU-Gesellschaft auf eine inländische Kapitalgesellschaft 354 unzweifelhaft unter den Schutz der Niederlassungsfreiheit fällt und daher zulässig ist, stellt sich die Frage, ob auch die **Hereinspaltung unter Beteiligung von Gesellschaften**, die dem Recht eines **Drittstaates** unterliegen, zulässig ist.

Die Zulässigkeit der Hereinspaltung unter Beteiligung von Gesellschaften, die dem 355 Recht eines Drittstaates unterliegen, kann sich aus zwei Gesichtspunkten ergeben. Zum einen könnte sie sich ebenfalls aus dem Rechtsgedanken der **Niederlassungsfreiheit** ergeben. Dies setzt jedoch voraus, dass die Niederlassungsfreiheit ähnlich wie in Art. 49 ff. AEUV auch im Verhältnis zu dem jeweiligen Drittstaat garantiert ist. Ein solcher Schutz kann sich beispielsweise aus Staatsverträgen ergeben. Darüber hinaus stellt sich die Frage, ob die Niederlassungsfreiheit nicht generell auch gegenüber Drittstaaten aufgrund des verfassungsrechtlich verankerten **Gleichbehandlungsgrundsatzes** zu gelten hat, der eine Ungleichbehandlung gleicher Sachverhalte untersagt (vgl. Art. 3 GG).

---

[342] BeBiKo/*Förschle/Deubert*, HGB, § 301 Rn. 293.
[343] Vgl. hierzu vorstehend 2. Teil: Rn. 654 ff.
[344] Vgl. hierzu vorstehend 2. Teil: Rn. 657 ff.

356 **aa) Staatsverträge, EU-Abkommen.** Zu den **Staatsverträgen** bzw. **Abkommen der EU**, die im Verhältnis zu Drittstaaten eine den Art. 49 ff. AEUV vergleichbare Niederlassungsfreiheit gewähren vgl. vorstehend Rn. 166 ff.

357 Demnach ist die Spaltung einer dem Recht eines der Bundesstaaten der **USA** unterliegenden Gesellschaft auf eine deutsche Gesellschaft grundsätzlich zulässig, da der Freundschafts-, Handels- und Schifffahrtsvertrag zwischen Deutschland und USA vom 29. Oktober 1954[345] die Niederlassungsfreiheit der Gesellschaften des jeweils anderen Vertragsteils gewährleistet.

358 Im Verhältnis zu den **EFTA-Staaten** Island, Lichtenstein, und Norwegen verbürgt das Abkommen über den Europäischen Wirtschaftsraum (EWR) mit der EU die Geltung der Niederlassungsfreiheit. Eine Ausnahme bildet lediglich der EFTA-Staat Schweiz, da die Schweiz das EWR-Abkommen nicht unterzeichnet hat. Der BGH hat vor diesem Hintergrund in seiner Trabrennbahn-Entscheidung im Verhältnis zwischen Deutschland und der Schweiz die Sitztheorie für weiterhin anwendbar erklärt.[346]

359 Der BGH erstreckt die Niederlassungsfreiheit nach Art. 49 AEUV auch auf diejenigen überseeischen Länder und Hoheitsgebiete, die mit Dänemark, Frankreich, den Niederlanden und dem Vereinigten Königreich besondere Beziehungen unterhalten und die in Anhang II zum Vertrag über die Arbeitsweise der EU genannt sind.[347] Praktische relevant dürfte dies insbesondere im Hinblick auf die **niederländischen und britischen Gebiete** sein, die ein eigenes, auf *Offshore*-**Gesellschaften ausgerichtetes Gesellschaftsrecht** haben (Aruba, Niederländische Antillen, Anguilla, Kaimaninseln, Montserrat, Turks- und Caicoinseln, Britische Jungferninseln, Bermuda). Eine grenzüberschreitende Spaltung unter Beteiligung von Gesellschaften aus den genannten Ländern und Gebieten ist daher grundsätzlich zulässig. Dagegen findet die Niederlassungsfreiheit des Art. 49 AEUV keine Anwendung hinsichtlich der Isle of Man, der Kanalinseln und den Färöer Inseln (vgl. Art. 355 Ab. 5 lit. a) und c) AEUV).

360 Die Bestimmungen der Europa-Abkommen mit **Kroatien**[348] und **Mazedonien**[349] verbieten es, Gesellschaften aus diesen Ländern im Rahmen der Niederlassung zu diskriminieren. Zur Niederlassung gehört nach den Abkommen ausdrücklich auch die Errichtung von Zweigniederlassungen. Eine grenzüberschreitende Spaltung unter Beteiligung von Gesellschaften aus den genannten Ländern und Gebieten ist daher grundsätzlich zulässig.

361 In den **übrigen Staaten** ist stets zu prüfen, ob Deutschland Vertragspartei von bilateralen oder multilateralen Abkommen ist, welche die Niederlassungsfreiheit im Verhältnis mit dem jeweiligen Staat gewährleisten. Im Übrigen ist davon auszugehen, dass eine grenzüberschreitende Spaltung unter Beteiligung von Gesellschaften, die dem Recht dieser Mitgliedstaaten unterliegen, allenfalls aufgrund des in Art. 3 Abs. 1 GG verankerten Gleichbehandlungsgrundsatzes möglich ist (vgl. dazu noch nachstehend 2. Teil Rn. 362). Der BGH hat in

---

[345] BGBl II 1956, 487.
[346] BGH, Urteil v. 27.10.2008-II ZR 158/06 (*Trabrennbahn*), DStR 2009, 59 ff.; vgl. dazu ausführlich vorstehend Rn. 171.
[347] BGH, Urteil v. 13.9.2004-II ZR 276/02, NJW 2004, 3706, 3707; kritisch hierzu Thölke DNotZ 2006, 143, 146, der darauf verweist, dass der Rat der Europäischen Gemeinschaften in dem auf Art. 187 EG (Art. 203 AEUV) gestützten Übersee-Assoziierungsbeschluss vom 27.11.2001 Grundsätze zur Niederlassungsfreiheit aufgestellt hat, die von der Regelung der Niederlassungsfreiheit in Art. 43 ff. EG (Art. 49 ff. AEUV) abweichen. Nach diesen ist es nicht ausreichend, dass eine Gesellschaft ihren Sitz in den genannten Ländern oder Gebieten liegt. Hinzukommen muss zumindest eine tatsächlich und dauerhafte Verbindung mit der Wirtschaft des betreffenden Landes oder Gebietes. Eine reine *offshore*-Gesellschaft mit Verwaltungssitz in den Mitgliedstaaten der EU ohne Bezug zur Wirtschaft des Gründungslandes wäre daher nicht erfasst. In den hier zu diskutierenden Fällen einer grenzüberschreitenden Spaltung dürfte der Bezug zur Wirtschaft des Gründungslandes jedoch in der Regel gegeben sein.
[348] BGBl. 2002 II, 1914 (Art. 48, 49), in Kraft seit 1.2.2005; **Kroatien** ist jedoch **seit 1.7.2013 Mitgliedstaat** der Europäischen Union.
[349] BGBl. 2002 II, 1210 (Art. 47, 48), in Kraft seit 1.4.2004.

diesem Zusammenhang allerdings ausdrücklich darauf hingewiesen, dass er im Verhältnis zu Drittstaaten, mit denen keine gesonderte Abkommen bestehen, grundsätzlich an der Sitztheorie festhält.[350] Damit gibt der BGH zu erkennen, dass zwischen Deutschland und Drittstaaten grundsätzlich keine dem Regelungsgehalt des Art. 49 AEUV entsprechende Niederlassungsfreiheit gewährleistet ist. Dem folgt auch die wohl noch überwiegende Ansicht in der Literatur.[351]

bb) Gleichbehandlungsgrundsatz. Eine Gesellschaft, die eine Spaltung unter Beteiligung einer in einem Drittstaat ansässigen Gesellschaft durchführen will, hierdurch aber aufgrund der Beschränkung des § 1 Abs. 1 UmwG gehindert ist, könnte sich auf den in Art. 3 Abs. 1 GG verankerten **Gleichbehandlungsgrundsatz** berufen. Nach diesem darf der deutsche Gesetzgeber weder wesentlich Gleiches willkürlich ungleich noch wesentlich Ungleiches willkürlich gleich behandeln. Grundsätzlich dürfte eine im Vergleich zu den Mitgliedstaaten wesentlich geringere Rechtsangleichung ein ausreichendes Differenzierungskriterium darstellen, um im Falle einer Spaltung unter Beteiligung einer Gesellschaft aus einem Drittstaat von einem wesentlich ungleichen Sachverhalt auszugehen.[352] Der Schutz des Rechtsverkehrs kann es hier geboten erscheinen lassen, eine Spaltung unter Beteiligung einer Gesellschaft aus einem Drittstaat zu untersagen. Konsequenz einer solchen Argumentation wäre jedoch, dass der Verstoß gegen den Gleichbehandlungsgrundsatz in jedem Einzelfall geprüft werden müsste. Tendenziell wäre eine willkürliche Ungleichbehandlung eher anzunehmen sein, je vergleichbarer die Rechtsordnung des fremden Rechtsträgers mit den Rechtsordnungen der Mitgliedstaaten ist.[353] 362

Der BGH hat sich in seiner **Trabrennbahn-Entscheidung** gegen ein solches Vorgehen ausgesprochen. Aus Gründen der Rechtssicherheit könne die Anwendung der Sitz- bzw. Gründungstheorie nicht von einer Prüfung im Einzelfall abhängig gemacht werden, ob die Rechtsordnung des Drittstaates so weit den europäischen Standards angeglichen ist, dass man ihn wie einen EU-Mitgliedstaat behandeln könne.[354] 363

b) Voraussetzungen und Durchführung der grenzüberschreitenden Spaltung

Soweit eine grenzüberschreitende Spaltung unter Beteiligung einer in einem Drittstaat ansässigen Gesellschaft nach den unter vorstehend Rn. 354f. geschilderten Grundsätzen nach deutschem Recht grundsätzlich zulässig ist, gelten im Hinblick auf die **Voraussetzungen der Spaltung** die Ausführungen zur grenzüberschreitenden Spaltung unter Beteiligung von EU-Gesellschaften entsprechend (vgl. vorstehend Rn. 201ff.). 364

Voraussetzung der grenzüberschreitenden Spaltung ist demnach zunächst, dass auch die Rechtsordnung der übernehmenden Gesellschaft das Institut der Spaltung und die jeweilige Form der Spaltung (Aufspaltung, Abspaltung oder Ausgliederung) kennt. Darüber hinaus müssen die übertragende und die übernehmende Gesellschaft sowohl nach dem Gesellschaftsstatut der übertragenden als auch der übernehmenden Gesellschaft zur Spaltung zugelassen sein (**aktive und passive Spaltungsfähigkeit**). 365

---

[350] BGH, Urteil v. 29.1.2003-VIII ZR 155/02 – BB 2003, 810ff.; allerdings ist inzwischen eine Revisionen beim BGH gegen ein Urteilen des OLG Hamm anhängig, das sich für die grundsätzliche Geltung der Gründungstheorie ausgesprochen hat (BGH II ZR 158/06).
[351] *Großerichter* DStR 2003, 159, 167; *Kindler* NJW 2003, 1073, 1079; *Mankowski* RIW 2004, 485; *Vallender* ZGR 2006, 434; *Wachter* BB 2006, 2487, 2490; a.A. *Eidenmüller* ZIP 2002, 2233, 2244; *Leible/Hoffmann* RIW 2002, 925, 935f. und ZIP 2003, 925, 930.
[352] Vgl. *Binz/Mayer* BB 2005, 2361, 2363, die hinsichtlich des Differenzierungskriteriums schon allein darauf abstellen, ob zwischenstaatlich die Niederlassungsfreiheit vereinbart wurde.
[353] So für das schweizerische Gesellschaftsrecht, das durch das am 1. Juli 2004 in Kraft getretene Schweizerische Fusionsgesetz, durch welches die europäischen Fusions- und Spaltungsrichtlinie inkorporiert wurde, harmonisiert wurde: *Prüm*, Die grenzüberschreitende Spaltung, S. 207ff.
[354] BGH, Urteil v. 27.10.2008-II ZR 158/06 (*Trabrennbahn*), DStR 2009, 59, 61.

366 Da auch innerhalb der EU keine Regelungen zur grenzüberschreitenden Spaltung existieren, ist das anwendbare materielle Recht sowohl bei grenzüberschreitenden Spaltungen unter Beteiligung von Gesellschaften, die dem Recht eines Mitgliedstaates der EU unterliegen als auch bei solchen unter Beteiligung von Gesellschaften, die dem Recht eines Drittstaates unterliegen, nach der **Vereinigungstheorie** zu ermitteln (vgl. vorstehend Rn. 200). Für die Durchführung der grenzüberschreitenden Spaltung unter Beteiligung einer Gesellschaft die dem Recht eines Drittstaates unterliegt, gelten daher die Ausführungen vorstehend unter Rn. 204 ff. entsprechend. Allerdings sind die Vorschriften der Mitgliedstaaten der EU zur Spaltung – soweit vorhanden – weitgehend durch die Spaltungs-RL harmonisiert. Eine solche Harmonisierung der Regelungen entfällt in der Regel bei grenzüberschreitenden Spaltungen unter Beteiligung von Gesellschaften aus Drittstaaten.[355] Folglich kann es hier zu weitergehenden Abweichungen der anwendbaren Vorschriften kommen. Solche Abweichungen sind im Einzelfall anhand der Vereinigungstheorie zu überbrücken.

c) Schutz der Anteilsinhaber

367 Anders als die Hinausspaltung stellt die Hereinspaltung die **Anteilsinhaber** der beteiligten deutschen Gesellschaft vor **geringere Probleme**. Sie bleiben grundsätzlich an dem identischen Rechtsträger beteiligt und sind weder einer neuen Gesellschaftsform noch einer neuen Rechtsordnung unterworfen. Ein Austrittsrecht steht ihnen daher nicht zu.

368 Gegen ein **unangemessenes Umtauschverhältnis**, das die Anteilsinhaber der übernehmenden Gesellschaft benachteiligt, steht diesen Anteilsinhabern die Anfechtungsklage offen. Die Vorschriften der § 125 Satz 1 iVm § 14 Abs. 2 UmwG, nach denen eine Klage gegen die Wirksamkeit des Spaltungsbeschlusses nicht darauf gestützt werden kann, dass das Umtauschverhältnis unangemessen ist, gilt nur für den Spaltungsbeschluss der übertragenden Gesellschaft. Die Anteilsinhaber des übernehmenden Rechtsträgers können daher die **Wirksamkeit ihres Spaltungsbeschlusses** ohne weiteres mit der Begründung in Frage stellen, das Umtauschverhältnis sei zu ihren Lasten unangemessen.

d) Schutz der Gläubiger

369 Von der Spaltung sind nicht lediglich die Interessen der Gläubiger der übertragenden Gesellschaft sondern auch diejenigen der **Gläubiger der übernehmenden Gesellschaft** betroffen. Sie müssen nach Wirksamwerden der Spaltung mit den neu hinzugekommen Gläubigeren konkurrieren. Auch ist nicht gesichert, dass dem Zuwachs an Verbindlichkeiten beim übernehmenden Rechtsträger ein entsprechender Zuwachs an Haftungsmasse gegenüber steht. Lediglich bei der Spaltung zur Neugründung stellen sich keine Probleme, da es bei dem erst im Zuge der Spaltung entstehenden Rechtsträger keine Altgläubiger gibt.

370 Für den **Schutz der Gläubiger der übernehmenden deutschen Gesellschaft** sieht das Gesetz keinen § 133 Abs. 1 Satz 1 UmwG entsprechenden Schutz vor. Die gesamtschuldnerische Haftung wird dort allein für die Verbindlichkeiten des übertragenden Rechtsträgers angeordnet. Die Altgläubiger der übernehmenden Gesellschaft können daher lediglich unter bestimmten Voraussetzungen einen Anspruch auf Sicherheitsleistung geltend machen (§ 133 Abs. 1 Satz 2 Halbs. 1 Alt. 2, § 125 Satz 1 iVm § 22 UmwG). Ein Altgläubiger des übernehmenden Rechtsträgers, dem eine noch nicht fällige Forderung

---

[355] Eine Ausnahme dürfte für Schweizer Gesellschaften gelten, da die Schweiz ihr Fusionsgesetz an die entsprechenden Regelungen der Verschm-RL und der Spaltungs-RL angepasst hat, vgl. *Watter/Vogt/Tschäni/Daeniker/Morscher*, Fusionsgesetz, Art. 1 Rn. 26 ff.

zusteht, hat Anspruch auf Sicherheitsleistung, sofern er glaubhaft machen kann, dass die Spaltung und deren Folgen die Erfüllung seiner Forderung gefährden. Der Anspruch ist innerhalb von sechs Monaten nach Bekanntmachung der Eintragung der Spaltung im Register des übernehmenden Rechtsträgers geltend zu machen.

Die Gläubiger der deutschen übernehmenden Gesellschaft können den **Anspruch auf Sicherheitsleistung** ausschließlich bei derjenigen Gesellschaft geltend machen, welche die Erfüllung der noch nicht fälligen Forderung schuldet, also gegen den bisherigen Schuldner (§ 133 Abs. 1 Satz 2 Hs. 2 UmwG). Dabei treten sie wiederum in Konkurrenz zu denjenigen Gläubigern der übertragenden Gesellschaft, deren Forderungen im Spaltungsvertrag der übernehmenden Gesellschaft zugewiesen wurden. Von der übertragenden Gesellschaft können die Altgläubiger keine Sicherheitsleistung verlangen. 371

Das Problem der **Konkurrenz der Gläubiger** der übertragenden und der übernehmenden Gesellschaft im Hinblick auf die Sicherheitsleistung stellt sich insbesondere dann, wenn die Ansprüche in den beteiligten Rechtsordnungen an verschiedene Zeitpunkte anknüpfen. Für diesen Fall ist im Wege der Anpassung ein Wettlauf der Gläubiger um die verfügbaren Sicherheiten zu vermeiden (vgl. dazu vorstehend Rn. 104). 372

e) Schutz der Arbeitnehmer

Die **Rechtsstellung der Arbeitnehmer** der übernehmenden deutschen Gesellschaft wird bei einer grenzüberschreitenden Hereinspaltung nicht berührt. Die Spaltung eines Teils des Vermögens einer ausländischen Gesellschaft auf eine deutsche Gesellschaft führt weder zu einer Verkürzung der individual- noch der kollektivrechtlichen Stellung der Arbeitnehmer der übernehmenden Gesellschaft. Sie kann allenfalls zu einem Mehr an Mitbestimmung führen, wenn durch den Zuwachs an Arbeitnehmern die einschlägigen Schwellenwerte für die Anwendbarkeit des Drittelbeteiligungsgesetzes (in der Regel mehr als 500 Arbeitnehmer) oder des Mitbestimmungsgesetzes (in der Regel mehr als 2000 Arbeitnehmer) überschritten werden. 373

2. Steuerrechtliche Behandlung

a) Abspaltung oder Aufspaltung

Zivilrechtlich dürften Hereinspaltungen auf inländische Kapitalgesellschaften aufgrund von Staatsverträgen bzw. Abkommen der EU unter anderem von US-amerikanischen, kroatischen und mazedonischen Kapitalgesellschaften möglich sein, da die Niederlassungsfreiheit hier entsprechende Anwendung finden sollte, vgl. dazu Rn. 354 ff. Im Folgenden soll untersucht werden, welche steuerlichen Folgen sich ergeben, wenn eine Drittstaaten-Gesellschaft Vermögen im Rahmen einer *sidestream*- oder *upstream*-Spaltung auf eine inländische Kapitalgesellschaft überträgt. Hierbei ist nach dem zu übertragendem Vermögen zu unterscheiden. Die nachfolgenden Schaubilder verdeutlichen die möglichen Konstellationen: 374

3. Teil: Spaltung

Auf-/Abspaltung auf eine inländische Schwestergesellschaft (*Sidestream*):

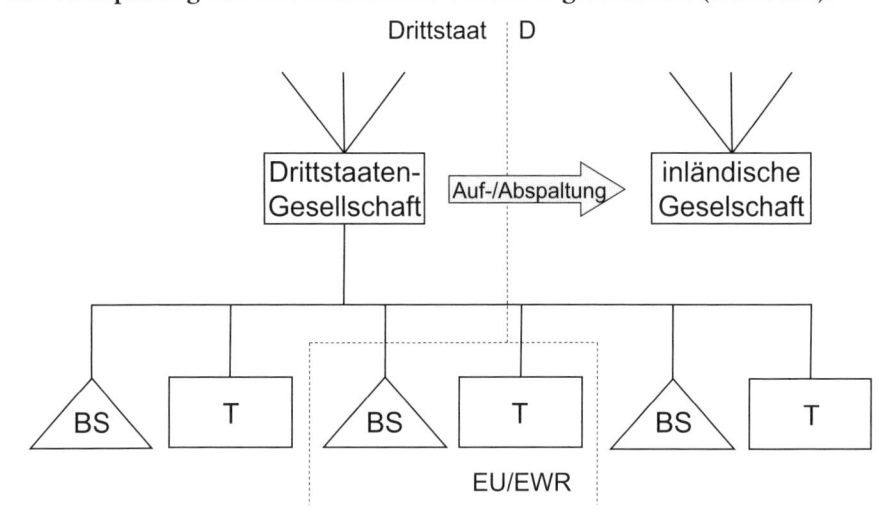

[Diagramm: Drittstaaten-Gesellschaft (Drittstaat) mit Auf-/Abspaltung auf inländische Gesellschaft (D); darunter BS, T, BS, T, BS, T; EU/EWR gekennzeichnet]

Auf-/Abspaltung auf eine inländische Muttergesellschaft (*Upstream*):

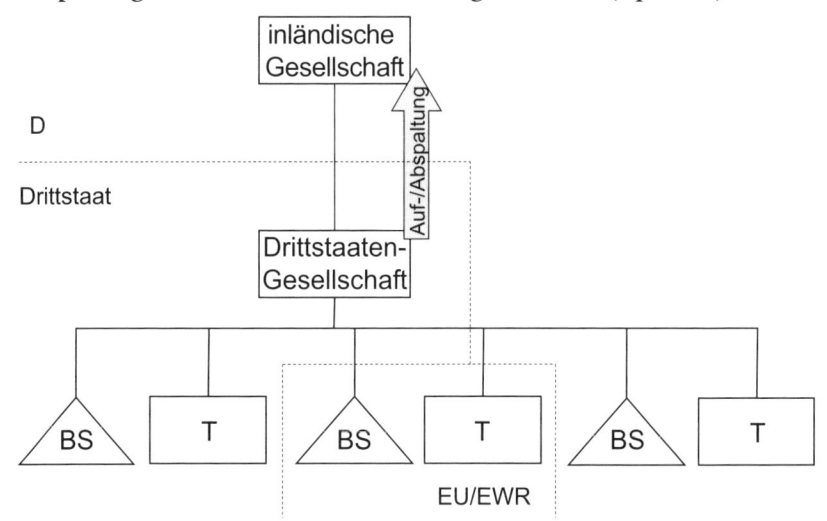

[Diagramm: inländische Gesellschaft (D) mit Auf-/Abspaltung von Drittstaaten-Gesellschaft (Drittstaat); darunter BS, T, BS, T, BS, T; EU/EWR gekennzeichnet]

375 **aa) Ertragsteuerliche Behandlung der Hereinspaltung einer Kapitalgesellschaft aus einem Drittstaat, wenn der Vorgang vom UmwStG erfasst ist.** Zur Anwendbarkeit der Regelungen des UmwStG auf eine Hereinspaltung von einer Drittstaaten-Gesellschaften vergleiche vorstehend Teil 1 Rn. 104 ff. Lässt sich eine **Anwendung des UmwStG** im Rechtswege geltend machen, so ergeben sich ertragsteuerlich die gleichen Auswirkungen wie im Falle der Hereinspaltung von einer EU-/EWR-Gesellschaft, vgl. dazu Rn. 270 ff.

376 **bb) Ertragsteuerliche Behandlung der Hereinspaltung einer Kapitalgesellschaft aus einem Drittstaat, wenn der Vorgang nicht vom UmwStG erfasst ist.** Findet das UmwStG keine Anwendung, gelten die allgemeinen ertragsteuerlichen Grund-

sätze. Fraglich ist, ob die Auf- und Abspaltung einer Drittstaaten-Kapitalgesellschaft auf eine inländische Kapitalgesellschaft als Tauschvorgang oder **liquidationsähnlicher Vorgang** zu werten ist.[356] Die wohl hM in der Literatur als auch die der Finanzverwaltung scheinen zutreffend von einem liquidationsähnlichen Vorgang auszugehen.[357] Danach liegt bei der *Sidestream*-Spaltung bei einer **Aufspaltung** eine Liquidation der übertragenden Drittstaaten-Kapitalgesellschaft mit Sachauskehrung an die Anteilseigner und anschließender Einlage in die übernehmende deutsche Kapitalgesellschaft vor. Die **Abspaltung** ist im Falle der *Sidestream*-Spaltung als Sachausschüttung an den Anteilseigner der Drittstaaten-Kapitalgesellschaft mit anschließender Wiedereinlage in die übernehmende deutsche Kapitalgesellschaft zu qualifizieren.[358] Im Falle der *Upstream*-Spaltung liegt entsprechend eine Sachauskehrung bzw. -ausschüttung an die aufnehmende inländische Mutterkapitalgesellschaft vor. Eine Wiedereinlage findet dagegen nicht statt.

Wird im Inland steuerverstricktes Vermögen (zB inländisches Betriebsstättenvermögen) durch Auf- oder Abspaltungen übertragen, führt dies – trotz der Tatsache, dass das Vermögen auf Ebene der übernehmenden deutschen Kapitalgesellschaft in aller Regel steuerverstrickt bleibt – zu einer **steuerpflichtigen Realisierung der stillen Reserven**, da die begünstigenden Regelungen des UmwStG keine Anwendung finden.[359]   377

Beim Anteilseigner ist die Sachauskehrung als **Dividende** (Abspaltung) bzw. als Dividende und/oder **Veräußerungsgewinn** (Aufspaltung) nach den allgemeinen Vorschriften zu versteuern. Ist Anteilseigner eine im Inland steuerpflichtige natürliche oder juristische Person, kommen für die Dividende § 20 Abs. 1 Nr. 1, 2 EStG, § 3 Nr. 40 EStG, § 3c Abs. 2 EStG, § 32d EStG und § 8b KStG zur Anwendung. Eine Einlagerückgewähr nach § 27 Abs. 8 KStG ist bei Drittstaaten-Kapitalgesellschaften generell nicht möglich. Die gewerbesteuerlichen Hinzurechnungs- und Kürzungsvorschriften nach § 8 Nr. 5 und § 9 Nr. 7 GewStG sind zu beachten. Im Falle eines Veräußerungsgewinns sind entsprechend die § 17 EStG, § 3 Nr. 40 EStG, § 3c Abs. 2 EStG und § 8b KStG anzuwenden.[360]   378

In der Literatur wird vertreten, dass die Sachdividende der übertragenden Drittstaaten-Gesellschaft an die Anteilseigner eine verdeckte Gewinnausschüttung darstellt, für welche im Falle der Buchwertfortführung auf Ebene der übertragenden Drittstaaten-Gesellschaft, das sog. **Korrespondenzprinzip** Anwendung findet. Dann käme im Falle einer Kapitalgesellschaft als Anteilseigner die Steuerbefreiung nach § 8b Abs. 1 KStG (vgl. § 8b Abs. 1 S. 2 KStG) sowie im Falle einer Personengesellschaft mit natürlichen Personen bzw. natürlichen Personen als Anteilseigner das Teileinkünfteverfahren bzw. die Abgeltungsteuer (vgl. § 3 Nr. 40 S. 1 Buchst. d S. 2 bzw. § 32d Abs. 2 Nr. 4 EStG) grundsätzlich nicht zur Anwendung.[361]   379

Die **Wiedereinlage** des an den Anteilseigner ausgekehrten Vermögens in die inländische Kapitalgesellschaft stellt auf Ebene der inländischen Kapitalgesellschaft einen **Anschaffungsvorgang** dar. Dies gilt sowohl für im Inland steuerverstricktes als auch für im Inland nicht steuerverstricktes Vermögen. Wird durch den Vorgang das deutsche Besteuerungsrecht am übertragenen Vermögen begründet, käme die allgemeine Verstrickungsregelung des § 4 Abs. 1 S. 8 Hs. 2 EStG zur Anwendung, welche gemäß § 6 Abs. 1 Nr. 5a   380

---

[356] Vgl. hierzu *Schnitger/Rometzki* FR 2006, 845.
[357] Vgl. *Ritzer* in *Rödder/Herlinghaus/van Lishaut*, UmwStG, Anh. 5 Rn. 63 ff.; *Schnitger/Rometzki* FR 2006, 845; BMF 25.3.1998, BStBl. I S. 268, Rn. 15.11.
[358] Vgl. *Schießl* in *Widmann/Mayer*, § 15 UmwStG Rn. 3.5; *Becker/Loose* IStR 2010, 383; *Ritzer* in *Rödder/Herlinghaus/van Lishaut*, UmwStG, Anh. 5 Rn. 65 ff.; BMF 25.3.1998, BStBl. I S. 268, Rn. 15.11.
[359] Vgl. *Ritzer* in *Rödder/Herlinghaus/van Lishaut*, UmwStG, Anh. 5 Rn. 65 ff.
[360] Vgl. *Schnitger/Rometzki* FR 2006, 845.
[361] Vgl. zur Diskussion *Becker/Loose* IStR 2010, 383 sowie *Hruschka* IStR 2012, 844 zur grenzüberschreitenden Verschmelzung.

EStG zum Ansatz mit dem gemeinen Wert führt.[362] Aufgrund des Anschaffungsvorgangs zu aufgestockten Werten dürfte für die Verstrickungseinlage jedoch kein Raum verbleiben.

381 Im Gegensatz zur Hereinverschmelzung einer Drittstaatengesellschaft findet bei der Sidestream-Hereinspaltung einer Drittstaatengesellschaft kein Übergang des **steuerlichen Einlagekontos** nach § 29 KStG auf die inländische Kapitalgesellschaft statt. Ein Zugang zum steuerlichen Einlagekonto bei der inländischen Kapitalgesellschaft ergibt sich vielmehr aufgrund der steuerlich fingierten Ausschüttung an den Anteilseigner und der darauf **fingierten Wiedereinlage** in die inländische Kapitalgesellschaft. Bei der Hereinverschmelzung einer Drittstaatengesellschaft wird die Ausschüttungs- und Wiedereinlagefiktion dagegen von § 13 UmwStG überlagert, § 12 Abs. 2 S. 2 KStG.[363] Für die Hereinspaltung sieht das Gesetz dies jedoch nicht vor.[364] Die allgemeinen Grundsätze des § 27 Abs. 1 KStG gehen vorliegend folglich dem § 29 KStG vor.

b) Einbringungen von Betrieben, Teilbetrieben und Mitunternehmeranteilen

382 Die Einbringung von Betriebsvermögen einer Drittstaaten-Gesellschaft in eine inländische Kapitalgesellschaft ist zivilrechtlich grundsätzlich durch **Einzelrechtsnachfolge** oder durch **Gesamtrechtsnachfolge** im Rahmen einer Ausgliederung denkbar. Vergleiche zu den zivilrechtlichen Grundlagen einer grenzüberschreitenden Hereinausgliederung vorstehend Rn. 354 ff.

383 Im Folgenden sollen die steuerlichen Konsequenzen dargestellt werden, die sich ergeben, wenn eine Drittstaaten-Gesellschaft Vermögen in eine inländische Kapitalgesellschaft einbringt. Danach ist wiederum eine Fallunterscheidung bzgl. des eingebrachten Vermögens vorzunehmen. Vergleiche hierzu das folgende Schaubild.

Einbringung von Betriebsvermögen in eine inländische Kapitalgesellschaft:

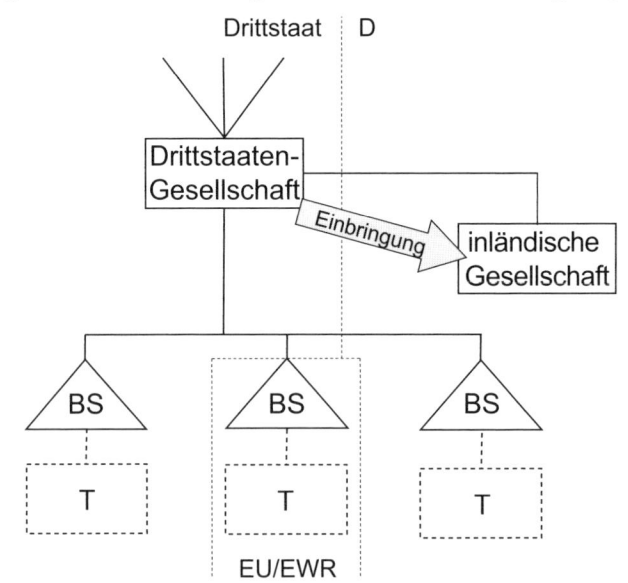

---

[362] Vgl. *Ritzer* in *Rödder/Herlinghaus/van Lishaut*, UmwStG, Anh. 5 Rn. 81.
[363] Vgl. hierzu auch 2. Teil Rn. 700 und 701 ff.
[364] Vgl. *Ritzer* in *Rödder/Herlinghaus/van Lishaut*, UmwStG, Anh. 5 Rn. 66.

aa) Ertragsteuerliche Behandlung der Hereineinbringung durch eine Drittstaaten-Gesellschaft, wenn der Vorgang vom UmwStG erfasst ist.

384

Bringt eine Drittstaaten-Gesellschaft einen Betrieb, Teilbetrieb oder Mitunternehmeranteil in eine inländische Kapitalgesellschaft ein, so ist der Vorgang ertragsteuerlich grundsätzlich nicht vom UmwStG erfasst, da die einbringende Gesellschaft bzw. die übertragende Gesellschaft eine EU-/EWR-Gesellschaft sein muss, § 1 Abs. 3 Nr. 2 und 4, Abs. 4 Nr. 2 Buchst. a aa UmwStG. Der Vorgang ist nur dann vom UmwStG erfasst, wenn das Recht der Bundesrepublik Deutschland hinsichtlich der Besteuerung des Gewinns aus der Veräußerung der **erhaltenen Anteile nicht ausgeschlossen oder beschränkt** ist, § 1 Abs. 3 Nr. 2 und 4, Abs. 4 Nr. 2 Buchst. b UmwStG.[365] Eine solche Konstellation besteht zB wenn Deutschland mit dem Drittstaat kein DBA abgeschlossen hat und folglich einen Gewinn aus der Veräußerung der erhaltenen Anteile an der inländischen Kapitalgesellschaft besteuern kann bzw. wenn das DBA entgegen Art. 13 Abs. 5 OECD-MA dem Ansässigkeitsstaat der zu veräußernden Gesellschaft und damit Deutschland das Besteuerungsrecht für den Veräußerungsgewinn zuweist. Weiterhin kann ein deutsches Besteuerungsrecht und damit die Anwendbarkeit des UmwStG gegeben sein, wenn die erhaltenen Anteile an der inländischen Kapitalgesellschaft einer inländischen Betriebsstätte zuzurechnen sind und ein Veräußerungsgewinn folglich in Deutschland der Besteuerung unterliegt.[366]

Darüber hinaus kommt die Anwendung des UmwStG auf die Einbringung von Vermögen einer Drittstaaten-Gesellschaft in eine inländische Kapitalgesellschaft nur in Betracht, wenn sich die Anwendung mit Verweis auf die **Niederlassungsfreiheit** aufgrund von Staatsverträgen auf dem Rechtswege durchsetzen lässt.

385

Die Ausführungen zu den Ertragsteuern unter Rn. 286 ff. gelten dann entsprechend.

386

bb) Ertragsteuerliche Behandlung der Hereineinbringung durch eine Drittstaaten-Gesellschaft, wenn der Vorgang nicht vom UmwStG erfasst ist.

387

Findet das UmwStG für die Einbringung von Betrieben, Teilbetrieben oder Mitunternehmeranteilen durch eine Drittstaaten-Gesellschaft in eine inländische Kapitalgesellschaft keine Anwendung, gelten die allgemeinen ertragsteuerlichen Grundsätze. Die Einbringung stellt danach aus deutscher steuerlicher Sicht für die einbringende Drittstaaten-Gesellschaft einen **tauschähnlichen Veräußerungsvorgang** unter Realisierung von stillen Reserven und für die aufnehmende inländische Kapitalgesellschaft eine **steuerneutrale Einlage** dar.[367]

Befinden sich im durch die Drittstaaten-Gesellschaft in die inländische Kapitalgesellschaft eingebrachten Vermögen auch im Inland steuerverstrickte Wirtschaftsgüter (wie zB inländisches Betriebsstättenvermögen, inländische Grundstücke oder Anteile an inländischen Kapitalgesellschaften, sofern das entsprechende DBA Deutschland ein Besteuerungsrecht an diesem Vermögen gewährt), werden **stille Reserven** in diesen Wirtschaftsgüter **realisiert** und auf Ebene der Drittstaaten-Gesellschaft der Besteuerung unterworfen. Eventuell auf Ebene der Drittstaaten-Gesellschaft bestehende Verlust- und Zinsvorträge können hierfür unter den Beschränkungen der Mindestbesteuerung und der Zinsschranke genutzt werden. Für nicht im Inland steuerverstrickte Wirtschaftsgüter ergeben sich mangels deutschen Besteuerungsrechts keine deutschen steuerlichen Konsequenzen.

388

Die Einlage der Wirtschaftsgüter auf Ebene der inländischen Kapitalgesellschaft stellt einen **Anschaffungsvorgang** dar. Dies gilt sowohl für im Inland steuerverstricktes als auch für im Inland nicht steuerverstricktes Vermögen. Wird für einzelne Wirtschaftsgüter

389

---

[365] Vgl. *Trossen* in *Rödder/Herlinghaus/van Lishaut*, § 1 UmwStG Rn. 262.
[366] Vgl. *Heckschen* in *Widmann/Mayer*, § 1 UmwStG Rn. 106.
[367] Vgl. *Herlinghaus* in *Rödder/Herlinghaus/van Lishaut*, § 20 UmwStG Rn. 3; *Förster/Wendland* BB 2007, 631; *Patt* in *Dötsch/Patt/Pung/Möhlenbrock*, Vor §§ 20–23 UmwStG Rn. 18; BFH, Urteil v. 16.2.1996, BStBl. II 1996, 342; BMF 11.11.2011, BStBl. I 2011, 1314, Rn. 00.02.

das deutsche Besteuerungsrecht aufgrund der Einbringung erstmals begründet (zB durch Zuordnung zum deutschen Stammhaus), käme die allgemeine Verstrickungsregelung des § 4 Abs. 1 S. 8 Hs. 2 EStG zur Anwendung, welche gemäß § 6 Abs. 1 Nr. 5a EStG zum Ansatz des gemeinen Wertes führt.[368] Aufgrund des Anschaffungsvorgangs zu aufgestockten Werten dürfte jedoch für die Verstrickungseinlage kein Raum verbleiben.

c) Einbringungen von Kapitalgesellschaften

390 Die Einbringung einer Kapitalgesellschaft durch eine Drittstaaten-Gesellschaft in eine inländische Kapitalgesellschaft ist zivilrechtlich grundsätzlich durch **Einzelrechtsnachfolge** oder durch **Gesamtrechtsnachfolge** im Rahmen einer Ausgliederung denkbar. Vergleiche zu den zivilrechtlichen Grundlagen einer grenzüberschreitenden Hereinausgliederung vorstehend Rn. 354 ff.

391 Im Folgenden sollen die steuerlichen Konsequenzen dargestellt werden, die sich ergeben, wenn eine Drittstaaten-Gesellschaft eine Kapitalgesellschaft in eine inländische Kapitalgesellschaft einbringt. Vergleiche hierzu das folgende Schaubild.

Einbringung einer Kapitalgesellschaft in eine inländische Kapitalgesellschaft:

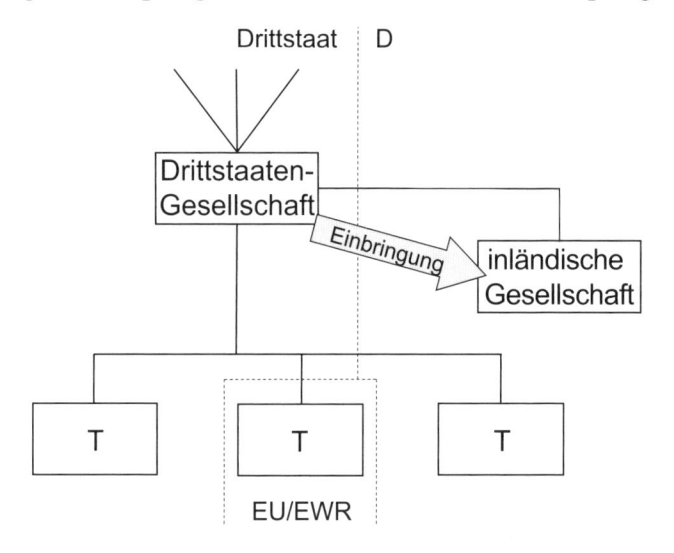

392 Der persönliche Anwendungsbereich des § 21 UmwStG (§ 1 Abs. 3 Nr. 5 UmwStG) richtet sich nach § 1 Abs. 4 Nr. 1 UmwStG. Demnach kann der übernehmende Rechtsträger jede EU-/EWR-Kapitalgesellschaft im Sinne des § 1 Abs. 2 S. 1 Nr. 1 UmwStG, d.h. auch eine inländische Kapitalgesellschaft, sein. Bezüglich der übertragenden Gesellschaft ergeben sich keine weiteren Voraussetzungen. Dementsprechend kann übertragender Rechtsträger jede Gesellschaft oder natürliche Person im In- oder Ausland sein, d.h. auch eine Drittstaaten-Kapitalgesellschaft. Auch bezüglich der Kapitalgesellschaft, deren Anteile eingebracht werden ergeben sich keine weiteren Anforderungen aus § 1 Abs. 4 UmwStG. Erfasst sind damit Einbringungen von inländischen, EU-/EWR- und auch von Drittstaaten-Kapitalgesellschaften.

---

[368] Vgl. *Ritzer* in *Rödder/Herlinghaus/van Lishaut*, UmwStG, Anh. 5 Rn. 81.

Folglich ist das **UmwStG** grundsätzlich für alle Fälle **anwendbar**, in denen Anteile an 393
einer Kapitalgesellschaft in eine inländische Kapitalgesellschaft gegen Gewährung neuer
Anteile eingebracht werden.[369]

Die Ausführungen zu den ertragsteuerlichen Folgen der Einbringung durch eine EU-/ 394
EWR-Gesellschaft gelten somit vorliegend entsprechend, vgl. dazu Rn. 312 ff.

3. Bilanzielle Auswirkungen und Darstellung der Spaltung (insbesondere beim übertragenden Rechtsträger)

Die Ausführungen zur Hereinspaltung einer EU-Gesellschaft auf eine Inlandskapital- 395
gesellschaft[370] sind, soweit deren rechtliche Zulässigkeit gegeben ist, entsprechend auf
Hereinspaltungen einer Drittlandsgesellschaft auf eine Inlandskapitalgesellschaft anzuwenden.

---

[369] Vgl. *Rabback* in *Rödder/Herlinghaus/van Lishaut*, § 21 UmwStG Rn. 14 ff.
[370] Vgl. hierzu vorstehend Rn. 337 ff.

4. Teil Umwandlungen außerhalb des UmwStG

Gliederung

	Rn.
A. Einleitung und Übersicht über alternative Gestaltungsmöglichkeiten	1–30
I. Übersicht	1–7
1. Weitere Umstrukturierungsmöglichkeiten	1–5
2. Graphische Darstellung der Umstrukturierungsmöglichkeiten außerhalb des UmwStG	6, 7
II. Anwachsung als alternative Gestaltungsmöglichkeit	8–14
1. Überblick	8–10
2. Gestaltungsmöglichkeiten	11–14
III. Realteilung als alternative Gestaltungsmöglichkeit	15–22
1. Überblick	15–20
2. Gestaltungsmöglichkeiten	21, 22
IV. Asset Deal als alternative Gestaltungsmöglichkeit	23–30
1. Überblick	23–26
2. Gestaltungsmöglichkeiten	27–30
B. Anwachsung des Gesellschaftsvermögens über die Grenze	31–136
I. Heraus-Anwachsung auf eine EU-/Drittlandsgesellschaft	31–92
1. Zivil-/gesellschaftsrechtliche Grundlagen	31–59
a) Übersicht und graphische Darstellung	31–36
b) Voraussetzungen der Heraus-Anwachsung	37–42
c) Rechtsfolgen der Heraus-Anwachsung und weitere Folgen	43–48
d) Bilanzielle Auswirkungen und Darstellung der Anwachsung bei der aufnehmenden Gesellschaft mit Zweigniederlassung im Inland	49, 50
aa) HGB	49
bb) IFRS	50
e) Arbeits-/mitbestimmungsrechtliche Aspekte	51–56
f) Kartellrecht und Sonstiges	57–59
2. Steuerrechtliche Behandlung	60–92
a) Übersicht	60–71
b) Besteuerung der übertragenden Gesellschaft bzw. ihrer Gesellschafter/der Anwachsung	72–82
c) Besteuerung der übernehmenden Gesellschaft im Inland nach der Anwachsung	83–92
II. Hinein-Anwachsung auf eine Inlandsgesellschaft	93–136
1. Zivil-/gesellschaftsrechtliche Grundlagen	93–121
a) Übersicht und graphische Darstellung	93–97
b) Voraussetzungen der Hinein-Anwachsung	98–100
c) Rechtsfolgen der Hinein-Anwachsung und weitere Folgen	101–104
d) Bilanzielle Auswirkungen und Darstellung der Anwachsung bei der aufnehmenden Gesellschaft	105–111
aa) HGB	105–108
bb) IFRS	109–111
e) Arbeits-/mitbestimmungsrechtliche Aspekte	112–118
f) Kartellrecht und Sonstiges	119–121
2. Steuerrechtliche Behandlung	122–136
a) Übersicht	122–127

b)	Besteuerung der Anwachsung	128–134
c)	Besteuerung nach der Anwachsung	135, 136

C. Realteilung von Personengesellschaften unter Beteiligung ausländischer Gesellschafter ... 137–193

    I. Zivil-/gesellschaftsrechtliche Grundlagen ... 137–168
- 1. Übersicht und graphische Darstellung ... 137–140
- 2. Voraussetzungen im Einzelnen ... 141–156
  - a) Naturalteilung ... 142–151
  - b) Aufspaltung zur Aufnahme gemäß § 123 Abs. 1 Nr. 1 UmwG ... 152–156
- 3. Bilanzielle Auswirkungen beim inländischen Gesellschafter ... 157–161
  - a) HGB ... 157–159
    - aa) Naturalteilung ... 157, 158
    - bb) Aufspaltung ... 159
  - b) IFRS ... 160, 161
    - aa) Naturalteilung ... 160
    - bb) Aufspaltung ... 161
- 4. Arbeits-/mitbestimmungsrechtliche Aspekte ... 162–168

    II. Steuerrechtliche Behandlung ... 169–193
- 1. Übersicht ... 169–173
- 2. Besteuerung der Realteilung bei der Gesellschaft bzw. ihren Gesellschaftern ... 174–188
- 3. Besteuerung der Gesellschafter nach der Realteilung ... 189–193

D. Übertragung von Vermögensgegenständen über die Grenze (Asset Deal) ... 194–276

    I. Übertragung von Vermögensgegenständen auf eine EU-/Drittlandskapitalgesellschaft ... 194–238
- 1. Zivil-/gesellschaftsrechtliche Grundlagen ... 194–223
  - a) Übersicht und graphische Darstellung ... 194, 195
  - b) Voraussetzungen des Hinaus Asset Deals ... 196–201
  - c) Rechtsfolgen des Hinaus Asset Deals ... 202–204
  - d) Bilanzielle Auswirkungen bei der übertragenden Gesellschaft ... 205–215
    - aa) HGB ... 205
    - bb) IFRS ... 206–215
  - e) Arbeitsrechtliche Aspekte ... 216–221
  - f) Kartellrecht und Sonstiges ... 222, 223
- 2. Steuerrechtliche Behandlung ... 224–238
  - a) Übersicht ... 224–227
  - b) Besteuerung des Veräußerers ... 228–233
  - c) Besteuerung des Erwerbers im Inland ... 234–238

    II. Übertragung von Vermögensgegenständen auf eine Inlandskapitalgesellschaft ... 239–276
- 1. Zivil-/gesellschaftsrechtliche Grundlagen ... 239–262
  - a) Übersicht und graphische Darstellung der Gestaltungsmöglichkeiten ... 239–241
  - b) Voraussetzungen des Hinein Asset Deals ... 242–247
  - c) Rechtsfolgen des Hinein Asset Deals und weitere Folgen ... 248–250
  - d) Bilanzielle Auswirkungen bei der übernehmenden Gesellschaft ... 251–254
    - aa) HGB ... 251–253
    - bb) IFRS ... 254
  - e) Arbeitsrechtliche Aspekte ... 255–260
  - f) Kartellrecht und Sonstiges ... 261, 262
- 2. Steuerrechtliche Behandlung ... 263–276
  - a) Übersicht ... 263–266
  - b) Grundzüge der Besteuerung des Veräußerers ... 267–272
  - c) Besteuerung des Erwerbers ... 273–276

A. Einleitung und Übersicht über alternative Gestaltungsmöglichkeiten

I. Übersicht

1. Weitere Umstrukturierungsmöglichkeiten

Keine abschließende Regelung der Umstrukturierungsmöglichkeiten. Weder 1
das UmwG noch das UmStG regeln abschließend die Möglichkeiten, auf welche Art und Weise Unternehmen umstrukturiert werden können[1]. Aus § 1 Abs. 2 UmwG wird gefolgert, dass Unternehmen auch auf anderem Weg neu gestaltet werden können[2]. Da Umstrukturierungsmaßnahmen außerhalb des UmwG sowohl national als auch grenzüberschreitend möglich sind[3], bedeutet dies für grenzüberschreitende Sachverhalte, dass Unternehmen auch außerhalb der Vorschriften des UmwG, international umstrukturiert werden können. Ebenso normiert § 1 UmStG, auf welche Umstrukturierungen und Gesellschaften das UmStG Anwendung findet. Unterfällt ein Umstrukturierungsvorgang nicht dem sachlichen oder personellen Anwendungsbereich des UmStG, gelten die allgemeinen steuerlichen Regelungen. Folglich sind Umstrukturierungen unter Einbeziehung von Rechtsträgern im In- und Ausland weiterhin außerhalb des Anwendungsbereichs des UmwG, insbesondere den Regelungen zur grenzüberschreitenden Verschmelzung nach §§ 122a ff. UmwG, möglich. Ob diese Umstrukturierungen den besonderen umwandlungssteuerrechtlichen Regeln oder den allgemeinen steuerlichen Regelungen unterliegen, richtet sich nach dem UmStG. Ist jedoch der personelle oder sachliche Anwendungsbereich des UmwG nicht eröffnet, mögen die nachfolgend dargestellten alternativen Gestaltungsmöglichkeiten die einzige Möglichkeit sein, Rechtsträger aus den verschiedenen Jurisdiktionen umzustrukturieren.

Personeller Anwendungsbereich des UmStG und UmwG. Die Vorschriften des 2
UmStG sind gemäß § 1 Abs. 2 und Abs. 4 UmStG anwendbar, wenn die an der Umwandlung beteiligten Rechtsträger Gesellschaften iSd Art. 48 EGV (jetziger Art. 54 AEUV) oder Art. 34 EWR-Abkommens oder natürliche Personen sind, die in der EU oder dem EWR ansässig sind[4]. Gesellschaften müssen nach dem Recht eines EU-Mitgliedsstaats/EWR-Vertragsstaats gegründet sein und ihren Sitz und Ort der Geschäftsleitung in einem EU-Mitgliedsstaat/EWR-Vertragsstaat haben. Zu den Gesellschaften im Sinne des Art. 48 EGV (Art. 54 AEUV) oder Art. 34 EWR-Abkommens zählen auch Personengesellschaften[5]. Das SEStEG hat damit eine Europäisierung des Umwandlungssteuerrechts herbeigeführt[6]. Das UmStG ist allerdings weiterhin nicht auf Rechtsträger anwendbar, die nach dem Recht eines Nicht-EU-Mitgliedsstaats/EWR-Vertragsstaats gegründet wurden oder ihren Sitz und Ort der Geschäftsleitung in einem solchen Staat haben[7]. Der personelle Anwendungsbereich des UmwG auf grenzüberschreitende Umstrukturierungen ist dagegen viel enger. So sind nach § 122b Abs. 1 UmwG verschmelzungsfähige Rechtsträger nur Ka-

---

[1] *SHS/Hörtnagl*, § 1 UmwG, Rn. 66; BT-Drucks. 12/6699, S. 80.
[2] *J. Semler/Stengel*, UmwG, Einl. A, Rn. 82;
[3] *J. Semler/Stengel*, UmwG, Einl. A, Rn. 84 ff. mit Aufzählung der innerstaatlichen Möglichkeiten.
[4] *Rödder/Schumacher* DStR 2006, 1525.
[5] Bei der Beteiligung von Personengesellschaften gelten gem. § 1 Abs. 4 Satz 2 Nr. 2 UmStG Einschränkungen, wenn Drittstaatengesellschafter beteiligt sind.
[6] *Rödder/Schumacher* DStR 2006, 1525 f.
[7] Lediglich § 12 Abs. 2 KStG enthält Regelungen für die Verschmelzung von in demselben Drittstaat ansässigen Kapitalgesellschaften.

pitalgesellschaften iSd Art. 2 Abs. 1 der Richtlinie 2005/56/EG, die nach dem Recht eines Mitgliedstaats gegründet wurden und ihren satzungsmäßigen Sitz, ihre Hauptverwaltung oder ihre Hauptniederlassung in einem EU-Mitgliedstaat haben[8]. Gesellschaften, die nicht nach dem Recht eines Mitgliedsstaats gegründet wurden oder ihren satzungsmäßigen Sitz oder Verwaltungssitz außerhalb der EU haben, sind daher keine verschmelzungsfähigen Rechtsträger[9]. Damit sind nach deutschem Recht nur die AG, KGaA, GmbH sowie die SE mit Sitz in Deutschland verschmelzungsfähige Rechtsträger[10]. Ausgeschlossen sind gemäß § 122b Abs. 2 UmwG Genossenschaften sowie sogenannte Organismen für gemeinsame Anlagen in Wertpapieren[11]. Daraus folgt, dass Personenhandelsgesellschaften wie die KG und die OHG, die grundsätzlich nach § 3 Abs. 1 Nr. 1 UmwG verschmelzungsfähige Rechtsträger sind, nicht Rechtsträger einer grenzüberschreitenden Verschmelzung sein können[12]. Allerdings dürften angesichts der „SEVIC"-Entscheidung des EuGH[13] auch Umstrukturierungen unter Beteiligung von Personenhandelsgesellschaften zulässig sein[14]. Solche Umstrukturierungen sind mangels einer ausdrücklichen gesetzlichen Regelung gemäß den Regeln des internationalen Privatrechts durchzuführen.

3 **Sachlicher Anwendungsbereich des UmwStG und UmwG.** Das UmwStG findet auf nationale und grenzüberschreitende Umwandlungsvorgänge Anwendung, die in § 1 Abs. 1 und 3 UmwStG abschließend aufgezählt sind. Das sind die in § 1 UmwG genannten Umwandlungsvorgänge einschließlich vergleichbarer ausländischer Vorgänge. Das UmwStG ist unabhängig davon anwendbar, ob ein grenzüberschreitender Umwandlungsvorgang im UmwG geregelt ist. Der sachliche Anwendungsbereich des UmwG hinsichtlich grenzüberschreitender Sachverhalte ist enger. Gemäß § 122a UmwG ist nur die grenzüberschreitende Verschmelzung geregelt. Ausgeklammert sind andere grenzüberschreitende Umwandlungsformen wie zB grenzüberschreitende Spaltungen oder Formwechsel[15]. Auch hier bleibt abzuwarten, inwieweit die „SEVIC"-Entscheidung die Zulässigkeit von anderen grenzüberschreitenden Umwandlungsvorgängen bedingt[16]. Diesbezüglich hat auch die „CARTESIO"-Entscheidung[17] keine weitere Klarheit gebracht. Insbesondere bleibt in dieser Entscheidung unentschieden, ob das EU-Recht einen Anspruch auf einen identitätswahrenden Formwechsel über die Grenze gewährt[18].

4 **Alternative Gestaltungsformen.** Aus dem personellen und sachlichen Anwendungsbereich des UmwG und UmwStG folgt hinsichtlich der Durchführung alternativer grenzüberschreitender Umstrukturierungen, dass diese weiterhin neben den jetzt gesetzlich geregelten Formen möglich sind. Eine Umstrukturierung muss außerhalb des UmwStG erfolgen, soweit ein Rechtsträger beteiligt ist, der nicht nach dem Recht eines EU-Mitgliedsstaats/EWR-Vertragsstaats gegründet wurde oder seinen Sitz und Ort der Geschäftsleitung nicht in einem EU-Mitgliedsstaat/EWR-Vertragsstaat hat. Das ist zB der Fall bei Einbeziehung von schweizerischen oder russischen Rechtsträgern. Darüber hinaus bleiben

---

[8] *Haritz/von Wolff* GmbHR 2006, 340 f.
[9] *Drinhausen/Keinath* BB 2006, 725 (726) mit dem Hinweis, dass der Anwendungsbereich auf die EWR Staaten korrespondierend mit der Verschmelzungsrichtlinie erweitert werden soll; aA *Kiem* WM 2006, 1091 (1093) hinsichtlich Gesellschaften, die aufgrund völkerrechtlicher Verträge in den Genuss einer Meistbegünstigungsvereinbarung kommen.
[10] *Kiem* WM 2006, 1091 (1093).
[11] *Drinhausen/Keinath* BB 2006, 725 (726).
[12] *Haritz/von Wolff* GmbHR 2006, 340 (341); *Kiem* WM 2006, 1091 (1094).
[13] EuGH, Urteil v. 13.12.2005 – C-411/03, DStR 2006, 49.
[14] *Haritz/von Wolff* GmbHR 2006, 340 (341); *Kiem* WM 2006, 1091 (1094).
[15] *Haritz/von Wolff* GmbHR 2006, 340 (344); *Müller* NZG 2006, 286 (290); *Spahlinger/Wegen* NZG 2006, 721 (722).
[16] *Meilicke/Rabback* GmbHR 2006, 123 (126f.).
[17] Rechtssache C-210/06 (Amtsblatt der EU v. 15.7.2006); EuGH BB 2009, 11 ff.
[18] Vgl. *Zimmer/Naendrup* NJW 2009, 545 (548 f.); *Leible/Hoffmann* BB 2009, 58 (60 f.).

A. Einleitung und Übersicht über alternative Gestaltungsmöglichkeiten

alle Umstrukturierungen, die nicht in den Katalog des § 1 UmwStG fallen, vom Anwendungsbereich des UmwStG ausgeschlossen und unterliegen somit den allgemeinen steuerrechtlichen Regelungen.

Gestaltungsalternativen. Als alternative Gestaltungen kommen die Anwachsung des gesamten Vermögens einer Personengesellschaft, die durch den Austritt aller Gesellschafter bis auf einen verbleibenden Gesellschafter erlischt, die Realteilung von Personengesellschaften sowie die Übertragung von Einzelwirtschaftsgütern (*Asset Deal*) zwischen verschiedenen Rechtsträgern in Betracht. Diese alternativen Umstrukturierungsgestaltungen sollen daher in diesem 4. Teil behandelt werden. Durch die drei alternativen Gestaltungsmöglichkeiten, Anwachsung, Realteilung und *Asset Deal*, können Rechtsträger umstrukturiert werden, falls die Gestaltungsformen des UmwG nicht zur Verfügung stehen. Darüber hinaus können diese Gestaltungsmöglichkeiten Umstrukturierungsvorgänge, die dem UmwG und/oder UmwStG unterfallen, ersetzen. Dazu ist für die Anwachsung und die Realteilung ggf. erforderlich, dass durch vorgeschaltete nationale Umstrukturierungen eine gesellschaftsrechtliche Situation geschaffen wird, die eine grenzüberschreitende Anwachsung oder Realteilung ermöglicht. So kann zB eine Tochterkapitalgesellschaft in eine Tochterpersonengesellschaft formgewechselt werden und anschließend kann der Gesellschafter ausscheiden, damit das Vermögen der Tochterpersonengesellschaft dem letzten verbliebenen Gesellschafter anwächst. Genauso könnte eine Kapitalgesellschaft zuerst einen Formwechsel in eine Personenhandelsgesellschaft und anschließend eine Realteilung durchführen[19]. Schließlich ist eine grenzüberschreitende Übertragung des gesamten Vermögens von einem Rechtsträger auf einem anderen unabhängig von der Möglichkeit einer grenzüberschreitenden Verschmelzung möglich. Dazu sind sämtliche Vermögensgegenstände im Wege der Einzelrechtsnachfolge auf den aufnehmenden Rechtsträger zu übertragen (*Asset Deal*).

---

[19] Hier sind allerdings die in Tz. 24.07 UmwSt-Erl. aufgeführten Einschränkungen entsprechend zu beachten.

6　**2. Graphische Darstellung der Umstrukturierungsmöglichkeiten außerhalb des UmwStG**

Anwachsung **vorher**:

Anwachsung **nachher**:

Realteilung **vorher**:

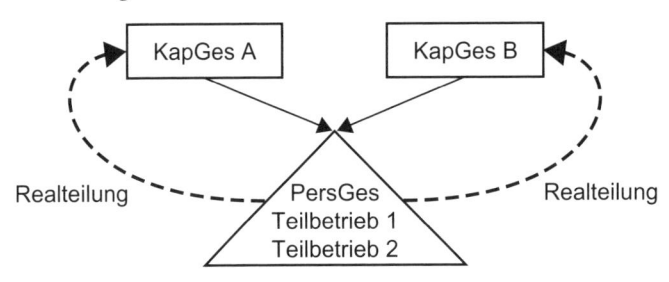

Realteilung **nachher**:

7　Asset Deal (als Alternative zur Verschmelzung)

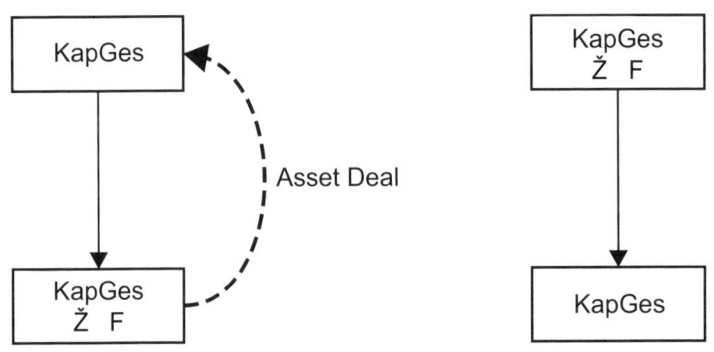

vorher:

nachher:

II. Anwachsung als alternative Gestaltungsmöglichkeit

1. Überblick

Wesen der Anwachsung. Die Anwachsung beschreibt eine besondere Art des Vermögensübergangs, die auch für Umstrukturierungen genutzt werden kann[20]. Die Anwachsung des gesamten Vermögens einer Gesellschaft auf eine andere Gesellschaft tritt gemäß §§ 105 Abs. 2 HGB, 161 Abs. 2 HGB, 738 Abs. 1 Satz 1 BGB ein, wenn alle Gesellschafter bis auf einen verbleibenden Gesellschafter aus einer Personengesellschaft ausscheiden[21]. Rechtsfolge der Anwachsung ist, dass die Personengesellschaft erlischt und ihr gesamtes Vermögen einschließlich aller Aktiva und Passiva auf den verbleibenden Gesellschafter übergeht[22]. Der Übergang des Vermögens erfolgt dabei im Wege der Gesamtrechtsnachfolge[23] ohne Liquidation, d.h. automatisch ohne weitere gesonderte Übertragungsakte[24]. Die Anwachsung ermöglicht somit vergleichbare Erleichterungen für den Vermögensübergang durch Gesamtrechtsnachfolge, wie sie Umstrukturierungen nach dem UmwG, zB die Verschmelzung, bieten[25]. Allerdings sind bei der Anwachsung die besonderen Voraussetzungen des UmwG nicht zu beachten, da diese nicht auf Umstrukturierungen außerhalb des UmwG ausstrahlen[26]. 8

Formen der Anwachsung. Die Anwachsung kann auf zwei verschiedene Arten herbeigeführt werden. Der ausscheidende Gesellschafter kann einerseits aus der Personenhandelsgesellschaft ohne eine Abfindungszahlung ausscheiden[27]. Der ausscheidende Gesellschafter kann aber auch eine Barabfindung erhalten. Andererseits kann der Gesellschafter seinen Gesellschaftsanteil in den anderen Gesellschafter als Sacheinlage einbringen[28]. Hauptanwendungsfall der Anwachsung in der Praxis ist im nationalen Kontext die zweigliedrige GmbH & Co. KG, bei der der einzige Kommanditist ausscheidet und damit das Vermögen der Komplementär-GmbH anwächst[29]. Scheidet er ohne Abfindung aus, spricht man dabei von einer „einfachen Anwachsung" oder dem „klassischen Anwachsungsmodell", bringt er dagegen seinen Gesellschaftsanteil an der KG in die Komplementär-GmbH ein, spricht man von einer „erweiterten Anwachsung"[30]. 9

Grenzüberschreitende Anwachsung. Für grenzüberschreitende Sachverhalte ist ebenfalls die zweigliedrige KG, bei der ein Gesellschafter eine nach dem Recht eines anderen Staates gegründete Gesellschaft ist, von besonderer Bedeutung. Gesellschaftsformen, zB eine Ltd. & Co. KG (mit einer englischen Ltd. als Komplementärin) oder eine Srl & Co. KG (mit einer italienischen Srl als Komplementärin), sind zulässig[31]. Scheidet der inländische Gesellschafter aus der KG aus, wächst dem ausländischen Gesellschafter das gesamte Vermögen der KG an (Heraus-Anwachsung). Eine grenzüberschreitende Anwachsung ist 10

---

[20] *Orth* DStR 1999, 1011; siehe auch Früchtl NZG 2007, 368 ff.
[21] Vgl. *Orth* DStR 1999, 1011; *WM/Widmann* Ordner 8, Anh. 8, Rn. 33.
[22] *Orth* DStR 1999, 1011 (1012 f.); vgl. OLG Düsseldorf Beschluss v. 14.9.1998, 3 Wx 209/98, NZG 1999, 26.
[23] Steuerlich soll es sich bei der Anwachsung dagegen um einen Fall der Einzelrechtsnachfolge handeln, vgl. UmwSt-Erl. Tz. 24.01 lit. d.
[24] *Orth* DStR 1999, 1011 (1012); *SHS/Schmitt*, § 20 UmwStG, Rn. 194.
[25] *Orth* DStR 1999, 1011 (1013).
[26] Vgl. *Orth* DStR 1999, 1011 (1013); *SHS/Hörtnagl*, § 1 UmwG, Rn. 55 ff.
[27] Vgl. *SHS/Schmitt*, § 20 UmwStG, Rn. 197.
[28] Vgl. *SHS/Schmitt*, § 20 UmwStG, Rn. 197; *Schmitt/Wacker*, § 16, Rn. 513; *Orth* DStR 1999, 1053 (1056 f.).
[29] Vgl. *SHS/Schmitt*, § 20 UmwStG, Rn. 197; *Schmitt/Wacker*, § 16, Rn. 513.
[30] *SHS/Schmitt*, § 20 UmwStG, Rn. 197 f.
[31] *BH/Hopt*, HGB, Anh § 177a, Rn. 11.; zur gewerblichen Prägung solcher Gesellschaften BFH, Urteil v. 14.3.2007; XI R 15/05.

aber auch in der Weise denkbar, dass an einer zweigliedrigen Personengesellschaft nach ausländischem Recht, zB dem Recht der Niederlande, ein deutscher Gesellschafter und eine niederländischer Gesellschafter beteiligt sind. Scheidet der niederländische Gesellschafter aus, wächst dem deutschen Gesellschafter das gesamte Vermögen der ausländischen Personengesellschaft an, sofern die ausländische Rechtsordnung das Rechtsinstitut der Anwachsung mit der Rechtsfolge des Vermögensübergangs im Wege der Gesamtrechtsnachfolge kennt (Hinein-Anwachsung).

2. Gestaltungsmöglichkeiten

11 **Up-stream Merger.** Die grenzüberschreitende Anwachsung bietet eine Reihe von Einsatzmöglichkeiten. Mit Hilfe der grenzüberschreitenden Anwachsung kann das Vermögen einer Personengesellschaft im Wege der Gesamtrechtsnachfolge auf eine Kapitalgesellschaft übertragen werden. Diese Umstrukturierung kann zB in einem Konzern von Bedeutung sein, in dem die Konzernspitze das Vermögen ihrer Tochterpersonengesellschaft auf eine in einem anderen Staat ansässige Tochterkapitalgesellschaft übertragen will. Eine grenzüberschreitende Verschmelzung der Tochterpersonengesellschaft auf die ausländische Kapitalgesellschaft (*Up-Stream-Merger*) ist nicht möglich, da gemäß § 122a, 122b UmwG an einer grenzüberschreitenden Verschmelzung nur Kapitalgesellschaften im Sinne des Art. 2 Nr. 1 der Verschmelzungsrichtlinie 2005/56/EG beteiligt sein können. Personengesellschaften sind damit vom Anwendungsbereich grundsätzlich ausgeschlossen[32]. Inwieweit grenzüberschreitende Verschmelzungen von Personenhandelsgesellschaften als beteiligte Rechtsträger unter Berücksichtigung der „SEVIC"-Entscheidung rechtssicher durchgeführt werden können, bleibt abzuwarten.

12 **Grenzüberschreitender Formwechsel.** Darüber hinaus ist zu prüfen, inwieweit die Anwachsung auch einen grenzüberschreitenden Formwechsel einer Personengesellschaft in eine ausländische Kapitalgesellschaft, ersetzen kann. Ein grenzüberschreitender Formwechsel ist auch nach der Änderung des UmwG auf dieser gesetzlichen Grundlage nicht möglich[33]. Daher kommt ein grenzüberschreitender Formwechsel „hinein" oder „hinaus" allenfalls unter Berücksichtigung der „SEVIC"-Entscheidung sowie der Entscheidungen „CARTESIO" und insbesondere „Vale" in Betracht[34]. Insbesondere aufgrund der „Vale"-Entscheidung scheint nun ein grenzüberschreitender Formwechsel durch die Niederlassungsfreiheit der Art. 49, 54 AEUV geschützt zu sein. Allerdings dürfte ein solcher Formwechsel weiterhin auf praktische Umsetzungsschwierigkeiten stoßen, denn er lässt sich derzeit nur unter Rückgriff auf doch unterschiedliche nationale Umwandlungsrechte bewerkstelligen[35]. Durch eine Anwachsung kann dagegen eine deutsche KG in eine englische Ltd. oder eine italienische Srl rechtssicher formgewechselt werden.

13 **Umstrukturierung von Nicht-EU/EWR Gesellschaften.** Schließlich bietet die grenzüberschreitende Anwachsung eine geeignete Verfahrensform unter Einbeziehung von Unternehmen, die nicht nach dem Recht eines EU-Mitgliedsstaats/EWR-Vertragsstaats gegründet wurden oder ihren Sitz oder ihre Geschäftsleitung in einem EU-Mitgliedsstaat/EWR-Vertragsstaat haben. Durch eine Anwachsung kann zB eine deutsche KG auf eine US-amerikanische oder schweizerische Kapitalgesellschaft anwachsen. Voraussetzung hierfür ist, dass die entsprechenden Rechtsordnungen das Rechtsinstitut der Anwachsung kennen und ihr die gleichen Rechtsfolgen, insbesondere die Gesamtrechtsnachfolge, beimessen.

---

[32] *Kiem* WM 2006, 1091 (1094); *Müller* NZG 2006, 286 (290).
[33] Vgl. *Müller* NZG 2006, 286 (290); *Spahlinger/Wegen* NZG 2006, 721 (722).
[34] *Zimmer/Naendrup* NJW 2009, 545 (548 f.); *Leible/Hoffmann* BB 2009, 58 (60 f.); *Behme* NZG 2012, 936 ff.; *Böttcher/Kraft* NJW 2012, 2701 ff.
[35] Vgl. *Behme* NZG 2012, 936 (939).

Gewährleistung gleicher Vorteile. Eine grenzüberschreitende Anwachsung bietet die 14 gleichen Vorteile, nämlich die Gesamtrechtsnachfolge und idR. auch die Buchwertfortführung bei der Übertragung des Vermögens, die das deutsche Umwandlungs- und Umwandlungssteuerrecht bei einer grenzüberschreitenden Umstrukturierung bieten[36]. Aus diesem Grund sowie aus dem begrenzten Anwendungsbereich grenzüberschreitender Verschmelzungen und dem Ausschluss anderer Umwandlungsformen wird die Anwachsung über die Grenze, sei es als Heraus-Anwachsung oder als Hinein-Anwachsung, weiterhin eine durchführbare Umstrukturierungsalternative bleiben und auch in der Praxis in besonderen Fällen die einzig durchführbare Umstrukturierungsform sein.

III. Realteilung als alternative Gestaltungsmöglichkeit

1. Überblick

Definition. Die Realteilung ist ein steuerrechtliches Rechtsinstitut, das in § 16 Abs. 3 15 Satz 2–4 und Abs. 5 EStG geregelt ist. Sie beschreibt einen Fall eines auf Ebene der Mitunternehmerschaft verwirklichten Tatbestands der Betriebsaufgabe[37]. Die Gesellschaft stellt ihre Tätigkeit ein und ihr Gesellschaftsvermögen wird auf die Gesellschafter, die Realteiler, übertragen[38]. Für die Anerkennung der Betriebsaufgabe als Realteilung ist Voraussetzung, dass mindestens eine wesentliche Betriebsgrundlage auch nach der Realteilung weiterhin Betriebsvermögen eines Realteilers bleibt[39].

Persönlicher Anwendungsbereich. Nur die Gesellschafter einer Personengesellschaft, 16 d.h. einer GbR, oHG oder KG, können eine Realteilung des Betriebsvermögens vornehmen[40]. Dabei können auch ausländische Gesellschafter, die an einer deutschen Mitunternehmerschaft beteiligt sind, grundsätzlich in den Genuss der steuerneutralen Realteilung kommen[41]. Eine grenzüberschreitende Realteilung ist damit möglich. Dagegen steht Gesellschaftern, die an Kapitalgesellschaften oder an Körperschaften beteiligt sind, diese Art der Auseinandersetzung des Gesellschaftsvermögen nicht offen, es sei denn, sie formwechseln die Gesellschaft zuvor in eine Personengesellschaft[42].

Sachlicher Anwendungsbereich. Gegenstand der Realteilung ist die Übertragung 17 oder Überführung des gesamten Vermögens der Gesellschaft auf ihre Gesellschafter, die zur Betriebsaufgabe bei der Gesellschaft führt[43]. Ob eine steuerneutrale Realteilung iSd § 16 Abs. 3 S. 2 EStG vorliegt, bestimmt sich bei dem jeweiligen Realteiler. Eine Realteilung ist nicht gegeben, wenn ein Gesellschafter unter Übernahme eines Teils des Betriebsvermögens ausscheidet, im Übrigen die Personengesellschaft mit dem Restvermögen bestehen bleibt und fortgeführt wird. In diesem Fall handelt es sich um den Verkauf oder die Aufgabe eines Mitunternehmeranteils[44]. Gleiches gilt, wenn der Mitunternehmer-Gesellschafter aus der mehrgliedrigen Personengesellschaft ausscheidet, sein Anteil den übrigen

---

[36] Hinsichtlich der Übertragung von Verlustvorträgen kann die Anwachsung gegenüber der Verschmelzung sogar vorteilhafter sein, vgl. Rn. 80.
[37] BMF v. 28.2.2006, BStBl. I 2006, 228 zu I.; vgl. *Schell* BB 2006, 1026.
[38] *Schulze zur Wiesche* DB 2006, 921.
[39] BMF 28.2.2006, BStBl. I 2006, 228 zu I.
[40] *Blümich/Stuhrmann*, § 16 EStG, Rn. 270.
[41] *Winkemann* BB 2004, 130 (135 f.). Dabei ist immer Voraussetzung, dass die Besteuerung der stillen Reserven sichergestellt ist, vgl § 16 Abs. 3 Satz 2 EStG. Die übertragenen Wirtschaftsgüter dürfen also nicht dem deutschen Steuerzugriff entzogen werden.
[42] Hier sind allerdings die in Tz. 24.18 UmwSt-Erl. aufgeführten Einschränkungen entsprechend zu beachten.
[43] *Schell* BB 2006, 1026 (1027); *Schulze zur Wiesche* DB 2006, 921 (922).
[44] BMF 28.2.2006, BStBl. I 2006, 228 zu I; *Schulze zur Wiesche* DB 2006, 921.

Gesellschaftern anwächst und er einen Abfindungsanspruch gegen die Gesellschaft erhält[45].

18 **Handelsrecht.** Die Realteilung ist handelsrechtlich eine „andere Art der Auseinandersetzung" zwischen den Gesellschaftern iSd §§ 145 Abs. 1, 161 Abs. 2 HGB[46]. Bei der GbR sieht das Gesetz gemäß §§ 731, 733 Abs. 2, 752 BGB die Teilung in Natur als Regelfall vor. Praktisch ist dies aber die Ausnahme, weil sich das Vermögen der GbR regelmäßig nicht in gleichartige Teile zerlegen lässt[47]. Die Gesellschafter einer Personenhandelsgesellschaft dagegen beenden bei der Realteilung die Gesellschaft nicht durch Liquidation gemäß §§ 145 ff. HGB, dem Regelfall der Beendigung einer Personenhandelsgesellschaft[48]. Vielmehr verteilen die Gesellschafter das Gesellschaftsvermögen in natura, weshalb dem steuerrechtlichen Institut der Realteilung das handelsrechtliche Institut der „Naturalteilung" gegenübersteht[49]. Eine „Versilberung des Gesellschaftsvermögens" erfolgt, anders als bei der Liquidation, nicht[50]. Die Durchführung erfolgt dergestalt, dass alle Gegenstände des Gesellschaftsvermögens einzeln im Wege der Einzelrechtsnachfolge auf die Realteiler übertragen werden. Die Gesellschaft erlischt nach Durchführung der Naturalteilung. Grundsätzlich kann eine Realteilung von Personenhandelsgesellschaften zivilrechtlich auch durch eine Aufspaltung zur Aufnahme gemäß § 123 Abs. 1 Nr. 1 UmwG durchgeführt werden[51]. Die Aufspaltung nach dem UmwG führt dazu, dass mit ihrer Eintragung die jeweils bezeichneten Gegenstände automatisch auf Tochtergesellschaften der Realteiler übergehen (partielle Gesamtrechtsnachfolge). Eine Aufspaltung ist allerdings nur möglich, soweit die aufnehmenden Rechtsträger spaltungsfähige Rechtsträger nach § 124 UmwG sind. Bei einer GbR kommt gemäß § 124 UmwG iVm § 3 UmwG eine Realteilung durch Aufspaltung daher nicht in Betracht[52]. Gleiches gilt bei einer GbR oder Einzelkaufleuten als aufnehmenden Rechtsträgern. Allerdings würde dies bei Beteiligung eines ausländischen Gesellschafters an der Realteilung zivilrechtlich eine grenzüberschreitende Spaltung iSe Hinaus-Spaltung bedeuten. Eine grenzüberschreitende Spaltung ist jedoch nach dem UmwG nicht möglich, da gemäß § 125 UmwG die Vorschriften der grenzüberschreitenden Verschmelzung nach §§ 122a ff. UmwG nicht auf die Spaltung anwendbar sind[53]. Inwieweit eine Hinaus-Spaltung nach den Grundsätzen der „SEVIC"-Entscheidung des EuGH rechtssicher durchgeführt werden kann, wird in Zukunft noch zu klären sein.

19 **Bilanzrecht.** Soweit eine Realteilung gemäß § 16 Abs. 3 Satz 2 EStG vorliegt, sind steuerlich zwingend die Buchwerte fortzuführen. Teil- oder Zwischenwerte können nicht angesetzt werden.

20 **Unterschiede zu anderen Rechtsinstituten.** Die Realteilung ist gekennzeichnet durch die Auseinandersetzung des Gesellschaftsvermögens einer Personengesellschaft mit der Folge der Aufgabe ihres Betriebs[54]. Die Grundsätze der Realteilung sind daher nicht anwendbar auf Kapitalgesellschaften und auf Umstrukturierungsvorgänge, bei denen die Personengesellschaft weiter bestehen bleibt. Bei einer (nicht verhältniswahrenden) Aufspaltung nach § 123 UmwG werden die Wirtschaftsgüter auf bereits bestehende bzw. neu zu gründende Rechtsträger übertragen gegen Gewährung von Anteilen an diesen Rechts-

---

[45] BMF 28.2.2006, BStBl. I 2006, 228 zu I; vgl. dazu *Schulze zur Wiesche* DB 2006, 921 f.
[46] BH/*Hopt*, HGB, § 145, Rn. 10; *Blümich/Stuhrmann*, § 16 EStG, Rn. 271; *Reiß* StuW 1995, 199 (200).
[47] *Reiß* StuW 1995, 199 (200).
[48] Vgl. *Staub/Habersack*, HGB § 145 Rn. 8.
[49] WM/*Engl*, Ordner 8 Anh. 10, Rn. 1; *Reiß* StuW 1995, 199 (200); *Schmidt/Wacker*, § 16 Rn. 542.
[50] Vgl. *Staub/Habersack*, HGB § 145 Rn. 8.
[51] WM/*Engl*, Ordner 8 Anh. 10, Rn. 2; *Reiß* StuW 1995, 199 (201); *Schmidt/Wacker*, § 16 Rn. 542.
[52] *Reiß* StuW 1995, 199 (201); *Kallmeyer/Kallmeyer*, UmwG, § 124 Rn. 1.
[53] BR-Drs. 548/06, S. 40.
[54] BMF 28.2.2006, BStBl. I 2006, 228 zu I.

trägern an die Gesellschafter der zu spaltenden Gesellschaft. Dagegen müssen bei einer Realteilung die Wirtschaftsgüter unmittelbar an die Mitunternehmer übertragen werden, ohne dass neue Anteile ausgegeben werden.

2. Gestaltungsmöglichkeiten

Unter den Umstrukturierungsmaßnahmen spielte die Realteilung lange Zeit eine untergeordnete Rolle, da unklar blieb, welche Sachverhalte unter den Begriff der Realteilung iSd § 16 Abs. 3 Satz 2 EStG zu fassen sind[55]. Die damit einhergehende Rechtsunsicherheit wurde durch das BMF-Schreiben vom 28. Februar 2006 größtenteils beseitigt. Die Gestaltungspraxis kann daher dieses Rechtsinstitut, auch bei grenzüberschreitenden Sachverhalten, vermehrt einsetzen. 21

Die Realteilung kann insbesondere eine Spaltung iSd UmwStG ersetzen, die nach derzeitiger Rechtslage gesellschaftsrechtlich noch nicht grenzüberschreitend möglich ist. Dazu ist der real zu teilende Rechtsträger, sofern er noch nicht in der Rechtsform einer Personengesellschaft (GbR, OHG, KG) existiert, durch einen Formwechsel in eine Personengesellschaft umzuwandeln. Anschließend kann eine grenzüberschreitende Realteilung durchgeführt werden. Schließlich ist eine Realteilung ein geeignetes Instrumentarium zur Beendigung internationaler Joint-Venture. Haben zwei Joint-Venture Partner das Joint Venture in Form einer KG oder OHG betrieben, können sie die Auseinandersetzung des Joint-Venture durch eine Realteilung herbeiführen, in dem die Gegenstände des Joint-Venture in natura an die Partner zurückgeführt werden. 22

IV. Asset Deal als alternative Gestaltungsmöglichkeit

1. Überblick

Definition. Als *Asset Deal* bezeichnet man einen Unternehmenskauf, bei dem nicht nur einzelne Wirtschaftsgüter, sondern ein Inbegriff von Sachen, Rechten und sonstigen Vermögenswerten übertragen werden und der Erwerber dadurch in die Lage versetzt wird, das Unternehmen weiterzuführen[56]. Selbstverständlich können als Veräußerer und/oder Erwerber Personen mit Sitz im Ausland beteiligt sein. Eine derartige Übertragung eines Inbegriffs von Sachen, Rechten und sonstigen Vermögenswerten kann auch für eine Umstrukturierung von Unternehmen über die Grenze nutzbar gemacht werden. Soll ein Unternehmen oder ein Teil davon, ein Betrieb oder Betriebsteil auf eine anderen Rechtsträger übertragen werden, kann die Umstrukturierung durch einen *Asset Deal* vorgenommen werden. In diesem Fall werden die einzelnen Vermögensgegenstände, die einem Unternehmen(-steil) oder dem Betrieb(-steil) zuzuordnen sind, gesondert auf den neuen Rechtsträger übertragen. Während sich das schuldrechtliche Geschäft auf die jeweilige Einheit als Sach- und Rechtsgesamtheit bezieht, bedarf es für die dingliche Vereinbarung nach dem Grundsatz der Bestimmtheit die genaue Festlegung, welche Einzelbestandteile übertragen werden sollen[57]. Eine Gesamtrechtsnachfolge wie zB bei einer Umwandlung nach dem UmwG findet nicht statt[58]. 23

---

[55] *Schell* BB 2006, 1026.
[56] *Picot* in: *Picot*, Unternehmenskauf und Restrukturierung, 3. Aufl. 2004, S. 31 f.; *Heckschen* NZG 2006, 772.
[57] *Picot* in: *Picot*, Unternehmenskauf und Restrukturierung, 3. Aufl. 2004, S. 82.
[58] *Heckschen* NZG 2006, 772.

24 **Wesensmerkmale.** Die Umstrukturierung durch einen *Asset Deal* zeichnet sich dadurch aus, dass die daran beteiligten Rechtsträger einen schuldrechtlichen Kaufvertrag und einen dinglichen Übertragungsvertrag abschließen. Dagegen liegt keine Strukturmaßnahme nach dem UmwG vor, die bestimmte Formerfordernisse statuieren und zwingend eine Zustimmung der Anteilsinhaber der beteiligten Rechtsträger vorsieht. Dementsprechend sind auch die Rechtsfolgen unterschiedlich. Die Umstrukturierung durch *Asset Deal* wird im Wege der Einzelrechtsnachfolge vollzogen. Dabei sind die Formerfordernisse für die Übertragung der einzelnen Vermögensgegenstände (zB Grundbucheintragungen bei Grundstücken) zu beachten. Diese unterschiedlichen Wesensmerkmale des *Asset Deal* im Vergleich zu einer Umwandlung nach dem UmwG führen dazu, dass ein *Asset Deal* aufgrund der weniger aufwendigen Formerfordernisse kostengünstiger durchgeführt werden kann. Allerdings birgt er auch die Rechtsunsicherheit in sich, ob alle notwendigen und gewünschten Gegenstände auf den neuen Rechtsträger übergegangen sind.

25 **Abgrenzung zur Einbringung iSd UmwStG.** In Abgrenzung zu einer Einbringung in eine Kapital- oder Personengesellschaft nach §§ 20 bzw. 24 UmwStG besteht die Gegenleistung bei einem *Asset Deal* nicht in Anteilen an der Gesellschaft oder Mitunternehmeranteilen sondern in sog. anderen Wirtschaftsgütern (idR. Geld).

26 **Folgerungen.** Während das UmwStG Möglichkeiten bietet, Umwandlungen steuerneutral, also ohne die Realisierung von (steuerpflichtigen) Gewinnen, zu strukturieren, werden bei einem *Asset Deal* in jedem Fall in den übertragenen Wirtschaftsgütern enthaltene stille Reserven realisiert.

2. Gestaltungsmöglichkeiten

27 **Allgemeines.** Grundsätzlich können alle denkbaren Umwandlungsvorgänge durch einen *Asset Deal* ersetzt werden. Die beteiligten Parteien sind frei, Wirtschaftsgüter statt mittels eines Umwandlungsvorgangs direkt im Wege des *Asset Deals* zu übertragen. Dafür bietet der *Asset Deal* auch nicht die Vorteile von Umwandlungsvorgängen (zB Gesamtrechtsnachfolge, idR. Steuerneutralität etc.).

28 **Alternative zu Verschmelzung.** Ein *Asset Deal* ist eine Alternative zum *Up-Stream-Merger*. Statt der Verschmelzung einer Tochtergesellschaft auf eine Muttergesellschaft kann die Tochtergesellschaft ihre Wirtschaftsgüter an die Muttergesellschaft (gewinnrealisierend) verkaufen. Anschließend kann die Tochtergesellschaft als leere Hülle fortbestehen oder liquidiert werden. Da beim *Asset Deal* stille Reserven idR. steuerpflichtig realisiert werden, ist er insbesondere dann eine Alternative zur (steuerneutralen) Verschmelzung, wenn dies gesellschaftsrechtlich nicht möglich ist (etwa bei Beteiligung von Drittstaaten-Gesellschaften) oder wenn keine nennenswerten stillen Reserven vorhanden sind.

29 **Alternative zu Spaltung.** Ein *Asset Deal* kann als Alternative zur (nicht verhältniswahrenden) Aufspaltung gewählt werden. So kann zB eine zweigliedrige Gesellschaft dergestalt aufgespalten werden, dass jeder ihrer Gesellschafter eine Gesellschaft erhält. Alternativ kann die Gesellschaft aber auch ihre Wirtschaftsgüter entsprechend an ihre Gesellschafter veräußern. Während es bei der Aufspaltung nach dem UmwG zu einer (partiellen) Gesamtrechtsnachfolge kommt und die Aufspaltung idR. steuerneutral sein kann, führt der *Asset Deal* zur Einzelrechtsnachfolge und ist immer gewinnrealisierend.

30 **Sonstiges.** Ein *Asset Deal* kann auch zu Begründung eines *Joint Venture* verwendet werden. Statt die Wirtschaftsgüter in das *Joint Venture* Vehikel einzubringen können die *Joint Venture* Partner dem *Joint Venture* Vehikel Eigenkapital oder Darlehen zur Verfügung stellen damit es die Wirtschaftsgüter von ihnen erwerben kann.

B. Anwachsung des Gesellschaftsvermögens über die Grenze

I. Heraus-Anwachsung auf eine EU-/Drittlandsgesellschaft

1. Zivil-/gesellschaftsrechtliche Grundlagen

a) Übersicht und graphische Darstellung

Übersicht. Die Heraus-Anwachsung auf eine EU-/Drittlandsgesellschaft soll anhand einer zweigliedrigen KG mit einer deutschen Gesellschaft und einer EU-Gesellschaft als Gesellschafter dargestellt werden, da dies in der Unternehmenspraxis die am häufigsten anzutreffende Konstellation sein dürfte. Scheidet die deutsche Gesellschaft aus der KG aus, erlischt die KG und das gesamte Vermögen der KG wächst dem ausländischen Gesellschafter an. 31

Beispielsfall: 32
Die Heraus-Anwachsung kann zB bei einer Srl & Co. KG („KG") durchgeführt werden. Die KG hat zwei Gesellschafter, eine nach dem Recht Italiens zu behandelnde Srl als Komplementärin und eine deutsche GmbH als Kommanditistin. Die Srl ist alleinige Gesellschafterin der GmbH und hält 100% des Kapitals der KG, die GmbH ist nicht am Kapital der KG beteiligt. Die KG hat ein Grundstück in Deutschland, auf dem es ihren Geschäftsbetrieb führt. Die KG hat die folgenden 100% Beteiligungen: eine Tochter-GmbH („T-GmbH") in Deutschland, eine Tochter-Ltd. („T-Ltd.") in England, eine Tochter-Corporation („T-Inc.") in den USA. Darüber hinaus unterhält die KG sowohl in England als auch in den USA eine Betriebsstätte. Schließlich ist sie an Tochter Limited Partnerships sowohl in England („T-LP1") als auch in den USA („T-LP2") beteiligt. Schaubild 1 zeigt diese Beteiligungsstruktur.

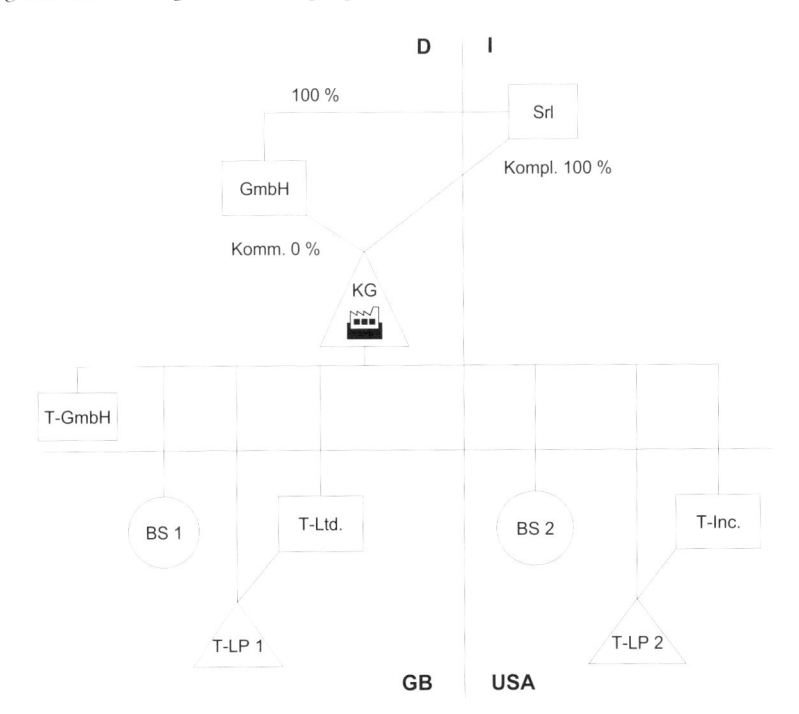

33 Scheidet die GmbH aus der KG aus, erlischt die KG. Das gesamte Vermögen der KG, darunter auch das Grundstück, die Vermögensgegenstände des Geschäftsbetriebs sowie die Beteiligungen an den Tochtergesellschaften wachsen der Srl an. Diese ist nunmehr Eigentümerin des Grundstücks und des inländischen Geschäftsbetriebs. Dieser Geschäftsbetrieb bildet eine Betriebsstätte in Deutschland. Darüber hinaus hält die Srl die Beteiligungen an der T-GmbH, T-Ltd. und der T-Inc. Falls die Gesellschaftsverträge der Limited Partnerships eine Vermögensnachfolge der einzelnen Partner zulassen, übernimmt die Srl auch die Beteiligungen an der T-LP1 und der T-LP2. Die Beteiligungsstruktur nach der Anwachsung wird im Schaubild 2 gezeigt.

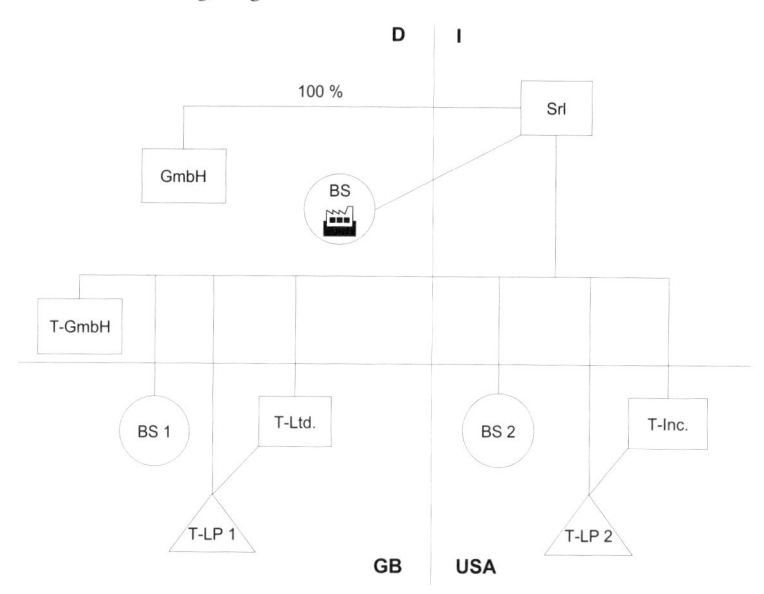

34 **Alternative zur Side-Stream Heraus-Verschmelzung.** Die Heraus-Anwachsung kann eine Umstrukturierungsalternative zu einer Heraus-Verschmelzung sein. So können die Vermögensgegenstände zweier Kapitalgesellschaften einer Holding-Aktiengesellschaft („AG") durch Heraus-Verschmelzung oder durch Heraus-Anwachsung zusammengeführt werden. Dabei soll auf den Beispielsfall des 2. Teils zurückgegriffen werden. Dieser zeigt eine deutsche GmbH, die auf eine italienische Srl verschmolzen werden soll. Der Übergang des Vermögens der GmbH auf die Srl kann auch durch eine Heraus-Anwachsung durchgeführt werden. Beide Gesellschaften müssen dazu nur eine KG gründen, bei der die Srl 100% des Kapitals hält und die GmbH entsprechend nicht am Kapital beteiligt ist. Diese Beteiligungsstruktur nach Gründung der KG zeigt Schaubild 3.

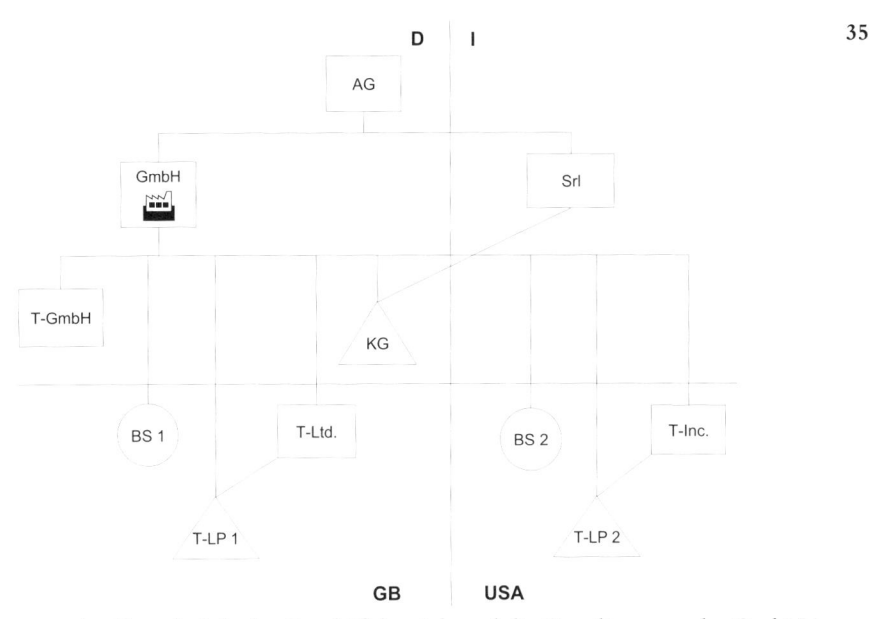

B. Anwachsung des Gesellschaftsvermögens über die Grenze

35

Werden nun das Grundstück, der Geschäftsbetrieb und die Beteiligungen der GmbH in die KG eingebracht, liegt nun die Ausgangssituation für eine Heraus-Verschmelzung vor, wie Schaubild 4 (vergleichbar mit Schaubild 1) zeigt.

36

Hat die GmbH vorher ihre Vermögenswerte vollständig in die T-GmbH oder die KG eingebracht, so führt der anschließende Austritt der GmbH aus der KG zum Übergang aller Vermögenswerte auf die Srl durch Anwachsung.

b) Voraussetzungen der Heraus-Anwachsung

37 Anwendbares Recht. Die Heraus-Anwachsung des gesamten Vermögens einer deutschen KG auf eine EU-Gesellschaft erfolgt durch Ausscheiden des einzigen weiteren Gesellschafters aus der KG. Das Ausscheiden des Gesellschafters unterliegt deutschem Gesellschaftsrecht, denn dieses bestimmt sich nach seinem Mitgliedsrecht in der Gesellschaft und bedeutet zugleich die Beendigung der Mitgliedschaft des Gesellschafters. Das Ausscheiden eines Gesellschafters betrifft die innere Verfassung der Gesellschaft. Die maßgebliche Rechtsordnung für die gesamte innere Verfassung der Gesellschaft[59] und Mitgliedschaft[60] ist das Gesellschaftsstatut der KG. Hat die KG sowohl ihren satzungsmäßigen Sitz als auch ihren Verwaltungssitz in Deutschland, ist das Gesellschaftsstatut deutsches Recht. Das Personalstatut des ausscheidenden Gesellschafters ist dagegen nicht anzuwenden. Auf die Gesellschafter der KG ist ihr Personalstatut nur soweit anzuwenden, als zu prüfen ist, ob sich die einzelnen Gesellschafter wirksam an einer Gesellschaft nach deutschem Recht beteiligen können[61].

38 Art des Ausscheidens. Der Gesellschafter kann aus der Gesellschaft auf zwei verschiedene Arten austreten. Der Gesellschafter kann den Gesellschaftsvertrag der KG gemäß §§ 161 Abs. 2, 131 Abs. 3 Nr. 3 HGB kündigen. Die Kündigung führt mangels anderer gesellschaftsvertraglicher Vereinbarungen zum Ausscheiden des Gesellschafters aus der KG[62]. Darüber hinaus kann der Gesellschafter neben den gesetzlichen Ausscheidensgründen des § 131 HGB mit dem anderen Gesellschafter eine Ausscheidensvereinbarung abschließen[63].

39 Kündigung. Soweit der Gesellschaftsvertrag nichts anderes vorsieht, kann der Gesellschafter durch ordentliche Kündigung gemäß § 132 HGB nur zum Jahresende ausscheiden. Die Kündigungsfrist beträgt 6 Monate. Die Kündigungserklärung selbst ist formfrei[64], die Schriftform empfiehlt sich jedoch. Die Kündigung muss dem anderen Gesellschafter zugehen[65]. Eine außerordentliche Kündigung ist möglich, dürfte für den Fall einer grenzüberschreitenden Umstrukturierung aber nicht in Frage kommen. Die Umstrukturierung an sich bildet jedenfalls keinen wichtigen Grund.

40 Ausscheidensvereinbarung. Sieht der Gesellschaftsvertrag keine Erleichterungen der gesetzlichen Regelung vor, ist der Gesellschafter an die starre Regelungen hinsichtlich Beendigungszeitpunkt und Kündigungsfrist gebunden. Aus diesem Grund bietet sich der Abschluss einer Ausscheidensvereinbarung zwischen den Gesellschaftern an, in der diese das Ausscheiden des einen Gesellschafters entweder mit sofortiger Wirkung oder zu einem bestimmten Zeitpunkt vereinbaren[66]. Auch wenn der Abschluss der Ausscheidensvereinbarung formfrei möglich ist, empfiehlt sich ebenfalls die Schriftform.

41 Inhalt. In der Ausscheidensvereinbarung ist zu regeln, dass der ausscheidende Gesellschafter zu einem bestimmten Zeitpunkt austritt. Ist der ausscheidende Gesellschafter, wie meistens in der Praxis und auch im Beispielsfall, nicht am Kapital der KG beteiligt, erhält er keine Abfindung bei seinem Ausscheiden. Dies sollte die Vereinbarung festhalten. Ist der ausscheidende Gesellschafter am Kapital der KG beteiligt, hat er Anspruch auf eine Abfindung. Dieser Anspruch richtet sich gegen die Gesellschaft und nach deren Beendigung

---

[59] MünchKommBGB/*Kindler*, IntGesR, Rn. 589.
[60] MünchKommBGB/*Kindler*, IntGesR, Rn. 610.
[61] MünchKommBGB/*Kindler*, IntGesR, Rn. 574.
[62] *BH/Hopt*, HGB, § 131 Rn. 34; MünchKommHGB/*Schmidt*, § 131, Rn. 77.
[63] BGH, Urteil v. 13.1.2003 – II ZR 58/00, NJW-RR 2003, 533; MünchKommHGB/*Schmidt*, § 131, Rn. 93.
[64] *BH/Hopt*, HGB, § 132 Rn. 3; MünchKommHGB/*Schmidt*, § 132, Rn. 18.
[65] *BH/Hopt*, HGB, § 132 Rn. 3; MünchKommHGB/*Schmidt*, § 132, Rn. 17.
[66] *BH/Hopt*, HGB, § 131 Rn. 82; MünchKommHGB/*Schmidt*, § 131, Rn. 93 f.

gegen den übernehmenden Gesellschafter[67]. In diesem Fall können Regelungen über die Abfindung, zB hinsichtlich Höhe, Fälligkeit und Zahlbarkeit, in die Ausscheidensvereinbarung aufgenommen werden. Darüber hinaus sollte klarstellend vereinbart werden, dass der andere Gesellschafter als alleiniger verbleibender Gesellschafter der Gesellschaft das Vermögen und die Verbindlichkeiten der Gesellschaft im Wege der Gesamtrechtsnachfolge ohne Liquidation übernimmt. Aufgrund des grenzüberschreitenden Sachverhalts empfiehlt sich die Aufnahme einer Rechtswahlklausel, nach der deutsches Recht auf die Vereinbarung anzuwenden ist. Diese ist allerdings nur im Hinblick auf den eventuell in der Vereinbarung geregelten Abfindungsanspruch bedeutsam, da auf das Ausscheiden selbst zwingend deutsches Recht anwendbar ist.

Zustimmungserfordernisse. Die vertretungsberechtigten Organe der Gesellschafter 42 sind grundsätzlich zur Kündigung oder dem Abschluss der Ausscheidensvereinbarung berechtigt. Welche Organe das Ausscheiden des Gesellschafters bei der Gesellschaft zu bewirken haben oder daran mitzuwirken haben, richtet sich nach dem Gesellschaftsstatut des Gesellschafters, da dies die innere Ordnung des Gesellschafters und nicht der Gesellschaft betrifft. Ist deutsches Recht anzuwenden, kann der vertretungsberechtigte Gesellschafter oder Geschäftführer nach außen wirksam die Kündigung erklären oder die Ausscheidensvereinbarung abschließen, da seine Vertretungsmacht sachlich nicht beschränkt werden kann[68]. Im Innenverhältnis kann es jedoch erforderlich sein, die Zustimmung der Gesellschafter durch Beschluss einzuholen. Ein solches Erfordernis kann sich aufgrund der Satzung oder daraus ergeben, dass es sich bei dem Austritt um ein ungewöhnliches Geschäft oder um ein Grundsatzgeschäft handelt[69]. Aus diesem Grund empfiehlt es sich bei internen Umstrukturierungsmaßnahmen, vorsorglich einen Gesellschafterbeschluss des ausscheidenden Gesellschafters einzuholen.

c) Rechtsfolgen der Heraus-Anwachsung und weitere Folgen

Rechtsfolgen. Durch das Ausscheiden des Gesellschafters erlischt die zweigliedrige 43 KG[70]. Eine Liquidation der Gesellschaft gemäß §§ 161 Abs. 2, 145 ff. HGB wird nicht durchgeführt[71]. Das Erlöschen der Gesellschaft ist von allen Gesellschaftern, auch des ausscheidenden, gemäß §§ 161 Abs. 2, 143 HGB zum Handelsregister in öffentlich beglaubigter Form anzumelden. Die Anmeldung ist auf Eintragung der Auflösung der Gesellschaft zu richten[72]. Die Eintragung in das Handelsregister wirkt allerdings nicht konstitutiv, sondern nur deklaratorisch[73]. Durch die Auflösung der Gesellschaft gehen die Gesellschafterstellung und die Mitgliedschaft des verbliebenen Gesellschafters unter[74]. Der verbliebene Gesellschafter übernimmt das gesamte Vermögen der Gesellschaft mit allen Aktiva und Passiva[75]. Dies geschieht im Wege der Gesamtrechtsnachfolge unter Umwandlung des Gesamthandeigentums in Alleineigentum des übernehmenden Gesellschafters, ohne dass es

---

[67] *Krüger* DStZ 1986, 382 (383); BH/*Hopt*, HGB, § 131 Rn. 48.
[68] Vgl. § 126 HGB, § 78 AktG; §§ 35–37 GmbHG.
[69] für die GmbH vgl. BH/*Zöllner/Noack*, GmbHG, § 37 Rn. 7–15; für die AG vgl. *Hüffer*, AktG, § 119 Rn. 16–18c.
[70] MünchKommHGB/*Schmidt*, § 131, Rn. 105; BH/*Hopt*, HGB, § 131 Rn. 35.
[71] *Orth* DStR 1999, 1011 (1012); MünchKommHGB/*Schmidt*, § 131, Rn. 105.
[72] BH/*Hopt* HGB, § 143 Rn. 1; aA MünchKommHGB/*Schmidt*, § 143, Rn. 4: Anzumelden ist das Erlöschen der Firma.
[73] BH/*Hopt*, HGB, § 143 Rn. 5; MünchKommHGB/*Schmidt*, § 143, Rn. 20.
[74] *Orth* DStR 1999, 1011 (1013) mwN.
[75] BGH, Urteil v. 10.12.1990 – II ZR 256/89, NJW 1991, 844; *Orth*, DStR 1999, 1011 (1012); MünchKommHGB/*Schmidt*, § 131, Rn. 105.

eines besonderen Übertragungsakts bedarf[76]. Der Übergang aller Aktiva und Passiva ist zwingend, eine Vereinbarung mit dinglicher Wirkung ist nicht möglich[77]. Da der Vermögensübergang ohne einen gesonderten Übertragungsakt erfolgt, sind die Formvorschriften, die für die Übertragung bestimmter Wirtschaftsgüter gelten, wie zB die notarielle Beurkundung für die Übertragung von Grundstücken oder GmbH-Geschäftsanteile, nicht zu beachten.

44 **Haftung des ausscheidenden Gesellschafters.** Der ausscheidende Gesellschafter haftet für die Verbindlichkeiten der Personengesellschaft zeitlich begrenzt[78]. Gemäß § 160 Abs. 1 S. 1 HGB haftet der ausscheidende Gesellschafter grundsätzlich nur für Verbindlichkeiten, die vor Ablauf von fünf Jahren nach dem Ausscheiden fällig geworden und gemäß § 197 Abs. 1 Nr. 3 bis 5 BGB festgestellt wurden. Die fünfjährige Verjährungsfrist beginnt nach § 160 Abs. 1 S. 2 HGB mit Ende des Tages, an dem das Ausscheiden in das Handelsregister eingetragen ist. Das Ausscheiden des Gesellschafters und die damit einhergehende Auflösung der Gesellschaft sollte daher zügig zum Handelsregister angemeldet werden.

45 **Rechtsfragen bei übernehmenden Gesellschafter.** Die ausländische Gesellschaft als übernehmender Gesellschafter ist nun Eigentümer eines Grundstücks einschließlich eines Geschäftsbetriebs, mehrerer Beteiligungen und Betriebsstätten. Die neue Struktur der ausländischen Gesellschaft kann eventuell eine Anpassung des Unternehmensgegenstands im Gesellschaftsvertrag erforderlich machen. Ob deshalb der Gesellschaftsvertrag geändert werden muss, richtet sich allerdings nach dem Gesellschaftsstatut der ausländischen Gesellschaft.

46 **Zweigniederlassung.** Hat die KG einen eigenen Geschäftsbetrieb in Deutschland geführt, wird dieser nun von der ausländische Gesellschaft fortgeführt. Qualifiziert dieser Geschäftsbetrieb in Deutschland als eine Zweigniederlassung im Sinne des Handelsrechts, d.h. als ein von der Hauptniederlassung räumlich getrennter, unter deren Oberleitung stehender, jedoch wirtschaftlich und organisatorisch verselbstständigter Betriebsteil[79], hat die ausländische Gesellschaft die Zweigniederlassung gemäß § 13d HGB zum Handelsregister anzumelden. Diese Anmeldepflicht besteht unabhängig vom Gesellschaftsstatut aufgrund deutschen Sachrechts[80].

47 **Anmelde- und Anzeigepflichten.** Darüber hinaus kann die ausländische Gesellschaft aufgrund der Anwachsung weiteren Anmelde- und Anzeigepflichten unterliegen. Da sie durch die Anwachsung Eigentümerin eines Grundstücks in Deutschland ist, hat sie die Änderung des Eigentums an dem Grundstück dem Grundbuchamt mitzuteilen. Das Grundbuch muss gemäß § 894 BGB berichtigt werden. Der ausscheidende Gesellschafter hat der Grundbuchberichtigung zuzustimmen[81]. Zum Beweis der Rechtsnachfolge genügt die in öffentlich beglaubigter Form erfolgte Anmeldung der Auflösung der Gesellschaft[82]. Sind in anderen Staaten belegene Grundstücke auf sie übergegangen, so muss sie die in diesen Staaten geltenden Anmelde-, Anzeige- oder Registrierungspflichten erfüllen. Ist die ausländische Gesellschaft durch die Rechtsnachfolge Eigentümerin von mehr als 3% der Stimm- und/oder Kapitalanteile an einer in Deutschland börsennotierten Gesellschaft geworden, so hat sie dies gemäß § 21 Abs. 1 WpHG der börsennotierten Gesellschaft

---

[76] *Orth* DStR 1999, 1011 (1012 f.); MünchKommHGB/*Schmidt*, § 131, Rn. 105; *BH/Hopt*, HGB, § 131 Rn. 35.
[77] Münch Hdb. KG/*Piehler/Schulte*, § 37 Rn. 12.
[78] Vgl. dazu Münch Hdb. KG/*Piehler/Schulte*, § 37 Rn. 71 ff.
[79] BH/*Hopt*, HGB, § 13 Rn. 3; *Spahlinger/Wegen*, Internationales Gesellschaftsrecht in der Praxis, 2005, S. 147.
[80] *Spahlinger/Wegen*, Internationales Gesellschaftsrecht in der Praxis, 2005, S. 147.
[81] *Krüger* DStZ 1986, 382 (383).
[82] MünchKommHGB/*Schmidt*, § 131, Rn. 105.

und der BaFin mitzuteilen. Ähnliches gilt für Beteiligungen an ausländischen Gesellschaften, falls dort Meldepflichten bestehen.

Beispiel: 48
Auf den geschilderten Beispielsfall angewendet bedeutet dies, dass die GmbH durch Kündigung oder Austrittsvereinbarung mit der Srl aus der KG ausscheidet. Dies führt zum Erlöschen der KG und damit zum Übergang des gesamten Vermögens der KG an die Srl. Diese führt nun auf einem deutschen Grundstück einen Geschäftsbetrieb. Aus diesem Grund hat sie eine Zweigniederlassung zum Handelsregister in Deutschland anzumelden.

d) Bilanzielle Auswirkungen und Darstellung der Anwachsung bei der aufnehmenden Gesellschaft mit Zweigniederlassung im Inland

aa) HGB. Tritt der vorletzte Gesellschafter einer inländischen Personenhandelsgesellschaft aus dieser aus, so werden die Vermögensgegenstände und Schulden – wie bei einer Verschmelzung – im Wege der Gesamtrechtsnachfolge auf den letztverbleibenden Gesellschafter übertragen.[83] Geht hierbei ein inländischer Geschäftsbetrieb auf eine ausländische Gesellschaft über, so ist dieser ggf. nach § 13d HGB als Zweigniederlassung zum Handelsregister anzumelden.[84] Da inländische Zweigniederlassungen ausländischer Unternehmen wie Hauptniederlassungen behandelt werden, unterliegen diese auch der Buchführungspflicht.[85] Damit ist für den Zeitpunkt, in dem die Zweigniederlassung begründet wird, grundsätzlich eine eigenständige Eröffnungsbilanz nach HGB aufzustellen. 49

Ein handelsrechtlicher **Jahresabschluss** braucht für die inländische Zweigniederlassung nicht offengelegt zu werden.[86] Stattdessen verlangt § 325a HGB bei inländischen Zweigniederlassungen von Kapitalgesellschaften mit Sitz in einem anderen EU- oder EWR-Staat die Offenlegung aller Unterlagen, die nach dem Recht der Hauptniederlassung erstellt, geprüft und offengelegt oder hinterlegt worden sind. Diese Offenlegungspflicht erstreckt sich ggf. auch auf den Konzernabschluss der Hauptniederlassung.[87] Die geforderten Unterlagen sind in deutscher oder englischer Sprache beim Bundesanzeiger einzureichen. Im Beispielsfall muss die Srl also ab dem Zeitpunkt der Anwachsung die nach italienischem Recht offenlegungspflichtigen Unterlagen auch im deutschen Bundesanzeiger veröffentlichen bzw. hinterlegen. Die Einreichung hat dabei durch die nach § 13e Abs. 2 Satz 4 Nr. 3 HGB benannten ständigen Vertreter der Zweigniederlassung oder, falls solche nicht angemeldet sind, durch die gesetzlichen Vertreter der Hauptniederlassung zu erfolgen.

bb) IFRS. Besonderheiten der Rechnungslegung nach IFRS ergeben sich beim übertragenden Rechtsträger insoweit nicht. Für die Rechnungslegung bei der Srl als übernehmender Rechtsträger kann auf die Ausführungen zur Verschmelzung verwiesen werden.[88] 50

e) Arbeits-/mitbestimmungsrechtliche Aspekte

Arbeitsverhältnisse. Mit Wirkung des Übergangs des gesamten Vermögens unter Einschluss aller Aktiva und Passiva an die ausländische Gesellschaft, gehen auch die Vertragsverhältnisse mit Arbeitnehmern, die mit der KG bestanden haben, im Wege der Gesamt- 51

---

[83] IDW RS HFA 42, Rn. 92.
[84] Vgl. hierzu vorstehend Rn. 46.
[85] Sonderbilanzen/*Förschle/Kropp/Schellhorn*, D 3; BeBiKo/*Winkeljohann/Klein*, HGB, § 238 Rn. 37; ADS HGB § 238 Rn. 18.
[86] BeBiKo/*Grottel*, HGB, § 325a Rn. 2; ADS HGB § 325a Rn. 21; Haufe/*Kaminski*, HGB, § 325a Rn. 21.
[87] BeBiKo/*Grottel*, HGB, § 325a Rn. 32; ADS HGB § 325a Rn. 24; Haufe/*Kaminski*, HGB, § 325a Rn. 23.
[88] Vgl. hierzu vorstehend 2. Teil: Rn. 657 ff.

rechtsnachfolge auf sie über, ohne dass es eines gesonderten Übernahmevertrags mit dem einzelnen Arbeitnehmer bedarf.

52 **Betriebsübergang.** § 613a BGB findet auf diesen Übergang der Arbeitsverhältnisse keine Anwendung. Zwar mag es sich bei dem Übergang des Vermögens, insbesondere des Geschäftsbetriebs der KG, um einen Betriebsübergang im Sinne des § 613a Abs. 1 BGB handeln, jedoch wurde dieser nicht durch Rechtsgeschäft vollzogen, sondern von Gesetzes wegen, nämlich im Wege der Gesamtrechtsnachfolge[89]. Daher sind die Arbeitnehmer der KG weder gemäß § 613a Abs. 5 BGB von dem Übergang ihres Arbeitsverhältnisses zu informieren. Sie haben auch kein Widerspruchsrecht nach § 613a Abs. 6 BGB gegen den Übergang.[90] Das Widerspruchsrecht würde zudem leer laufen, da ein Verbleib des Arbeitnehmers bei der KG wegen der Auflösung nicht möglich ist[91]. Eine Anwendbarkeit des § 613a Abs. 1, 4 bis 6 BGB folgt auch nicht aus § 324 UmwG, da dieser nur auf nach dem UmwG durchgeführte Umstrukturierungen Anwendung findet[92]. Da § 613a BGB auf eine Umstrukturierung im Wege der Heraus-Anwachsung nicht anzuwenden ist, gehen mit den Arbeitsverhältnissen die kollektivrechtlichen Beziehungen, wie Tarifverträge und Betriebsvereinbarungen, nicht mit über. Deren Regelungen werden auch nicht Bestandteil des Arbeitsvertrags.

53 **Mitbestimmung.** Da sowohl § 1 MitbestG als auch § 1 DrittelbG Kommanditgesellschaften vom direkten Anwendungsbereich des MitbestG und des DrittelbG ausnehmen, unterliegt weder eine GmbH & Co. KG mit einem ausländischen Kommanditisten noch eine KG mit einer ausländischen Gesellschaft als Komplementärin, zB eine Sarl & Co. KG, der unternehmerischen Mitbestimmung. Allerdings werden gemäß § 4 MitbestG die Arbeitnehmer der KG unter bestimmten Voraussetzungen der Komplementär-GmbH zugerechnet mit der Folge, dass bei ihr ein mitbestimmter Aufsichtsrat zu bilden ist[93]. Demnach unterliegt bei der GmbH & Co. KG die Komplementär-GmbH der Mitbestimmung, wenn die GmbH persönlich haftender Gesellschafter der KG ist, die Kommanditisten allerdings die Mehrheit der Anteile oder der Stimmen innehat und die KG mehr als 2000 Arbeitnehmer beschäftigt[94]. Bei der Srl & Co. KG unterliegt dagegen auch die Srl nicht der Mitbestimmung, selbst wenn die KG mehr als 2000 Arbeitnehmer beschäftigt. Gemäß § 4 MitbestG werden die Arbeitnehmer nämlich nur inländischen Kapitalgesellschaften zugerechnet. Ist der persönlich haftende Gesellschafter eine ausländische Kapitalgesellschaft, so ist das MitbestG auf diese nicht anwendbar[95]. Der Vermögensübergang auf die ausländische Gesellschaft infolge der Heraus-Anwachsung führt keine veränderte Rechtslage herbei. Die Srl als übernehmender Gesellschafter unterliegt nicht der deutschen Mitbestimmung, selbst wenn sie eine Zweigniederlassung in Deutschland hat. Sie kann jedoch der unternehmerischen Mitbestimmung nach französischem Recht unterliegen[96]. Gleiches gilt für eine erloschene GmbH & Co. KG. Dort war die Mitbestimmung bei der Komplementär-GmbH angesiedelt, diese ist jedoch ausgeschieden und die Arbeitsverhältnisse sind auf den ausländischen Kommanditisten übergegangen. Für eine Mitbestimmung

---

[89] MünchKommBGB/*Müller-Glöge*, § 613a Rn. 63; *Krüger* DStZ 1986, 382 (384); unklar ErfKomm/*Preis*, § 613a BGB Rn. 181.
[90] BAG Urteil v. 21.2.2008, 8 AZR 157/07; vgl. ErfKomm/*Preis*, § 613a BGB Rn. 183.
[91] MünchKommBGB/*Müller-Glöge*, § 613a Rn. 63; vgl. zu gleicher Konstellation im Zuge einer Verschmelzung *Kallmeyer/Willemsen*, § 324 Rn. 47.
[92] *J. Semler/Stengel/Simon*, UmwG 2003, § 324 Rn. 4.
[93] Eine dem § 4 MitbestG vergleichbare Regelung enthält das DrittelbG nicht.
[94] Das DrittelbG ist dagegen nicht einschlägig, da es weder auf die KG noch auf die GmbH & Co. KG anwendbar ist.
[95] ErfKomm/*Oetker*, § 1 MitbestG, Rn. 2ff. mwN, § 4 MitbestG, Rn. 1; *Eidenmüller/Engert*, Ausländische Kapitalgesellschaften im deutschen Recht, 2004, S. 127.
[96] Vgl. *Eidenmüller/Engert*, Ausländische Kapitalgesellschaften im deutschen Recht, 2004, S. 127.

bei der GmbH ist dann kein Raum mehr, außer auf sie findet das MitbestG gesondert Anwendung.

MgVG. Das MgVG findet auf die Heraus-Anwachsung keine Anwendung. Gemäß § 1 Abs. 1 MgVG ist Zielsetzung des Gesetzes, die Mitbestimmung der Arbeitnehmer in den Unternehmensorganen von Gesellschaften, die aus einer grenzüberschreitenden Verschmelzung gemäß § 122a UmwG hervorgegangen sind, zu sichern. Die Heraus-Anwachsung unter Auflösung einer KG ist keine grenzüberschreitende Verschmelzung. Aufgrund der eindeutigen Zielsetzung des MgVG verbietet sich eine analoge Anwendung. 54

Betriebsverfassung. Führt die ausländische Gesellschaft als übernehmender Gesellschafter den Geschäftsbetrieb in Deutschland weiter und hält dabei den bestehenden Betrieb oder bestehende Betriebe im Inland aufrecht, bleiben Betriebsrat oder Betriebsräte bestehen. Gleiches gilt für einen Gesamtbetriebsrat sowie für Wirtschaftsausschüsse. Dies folgt aus dem Begriff des Betriebs gemäß dem Betriebsverfassungsrecht, der nicht an die jeweilige Gesellschaftsform gebunden ist, sondern sich an der jeweiligen organisatorischen Einheit orientiert[97]. Gleiches gilt für leitende Angestellte, die in einem Sprecherausschuss vertreten sind. Dessen sachlicher Geltungsbereich liegt ebenfalls im Betrieb, so wie ihn das BetrVG vorgibt[98]. Wird der Betrieb nicht fortgeführt, bleibt der Betriebsrat nach § 21a BetrVG so lange im Amt, wie dies zur Wahrnehmung der Rechte erforderlich ist. 55

Tarifrecht. War die deutsche Gesellschaft in den Geltungsbereich eines Tarifvertrags einbezogen, findet der Tarifvertrag auf die Arbeitsverhältnisse der Arbeitnehmer mit der deutschen Gesellschaft Anwendung, sofern der Arbeitnehmer auch tarifgebunden ist. Gleiches gilt, wenn im Arbeitsvertrag auf den Tarifvertrag Bezug genommen wurde. Die ausländische Gesellschaft als Gesellschafter wird wohl nicht Mitglied im Arbeitgeberverband sein. Gehen die Arbeitsverhältnisse infolge der Anwachsung auf die ausländische Gesellschaft über, hat der Arbeitnehmer einen neuen Arbeitgeber, der nicht in den Geltungsbereich des Tarifvertrags einbezogen ist. Der Tarifvertrag findet auf diese Arbeitsverhältnisse, die nun zwischen der ausländischen Gesellschaft und dem Arbeitnehmer bestehen, keine direkte Anwendung. Auch verbietet sich eine indirekte Einbeziehung der tarifvertraglichen Regelungen in den Arbeitsvertrag, da § 613a Abs. 1 BGB im Rahmen der Heraus-Anwachsung keine Anwendung findet. Allerdings wirken die tarifvertraglichen Regelungen gemäß § 4 Abs. 5 TVG solange nach, bis sie durch eine andere Abmachung ersetzt werden. Diese Nachwirkung gilt jedoch nur für die übergegangenen Arbeitsverhältnisse. Neue Arbeitsverhältnisse werden dagegen nicht erfasst[99]. Wird allerdings in dem Arbeitsvertrag auf den Tarifvertrag Bezug genommen, finden die tarifvertraglichen Regelungen auch nach der Heraus-Anwachsung weiter Anwendung. 56

f) Kartellrecht und Sonstiges

Kartellrecht. Der Übergang des gesamten Vermögens von der Gesellschaft auf die ausländische Gesellschaft als übernehmender Gesellschafter im Wege der Gesamtrechtsnachfolge stellt regelmäßig keinen Zusammenschluss dar, der dem Bundeskartellamt anzumelden oder anzuzeigen ist. Zwar liegt in dem Übergang des gesamten Vermögens auf die ausländische Gesellschaft ein Erwerb des ganzen Vermögens durch ein Unternehmen iSd § 37 Abs. 1 Nr. 1 GWB[100], so dass ein Zusammenschluss vorliegt. Dieser ist auch bei Überschreiten bestimmter Schwellenwerte beim Bundeskartellamt anmelde- oder anzeige- 57

---

[97] ErfKomm/*Koch*, § 1 BetrVG Rn. 8.
[98] ErfKomm/*Oetker*, § 1 SprAuG Rn. 2.
[99] ErfKomm/*Franzen*, § 4 TVG Rn. 53.
[100] *Bechtold* GWB, § 37 Rn. 4.

pflichtig. Allerdings war die ausländische Gesellschaft schon vorher mit 100% des Kapitals an der aufgelösten Gesellschaft beteiligt. Daher ist gemäß § 37 Abs. 2 GWB davon auszugehen, dass die beteiligten Unternehmen bereits vorher zusammen geschlossen waren und der Anwachsungsvorgang bezüglich des Vermögens nicht zu einer wesentlichen Verstärkung der bestehenden Unternehmensverbindung führt.

58 **Möglichkeiten der Heraus-Anwachsung.** Die Heraus-Anwachsung ist zusammenfassend ein taugliches Verfahren einer grenzüberschreitenden Umstrukturierung, insbesondere in den Fällen, in denen eine Heraus-Verschmelzung nach § 122a UmwG nicht möglich ist. Dies gilt damit vor allem für Unternehmensverbindungen unter Einbeziehung von deutschen Personenhandelsgesellschaften als übertragende Rechtsträger. Darüber hinaus kann mit dem Verfahren einer Heraus-Anwachsung auch eine grenzüberschreitende Verschmelzung nach § 122a UmwG ersetzt werden.

59 **Vergleich mit Heraus-Verschmelzung.** Die Heraus-Anwachsung bietet hinsichtlich des Vermögensübergangs vergleichbare Erleichterungen wie bei einem Vermögensübergang nach dem UmwG, ohne dass jedoch die Form- und Verfahrensvorschriften des UmwG einzuhalten sind[101]. So gehen bei der Heraus-Anwachsung die Vermögensgegenstände der deutschen Gesellschaft wie bei der Heraus-Verschmelzung automatisch im Wege der Gesamtrechtsnachfolge über. Es bedarf wie bei einer Heraus-Verschmelzung keiner gesonderten Übertragungsverträge. Aufgrund der Gesamtrechtsnachfolge bietet die Heraus-Anwachsung zivilrechtlich die gleiche Transaktionssicherheit wie eine Heraus-Verschmelzung. Die Durchführung der Heraus-Anwachsung ist aber wesentlich weniger verfahrensaufwendig. Das Ausscheiden des Gesellschafters, der die Heraus-Anwachsung herbeiführt, ist formfrei möglich, während bei einer Heraus-Verschmelzung der Verschmelzungsplan gemäß § 122c Abs. 4 UmwG der notariellen Beurkundung bedarf. Ein Verfahren zur Beteiligung der Gesellschafter der an der Heraus-Anwachsung beteiligten Unternehmen ist nicht zwingend notwendig. Ebenso wenig sind bei der Heraus-Anwachsung ein Verschmelzungsbericht zu erstellen oder eine Verschmelzungsprüfung durchzuführen. Mit den geringeren Form- und Verfahrensvorschriften sind dementsprechend geringere Transaktionskosten als bei einer Heraus-Verschmelzung verbunden[102].

2. Steuerrechtliche Behandlung

a) Übersicht

60 **Deutsches Besteuerungsrecht.** Steuerliche Folgen in Deutschland kann die Heraus-Anwachsung nur haben, soweit die betroffenen Wirtschaftsgüter dem deutschen Besteuerungsrecht unterliegen. Dies ist zunächst zu klären.

61 **Nationales deutsches Steuerrecht und DBA.** Ob und inwieweit die betroffenen Wirtschaftsgüter der deutschen Besteuerung unterliegen, richtet sich zunächst nach nationalem Steuerrecht. Deutschland kann aber aufgrund eines mit einem anderen Staat abgeschlossenen DBA verpflichtet sein, den aus seinem nationalen Steuerrecht resultierenden Steueranspruch zurückzunehmen (sog. Schrankenwirkung)[103]. Ein DBA kommt zur Anwendung, wenn eine sog. Doppelbesteuerungssituation vorliegt. Das ist der Fall, wenn mehrere Staaten auf dasselbe Steuerobjekt des Steuerpflichtigen mit einer gleichartigen Steuer zugreifen[104]. Dabei kommt es bisher idR nicht darauf an, ob der andere Vertragsstaat ein ihm nach dem DBA zustehendes Besteuerungsrecht tatsächlich in Anspruch

---

[101] *Orth* DStR 1999, 1011 (1013).
[102] Vgl. WM/*Widmann*, Ordner 8, Anh. 8, Rn. 34.
[103] *Mössner/Mössner* Rn. 2.421.
[104] *Schaumburg* Rn. 12.2 ff. mwN.

nimmt. Die DBA sollen nämlich nicht nur die tatsächliche, sondern auch die sog. virtuelle Doppelbesteuerung vermeiden[105]. Viele der jüngeren DBA rücken von dieser Vorstellung jedoch ab[106]. Sie machen die Überlassung des Besteuerungsrechts an den anderen Vertragsstaat davon abhängig, dass dieser dieses auch tatsächlich ausübt (sog. *Subject to Tax Clause* oder Rückfallklausel)[107].

Beschränkte Steuerpflicht. Eine Kapitalgesellschaft, die weder ihre Geschäftsleitung (§ 10 AO), noch ihren statutarischen Sitz (§ 11 AO) im Inland hat, ist lediglich mit ihren inländischen Einkünften iSd § 49 EStG iVm § 8 Abs. 1 Satz 1 KStG in Deutschland beschränkt körperschaftsteuerpflichtig (§ 2 Nr. 1 KStG). Ob es sich bei einer Gesellschaft ausländischer Rechtsform aus deutscher steuerlicher Sicht um eine Kapitalgesellschaft handelt, wird anhand des sog. Typenvergleichs bestimmt[108]. Die beschränkte Steuerpflicht beginnt, sobald inländische Einkünfte vorliegen. Sie endet, wenn keine inländischen Einkünfte mehr erzielt werden[109]. **62**

Besteuerung der Srl in Deutschland. Die mitunternehmerische Beteiligung durch einen beschränkt Steuerpflichtigen an einer im Inland ansässigen (inländischen) Personengesellschaft, die eine Betriebsstätte unterhält, führt dazu, dass die Betriebsstätte anteilig dem Gesellschafter zuzurechnen ist[110]. Der Gewinnanteil eines beschränkt Steuerpflichtigen an einer inländischen Personengesellschaft ist gem. §§ 49 Abs. 1 Nr. 2 lit. a; 15 Abs. 1 Satz 1 Nr. 2 EStG auf der Grundlage der Steuerbilanz der Gesellschaft und etwaiger Ergänzungsbilanzen und Sonderbilanzen des Gesellschafters zu ermitteln[111]. Auf den Beispielsfall angewendet bedeutet dies, dass die Srl unter der Prämisse, dass die KG im Inland eine Betriebsstätte unterhält, mit ihren Einkünften aus der KG, einschließlich etwaigen Sondervergütungen nach § 15 Abs. 1 Satz 1 Nr. 2 und 3 EStG[112] und Sonderbetriebsvermögen in Deutschland beschränkt körperschaftsteuerpflichtig ist (§§ 2 Nr. 1; 8 Abs. 1 Satz 1 KStG; 49 Abs. 1 Nr. 2 lit. a EStG)[113]. Das von Deutschland reklamierte Besteuerungsrecht wird durch das DBA-Italien nicht beschränkt. Art. 7 Abs. 1 S. 2 DBA-Italien sieht, wie Art. 7 OECD-MA das sog. Betriebsstättenprinzip vor[114]. **63**

Gewerbesteuer auf Ebene der KG. Die KG selbst ist gewerbesteuerpflichtig, soweit sie in Deutschland eine gewerbesteuerliche Betriebsstätte unterhält (§ 2 Abs. 1 Satz 3 GewStG)[115]. **64**

---

[105] Mössner/*Mössner*, Urteil Rn. 2.424.
[106] *Lang* IStR 2002, 609.
[107] Vogel/*Vogel*, Urteil vor Art. 6–22 Rn. 19, 34; zu ertragsteuerlichen Auswirkungen sog. Rückfallklauseln in den deutschen DBA nach dem Urteil des BFH v. 17.12.2003, BStBl. II 2004, 206, siehe OFD Düsseldorf und Münster v. 18.7.2005, IStR 2006, 96.
[108] Gosch/*Lambrecht*, § 2 Rn. 17; zum Typenvergleich s. Tabellen 1 und 2 zu BMF v. 24.12.1999, BStBl. I 94, 1076; zur Einordnung einer US-amerikanischen LLC s. BMF v. 19.3.2004, BStBl. I 04, 411.
[109] R 4 Abs. 1 KStR.
[110] BMF 16.4.2010, BStBl. I 2010, 354, Tz. 3.1.
[111] BMF 24.12.1999, BStBl. I 1999, 1076, Tz. 1.1.5.5.
[112] Die Behandlung von Sondervergütungen für DBA Zwecke ist umstritten. Schmidt/*Loschelder*, § 49 Rn. 40; Wassermeyer/*Krabbe*, Art. 7 DBA-Italien Rn. 14; Wassermeyer/Andresen/Ditz/*Wassermeyer*, Rn. 7.10 ff.; Löwenstein/Looks/*Maier*, Rn. 455 ff. Seit dem Jahressteuergesetz 2009 siehe § 50d Abs. 10 EStG.
[113] Wassermeyer/*Krabbe*, Art. 7 DBA-Italien Rn. 13; zur Problematik der Sondervergütungen BMF 24.12.1999, BStBl. I 1999, 1076, Tz. 1.2.3.; BMF 16.4.2010, BStBl. I 2010, 354, Tz. 5; Mössner/Schänzle/*Engel* Rn. 5.202. Anders für Zinseinkünfte von Mitunternehmern aus Darlehen, die sie der Mitunternehmerschaft gewähren: BFH, Urteil v. 9.8.06-II R 59/05, DStRE 2007, 28; BFH, Urteil 17.10.07-I R 5/06, BStBl. II 2009, 356. Zuletzt auch BFH, Urteil v. 9.12.10-I R 49/09; BFH, Urteil v. 8.9.10-I R 74/09, BFH/NV 2011, 138; BFH, Urteil v. 25.5.11-I R 95/10; *Häck* IStR 2011, 71; *Prinz* DB 2011, 1415.
[114] Wassermeyer/*Krabbe* Art. 7 DBA-Italien Rn. 1; zum Betriebsstättenprinzip allgemein Vogel/*Hemmelrath* Art. 7 Rn. 3 ff.
[115] Wassermeyer/Andresen/Ditz/*Wassermeyer* Rn. 7.30.

65 **GmbH.** Aus Sicht der deutschen Finanzverwaltung ist die Beteiligung an der GmbH auch abkommensrechtlich Sonderbetriebsvermögen der Srl bei der T-KG[116]. Gewinnausschüttungen und Veräußerungsgewinne gehören zu den beschränkt körperschaftsteuerpflichtigen Betriebsstätteneinkünften der Srl[117]. Auf Gewinnausschüttungen einbehaltene Kapitalertragsteuer hat keine abgeltende Wirkung gemäß § 32 Abs. 1 Nr. 2 KStG. Die Nichterhebung der Kapitalertragsteuer nach der EU Mutter/Tochter-Richtlinie ist gemäß § 43b Abs. 1 Satz 2 EStG nicht möglich. Deutschland wendet die Mutter/Tochter-Richtlinie nicht an, wenn die Beteiligung an der Tochtergesellschaft über eine inländische Betriebsstätte gehalten wird[118]. Aufgrund des jeweiligen Betriebsstättenvorbehalts finden der Dividendenartikel und der Veräußerungsgewinnartikel des DBA Italien keine Anwendung (Art. 10 Abs. 7, 13 Abs. 2 DBA Italien).

66 **T-GmbH.** Zu den in Deutschland beschränkt körperschaftsteuerpflichtigen Einkünften der Srl aus der inländischen Betriebsstätte der KG gehören auch Gewinnausschüttungen der T-GmbH und evtl. Gewinne aus der Veräußerung der Geschäftsanteile an der T-GmbH, wenn die Beteiligung an der T-GmbH der inländischen Betriebsstätte der KG zuzuordnen ist[119]. Ein Indiz hierfür ist, dass die Geschäftsanteile an der T-GmbH zivilrechtlich Eigentum der KG sind[120]. Zwar sollen Beteiligungen grundsätzlich dem ausländischen Stammhaus, also der Srl, zuzurechnen sein, eine Ausnahme soll aber gelten, wenn sie einer in der Betriebsstätte ausgeübten Tätigkeit dienen[121].

67 **Ausländische Betriebsstätten.** Soweit die KG ihrerseits wieder Betriebsstätten außerhalb Deutschlands unterhält, im Beispielsfall in Großbritannien und den USA, sind diese ausländischen Betriebsstätteneinkünfte im Inland nicht steuerbar[122]. Sie gehören nicht zu den beschränkt körperschaftsteuerpflichtigen Einkünften der Srl in Deutschland, da sie die Voraussetzung des § 49 Abs. 1 Nr. 2 lit. a EStG nicht erfüllen.

68 **Ausländische Tochterpersonengesellschaften.** Gleiches gilt für die Einkünfte aus der Beteiligung der KG an ausländischen Personengesellschaften, im Beispiel der T-LP 1 in Großbritannien und der T-LP 2 in den USA[123]. Die Betriebsstätten dieser Personengesellschaften gelten zugleich als Betriebsstätten der Gesellschafter der KG, also der Srl[124]. Bei den Einkünften aus den ausländischen Tochterpersonengesellschaften handelt es sich auf Ebene der Gesellschafter der T-KG steuerlich um Einkünfte aus einer ausländischen Betriebsstätte, die im Inland nicht steuerbar sind.

69 **Ausländische Tochterkapitalgesellschaften.** Aus Sicht der deutschen Finanzverwaltung sind die Beteiligungen an der T-Ltd. und T-Inc. Sonderbetriebsvermögen bei den

---

[116] BMF v. 24.12.1999, BStBl. I 1999, 1076, Tz. 1.1.5.5.; 1.2.3.
[117] Hierzu auch Mössner/*Mick*/*Dyckmans* Rn. 8.129 ff.
[118] *Jesse* IStR 2005, 155.
[119] Wenn die Beteiligungen keinen Bezug zum Gewerbe der KG haben, können Dividenden abkommensrechtlich statt unter den Unternehmensgewinn-Art. (Art. 7 OECD-MA) unter den Dividenden-Art. (Art. 11 OECD-MA) fallen, da es umstritten ist, ob die gewerbliche Infektion nach § 15 Abs. 3 Nr. 1 EStG bzw. die gewerbliche Prägung nach § 15 Abs. 3 Nr. 2 EStG auch für DBA Zwecke Wirkung entfalten, vgl. hierzu Mössner/*Mick*/*Dyckmans* Rn. 8.68 ff.; bzgl. einer englischen LP BFH, Urteil v. 9.12.2010-I R 49/09; BFH, Urteil v. 25.5.2011-I R 95/10; *Prinz* DB 2011, 1415.
[120] Löwenstein/Looks/*Maier* Rn. 704.
[121] BMF 24.12.1999, BStBl. I 1999, 1076, Tz. 2.4.; Löwenstein/Looks/*Maier* Rn. 666 ff.; Mössner/*Mick*/*Dyckmans* Rn. 8.159.
[122] Wassermeyer/Andresen/Ditz/*Wassermeyer* Rn. 7.36; Löwenstein/Looks/*Maier* Rn. 519; BMF 24.12. 1999, BStBl. I 1999, 1076, Tz. 1.1.5.5.
[123] Qualifikationskonflikte können sich ergeben, wenn die ausländische Personengesellschaft im Ansässigkeitsstaat als intransparent (Kapitalgesellschaft) behandelt wird, etwa wenn die T-LP 2 in den USA per „check-the-box" zur Kapitalgesellschaftsbesteuerung optiert, vgl. Löwenstein/Looks/*Maier* Rn. 534 ff.
[124] Wassermeyer/Andresen/Ditz/*Wassermeyer* Rn. 7.56.

Tochterpersonengesellschaften in Großbritannien bzw. den USA[125]. Gewinnausschüttungen und Veräußerungsgewinne gehören danach schon nicht zu den beschränkt körperschaftsteuerpflichtigen inländischen Einkünften der Srl[126].

Ausländische Quellensteuer. Auf Dividenden ausländischer Tochterkapitalgesellschaften der KG können im Ausland Quellensteuern einbehalten werden. Hinsichtlich dieser Quellensteuern kann sich die KG nicht auf ein zwischen Deutschland und dem Ansässigkeitsstaat der Tochterkapitalgesellschaft abgeschlossenes DBA berufen[127]. Dies deshalb, weil aus deutscher Sicht eine Personengesellschaft zwar unter den Begriff der „Person" nach Art. 3 Abs. 1 lit. a OECD-MA fällt[128], gleichwohl aber nicht abkommensberechtigt ist, da sie aufgrund fehlender Steuersubjektqualität nicht als in Deutschland ansässig betrachtet wird[129]. DBA abkommensberechtigt sind daher aus deutscher Sicht im Ergebnis lediglich die hinter der Personengesellschaft stehenden Gesellschafter. Sie können sich auf ein zwischen ihrem Ansässigkeitsstaat und dem Ansässigkeitsstaat der ausländischen Tochterkapitalgesellschaft abgeschlossenen DBA berufen[130]. **70**

EU-Mutter/Tochter-Richtlinie. Ob von Dividenden einer in der EU ansässigen Tochterkapitalgesellschaft der KG Quellensteuern einbehalten werden können, hängt von der Interpretation der Mutter/Tochter-Richtlinie durch den Ansässigkeitsstaat der Tochterkapitalgesellschaft ab. Nach der Ergänzung vom 22.12.2003 gilt die Mutter/Tochter-Richtlinie nämlich auch, wenn die Muttergesellschaft die qualifizierende Beteiligung an der Tochtergesellschaft über eine Betriebsstätte in einem anderen Mitgliedstaat hält. Offen ist jedoch, ob es schädlich ist, wenn die Beteiligung nicht unmittelbar, sondern über eine Personengesellschaft gehalten wird. Nach deutschem Verständnis ist dies schädlich (§ 43b Abs. 2 EStG)[131]. **71**

b) Besteuerung der übertragenden Gesellschaft bzw. ihrer Gesellschafter/ der Anwachsung

Ausscheiden der GmbH. Wenn, wie im Beispielsfall, die GmbH nicht am Kapital der KG beteiligt ist, löst ihr Ausscheiden keine steuerlichen Folgen aus. Sie ist am Gewinn/Verlust und am Liquidationserlös der KG nicht beteiligt, ihr werden die Wirtschaftsgüter der KG nicht anteilig zugerechnet[132]. **72**

Vermögensübergang auf die Srl. Zivilrechtlich geht mit dem Ausscheiden der (Komplementär-) GmbH aus der KG das Vermögen der KG kraft Gesetzes[133] auf den letzten verbleibenden Gesellschafter, die Srl, über. Weil nur die Srl am Kapital der KG beteiligt ist, wird steuerlich schon vor der Anwachsung das Vermögen der KG alleine der Srl zugerechnet. Die Wirtschaftsgüter der KG können daher steuerlich nicht durch die Anwachsung auf die Srl übertragen werden. Die Anwachsung löste deswegen keine steuerlichen Folgen aus. Die Buchwerte sind schon mangels eines Anschaffungsvorgangs fortzuführen, ohne dass es einer gesonderten rechtlichen Anordnung der Buchwertfortführung (etwa § 6 Abs. 3 EStG) bedürfte[134]. **73**

---

125 BMF 24.12.1999, BStBl. I 1999, 1076, Tz. 1.2.3.; 1.1.5.5.
126 BMF 24.12.1999, BStBl. I 1999, 1076, Tz. 1.1.5.5.
127 Mössner/*Mick*/*Dyckmans*, Rn. 8.98.
128 A.A. BFH, Urteil v. 9.8.2006,-II R 59/05, DStRE 2007, 28.
129 Löwenstein/Looks/*Maier*, Rn. 445; BMF 16.4.2010, BStBl. I 2010, 354, Tz. 2.1.1.; Mössner/*Mick*/ *Dyckmans*, Rn. 8.98.
130 Mössner/*Mick*/*Dyckmans*, Rn. 8.99 ff. mit weiteren Ausführungen zu der Thematik.
131 *Jesse* IStR 2006, 158.
132 Schmidt/*Wacker*, § 16 Rn. 525; *Breiteneicher* DStR 2004, 1405; *Lauermann*/*Protzen* DStR 2001, 647; *Farnschläger*/*Dörschmidt* DB 1999, 1926.
133 Vgl. o. Rn. 43.
134 OFD Berlin 19.7.2002, DB 2002, 1966.

74 **Exkurs: Anwachsung bei kapitalmäßiger Beteiligung.** Ist dagegen der ausscheidende Gesellschafter am Kapital der Gesellschaft beteiligt (wie etwa in Schaubild 3), stellt sich die Frage, wie sein Ausscheiden aus der Gesellschaft möglichst steuergünstig gestaltet werden kann. Die Übertragung des Vermögens der GmbH in die KG im ersten Schritt zur Herstellung der Anwachsungsausgangslage kann grundsätzlich steuerneutral als Einbringung über § 24 UmwStG erfolgen, soweit das deutsche Besteuerungsrecht hinsichtlich des eingebrachten Vermögens nicht ausgeschlossen oder beschränkt wird (§ 24 Abs. 2 Satz 2 UmwStG). Das könnte aufgrund der nur beschränkten Steuerpflicht der Srl zB der Fall sein, wenn zum eingebrachten Betriebsvermögen Wirtschaftsgüter einer Betriebsstätte gehören, die in einem Nicht-DBA Staat oder in einem Staat liegt, dessen DBA sog. Anrechnungsbetriebsstätten vorsieht. Nach der Einbringung scheidet die GmbH aus der KG aus. Hierfür muss sie eine adäquate Entschädigung erhalten. Ein Ausscheiden ohne eine solche Entschädigung führt zu einer vGA an den gemeinsamen Gesellschafter der GmbH und der Srl, die AG, mit der Folge der Gewinnrealisierung bzgl. der anteiligen stillen Reserven[135]. Die GmbH veräußert damit ihren Mitunternehmeranteil an der KG. Der Veräußerungsgewinn ist auf Ebene der KG gewerbsteuerpflichtig (§ 7 Satz 2 GewStG). Alternativ kann die GmbH ihren Mitunternehmeranteil an der KG unter Fortführung der Buchwerte nach § 20 Abs. 1 UmwStG in die Srl einbringen. Soweit die Wirtschaftsgüter der KG in der in Folge der nachfolgenden Anwachsung entstehenden deutschen Betriebsstätte der Srl steuerverstrickt bleiben, führt die Einbringung nicht zum Ausschluss oder Beschränkung des deutschen Besteuerungsrechts. Sie kann deswegen steuerneutral zu Buchwerten durchgeführt werden (§ 20 Abs. 2 Satz 2 UmwStG)[136]. Der Nachteil dieses Vorgehens ist, dass der GmbH Anteile an der Srl gewährt werden müssen (§ 20 Abs. 1 UmwStG), die GmbH also Gesellschafterin der Srl wird. Um eine vollständige Steuerneutralität der Einbringung zu erreichen, muss die GmbH mindestens sieben Jahre an der Srl beteiligt bleiben (§ 22 Abs. 1 UmwStG). Nach Ablauf der sieben Jahre kann die GmbH ihre Anteile an der Srl an die gemeinsame Mutter, die AG, verkaufen, ohne eine rückwirkende Besteuerung der Einbringung (sog. Einbringungsgewinn I) auszulösen. Der Veräußerungsgewinn ist nach § 8b KStG zu 95% steuerbefreit.

75 **Verlust des deutschen Besteuerungsrechts.** Nach § 12 Abs. 1 KStG gelten Wirtschaftsgüter als zum gemeinen Wert veräußert, wenn zB in Folge der Anwachsung das deutsche Besteuerungsrecht hinsichtlich des Gewinns aus der Veräußerung oder Nutzung des Wirtschaftsguts ausgeschlossen oder beschränkt wird (Veräußerungsfiktion). Infolge der Anwachsung wird aus der KG eine deutsche Betriebsstätte der Srl. Die Personengesellschaft wird praktisch in eine Betriebsstätte transformiert[137]. Bereits die Beteiligung an der KG hat der Srl eine Betriebsstätte in Deutschland vermittelt[138]. Auf das deutsche Besteuerungsrecht kann die Anwachsung deshalb nur Auswirkungen haben, wenn die einfache Betriebsstätte nach der Anwachsung anders besteuert wird, als die durch die Beteiligung an einer Personengesellschaft vermittelte Betriebsstätte vor der Anwachsung. Ein solcher Unterschied ergibt sich zB, wenn Wirtschaftsgüter der durch die Beteiligung an der Personengesellschaft vermittelten Betriebsstätte zuzuordnen sind, nicht aber der einfachen Betriebsstätte.

76 **Beteiligung an der GmbH.** Die von der Srl gehaltene Beteiligung an der GmbH hat vor dem Austritt der GmbH aus der KG und der nachfolgenden Anwachsung zumindest

---

[135] *Breiteneicher* DStR 2004, 1406.
[136] Zur zwischenzeitlichen Diskussion, ob die sog. erweiterte Anwachsung unter dem SEStEG noch zulässig ist, vgl. R/H/L *Herlinghaus*, § 20 Rn. 39. Auch die Finanzverwaltung geht hiervon aber wohl zwischenzeitlich aus, vgl. *Ege* DStR 2010, 2463.
[137] *Breiteneicher* DStR 2004, 1406.
[138] BFH, Urteil v. 17.10.1990-I R 16/89, BStBl. II 1991, 211.

aus Sicht der deutschen Finanzverwaltung zum Sonderbetriebsvermögen der Srl bei der KG gehört[139]. Ein Gewinn aus der Veräußerung der GmbH hätte demnach zum Gewinn der deutschen Betriebsstätte gezählt. Nach Ausscheiden aus dem Sonderbetriebsvermögen zählen solche Gewinne zwar weiter zu den inländischen Einkünften nach § 49 Abs. 1 Nr. 2 lit. e EStG, sie können aber aufgrund des DBA Italien (Art. 13 Abs. 4) in Deutschland nicht länger besteuert werden (es sei denn, die Beteiligung würde aus besonderen Gründen der neu entstandenen deutschen Betriebsstätte zugeordnet werden können). Die Beteiligung gilt daher gem. § 12 Abs. 1 KStG als zum gemeinen Wert veräußert.[140] Der fiktive Veräußerungsgewinn löst auf Ebene der KG GewSt aus. Er ist nach § 8b KStG iVm § 7 Satz 4 GewStG im Ergebnis zu 95 % steuerfrei. Die Srl kann keinen Ausgleichsposten nach § 4g EStG für den Veräußerungsgewinn bilden, weil sie nur beschränkt steuerpflichtig ist[141].

Ausländische Betriebsstätten/Tochterpersonengesellschaften der KG. Diesbe- 77 züglich kann es nicht in Folge der Anwachsung zu einem Ausschluss oder einer Beschränkung des deutschen Besteuerungsrechts kommen, da ein solches auch vor der Anwachsung nicht bestanden hat (vgl. o. Rn. 67 f.)[142].

T-GmbH. Die Anwachsung ändert an der Besteuerungssituation hinsichtlich der Be- 78 teiligung an der T-GmbH so lange nichts, wie sie der neu entstandenen Betriebsstätte zuzuordnen bleibt, weil sie der in der Betriebsstätte ausgeübten Tätigkeit dient[143]. Ändert sich die Zuordnung zugunsten des ausländischen Stammhauses, greift die Veräußerungsfiktion des § 12 Abs. 1 KStG. Das Besteuerungsrecht für Veräußerungsgewinne steht dann nach dem Veräußerungsgewinnartikel des DBA Italien zu (Art. 13 Abs. 4 DBA Italien).

Ausländische Tochterkapitalgesellschaften. Das deutsche Besteuerungsrecht hin- 79 sichtlich des Gewinns aus der Veräußerung der Beteiligung an der T-Ltd. bzw. T-Inc. kann durch die Anwachsung nicht iSv § 12 Abs. 1 KStG ausgeschlossen oder beschränkt werden. Es bestand bereits vorher nicht (vgl. o. Rn. 69).

Verlustvorträge. Gewerbesteuerliche Verlustvorträge der KG gehen durch die An- 80 wachsung nicht unter[144]. Nur soweit die austretende Gesellschaft am Kapital der KG beteiligt war, kommt es zum anteiligen Untergang der Verlustvorträge[145]. Auch für Körperschaftsteuerzwecke ist ein Verlustvortrag zulässig[146]. Im Rahmen der Beteiligung an der KG erlittene Verluste kann die Srl daher von Gewinnen der Betriebsstätte abziehen. Die (grenzüberschreitende) Anwachsung bietet daher hinsichtlich des Verlustübergangs ganz erhebliche Vorteile gegenüber der Verschmelzung, bei der ein Verlustübergang ausgeschlossen ist (§ 4 Abs. 2 Satz 2 UmwStG).

Grunderwerbsteuer. Da es zivilrechtlich zu einem Eigentümerwechsel bei der An- 81 wachsung kommt, löst sie Grunderwerbsteuer aus soweit inländische Grundstücke übergehen (§ 1 Abs. 1 Nr. 3 GrEStG). Nach § 8 Abs. 2 GrEStG bemisst sich die Steuer nach den

---

[139] Str. vgl. Löwenstein/Looks/*Maier*, Rn. 620.
[140] Zum gleichen Ergebnis allerdings wäre man auch vor Einführung von § 12 Abs. 1 KStG gekommen. Eine steuerneutrale Übertragung der Beteiligung an der GmbH aus dem Sonderbetriebsvermögen der Srl bei der KG nach § 6 Abs. 5 Satz 2 EStG wäre nämlich an der Voraussetzung der bleibenden Steuerverstrickung nach § 6 Abs. 5 Satz 1 EStG gescheitert. Nach Einführung von § 12 Abs. 1 EStG sollte dieser § 6 Abs. 5 EStG als lex specialis vorgehen.
[141] *Kessler/Winterhalter/Huck* DStR 2007, 133; *Hoffmann* DB 2007, 652, mit Hinweis auf die europarechtlichen Bedenken. Mit Ergänzung von § 12 Abs. 1 letzter HS KStG durch das Jahressteuergesetz 2008 ist klargestellt, dass § 4g auch im Rahmen des § 12 KStG entsprechend gilt.
[142] Löwenstein/Looks/*Maier*, Rn. 186; Mössner/*Piltz*, F 86.
[143] BMF 24.12.1999, BStBl. I 1999, 1076, Tz. 2.4.
[144] R 2.7 Abs. 2 GewStR.
[145] BFH, Urteil v. 14.12.1989-IV R 117/88, BStBl. II 1990, 436.
[146] Mössner/*Mick/Dyckmans*, Rn. 8.47.

Grundbesitzwerten iSd § 138 Abs. 2 bis 4 BewG[147]. Allerdings wird die Steuer nach § 6 Abs. 2 GrEStG vollständig (im Fall der Beteiligung des austretenden Gesellschafters am Kapital der KG nur anteilig) nicht erhoben. Diese Steuervergünstigung steht allerdings nicht zur Verfügung, wenn der Gesellschafter, auf den die Gesellschaft anwächst, seine Beteiligung innerhalb der letzten fünf Jahre vor der Anwachsung erworben hat (§ 6 Abs. 4 GrEStG).

82 **Umsatzsteuer.** Die Übertragung der Wirtschaftsgüter im Wege der Anwachsung ist nicht umsatzsteuerbar. Die Wirtschaftsgüter gehen allein aufgrund der Vereinigung aller Gesellschaftsrechte ohne weiteren Übertragungsakt auf den letzten Gesellschafter über. Da dieses eine Folge des Gesellschaftsrechts ist, liegt kein entgeltlicher Leistungsaustausch iSd UStG vor. Im Übrigen wäre die Anwachsung auch als Geschäftsveräußerung im Ganzen nach § 1 Abs. 1a UStG nicht steuerbar[148].

c) Besteuerung der übernehmenden Gesellschaft im Inland nach der Anwachsung

83 **Betriebsstättenbesteuerung.** Infolge der Anwachsung wird die Beteiligung der Srl an der KG in eine Betriebsstätte transformiert. Da die Beteiligung an der KG der Srl bereits vor der Anwachsung abkommensrechtlich eine inländische Betriebsstätte vermittelt hat[149], bleibt die Besteuerungssituation idR unverändert. Die inländischen Betriebsstätteneinkünfte der Srl sind nach § 49 Abs. 1 Nr. 2 lit. a EStG iVm § 2 Nr. 1 KStG beschränkt körperschaftsteuerpflichtig wie die Gewinne aus der KG. Die Fiktion des § 8 Abs. 2 KStG, wonach alle Einkünfte einer Kapitalgesellschaft als Einkünfte aus Gewerbebetrieb zu behandeln sind, gilt nicht, weil die Srl nicht unbeschränkt steuerpflichtig ist[150]. Über die neue gewerbliche Fiktion des § 49 Abs. 1 Nr. 2 lit. f Satz 2 EStG werden aber die meisten Einkünfte der Srl als gewerbliche qualifizieren[151].

84 **Eintritt in die steuerliche Rechtstellung.** Da der Srl steuerlich gesehen die Wirtschaftsgüter der KG schon vor der Anwachsung zu 100 % zuzurechnen waren[152] (die GmbH ist nicht am Kapital der KG beteiligt), tritt sie quasi in die steuerliche Rechtstellung der KG ein. Sie führt die Buchwerte fort[153]. Da es an einem Anschaffungsvorgang fehlt[154], bleiben die AfA-Bemessungsgrundlagen und AfA-Methoden unverändert. Auch den steuerlichen Gewinn mindernde Rücklagen, wie zB nach § 6b Abs. 3 EStG kann die Srl aufgrund der mitunternehmerbezogenen Betrachtungsweise[155] fortführen[156]. Gleiches

---

[147] FinMin. Baden-Württemberg Erlass v. 19.12.1997, DStR 1998, 82 zu B; zu Zweifeln an der Verfassungsmäßigkeit der Grundbesitzwerte für GrESt-Zwecke vgl. BFH II R 64/08 v. 27. 5. 2009, DStR 2009, 1474, Bescheide ergehen insoweit nur noch vorläufig, Oberste Finanzbehörden der Länder v. 17.6.2011, BStBl. I 2011, 575.
[148] Sölch/Ringleb/*Klenk*, § 1 Rn. 242.
[149] Mössner/*Mick/Dyckmans*, Rn. 8.60.
[150] Ob für Gewinne aus der Beteiligung an der KG abkommensrechtlich die sog. gewerbliche Infektion (§ 15 Abs. 3 Nr. 1 EStG) bzw. die gewerbliche Prägung (§ 15 Abs. 3 Nr. 2 EStG) gelten ist umstritten, vgl. Mössner/*Mick/Dyckmans*, Rn. 8.64 ff.; bzgl. einer englischen LP BFH, Urteil v. 9.12.2010, I R 49/09; BFH, Urteil v. 25.5.2011-I R 95/10; *Prinz* DB 2011, 1415.
[151] § 49 Abs. 1 Nr. 2 lit. f Satz 2 EStG ist mit dem Jahressteuergesetz 2009 eingeführt worden.
[152] OFD Berlin 19.7.2002, DB 2002, 1966.
[153] OFD Berlin 19.7.2002, DB 2002, 1966.
[154] OFD Berlin 19.7.2002, DB 2002, 1966.
[155] Schmidt/*Loschelder*, § 6b, Rn. 47.
[156] Für die Umwandlung einer Personengesellschaft in ein Einzelunternehmen R 6b.2 Abs. 9 Satz 2 EStR.

muss für Betriebszugehörigkeitszeiten gelten[157]. Die Anwachsung kann nicht nach den Regeln des UmwStG mit steuerlicher Rückwirkung erfolgen[158].

GmbH. Wenn die GmbH nicht der in der neuen deutschen Betriebsstätte der Srl ausgeübten Tätigkeit dient (zB als Vertriebsplattform) ist die Beteiligung nach der Anwachsung wegen des Wegfalls der Sonderbetriebsvermögenseigenschaft (auch) aus Sicht der deutschen Finanzverwaltung nicht mehr der deutschen Betriebsstätte zuzuordnen[159]. Gewinnausschüttungen und Veräußerungsgewinne sind daher keine Betriebsstätteneinkünfte nach § 49 Abs. 1 Nr. 2 lit. a EStG mehr, sondern beschränkt körperschaftsteuerpflichtige Einkünfte aus Gewerbebetrieb (Veräußerungsgewinne) nach § 49 Abs. 1 Nr. 2 lit. e aa EStG bzw. aus Kapitalvermögen (Gewinnausschüttungen) § 49 Abs. 1 Nr. 5 lit. a EStG jeweils iVm § 2 Nr. 1 KStG. Gewinnausschüttungen unterliegen dem Kapitalertragsteuerabzug iHv. 25% (§§ 43 Abs. 1 Satz 1 Nr. 1; 43a Abs. 1 Nr. 1 iVm 52a Abs. 1 EStG) zzgl. Solidaritätszuschlag[160] und zwar nach § 32 Abs. 1 Nr. 2 KStG mit abgeltender Wirkung. Nach Art. 10 Abs. 2 DBA Italien darf die deutsche Kapitalertragsteuer einschl. Solidaritätszuschlag 15% nicht übersteigen[161]. Nach §§ 43b Abs. 1 Satz 2 iVm 50d Abs. 2 EStG wird die Kapitalertragsteuer auf Ausschüttungen der GmbH an die Srl in Umsetzung der Mutter/Tochter-Richtlinie nicht erhoben[162]. Nach Art. 13 Abs. 4 DBA Italien können Veräußerungsgewinne nur in Italien besteuert werden. Das deutsche Besteuerungsrecht ist damit ausgeschlossen. 85

T-GmbH. Für die Zuordnung der Beteiligung an der T-GmbH zur KG war das zivilrechtliche Eigentum der KG ein Indiz. Allerdings wird die zivilrechtliche Zuordnung nur anerkannt, sofern auch der funktionale Zusammenhang (tatsächliches Gehören) vorliegt[163]. Wenn dieser funktionale Zusammenhang nach der Anwachsung bestehen bleibt, die Beteiligung also der in der Betriebsstätte ausgeübten Tätigkeit weiter dient[164], bleibt sie der Betriebsstätte abkommensrechtlich zuzuordnen. Gewinnausschüttungen und Veräußerungsgewinne gehören zu den Einkünften aus der Betriebsstätte (§ 49 Abs. 1 Nr. 2 lit. a EStG). Auf Gewinnausschüttungen ist der Dividendenartikel nicht anwendbar (Art. 10 Abs. 7 DBA Italien). Veräußerungsgewinne können in Deutschland besteuert werden (Art. 13 Abs. 2 Italien). Aus deutscher Sicht wird die Mutter/Tochter-Richtlinie auf Gewinnausschüttungen nicht angewendet. § 43b EStG begünstigt nicht die Ausschüttungen einer inländischen Tochtergesellschaft über eine inländische Betriebsstätte an eine EU-Muttergesellschaft[165]. Ausschüttungen der T-GmbH unterliegen daher dem vollen Kapitalertragsteuerabzug. Die Kapitalertragsteuer hat keine abgeltende Wirkung (§ 32 Abs. 1 Nr. 2 KStG). Die Ausschüttungen sind bei der Steuerveranlagung der Betriebsstätte zu berücksichtigen (§§ 31 Abs. 1 KStG iVm 25 EStG). § 8b KStG ist bei der Ermittlung des Einkommens der Betriebsstätte anzuwenden. Damit bleiben Ausschüttungen und Veräußerungsgewinne im Ergebnis zu 95% steuerfrei. Für Veräußerungsgewinne gilt dies auch 86

---

[157] Für den Fall des Übergangs eines Betriebs oder Teilbetriebs unter Buchwertfortführung R 6b.3 Abs. 5 EStR.
[158] UmwSt-Erl. Tz. 24.06; zu Anwachsungen mit faktischer Rückwirkung vgl. *Schmid/Dietl* DStR 2008, 529.
[159] BMF 24.12.1999, BStBl. I 1999, 1076, Tz. 2.4.
[160] Hinweis auf die Erstattung von zwei Fünftel der einbehaltenen und abgeführten Kapitalertragsteuer nach § 44a Abs. 9 EStG.
[161] Wassermeyer/*Krabbe*, Art. 10, DBA Italien Rn. 18.
[162] Der Anspruch auf Reduzierung des Kapitalertragsteuersatzes nach dem DBA Italien bzw. Nicht-Erhebung der Kapitalertragsteuer nach der Mutter/Tochter-Richtlinie kann gem. § 50d Abs. 3 EStG ausgeschlossen sein.
[163] Löwenstein/Looks/*Maier*, Rn. 704.
[164] BMF 24.12.1999, BStBl. I 1999, 1076, Tz. 2.4.
[165] *Jesse* IStR 2005, 154f. mwN.

für Gewerbesteuerzwecke uneingeschränkt, bei Gewinnausschüttungen sind die zusätzlichen Voraussetzungen des § 8 Nr. 5 GewStG[166] zu berücksichtigen[167].

87 **Betriebsstätten in den USA/Großbritannien.** Einkünfte aus den Betriebsstätten in den USA und Großbritannien gehören, auch soweit sie der inländischen Betriebsstätte der Srl zuzurechnen sein sollten[168] nicht zu den inländischen Einkünften iSv § 49 Abs. 1 Nr. 2 lit. a EStG[169]. Der Gewerbesteuer unterliegt ein Gewerbebetrieb ohnehin nur, soweit für ihn eine Betriebsstätte im Inland unterhalten wird. Ausländische Betriebsstättengewinne werden nach § 9 Nr. 3 GewStG aus der Gewerbeertragsermittlung ausgeklammert[170].

88 **Tochterpersonengesellschaften in den USA/Großbritannien.** Personengesellschaften mit Betriebsstätten vermitteln ihren Gesellschaftern Betriebsstätten[171]. Die Ausführungen zur den Betriebsstätten gelten für die Beteiligung der Srl an den Personengesellschaften in den USA bzw. Großbritannien daher entsprechend. Das gilt auch wenn zwischen den Personengesellschaften und der deutschen Betriebsstätte so enge wirtschaftliche Verflechtungen bestehen, dass die Personengesellschaften der Betriebsstätte dienen[172].

89 **Tochterkapitalgesellschaften in den USA/Großbritannien.** Die Beteiligungen an den ausländischen Tochterkapitalgesellschaften sind nach Auffassung der deutschen Finanzverwaltung Sonderbetriebsvermögen der Srl bei den jeweiligen Personengesellschaften. Gewinnausschüttungen und Veräußerungsgewinne gehören deswegen schon nicht zu den inländischen Einkünften der Srl[173]. Zur Entlastung von Quellensteuer auf Gewinnausschüttungen kann sich die Srl nur auf ein zwischen Italien und dem Drittstaat abgeschlossenes DBA berufen[174]. Im Falle einer EU-Tochtergesellschaft kann die Srl Quellensteuerbefreiung unter der Mutter/Tochter-Richtlinie verlangen. Nach Art. 1 Abs. 1, 3. Alt. der Mutter/Tochter-Richtlinie gilt die Quellensteuerbefreiung auch für Ausschüttungen von Tochtergesellschaften an in einem anderen Mitgliedsstaat belegene Betriebsstätten der Muttergesellschaft[175].

90 **Ehemaliges Sonderbetriebsvermögen bei der KG.** Soweit vor der Anwachsung Sonderbetriebsvermögen der Srl bei der KG der durch sie vermittelten inländischen Betriebsstätte zugeordnet war[176], führt die Anwachsung zur Entstrickung, wenn die Wirtschaftsgüter der Betriebsstätte nicht mehr zugeordnet werden können, weil sie ihr nicht tatsächlich dienen[177], und Deutschland im Anschluss kein oder nur noch ein eingeschränktes Besteuerungsrecht hat. Nach 12 Abs. 1 KStG gelten die Wirtschaftsgüter als zum gemeinen Wert veräußert.

91 **Organschaft.** Die KG kann vor der Anwachsung Organträger einer Organschaft gewesen sein[178]. Nach der Anwachsung kann die Srl über ihre inländische Betriebsstätte Organträger sein (§§ 18 Satz 1 KStG, 2 Abs. 2 Satz 2 GewStG)[179]. Das Einkommen der

---

[166] Hinweis auf die Anhebung der Mindestbeteiligungsquote ab dem Erhebungszeitraum 2008 von 10 auf 15 %, § 9 Nr. 2a GewStG idF. des Unternehmensteuerreformgesetzes 2008.
[167] Wassermeyer/Andresen/Ditz/*Wassermeyer*, Rn. 9.39.
[168] Wassermeyer/Andresen/Ditz/*Wassermeyer*, Rn. 1.5.
[169] BFH, Urteil v. 24.2.1988-I R 95/84 BStBl. II 1988, 663. Löwenstein/Looks/*Maier*, Rn. 519.
[170] Wassermeyer/Andresen/Ditz/*Wassermeyer*, Rn. 9.37 f.
[171] BMF 16.4.2010, BStBl. I 2010, 354, Tz. 2.1.1.
[172] Wassermeyer/Andresen/Ditz/*Wassermeyer*, Rn. 1.5.
[173] BMF 24.12.1999, BStBl. I 1999, 1076, Tz. 1.2.3.; 1.1.5.5.
[174] Die im Drittstaat erhobene Quellensteuer kann in Deutschland nicht angerechnet werden, vgl. Löwenstein/Looks/*Heinsen*, Rn. 265; Mössner/*Mick*/Dyckmans, Rn. 8.99.
[175] Art. 1 Abs. 1, 3. Alt. Mutter/Tochter-Richtlinie; *Jesse* IStR 2005, 154.
[176] Die Zuordnung von Sonderbetriebsvermögen ist abkommensrechtlich umstritten, vgl. Mössner/*Mick*/Dyckmans, Rn. 8.129.
[177] BMF 24.12.1999, BStBl. I 1999, 1076, Tz. 2.4.
[178] Blümich/*Danelsing*, § 14 KStG Rn. 51; Löwenstein/Looks/*Maier*, Rn. 495a.
[179] Löwenstein/Looks/*Heinsen*, Rn. 273, 294.

Organgesellschaft ist dann den beschränkt steuerpflichtigen Einkünften aus der inländischen Zweigniederlassung zuzurechnen. Dafür ist Voraussetzung, dass der Gewinnabführungsvertrag unter der Firma der Zweigniederlassung abgeschlossen ist und die für die finanzielle Eingliederung erforderliche Beteiligung zum Betriebsvermögen der Zweigniederlassung gehört (§ 18 Satz 1 KStG). Anders als bei einer Personengesellschaft (§ 14 Abs. 1 Nr. 2 Satz 2 KStG)[180] ist bei einem ausländischen Unternehmen als Organträger nicht erforderlich, dass die inländische Zweigniederlassung eine originär gewerbliche Tätigkeit ausübt. Umstritten ist, ob die Anwachsung automatisch und nahtlos zur Fortsetzung der Organschaft mit dem ausländischen Unternehmen, der Srl, führt. Die Gesamtrechtsnachfolge infolge der Anwachsung bewirkt einen Übergang des Gewinnabführungsvertrags auf die Srl[181], allerdings nicht zwingend auf die inländische Zweigniederlassung der Srl, wie es § 18 Satz 1 Nr. 1 KStG verlangt. Fraglich ist auch, ob die finanzielle Eingliederung der Organgesellschaft in den verbliebenen Gesellschafter der Personengesellschaft zu Beginn des Wirtschaftsjahres der Organgesellschaft gegeben ist. Dies wird im Schrifttum zumindest für den Fall bejaht, dass die Anwachsung Folge einer (rückwirkenden) Verschmelzung des vorletzten Gesellschafters der Personengesellschaft auf den verbliebenen Gesellschafter der Personengesellschaft ist[182]. Folgt man dieser Ansicht, kann es in Fällen, in denen es auf die Fortführung der Organschaft ankommt, interessant sein, die GmbH zur Herbeiführung der Anwachsung nicht aus der KG austreten zu lassen, sondern sie über die Grenze auf die Srl zu verschmelzen.

§ 15a EStG Verluste bei der KG. § 15a EStG findet auf ausländische Mitunternehmer 92 inländischer Personengesellschaften uneingeschränkt Anwendung[183]. Im Anschluss an die Anwachsung haftet die Srl für Verluste der Betriebsstätte unbeschränkt. Bisher nur verrechenbare Verluste müssten deswegen eigentlich ausgleichsfähig werden und zwar auch mit anderen inländischen Einkünften der Srl[184]. Diese Rechtsfolge wird für den vergleichbaren Fall, des Wechsels eines Kommanditisten in die Stellung eines Komplementärs in der Literatur vertreten[185]. Die Rechtsprechung und ihr folgend die Finanzverwaltung lehnen jedoch eine Umqualifikation der verrechenbaren Verluste aufgrund des Statuswechsels des Gesellschafters ab[186].

II. Hinein-Anwachsung auf eine Inlandsgesellschaft

1. Zivil-/gesellschaftsrechtliche Grundlagen

a) Übersicht und graphische Darstellung

Übersicht. Die Hinein-Anwachsung auf eine deutsche Gesellschaft soll ebenfalls an- 93 hand einer zweigliedrigen EU-Personengesellschaft mit einer EU-Gesellschaft und einer deutschen Gesellschaft als Gesellschafter dargestellt werden. Scheidet die EU-Gesellschaft aus der EU-Personengesellschaft aus, erlischt diese. Das gesamte Vermögen der ausländischen Personengesellschaft wächst der deutschen Gesellschaft als verbleibenden Gesell-

---

[180] R 58 KStR.
[181] *Orth* DStR 2006, 1631; *Gosch/Neumann* § 14 Rn. 291.
[182] *Orth* DStR 2005, 1632; *Schmid/Dietl* DStR 2008, 529; so wohl auch UmwSt-Erl. Org. 18.
[183] *Mössner/Mick/Dyckmans*, Rn. 8.48; Löwenstein/Looks/*Maier*, Rn. 491.
[184] Hinweis auf die Aufhebung der Bestimmung des bisherigen § 50 Abs. 1 Satz 2 EStG durch das Jahressteuergesetz 2009, wonach § 10d EStG nur anzuwenden war, wenn sich Verluste aus Unterlagen ergeben, die im Inland aufbewahrt werden
[185] Dafür: *Söffing/Wrede* FR 1980, 373; *Kempf/Hillringhaus* DB 1996, 13; *Carlé/Carlé* FR 2001, 829.
[186] BFH, Urteil v. 14.10.2003-VIII R 38/02, BStBl. II 2004, 115; H 15a „Wechsel der Rechtsstellung eines Gesellschafters" EStH 2005.

schafter an. Voraussetzung hierfür ist allerdings, dass die ausländische Rechtsordnung das Rechtsinstitut der Gesamtrechtsnachfolge kennt und diesem Rechtsinstitut die gleichen Rechtswirkungen wie das deutsche Recht zuordnet.

94 **Beispielsfall:**
Da das niederländische Recht das Rechtsinstitut der Gesamtrechtsnachfolge kennt[187], soll die Hinein-Anwachsung anhand einer niederländischen *Commanditaire Vennootschap* („C.V."), die einer deutschen KG entspricht, dargestellt werden. Gesellschafter sind eine niederländische N.V. („N.V."), die nicht am Kapital beteiligt ist, und eine deutsche GmbH, die 100% des Kapitals hält. Die N.V. ist wiederum alleinige Gesellschafterin der GmbH. Die C.V. hat ein Grundstück in Deutschland, auf dem es einen Geschäftsbetrieb führt. Dieser qualifiziert als eine Betriebsstätte. Die C.V. hat die folgenden 100% Beteiligungen: eine Tochter-GmbH („T-GmbH") in Deutschland, eine Tochter-B.V. („T-B.V.") in den Niederlanden, eine Tochter-Ltd. („T-Ltd.") in England, eine Tochter-Corporation („T-Inc.") in den USA. Darüber hinaus unterhält die C.V. in England und in den USA eine Betriebsstätte. Schließlich ist sie an einer Tochter Kommanditgesellschaft in Deutschland („T-KG") sowie an Tochter Limited Partnerships sowohl in England („T-LP1") als auch in den USA („T-LP2") beteiligt. Schaubild 5 zeigt diese Beteiligungsstruktur.

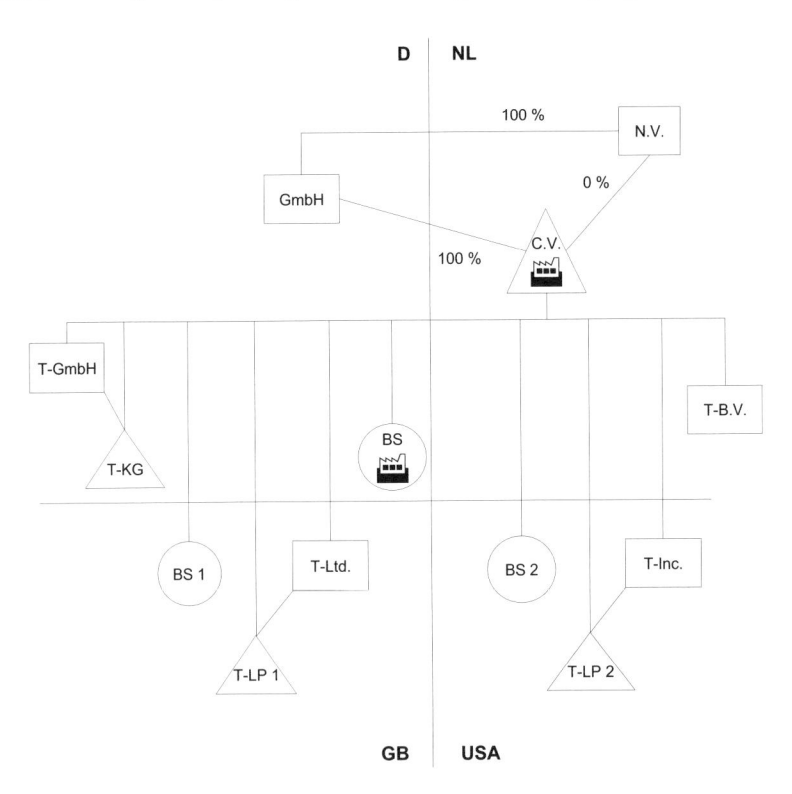

95

Scheidet die N.V. aus der C.V. aus, erlischt die C.V. Das gesamte Vermögen der C.V., darunter auch das Grundstück, die Vermögensgegenstände des Geschäftsbetriebs sowie die Beteiligungen wachsen der GmbH an. Diese ist nunmehr Eigentümerin des Grundstücks, des Geschäftsbetriebs sowie der Beteiligungen an der T-GmbH, T-B.V., T-Ltd und der T-Inc. Falls die Gesellschaftsverträge der Kommanditgesellschaft und der Limited Partnerships eine Vermögensnachfolge der einzelnen Partner zulassen, übernimmt die GmbH

---

[187] *Hirte/Bücker*, Grenzüberschreitende Gesellschaften, 2. Aufl. 2006, § 3 Rn. 69.

auch die Beteiligungen an der T-KG, T-LP1 und der T-LP2. Die Beteiligungsstruktur nach der Anwachsung wird im Schaubild 6 gezeigt.

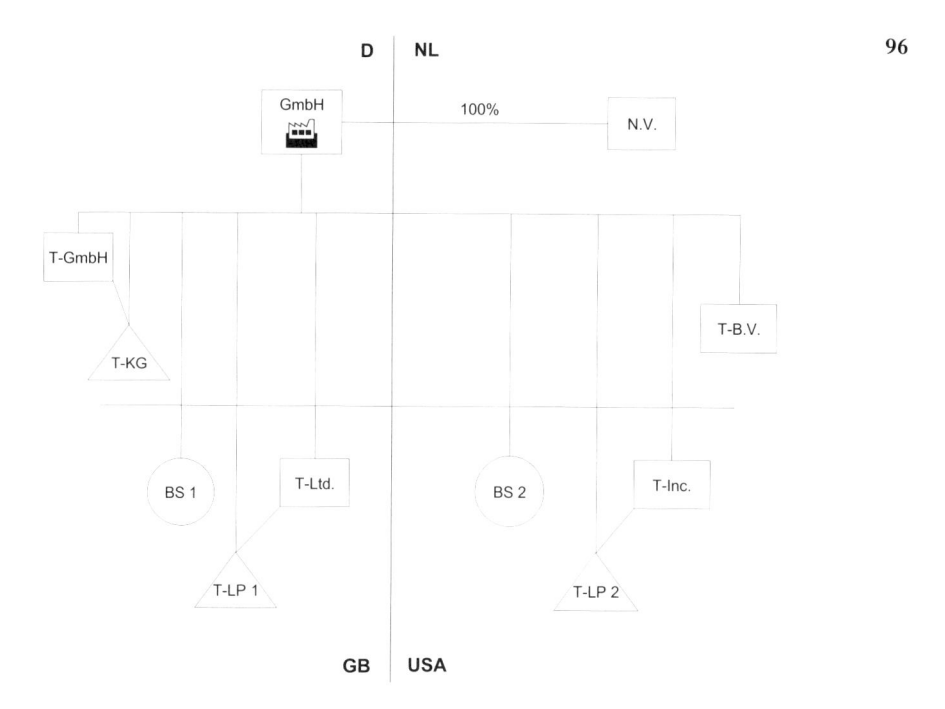

Alternative zu Side-stream Hinein-Verschmelzung. Genauso wie bei der Heraus-Anwachsung kann auch die Hinein-Anwachsung eine Umstrukturierungsalternative zu einer Hinein-Verschmelzung sein. So können Vermögensgegenstände zweier Kapitalgesellschaften einer Holding-Aktiengesellschaft durch Hinein-Verschmelzung oder durch Hinein-Anwachsung zusammengeführt werden. Analog zu dem Beispiel bei der Heraus-Anwachsung haben die beiden Schwestergesellschaften eine C.V. zu gründen, bei der die GmbH 100% des Kapitals hält und die N.V. entsprechend nicht am Kapital beteiligt ist. Werden nun das Grundstück, der Geschäftsbetrieb und die Beteiligungen der N.V. in die C.V. eingebracht, liegt die Ausgangssituation für eine Hinein-Anwachsung vor. 97

b) Voraussetzungen der Hinein-Anwachsung

Anwendbares Recht. Die Hinein-Anwachsung des gesamten Vermögens einer ausländischen Gesellschaft auf eine deutsche Gesellschaft erfolgt durch das Ausscheiden des einzig weiteren Gesellschafters aus der ausländischen Gesellschaft. Das Ausscheiden des Gesellschafters richtet sich nach dem Recht der ausländischen Gesellschaft. Jedenfalls weist das deutsche internationale Gesellschaftsrecht den Austritt aus einer Personengesellschaft dem Recht des Gesellschaftsstatuts zu, da es sich dabei um eine Frage der inneren Verfassung der Gesellschaft, insbesondere der Mitgliedschaft, handelt[188]. Das Personalstatut des ausscheidenden Gesellschafters ist beim Ausscheiden aus der Gesellschaft dagegen nicht anzuwenden. Dies findet auf die Gesellschafter der ausländischen Gesellschaft Anwendung 98

---

[188] MünchKommBGB/*Kindler*, IntGesR, Rn. 544/611.

nur soweit Anwendung, als zu prüfen ist, ob sich die einzelnen Gesellschafter wirksam an der ausländischen Gesellschaft beteiligen können[189].

99 Deutsches Internationales Privatrecht. Das deutsche Gesellschaftsrecht akzeptiert die Übertragung des gesamten Vermögens und der gesamten Verbindlichkeiten von einer ausländischen Gesellschaft auf eine deutsche Gesellschaft im Wege der Gesamtrechtsnachfolge, soweit das ausländische Gesellschaftsrecht diese Rechtsfolge bei Austritt aller Gesellschafter mit Ausnahme eines Gesellschafters anordnet[190]. Die Übertragung sämtlicher Vermögensgegenstände durch Gesamtrechtsnachfolge richtet sich jedoch nach der ausländischen Rechtsordnung. In dem Fall, dass die ausländische Rechtsordnung das Rechtsinstitut der Gesamtrechtsnachfolge zwar kennt, für den Rechtsübergang bei bestimmten Gegenständen jedoch von weiteren Voraussetzungen, wie zB öffentlich-rechtlichen Genehmigungen, abhängig macht, sind auch diese Voraussetzungen einzuhalten. Nimmt das ausländische Recht bestimmte Gegenstände von der Gesamtrechtsnachfolge aus, ist diesbezüglich eine Einzelübertragung vorzunehmen[191]. Dies kann vor allem bei im Ausland belegenen Grundstücken von Bedeutung sein.

100 Art und Weise des Ausscheidens. Die Art und Weise des Ausscheidens des Gesellschafters aus der ausländischen Gesellschaft, insbesondere Form- und Fristerfordernisse, bestimmt sich nach dem Recht des Gesellschaftsstatuts der Gesellschaft, d.h. das Recht des Staates, an dem die Gesellschaft ihren Verwaltungssitz hat (gemäß der Sitztheorie) oder in dem sie gegründet wurde (gemäß der Gründungstheorie). Gleiches gilt für die Fragen, inwieweit der verbleibende Gesellschafter, die Arbeitnehmer oder Gläubiger der ausländischen Gesellschaft zu beteiligen sind[192]. Neben den gesetzlichen oder gesellschaftsvertraglichen Regelungen können die beiden Gesellschafter ebenfalls eine Ausscheidensvereinbarung abschließen[193].

c) Rechtsfolgen der Hinein-Anwachsung und weitere Folgen

101 Rechtsfolgen. Durch das Ausscheiden des Gesellschafters erlischt die zweigliedrige C.V. Die Rechtsfolgen der Hinein-Anwachsung bestimmen sich nach dem auf die ausländische Gesellschaft anzuwendenden Gesellschaftsrecht. Gleiches gilt hinsichtlich der Anmelde- oder Anzeigepflicht der Auflösung der ausländischen Gesellschaft. Die deutsche Gesellschaft als verbliebener Gesellschafter übernimmt das Vermögen der aufgelösten Gesellschaft im Wege der Gesamtrechtsnachfolge, ohne dass es eines besonderen Übertragungsakts bedarf, soweit die Rechtswirkungen der Gesamtrechtsnachfolge reichen. Die Formvorschriften, die bei der Übertragung einzelner Gegenstände einzuhalten wären, müssen nicht beachtet werden, sofern das ausländische Recht nichts anderes bestimmt. Werden Vermögensgegenstände nicht von der Rechtswirkung der Gesamtrechtsnachfolge erfasst, sind diese durch gesonderten Übertragungsakt auf die deutsche Gesellschaft zu übertragen. Dabei sind die jeweiligen anwendbaren Formvorschriften zu beachten.

102 Rechtsfragen bei übernehmenden Gesellschafter. Die deutsche Gesellschaft hat den Übergang des gesamten Vermögens durch die Anwachsung nicht anzumelden oder anderweitig anzuzeigen, insbesondere nicht gegenüber dem Handelsregister. Ist der aufnehmende Gesellschafter aber eine deutsche Kapitalgesellschaft und ändert diese ihren

---

189 MünchKommBGB/*Kindler*, IntGesR, Rn. 574.
190 *Spahlinger/Wegen*, Internationales Gesellschaftsrecht in der Praxis, 2005, S. 140.
191 Vgl. *Racky* DB 2003, 923 (924); ähnlich MünchKommBGB/*Kindler*, IntGesR, Rn. 887; aA *Eidenmüller/Engert*, Ausländische Kapitalgesellschaften im deutschen Recht, 2004, S. 123: Gesamtstatut setzt sich gegenüber Einzelstatut durch, so dass eine Gesamtrechtsnachfolge nur dann eintritt, wenn das jeweilige Statut dies kennt.
192 Vgl. dazu Länderberichte im 5. Teil.
193 Zum Inhalt einer Ausscheidensvereinbarung siehe 4. Teil Rn. 41.

Unternehmensgegenstand dadurch, dass sie nach der Anwachsung zB andere oder weitere Geschäfte als bisher betreibt, so hat sie ihren Gesellschaftsvertrag zu ändern[194]. Ansonsten können die Gesellschafter der deutschen Gesellschaft Klage auf Nichtigerklärung der Gesellschaft erheben oder die Gesellschaft kann von Amts wegen gemäß § 144 Abs. 1 FGG gelöscht werden. Ob die deutsche Gesellschaft eine Zweigniederlassung im Ausland anzumelden hat, wenn sie den Geschäftsbetrieb der aufgelösten Gesellschaft übernimmt, ist wiederum eine Frage des auf die Niederlassung anzuwendenden Rechts[195].

Anmelde- und Anzeigepflichten. Der deutschen Gesellschaft als übernehmenden Gesellschafter können weitere Anmelde- und Anzeigepflichten treffen. Ist ihr durch die Anwachsung ein deutsches Grundstück angewachsen, hat sie dem Grundbuchamt die Änderung des Eigentums mitzuteilen. Hierzu muss der gesellschaftsrechtliche Vorgang der Hinein-Anwachsung durch öffentlich beglaubigte Urkunden nachgewiesen werden. Sind in anderen Staaten belegene Grundstücke auf sie übergegangen, muss sie die in diesen Staaten geltenden Anmelde-, Anzeige- oder Registrierungspflichten erfüllen. Ist die deutsche Gesellschaft durch die Rechtsnachfolge Eigentümerin von mehr als 3% der Stimm- und/oder Kapitalanteile an einer in Deutschland börsennotierten Gesellschaft geworden, hat sie dies gemäß § 21 Abs. 1 WpHG der börsennotierten Gesellschaft und der BaFin mitzuteilen. Ähnliches gilt für Beteiligungen an ausländischen Gesellschaften, falls dort Meldepflichten bestehen. 103

Beispiel: 104
Auf den geschilderten Beispielsfall angewendet bedeutet dies, dass die GmbH als übernehmender Gesellschafter alle Vermögensgegenstände der C.V. im Wege der Gesamtrechtsnachfolge übernimmt. Das Ausscheiden der N.V. aus der C.V. bestimmt sich dabei nach dem Recht der Niederlande. Die GmbH und N.V. können eine Ausscheidensvereinbarung abschließen, die niederländischem Recht unterliegt. Damit gehen das Grundstück, der Geschäftsbetrieb und die gesellschaftsrechtlichen Beteiligungen, darunter auch die Beteiligungen an den Partnerships, sofern die Gesellschaftsverträge der T-LP1 und T-LP2 dies ermöglichen, auf die GmbH über. Die GmbH hat eventuell ihren Unternehmensgegenstand in ihrem Gesellschaftsvertrag zu ändern. Den Übergang des Eigentums an dem Grundstück hat sie dem Grundbuch mitzuteilen.

d) Bilanzielle Auswirkungen und Darstellung der Anwachsung bei der aufnehmenden Gesellschaft

aa) HGB. Bei der Hineinanwachsung gehen die Vermögensgegenstände und Schulden einer ausländischen Personengesellschaft im Wege der **Gesamtrechtsnachfolge** auf den letztverbleibenden inländischen Gesellschafter über. Unter der Annahme, dass die für die Personenhandelsgesellschaft geltende Rechtsordnung analoge Regelungen zur Anwachsung nach deutschem Recht kennt, entspricht die Hineinanwachsung wirtschaftlich einer grenzüberschreitenden Verschmelzung auf einen inländischen Rechtsträger. Daher ist es nach h.M. zulässig, für die bilanzielle Abbildung der Anwachsung die Vorschriften des UmwG entsprechend anzuwenden.[196] Somit darf die übernehmende Gesellschaft das übernommene Vermögen entweder zu tatsächlichen Anschaffungskosten bewerten oder zu Buchwerten fortführen (§ 24 UmwG). 105

Entscheidet sich die inländische Kapitalgesellschaft für eine Bewertung der erhaltenen Vermögensgegenstände und Schulden nach dem allgemeinen **Anschaffungskostenprin-** 106

---

[194] Vgl. für die GmbH § 75 GmbHG und *BH/Hueck/Fastrich* GmbHG, § 3 Rn. 10 und für die AG § 275 AktG und *Hüffer* AktG, § 275, Rn. 14.
[195] Vgl. *Spahlinger/Wegen*, Internationales Gesellschaftsrecht in der Praxis, 2005, S. 147.
[196] ADS HGB § 255 Rn. 101; BeBiKo/*Grottel/Gadek* HGB § 255 Rn. 45; IDW RS HFA 42, Rn. 93f.; Semler/Stengel/*Moszka* UmwG § 24 Rn. 88; HdR /*Küting/Knop* HGB § 255 Rn. 98; aA Sonderbilanzen/ *Förschle/Kropp*, B 110.

zip, erfolgt die Übernahmebilanzierung wie bei einem Erwerbsvorgang.[197] Durch die Anwachsung erlischt bei der deutschen Gesellschaft die Beteiligung an der ausländischen Personengesellschaft, während ihr im Gegenzug deren Vermögen zugeht. Aus Sicht des inländischen Rechtsträgers liegt also ein tauschähnlicher Vorgang vor, so dass die allgemeinen Tauschgrundsätze Anwendung finden. Als Gesamtanschaffungskosten kann daher wahlweise der Zeitwert der untergegangenen Beteiligung, deren Buchwert oder der erfolgsneutrale Zwischenwert angesetzt werden.[198] Die so ermittelten Anschaffungskosten sind anschließend sachgerecht auf die einzelnen Vermögensgegenstände (bzw. Schulden) zu verteilen, wobei deren Zeitwert nicht überschritten (bzw. unterschritten) werden darf. Ein danach verbleibender Unterschiedsbetrag ist ggf. als Geschäfts- oder Firmenwert iSv § 246 Abs. 1 Satz 4 HGB zu aktivieren und in den Folgejahren planmäßig abzuschreiben.

107 Alternativ kann der übernehmende Rechtsträger die **Buchwerte** der ausländischen Personengesellschaft **fortführen**.[199] Die Buchwerte müssen bei der inländischen Gesellschaft allerdings insoweit angepasst werden, als sie nicht den handelsrechtlichen Ansatz- oder Bewertungsvorschriften entsprechen. Die ggf. erforderlichen Korrekturen sind beim übernehmenden Rechtsträger mit Einbuchung des Vermögens erfolgsneutral zu erfassen.[200] Bei der Fortführung der Buchwerte wird es üblicherweise zu einer Differenz zwischen dem zu Buchwerten übernommenen Reinvermögen und dem bei der inländischen Gesellschaft untergehenden Beteiligungsansatz kommen. Dieser Unterschiedsbetrag ist, in Analogie zur Aufwärtsverschmelzung, erfolgswirksam als außerordentlicher Aufwand oder Ertrag in der Gewinn- und Verlustrechnung zu erfassen.[201]

108 Im Beispielsfall ergeben sich im **(Teil-)Konzernabschluss** der GmbH keine Änderungen, da es sich bei der Hineinanwachsung ausschließlich um eine konzerninterne Umstrukturierung handelt. Die bilanzielle Abbildung richtet sich insoweit nach der Einheitstheorie. Danach ist die Vermögens-, Finanz- und Ertragslage der Konzernunternehmen so darzustellen, als ob diese ein einziges Unternehmen wären (§ 297 Abs. 3 Satz 1 HGB). Aus Konzernsicht stellt die Anwachsung somit keinen Anschaffungsvorgang, sondern lediglich einen internen Geschäftsvorfall dar. Sämtliche Ergebnis- und Vermögenseffekte sind entweder bereits in der HB II oder durch entsprechende Konsolidierungsbuchungen zu eliminieren.[202] Sind die notwendigen Anpassungen für die Vermögens-, Finanz- und Ertragslage des Konzerns nur von untergeordneter Bedeutung, so darf auf eine Korrektur verzichtet werden (§§ 303 Abs. 2, 304 Abs. 2, 305 Abs. 2 HGB).

109 **bb) IFRS.** Bei der Anwachsung gehen die Vermögenswerte und Schulden der Personengesellschaft durch Gesamtrechtsnachfolge auf den verbleibenden Gesellschafter über. Aus wirtschaftlicher Sicht entspricht somit die Hineinanwachsung einer grenzüberschreitenden Verschmelzung auf einen inländischen Rechtsträger. Für die Rechnungslegung bei der übernehmenden Gesellschaft nach IFRS kann deswegen auf die Ausführungen zur Verschmelzung verwiesen werden.[203]

110 Bei der im vorliegenden Beispiel durchgeführten Anwachsung handelt es sich um eine konzerninterne Umstrukturierung. In diesem Fall scheidet die N.V. als Gesellschafterin aus der C.V. aus. Das gesamte Vermögen der C.V. wächst demzufolge der GmbH an. Da Trans-

---

[197] Vgl. hierzu vorstehend 2. Teil: Rn. 615 ff.
[198] BeBiKo/*Grottel/Gadek* HGB § 255 Rn. 40; ADS HGB § 255 Rn. 89 ff.; Haufe/*Waschbusch* HGB § 255 Rn. 29 ff.
[199] Vgl. hierzu vorstehend 2. Teil: Rn. 628 ff.
[200] IDW RS HFA 42, Rn. 90 f.
[201] Kallmeyer/*Müller* UmwG § 24 Rn. 47; SHS/*Hörtnagl* UmwG § 24 Rn. 79; Lutter/*Priester* UmwG § 24 Rn. 71; IDW RS HFA 42, Rn. 72.
[202] Vgl. hierzu ausführlich 2. Teil: Rn. 644.
[203] Vgl. hierzu vorstehend 2. Teil: Rn. 657 ff.

aktionen unter gemeinsamer Beherrschung nicht in den Anwendungsbereich des IFRS 3 fallen, sind zwei verschiedene Lösungen vertretbar. Die GmbH kann die Anwachsung zum einen nach der Erwerbsmethode iSd IFRS 3 abbilden. Hierbei erfolgt der Ansatz der übernommenen Vermögenswerte, Schulden und Eventualschulden zum beizulegenden Zeitwert. Voraussetzung hierfür ist, dass die Transaktion aus Sicht der GmbH wirtschaftliche Substanz[204] aufweist. Zum anderen kann die GmbH das *predecessor accounting* anwenden. Die im Rahmen der Anwachsung erworbenen Vermögenswerte und Schulden sind dann mit den Buchwerten anzusetzen. Ein sich ergebender Differenzbetrag zwischen der gewährten Gegenleistung und dem Saldo der übernommenen Vermögenswerte und Schulden ist direkt mit dem Eigenkapital zu verrechnen.[205]

Im Konzernabschluss der GmbH ergeben sich auch nach IFRS keine Änderungen, da es sich bei der Hineinanwachsung im Beispielsfall ausschließlich um eine konzerninterne Umstrukturierung handelt. Die Effekte aus der Anwachsung sind daher nach IAS 27.21 bzw. IFRS 10.B86 c) grundsätzlich zu eliminieren.[206] 111

e) Arbeits-/mitbestimmungsrechtliche Aspekte

Arbeitsverhältnisse. Mit Wirkung des Übergangs des gesamten Vermögens im Wege der Gesamtrechtsnachfolge auf die deutsche Gesellschaft gehen auch die Vertragsverhältnisse der ausländischen Gesellschaft mit ihren Arbeitnehmern auf die deutsche Gesellschaft über. Ein besonderer Übertragungsakt ist nicht erforderlich. Auf den Übergang der Arbeitsverhältnisse findet das Arbeitsvertragsstatut als Einzelstatut Anwendung, auch wenn sich das Ausscheiden des Gesellschafters und der Übergang des Vermögens nach dem Gesellschaftsstatut als Gesamtstatut richtet[207]. Demnach richtet sich das Arbeitsvertragsstatut nach dem entsprechenden Arbeitsverhältnis zwischen der ausländischen Gesellschaft und dem Arbeitnehmer. 112

Betriebsübergang. Findet als Arbeitsvertragsstatut das Recht eines EU-Mitgliedsstaats Anwendung, stellt sich die Frage der Anwendbarkeit der Regelung, die im deutschen Recht mit § 613a BGB vergleichbar ist, da deren Inhalt auf mehreren EU-Richtlinien beruht.[208] Die Anwendbarkeit der vergleichbaren Regelung dürfte allerdings ausscheiden, da die Richtlinien den Übergang der Arbeitsverhältnisse und die damit verbundenen Pflichten und Rechtsfolgen an einen Betriebsübergang „durch Rechtsgeschäft" geknüpft haben. Ein solcher dürfte bei der Anwachsung nach ausländischem Recht – sollte der Vorgang mit dem des deutschen Rechts vergleichbar sein – aber nicht vorliegen. Daher ist davon auszugehen, dass im Fall eines Betriebs- oder Betriebsteilübergangs infolge der Anwachsung die Arbeitnehmer weder zu informieren sind, noch ein Widerspruchsrecht gegen den Übergang ihrer Arbeitsverhältnisse haben. Letztlich ist dies jedoch eine Frage des nach dem Arbeitsvertragsstatut anzuwendenden Rechts. 113

Kollektives Arbeitsrecht. Die ausländische Gesellschaft unterlag weder der deutschen Mitbestimmung noch dem deutschen Betriebsverfassungsrecht, soweit sie keinen Betrieb in Deutschland hatte. Dies folgt aus dem territorialen Anwendungsbereich des MitbestG, DrittelbG und BetrVG[209]. Führt der deutsche Gesellschafter den Geschäftsbetrieb der 114

---

[204] Vgl. hierzu vorstehend 2. Teil: Rn. 680.
[205] Vgl. hierzu vorstehend 2. Teil: Rn. 680.
[206] Vgl. hierzu vorstehend 2. Teil: Rn. 679.
[207] MünchKommBGB/*Kindler*, IntGesR, Rn. 886; *Eidenmüller/Engert*, Ausländische Kapitalgesellschaften im deutschen Recht, 2004, S. 123.
[208] Zur Entwicklung siehe ErfKomm/*Preis*, § 613a BGB Rn. 1; MünchKommBGB/*Müller-Glöge*, BGB, § 613a Rn. 1.
[209] Vgl. ErfKomm/*Oetker*, § 1 MitbestG Rn. 3; ErfKomm/*Oetker*, Einf DrittelbG Rn. 3 f.; ErfKomm/*Koch*, § 1 BetrVG Rn. 5.

ausländischen Gesellschaft in Deutschland weiter, stellen sich die Fragen des deutschen kollektiven Arbeitsrechts.

115 **Mitbestimmung.** Ist die deutsche Gesellschaft als übernehmender Gesellschafter ein von § 1 MitbestG erfasstes Unternehmen, zB eine GmbH oder eine AG, so haben die Arbeitnehmer ein Mitbestimmungsrecht entsprechend dem MitbestG, wenn das Unternehmen gemäß § 1 Abs. 1 Nr. 2 MitbestG mehr als 2000 Arbeitnehmer beschäftigt, und ein Mitbestimmungsrecht nach dem DrittelbG, wenn es gemäß § 1 Abs. 1 DrittelbG mehr als 500 Arbeitnehmer beschäftigt. Führt der Gesellschafter nun den Betrieb der erloschenen ausländischen Gesellschaft im Ausland durch Betriebsstätten fort, so sind die Arbeitnehmer von den im Ausland gelegenen Betrieben nicht mitzuzählen, da auf sie weder das MitbestG noch das DrittelbG Anwendung findet[210]. Hat die deutsche Gesellschaft vor der Anwachsung keine eigenen Arbeitnehmer gehabt, so haben nun die Arbeitnehmer im Ausland kein Recht auf eine unternehmerische Mitbestimmung bei der deutschen Gesellschaft.

116 **MgVG.** Das MgVG findet auf die Hinein-Anwachsung keine Anwendung. Gemäß § 1 Abs. 1 MgVG ist die Zielsetzung des Gesetzes, die Mitbestimmung der Arbeitnehmer in den Unternehmensorganen von Gesellschaften, die aus einer grenzüberschreitenden Verschmelzung gemäß § 122a UmwG hervorgegangen sind, zu sichern. Eine grenzüberschreitende Verschmelzung liegt bei einer Hinein-Anwachsung aber nicht vor. Eine analoge Anwendung verbietet sich aufgrund der eindeutigen Zielsetzung des MgVG.

117 **Betriebsverfassung.** Führt die deutsche Gesellschaft als übernehmender Gesellschafter den Geschäftsbetrieb der ausländischen Personengesellschaft nur durch Betriebsstätten im Ausland fort, ohne einen Betrieb in Deutschland, zB für die Bewältigung der Verwaltung etc., zu errichten, so unterliegt der Betrieb im Ausland nach dem Vermögensübergang nicht dem BetrVG[211]. Bei der deutschen Gesellschaft kann damit für diesen Betrieb im Ausland kein Betriebsrat gewählt werden. Dies ändert sich auch nicht dadurch, dass sie eine Zweigniederlassung in einem EU-Mitgliedsstaat unterhält[212].

118 **Tarifrecht.** Die ausländische Gesellschaft war nicht in den Geltungsbereich eines deutschen Tarifvertrags einbezogen. Ist die deutsche Gesellschaft als übernehmender Gesellschafter nicht Mitglied eines Arbeitgeberverbands, dann hat der Arbeitnehmer einen neuen Arbeitgeber, der nicht in den Geltungsbereich eines Tarifvertrags einbezogen ist. Auf diese Arbeitsverhältnisse, die zwischen der deutschen Gesellschaft und dem Arbeitnehmer bestehen, ist daher ein Tarifvertrag nicht direkt anwendbar. Auch eine indirekte Anwendbarkeit von tarifvertraglichen Regelungen im Arbeitsvertrag scheidet aus, da der Arbeitsvertrag nicht auf einen deutschen Tarifvertrag Bezug genommen haben wird. Ebenso kommt eine Nachwirkung von tarifvertraglichen Regelungen gemäß § 4 Abs. 5 TVG nicht in Betracht. Ist die deutsche Gesellschaft Mitglied eines Arbeitgeberverbands, findet der Tarifvertrag ebenfalls keine Anwendung, da sich der räumliche Geltungsbereich nicht auf Arbeitsverhältnisse erstreckt, die ausländischem Recht unterliegen[213]. Dies dürfte aber bei den übergegangenen Arbeitsverhältnissen der Fall sein, da sich der Geschäftsbetrieb weiterhin im Ausland befindet. Auf die gewöhnlich im Ausland arbeitenden Arbeitnehmer findet nach Art. 8 Rom-I VO das Recht des ausländischen Staates Anwendung, sofern die Parteien nicht die Geltung deutschen Rechts vereinbart haben.

---

[210] ErfKomm/*Oetker*, § 1 MitbestG Rn. 7; ErfKomm/*Oetker* Einf DrittelbG Rn. 3.
[211] ErfKomm/*Koch*, § 1 BetrVG Rn. 5.
[212] ErfKomm/*Koch*, § 1 BetrVG Rn. 5.
[213] Vgl. ErfKomm/*Franzen*, § 4 TVG, Rn. 10 m.w.N.

f) Kartellrecht und Sonstiges

Kartellrecht. Die Hinein-Anwachsung ist kartellrechtlich wie die Heraus-Anwachsung 119
zu beurteilen. Der Übergang des gesamten Vermögens von der ausländischen Gesellschaft
auf den übernehmenden deutschen Gesellschafter im Wege der Gesamtrechtsnachfolge ist
ein Erwerb des ganzen Vermögens eines Unternehmens im Sinne des § 37 Abs. 1 Nr. 1
GWB[214]. Ein anmelde- oder anzeigepflichtiger Zusammenschluss liegt jedoch nicht vor,
da davon auszugehen ist, dass die beteiligten Unternehmen bereits vor dem Austritt zusammen geschlossen waren.

Möglichkeiten der Hinein-Anwachsung. Die Hinein-Anwachsung ist ein taugli- 120
ches Verfahren einer grenzüberschreitenden Umstrukturierung, insbesondere in Fällen, in
denen eine Hinein-Verschmelzung nach § 122a UmwG nicht möglich ist. Dies gilt vor
allem für Unternehmensverbindungen unter Einbeziehung von ausländischen Personenhandelsgesellschaften als übertragende Rechtsträger. Darüber hinaus kann mit dem Verfahren einer Hinein-Anwachsung auch eine grenzüberschreitende Verschmelzung nach
§ 122a UmwG ersetzt werden. Da sich die Anwachsung des Vermögens nach dem Recht
der ausländischen Gesellschaft richtet, ist im Vorfeld zu prüfen, ob das ausländische Recht
das Rechtsinstitut der Anwachsung durch Gesamtrechtsnachfolge kennt und welche
Rechtsfolgen es ihr beimisst. Denn der Vorteil der Hinein-Anwachsung liegt wesentlich in
dem automatischen Übergang des gesamten Vermögens, ohne dass es gesonderter Übertragungsakte bedarf.

Vergleich mit Hinein-Verschmelzung. Die Hinein-Anwachsung bietet hinsichtlich 121
des Vermögensübergangs vergleichbare Erleichterungen wie eine Hinein-Verschmelzung.
Geht das gesamte Vermögen der ausländischen Gesellschaft auf die deutsche Gesellschaft
im Wege der Gesamtrechtsnachfolge über, wird die gleiche Wirkung wie bei einer grenzüberschreitende Hinein-Verschmelzung erzielt. Wenn das ausländische Recht infolge der
Anwachsung die Gesamtrechtsfolge anordnet, sind weitere Übertragungsvorgänge hinsichtlich bestimmter Vermögensgegenstände nicht notwendig. Die Hinein-Anwachsung
bietet somit zivilrechtlich die gleiche Transaktionssicherheit wie die Hinein-Verschmelzung. Da das Ausscheiden des Gesellschafters nach dem Recht der ausländischen Gesellschaft erfolgt, unterliegen Form und Frist des Ausscheidens dieser Rechtsordnung. Daher
richtet sich die Durchführung des Ausscheidens, seiner Voraussetzungen und der Kosten
nach der jeweiligen anzuwendenden ausländischen Rechtsordnung. Ein genereller Vergleich mit der Hinein-Verschmelzung hinsichtlich der Einfachheit des Ausscheidens und
der Kosten ist aber nicht möglich.

2. Steuerrechtliche Behandlung

a) Übersicht

Transparente Besteuerung der C.V. Die Besteuerung der C.V. bzw. der an ihr betei- 122
ligten Gesellschafter hängt davon ab, ob sie von den beteiligten Staaten als steuerlich transparent oder intransparent behandelt wird. Die C.V. wird aus deutscher und niederländischer
Sicht wie eine Personengesellschaft also steuerlich transparent behandelt[215]. Aus Sicht beider Staaten findet die Besteuerung auf Ebene der Gesellschafter statt. Die N.V. ist als reine
Komplementär-Gesellschaft nicht am Kapital der C.V. beteiligt. Aus deutscher Sicht entfällt
der gesamte Gewinn der C.V. auf die GmbH.

---

[214] *Bechtold* GWB, § 37 Rn. 4.
[215] Aus deutscher Sicht, Typenvergleich, vgl. BMF 24.12.1999, BStBl. I 1999, 1076, Tz. 1.1.5.2. und
Tabelle 1: Rechtsformen internationaler Unternehmen (außer Osteuropa); Löwenstein/Looks/*Maier*,
Rn. 536.

123 Welteinkommensprinzip. Der auf die GmbH entfallende Gewinn der C.V. ist in Deutschland unbeschränkt körperschaftsteuerpflichtig (Welteinkommensprinzip, § 1 Abs. 2 KStG). Deutschland kann jedoch durch ein DBA verpflichtet sein, seinen Besteuerungsanspruch zurückzunehmen[216].

124 T-KG; deutsche Betriebsstätte. Abkommensrechtlich vermittelt die Beteiligung an der T-KG den Gesellschaftern der C.V. eine deutsche Betriebsstätte[217]. Soweit die Gewinnanteile der GmbH Einkünften beinhalten, die die C.V. aus der T-KG bzw. der deutschen Betriebsstätte erzielt, liegen keine Betriebsstätteneinkünfte der GmbH aus den Niederlanden vor, sondern inländische Einkünfte der GmbH[218].

125 T-GmbH. Aus deutscher Sicht ist die Beteiligung der C.V. an der T-GmbH Sonderbetriebsvermögen bei der T-KG. Gewinne aus dem Gesamthands- und Sonderbetriebsbereich sind unmittelbar der GmbH zuzurechnen (vgl. o. Rn. 68). Das gilt auch für Gewinnausschüttungen der T-GmbH und Gewinne aus der Veräußerung der Beteiligung an der T-GmbH. Im Verhältnis zu den Niederlanden sind der Dividendenartikel[219] der Veräußerungsgewinnartikel[220] nicht anwendbar. Die C.V. ist selber nicht abkommensberechtigt[221]. Von den Gewinnausschüttungen der T-GmbH ist Kapitalertragsteuer in voller Höhe einzubehalten. Zwar wird nach § 43b Abs. 1 Satz 2 EStG die Kapitalertragsteuer auf Ausschüttungen einer Tochtergesellschaft nicht erhoben, die einer in einem anderen Mitgliedstaat gelegenen Betriebsstätte einer unbeschränkt steuerpflichtigen Muttergesellschaft zufließen. Nach § 43b Abs. 2 Satz 1 EStG muss eine Muttergesellschaft aber nachweislich mindestens zu 10%[222] unmittelbar am Kapital der Tochtergesellschaft beteiligt sein. Vorliegend ist aber nicht T-GmbH sondern C.V. zivilrechtliche Eigentümerin der Beteiligung an der T-GmbH. Das Unmittelbarkeitserfordernis für die Mindestbeteiligung ist daher nicht erfüllt[223].

126 Betriebsstätten/Tochterpersonengesellschaften USA/Großbritannien. Soweit in den auf die GmbH entfallenden Gewinnanteilen der C.V. Einkünfte aus den Tochterpersonengesellschaften in den USA bzw. Großbritannien und den Betriebsstätten in den USA bzw. Großbritannien enthalten sind, gelten diese Einkünfte als unmittelbar von der GmbH aus den USA bzw. Großbritannien bezogen[224]. Diese Einkünfte sind als Unternehmensgewinne nach den DBA USA bzw. Großbritannien in Deutschland freizustellen (Art. 7 DBA Großbritannien bzw. Art. 7 DBA USA)[225].

127 Tochterkapitalgesellschaften USA/Großbritannien. Aus deutscher Sicht sind die Beteiligungen an der T-Ltd. bzw. der T-Inc. Sonderbetriebsvermögen bei den jeweiligen Tochterpersonengesellschaften. Dividenden und Veräußerungsgewinne gehören deswegen zu den dortigen Betriebsstätteneinkünften. Die Betriebsstättenvorbehalte in den jeweiligen Dividendenartikeln (Art. 10 Abs. 4 DBA Großbritannien bzw. Art. 10 Abs. 7 DBA USA) und Veräußerungsgewinnartikeln (Art. 13 Abs. 3 DBA Großbritannien bzw. Art. 13 Abs. 3 DBA USA) sind anzuwenden. Allerdings werden solche Einkünfte nach Auffassung der deutschen Finanzverwaltung nach dem Methodenartikel der jeweiligen DBA nicht von

---

[216] Mössner/*Mössner*, Rn. 2.421.
[217] Wassermeyer/Andresen/Ditz/*Wassermeyer*, Rn. 7.56.
[218] Löwenstein/Looks/*Maier*, Rn. 563.
[219] Art. 10 OECD-MA/Art. 13 DBA Niederlande.
[220] Art. 13 OECD-MA/Art. 8 DBA Niederlande.
[221] Mössner/*Piltz* Mössner/*Mick/Dyckmans*, Rn. 8.98.
[222] § 43b Abs. 2 Satz 1 iVm § 52 Abs. 55c EStG.
[223] *Jesse* IStR 2005, 158.
[224] Mössner/*Schänzle/Engel*, Rn. 5.167 ff.
[225] Mössner/*Schänzle/Engel*, Rn. 5.167 ff.

der deutschen Besteuerung ausgenommen werden, wenn der andere Staat die Einkünfte nicht als Unternehmensgewinne qualifiziert[226].

Wenn man mit der neueren BFH-Rechtsprechung entgegen der Finanzverwaltung die Auffassung vertritt, nicht schon die nationale Qualifikation als Sonderbetriebsvermögen mache Dividenden und Veräußerungsgewinne aus den Beteiligungen zu Betriebsstätteneinkünften, können sich solche noch aus den Betriebsstättenvorbehalten in den Dividenden- bzw. Veräußerungsgewinnartikeln (Art. 10 Abs. 4; 13 Abs. 3 DBA Großbritannien bzw. Art. 10 Abs. 7; 13 Abs. 3 DBA USA) ergeben[227]. Wenn sich auch danach keine Zuordnung zu den Betriebsstätten der Tochterpersonengesellschaften in den USA bzw. Großbritannien ergibt, können die Beteiligungen der durch die C.V. vermittelten Betriebsstätte in den Niederlanden zuzuordnen sein. Sie sind dann nach dem DBA Niederlande von der Besteuerung bei der GmbH in Deutschland freizustellen. Hinsichtlich von Dividenden einbehaltener Quellensteuer ist mangels Abkommensberechtigung der C.V. zwar nicht das niederländische DBA aber das deutsche DBA mit dem jeweiligen Ansässigkeitsstaat der Kapitalgesellschaft anwendbar[228].

b) Besteuerung der Anwachsung

Auswirkungen in Deutschland. Steuerliche Folgen in Deutschland kann die Anwachsung in den Niederlanden nur insoweit haben, als schon vor der Anwachsung ein deutsches Besteuerungsrecht bestanden hat, ein solches durch die Anwachsung entsteht oder ausgeschlossen bzw. beschränkt wird. **128**

Deutsche Betriebsstätte und T-KG. Einkünfte aus der deutschen Betriebsstätte bzw. der T-KG sind aus deutscher Sicht inländische Einkünfte der GmbH und unterliegen damit der deutschen Besteuerung. Wie im Inlandsfall hat die Anwachsung mangels einer neuen wirtschaftlichen Zuordnung der Wirtschaftsgüter der T-KG bzw. der Betriebsstätte in Deutschland keine steuerlichen Auswirkungen. Weil die GmbH der einzige am Kapital der C.V. beteiligte Gesellschafter ist, waren die Wirtschaftsgüter der Betriebsstätte bzw. T-KG ihr schon vor der Anwachsung steuerlich alleine zuzuordnen. Wie bei einer Anwachsung im Inland sind die Buchwerte schon mangels eins Anschaffungsvorgangs fortzuführen[229]. **129**

T-GmbH. Aus deutscher Sicht gehört die Beteiligung an der T-GmbH bereits vor der Anwachsung zum der GmbH unmittelbar zuzurechnenden Sonderbetriebsvermögen bei der T-KG. Durch die Anwachsung ändert sich daher nichts an der steuerlichen Zuordnung der Beteiligung. Sie bleibt unverändert Sonderbetriebsvermögen der GmbH bei der T-KG. Die Anwachsung hat auch dann keine steuerlichen Folgen in Deutschland, wenn die Beteiligung der durch die C.V. vermittelten niederländischen Betriebsstätte zugeordnet war. Die Anwachsung führt insbesondere nicht zur erstmaligen Steuerverstrickung der Beteiligung in Deutschland, die als fiktive Einlage zum gemeinen Wert nach §§ 4 Abs. 1 Nr. 7, 6 Abs. 1 Nr. 5a iVm 8 Abs. 1 Satz 1 KStG behandelt würde. Dies deshalb, weil Veräußerungsgewinne selbst bei einer Zuordnung der Beteiligung zur niederländischen Betriebsstätte der C.V. in Deutschland auch schon vor der Anwachsung besteuert werden konnten[230]. Auf Ebene der T-GmbH besteht nach § 8c Satz 2 KStG wegen der Übertragung des zivil- **130**

---

[226] BMF 24.12.1999, BStBl. I 1999, 1076, Tz. 1.2.3.; Entsprechend nunmehr auch § 50d Abs. 9 Satz 1 Nr. 1 EStG, vgl. Mössner/*Schänzle/Engel*, Rn. 5.123 ff.
[227] Mössner/*Mick/Dyckmans*, Rn. 8.84 f.
[228] Mössner/*Schänzle/Engel*, Rn. 5.164.
[229] OFD Berlin 19.7.2002, DB 2002, 1966.
[230] Vgl. o. Rn. 124.

rechtlichen Eigentums der Anteile an der T-GmbH das Risiko, dass nicht genutzte Verluste nach der Anwachsung nicht mehr abziehbar sind[231].

131 **Betriebsstätten/Tochterpersonengesellschaften USA/Großbritannien.** Keine steuerlichen Auswirkungen in Deutschland hat die Anwachsung hinsichtlich der Betriebsstätten und Tochterpersonengesellschaften in den USA und Großbritannien. Sie waren bereits vor der Anwachsung der GmbH als einzigem am Kapital beteiligten Gesellschafter der C.V. zuzuordnen[232]. Die Anwachsung ändert die steuerliche Zuordnung nicht. Im übrigen kann die Anwachsung auch deswegen keine steuerlichen Folgen in Deutschland haben, weil es sich bei den Betriebsstätten bzw. den durch die Tochterpersonengesellschaften vermittelten Betriebsstätten nach den einschlägigen DBA um sog. Freistellungsbetriebsstätten handelt[233].

132 **T-Ltd. und T-Inc.** Aus Sicht der deutschen Finanzverwaltung sind die Beteiligungen an der T-Ltd. und T-Inc. Sonderbetriebsvermögen bei den Tochterpersonengesellschaften in Großbritannien bzw. den USA. Veräußerungsgewinne gehören danach zum den von der deutschen Besteuerung frei zu stellenden Betriebsstätteneinkünften[234]. Nach dieser Ansicht ändert sich durch die Anwachsung an der steuerlichen Zuordnung nichts. Die Anwachsung hat keine steuerlichen Auswirkungen in Deutschland. Waren die Beteiligungen der durch die C.V. vermittelten niederländischen Betriebsstätte zugeordnet[235], hat die Anwachsung steuerliche Auswirkungen in Deutschland, wenn die Beteiligungen anschließend der GmbH zugeordnet werden und nicht als Sonderbetriebsvermögen den durch die jeweiligen ausländischen Personengesellschaften vermittelten Betriebsstätten. In diesem Fall kommt es zur erstmaligen Steuerverstrickung in Deutschland. Nach §§ 4 Abs. 1 Nr. 7, 6 Abs. 1 Nr. 5a iVm 8 Abs. 1 Satz 1 KStG gelten die Beteiligungen an der T-Ltd. und T-Inc. als zum gemeinen Wert in die GmbH eingelegt. Der Ansatz des gemeinen Werts ist nicht davon abhängig, ob es in Folge der Anwachsung in den Niederlanden zu einer Endbesteuerung auf die Beteiligungen kommt[236]. Zu einer Steuerverstrickung in Deutschland kommt es nicht, wenn die Beteiligungen im Anschluss an die Anwachsung aus deutscher Sicht den Betriebsstätten oder Tochterpersonengesellschaften in den USA oder Großbritannien (als Sonderbetriebsvermögen) zuzuordnen sind. Dies deshalb, weil es sich nach den jeweiligen deutschen DBA um sog. Freistellungsbetriebsstätten handelt[237].

133 **Grunderwerbsteuer.** Zivilrechtlich geht das Eigentum an den Wirtschaftsgütern der inländischen Betriebsstätte durch die Anwachsung von der C.V. auf die GmbH über. Die Anwachsung unterliegt daher der Grunderwerbsteuer soweit inländische Grundstücke betroffen sind (§ 1 Abs. 1 Nr. 3 GrEStG). Nach § 8 Abs. 2 GrEStG bemisst sich die Steuer nach den Grundbesitzwerten iSd § 138 Abs. 2 bis 4 BewG[238]. Allerdings wird die Steuer nach § 6 Abs. 2 GrEStG vollständig (im Fall der Beteiligung des austretenden Gesellschaf-

---

[231] BMF 4.7.2008; BStBl. I 2008, 736 hat die Behandlung der Anwachsung offen gelassen. Zum Meinungsstand vgl. *Roser* DStR 2008, 1561.

[232] Vgl. o. Rn. 68.

[233] Art. 7 iVm 23 DBA Großbritannien; Art. 7 Abs. 1 iVm 23 Abs. 2 (3 idF. nach dem Protokoll vom 1.6.2006) lit. a DBA USA.

[234] BMF 24.12.1999, BStBl. I 1999, 1076, Tz. 1.2.3; Veräußerungsgewinne sollen nicht freigestellt werden, wenn der andere Staat sie aufgrund abweichender Qualifikation von der Besteuerung freistellt. So nunmehr auch § 50d Abs. 9 Satz 1 Nr. 1 EStG.

[235] Vgl. o. Rn. 127.

[236] *Rödder/Schumacher* DStR 2006, 1486.

[237] Art. 7 iVm 23 DBA Großbritannien; Art. 7 Abs. 1 iVm 23 Abs. 2 (3 idF nach dem Protokoll vom 1.6.2006) lit. a DBA USA.

[238] FinMin. Baden-Württemberg Erlass v. 19.12.1997, DStR 1998, 82 zu B; zu Zweifeln an der Verfassungsmäßigkeit der Grundbesitzwerte für GrESt-Zwecke vgl. BFH v. 27. 5. 2009-II R 64/08, DStR 2009, 1474, Bescheide ergehen insoweit nur noch vorläufig, Oberste Finanzbehörden der Länder v. 17.6.2011, BStBl. I 2011, 575.

ters am Kapital der KG nur anteilig) nicht erhoben. Diese Steuervergünstigung steht allerdings nicht zur Verfügung, wenn der Gesellschafter, auf den die Gesellschaft anwächst seine Beteiligung innerhalb der letzten fünf Jahre vor der Anwachsung erworben hat (§ 6 Abs. 4 GrEStG). Der Übergang der Beteiligung an der T-GmbH von der C.V. an die GmbH unterliegt nach dem Wortlaut des § 1 Abs. 3 GrEStG der Grunderwerbsteuer, wenn zum Vermögen der T-GmbH ein inländisches Grundstück gehört. Die Grunderwerbsteuer bemisst sich in diesen Fällen nach den Grundbesitzwerten iSd § 138 Abs. 2 bis 4 BewG (§ 8 Abs. 2 Satz 1 Nr. 3 GrEStG). Mit dem Anteilserwerb wird aber lediglich die bisher bestehende mittelbare Anteilsvereinigung bei der GmbH zu einer ganz unmittelbaren verstärkt. Der Tatbestand des § 1 Abs. 3 GrEStG wird dadurch nicht ausgelöst[239]. Für den Übergang der Beteiligung an der T-KG gilt im Ergebnis das gleiche. Der Wortlaut des § 1 Abs. 2a GrEStG ist erfüllt, wenn zum Vermögen der T-KG ein inländisches Grundstück gehört[240]. Es wird aber lediglich eine mittelbare Beteiligung zu einer unmittelbaren verstärkt. Dadurch tritt keine Steuerbarkeit ein (Verkürzung der Beteiligungskette)[241].

Umsatzsteuer. Der Übertragung der Wirtschaftsgüter der deutschen Betriebsstätte auf die GmbH im Wege der Anwachsung ist nicht umsatzsteuerbar. Die Wirtschaftsgüter gehen allein aufgrund der Vereinigung aller Gesellschaftsrechte ohne weiteren Übertragungsakt auf den letzten Gesellschafter über. Da dieses eine Folge des Gesellschaftsrechts ist, liegt kein entgeltlicher Leistungsaustausch iSd UStG vor[242]. Im Übrigen wäre die Anwachsung auch als Geschäftsveräußerung im Ganzen nach § 1 Abs. 1a UStG nicht steuerbar. **134**

c) Besteuerung nach der Anwachsung

Gewerbesteuerliche Verlustvorträge T-KG/Betriebsstätte. Gewerbesteuerliche Verlustvorträge der KG gehen durch die Anwachsung unter. Bei Personengesellschaften ist Voraussetzung für den gewerbesteuerlichen Verlustabzug nach § 10a GewStG sowohl Unternehmens- als auch Unternehmeridentität[243]. Die Anwachsung der Beteiligung an der T-KG von der C.V. an die GmbH hebt die Unternehmeridentität auf. Die C.V. als solch und nicht ihre Gesellschafter ist Gesellschafterin der T-KG[244]. Die Anwachsung führt deswegen zu einem für den gewerbesteuerlichen Verlustabzug schädlichen Gesellschafterwechsel bei der T-KG. Gewerbesteuerliche Verlustvorträge der inländischen Betriebsstätte der C.V. kann die GmbH nach der Anwachsung weiter abziehen. Sie war bereits vor der Anwachsung der gewerbesteuerliche Unternehmer der C.V.[245]. **135**

Verlustvortrag T-GmbH. Es besteht das Risiko, dass bis zum Zeitpunkt der Anwachsung entstandene nicht genutzte Verluste der T-GmbH aufgrund der Anwachsung von der C.V. auf die GmbH nicht mehr abziehbar sind (§ 8c Satz 2 KStG)[246]. Das gilt auch für gewerbesteuerliche Verlustvorträge (§ 10a Satz 8 GewStG)[247]. **136**

---

[239] BMF 2.12.1999, BStBl. I 99, 991 zu 3.
[240] § 1 Abs. 2a GrEStG geht der Anwendung von § 1 Abs. 3 GrEStG vor, vgl. Oberste Finanzbehörden der Länder v. 25.2.2010, BStBl. I 2010, 245 Tz. 6.
[241] Oberste Finanzbehörden der Länder v. 25.2.2010, BStBl. I 2010, 245 Tz. 2.1.
[242] Sölch/Ringleb/*Klenk*, § 1 Rn. 242.
[243] R 10a.1 Abs. 1 Satz 3 GewStR.
[244] R 10a.3 Abs. 3 Nr. 8 GewStR.
[245] R 10a.3 Abs. 3 Nr. 4 GewStR.
[246] BMF 4.7.2008, BStBl. I 2008, 736 hat die Behandlung der Anwachsung offen gelassen. Zum Meinungsstand vgl. *Roser* DStR 2008, 1561.
[247] §§ 8c KStG und 10a Satz 8 GewStG idF nach dem Unternehmensteuerreformgesetz 2008 sind ab dem Veranlagungszeitraum bzw. Erhebungszeitraum 2008 und Anteilsübertragungen nach dem 31.12.2007 anwendbar, vgl. *Melchior* DStR 2007, 1235.

C. Realteilung von Personengesellschaften unter Beteiligung ausländischer Gesellschafter

I. Zivil-/gesellschaftsrechtliche Grundlagen

1. Übersicht und graphische Darstellung

137 **Übersicht.** Die grenzüberschreitende Realteilung auf eine ausländische Gesellschaft soll anhand einer zweigliedrigen deutschen Personenhandelsgesellschaft dargestellt werden. An dieser Gesellschaft sollen eine EU-Gesellschaft und eine deutsche Gesellschaft als Gesellschafter mit jeweils 50% des Kapitals beteiligt sein. Beschließen die beiden Gesellschafter die Auseinandersetzung des Vermögens im Wege der Realteilung, erlischt die oHG. Das gesamte Vermögen der oHG wird in natura entsprechend der vereinbarten Auseinandersetzung auf die beiden Gesellschafter verteilt.

138 **Beispielsfall:**
In dem nachfolgenden Beispiel soll die grenzüberschreitende Realteilung anhand einer oHG, die als Joint-Venture Gesellschaft fungiert, durchgeführt werden. Die einzigen Gesellschafter sind eine italienische Srl und eine deutsche GmbH, die jeweils 50% des Kapital halten. Die oHG hat ein Grundstück in Deutschland, auf dem es ihren Geschäftsbetrieb führt. Die oHG hat die folgenden 100% Beteiligungen: eine Tochter-GmbH („T-GmbH") im Inland, eine Tochter-Ltd. („T-Ltd.") in England, eine Tochter-Corporation („T-Inc.") in den USA. Darüber hinaus unterhält die oHG sowohl in England als auch in den USA eine Betriebsstätte. Schließlich ist sie an Tochter Limited Partnerships sowohl in England („T-LP1") als auch in den USA („T-LP2") beteiligt. Schaubild 7 zeigt diese Beteiligungsstruktur.

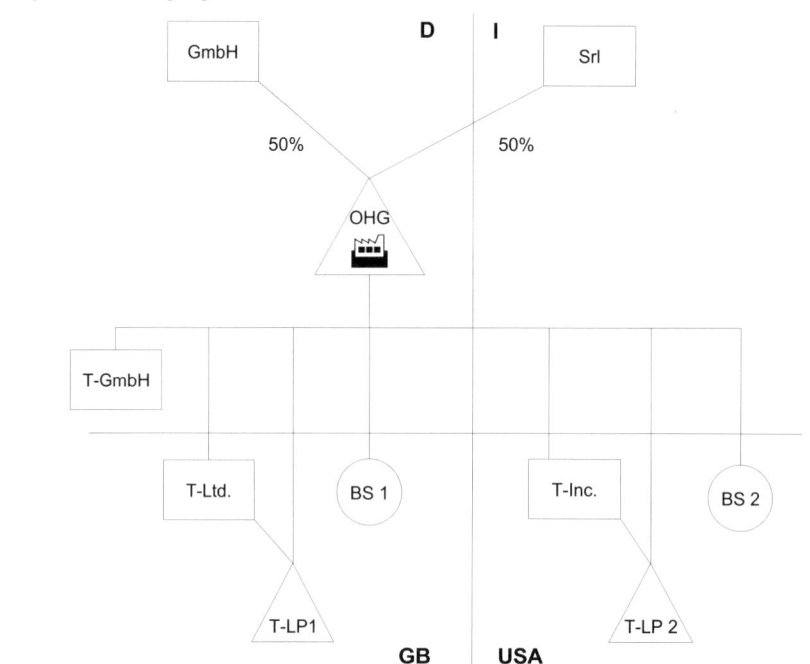

139

Beschließen die beiden Gesellschafter die Realteilung der oHG, erlischt diese. Die Gesellschafter können die Verteilung des Betriebsvermögens festlegen. In dem Beispielsfall erhält die GmbH die Beteiligung an der T-GmbH, T-Ltd. und der T-LP1 sowie die Betriebsstätte in England. Die Srl erhält die Beteiligung an der T-Inc. und an der T-LP2 sowie die Betriebsstätte in den USA. Darüber hinaus übernimmt die Srl das Grundstück und den darauf geführten Geschäftsbetrieb, der fortan eine Betriebsstätte der Srl in Deutschland darstellt. Die Beteiligungsstruktur nach der Realteilung wird im Schaubild 8 gezeigt.

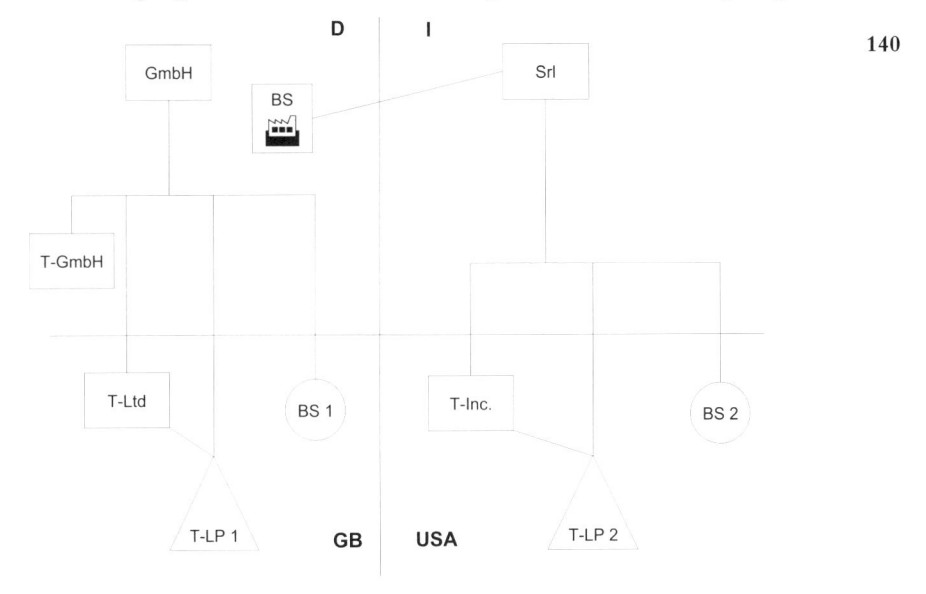

140

2. Voraussetzungen im Einzelnen

Übersicht. Die grenzüberschreitende Realteilung kann zivilrechtlich entweder als Naturalteilung entsprechend § 145 Abs. 1, 2. Alt. HGB oder als Aufspaltung zur Aufnahme gemäß § 123 Abs. 1 Nr. 1 UmwG durchgeführt werden. In beiden Fällen ist deutsches Recht anzuwenden, da für die Auflösung einer Gesellschaft ihr Gesellschaftsstatut die maßgebliche Rechtsordnung ist[248]. 141

a) Naturalteilung

Übersicht. Wird die Realteilung zivilrechtlich als Naturalteilung entsprechend § 145 Abs. 1, 2. Alt. HGB durchgeführt, finden die allgemeinen Vorschriften des Handelsrechts Anwendung. Die Gesellschafter müssen grundsätzlich einen Gesellschafterbeschluss fassen, in dem sie die Naturalteilung beschließen. Darüber hinaus ist in einem Auseinandersetzungsvertrag die genaue Aufteilung der einzelnen Wirtschaftsgüter zwischen den Realteilern zu regeln. Da nach der Durchführung der Aufteilung des gesamten Vermögens die Gesellschaft aufgelöst ist, haben die Gesellschafter die Auflösung und Vollbeendigung der Gesellschaft zum Handelsregister anzumelden. 142

Gesellschafterbeschluss. Die Gesellschafter beschließen die Auflösung der Gesellschaft und die Auseinandersetzung des Gesellschaftsvermögens durch eine „andere Art der Auseinandersetzung" gemäß § 145 Abs. 1, 2. Alt. HGB, nämlich der Naturalteilung. Ein Gesellschafterbeschluss ist nicht notwendig, wenn die Auflösung und Beendigung der Ge- 143

---

[248] MünchKomm/*Kindler*, BGB, IntGesR, Rn. 544.

sellschaft durch Naturalteilung bereits im Gesellschaftsvertrag geregelt ist[249]. Der Beschluss hat auch festzulegen, wie das vorhandene Gesellschaftsvermögen auf die Realteiler zu verteilen ist. Die Aufteilung kann im Beschluss selbst oder in einem gesonderten Auseinandersetzungsvertrag der Realteiler, auf den der Beschluss Bezug nimmt, vorgenommen werden. Der Beschluss über die Naturalteilung bedarf der Zustimmung aller Gesellschafter, da eine Vereinbarung über die Abwicklung der Gesellschaft notwendiger Bestandteil des Gesellschaftsvertrags ist[250]. Haben die Gesellschafter dies nicht im Gesellschaftsvertrag geregelt, müssen sie die Naturalteilung einstimmig beschließen. Ein Mehrheitsbeschluss ist nur auf der Grundlage einer entsprechenden Bestimmung des Gesellschaftsvertrags möglich. Da eine solche Mehrheitsklausel nicht in den Kernbereich der Mitgliedschaft der Gesellschafter eingreifen darf[251], muss der Beschluss angesichts des Bestimmtheitsgrundsatzes mindestens mit einfacher Mehrheit gefasst werden[252]. Die Gesellschafter haben ferner die Form- und Fristerfordernisse des Gesellschaftsvertrags zu wahren, soweit nicht alle Gesellschafter wirksam darauf verzichten.

144 **Auseinandersetzung des Gesellschaftsvermögens.** Die genaue Verteilung der einzelnen Vermögensgegenstände auf die Realteiler im Zuge der Realteilung kann entweder im Gesellschaftsvertrag oder in einem gesonderten Auseinandersetzungsvertrag geregelt sein. Eine Regelung im Gesellschaftsvertrag bietet sich nur an, wenn die Vermögensgegenstände unverändert bleiben und von Anfang an geplant ist, die Gesellschaft im Wege der Naturalteilung zu beenden. Dies dürfte in der Praxis eher selten und allenfalls bei einem eng begrenzten Joint-Venture möglich sein. Daher werden die Gesellschafter die Verteilung des Gesellschaftsvermögens grundsätzlich in einem getrennten Auseinandersetzungsvertrag regeln.

145 **Auseinandersetzungsvertrag**[253]. Der Auseinandersetzungsvertrag ist von allen Gesellschaftern abzuschließen. Dadurch erhält der Realteiler den Auseinandersetzungsanspruch, d.h. den Anspruch auf Übertragung der Gegenstände des Gesellschaftsvermögens. Darüber hinaus wird im Auseinandersetzungsvertrag die Durchführung der Übertragung geregelt. Soweit die realteilende Gesellschaft Arbeitnehmer beschäftigt, können Vorschriften zur Behandlung der Arbeitsverhältnisse aufgenommen werden[254]. Dabei kann zB geregelt werden, dass Arbeitsverhältnisse durch Betriebsübergang nach § 613a BGB von Gesetzes wegen übergehen, von den Realteilern übernommen werden oder im Zuge der Realteilung beendet werden. Schließlich wird der Auseinandersetzungsvertrag regelmäßig Klauseln zur Buchwertfortführung sowie der ertragsteuerlichen und umsatzsteuerlichen Behandlung der Realteilung enthalten.

146 **Spitzenausgleich.** Kann das zu verteilende Gesellschaftsvermögen nicht gleichmäßig auf die realteilenden Gesellschafter verteilt werden, haben die dadurch benachteiligten Gesellschafter einen Anspruch auf einen Wertausgleich in Geld (Spitzenausgleich)[255]. Die Zahlung eines Spitzenausgleichs hindert eine steuerneutrale Realteilung nicht[256]. In einen solchen Fall hat der Auseinandersetzungsvertrag die Höhe und die Modalitäten des Anspruchs auf den Spitzenausgleich zu regeln.

147 **Durchführung der Naturalteilung.** Die dingliche Übertragung der Gegenstände des Gesellschaftsvermögens und damit die Erfüllung des Auseinandersetzungsanspruchs erfolgt

---

[249] Vgl. *Schlegelberger/K.Schmidt*, HGB, § 145 HGB Rn. 45.
[250] BH/*Hopt*, HGB, § 145 Rn. 8; *Staub/Habersack*, HGB, 4. Aufl. 1998, § 145 Rn. 23.
[251] *Staub/Habersack*, HGB, 4. Aufl. 1998, § 145 Rn. 24.
[252] *Schlegelberger/K.Schmidt*, HGB, § 145 HGB Rn. 46.
[253] Siehe dazu *Engl/Fox* in *Engl*, Formularbuch Umwandlungen, 2008, Muster C.1a.
[254] Siehe auch unten Nr. 4.
[255] *Staub/Habersack*, HGB, 4. Aufl. 1998, § 145 Rn. 36; MünchKommHGB/*Schmidt*, § 145 Rn. 40.
[256] BMF 28.2.2006, IV B 2 – S 2242 – 6/06 S. 1 f.; siehe dazu *Schell* BB 2006, 1026, 1027 ff.

im Wege der Einzelrechtsnachfolge. Dabei ist es zivilrechtlich unbeachtlich, ob dem Realteiler Einzelwirtschaftsgüter oder Teilbetriebe zugeteilt werden[257]. Denn in jedem Fall müssen alle Gegenstände unter Wahrung des sachenrechtlichen Bestimmtheitsgrundsatzes einzeln auf den jeweiligen Realteiler übertragen werden. Deshalb sind Formvorschriften hinsichtlich bestimmter Vermögensgegenstände, zB bei der Übertragung von Grundstücken oder GmbH-Geschäftsanteilen, einzuhalten. Werden Rechte abgetreten, ist deren Übertragbarkeit zu prüfen. Bei der schuldbefreienden Übernahme von Verbindlichkeiten und bei Vertragsverhältnissen, ist die Zustimmung des Gläubigers bzw. Vertragspartners einzuholen. Kann eine solche Zustimmung nicht eingeholt werden, ist die Übernahme im Innenverhältnis zu vereinbaren.

Anmeldung zum Handelsregister. Der Beschluss der Gesellschafter, die Gesellschaft 148 durch eine andere Art der Auseinandersetzung gemäß § 145 Abs. 1, 2. Alt. HGB aufzulösen, bedingt die Auflösung der Gesellschaft. Die Gesellschaft geht von der werbenden Tätigkeit in die Abwicklung über. Die Tatsache der Auflösung ist gemäß § 143 Abs. 1 HGB von sämtlichen Gesellschaftern zum Handelsregister anzumelden[258]. Die Bestellung von Liquidatoren gemäß § 146 HGB ist jedoch nicht erforderlich[259]. Nach Durchführung der vollständigen Verteilung des Gesellschaftsvermögens ist die Gesellschaft vollbeendet[260]. Diese Vollbeendigung ist ebenfalls durch alle Gesellschafter zum Handelsregister anzumelden. Wird die Firma der erloschenen Gesellschaft nicht durch einen Realteiler fortgeführt, ist auch das Erlöschen der Firma anzumelden. Die Eintragung in das Handelsregister hat aber jeweils nur deklaratorische Bedeutung[261].

Zweigniederlassung. Führt der ausländische Realteiler nach der Realteilung einen 149 Geschäftsbetrieb in Deutschland weiter, hat er diesen als Zweigniederlassung gemäß § 13d HGB zum Handelsregister anzumelden. Der Geschäftsbetrieb stellt eine Zweigniederlassung im Sinne des Handelsrechts dar, wenn er als ein von der Hauptniederlassung räumlich getrennter, unter deren Oberleitung stehender, jedoch wirtschaftlich und organisatorisch verselbstständigten Betriebsteil qualifiziert[262]. Die Anmeldepflicht besteht aufgrund deutschen Sachrechts unabhängig vom Gesellschaftsstatut des ausländischen Realteilers[263].

Rechtsfolgen. Mit der vollständigen Verteilung des Gesellschaftsvermögens ist die Ge- 150 sellschaft voll beendet. Die Beendigung der Gesellschaft ist auch zwingende Voraussetzung der steuerneutralen Realteilung, da dadurch die von den Finanzbehörden geforderte Betriebsaufgabe auf der Ebene der Mitunternehmerschaft erreicht wird[264]. Die Gesellschafter haften allerdings persönlich und gesamtschuldnerisch für weiter bestehende, nicht beglichene Gesamthandsverbindlichkeiten der aufgelösten Gesellschaft. Die Nachhaftung ist jedoch auf fünf Jahre seit der Auflösung der Gesellschaft begrenzt. Bei Gesellschaftern einer oHG und KG folgt dies aus § 159 Abs. 1 HGB, für Gesellschafter einer GbR ist diese Vorschrift analog anzuwenden[265].

---

[257] *Reiß* StuW 1995, 199, 200.
[258] *Staub/Habersack*, HGB, 4. Aufl. 1998, § 145 Rn. 34.
[259] BayObLG, Beschluß v. 30.12.1980 – BReg. 1 Z 108/80, DB 1981, 518; *BH/Hopt*, HGB, § 146, Rn. 1.; vgl. *Heymann/Sonnenschein/Weitemeyer*, HGB, § 146 Rn. 1; aA MünchKommHGB/*Schmidt*, § 145, Rn. 43; *Staub/Habersack*, HGB, 4. Aufl. 1998, § 145 Rn. 34 mwN.
[260] *Reiß* StuW 1995, 199, 200.
[261] *BH/Hopt*, HGB, § 157 Rn. 3.
[262] *BH/Hopt*, HGB, § 13 Rn. 3; *Spahlinger/Wegen*, Internationales Gesellschaftsrecht in der Praxis, 2005, 147.
[263] *Spahlinger/Wegen*, Internationales Gesellschaftsrecht in der Praxis, 2005, 147.
[264] Vgl. *Schell* BB 2006, 1026; *Schulze zur Wiesche* DB 2006, 921.
[265] BFH, Urteil v. 26.8.1997 – VII R 63/97, NZG 1998, 238; MünchKommHGB/*Schmidt*, § 159, Rn. 31.

151 Beispiel:
Auf den geschilderten Beispielsfall angewendet bedeut dies, dass die GmbH und die Srl einen Gesellschafterbeschluss fassen, in dem sie die Auflösung der oHG und ihre Auseinandersetzung durch Naturalteilung beschließen. Gleichzeitig müssen sie einen Auseinandersetzungsvertrag schließen, in dem sie die genaue Verteilung des Gesellschaftsvermögens und einen eventuellen Spitzenausgleich regeln. Anschließend erfolgt die Verteilung des Vermögens im Wege der Einzelrechtsnachfolge. Danach werden auf die GmbH die Beteiligung an der T-Ltd. sowie an der T-LP1 entsprechend der anwendbaren Formvorschriften übertragen. Darüber hinaus werden die Einzelwirtschaftsgüter, die die BS2 bilden, an die GmbH übertragen. Auf die Srl werden entsprechend die Beteiligungen an der T-Inc. und der T-LP2, die Einzelwirtschaftsgüter der BS1 sowie das in Deutschland belegene Grundstück übertragen. Danach haben die Realteiler die Beendigung der oHG zur Eintragung in das Handelsregister anzumelden. Die Srl muss das Grundbuch des Grundstücks berichtigen.

b) Aufspaltung zur Aufnahme gemäß § 123 Abs. 1 Nr. 1 UmwG

152 Möglichkeit einer grenzüberschreitenden Hinaus-Spaltung. Die Realteilung kann zivilrechtlich auch durch eine Aufspaltung zur Aufnahme gemäß § 123 Abs. 1 Nr. 1 UmwG durchgeführt werden[266], soweit die aufnehmenden Rechtsträger spaltungsfähige Rechtsträger gemäß § 124 UmwG sind. Demnach kann eine Realteilung nicht durch eine Aufspaltung herbeigeführt werden, wenn eine GbR real geteilt werden soll oder die Realteiler Einzelhandelskaufleute sind. Für die oHG, die ein spaltungsfähiger Rechtsträger ist, kommt eine Aufspaltung grundsätzlich in Frage, allerdings regelt das UmwG die grenzüberschreitende Aufspaltung im Sinne einer Hinaus-Spaltung nicht. Dies folgt aus § 125 UmwG, nach dem die Vorschriften der grenzüberschreitenden Verschmelzung nach §§ 122a ff. UmwG nicht auf die Spaltung anwendbar sind[267]. Eine Hinaus-Spaltung kann allenfalls nach den Vorschriften der §§ 123 ff. UmwG unter Berücksichtigung der „SEVIC"-Entscheidung des EuGH durchgeführt werden[268]. Dabei sind als ausländische spaltungsfähige Rechtsträger solche anzuerkennen, die den in §§ 3 Abs. 1, 124 Abs. 1 UmwG genannten deutschen Rechtsträgern entsprechen[269]. Dies gilt sowohl für Rechtsträger aus EU-Mitgliedsstaaten als auch aus EWR-Vertragsstaaten[270].

153 Durchführung einer Hinaus-Spaltung. Eine Hinaus-Spaltung erfolgt demnach nach den Vorschriften der §§ 123 ff. UmwG unter Berücksichtigung der „SEVIC"-Entscheidung. Die Realteilung ist dabei durch eine Aufspaltung zur Aufnahme gemäß § 123 Abs. 1 Nr. 1 UmwG durchzuführen, da die realteilende Gesellschaft erlischt und ihr gesamtes Vermögen auf die beiden realteilenden Gesellschafter verteilt wird. Allerdings sollen die Anteilseigner der beiden Realteiler nicht durch die Aufspaltung jeweils an dem anderen Realteiler anteilsmäßig beteiligt werden. Nur durch eine solche nicht-verhältniswahrende Spaltung lässt sich die Trennung des zwischen den Realteilern Gesellschaftsvermögen bewerkstelligen. Ein solche Aufspaltung zu Null mit einem vollständigen Verzicht, eine Beteiligung an den übernehmenden Rechtsträgern, d.h. den Realteilern, zu übernehmen, ist gemäß § 128 UmwG nur zulässig, wenn alle Gesellschafter der realteilenden Gesellschaft zustimmen[271].

154 Anwendbares Recht. Welches Recht auf eine Hinaus-Spaltung anzuwenden ist, ist aufgrund des Fehlens europarechtlicher Vorgaben zur grenzüberschreitenden Spaltung un-

---
[266] *WM/Engl*, Ordner 8 Anh. 10, Rn. 2; *Reiß* StuW 1995, 199, 201; *Schmidt/Wacker*, § 16, Rn. 542.
[267] BR-Drs. 548/06, S. 40.
[268] *Spahlinger/Wegen*, NZG 2006, 721, 725.
[269] *Spahlinger/Wegen*, NZG 2006, 721, 725; *Kallmeyer/Kappes* AG 2006, 224, 227.
[270] *Spahlinger/Wegen*, NZG 2006, 721, 725.
[271] J. *Semler/Stengel/Schröer*, UmwG, 2003, § 128 Rn. 6; *Lutter/Priester*, UmwG, § 128 Rn. 13.

klar. Daher empfiehlt es sich, die anzuwendenden Rechtsregeln nach Kollisionsrecht zu bestimmen. Dabei sind die nach der Vereinigungstheorie anzuwendenden Vorschriften aus den beteiligten nationalen Spaltungsrechten zu entwickeln und gegebenenfalls europarechtlich teleologisch zu reduzieren[272]. Im Übrigen soll zur Durchführung einer Hinaus-Spaltung auf die Ausführungen des 3. Teils verwiesen werden[273].

Rechtsfolgen der Hinaus-Spaltung. Die Rechtsfolgen einer grenzüberschreitenden Hinaus-Spaltung richten sich nach dem anwendbaren Sachrecht. Bei Anwendung deutschen Rechts führt die Aufspaltung gemäß § 131 Abs. 1 Nr. 2 UmwG zum Erlöschen der realzuteilenden Gesellschaft mit Eintragung der Aufspaltung in das Handelsregister. Das Gesellschaftsvermögen geht mit Eintragung entsprechend der Aufteilung im Spaltungsvertrag auf die realteilenden Gesellschafter im Wege der Gesamtrechtsnachfolge ohne gesonderten Übertragungsakt (partielle Gesamtrechtsnachfolge) über. Die realteilenden Gesellschafter unterliegen jedoch einer gesamtschuldnerischen Haftung für Verbindlichkeiten der erloschenen Gesellschaft. Nach deutschem Recht richtet sich diese Haftung nach § 133 UmwG. Allerdings schreibt die Spaltungsrichtlinie[274] nur eine Ausfallhaftung der übernehmenden Rechtsträger vor und erlaubt es den Mitgliedstaaten, die Haftung auf das Nettoaktivvermögen zu begrenzen. Besteht bei der für den ausländischen Realteiler nach der auf ihn anwendbaren Rechtsordnung eine solche Vorschrift, ist diese auf ihn anzuwenden[275]. Der ausländische Realteiler hat – wie oben – gegebenenfalls eine Zweigniederlassung gemäß § 13d HGB zum Handelsregister anzumelden, wenn er einen Geschäftsbetrieb in Deutschland weiterführt. 155

Beispiel: 156
Auf den geschilderten Beispielsfall angewendet bedeut dies, dass die GmbH und die Srl einen Spaltungsvertrag abschließen. In diesem wird die Aufteilung der Vermögensgegenstände auf die beiden Realteiler geregelt. Anschließend wird die Spaltung entsprechend den anwendbaren Regelungen durchgeführt. Die Aufspaltung ist in das Handelsregister der GmbH, der Srl in Italien sowie der oHG einzutragen. Mit Eintragung bei der oHG erlischt diese und die Aufspaltung wird wirksam. Folglich gehen mit dieser Eintragung die Vermögensgegenstände automatisch auf die Realteiler über. Eventuelle Registereinträge oder Grundbucheinträge sind zu berichtigen.

3. Bilanzielle Auswirkungen beim inländischen Gesellschafter

a) HGB

aa) Naturalteilung. Bei der Realteilung einer inländischen Personenhandelsgesellschaft im Wege der Naturalteilung nach § 145 Abs. 1, 2. Alt. HGB ist die Aufteilung der einzelnen Wirtschaftsgüter in einem Auseinandersetzungsvertrag zu regeln. Um die Höhe der Auseinandersetzungsansprüche der einzelnen Gesellschafter an der Personengesellschaft zu dokumentieren, wird hierbei eine handelsrechtliche Realteilungsbilanz aufgestellt. Diese ist mit einer Liquidationseröffnungsbilanz iSv § 154 HGB vergleichbar.[276] Ziel der Realteilungsbilanz ist die Ermittlung des „wahren" Werts der Personengesellschaft. Demnach ist das erfasste Vermögen zwingend zu Verkehrs- oder Marktwerten auszuweisen.[277] So müssen bspw. selbst erstellte immaterielle Vermögensgegenstände des Anlage- 157

---
[272] *Spahlinger/Wegen* NZG 2006, 721, 727; *Dorr/Stukenborg* DB 2003, 647 f.; wohl auch *Eidenmüller/Engert*, Ausländische Kapitalgesellschaften im deutschen Recht, 2004, 121 ff.
[273] Siehe hierzu 3. Teil Rn. 1 ff., insb. 14 ff.
[274] Art. 12 Abs. 3 der 6. Richtlinie der EG, 82/891/EWG v. 17.12.1982.
[275] Kallmeyer/*Kallmeyer* UmwG, § 133 Rn. 19.
[276] Sonderbilanzen/*Anders*, O 47.
[277] BFH, Urteil v. 1.12.1992 – VIII R 57/90, BStBl. II 1994, 607.

vermögens ebenso angesetzt werden wie ein etwaiger Geschäfts- oder Firmenwert.[278] Die in der handelsrechtlichen Realteilungsbilanz ausgewiesenen Kapitalanteile der Gesellschafter entsprechen schließlich dem jeweiligen Wert der Beteiligung am Schlussvermögen der Personengesellschaft.[279]

Die Realteilungsbilanz dient ausschließlich **internen Zwecken**. In der Gesamthandsbilanz wird die Aufdeckung der stillen Reserven daher nicht nachvollzogen. Dort werden die bisherigen Buchwerte fortgeführt.[280]

158 Beim **inländischen Gesellschafter** der Personengesellschaft stellt die Realteilung einen Tauschvorgang dar. Im Beispielsfall erhält die GmbH einen Teil des Vermögens der OHG, wobei im Gegenzug die Beteiligung an der Personengesellschaft erlischt. Die Gesamtanschaffungskosten der übernommenen Vermögensgegenstände und Schulden richten sich daher nach den allgemeinen Tauschgrundsätzen, d.h. es kann wahlweise eine Bewertung zum Buchwert oder zum Zeitwert der untergehenden Beteiligung vorgenommen werden. Während es im ersten Fall zu einer erfolgsneutralen Abbildung der Realteilung kommt, wird im zweiten Fall durch Aufdeckung stiller Reserven ein etwaiger Gewinn realisiert.[281] Muss der Gesellschafter einen Spitzenausgleich zahlen, so erhöhen sich seine Anschaffungskosten zusätzlich um den Betrag der vereinbarten Zahlung. Die so ermittelten Gesamtanschaffungskosten sind anschließend sachgerecht auf die einzelnen Vermögensgegenstände und Schulden aufzuteilen.[282]

159 **bb) Aufspaltung.** Wird die Realteilung der inländischen Personengesellschaft zivilrechtlich durch eine Aufspaltung zur Aufnahme gem. § 123 Abs. 1 Nr. 1 UmwG durchgeführt, so richtet sich die **Übernahmebilanzierung** beim inländischen Gesellschafter nach den Vorschriften des UmwG. Es kann insoweit auf die Ausführungen zur Spaltung verwiesen werden.[283]

b) IFRS

160 **aa) Naturalteilung.** Die IFRS enthalten hinsichtlich der bilanziellen Abbildung von Naturalteilungen im Einzel- oder Konzernabschluss des übertragenden Rechtsträgers keine expliziten Regelungen. Eine Verpflichtung des übertragenden Rechtsträgers zur Aufstellung einer Realteilungsbilanz wie im Handelsrecht besteht nicht. Damit der übernehmende Rechtsträger wiederum die Kaufpreisallokation vornehmen kann,[284] wird in praxi die Zurverfügungstellung von Abschlusszahlen nach den Vorgaben des übernehmenden Rechtsträgers notwendig sein.

Da auch bei der Naturalteilung Vermögenswerte und Schulden im Wege der Gesamtrechtsnachfolge auf den übernehmenden Rechtsträger übertragen werden, kann für die bilanzielle Abbildung beim übernehmenden Rechtsträger grundsätzlich auf die Ausführungen zu Verschmelzungen verwiesen werden.[285]

Die GmbH als übernehmender Rechtsträger hat die Erwerbsmethode anzuwenden, um die Realteilung bilanziell abzubilden.[286] Dementsprechend ist zu prüfen, ob es sich

---

278 BFH, Urteil v. 1.12.1992 – VIII R 57/90, BStBl. II 1994, 607.
279 BFH, Urteil v. 10.12.1991 – VIII R 69/86, BStBl. II 1992, 385.
280 Sonderbilanzen/*Anders*, O 49.
281 Als dritte Möglichkeit ist auch eine Bewertung zum erfolgsneutralen Zwischenwert (dh zum Buchwert zzgl. Ertragsteuerbelastung) zulässig, vgl. bspw. BeBiKo/*Grottel/Gadek*, HGB, § 255 Rn. 40.
282 Zur Verteilung der Anschaffungskosten vgl. vorstehend 2. Teil: Rn. 662 f.
283 Vgl. hierzu vorstehend 3. Teil: Rn. 156 ff.
284 Vgl. hierzu vorstehend 2. Teil: Rn. 663 ff.
285 Vgl. hierzu vorstehend 2. Teil: Rn. 657 ff.
286 Zur Anwendung der Erwerbsmethode vgl. hierzu vorstehend 2. Teil: Rn. 663 ff.

bei dem übertragenen Vermögen um Geschäftsbetriebe iSv IFRS 3 handelt. Die GmbH erhält im vorliegenden Fall Beteiligungen an der T-GmbH sowie der T-Ltd. und der T-LP1. Die Betriebsstätte in England geht ebenfalls auf die GmbH im Zuge der Realteilung über. Die Srl erhält die verbleibenden Beteiligungen an der T-Inc. und an der T-LP2 sowie die Betriebsstätte in den USA. Geht man davon aus, dass sowohl die Betriebsstätten als auch die Beteiligungen die Definition eines Geschäftsbetriebs erfüllen, haben die GmbH und die Srl die Realteilung nach der Erwerbsmethode iSd IFRS 3 abzubilden.[287]

bb) Aufspaltung. Wird die Realteilung als Aufspaltung zur Aufnahme durchgeführt, kann auf die Ausführungen zur Spaltung verwiesen werden.[288]   161

4. Arbeits-/mitbestimmungsrechtliche Aspekte

Betriebsübergang. Die Behandlung der bei der realzuteilenden Gesellschaft bestehenden Arbeitsverhältnisse richtet sich danach, ob durch die Realteilung ein Betrieb oder Betriebsteil iSd § 613a BGB auf die realteilenden Gesellschafter übergeht. § 613a BGB enthält keine Definition des Tatbestandsmerkmals „Betrieb"/„Betriebsteil". Ein Betrieb im Sinne dieser Vorschrift liegt entsprechend der Betriebsübergangsrichtlinie[289] bei einer „ihre Identität bewahrenden wirtschaftlichen Einheit im Sinne einer organisierten Zusammenfassung von Ressourcen zur Verfolgung einer wirtschaftlichen Haupt- oder Nebentätigkeit" vor[290]. Entscheidend ist daher, dass durch den Übergang einer wirtschaftlichen Einheit die bisher in der Einheit geleistete Tätigkeit im Wesentlichen unverändert fortgeführt werden kann[291]. Die wirtschaftliche Einheit ergibt sich aus dem Personal, ihrer Arbeitsorganisation, ihren Betriebsmethoden sowie den zur Verfügung stehenden Betriebsmitteln[292]. So ist ein Betriebsübergang ohne Nutzung der vom Vorgänger geschaffenen Arbeitsorganisation kaum vorstellbar[293]. Dagegen reicht eine bloße Fortführung einer Tätigkeit ohne Übernahme einer organisatorischen Einheit (Funktionsnachfolge) nicht aus[294]. Allerdings ist dabei eine typologische Gesamtbetrachtung abhängig von der Art des betreffenden Unternehmens anzustellen[295], bei der den maßgeblichen Kriterien unterschiedliches Gewicht zukommt (siehe unten). Ein Übergang iSd § 613a BGB liegt darüber hinaus nur bei einem Übergang durch Rechtsgeschäft vor. Dies ist bei einer Realteilung durch Naturalteilung entsprechend § 145 Abs. 1, 2. Alt. HGB der Fall, da die Gesellschafter die Realteilung und damit die eventuelle Übertragung von Betrieben oder Betriebsteilen gemäß des Gesellschaftsvertrags oder Auseinandersetzungsvertrags durchführen. Bei der Durchführung der Realteilung durch eine grenzüberschreitende Aufspaltung nach § 123 Abs. 1 Nr. 1 UmwG ordnet § 324 UmwG die Geltung des § 613a Abs. 1, 4 bis 6 BGB an. Die Voraussetzung, ob ein Betriebsübergang durch die Aufspaltung betroffen ist, ist jedoch selbstständig zu prüfen[296]. Soweit diese vorliegen, gelten bei der Aufspaltung die genannten Vorschriften.   162

---

[287] Vgl. hierzu vorstehend 2. Teil: Rn. 663 ff. zur Anwendung der Erwerbsmethode.
[288] Vgl. hierzu vorstehend 3. Teil: Rn. 156 ff.
[289] Art. 1 Abs. 1 der RL 2001/23/EG v. 12.3.2001.
[290] Vgl. ErfKomm/*Preis*, § 613a BGB Rn. 6.
[291] ErfKomm/*Preis*, § 613a BGB Rn. 6.
[292] MünchKommBGB/*Müller-Glöge*, § 613a Rn. 21.
[293] MünchKommBGB/*Müller-Glöge*, § 613a Rn. 21.
[294] *Willemsen*, in *Willemsen/Hohenstatt/Schweibert/Seibt*, Umstrukturierung und Übertragung von Unternehmen, S. 812; MünchKomm/*Müller-Glöge*, § 613a Rn. 21.
[295] MünchKommBGB/*Müller-Glöge*, § 613a Rn. 20; ErfKomm/*Preis*, § 613a BGB Rn. 10.
[296] *J. Semler/Stengel/Simon*, UmwG, § 324 Rn. 3.

163 **7-Punkte-Katalog.** Ob es sich bei der Realteilung um einen Betriebsübergang, d.h. den Übergang einer wirtschaftlichen Einheit, handelt, ist anhand einer typologischen Gesamtbetrachtung zu überprüfen[297]. Dabei hat die Rechtsprechung einen 7-Punkte-Katalog erstellt[298]. Da eine wirtschaftliche Einheit auch ohne wesentliche materielle oder immaterielle Betriebsmittel existieren und übergehen kann, ist zuerst festzustellen, welche Art von Unternehmen vorliegt. Im produzierenden Gewerbe wird es überwiegend auf den Übergang der sachlichen, im Handel- oder Dienstleistungsgewerbe mehr auf den Übergang der immateriellen Betriebsmittel ankommen. Als nächstes ist der Übergang oder Nichtübergang der materiellen Aktiva, wie Gebäude oder bewegliche Güter, zu untersuchen, wobei die Gewichtung dieses Merkmals von der Art des Unternehmen abhängt. Anschließend ist der Wert der übergegangenen immateriellen Aktiva, wie Patente, Schutzrechte oder Lizenzen zu gewichten. Die Übertragung von Patenten oder Gebrauchsmusterrechten sowie zur Produktion erforderlichen Lizenzen ist dabei Indiz für einen Betriebsübergang. Ferner ist die Übernahme oder Nichtübernahme der Hauptbelegschaft durch den jeweiligen Realteiler zu prüfen. Werden Arbeitnehmer nicht übernommen, spricht dies, insbesondere im Dienstleistungssektor, gegen die Wahrung einer wirtschaftlichen Einheit. Weiterhin ist zu berücksichtigen, ob die Kundschaft übernommen wird. Darüber hinaus ist der Grad der Ähnlichkeit zwischen den vor und nach dem Übergang verrichteten Tätigkeiten zu überprüfen. Bei Produktionsbetrieben folgt die ähnliche Tätigkeit bereits aus der Dominanz der sachlichen Betriebsmittel, im Dienstleistungsgewerbe gewinnt dagegen besondere Bedeutung, ob der Realteiler die Tätigkeit auf Basis eines ähnlichen Konzepts ausübt. Schließlich ist die Dauer einer eventuellen Unterbrechung der Tätigkeit durch den Realteiler zu gewichten. Eine bloß vorübergehende Schließung der wirtschaftlichen Einheit schließt den Betriebsübergang jedoch nicht aus.

164 **Arbeitsverhältnisse bei Betriebsübergang.** Bedingt die Realteilung aufgrund der oben genannten Kriterien einen Betriebsübergang auf die Realteiler als neue Betriebs- oder Betriebsteilinhaber, so gehen die Arbeitsverhältnisse der in dem Betrieb/Betriebsteil beschäftigten Arbeitnehmer auf den jeweiligen Realteiler über. Dieser tritt in die Arbeitsverhältnisse mit sämtlichen Rechten und Pflichten ein. In diesem Fall hat die Gesellschaft oder der Realteiler die betroffenen Arbeitnehmer gemäß § 613a Abs. 5 BGB von dem anstehenden Übergang zu unterrichten. Inhaltlich sind dabei Informationen über den Zeitpunkt oder geplanten Zeitpunkt des Übergangs, den Grund des Übergangs, die rechtlichen, wirtschaftlichen und sozialen Folgen des Übergangs und die hinsichtlich der Arbeitnehmer beabsichtigten Maßnahmen zu erteilen. Dabei müssen auch die unternehmerischen Gründe zumindest schlagwortartig dargestellt werden[299]. Die Rechtsprechung hat die Hürden für eine ordnungsgemäße Unterrichtung sehr hoch gelegt. So sind die Firmenbezeichnung und Adressen anzugeben und die rechtlichen Folgen dürfen keine juristischen Fehler beinhalten[300]. Die Arbeitnehmer sind bei einem ordnungsgemäßen Informationsschreiben nach § 613a Abs. 6 BGB berechtigt, dem Übergang des Arbeitsverhältnisses innerhalb eines Monats nach der ordnungsgemäßen Unterrichtung zu widersprechen. Enthält das Informationsschreiben Fehler, wird die Widerspruchsfrist nicht ausgelöst. Im Falle eines Widerspruchs gehen ihre Arbeitsverhältnisse nicht auf den jeweiligen Realteiler über. Da bei der Realteilung die realzu-

---

[297] ErfKomm/*Preis*, § 613a BGB Rn. 10.
[298] Vgl. *Willemsen*, in *Willemsen/Hohenstatt/Schweibert/Seibt*, Umstrukturierung und Übertragung von Unternehmen, S. 833; ErfKomm/*Preis*, § 613a BGB Rn. 12 ff.; MünchKommBGB/*Müller-Glöge*, § 613a, Rn. 25 ff.
[299] BAG Urteil v. 13.7.2006 – 8 AZR 305/05, DB 2006, 2408.
[300] BAG Urteil v. 13.7.2006 – 8 AZR 305/05, DB 2006, 2408.

teilende Gesellschaft erlischt und damit der Arbeitgeber wegfällt, führt der Widerspruch zu der Beendigung des Arbeitsverhältnisses[301]. Im Ergebnis läuft daher das Widerspruchsrecht leer[302].

Arbeitsverhältnisse bei keinem Betriebsübergang. Werden bei der Realteilung 165 keine Betriebe/Betriebsteile iSd § 613a BGB auf die Realteiler übertragen, gehen die Arbeitsverhältnisse mit der Gesellschaft nicht von Gesetzes wegen auf die Realteiler über. Die Realteiler können jedoch im Auseinandersetzungsvertrag die Übernahme von Arbeitsverhältnissen vereinbaren. In diesem Fall müssen die betroffenen Arbeitnehmer der Übernahme ihrer Arbeitsverträge zustimmen. In dem Fall, dass eine Übernahme eines Arbeitsverhältnisses nicht vereinbart wird oder ein Arbeitnehmer der Übernahme nicht zustimmt, sind die Arbeitsverhältnisse im Zuge der Realteilung durch betriebsbedingte Kündigung zu beenden.

Mitbestimmung. Bei der Realteilung dürften Fragen des deutschen Mitbestimmungs- 166 und Betriebsverfassungsrechts nur eine untergeordnete Rolle spielen. Auf die realzuteilende Gesellschaft findet jedenfalls die deutsche Mitbestimmung keine Anwendung, da Personengesellschaften vom MitbestG nicht erfasst werden. Dies folgt aus § 1 Abs. 1 Nr. 1 MitbestG. Ein inländischer Realteiler kann dem MitbestG unterliegen, insbesondere wenn seine Rechtsform dem MitbestG unterliegt und er durch die Realteilung weitere Arbeitnehmer beschäftigt, so dass dadurch die Grenze von 2000 Arbeitnehmern überschritten wird. Ein ausländischer Realteiler unterfällt jedoch auch nach der Realteilung nicht der deutschen Mitbestimmung, selbst wenn er in Deutschland eine Zweigniederlassung unterhält. Das MitbestG beschränkt sich in seiner Anwendbarkeit nur auf inländische Unternehmen und erfasst solche mit Sitz im Ausland nicht[303].

Betriebsverfassung. Auch die Betriebsverfassung bleibt durch die Realteilung unbe- 167 rührt. Denn führen die Realteiler, sowohl inländische als auch ausländische, die im Inland errichteten Betriebe nach der Realteilung fort, bleiben die nach dem BetrVG gebildeten Betriebsräte unverändert bestehen. Wird durch die Realteilung der Betrieb stillgelegt und nicht in seiner bisherigen Form an anderer Stelle fortgeführt, enden das Mandat des Betriebsrats und die betriebsverfassungsrechtlichen Regelungen. Wird allerdings durch die Realteilung ein Betrieb gespalten, folgt aus § 21a BetrVG, dass der bisher bestehende Betriebsrat die Geschäfte für die ihm zugeordneten Betriebsteile unter bestimmten Voraussetzungen weiterführt. Dieses Übergangsmandat endet gemäß § 21a Abs. 1 S. 3 BetrVG spätestens nach sechs Monaten seit Wirksamwerden der Spaltung. Unter Spaltung im Sinne dieser Vorschrift ist eine betriebliche Organisationsänderung zu verstehen, wobei hierbei die Aufhebung der einheitlichen Leitung des Betriebs das entscheidende Kriterium ist[304]. Liegt jedoch ein Betriebsübergang nach § 613a BGB vor, werden die durch Betriebsvereinbarung statuierten Rechte und Pflichten gemäß § 613a Abs. 1 S. 2 BGB Bestandteil des übergegangenen Arbeitsverhältnisses. Dieser Auffangtatbestand wird allerdings nur dann zum Tragen kommen, wenn bei dem Realteiler der übernommene Betrieb oder Betriebsteil nicht in einem Betrieb iSd BetrVG fortgeführt wird.

Tarifbindung. War die deutsche Personenhandelsgesellschaft in den Geltungsbereich 168 eines Tarifvertrags einbezogen, findet der Tarifvertrag auf die Arbeitsverhältnisse der Arbeitnehmer mit der deutschen Gesellschaft nur dann Anwendung, wenn auch der Arbeitnehmer tarifgebunden ist. Ist der inländische Realteiler Mitglied im Arbeitgeberverband,

---

[301] *Ebner* in *Engl*, Formularbuch Umwandlungen, S. 543; für den speziellen Fall der Realteilung durch Aufspaltung *SHS/Hörtnagl*, § 131 UmwG, Rn. 54; *J. Semler/Stengel/Simon*, UmwG, § 324 Rn. 54.
[302] *Hennrichs* ZIP 1995, 794, 799.
[303] ErfKomm/*Oetker*, § 1 MitbestG Rn. 3.
[304] ErfKom/*Eisemann*, § 21a BetrVG Rn. 2.

ist der Tarifvertrag des Realteilers auf die übergegangenen Arbeitsverhältnisse anwendbar. Gleiches gilt, wenn in den Arbeitsverträgen der Arbeitnehmer auf den Tarifvertrag Bezug genommen wird. Ist der Realteiler jedoch nicht Mitglied in einem Arbeitgeberverband und ist auf den Tarifvertrag im Arbeitsvertrag nicht Bezug genommen, werden im Falle eines Betriebsübergangs nach § 613a BGB die durch den Tarifvertrag der realzuteilenden Gesellschaft statuierten Rechte und Pflichten gemäß § 613a Abs. 1 S. 2 BGB Bestandteil des übergegangenen Arbeitsverhältnisses. Der ausländische Realteiler wird dagegen wohl nicht Mitglied in einem Arbeitgeberverband sein. Gehen die Arbeitsverhältnisse infolge eines Betriebsübergangs auf den ausländischen Realteiler über, hat der Arbeitnehmer einen neuen Arbeitgeber, der nicht in den Geltungsbereich des Tarifvertrags einbezogen ist. Der Tarifvertrag findet auf diese Arbeitsverhältnisse, die zwischen der ausländischen Gesellschaft und dem Arbeitnehmer bestehen, keine direkte Anwendung. Eine Anwendung des Tarifvertrags kommt nur in Betracht, wenn auf ihn im Arbeitsvertrag Bezug genommen wurde. Darüber hinaus kommt im Fall eines Betriebsübergangs die indirekte Einbeziehung der tarifvertraglichen Regelungen in den Arbeitsvertrag gemäß § 613a Abs. 1 S. 2 BGB in Betracht. Liegt kein Betriebsübergang nach § 613a Abs. 1 BGB vor, wirken die tarifvertraglichen Regelungen auf die Arbeitsverhältnisse, die von den Realteilern übernommen wurden, gemäß § 4 Abs. 5 TVG solange nach, bis sie durch eine andere Abmachung ersetzt werden. Führt der ausländische Realteiler den Geschäftsbetrieb in Deutschland weiter, werden allerdings den in diesem Geschäftsbetrieb gewöhnlich arbeitenden Arbeitnehmern nach Art. 8 Rom-I VO auch die Schutzbestimmungen, die in einem Tarifvertrag enthalten sind, gewährt. Dies gilt allerdings nur, sofern die Regelungen des Tarifvertrags für das Arbeitsverhältnis gelten[305].

II. Steuerrechtliche Behandlung

1. Übersicht

169 **Inländische oHG.** Die mitunternehmerische Beteiligung an der oHG vermittelt der Srl eine inländische Betriebsstätte[306]. Einkünfte, die sie daraus bezieht, sind nach § 49 Abs. 1 Nr. 2 lit. a EStG iVm § 2 Nr. 1 KStG beschränkt körperschaftsteuerpflichtige inländische Einkünfte. Der auf die Srl entfallende Gewinnanteil, ist gem. §§ 49 Abs. 1 Nr. 2 lit. a iVm 15 Abs. 1 Satz 1 Nr. 2 EStG auf der Grundlage der Steuerbilanz der Gesellschaft und etwaiger Ergänzungsbilanzen und Sonderbilanzen des Gesellschafters zu ermitteln[307].

170 **T-GmbH.** Die Beteiligung an der T-GmbH gehört zivilrechtlich der oHG, fällt also in das Gesamthandsvermögen. Steuerlich ist sie (anteilig) der Srl durch die oHG vermittelten inländischen Betriebsstätte zuzuordnen. Gewinnausschüttungen der T-GmbH und Veräußerungsgewinne aus der Beteiligung sind daher für die Srl beschränkt steuerpflichtige Einkünfte aus der inländischen Betriebsstätte. Sie unterliegen der Veranlagung. Der Kapitalertragsteuerabzug auf Gewinnausschüttungen der T-GmbH hat keine abgeltende Wirkung nach § 32 Abs. 1 Nr. 2 KStG. Eine Beschränkung der Höhe des Kapitalertragsteuersatzes aufgrund des DBA Italien greift gem. Art. 10 Abs. 7 DBA Italien (Betriebsstättenvorbehalt) nicht ein. Die Srl kann für den auf sie entfallenden Teil der Gewinnausschüttung der T-GmbH keine Kapitalertragsteuerbefreiung nach § 43b EStG beanspruchen.

---

[305] Vgl. ErfKom/*Schlachter*, Rom-I VO Rn. 33.
[306] BMF 16.4.2010, BStBl. I 2010, 354, Tz. 2.1.1.
[307] BMF 24.12.1999, BStBl. I 1999, 1076, Tz. 1.2.3.; Mössner/*Mick/Dyckmans*, Rn. 8.80 ff. Nunmehr auch § 50d Abs. 10 EStG idF des Jahressteuergesetzes 2009.

Dies deshalb, weil Deutschland eine unmittelbare Beteiligung der Muttergesellschaft (Srl) an der Tochtergesellschaft (T-GmbH) verlangt. Aus deutscher Sicht ist das Halten der Beteiligung über eine Personengesellschaft schädlich (§ 43b Abs. 2 Satz 1 EStG)[308]. Von den Gewinnausschüttungen der T-GmbH ist die Kapitalertragsteuer daher zunächst in voller Höhe einzubehalten und bei der Veranlagung anzurechnen. Gewinnausschüttungen und Veräußerungsgewinne sind im Ergebnis zu 95 % von der Körperschaft- und Gewerbesteuer befreit (§ 8b Abs. 1 und 5 und Abs. 2 und 3 KStG iVm § 8 Nr. 5; 7 Satz 4 GewStG). Das gilt sowohl für den auf die GmbH entfallenden Anteil an den Gewinnausschüttungen und Veräußerungsgewinnen wie für den auf die Srl entfallenden[309]. Da die oHG eine originär gewerbliche Tätigkeit ausübt (§ 14 Abs. 1 Nr. 2 Satz 2 KStG), kann die T-GmbH im Wege einer Organschaft für Körperschaft- und Gewerbesteuerzwecke in die oHG eingegliedert werden. Der Umstand, dass einer der Mitunternehmer der oHG lediglich beschränkt steuerpflichtig ist, steht dem nicht im Wege[310].

Ausländische Betriebsstätten. Einkünfte aus den Betriebsstätten in Großbritannien 171 und den USA sind, soweit sie auf die Srl entfallen, keine inländischen Einkünfte iSd § 49 Abs. 1 Nr. 2 lit. a EStG. Inländische Einkünfte iSd § 49 Abs. 1 Nr. 2 lit. a EStG setzen tatbestandsmäßig voraus, dass sie durch eine inländische Betriebsstätte erzielt worden sind[311]. Dies ist bei den Einkünften aus den Betriebsstätten in Großbritannien und den USA nicht der Fall. Soweit die Einkünfte auf die GmbH entfallen, sind sie von der deutschen Besteuerung gemäß Art. 7 iVm 23 DBA Großbritannien bzw. Art. 7 iVm 23 Abs. 2 (Abs. 3 nach dem Protokoll vom 1.6.2006) lit. a DBA USA von der deutschen Besteuerung freizustellen (sog. Freistellungsbetriebsstätten). Wenn die Betriebsstätten in Ländern liegen, mit denen Deutschland ein DBA abgeschlossen hat, das (nur) sog. Anrechnungsbetriebsstätten vorsieht, unterfällt der auf die GmbH entfallende Anteil an den Einkünften aus diesen Betriebsstätten der deutschen Besteuerung[312]. Die im Ausland gezahlten Steuern sind in Deutschland nach den Bestimmungen des jeweiligen DBA bzw. §§ 34c Abs. 1 EStG; 26 Abs. 6 KStG anzurechnen[313].

Ausländische Tochterpersonengesellschaften. Für Einkünfte aus den jeweiligen 172 Betriebsstätten der in Großbritannien ansässigen T-LP 1 und der in den USA ansässigen T-LP 2 gilt das zu den Betriebsstätten ausgeführte entsprechend. Dies deshalb, weil abkommensrechtlich die Beteiligung an einer Personengesellschaft mit Betriebsstätte als Unternehmen der Gesellschafter behandelt wird[314]. Soweit die entsprechenden Gewinnanteile auf die Srl entfallen, sind sie schon keine beschränkt steuerpflichtigen inländischen Einkünfte der Srl[315]. Soweit sie auf die GmbH entfallen, sind sie nach dem entsprechenden DBA von der deutschen Besteuerung freizustellen[316].

Ausländische Tochterkapitalgesellschaften. Aus Sicht der deutschen Finanzverwaltung sind die Beteiligungen an der T-Ltd. und T-Inc. Sonderbetriebsvermögen bei den Tochterpersonengesellschaften in Großbritannien bzw. den USA. Dividenden und Veräußerungsgewinne gehören danach zu den von der deutschen Besteuerung befreiten Be- 173

---

[308] *Jesse* IStR 2005, 158.
[309] *Mössner/Mick/Dyckmans*, Rn. 8.159 ff.
[310] *Mössner/Henkel*, Rn. 9.62.
[311] BMF 24.12.1999, BStBl. I 1999, 1076, Tz. 1.1.5.5.
[312] Hinsichtlich des auf die Srl entfallenden Anteils bleibt es dabei, dass schon keine inländischen Einkünfte vorliegen. Dies gilt unabhängig von einem zwischen Deutschland und dem betreffenden Betriebsstättenstaat abgeschlossenen DBA, vgl. *Mössner/Piltz* F 86.
[313] *Löwenstein/Looks/Heinsen*, Rn. 410 ff.
[314] *Löwenstein/Looks/Maier*, Rn. 446; BFH, Urteil v. 26.2.1992-I R 85/91, BStBl. II 1992, 937; zuletzt BFH, Urteil v. 9.8.2006-II R 59/05, DStRE 2007, 28.
[315] BMF 24.12.1999, BStBl. I 1999, 1076, Tz. 1.1.5.5.
[316] Vgl. o. Rn. 171.

triebsstätteneinkünften soweit sie auf die GmbH entfallen[317]. Soweit sie auf die Srl entfallen, liegen schon keine inländischen Einkünfte vor[318]. Die Quellensteuer auf Dividenden ist aus Sicht der deutschen Finanzverwaltung nicht beschränkt. Die Dividendenartikel der jeweiligen DBA sind nicht anzuwenden, weil die Dividenden Unternehmensgewinne sind. Wenn man mit der neueren BFH-Rechtsprechung entgegen der Finanzverwaltung die Auffassung vertritt, nicht schon die nationale Qualifikation als Sonderbetriebsvermögen mache Dividenden und Veräußerungsgewinne aus den Beteiligungen zu Betriebsstätteneinkünften, können sich solche noch aus den Betriebsstättenvorbehalten in den Dividenden- bzw. Veräußerungsgewinnartikeln (Art. 10 Abs. 4; 13 Abs. 3 DBA Großbritannien bzw. Art. 10 Abs. 7; 13 Abs. 3 DBA USA) ergeben[319]. Wenn sich auch danach keine Zuordnung zu den Betriebsstätten der Tochterpersonengesellschaften in den USA bzw. Großbritannien ergibt, sind die Beteiligungen der inländischen Betriebsstätte der oHG zuzuordnen. Soweit sie auf die Srl entfallen gehören sie zu den beschränkt körperschaftsteuerpflichtigen Einkünften aus der deutschen Betriebsstätte. Gewinnausschüttungen und Veräußerungsgewinne sind im Ergebnis zu 95 % von der Körperschaft- und Gewerbesteuer befreit (§ 8b Abs. 1 und 5 und Abs. 2 und 3 KStG iVm § 8 Nr. 5; 7 Satz 4 GewStG). Das gilt auch, soweit sie auf die Srl entfallen[320]. Hinsichtlich von Dividenden einbehaltener Quellensteuer sind mangels Abkommensberechtigung der oHG[321] selbst die jeweiligen deutschen DBA anwendbar soweit die Einkünfte auf die GmbH entfallen, im Übrigen die jeweiligen niederländischen DBA[322]. Ob Gewinnausschüttungen nach der Mutter/Tochter-Richtlinie quellensteuerbefreit sind, wenn die Tochtergesellschaft in einem EU-Mitgliedstaat ansässig ist, hängt von der Auslegung der Richtlinie durch den entsprechenden Mitgliedstaat ab. Aus deutscher Sicht sind solche Gewinnausschüttungen nicht gemäß § 43b EStG von Kapitalertragsteuer zu entlasten, wenn die Beteiligung nicht direkt von der Muttergesellschaft gehalten wird, sondern über eine zwischengeschaltete Personengesellschaft[323].

2. Besteuerung der Realteilung bei der Gesellschaft bzw. ihren Gesellschaftern

174 **Realteilung.** Die Realteilung iSd § 16 Abs. 3 Sätze 2–4[324] und Abs. 5 EStG ist durch den auf der Ebene der Mitunternehmerschaft verwirklichten Tatbestand der Betriebsaufgabe gekennzeichnet[325]. Eine Realteilung setzt voraus, dass mindestens eine wesentliche Betriebsgrundlage nach der Realteilung weiterhin Betriebsvermögen eines Realteilers darstellt. Im Rahmen einer Realteilung ist die Fortführung der Buchwerte zwingend (§ 16 Abs. 3 Satz 2 EStG). Von der Realteilung ist die Veräußerung oder die Aufgabe eines Mitunternehmeranteils bei Fortbestehen der Mitunternehmerschaft zu unterscheiden. Scheidet ein Mitunternehmer aus einer Mitunternehmerschaft aus und wird diese im Übrigen von den verbleibenden Mitunternehmern fortgeführt, liegt kein Fall der Realteilung vor. Das gilt auch wenn der ausscheidende Mitunternehmer wesentliche Betriebsgrundlagen

---

[317] BMF 24.12.1999, BStBl. I 1999, 1076, Tz. 1.2.3; Dividenden und Veräußerungsgewinne sollen nicht freigestellt werden, wenn der andere Staat sie aufgrund abweichender Qualifikation von der Besteuerung freistellt. Entsprechend nunmehr § 50d Abs. 9 Satz 1 Nr. 1 EStG.
[318] BMF 24.12.1999, BStBl. I 1999, 1076, Tz. 1.1.5.5.
[319] Mössner/*Mick/Dyckmans*, Rn. 8.84.
[320] Mössner/*Mick/Dyckmans*, Rn. 8.159 ff.
[321] BFH, Urteil v. 9.8.2006,-II R 59/05, DStRE 2007, 28; Löwenstein/Looks/*Maier*, Rn. 445.
[322] Mössner/*Mick/Dyckmans*, Rn. 8.99 ff.
[323] *Jesse* IStR 2005, 158.
[324] Soweit Körperschaftsteuerpflichtige beteiligt sind über § 8 Abs. 1 Satz 1 KStG, vgl. R 32 Abs. 1 KStR.
[325] BMF 28.2.2006, BStBl. I 2006, 228, I.

des Gesamthandvermögens erhält. Es handelt sich in diesen Fällen um den Verkauf oder die Aufgabe eines Mitunternehmeranteils. Dies gilt insbesondere auch im Fall des Ausscheidens eines Mitunternehmers aus einer zweigliedrigen Mitunternehmerschaft unter Fortführung des Betriebs als Einzelunternehmen durch den verbleibenden Mitunternehmer[326]. Entscheidend ist also, dass der Betrieb der Mitunternehmerschaft aufgegeben wird.

Voraussetzungen. Voraussetzung für eine Realteilung zu Buchwerten ist, dass Teilbetriebe, Mitunternehmeranteile oder einzelne Wirtschaftsgüter in das jeweilige Betriebsvermögen der einzelnen Mitunternehmer der real zu teilenden Mitunternehmerschaft übertragen werden und die Besteuerung der stillen Reserven sichergestellt ist (§ 16 Abs. 3 Satz 2 EStG)[327]. Einschränkungen hinsichtlich der Buchwertfortführung ergeben sich, wenn bei einer Realteilung, bei der Einzelwirtschaftsgüter übertragen werden, Wirtschaftsgüter unmittelbar oder mittelbar auf ein Körperschaftsteuersubjekt übertragen werden (§ 16 Abs. 3 Satz 4 EStG). Die Regelungen zur Realteilung gelten auch, wenn die Gesellschafter der real zu teilenden Mitunternehmerschaft Steuerausländer sind[328]. 175

Rechtsfolge. Rechtsfolge einer Realteilung iSd § 16 Abs. 3 Sätze 2–4 EStG ist, dass bei der Ermittlung des Gewinns der Mitunternehmerschaft die im Wege der Realteilung auf die einzelnen Mitunternehmer übertragenen Wirtschaftsgüter zwingend[329] mit den Werten angesetzt werden, die sich nach den Vorschriften über die Gewinnermittlung ergeben (Buchwerte). Wie bei der verwandten Vorschrift des § 6 Abs. 5 EStG bzw. den Vorschriften des UmwStG handelt es sich also auch bei § 16 Abs. 3 Satz 2 EStG um eine spezielle Bewertungsvorschrift[330]. Zur Sicherstellung der Besteuerung der stillen Reserven in den übertragenen Wirtschaftsgütern sieht § 16 Abs. 3 Satz 2 letzter HS eine zwingende Buchwertverknüpfung vor. Der übernehmende Mitunternehmer muss in seinem Betriebsvermögen die Wirtschaftsgüter mit den Werten ansetzen, die die Mitunternehmerschaft in ihrer letzten Gewinnermittlung angesetzt hat[331]. 176

Betrieb der oHG. Die Wirtschaftsgüter, die zivilrechtlich der oHG gehören und die die inländische Betriebsstätte der oHG ausmachen, werden im Rahmen der Realteilung auf die Srl übertragen. Es ist davon auszugehen, dass es sich hierbei um einen abgeschlossenen Betrieb bzw. Teilbetrieb handelt. Die Übertragung der Wirtschaftsgüter auf die Srl ist daher keine bei der Beteiligung von Körperschaftsteuerpflichtigen schädliche[332] Übertragung von Einzelwirtschaftsgütern. Das durch die Srl von der oHG übernommene Betriebsvermögen beleibt auch nach der Realteilung weiterhin Betriebsvermögen bei der Srl. Dies schon allein deshalb, weil Kapitalgesellschaften im Unterschied zu natürlichen Personen über keine Privatsphäre verfügen[333]. Für die Übertragung der Wirtschaftsgüter der oHG auf die Srl zu Buchwerten ist weitere Voraussetzung, dass die stillen Reserven steuerverhaftet bleiben. Dies ist zB dann nicht der Fall, wenn die Wirtschaftsgüter in eine ausländische Betriebsstätte überführt werden, deren Einkünfte durch ein DBA freigestellt sind[334]. Wenn aber die Srl mit den von der oHG im Rahmen der Realteilung übernommenen Wirtschaftsgütern eine neue inländische Betriebsstätte begründet, ist die Besteuerung der in den übertragenen Wirtschaftsgütern enthaltenen stillen Reserven iSv § 16 Abs. 3 Satz 2 EStG sichergestellt[335]. Dass diese Betriebsstätte erst im Zuge der Realteilung 177

---

[326] BMF 28.2.2006, BStBl. I 2006, 228, I.
[327] *Schell* BB 2006, 1026.
[328] *Mössner/Mick/Dyckmans*, Rn. 8.199.
[329] *Schmidt/Wacker*, § 16 Rn. 532.
[330] *Schmidt/Wacker*, § 16 Rn. 532.
[331] *Heß* DStR 2006, 780.
[332] § 16 Abs. 3 Satz 4 EStG.
[333] *Gosch/Lambrecht*, § 7 Rn. 20; BFH, Urteil v. 19.11.2003-I R 33/02, BFH/NV 2004, 445.
[334] BMF 28.2.2006, BStBl. I 2006, 228, V.
[335] *Mössner/Piltz*, F 122.

entsteht, ist unerheblich[336]. An der Steuerverstrickung der Wirtschaftsgüter ändert die Übertragung auf die Srl im Wege der Realteilung in dieser Konstellation im Ergebnis nichts. Auch soweit die Srl als Steuerausländerin an der oHG beteiligt war, waren die Wirtschaftsgüter schon vor der Realteilung aufgrund der der Srl durch die Beteiligung an der oHG vermittelten inländischen Betriebsstätten in Deutschland steuerverstrickt. Eine Beschränkung des deutschen Besteuerungsrechts könnte lediglich darin gesehen werden, dass nach der Realteilung auch die bisher auf den Anteil der GmbH an der oHG entfallenden Einkünfte nur noch der beschränkten Steuerpflicht bei der Srl unterliegen. Dies allein führt aber nicht zu einer schädlichen Steuerentstrickung. Soweit übernommene Wirtschaftsgüter für DBA-Zwecke nicht der neu entstehenden inländischen Betriebsstätte der Srl, sondern dem italienischen Stammhaus zugeordnet werden, ist die Voraussetzung der verbleibenden Steuerverstrickung nicht erfüllt. Für diese, aber auch nur für diese[337] Wirtschaftsgüter ist im Rahmen der Realteilung der gemeine Wert anzusetzen[338].

178   **Grunderwerbsteuer.** Im Rahmen der Realteilung wird auch das zivilrechtliche Eigentum an dem Grundstück der oHG auf die Srl übertragen. Die Übertragung kann als Naturalteilung entsprechend § 145 Abs. 1, 2. Alt. HGB oder als Aufspaltung zur Aufnahme gemäß § 123 Abs. 1 Nr. 1 UmwG durchgeführt werden[339]. In beiden Alternativen löst sie Grunderwerbsteuer nach § 1 Abs. 1 GrEStG aus[340]. Bemessungsgrundlage für die Grunderwerbsteuer ist nach § 8 Abs. 2 GrEStG der sog. Grundbesitzwert nach § 138 Abs. 2 bis 4 BewG, da im Wege der Realteilung keine Gegenleistung erbracht wird[341]. Die Steuer wird allerdings nach § 6 Abs. 2 GrEStG in Höhe des Anteils der Srl am Vermögen der oHG (im Beispielsfall 50%) nicht erhoben. Diese Steuervergünstigung gilt insoweit nicht, als die Srl ihre Anteile an der oHG erst innerhalb von fünf Jahren vor der Realteilung erworben hat (§ 6 Abs. 4 Satz 1 GrEStG).

179   **Inländische Tochterkapitalgesellschaft.** Die 100-%-Beteiligung an der T-GmbH wird im Rahmen der Realteilung auf die GmbH übertragen. Hierbei handelt es sich nicht um die Übertragung eines Einzelwirtschaftsguts sondern eines Teilbetriebs. Die Übertragung einer 100-%-Beteiligung an einer Kapitalgesellschaft ist als Übertragung eines Teilbetriebs zu behandeln[342]. Die Beteiligung wird von der GmbH in ihr Betriebsvermögen übernommen. Kapitalgesellschaften verfügen über keine Privatsphäre[343]. Die Steuerverstrickung der in der Beteiligung enthaltenen stillen Reserven nach der Realteilung ist sichergestellt. Die Voraussetzungen für eine Übertragung zu Buchwerten nach § 16 Abs. 3 Satz 2 EStG liegen somit vor. Wenn die Beteiligung an der T-GmbH im Rahmen der Realteilung auf die Srl übertragen wird, ist das Erfordernis der Sicherstellung der Steuerverstrickung der stillen Reserven nur dann erfüllt, wenn die Beteiligung im Anschluss einer deutschen Betriebsstätte der Srl zuzuordnen ist. Anderenfalls wären nämlich Veräuße-

---

[336] Schmidt/*Wacker*, § 16 Rn. 543; Heß DStR 2006, 777.
[337] BMF 28.2.2006, BStBl. I 2006, 228, I.; Heß DStR 2006, 777.
[338] Nach § 16 Abs. 3 Satz 2 EStG sind „bei der Ermittlung des Gewinns der Mitunternehmerschaft" die gemeinen Werte anzusetzen, sofern die Besteuerung nicht sichergestellt ist. Der Ansatz des gemeinen Werts führt danach noch zu einem Gewinn der Mitunternehmerschaft, der allen Mitunternehmern noch nach ihren jeweiligen Gewinnanteilen zuzurechnen ist. So wohl auch BMF 28.2.2006, BStBl. I 2006, I.; BMF 14.3.2006, BStBl. I 2006, 253; anders uU Schmidt/*Wacker*, § 16, Rn. 551.
[339] Vgl. o. Rn. 141.
[340] FinMin. Baden-Württemberg Erlass v. 19. 12. 1997, DStR 1998, 82 zu A. II.; *Grotherr* BB 1994, 1980.
[341] *Stegemann* DStR 2002, 1555; FinMin. Baden-Württemberg Erlass v. 19. 12. 1997, DStR 1998, 82 zu A. II.; Boruttau/*Viskorf*, § 8, Rn. 76.
[342] BMF 28.2.2006, BStBl. I 2006, 228, III. Zur Diskussion, ob eine 100% Beteiligung an einer Kapitalgesellschaft einen Teilbetrieb iSv § 24 UmwStG darstellt vgl. BFH, Urteil v. 17. 7. 2008-I R 77/06, DStR 2008, 2001 und den entsprechenden Nichtanwendungserlass des BMF 20.5.2009, DStR 2009, 1263.
[343] *Gosch/Lambrecht*, § 7, Rn. 20; BFH, Urteil v. 19.11.2003-I R 33/02, BFH/NV 2004, 445.

rungsgewinne der deutschen Besteuerung (§ 49 Abs. 1 Nr. 2 lit. e EStG) nach dem DBA Italien vollständig entzogen[344] und die beschränkte Steuerpflicht von Gewinnausschüttungen (§ 49 Abs. 1 Nr. 5 lit. a EStG) durch den Dividendenartikel[345] begrenzt.

Grunderwerbsteuer. Soweit zum Vermögen der T-GmbH ein inländisches Grundstück gehört, unterliegt die Übertragung der Beteiligung im Rahmen der Realteilung von der oHG auf die GmbH der Grunderwerbsteuer nach § 1 Abs. 3 GrEStG. Die Steuer wird allerdings nach § 6 Abs. 2 GrEStG in Höhe des Anteils der GmbH am Vermögen der OHG nicht erheben (vgl. Rn. 178)[346]. **180**

Betriebsstätte in Großbritannien. Die Betriebsstätte in Großbritannien wird im Rahmen der Realteilung auf die GmbH übertragen. Es handelt sich nicht um eine Übertragung eines Einzelwirtschaftsguts, da die Betriebsstätte ein Teilbetrieb ist. Die Wirtschaftsgüter bleiben nach der Realteilung weiterhin Betriebsvermögen. Das ist bei der Übernahme eines Teilbetriebs stets der Fall[347]. Auch das Erfordernis der Sicherstellung der Besteuerung der stillen Reserven muss als erfüllt betrachtet werden. An der steuerlichen Behandlung der Betriebsstätte in Großbritannien ändert sich aufgrund der Realteilungen nichts. Die entsprechenden Betriebsstätteneinkünfte waren vor der Realteilung, soweit sie auf die GmbH entfielen, aufgrund des DBA Großbritannien in Deutschland von der Besteuerung befreit. Soweit sie auf die Srl entfielen, lagen schon keine inländischen steuerbaren Einkünfte vor[348]. Eine für die Steuerneutralität der Realteilung schädliche Entstrickung ist deswegen ausgeschlossen. Ein Gewinn aus dem Ansatz des gemeinen Werts in der Schlussbilanz der oHG unterläge im Übrigen aus den genannten Gründen ohnehin nicht der deutschen Besteuerung. **181**

Betriebsstätte in den USA. Das zivilrechtliche Eigentum an den Wirtschaftsgütern, die der Betriebsstätte in den USA zuzuordnen sind, wird von der oHG im Rahmen der Realteilung auf die Srl übertragen. Es handelt sich nicht um die Übertragung von Einzelwirtschaftsgütern, da die Betriebsstätte ein Teilbetrieb ist. Deswegen bleiben die Wirtschaftsgüter auch nach der Realteilung zwingend Betriebsvermögen[349]. Allerdings ist das deutsche Besteuerungsrecht hinsichtlich der in den Wirtschaftsgütern enthaltenen stillen Reserven nicht sichergestellt. Nach der Realteilung unterliegen die Wirtschaftsgüter nicht mehr der deutschen Besteuerung. Die Betriebsstätte in den USA kann nach h.M. nicht der in Folge der Realteilung neu entstehenden inländischen Betriebsstätte der Srl als sog. Unterbetriebsstätte zugeordnet werden[350]. Trotzdem wird das deutsche Besteuerungsrecht durch die Realteilung weder ausgeschlossen noch beschränkt. Es bestand nämlich schon vor der Realteilung nicht. Der Anteil, der von den Gewinnen der oHG aus der Betriebsstätte in den USA auf die Srl entfallen ist, war in Deutschland schon nicht steuerbar[351]. Der Anteil, der auf die GmbH entfallen ist, war von der deutschen Steuer nach dem DBA USA befreit (sog. Freistellungsbetriebsstätte)[352]. Selbst wenn im Rahmen der Realteilung bei der Ermittlung des Gewinns der oHG die Wirtschaftsgüter der Betriebsstätte in den USA mit ihrem gemeinen Wert angesetzt werden, unterliegt der daraus resultierende Gewinn nicht der deutschen Besteuerung. Etwas anders gilt, wenn es sich nicht um eine Freistellungs- sondern eine Anrechnungsbetriebsstätte handelt. In diesem Fall wird das deutsche Besteuerungsrecht insoweit ausgeschlossen, als die Betriebsstätteneinkünfte vor der Realteilung **182**

---

[344] Art. 13 Abs. 2 DBA Italien (Betriebsstättenvorbehalt).
[345] Art. 10 Abs. 7 DBA Italien (Betriebsstättenvorbehalt).
[346] Vgl. o. Boruttau/*Viskorf* § 5 Rn. 17.
[347] *Schluze zur Wiesche* DB 2006, 921, 922.
[348] Vgl. o. Rn. 171.
[349] *Schulze zur Wiesche* DB 2006, 921, 922.
[350] Löwenstein/Looks/*Maier*, Rn. 699 ff.; BFH, Urteil v. 16.10.2002-XI R 75/00, DStRE 2003, 358.
[351] BMF 24.12.1999, BStBl. I 1999, 1076, Tz. 1.1.5.5.
[352] Art. 7 Abs. 1 iVm 23 Abs. 2 (3 idF nach dem Protokoll vom 1.6.2006) lit. a DBA USA.

auf die GmbH entfallen sind. Die Grundsätze der Realteilung sind deswegen nicht anzuwenden. Für deutsche Besteuerungszwecke müssen die Wirtschaftsgüter mit dem gemeinen Wert angesetzt werden. Daraus resultierende Gewinne unterliegen insoweit der deutschen Besteuerung, als sie auf die GmbH entfallen. Im Belegenheitsstaat der Betriebsstätte erhobene Steuern werden nach den Bestimmungen des jeweiligen DBA bzw. §§ 34c Abs. 1 EStG; 26 Abs. 2 KStG angerechnet[353]. Soweit die Gewinne auf die Srl entfallen liegen schon keine inländischen Einkünfte vor.

183 **Ausländische Tochterpersonengesellschaften.** Die Beteiligungen an den Tochterpersonengesellschaften in Großbritannien und den USA werden im Rahmen der Realteilung auf die GmbH (T-LP 1 in Großbritannien) bzw. die Srl (T-LP 2 in den USA) übertragen. Mitunternehmeranteile sind keine Einzelwirtschaftsgüter iSv § 16 Abs. 3 Satz 4 EStG[354]. Die Voraussetzung der Überführung in ein Betriebsvermögen ist bei der Übertragung von Mitunternehmeranteilen stets gegeben[355]. Die (mitunternehmerische) Beteiligung an einer Personengesellschaft, die eine Betriebsstätte unterhält, führt dazu, dass die Betriebsstätte abkommensrechtlich jeweils – anteilig – dem Gesellschafter zuzurechnen ist[356]. Die für die Realteilung der ausländischen Betriebsstätten dargestellten Grundsätze[357] gelten daher auch für die Realteilung der Beteiligungen an den ausländischen Tochterpersonengesellschaften.

184 **Ausländische Tochterkapitalgesellschaften.** Die Beteiligung an der T-Ltd. wird im Rahmen der Realteilung von der oHG auf die GmbH übertragen, die an der T-Inc. auf die Srl. Die Übertragung einer 100%igen Beteiligung an einer Kapitalgesellschaft ist als Übertragung eines Teilbetriebs zu behandeln[358]. Es liegt keine potenziell schädliche Übertragung von Einzelwirtschaftsgütern vor. Die steuerliche Behandlung der Übertragung der Beteiligungen hängt davon ab, ob sie den durch die ausländischen Tochterpersonengesellschaften vermittelten Betriebsstätten oder der oHG zuzuordnen sind. Nach Auffassung der deutschen Finanzverwaltung sind die Beteiligungen Sonderbetriebsvermögen bei den ausländischen Personengesellschaften und deswegen den durch sie vermittelten Betriebsstätten zuzuordnen[359]. Danach gelten die Ausführungen zu den ausländischen Betriebsstätten bzw. Tochterpersonengesellschaften[360] für die Übertragung der Beteiligungen an den ausländischen Tochterkapitalgesellschaften im Rahmen der Realteilung entsprechend. Die Übertragung der Beteiligung an der T-Ltd. berührt das deutsche Besteuerungsrecht nicht. Das gilt selbst dann, wenn die Beteiligung einer sog. Anrechnungsbetriebsstätte zuzuordnen ist. Die Beteiligung ist nach der Realteilung noch genau so in Deutschland steuerverhaftet wie davor, denn sie wird auf die GmbH übertragen. Das deutsche Besteuerungsrecht hinsichtlich der Beteiligung an der T-Inc. wird nur dann durch die Realteilung nicht berührt, wenn die Beteiligung einer sog. Freistellungsbetriebsstätte zuzuordnen ist, zB in den USA. In diesem Fall waren die in der Beteiligung vorhandenen stillen Reserven auch vor der Realteilung nicht in Deutschland steuerverhaftet. Die oHG muss daher in ihrer Schlussbilanz für die Beteiligung an der T-Inc. die Buchwerte ansetzen. Allerdings würden auch beim Ansatz des gemeinen Werts realisierte Gewinne im Ergebnis nicht be-

---

[353] Löwenstein/Looks/*Heinsen*, Rn. 410 ff.
[354] BMF 28.2.2006, BStBl. I 2006, 228, III.
[355] BMF 28.2.2006, BStBl. I 2006, 229, IV.1; *Schulze zur Wiesche* DB 2006, 922.
[356] BMF 24.12.1999, BStBl. I 1999, 1076, Tz. 1.1.5.1; zuletzt: BFH, Urteil v. 9.8.2006-II R 59/05, DStRE 2007, 28. Jede Personengesellschaft vermittelt so viele Betriebsstätten, wie sie Mitunternehmer hat.
[357] Vgl. o. Rn. 181 f.
[358] BMF 28.2.2006, BStBl. I 2006, 228, III.
[359] BMF 24.12.1999, BStBl. I 1999, 1076, Tz. 1.2.3; Einkünfte aus den Beteiligungen (Dividenden und Veräußerungsgewinne) sollen nicht freigestellt werden, wenn der andere Staat sie aufgrund abweichender Qualifikation von der Besteuerung freistellt. Nunmehr auch § 50d Abs. 9 und 10 EStG.
[360] Vgl. o. Rn. 181 ff.

steuert[361]. Wenn die Beteiligung an der T.-Inc. einer sog. Anrechnungsbetriebsstätte zuzuordnen ist, führt die Realteilung zu einem für die Steuerneutralität schädlichen endgültigen Ausschluss des deutschen Besteuerungsrechts. Soweit die Beteiligung auf die GmbH entfällt (50%) war sie vor der Anwachsung in Deutschland steuerverstrickt. Dividenden und Veräußerungsgewinne unterlagen als Einkünfte aus einer ausländischen Anrechnungsbetriebsstätte der deutschen Besteuerung, wenn auch mit Anrechnung der ausländischen Steuern. Diese Steuerverhaftung geht mit Übertragung der Beteiligung auf die Srl verloren, es sei denn, die Beteiligung wäre im Anschluss der neu entstehenden inländischen Betriebsstätte der Srl zuzuordnen. Die oHG muss in ihrer Schlussbilanz für die Beteiligung deswegen gem. § 16 Abs. 3 Satz 2 EStG den gemeinen Wert ansetzen. Der sich daraus ergebende Gewinn unterliegt insoweit der deutschen Besteuerung, als er auf die GmbH entfällt. Soweit er auf die Srl entfällt liegen schon keine inländischen Einkünfte vor. Werden die Beteiligungen an der T.-Ltd. bzw. T.-Inc. der oHG zugeordnet, gelten für die Beteiligung an der T.-Ltd. die Ausführungen zur Übertragung der Beteiligung an der T.-GmbH entsprechend[362]. Die Beteiligung an der T.-Inc. kann nur dann nach den Grundsätzen der Realteilung steuerneutral zum Buchwert auf die Srl übertragen werden, wenn sie im Anschluss der neu entstehenden inländischen Betriebsstätte der Srl zuzuordnen ist. In diesem Fall bleiben die stillen Reserven in Deutschland steuerverhaftet[363]. Ist die Beteiligung dem ausländischen Stammhaus zuzuordnen, wird das deutsche Besteuerungsrecht ausgeschlossen[364]. Die Grundsätze der Realteilung (§ 16 Abs. 3 Satz 2 EStG) sind dann nicht anwendbar. Die oHG muss die Beteiligung in ihrer Schlussbilanz mit dem gemeinen Wert ansetzen. Ein sich daraus ergebender Gewinn gehört bei der Srl zu den beschränkt körperschaftsteuerpflichtigen Einkünften aus der inländischen Betriebsstätte. Er ist allerdings gemäß § 8b Abs. 2 und 3 KStG iVm § 7 Satz 4 GewStG im Ergebnis zu 95% von der Körperschaft- und Gewerbesteuer befreit. Gewinne aus der Realteilung unterliegen grundsätzlich nach § 7 Satz 2 GewStG der Gewerbesteuer soweit sie, wie hier, auf Kapitalgesellschaften entfallen.

Spitzen- oder Wertausgleich. Die Zahlung eines Spitzen- oder Wertausgleichs ist für die Annahme einer im Übrigen steuerneutralen Realteilung unschädlich[365]. Im Verhältnis des Spitzenausgleichs zum Wert des übernommenen Betriebsvermögens liegt ein entgeltliches Geschäft vor. In Höhe des um den anteiligen Buchwert verminderten Spitzenausgleichs entsteht ein Veräußerungsgewinn für den veräußernden Realteiler. Der Gewinn aus der Aufdeckung der stillen Reserven ist nach § 7 Satz 2 GewStG als Gewerbeertrag zu erfassen, soweit er nicht auf eine natürliche Person als unmittelbar beteiligten Mitunternehmer entfällt. Soweit ein Spitzen- oder Wertausgleich für Wirtschaftsgüter bezahlt wird, die einer ausländischen Betriebsstätte zugeordnet sind, ist der Gewinn aus der Aufdeckung der stillen Reserven wie entsprechende Betriebsstätteneinkünfte zu behandeln. Im Falle einer Freistellungsbetriebsstätte oder soweit er auf die Srl entfällt, ist er daher von der deutschen Besteuerung freizustellen bzw. zählt schon nicht zu den beschränkt steuerpflichtigen inländischen Einkünften. Soweit ein Spitzen- oder Wertausgleich für eine Beteiligung an einer Kapitalgesellschaft bezahlt wird, ist der daraus resultierende Gewinn im Ergebnis nach § 8b Abs. 2 und 3 KStG zu 95% von der Körperschaft- und Gewerbesteuer befreit.

185

---

[361] Soweit sie auf die GmbH entfallen handelt es sich um Einkünfte aus einer Freistellungsbetriebsstätte, soweit sie auf die Srl entfallen liegen schon keine inländischen Einkünfte vor.
[362] Vgl. o. Rn. 179.
[363] Dividenden und Veräußerungsgewinne sind Unternehmensgewinne iSv Art. 7 DBA Italien für die Deutschland das Besteuerungsrecht hat.
[364] BMF 28.2.2006, BStBl. I 2006, 228, V.
[365] BMF 28.2.2006, BStBl. I 2006, 228, I.

186 Kapitalkontenanpassungsmethode. Entspricht der Buchwert des erhaltenen Vermögens dem Buchwert des bisherigen Kapitalkontos des jeweiligen Realteilers und geht auf den betreffenden Realteiler betragsmäßig genau der Anteil an den stillen Reserven über, der ihm zuvor auf Ebene der Mitunternehmerschaft zuzurechnen war, erübrigen sich in den Eröffnungsbilanzen der Realteiler bilanzielle Anpassungsmaßnahmen[366]. Entspricht jedoch die Summe der Buchwerte der übernommenen Wirtschaftsgüter nicht dem Buchwert des Kapitalkontos, sind bilanzielle Anpassungsmaßnahmen erforderlich, damit sich Aktiva und Passiva in der Bilanz des Realteilers entsprechen. Hierzu ist die sog. Kapitalkontenanpassungsmethode anzuwenden. Bei der Kapitalkontenanpassungsmethode werden die Buchwerte der übernommenen Wirtschaftsgüter von den Realteilern in ihren eigenen Betrieben fortgeführt. Die Kapitalkonten der Realteiler laut Schlussbilanz der Mitunternehmerschaft werden durch Auf- oder Abstocken steuerneutral dahin angepasst, dass ihre Höhe der Summe der Buchwerte der übernommenen Wirtschaftsgüter entspricht[367]. Die Kapitalkontenanpassung ist auch anzuwenden, soweit Wirtschaftsgüter einer ausländischen Freistellungsbetriebsstätte zugeordnet sind. Die handels- und steuerrechtlichen Buchführungspflichten erstrecken sich auch auf steuerfreigestellte ausländische Betriebsstätteneinkünfte[368]. Nur soweit Wirtschaftsgüter nach der Realteilung weder im Rahmen der unbeschränkten noch im Rahmen der beschränkten Steuerpflicht der deutschen Besteuerung unterliegen, sind sie nicht in die Kapitalkontenanpassungsmethode einzubeziehen. Das sind zB die Wirtschaftsgüter in der Betriebsstätte in den USA bzw. der in den USA ansässigen Tochterpersonengesellschaft, die im Rahmen der Realteilung auf die Srl übergehen. Soweit Wirtschaftsgüter aber im Rahmen der beschränkten Steuerpflicht steuerverhaftet bleiben, wie etwa die der deutschen Betriebsstätte der Srl zugeordneten Wirtschaftsgüter, kommt die Kapitalkontenanpassungsmethode zur Anwendung

187 Exkurs: Übertragung von Einzelwirtschaftsgütern auf Körperschaftsteuersubjekte. Nach § 16 Abs. 3 Satz 4 EStG ist bei einer Realteilung, bei der einzelne Wirtschaftsgüter übertragen werden, die Buchwertfortführung nicht möglich, soweit die Wirtschaftsgüter unmittelbar oder mittelbar auf eine Körperschaft, Personenvereinigung oder Vermögensmasse übertragen werden. In diesem Fall ist bei der Übertragung der gemeine Wert anzusetzen. Die in Anlehnung an § 6 Abs. 5 Satz 5 EStG formulierte sog. Körperschaftsklausel will nicht nur das Überspringen stiller Reserven auf Körperschaftsteuersubjekte, sondern generell die Nutzung des Teileinkünfteverfahrens beim Verfügen über Wirtschaftsgüter ohne Teilwertansatz vermeiden[369]. Eine Übertragung zu Buchwerten soll allerdings insoweit möglich bleiben, wie (gerade) die übernehmende Körperschaft schon bisher mittelbar oder unmittelbar an dem übertragenen Wirtschaftsgut beteiligt war[370]. Im Übrigen soll die Körperschaftsklausel aber selbst dann gelten, wenn an der real zu teilenden Mitunternehmerschaft ausschließlich Körperschaften, Personenvereinigungen oder Vermögensmassen beteiligt sind[371]. Diese Regelung ist mit dem Sinn und Zweck der Körperschaftsklausel nicht vereinbar. Wenn ausschließlich Körperschaften beteiligt sind, kann eine Realteilung nicht der missbräuchlichen Ausnutzung des Teileinkünfteverfahrens dienen[372].

188 Umsatzsteuer. Bei der Übertragung von Wirtschaftsgütern im Rahmen der Realteilung soll ein entgeltlicher Leistungsaustausch iSd § 1 Abs. 1 Nr. 1 UStG vorliegen. Das

---

[366] BMF 28.2.2006, BStBl. I 2006, 228, VII.
[367] BFH, Urteil v. 10.12.1991-VIII R 69/86, BStBl. II 1992, 385.
[368] BMF 24.12.1999, BStBl. I 1999, 1076, Tz. 1.1.4.2.
[369] BT-Drs. 14/6882, 34, 33; *Schmidt/Wacker*, § 16, Rn. 555.
[370] BMF 28.2.2006, BStBl. I. 2006, 228, I.
[371] BMF 28.2.2006, BStBl. I 2006, 228, I.
[372] *Schell* BB 2006, 1026, 1030.

Entgelt besteht in der Aufgabe der Gesellschaftsrechte[373]. Soweit aber Betriebe oder Teilbetriebe übertragen, werden liegt idR. eine nicht steuerbare Geschäftsveräußerung im Ganzen nach § 1 Abs. 1a UStG vor[374]. Soweit Beteiligungen an Kapital- oder Personengesellschaften übertragen werden, ist die Übertragung umsatzsteuerbefreit (§ 4 Nr. 8 lit. a UStG). Im Übrigen ist die Übertragung von nicht im Inland belegenen Wirtschaftsgütern, also u.a. von allen Wirtschaftsgütern in ausländischen Betriebsstätten, in Deutschland nicht umsatzsteuerbar.

3. Besteuerung der Gesellschafter nach der Realteilung

Zwingende Buchwertverknüpfung. Nach § 16 Abs. 3 Satz 2 letzter HS EStG muss der übernehmende Gesellschafter im Falle einer gewinnneutralen Realteilung die von der Mitunternehmerschaft angesetzten Buchwerte zwingend übernehmen[375]. Die Buchwertverknüpfung soll, wie im UmwStG, die Steuerverstrickung der in den übergegangenen Wirtschaftsgütern vorhandenen stillen Reserven sicherstellen. Die Buchwertverknüpfung gilt für alle Wirtschaftsgüter, die den deutschen steuerrechtlichen Buchführungspflichten unterliegen. Sie gilt deswegen auch für die Wirtschaftsgüter der ausländischen Betriebsstätten unabhängig davon, ob es sich abkommensrechtlich um Anrechnungs- oder Freistellungsbetriebsstätten handelt[376]. Soweit ein Spitzen- oder Wertausgleich gezahlt wird, erhöhen sich die Buchwerte um den Betrag der aufgedeckten stillen Reserven. 189

Eintritt in die steuerliche Rechtsstellung. Soweit der übernehmende Mitunternehmer die Buchwerte fortführt liegt kein entgeltlicher Anschaffungsvorgang vor. Er tritt deswegen in vollem Umfang in die steuerliche Rechtsstellung der real geteilten Personengesellschaft ein[377]. Er ist zB an AfA-Bemessungsgrundlagen und AfA-Methoden gebunden. Rücklagen nach § 6b EStG können anteilig fortgeführt werden[378]. Soweit ein Spitzen- bzw. Wertausgleich gezahlt wird, erhöht sich allerdings die AfA-Bemessungsgrundlage, da insoweit ein entgeltlicher Anschaffungsvorgang vorliegt. Bei der Übernahme von Gebäuden können sich zwei AfA-Reihen ergeben[379]. 190

Ausländische Wirtschaftsgüter. Auch soweit die Wirtschaftgüter ausländischer Betriebsstätten bzw. ausländischer Tochterpersonengesellschaften auf die GmbH übertragen werden, gilt die zwingende Buchwertfortführung für steuerliche Zwecke[380]. Dies wird insbesondere relevant, wenn die Betriebsstätte bzw. Tochterpersonengesellschaft in einem Staat belegen ist, dessen DBA mit Deutschland sog. Anrechnungsbetriebsstätten vorsieht. Die Buchwertverknüpfung stellt dann die Steuerverstrickung der stillen Reserven in Deutschland sicher. 191

Verlustvorträge der T-GmbH. Nach § 8c KStG führt die Übertragung der Beteiligung ohne weitere Voraussetzung zum vollständigen Verlust der Verlustvorträge der T-GmbH. Das gilt auch für gewerbesteuerliche Verlustvorträge (§ 10a Satz 8 GewStG)[381]. Für Realteilungen vor dem 1.1.2010 ist die Anwendung der Sanierungsklausel nach § 8c Abs. 1a KStG idF. des Bürgerentlastungsgesetzes Krankenversicherung zu prüfen. 192

---

[373] BFH, Urteil v. 17.11.1960-V 170/58 U, BStBl. III 1961, 86; *Bunjes/Geist/Zeuner*, § 1, Rn. 52.
[374] Sölch/Ringleb/*Klenk*, § 1, Rn. 243.
[375] *Heß* DStR 2006, 780.
[376] BMF 24.12.1999, BStBl. I 1999, 1076, Tz. 1.1.4.2.
[377] Schmidt/*Wacker*, § 16, Rn. 547.
[378] R 6b.2 Abs. 9 Satz 3 EStR.
[379] BMF 14.3.2006, BStBl. I 2006, 253.
[380] Vgl. o. Rn. 189.
[381] §§ 8c KStG und 10a Satz 8 GewStG idF nach dem Unternehmensteuerreformgesetz 2008 sind ab dem Veranlagungszeitraum (§ 34b Abs. 7b KStG) bzw. Erhebungszeitraum 2008 und auf Anteilsübertragungen nach dem 31.12.2007 anwendbar, vgl. *Melchior* DStR 2007, 1235.

193 Gewerbesteuerliche Verlustvorträge der oHG. Bei Personengesellschaften ist Voraussetzung für den gewerbesteuerlichen Verlustabzug nach § 10a GewStG sowohl Unternehmens- als auch Unternehmeridentität[382]. Bei der Realteilung von Personengesellschaften besteht zwischen dem Gewerbebetrieb der Personengesellschaft und den hieraus im Wege der Realteilung hervorgegangenen Betrieben nur dann Unternehmensidentität, wenn das auf einen Gesellschafter übergehende Vermögen bei der Personengesellschaft einen Teilbetrieb gebildet hat und der diesem Teilbetrieb sachlich zuzuordnende Verlust sich ohne weiteres aus dem Rechenwerk der Personengesellschaft ergibt[383]. Liegen die Voraussetzungen der Unternehmensidentität vor, kann jeder Inhaber des aus der Realteilung hervorgegangenen Teilbetriebs vom Gewerbeertrag dieses Unternehmens den vortragsfähigen Fehlbetrag der Personengesellschaft nur insoweit abziehen, als ihm dieser entsprechend dem sich aus dem Gesellschaftsvertrag ergebenden Gewinnverteilungsschlüssel im Verlustentstehungsjahr zuzurechnen war. Es kann jedoch höchstens nur der Teil des Fehlbetrages abgezogen werden, der dem übernommenen Teilbetrieb tatsächlich zugeordnet werden kann[384]. Die Srl kann daher vom Gewerbeertrag ihrer neu entstehenden deutschen Betriebsstätte die auf den übertragenen Betrieb entfallenden gewerbesteuerlichen Verlustvorträge der oHG anteilig abziehen[385].

D. Übertragung von Vermögensgegenständen über die Grenze (Asset Deal)

I. Übertragung von Vermögensgegenständen auf eine EU-/Drittlandskapitalgesellschaft

1. Zivil-/gesellschaftsrechtliche Grundlagen

a) Übersicht und graphische Darstellung

194 Übersicht und Beispiel. Der grenzüberschreitende *Asset Deal* auf eine ausländische Gesellschaft (Hinaus *Asset Deal*) soll anhand einer deutschen GmbH und einer italienischen Srl dargestellt werden. Die Srl ist die einzige Gesellschafterin der GmbH. Die GmbH hat ein Grundstück in Deutschland, auf dem es ihren Geschäftsbetrieb führt. Darüber hinaus hat sie die folgenden 100% Beteiligungen: eine Tochter-GmbH („T-GmbH") im Inland, eine Tochter-Ltd. („T-Ltd.") in England und eine Tochter-Corporation („T-Inc.") in den USA. Darüber hinaus unterhält die GmbH sowohl in England als auch in den USA eine Betriebsstätte. Schließlich ist sie an einer Tochter-Kommanditgesellschaft („T-KG") im Inland sowie an Tochter Limited Partnerships sowohl in England („T-LP1") als auch in den USA („T-LP2") beteiligt. Schaubild 9 zeigt diese Beteiligungsstruktur.

---

[382] R 10a.3 Abs. 1 GewStR.
[383] H 10a.2 „Realteilung" GewStR.
[384] H 10a.2 „Realteilung" GewStR.
[385] Unter der Voraussetzung, dass sich die zuzuordnenden Verluste aus dem Rechenwerk der oHG ohne weiteres ergeben.

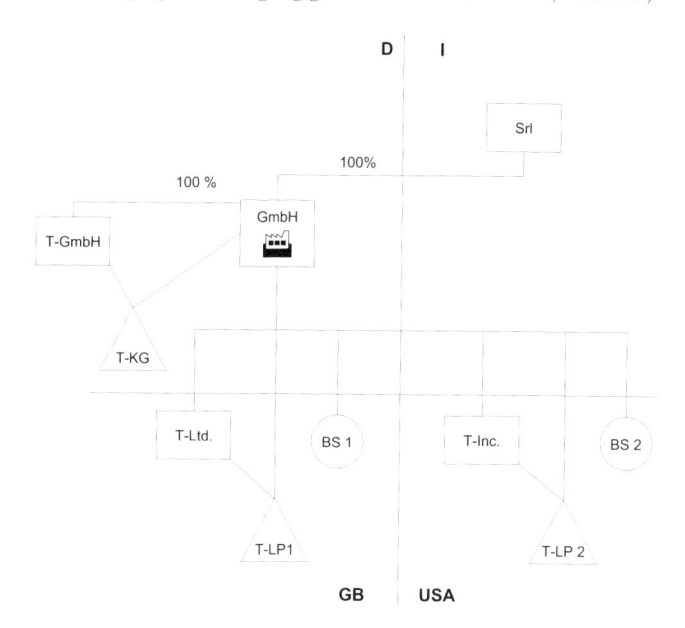

D. Übertragung von Vermögensgegenständen über die Grenze (Asset Deal)

Die GmbH überträgt ihre sämtlichen Vermögensgegenstände im Wege der Einzelrechtsnachfolge **195** auf die Srl. Dies erfolgt durch einen *Asset Deal*-Vertrag zwischen der GmbH und der Srl über die Übertragung des gesamten Vermögens. Nach Vollzug dieses Vertrags hält die Srl das Grundstück, den Geschäftsbetrieb, der nun eine Betriebsstätte im Inland bildet. Darüber hinaus hält sie die Beteiligungen, die vorher von der GmbH gehalten wurden. Die Beteiligungsstruktur nach dem grenzüberschreitenden *Asset Deal* wird im Schaubild 10 gezeigt.

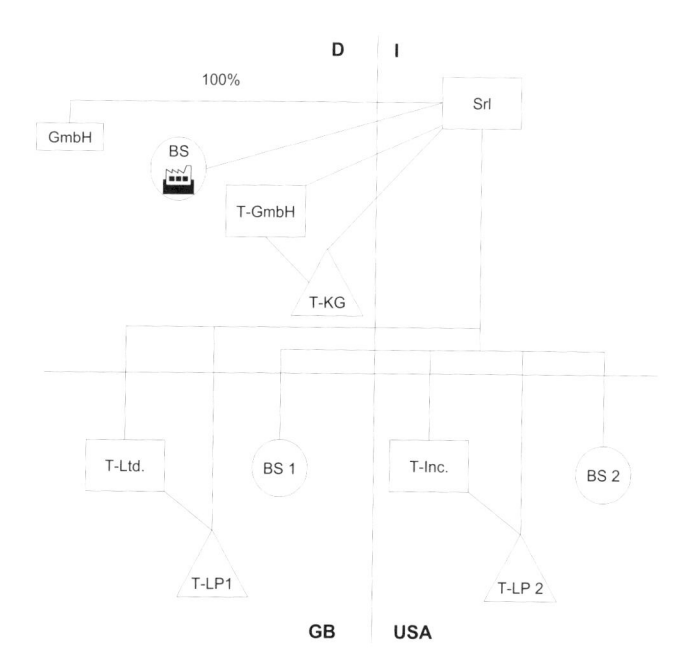

b) Voraussetzungen des Hinaus Asset Deals

196 **Abschluss eines Kauf- und Übertragungsvertrags.** Die Umstrukturierung über die Grenze durch einen *Asset Deal* erfolgt durch einen Kauf- und Übertragungsvertrag hinsichtlich des gesamten Vermögens des Veräußerers. Dabei kann der Vertrag sowohl die kauf- und das übertragungsrechtlichen Elemente enthalten. Möglich ist aber auch, dass in einem Vertrag nur der Kauf der Vermögensgegenstände geregelt wird. In diesem Fall sind die einzelnen Wirtschaftsgüter durch getrennte Übertragungsverträge entsprechend der jeweils anwendbaren Formvorschriften auf den Erwerber zu übertragen. Danach bleibt die veräußernde Gesellschaft ohne wesentliches Vermögen als funktionslose Gesellschaft zurück. Sie kann im Anschluss als Mantelgesellschaft anderweitig verwendet oder liquidiert werden.

197 **Anwendbares Recht und Rechtswahl.** Bei einem grenzüberschreitenden *Asset Deal* stellt sich die Frage, welches Recht auf die Umstrukturierung durch *Asset Deal* anzuwenden ist. Sofern die Parteien dafür keine Rechtswahl getroffen haben, unterliegen die Vertragsverhältnisse regelmäßig nach Art. 4 Abs. 2 Rom-I VO dem Recht desjenigen Staates, in dem die Partei, die vertragscharakteristische Leistung erbringt, ihren gewöhnlichen Aufenthalt hat. Art. 4 Abs. 1 lit a. Rom-I VO findet dann Anwendung, wenn durch den *Asset Deal* überwiegend bewegliche Sachen verkauft werden[386], mit dem Ergebnis, dass das Recht desjenigen Staates, in dem der Verkäufer seinen gewöhnlichen Aufenthalt hat, Anwendung findet. Dies dürfte allerdings nicht der Fall sein, wenn auch Gesellschaftsanteile und Grundstücke übertragen werden sollen. Bei Gesellschaften und anderen juristischen Personen kommt es bezüglich deren gewöhnlichen Aufenthalt auf ihre jeweilige Hauptverwaltung an. Bei einem Hinaus *Asset Deal* würde daher deutsches Recht Anwendung finden, da die GmbH, die ihre Hauptverwaltung in Deutschland hat, die Vermögensgegenstände überträgt und damit die charakteristische Leistung erbringt. Um jedoch eventuellen Zweifeln zu begegnen, sollten die Parteien in den Vertrag eine Rechtswahlklausel aufnehmen. Dann findet das jeweilige von den Parteien gewählte materielle Recht Anwendung. Das in vielen Staaten als nationales Recht geltende UN-Kaufrecht findet bei einem *Asset Deal* allerdings keine Anwendung[387]. Im folgenden soll davon ausgegangen werden, dass deutsches Recht vereinbart ist.

198 **Sachenrecht.** Hinsichtlich der Übertragung der einzelnen Vermögensgegenstände ist nach deutschem Recht eine Rechtswahl bezüglich der einzelnen Verfügungsgeschäfte dagegen nicht möglich[388]. Das folgt aus Art. 43 Abs. 1 EGBGB, nach dem Rechte an einer Sache zwingend dem Recht des Staates unterliegen, in dem sich die Sache befindet (lex rei sitae). Aufgrund dieses allgemeinen Prinzips ist bei der Übertragung eines in Deutschland belegenen Grundstücks deutsches Recht und eines im Ausland belegenen Grundstücks das jeweilige ausländische Recht anwendbar. Allerdings richtet sich die Übertragung von Forderungen und anderen Rechten, zB Immaterialgüterrechten und Geschäftsanteilen, nicht nach dem Belegenheitsrecht[389]. Bei der Abtretung von Forderungen ist nach Art. 14 Abs. 1 Rom-I VO das Recht maßgebend, dem der Vertrag zwischen den Parteien unterliegt. Dies bestimmt sich wiederum nach Art. 3 ff. Rom-I VO. Verfügungen über Immaterialgüterrechte unterliegen dem Recht, für deren Geltungsbereich über das Recht verfügt wird, d.h. für dessen Territorium der Schutz beansprucht wird[390]. Bei der Übertragung von

---

[386] Vgl. MünchKommBGB/*Kindler*, InGesR, Rn. 257.
[387] *Picot* in: *Picot*, Unternehmenskauf und Restrukturierung, S. 1286 mit Hinweis auf eine abweichende Meinung.
[388] *Palandt/Thorn*, Art. 43 EGBGB Rn. 2; *Picot*, in: *Picot*, Unternehmenskauf und Restrukturierung, S. 1288.
[389] *Picot* in: *Picot*, Unternehmenskauf und Restrukturierung, 3. Aufl. 2004, S. 1288.
[390] *Picot* in: *Picot*, Unternehmenskauf und Restrukturierung, 3. Aufl. 2004, S. 1289.

D. Übertragung von Vermögensgegenständen über die Grenze (Asset Deal)

Geschäftsanteilen folgt das anzuwendende Recht dem Personalstatut der Gesellschaft, welches sich wiederum nach der Sitz- oder Gründungstheorie richtet[391].

Formerfordernisse. Bei einem *Asset Deal*, auf den deutsches Recht anzuwenden ist, kann der schuldrechtliche Kaufvertrag formfrei abgeschlossen werden. Verpflichtet sich dagegen der Rechtsträger, sein gesamtes gegenwärtiges Vermögen zu übertragen, bedarf der Vertrag gemäß § 311b Abs. 3 BGB der notariellen Beurkundung[392]. Dies dürfte allerdings nur bei der Übertragung des gesamten Unternehmens eine Rolle spielen. Hinsichtlich der dinglichen Übertragung der einzelnen Vermögensgegenstände sind die Formerfordernisse für deren Übertragung zu beachten. So bedarf beispielsweise die Auflassung von Grundstücken gemäß § 925 Abs. 1 BGB und die Übertragung von GmbH-Geschäftsanteilen gemäß § 15 Abs. 3 GmbHG der notariellen Beurkundung. Bei der Übertragung von ausländischen Beteiligungen sind deren Formerfordernisse zu beachten. Werden Verbindlichkeiten oder Vertragsverhältnisse übernommen, ist – anders als zB bei einer Spaltung nach dem UmwG[393] – die Zustimmung des Gläubigers oder Vertragspartners notwendig. **199**

Inhalt des Vertrags. Der *Asset Deal*-Vertrag, der die Umstrukturierung herbeiführen soll, muss aufgrund des sachenrechtlichen Bestimmtheitsgrundsatzes die genaue Aufzählung der Vermögensgegenstände beinhalten, die übertragen werden sollen. Eine bloße Beschreibung der Einheit, zB der „Betrieb Halbleiter" oder der „Betriebsteil Kurzwaren", genügt nicht, damit die dieser Einheit zugeordneten Vermögensgegenstände übertragen werden. Hinsichtlich der Übertragung sollte genau geregelt werden, wann die Vermögensgegenstände mit rechtlicher und/oder wirtschaftlicher Wirkung übergehen. Bei einer konzerninternen Umstrukturierung über die Grenze werden dagegen Klauseln über Gewährleistung, Garantien, Störung der Geschäftsgrundlage und *Material Adverse Change*, Wettbewerbsvereinbarungen und weitere Pflichten aufgrund des fehlenden gegensätzlichen Verhältnisses regelmäßig nicht notwendig sein. **200**

Zustimmungserfordernisse. Der *Asset Deal*-Vertrag wird von den vertretungsberechtigten Personen der beteiligten Rechtsträger abgeschlossen. Eine Zustimmung der Gesellschafter ist grundsätzlich nicht notwendig. Dies ist ein wesentlicher Unterschied zu Strukturmaßnahmen nach dem UmwG, zB der Verschmelzung oder Spaltung, bei denen eine Zustimmung der Gesellschafter einzuholen ist. Allerdings kann die Übertragung des gesamten Unternehmens oder eines wesentlichen Betriebs oder Betriebsteils so tiefgreifend in die Mitgliedschaftsrechte der Gesellschafter eingreifen, so dass deren Zustimmung für die Transaktion einzuholen ist. So erstreckt sich bei Personenhandelsgesellschaften nach § 116 HGB die Geschäftsführung nur auf Geschäfte, die der gewöhnliche Betrieb des Handelsgewerbes der Gesellschaft mit sich bringt. Alle darüber hinausgehenden Geschäfte bedürfen eines Beschlusses aller Gesellschafter. Auch wenn bei einer GmbH die Geschäftsführung grundsätzlich allumfassend in den Händen der Geschäftsführer liegt, ist doch anerkannt, dass die Geschäftsführer bei ungewöhnlichen Geschäften die Entscheidung der Gesellschafterversammlung einzuholen haben[394]. Bei der AG wurde die Frage, ob der Vorstand die Zustimmung der Hauptversammlung zu bestimmten Geschäften einzuholen hat, anhand der BGH-Urteile „Holzmüller"[395] und „Gelatine"[396] am heftigsten disku- **201**

---

[391] *Picot* in: *Picot*, Unternehmenskauf und Restrukturierung, 3. Aufl. 2004, S. 1290.
[392] Vgl. dazu *Heckschen* NZG 2006, 772 ff.; *Müller* NZG 2007, 201 ff.
[393] Vgl. Wegfall der Regelung des § 132 UmwG durch Zweites Gesetz zur Änderung des Umwandlungsgesetzes vom 19.4.2007.
[394] Vgl. *BH/Zöllner/Noack*, GmbHG, § 37 Rn. 7–15.
[395] BGH, Urteil v. 25.2.1982 – II ZR 174/80, DB 1982, 795 ff. = BGHZ 83, 122 ff.
[396] BGH, Urteil v. 26.4.2004 – II ZR 155/02, DB 2004, 1200 ff. = BGHZ 159, 30 ff.

tiert[397]. Der BGH hat nunmehr einigermaßen Rechtssicherheit für Umstrukturierungen bei Aktiengesellschaften geschaffen. Danach ist eine ungeschriebene Mitwirkungskompetenz der Hauptversammlung bei Umstrukturierungen nur in den Fällen anzuerkennen, wenn diese eine Veränderung nach sich zieht, die einer Satzungsänderung nahe kommt[398]. Aus quantitativer Sicht muss die Umstrukturierung circa 80% des Gesellschaftsvermögens betreffen, wobei hier unterschiedliche Kennziffern diskutiert werden[399]. Auch bedarf die bloße Veräußerung von Beteiligungen keine Zustimmung der Hauptversammlung, da hier allein eine Veränderung des Bestands des Gesellschaftsvermögens stattfindet[400]. Die Umstrukturierung von Vermögen einer AG durch einen *Asset Deal* bedarf demnach nach heutiger Rechtslage nur dann der Zustimmung der Hauptversammlung, wenn diese so schwerwiegend ist, dass sie als „quasi-satzungsändernd" einzustufen wäre. Darüber hinaus müssen substanzielle Vermögenswerte übertragen werden, was in einer Gesamtschau anhand der Ertragskraft, der Bilanzsumme, des Anlagevermögens und/oder des Umsatzes des verkauften Unternehmens zu bestimmen ist[401]. Werden dagegen Vermögensgegenstände zu Marktpreisen an einen Dritten verkauft, folgt aus den Rechtsprechungsgrundsätzen keine Mitwirkungspflicht der Hauptversammlung.

c) Rechtsfolgen des Hinaus Asset Deals

202 **Rechtsfolgen.** Durch den *Asset Deal* und die dadurch zu bewirkenden Übertragungen hat die erwerbende Gesellschaft alle Vermögensgegenstände und damit das Unternehmen oder den Betrieb erworben und kann die Einheit nun fortführen. Die übertragende Gesellschaft ist jedoch – anders als bei einer Verschmelzung – nicht erloschen. Sie kann nunmehr anderweitig verwendet oder aufgelöst werden. Im letzteren Fall müssen die Gesellschafter das Auflösungsverfahren betreiben.

203 **Anmelde- und Anzeigepflichten.** Im Zuge der Übertragung der einzelnen Vermögensgegenstände unterliegt der Erwerber Anzeigepflichten. So hat er die Änderung der Eigentumsverhältnisse an einem Grundstück dem Grundbuchamt mitzuteilen, da das Grundbuch gemäß § 894 BGB berichtigt werden muss. Hat er in anderen Staaten belegene Grundstücke erworben, so muss er die in diesen Staaten geltenden Anmelde-, Anzeige- oder Registrierungspflichten erfüllen. Ist der Erwerber durch die Übertragung Eigentümer von mehr als 3% der Stimm- und/oder Kapitalanteile an einer in Deutschland börsennotierten Gesellschaft geworden, so hat er dies gemäß § 21 Abs. 1 WpHG der börsennotierten Gesellschaft und der BaFin mitzuteilen. Ähnliches gilt für Beteiligungen an ausländischen Gesellschaften, falls dort Meldepflichten bestehen.

204 **Beispiel:**
Auf den Beispielsfall angewendet bedeutet dies, dass die GmbH mit der Srl einen *Asset Deal*-Vertrag abschließt, in dem sie alle ihre Vermögensgegenstände auf die Srl überträgt. Auf den *Asset Deal*-Vertrag findet mangels einer Rechtswahl deutsches Recht Anwendung. Die Gegenstände des inländischen Geschäftsbetriebs, darunter das Grundstück, sind dann aber einzeln auf die Srl zu übertragen. Der Grundstückskaufvertrag sowie die Auflassung des Grundstücks bedürfen der notariellen Beurkundung. Hinsichtlich der ausländischen Beteiligungen sind die jeweiligen Gesellschaftsstatute zu beachten. Eine Rechtswahl hinsichtlich dieser Übertragungen ist nicht möglich. Anschließend hat die Srl den Erwerb entsprechend der jeweiligen Rechtsordnungen den zustän-

---

[397] Vgl. *Weißhaupt* NZG 1999, 804 ff.; *Götze* NZG 2004, 585 ff.
[398] BGH, Urteil v. 26.4.2004 – II ZR 155/02, DB 2004, 1200; vgl. *Hüffer*, AktG, § 119 Rn. 16–18c.
[399] *Götze* NZG 2004, 585, 589.
[400] OLG Stuttgart, Urteil v. 13.7.2005 – 20 U 1/05, AG 2005, 693 ff.; BGH, Beschluss v. 20.11.2006 – II ZR 226/05.
[401] *Götze* NZG 2004, 585, 589; siehe dazu OLG Hamm, Urteil v. 19.11.2007 – 8 U 216/07, NZG 2008, 155 ff. – ARCANDOR.

digen Behörden zu melden. Die GmbH besteht nach der Übertragung als funktionslose Gesellschaft fort. Sie kann entweder als Mantelgesellschaft für einen anderen Zweck verwendet oder aber liquidiert werden.

d) Bilanzielle Auswirkungen bei der übertragenden Gesellschaft

aa) HGB. Im Beispielfall veräußert die inländische Kapitalgesellschaft im Rahmen eines Asset Deals alle Vermögensgegenstände und Schulden an den erwerbenden Rechtsträger. Damit sind zum Veräußerungszeitpunkt sämtliche Vermögensgegenstände und Schulden auszubuchen. Übersteigt der erhaltene Kaufpreis den Buchwert des übertragenen Vermögens, so entsteht ein Veräußerungsgewinn. Dieser ist erfolgswirksam als außerordentlicher Ertrag in der Gewinn- und Verlustrechnung der GmbH zu erfassen.[402] Ein etwaiger Veräußerungsverlust wird entsprechend als außerordentlicher Aufwand ausgewiesen. Zusätzlich ist das Veräußerungsergebnis nach § 277 Abs. 4 Satz 2 HGB im Anhang zu erläutern.

bb) IFRS. Die inländische Kapitalgesellschaft überträgt im Rahmen des Asset Deals ihr gesamtes Vermögen auf den erwerbenden Rechtsträger. Damit sind sämtliche Vermögenswerte auszubuchen. Übersteigt der erhaltene Kaufpreis den Buchwert des übertragenen Vermögens, so entsteht ein Veräußerungsgewinn. Dieser ist grundsätzlich erfolgswirksam in der Gewinn- und Verlustrechnug zu erfassen. Zusätzlich sind erfolgswirksame Umgliederungen von in früheren Perioden erfolgsneutral im Eigenkapital erfassten Wertänderungen in der Gewinn- und Verlustrechnung zu erfassen (*Recycling*).[403]

Der Prozess einer Geschäftsbereichsveräußerung kann vom Zeitpunkt der Verkaufsentscheidung durch das Management bis zur endgültigen Veräußerung einen längeren Zeitraum in Anspruch nehmen.[404] Daher kann es ggf. notwendig sein, die zu übertragenden Vermögenswerte und Schulden im Abschluss des übertragenden Rechtsträgers als zur Veräußerung gehalten iSv IFRS 5 „Zur Veräußerung gehaltene langfristige Vermögenswerte und aufgegebene Geschäftsbereiche" auszuweisen.

IFRS 5 gilt sowohl für langfristige, zur Veräußerung gehaltene Vermögenswerte oder Veräußerungsgruppen, als auch für aufgegebene Geschäftsbereiche. Nach IFRS 5 Appendix A ist ein aufgegebener Geschäftsbereich ein Unternehmensbestandteil, der entweder bereits veräußert wurde oder als zur Veräußerung gehalten eingestuft wird und

– einen gesonderten, wesentlichen Geschäftszweig oder geografischen Geschäftsbereich darstellt,
– Teil eines einzelnen, abgestimmten Plans zur Veräußerung eines gesonderten wesentlichen Geschäftszweigs oder geografischen Geschäftsbereichs ist oder
– ein Tochterunternehmen darstellt, das ausschließlich mit der Absicht einer Weiterveräußerung erworben wurde.[405]

Wichtig ist die Abgrenzbarkeit des Unternehmensbestandteils für betriebliche und rechnungslegungsbezogene Zwecke. Hierfür müssen seine betrieblichen Vermögenswerte und Schulden, seine Erträge (Bruttoerlöse) und zumindest die Mehrheit seiner betrieblichen Aufwendungen ihm direkt zugerechnet werden können. In der Regel stellen solche

---

[402] ADS HGB § 277 Rn. 80; BeBiKo/*Förschle*, HGB § 275 Rn. 222; MünchKomm/*Reiner/Haußer*, HGB § 277 Rn. 39.
[403] IAS 1.93.
[404] So auch IFRS-HB/*Leippe* Rn. 4233.
[405] IFRS 5.32.

Unternehmensbestandteile gem. IFRS 5.31 einzelne oder eine Gruppe von zahlungsmittelgenerierenden Einheiten iSv IAS 36 „Wertminderung von Vermögenswerten" dar.

210 Ein Ausweis als zur Veräußerung verfügbar hat grundsätzlich dann zu erfolgen, wenn sich die Vermögensmasse in einem verkaufsfähigen Zustand befindet sowie die Veräußerung höchstwahrscheinlich ist, d.h. Veräußerungsabsicht besteht.[406]

211 Eine Klassifizierung als aufgegebener Geschäftsbereich erfolgt gem. IFRS 5.BC64, wenn das Unternehmen den Geschäftsbereich tatsächlich aufgegeben hat oder der Geschäftsbereich die Voraussetzungen für eine Klassifizierung als zur Veräußerung gehalten erfüllt.

212 Bei Klassifizierung als zur Veräußerung gehalten sind die betroffenen Vermögenswerte im Anwendungsbereich von IFRS 5 am Abschlussstichtag mit dem niedrigeren Betrag aus einem Vergleich des bisherigen Buchwerts mit dem beizulegenden Zeitwert abzüglich der erwarteten Veräußerungskosten zu bewerten.[407]

213 Der Ausweis der Vermögenswerte bzw. Schulden als zur Veräußerung gehalten erfolgt im Rahmen von Veräußerungsgruppen entsprechend der Gliederung nach Fristigkeiten auf der Aktivseite bzw. Passivseite separat als letzter Posten der kurzfristigen Vermögenswerte bzw. kurzfristigen Schulden unter der Postenbezeichnung „Zur Veräußerung gehaltene Vermögenswerte bzw. Schulden".[408]

214 Die im Rahmen der Gewinn- und Verlustrechnung gesondert auszuweisenden Erfolge der aufgegebenen Geschäftsbereiche setzen sich zusammen aus dem Gewinn oder Verlust des aufgegebenen Geschäftsbereichs nach Steuern sowie dem Gewinn oder Verlust nach Steuern aus der Bewertung zum beizulegenden Zeitwert abzüglich Veräußerungskosten derjenigen Vermögenswerte, die den aufgegebenen Geschäftsbereich bilden.[409]

215 Folglich hat die GmbH im vorliegenden Beispiel die Vermögenswerte ab dem Zeitpunkt als zur Veräußerung gehalten auszuweisen, ab welchem die Veräußerungsabsicht an die Srl besteht, spätestens jedoch nach Unterzeichnung des *Asset Deal*-Vertrags zwischen der GmbH und der Srl.

e) Arbeitsrechtliche Aspekte

216 **Arbeitsrecht.** Die grenzüberschreitende Umstrukturierung durch einen *Asset Deal* wirft die üblichen arbeitsrechtlichen Probleme auf, die bei einem Unternehmenskauf auftreten. Aus diesem Grund ist hier nur ein grober Überblick über die arbeitsrechtlichen Problemfelder bei einem *Asset Deal* zu geben.

217 **Betriebsübergang.** Die Behandlung der bei der veräußernden Gesellschaft bestehenden Arbeitsverhältnisse richtet sich danach, ob bei dem *Asset Deal* ein Betrieb oder Betriebsteil iSd § 613a BGB auf die ausländische erwerbende Gesellschaft übertragen wird. Die Vorschrift des § 613a BGB ist jedenfalls nach deutschem internationalem Privatrecht bei einem Betriebsübergang über die Grenze anwendbar[410]. Ein Übergang durch Rechtsgeschäft iSd § 613a BGB liegt jedenfalls bei einem *Asset Deal* unstreitig vor. Ob die zu übertragenden Vermögensgegenstände einen Betrieb oder Betriebsteil iSd § 613a BGB bilden, ist im Einzelfall zu prüfen. § 613a BGB enthält keine Definition des Tatbestandsmerkmals Betrieb/Betriebsteil. Ein „Betrieb" im Sinne dieser Vorschrift liegt entsprechend der Betriebsübergangsrichtlinie[411] bei einer „ihre Identität bewahrenden wirtschaftlichen

---

[406] IFRS 5.7.
[407] IFRS 5.15.
[408] IAS 1.60; IAS 1.54 j), p).
[409] IFRS 5.33.
[410] *Feudner* NZA 1999, 1184, 1186 f.
[411] Art. 1 Abs. 1 der RL 2001/23/EG v. 12.3.2001.

D. Übertragung von Vermögensgegenständen über die Grenze (Asset Deal)

Einheit im Sinne einer organisierten Zusammenfassung von Ressourcen zur Verfolgung einer wirtschaftlichen Haupt- oder Nebentätigkeit" vor[412]. Entscheidend ist daher, dass durch den Übergang einer Einheit die bisher in der Einheit geleistete Tätigkeit im Wesentlichen unverändert fortgeführt werden kann[413]. Dies ist anhand eines 7-Punkte Katalogs zu prüfen[414]. Wird bei einer Umstrukturierung durch einen *Asset Deal* das gesamte Unternehmen auf den Erwerber oder ganze operative Einheiten übertragen, wird regelmäßig ein Betriebsübergang vorliegen. Von der Prüfung der Tatbestandsvoraussetzungen des § 613a BGB entbindet dies jedoch nicht.

Arbeitsverhältnisse bei Betriebsübergang. Liegt bei dem *Asset Deal* ein Betriebsübergang auf den Erwerber als neuem Betriebs- oder Betriebsteilinhaber vor, gehen die Arbeitsverhältnisse der in dem Betrieb/Betriebsteil beschäftigten Arbeitnehmer auf den Erwerber kraft Gesetzes über. Dieser tritt in die Arbeitsverhältnisse mit sämtlichen Rechten und Pflichten ein. In diesem Fall hat der Veräußerer oder der Erwerber die betroffenen Arbeitnehmer gemäß § 613a Abs. 5 BGB von dem Übergang ordnungsgemäß zu unterrichten. Inhaltlich sind dabei Informationen über den Zeitpunkt oder geplanten Zeitpunkt des Übergangs, den Grund des Übergangs, die rechtlichen, wirtschaftlichen und sozialen Folgen des Übergangs und die hinsichtlich der Arbeitnehmer beabsichtigten Maßnahmen zu geben. Die Arbeitnehmer sind dann nach § 613a Abs. 6 BGB berechtigt, dem Übergang der Arbeitsverhältnisse innerhalb eines Monats nach der Unterrichtung zu widersprechen. Im Falle eines Widerspruchs gehen ihre Arbeitsverhältnisse nicht auf den Erwerber über. Da allerdings nach dem *Asset Deal* der Veräußerer als funktionslose Gesellschaft nicht mehr operativ tätig ist, hat er für die verbleibenden Arbeitnehmer keine Beschäftigungsmöglichkeit mehr. Er kann diese dann aus betriebsbedingten Gründen kündigen[415]. Bleibt ein Betriebsteil bei der übertragenden Gesellschaft zurück, muss der Veräußerer jedoch unter den verbleibenden Arbeitnehmern eine Sozialauswahl durchführen. Widerspricht der Arbeitnehmer dem Betriebsübergang nicht, geht sein Arbeitsverhältnis auf den ausländischen Erwerber über. Das Arbeitsverhältnis unterliegt gemäß Art. 8 Rom-I VO zunächst weiterhin deutschem Privatrecht[416]. 218

Arbeitsverhältnisse bei keinem Betriebsübergang. Wird durch den Asset Deal ausnahmsweise kein Betrieb/Betriebsteil iSd § 613a BGB übertragen, gehen die Arbeitsverhältnisse mit der Gesellschaft nicht von Gesetzes wegen auf den Erwerber über. Die Vertragsparteien können jedoch im Asset Deal-Vertrag die Übernahme von Arbeitsverhältnissen vereinbaren. In diesem Fall haben die betroffenen Arbeitnehmer zuzustimmen. Dabei ist zu beachten, dass eine Übernahme wesentlichen Teilen der Belegschaft wiederum einen Betriebsübergang bedeuten kann. In diesem Fall würden auch die Arbeitsverhältnisse der Arbeitnehmer, die einer Übernahme nicht zugestimmt haben, kraft Gesetzes übergehen[417]. Liegt kein Betriebsübergang vor und wird eine Übernahme eines Arbeitsverhältnisses nicht vereinbart oder stimmt ein Arbeitnehmer der Übernahme nicht zu, verbleiben die entsprechenden Arbeitsverhältnisse beim Veräußerer. Hat dieser anschließend keine Beschäftigungsmöglichkeit mehr für diese, steht ihm die Kündigung aus betriebsbedingten Gründen offen. 219

---

[412] Vgl. ErfKomm/*Preis*, § 613a BGB Rn. 6.
[413] ErfKomm/*Preis*, § 613a BGB Rn. 6.
[414] Siehe oben 4. Teil C. I. 4.; vgl. *Willemsen*, in *Willemsen/Hohenstatt/Schweibert/Seibt*, Umstrukturierung und Übertragung von Unternehmen, S. 812; ErfKomm/*Preis*, § 613a BGB Rn. 12ff.; MünchKommBGB/*Müller-Glöge*, § 613a BGB Rn. 25ff.
[415] *Willemsen* in *Willemsen/Hohenstatt/Schweibert/Seibt*, Umstrukturierung und Übertragung von Unternehmen, S. 877.
[416] *Feudner* NZA 1999, 1184, 1188.
[417] Siehe oben unter Rn. 218.

220 Mitbestimmung und Betriebsverfassung. Beim *Asset Deal* dürften Fragen des deutschen Mitbestimmungs- und Betriebsverfassungsrechts nur eine untergeordnete Rolle spielen. Ob die deutsche Gesellschaft als Veräußerer der deutschen Mitbestimmung unterliegt, richtet sich nach deren Rechtsform und der Anzahl ihrer Arbeitnehmer. Denn nach diesen Kriterien richtet sich der Anwendungsbereich des MitbestG oder DrittelbG. Die ausländische Gesellschaft als Erwerber unterfällt nicht der deutschen Mitbestimmung, selbst wenn sie in Deutschland eine Zweigniederlassung unterhält, da sich das MitbestG in seiner Anwendbarkeit nur auf inländische Unternehmen beschränkt und solche mit Verwaltungs- oder Satzungssitz im Ausland nicht erfasst[418]. Auch die Betriebsverfassung bleibt durch den *Asset Deal* unberührt. Führt der ausländische Erwerber die im Inland errichteten Betriebe weiter, bleiben die nach dem BetrVG gebildeten Betriebsräte unverändert bestehen. Wird ein Betrieb allerdings nach dem Asset Deal stillgelegt und nicht in seiner bisherigen Form an anderer Stelle fortgeführt, enden das Mandat des Betriebsrats und die betriebsverfassungsrechtlichen Regelungen.[419] Liegt ein Betriebsübergang nach § 613a BGB vor, werden die durch Betriebsvereinbarung statuierten Rechte und Pflichten allerdings gemäß § 613a Abs. 1 S. 2 BGB Bestandteil des übergegangenen Arbeitsverhältnisses. Allerdings gelten die Betriebsvereinbarungen individualvertraglich nicht weiter, wenn beim Erwerber eine Betriebsvereinbarung mit gleichem Inhalt besteht[420].

221 Tarifbindung. War die deutsche Gesellschaft in den Geltungsbereich eines Tarifvertrags einbezogen und der Arbeitnehmer tarifgebunden, findet der Tarifvertrag auf die Arbeitsverhältnisse der Arbeitnehmer mit der deutschen Gesellschaft Anwendung. Ist der ausländische Erwerber nicht Mitglied in einem Arbeitgeberverband und gehen die Arbeitsverhältnisse infolge eines Betriebsübergangs auf ihn über, hat der Arbeitnehmer einen neuen Arbeitgeber, der nicht in den Geltungsbereich des Tarifvertrags einbezogen ist[421]. Der Tarifvertrag findet daher auf diese Arbeitsverhältnisse, die nun zwischen der ausländischen Gesellschaft und dem Arbeitnehmer bestehen, keine direkte Anwendung. Wurde jedoch in den Arbeitsverträgen auf den Tarifvertrag Bezug genommen, gelten die tarifvertraglichen Regelungen auch nach der Veräußerung weiter. Allerdings kommt im Fall eines Betriebsübergangs die indirekte Einbeziehung der tarifvertraglichen Regelungen in den Arbeitsvertrag gemäß § 613a Abs. 1 S. 2 BGB in Betracht. Erforderlich ist allerdings, dass Veräußerer und Arbeitnehmer tarifgebunden sind[422]. Liegt kein Betriebsübergang nach § 613a Abs. 1 BGB vor, wirken die tarifvertraglichen Regelungen auf die Arbeitsverhältnisse, die von dem Erwerber übernommen wurden, gemäß § 4 Abs. 5 TVG solange nach, bis sie durch eine andere Abmachung ersetzt werden. Daneben werden den in Deutschland weiter betriebenen Geschäftsbetrieb gewöhnlich arbeitenden Arbeitnehmer nach Art. 8 Rom-I VO die Schutzbestimmungen, die in einem Tarifvertrag enthalten sind, gewährt. Dies gilt allerdings nur, sofern die Regelungen des Tarifvertrags für das Arbeitsverhältnis gelten[423].

f) Kartellrecht und Sonstiges

222 Kartellrecht. Der Übertragung des gesamten Vermögens von der Gesellschaft auf die ausländische Gesellschaft im Wege eines *Asset Deal* kann einen Zusammenschluss darstel-

---

[418] ErfKomm/*Oetker*, § 1 MitbestG Rn. 3.
[419] Vgl. *Feudner* NZA 1999, 1184, 1188.
[420] ErfKom/*Preis*, § 613a BGB Rn. 111.
[421] Vgl. *Feudner* NZA 1999, 1184, 1188.
[422] ErfKom/*Preis*, § 613a BGB Rn. 113.
[423] Vgl. ErfKom/*Schlachter*, Rom-I VO Rn. 33.

len, der dem Bundeskartellamt anzumelden oder anzuzeigen ist. Dies ist von dem Überschreiten bestimmter Schwellenwerte abhängig. Allerdings ist zu beachten, dass reine konzerninterne Umstrukturierungen gemäß § 37 Abs. 2 GWB fusionskontrollfrei sind. Die Vorschriften der § 35 ff. GWB finden daher keine Anwendung.

Vergleich zu anderen Gestaltungsmöglichkeiten. Der Beispielsfall zeigt, dass eine 223 grenzüberschreitende Umstrukturierung auch durch einen *Asset Deal* durchgeführt werden kann, mit dem sich die gleichen zivil- und gesellschaftsrechtlichen Ergebnisse wie mit einer grenzüberschreitenden Up-stream Verschmelzung erzielen lassen. Das Verfahren ist kostengünstig durchzuführen, da die Verfahrensvorschriften des UmwG nicht anwendbar sind. Ein Verschmelzungsbericht etc. ist nicht erforderlich. Auch sind die Form- und Verfahrensvorschriften beim Abschluss des *Asset Deal*-Vertrags geringer als bei einem Verschmelzungsplan nach § 122c UmwG. Allerdings bietet die Übertragung durch Einzelrechtsnachfolge eine geringere Transaktionssicherheit als eine grenzüberschreitende Verschmelzung mit Gesamtrechtsnachfolge.

2. Steuerrechtliche Behandlung

a) Übersicht

GmbH; T-GmbH; T-KG. Die GmbH und die T-GmbH haben Geschäftsleitung und 224 Sitz in Deutschland und sind deswegen gemäß § 1 Abs. 1 Nr. 1 KStG unbeschränkt körperschaftsteuerpflichtig. Die unbeschränkte Steuerpflicht erstreckt sich auf sämtliche Einkünfte, insbesondere auch aus ausländischen Betriebsstätten (§ 1 Abs. 2 KStG; Welteinkommensprinzip). Deutschland kann aber aufgrund eines mit einem anderen Staat abgeschlossenen DBA verpflichtet sein, den aus seinem nationalen Steuerrecht resultierenden Steueranspruch zurückzunehmen (sog. Schrankenwirkung)[424]. Die GmbH ist der einzige am Kapital der T-KG beteiligte Gesellschafter. Deren Einkünfte sind deswegen vollumfänglich auf Ebene der GmbH körperschaftsteuerpflichtig. Für Gewerbesteuerzwecke ist die T-KG selber Steuersubjekt.

Betriebsstätten USA/Großbritannien. Die Einkünfte aus den Betriebsstätten der 225 GmbH in den USA und Großbritannien sind von der deutschen Besteuerung befreit. Es handelt sich in beiden Fällen um sog. Freistellungs-Betriebsstätten[425]. Dies gilt nicht nur für laufende Unternehmensgewinne sondern auch für Gewinne aus der Veräußerung von beweglichem Vermögen, das abkommensrechtlich der Betriebsstätte zuzuordnen ist[426]. Für Gewinne aus der Veräußerung unbeweglichen Vermögens gilt das Belegenheitsprinzip[427].

Ausländische Tochterpersonengesellschaften. Auch die Einkünfte aus den Toch- 226 terpersonengesellschaften der GmbH in den USA und Großbritannien sind von der deutschen Besteuerung befreit. Die Beteiligung eines unbeschränkt Steuerpflichtigen an einer ausländischen Personengesellschaft, die eine Betriebsstätte unterhält, führt dazu, dass die Betriebsstätte abkommensrechtlich jeweils – anteilig – dem Gesellschafter zuzurechnen ist[428]. Aus deutscher Sicht wird die Veräußerung eines Mitunternehmeranteils wie die (anteilige) Veräußerung der Wirtschaftsgüter der Gesellschaft behandelt. Gewinne aus der Veräußerung der Beteiligungen an den ausländischen Tochterpersonengesellschaften sind

---

[424] Mössner/*Mössner* Rn. 2.421.
[425] Art. 7 iVm 23 DBA Großbritannien; Art. 7 Abs. 1 iVm 23 Abs. 2 (3 nach dem Protokoll vom 1.6.2006) lit. a DBA USA.
[426] Art. 7 Abs. 1, 13 Abs. 3 iVm 23 Abs. 2 (3 nach dem Protokoll vom 1.6.2006) lit. a DBA USA; Art. 7, 13 Abs. 2 iVm 23 DBA Großbritannien.
[427] Art. 13 Abs. 1 DBA Großbritannien; Art. 13 Abs. 1 DBA USA.
[428] BMF 16.4.2010, BStBl. I 2010, 354, Tz. 2.1.1.

deswegen wie Gewinne aus der Veräußerung der den ausländischen Betriebsstätten zugeordneten Wirtschaftsgüter von der deutschen Besteuerung befreit[429].

227 **Ausländische Tochterkapitalgesellschaften.** Gewinne aus der Veräußerung der Beteiligungen an den Tochterkapitalgesellschaften in den USA und Großbritannien (T-Inc. und T-Ltd.) sind von der deutschen Besteuerung befreit, wenn die Beteiligungen abkommensrechtlich den jeweiligen (durch die T-LP 1 bzw. T-LP 2 vermittelten) ausländischen Betriebsstätten der GmbH zuzuordnen sind[430]. Das ist aus Sicht der deutschen Finanzverwaltung der Fall, denn die Beteiligungen an den beiden Tochterkapitalgesellschaften sind Sonderbetriebsvermögen der GmbH bei den jeweiligen Tochterpersonengesellschaften. Die Finanzverwaltung will die Veräußerungsgewinne jedoch nicht von der deutschen Steuer befreien, wenn der andere Vertragsstaat sie abweichend qualifiziert und sie deswegen als sonstige Veräußerungsgewinne nach Art. 13 Abs. 3 DBA Großbritannien bzw. Art. 13 Abs. 5 DBA USA nicht besteuert[431].

b) Besteuerung des Veräußerers

228 **Wirtschaftsgüter der GmbH.** Die GmbH verkauft ihre Wirtschafsgüter an ihre Alleingesellschafterin, die Srl. Der Kaufvertrag muss daher inhaltlich (vor allem hinsichtlich der Kaufpreisgestaltung) und formal dem Fremdvergleich standhalten, um die Annahme einer verdeckten Gewinnausschüttung nach § 8 Abs. 3 Satz 2 KStG zu vermeiden[432]. Weil die Srl im Ausland ansässig ist, sind die verschärften Mitwirkungs- und Dokumentationspflichten des § 90 Abs. 2 und 3 AO zu beachten[433]. Neben den Regelungen zur verdeckten Gewinnausschüttung kommt seit dem Veranlagungszeitraum 2008[434] auch die Berichtigung nach dem Fremdvergleichsgrundsatz in Betracht (§ 1 Abs. 1 AStG idF. des Unternehmensteuerreformgesetzes 2008). § 1 Abs. 1 AStG gilt ergänzend neben andern Regelungen, soweit seine Rechtswirkungen über die der anderen Regelungen hinausgehen (§ 1 Abs. 1 Satz 3 AStG idF. des Unternehmensteuerreformgesetzes 2008)[435].

229 **Inländische Beteiligungen.** Der von der GmbH beim Verkauf der Beteiligung an der T-KG an die Srl erzielte Gewinn ist auf Ebene der GmbH körperschaftsteuerpflichtig. Auch der Gewinn aus dem Verkauf der Beteiligung an der T-GmbH zählt zum Gewinn aus der T-KG. Dies deshalb, weil die Beteiligung an der T-GmbH zum Sonderbetriebsvermögen der GmbH bei der T-KG gehört. Der Gewinn ist auf Ebene der T-KG gewerbsteuerpflichtig. Zum Gewerbeertrag gehört auch der Gewinn aus der Veräußerung eines Mitunternehmeranteils soweit er nicht auf eine natürliche Person als unmittelbar beteiligten Mitunternehmer entfällt (§ 7 Satz 2 Nr. 2 GewStG). Soweit der Gewinn auf die Beteiligung an der T-GmbH entfällt ist er nach § 8b Abs. 2, 3 u. 6 KStG iVm § 7 Satz 4 GewStG im Ergebnis zu 95 % steuerbefreit.

230 **Ausländische Tochterpersonengesellschaften und Betriebsstätten.** Gewinne aus der Veräußerung der Beteiligungen an den ausländischen Tochterpersonengesellschaften

---

[429] Bestätigend für das DBA USA: Art. 13 Abs. 3 iVm 23 Abs. 2 lit. a DBA USA iVm Ziffer 14 des Protokolls.
[430] Gewinne aus der Veräußerung beweglichen Vermögens, das einer ausländischen Betriebsstätte zugeordnet ist. Art. 7 Abs. 1, 13 Abs. 3 iVm 23 Abs. 2 (3 nach dem Protokoll vom 1.6.2006) lit. a DBA USA; Art. 7, 13 Abs. 2 iVm 23 DBA Großbritannien.
[431] BMF 24.12.1999, BStBl. I 1999, 1076, Tz. 1.2.3. So nunmehr auch § 50d Abs. 9 Satz 1 Nr. 1 EStG.
[432] Mössner/*Baumhoff* Rn. 3.19 ff.
[433] Mössner/*Baumhoff* Rn. 3.444 ff.; Hinweis auf die verschärften Möglichkeiten zur Schätzung von Besteuerungsgrundlagen gemäß § 162 Abs. 3 und 4 AO bei Verstoß gegen die Aufzeichnungspflichten nach § 90 Abs. 3 AO.
[434] § 21 Abs. 15 AStG.
[435] Begründung Gesetzentwurf der Fraktionen der CDU/CSU und SPD, BT-Drs. 16/4841, 85.

und den Wirtschaftsgütern in den ausländischen Betriebsstätten sind von der deutschen Besteuerung befreit (vgl. o. Rn. 225 f.).

Tochterkapitalgesellschaften. Gewinne aus der Veräußerung der Beteiligungen an den ausländischen Tochterkapitalgesellschaften sind nach Auffassung der deutschen Finanzverwaltung grundsätzlich von der deutschen Besteuerung befreit (vgl. o. Rn. 227). 231

Grunderwerbsteuer. Der Verkauf und die Übertragung von inländischen Grundstücken oder Beteiligungen an Gesellschaften, zu deren Vermögen inländische Grundstücke gehören, kann der Grunderwerbsteuer unterliegen (§ 1 Abs. 1, 2a und 3 GrEStG). Dabei kommt es nur auf die Belegenheit des Grundstücks an. Ob Verkäufer und Käufer bzw. die Gesellschaften, die veräußert werden, Steuerinländer oder -ausländer sind, spielt keine Rolle. Für den Verkauf der Betriebsgrundstücke der GmbH an die Srl bemisst sich die Grunderwerbsteuer nach dem jeweils auf sie verhältnismäßig entfallenden Teil des Gesamtkaufpreises (§ 8 Abs. 1 iVm § 9 Abs. 1 Nr. 1 GrEStG)[436]. Die Veräußerung der Beteiligung an der T-GmbH unterliegt nach dem Wortlaut des § 1 Abs. 3 GrEStG der Grunderwerbsteuer, wenn zum Vermögen der T-GmbH ein inländisches Grundstück gehört. Die Grunderwerbsteuer bemisst sich in diesen Fällen nach den Grundbesitzwerten iSd § 138 Abs. 2 bis 4 BewG (§ 8 Abs. 2 Satz 1 Nr. 3 GrEStG). Mit dem Anteilserwerb wird aber lediglich die bisher bestehende mittelbare Anteilsvereinigung bei der Srl zu einer ganz unmittelbaren verstärkt. Der Tatbestand des § 1 Abs. 3 GrEStG wird dadurch nicht ausgelöst[437]. Für die Veräußerung der Beteiligung an der T-KG von der GmbH an die Srl gilt im Ergebnis das gleiche. Der Wortlaut des § 1 Abs. 2a GrEStG ist erfüllt, wenn zum Vermögen der T-KG ein inländisches Grundstück gehört[438]. Es wird aber lediglich eine mittelbare Beteiligung zu einer unmittelbaren verstärkt. Dadurch tritt keine Steuerbarkeit ein (Verkürzung der Beteiligungskette)[439]. 232

Umsatzsteuer. Die Veräußerung der Beteiligungen an den in- und ausländischen Tochterkapital- und Tochterpersonengesellschaften von der GmbH an die Srl ist in Deutschland nicht umsatzsteuerbar. Dies deshalb, weil sich der Ort der umsatzsteuerlichen Leistung in diesem Fall in Italien befindet (§§ 3a Abs. 3, 4 Nr. 6 lit. a iVm 4 Nr. 8 lit. f). Die Veräußerung von Einzelwirtschaftsgütern von der GmbH an die Srl ist grundsätzlich in Deutschland umsatzsteuerbar, wenn sich die betreffenden Gegenstände im Zeitpunkt der Verschaffung der Verfügungsmacht im Inland befinden (§ 3 Abs. 7 UStG). Die Veräußerung ist jedoch nicht umsatzsteuerbar, wenn es sich um eine sog. Geschäftsveräußerung im Ganzen iSv § 1 Abs. 1a UStG handelt[440]. Soweit sich die veräußerten Wirtschaftsgüter im Zeitpunkt der Verschaffung der Verfügungsmacht im Ausland befinden, ist die Leistung in Deutschland nicht umsatzsteuerbar. Wenn Wirtschaftsgüter im Rahmen der Veräußerung von der GmbH an die Srl über die Grenze befördert oder versendet werden, kommen im übrigen die Regelungen über die innergemeinschaftliche Lieferung /den innergemeinschaftlichen Erwerb zur Anwendung. 233

c) Besteuerung des Erwerbers im Inland

Wirtschaftsgüter der GmbH. Mit dem Erwerb der Wirtschaftsgüter und der Fortführung des Betriebs der GmbH begründet die Srl eine Betriebsstätte in Deutschland iSd 234

---

[436] Boruttau/*Sack*, § 9, Rn. 201, 109 ff.
[437] BMF 2.12.1999, BStBl. I 99, 991 zu 3.
[438] § 1 Abs. 2a GrEStG geht der Anwendung von § 1 Abs. 3 GrEStG vor, vgl. Oberste Finanzbehörden der Länder v. 25.2.2010, BStBl. I 2010, 245, Tz. 6.
[439] Oberste Finanzbehörden der Länder v. 25.2.2010, BStBl. I 2010, 245, Tz. 2.1.
[440] Die nicht umsatzsteuerbare Geschäftsveräußerung im Ganzen löst keine Vorsteuerberichtigung beim Verkäufer aus, vgl. Sölch/Ringleb/*Klenk*, § 1 Rn. 482. Der Vorsteuerberichtigungszeitraum läuft beim Erwerber weiter (§ 15a Abs. 10 UStG).

§ 12 AO. Die Srl verfügt damit über ein feste Geschäftseinrichtung oder Anlage in Inland, die der Tätigkeit ihres Unternehmens dient. Die Geschäftseinrichtung ist auf Dauer angelegt[441], wenn sie länger als sechs Monate besteht[442]. Davon kann zumindest dann ausgegangen werden, wenn bei ihrer Begründung eine unbefristete Tätigkeit geplant ist[443]. Eine solche Betriebsstätte erfüllt auch die Voraussetzungen des Art. 5 DBA Italien. Gründungsaufwendungen und Aufwendungen im Hinblick auf die Betriebsstätte vor ihrer Errichtung sind zu Lasten des Betriebsstättenergebnisses anzusetzen[444]. Nicht aktivierungspflichtige Anschaffungsnebenkosten der Srl sind bei der Ermittlung der Einkünfte aus der inländischen Betriebsstätte abzuziehen. Die Gründung der Betriebsstätte mit dem Erwerb der Wirtschaftsgüter der Srl löst nicht die Einlagefiktion des § 4 Abs. 1 Satz 4 iVm § 6 Abs. 1 Nr. 5a EStG aus. Das deutsche Besteuerungsrecht hinsichtlich des Gewinns aus der Veräußerung der Wirtschaftsgüter wird nicht erstmalig begründet. Die Einlagefiktion gilt nicht für Wirtschaftsgüter, die bereits steuerverstrickt waren[445].

235 **Inländische Tochterpersonengesellschaft.** Der Erwerb der Beteiligung an der T-KG durch die Srl wird wie der (anteilige) Erwerb der Wirtschaftsgüter der T-KG behandelt. Die mitunternehmerische Beteiligung der Srl an der T-KG führt dazu, dass die Betriebsstätte der T-KG der Srl zugerechnet wird[446]. Insofern kann auf die Ausführungen zum Erwerb der Einzelwirtschaftsgüter der GmbH verwiesen werden (vgl. o. Rn. 234). Mit dem Kaufpreis abgegoltene stille Reserven werden bei der T-KG aktiviert und ggf. abgeschrieben. Hierzu gehört auch ein evtl. erworbener Geschäfts- und Firmenwert. Wie beim Erwerb der Einzelwirtschaftsgüter von der GmbH kommt es damit zu einem sog. step-up der AfA-Bemessungsgrundlage. Gewerbesteuerliche Verlustvorträge können nach dem Erwerb der Beteiligung an der T-KG durch die Srl nicht mehr abgezogen werden. Es fehlt dann an der erforderlichen Unternehmeridentität[447].

236 **Inländische Tochterkapitalgesellschaft.** Aus Sicht der deutschen Finanzverwaltung ist die Beteiligung der Srl an der T-GmbH auch abkommensrechtlich Sonderbetriebsvermögen der Srl bei der T-KG[448]. Gewinnausschüttungen und Veräußerungsgewinne gehören zu den beschränkt steuerpflichtigen Einkünften der Srl aus der deutschen Betriebsstätte, die ihr die Beteiligung an der T-KG vermittelt[449]. Abkommensrechtlich wendet die deutsche Finanzverwaltung die jeweiligen Betriebsstättenvorbehalte im Dividendenartikel (Art. 10 Abs. 7 DBA Italien) bzw. Veräußerungsgewinnartikel (Art. 13 Abs. 2 DBA Italien) an. Gewinnausschüttungen und Veräußerungsgewinne unterfallen der Steuerveranlagung. Auf Gewinnausschüttungen einbehaltene Kapitalertragsteuer hat keine abgeltende Wirkung nach § 32 Abs. 1 Nr. 2 KStG. Die Srl hat keinen Anspruch auf Nicht-Erhebung der Kapitalertragsteuer nach § 43b EStG. Das Halten einer inländischen Tochtergesellschaft über eine inländische Betriebsstätte einer EU-Muttergesellschaft ist nach der Neuformulierung des § 43b EStG nicht (mehr) begünstigt[450]. Gewinnausschüttungen und Veräußerungsgewinne sind nach §§ 8b Abs. 6 KStG iVm 7 Satz 4 GewStG im Ergebnis zu 95% von der Körperschaft- bzw. Gewerbesteuer befreit. Bis zum Zeitpunkt des Beteiligungserwerbs entstandene nicht genutzte Verluste der T-GmbH sind aufgrund des Beteiligungserwerbs durch die Srl nicht mehr abziehbar (§ 8c Satz 2 KStG idF. nach dem Unternehmen-

---

[441] BFH, Urteil v. 19.5.1993 I R 80/92, BStBl. II 1993, 655.
[442] BMF 24.12.1999, BStBl. I 1999, 1076, Tz. 1.1.1.1.
[443] Mössner/*Mössner* Rn. 2.109.
[444] BMF v. 24.12.1999, BStBl. I 1999, 1076, Tz. 2.9.1.
[445] BR-Drs. 542/06, 43.
[446] BMF 24.12.1999, BStBl. I 1999, 1076, Tz. 1.1.5.1.
[447] R 10a.3 Abs. 3 Satz 9 Nr. 3 GewStR.
[448] BMF 24.12.1999, BStBl. I 1999, 1076, Tz. 1.2.3.
[449] Zur Kritik der Rspr. und Lit. an dieser Auffassung vgl. Mössner/*Mick/Dyckmans* Rn. 8.80 ff.
[450] *Jesse* IStR 2005, 155 mwN zur anderweitigen Interpretation von § 43b EStG aF.

steuerreformgesetz 2008). Das gilt auch für gewerbesteuerliche Verlustvorträge (§ 10a Satz 8 GewStG idF. des Unternehmensteuerreformgesetzes)[451].

Ausländische Betriebsstätten und Tochterpersonengesellschaften. Laufende Unternehmensgewinne und Veräußerungsgewinne aus den Betriebsstätten bzw. Tochterpersonengesellschaften in den USA und Großbritannien gehören nicht zu den beschränkt körperschaftsteuerpflichtigen Einkünften der Srl aus ihren inländischen Betriebsstätten. Das gilt selbst dann, wenn zwischen den ausländischen Betriebsstätten und Tochterpersonengesellschaften und der inländischen Betriebsstätte oder der T-KG so enge wirtschaftliche Beziehungen bestehen, dass diese ihnen dienen[452]. 237

Ausländische Tochterkapitalgesellschaften. Gewinnausschüttungen und Veräußerungsgewinne von der T-Ltd. bzw. T-Inc. gehören nur zu den beschränkt körperschaftsteuerpflichtigen Einkünften der Srl aus ihren inländischen Betriebsstätten, wenn die Beteiligungen diesen zuzuordnen sind[453]. Aus Sicht der deutschen Finanzverwaltung sind sie Sonderbetriebsvermögen der Srl bei den jeweiligen ausländischen Tochterpersonengesellschaften und deswegen nicht den inländischen Betriebsstätten der Srl zuzuordnen. Wenn die Beteiligungen kein Sonderbetriebsvermögen sind, sind sie aus Sicht der deutschen Finanzverwaltung idR dem Stammhaus, also der Srl, zuzuordnen, es sei denn, sie dienten einer in den inländischen Betriebsstätten der Srl ausgeübten Tätigkeit[454]. Bei Zuordnung zu den inländischen Betriebsstätten sind Gewinnausschüttungen gem. § 8b KStG im Ergebnis zu 95% steuerfrei. Für die Gewerbesteuer gilt das wegen § 8 Nr. 5 GewStG allerdings nur unter den weiteren Voraussetzungen des §§ 9 Nr. 7 bzw. 8 GewStG[455]. Die Erstattung von im Ausland auf die Ausschüttungen einbehaltener Quellensteuer kann nicht unter dem jeweiligen DBA zwischen Deutschland und dem Ansässigkeitsstaat der Tochterkapitalgesellschaft (Drittstaat) verlangt werden. Die Betriebsstätte selbst ist abkommensrechtlich keine "Person" und deswegen auch nicht abkommensberechtigt[456]. Deswegen kann sich nur die Srl auf ein zwischen Italien und dem Drittstaat abgeschlossenes DBA berufen[457]. Im Falle einer EU-Tochtergesellschaft kann die Srl Quellensteuerbefreiung unter der Mutter/Tochter-Richtlinie verlangen. Nach Art. 1 Abs. 1, 3. Alt. der Mutter/Tochter-Richtlinie gilt die Quellensteuerbefreiung auch für Ausschüttungen von Tochtergesellschaften an eine in einem anderen Mitgliedsstaat belegene Betriebsstätte der Muttergesellschaft[458]. Auch Veräußerungsgewinne zählen zu den Einkünften aus der inländischen Betriebsstätte (Art. 13 Abs. 2 DBA Italien). Sie sind im Ergebnis ebenfalls zu 95% von der Körperschaft- und Gewerbsteuer befreit (§ 8b KStG). 238

---

[451] §§ 8c KStG und 10a Satz 8 GewStG idF nach dem Unternehmensteuerreformgesetz 2008 sind ab dem Veranlagungszeitraum bzw. Erhebungszeitraum 2008 und Anteilsübertragungen nach dem 31.12.2007 anwendbar, vgl. *Melchior* DStR 2007, 1235.

[452] BMF 24.12.1999, BStBl. I 1999, 1076, Tz. 1.1.5.5.; *Wassermeyer/Andresen/Ditz*, Rn. 1.5.

[453] Zur Zuordnung von Beteiligungen allgemein vgl. Löwenstein/Looks/*Maier*, Rn. 666 ff.

[454] BMF 24.12.1999, BStBl. I 1999, 1076, Tz. 2.4.

[455] Hinweis auf die Anhebung der Mindestbeteiligungsquote ab dem Erhebungszeitraum 2008 von 10 auf 15%, § 9 Nr. 7 und 8 GewStG idF des Unternehmensteuerreformgesetzes 2008.

[456] *Vogel/Prokisch* Art. 1 Rn. 8.

[457] Die im Drittstaat erhobene Quellensteuer kann in Deutschland nicht angerechnet werden, vgl. Löwenstein/Looks/*Heinsen*, Rn. 265.

[458] Art. 1 Abs. 1, 3. Alt. Mutter/Tochter-Richtlinie; *Jesse* IStR 2005, 154.

II. Übertragung von Vermögensgegenständen auf eine Inlandskapitalgesellschaft

1. Zivil-/gesellschaftsrechtliche Grundlagen

a) Übersicht und graphische Darstellung der Gestaltungsmöglichkeiten

239 **Übersicht und Beispiel.** Der grenzüberschreitende *Asset Deal* auf eine deutsche Gesellschaft (Hinein *Asset Deal*) soll anhand einer italienischen Srl und einer deutschen GmbH dargestellt werden. Die Srl und die GmbH sind die einzigen Tochtergesellschaften einer französischen Sarl. Die Srl hat in Deutschland ein Grundstück und eine Betriebsstätte, die sie auf dem Grundstück führt. Darüber hinaus hat sie die folgenden 100% Beteiligungen: eine Tochter-GmbH („T-GmbH") in Deutschland, eine Tochter-Ltd. („T-Ltd") in England, eine Tochter-Corporation („T-Inc.") in den USA. Darüber hinaus unterhält die Srl sowohl in England als auch in den USA eine Betriebsstätte. Schließlich ist sie an Tochter Limited Partnerships sowohl in England („T-LP1") als auch in den USA („T-LP2") beteiligt sowie an einer Tochter-KG („T-KG") in Deutschland. Schaubild 11 zeigt diese Beteiligungsstruktur.

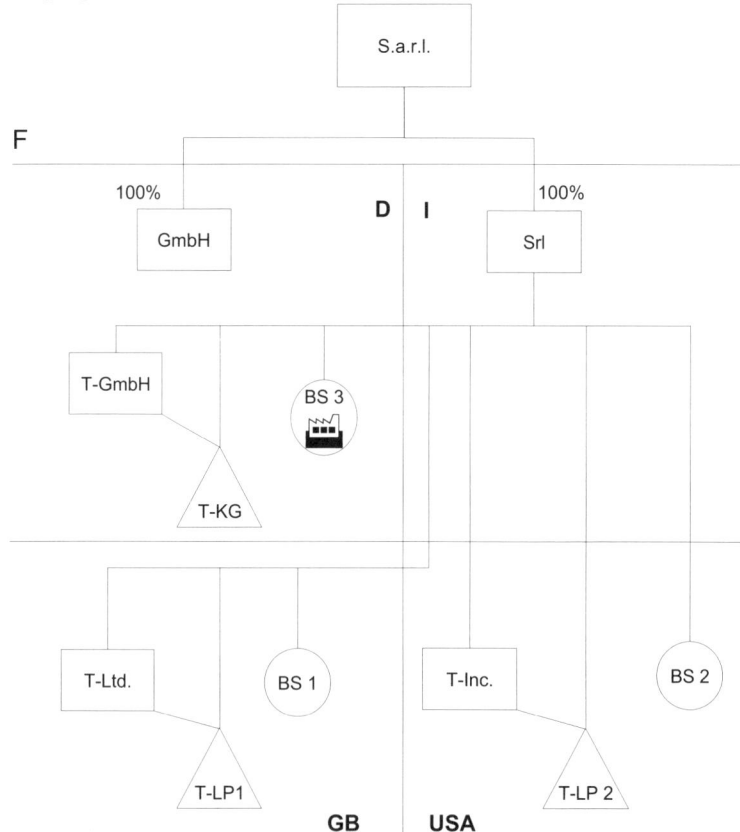

240

241 Die Srl überträgt ihre sämtlichen Vermögensgegenstände im Wege der Einzelrechtsnachfolge auf die GmbH. Dies erfolgt durch einen *Asset Deal*-Vertrag zwischen der Srl und GmbH der über die Übertragung des gesamten Vermögens. Nach Vollzug dieses Vertrags

hält die GmbH die Betriebsstätte, das Grundstück und die Beteiligungen, die vorher von der Srl gehalten wurden. Die Beteiligungsstruktur nach dem grenzüberschreitenden *Asset Deal* wird im Schaubild 12 gezeigt.

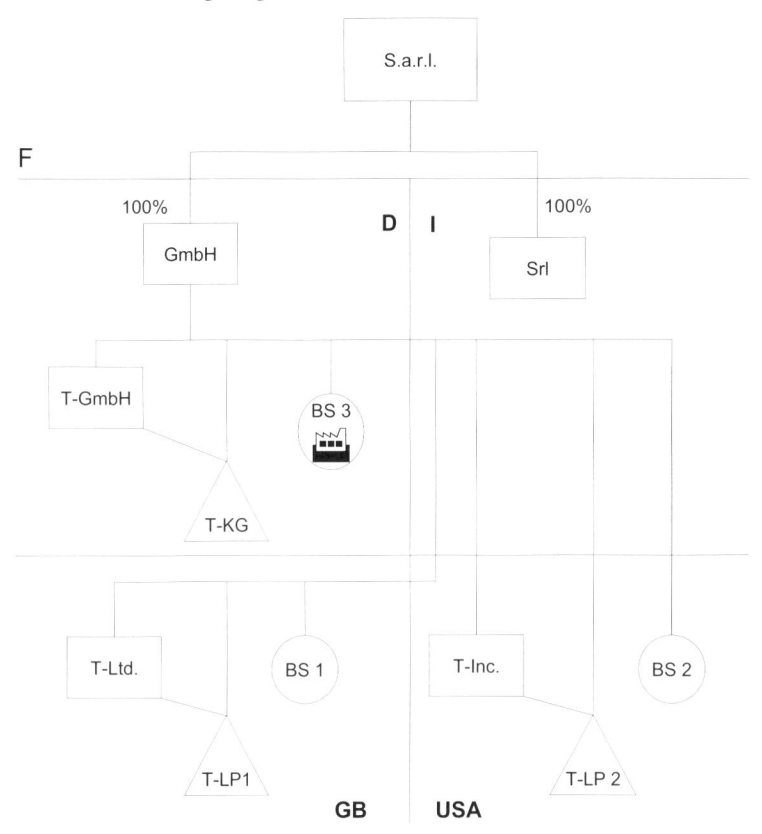

b) Voraussetzungen des Hinein Asset Deals

Abschluss eines Kauf- und Übertragungsvertrags. Die Umstrukturierung über die Grenze durch einen *Asset Deal* erfolgt durch einen Kauf- und Übertragungsvertrag hinsichtlich des gesamten Vermögens der veräußernden Gesellschaft. Dabei kann der Vertrag sowohl kauf- und das übertragungsrechtliche Elemente enthalten. Möglich ist aber auch, dass in einem Vertrag nur der Kauf der Vermögensgegenstände geregelt wird. In diesem Fall sind die einzelnen Wirtschaftsgüter durch getrennte Übertragungsverträge entsprechend der jeweils anwendbaren Formvorschriften auf den Erwerber zu übertragen. Die veräußernde Gesellschaft bleibt danach ohne wesentliches Vermögen als funktionslose Gesellschaft zurück. Sie kann im Anschluss als Mantelgesellschaft anderweitig verwendet oder liquidiert werden. 242

Anwendbares Recht und Rechtswahl. Bei einem grenzüberschreitenden Herein *Asset Deal* stellt sich die Frage, welches nationale Recht auf eine Umstrukturierung durch *Asset Deal* anzuwenden ist. Bewertet man diese Frage nach deutschem internationalen Privatrecht, unterliegen die Vertragsverhältnisse nach Art. 4 Abs. 2 Rom-I VO dem Recht desjenigen Staates, in dem die Partei, die vertragscharakteristische Leistung erbringt, ihren gewöhnlichen Aufenthalt hat. Art. 4 Abs. 1 lit a. Rom-I VO findet Anwendung, wenn 243 durch den *Asset Deal* überwiegend bewegliche Sachen verkauft werden[459], mit dem Ergebnis, dass das Recht desjenigen Staates, in dem der Verkäufer seinen gewöhnlichen Aufenthalt hat, Anwendung findet. Dies dürfte allerdings nicht der Fall sein, wenn auch Gesellschaftsanteile und Grundstücke übertragen werden sollen. Bei Gesellschaften und anderen juristischen Personen kommt es bezüglich deren gewöhnlichen Aufenthalt auf ihre jeweilige Hauptverwaltung an. Bei einem Hinein *Asset Deal* würde daher das Recht der ausländischen Gesellschaft mit Hauptverwaltung im Ausland Anwendung finden, da sie die Vermögensgegenstände überträgt. Denn sie erbringt die charakteristische Leistung. Um Zweifeln zu begegnen, sollten die Parteien in den Vertrag eine Rechtswahlklausel aufnehmen. Dann findet das jeweilige von den Parteien gewählte materielle Recht Anwendung. Im Folgenden soll davon ausgegangen werden, dass das Recht gilt, das auf die veräußernde ausländische Gesellschaft Anwendung findet.

244 **Sachenrecht**. Hinsichtlich der Übertragung der einzelnen Vermögensgegenstände ist eine Rechtswahl bezüglich der einzelnen Verfügungsgeschäfte nicht möglich[460]. Für Sachen folgt dies nach deutschem Recht aus Art. 43 Abs. 1 EGBGB, nach dem Rechte an einer Sache zwingend dem Recht des Staates unterliegen, in dem sich die Sache befindet (lex rei sitae). Die lex rei sitae ist jedoch ein allgemeines Rechtsprinzip, so dass ausländische Rechtsordnungen wohl wie das deutsche Recht verfahren würden. Daher ist bei der Übertragung eines in Deutschland belegenen Grundstücks deutsches Recht und eines im Ausland belegenen Grundstücks das jeweilige ausländische Recht anwendbar. Die Übertragung von Forderungen und anderen Rechten, zB Immaterialgüterrechten und Geschäftsanteilen, richtet sich dagegen nicht nach der lex rei sitae. Welches Recht auf die Übertragung dieser Vermögensgegenstände anzuwenden ist, bestimmt sich nach internationalem Privatrecht[461].

245 **Formerfordernisse**. Unterliegt der *Asset Deal* nicht deutschem Recht, bestimmen sich die Formerfordernisse nach jeweils anwendbaren Recht[462]. Hinsichtlich der dinglichen Übertragung der einzelnen Vermögensgegenstände sind die Formerfordernisse für deren Übertragung zu beachten. Hinsichtlich der Übertragung von Grundstücken gilt die lex rei sitae. Die Auflassung eines deutschen Grundstücks richtet sich daher nach deutschem Recht und bedarf gemäß § 925 Abs. 1 BGB der notariellen Beurkundung. Auch die Übertragung von GmbH-Geschäftsanteilen bedarf gemäß § 15 Abs. 3 GmbHG der notariellen Beurkundung. Bei der Übertragung von ausländischen Beteiligungen sind die Formerfordernisse der ausländischen Rechtsordnung zu beachten.

246 Inhalt des Vertrags. Der *Asset Deal*-Vertrag, der die Umstrukturierung herbeiführen soll, muss die Vermögensgegenstände, die übertragen werden sollen, aufzählen. Dies gilt auch dann, wenn der Vertrag nicht deutschem Recht unterliegt, da eine solche Aufzählung der Rechtssicherheit dient. Bei einer konzerninternen Umstrukturierung über die Grenze sollte auch geregelt werden, wann die Vermögensgegenstände mit rechtlicher und/oder wirtschaftlicher Wirkung übergehen. Dagegen werden Klauseln über Gewährleistung, Garantien, Störung der Geschäftsgrundlage und *Material Adverse Change*, Wettbewerbsvereinbarungen und weitere Pflichten aufgrund des fehlenden gegensätzlichen Verhältnisses der Parteien regelmäßig nicht notwendig sein.

247 **Zustimmungserfordernisse**. Der *Asset Deal*-Vertrag wird von den vertretungsberechtigten Personen der beteiligten Rechtsträger abgeschlossen. Eine Zustimmung der Gesellschafter ist grundsätzlich nicht notwendig. Dies ist ein wesentlicher Unterschied zu Struk-

---

[459] Vgl. MünchKommBGB/*Kindler* IntGesR, Rn. 257.
[460] *Palandt/Thorn*, Art. 43 EGBGB Rn. 2; *Picot*, in: *Picot*, Unternehmenskauf und Restrukturierung, 3. Aufl. 2004, S. 1288.
[461] Vgl. oben 4. Teil Rn. 196 f. für den Fall, dass deutsches Recht Anwendung findet.
[462] Zu den Formerfordernissen nach deutschem Recht siehe oben 4. Teil Rn. 197.

turmaßnahmen nach dem UmwG, zB der grenzüberschreitenden Verschmelzung oder Spaltung, bei denen eine Zustimmung der Gesellschafter einzuholen ist. Ob aber dennoch eine Zustimmung der Anteilsinhaber der ausländischen Gesellschaft notwendig ist, bestimmt sich nach dem auf diese Gesellschaft anwendbaren Recht. Eine Zustimmung der deutschen Gesellschaft, die die Vermögensgegenstände erwirbt, wird in der Regel nicht notwendig sein. Bei Personenhandelsgesellschaften, vor allem wenn sie Bestandteile eines Konzerns sind, ist der Erwerb eines Unternehmens oder eines Teils davon ein Geschäft, das der gewöhnliche Betrieb des Handelsgewerbes der Gesellschaft mit sich bringt[463]. Bei einer GmbH bestimmt sich die Zustimmungsbedürftigkeit des Erwerbs danach, ob sich dabei um ein ungewöhnliches Geschäft handelt, so dass der Geschäftsführer die Entscheidung der Gesellschafterversammlung einzuholen habe[464]. Erwirbt die AG das Unternehmen, kann eine Zustimmungspflicht der Hauptversammlung aus der „Holzmüller"/„Gelatine" Rechtsprechung folgen[465], falls dies eine Veränderung nach sich zieht, die einer Satzungsänderung nahe kommt[466]. Die Einzelheiten dazu sind aber weiterhin umstritten[467]. Allerdings ist eine bloße Umhängung einer Beteiligung von einer Tochtergesellschaft auf eine andere nicht zustimmungspflichtig[468]. Dies dürfte dann auch für die Umstrukturierung eines Unternehmens durch Übertragung im Wege der Einzelrechtsnachfolge gelten.

c) Rechtsfolgen des Hinein Asset Deals und weitere Folgen

Rechtsfolgen. Durch den *Asset Deal* und die dadurch zu bewirkenden Übertragungen hat die erwerbende Gesellschaft alle Vermögensgegenstände und damit das Unternehmen oder den Betrieb erworben und kann die Einheit nun fortführen. Die übertragende Gesellschaft ist jedoch – anders als bei einer Verschmelzung – nicht erloschen. Sie kann nunmehr anderweitig verwendet werden oder aufgelöst werden. Die Gesellschafter der übertragenden Gesellschaft haben dann das Auflösungsverfahren entsprechend dem ausländischen Recht zu betreiben.

248

Anmelde- und Anzeigepflichten. Im Zuge der Übertragung der einzelnen Vermögensgegenstände unterliegt der Erwerber Anzeigepflichten. So hat er die Änderung der Eigentumsverhältnisse an einem Grundstück dem Grundbuchamt mitzuteilen, da das Grundbuch gemäß § 894 BGB berichtigt werden muss. Hat er in anderen Staaten belegene Grundstücke erworben, so muss er die in diesen Staaten geltenden Anmelde-, Anzeige- oder Registrierungspflichten erfüllen. Ist der Erwerber durch die Übertragung Eigentümer von mehr als 3% der Stimm- und/oder Kapitalanteile an einer in Deutschland börsennotierten Gesellschaft geworden, so hat er dies gemäß § 21 Abs. 1 WpHG der börsennotierten Gesellschaft und der BaFin mitzuteilen. Ähnliches gilt für Beteiligungen an ausländischen Gesellschaften, falls dort Meldepflichten bestehen.

249

Beispiel. Auf den Beispielsfall angewendet bedeutet dies, dass die Srl mit der GmbH einen *Asset Deal*-Vertrag abschließt, in dem sie alle ihre Vermögensgegenstände auf die GmbH überträgt. Auf den *Asset Deal*-Vertrag findet mangels einer Rechtswahl italienisches Recht Anwendung. Die Gegenstände des inländischen Geschäftsbetriebs, darunter das Grundstück, sind dann aber einzeln auf die GmbH zu übertragen. Der Grundstücks-

250

---

[463] Vgl. MünchKommHGB/*Jickeli*, § 116, Rn. 28.
[464] Vgl. *BH/Zöllner/Noack*, GmbHG, § 37 Rn. 7–15.
[465] BGH, Urteil v. 25.2.1982 – II ZR 174/80, DB 1982, 795 ff. = BGHZ 83, 122 ff.; BGH, Urteil v. 26.4.2004 – II ZR 155/02, DB 2004, 1200 ff. = BGHZ 159, 30 ff.
[466] BGH, Urteil v. 26.4.2004 – II ZR 155/02, DB 2004, 1200; vgl. *Hüffer*, AktG, § 119 Rn. 16–18c.
[467] Vgl. zu Zustimmungspflicht der Hauptversammlung bei Beteiligungserwerb und „Verenkelung" *Arnold* ZIP 2005, 1573, 1576 f.
[468] BGH, Urteil v. 26.4.2004 – II ZR 155/02, DB 2004, 1204; vgl. *Arnold* ZIP 2005, 1753, 1756.

kaufvertrag sowie die Auflassung des Grundstücks bedürfen der notariellen Beurkundung. Hinsichtlich der ausländischen Beteiligungen sind die jeweiligen Gesellschaftsstatute zu beachten. Eine Rechtswahl hinsichtlich dieser Übertragungen ist nicht möglich. Anschließend hat die GmbH den Erwerb entsprechend den jeweiligen Rechtsordnungen den zuständigen Behörden zu melden. Die Srl besteht nach der Übertragung als funktionslose Gesellschaft fort. Sie kann entweder als Mantelgesellschaft für einen anderen Zweck verwendet oder aber liquidiert werden.

d) Bilanzielle Auswirkungen bei der übernehmenden Gesellschaft

251 **aa) HGB.** Die im Rahmen eines *Asset Deals* auf eine inländische Kapitalgesellschaft übertragenen Vermögensgegenstände sind bei dieser einzeln mit ihren jeweiligen Anschaffungskosten anzusetzen (§ 252 Abs. 1 Nr. 3 HGB). Daraus folgt, dass der Gesamtanschaffungspreis auf das erworbene Vermögen aufgeteilt werden muss. Enthält der Kaufvertrag bereits eine **Aufteilung des Kaufpreises** auf die Vermögensgegenstände, so sind die dort vereinbarten Werte grundsätzlich zu übernehmen. Eine Abweichung ist nur dann erforderlich, wenn es sich bei den Einzelpreisen um willkürlich festgelegte Beträge handelt.[469]

252 Wurde hingegen ausschließlich ein **Gesamtkaufpreis** vereinbart, muss dieser sachgerecht auf die erworbenen Vermögensgegenstände verteilt werden. Grundsätzlich sollen sämtliche Vermögensgegenstände mit ihren jeweiligen Zeitwerten angesetzt werden. Dabei sind auch vom Verkäufer selbst geschaffene immaterielle Vermögensgegenstände zu berücksichtigen, selbst wenn diese im Jahresabschluss der übertragenden Gesellschaft nicht aktiviert wurden. Das Wahlrecht des § 248 Abs. 2 gilt insoweit nicht, da die Vermögensgegenstände aus Sicht des übernehmenden Rechtsträgers nicht selbst geschaffen, sondern erworben wurden. Übersteigt der Gesamtanschaffungspreis die Summe der ermittelten Zeitwerte, ist der Unterschiedsbetrag gem. § 246 Abs. 1 Satz 4 HGB als Geschäfts- oder Firmenwert zu aktivieren und in den Folgejahren planmäßig abzuschreiben. Sind die Anschaffungskosten geringer als die Summe der beizulegenden Zeitwerte, ist der Differenzbetrag auf die einzelnen Vermögensgegenstände zu verteilen. Dabei kann eine Aufteilung nach dem Verhältnis der Zeitwerte vorgenommen werden.[470] Es sind aber auch individuelle Abschläge möglich, welche die Restnutzungsdauer und die Risiken der einzelnen Vermögensgegenstände explizit berücksichtigen.[471] Nicht zulässig ist eine Abstockung monetärer Vermögensgegenstände, wie zB liquider Mittel und werthaltiger Forderungen.[472]

253 Im Beispielsfall gehen auch die bislang von der Srl gehaltenen Unternehmensbeteiligungen (T-GmbH, T-Ltd., T-Inc.) auf die GmbH über, wodurch ein neuer (Teil-)Konzern entsteht. Folglich ist die GmbH als dessen Mutterunternehmen gem. § 290 Abs. 1 HGB grundsätzlich zur Aufstellung eines **(Teil-)Konzernabschlusses** verpflichtet. In diesen sind die erworbenen Tochterunternehmen einzubeziehen und erstmalig zu konsolidieren. Die bilanzielle Abbildung der Unternehmenserwerbe erfolgt nach der Neubewertungsmethode gem. § 301 HGB unter Berücksichtigung von DRS 4.[473] Gleichwohl kommt im vorliegenden Fall eine Befreiung von der Pflicht zur Aufstellung eines Konzernabschlusses nach § 291 HGB in Betracht, da die inländische GmbH zugleich Tochterunternehmen der in Frankreich (und damit in einem Mitgliedstaat der EU) ansässigen Sarl ist. Voraussetzung hierfür ist aber insbesondere, dass der Konzernabschluss bzw. Konzernlagebericht der Sarl

---

[469] BeBiKo/*Grottel/Gadek*, HGB § 255 Rn. 80; ADS HGB § 255 Rn. 105.
[470] Haufe/*Waschbusch*, HGB § 255 Rn. 41; MünchKomm/*Ballwieser*, HGB § 255 Rn. 48.
[471] ADS HGB § 255 Rn. 107.
[472] ADS HGB § 255 Rn. 107; Haufe/*Noodt*, HGB § 246 Rn. 94.
[473] Vgl. hierzu auch vorstehend 2. Teil: Rn. 648 f.

vollumfänglich mit dem maßgeblichen Landesrecht übereinstimmt und in deutscher Sprache offengelegt wird.

bb) IFRS. Wird im Rahmen eines *Asset Deals* ein Geschäftsbetrieb übertragen, finden grundsätzlich die Regelungen des IFRS 3 Anwendung. Handelt es sich bei den übernommenen Vermögenswerten und Schulden dagegen nicht um einen Geschäftsbetrieb, hat die GmbH gem. IFRS 3.2 b) die Anschaffungskosten nach Maßgabe der relativen *Fair Values* auf die identifizierbaren Vermögenswerte und Schulden zum Erwerbszeitpunkt zu verteilen.[474]   254

Im vorliegenden Beispiel handelt es sich allerdings um eine konzerninterne Umstrukturierung, welche aus dem Anwendungsbereich des IFRS 3 ausgenommen ist. Die GmbH hat deswegen zu prüfen, ob es sich um eine Transaktion mit Substanz handelt, um die Erwerbsmethode iSd IFRS 3 anwenden zu können. Ansonsten erfolgt die Bilanzierung unter Buchwertfortführung nach den Grundsätzen des *Predecessor Accounting*.

Im Rahmen des *Asset Deals* gehen auch die bislang von der Sarl gehaltenen Unternehmensbeteiligungen (T-GmbH, T-Ltd., T-Inc.) auf die GmbH über. Unterhalb der GmbH entsteht hierdurch ein neuer Konzern. Die GmbH ist folglich, wie oben beschrieben, verpflichtet, erstmalig einen Teilkonzernabschluss aufzustellen.

Im Konzernabschluss der Sarl haben sich keine Änderungen ergeben. Resultierende Ergebniseffekte aus dem *Asset Deal* sind gem. IAS 27.21 bzw. IFRS 10.B86 c) grundsätzlich im Rahmen der Zwischengewinneliminierung zu eliminieren.[475]

e) Arbeitsrechtliche Aspekte

Arbeitsrecht. Die grenzüberschreitende Umstrukturierung durch einen *Asset Deal* wirft die üblichen arbeitsrechtlichen Probleme auf. Aus diesem Grund ist hier nur ein grober Überblick über die arbeitsrechtlichen Problemfelder bei einem *Asset Deal* zu geben.   255

Anwendbares Recht auf Arbeitsverhältnisse. Mangels einer Rechtswahl in den Arbeitsverträgen unterliegen die Arbeitsverhältnisse gemäß Art. 8 Abs. 2 Rom-I VO dem Recht des Staates, in dem der Arbeitnehmer gewöhnlich seine Arbeit verrichtet oder in dem sich die Niederlassung befindet, die den Arbeitnehmer eingestellt hat, sofern dieser seine Arbeit gewöhnlich nicht in ein und demselben Staat verrichtet. Selbst wenn ein Recht vertraglich vereinbart wurde, so darf diese Rechtswahl nach Art. 8 Abs. 1 Rom-I VO nicht dazu führen, dass dem Arbeitnehmer der Schutz entzogen wird, der ihm aufgrund Art. 8 Abs. 2 Rom-I VO anzuwendenden zwingendem Recht gewährt würde. Damit finden auf Arbeitsverhältnisse der Arbeitnehmer, die gewöhnlich in Deutschland tätig werden, deutsches Recht, und auf Arbeitnehmer, die gewöhnlich in England tätig werden, englisches Recht Anwendung, sofern nicht jeweils ihr Arbeitsvertrag das anwendbare Recht gemäß Art. 3 Rom-I VO bestimmt. Unterliegt ein Arbeitsverhältnis zB englischem Recht und wird der Arbeitnehmer aber gewöhnlich in Deutschland tätig, so kann er sich auf die zwingenden Schutzbestimmungen des deutschen Rechts berufen. Dazu gehört unter anderem auch der Übergang des Vertragsverhältnisses infolge Betriebsübergang[476]. Diese Konstellation spielt aber bei Umstrukturierungen innerhalb EU-Mitgliedstaaten keine Rolle, da die Schutzbestimmung des § 613a BGB auf einer Richtlinie beruht und damit in allen EU-Mitgliedstaaten Geltung erlangt hat.   256

---

[474] Vgl. hierzu vorstehend 2. Teil: Rn. 662. Bilanzierung einer Sachgesamtheit.
[475] Vgl. hierzu vorstehend 1. Teil: Rn. 679.
[476] BAG Urteil v. 29.10.1992 – 2 AZR 267/92, IPrax 1994, 126 (3. LS.)/129; vgl. *Palandt/Thorn*, Art. 8 Rom-I VO, Rn. 9.

257 **Betriebsübergang.** Die Behandlung der bei der veräußernden Gesellschaft bestehenden Arbeitsverhältnisse richtet sich danach, ob bei dem *Asset Deal* ein Betriebsübergang vorliegt und sich die Arbeitnehmer aufgrund ihres Arbeitsverhältnisses auf die Schutzbestimmung des Betriebsübergangs berufen können. Ein rechtsgeschäftlicher Übergang liegt bei einem *Asset Deal* jedenfalls vor. Ob die zu übertragenden Vermögensgegenstände einen Betrieb oder Betriebsteil darstellen, ist im Einzelfall zu prüfen. Ein Betrieb liegt entsprechend der Betriebsübergangsrichtlinie[477] bei einer „ihre Identität bewahrenden wirtschaftlichen Einheit im Sinne einer organisierten Zusammenfassung von Ressourcen zur Verfolgung einer wirtschaftlichen Haupt- oder Nebentätigkeit" vor[478]. Arbeitnehmer können sich nach deutschem internationalen Privatrecht auf diese Schutzvorschrift berufen, wenn entweder für ihr Arbeitsverhältnis das Recht eines EU-Mitgliedstaats gewählt wurde oder sie ihre Arbeit gewöhnlich in einem EU-Mitgliedstaat verrichten.

258 **Arbeitsverhältnisse.** Liegt bei dem *Asset Deal* ein Betriebsübergang auf den Erwerber vor, gehen die Arbeitsverhältnisse der in dem Betrieb/Betriebsteil beschäftigten Arbeitnehmer kraft Gesetzes auf den Erwerber über. Der Erwerber tritt in die Arbeitsverhältnisse mit sämtlichen Rechten und Pflichten ein. In diesem Fall sind die betroffenen Arbeitnehmer von dem anstehenden Übergang zu unterrichten. Weitere Pflichten des Veräußerers oder Erwerbers und weitere Rechte der Arbeitnehmer bestimmen sich nach dem auf die Arbeitsverhältnisse anwendbaren Recht. Wird durch den *Asset Deal* kein Betrieb/Betriebsteil iSd § 613a BGB übertragen oder kann sich der Arbeitnehmer nicht auf die Schutzbestimmung berufen, gehen die Arbeitsverhältnisse mit der Gesellschaft nicht von Gesetzes wegen auf den Erwerber über. Die Vertragsparteien können jedoch im Asset Deal-Vertrag die Übernahme von Arbeitsverhältnissen vereinbaren. In diesem Fall haben die betroffenen Arbeitnehmer zuzustimmen. Wird eine Übernahme eines Arbeitsverhältnisses nicht vereinbart oder stimmt ein Arbeitnehmer der Übernahme nicht zu, bleibt das Arbeitsverhältnis mit dem Veräußerer bestehen.

259 **Mitbestimmung und Betriebsverfassung.** Beim *Asset Deal* dürften Fragen des deutschen Mitbestimmungs- und Betriebsverfassungsrechts nur eine untergeordnete Rolle spielen. Die veräußernde ausländische Gesellschaft unterliegt nicht der deutschen Mitbestimmung[479], ob die deutsche Gesellschaft als Erwerber der Mitbestimmung unterliegt, richtet sich nach deren Rechtsform und der Anzahl ihrer Arbeitnehmer. Denn nach diesen Kriterien richtet sich der Anwendungsbereich des MitbestG oder DrittelbG. Auch die Betriebsverfassung bleibt durch den *Asset Deal* unberührt. Führt der deutsche Erwerber die im Inland errichteten Betriebe weiter, bleiben die nach dem BetrVG gebildeten Betriebsräte unverändert bestehen. Wird ein Betrieb allerdings nach dem *Asset Deal* stillgelegt und nicht in seiner bisherigen Form an anderer Stelle fortgeführt, enden das Mandat des Betriebsrats und die betriebsverfassungsrechtlichen Regelungen. Wird allerdings durch den *Asset Deal* ein Betrieb mit einem anderen zusammengelegt, folgt aus § 21a Abs. 1, 2 BetrVG, dass der bisher bestehende Betriebsrat die Geschäfte für die ihm zugeordneten Betriebsteile unter bestimmten Voraussetzungen weiterführt. Dieses Übergangsmandat endet nach § 21a Abs. 1 S. 3 BetrVG spätestens in sechs Monaten nach Wirksamwerden der Zusammenlegung. Als Zusammenlegung gilt nach § 21a Abs. 3 BetrVG auch eine Umstrukturierung durch Betriebsveräußerung. Darüber hinaus werden bei einem Betriebsübergang die durch Betriebsvereinbarung statuierten Rechte und Pflichten Bestandteil des übergegangenen Arbeitsverhältnisses.

---

[477] Art. 1 Abs. 1 der RL 2001/23/EG v. 12.3.2001.
[478] Vgl. ErfKomm/*Preis*, § 613a BGB Rn. 6.; entsprechend der deutschen Rechtsprechung erfolgt die Prüfung anhand eines 7-Punkte Katalogs, siehe oben Rn. 163.
[479] Vgl. ErfKomm/*Oetker*, § 1 MitbestG Rn. 3.

Tarifbindung. Der ausländische Veräußerer wird wohl nicht Mitglied in einem deut- 260
schen Arbeitgeberverband sein. Die Normen eines deutschen Tarifvertrags finden daher
auf die Arbeitsverhältnisse der Arbeitnehmer mit dem Veräußerer keine direkte Anwendung. Etwas anderes gilt, wenn im Arbeitsvertrag auf den Tarifvertrag Bezug genommen wird. Dabei wird häufig zu prüfen sein, ob es sich bei dieser Inbezugnahme um eine statische oder dynamische Bezugnahme im Arbeitsvertrag handelt. Allerdings gelten für die Arbeitsverhältnisse, auf die gemäß Art. 8 Rom-I VO deutsches Recht Anwendung findet, die deutschen Schutzbestimmungen. Demnach können sich solche Arbeitnehmer auch auf Vorschriften, die in einem Tarifvertrag enthalten sind, berufen, sofern dieser für allgemein verbindlich erklärt wurde[480]. Ist die deutsche erwerbende Gesellschaft in dem Geltungsbereich eines Tarifvertrags einbezogen und der Arbeitnehmer tarifgebunden, findet der Tarifvertrag auf die übergegangenen Arbeitsverhältnisse Anwendung. Ist dies nicht der Fall und gehen die Arbeitsverhältnisse infolge eines Betriebsübergangs auf die deutsche Gesellschaft über, werden eventuelle ausländische Tarifvertragsregelungen in den Arbeitsvertrag einbezogen.

f) Kartellrecht und Sonstiges

Kartellrecht. Der Übertragung des gesamten Vermögens von der Gesellschaft auf die 261
deutsche Gesellschaft im Wege eines *Asset Deal* kann einen Zusammenschluss darstellen, der dem Bundeskartellamt anzumelden oder anzuzeigen ist. Dies ist von dem Überschreiten bestimmter Schwellenwerte abhängig. Allerdings ist zu beachten, dass reine konzerninterne Umstrukturierungen gemäß § 37 Abs. 2 GWB fusionskontrollfrei sind. Die Vorschriften der § 35 ff. GWB finden daher keine Anwendung.

Vergleich zu anderen Gestaltungsmöglichkeiten. Der Beispielsfall hat gezeigt, dass 262
eine grenzüberschreitende Umstrukturierung auch durch einen *Asset Deal* durchgeführt werden kann, mit dem sich die gleichen zivil- und gesellschaftsrechtlichen Ergebnisse wie mit einer grenzüberschreitenden *Side Stream* Verschmelzung erzielen lassen. Das Verfahren ist kostengünstig durchzuführen, da die Verfahrensvorschriften des UmwG nicht anwendbar sind. Auch sind die Formvorschriften beim Abschluss des *Asset Deal*-Vertrags geringer als bei einem Verschmelzungsplan nach § 122c UmwG. Allerdings bietet die Übertragung durch Einzelrechtsnachfolge eine geringere Transaktionssicherheit als eine grenzüberschreitende Verschmelzung mit Gesamtrechtsnachfolge.

2. Steuerrechtliche Behandlung

a) Übersicht

Inländische Tochterpersonengesellschaft und Betriebsstätte. Die Srl ist mit ihren 263
Einkünften aus der deutschen Betriebsstätte und Gewinnanteilen aus der T-KG in Deutschland beschränkt körperschaftsteuerpflichtig (§§ 49 Abs. 1 Nr. 2 lit. a EStG iVm § 2 Nr. 1 KStG). Das DBA Italien verpflichtet Deutschland nicht, auf seinen Besteuerungsanspruch zu verzichten (Artikel 7 Abs. 1, 13 Abs. 2 DBA Italien). Die deutschen Betriebsstätten sind aus italienischer Sicht sog. Anrechnungsbetriebsstätten. Betriebsstätteneinkünfte sind nicht von der Besteuerung in Italien ausgenommen. Die in Deutschland gezahlte Steuer wird in Italien angerechnet (Artikel 24 Abs. 2 lit. a DBA Italien).

Inländische Tochterkapitalgesellschaft. Aus Sicht der deutschen Finanzverwaltung 264
ist die Beteiligung an der T-GmbH Sonderbetriebsvermögen der Srl bei der T-KG. Gewinnausschüttungen und Veräußerungsgewinne gehören zu den beschränkt steuerpflichti-

---

[480] *Palandt/Thorn*, Art. 8 Rom-I VO, Rn. 5.

gen Betriebsstätteneinkünften der Srl. Auf Gewinnausschüttungen einbehaltene Kapitalertragsteuer hat keine abgeltende Wirkung gemäß § 32 Abs. 1 Nr. 2 KStG. Die Nichterhebung der Kapitalertragsteuer nach der EU Mutter/Tochter-Richtlinie ist gemäß § 43b Abs. 1 Satz 2 EStG nicht möglich. Deutschland wendet die Mutter/Tochter-Richtlinie nicht an, wenn die Beteiligung an der Tochtergesellschaft über eine inländische Betriebsstätte gehalten wird[481]. Aufgrund des Betriebsstättenvorbehalts finden der Dividendenartikel und der Veräußerungsgewinnartikel des DBA Italien keine Anwendung (Art. 10 Abs. 7, 13 Abs. 2 DBA Italien).

265 **Ausländische Tochterpersonengesellschaften und Betriebsstätten.** Laufende Unternehmensgewinne und Veräußerungsgewinne aus den Betriebsstätten bzw. Tochterpersonengesellschaften in den USA und Großbritannien gehören nicht zu den beschränkt körperschaftsteuerpflichtigen Einkünften der Srl aus ihren inländischen Betriebsstätten. Sie erfüllen die Voraussetzungen des § 49 Abs. 1 Nr. 2 lit. a EStG nicht, weil sie nicht durch eine inländische Betriebsstätte erzielt werden. Das gilt selbst dann, wenn zwischen den ausländischen Betriebsstätten und Tochterpersonengesellschaften und der inländischen Betriebsstätte oder der T-KG so enge wirtschaftliche Beziehungen bestehen, dass diese ihnen dienen[482].

266 **Ausländische Tochterkapitalgesellschaften.** Gewinnausschüttungen und Veräußerungsgewinne von der T-Ltd. bzw. T-Inc. gehören nur zu den beschränkt körperschaftsteuerpflichtigen Einkünften der Srl aus ihren inländischen Betriebsstätten, wenn die Beteiligungen diesen zuzuordnen sind[483]. Aus Sicht der deutschen Finanzverwaltung sind sie Sonderbetriebsvermögen der Srl bei den jeweiligen ausländischen Tochterpersonengesellschaften und deswegen nicht den inländischen Betriebsstätten der Srl zuzuordnen[484]. Wenn die Beteiligungen kein Sonderbetriebsvermögen sind, sind sie aus Sicht der deutschen Finanzverwaltung idR. dem Stammhaus, also der Srl, zuzuordnen, es sei denn, sie dienten einer in den inländischen Betriebsstätten der Srl ausgeübten Tätigkeit[485]. Bei Zuordnung zu den inländischen Betriebsstätten sind Gewinnausschüttungen gem. § 8b KStG im Ergebnis zu 95 % steuerfrei. Für die Gewerbesteuer gilt das wegen § 8 Nr. 5 GewStG allerdings nur unter den weiteren Voraussetzungen des §§ 9 Nr. 7 bzw. 8 GewStG[486]. Die Erstattung von im Ausland auf die Ausschüttungen einbehaltener Quellensteuer kann nicht unter dem jeweiligen DBA zwischen Deutschland und dem Ansässigkeitsstaat der Tochterkapitalgesellschaft (Drittstaat) verlangt werden. Die Betriebsstätte selbst ist abkommensrechtlich keine „Person" und deswegen auch nicht abkommensberechtigt[487]. Die Srl kann sich daher nur auf ein zwischen Italien und dem Drittstaat abgeschlossenes DBA berufen[488]. Im Falle einer EU-Tochtergesellschaft kann die Srl Quellensteuerbefreiung unter der Mutter/Tochter-Richtlinie verlangen. Nach Art. 1 Abs. 1, 3. Alt. der Mutter/Tochter-Richtlinie gilt die Quellensteuerbefreiung auch für Ausschüttungen von Tochtergesellschaften an eine in einem anderen Mitgliedstaat belegene Betriebsstätte der Muttergesellschaft[489]. Auch Veräußerungsgewinne zählen zu den beschränkt körper-

---

[481] *Jesse* IStR 2005, 155.
[482] *Mössner/Piltz*, F 20; BMF 24.12.1999, BStBl. I 1999, 1076, Tz. 1.1.5.5.; Wassermeyer/Andresen/Ditz, Rn. 1.5.
[483] Zur Zuordnung von Beteiligungen allgemein vgl. Löwenstein/Looks/*Maier*, Rn. 666 ff.
[484] BMF 24.12.1999, BStBl. I 1999, 1076, Tz. 1.2.3; BMF v. 16.4.2010, BStBl. I 2010, 354, Tz. 5.1.
[485] BMF 24.12.1999, BStBl. I 1999, 1076, Tz. 2.4.
[486] Hinweis auf die Anhebung der Mindestbeteiligungsquote ab dem Erhebungszeitraum 2008 von 10 auf 15 %, § 9 Nr. 7 und 8 GewStG idF des Unternehmensteuerreformgesetzes 2008.
[487] *Vogel/Prokisch*, Art. 1 Rn. 8.
[488] *Mössner/Mick/Dyckmans*, Rn. 8.99 ff. Die im Drittstaat erhobene Quellensteuer kann in Deutschland nicht angerechnet werden, vgl. Löwenstein/Looks/*Heinsen*, Rn. 265.
[489] Art. 1 Abs. 1, 3. Alt. Mutter/Tochter-Richtlinie; *Jesse* IStR 2005, 154.

schaftsteuerpflichtigen Einkünften aus der inländischen Betriebsstätte. Abkommensrechtlich im Verhältnis zur Srl gilt der Betriebsstättenvorbehalt des Veräußerungsgewinnartikels (Art. 13 Abs. 2 DBA Italien). Die Gewinne sind im Ergebnis ebenfalls zu 95% von der Körperschaft- und Gewerbsteuer befreit (§ 8b KStG).

b) Grundzüge der Besteuerung des Veräußerers

Inländische Tochterpersonengesellschaften und Betriebsstätte. Der Gewinn aus 267 der Veräußerung der Wirtschaftsgüter der inländischen Betriebsstätte und der Beteiligung an der T-KG gehört zu den beschränkt körperschaftsteuerpflichtigen Einkünften der Srl (§§ 49 Abs. 1 Nr. 2 lit. a EStG iVm § 2 Nr. 1 KStG). Er unterfällt dem Betriebsstättenvorbehalt des Veräußerungsgewinnartikels (Artikel 13 Abs. 2 DBA-Italien). Weil der Erwerber (die GmbH) ein der Srl gesellschaftsrechtlich verbundenes Unternehmen ist, muss der vereinbarte Kaufpreis dem Fremdvergleich standhalten. Die Regelungen über die verdeckte Gewinnausschüttung gemäß § 8 Abs. 3 Satz 2 KStG gelten auch im Rahmen der beschränkten deutschen Steuerpflicht der Srl[490].

Inländische Tochterkapitalgesellschaft. Der Gewinn aus der Veräußerung der Beteiligung an der T-GmbH durch die Srl an die GmbH gehört aus Sicht der deutschen Finanzverwaltung[491] zu den beschränkt steuerpflichtigen Einkünften der Srl aus der inländischen Betriebsstätte der T-KG. Die Beteiligung an der T-GmbH ist Sonderbetriebsvermögen der Srl bei der T-KG. Abkommensrechtlich gilt der Betriebsstättenvorbehalt des Veräußerungsgewinnartikels (Art. 13 Abs. 2 DBA Italien). Der Gewinn ist nach §§ 8b Abs. 2, 3, 6 Satz 1 KStG iVm 7 Satz 4 GewStG im Ergebnis zu 95% körperschaft- und gewerbesteuerfrei. Der Veräußerungsgewinn gehört nach §§ 17, 49 Abs. 1 lit. e aa EStG iVm § 2 Nr. 1 KStG auch zu den beschränkten körperschaftsteuerpflichtigen Einkünften der Srl, wenn die Beteiligung keiner deutschen Betriebsstätte zuzuordnen ist. Die Besteuerung in Deutschland ist in diesem Fall jedoch abkommensrechtlich nach dem Veräußerungsgewinnartikel ausgeschlossen (Art. 13 Abs. 4 DBA Italien).

Ausländische Tochterpersonengesellschaften und Betriebsstätten. Veräußerungsgewinne aus den Betriebsstätten bzw. Tochterpersonengesellschaften in den USA und Großbritannien gehören nicht zu den beschränkt körperschaftsteuerpflichtigen Einkünften der Srl aus ihren inländischen Betriebsstätten. Das gilt selbst dann, wenn zwischen den ausländischen Betriebsstätten und Tochterpersonengesellschaften und der inländischen Betriebsstätte oder der T-KG so enge wirtschaftliche Beziehungen bestehen, dass diese ihnen dienen[492].

Ausländische Tochterkapitalgesellschaften. Veräußerungsgewinne von der T-Ltd. 270 bzw. T-Inc. gehören nur zu den beschränkt körperschaftsteuerpflichtigen Einkünften der Srl aus ihren inländischen Betriebsstätten, wenn die Beteiligungen diesen zuzuordnen sind[493]. Aus Sicht der deutschen Finanzverwaltung sind sie Sonderbetriebsvermögen der Srl bei den jeweiligen ausländischen Tochterpersonengesellschaften und deswegen nicht den inländischen Betriebsstätten der Srl zuzuordnen. Wenn die Beteiligungen kein Sonderbetriebsvermögen sind, sind sie aus Sicht der deutschen Finanzverwaltung idR dem Stammhaus, also der Srl, zuzuordnen, es sei denn, sie dienten einer in den inländischen Betriebsstätten der Srl ausgeübten Tätigkeit[494]. Bei Zuordnung zu den inländischen Be-

---

[490] Wassermeyer/Andresen/Ditz/*Wassermeyer*, Rn. 2.21.
[491] BMF 24.12.1999, BStBl. I 1999, 1076, Tz. 1.1.5.5.; Zur Auseinandersetzung über grenzüberschreitende Sondervergütungen in Rspr. und Lit. *Prinz* DB 2011, 1415.
[492] BMF 24.12.1999, BStBl. I 1999, 1076, Tz. 1.1.5.5.; Wassermeyer/Andresen/Ditz, Rn. 1.5.
[493] Zur Zuordnung von Beteiligungen allgemein vgl. Löwenstein/Looks/*Maier*, Rn. 666 ff.
[494] BMF 24.12.1999, BStBl. I 1999, 1076, Tz. 2.4.

triebsstätten gehören Veräußerungsgewinne zu den beschränkt körperschaftsteuerpflichtigen Einkünften aus der inländischen Betriebsstätte. Abkommensrechtlich im Verhältnis zur Srl gilt der Betriebsstättenvorbehalt des Veräußerungsgewinnartikels (Art. 13 Abs. 2 DBA Italien). Die Gewinne sind im Ergebnis zu 95 % von der Körperschaft- und Gewerbsteuer befreit (§ 8b KStG).

271 **Grunderwerbsteuer.** Der Verkauf und die Übertragung von inländischen Grundstücken oder Beteiligungen an Gesellschaften, zu deren Vermögen inländische Grundstücke gehören, kann der Grunderwerbsteuer unterliegen (§ 1 Abs. 1, 2a und 3 GrEStG). Dabei kommt es nur auf die Belegenheit des Grundstücks an. Ob Verkäufer und Käufer bzw. die Gesellschaften, die veräußert werden, Steuerinländer oder -ausländer sind, ist unerheblich. Für den Verkauf der Betriebsgrundstücke aus der inländischen Betriebsstätte der Srl an die GmbH bemisst sich die Grunderwerbsteuer nach dem jeweils auf sie verhältnismäßig entfallenden Teil des Gesamtkaufpreises (§ 8 Abs. 1 iVm § 9 Abs. 1 Nr. 1 GrEStG)[495]. Die Veräußerung der Beteiligung an der T-GmbH unterliegt nach § 1 Abs. 3 GrEStG der Grunderwerbsteuer, wenn zum Vermögen der T-GmbH ein inländisches Grundstück gehört. Die Grunderwerbsteuer bemisst sich in diesen Fällen nach den Grundbesitzwerten iSd § 138 Abs. 2 bis 4 BewG (§ 8 Abs. 2 Satz 1 Nr. 3 GrEStG). Für die Veräußerung der Beteiligung an der T-KG von der GmbH an die Srl gilt im Ergebnis das gleiche. § 1 Abs. 2a GrEStG ist erfüllt, wenn zum Vermögen der T-KG ein inländisches Grundstück gehört[496]. Auf die Besteuerung des Grunderwerbs hat es keine Auswirkung, dass die Verkäuferin (Srl) und Erwerberin (GmbH) verbundene Unternehmen sind. Auch Grundstücks- und Anteilsverschiebungen im Konzern sind grundsätzlich grunderwerbsteuerbar[497].

272 **Umsatzsteuer.** Die Veräußerung der Beteiligungen an den in- und ausländischen Tochterkapital- und Tochterpersonengesellschaften von der Srl an die GmbH ist in Deutschland umsatzsteuerbar. Dies deshalb, weil sich der Ort der umsatzsteuerlichen Leistung im Inland befindet (§§ 3a Abs. 3, 4 Nr. 6 lit. a iVm 4 Nr. 8 lit. f). Der Umsatz ist nach § 4 Nr. 8 lit. f UStG steuerbefreit. Die Srl kann auf die Steuerbefreiung verzichten (§ 9 Abs. 1 UStG). In diesem Fall ist die GmbH Schuldnerin der Umsatzsteuer nach § 13b Abs. 2 Satz 1 iVm Abs. 1 Satz 1 UStG. Die Veräußerung von Einzelwirtschaftsgütern der Betriebsstätten von der Srl an die GmbH ist grundsätzlich in Deutschland umsatzsteuerbar, wenn sich die betreffenden Gegenstände im Zeitpunkt der Verschaffung der Verfügungsmacht im Inland befinden (§ 3 Abs. 7 UStG). Die Veräußerung ist jedoch nicht umsatzsteuerbar, wenn es sich um eine sog. Geschäftsveräußerung im Ganzen iSv § 1 Abs. 1a UStG handelt[498]. Soweit sich die veräußerten Wirtschaftsgüter im Zeitpunkt der Verschaffung der Verfügungsmacht im Ausland befinden (Wirtschaftsgüter der ausländischen Betriebsstätten), sind die Leistungen in Deutschland nicht umsatzsteuerbar.

c) Besteuerung des Erwerbers

273 **Inländische Tochterpersonengesellschaft und Betriebsstätte.** Die GmbH bilanziert die von der Srl erworbenen Wirtschaftsgüter der Betriebsstätte mit dem jeweils auf sie entfallenden Teil des Gesamtkaufpreises als Anschaffungskosten. Beim Erwerb der Beteiligung an der T-KG abgegoltene stille Reserven werden in einer Ergänzungsbilanz der

---

[495] Boruttau/*Sack*, § 9 Rn. 201, 109 ff.
[496] § 1 Abs. 2a GrEStG geht der Anwendung von § 1 Abs. 3 GrEStG vor, vgl. Oberste Finanzbehörden der Länder v. 25.2.2010, BStBl. I 2010, 245 Tz. 6.
[497] BFH, Urteil v. 30.3.1988 – II R 81/85, BStBl. II 1988, 682; Boruttau/*Fischer*, § 1 Rn. 958.
[498] Die nicht umsatzsteuerbare Geschäftsveräußerung im Ganzen löst keine Vorsteuerberichtigung beim Verkäufer aus, vgl. Sölch/Ringleb/*Klenk*, § 1, Rn. 482. Der Vorsteuerberichtigungszeitraum läuft beim Erwerber weiter (§ 15a Abs. 10 UStG).

GmbH bei der T-KG aktiviert und ggf. abgeschrieben. Hierzu gehört auch ein evtl. erworbener Geschäfts- und Firmenwert. Gewerbesteuerliche Verlustvorträge der Betriebstätte der T-KG können nach dem Erwerb durch die GmbH nicht mehr abgezogen werden. Es fehlt an der erforderlichen Unternehmeridentität[499].

Inländische Tochterkapitalgesellschaft. Die Beteiligung an der T-GmbH wird Sonderbetriebsvermögen der GmbH bei der T-KG. Dies deshalb, weil die GmbH gleichzeitig die T-KG erwirbt. Bis zum Zeitpunkt des Beteiligungserwerbs entstandene nicht genutzte Verluste der T-GmbH sind aufgrund des Beteiligungserwerbs durch die GmbH nicht mehr abziehbar (§ 8c Abs. 1 Satz 2 KStG idF. nach dem Unternehmensteuerreformgesetz 2008)[500]. Das gilt auch für gewerbesteuerliche Verlustvorträge (§ 10a Satz 8 GewStG idF. des Unternehmensteuerreformgesetzes)[501]. 274

Ausländische Tochterpersonengesellschaften und Betriebsstätten. Die unbeschränkte Steuerpflicht der GmbH erstreckt sich auf die Gewinnanteile aus den ausländischen Tochterpersonengesellschaften[502] und die Einkünfte aus den ausländischen Betriebsstätten (§ 1 Abs. 2 KStG; Welteinkommensprinzip). Deutschland kann aber aufgrund eines mit einem anderen Staat abgeschlossenen DBA verpflichtet sein, den aus seinem nationalen Steuerrecht resultierenden Steueranspruch zurückzunehmen (sog. Schrankenwirkung)[503]. Das DBA USA und das DBA Großbritannien sehen sog. Freistellungsbetriebsstätten vor. Danach stellt Deutschland Gewinne aus Betriebsstätten in den USA bzw. Großbritannien von der Steuer frei[504]. Gleichwohl umfasst die Buchführungspflicht der GmbH die ausländischen Betriebsstätten. Die Ergebnisse der Buchführung im Betriebsstättenstaat dürfen übernommen werden. Anpassungen an die deutschen steuerlichen Vorschriften sind vorzunehmen[505]. 275

Ausländische Tochterkapitalgesellschaften. Aus Sicht der deutschen Finanzverwaltung sind die Beteiligungen an der T-Ltd. und der T-Inc. Sonderbetriebsvermögen der GmbH bei den jeweiligen ausländischen Tochterpersonengesellschaften. Gewinnausschüttungen und Veräußerungsgewinne fallen unter die jeweiligen Betriebsstättenvorbehalte in den Dividendenartikeln[506] bzw. Veräußerungsgewinnartikeln[507]. Sie sind von der deutschen Besteuerung freizustellen[508]. Die Finanzverwaltung will Gewinnausschüttungen und Veräußerungsgewinne jedoch nicht von der deutschen Steuer befreien, wenn der andere Vertragsstaat sie abweichend qualifiziert und sie deswegen als Dividenden nach dem Dividendenartikel bzw. also sonstige Veräußerungsgewinne nach dem Veräußerungsgewinnartikel nur zu einem bestimmten Prozentsatz oder gar nicht besteuert[509]. In diesem Fall sind Gewinnausschüttungen und Veräußerungsgewinn in Deutschland im Ergebnis zu 95% von der Körperschaft- und Gewerbsteuer befreit (§ 8b KStG). 276

---

[499] R 10a.3 Abs. 3 Satz 9 Nr. 3 GewStR.
[500] Hinweis auf die Möglichkeit der weiteren Nutzung der Verlustvorträge nach § 8c Abs. 1 Satz 6 KStG.
[501] §§ 8c KStG und 10a Satz 8 GewStG idF nach dem Unternehmensteuerreformgesetz 2008 sind ab dem Veranlagungszeitraum bzw. Erhebungszeitraum 2008 und Anteilsübertragungen nach dem 31.12.2007 anwendbar, vgl. *Melchior* DStR 2007, 1235.
[502] Die Beteiligung an einer ausländischen Personengesellschaft mit Betriebsstätte führt dazu, dass dem Gesellschafter die Betriebsstätte anteilig zugerechnet wird, vgl. BMF 16.4.2010, BStBl. I 2010, 354, Tz. 2.1.1.
[503] Mössner/*Mössner*, Rn. 2.421.
[504] Art. 7 iVm 23 DBA Großbritannien; Art. 7 Abs. 1 iVm 23 Abs. 2 (3 idF nach dem Protokoll vom 1.6.2006) lit. a DBA USA.
[505] BMF 24.12.1999, BStBl. I 1999, 1076, Tz. 1.1.4.2.
[506] Art. 10 Abs. 4 DBA Großbritannien; Art. 10 Abs. 7 DBA USA.
[507] Art. 13 Abs. 3 DBA Großbritannien; Art. 13 Abs. 3 DBA USA.
[508] Bei den Betriebsstätten in Großbritannien und den USA handelt es sich um Freistellungsbetriebsstätten.
[509] BMF 24.12.1999, BStBl. I 1999, 1076, Tz. 1.2.3. Nunmehr auch § 50d Abs. 9 Satz 1 Nr. 1 EStG.

5. Teil. Grenzüberschreitende Umwandlungen in ausgewählten Ländern

	Seite
A. Schweiz	463
B. Niederlande	508
C. Großbritannien	556
D. Frankreich	567
E. Italien	588
F. Spanien	628
G. Österreich	647

A. Schweiz
Bearbeiter: Dr. Nico H. **Burki**

Gliederung

	Rn.
I. Fusion mit einer Schweizer Gesellschaft	1–165
1. Gesellschaftsrechtliche und zivilrechtliche Grundlagen	1–70
a) Anwendbare Regeln und mögliche beteiligte Rechtsträger	1–12
aa) Fusionsgesetz	4–6
bb) Bundesgesetz über das Internationale Privatrecht (IPRG)	7–12
b) Ablauf der Verschmelzung	13–70
aa) Fusion gemäß Fusionsgesetz	13–44
bb) Grenzüberschreitende Fusion	45–64
cc) Bilanzielle Auswirkungen	65–70
2. Steuerrechtliche Behandlung	71–165
a) Steuerrechtlicher Gewinnbegriff	71–76
b) Voraussetzungen eines Steueraufschubes	77–85
aa) Fiskalische Verknüpfung	78–82
bb) Objektive Verknüpfung	83
cc) Subjektive Verknüpfung	84, 85
c) Die gesetzliche Regelung der Fusion	86–118
aa) Fortbestand der Steuerpflicht in der Schweiz	89–92
bb) Übertragung zu den für die Gewinnsteuer maßgeblichen Werten	93
cc) Problematik der subjektiven und objektiven Verknüpfung der stillen Reserven bei der Fusion	94–98
dd) Verlustvorträge	99
ee) Steuerliche Behandlung von Fusionsagio bzw. -disagio	100
ff) Steuerliche Behandlung auf Stufe der Anteilsinhaber der übertragenden Gesellschaft	101–118
d) Aufgabe der territorialen Verknüpfung der stillen Reserven (Entstrickungstatbestand)	119, 120
e) Schweizerische Verrechnungssteuer	121–133
aa) Erhebung	121, 122
bb) Rückerstattung	123, 124
cc) Entlastung an der Quelle	125, 126
dd) Meldeverfahren	127, 128
ee) Die Direktbegünstigtentheorie	129
ff) Umstrukturierungen	130–132
gg) Entstrickungstatbestände	133

		Rn.
f) Emigrationsfusion		134–158
aa) Besteuerung der übertragenden Gesellschaft		134–144
bb) Besteuerung der Anteilsinhaber der übertragenden Gesellschaft		145–148
cc) Weitere Steueraspekte		149–158
g) Immigrationsfusion		159–165
aa) Gewinnsteuer		159
bb) Verrechnungssteuer		160,161
cc) Emissionsabgabe		162
dd) Besteuerung der Anteilsinhaber der übertragenden Gesellschaft		163–165
II. Spaltung		166–237
1. Gesellschaftsrechtliche und zivilrechtliche Grundlagen		166–203
a) Definition und Abgrenzung		166–176
aa) Aufspaltung und Abspaltung		167–169
bb) Ausgliederung		170,171
cc) Universalsukzession		172
dd) Mitgliedschaftsrechtliche Kontinuität		173–176
b) Ablauf der Spaltung		177–202
aa) Spaltung gemäß Fusionsgesetz		177–196
bb) Grenzüberschreitende Spaltung gemäß IPRG		197–202
c) Bilanzielle Auswirkungen		203
2. Steuerrechtliche Behandlung		204–237
a) Einführung		204,205
b) Die gesetzliche Regelung der Spaltung		206–224
aa) Fiskalische Verknüpfung der stillen Reserven		208,209
bb) Subjektive Verknüpfung der stillen Reserven		210,211
cc) Objektive Verknüpfung der stillen Reserven		212–217
dd) Verlustvorträge		218
ee) Sanierungsspaltung		219
ff) Steuerliche Behandlung auf Stufe der Anteilsinhaber der übertragenden Gesellschaft		220–224
c) Emigrationsspaltung		225–234
aa) Besteuerung der übertragenden Gesellschaft		225–229
bb) Besteuerung der Anteilsinhaber der übertragenden Gesellschaft		230–233
cc) Weitere Steueraspekte		234
d) Immigrationsspaltung		235–237

I. Fusion mit einer Schweizer Gesellschaft

1. Gesellschaftsrechtliche und zivilrechtliche Grundlagen

a) Anwendbare Regeln und mögliche beteiligte Rechtsträger

1   Da die Schweiz nicht Mitglied der EU ist, kommt die RL 2005/56/EG vom 26.10.2005 über die Verschmelzung von Kapitalgesellschaften aus verschiedenen Mitgliedstaaten für Fusionen zwischen in der Schweiz und in Deutschland, oder in einem anderen Mitgliedstaat der EU domizilierten Kapitalgesellschaften, nicht zur Anwendung. Vielmehr sind bei grenzüberschreitenden Restrukturierungen die maßgeblichen Bestimmungen des Bundesgesetzes über das Internationale Privatrecht (IPRG) und des Fusionsgesetzes (FusG) anwendbar.

2   Im Folgenden werden wir uns auf Restrukturierungen von Kapitalgesellschaften konzentrieren und die folgenden Arten von Fusionen behandeln: Fusion durch Kombination, Fusion durch Absorption und Absorption einer Tochtergesellschaft.

A. Schweiz

Im schweizerischen Gesellschaftsrecht sind drei Arten von Kapitalgesellschaften bzw. 3
kapitalbezogenen Gesellschaften vorgesehen: die Aktiengesellschaft (AG), die Gesellschaft
mit beschränkter Haftung (GmbH) und die äußerst selten verwendete Kommanditaktiengesellschaft.

aa) Fusionsgesetz. Am 1.7.2004 ist das Bundesgesetz über Fusion, Spaltung, Um- 4
wandlung und Vermögensübertragung, kurz genannt Fusionsgesetz (FusG), in Kraft getreten. Das Fusionsgesetz ist eine Ergänzung des im Schweizerischen Obligationenrecht
(OR) geregelten Gesellschaftsrechts.

Das Fusionsgesetz bezweckt, die Handlungsmöglichkeiten von Unternehmen bei Re- 5
organisationen zu erweitern. Auch Privatisierungen (Wechsel eines Instituts des öffentlichen Rechts in einen Rechtsträger des privaten Rechts) sollen dabei geregelt und erleichtert werden. Zudem sollen durch Schaffung von Rechtssicherheit und Transparenz
die Gläubiger, Arbeitnehmer und Personen mit Minderheitsbeteiligungen einen erhöhten
Schutz genießen.

Eine weitere maßgebliche Rechtsquelle für Restrukturierungen bildet die Handels- 6
registerverordnung (HRegV), die die formellen Voraussetzungen für Strukturierungen
präzisiert, die im Obligationenrecht und im Fusionsgesetz vorgesehen sind. In der Handelsregisterverordnung sind entsprechend die für die Registrierung von gesetzlich eintragungspflichtigen Tatsachen ins Handelsregister einzuhaltenden Formalitäten geregelt.
Zudem enthält die Handelsregisterverordnung spezifische Bestimmungen bezüglich
grenzüberschreitender Tatbestände, wie Fusionen (Art. 146 HRegV), Spaltungen, Vermögensübertragungen (Art. 147 HRegV) und Sitzverlegungen (Art. 126–127 HRegV).

bb) Bundesgesetz über das Internationale Privatrecht (IPRG)

(1) Normen bezüglich grenzüberschreitender Restrukturierungen. Gleichzei- 7
tig mit dem Inkrafttreten des Fusionsgesetzes am 1.7.2004 wurde das IPRG angepasst und
ergänzt. Neben punktuellen Änderungen der bereits bestehenden Bestimmungen bezüglich der grenzüberschreitenden Verlegung von Gesellschaften (Art. 161–163 IPRG) wurden neue Bestimmungen betreffend die grenzüberschreitende Fusion, Spaltung und Vermögensübertragung (Art. 163a–163d IPRG) in das IPRG aufgenommen. Zudem enthält
das IPRG gemeinsame Bestimmungen für diese Restrukturierungsformen hinsichtlich
Löschung im Handelsregister, Gerichtsstand, Betreibungsort und Gültigkeitsvoraussetzungen in der Schweiz (Art. 164, 164a und 164b IPRG).

Die vorerwähnten IPRG-Bestimmungen enthalten einerseits Kollisionsregeln, die be- 8
stimmen, welches Recht oder welche Rechte auf eine grenzüberschreitende Restrukturierung anwendbar sind, und anderseits sachrechtliche Normen zum Schutz der Gläubiger
und der Gesellschafter.

In kollisionsrechtlicher Hinsicht gilt das sog. Kumulationsprinzip.[1] Entsprechend ist eine 9
grenzüberschreitende Restrukturierung nur gültig, wenn diese sowohl nach dem inländischen Recht wie auch nach dem ausländischen Recht zulässig ist, bzw. durch das ausländische Recht geduldet wird. Durch die kumulative Anwendung der betroffenen Gesellschaftsstatute sollen hinkende Rechtsverhältnisse vermieden und der internationale
Entscheidungseinklang angestrebt werden.

Die IPRG-Sachnormen bezüglich Restrukturierungen bezwecken primär den Schutz 10
der Gesellschafter, Gläubiger und Arbeitnehmer bei den Emigrationstatbeständen vor
möglichen Rechtsverlusten und faktischen Nachteilen, da in diesen Fällen je nach an-

---

[1] *Girsberger/Rodriguez*, Rn. 10 vor Art. 161–164b IPRG, Basler Komm. FusG; *dies.*, Rn. 10 vor Art. 161–164b IPRG, Basler Komm. IPRG.

wendbarer Kollisionsnorm das Haftungssubstrat und die Klagemöglichkeiten der betroffenen Personen in der Schweiz teilweise oder vollständig wegfallen könnten. Durch die IPRG-Sachnormen soll somit für internationale Sachverhalte weiterhin ein ähnlich guter Schutz wie für rein binnenrechtliche Restrukturierungen gewährleistet werden.

11 **(2) Gesellschaftsstatut nach IPRG.** Gem. Art. 154 IPRG unterstehen Gesellschaften dem Recht des Staates, nach dessen Vorschriften sie organisiert sind, wenn sie die darin vorgeschriebenen Publizitäts- oder Registrierungsvorschriften dieses Rechts erfüllen oder, falls solche Vorschriften nicht bestehen, wenn sie sich nach dem Recht dieses Staates organisiert haben. Die Bestimmung des Personalstatuts der Gesellschaft richtet sich entsprechend nach der sog. Gründungs- oder Inkorporationstheorie.

12 Erfüllt eine Gesellschaft die oben genannten Voraussetzungen jedoch nicht, so untersteht sie dem Recht des Staates, in dem sie tatsächlich verwaltet wird (Art. 154 Abs. 2 IPRG). Subsidiär ist demnach gem. IPRG die Sitztheorie maßgeblich.

b) Ablauf der Verschmelzung

aa) Fusion gemäß Fusionsgesetz

13 **(1) Definition und Abgrenzung.** Das Fusionsgesetz enthält keine Legaldefinition der Fusion. Die Botschaft zum Fusionsgesetz definiert die Fusion als:

14 „Rechtliche Vereinigung von zwei oder mehreren Gesellschaften durch Vermögensübernahme ohne Liquidation, wobei in der Regel den Gesellschafterinnen und Gesellschaftern der übertragenden Gesellschaft Anteils- oder Mitgliedschaftsrechte am übernehmenden Rechtsträger eingeräumt werden. Die übertragende Gesellschaft wird aufgelöst und die Gesamtheit ihrer Aktiven und Passiven geht durch Universalsukzession auf die übernehmende Gesellschaft über".[2]

15 Gemäß *Böckli*[3] sind folgende vier Kernelemente der Fusion zu nennen:

– Gesamtrechtsnachfolge (Universalsukzession);
– Fortführungsgrundsatz;
– Mitgliedschaftsrechliche Kontinuität;
– Auflösung ohne Liquidation.

16 Die echte Fusion kann entweder als Absorptionsfusion oder als Kombinationsfusion ausgestaltet werden. Bei der Absorptionsfusion überlebt eine der bisherigen Gesellschaften als die übernehmende Gesellschaft, während bei der Kombinationsfusion alle bisherigen Gesellschaften ohne Liquidation unter- und deren Aktiven und Passiven auf eine neu gegründete (übernehmende) Gesellschaft übergehen.[4]

17 Die echte Fusion unterscheidet sich von der unechten Fusion und von der Quasifusion, die beide nicht im Fusionsgesetz geregelt sind. Bei der unechten Fusion wird die übertragende Gesellschaft durch Liquidation aufgelöst und deren Aktiven und Passiven werden als Sacheinlage in die übernehmende Gesellschaft eingebracht. Bei der Quasifusion erwirbt die übernehmende Gesellschaft die Anteile der zu akquirierenden Gesellschaft, welche weiter bestehen bleibt.

18 **(2) Der Fusionsvertrag.** Der Fusionsvertrag ist der Kernpunkt der Fusion und stellt deren materielle und formelle Voraussetzung dar. Er drückt die Willenseinigung der

---

[2] Botschaft zum Bundesgesetz über Fusion, Spaltung, Umwandlung und Vermögensübertragung vom 13.6.2000, Bundesblatt 2000, S. 4391, Ziff. 2.1.2.1.
[3] *Böckli*, Schweizer Aktienrecht, S. 345 Rn. 25.
[4] *Tschäni/Papa*, Rn. 3 zu Art. 3 in: Basler Komm. FusG.

„obersten Leitungs- oder Verwaltungsorgane" der beteiligten Gesellschaften aus und hat eine vertragliche und zugleich körperschaftsrechtliche Natur.[5] Bei der Aktiengesellschaft wird der Fusionsvertrag von den Verwaltungsräten der an der Fusion beteiligten Gesellschaften abgeschlossen.

19 Das Fusionsgesetz legt den Mindestinhalt des Fusionsvertrags fest. Die in Art. 13 FusG aufgeführten Punkte sind nicht abschließend und je nach Ausgestaltung der Fusion sind zusätzliche Punkte zu berücksichtigen.[6] Dabei sind insbesondere folgende Elemente hervorzuheben:

20 **Festlegung des Umtauschverhältnisses und allfälliger Ausgleichszahlungen:** Die Festlegung des Umtauschverhältnisses zwischen den Anteilen an der übertragenden Gesellschaft und den Anteilen an der übernehmenden Gesellschaft erfordert zuerst die heikle Aufgabe der Bewertung der beteiligten Gesellschaften. Dabei sind die Bewertungsgrundsätze für alle beteiligten Gesellschaften gleich anzuwenden und haben dem Fortführungsgrundsatz zu entsprechen.[7] Grundsätzlich sind dabei sowohl die sogenannte Praktikermethode als auch die *Discounted Free Cash Flow*-Methode zulässig, wobei in der Praxis die letztere an Bedeutung zunimmt.

21 Sobald die Bewertungen der beteiligten Gesellschaften vorliegen, kann das Umtauschverhältnis in Funktion von Anzahl und Nennwert der Anteile der beteiligten Gesellschaften ermittelt werden. Falls das Umtauschverhältnis keine runde Zahl ergibt, müssen Ausgleichszahlungen ausgerichtet werden. Ausgleichszahlungen dürfen jedoch nur als Spitzenausgleich dienen und 10% des wirklichen Wertes der gewährten Anteile nicht übersteigen.[8]

22 **Abfindungen:** Art. 8 FusG sieht die Möglichkeit vor, den Anteilsinhabern (nur) der übertragenden Gesellschaft(en)[9] im Fusionsvertrag ein Wahlrecht zwischen Anteilsrechten an der übernehmenden Gesellschaft und einer Barabfindung einzuräumen. Dabei ist es auch zulässig, nur eine Barabfindung vorzusehen. Bei einer solchen „Barfusion" können Minderheitsaktionäre „eliminiert" werden, sofern ein entsprechender Beschluss von mindestens 90% der stimmberechtigten Gesellschafter der übertragenden Gesellschaft gefasst wird (auch *Squeeze out Merger* genannt) (Art. 18 Abs. 5 FusG).

23 **Rechtswirksamkeit und Übernahmestichtag:** Die Fusion wird mit der Eintragung ins Handelsregister rechtswirksam.[10] Der Handelsregistereintrag ist dabei konstitutiv.

24 Im Verhältnis zwischen den Parteien ist es möglich, einen Übernahmestichtag festzulegen, welcher jedoch keine Bedeutung gegenüber Dritten entfaltet. Mit dem Übernahmestichtag wird der Zeitpunkt festgelegt, von dem an die Handlungen der übertragenden Gesellschaft als für Rechnung der übernehmenden Gesellschaft vorgenommen gelten (Art. 13 Abs. 1 lit. 9 FusG). Entsprechend ist der Übernahmestichtag vor allem für die Rechnungslegung wesentlich und entfaltet einen direkten Einfluss auf die Bilanz und die Erfolgsrechnung. Aus Sicht der Rechnungslegung bewirkt denn auch die Festlegung des Übernahmestichtages eine Rückwirkung, welche auch steuerlich maßgeblich ist. Gemäß Praxis der Steuerbehörden darf der Übernahmestichtag nicht mehr als 6 Monate vor dem Handelsregistereintrag liegen.[11]

---

[5] *Böckli*, Schweizer Aktienrecht, S. 352 Rn. 53.
[6] *Böckli*, Schweizer Aktienrecht, S. 356 Rn. 67–74.
[7] *Böckli*, Schweizer Aktienrecht, S. 361 Rn. 84.
[8] Art. 7 Abs. 2 FusG.
[9] *Tschäni/Papa*, Rn. 7 zu Art. 8 in: Basler Komm. FusG.
[10] Art. 22 FusG.
[11] *Wolf*, Rn. 10 zu Art. 13 in: Basler Komm. FusG.

25   **(3) Fusionsbilanzen.** Die Fusionsbilanzen bilden einen notwendigen Bestandteil der Fusionsdokumente. Fusionsbilanzen sind:

– die separaten Bilanzen der beteiligten Gesellschaften vor Fusion per Bilanzstichtag. Diese Bilanzen sind dem Fortführungsgrundsatz entsprechend zu erstellen.[12]
– die sog. Fusionsübernahmebilanz der übernehmenden Gesellschaft nach Fusion per Bilanzstichtag. Die Fusionsübernahmebilanz dient als Eröffnungsbilanz der übernehmenden Gesellschaft und besteht aus sämtlichen Aktiven und Fremdkapitalpositionen der beteiligten Gesellschaften. Die Eigenkapitalpositionen können nicht addiert werden, da deren Zusammensetzung davon abhängt, ob eine Kapitalerhöhung stattfindet.

26   Der Bilanzstichtag darf gem. Art. 11 FusG im Zeitpunkt des Abschlusses des Fusionsvertrages nicht mehr als sechs Monate zurückliegen. Andernfalls ist eine Zwischenbilanz zu erstellen.

27   Eine Zwischenbilanz muss ebenfalls erstellt werden, wenn wichtige Änderungen in der Vermögenslage der an der Fusion beteiligten Gesellschaften eingetreten sind. Das Gesetz präzisiert nicht, was unter wichtigen Änderungen zu verstehen ist, so dass die Entscheidung darüber dem pflichtgemäßen Ermessen des zuständigen Organes überlassen ist.[13] Dabei ist davon auszugehen, dass jede Änderung, die einen Einfluss auf das Austauschverhältnis hat, als wichtig zu qualifizieren ist. Dies gilt auch für wesentliche, d.h. in der Regel die Grenze von 10% überschreitende Einbussen im Eigenkapital zufolge von Verlusten, Sonderausschüttungen oder Kapitalherabsetzungen.[14]

28   Eine Gesellschaft, deren nominelles Kapital und gesetzliche Reserven zur Hälfte nicht mehr gedeckt sind oder die überschuldet ist, kann mit einer anderen Gesellschaft nur fusionieren, wenn diese über frei verwendbares Eigenkapital im Umfang der Unterdeckung und gegebenenfalls der Überschuldung verfügt (Art. 6 Abs. 1 Satz 1 FusG). Dies bedeutet, dass im Falle einer Fusion von zwei Gesellschaften nur eine der an der Fusion beteiligten Gesellschaften sanierungsbedürftig sein darf. Diese Regel ist nicht anwendbar, sofern Gläubiger der an der Fusion beteiligten Gesellschaften Rangrücktrittserklärungen in Höhe der Unterdeckung bzw. Überschuldung abgeben (Art. 6 Abs. 1 Satz 2 FusG).

29   **(4) Fusionsbericht.** Der Fusionsbericht beinhaltet die rechtlichen und wirtschaftlichen Beweggründe der Fusion und wird von den obersten Leitungs- oder Verwaltungsorganen der beteiligten Gesellschaften vorbereitet und verabschiedet.[15] Er dient der Willensbildung der Anteilsinhaber und insbesondere der Minderheitsaktionäre.[16] Im Fusionsbericht müssen die wesentlichen Aspekte der Fusion, wie beispielsweise der Fusionsvertrag, das Umtauschverhältnis, allfällige Ausgleichszahlungen oder Abfindungen und Auswirkungen auf die Arbeitnehmer erläutert werden.

30   Der Fusionsbericht gehört nicht zu den Dokumenten, die dem Handelsregister bei der Eintragung der Fusion eingereicht werden müssen.

31   **(5) Prüfung des Fusionsvertrages, des Fusionsberichtes und der Fusionsbilanzen.** Das Fusionsgesetz sieht vor, dass der Fusionsvertrag, der Fusionsbericht und die Fusionsbilanzen von einem besonders befähigten Revisor geprüft werden. Der Revisor muss einen schriftlichen Prüfungsbericht verfassen, der sich primär auf die vorgesehene Kapital-

---

[12] *Böckli*, Schweizer Aktienrecht, S. 358 Rn. 75.
[13] *Diem*, Rn. 12 zu Art. 11 FusG in: Basler Komm. FusG.
[14] *Böckli*, Schweizer Aktienrecht, S. 360 Rn. 81.
[15] Art. 14 FusG.
[16] Vgl. *Altenburger/Calderan/Lederer*, Umstrukturierungsrecht, S. 33.

erhöhung, das Umtauschverhältnis und die dafür verwendete Berechnungsmethode bezieht (Art. 15 FusG).

(6) Einsichtsrecht. Die Anteilsinhaber der an der Fusion beteiligten Gesellschaften haben vor der Beschlussfassung über die Fusion ein Einsichtsrecht in die wesentlichen Unterlagen, die die Fusion betreffen (Art. 16 FusG).

(7) Fusionsbeschluss. Der Fusionsbeschluss wird von den Generalversammlungen der Anteilsinhaber der an der Fusion beteiligten Gesellschaften gefasst. Das Gesetz sieht für die Genehmigung des Fusionsbeschlusses qualifizierte Mehrheiten vor. Bei Aktiengesellschaften und Kommanditaktiengesellschaften müssen mindestens zwei Drittel der an der Generalversammlung vertretenen Aktienstimmen und die absolute Mehrheit des von ihnen vertretenen Aktiennennwertes dem Fusionsbeschluss zustimmen. Bei einer Gesellschaft mit beschränkter Haftung ist die Zustimmung zum Fusionsbeschluss von mindestens drei Vierteln aller Gesellschafter erforderlich, die zudem mindestens drei Viertel des Stammkapitals vertreten.[17]

(8) Eintragung in das Handelsregister und Rechtswirksamkeit der Fusion. Sobald der Fusionsbeschluss aller an der Fusion beteiligten Gesellschaften vorliegt, ist die Fusion von deren Verwaltungsräten den zuständigen Handelsregisterämtern anzumelden. Die Fusion wird mit der Eintragung in das Handelsregister rechtswirksam. Im Zeitpunkt der Eintragung gehen alle Aktiven und Passiven der übertragenden Gesellschaft von Gesetzes wegen auf die übernehmende Gesellschaft über und die übertragende Gesellschaft wird gelöscht.[18]

(9) Erleichtertes Verfahren. Der Gesetzgeber hat für Klein- und Mittelunternehmen (KMU)[19] gewisse Erleichterungen vorgesehen, die in der Praxis von Bedeutung sind. Sofern alle Anteilsinhaber zustimmen, kann bei KMUs auf die Erstellung eines Fusionsberichtes, auf die Prüfung des Fusionsvertrages durch einen besonders befähigten Revisor und auf das 30-tägige Einsichtsrecht verzichtet werden.[20]

Im Weiteren sieht das Fusionsgesetz in Art. 23 und 24 Erleichterungen für sogenannte Konzernfusionen vor. Im Falle von 100%-igen Beteiligungen müssen im Fusionsvertrag nur reduzierte Angaben gemacht werden und der Fusionsvertrag muss nicht durch einen besonders befähigten Revisor geprüft werden. Auch muss kein Fusionsbericht erstellt und kein Einsichtsrecht gewährt werden.

Ähnliche Erleichterungen werden gewährt, falls die übernehmende Kapitalgesellschaft mindestens 90% der Anteile der übertragenden Kapitalgesellschaft hält. Da in diesem Fall jedoch die Minderheitsgesellschafter der übertragenden Gesellschaft zu schützen sind, gehen die Erleichterungen weniger weit; so muss insbesondere der Fusionsvertrag durch einen besonders befähigten Revisor geprüft werden.[21]

---

[17] Art. 18 Abs. 1 lit. r und c FusG.
[18] Art. 22 Abs. 1 FusG.
[19] Wer als KMU qualifiziert, wird in Art. 2 lit. e FusG definiert (Gesellschaften, die weder börsenkotiert sind, noch Anleihensobligationen ausstehend haben, noch in den zwei letzten dem Fusionsbeschluss vorangegangenen Geschäftsjahren zwei der folgenden Größen nicht überschritten haben: Bilanzsumme von CHF 20 Mio.; Umsatzerlös von CHF 40 Mio.; 250 Vollzeitstellen im Jahresdurchschnitt).
[20] Art. 14 Abs. 2, 15 Abs. 2, 16 Abs. 2 FusG.
[21] Art. 15 Abs. 1, Art. 24 Abs. 2 i.V.m. Art. 23 Abs. 2 FusG.

38 **(10) Gläubigerschutz.** Grundsätzlich entgeht den Gläubigern der beteiligten Gesellschaften bei einer Fusion kein Haftungssubstrat außer bei der Sanierungsfusion. Entsprechend sieht das Gesetz keine Schutznormen für die Gläubiger vor der Eintragung der Fusion im Handelsregister vor.

39 Nachdem die Gläubiger jedoch einen Schuldnerwechsel mit allenfalls verschlechterter Bonität hinnehmen müssen, steht ihnen ein Sicherstellungsrecht für ihre Forderungen zu, sofern sie innert drei Monaten seit Eintragung der Fusion Sicherstellung verlangen (Art. 25 Abs. 1 FusG). Dieses Recht entfällt jedoch, wenn die übernehmende Gesellschaft nachweist, dass die Erfüllung der Forderungen durch die Fusion nicht gefährdet ist.

40 Art. 25 Abs. 2 FusG sieht weiter vor, dass die an der Fusion beteiligten Gesellschaften ihre Gläubiger im schweizerischen Handelsamtsblatt dreimal auf deren Rechte hinweisen müssen (sog. Schuldenruf). Auf eine Publikation kann verzichtet werden, sofern keine Forderungen bekannt oder zu erwarten sind, zu deren Befriedigung das freie Vermögen der beteiligten Gesellschaften nicht ausreicht.

41 Ein erhöhter Gläubigerschutz ist in Art. 6 FusG für den Fall der Sanierungsfusion vorgesehen. Mit dieser Gesetzesvorschrift wird sichergestellt, dass aus einer Fusion keine überschuldete Gesellschaft und keine Kapitalgesellschaft mit hälftigem Kapitalverlust hervorgehen darf, sofern nicht die notwendigen Rangrücktritte vorliegen.

42 **(11) Arbeitnehmerschutz.** Das Fusionsgesetz sieht in Art. 28 vor, dass die Arbeitnehmervertretung vor der Beschlussfassung über die Fusion über deren relevante Aspekte informiert und konsultiert werden muss. Die Nichteinhaltung dieser Bestimmung führt zwar nicht zur Nichtigkeit der Fusion. Die Vertretung der Arbeitnehmer kann jedoch in diesem Fall die Eintragung der Fusion im Handelsregister gerichtlich untersagen lassen. Der Mangel ist insofern heilbar, als die beteiligten Gesellschaften die Konsultation der Arbeitnehmer nachholen können und die Generalversammlung einen neuen Fusionsbeschluss fassen kann.

43 Die Konsultation stellt kein Mitspracherecht dar.[22] Sie beinhaltet das Recht der Arbeitnehmer zur Meinungsäußerung, an welche die Verwaltungsräte der beteiligten Gesellschaften nicht gebunden sind. Anlässlich der Generalversammlung, die den Fusionsbeschluss fasst, muss der Verwaltungsrat über die Ergebnisse der Konsultation der Arbeitnehmer berichten. Die Konsultation der Arbeitnehmer ist auch zwingend in den Fällen vorgeschrieben, in welchen die übernehmende Gesellschaft ihren Sitz im Ausland hat (Art. 28 Abs. 4 FusG).

44 Auf Grund des in Art. 27 Abs. 1 FusG enthaltenen Verweises auf Art. 333 OR gehen die Arbeitsverhältnisse mit allen Rechten und Pflichten auf die übernehmende Gesellschaft über, sofern der Arbeitnehmer den Übergang nicht ablehnt.[23] Die Arbeitnehmer haben das Recht, ihre Forderungen sicherstellen zu lassen.[24] Das Sicherstellungsrecht bezieht sich dabei auf die Arbeitnehmer der übertragenden und der übernehmenden Gesellschaft.

bb) Grenzüberschreitende Fusion

45 **(1) Einführung.** Die grenzüberschreitende Sitzverlegung, Fusion, Spaltung und Vermögensübertragung sind nicht im Fusionsgesetz, sondern im Bundesgesetz über das Internationale Privatrecht (IPRG) geregelt. Während die gesetzlichen Vorschriften bezüglich

---

[22] Vgl. *Altenburger/Calderan/Lederer*, Umstrukturierungsrecht, S. 85.
[23] *Altenburger/Calderan/Lederer*, Umstrukturierungsrecht, S. 81. Der Übergang der Arbeitsverhältnisse ergibt sich bereits aus dem Wesen der Universalsukzession, so dass der Verweis auf Art. 333 OR nur beschränkt eine eigene Tragweite aufweist.
[24] Art. 27 Abs. 2 FusG.

einer grenzüberschreitenden Sitzverlegung von der Schweiz ins Ausland und vom Ausland in die Schweiz bereits vor längerer Zeit eingeführt wurden, wurden die Bestimmungen bezüglich grenzüberschreitender Fusion erst mit Einführung der Art. 163a–c IPRG und gleichzeitig mit dem Fusionsgesetz in Kraft gesetzt. Zum gleichen Zeitpunkt erfolgte auch der Erlass von Art. 163d IPRG, in welchem die grenzüberschreitende Spaltung und Vermögensübertragung geregelt werden.

Die gesetzlichen Vorschriften bezüglich grenzüberschreitender Restrukturierungen lehnen sich weitgehend an die bereits früher bestehenden Vorschriften bezüglich der grenzüberschreitenden Sitzverlegung an. Sie tragen der kollisionsrechtlichen Komplexität Rechnung, die dadurch entsteht, dass mehrere Gesellschaftsstatute sowie allenfalls weitere Rechtsordnungen Anwendung finden. 46

Die Gültigkeitsvoraussetzungen für Emigrationstatbestände sind strenger als für Immigrationstatbestände, da bei Emigrationen von Gesellschaften die Rechtsstellung der Anteilsinhaber, Gläubiger und auch Arbeitnehmer der schweizerischen übertragenden Gesellschaft durch den Restrukturierungsvorgang direkt tangiert ist und diese somit besonderer Schutzmassnahmen bedürfen. 47

(2) Immigrationsfusion. Gemäß Art. 163a IPRG kann eine schweizerische Gesellschaft eine ausländische Gesellschaft im Rahmen einer Immigrationsabsorption übernehmen oder sich mit ihr zu einer neuen schweizerischen Gesellschaft zusammenschließen (Immigrationskombination), wenn das auf die ausländische Gesellschaft anwendbare Recht dies gestattet und dessen Voraussetzungen erfüllt sind.[25] Dabei erfasst der Wortlaut von Art. 163a IPRG auch den Zusammenschluss zweier ausländischer Gesellschaften zu einer neuen schweizerischen Gesellschaft.[26] 48

Art. 163a Abs. 2 IPRG sieht sodann vor, dass die Fusion im Übrigen dem schweizerischen Recht untersteht. Nachdem Art. 163a Abs. 1 IPRG als Voraussetzung nennt, dass die Fusion unter dem auf die ausländische Gesellschaft anwendbaren Recht zulässig sein muss, bedeutet dies, dass die Voraussetzungen für die Gültigkeit der Fusion gemäß ausländischem und schweizerischem Recht kumulativ erfüllt sein müssen. Das schweizerische Recht allein kommt für jene Fragen zur Anwendung, die vom ausländischen Recht nicht geregelt werden und somit nur die schweizerische übernehmende Gesellschaft betreffen. 49

Von Art. 163a IPRG wird die rechtliche Vereinigung von zwei oder mehr Gesellschaften durch Vermögensübernahme ohne Liquidation erfasst, wobei in der Regel den Gesellschaftern der übertragenden Gesellschaft Anteils- und Mitgliedschaftsrechte am übernehmenden Rechtsträger eingeräumt werden. Dabei wird die übertragende Gesellschaft aufgelöst und die Gesamtheit ihrer Aktiven und Passiven geht durch Universalsukzession 50

---

[25] Grenzüberschreitende Immigrationsfusionen mit deutschen Gesellschaften auf dem Wege der Universalsukzession stehen nur Gesellschaften mit Sitz in der EU oder dem Europäischen Wirtschaftsraum offen (vgl. § 122a des deutschen Umwandlungsgesetzes). Entsprechende Fusionen mit schweizerischen Gesellschaften sind daher nicht möglich. Zudem ist die entsprechende Rechtsprechung des EuGH zur Kapital- und Niederlassungsfreiheit auf die Schweiz als EU-Drittstaat grundsätzlich nicht anwendbar, vgl. hierzu ausführlich *Helbing*, Internationale Sitzverlegungen, S. 59 ff., der auch auf die entsprechende Entscheidung des BGH vom 27.10.2008 „Trabrennbahn" hinweist (DERS., S. 66 Rn. 125). Als Ausweg könnte der grenzüberschreitende Verkauf sämtlicher Aktiven und Passiven der deutschen Gesellschaft an die schweizerische Gesellschaft (sog. „Asset Deal") in Betracht gezogen werden. Zu beachten ist allerdings, dass der Referentenentwurf des Bundesministeriums für Justiz vom 7.1.2008 zur Ergänzung des Einführungsgesetzes zum Bürgerlichen Gesetzbuch (Gesetz zum Internationalen Privatrecht der Gesellschaften, Vereine und juristischen Personen) grenzüberschreitende Fusionen und Spaltungen mit Schweizer Gesellschaften zulässt; vgl. *Helbing*, Internationale Sitzverlegungen, S. 16 f. Ob dieser Referentenentwurf Gesetz werden wird, ist allerdings noch offen.
[26] *Girsberger/Rodriguez*, Rn. 1 zu Art. 163a IPRG in: Basler Komm. FusG.

auf die übernehmende Gesellschaft über. Nicht erfasst werden von dieser gesetzlichen Bestimmung die unechte Fusion und die Quasi-Fusion.

51 Für den Fusionsvertrag erfolgt eine separate Anknüpfung gestützt auf Art. 163c IPRG.[27]

52 **(3) Emigrationsfusion.** Die Emigrationsfusion ist in Art. 163b IPRG geregelt und kann grundsätzlich in der Form einer Emigrationsabsorption oder einer Emigrationskombination erfolgen. Voraussetzung ist, dass die schweizerische Gesellschaft nachweist, dass mit der Fusion die Aktiven und Passiven der schweizerischen Gesellschaft durch Universalsukzession auf die ausländische Gesellschaft übergehen und die Anteils- oder Mitgliedschaftsrechte in der ausländischen Gesellschaft angemessen gewahrt bleiben.[28]

53 Art. 163b Abs. 4 IPRG sieht bei der Emigrationsfusion grundsätzlich das ausländische Recht der übernehmenden Gesellschaft als Fusionsstatut vor. Dieses bestimmt entsprechend die Voraussetzungen, die Wirkungen und das Verfahren der Fusion. Art. 163b Abs. 2 IPRG enthält jedoch eine beschränkte Verweisung auf das schweizerische Recht, indem die schweizerische übertragende Gesellschaft sämtliche Vorschriften des schweizerischen Rechts erfüllen muss. Diese Vorschrift bezieht sich primär auf die Bestimmungen des Fusionsgesetzes.

54 Bei der Emigrationsfusion besteht ein besonderes Schutzbedürfnis der Anteilsinhaber und der Gläubiger der übertragenden Gesellschaft, da die schweizerische übertragende Gesellschaft durch den Fusionsvorgang untergeht. Die entsprechenden Schutzbestimmungen des schweizerischen Rechts beziehen sich ausschließlich auf die schweizerische übertragende Gesellschaft und schränken die Anwendung des ausländischen Rechts in Bezug auf die übernehmende Gesellschaft grundsätzlich nicht ein.[29] Falls das ausländische Gesellschaftsstatut Bestimmungen bezüglich der schweizerischen übertragenden Gesellschaft enthält, gilt der Grundsatz der kumulativen Anwendbarkeit (Art. 164b IPRG) der Gesetzesbestimmungen der beiden Rechtsordnungen.[30]

55 Um den Schutzbedürfnissen der Anteilsinhaber, Gläubiger und Arbeitnehmer der übertragenden schweizerischen Gesellschaft Rechnung zu tragen, müssen gegenüber der Immigrationsfusion folgende zusätzliche Voraussetzungen für die Gültigkeit der Emigrationsfusion erfüllt sein:

56 **Schutz der Anteilsinhaber:** Art. 163b Abs. 1 lit. b IPRG sieht vor, dass die Anteils- oder Mitgliedschaftsrechte der Anteilsinhaber der untergehenden schweizerischen Gesellschaft in der ausländischen Gesellschaft angemessen gewahrt bleiben. Gemäß der Lehre schließt dies die Möglichkeit der Ausrichtung einer Abfindung im Falle eines *Squeeze out* ein, sofern die dafür erforderlichen Voraussetzungen erfüllt sind.[31]

57 **Gläubigerschutz:** Art. 163b Abs. 3 IPRG sieht zum Schutze der Gläubiger bei der Emigrationsfusion vor, dass diese unter Hinweis auf die bevorstehende Fusion in der Schweiz öffentlich zur Anmeldung ihrer Ansprüche aufzufordern seien. Im Weiteren wird festgehalten, dass Art. 46 FusG sinngemäß Anwendung finde.[32] Im Gegensatz zur rein inländischen Fusion wird damit bei der Emigrationsfusion ein der Fusion vorgelagerter Gläubigerschutz vorgesehen.

---

[27] Siehe dazu nachstehend I.1.b)bb) Rn. 62 f.
[28] Die Ausführungen in Fn. 25 zu grenzüberschreitenden Immigrationsfusionen mit deutschen Gesellschaften gelten analog auch für Emigrationsfusionen.
[29] *Girsberger/Rodriguez*, Rn. 5 zu Art. 163b IPRG in: Basler Komm. FusG.
[30] Bei quantitativen Voraussetzungen (zB Beschlußquoren) gilt die strengere Bestimmung.
[31] *Girsberger/Rodriguez*, Rn. 33 zu Art. 163b IPRG in: Basler Komm. FusG. Gem. Art. 18 Abs. 5 FusG müssen mindestens 90% der stimmberechtigten Anteilsinhaber über den squeeze-out befinden.
[32] Siehe dazu i.E. nachstehend II.1.b)aa) Rn. 193 f.

Der Grund für diese Schutzbestimmung liegt darin, dass bei einer Emigrationsfusion das 58
Haftungssubstrat eines schweizerischen Rechtsträgers ins Ausland verlagert wird. Damit
wären bei einem nachträglichen Gläubigerschutz die materiellen und prozeduralen Interessen der Gläubiger der übertragenden Gesellschaft gefährdet.

Der Verweis auf Art. 46 FusG bewirkt im Wesentlichen, dass: 59

– die Frist, während der die Gläubiger nach der letzten Publikation des Schuldenrufs die Sicherstellung ihrer Forderungen verlangen können, zwei Monate beträgt;
– von der Publikation nicht abgesehen werden kann; und
– die Sicherstellung vor der Rechtswirksamkeit der Fusion zu erfolgen hat.

Die Sicherstellung bzw. Erfüllung der Forderungen kann dadurch vermieden werden, 60
dass die Schuldnergesellschaft den Nachweis erbringt, dass durch die Fusion die Erfüllung der Forderungen nicht gefährdet ist. Dieser Nachweis bei der Emigrationsfusion muss sich auch auf die Rechtsverfolgung der Forderungen nach der Fusion beziehen, welche rechtlich und tatsächlich möglich sein muss.[33]

Arbeitnehmerschutz: Der Arbeitnehmerschutz ist nicht ausdrücklich in Art. 163b 61
IPRG geregelt, ergibt sich jedoch aus dem beschränkten Verweis auf die Vorschriften des schweizerischen Rechtes in Art. 163b Abs. 2 IPRG. Dabei findet das in Art. 27 Abs. 2 FusG vorgesehene Sicherstellungsrecht der Arbeitnehmer nur auf die übertragende Gesellschaft Anwendung. Für das Konsultationsrecht der Arbeitnehmer bei grenzüberschreitenden Fusionen sei auf das Fusionsgesetz verwiesen.[34]

(4) **Fusionsvertrag.** Art. 163c Abs. 1 IPRG sieht für den Fusionsvertrag bei der Immi- 62
grations- und Emigrationsfusion einen eigenen Anknüpfungspunkt vor. Demgemäß hat der Fusionsvertrag den zwingenden gesellschaftsrechtlichen Vorschriften der auf die beteiligten Gesellschaften anwendbaren Rechte mit Einschluss der Formvorschriften zu entsprechen. Die Vorschrift bezieht sich unter anderem auf die Form und den Mindestinhalt des Fusionsvertrages, auf die Zuständigkeit für die Zustimmung zum Fusionsvertrag und auf die Publizitätsvorschriften. Das Erfordernis der kumulativen Erfüllung der zwingenden gesellschaftsrechtlichen Vorschriften führt dazu, dass stets die strengere Regelung Anwendung findet.

Da der Fusionsvertrag gesellschaftsrechtliche und schuldrechtliche Elemente aufweist, 63
sieht Art. 163c Abs. 2 IPRG die Möglichkeit einer Rechtswahl der Parteien vor. Diese Rechtswahl bezieht sich jedoch nur auf die schuldrechtlichen Aspekte des Fusionsvertrages, wie zB das Zustandekommen des Vertrages, Willensmängel usw.[35]

Bei fehlender Rechtswahl findet das Recht des Staates Anwendung, mit welchem der 64
Fusionsvertrag am engsten zusammenhängt. Dabei besteht eine gesetzliche Vermutung dafür, dass der engste Zusammenhang mit dem Staat besteht, dessen Rechtsordnung die übernehmende Gesellschaft untersteht.

cc) **Bilanzielle Auswirkungen.** Das Fusionsgesetz enthält keine Normen betreffend 65
die bilanzielle Behandlung von Umstrukturierungen.[36] Somit sind bei Umstrukturierungen die allgemeinen Normen der Rechnungslegung im Obligationenrecht maßgeblich.[37] Für Kapitalgesellschaften gelten teils abweichende Rechnungslegungsnormen, die im

---

[33] *Girsberger/Rodriguez*, Rn. 52 zu Art. 163b IPRG in: Basler Komm. FusG.
[34] Siehe dazu I.1.b)aa) (11) Rn. 42f.
[35] *Girsberger/Rodriguez*, Rn. 9 zu Art. 163c IPRG in: Basler Komm. FusG.
[36] Art. 11 FusG regelt nur, wann eine Zwischenbilanz erforderlich ist.
[37] Art. 957ff. OR

Recht der Aktiengesellschaft festgelegt sind.[38] Im Weiteren kommen für bestimmte Branchen (Banken, Versicherungen usw.) oder für besondere Typen von Gesellschaften (börsenkotierte oder konzessionierte Transportunternehmen) Spezialvorschriften zur Anwendung.[39] In diesem Zusammenhang sei beispielhaft auf das Schweizerische Börsengesetz hingewiesen, gemäß welchem international anerkannten Standards Rechnung zu tragen ist.[40] Auf Grund dieser Norm hat die SIX Swiss Exchange in ihrem Kotierungsreglement festgehalten, dass die Rechnungslegung dem Grundsatz der *True and Fair View* entsprechen müsse.[41] In der Regel wird das *True and Fair View*-Prinzip nur für die Konzernrechnung, jedoch nicht für den Einzelabschluss verwendet.[42] Für steuerliche Zwecke ist jedoch der Konzernabschluss irrelevant und einzig der Einzelabschluss maßgebend.

66 In Dezember 2011 verabschiedete das Schweizer Parlament ein neues Rechnungslegungsrecht, das ab dem Jahre 2015 anwendbar sein wird. Die neuen Vorschriften stellen nicht auf die Rechtsform, sondern auf die wirtschaftliche Bedeutung eines Unternehmens ab. Entsprechend sind die Bestimmungen nach Unternehmensgröße differenziert. Nach den neuen Rechnungslegungsregeln soll die Bildung von stillen Reserven weiterhin möglich sein. Zudem wird die Handelsbilanz weiterhin die Grundlage für die Gewinnbesteuerung bleiben (Maßgeblichkeitsprinzip).

67 Auf Grund des im schweizerischen Unternehmenssteuerrecht geltenden Grundsatzes der Maßgeblichkeit der Handelsbilanz für die Steuerbilanz sind bilanz- und steuerrechtliche Aspekte eng verknüpft. Dennoch müssen beide Ebenen analytisch auseinander gehalten werden. Da in steuerlicher Hinsicht die Steuerneutralität die zentrale Frage einer Umstrukturierung darstellt, stellt sich primär die Frage, ob bei einer Umstrukturierung ein bilanzrechtlicher Realisationstatbestand vorliegt.

68 Das bilanzrechtliche Realisationsprinzip fließt aus dem Vorsichtsprinzip und wird durch dieses bestimmt.[43] Demnach gilt eine unternehmerische Leistung oder der Mehrwert auf einem veräußerten Wirtschaftsgut erst im Moment der Umwandlung der Leistung in eine andere Wertform als realisiert und nicht bereits im Zeitpunkt der Entstehung des (unrealisierten) Mehrwertes.[44] In der kaufmännischen Praxis darf ein Ertrag verbucht werden, wenn das Unternehmen eine rechtlich und tatsächlich durchsetzbare Forderung auf die Gegenleistung erworben hat, auch wenn diese noch nicht fällig ist.[45]

69 Bei Umstrukturierungen, wie beispielsweise der Fusion oder der Spaltung, stellt sich die Frage, ob das Ausscheiden von Wirtschaftsgütern aus der übertragenden Gesellschaft zu einer Realisation der stillen Reserven führt. Dabei muss zwischen Entnahmetatbeständen und Austauschtatbeständen unterschieden werden.[46] Bei Entnahmetatbeständen stellt sich die Frage der Realisation nicht, da der Gesellschaft kein aktivierbares Entgelt zufließt. Die ausgeschiedenen Nettoaktiven müssen gegen das Eigenkapital ausgebucht werden. Bei Austauschtatbeständen stellt sich demgegenüber die Frage, ob die Gegenleistung zum Ver-

---

[38] Art. 960 Abs. 3 OR verweist auf die Aktiengesellschaft, die Kommanditaktiengesellschaft, die Gesellschaft mit beschränkter Haftung sowie auf die Versicherungs- und Kreditgenossenschaften. Diese besonderen Rechnungslegungsnormen sind in Art. 662 ff. OR festgehalten.
[39] Auf diese Spezialvorschriften wird hier nicht eingegangen.
[40] Art. 8 Abs. 3 BEHG.
[41] Damit kommen grundsätzlich IFRS oder US GAAP oder unter Umständen Swiss GAAP FER in Frage. Siehe dazu HWP, Band 1, S. 90 ff.
[42] HWP, Band 1, S. 93. Die im Aktienrecht festgelegten Rechnungslegungsvorschriften sehen für Konzerne (mehrere Gesellschaften unter einer einheitlichen Leitung), die eine gewisse Größe aufweisen, eine Pflicht zur Erstellung eines Konzernabschlusses vor (Art. 663 e ff. OR).
[43] Das Vorsichtsprinzip ist einer der Grundsätze ordnungsmäßiger Rechnungslegung.
[44] *Reich*, Unternehmensumstrukturierungen, S. 25.
[45] *Reich*, Unternehmensumstrukturierungen, S. 26. Man geht somit davon aus, dass das Unternehmen seine eigene Leistung bereits erbracht hat.
[46] *Reich*, Grundriss, S. 42.

kehrswert gebucht werden muss und damit eine Realisation erfolgt oder ob eine Verbuchung zum Buchwert der ausgeschiedenen Wirtschaftsgüter zulässig ist.[47]

Bei einer formalen Betrachtungsweise wäre eine Realisation anzunehmen.[48] Auf Grund des Maßgeblichkeitsprinzips müssten solche ausgewiesene Gewinne besteuert werden. Da eine Umstrukturierung jedoch nicht zu einer Versilberung des wirtschaftlichen Engagements führt und entsprechend keine liquiden Mitteln fließen, ist man in Theorie und Praxis von einem formalen zu einem funktionalen Gewinnbegriff übergangen, um wirtschaftlich nicht gerechtfertigte Substanzeingriffe zu vermeiden.[49] Aus handelsrechtlicher Sicht wird somit allgemein anerkannt, dass bei Umstrukturierungen keine Realisation stattfindet. 70

2. Steuerrechtliche Behandlung

a) Steuerrechtlicher Gewinnbegriff

Der steuerrechtliche Gewinnbegriff nach DBG und StHG ist komplex, weil die Gewinnausweistatbestände nicht ausschließlich durch das Steuerrecht definiert werden. Da das schweizerische Steuerrecht auf eigene Rechnungslegungsvorschriften verzichtet, stellt das Steuerrecht zunächst auf den Saldo der nach dem Handelsrecht erstellten Erfolgsrechnung ab.[50] In der handelsrechtlich erstellten Bilanz und Erfolgsrechnung gibt es zwei Arten von Gewinnausweistatbeständen: die Realisation und die buchmäßige Aufwertung. 71

Die handelsrechtlich erstellte Bilanz und Erfolgsrechnung stellt jedoch nur den Ausgangspunkt für die Ermittlung des steuerbaren Reingewinnes dar. Sie wird von den Steuerbehörden in zweierlei Hinsicht geprüft und allenfalls korrigiert. 72

Vorerst darf die handelsrechtlich erstellte Bilanz und Erfolgsrechnung keine zwingenden Rechnungslegungsvorschriften verletzen. Im Falle einer Verletzung dieser Vorschriften müssen die Steuerbehörden die Bilanz und Erfolgsrechnung korrigieren, gegebenenfalls auch zu Gunsten des Steuerpflichtigen.[51] 73

Neben den handelsrechtlich motivierten Korrekturvorschriften gibt es noch die steuerrechtlichen Korrekturvorschriften. Diese rühren daher, dass das Handelsrecht primär den Schutz der Aktionäre und der Gläubiger bezweckt, und das Steuerrecht die Besteuerung nach der wirtschaftlichen Leistungsfähigkeit sicherstellen muss. Nachdem diese Zwecke nicht vollständig kongruent sind, sieht das Steuerrecht Korrekturvorschriften vor, die zu Abweichungen zwischen dem handelsrechtlich ermittelten und dem steuerlichen Reingewinn führen. Solche Abweichungen erfolgen vor allem auf Grund von Bewertungsvorschriften, geschäftsmäßig nicht begründetem Aufwand oder verdeckten Gewinnausschüttungen. Die steuerrechtlichen Korrekturvorschriften führen nicht ausschließlich zu Aufrechnungen, sondern erfolgen manchmal auch zu Gunsten des Steuerpflichtigen.[52] Obwohl diese steuerlichen Korrekturnormen nur punktuell die handelsrechtlich erstellte Bilanz betreffen, führen sie dazu, dass grundsätzlich sämtliche vorgenommenen Verbu- 74

---

[47] Reich, Realisation, S. 93.
[48] Reich, Grundriss, S. 40.
[49] Ibid.
[50] Art. 58 Abs. 1 Bst. a DBG; Art. 24 Abs. 1 StHG.
[51] Streng genommen handelt es sich nicht um handelsrechtliche Korrekturen, sondern um handelsrechtlich motivierte Korrekturen, denn die Steuerbehörden haben keine Befugnis, die Handelsbilanz des Steuerpflichtigen korrigieren zu lassen. Die Korrektur erfolgt einzig für Steuerzwecke: die korrekte Ermittlung des steuerbaren Gewinnes.
[52] Z.B. Kapitaleinlagen sind steuerlich erfolgsneutral. Falls eine Kapitaleinlage als Gewinn verbucht worden ist, kann dieser Gewinn für Steuerzecke neutralisiert werden.

chungen (wie auch diejenigen, die steuerrechtswidrig nicht vorgenommen wurden) von den Steuerbehörden überprüft werden können.[53]

75 Eine weitere Kategorie von steuerlichen Gewinnausweistatbeständen entsteht aus steuersystematischen Gründen, wenn stille Reserven in einen steuerfreien Raum überführt werden.[54] Dieser Gewinnausweistatbestand erfolgt unabhängig von der Handelsbilanz.

76 Die im DBG und StHG vorgesehenen Umstrukturierungsnormen sehen einen Aufschub vor.[55] Ein Steueraufschub für Umstrukturierungen ist erforderlich, weil solche Tatbestände zwar keine handelsrechtliche Realisation darstellen, jedoch bei Entnahmetatbeständen unter eine steuerliche Korrekturnorm fallen. Bei Austauschtatbeständen hat die Lehre und Praxis seit jeher argumentiert, dass in gewissen Fällen gar keine steuerliche Realisation vorliege und somit die Anwendung einer steuerlichen Korrekturvorschrift gar nicht in Frage komme.[56] Umstrukturierungsnormen stellen im Ergebnis sicher, dass ein Steueraufschub unabhängig davon gewährt wird, ob eine steuerliche Realisation vorliegt oder nicht.[57] Aus systematischer Sicht stellen die Umstrukturierungsnormen eine Ausnahme zu den steuerlichen Korrekturvorschriften dar. Entsprechend vermag eine Umstrukturierungsnorm keine Besteuerung zu begründen, falls die entsprechenden Voraussetzungen nicht erfüllt sind. In diesem Fall kommt die Umstrukturierungsnorm nicht zur Anwendung, sondern die einschlägige steuerliche Korrekturvorschrift.

b) Voraussetzungen eines Steueraufschubes

77 Gestützt auf die Lehre haben sich in der Praxis grundsätzlich drei Voraussetzungen für die Steuerneutralität bei Umstrukturierungen herausgebildet.[58] Eine steuerneutrale Umstrukturierung ist entsprechend dann möglich, wenn die stillen Reserven in fiskalischer, betriebswirtschaftlicher und finanzieller Hinsicht verknüpft bleiben.

78 **aa) Fiskalische Verknüpfung.** Die stillen Reserven müssen nach der Umstrukturierung weiterhin der schweizerischen Besteuerung unterliegen. Mit dieser sog. fiskalischen Verknüpfung soll das schweizerische Steuersubstrat erhalten bleiben. Diese Voraussetzung muss bei allen Umstrukturierungsarten erfüllt sein. Die fiskalische Verknüpfung weist dabei eine quantitative, territoriale und steuersystematische Dimension auf.

79 In quantitativer Hinsicht muss der Umfang der stillen Reserven vor der Umstrukturierung erhalten bleiben. Dieses Postulat wird bei der Übertragung der Aktiven und Passiven zu Buchwerten bzw. Gewinnsteuerwerten erfüllt. Wird im Rahmen der Übertragung eine handelsrechtlich zulässige Aufwertung eines Aktivums bzw. Reduktion eines Passivums

---

[53] Der Verweis auf den Saldo der Erfolgsrechnung ist insofern irreführend, da nicht der Saldo, sondern die gesamte Buchhaltung steuerrechtlich relevant ist.

[54] Die klassischen Beispiele sind die Verlagerung von stillen Reserven ins Ausland oder die Änderung des Steuerstatus (zB Wechsel von der ordentlichen Besteuerung zur Besteuerung als Holdinggesellschaft für die Kantonssteuer). Bei den natürlichen Personen stellt beispielsweise die Privatentnahme (Überführung eines Vermögensgegenstandes vom Geschäftsvermögen ins Privatvermögen) einen steuersystematischen Gewinnausweistatbestand dar.

[55] Art. 61 DBG und Art. 24 Abs. 3 StHG.

[56] Zu den verschiedenen Theorien siehe Glauser, Apports, S. 141 ff.

[57] Die in der Lehre geführte Diskussion, ob Umstrukturierungsnormen konstitutiv oder lediglich deklaratorisch sind, ist wohl eine falsche Debatte, weil sie die Diskussion über der Status dieser Normen mit einem steuerlichen Realisationsbegriff führt, der zu einer Zeit entwickelt wurde, als es keine Umstrukturierungsnormen gab und genau den Zweck hatte, diesen Mangel zu überwinden. Mit der Einführung der Umstrukturierungsnormen im DBG und im StHG ist davon auszugehen, dass bei Umstrukturierungen jeweils eine steuerliche Realisation vorliegt, die eine steuerliche Korrektur nach sich ziehen würde, die Besteuerung jedoch auf Grund der Umstrukturierungsnorm aufgeschoben wird.

[58] Wegweisend für eine Dogmatik der Umstrukturierungen war Reich, siehe Realisation.

getätigt, wird nicht die Steuerneutralität der Umstrukturierung schlechthin in Frage gestellt. Es erfolgt lediglich eine Besteuerung im Umfang der dadurch aufgelösten stillen Reserven.[59]

Die fiskalische Verknüpfung spielt ebenfalls eine wesentliche Rolle bei grenzüberschreitenden Umstrukturierungen. In diesen Fällen genügt das Erfordernis der Buchwertfortführung nicht, da die Übertragung von Aktiven und Passiven auf einen ausländischen Rechtsträger grundsätzlich zu einem Verlust von schweizerischem Steuersubstrat führt (so genannte „Entstrickungstatbestände"). In diesem Fall erfolgt eine Abrechnung auf den stillen Reserven, da diese dem schweizerischen Fiskus endgültig verloren gehen, sofern die Aktiven und Passiven, auf denen die stillen Reserven ruhen, nicht im Rahmen einer Betriebstätte weiterhin der schweizerischen Besteuerung unterliegen.[60] Die territoriale Verknüpfung entspringt der gesetzlichen Norm, wonach eine Sitzverlegung oder Verlegung der tatsächlichen Verwaltung oder einer Betriebstätte ins Ausland steuerlich wie eine Liquidation behandelt wird.[61]

Ferner beinhaltet das Erfordernis der fiskalischen Verknüpfung der stillen Reserven, dass diese mit der Umstrukturierung nicht in einen steuerfreien Raum überführt werden, indem die Aktiven und Passiven auf eine steuerbefreite Institution oder auf eine für die Zwecke der Kantons- und Gemeindesteuern privilegiert besteuerte Gesellschaft (Holding-, Domizil- oder gemischte Gesellschaft) übertragen werden. In diesen Fällen ist die nachträgliche Besteuerung der übertragenen stillen Reserven nicht mehr gesichert, und es müsste somit grundsätzlich aus steuersystematischen Gründen auf den stillen Reserven abgerechnet werden. Da steuersystematische Abrechnungen auf den stillen Reserven äußerst einschneidend sein können, weil keine (echte) Realisation stattfindet, sehen die meisten kantonalen Gesetzgebungen bei Übertragungen von Beteiligungen oder Immaterialgüterrechten auf eine steuerlich privilegierte Gesellschaft Möglichkeiten eines Steueraufschubes vor.

Eine Übertragung von stillen Reserven in einen steuerfreien Raum erfolgt ebenfalls, wenn eine Gesellschaft ihre Aktiven und Passiven zu Buchwerten in eine Tochtergesellschaft (Ausgliederungstatbestand) einbringt und so künftig den Beteiligungsabzug auf einer allfälligen Veräußerung der Beteiligung an der Tochtergesellschaft geltend machen könnte, was praktisch zu einer Steuerbefreiung des erzielten Kapitalgewinnes führen würde. In diesen Fällen wird eine Buchwertübertragung unter gewissen Bedingungen zugelassen, und es erfolgt gemäß Praxis der Eidgenössischen Steuerverwaltung keine steuersystematische Abrechnung, sofern die Beteiligung an der Tochtergesellschaft nicht innerhalb von fünf Jahren veräußert wird.

bb) Objektive Verknüpfung. Nach der Umstrukturierung müssen die stillen Reserven weiterhin mit dem Betrieb verknüpft sein. Diese betriebswirtschaftliche Verknüpfung (auch objektive oder funktionale Verknüpfung genannt) geht davon aus, dass der Betrieb weitergeführt wird und mit der Umstrukturierung lediglich eine Reorganisation stattfindet.[62] Eine durch Umstrukturierung herbeigeführte wirtschaftliche Liquidation soll demgegenüber nicht von einem Steueraufschub profitieren können.

cc) Subjektive Verknüpfung. Die finanzielle Beteiligung der Anteilsinhaber am Betrieb muss erhalten bleiben. Diese subjektive Verknüpfung (auch finanzielle Verknüpfung

---

[59] In der Lehre wird von einer „buchmäßigen Realisation" gesprochen, obschon in diesem Fall keine echte Realisation stattfindet. Vgl. auch *Reich*: Unternehmensumstrukturierungen, S. 22.
[60] Dies ist auch konform mit Art. 13 OECD-Musterabkommen; dazu *Danon*, Restructurations, S. 263.
[61] Art. 24 Abs. 2 lit. b StHG und Art. 58 Abs. 1 lit. c DBG.
[62] Vgl. *Reich*, Grundriss, S. 40.

genannt) soll verhindern, dass die Umstrukturierung zu einer Desinvestition der Anteilsinhaber führt.

85 Obwohl in der Lehre davon ausgegangen wird, dass für den Steueraufschub bei einer Umstrukturierung eine kumulative Anwendung der objektiven und subjektiven Verknüpfung (neben der fiskalischen Verknüpfung) erforderlich ist, scheint sich die Praxis bei der Fusion und Spaltung entweder mit dem Vorhandensein der subjektiven oder der objektiven Verknüpfung zu begnügen.

c) Die gesetzliche Regelung der Fusion

86 Die Steuerneutralität von Umstrukturierungstatbeständen, wie der Fusion und der Spaltung, ist in Art. 61 DBG für die direkte Bundessteuer und in Art. 24 Abs. 3 StHG für die Kantons- und Gemeindesteuern geregelt. Die Eidgenössische Steuerverwaltung hat zudem anlässlich des Inkrafttretens des Fusionsgesetzes per 1.7.2004 ein Kreisschreiben erlassen (nachfolgend „KS 5/2004"), in dem die Verwaltungspraxis der Steuerbehörden bezüglich Umstrukturierungen festgelegt wurde. Darin wird festgehalten, dass dem Umstrukturierungsbegriff eine wirtschaftliche Betrachtungsweise zu Grunde liegt. Demgemäß wird bei der steuerlichen Beurteilung einer Umstrukturierung im Wesentlichen nicht auf die einzelnen zivilrechtlichen Schritte, sondern auf das Ergebnis abgestellt.[63] Dies ist vor allem für die gesetzlich nicht normierten Umstrukturierungstatbestände maßgeblich. Da das Gesetz von einer nicht abschließenden Aufzählung von Umstrukturierungstatbeständen ausgeht, ist die Steuerneutralität auch für gesetzlich nicht geregelte Umstrukturierungstatbestände möglich.

87 In den Steuergesetzen wird die fiskalische Verknüpfung mit dem Erfordernis des Fortbestehens der Steuerpflicht in der Schweiz und mit dem Erfordernis der Übertragung der Aktiven und Passiven zu den Gewinnsteuerwerten umschrieben. Die betriebswirtschaftliche Verknüpfung wird mit dem Erfordernis des Vorhandenseins eines Betriebs bzw. Teilbetriebs festgelegt. Das Erfordernis der subjektiven Verknüpfung beinhaltet die Frage, ob nach der Umstrukturierung die Anteilsinhaber der übertragenden Gesellschaft an der übernehmenden Gesellschaft beteiligt sind.

88 Im Folgenden wird nur die Fusion von Parallelgesellschaften behandelt.

89 **aa) Fortbestand der Steuerpflicht in der Schweiz.** Mit dem Fortbestand der Steuerpflicht in der Schweiz soll sichergestellt werden, dass die stillen Reserven in territorialer und steuersystematischer Hinsicht nach der Umstrukturierung als Steuersubstrat in der Schweiz erhalten bleiben. Dies bedeutet jedoch nicht, dass der Umfang der stillen Reserven im Zeitpunkt der Umstrukturierung festgelegt und entsprechend bei einer künftigen Realisation als Bemessungsgrundlage verwendet würde. Der Zweck der Norm besteht lediglich darin, sicherzustellen, dass durch den Umstrukturierungsvorgang als solcher kein Steuersubstrat untergeht. Somit bleiben Zunahme bzw. Abnahme der stillen Reserven weiterhin für die Besteuerung in einem allfälligen künftigen Realisationsfall relevant.

90 **(1) Territoriale Verknüpfung.** Das Erfordernis des Fortbestandes der Steuerpflicht in der Schweiz betrifft die territoriale Verknüpfung der stillen Reserven. Damit wird bezweckt, dass ein Steueraufschub wegen Umstrukturierung bei einem Emigrationstatbestand grundsätzlich nicht gewährt wird, weil dabei die stillen Reserven der schweizerischen Steuerhoheit endgültig entzogen werden. Diese Problematik wird im Abschnitt über die Emigrationsfusion und der Emigrationsspaltung eingehender behandelt.

---

[63] KS 5/2004, Pkt. 2.2.1.

(2) Steuersystematische Gewinnausweistatbestände. Ein Fortbestehen der Steuer- 91
pflicht liegt nur vor, wenn die stillen Reserven durch die Restrukturierung nicht in einen
steuerfreien oder steuerprivilegierten Bereich überführt werden. Eine Übertragung der
stillen Reserven auf eine steuerbefreite Institution führt entsprechend automatisch zu einer
Abrechnung über die stillen Reserven, da diese nach der Umstrukturierung nicht mehr
besteuert werden können.[64]

Die Problematik der Übertragung der stillen Reserven auf eine Gesellschaft, die als 92
Holding-, Domizil- oder gemischte Gesellschaft besteuert wird, stellt sich nur für die Kantons- und Gemeindesteuern. Im StHG wurde diese Problematik nicht geregelt und damit
dem kantonalen Gesetzgeber überlassen. Die Kantone gehen grundsätzlich von einer Abrechnung auf den stillen Reserven aus, sehen jedoch Steueraufschubmöglichkeiten für
bestimmte Aktiven vor, zB Beteiligungen oder Immaterialgüterrechte.[65] Für Aktiven, für
die kein Steueraufschub gewährt wurde, ist für die Kantons- und Gemeindesteuern eine
Steuerbilanz zu führen, in der die aufgewerteten Aktiven zum Verkehrswert aufgeführt
werden.[66]

bb) Übertragung zu den für die Gewinnsteuer maßgeblichen Werten. Das Er- 93
fordernis, wonach keine stillen Reserven durch die Umstrukturierung untergehen dürfen,
kann nur erfüllt werden, indem eine Übertragung zu Gewinnsteuerwerten erfolgt und
keine Aufwertung der Aktiven oder Reduktion der Passiven stattfindet. Da es sich um die
quantitative Dimension der fiskalischen Verknüpfung handelt, stellt eine Aufwertung eines
bestimmten Aktivums (oder die Reduktion eines Passivums) nicht die Steuerneutralität
der ganzen Umstrukturierung in Frage.[67] Es findet lediglich eine Abrechnung auf den
dadurch aufgedeckten stillen Reserven statt.

**cc) Problematik der subjektiven und objektiven Verknüpfung
der stillen Reserven bei der Fusion**

(1) Anteilstausch/ finanzielle Verknüpfung. Bei einer Fusion tauschen die Anteils- 94
inhaber der übertragenden Gesellschaft auf Grund eines rechnerisch ermittelten Tauschverhältnisses ihre Anteile gegen Anteile der übernehmenden Gesellschaft. Durch den Anteilstausch bleiben die Anteilsinhaber der übertragenden Gesellschaft weiterhin an den
überführten Aktiven und Passiven finanziell beteiligt. Demzufolge ist bei der Fusion die
subjektive Verknüpfung der stillen Reserven auf den überführten Aktiven und Passiven
gewahrt.

Es stellt sich jedoch die Frage, was geschieht, wenn alle Anteilsinhaber (Barfusion) oder 95
ein Teil der Anteilsinhaber (*Squeeze-out*) der übertragenden Gesellschaft nicht mit Anteilen
der übernehmenden Gesellschaft, sondern in bar entschädigt werden. In diesen Fällen gilt
die Praxis, dass auch bei einer Barentschädigung im Rahmen einer Barfusion und eines
Squeeze-out die Steuerneutralität der Fusion auf Stufe der übertragenden Gesellschaft nicht
in Frage gestellt wird.[68] Somit wird das Erfordernis der subjektiven Verknüpfung der stillen

---

[64] Eine Steuerbefreiung kann erfolgen, wenn eine juristische Person öffentlich-rechtliche oder gemeinnützige Zwecke verfolgt.
[65] Grundsätzlich bestehen zwei Systeme: entweder werden die stillen Reserven zu einem Sondersatz besteuert, falls sie innerhalb einer bestimmten Frist (10 Jahre) realisiert werden, oder es wird eine Nachsteuer auf den stillen Reserven erhoben, die im Zeitpunkt der Umstrukturierung bestanden.
[66] Für die Folgen der Aufwertung siehe nächsten Abschnitt.
[67] Dies lässt sich an der Formulierung der entsprechenden Norm ablesen, welche die Nichtbesteuerung der stillen Reserven vorsieht, „soweit" und nicht „wenn" die für die Gewinnsteuer maßgeblichen Werte übernommen werden.
[68] Vgl. KS 5/2004 Pkt. 4.1.2.2.1.

Reserven bei der Fusion nicht aufrechterhalten. Dies gilt wohl deshalb, weil die Barabfindung aus Mitteln der übernehmenden oder übertragenden Gesellschaft steuerbares Einkommen auf Stufe der Anteilsinhaber darstellt.[69]

96 **(2) Betrieb oder Teilbetrieb.** Mit dem Erfordernis der objektiven Verknüpfung der stillen Reserven für eine steuerneutrale Übertragung von Aktiven und Passiven auf einen neuen Rechtsträger stellt sich die Frage, ob die übertragenen Aktiven und Passiven einen Betrieb oder Teilbetrieb bilden müssen. Gemäß Praxis ist ein Betrieb ein organisatorisch-technischer Komplex von Vermögenswerten, welcher für die unternehmerische Leistungserstellung eine relativ unabhängige, organische Einheit darstellt.[70]

97 Bei der Fusion hat der Gesetzgeber darauf verzichtet, das Betriebserfordernis als Bedingung für die steuerneutrale Übertragung der stillen Reserven vorzusehen. Der Grund dafür dürfte darin liegen, dass sämtliche Aktiven und Passiven der übertragenden Gesellschaft auf die übernehmende Gesellschaft übertragen werden. Damit entsteht durch die Universalsukzession eine faktische Vermutung, dass ein Betrieb oder Teilbetrieb vorliegt.

98 Das Vorhandensein eines Betriebs bzw. eines Teilbetriebs ist demgegenüber maßgeblich bei der Beurteilung, ob eine Steuerumgehung vorliegt. Gemäß Praxis liegt eine Steuerumgehung vor, wenn die übertragende Gesellschaft wirtschaftlich liquidiert oder in liquide Form gebracht worden ist. Eine Steuerumgehung liegt im Weiteren vor, wenn ein übertragener Betrieb bzw. Teilbetrieb kurz nach der Fusion eingestellt wird. Bei einer Steuerumgehung wird die Geltendmachung von allfälligen Verlustvorträgen der übertragenden Gesellschaft durch die übernehmende Gesellschaft von den Steuerbehörden nicht akzeptiert.[71] Die Frage der steuerneutralen Übertragung der stillen Reserven stellt sich in solchen Fällen demgegenüber eher nicht, da eine wirtschaftlich liquidierte Gesellschaft in aller Regel keine stillen Reserven aufweist. Wird der übertragene Betrieb kurz nach der Fusion eingestellt, werden die allenfalls vorhandenen stillen Reserven in diesem Zeitpunkt besteuert, so dass eine Disqualifikation der steuerneutralen Übertragung sich aus praktischen Gründen nicht aufdrängt.

99 **dd) Verlustvorträge.** Steuerliche Verlustvorträge der übertragenden Gesellschaft können auf die übernehmende Gesellschaft übertragen werden, sofern kein Fall von Steuerumgehung vorliegt.[72]

100 **ee) Steuerliche Behandlung von Fusionsagio bzw. -disagio.** Falls der Buchwert der übertragenen Nettoaktiven höher als der Nominalwert der Kapitalerhöhung der übernehmenden Gesellschaft ist, entsteht ein Buchgewinn bzw. ein Fusionsagio. Steuerlich wird das Fusionsagio nicht als steuerbarer Gewinn, sondern als steuerneutrale Kapitaleinlage behandelt.[73] Im umgekehrten Fall eines Buchverlustes bzw. Fusionsdisagios wird der Buchverlust gegen Reserven verbucht und ist steuerlich nicht abzugsfähig.

ff) Steuerliche Behandlung auf Stufe der Anteilsinhaber der übertragenden Gesellschaft

101 **(1) Unterscheidung zwischen Geschäftsvermögen und Privatvermögen.** Die Unterscheidung zwischen Privatvermögen und Geschäftsvermögen ist von zentraler Be-

---

[69] Für die Steuerfolgen bei den Anteilsinhabern siehe iE nachfolgend I.2.c)ff) Rn. 101 ff.
[70] KS 5/2004 Pkt. 4.3.2.5.
[71] KS 5/2004 Pkt. 4.1.2.2.4.
[72] Siehe vorangehenden Abschnitt.
[73] KS 5/2004 Pkt. 4.1.3.2.2.

deutung im schweizerischen Steuerrecht. Bei Kapitalgesellschaften liegt definitionsgemäß ausschließlich Geschäftvermögen vor. Bei Selbständigerwerbenden und Personengesellschaften ist die Unterscheidung jedoch komplexer, da ein Betrieb kein selbständiges Steuersubjekt darstellt. In der Praxis wurden für die Abgrenzung von Geschäftsvermögen und Privatvermögen gewisse Kriterien entwickelt, auf die hier jedoch nicht näher eingegangen werden kann.

Wertänderungen im Privatvermögen werden von der Einkommenssteuer grundsätzlich nicht erfasst.[74] Entsprechend sind Kapitalgewinne grundsätzlich einkommenssteuerfrei und Kapitalverluste einkommenssteuerlich nicht abzugsfähig. Für die steuerliche Qualifikation von Beteiligungseinkünften ist die Unterscheidung zwischen Privat- und Geschäftsvermögen von besonderer Bedeutung. Während für Anteile, die im Geschäftsvermögen gehalten werden, die Unterscheidung zwischen Kapitalgewinn und Beteiligungsertrag nicht relevant ist, ist diese Unterscheidung für Anteile im Privatvermögen von großer Bedeutung, weil eine Abgrenzung zwischen steuerfreiem Kapitalgewinn und steuerbarem Beteiligungsertrag vorgenommen werden muss. **102**

(2) Die Abgrenzung zwischen steuerfreiem Kapitalgewinn und steuerbarem Beteiligungsertrag im Privatvermögen. Die Abgrenzungsproblematik zwischen steuerfreiem Kapitalgewinn und steuerbarem Beteiligungsertrag ist vor dem Hintergrund der vom Gesetzgeber gewollten Sicherstellung der wirtschaftlichen Doppelbelastung auf Stufe der Gesellschaft und des Anteilinhabers zu sehen.[75] Diese ist nur möglich, wenn Beteiligungsertrag ausschließlich in Funktion der ausschüttenden Gesellschaft definiert wird. Beteiligungsertrag wird somit objektbezogen definiert und bemessen.[76] Die Verhältnisse beim empfangenden Beteiligungsinhaber (beispielsweise Erwerbspreis der Beteiligungsrechte) bleiben unberücksichtigt. Als Folge der objektbezogenen Betrachtungsweise wird bei Beteiligungsverkäufen die latente Ausschüttungssteuerlast an den Neuerwerber weitergegeben.[77] **103**

Die Bemessung des steuerbaren Beteiligungsertrages erfolgt nach dem sog. Kapitaleinlageprinzip.[78] Gemäß dem Kapitaleinlageprinzip wird die Rückzahlung von Einlagen, Aufgeldern und Zuschüssen, die von Inhabern der Beteiligungsrechte geleistet worden sind, gleich behandelt wie die Rückzahlung von nominellen Kapitalanteilen.[79] Das Kapitalein- **104**

---

[74] Vgl. *Reich*, Realisation, S. 35. Wertzuwachsgewinne auf Grundstücken werden allerdings mit der kantonalen Grundstückgewinnsteuer erfasst.

[75] Die wirtschaftliche Doppelbelastung wurde jedoch für gewisse Aktionäre gemildert, siehe unten (4).

[76] *Untersander*, Kapitalrückzahlungsprinzip, S. 29.

[77] Ibid. Nachdem der Liquidationserlös beim Anteilsinhaber steuerbar ist, wird sichergestellt, dass sämtliche Gewinne der Gesellschaft der wirtschaftlichen Doppelbelastung unterliegen. Im objektbezogenen System sind die Kapitalgewinne somit nur vorläufig steuerbefreit, die Besteuerung ist lediglich aufgeschoben.

[78] Per 1.1.2011 hat ein Wechsel vom bisherigen Nennwertprinzip zum so genannten Kapitaleinlageprinzip stattgefunden, womit ein grober Systemfehler des schweizerischen Steuerrechts beseitigt wurde. Unter dem Nennwertprinzip qualifizierte jede offene und verdeckte Gewinnausschüttung der Kapitalgesellschaft, die keine Rückzahlung des nominellen Anteilskapitals darstellte, als steuerbares Einkommen auf Stufe des Anteilsinhabers. Entsprechend wurde unter dem Nennwertprinzip die Rückzahlung von Einlagen und Zuschüssen von Beteiligungsinhabern, die keine Rückzahlung von nominellen Kapitalanteilen darstellte, bei den in der Schweiz ansässigen Anteilsinhabern als Einkommen besteuert. Die Verletzung des Prinzips der Besteuerung nach der wirtschaftlichen Leistungsfähigkeit wurde entsprechend in Kauf genommen. Vor der Einführung des Kapitaleinlageprinzipes für die Direkte Bundessteuer kannten viele Kantone bereits das Kapitaleinlageprinzip bzw. das Kapitalrückzahlungsprinzip für die Kantons- und Gemeindesteuern.

[79] Art. 20 Abs. 3 DBG, Art. 7b StHG. Der Bundesgesetzgeber entschied sich dafür, dass Einlagen, die nach dem 31.12.1996 geleistet worden sind, unter das Kapitaleinlageprinzip fallen.

lageprinzip wurde auch für die Verrechnungssteuer eingeführt.⁸⁰ Die Einführung des Kapitaleinlageprinzips zeitigt weitgehende Folgen in der schweizerischen Steuerpraxis, insbesondere im Bereich der Umstrukturierungen.

105 Die EStV hat ihre Praxis zum Kapitaleinlageprinzip im Kreisschreiben Nr. 29 vom 9.12.2010 (KS 29/2010) festgehalten. Entscheidend dabei ist die Frage, welche Reserven als Kapitaleinlagereserven (KER), deren Ausschüttung beim Anteilsinhaber steuerfrei sind, und welche als „übrige" Reserven (nicht KER), deren Ausschüttung steuerbares Einkommen beim Anteilsinhaber darstellt, qualifizieren. Gemäß KS 29/2010 qualifizieren als Kapitaleinlagereserven (KER) nur solche Einlagen die vom *direkten* Anteilsinhaber geleistet und offen auf einem separaten Konto in der Handelsbilanz ausgewiesen werden.⁸¹ Als Konsequenz dieser restriktiven Praxis stellen Vorteilszuwendungen unter Schwestergesellschaften keine Kapitaleinlagereserven (KER) bei der empfangenden Gesellschaft dar, weil „sie nicht direkt durch die Inhaber der Beteiligungsrechte geleistet werden".⁸² Außerdem stellen verdeckte Kapitaleinlagen keine Kapitaleinlagereserven (KER) dar, sofern sie nicht im gleichen Geschäftsjahr offen ausgewiesen werden.

106 Nachdem Umstrukturierungen die Struktur und/oder den Umfang des Eigenkapitals der beteiligten Gesellschaften tangieren, muss dem Kapitaleinlageprinzip in solchen Fällen besondere Beachtung geschenkt werden.

107 **(3) Das Geschäftsvermögen unterliegt dem Buchwertprinzip.** Grundsätzlich sind selbständig erwerbende Personen (mit Ausnahme der Freiberufe), Personengesellschaften und Kapitalgesellschaften buchführungspflichtig. Somit unterliegen Beteiligungen an Kapitalgesellschaften und Erträge daraus den allgemeinen Buchführungsregeln, wobei für Kapitalgesellschaften strengere Regeln gelten. Ertrag kann erst verbucht werden, wenn dieser auch realisiert ist. Somit liegt Beteiligungsertrag erst dann vor, wenn ein Zufluss beim Empfänger stattfindet. Kapitalgewinne stellen steuerbaren Gewinn dar, während Kapitalverluste als geschäftsmäßig begründeter Aufwand steuerlich abzugsfähig sind.

108 **(4) Milderung der wirtschaftlichen Doppelbelastung für natürliche Personen.** Um die doppelte Besteuerung von Unternehmensgewinnen auf Stufe der Kapitalgesellschaft und auf Stufe der Anteilsinhaber im Zeitpunkt der Ausschüttung zu mildern, wurde ab 1. Januar 2009 das sog. Teilbesteuerungsverfahren eingeführt. Demnach können natürliche Personen, die Beteiligungen von mindestens 10% an einer schweizerischen oder ausländischen Kapitalgesellschaft entweder in ihrem Privatvermögen oder in ihrem Geschäftsvermögen halten, eine reduzierte Besteuerung von Beteiligungserträgen beanspruchen. Bei entsprechenden Beteiligungen, die im Geschäftsvermögen gehalten werden, unterliegen auch Kapitalgewinne einer reduzierten Besteuerung (private Kapitalgewinne sind grundsätzlich steuerfrei).⁸³ Bei Beteiligungen, die sich im Privatvermögen befinden, werden Beteiligungserträge zu 60% besteuert. Bei Beteiligungen im Geschäftsvermögen werden die Beteiligungserträge und Kapitalgewinne zu 50% besteuert. Gemäß dem Steu-

---

⁸⁰ Art. 5 Abs. 1 bis VStG, vgl. iE nachfolgend I.2.e) Rn. 121 ff.
⁸¹ Die EStV vertritt somit einen streng zivilrechtlichen Ansatz. Ob dies der Meinung des historischen Gesetzgebers entsprach, ist umstritten.
⁸² KS 29/2010, Pkt. 2.2.1.
⁸³ Maßnahmen für die Milderung der Doppelbesteuerung bestanden im Zeitpunkt der Einführung des Teilbesteuerungsverfahrens für die direkte Bundessteuer bereits in vielen Kantonen. Nachdem die Kantone im Rahmen der Steuerharmonisierung ihre Steuerautonomie weitgehend nur noch bei der Bestimmung der Steuersätze wahrnehmen können, wurde die Milderung der Doppelbesteuerung mittels des so genannten Teilsatzverfahrens erreicht. Anders als beim Teilbesteuerungsverfahren, bei dem die Bemessungsgrundlage reduziert wird, wird beim Teilsatzverfahren ein reduzierter Steuersatz für die entsprechenden Beteiligungserträge angewendet.

erharmonisierungsgesetz sind die Kantone frei, auch für die Kantons- und Gemeindesteuern solche Ermäßigungen zu gewähren. Sie sind jedoch an die Vorgaben des Steuerharmonisierungsgesetzes gebunden, insbesondere bezüglich der Mindestbeteiligungsquote. Bezüglich der Wahl der Methode der Milderung als Teilbesteuerungs- oder Teilsatzverfahren und des Umfanges der Milderung sind die Kantone frei.

Im Folgenden wird nicht mehr auf das Teilbesteuerungs- bzw. Teilsatzverfahren hingewiesen, wenn ein Anteilsinhaber Beteiligungsertrag erzielt und die entsprechenden Voraussetzungen erfüllt. **109**

(5) Steuerfolgen der Fusion für Anteilsinhaber der übertragenden Gesellschaft **110**
mit Anteilen im Privatvermögen. Durch die Fusion erhalten die Anteilsinhaber der übertragenden Gesellschaft Anteile an der übernehmenden Gesellschaft, indem sie ihre Anteile an der übertragenden Gesellschaft hingeben. Im Unterschied zur Quasi-Fusion handelt es sich dabei nicht um einen echten Tausch, da die hingegebenen Aktien der übertragenden Gesellschaft durch die Fusion wertlos werden. Dieser Vorgang, der im Privatvermögen stattfindet, erfolgt grundsätzlich im steuerfreien Raum der privaten Kapitalgewinne bzw. -verluste.

Wenn die übernehmende Gesellschaft den Tausch nicht mit neu ausgegebenen Anteilen, sondern mit bereits bestehenden eigenen Anteilen tätigt, kann dies jedoch unter Umständen zu Steuerfolgen führen. In diesem Fall ist zuerst zu prüfen, ob der frühere Rückkauf der Anteile seitens der übernehmenden Gesellschaft als Teilliquidation qualifizierte und bei den veräußernden Anteilsinhabern als Beteiligungsertrag besteuert wurde. Wurde der Rückkauf der eigenen Anteile bereits als Teilliquidation bei den veräußernden Anteilsinhabern besteuert, entstehen keine Einkommensteuerfolgen bei der Zuteilung der eigenen Aktien im Rahmen des Anteilstausches anlässlich der Fusion. Fand jedoch keine Besteuerung als Teilliquidation statt, stellt sich die Frage, wie die gesellschaftsrechtlich geforderte gesonderte Reserve für eigene Beteiligungsrechte gebildet wurde. Sofern diese aus übrigen Reserven (nicht KER) gebildet wurde, geht die Eidgenössische Steuerverwaltung, davon aus die Hingabe dieser Anteile an die Anteilsinhaber sei wie eine Barabfindung als steuerbarer Beteiligungsertrag für die neuen Anteilsinhaber zu qualifizieren.[84] Wurde die gesonderte Reserve für eigene Beteiligungsrechte jedoch aus Kapitaleinlagereserven (KER) gebildet, liegt im Umfang der ausgebuchten Kapitaleinlagereserven (KER) kein steuerbarer Beteiligungsertrag vor. **111**

Unter dem Kapitaleinzahlungsprinzip muss geprüft werden, ob die Summe des Nominalkapitals und der Kapitaleinlagereserven (KER) vor und nach der Fusion gleich ist. Ist die Summe nach der Fusion höher als vor der Fusion und stammt die Differenz aus der Verwendung von übrigen Reserven, entsteht steuerbarer Beteiligungsertrag bei den beteiligten Anteilsinhabern. Die Verwaltungspraxis lässt jedoch zu, dass Nennwertgewinne und -verluste von Reserven aus Kapitaleinlagen miteinander und gegenseitig verrechnet werden können.[85] **112**

Ausgleichszahlungen und andere geldwerte Vorteile, die zu Lasten der übrigen Reserven ausgerichtet werden, stellen ebenfalls steuerbaren Beteiligungsertrag dar. Stammen die Ausgleichszahlungen jedoch von den Anteilsinhabern der übernehmenden Gesellschaft, liegt ein steuerfreier Kapitalgewinn vor. **113**

---

[84] KS 5/2004 Pkt. 4.1.2.3.7. Zwar ist dieses Ergebnis konsequent im Rahmen der geltenden objektiven Betrachtungsweise von Beteiligungserträgen, führt jedoch zu einer unterschiedlichen Besteuerung der an der Fusion beteiligten Anteilsinhaber, je nachdem, ob sie eigene Beteiligungsrechte oder neu ausgegebene Beteiligungsrechte erhalten.
[85] KS 29/2010, Pkt. 5.2.1.

114 Eine Barfusion wird wie eine Totalliquidation der übertragenden Gesellschaft auf Stufe derer Anteilsinhaber behandelt. In Anwendung des Kapitaleinlageprinzipes bildet die Differenz zwischen der Höhe der Abfindung und dem Nennwert der Anteile und der Kapitaleinlagereserven (KER) steuerbaren Beteiligungsertrag.

115 **(6) Steuerfolgen der Fusion für Anteilsinhaber der übertragenden Gesellschaft mit Anteilen im Geschäftsvermögen.** Auf Grund des Buchwertprinzips stellen alle Zuflüsse, die auf Grund der Fusion ausbezahlt werden (zB Ausgleichszahlungen oder andere geldwerte Leistungen), steuerbaren Ertrag dar. Der Anteilstausch qualifiziert grundsätzlich als Gewinnausweistatbestand. Das DBG und das StHG sehen jedoch einen Steueraufschub vor, wenn:

– der Beteiligungstausch in Rahmen einer Umstrukturierung erfolgt;
– die Steuerpflicht in der Schweiz fortbesteht;
– die für die Gewinnsteuer maßgeblichen Werte übernommen werden.

116 Als gesetzliche Umstrukturierungtatbestände gelten Fusionen, Spaltungen, Umwandlungen und Quasi-Fusionen.

117 Mit dem Erfordernis des Fortbestehens der Steuerpflicht in der Schweiz stellt sich primär die Frage, ob ein steuersystematischer Gewinnausweistatbestand vorliegt, der die Steuerneutralität des Beteiligungstausches verhindern würde. Gemäß Verwaltungspraxis liegt ein steuersystematischer Gewinnausweistatbestand vor, wenn die Beteiligungsrechte an der übertragenden Kapitalgesellschaft weniger als 10% und die erhaltenen Beteiligungsrechte mindestens 10% der übernehmenden Gesellschaft verkörpern. In diesem Fall könnte auf einem allfälligen Kapitalgewinn aus der Veräußerung der Beteiligung an der übernehmenden Gesellschaft der Beteiligungsabzug beansprucht werden und somit die Transaktion praktisch steuerfrei erfolgen. Bei einer Beteiligung von weniger als 10% wäre die Beanspruchung des Beteiligungsabzuges demgegenüber nicht möglich.[86]

118 Mit der Übernahme der Gewinnsteuerwerte soll verhindert werden, dass stille Reserven durch eine Aufwertung vermindert werden.[87]

d) Aufgabe der territorialen Verknüpfung der stillen Reserven (Entstrickungstatbestand)

119 Das DBG und das StHG sehen vor, dass die Verlegung des Sitzes, der Verwaltung, eines Geschäftsbetriebes oder einer Betriebstätte ins Ausland wie eine Liquidation zu behandeln seien.[88] Damit wird eine Besteuerung der stillen Reserven wegen Wegfalls der territorialen Verknüpfung herbeigeführt. Obwohl die Gesetzestexte auf eine Liquidation hinweisen und man unterstellen könnte, dass auf sämtlichen stillen Reserven abzurechnen sei, herrscht in der Lehre Einstimmigkeit darüber, dass eine Abrechnung nur auf denjenigen stillen Reserven erfolgen soll, die tatsächlich der schweizerischen Steuerhoheit entzogen werden.[89]

120 Mit der Liquidationsfiktion ist davon auszugehen, dass die Werte der Aktiven und Passiven, auf denen die stille Reserven wegen des Wegzuges abgerechnet werden sollen, den Liquidationswerten entsprechen. Zu Recht wird argumentiert, dass eine Abrechnung auf den Verkehrswerten nicht sachgerecht wäre, weil sich die wirtschaftlichen Rahmenbedingungen mit dem Wegzug völlig veränderten. Somit kann der Erfolg eines Unternehmens

---

[86] KS 5/2004 Pkt. 4.6.2.2. Seit dem 1. Januar 2011 wurde die maßgebliche Beteiligungsquote von 20% auf 10% gesenkt.
[87] Vgl. iE vorangehend I.2.c)bb) Rn. 93.
[88] Art. 58 Abs. 1 lit. c DBG, Art. 24 Abs. 2 lit. b StHG e contrario.
[89] Vgl. *Locher*, RZ 158 zu Art. 58 DBG, Kommentar.

in der Vergangenheit nicht als Richtgröße herangezogen werden, da die entsprechenden Wirtschaftsgüter neu in einem anderen Umfeld eingesetzt werden. Anderseits kann auch ein zukünftiger Erfolg nicht berücksichtigt werden, da dieser gerade nicht unter der schweizerischen Steuerhoheit entstanden ist.[90]

e) Schweizerische Verrechnungssteuer

aa) Erhebung. Im schweizerischen Steuerrecht müssen die gewinnsteuerlichen Aspekte einer Transaktion stets zusammen mit der Verrechnungssteuer beurteilt werden. Die schweizerische Verrechnungssteuer wird unter anderem auf Erträgen des beweglichen Kapitals erhoben, wie Dividenden, Zinsen von Bankguthaben und Obligationen usw. Im inländischen Kontext dient sie grundsätzlich als Sicherung der Einkommens- bzw. Gewinnsteuer beim Empfänger der Kapitalerträge, während sie bei Empfängern mit Sitz bzw. Wohnsitz im Ausland auch eine fiskalische Komponente aufweisen kann.

Die Verrechnungssteuer für Kapitalgesellschaften ist als Quellensteuer ausgestaltet. Der Schuldner der Verrechnungssteuer ist die ausschüttende Gesellschaft, wobei die Verrechnungssteuerlast von 35 % zwingend auf den Empfänger überwälzt werden muss.[91] Des Weiteren unterliegen nicht nur die offenen Gewinnausschützungen, sondern auch die verdeckten Gewinnausschüttungen (geldwerte Leistungen) der Verrechnungssteuer. Damit wird auf jeder Transaktion einer Kapitalgesellschaft, die nicht zum Verkehrswert abgewickelt wird und zu einer Entreicherung der Gesellschaft führt, die Verrechnungssteuer von 35 % erhoben. Für die Verrechnungssteuer gilt ebenfalls das neu eingeführte Kapitaleinlageprinzip. Entsprechend unterliegen Ausschüttungen von nominellen Kapitalanteilen sowie Kapitaleinlagereserven nicht der Verrechnungssteuer.[92]

bb) Rückerstattung. Als Sicherungssteuer im inländischen Kontext kann die Verrechnungssteuer vom inländischen Empfänger grundsätzlich zurückgefordert werden. Dabei müssen vier Bedingungen erfüllt sein:

– der Empfänger muss im Zeitpunkt der Fälligkeit seinen Sitz bzw. Wohnsitz in der Schweiz haben;
– er muss der Nutzungsberechtigte des Ertrages sein;
– die entsprechenden Einkünfte müssen deklariert bzw. verbucht sein;
– und es darf keine Steuerumgehung vorliegen.

Der ausländische Empfänger kann die Verrechnungssteuer nur zurückfordern, wenn er sich auf ein anwendbares Doppelbesteuerungsabkommen berufen kann und nur in dem Ausmaß, wie es im entsprechenden Doppelbesteuerungsabkommen vorgesehen ist.

cc) Entlastung an der Quelle. Obwohl die Verrechnungsteuer grundsätzlich nur im Rückerstattungsverfahren geltend gemacht werden kann, wird in gewissen Ausnahmefällen eine Entlastung an der Quelle gewährt. Im inländischen Kontext besteht diese Möglichkeit im Konzernverhältnis, wenn die Anteile an der ausschüttenden Gesellschaft zumindest zu 20 % von einer anderen inländischen Kapitalgesellschaft gehalten werden.

---

[90] Vgl. *Duss*, Unternehmensumstrukturierungen, S. 622.
[91] Überwälzt eine Kapitalgesellschaft die Verrechnungssteuer nicht auf den Empfänger, wird in der Praxis angenommen, die Höhe der Ausschüttung entspreche dem Nettobetrag von 65 % (nach Abzug der Verrechnungssteuer). Somit wird die geschuldete Verrechnungssteuer auf einem hochgerechneten Bruttobetrag berechnet, was im Ergebnis zu einer Belastung für die Gesellschaft von 53,8 % des ausgeschütteten Betrages führt.
[92] Vgl. iE vorstehend Rn. 104.

Dieses Verfahren der Entlastung an der Quelle gilt jedoch nur für Bardividenden (s. aber Meldeverfahren).

126 Die Entlastung an der Quelle wurde auch auf ausländische Kapitalgesellschaften als Empfängerinnen von Gewinnausschüttungen erweitert, sofern sich diese auf ein Doppelbesteuerungsabkommen oder auf Art. 15 Zinsbesteuerungsabkommen zwischen der EU und der Schweiz berufen können.[93] Die Entlastung an der Quelle im internationalen Verhältnis bezieht sich auf alle offenen und verdeckten Gewinnausschüttungen.[94]

127 **dd) Meldeverfahren.** Eine besondere Form der Entlastung an der Quelle der Verrechnungssteuer stellt das so genannte Meldeverfahren dar.[95] Das Meldeverfahren wird gesetzlich der Erfüllung der Steuerpflicht durch Entrichtung gleichgesetzt und ist an besondere Voraussetzungen geknüpft, die in der Vollziehungsverordnung zum Bundesgesetz über die Verrechnungssteuer (VStV) geregelt sind.[96]

128 Gemäß Verordnung kann das Meldeverfahren in folgenden Fällen angewendet werden: anlässlich einer Steuerprüfung, bei Ausgabe von Gratisanteilen, bei Naturaldividenden (inkl. Liquidationsüberschüssen durch Abtretung von Aktiven) und bei Sitzverlegung ins Ausland. Das Meldeverfahren wird jedoch nur gewährt, wenn die Leistungsempfänger nach inländischem Recht rückerstattungsberechtigt wären und deren Anzahl 20 nicht übersteigt. Das Meldeverfahren ist somit nicht anwendbar, wenn die Rückerstattungsberechtigung nach Maßgabe eines Doppelbesteuerungsabkommens gewährleistet ist.[97] Dies schließt für eine ausländische Kapitalgesellschaft als Leistungsempfängerin die Möglichkeit jedoch nicht aus, eine Entlastung an der Quelle zu beanspruchen, wenn sie die erforderlichen Bedingungen erfüllt.

129 **ee) Die Direktbegünstigtentheorie.** Eine weitere Besonderheit der schweizerischen Verrechnungssteuer liegt darin, dass verdeckte Gewinnausschüttungen bzw. geldwerte Leistungen an Nahestehende, anders als bei der Gewinnsteuer, gemäß Verwaltungspraxis nicht den Anteilsinhabern, sondern dem nahe stehenden Empfänger der Leistung zugerechnet werden.[98] Gemäß dieser so genannten Direktbegünstigtentheorie kann somit nur der Empfänger der geldwerten Leistung die Verrechnungssteuer zurückfordern, sofern er die dafür erforderlichen Bedingungen erfüllt.[99]

---

[93] Verordnung über die Steuerentlastung schweizerischer Dividenden aus wesentlichen Beteiligungen ausländischer Gesellschaften.

[94] Die Lockerung der Praxis für ausländische Kapitalgesellschaften hat zu einer Schlechterstellung der inländischen Kapitalgesellschaften im Falle einer Entlastung an der Quelle bei Naturaldividenden und verdeckten Gewinnausschüttungen geführt, die sachlich nicht gerechtfertigt ist. Eine Anpassung der Vollziehungsverordnung zum Bundesgesetz über die Verrechnungssteuer (VStV) würde sich somit aufdrängen.

[95] Art. 11 und 20 VStG.

[96] Art. 24 VStV.

[97] *Baumgartner*, RZ 63 zu Art. 20 VStG in: Komm. VStG.

[98] In der Lehre wird diese Praxis damit begründet, dass die so genannte Direktbegünstigtentheorie systemimmanent aus dem Verrechnungssteuergesetz hervorgehe. Ein gewisses Fragezeichen mag jedoch angebracht sein, da das Gesetz sich gar nicht mit der Problematik von geldwerten Leistungen befasst. Zu Recht stellt *Lissi*, Gewinnausschüttungen, S. 200 ff. die Direktbegünstigtentheorie in Frage.

[99] Nur in gewissen Ausnahmefällen wird eine geldwerte Leistung den Anteilsinhabern (so genannte Dreieckstheorie) zugerechnet, wie zB Sanierungsleistungen an nahe stehende Gesellschaften oder bei Sanierungsfusionen, oder wenn die geldwerte Leistung auf Grund von freundschaftlichen oder familiären Beziehungen des Anteilsinhabers mit dem Empfänger der Leistung oder mit dem Anteilsinhaber der empfangenden Gesellschaft erfolgt. Auch bei Emigrationstatbeständen wird die Dreieckstheorie angewendet. Bei den direkten Steuern wird demgegenüber grundsätzlich die Dreieckstheorie angewendet.

ff) Umstrukturierungen. Die Problematik der Verrechnungsteuer stellt sich nicht bei 130 Austausch-, sondern nur bei Entnahmetatbeständen, da nur bei diesen geldwerte Leistungen vorliegen, die zu einer Entreicherung der übertragenden Gesellschaft führen.[100] Dies ist sowohl bei der Spaltung als auch bei der Fusion der Fall. In Entnahmefällen würde grundsätzlich die Differenz zwischen dem Verkehrswert der neu bezogenen Beteiligungsrechte und dem steuerfrei ausschüttbaren Kapital (Nennwert und Kapitaleinlagereserven) der hingegebenen Beteiligungsrechte der Verrechnungsteuer unterliegen.

Um diese Steuerfolge zu vermeiden, wurde für Umstrukturierungsfälle eine gesetzliche 131 Grundlage für einen Steueraufschub der Verrechnungsteuer geschaffen.[101] Demgemäß ist ein Steueraufschub an drei Bedingungen geknüpft:

- Vorerst muss es sich um einen für die direkten Steuern geregelten Umstrukturierungstatbestand handeln.
- Sodann müssen alle offenen und stillen Reserven der übertragenden Gesellschaft auf die übernehmende Gesellschaft übergehen, so dass durch die Umstrukturierung kein Verrechnungssteuersubstrat verloren geht.
- Die übernehmende Gesellschaft muss eine inländische Gesellschaft sein.

Bei der zweiten Bedingung handelt es sich um ein quantitatives Kriterium. Falls gewisse 132 offene Reserven durch die Umstrukturierung untergehen, wird nicht der gesamte Steueraufschub in Frage gestellt. Die Verrechnungsteuer wird in diesem Fall lediglich im Umfang der untergegangenen Reserven erhoben. Dies ist bei der Spaltung der Fall, wenn die Ausbuchung des Aktivenüberschusses bei der übertragenden Gesellschaft zu Lasten der übrigen Reserven (nicht KER) erfolgt. Sofern die übertragende Gesellschaft über genügende Kapitaleinlagereserven (KER) verfügt, ist keine Kapitalherabsetzung erforderlich, um die Verrechnungssteuerfolgen zu vermeiden.[102]

gg) Entstrickungstatbestände. Die Verrechnungsteuer kennt auch eine Norm für 133 Entstrickungstatbestände, bei welchen der schweizerischen Steuerhoheit Steuersubstrat entzogen wird. Gem. Art. 4 Abs. 2 VStG werden Sitzverlegungen ins Ausland wie eine Liquidation behandelt. Obwohl die Verlegung der tatsächlichen Verwaltung im Gesetz nicht erwähnt ist, wird diese in der Praxis wie eine Sitzverlegung behandelt. Trotz Liquidationsfiktion wird in der Praxis entgegen dem klaren Wortlaut nicht auf die Liquidationswerte, sondern auf die Veräußerungswerte abgestellt, so dass grundsätzlich die stillen Reserven und sogar der Goodwill von der Verrechnungsteuer erfasst werden.[103]

f) Emigrationsfusion

aa) Besteuerung der übertragenden Gesellschaft

(1) Gewinnsteuer. Die Umstrukturierungsnorm sieht vor, dass der Steueraufschub 134 gewährt wird, „soweit die Steuerpflicht in der Schweiz fortbesteht". Daraus wird abgeleitet, dass keine Abrechnung auf den stillen Reserven erfolgt, soweit diese nach der Umstrukturierung weiterhin in der Schweiz territorial verknüpft bleiben. Falls nach der Emigrationsfusion eine Betriebstätte oder Liegenschaften in der Schweiz verbleiben, besteht in der Schweiz weiterhin eine beschränkte Steuerpflicht auf Grund wirtschaftlicher Zugehörigkeit mit der Folge, dass die stillen Reserven auf den entsprechenden Aktiven und Passi-

---

[100] *Reich*, Grundriss, S. 137.
[101] Art. 5 Abs. 1 lit. a VStG.
[102] Unter dem Nennwertprinzip war eine Kapitalherabsetzung unumgänglich, wollte man die Verrechnungssteuerfolgen vermeiden.
[103] *Brülisauer*, RZ 346 zu Art. 4 VStG in: Komm. VStG.

ven grundsätzlich territorial mit der Schweiz verknüpft bleiben. Dies ist jedoch nur der Fall, sofern keine Zuteilungsnorm eines Doppelbesteuerungsabkommens eine andere Zuteilung des Besteuerungsrechts der stillen Reserven vorsieht. Gemäß Art. 13 Abs. 2 OECD-MA wird dem Betriebstättenstaat ein Besteuerungsrecht auf Veräußerungsgewinnen auf beweglichem Vermögen, das Betriebsvermögen einer Betriebstätte ist, eingeräumt. Dabei spielt es keine Rolle, ob der Betriebstättestaat den Veräußerungsgewinn als Unternehmungsgewinn oder als Veräußerungsgewinn besteuert.[104] Das Doppelbesteuerungsabkommen zwischen der Schweiz und Deutschland folgt dem OECD Musterabkommen (Art. 13 Abs. 2 DBA-D). Durch die abkommensrechtliche Wahrung des Besteuerungsrechtes des Emigrationsstaates bezüglich Betriebstättenvermögen kann der Betriebstättenstaat bezüglich der stillen Reserven, die der Betriebstätte verhaftet bleiben, einen Steueraufschub gewähren. In der Praxis wird dabei für den Steueraufschub verlangt, dass die internationale Ausscheidung des Gewinnes zwischen ausländischem Stammhaus und schweizerischer Betriebstätte auf Grund der direkten (objektiven) Methode erfolgt. Denn nur bei Anwendung der direkten Methode kann sichergestellt werden, dass sämtliche stillen Reserven der schweizerischen Steuerhoheit verhaftet bleiben.[105]

135 Ausländische Betriebstätten der übertragenden Gesellschaft sind aufgrund des unilateralen schweizerischen Steuerrechts von der schweizerischen Besteuerung ausgenommen.[106]

136 Bei der Übertragung von Beteiligungen muss unterschieden werden, ob diese funktional der Tätigkeit einer im Emigrationsstaat verbleibenden Betriebstätte zugewiesen werden oder nicht. Falls eine Beteiligung funktional der Betriebstätte zugewiesen wird, kann die Übertragung zum Gewinnsteuerwert erfolgen, da auch die schweizerische Betriebstätte einer ausländischen Kapitalgesellschaft den Beteiligungsabzug für Dividenden und Veräußerungsgewinne geltend machen kann.[107] Die Übertragung der Beteiligung auf den ausländischen Hauptsitz führt demgegenüber zu einer Abrechnung der stillen Reserven. Falls die Voraussetzungen erfüllt sind, kann auf den stillen Reserven der Beteiligungsabzug geltend gemacht werden, was oft praktisch zu einer Steuerbefreiung führt.[108]

137 Das Doppelbesteuerungsabkommen zwischen der Schweiz und den Vereinigten Staaten sieht eine besondere Lösung vor, indem es im Falle einer Umstrukturierung im Einvernehmen mit dem Emigrationsstaat die Möglichkeit eines Steueraufschubes für die Aktiven und Passiven vorsieht, die die Steuerhoheit des Emigrationsstaates verlassen. In diesem Fall erfolgt die Besteuerung im Emigrationsstaat erst, wenn die entsprechenden Wirtschaftsgüter im Immigrationsstaat tatsächlich realisiert worden sind.[109]

138 Falls ein Teil oder sämtliche stillen Reserven der übertragenden Gesellschaft nicht einer schweizerischen Betriebstätte verhaftet bleiben, sind die Voraussetzungen für einen Steueraufschub nicht erfüllt. Es stellt sich hier die Frage, ob die steuerliche Korrekturvorschrift greift oder ein steuersystematischer Realisationstatbestand vorliegt. Das Kreisschreiben

---

[104] Ziff. 4 zu Art. 13 OECD-Kommentar.
[105] KS 5/2004 Pkt. 4.1.2.2.2.
[106] Art. 52 Abs. 1 DBG. Eine entsprechende Norm fehlt im StHG. Die kantonalen Steuergesetze sehen jedoch eine entsprechende Befreiung vor.
[107] Kreisschreiben EStV Nr. 9/1998 Pkt. 2.2.
[108] Sofern der Verkehrswert die Gestehungskosten übersteigt und die Gestehungskosten dem Gewinnsteuerwert entsprechen.
[109] Diese Regelung bezweckt für Staaten, die die Anrechnungsmethode anwenden, die zeitliche Diskrepanz der Besteuerung zwischen dem Emigrations- und Immigrationsstaat zu beseitigen. Wenn die Umstrukturierung im Immigrationsstaat steuerneutral erfolgt, können im Zeitpunkt der Umstrukturierung keine ausländischen Steuern angerechnet werden. Mit dem Steueraufschub im Emigrationsstaat wird der Gleichlauf der Besteuerung in beiden Staaten im Falle einer Realisation hergestellt und somit die Möglichkeit für die Anrechnung der ausländischen Steuern geschaffen.

schweigt zu dieser Problematik.¹¹⁰ Anders als für die Verrechnungssteuer wird die analoge Anwendung der Bestimmung über die Sitzverlegung nicht erwähnt. Somit muss man davon ausgehen, dass die EStV eine Abrechnung über die stillen Reserven auf Grund der steuerlichen Korrekturvorschriften vornimmt.¹¹¹

(2) Verrechnungssteuer. Da die übernehmende Gesellschaft keine inländische Gesellschaft ist, kommt die Norm, die einen Steueraufschub im Falle von Umstrukturierungen vorsieht, nicht zur Anwendung.¹¹² 139

Ähnlich wie bei der Sitzverlegung ins Ausland, wird die übertragende Gesellschaft bei der Fusion ohne Liquidation aufgelöst. Entsprechend wird die Emigrationsfusion gemäß Verwaltungspraxis wie eine Sitzverlegung behandelt.¹¹³ Trotz Liquidationsfiktion wird in der Praxis auf die Veräußerungswerte abgestellt.¹¹⁴ Die Bemessungsgrundlage für die Erhebung der Verrechnungssteuer besteht in der Differenz zwischen dem Verkehrswert der übertragenen Aktiven und Passiven und dem nominalen Aktienkapital zuzüglich allfälliger Kapitaleinlagereserven. 140

Da das Meldeverfahren für Sitzverlegungen zur Anwendung kommt¹¹⁵ und die Emigrationsfusion der Sitzverlegung gleichgestellt ist, kann das Meldeverfahren Anwendung finden, falls die diesbezüglichen Voraussetzungen erfüllt sind.¹¹⁶ Falls das Meldeverfahren nicht angewendet werden kann, besteht ausnahmsweise für inländische Anteilsinhaber die Möglichkeit, die Rückerstattung der Verrechnungssteuer im Jahre der Erhebung, und nicht erst im Folgejahr zu beantragen.¹¹⁷ 141

Ausländische Kapitalgesellschaften können eine Entlastung an der Quelle beanspruchen, falls sie nach Maßgabe eines Doppelbesteuerungsabkommens oder von Art. 15 Zinsbesteuerungsabkommen eine volle Entlastung von der schweizerischen Verrechnungssteuer beanspruchen können. 142

Falls das Meldeverfahren bzw. eine Entlastung an der Quelle nicht beansprucht werden kann, stellt sich das Problem der Bezahlung der geschuldeten Verrechnungssteuer. Nachdem die Verrechnungssteuer auf einem fiktiven Liquidationsüberschuss erhoben wird und entsprechend gar keine Substanz ausgeschüttet wird, kann die Verrechnungssteuerlast nicht auf die Anteilsinhaber überwälzt werden, es sei denn die Anteilsinhaber bezahlen die geschuldete Verrechnungssteuer für die Gesellschaft. Wird die Verrechnungssteuer von der Gesellschaft bezahlt und getragen, beträgt der anwendbare Steuersatz nicht 35%, sondern 53%. 143

In diesem Zusammenhang gilt es zu beachten, dass die Rückerstattung der Verrechnungssteuer sich nicht nach der so genannten Direktbegünstigtentheorie richtet.¹¹⁸ Da die Emigrationsfusion einer Sitzverlegung gleichgestellt wird, geht die Verwaltungspraxis davon aus, dass Leistungsempfänger im Sinne der Verrechnungssteuer die Anteilsinhaber der 144

---

¹¹⁰ Für die Verrechnungssteuer wird die Bestimmung über die Sitzverlegung analog angewendet (Art. 4. Abs. 2 VStG).
¹¹¹ Somit wird wohl die gesetzlich vorgesehene Liquidationsfiktion für Sitzverlegungen vermieden. Nach dem die Verwaltungspraxis eine Abrechnung der stillen Reserven ohnehin auf Grund der Verkehrswerte und nicht der Liquidationswerte vornimmt, hat die Frage, ob die Besteuerung auf Grund einer Korrekturvorschrift oder wegen eines systematischen Realisationstatbestandes erfolgt, keine praktische Relevanz.
¹¹² Art. 5 Abs. 1 lit. a VStG.
¹¹³ KS 5/2004 Pkt. 4.1.2.4.2.
¹¹⁴ Vgl. iE Rn. 133.
¹¹⁵ Art. 24 Abs.1 lit. d VStV.
¹¹⁶ Vg. iE Rn. 127 f.
¹¹⁷ Art. 29. Abs. 3 VStG.
¹¹⁸ Vgl. iE vorstehend Rn. 129.

übertragenden Gesellschaft sind und nicht die übernehmende Gesellschaft. Es handelt sich damit um eine Abweichung von der bei der Verrechnungssteuer üblicherweise anwendbaren Direktbegünstigtentheorie.

bb) Besteuerung der Anteilsinhaber der übertragenden Gesellschaft

145 **(1) In der Schweiz ansässige Anteilsinhaber. Privatvermögen:** Wie für eine inländische Fusion qualifizieren Gratisnennwerterhöhungen, Barleistungen oder diesen gleichzustellende Naturalleistungen bei Anteilsinhabern, die ihre Anteile in ihrem Privatvermögen halten, als steuerbarer Beteiligungsertrag, sofern die Entschädigung zu Lasten der übrigen Reserven (nicht KER) erfolgt. Der fiktive Liquidationsüberschuss, auf dem die Verrechnungssteuer geschuldet ist, stellt keinen Beteiligungsertrag dar.[119] Entscheidend ist lediglich, ob sämtliche übrigen Reserven (nicht KER) der übertragenden Gesellschaft auf die übernehmende Gesellschaft übergehen. Dies ist auch kohärent, sofern die Ausschüttungssteuerlast auf den übrigen Reserven der übertragenden Gesellschaft bei der übernehmenden Gesellschaft erhalten bleibt.

146 Allfällige Kapitalgewinne bzw. -verluste beim Austausch der Beteiligungsrechte sind einkommenssteuerlich nicht relevant, da diese sich in einem steuerfreien Raum abspielen.

147 **Geschäftsvermögen:** Entsprechend dem Buchwertprinzip entsteht bei Anteilsinhabern, die ihre Anteile im Geschäftsvermögen halten, nur steuerbarer Ertrag, wenn ein Zufluss beim Leistungsempfänger stattfindet.[120] Sofern die Voraussetzungen für einen steuerfreien Beteiligungstausch gegeben sind, liegt kein steuerbarer Ertrag vor. Auch die Liquidationsfiktion auf Stufe der übertragenden Gesellschaft stellt keinen Gewinnausweistatbestand dar. Lediglich Ausgleichszahlungen führen zu einer Besteuerung.

148 **(2) Im Ausland ansässige Anteilsinhaber.** Aus schweizerischer Sicht stellt sich für ausländische Anteilsinhaber die Frage, ob eine Rückerstattung bzw. Entlastung von der schweizerischen Verrechnungssteuer an der Quelle möglich ist, wenn diese auf Grund eines Fusionsvorganges entrichtet wurde. Dieser Aspekt wurde oben im Abschnitt betreffend die Verrechnungssteuer behandelt.[121]

cc) Weitere Steueraspekte

149 **(1) Grundstückgewinnsteuer.** Der Wertzuwachs auf Grundstücken wird bei den schweizerischen Steuern unterschiedlich erfasst. Auf Bundesebene werden Gewinne aus der Veräußerung von Grundstücken durch die ordentliche Gewinnsteuer erfasst. Für die Kantons- und Gemeindesteuern wird je nach Kanton der Wertzuwachs entweder durch die ordentliche Gewinnsteuer (sog. dualistisches System) oder durch die Grundstückgewinnsteuer erfasst (sog. monistisches System). Beim monistischen System unterliegen die wieder eingebrachten Abschreibungen der Gewinnsteuer, während die Differenz zwischen Veräußerungserlös und Anschaffungswert mit der Grundstückgewinnsteuer erfasst und von der gewinnsteuerlichen Bemessungsgrundlage ausgenommen wird.

150 Der Grundstückgewinnsteuer unterliegen nicht nur zivilrechtliche Handänderungen, sondern auch aus wirtschaftlicher Sicht gleichgestellte Sachverhalte (so genannte wirtschaftliche Handänderungen). Die Veräußerung von Mehrheitsanteilen an Immobiliengesellschaften qualifiziert als wirtschaftliche Handänderung und wird durch die Grundstück-

---

[119] KS 5/2004 Pkt. 4.1.2.3.9.
[120] Vgl. iE Rn. 110 ff.
[121] Vgl. iE Rn. 142 ff.

gewinnsteuer erfasst.[122] Als logische Konsequenz wird normalerweise zugelassen, dass die Steuerwerte der Grundstücke in der Steuerbilanz der Immobiliengesellschaft angepasst werden, so dass keine wirtschaftliche Doppelbelastung entsteht.

Bei Umstrukturierungen unterliegen Grundstücke, deren Gewinne aus der Veräußerung der Gewinnsteuer unterliegen (direkte Bundessteuer und Kantone mit dualistischem System), den allgemeinen für die Gewinnsteuer geltenden Umstrukturierungsregeln. Für die Kantone mit monistischem System sieht das StHG ausdrücklich vor, dass diese bei Umstrukturierungen auch für die Grundstückgewinnsteuer Aufschubstatbestände vorsehen müssen.[123] 151

Gemäß StHG und DBG begründet das Halten eines Grundstückes in der Schweiz durch eine im Ausland ansässige Person kraft wirtschaftlicher Zugehörigkeit eine beschränkte Steuerpflicht in der Schweiz.[124] Bei grenzüberschreitenden Restrukturierungen ist somit grundsätzlich davon auszugehen, dass auch beim Wechsel des Rechtsträgers die fiskalische (bzw. territoriale) Verknüpfung des Grundstückes immer gegeben ist. Dies gilt sowohl beim Übergang von der unbeschränkten Steuerpflicht in die beschränkte Steuerpflicht als auch bei Emigrations- und Immigrationstatbeständen. Bei der Übertragung von Immobiliengesellschaften bei Emigrationstatbeständen stellt sich die Frage, ob die fiskalische Verknüpfung der stillen Reserven in der Schweiz erhalten bleibt oder nicht. Dies hängt unter anderem[125] davon ab, ob ein Doppelbesteuerungsabkommen vorsieht, dass Immobiliengesellschaften wie Grundstücke behandelt werden oder nicht.[126] 152

(2) Mehrwertsteuer. Für die mehrwertsteuerliche Behandlung von grenzüberschreitenden Umstrukturierungen muss zwischen Emigrations- und Immigrationstatbeständen unterschieden werden.[127] 153

Meldeverfahren: Falls die übertragende inländische Gesellschaft mehrwertsteuerpflichtig ist, qualifiziert die Übertragung von Vermögenswerten grundsätzlich als mehrwertsteuerpflichtige Lieferung oder Dienstleistung. Das Mehrwertsteuergesetz sieht jedoch vor, dass bei Umstrukturierungen ein Meldeverfahren zur Anwendung kommt, das die Entrichtung der geschuldeten Steuer ersetzt.[128] Das Mehrwertsteuergesetz und die Verwaltungspraxis haben folgende Voraussetzungen für die Anwendung des Meldeverfahrens aufgestellt:[129] 154

1. Die auf dem Veräußerungspreis zum gesetzlichen Steuersatz berechnete Steuer übersteigt CHF 10'000 oder die Veräußerung erfolgt an eine eng verbundene Person;
2. Die Beteiligten sind mehrwertsteuerpflichtig (wobei es genügt, wenn die Mehrwertsteuerpflicht erst mit der Übernahme entsteht);
3. Es liegt ein Umstrukturierungstatbestand nach Maßgabe des Bundesgesetzes über die direkte Bundessteuer (Art. 19 oder 61 DBG) vor oder, wenn dies nicht der Fall ist, ein Gesamt- oder Teilvermögen gemäß Fusionsgesetz wird veräußert.

---

[122] Gewisse Kantone besteuern sogar die Übertragung von einem Anteil an einer Immobiliengesellschaft. Solche Tatbestände qualifizieren jedoch nicht als wirtschaftliche Handänderungen, da die wirtschaftliche Verfügungsgewalt über das Grundstück in einem solchen Fall nicht übergeht.
[123] Art. 12 Abs. 4 lit. a StHG.
[124] Für juristische Personen Art. 51. Abs. 1 lit. c DBG und Art. 21 Abs. 1 lit. c StHG.
[125] Eine vollständige Behandlung dieser Problematik würde den Rahmen dieses Aufsatzes sprengen.
[126] Im Doppelbesteuerungsabkommen zwischen der Schweiz und Deutschland werden Immobiliengesellschaften den Grundstücken nicht gleichgestellt.
[127] Hier wird die Problematik der Mehrwertsteuer bei Umstrukturierungen nur summarisch geschildert. Am 1. Januar 2010 ist ein neues Mehrwertsteuergesetz in Kraft getreten. Die nachfolgenden Ausführungen beziehen sich ausschließlich auf das neue Gesetz und die entsprechende Verwaltungspraxis.
[128] Art. 38 MWSTG.
[129] MWST-Info 11.

155 Falls die Voraussetzungen für das Meldeverfahren erfüllt sind, ist das Meldeverfahren obligatorisch anzuwenden. Es besteht auch die Möglichkeit, auf Antrag der veräußernden Person das Meldeverfahren freiwillig anzuwenden, falls Grundstücke übertragen werden, oder ein gewichtiges Interesse vorliegt.[130]

156 Auch bei Anwendung des Meldeverfahrens können Steuerfolgen eintreten, wenn die übernehmende Gesellschaft gewisse Wirtschaftsgüter nicht mehr oder nicht in gleichem Umfang für steuerbare Zwecke verwendet. In diesem Fall liegt bei diesen Wirtschaftsgütern ein steuerpflichtiger Eigenverbrauch vor.[131] Wird jedoch ein übernommenes Vermögensobjekt in einem größeren Umfang für zum Vorsteuerabzug berechtigende Tätigkeiten benützt, kann auf der Nutzungsdifferenz eine Einlageentsteuerung geltend gemacht werden.[132]

157 **Emigrationstatbestände:** Bei Emigrationstatbeständen stellt sich die Frage, ob nach der Umstrukturierung weiterhin ein mehrwertsteuerpflichtiges Subjekt in der Schweiz verbleibt, dem die übertragenen Wirtschaftsgüter zuzurechnen sind. Gemäß Pkt. 1.2 der MwSt.-Info 11 können auch steuerpflichtige ausländische Unternehmen (mit oder ohne Betriebsstätte in der Schweiz)[133] sowie steuerpflichtige Unternehmen aus dem Fürstentum Liechtenstein an einem Meldeverfahren beteiligt sein. Ist die ausländische übernehmende Gesellschaft mehrwertsteuerpflichtig, kommt das Meldeverfahren zur Anwendung (sofern die übertragende schweizerische Gesellschaft auch steuerpflichtig ist). Eine Eigenverbrauchsbesteuerung bleibt vorbehalten für diejenigen Wirtschaftsgüter, die zwar in der Schweiz bleiben, jedoch nicht mehr für steuerbare Zwecke (oder nicht mehr im gleichen Umfang) eingesetzt werden. Für diejenigen Wirtschaftsgüter, die nicht mehr in der Schweiz verbleiben, muss unterschieden werden, ob es sich um eine Lieferung oder Dienstleistung handelt.[134] Lieferungen ins Ausland sind grundsätzlich steuerbefreit.[135] Bei Dienstleistungen hängen die mehrwertsteuerlichen Folgen von der Qualifikation der Dienstleistung ab, da es sich je nach Art der Dienstleistung um einen inländischen (steuerbaren) oder um einen ausländischen (nicht steuerbaren) Umsatz handeln kann.

158 **Immigrationstatbestände:** Bei Immigrationstatbeständen stellt sich die Frage, ob die übertragenen Wirtschaftsgüter dem schweizerischen Steuerpflichtigen zuzurechnen sind oder einer ausländischen Betriebstätte verhaftet bleiben.[136] Falls diese nicht einer ausländischen Betriebstätte verhaftet bleiben, muss wiederum zwischen Lieferungen und Dienstleistungen unterschieden werden. Importlieferungen werden an der Grenze mit der Einfuhrsteuer erfasst. Bei Dienstleistungen hängen die mehrwertsteuerlichen Folgen von der Qualifikation der Dienstleistung ab.

g) Immigrationsfusion

159 **aa) Gewinnsteuer.** Bei der Immigrationsfusion stellt sich auf Stufe der übernehmenden (schweizerischen) Gesellschaft die Frage, zu welchem Wert die Aktiven und Passiven

---

[130] Art. 104 MWSTV.
[131] Art. 31 Abs. 3 MWSTG.
[132] Art. 32 Abs. 2 MWSTG. Gemäß Verwaltungspraxis ist eine Einlageentsteuerung jedoch nur möglich, falls die übernehmende Gesellschaft die vormalige Nutzung der übertragenden Gesellschaft nachweisen kann (Pkt. 5.1 der MwSt.-Info 11).
[133] Unternehmen mit Sitz im Ausland, die im Inland keine Leistungen erbringen, sind nicht obligatorisch steuerpflichtig, können sich jedoch auch nicht freiwillig der Steuerpflicht unterstellen lassen.
[134] Die Unterscheidung zwischen Lieferung und Dienstleitung entspricht nicht vollständig der 6. Richtlinie der EU. Der schweizerische Lieferungsbegriff umfasst ebenfalls den Gebrauch und die Nutzung von Gegenständen (Vermietung und Pacht).
[135] Art. 23 Abs. 2 Ziff. 1 MWSTG.
[136] Für Mehrwertsteuerzwecke wird der Betriebstättebegriff wie für die direkten Steuern verwendet (siehe Art. 5 MWSTV).

der übertragenden Gesellschaft bei der übernehmenden Gesellschaft verbucht werden sollen. Das Erfordernis der Übertragung zu Buchwerten bzw. Gewinnsteuerwerten, das für inländische Fusionen gilt, ist hier nicht anwendbar. Bei einer Immigrationsfusion ist keine fiskalische Verknüpfung der stillen Reserven in der Schweiz gegeben, da diese unter einer ausländischen Steuerhoheit entstanden sind. Entsprechend darf die Verbuchung zu Verkehrswerten bei übernehmenden Gesellschaften nicht davon abhängig gemacht werden, ob die entsprechenden stillen Reserven im Ausland versteuert worden sind. Dies wäre auch mit dem Prinzip der unbedingten Steuerbefreiung für ausländische Erträge, die von einer Betriebstätte oder einem Grundstück stammen, kongruent.[137] Aus dem Prinzip der territorialen Verknüpfung der stillen Reserven kann nicht nur ein Besteuerungsanspruch des „Belegenheitsstaates", sondern auch als negatives Korrelat eine Nichtbesteuerung von ausländischem Steuersubstrat abgeleitet werden.

bb) Verrechnungssteuer. Mit der Einführung des Kapitaleinlageprinzipes hat die Diskussion über die territoriale Verknüpfung des Steuersubstrates eine neue Dimension erhalten. Bei der Immigrationsfusion stellt sich die Frage, inwiefern übrige Reserven (nicht KER) der übertragenden Gesellschaft auf die übernehmende Gesellschaft übertragen werden müssen. Bei einer Sitzverlegung einer ausländischen Kapitalgesellschaft in die Schweiz hat sich die EStV auf den Standpunkt gestellt, dass die Qualifikation der übrigen Reserven (nicht KER) vor und nach Zuzug gleich bleibt. Dies bedeutet, dass sämtliche offenen (und stillen) Reserven, die im Ausland entstanden sind, mit dem Zuzug in die Schweiz steuerlich verstrickt werden, es sei denn, der Kapitaleinlagecharakter eines Teiles oder sämtlicher offenen Reserven kann nachgewiesen werden.[138] Die EStV lehnt die Qualifikation des Zuzuges als steuerfreie Kapitaleinlage ab, die erlauben würde, zumindest sämtliche offenen Reserven als Kapitaleinlagereserve zu qualifizieren. Entsprechend würden diese Reserven in der Schweiz nicht steuerlich verstrickt, was systemgerecht wäre. 160

Bei der Fusion handelt es sich gem. der EStV um eine Sacheinlage, die allenfalls gegen Ausgabe von neuen Titeln erfolgt. Entsprechend wird ein Fusionsagio (die Differenz zwischen den übertragenen Nettoaktiven und der Erhöhung des Nominalkapitals) als steuerneutrale Kapitaleinlage qualifiziert.[139] Überträgt man diese Qualifikation auf die Immigrationsfusion, muss man konsequenterweise davon ausgehen, dass das Fusionsagio als Kapitaleinlagereserve (KER) verbucht werden kann.[140] Mit der Auflösung der übertragenden Gesellschaft wird auch die Struktur des Eigenkapitals aufgelöst. Entsprechend kann hier nicht wie bei der Sitzverlegung seitens der Steuerbehörden argumentiert werden, dass die Qualifikation der übrigen Reserven (nicht KER) gleich bleibt. 161

cc) Emissionsabgabe. Im Weiteren stellt sich die Frage der Erhebung der Emissionsabgabe von 1 % bei der übernehmenden Gesellschaft. Diese ist unter anderen bei der Ausgabe von Beteiligungsrechten geschuldet, und zwar auf dem Verkehrswert der Gegenleistung.[141] Das Gesetz sieht jedoch vor, dass bei Umstrukturierungen eine Befreiung von der Emissionsabgabe erlangt werden kann. Gemäß Verwaltungspraxis ist eine Kapitalerhöhung 162

---

[137] Dies ist sowohl im inländischen Steuerrecht (Art. 52 Abs. 1 DBG) als auch in den meisten Doppelbesteuerungsabkommen, die die Schweiz abgeschlossen hat, festgehalten.
[138] Siehe Kritik zu dieser Praxis bei Markus Weidmann, Immigration S. 3 ff.
[139] KS 5/2004, Pkt. 4.1.3.2.2.
[140] Dies zeigt auf, dass der von der EStV gewählte streng zivilrechtliche Ansatz bei internationalen Sachverhalten zu inkonsistenten Ergebnissen führt. Aus steuerlicher Sicht gibt es keinen Grund, eine Sitzverlegung vom Ausland in die Schweiz anders als eine Immigrationsfusion zu behandeln (was ja bei Outbound-Szenarien der Fall ist).
[141] Art. 5 Abs. 1 und Art. 8 StG.

bei der übernehmenden Gesellschaft in Folge einer Fusion von der Emissionsabgabe grundsätzlich befreit, wenn das neu geschaffene Nominalkapital nicht höher als das nominelle Aktienkapital der untergehenden Gesellschaft ist. Falls das neu geschaffene Nominalkapital das untergehende Nominalkapital übersteigt, wird die Befreiung auf der Differenz nur gewährt, wenn keine Abgabeumgehung vorliegt.[142] Keine Abgabeumgehung liegt vor, wenn die Differenz rein durch das Umtauschverhältnis bedingt ist. Entsprechend kann eine Befreiung von der Emissionsabgabe bei Immigrationstatbeständen erlangt werden. Ein anderes Ergebnis würde zu einer Ungleichbehandlung zwischen der grundsätzlich abgabebefreiten Sitzverlegung und der Immigrationsfusion führen, was aus systematischer Sicht nicht gerechtfertigt wäre.

dd) Besteuerung der Anteilsinhaber der übertragenden Gesellschaft

163 **(1) In der Schweiz ansässige Anteilsinhaber. Privatvermögen:** Für Personen, die ihre Beteiligung im Privatvermögen halten, liegt im Umfang der Abnahme der übrigen Reserven (nicht KER) steuerbares Einkommen vor. Führt die übernehmende Gesellschaft eine Kapitalerhöhung für die Ausgabe von neuen Anteilsrechten durch und übersteigt diese das nominelle Aktienkapital der übertragenden Gesellschaft, stellt der Differenzbetrag grundsätzlich steuerbares Einkommen dar, es sei denn die übertragende Gesellschaft verfüge im Umfang dieser Differenz über nachweisbare Kapitaleinlagereserven (KER), welche im entsprechenden Umfang beansprucht würden. Falls das Fusionsagio als Kapitaleinlagereserve (KER) verbucht werden kann, führt dies bei den Anteilsinhabern im Umfang der untergegangenen übrigen Reserven (nicht KER) der übertragenden Gesellschaft zu steuerbarem Beteiligungsertrag. Somit wäre die Umqualifikation des Fusionsagios in eine Kapitaleinlagereserve (KER) für Schweizer Anteilsinhaber der übertragenden Gesellschaft nachteilig, da diese Einkommenssteuer auf einem fiktiven Einkommen bezahlen müssten (die spätere Ausschüttung der Kapitaleinlagereserve wäre jedoch steuerfrei).

164 **Geschäftsvermögen**: Entsprechend dem Buchwertprinzip entsteht bei Anteilsinhabern, die ihre Anteile im Geschäftsvermögen halten, nur steuerbarer Ertrag, wenn ein Zufluss beim Leistungsempfänger stattfindet.[143]

165 **(2) Im Ausland ansässige Anteilsinhaber.** Da die übertragende Gesellschaft im Ausland ansässig ist und somit nicht der schweizerischen Verrechnungssteuer unterliegt, stellt sich auch die Frage der Rückerstattung der Verrechnungssteuer nicht.

II. Spaltung

1. Gesellschaftsrechtliche und zivilrechtliche Grundlagen

a) Definition und Abgrenzung

166 Die gesellschaftsrechtlichen Aspekte der Spaltung wurden im schweizerischen Recht erstmals durch das Fusionsgesetz geregelt. Damit wurde die Spaltung als selbständiges Rechtsinstitut neu im schweizerischen Recht eingeführt. Auf Grund der Bestimmungen des Fusionsgesetzes kann die Spaltung nun in einem einzigen gesellschaftsrechtlichen Schritt durchgeführt werden.

---

[142] KS 5/2004 Pkt. 4.1.2.5.
[143] Vgl. iE Rn. 147.

aa) Aufspaltung und Abspaltung. Das Fusionsgesetz sieht zwei Formen der Spaltung 167 vor:

- Aufspaltung (Art. 29 lit. a FusG)
- Abspaltung (Art. 29 lit. b FusG)

Bei der Aufspaltung geht die Gesamtheit der Aktiven und Passiven der übertragenden 168 Gesellschaft auf zwei oder mehrere übernehmende Gesellschaften über. Die Anteilsinhaber der übertragenden Gesellschaft erhalten dabei Anteilsrechte der übernehmenden Gesellschaften. Anschließend wird die übertragende Gesellschaft ohne Liquidation aufgelöst und im Handelsregister gelöscht.

Bei der Abspaltung überträgt demgegenüber die übertragende Gesellschaft Teile ihres 169 Vermögens auf eine oder mehrere übernehmende Gesellschaften, wobei die Anteilsinhaber der übertragenden Gesellschaft mit Anteilsrechten der übernehmenden Gesellschaften entschädigt werden. Im Gegensatz zur Aufspaltung bleibt die übertragende Gesellschaft bei der Abspaltung bestehen. Zudem erfolgt kein Tausch der Anteile. Vielmehr werden den Anteilsinhabern der übertragenden Gesellschaft Anteile an den übernehmenden Gesellschaften zugeteilt.

bb) Ausgliederung. Bei der Ausgliederung überträgt eine Gesellschaft Aktiven und 170 Passiven auf eine andere Gesellschaft und erhält als Gegenleistung Anteilsrechte an der übernehmenden Gesellschaft. Im Unterschied zur Spaltung kommen bei der Ausgliederung die Anteilsrechte am übernehmenden Rechtsträger nicht den Gesellschaftern der übertragenden Gesellschaft, sondern der übertragenden Gesellschaft selbst zu.

Zivilrechtlich fällt die Ausgliederung nicht unter den Tatbestand der Spaltung, sondern 171 wird als Vermögensübertragung behandelt.

cc) Universalsukzession. Mit dem Spaltungsvorgang erfolgt eine partielle Universal- 172 sukzession, indem die im Inventar aufgeführten Aktiven und Passiven im Zeitpunkt der Eintragung der Spaltung im Handelsregister von Gesetzes wegen uno actu auf die übernehmende Gesellschaft übergehen.[144]

dd) Mitgliedschaftsrechtliche Kontinuität. Gem. Fusionsgesetz müssen bei einer 173 Spaltung die Anteils- und Mitgliedschaftsrechte nach Art. 7 FusG gewahrt werden.[145] Dies bedeutet, dass die Anteilsinhaber der übertragenden Gesellschaft Anteile an der übernehmenden Gesellschaft erhalten.

Art. 31 Abs. 2 FusG sieht vor, dass den Gesellschaftern der übertragenden Gesellschaften 174 entweder Anteils- oder Mitgliedschaftsrechte an allen an der Spaltung beteiligten Gesellschaften im Verhältnis ihrer bisherigen Beteiligung (symmetrische Spaltung, Art. 31 Abs. 2 lit. a FusG) oder aber Anteils- oder Mitgliedschaftsrechte an einzelnen oder allen an der Spaltung beteiligten Gesellschaften unter Abänderung der Beteiligungsverhältnisse (asymmetrische Spaltung, Art. 31 Abs. 2 lit. b FusG) zugewiesen werden können.

Mit der Möglichkeit der Änderung der Beteiligungsverhältnisse der Anteilsinhaber im 175 Rahmen der Spaltung und damit der Realteilung erfährt der Grundsatz der mitgliedschaftsrechtlichen Kontinuität eine erhebliche Relativierung. Entsprechend kommen für die Spaltung relativ strenge Regeln zur Anwendung, um den Schutz von Minderheitsanteilsinhabern zu gewährleisten.

---

[144] Art. 52 FusG.
[145] Art. 31 FusG.

176 Im Gegensatz zur Fusion sieht das Gesetz bei der Spaltung keine Möglichkeit einer Abfindung vor. Damit ist im Rahmen der Spaltung die vermögensrechtliche Kontinuität zu wahren.[146] Die Anteilsinhaber der übertragenden Gesellschaft sind entsprechend, unter Vorbehalt von Spitzenausgleichsleistungen, nach der Spaltung vermögensrechtlich gleich zu stellen wie vor der Spaltung.

b) Ablauf der Spaltung

aa) Spaltung gemäß Fusionsgesetz

177 **(1) Spaltungsvertrag bzw. Spaltungsplan.** Überträgt eine Gesellschaft durch Spaltung Vermögensteile auf bestehende Gesellschaften, so schließen die obersten Leitungs- oder Verwaltungsorgane der beteiligten Gesellschaften einen Spaltungsvertrag ab (Art. 36 Abs. 1 FusG).

178 Sofern eine Gesellschaft durch Spaltung Vermögensteile auf neu zu gründende Gesellschaften überträgt, erstellt ihr oberstes Leitungs- oder Verwaltungsorgan einen Spaltungsplan (Art. 36 Abs. 2 FusG).

179 Der Spaltungsvertrag bzw. Spaltungsplan bildet den Kernpunkt der Spaltung. Der gesetzlich geregelte Mindestinhalt entspricht dabei weitgehend dem Inhalt des Fusionsvertrages bei der Fusion[147]. Vorliegend sei lediglich auf die wichtigsten Aspekte hingewiesen.

180 **Inventar:** Das Inventar dient der rechtlichen Identifikation der Aktiven und Passiven, welche im Rahmen des Spaltungsvorganges von der übertragenden Gesellschaft an die übernehmenden Gesellschaften übertragen werden.[148] Das Inventar stellt ein Kernelement der Spaltung dar, da die im Inventar aufgeführten Aktiven und Passiven im Zeitpunkt der Eintragung der Spaltung in das Handelsregister durch Universalsukzession auf die übernehmenden Gesellschaften übergehen.

181 Bei einer **Abspaltung** verbleiben sämtliche Aktiven und Passiven, welche nicht im Inventar aufgeführt sind, bei der übertragenden Gesellschaft. Bei der Aufspaltung fallen demgegenüber nicht im Inventar enthaltene Vermögenswerte ins Miteigentum der übernehmenden Gesellschaften. Für nicht im Inventar enthaltene Verbindlichkeiten besteht eine solidarische Haftung der an der Aufspaltung beteiligten Gesellschaften.[149]

182 **Umtauschverhältnis und Ausgleichszahlungen:** Ein wesentliches Element des Spaltungsvertrages bzw. Spaltungsplanes besteht in der Festlegung der Höhe des Umtauschverhältnisses für Anteile und gegebenenfalls der Höhe der Ausgleichszahlungen sowie Angaben über die Mitgliedschaft der Gesellschafter der übertragenden Gesellschaft bei der übernehmenden Gesellschaft. Allerdings stellt sich die Frage des Umtauschverhältnisses ausschließlich bei der Aufspaltung und der asymmetrischen Spaltung, bei welchen die Bewertung der ausscheidenden Wirtschaftsgüter eine zentrale Rolle spielt.[150] Bei der symmetrischen Abspaltung erfolgt demgegenüber keine Hingabe bisheriger Anteile, sondern lediglich ein Bezug neuer Anteile an den übernehmenden Gesellschaften. Gemäß Art. 31 Abs. 1 FusG iVm. Art. 7 Abs. 2 FusG dürfen bei der Spaltung wie bei der Fusion Ausgleichszahlungen nur als Spitzenausgleich dienen und 10 % des wirklichen Werts der gewährten Anteile nicht übersteigen.

183 Im Falle einer Abspaltung kann eine Kapitalherabsetzung der übertragenden Gesellschaft erforderlich sein, sofern die Reserven der übertragenden Gesellschaft für die Ausbuchung der übertragenen Nettoaktiven nicht ausreichen. Gemäß Art. 32 FusG sind dabei

---

[146] *Altenburger/Calderan/Lederer*, Umstrukturierungsrecht, S. 104 f.
[147] Vgl. iE vorstehend I.1.b)aa) Rn. 18 ff.
[148] *Watter/Reuter*, Rn. 9 zu Art. 37 FusG in: Basler Komm. FusG.
[149] Art. 38 FusG.
[150] *Böckli*, Schweizer Aktienrecht, S. 447 Rn. 313.

wesentliche Bestimmungen des Obligationenrechtes bezüglich der Kapitalherabsetzung nicht anwendbar. Wird die übernehmende **Gesellschaft** neu gegründet, sind die Bestimmungen des Obligationenrechtes mit Ausnahme der Mindestanzahl von Gründern und Sacheinlagen anwendbar.[151] Besteht die übernehmende Gesellschaft bereits, muss sie gem. Art. 33 FusG das Kapital erhöhen, soweit es zur Wahrung der Rechte der Gesellschafter der übertragenden Gesellschaft erforderlich ist. Die Bestimmungen des Obligationenrechts bezüglich Sacheinlagen finden gem. Art. 33 Abs. 2 FusG bei der Spaltung keine Anwendung. Zu beachten ist, dass das im Rahmen der Kapitalerhöhung neu geschaffene nominelle Grundkapital die übertragenen Nettoaktiven nicht übersteigt, da dies zu einer Verletzung des Verbotes der Unterpari-Emission führen würde.[152]

Um die bilanziellen Auswirkungen der Spaltung auf das Anteilkapital der beteiligten Gesellschaften **darzustellen**, ist die Erstellung einer Spaltungsbilanz erforderlich. Auf Grund der übertragenen Nettoaktiven ist festzustellen, ob eine Kapitalherabsetzung bei der übertragenden Gesellschaft erforderlich ist und ob das neu geschaffene Nominalkapital bei der übernehmenden Gesellschaft durch die übertragenen Nettoaktiven gedeckt ist.[153] Die Spaltungsbilanz darf nicht älter als sechs Monate sein, ansonsten eine Zwischenbilanz erstellt werden muss.[154]

(2) Spaltungsbericht. Der Spaltungsbericht erfüllt eine analoge Funktion wie der Fusionsbericht.[155]

(3) Prüfung des Spaltungsvertrages bzw. Spaltungsplanes und des Spaltungsberichtes. Das Fusionsgesetz verweist auf die diesbezüglichen Bestimmungen für die Prüfung des Fusionsvertrages.[156]

(4) Einsichtsrecht. Analog zur Fusion besteht ein Einsichtsrecht der Anteilsinhaber in folgende, für die Spaltung relevante Dokumente:

– Spaltungsplan
– Spaltungsbericht
– Prüfungsbericht und
– Jahresrechnungen und Jahresberichte.

Dieses Einsichtsrecht muss mindestens zwei Monate vor der Beschlussfassung durch die Generalversammlung bezüglich Spaltung gewährleistet sein.[157]

(5) Spaltungsbeschluss. Der Spaltungsbeschluss fällt in die Zuständigkeit der Generalversammlungen der beteiligten Gesellschaften. Das Gesetz sieht für symmetrische und asymmetrische Spaltungen unterschiedliche Mehrheitserfordernisse vor. Während im Falle einer symmetrischen Spaltung die gleichen Mehrheitserfordernisse wie für die Fusion gelten[158], ist

---

[151] Art. 34 FusG.
[152] *Böckli*, Schweizer Aktienrecht, S. 455 Rn. 335.
[153] *Watter/Büchi* Rn. 2 zu Art. 35 FusG in: Basler Komm. FusG.
[154] Art. 35 FusG.
[155] Vgl. iE vorstehend I.1.b)aa) Rn. 29 f.
[156] Art. 40 FusG; vgl. dazu iE vorstehend I.1.b)aa) Rn. 31.
[157] Art. 41 Abs. 1 FusG.
[158] Nämlich zwei Drittel der an der Generalversammlung vertretenen Aktienstimmen und die absolute Mehrheit des von ihnen vertretenen Aktiennennwertes (bei Aktiengesellschaften und Kommanditaktiengesellschaften), bzw. die Zustimmung von mindestens drei Vierteln aller Gesellschafter, die mindestens drei Viertel des Stammkapitals vertreten (bei Gesellschaften mit beschränkter Haftung), siehe dazu I. 1. b) aa) (7) Rn. 33.

bei einer asymmetrischen Spaltung eine Mehrheit von mindestens 90% der stimmberechtigten Anteilsinhaber der übertragenden Gesellschaft erforderlich.[159]

190 Der Spaltungsbeschluss kann erst gefasst werden, wenn sämtliche Gläubigerschutzbestimmungen erfüllt sind.[160]

191 **(6) Eintragung ins Handelsregister und Rechtswirksamkeit der Spaltung.** Sobald der Spaltungsbeschluss vorliegt, müssen die Verwaltungsräte der beteiligten Gesellschaften die Spaltung dem Handelsregisteramt zur Eintragung anmelden.[161] Die Spaltung wird mit der Eintragung ins Handelsregister rechtswirksam.[162] In diesem Zeitpunkt gehen alle im Inventar aufgeführten Aktiven und Passiven von Gesetzes wegen „uno actu et ipso iure" auf die übernehmenden Gesellschaften über.[163] Im Falle der Aufspaltung wird die übertragende Gesellschaft mit der Eintragung der Spaltung im Handelsregister gelöscht.[164]

192 **(7) Erleichtertes Verfahren.** Für kleine und mittlere Unternehmen sind auch im Falle einer Spaltung gewisse Erleichterungen vorgesehen. So kann auf die Erstellung eines Spaltungsberichtes sowie auf das Einsichtsrecht verzichtet werden.[165]

193 **(8) Gläubigerschutz.** Im Gegensatz zur Fusion sieht das Fusionsgesetz bei Spaltungen einen vorgängigen Gläubigerschutz vor. Damit soll eine Schlechterstellung der Gläubiger sämtlicher an der Spaltung beteiligten Gesellschaften bezüglich der Werthaltigkeit derer Forderungen verhindert werden. Gemäß Art. 46 Abs. 1 FusG können entsprechend die Gläubiger aller an der Spaltung beteiligten Gesellschaften innerhalb von 2 Monaten seit der Aufforderung (Schuldenruf) eine Sicherstellung ihrer Forderungen verlangen.

194 Die Schuldnergesellschaft kann die Forderungen erfüllen, sofern dadurch die übrigen Gläubiger nicht benachteiligt werden. Andererseits besteht für die Schuldnergesellschaft auch die Möglichkeit, den Nachweis zu erbringen, dass die Erfüllung der Forderungen durch die Spaltung nicht gefährdet ist.

195 **(9) Arbeitnehmerschutz.** Gemäß Art. 50 FusG in Verbindung mit Art. 28 FusG ist die Arbeitnehmervertretung zu konsultieren.

196 Für die Übertragung der Arbeitsverhältnisse gelten analoge Regeln wie für die Fusion[166]. Im Weiteren besteht auch bei der Spaltung ein Sicherstellungsrecht für die Arbeitnehmer.

197 **bb) Grenzüberschreitende Spaltung gemäß IPRG.** Der Spaltungsbegriff ist im IPRG nicht definiert. Es ist jedoch davon auszugehen, dass der Spaltungsbegriff gem. IPRG an den Spaltungsbegriff des Fusionsgesetzes anknüpft[167]. Entscheidend dabei ist, dass der Spaltungsvorgang uno actu vor sich geht und dass die Anteilsrechte an der übernehmenden Gesellschaft nicht der übertragenden Gesellschaft, sondern deren Anteilsinhabern zugeteilt werden. Ein grenzüberschreitender Sachverhalt gem. IPRG liegt vor, wenn mindestens eine ausländische und eine schweizerische Gesellschaft am Spaltungsvorgang beteiligt sind.

---

[159] Art. 43 Abs. 3 FusG.
[160] Siehe unten Abschnitt (8) Rn. 193 f.
[161] Art. 51 Abs. 1 FusG.
[162] Art. 52 FusG.
[163] *Böckli*, Schweizer Aktienrecht, S. 456 Rn. 338.
[164] Art. 51 Abs. 3 FusG.
[165] Art. 39 Abs. 2 FusG.
[166] Vgl. dazu iE vorstehend I.1.b)aa) Rn. 44.
[167] Davon gehen auch *Girsberger/Rodriguez*, Rn. 6 ff. zu Art. 163d IPRG in: Basler Komm. IPRG, aus.

Das IPRG verweist für die grenzüberschreitende Spaltung auf die Bestimmungen bezüglich der Fusion, die analog anzuwenden seien.[168] Somit ist bei grenzüberschreitenden Spaltungen zwischen Immigrations- und Emigrationstatbeständen zu unterscheiden. Obwohl Art. 163d IPRG bezüglich grenzüberschreitender Spaltungen grundsätzlich auf die Fusionsbestimmungen verweist, sieht diese Bestimmung das Recht der übertragenden Gesellschaft und nicht, wie bei der Fusion, das Recht der übernehmenden Gesellschaft als Spaltungsstatut vor.

(1) Immigrationsspaltung. Im Ergebnis untersteht die Immigrationsspaltung grundsätzlich dem ausländischen Recht. Das schweizerische Recht kommt zur Anwendung, wo zwingende Bestimmungen des schweizerischen Rechts Gültigkeitsvoraussetzung für die rechtsgültige Spaltung bilden.[169] Dies ist vor allem der Fall, wenn die Interessen von Anteilsinhabern und Gläubigern der schweizerischen übernehmenden Gesellschaft betroffen sind. In diesen Fällen müssen die Voraussetzungen des schweizerischen und ausländischen Rechts kumulativ erfüllt sein. Zudem kommt das schweizerische Recht zur Anwendung bei rein internen Vorgängen der schweizerischen Gesellschaft, wie etwa der Neugründung (Spaltung zur Neugründung) oder der Kapitalerhöhung (Spaltung zur Übernahme).

(2) Emigrationsspaltung. Grundsätzlich untersteht die Emigrationsspaltung dem schweizerischen Recht als Recht der übertragenden Gesellschaft. Die Gültigkeitsvoraussetzungen des ausländischen Rechts für die Spaltung müssen jedoch auch eingehalten werden (kumulative Anwendung). Rein interne Vorgänge der ausländischen übernehmenden Gesellschaft unterstehen dem ausländischen Recht.

Mit dem Verweis auf die Emigrationsfusion müssen die entsprechenden Schutzbestimmungen für die Anteilsinhaber, die Gläubiger und die Arbeitnehmer der schweizerischen Gesellschaft auch bei der Emigrationsspaltung eingehalten werden.[170]

(3) Spaltungsvertrag. Mit dem Verweis auf die Bestimmungen bezüglich der Fusion gilt die entsprechende Bestimmung bezüglich Fusionsvertrag sinngemäß für den Spaltungsvertrag.[171]

c) Bilanzielle Auswirkungen

Es ist auf die diesbezüglichen Ausführungen im Kapitel über die Fusion zu verweisen.[172]

2. Steuerrechtliche Behandlung

a) Einführung

Es ist auf die allgemeinen Ausführungen bezüglich des steuerrechtlichen Gewinnbegriffes und der Voraussetzungen eines Steueraufschubes bei Umstrukturierungen zu verweisen.[173]

Im Folgenden wird nur die Abspaltung (die übertragende Gesellschaft bleibt bestehen) behandelt, die in der Praxis häufiger vorkommt.[174]

---

[168] Art. 163d IPRG.
[169] *Girsberger/Rodriguez*, Rn. 13 zu Art. 163d IPRG in: Basler Komm. FusG.
[170] Vgl. iE I.1.b)bb) (3) Rn. 56–61.
[171] Art. 163c IPRG; vgl. iE dazu vorstehend I.1.b)bb) Rn. 62 ff.
[172] Vgl. dazu iE I.1.b)cc) Rn. 65 ff.
[173] Vgl. dazu iE I.2.a) Rn. 71 ff. und I.2.b) Rn. 77 ff.
[174] Da bei der Aufspaltung die übertragende Gesellschaft untergeht, stellen sich die steuerlichen Probleme zum Teil anders als bei der Abspaltung.

b) Die gesetzliche Regelung der Spaltung

206 Bei der Spaltung handelt es sich um einen Entreicherungstatbestand.[175] Die übertragende Gesellschaft erhält keine Gegenleistung für die übertragenen Nettoaktiven und ist somit durch den Spaltungsvorgang definitiv entreichert. Aus steuerlicher Sicht handelt es sich um einen Gewinnausweistatbestand. Unerheblich ist dabei, dass die Entschädigung für die übertragenen Aktiven und Passiven den Anteilsinhabern der übertragenden Gesellschaft in Form von Anteilen an der übernehmenden Gesellschaft zukommt. Aus diesem Grund kann ein Steueraufschub nur gerechtfertigt sein, wenn die Verknüpfung der stillen Reserven nach der Spaltung gewährleistet ist.

207 Bei der Spaltung stellt sich die Frage, ob die Ausbuchung der übertragenen Nettoaktiven notwendigerweise gegen Eigenkapital (Anteilkapital und/oder offene Reserven) erfolgen muss oder ein Buchwertverkauf zulässig ist. Die Verwaltungspraxis verlangt, dass die übertragenen Nettoaktiven mindestens gegen ein angemessenes Eigenkapital ausgebucht werden. Der Fiskus stellt sich auf den Standpunkt, dass es sich um einen steuerprivilegierten Verkauf handelt, falls kein Eigenkapital übertragen wird.[176] Dem ist entgegenzuhalten, dass die Übertragung zum Buchwert bzw. Gewinnsteuerwert ohnehin zu einer Entreicherung der übertragenden Gesellschaft führt, da die übertragenen stillen Reserven nicht entschädigt werden. Somit liegt kein Verkauf wie unter Drittparteien vor, und es ist nicht einzusehen, weshalb die Entreicherung der übertragenden Gesellschaft sich nicht auf die stillen Reserven beschränken soll.

208 **aa) Fiskalische Verknüpfung der stillen Reserven (Fortbestand der Steuerpflicht in der Schweiz und Übertragung zu den für die Gewinnsteuer maßgeblichen Werten).** Ähnlich wie bei der Fusion muss bei einer Spaltung das Erfordernis der fiskalischen Verknüpfung der stillen Reserven gewährleistet sein. Ein Steueraufschub für eine Spaltung kann gewährt werden, wenn der Fortbestand der Steuerpflicht in der Schweiz gewährleistet ist und die Übertragung der Aktiven und Passiven zu den für die Gewinnsteuer maßgeblichen Werten erfolgt.[177]

209 Es gilt somit zu prüfen, wie die beiden Erfordernisse der subjektiven und objektiven Verknüpfung der stillen Reserven bei der Spaltung zu erfüllen sind.

210 **bb) Subjektive Verknüpfung der stillen Reserven.** Die subjektive Verknüpfung der stillen Reserven dient dazu, die Spaltung als Umstrukturierungstatbestand von einem Veräußerungstatbestand abzugrenzen, bei dem die Anteilsinhaber sich von ihrer Beteiligung trennen. Vor dem Inkrafttreten des Fusionsgesetzes hatte die Praxis, ohne ausdrückliche gesetzliche Grundlage, gefordert, die Beteiligungsverhältnisse müssten während fünf Jahren nach der Spaltung gewahrt bleiben. Eine gewisse Flexibilität bestand jedoch, indem nicht eine quotenmäßige, sondern wertmäßige Wahrung der Beteiligungsverhältnisse gefordert war. Damit waren bereits unter dem alten Recht asymmetrische Spaltungen möglich. Mit dem Inkrafttreten des Fusionsgesetzes wurde die fünfjährige Sperrfrist fallengelassen.[178] Somit ist es für die Anteilsinhaber jetzt möglich, ihre Beteiligung nach der Spaltung ohne Sperrfrist zu veräußern. Da auch eine Realteilung möglich ist, kann die Spaltung als Vorbereitung für den Verkauf eines Unternehmungsbereiches dienen.[179]

---

175 *Reich*, Unternehmensumstrukturierungen, S. 314.
176 KS 5/2004 Pkt. 4.3.2.4.
177 Vgl. dazu I.2.b)aa) Rn. 78 ff.
178 KS 5/2004 Pkt. 4.3.2.3.
179 *Riedweg/Grünblatt*, RZ 75 zu vor Art. 29 FusG in: Basler Komm. FusG.

Als Folge des Wegfalles des Erfordernisses der subjektiven Verknüpfung wurde jedoch eine Verschärfung der Kriterien bezüglich der objektiven Verknüpfung der stillen Reserven vorgenommen.

cc) Objektive Verknüpfung der stillen Reserven

(1) Doppeltes Betriebserfordernis. Mit dem Erfordernis der objektiven Verknüpfung der stillen Reserven sollen Umstrukturierungstatbestände von der (wirtschaftlichen) Liquidation eines Betriebes unterschieden werden. Im Gesetz wird gefordert, dass die übertragenen Aktiven und Passiven einen Betrieb bzw. Teilbetrieb darstellen und dass bei der übertragenden Gesellschaft ein Betrieb bzw. Teilbetrieb verbleibt.[180] Zudem müssen die Betriebe bzw. Teilbetriebe nach der Spaltung weitergeführt werden.

Gemäß Verwaltungspraxis liegt im Allgemeinen ein Betrieb bzw. ein Teilbetrieb vor, wenn die Unternehmung

- Leistungen auf dem Markt oder an verbundene Unternehmen erbringt;
- über Personal verfügt, und
- der Personalaufwand in einem sachgerechten Verhältnis zum Ertrag steht.[181]

Zudem hat die Verwaltungspraxis für besondere Arten von Gesellschaften weitere Spezifikationen bezüglich der Betriebsqualifikation erarbeitet, wie zB für Holding-, Immobilien-, Finanz- und Immaterialgütergesellschaften.[182] Gemäß Verwaltungspraxis qualifizieren Vermögensverwaltungsgesellschaften nie als Betrieb. Bezüglich der Spaltung einer Holdinggesellschaft sieht die Verwaltungspraxis vor, dass das Betriebserfordernis nach der Spaltung sowohl auf Stufe der Holdinggesellschaften als auch auf Stufe der gehaltenen Beteiligungen eingehalten wird.[183]

Das Gesetz verlangt lediglich eine Weiterführung der Betriebe nach der Spaltung. Es ist nicht mehr wie unter altem Recht notwendig, die Betriebe *unverändert* weiterzuführen. Damit sollen wirtschaftlich sinnvolle Anpassungen nicht verunmöglicht werden.[184]

(2) Verletzung des doppelten Betriebserfordernisses. Falls im Rahmen einer Spaltung das doppelte Betriebserfordernis nicht erfüllt ist, oder nach der Spaltung einer der Betriebe oder beide Betriebe liquidiert werden, fehlt eine der Voraussetzungen für eine steuerneutrale Übertragung der stillen Reserven. Sofern die übertragenen Aktiven und Passiven zu den Gewinnsteuerwerten übertragen wurden und die Voraussetzungen für eine steuerneutrale Spaltung nicht erfüllt sind, liegt aus steuerlicher Sicht eine verdeckte Gewinnausschüttung vor. Unabhängig vom Kontext führen verdeckte Gewinnausschüttungen zu einer steuerlichen Gewinnaufrechnung bei der übertragenden Gesellschaft im Umfang der übertragenen stillen Reserven. Dies soll gemäß Verwaltungspraxis in Fällen von Spaltungen grundsätzlich auch gelten. Wenn die übertragende Gesellschaft keinen Betrieb überträgt, erfolgt eine Gewinnaufrechnung bei der übertragenden Gesellschaft im Umfang der übertragenen stillen Reserven.[185] Falls eine Gewinnaufrechnung (bei der

---

[180] Art. 61 Abs. 1 lit. b DBG; Art. 24 Abs. 3 lit. b StHG.
[181] KS 5/2004 Pkt. 4.3.2.5.
[182] Siehe KS 5/2004 Pkte 4.3.2.6, 4.3.2.7, 4.3.2.8.
[183] Diese besondere strenge Regelung für Holdinggesellschaften lässt sich sachlich kaum rechtfertigen.
[184] *Riedweg/Grünblatt* RZ 70 zu vor Art. 29 FusG in: Basler Komm. FusG.
[185] KS 5/2004, Pkt. 4.3.2.12. Obwohl nicht spezifisch erwähnt, soll es auch zu einer Gewinnaufrechnung bei der übertragenden Gesellschaft führen, wenn eine Einstellung des übertragenen Betriebs nach der Spaltung ohne wirtschaftliche Rechtfertigung erfolgt. Im Falle von asymmetrischen Spaltungen und erst recht bei einer Realteilung bedarf es der Aufnahme entsprechender Steuerklauseln im Spaltungsplan bzw. -vertrag, um nicht beeinflussbare Steuerfolgen bei der übertragenden Gesellschaft zu vermeiden.

übertragenden Gesellschaft) stattfindet, kann die übernehmende Gesellschaft die versteuerten stillen Reserven in ihrer Steuerbilanz geltend machen.

217 Erfüllt jedoch die übertragende Gesellschaft nach der Spaltung das Betriebserfordernis nicht mehr, muss nicht über die übertragenen stillen Reserven, sondern über die bei der übertragenden Gesellschaft verbleibenden stillen Reserven abgerechnet werden. Dieser Ansatz wird mit dem Gleichbehandlungsgebot begründet. Es könne demnach nicht sein, dass anlässlich einer Spaltung die Steuerfolgen unterschiedlich ausfallen, wenn der Nicht-Betrieb bei der übertragenden Gesellschaft verbleibe und nicht auf die übernehmende Gesellschaft übergehe. Mit dem Hinweis auf das Gleichbehandlungsgebot stellt sich jedoch die Frage, welche Sachverhalte verglichen werden sollen. Erfüllt die übertragende Gesellschaft das Betriebserfordernis nicht, ist nicht einzusehen, weshalb die Übertragung des Betriebes nicht wie eine verdeckte Gewinnausschüttung der übertragenden Gesellschaft zu behandeln ist.[186] Falls die übertragende Gesellschaft das Betriebserfordernis nicht erfüllt und die Voraussetzungen für eine steuerneutrale konzerninterne Übertragung auch nicht erfüllt sind, müsste bei fehlender gesetzlicher Grundlage zumindest ein Wahlrecht bestehen, auf welchen stillen Reserven abgerechnet werden soll.[187]

218 **dd) Verlustvorträge.** Die Verwaltungspraxis lässt unter dem Vorbehalt der Steuerumgehung zu, dass allfällige Verlustvorträge eines übertragenen Betriebs bei der übernehmenden Gesellschaft geltend gemacht werden können.[188] Eine Steuerumgehung kann unter Umständen vorliegen, wenn der übertragene Betrieb kurz nach der Spaltung eingestellt wird.

219 **ee) Sanierungsspaltung.** Wenn im Rahmen einer Spaltung ein (gesunder) Betrieb auf eine sanierungsbedürftige Gesellschaft übertragen wird, stellt sich gemäß Verwaltungspraxis die Frage, ob damit die übertragenen stillen Reserven untergehen. Falls der mit der Spaltung verbundene Wegfall der latenten Gewinnsteuern auf den entsprechenden stillen Reserven als Steuerumgehung qualifiziert, wird seitens des Fiskus die steuerneutrale Spaltung verneint, und es erfolgt eine Abrechnung auf den übertragenen stillen Reserven bei der übertragenden Gesellschaft.[189] Die übernehmende Gesellschaft kann die Gewinnsteuerwerte der übertragenen und versteuerten Aktiven und Passiven entsprechend anpassen.

220 **ff) Steuerliche Behandlung auf Stufe der Anteilsinhaber der übertragenden Gesellschaft.** Die Steuerkonsequenzen hängen davon ab, ob die Anteile im Privat- oder im Geschäftsvermögen gehalten werden. Für die Unterscheidung zwischen Privat- und Geschäftsvermögen und die daran anknüpfende unterschiedliche steuerliche Behandlung wird auf den entsprechenden Abschnitt verwiesen.[190]

---

[186] Unter Umständen könnte dennoch eine Abrechnung über die übertragenen stillen Reserven unterbleiben, falls die Voraussetzungen für eine steuerneutrale konzerninterne Übertragung gem. Art. 61 Abs. 3 DBG bzw. Art. 24 Abs. 3^{quinquies} StHG erfüllt sind.
[187] Die Ableitung eines steuersystematischen Gewinnausweistatbestandes durch Umkehrschluss einer Umstrukturierungsnorm ist dogmatisch höchst fragwürdig, da der Zweck einer solchen Norm in der Gewährung eines Steueraufschubes besteht und entsprechend nicht als Besteuerungsgrundlage herangezogen werden kann.
[188] KS 5/2004 Pkt. 4.3.2.14. Dies ist eine Ausnahme zum Grundsatz, dass Verlustvorträge auf Grund der subjektbezogenen Betrachtungsweise grundsätzlich an die Rechtsperson und nicht an den Betrieb anknüpfen.
[189] KS 5/2004 Pkt. 4.3.2.15.
[190] Vgl. dazu I.2.c)ff) Rn. 101 ff.

A. Schweiz

(1) Steuerfolgen der Spaltung für Anteilsinhaber der übertragenden Gesellschaft mit Anteilen im Privatvermögen. Ausgehend von der Feststellung, dass eine Spaltung zu einer Wertminderung der übertragenden Gesellschaft führt, stellt der Entnahmetatbestand eine verdeckte Gewinnausschüttung an die Anteilsinhaber der übertragenden Gesellschaft dar.[191] Die Verwaltungspraxis geht jedoch von einer steuerneutralen Vermögensumschichtung aus, falls eine gewinnsteuerneutrale Spaltung vorliegt.[192] Falls keine steuerneutrale Spaltung vorliegt, liegt im Umfang der übertragenen stillen Reserven eine verdeckte Gewinnausschüttung vor, die in Anwendung der für die Einkommensteuer maßgeblichen Dreieckstheorie steuerbaren Beteiligungsertrag bei den Anteilsinhabern darstellt. Da mit der Übertragung der stillen Reserven auf die übernehmende Gesellschaft die Ausschüttungssteuerlast grundsätzlich weiterhin besteht, entsteht eine Mehrfachbelastung.[193]

221

Die Steuerneutralität auf Stufe des Anteilsinhabers bezieht sich nur auf die übertragenen stillen Reserven. Steuerkonsequenzen bei den Anteilsinhabern können allenfalls, je nach Verbuchung des für die übertragenen Nettoaktiven bei der übertragenden Gesellschaft ausgebuchten Eigenkapitals bei der übernehmenden Gesellschaft entstehen.[194] Entscheidend ist dabei die Frage, ob die Summe der übrigen Reserven (nicht KER) vor und nach der Spaltung gleich hoch bleibt. Nimmt die Summe der übrigen Reserven (nicht KER) ab, liegt im entsprechenden Umfang steuerbarer Beteiligungsertrag bei den Anteilsinhabern vor. Eine Abnahme der übrigen Reserven kommt vor, wenn die übernehmende Gesellschaft eine Kapitalerhöhung durchführt, und diese nicht durch eine korrelierende Kapitalherabsetzung bei der übertragenden Gesellschaft oder allenfalls durch Kapitaleinlagereserven (KER) kompensiert wird.[195]

222

(2) Steuerfolgen der Spaltung für Anteilsinhaber der übertragenden Gesellschaft mit Anteilen im Geschäftsvermögen. Das DBG und das StHG sehen vor, dass der Austausch von Beteiligungsrechten im Geschäftsvermögen anlässlich von Umstrukturierungen gemäß Gesetz grundsätzlich zu keiner Realisation der stillen Reserven führt.[196] Einzig bei einer asymmetrischen Spaltung liegt ein formeller Beteiligungstausch vor. Deshalb müssen die einschlägigen gesetzlichen Grundlagen nach dem wirtschaftlichen Gehalt der Transaktion ausgelegt werden.[197] Entsprechend fallen darunter nicht nur der formelle Austausch, sondern ebenfalls der „wirtschaftliche Austausch" und damit jede Form des umstrukturierungsbedingten Austausches. Die Steuerneutralität wird an zwei Bedingungen geknüpft:

223

– Fortbestand der Steuerpflicht in der Schweiz, und
– Übernahme der für die Gewinnsteuer maßgeblichen Werte.

---

[191] Nach Massgabe des Kapitaleinlageprinzips qualifiziert diese geldwerte Leistung grundsätzlich als steuerbarer Beteiligungsertrag, soweit keine Rückzahlung von nominellem Anteilskapital oder Kapitaleinlagereserven (KER) vorliegt.
[192] KS 5/2004 Pkt. 4.3.3.1.
[193] Dies hat die EStV erkannt und lässt eine so genannte Reverslösung zu. Somit können die Anteilsinhaber eine Besteuerung vermeiden, falls sie sich verpflichten, die Gesellschaft, die das Betriebserfordernis nicht erfüllt, innert 5 Jahren nicht zu verkaufen (siehe KS 5/2004 Pkt. 4.3.3.3).
[194] Wie bereits dargelegt, verlangt die EStV, dass ein angemessenes Eigenkapital übertragen wird.
[195] Falls Kapitaleinlagereserven (KER) vorhanden sind, ist die übertragende Gesellschaft grundsätzlich frei zu entscheiden, ob und inwiefern solche übertragen werden sollen. Bei asymmetrischen Spaltungen ist darauf zu achten, dass dies im Spaltungsplan bzw. Spaltungsvertrag geregelt wird.
[196] Art. 19 Abs. 1 lit. c StHG; Art. 61 Abs. 1 lit. c StHG.
[197] *Riedweg/Grünblatt*, RZ 119 zu vor Art. 29 FusG in: Basler Komm. FusG.

224 Beim Fortbestand der Steuerpflicht in der Schweiz stellt sich vor allem die Frage, ob mit dem Spaltungsvorgang ein steuersystematischer Gewinnausweis vorliegt.[198] Die Bedingung der Gewinnsteuerwertfortführung bedeutet, dass die Summe der Gewinnsteuerwerte unverändert bleibt.[199] Umstritten ist jedoch in Lehre und Praxis, wie die Wertverschiebung zwischen den Beteiligungen zu erfassen sei.[200]

c) Emigrationsspaltung

aa) Besteuerung der übertragenden Gesellschaft

225 **(1) Gewinnsteuer.** Die Verwaltungspraxis lässt, ähnlich wie bei der Fusion, einen Steueraufschub zu, sofern die übertragenen Aktiven und Passiven nach der Spaltung in einer schweizerischen Betriebstätte verhaftet bleiben.[201] Der Verweis des Kreisschreibens auf die diesbezüglichen Ausführungen zur Fusion ist jedoch unvollständig, denn anders als bei der Fusion muss für die Gewährung des Steueraufschubes das Doppelbetriebserfordernis erfüllt sein. Für einen Steueraufschub bei einer grenzüberschreitenden Spaltung genügt es somit nicht, dass die übertragenen Aktiven und Passiven als Betriebstätten in der Schweiz verhaftet bleiben. Diese müssen zudem als Betrieb qualifizieren. Obwohl der Betriebstättenbegriff nicht mit dem Betriebsbegriff deckungsgleich ist, ist davon auszugehen, dass in der Praxis beim Vorhandensein einer Betriebstätte nach der Spaltung die Übertragung eines Betriebs vermutet werden kann. In diesem Sinne würde die Übertragung einer Liegenschaft, die nicht als Betriebsliegenschaft qualifiziert, zu einer Abrechnung auf den stillen Reserven führen, da die Liegenschaft das Betriebserfordernis nicht erfüllen würde.

226 Falls nur die übertragende Gesellschaft das Betriebserfordernis nicht erfüllt, führt dies gemäß Verwaltungspraxis nicht zu einer Abrechnung auf den übertragenen stillen Reserven, sondern zu einer Abrechnung auf den bei dieser verbleibenden stillen Reserven.[202] Sollte jedoch der übertragene Betrieb nach der Spaltung keine Betriebstätte in der Schweiz darstellen, würde dies bei konsequenter Anwendung der entsprechenden Verwaltungspraxis bedeuten, dass sowohl auf den übertragenen Aktiven und Passiven, als auch auf den bei der übertragenden Gesellschaft verbliebenen Aktiven und Passiven steuerlich abzurechnen wäre, was einer steuerlichen Totalliquidation gleichkommen würde. Diese überschießende Steuerfolge lässt sich kaum mit Sinn und Zweck einer Umstrukturierungsnorm rechtfertigen.

227 **(2) Verrechnungssteuer.** Ähnlich wie bei der Emigrationsfusion kommt die Norm für Umstrukturierungen nicht zur Anwendung, weil die übernehmende Gesellschaft keine inländische Gesellschaft ist.[203] Bei der Spaltung wird jedoch die übertragende Gesellschaft nicht aufgelöst, so dass hier die Liquidationsfiktion nach Maßgabe der entsprechenden Entstrickungsnorm nicht greift. Die Emigrationsspaltung als Entreicherungstatbestand wird somit für die Verrechnungssteuer wie eine normale verdeckte Gewinnausschüttung

---

[198] In diesem Zusammenhang stellt sich die Frage, ob eine Änderung der Voraussetzungen der Anwendung des Beteiligungsabzuges ähnlich wie bei der Fusion als steuersystematischer Gewinnausweis qualifiziert. Kritisch dazu *Riedweg/Grünblatt* RZ 128 zu vor Art. 29 FusG in: Basler Komm. FusG.
[199] *Riedweg/Grünblatt*, RZ 120 zu vor Art. 29 FusG in: Basler Komm. FusG.
[200] Einerseits wird die Meinung vertreten, dass eine Aufwertung der Beteiligung an der übernehmenden Gesellschaft nur insoweit stattfinde, als eine Abschreibung auf der Beteiligung an der übertragenden Gesellschaft erforderlich sei (entspricht auch der Meinung der Eidgenössischen Steuerverwaltung). Eine andere Meinung geht davon aus, dass eine Aufteilung der Buchwerte bzw. Gewinnsteuerwerte auf jeden Fall erfolgen müsse und zwar im Verhältnis der Verkehrswerte.
[201] KS 5/2004 Pkt. 4.3.3.3 in fine iVm. Pkt. 4.1.2.3.9.
[202] Siehe Kritk dazu vorstehend I.2.f)aa) Rn. 138.
[203] Art. 5 Abs. 1 lit. a VStG.

behandelt. Für die Bemessung der Entreicherung wird auf die Veräußerungswerte der übertragenen Aktiven und Passiven abgestellt. Somit unterliegt die Differenz zwischen den Veräußerungswerten und Buchwerten der übertragenen Aktiven und Passiven der Verrechnungssteuer. Allerdings wären eine allfällige Kapitalherabsetzung und übertragene Kapitaleinlagereserven (KER) von der Bemessungsgrundlage der Verrechnungssteuer abzuziehen.

Bei verdeckten Gewinnausschüttungen findet für die Verrechnungssteuer grundsätzlich 228 die so genannte Direktbegünstigtentheorie Anwendung. Die Verwaltungspraxis will diese Theorie jedoch nur bei der inländischen Spaltung anwenden.[204] Für grenzüberschreitende Spaltungen wird auf die Ausführungen bezüglich der Emigrationsfusion verwiesen, wonach die Anteilsinhaber der übertragenden Gesellschaft als Leistungsempfänger qualifizieren.[205]

Ausländische Kapitalgesellschaften, die Anteile an der übertragenden Gesellschaft halten, 229 können eine Entlastung von der Verrechnungsteuer an der Quelle beanspruchen, sofern die entsprechenden Voraussetzungen erfüllt sind. Für inländische Kapitalgesellschaften gilt die Entlastung an der Quelle nur bei Barausschüttungen.[206] Ansonsten stellt sich die Frage, ob das Meldeverfahren beansprucht werden kann.[207] Nach Maßgabe von Art. 24 Abs. 1 lit. c VStV kann bei Naturaldividenden das Meldeverfahren beansprucht werden (sofern die übrigen Voraussetzungen erfüllt sind).[208] Gemäß Verwaltungspraxis werden verdeckte Ausschüttungen von Sachwerten der Naturaldividende gleichgestellt (obwohl bei der verdeckten Gewinnausschüttung kein Ausschüttungsbeschluss der Generalversammlung vorliegt). Demzufolge ist bei Emigrationsspaltungen das Meldeverfahren grundsätzlich anwendbar.[209]

bb) Besteuerung der Anteilsinhaber der übertragenden Gesellschaft

(1) Anteilsinhaber mit Ansässigkeit in der Schweiz. Privatvermögen: Nach 230 Maßgabe des Kapitaleinlageprinzips liegt steuerbarer Beteiligungsertrag vor, sofern die übrigen Reserven (nicht KER) der übertragenden Gesellschaft nicht vollumfänglich auf die übernehmende Gesellschaft übergehen.[210] Die Besteuerung erfolgt unabhängig davon, ob auf Stufe der übertragenden Gesellschaft die Emigrationsspaltung gewinnsteuerneutral erfolgt oder nicht.

Zudem stellt sich die Frage auf Stufe der Anteilsinhaber, inwiefern die Gewinnsteuer- 231 neutralität auf Stufe der übertragenden Gesellschaft relevant ist. Gemäß Verwaltungspraxis hängt bei Spaltungen die Steuerneutralität auf Stufe der Anteilsinhaber von der Steuerneutralität auf Stufe der übertragenden Gesellschaft ab. Auf die Emigrationsspaltung übertragen würde dies bedeuten, dass neben dem doppelten Betriebserfordernis die übertragenen stillen Reserven nach der Spaltung weiterhin einer schweizerischen Betriebstätte verhaftet bleiben müssten. Dies würde zu einer Ungleichbehandlung gegenüber der Sitzverlegung bzw. der Emigrationsfusion führen, bei der die Übertragung von stillen Reserven über die Grenze, trotz steuersystematischer Realisation auf Stufe Gesellschaft, keine

---

[204] KS 5/2004 Pkt 4.3.4.1.
[205] Die EStV begründet diesen Ansatz damit, dass Emigrationstatbestände (Fusion und Spaltung) wie Sitzverlegungen zu behandeln seien (vgl. *Lissi*, Gewinnausschüttungen, S. 199)
[206] Vgl. dazu iE Rn. 142 und Rn. 125.
[207] Vgl. dazu iE Rn. 127 f.
[208] Art. 24 Abs. 1 lit. c VStV. Die Rechtfertigung für das Meldeverfahren bei Naturaldividenden liegt darin, dass bei Ausschüttungen von Aktiven ohne Geldcharakter die Verrechnungssteuer nicht auf den Leistungsempfänger überwälzt werden kann, indem sie vom Bruttobetrag abzogen wird.
[209] Vgl. *Baumgartner*, RZ 37 zu Art. 20 VStG in: Komm. VStG.
[210] Vgl. dazu iE vorstehend Rn. 145.

Einkommensteuerfolgen bei den Anteilsinhabern zeitigt. Gedanklich müsste eine Emigrationsspaltung in zwei Schritte zerlegt werden. Zuerst findet eine inländische Spaltung statt mit anschließender Sitzverlegung der übernehmenden Gesellschaft ins Ausland. Somit wird ersichtlich, dass die Einkommensteuerfolgen auf Stufe der Anteilsinhaber nicht davon abhängig gemacht werden dürfen, ob die stillen Reserven weiterhin mit der Schweiz verknüpft sind oder nicht.[211] Es gibt keinen Grund bezüglich der Einkommenssteuer die Emigrationsfusion anders als die Immigrationsfusion zu behandeln.

232 **Geschäftsvermögen:** Bei der Emigrationsspaltung stellen sich keine besonderen Probleme gegenüber der inländischen Spaltung. Es kann somit auf den entsprechen Abschnitt verwiesen werden.[212]

233 **(2) Anteilsinhaber mit Ansässigkeit im Ausland.** Aus schweizerischer Sicht stellt sich für ausländische Anteilsinhaber lediglich die Frage, ob eine Rückerstattung bzw. eine Entlastung an der Quelle von der schweizerischen Verrechnungssteuer möglich ist, wenn diese auf Grund des Spaltungsvorganges geschuldet war. Diese Frage lässt sich nur nach Maßgabe eines mit der Schweiz abgeschlossenen anwendbaren Doppelbesteuerungsabkommens oder auf Grund von Art. 15 Zinsbesteuerungsabkommen beantworten.

234 **cc) Weitere Steueraspekte.** Für die Grundstückgewinnsteuer und die Mehrwertsteuer siehe die diesbezüglichen Ausführungen bei der Fusion.[213]

d) Immigrationsspaltung

235 Auf Stufe der übernehmenden (schweizerischen) Gesellschaft stellt sich die Frage, zu welchem Wert die übertragenen Aktiven und Passiven zu verbuchen sind. Wie bei der Immigrationsfusion sollte eine Verbuchung zum Verkehrswert unabhängig davon möglich sein, ob die stillen Reserven auf den Aktiven und Passiven im Emigrationsstaat besteuert wurden oder nicht.[214]

236 Falls bei der übernehmenden Gesellschaft eine Kapitalerhöhung vorgenommen wird, kann eine Befreiung von der Emissionsabgabe von 1% erlangt werden. Da die Verwaltungspraxis eine Befreiung von der Emissionsabgabe von der gewinnsteuerlichen Neutralität abhängig macht, ist davon auszugehen, dass auch bei der Immigrationsspaltung das doppelte Betriebserfordernis erfüllt sein muss[215] (obwohl die gewinnsteuerliche Behandlung bei der übertragenden (ausländischen) Gesellschaft bei Immigrationstatbeständen aus schweizerischer Sicht keine Rolle spielt). Das Erfordernis der Übertragung zu Buchwerten erscheint bei einer Immigrationsspaltung nicht sinnvoll, da bei dieser die fiskalische bzw. territoriale Verknüpfung der stillen Reserven aus schweizerischer Sicht nicht relevant ist. Auch wenn das doppelte Betriebserfordernis erfüllt ist, ist gemäß Verwaltungspraxis die Höhe der Befreiung beschränkt.[216] Falls das doppelte Betriebserfordernis nicht erfüllt ist,

---

[211] Der im KS 5/2004 Pkt. 4.3.3.3. *in fine* enthaltene Verweis auf die Emigrationsfusion bezüglich der Einkommensteuerfolgen legt denselben Schluss nahe. Denn bei der Emigrationsfusion wird trotz Liquidationsfiktion auf Stufe der Gesellschaft angenommen, dass kein Realisationstatbestand bezüglich der Einkommenssteuer bei den Anteilsinhabern vorliege. Wenn die Verlagerung von stillen Reserven ins Ausland für die Einkommenssteuer bei der Emigrationsfusion irrelevant ist, muss dasselbe konsequenterweise auch für die Emigrationsspaltung gelten.
[212] Vgl. dazu iE Rn. 223 f.
[213] Vgl. dazu iE Rn. 149 ff.
[214] Vgl. dazu iE Rn. 159.
[215] KS 5/2004 Pkt. 4.3.5.
[216] Für die Berechnung des zulässigen Nominalkapitals wird auf die Natur der übertragenen Aktiven abgestellt (gem. Kreisschreiben Nr. 6/1997).

ist zwar die Emissionsabgabe geschuldet, jedoch nicht auf dem Verkehrswert der übertragenen Aktiven und Passiven, sondern lediglich im Umfang des neu geschaffenen Nominalkapitals.[217]

Für die in der Schweiz ansässigen Anteilsinhaber an der übertragenden Gesellschaft stellen sich aus einkommens- bzw. gewinnsteuerlicher Sicht die gleichen Fragen wie bei einer Immigrationsfusion.[218] Zudem können allfällige ausländische Quellensteuern nur nach Maßgabe eines anwendbaren Doppelbesteuerungsabkommens bzw. des Art. 15 Zinsbesteuerungsabkommen zurückgefordert werden.

237

---

[217] KS 5/2004, Pkt. 4.3.5. Die Eidgenössische Steuerverwaltung wendet konsequenterweise die auch für die Emissionsabgabe geltende Direktbegünstigtentheorie an. Demnach unterliegen grundsätzlich Vorteilszuwendungen zwischen Schwester- bzw. Parallelgesellschaften (mit Ausnahme von Sanierungsspaltungen) nicht der Emissionsabgabe. Falls mit der Vorteilszuwendung neues nominelles Aktienkapital liberiert wird, ist somit die Emissionsabgabe nur auf dem nominellen Kapital geschuldet, wobei die Freigrenze von CHF 1 Million beansprucht werden kann. Somit ist es umso mehr inkohärent, dass bei Emigrationsspaltungen die Dreieckstheorie und nicht die Direktbegünstigtentheorie angewendet wird.

[218] Vgl. dazu iE I.2.g)dd) Rn. 163.

B. Niederlande

Bearbeiter: Prof. Dr. Ton **Stevens**, Alberta **de Vries**, Gerco **van Eck**

Gliederung

	Rz.
I. Grenzüberschreitende Verschmelzungen mit einer niederländischen Gesellschaft	1–131
1. Gesellschaftsrecht	1–95
a) Anwendbare Regeln	1–5
b) Mögliche beteiligte Rechtsträger	6–11
c) Verfahren einer (Hinein-)Verschmelzung einer deutschen Gesellschaft in eine niederländische Gesellschaft	12–78
aa) Das Verfahren	12–20
(1) Die Vorbereitungsphase	13, 14
(2) Die Veröffentlichungsphase	15–19
(3) Die Ausführungsphase	20
bb) Erweitertes und vereinfachtes Verschmelzungsverfahren	21, 22
cc) Verschmelzungsplan	23–33
dd) Verschmelzungsbericht	34–38
ee) Gesellschaftliches Mitbestimmungsrecht der Arbeitnehmer	39–46
ff) Gläubigerschutz	47
gg) Umtauschverhältnis	48–51
hh) Verschmelzungsprüfung	52–57
ii) Änderungen der Aktiva und Passiva	58–60
jj) Beschlussfassung der niederländischen Gesellschaft	61–70
(1) Allgemein	61
(2) Übernehmende Gesellschaft	62
(3) Übertragende Gesellschaft	63–70
kk) Satzungsänderung im Rahmen einer Verschmelzung	71, 72
ll) Gründung bei der Verschmelzung	73
mm) Inkrafttreten einer grenzüberschreitenden rechtlichen Verschmelzung	74
nn) Formalitäten für die Registrierung der grenzüberschreitenden Verschmelzung	75–78
d) Verfahren einer (Hinaus-)Verschmelzung einer niederländischen Gesellschaft auf eine deutsche Gesellschaft	79–95
aa) Schutz der Minderheitsgesellschafter	80–89
bb) Bare Zuzahlungen	90
cc) Verschmelzungsprüfung	91, 92
dd) Übertragende Gesellschaft	93
ee) Rechtliche Folgen des Inkrafttretens der Verschmelzung	94
ff) Eintragung einer grenzüberschreitenden Hinausverschmelzung in das niederländische Handelsregister	95
2. Steuerliche Folgen	96–131
a) Regeln	96, 97
b) Besteuerung auf der Ebene der niederländischen übertragenden Gesellschaft	98–107
aa) Einführung	98
bb) Niederländische ertragssteuerliche Folgen für die übertragende und die übernehmende Gesellschaft	99–104
cc) Niederländische Kapitalertragsteuer, Grunderwerbsteuer und Umsatzsteuer	105–107
c) Besteuerung auf der Ebene der niederländischen übernehmenden Gesellschaft	108–131
aa) Einführung	108

				Rz.
	bb)	Niederländische ertragsteuerliche Folgen für die übertragende und die übernehmende Gesellschaft		109–111
	cc)	Niederländische Kapitalertragsteuer, Grunderwerbsteuer und Umsatzsteuer		112–131
		(1)	Besteuerung auf der Ebene der Gesellschafter – niederländische übertragende Gesellschaft	115–126
		(2)	Besteuerung auf der Ebene der Gesellschafter – niederländische übernehmende Gesellschaft	127–131

II. Grenzüberschreitende Spaltungen mit einer niederländischen Gesellschaft 132–174
  1. Gesellschaftsrecht 132–153
    a) Anwendbare Regeln 132–139
    b) Mögliche beteiligte Rechtsträger 140–142
    c) Vorgang der Spaltung einer deutschen Gesellschaft in eine niederländische Gesellschaft und einer niederländischen Gesellschaft in eine deutsche Gesellschaft 143–153
      aa) Die Vorbereitungsphase 143–149
      bb) Die Veröffentlichungsphase 150
      cc) Die Ausführungsphase 151–153
  2. Steuerliche Folgen 154–174
    a) Anwendbare Regeln 154, 155
    b) Besteuerung auf der Ebene der niederländischen übertragenden Gesellschaft 156–164
      aa) Einführung 156
      bb) Niederländische ertragsteuerliche Folgen für die übertragende und die übernehmende Gesellschaft 157–161
      cc) Niederländische Kapitalertragsteuer, Grunderwerbsteuer und Umsatzsteuer 162–164
    c) Besteuerung auf der Ebene der niederländischen übernehmenden Gesellschaft 165–172
      aa) Einführung 165
      bb) Niederländische ertragsteuerliche Folgen für die übertragende und die übernehmende Gesellschaft 166–169
      cc) Niederländische Kapitalertragsteuer, Grunderwerbsteuer und Umsatzsteuer 170–172
    d) Besteuerung auf der Ebene der Gesellschafter 173, 174
      aa) Niederländische ertragsteuerliche Folgen für die inländischen und die ausländischen Anteilseigner – niederländische übertragende Körperschaft 173
      bb) Niederländische ertragsteuerliche Folgen für die inländischen und die ausländischen Anteilseigner – niederländische übernehmende Körperschaft 174

III. Sonstige grenzüberschreitende Umwandlungsformen 175–193
  1. Gesellschaftsrecht 175–181
    a) Grenzüberschreitende Sitzverlegung und Umwandlung 175–179
    b) Niederländische Praxis 180
    c) Einbringung eines Unternehmens (-teils) in eine ausländische Körperschaft gegen Ausgabe von Geschäftsanteilen 181
  2. Steuerliche Folgen 182–193
    a) Grenzüberschreitende Umwandlung 182–186
    b) Verlegung des Ortes der Geschäftsleitung 187–190
    c) Einbringung eines Unternehmens(teils) in eine ausländische Körperschaft gegen Ausgabe von Geschäftsanteilen 191–193

I. Grenzüberschreitende Verschmelzungen mit einer niederländischen Gesellschaft

1. Gesellschaftsrecht

a) Anwendbare Regeln

1   In den Niederlanden wurde die Zehnte Richtlinie am 15.8.2008 in Band 2 des niederländischen Bürgerlichen Gesetzbuchs („Burgerlijk Wetboek", nachfolgend abgekürzt NL-BGB) umgesetzt. Nach niederländischem Recht ist die Systematik einzuhalten, wonach zuerst die nationale Verschmelzungsregelung auf die niederländischen Gesellschaften für anwendbar erklärt wird, die an der grenzüberschreitenden Verschmelzung beteiligt sind – einschließlich der Bestimmungen im Hinblick auf das Beschlussfassungsverfahren und den Gläubigerschutz – und dass außerdem die besonderen Vorschriften gem. Abteilung 2.7.3A NL-BGB im Zusammenhang mit dem grenzüberschreitenden Charakter der grenzüberschreitenden Verschmelzung zu befolgen sind (s. nachstehend unter Rn. 12 ff.).

2   Vorsorglich wird darauf hingewiesen, dass die niederländische nationale Verschmelzungsregelung grundsätzlich nicht auf die nicht niederländischen Gesellschaften angewendet zu werden braucht, die an der grenzüberschreitenden Verschmelzung beteiligt sind.[1]

3   Aus der niederländischen Perspektive kann unterschieden werden zwischen einer grenzüberschreitenden Hineinverschmelzung und einer grenzüberschreitenden Hinausverschmelzung. Der Begriff der Hineinverschmelzung bezieht sich auf eine Verschmelzung, bei der eine nicht niederländische Gesellschaft von einer niederländischen Gesellschaft aufgenommen wird (s. nachstehend unter Rn. 12 ff.), während sich der Begriff der Hinausverschmelzung auf eine Verschmelzung bezieht, bei der eine niederländische Gesellschaft von einer nicht niederländischen Gesellschaft aufgenommen wird (s. nachstehend unter Rn. 79 ff.).

4   Nachfolgend werden wir uns beschränken auf die Regelung in Bezug auf die grenzüberschreitende Verschmelzung der Aktiengesellschaft niederländischen Rechts („naamloze vennootschap", nachfolgend abgekürzt N.V.) und der Gesellschaft mit beschränkter Haftung niederländischen Rechts („besloten vennootschap met beperkte aansprakelijkheid", nachfolgend abgekürzt B.V.), die gemeinsam mit der N.V. nachfolgend auch als „Gesellschaft" oder „Gesellschaften" bezeichnet werden, mit einer Kapitalgesellschaft nach deutschem Recht (einer GmbH oder AG; vgl. Art. 2:333c Abs. 1 des niederländischen Bürgerlichen Gesetzbuchs, nachfolgend abgekürzt als „NL-BGB").

5   Nachfolgend wird unter Rn. 6 ff. beschrieben, welche niederländischen juristischen Personen an einer grenzüberschreitenden Verschmelzung beteiligt sein können. Unter Rn. 12 ff. wird anschließend ausführlicher das Verfahren für eine grenzüberschreitende Hineinverschmelzung behandelt, sodann wird unter Rn. 79 ff. auf die für eine grenzüberschreitende Hinausverschmelzung geltenden Regelungen und Vorschriften eingegangen, die sich von einer grenzüberschreitenden Hineinverschmelzung unterscheiden.

b) Mögliche beteiligte Rechtsträger

6   Die niederländische gesetzliche Regelung ist dann anwendbar, wenn eine N.V. – worunter auch (i) die N.V., bei der es sich um einen Anlagefonds im Sinne des niederländi-

---

[1] Eine detailliertere Analyse des auf eine grenzüberschreitende Verschmelzung anwendbaren Rechts ist zu entnehmen: *G.C. van Eck* und *E.R. Roelofs*, Ranking the Rules Applicable to Cross-Border Mergers, European Company Law (2011), Nr. 1, S. 17–22.

schen Finanzaufsichtsgesetzes („Wet op het financieel toezicht") handelt, deren Teilnahmerechte auf Ersuchen der Teilnehmer direkt oder indirekt angekauft oder zu Lasten der Aktiva der Einrichtung rückerstattet werden, und (ii) die SE zu verstehen sind –, eine B.V. oder eine europäische Genossenschaft (oder SCE) mit einer Kapitalgesellschaft oder Genossenschaft nach dem Recht eines anderen Mitgliedsstaats der EU oder des EWR verschmilzt (EU-Mitgliedsstaaten und zusätzlich Norwegen, Liechtenstein und Island; Art. 2:333b NL-BGB). Das niederländische Gesetz bietet (noch) keine Möglichkeit zu einer grenzüberschreitenden Verschmelzung für andere juristische Personen als Kapitalgesellschaften bzw. mit Gesellschaften, die dem Recht eines Nicht-EU-Mitgliedsstaats oder eines Nicht-EWR-Mitgliedsstaats unterliegen.

Die nationale Verschmelzungsregelung sieht in Art. 2:310 Abs. 4 NL-BGB bestimmte 7 Varianten für die Verschmelzung zwischen voneinander unterschiedlichen juristischen Personen vor (wie beispielsweise die Verschmelzung einer N.V. in eine Stiftung, die alle ihre Anteile behält). Eine grenzüberschreitende Verschmelzung zwischen voneinander unterschiedlichen juristischen Personen ist jedoch nicht möglich. Dies geht aus der beschränkenden Auflistung in Art. 2:333b und Art. 2:333c NL-BGB von juristischen Personen, die an einer grenzüberschreitenden Verschmelzung beteiligt sein können, hervor. Eine grenzüberschreitende Verschmelzung zwischen beispielsweise einer deutschen Aktiengesellschaft und einer niederländischen Stiftung, die alle ihre Anteile behält, ist aufgrund der niederländischen Gesetzgebung nicht möglich.

Die niederländische Gesetzgebung in Bezug auf grenzüberschreitende Verschmelzungen sieht entsprechend der Zehnten Richtlinie die Möglichkeit einer grenzüberschreitenden Verschmelzung auf dem Wege der Übernahme und auf dem Wege der Gründung vor. Außerdem ist in der niederländischen Gesetzgebung auch die Möglichkeit zu einer grenzüberschreitenden Dreieck-Hineinverschmelzung vorgesehen. 8

Bei der Umsetzung der Dritten Richtlinie (jetzt RL 2011/35/EU) in Bezug auf die 9 innerstaatliche Verschmelzung hat der niederländische Gesetzgeber die Möglichkeit zu einer (innerstaatlichen) Dreieck-Verschmelzung geschaffen.[2] Die Dreiecks-Verschmelzung ist geregelt in Art. 2:333a Abs. 1 NL-BGB. Bei einer Dreiecks-Verschmelzung werden die Gesellschafter der übertragenden Gesellschaft keine Gesellschafter der übernehmenden Gesellschaft, sondern Gesellschafter einer Konzerngesellschaft der übernehmenden Gesellschaft. Dabei kann es sich beispielsweise um die Muttergesellschaft der übernehmenden Gesellschaft handeln. Die Konzerngesellschaft gilt im Rahmen einer Dreiecks-Verschmelzung neben der übertragenden Gesellschaft und der übernehmenden Gesellschaft als verschmelzende Gesellschaft, auch wenn kein Vermögensübergang auf die Konzerngesellschaft stattfindet. Der Vorteil der Dreiecks-Verschmelzung besteht darin, dass die bestehende Gesellschafterbeziehung zwischen der Konzerngesellschaft und der übernehmenden Gesellschaft unberührt bleibt und eine ggf. bestehende Organschaft für steuerliche Zwecke zwischen der Konzerngesellschaft und der übernehmenden Gesellschaft intakt bleibt.

Eine Dreiecks-Verschmelzung kann auch grenzüberschreitend durchgeführt werden. 10 Dies ist dann der Fall, wenn die übertragende Gesellschaft vom Recht eines anderen Mitgliedsstaats beherrscht wird und das Recht des Mitgliedsstaats, das auf die übernehmende Gesellschaft und die Konzerngesellschaft, die den Gesellschaftern der übertragenden Gesellschaft Anteile gewährt, anwendbar ist. Weder die Zehnte Richtlinie noch die Dritte Richtlinie enthalten Bestimmungen, aufgrund derer die Mitgliedsstaaten dazu verpflichtet sind, die Dreiecks-Verschmelzung in ihrer Gesetzgebung zu regeln. Die Niederlande haben bei der Umsetzung der Zehnten Richtlinie jedoch die Gelegenheit aufgegriffen, um

---

[2] *E.R. Roelofs*, Richtlijn 2011/35/EU vervangt Derde richtlijn (Richtlijn 78/855/EEG), (RL 2011/35/EU ersetzt Dritte Richtlinie – RL 78/855/EWG), in: Ondernemingsrecht 2011/13, S. 481–482.

die grenzüberschreitende Dreieck-Verschmelzung im Gesetz festzulegen (Art. 2:333c Abs. 3 NL-BGB).

11 Dabei wurde nur die – aus der niederländischen Perspektive gesehen – grenzüberschreitende Dreiecks-Hineinverschmelzung gesetzlich verankert: sowohl die übernehmende Gesellschaft als auch die Gesellschaft, die den Gesellschaftern der übertragenden Gesellschaft die Anteile gewährt – die Konzerngesellschaft –, müssen in den Niederlanden niedergelassene Gesellschaften sein. Wahrscheinlich hat der Gesetzgeber damit bezweckt, dass die übernehmende Gesellschaft und die Gesellschaft, die Anteile gewährt, vom niederländischen Recht beherrscht werden und folglich ihren satzungsmäßigen Sitz in den Niederlanden haben müssen, was nach der in den Niederlanden üblichen Gründungsdoktrin zur Anwendbarkeit des niederländischen Rechts führt. Zur Verwirklichung einer grenzüberschreitenden Dreiecks-Hineinverschmelzung muss es das auf die übertragende Gesellschaft anwendbare Recht zulassen, dass die Gesellschafter der übertragenden Gesellschaft Gesellschafter der Konzerngesellschaft der übernehmenden Gesellschaft und nicht der übernehmenden Gesellschaft selbst werden. Anders ausgedrückt: das auf die übernommene Gesellschaft anwendbare nationale Fusionierungsrecht des Mitgliedsstaats muss Dreiecksfusionierungen bei nationalen Fusionierungen gestatten, damit eine Gesellschaft – die vom Recht des jeweiligen Mitgliedsstaats beherrscht wird – als Partei bei einer grenzüberschreitenden Dreieckfusionierung auftreten kann.

c) Verfahren einer (Hinein-)Verschmelzung einer deutschen Gesellschaft in eine niederländische Gesellschaft

12 **aa) Das Verfahren.** Auf das Verfahren für grenzüberschreitende Verschmelzung von Gesellschaften sind neben den Vorschriften entsprechend Abteilung 2.7.3A NL-BGB außerdem die allgemeinen Bestimmungen über Verschmelzungen (Abteilung 2.7.1 und 2.7.2 NL-BGB) sowie die besonderen Bestimmungen für Verschmelzungen von N.V. und B.V. (Abteilung 2.7.3 NL-BGB) anzuwenden (Art. 2:308 Abs. 2 i.V.m. 2:333b NL-BGB). In diesem Verfahren können verschiedene Phasen unterschieden werden: (i) die Vorbereitungsphase, (ii) die Veröffentlichungsphase und (iii) die Ausführungsphase. Diese Phasen werden nachfolgend schrittweise behandelt.

13 **(1) Die Vorbereitungsphase.** Als erster Schritt im Verfahren für grenzüberschreitende Verschmelzungen erstellen die Leitungsgremien der verschmelzenden Gesellschaften einen gemeinsamen Verschmelzungsplan. Auf den Inhalt dieses Verschmelzungsplans wird nachstehend noch ausführlich eingegangen. Die Aufsichtsräte müssen diesen Verschmelzungsplan genehmigen, woraufhin dieser abschließend von allen Mitgliedern der Leitungsgremien und des Aufsichtsrats unterzeichnet werden muss.

14 Danach erstellt das Leitungsgremium jeder verschmelzenden Gesellschaft eine gesonderte Erläuterung zum Verschmelzungsplan. Aufgrund von Art. 2:313 NL-BGB beschreibt das Leitungsgremium darin die Gründe für die Verschmelzung mit einer Erklärung der zu erwartenden Folgen für die Tätigkeiten und gibt eine Erläuterung der grenzüberschreitenden Verschmelzung aus rechtlicher, wirtschaftlicher und sozialer Perspektive. Falls alle Gesellschafter der verschmelzenden Gesellschaften damit einverstanden sind, kann eine Erläuterung des Verschmelzungsplans unterbleiben (Art. 2:313 Abs. 4 NL-BGB).

15 **(2) Die Veröffentlichungsphase.** Jede verschmelzende Gesellschaft hinterlegt anschließend beim Handelsregister der Handelskammern den Verschmelzungsplan sowie:

(a) die letzten drei festgestellten Jahresabschlüsse bzw. anderen Finanzausweise der verschmelzenden Gesellschaften, mitsamt (sofern gesetzlich vorgeschrieben) dem darauf

erteilten Bestätigungsvermerk, insofern diese Unterlagen zur Einsichtnahme liegen bzw. liegen müssen;
(b) die Jahresberichte der verschmelzenden Gesellschaften über die letzten drei abgeschlossenen Jahre, insofern diese Unterlagen zur Einsichtnahme liegen bzw. liegen müssen;
(c) zwischenzeitliche Vermögensübersichten oder nicht festgestellte Jahresabschlüsse, sofern vorgeschrieben, und
(d) im Falle des erweiterten Verfahrens (s. u.): die Bestätigungsvermerke gem. Art. 2:328 NL-BGB.

Gleichzeitig mit der Hinterlegung der oben erwähnten Unterlagen in der Geschäftsstelle des Handelsregisters legt das Leitungsgremium jeder Gesellschaft die folgenden Unterlagen in der Geschäftsstelle der Gesellschaft aus: 16

(a) die obigen Unterlagen, einschließlich der Jahresabschlüsse und Jahresberichte, die nicht zur öffentlichen Einsichtnahme auszuliegen brauchen;
(b) die Erläuterung(en) zum Verschmelzungsplan (falls darauf nicht gem. Art. 2:313 Abs. 4 NL-BGB verzichtet wurde);
(c) insofern anwendbar: schriftliche Empfehlungen oder Hinweise, die vom Betriebsrat oder einem Arbeitnehmerverband eingereicht wurden, und
(d) im Falle des erweiterten Verfahrens (s. u. Rn. 21), und sofern die Gesellschafter nicht darauf verzichtet haben, den Bericht eines Wirtschaftsprüfers über das Umtauschverhältnis.

Während die in der Geschäftsstelle des Handelsregisters hinterlegten Unterlagen für jedermann ausliegen, liegen die in der Geschäftsstelle der Gesellschaft hinterlegten Unterlagen nur aus zur Einsichtnahme seitens (i) der Gesellschafter, (ii) der Inhaber von mit Mitwirkung einer N.V. ausgegebenen Zertifikaten für ihre eigenen Aktien, (iii) Versammlungsberechtigte im Sinne von Art. 2:227 Abs. 2 NL-BGB – also die Inhaber von Zertifikaten, mit denen kraft Satzung ein Versammlungsrecht verbunden wurde, Gesellschafter, die aufgrund eines Pfand- oder Nießbrauchsrechts kein Stimmrecht besitzen, Nießbrauchsrechts- und Pfandinhaber, die ein Stimmrecht besitzen, und Nießbrauchsrechts- und Pfandinhaber, die kein Stimmrecht besitzen und für die in der Satzung bestimmt wurde, dass sie ein Stimmrecht besitzen und bei der Bestellung oder Übertragung des Nießbrauchs- oder Pfandrechts keine anderslautenden Bestimmungen getroffen wurden – sowie (iv) für alle Personen, die der Gesellschaft gegenüber besondere Rechte haben, beispielsweise ein Recht auf Gewinnausschüttung oder auf die Übernahme von Geschäftsanteilen. Weiterhin liegt die schriftliche Erläuterung zur Einsichtnahme des Betriebsrats aus, bzw. wenn das von der Gesellschaft geführte Unternehmen keinen Betriebsrat besitzt, zur Einsichtnahme der Arbeitnehmer der Gesellschaft (Art. 2:333f NL-BGB). 17

Die verschmelzenden Gesellschaften kündigen in einer in den Niederlanden landesweit verbreiteten Tageszeitung an, dass die Verschmelzungsunterlagen hinterlegt wurden, wobei die Handelsregister, bei denen diese ausliegen, sowie die Adresse der Gesellschaften (bzw. in Ermangelung einer solchen Adresse die Adresse des Mitglieds/der Mitglieder der Leitungsgremien, bei denen sie zur Einsichtnahme ausliegen) angegeben werden. Weiterhin muss aufgrund von Art. 2:333e NL-BGB außerdem für die verschmelzenden Gesellschaften Folgendes im (niederländischen) Staatsanzeiger („Staatscourant") angekündigt werden: 18

(a) Rechtsform, Firma und satzungsmäßiger Sitz;
(b) Bezeichnung in dem Register bzw. Eintragungsnummer bei dem Register, in dem die Angaben bezüglich der verschmelzenden Gesellschaften eingetragen sind, und

(c) die Regelungen, nach denen die Rechte von Minderheitsgesellschaftern und Gläubigern ausgeübt werden, sowie die Adresse, an der sie unentgeltlich vollständige Auskünfte über diese Rechte einholen können.

19   Während eines Monats nach dieser Ankündigung können Gläubiger Einspruch gegen die geplante Verschmelzung einlegen (Art. 2:316 Abs. 2 NL-BGB). Dieser Zeitraum beginnt bereits mit der Ankündigung in einer Tageszeitung mit landesweiter Verbreitung, also nicht erst mit der Veröffentlichung der Angaben der verschmelzenden Gesellschaften im Staatsanzeiger („Staatscourant").[3]

20   **(3) Die Ausführungsphase.** Nach Ablauf eines Monats nach der oben erwähnten Ankündigung in einer Tageszeitung mit landesweiter Verbreitung können die befugten Gremien der verschmelzenden Gesellschaften den Beschluss zur grenzüberschreitenden Verschmelzung fassen. Grundsätzlich kann der entsprechende Beschluss von den Gesellschafterversammlungen getroffen werden; unter bestimmten Bedingungen ist auch das Leitungsgremium der übernehmenden Gesellschaft dazu befugt, den Verschmelzungsbeschluss zu fassen (Art. 2:331 Abs. 1 NL-BGB). Anschließend wird die Verschmelzung mittels einer notariellen Beurkundung vollzogen. Diese darf nur innerhalb von sechs Monaten nach der Ankündigung der Hinterlegung der oben erwähnten Unterlagen in der Tageszeitung mit (in den Niederlanden) landesweiter Verbreitung errichtet werden. Innerhalb von acht Tagen nach Errichtung der Verschmelzungsurkunde muss die Verschmelzung durch die Hinterlegung einer Abschrift der Urkunde mit der sog. „voetverklaring" (notarieller Vermerk am Fuß der Urkunde über die Nichtanwendbarkeit bzw. die Erfüllung des kommunalen Vorkaufsrechts) bei den jeweiligen Handelsregistern eingetragen werden.

21   **bb) Erweitertes und vereinfachtes Verschmelzungsverfahren.** Die in das innerstaatliche Recht der Mitgliedsstaaten in Bezug auf die bei innerstaatlichen Verschmelzungen zu befolgenden Verfahren aufgenommenen Ausnahmen gelten auch für grenzüberschreitende Verschmelzungen. Das niederländische Recht unterscheidet zwischen dem sog. „vereinfachten Verfahren" und dem „erweiterten Verfahren". Das vereinfachte Verfahren gilt für Verschmelzungen zwischen einer übernehmenden Muttergesellschaft und einer übertragenden Tochtergesellschaft, von der die Muttergesellschaft alle Geschäftsanteile besitzt („Mutter-Tochter-Verschmelzung"). Das vereinfachte Verfahren gilt außerdem auch für Verschmelzungen zwischen Gesellschaften, deren Geschäftsanteile vollständig von einer natürlichen Person oder juristischen Person gehalten werden, die sog. „Schwester-Verschmelzung" (Art. 2:333 Abs. 1 und 2 NL-BGB). Diese Verschmelzungsvarianten werden auch als „Konzernverschmelzungen" bezeichnet. Beim vereinfachten Verfahren können bestimmte Formalitäten unterbleiben. Sowohl im Verschmelzungsplan als auch in der dazugehörigen Erläuterung sind weniger Informationen ausreichend (Art. 2:326 NL-BGB [in Bezug auf zusätzliche Angaben, die im Verschmelzungsplan enthalten sein müssen] und Art. 2:327 NL-BGB [in Bezug auf zusätzliche Angaben, die in der Erläuterung zum Verschmelzungsplan enthalten sein müssen] sind dann nicht anwendbar). Außerdem besteht dann nicht die Verpflichtung, einen Wirtschaftsprüfer hinzuzuziehen (so entfällt die Erklärung eines Wirtschaftsprüfers in Bezug auf (i) die Angemessenheit des Umtauschverhältnisses und (ii) das Eigenkapital der übertragenden Gesellschaft, weil Art. 2:328 NL-BGB nicht anwendbar ist).

---

[3] *E.R. Roelofs*, Het begin van de verzettermijn van schuldeisers bij een grensoverschrijdende fusie, (Beginn der Laufzeit der Einspruchsfrist für Gläubiger bei einer grenzüberschreitenen Verschmelzung), JBN 2011, 35, S. 8–10.

Die Anwendbarkeit eines vereinfachten Verfahrens bei grenzüberschreitenden Ver- 22
schmelzungen kann zu Fragen Anlass geben, insbesondere wenn die RL 2011/35/EU
unterschiedlich in das auf die verschmelzenden Gesellschaften anwendbare Recht der Mitgliedsstaaten umgesetzt wurde. Das vereinfachte Verfahren bei einer Schwesterverschmelzung entsprechend Art. 2:333 Abs. 2 NL-BGB basiert nicht auf der RL 2011/35/EU.
Somit ist es durchaus möglich, dass das Recht des anderen Mitgliedstaats/der anderen
Mitgliedstaaten, das auf die andere(n) verschmelzende(n) Gesellschaft(en) anwendbar ist,
kein vereinfachtes Verfahren im Fall einer Schwester-Verschmelzung vorsieht. Wenn eine
niederländische Gesellschaft mit einer Schwestergesellschaft verschmilzt, auf die das Recht
eines anderen Mitgliedstaats anwendbar ist, dessen Recht das vereinfachte Verfahren bei
einer Schwesterverschmelzung nicht kennt, sollte vorzugsweise das erweiterte Verfahren
befolgt werden, zumindest jedenfalls für die Gesellschaft, auf die das Recht des jeweiligen
anderen Mitgliedstaats anwendbar ist. Die Nichteinhaltung bestimmter Formalitäten, obwohl nach niederländischem Recht das vereinfachte Verfahren befolgt werden könnte,
kann nämlich dazu führen, dass im anderen Mitgliedstaat nicht alle Formalitäten eingehalten werden und die Verschmelzung darum nicht vollzogen wird oder Mängel im Verschmelzungsverfahren entstehen.

cc) Verschmelzungsplan. Nach dem eventuellen Abschluss eines Verschmelzungsver- 23
trags kann das Verfahren für die grenzüberschreitende Verschmelzung befolgt werden, das
Abteilung 2.7.1, 2.7.2, 2.7.3 und 2.7.3A NL-BGB zu entnehmen ist.

Art. 2:333d NL-BGB enthält eine Auflistung der Angaben, die im gemeinsamen Vor- 24
schlag für eine grenzüberschreitende Verschmelzung mindestens enthalten sein müssen.

Genau wie beim Verschmelzungsplan bei einer innerstaatlichen rechtlichen Verschmel- 25
zung muss der Verschmelzungsplan gemeinsam von den Leitungsgremien der verschmelzenden Gesellschaften erstellt werden (Art. 2:333d i.V.m. 2:312 NL-BGB). In den Verschmelzungsplan für die niederländische verschmelzende Gesellschaft müssen mindestens
sowohl die Angaben entsprechend der Auflistung in Art. 2:312 NL-BGB als auch die Bestimmungen laut Art. 2:326 NL-BGB – welche allgemeine bzw. besondere Bestimmungen
in Bezug auf eine innerstaatliche Verschmelzung von N.V.s und B.V.s enthalten – sowie
die in Art. 2:333d NL-BGB enthaltenen Bestimmungen für grenzüberschreitende Verschmelzungen aufgenommen werden. Trotzdem muss außerdem ein gleichlautender Verschmelzungsplan für alle verschmelzenden Gesellschaften erstellt werden.

Weil es sich dabei um einen gemeinsamen Verschmelzungsplan handelt, muss der Ver- 26
schmelzungsplan auch diejenigen Angaben enthalten, die kraft des auf die anderen verschmelzenden Gesellschaften anwendbaren Rechts erforderlich sind. Aus der niederländischen Perspektive muss der Vorschlag zur grenzüberschreitenden Verschmelzung, an der
eine niederländische Gesellschaft beteiligt ist, mindestens die folgenden Elemente enthalten:

(1) Die Angaben entsprechend Art. 2:312 NL-BGB (die auch für das vereinfachte Verfahren für die innerstaatliche Verschmelzung erforderlich sind):
  (a) die Rechtsform und Firma und der Sitz der zu verschmelzenden Gesellschaften
    sowie der satzungsmäßige Sitz der übernehmenden Gesellschaft;
  (b) die Satzung der übernehmenden Gesellschaft in ihrer derzeitigen Fassung und in
    der nach der Verschmelzung lautenden Fassung, bzw. falls die übernehmende Gesellschaft neu gegründet wird, der Entwurf der Gründungsurkunde;
  (c) welche Rechte oder Vergütungen infolge von Art. 2:320 NL-BGB zu Lasten der
    erwerbenden Gesellschaft denjenigen Personen gewährt werden, die auf andere
    Weise als Mitglied oder Gesellschafter besondere Rechte gegenüber den übertra-

genden Gesellschaften haben, wie Rechte auf eine Gewinnausschüttung oder Rechte zur Übernahme von Geschäftsanteilen, und ab welchem Zeitpunkt;
(d) welche Vorteile im Zusammenhang mit der Verschmelzung einem Mitglied des Leitungsgremiums oder des Aufsichtsrats einer zu verschmelzenden Gesellschaft oder einer anderen Person, die an der Verschmelzung beteiligt ist, gewährt werden;
(e) die Pläne über die Zusammensetzung der Unternehmensleitung und (falls es einen Aufsichtsrat gibt) des Aufsichtsrats nach der Verschmelzung;
(f) für jede der übertragenden Gesellschaften: den Zeitpunkt, an dem die Finanzdaten im Jahresabschluss oder einanderweitiger Finanzausweis der übernehmenden Gesellschaft erfasst werden;
(g) die geplanten Maßnahmen im Zusammenhang mit dem Übergang der Anteilseignerschaft der übertragenden Gesellschaft;
(h) die Pläne in Bezug auf die Fortsetzung oder Beendigung von Tätigkeiten;
(i) wer ggf. den Verschmelzungsbeschluss genehmigen muss;
(j) der Einfluss der Verschmelzung auf den Umfang des Geschäfts-/Firmenwerts und die ausschüttungsfähigen Rücklagen der übernehmenden Gesellschaft.
(2) Die Angaben entsprechend Art. 2:326 NL-BGB (die auch für das erweiterte Verfahren für die innerstaatliche Verschmelzung erforderlich sind):
(a) das Umtauschverhältnis der Geschäftsanteile sowie ggf. der Umfang der kraft des Umtauschverhältnisses anfallenden Zahlungen;
(b) ab welchem Zeitpunkt und in welchem Grad die Gesellschafter der übernommenen Gesellschaften am Gewinn der erwerbenden Gesellschaft beteiligt sein werden;
(c) wie viele Geschäftsanteile ggf. mittels Anwendung von Art. 2:325 Abs. 3 NL-BGB eingezogen werden werden.

27   Am 1.10.2012 sind die Regeln entsprechend Gesetzesentwurf 31 058 und Gesetzesentwurf 32 426 in Kraft getreten.[4] Infolge dessen wurde die Gesetzgebung in Bezug auf die B.V. dahingehend geändert, dass es jetzt möglich ist, dass eine B.V. Geschäftsanteile ohne Stimmrecht oder ohne Gewinnrecht besitzt. In diesem Zusammenhang wurde auch die Gesetzgebung in Bezug auf Verschmelzungen für den Fall abgeändert, dass eine B.V. an der Verschmelzung beteiligt ist. Kraft dieser Änderungen muss auch der Verschmelzungsplan zusätzliche Angaben enthalten, die in Art. 2:326 NL-BGB aufgelistet sind.

28   Dabei geht es um die folgenden Angaben:
(a) die Folgen der Verschmelzung für die Inhaber von stimm- oder gewinnrechtslosen Geschäftsanteilen;
(b) die Höhe der Entschädigung für einen Geschäftsanteil bei Anwendung von Art. 2:330a NL-BGB, und
(c) der Gesamtbetrag, für den unter Anwendung von Art. 2:330a NL-BGB höchstens eine Entschädigung beantragt werden kann.

---

[4] Wet van 18 juni 2012 tot wijziging van Boek 2 van het Burgerlijk Wetboek in verband met de aanpassing van de regeling voor besloten vennootschappen met beperkte aansprakelijkheid (Wet vereenvoudiging en flexibilisering BV-recht) (Gesetz vom 18.6.2012 zur Abänderung von Band 2 des niederländischen Bürgerlichen Gesetzbuchs im Zusammenhang mit der Regelung für Gesellschaften mit beschränkter Haftung niederländischen Rechts – kurz Gesetz zur Vereinfachung und Flexibilisierung des BV-Rechts) (niederländisches Gesetzblatt ‚Staatsblad' 2012, 299), Wet van 18 juni 2012 tot aanpassing van de wetgeving aan en invoering van de Wet vereenvoudiging en flexibilisering bv-recht (Invoeringswet vereenvoudiging en flexibilisering BV-recht) (Gesetz vom 18.6.2012 zur Anpassung der Gesetzgebung an das Gesetz und Einführung des Gesetzes zur Vereinfachung unn Flexibilisierung des BV-Rechts (kurz Einführungsgesetz zur Vereinfachung und Flexibilisierung des BV-Rechts) (niederländisches Gesetzblatt – Stb. 2012, 300) (Stb. 2012, 301). D.F.M.M. *Zaman*, Die niederländische Flex-BV, GmbHR 19/2012, S. 1062–1066.

(3) In dem Verschmelzungsplan gem. Art. 2:333d NL-BGB (der sich speziell auf die grenzüberschreitende Verschmelzung bezieht) müssen die folgenden Angaben aufgelistet werden:
   (a) die wahrscheinlichen Folgen der Verschmelzung für die Beschäftigung;
   (b) ggf. Informationen über das Verfahren für die Feststellung von Regelungen in Bezug auf die Mitbestimmung an der übernehmenden Gesellschaft entsprechend Art. 2:333k NL-BGB;
   (c) Informationen über die Bewertung der Aktiva und Passiva, die auf die übernehmende Gesellschaft übergehen;
   (d) das Datum des/der zuletzt festgestellten bzw. kraft Art. 2:313 NL-BGB erstellten Jahresabschlusses bzw. zwischenzeitlichen Vermögensaufstellung, der/die dazu benutzt wurde, die Bedingungen für die Verschmelzung festzustellen, und
   (e) ein Vorschlag für die Höhe der Entschädigung für einen Geschäftsanteil bei Anwendung von Art. 2:330h NL-BGB. Dabei sollte nach Möglichkeit angegeben werden, welche Entschädigung je Anteil ausgezahlt wird, wenn Minderheitsgesellschafter diese Möglichkeit in Anspruch nehmen wollen.

Der Verschmelzungsplan braucht nach niederländischem Recht nicht in notarieller Form erstellt zu werden. Der Verschmelzungsplan muss im Hinblick auf die niederländische verschmelzende Gesellschaft, wie bereits erwähnt, von allen Mitgliedern der Leitungsgremien der verschmelzenden Gesellschaften unterzeichnet werden und von den Aufsichtsräten genehmigt worden sein (Art. 2:312 Abs. 4 i.V.m. 2:308 Abs. 3 NL-BGB). Fehlt die Unterschrift einer dieser Personen bzw. fehlen die Unterschriften mehrerer dieser Personen, so muss darauf mit einer Begründung hingewiesen werden (Art. 2:312 Abs. 3 NL-BGB). Der Verschmelzungsplan muss auch von den Gremien der verschmelzenden Gesellschaften, auf die das Recht eines anderen Staates anwendbar ist, unterzeichnet und/oder genehmigt werden, insofern dies entsprechend dem auf diese Gesellschaft(en) anwendbaren Recht erforderlich ist. Falls kraft des auf die andere(n) Gesellschaft(en) anwendbaren Rechts eine Unterzeichnung nicht durch alle Mitglieder des Leitungsgremiums und/oder Mitglieder eines aufsichtführenden oder anderen Gremiums erforderlich ist, ist es ausreichend, die Unterzeichnung nur durch diejenigen Mitglieder des Leitungsgremiums bzw. Mitglieder des aufsichtführenden Gremiums vornehmen zu lassen, das kraft dieses Rechts erforderlich ist. 30

Weiterhin muss der Verschmelzungsplan alle formalrechtlichen Anforderungen erfüllen, die kraft des auf die anderen verschmelzenden Gesellschaften anwendbaren Rechts erforderlich sind. Falls das auf eine andere verschmelzende Gesellschaft anwendbare Recht beispielsweise erfordert, dass der Verschmelzungsplan in Form einer notariellen Urkunde erstellt wird, muss diese Form für den gemeinsamen Verschmelzungsplan eingehalten werden. Aufgrund des niederländischen Rechts stehen übrigens keine Hindernisse einer notariellen Beurkundung des Verschmelzungsvorschlags entgegen. 31

Falls das vereinfachte Verfahren (siehe oben Rn. 21) anwendbar ist, kann der Verschmelzungsplan knapper gefasst werden (s. Art. 2:333 Abs. 1 NL-BGB). Art. 2:333d NL-BGB schreibt jedoch vor, dass bestimmte Angaben in dem Verschmelzungsplan enthalten sein müssen, neben den Angaben, die der Verschmelzungsplan bereits auf der Basis von Art. 2:312 und 2:326 NL-BGB enthalten muss. Aus Gründen der Rechtssicherheit empfiehlt es sich daher bei einer grenzüberschreitenden Verschmelzung, einen Verschmelzungsplan zu erstellen, der sämtliche Angaben entsprechend der Auflistung in den Art. 2:312, 2:326 und 2:333d NL-BGB enthält, auch wenn nach dem Buchstaben des Gesetzes bei einer grenzüberschreitenden Verschmelzung das vereinfachte Verfahren anwendbar ist. Selbstverständlich braucht der Verschmelzungsplan in diesem Fall nur diejeni- 32 gen Angaben zu enthalten, deren Aufnahme relevant ist. Falls das vereinfachte Verfahren anwendbar ist – und dies außerdem gemäß dem auf die anderen verschmelzenden Gesellschaften anwendbaren Recht zulässig ist – können beispielsweise Angaben über das Umtauschverhältnis unterbleiben. Schließlich gibt es bei einem vereinfachten Verfahren kein Umtauschverhältnis, weshalb der Verschmelzungsplan auch keine entsprechenden Angaben zu enthalten braucht.

33 Das niederländische Gesetz enthält keine Bestimmung über die Sprache, in der der gemeinsame Verschmelzungsplan erstellt werden muss. Es ist nicht zwingend erforderlich, dass der Verschmelzungsplan in niederländischer Sprache erstellt wird. Es kann auch eine Übersetzung des Verschmelzungsplans aufgenommen werden. Auch ein in mehreren Sprachen abgefasster Verschmelzungsplan ist möglich. Ebenso ist in diesem Fall von einem (einmaligen) gemeinsamen Verschmelzungsplan die Rede. Dabei sind jedoch die Anforderungen zu berücksichtigen, die von dem auf die anderen verschmelzenden Gesellschaften anwendbaren Recht gestellt werden. Wenn dieses Recht vorschreibt, dass der Verschmelzungsplan in einer bestimmten Sprache erstellt sein muss, muss diese Anforderung erfüllt werden, ggf. beispielsweise in Form eines Textes in mehreren Sprachen oder sogar einer beglaubigten Übersetzung. Außerdem empfiehlt es sich dann festzulegen, welcher Wortlaut maßgeblich ist, falls Diskrepanzen zwischen den Texten in den verschiedenen Sprachen auftreten sollten. Im Zusammenhang mit Rolle und Funktion des Verschmelzungsplans muss es sich bei dieser Sprache jedoch um eine Sprache handeln, die die relevanten Stakeholder beherrschen. In den Niederlanden kommen dafür die englische, französische, deutsche oder niederländische Sprache in Betracht.

34 **dd) Verschmelzungsbericht.** Kraft Art. 2:313 Abs. 1 NL-BGB und Art. 2:327 NL-BGB sind die Leitungsgremien der verschmelzenden Gesellschaften dazu verpflichtet, einen schriftlichen Bericht zum Verschmelzungsplan abzugeben.

35 Die Leitungsgremien aller verschmelzenden Gesellschaften müssen grundsätzlich für jede Gesellschaft einen gesonderten Bericht erstellen. Dieser Bericht braucht somit nicht, wie dies bei dem Verschmelzungsplan der Fall ist, gemeinsam von den Leitungsgremien der verschmelzenden Gesellschaften erstellt zu werden. Schließlich können die Beweggründe und die erwarteten Folgen aus rechtlicher, wirtschaftlicher und sozialer Sicht für jede verschmelzende Gesellschaft unterschiedlich sein. Trotzdem ist natürlich nicht ausgeschlossen, dass die Beweggründe und Folgen der grenzüberschreitenden Verschmelzung für jede Gesellschaft identisch sind und die Berichte daher gleichlautend sein können. Weil die Berichte für jede verschmelzende Gesellschaft gesondert erstellt werden müssen, muss jeder Bericht mindestens die Angaben enthalten, die kraft des auf die verschmelzende Gesellschaft anwendbaren Rechts zwingend vorgeschrieben sind. Die Berichte brauchen nicht die Angaben zu enthalten, die nach dem auf die anderen verschmelzenden Gesellschaften anwendbaren Recht erforderlich sind. Wenn eine niederländische Gesellschaft mit einer deutschen Gesellschaft verschmilzt, erstellt die Unternehmensleitung der niederländischen Gesellschaft einen Bericht, der in Übereinstimmung mit dem niederländischen Recht gem. Art. 2:313 Abs. 1 NL-BGB und 2:326 NL-BGB ist, während die deutsche Gesellschaft einen Bericht mit den nach deutschem Recht erforderlichen Angaben erstellt.

36 Bei einer vereinfachten Verschmelzung ist für die übertragende Gesellschaft kein Bericht erforderlich, außer wenn andere als die übernehmende Gesellschaft ein besonderes Recht gegenüber der übertragenden Gesellschaft besitzen, etwa ein Recht auf Gewinnausschüttung oder auf die Übernahme von Geschäftsanteilen (Art. 2:313 Abs. 3 NL-BGB). Außerdem kann auf den Bericht völlig verzichtet werden, wenn sämtliche Gesellschafter der verschmelzenden Gesellschaften damit einverstanden sind (Art. 2:313 Abs. 4 NL-BGB).

Der Bericht zum Verschmelzungsplan muss für die niederländische Gesellschaft mindestens die folgenden Angaben enthalten: 37

(1) Die Angaben entsprechend Art. 2:313 NL-BGB (die auch für das innerstaatliche vereinfachte Verfahren erforderlich sind):
   – Die Beweggründe für die Verschmelzung mit
     – einer Erläuterung der erwarteten Folgen für die Tätigkeiten und
     – einer Erläuterung aus rechtlicher, wirtschaftlicher und sozialer Perspektive;
(2) die Angaben entsprechend Art. 2:327 NL-BGB (die auch für das innerstaatliche erweiterte Verfahren erforderlich sind):
   – nach welcher Methode bzw. welchen Methoden das Umtauschverhältnis bestimmt wurde;
   – ob die Methode bzw. Methoden, nach der bzw. denen das Umtauschverhältnis festgestellt wurde, in dem vorliegenden Fall angemessen sind;
   – zu welcher Bewertung jede verwendete Methode führt;
   – falls mehr als eine Methode benutzt wurde, ob die bei der Bewertung angenommene Gewichtung der Methoden im gesellschaftlichen Verkehr für akzeptabel erachtet werden kann, und
   – welche besonderen Möglichkeiten es ggf. bei der Bewertung und der Bestimmung des Umtauschverhältnisses gegeben hat.

Falls das vereinfachte Verfahren anwendbar ist, kann ein einfacher Bericht ausreichend 38 sein, außer wenn vollständig auf Gleichstellung eines Verschmelzungsberichts verzichtet wird (Art. 2:313 Abs. 4 NL-BGB). Falls nicht auf die Gleichstellung eines Verschmelzungsberichts verzichtet wurde, brauchen sowohl beim vereinfachten Verfahren bei der (grenzüberschreitenden) Verschmelzung zwischen einer übernehmenden Muttergesellschaft und einer übertragenden Tochtergesellschaft (Art. 2:333 Abs. 1 NL-BGB) als auch beim vereinfachten Verfahren bei der „Schwesterverschmelzung" (Art. 2:333 Abs. 2 NL-BGB) nur die oben unter A. unter Buchstabe a. genannten Informationen angegeben zu werden. Da die Schwesterverschmelzung nicht auf der RL 2001/35/EU basiert, kann es – wie übrigens bereits erwähnt – vorkommen, dass das auf die andere(n) verschmelzende(n) Gesellschaft(en) anwendbare Recht kein vereinfachtes Verfahren im Fall einer Schwesterverschmelzung kennt. In diesem Fall ist es dann hinsichtlich des niederländischen Berichts trotzdem ausreichend, einen eingeschränkten Bericht zum Verschmelzungsplan zu erstellen, da die Berichte von den Leitungsgremien jeder einzelnen Gesellschaft für sich selbst erstellt werden.

ee) Gesellschaftliches Mitbestimmungsrecht der Arbeitnehmer (Art. 3:333k 39 **NL-BGB).** Bei einer grenzüberschreitenden Verschmelzung spielt die gesellschaftsrechtliche Mitbestimmung eine bedeutende Rolle. Schließlich kann eine grenzüberschreitende Verschmelzung nicht abgewickelt werden, wenn die Rechtsregeln in Bezug auf die Rolle der Arbeitnehmer nicht vollumfänglich eingehalten wurden. Diese Rechtsregel findet sich in Art. 2:333i Abs. 5 des niederländischen Bürgerlichen Gesetzbuchs. Im Gegensatz zu der sog. „arbeitsrechtlichen" Mitbestimmung aufgrund des niederländischen Gesetzes über die Betriebsräte („Wet op de ondernemingsraden") und der Verhaltensregeln für Verschmelzungen des niederländischen Sozialwirtschaftlichen Rates („SER Fusiegedragsregels") geht es entsprechend der Zehnten Richtlinie und der parlamentarischen Geschichte bei der Umsetzung von Art. 16 der Zehnten Richtlinie in die niederländische Gesetzgebung bei einer grenzüberschreitenden Verschmelzung um die gesellschaftsrechtliche Mitbestimmung.[5] Die

---

[5] Parlamentsdokumente – Kamerstukken II, 2006–2007, 30 929 Nr. 3 (Memorie van Toelichting – Begründung), S. 23.

gesellschaftsrechtliche Mitbestimmung erstreckt sich auf das Recht der Arbeitnehmer, Einfluss auf die Zusammensetzung der Leitungs- und/oder Aufsichtsgremien einer Gesellschaft auszuüben. Was die Niederlande betrifft, geht es insbesondere um Gesellschaften, für die die sog. „Strukturregelung" anwendbar ist (aufgrund der Art. 2:152 bis 164 NL-BGB für die N.V. und der Art. 2:262 bis 274 NL-BGB für die B.V.).

40   Zu einem Großteil wird im Hinblick auf die Rolle der Arbeitnehmer verwiesen auf die SE-Verordnung[6] und die dazugehörige SE-Richtlinie[7] sowie die Umsetzung dieser Richtlinie in das Gesetz über die Rolle der Arbeitnehmer bei europäischen juristischen Personen („Wet rol werknemers bij Europese rechtspersonen"; Umsetzung der Richtlinie Nr. 2001/86/EG, WRW').[8]

41   Als Ausgangspunkt für die Regelung der grenzüberschreitenden Verschmelzung gilt generell das sog. „Vorher-Nachher"-Prinzip, d.h.: das Niveau der Mitbestimmung darf nach der grenzüberschreitenden Verschmelzung nicht niedriger sein als vorher. Eine grenzüberschreitende Verschmelzung darf nicht dazu genutzt werden, den Arbeitnehmern Mitbestimmungsrechte zu entziehen oder diese einzuschränken. Von diesem Ausgangspunkt gibt es eine Reihe von Ausnahmen.

42   Die Regelung in Bezug auf die Rolle der Arbeitnehmer, worunter auch solche Fälle inbegriffen sind, in denen von den Arbeitnehmer-Vertretungen ein besonderes Verhandlungsgremium (abgekürzt: „VG") eingerichtet werden muss, ist nachfolgend schematisch dargestellt.

43   Wie oben bereits schematisch erläutert, müssen aufgrund von Art. 2:1 bis Art. 2:4 des erwähnten Gesetzes über die Rolle der Arbeitnehmer in europäischen juristischen Personen die Arbeitnehmervertretungen in bestimmten Fällen ein besonderes Verhandlungsgremium einrichten, das die Verhandlungen mit den Leitungsgremien der verschmelzenden Gesellschaften über die Ausgestaltung der Mitbestimmung in der übernehmenden Gesellschaft eröffnen kann.

44   Im Hinblick auf diese Verhandlungen sind die folgenden Szenarien vorstellbar:
1. Die Gesellschafterversammlungen der verschmelzenden Gesellschaften können beschließen, keine Verhandlungen mit dem besonderen Verhandlungsgremium zu eröffnen. Die grenzüberschreitende Verschmelzung kann dann ohne weitere Rücksprache mit dem besonderen Verhandlungsgremium oder den Arbeitnehmern abgewickelt werden. Die Referenzvorschriften entsprechend Art. 1:31 des Gesetzes über die Rolle der Arbeitnehmer in europäischen juristischen Personen bestimmen dann, welche Mitbestimmungsregelung Anwendung finden muss (Art. 2:333k Abs. 3 NL-BGB). Diese Referenzvorschriften enthalten ein relativ strenges Mitbestimmungssystem.
2. Das besondere Verhandlungsgremium kann auf Verhandlungen mit den Leitungsgremien der verschmelzenden Gesellschaften verzichten oder diese Verhandlungen abbrechen. Diesen Beschluss kann das besondere Verhandlungsgremium nur mit einer Mehrheit von (mindestens) zwei Dritteln der Zahl seiner Mitglieder fassen, die gleichzeitig zwei Drittel der Arbeitnehmer vertreten und aus zwei Mitgliedsstaaten stammen. Die anwendbare Mitbestimmungsregelung wird dann bestimmt anhand des innerstaatlichen

---

[6] Verordnung (EG) Nr. 2157/2001 des Rates vom 8.10.2001 über das Statut der Europäischen Gesellschaft (SE), Amtsblatt der Europäischen Gemeinschaften vom 10.11.2001, Nr. L 294/1.

[7] RL 2001/86/EG des Rates vom 8.10.2001 zur Ergänzung des Statuts der Europäischen Gesellschaft hinsichtlich der Beteiligung der Arbeitnehmer, Amtsblatt der Europäischen Gemeinschaften vom 10. November 2001, Nr. L 294/22.

[8] S. außerdem: *D.F.M.M. Zaman, G.C. van Eck und E.R. Roelofs*, Nationale en grensoverschrijdende juridische fusie en juridische splitsing van kapitaalvennootschappen. Een praktische civielrechtelijke analyse, (Nationale und grenzüberschreitende rechtliche Verschmelzung und rechtliche Aufspaltung von Kapitalgesellschaften: eine praktische zivilrechtliche Analyse), 's-Gravenhage: SDU Uitgevers 2009, S. 205–217.

Rechts, das auf die übernehmende Gesellschaft anwendbar ist (Art. 2:333k Abs. 4 NL-BGB), was beinhalten kann, dass infolge der Verschmelzung Mitbestimmungsrechte verloren gehen. Die grenzüberschreitende Verschmelzung kann dann ohne weitere Rücksprache mit dem besonderen Verhandlungsgremium oder den Arbeitnehmern abgewickelt werden.

3. Die Verhandlungen mit dem besonderen Verhandlungsgremium führen nicht innerhalb eines halben Jahres bzw. ggf. nach einer Verlängerung innerhalb eines Jahres zu einer Übereinstimmung über die Ausgestaltung der Mitbestimmung an der übernehmenden Gesellschaft. In diesem Fall finden von Rechts wegen die Referenzvorschriften Anwendung. Das letzte Wort haben jedoch die Gesellschafterversammlungen (insofern müssen die Gesellschafterversammlungen sich dieses Recht zumindest vorbehalten haben). Die Gesellschafterversammlungen können den Verschmelzungsbeschluss abhängig machen von der Genehmigung des Ergebnisses der Verhandlungen mit dem besonderen Verhandlungsgremium über die Mitbestimmungsregelung in der übernehmenden Gesellschaft (Art. 2:333k Abs. 6 NL-BGB). Mit anderen Worten: dabei geht es nur um das Recht, das Stattfinden der ganzen Verschmelzung abhängig zu machen von der Genehmigung des Ergebnisses der Verhandlungen mit dem besonderen Verhandlungsgremium.

4. Die Verhandlungen führen zu einer Einigung mit dem besonderen Verhandlungsgremium. Auch in diesem Fall haben die Gesellschafterversammlungen (vorausgesetzt, sie haben sich dieses Recht vorbehalten) das letzte Wort.

Bei einer grenzüberschreitenden Hineinverschmelzung muss die mit dem besonderen Verhandlungsgremium vereinbarte oder anderweitig anwendbare gesellschaftsrechtliche Mitbestimmungsregelung – entweder durch Anwendbarkeit der Referenzvorschriften, oder durch Anwendung der niederländischen Strukturregelung – in der Satzung der erwerbenden Gesellschaft festgelegt werden (Art. 2:333k Abs. 5 NL-BGB). Dies kann problematisch werden, wenn und sofern die fragliche gesellschaftsrechtliche Mitbestimmungsregelung mit zwingendrechtlichen Bestimmungen des niederländischen Gesellschaftsrechts konfliktiert, insbesondere mit der zwingendrechtlichen Regelung gem. Band 2 NL-BGB in Bezug auf Ernennung und Entlassung von Mitgliedern des Leitungsgremiums und des Aufsichtsgremiums.

Auch durch eine nachfolgende rechtliche Verschmelzung innerhalb von drei Jahren nach dem Inkrafttreten einer grenzüberschreitenden Verschmelzung lassen sich die Mitbestimmungsregelungen nicht umgehen (Art. 2:333k Abs. 7 NL-BGB). Dies gilt nicht nur für grenzüberschreitende Verschmelzungen in einem Zeitraum von drei Jahren nach dem Inkrafttreten der grenzüberschreitenden Verschmelzung, sondern auch für innerstaatliche Verschmelzungen in diesem Dreijahreszeitraum.

ff) Gläubigerschutz (Art. 2:316 NL-BGB). In den Niederlanden ist der Gläubigerschutz so geregelt, dass die Gläubiger Schutz vor dem Inkrafttreten der Verschmelzung genießen, der sog. Gläubigerschutz „ex ante". Dieser Schutz ist bei einer grenzüberschreitenden Verschmelzung identisch mit dem Schutz bei einer innerstaatlichen Verschmelzung.[9] Gläubiger können Einspruch gegen die Verschmelzung einlegen; solange dieser Einspruch nicht zurückgezogen oder die Aufhebung des Einspruchs nicht ausführbar ist, darf vom Notar keine Verschmelzungsurkunde errichtet werden (Art. 2:316 Abs. 4 NL-

---

[9] S. außerdem: *D.F.M.M. Zaman/G.C. van Eck, E.R. Roelofs*, Nationale en grensoverschrijdende juridische fusie en juridische splitsing van kapitaalvennootschappen. Een praktische civielrechtelijke analyse, (Nationale und grenzüberschreitende rechtliche Verschmelzung und rechtliche Aufspaltung von Kapitalgesellschaften: eine praktische zivilrechtliche Analyse), 's-Gravenhage: SDU Uitgevers 2009, S. 202–205.

BGB). Der Nachteil des Gläubigerschutzes „ex ante" besteht darin, dass der Verschmelzungsprozess dadurch verzögert werden kann, was bei einem Gläubigerschutz „ex post" nicht der Fall ist; in diesem Fall bestehen die übertragenden Gesellschaften schließlich nicht mehr und haben die Gläubiger nur Rechte gegenüber der übernehmenden Gesellschaft. Die Gläubiger aller verschmelzenden Gesellschaften können mittels der Ankündigung in einer Tageszeitung mit landesweiter Verbreitung (Art. 2:314 Abs. 3 NL-BGB) über die Verschmelzung und den Anfang der Frist, innerhalb derer sie Einspruch gegen die Verschmelzung einlegen können, informiert sein. Außerdem können sie auf der Grundlage der Ankündigung im Staatsanzeiger („Staatscourant") (Art. 2:333e Abs. 1 Buchstabe c NL-BGB) über die Regelungen informiert sein, nach denen die Rechte der Gläubiger ausgeübt werden können.

48   **gg) Umtauschverhältnis (Umtausch-/Ausgleichsangebot) (Art. 2:311 Abs. 2 und 2:325 NL-BGB).** Bei einer grenzüberschreitenden Verschmelzung werden die Anteilseigner der übertragenden Gesellschaft von Rechts wegen Anteilseigner einer übernehmenden Gesellschaft, die vom Recht eines anderen Mitgliedstaats beherrscht wird (Art. 2:311 Abs. 2 NL-BGB). Das Umtauschverhältnis bestimmt, wie viele Geschäftsanteile an der übernehmenden Gesellschaft einem Anteilseigner jeder übertragenden Gesellschaft für jeden Anteil an der übertragenden Gesellschaft zugesprochen werden. Zur Feststellung des Umtauschverhältnisses können verschiedene Bewertungsmethoden eingesetzt werden, beispielsweise das Barwertverfahren, das (Discounted-)Cashflow-Verfahren, der Nettosubstanzwert und das (sichtbare) intrinsische Wertverfahren.

49   Falls die Anteile am Kapital der zu verschmelzenden niederländischen Gesellschaft zum Handel auf einem regulierten Markt oder einer multilateralen Handelseinrichtung zugelassen sind, kann aufgrund des niederländischen Rechts das Umtauschverhältnis abhängig sein von dem Preis dieser Anteile auf diesem Markt (dem Börsenkurs) an einem oder mehreren im Verschmelzungsplan festzusetzenden Zeitpunkten, die vor dem Datum des Inkrafttretens der Verschmelzung liegen (Art. 2:325 Abs. 1 NL-BGB).

50   Das niederländische Gesetz gestattet im Rahmen einer rechtlichen Verschmelzung keine Zuzahlung, die größer ist als 10% des Nennwerts der gewährten Anteile (Art. 2:325 Abs. 2 NL-BGB). Diese Vorschrift gilt auch für grenzüberschreitende Verschmelzungen. Falls eine niederländische N.V. oder B.V. als übernehmende Gesellschaft auftritt, kann die Zuzahlung in Geld 10% des Nennbetrags der zu gewährenden Anteile nicht überschreiten. Falls die Zuzahlung mehr als 10% des Nennbetrags der zuzusprechenden Anteile beträgt, kann der Notar keinen Fußvermerk („voetverklaring") im Sinne von Art. 2:318 Abs. 2 NL-BGB – der auch für grenzüberschreitende Verschmelzungen gilt, bei denen die niederländische Gesellschaft als übernehmende Gesellschaft gem. Art. 2:333 i Abs. 5 NL-BGB auftritt – abgeben.[10]

51   Im niederländischen Gesetz ist keine spezifische Regelung für den Fall vorgesehen, dass sich nachträglich herausstellt, dass das Umtauschverhältnis nicht völlig richtig festgestellt worden war, im Gegensatz zu § 15 und § 122h UmwG. Ein unrichtiges Umtauschverhältnis kann jedoch ggf. zu einem Schadenersatz führen.

52   **hh) Verschmelzungsprüfung.** Beim vereinfachten Verfahren braucht kein Wirtschaftsprüfer hinzugezogen zu werden. Beim erweiterten Verfahren ist dies dagegen verpflichtend.

---

[10] *H. Koster*, Over stemrechtloze aandelen en cash out (de)mergers in Nederland (Über stimmrechtslose Anteile und *Cash-Out-(De-)Mergers* in den Niederlanden), Ondernemingsrecht 2011, 13, S. 474 und 475.

Zunächst muss der Wirtschaftsprüfer dann den Verschmelzungsplan prüfen und erklä- 53
ren, ob das vorgeschlagene Umtauschverhältnis der Anteile nach seinem Dafürhalten angemessen ist (Art. 2:328 Abs. 1 erster Satz NL-BGB), und er muss einen Bericht erstellen, in dem er sein Urteil über die Mitteilungen gem. Art. 2:327 NL-BGB (Art. 2:328 Abs. 2 NL-BGB) abgibt. Auf diese Erklärung und diesen Bericht kann verzichtet werden, wenn sämtliche Gesellschafter der verschmelzenden Gesellschaften damit einverstanden sind (Art. 2:328 Abs. 6 NL-BGB).

Außerdem muss der Wirtschaftsprüfer erklären, dass die Summe des Eigenkapitals der 54
übertragenden Gesellschaften, jeweils bestimmt zum Stichtag ihres Jahresabschlusses bzw. ihrer zwischenzeitlichen Vermögensübersicht, bei Anwendung der im gesellschaftlichen Verkehr für akzeptabel erachteten Bewertungsmethoden zumindest übereinstimmte mit dem nominal auf die gemeinsamen Anteile, die ihre Anteilseigner infolge der Verschmelzung erwerben, eingezahlten Betrag, zuzüglich der Zahlungen, auf die sie kraft des Umtauschverhältnisses Anspruch haben (Art. 2:328 Abs. 1 zweiter Satz NL-BGB). Auf diese sog. „Einlageerklärung" können die Anteilseigner nicht verzichten.

Falls im Rahmen einer grenzüberschreitenden Hineinverschmelzung, bei der eine nie- 55
derländische Gesellschaft als übernehmende Gesellschaft auftritt, neben der ausländischen übertragenden Gesellschaft noch eine niederländische übertragende B.V. beteiligt ist und die letztgenannte Gesellschaft stimmrechtslose und/oder gewinnrechtslose Anteile kennt, muss die Erklärung des Wirtschaftsprüfers sich außerdem erstrecken auf den Gesamtbetrag der Entschädigung, auf den die Eigner dieser stimmrechtslosen und/oder gewinnrechtslosen Anteile aufgrund des Verlusts ihrer stimmrechtslosen und/oder gewinnrechtslosen Anteile auf der Basis von Art. 2:330a NL-BGB Anspruch erheben können. Der Fall eines Verlusts von stimmrechtslosen und/oder gewinnrechtslosen Anteilen sowie einer diesem Verlust gegenüberstehenden Entschädigung tritt dann ein, wenn es sich bei der niederländischen übertragenden Gesellschaft um eine B.V. mit stimmrechtslosen und/oder gewinnrechtslosen Anteilen handelt und bei der niederländischen übernehmenden Gesellschaft um eine N.V. (die keine stimmrechts- und/oder gewinnrechtslose Anteile haben kann).

Kraft des auf die andere(n), von ausländischem Recht beherrschte(n) Gesellschaft(en) 56
anwendbaren Rechts kann ein Recht auf Entschädigung für Minderheitsgesellschafter bestehen, die sich in irgendeiner Weise gegen die grenzüberschreitende Verschmelzung gewehrt haben. Letzteres kommt dann vor, wenn die niederländische Gesellschaft die erwerbende Gesellschaft ist. Dabei kann es so sein, dass durch eine hohe Entschädigung im Ausland das Vermögen der übertragenden (ausländischen) Gesellschaft so weit aufgezehrt wird, dass die übernehmende (niederländische) N.V. nicht die Mindestkapitalanforderungen erfüllen kann.

In diesem Fall haften die Mitglieder des Leitungsgremiums neben der N.V. gesamt- 57
schuldnerisch für jede die N.V. verpflichtende Rechtshandlung innerhalb des Zeitraums, bevor der eingezahlte Teil des Kapitals mindestens das bei der Gründung vorgeschriebene Mindestkapital beträgt, sowie für jede die N.V. verpflichtende Rechtshandlung im Zeitraum, bevor von dem bei der Gründung gezeichneten Kapital mindestens ein Viertel des Nennbetrags eingezahlt worden ist (Art. 2:69 Abs. 2 NL-BGB). Die letztgenannte Bedingung gilt zum 1.10.2012 nicht mehr für die B.V., jedoch nach wie vor für die N.V.

ii) Änderungen der Aktiva und Passiva (Art. 2:315 NL-BGB). Wenn sich nach 58
dem Verschmelzungsplan bedeutende Änderungen der Aktiva und Passiva ergeben, die die Mitteilungen im Verschmelzungsplan oder in der Erläuterung zum Verschmelzungsplan beeinflusst haben, muss das Leitungsgremium aller an der Verschmelzung Beteiligten die Gesellschafterversammlung und weitere an der Verschmelzung Beteiligte darüber unterrichten (Art. 2:315 Abs. 1 NL-BGB). Auf die Anwendung dieser Regelung kann verzich-

tet werden, wenn sämtliche Gesellschafter der verschmelzenden Gesellschaften damit einverstanden sind (Art. 2:315 Abs. 3 NL-BGB).

59 Bedeutende Änderungen der Aktiva und Passiva sind zum Beispiel Änderungen am Markt oder Wechselkursschwankungen, die sich auf die Ergebnisse der Gesellschaften auswirken.

60 Wenn eine Änderung der Aktiva und Passiva so tiefgreifend ist, dass der Verschmelzungsplan bzw. die Erläuterung zum Verschmelzungsplan – falls es eine solche Erläuterung gibt – angepasst werden muss, müssen sämtliche Schriftstücke erneut hinterlegt werden (Art. 2:314 Abs. 5 i.V.m. 2:317 Abs. 1 NL-BGB), woraufhin nach der entsprechenden Ankündigung in einer Tageszeitung mit (in den Niederlanden) landesweiter Verbreitung eine neue Einspruchsfrist von einem Monat zu laufen beginnt. Wenn seit dem Ende des letzten Geschäftsjahrs einer verschmelzenden Gesellschaft inzwischen mehr als sechs Monate verstrichen sind, muss auch eine zwischenzeitliche Vermögensübersicht erstellt werden. Es ist nicht leicht zu beurteilen, wo die Grenze zu ziehen ist zwischen der Verpflichtung, Auskünfte über bedeutende Änderungen der Aktiva und Passiva zu erteilen, und der Verpflichtung, einen neuen Verschmelzungsplan zu hinterlegen. Dies muss fallweise beurteilt werden. In der Praxis wird der Notar vor der Errichtung der Verschmelzungsurkunde von der Unternehmensleitung aller verschmelzenden Gesellschaften eine Erklärung verlangen, dass keine bedeutenden Änderungen der Aktiva und Passiva eingetreten sind.

jj) Beschlussfassung der niederländischen Gesellschaft

61 **(1) Allgemein.** Erst nachdem sowohl die Vorbereitungsphase als auch die Veröffentlichungsphase durchlaufen wurden und die Einspruchsfrist geendet ist, ohne dass Gläubiger einen Einspruch erhoben haben oder eine Aufhebung des Einspruchs ausführbar ist, kann der Verschmelzungsbeschluss gefasst werden. Der Verschmelzungsbeschluss wird grundsätzlich von der Gesellschafterversammlung gefasst, außer wenn das Leitungsgremium dazu befugt ist, den Verschmelzungsbeschluss zu treffen.

62 **(2) Übernehmende Gesellschaft: Beschluss durch die Unternehmensleitung.** Bei einer übernehmenden B.V. oder N.V. kann der Verschmelzungsbeschluss statt von der Gesellschafterversammlung vom Leitungsgremium gefasst werden, außer wenn in der Satzung anderes vorgesehen ist (Art. 2:331 Abs. 1 NL-BGB). Diese Gesellschaft muss das Vorhaben mittels Beschluss des Leitungsgremiums zur Verschmelzung beschließen oder in der Ankündigung in einer Tageszeitung mit landesweiter Verbreitung darauf hinweisen, dass der Verschmelzungsplan hinterlegt wurde (Art. 2:331 Abs. 2 NL-BGB). Der Verschmelzungsbeschluss kann nicht vom Leitungsgremium gefasst werden, wenn einer oder mehrere Anteilseigner, die gemeinsam mindestens fünf Prozent des gezeichneten Kapitals (bzw. einen ggf. in der Satzung festgelegten niedrigeren Betrag) vertreten, innerhalb eines Monats nach der Ankündigung der Verschmelzung in einer Tageszeitung mit landesweiter Vertreibung beim Leitungsgremium beantragt haben, zwecks Beschlussfassung über die Verschmelzung die Gesellschafterversammlung einzuberufen. In diesem Fall gilt dieselbe Regelung wie für die Beschlussfassung bei der übertragenden Gesellschaft (siehe nachher).

63 **(3) Übertragende Gesellschaft: Beschluss durch die Gesellschafterversammlung.** Falls die Gesellschafterversammlung einer Gesellschaft einen Verschmelzungsbeschluss fasst, gilt für die Beschlussbildung in der Gesellschafterversammlung als Mindestanforderung, dass für den Verschmelzungsbeschluss auf jeden Fall eine Mehrheit von mindestens zwei Dritteln erforderlich ist, außer wenn die Hälfte oder ein größerer Teil des gezeichneten Kapitals in der Versammlung vertreten ist; im letztgenannten Fall ist eine

einfache Mehrheit ausreichend für die Beschlussfassung (Art. 2:330 Abs. 1 NL-BGB). Bei der Verschmelzung einer Gesellschaft, bei der es sich um einen Anlagefonds („beleggingsinstelling") im Sinne des niederländischen Finanzaufsichtsgesetzes („Wet op het financieel toezicht") handelt und die bestimmte Voraussetzungen erfüllt, darf die erforderliche Mehrheit nicht mehr als drei Viertel betragen.

Hinsichtlich der weiteren Regeln, die für einen Verschmelzungsbeschluss anwendbar **64** sind, gilt, dass, außer in dem Fall, dass in der Gesellschaftssatzung eine besondere Regelung für einen Verschmelzungsbeschluss vorgesehen ist, der Beschluss in derselben Weise wie ein Beschluss zur Satzungsänderung genommen werden muss (Art. 2:317 Abs. 3 NL-BGB). Die Regeln, die dann für einen Beschluss zur Satzungsänderung gelten, gelten somit auch für einen Verschmelzungsbeschluss. Ist gesetzlich für eine Satzungsänderung die Zustimmung aller Anteilseigner bzw. bestimmter Anteilseigner erforderlich, gilt dies somit auch für den Verschmelzungsbeschluss. Falls laut Satzung für einen Beschluss zur Satzungsänderung eine Genehmigung (zB der Vorzugsanteile oder eines Dritten) erforderlich ist, gilt dies somit auch für den Verschmelzungsbeschluss. Verlangt die Satzung für die Änderung gesonderter Bestimmungen unterschiedliche Mehrheiten, so ist für einen Verschmelzungsbeschluss die größte dieser Mehrheiten erforderlich.

Hinsichtlich einer rechtlichen Aufspaltung wird in der Literatur angenommen, dass die **65** Bestimmungen, die beim Verschmelzungsbeschluss für die erforderlichen Mehrheiten gelten, auch für die satzungsmäßigen Mindestbeteiligungen gelten, und dass die größte in die Satzung aufgenommene Mindestbeteiligung einzuhalten ist.[11] U.E. kann dies auch für die Verschmelzung angenommen werden. Falls laut Satzung eine Änderung von Bestimmungen ausgeschlossen ist, sind für einen Verschmelzungsbeschluss die Stimmen sämtlicher stimmberechtigten Anteilseigner erforderlich, außer wenn die fraglichen Bestimmungen auch nach der Verschmelzung uneingeschränkt gelten (Art. 2:317 Abs. 3 NL-BGB). Für die Verschmelzung bedeutet dies, dass in die Satzung der übernehmenden Gesellschaft gleichbedeutende Bestimmungen aufgenommen wurden bzw. nach der Verschmelzung aufgenommen werden. Schließlich unterliegen die Anteilseigner nach der Verschmelzung kraft der Satzung der übernehmenden Gesellschaft denselben satzungsmäßigen Regeln.

Falls die Verschmelzung die Rechte der Eigentümer von Anteilen einer bestimmten Art **66** oder Bezeichnung beeinträchtigt, beispielsweise der stimmrechtslosen oder gewinnrechtslosen Anteile, die bei einer B.V. möglich sind, ist darüber hinaus neben dem Verschmelzungsbeschluss der Gesellschafterversammlung oder der Unternehmensleitung ein vorheriger oder gleichzeitiger Genehmigungsbeschluss von jeder Gruppe von Eigentümern von Anteilen dieser Art erforderlich (Art. 2:330 Abs. 2 NL-BGB).

Ob und inwiefern eine Beeinträchtigung der Rechte von Eigentümern von Anteilen **67** einer bestimmten Art gegeben ist, ist nicht immer leicht festzustellen. Entsprechend der Antwortnotiz zum Anpassungsgesetz („Aanpassingswet")[12] wird es u.a. in Anbetracht der Bestimmungen laut Art. 7 Abs. 2 der RL 2011/35/EU das (europäische) Gericht sein, das schlussendlich über Meinungsverschiedenheiten über eine solche Auslegung urteilen muss. Die Tatsache, dass der Einfluss eines Anteilseigners, der nur Anteile an einer verschmelzenden (übertragenden) Gesellschaft hält, verhältnismäßig geschmälert wird, ist dabei nicht als

---

[11] *D.F.M.M. Zaman, G.C. van Eck, E.R. Roelofs*, Nationale en grensoverschrijdende juridische fusie en juridische splitsing van kapitaalvennootschappen. Een praktische civielrechtelijke analyse, (Nationale und grenzüberschreitende rechtliche Verschmelzung und rechtliche Aufspaltung von Kapitalgesellschaften: eine praktische zivilrechtliche Analyse), 's-Gravenhage: SDU Uitgevers 2009, S. 149, sowie die dort zitierte Literatur.
[12] Parlamentsdokumente – Kamerstukken II, 1980/1981, 16 453, Nr. 5.

„Beeinträchtigung von Rechten" zu betrachten.[13] In der Praxis muss jedoch in erster Linie der Notar beurteilen, ob eine solche Beeinträchtigung von Rechten gegeben ist. Schließlich muss er in seinem Fußvermerk erklären können, dass alle benötigten Beschlüsse unter Einhaltung der gesetzlichen und satzungsmäßigen Vorschriften gefasst worden sind.

68 Falls bei einer grenzüberschreitenden Verschmelzung zwischen einer niederländischen Gesellschaft als übernehmender Gesellschaft und einer ausländischen Gesellschaft als übertragender Gesellschaft eine weitere niederländische B.V. als übertragende Gesellschaft auftritt, muss außerdem besonders darauf geachtet werden, ob diese übertragende B.V. stimmrechts- und/oder gewinnrechtslose Anteile hatte. Das kann relevant sein, wenn es sich bei der niederländischen erwerbenden Gesellschaft um eine N.V. handelt. In diesem Fall können die Rechte der Eigentümer von Anteilen ohne Stimmrecht und der Eigentümer von Anteilen ohne Gewinnrecht beeinträchtigt werden, weil diese Anteile nach der Verschmelzung bei der übertragenden N.V. nicht „zurückkehren" können. In einem solchen Fall muss das Vorhandensein der gewinnrechts- und stimmrechtslosen Anteile berücksichtigt werden, weil die Verschmelzung die Rechte der Eigentümer dieser Anteile beeinträchtigen kann.

69 Wie Art. 2:330 Abs. 2 NL-BGB vorschreibt, ist neben einem von der Gesellschafterversammlung oder dem Leitungsgremium gefassten Verschmelzungsbeschluss ein vorheriger oder gleichzeitiger Beschluss von jeder Gruppe von Eigentümern von Anteilen einer bestimmten Art oder Bezeichnung erforderlich, deren Rechte von der Verschmelzung beeinträchtigt werden. Dies beinhaltet, dass in dem oben beschriebenen Fall die Eigentümer der stimmrechtslosen Anteile und die Eigentümer der gewinnrechtslosen Anteile separat einen Genehmigungsbeschluss für die Verschmelzung fassen müssen. Fehlt ein solcher Genehmigungsbeschluss der Eigentümer einer bestimmten Art von Anteilen, kann die Verschmelzung nicht vollzogen werden.

70 Das Protokoll der Gesellschafterversammlungen, in denen der Verschmelzungsbeschluss gefasst wird oder in denen die Eigentümer einer bestimmten Art von Anteilen die Verschmelzung genehmigen, muss mittels notarieller (Protokoll-)Urkunde erstellt werden. Die Beschlussfassung dieser Versammlungen kann – falls dies mehrere übertragende Gesellschaften (zB Tochtergesellschaften) betrifft – jedoch in einer einzigen notariellen Urkunde festgelegt werden.

71 **kk) Satzungsänderung im Rahmen einer Verschmelzung.** Im Rahmen einer Verschmelzung können die Satzungen der übernehmenden Gesellschaft(en) geändert werden.[14] Dabei sind natürlich die gesetzlichen und satzungsmäßigen Anforderungen für die Vornahme einer Satzungsänderung zu berücksichtigen. Die Verschmelzungsurkunde kann gleichzeitig als Satzungsänderungsurkunde dienen. Ggf. kann die Satzungsänderung aber auch in einer gesonderten Urkunde vorgenommen werden. Im letzteren Fall wird in der Satzungsänderungsurkunde bestimmt, dass die Satzungsänderung erst an dem Tag in Kraft treten wird, an dem die Verschmelzung in Kraft tritt (in den Niederlanden tritt die Verschmelzung am Tag nach der Errichtung der notariellen Verschmelzungsurkunde in Kraft).

72 Der Beschluss zur Verschmelzung beinhaltet oft – zumindest sofern dieser Beschluss von der Gesellschafterversammlung gefasst wird – gleichzeitig den Beschluss zur Satzungsänderung. Ein Beschluss zur Verschmelzung muss dann – sofern in der Satzung keine an-

---

[13] Parlamentsdokumente – Kamerstukken II, 1981, 16 453, Nr. 6, S. 9.
[14] Falls das Stammkapital die Gewährung der Anteile nicht gestattet, muss dies auf jeden Fall mittels einer Satzungsänderung erhöht werden.

dere Regelung für einen Verschmelzungsbeschluss getroffen wird – in derselben Weise wie ein Beschluss zur Satzungsänderung gefasst werden (Art. 2:317 NL-BGB). Der Verschmelzungsbeschluss einerseits und der Satzungsänderungsbeschluss andererseits brauchen nicht unbedingt von demselben Gremium gefasst zu werden. Wie bereits erwähnt, bietet das Gesetz in Art. 2:331 NL-BGB – unter den dort in den Absätzen 1, 2 und 4 aufgeführten Bedingungen – die Möglichkeit, dass der Verschmelzungsbeschluss von der Unternehmensleitung der übernehmenden oder der übertragenden Gesellschaft getroffen wird.

ll) Gründung bei der Verschmelzung. Für die Gründung einer Gesellschaft bei der Verschmelzung gelten im Prinzip sämtliche gesetzlichen Anforderungen in Bezug auf die Gründung einer N.V. oder einer B.V. Es gibt jedoch einige Ausnahmen. Die Zuweisung der Anteile – von Rechts wegen – bei einer Verschmelzung ist eine Rechtshandlung einer eigenen Art, die nicht unter die Übernahme von Anteilen bei der Gründung im Sinne von Art. 2:64/175 Abs. 2 NL-BGB fällt und deren Annahme durch die „empfangenden" Anteilseigner nicht erforderlich ist. Darüber hinaus werden die Gründer der übernehmenden Gesellschaft keine Anteilseigner. Die Gründung der neuen Gesellschaft findet zu demselben Datum statt, zu dem die Verschmelzung in Kraft tritt, d.h. mit Wirkung ab dem Tag nach der Errichtung der notariellen Verschmelzungsurkunde.

mm) Inkrafttreten einer grenzüberschreitenden rechtlichen Verschmelzung. Wie bereits erwähnt, ist im niederländischen Recht das Datum, zu dem die notarielle Verschmelzungsurkunde errichtet wird, maßgeblich für den Zeitpunkt, zu dem die Verschmelzung wirksam wird. Die grenzüberschreitende Hineinverschmelzung tritt in Kraft am Tag nach der Errichtung der notariellen Verschmelzungsurkunde (Art. 2:318 Abs. 1 NL-BGB). Das niederländische Gesetz bietet nicht die Möglichkeit, eine Verschmelzung zu einem bestimmten anderen Zeitpunkt (Verschmelzung mit Zeitangabe) in Kraft treten zu lassen oder das Inkrafttreten einer Verschmelzung von einer bestimmten Bedingung abhängig zu machen.

nn) Formalitäten für die Registrierung der grenzüberschreitenden Verschmelzung. Die Registrierung der grenzüberschreitenden Verschmelzung in die öffentlichen Register in den Niederlanden ist in zwei Teile gegliedert: einerseits die Eintragung in das Register, in dem die Gesellschaft ihre Urkunden hinterlegen muss, also in das in den Niederlanden von der Handelskammer geführte Handelsregister, und andererseits die Eintragung der Verschmelzung in andere öffentliche Register, wie die öffentlichen Register, in die die Tatsachen eingetragen werden, die für den Rechtszustand von registerpflichtigen Gütern eingetragen werden müssen (Grundbuch).

Grenzüberschreitende Verschmelzungen müssen innerhalb von acht Tagen nach der Errichtung der Urkunde von der übernehmenden Gesellschaft in das Handelsregister eingetragen werden, in dem jede verschmelzende Gesellschaft und die übernehmende Gesellschaft eingetragen sind (Art. 2:318 Abs. 3 NL-BGB). Diese Eintragungspflicht gilt auch für die übernehmende Gesellschaft, die vom Recht eines anderen Mitgliedsstaats beherrscht wird.

In den Niederlanden ist die Eintragung in das Handelsregister keine Voraussetzung für das Inkrafttreten der Verschmelzung. Auch das Gericht braucht dafür nicht eingeschaltet zu werden.

Der Verwalter des – niederländischen- Handelsregisters, wo die übernehmende Gesellschaft eingetragen ist, gibt sofort nach der Eintragung der Verschmelzung eine entsprechende Mitteilung an die Register im Sinne von Art. 2:333e NL-BGB ab, d.h. an die (aus niederländischer Sicht) ausländischen Register, in die die übertragende(n) Gesellschaft(en) eingetragen ist/sind (Art. 2:333j NL-BGB).

d) Verfahren einer (Hinaus-)Verschmelzung einer niederländischen Gesellschaft auf eine deutsche Gesellschaft

79 Die obigen Ausführungen, die gemäß Punkt 1.c) in Bezug auf die grenzüberschreitende Verschmelzung einer deutschen Gesellschaft in eine niederländische Gesellschaft (also aus niederländischer Perspektive gesehen eine grenzüberschreitende Hineinverschmelzung) beschrieben sind, gelten größtenteils sinngemäß für die grenzüberschreitende Verschmelzung einer niederländischen Gesellschaft in eine deutsche Gesellschaft (aus niederländischer Perspektive gesehen also eine grenzüberschreitende Hinausverschmelzung). Dies gilt jedoch nicht für alle Regelungen und Vorschriften. Nachfolgend werde ich mich beschränken auf die abweichenden Regelungen und Vorschriften, die für eine – aus niederländischer Perspektive gesehen – grenzüberschreitende Hinausverschmelzung gelten.

80 **aa) Schutz der Minderheitsgesellschafter (Austrittsregelung, Art. 2:333h NL-BGB).** Bei einer grenzüberschreitenden Hinausverschmelzung einer niederländischen Gesellschaft auf eine deutsche Gesellschaft hat der Anteilseigner einer übertragenden Gesellschaft, der gegen den Verschmelzungsbeschluss gestimmt hat, ein Austrittsrecht, bestehend aus einer Entschädigung in Geld im Gegenzug gegen den Verlust seiner Anteile (Art. 2:333h NL-BGB).

81 Schließlich können die Minderheitsgesellschafter durch die Verschmelzung mit Anteilen an einer Gesellschaft mit – aus ihrer Sicht – fremdem Recht konfrontiert werden. Obwohl Minderheitsgesellschafter eine grenzüberschreitende Verschmelzung im Prinzip nicht verhindern können und keine Garantie auf eine ungestörte Fortsetzung ihres Gesellschaftsanteils an der Gesellschaft, für die sie sich bei Erwerb der Anteile entschieden hatten, beanspruchen können – weil die Gesellschaft sich schließlich auf verschiedene Weisen verändern kann, etwa durch Satzungsänderung, rechtliche Verschmelzung, rechtliche Aufspaltung und Umsetzung –, befindet sich der Minderheitsgesellschafter im Falle einer grenzüberschreitenden Verschmelzung in einer verletzlichen Position, bzw. zumindest in einer verletzlicheren Position als im Falle einer innerstaatlichen Verschmelzung. Da einem Anteilseigner an einer N.V. oder B.V. Geschäftsanteile an einer Gesellschaft zugewiesen werden, die von einem fremden Recht beherrscht werden, können sich die mit einem Anteil verbundenen Rechte und Pflichten ändern, sodass beispielsweise das Untersuchungsrecht gem. Art. 2:345 NL-BGB nicht mehr zur Verfügung steht. Darüber hinaus kann eine grenzüberschreitende Verschmelzung nicht angefochten (vernichtet) werden, was bei einer innerstaatlichen Verschmelzung möglich ist (Art. 2:333l NL-BGB). Auf Anraten der kombinierten Kommission für Gesellschaftsrecht („Gecombineerde Commissie Vennootschapsrecht") hat der Gesetzgeber darum eine Bestimmung aufgenommen, durch die Minderheitsgesellschafter im Falle einer grenzüberschreitenden rechtlichen Verschmelzung eine Entschädigung für ihre Anteile erhalten können (Art. 2:333h NL-BGB).

82 Der Anspruch auf Entschädigung besteht nur, wenn es sich bei der übernehmenden Gesellschaft um eine Gesellschaft nach dem Recht eines anderen Mitgliedsstaats der EU oder des EWR handelt (Art. 2:333h Abs. 1 NL-BGB) (also nur im Falle einer grenzüberschreitenden Hinausverschmelzung). Der Gesellschafter einer übertragenden Gesellschaft, der gegen den Verschmelzungsbeschluss gestimmt hat, kann in diesem Fall innerhalb eines Monats nach Datum dieses Beschlusses bei der übertragenden Gesellschaft einen Antrag auf Entschädigung stellen. Der Antrag auf Entschädigung bezieht sich auf sämtliche Geschäftsanteile des Minderheitsgesellschafters. Somit ist es nicht möglich, dass eine Entschä-

digung für einen Teil des Anteilspakets, das sich im Eigentum des Minderheitsgesellschafters befindet, geleistet wird.

Der Gesellschafter, der eine Entschädigung erhalten will, muss persönlich bei der Versammlung anwesend gewesen sein und auch tatsächlich gegen die Verschmelzung gestimmt haben. Dass der Gesellschafter gegen die Verschmelzung gestimmt hat, kann anhand des Versammlungsprotokolls nachgewiesen werden. Eine gültig abgegebene Vollmacht gilt selbstverständlich auch als „Anwesenheit" im Sinne dieses Artikelabsatzes. Außerdem gilt das Entschädigungsrecht auch für die Eigentümer von Anteilen ohne Stimmrecht. Vollständigkeitshalber weisen wir darauf hin, dass nur die B.V. Geschäftsanteile ohne Stimmrecht haben kann, die N.V. dagegen nicht (Art. 2:228 Abs. 5 NL-BGB). Das Recht auf Entschädigung kraft Art. 2:333h NL-BGB für Eigner von Anteilen ohne Stimmrecht ist darum auch nur in dem Fall gegeben, wenn im Rahmen einer grenzüberschreitenden Verschmelzung eine B.V. mit Anteilen ohne Stimmrecht in eine ausländische Gesellschaft aufgeht. Eigentümer von Geschäftsanteilen ohne Gewinnrecht haben ein Stimmrecht in der Gesellschafterversammlung und können das Recht auf Entschädigung in Anspruch nehmen, wenn sie in der Gesellschafterversammlung gegen die Verschmelzung stimmen. 83

Weiterhin können auch Eigentümer von mit Mitwirkung der Gesellschaft ausgegebenen Anteilszertifikaten, die zum Handel an einem regulierten Markt im Sinne von Art. 2:118a NL-BGB zugelassen sind, einen Antrag auf Entschädigung einreichen (Art. 2:333h Abs. 4 NL-BGB). Schließlich haben die Inhaber dieser Zertifikate unter normalen Umständen das Recht, abzustimmen (auf der Basis einer Vollmacht), d.h. sie können also ebenfalls gegen die grenzüberschreitende Verschmelzung stimmen. Darum ist es nicht befremdlich, dass die Inhaber derartiger Anteilszertifikate dasselbe Recht in Anspruch nehmen können. 84

Als Ausgangspunkt bei der Entschädigung von Minderheitsgesellschaftern gilt, dass die Anteilseigner eine Entschädigung für ihre Geschäftsanteile erhalten. Die Entschädigung, die der Anteilseigner erhält, entspricht dem Betrag, der den Gegenwert der Anteile des Minderheitsgesellschafter an der übertragenden Gesellschaft bildet, und zwar zu dem Zeitpunkt, zu dem das Umtauschverhältnis bekannt wird, d.h. dem Zeitpunkt, zu dem der Verschmelzungsplan festgelegt wird. 85

Der Betrag, den die Minderheitsgesellschafter für ihre Anteile als Entschädigung erhalten, wird von einem oder mehreren unabhängigen Sachverständigen festgestellt. Diese Sachverständigen erstatten schriftlich Bericht über die Wertermittlung, worauf Art. 2:314 Abs. 2 NL-BGB anwendbar ist. Dies beinhaltet, dass der Sachverständigenbericht in der Geschäftsstelle der Gesellschaft in derselben Weise wie die Erläuterung zum Verschmelzungsplan zur Einsichtnahme ausgelegt werden muss. Wenn im Rechtsverhältnis zwischen den Parteien aufgrund der Satzung oder aufgrund eines Vertrags, als dessen Parteien die Gesellschaft und die jeweiligen Anteilseigner auftreten, Bestimmungen für die Ermittlung des Werts der Anteile oder über die Feststellung der Entschädigung gelten, erstellen die Sachverständigen ihren Bericht unter Berücksichtigung dieser Bestimmungen.[15] Die Bestellung von Sachverständigen kann unterbleiben, falls die Satzung oder ein Vertrag, als dessen Parteien die Gesellschaft und die jeweiligen Anteilseigner auftreten, einen deutlichen Maßstab enthält, anhand dessen die Entschädigung ohne weiteres festgestellt werden kann (Art. 2:334h Abs. 2 NL-BGB). 86

Durch die Entschädigungen im Rahmen der Austrittsregelung könnte der Betrag der Zuzahlungen in Geld die maximale Zuzahlung in Höhe von 10% des Nennbetrags der zugeteilten Anteile überschreiten. Nach Ansicht der Kommission für Gesellschaftsrecht ist 87

---

[15] In der Praxis dürfte man nicht oft eine derartige Regelung in der Satzung antreffen, während dies durchaus für wünschenswert zu halten ist.

dies nicht als problematisch einzustufen.[16] Schließlich handelt es sich bei der Entschädigung ja nicht um ein Recht kraft des Umtauschverhältnisses, weshalb die Beschränkung in Bezug auf die Zuzahlung von 10% des Nennbetrags der zugeteilten Anteile nicht anwendbar ist.

88 Der Entschädigungsanspruch des Minderheitsgesellschafters bringt als Konsequenz mit sich, dass dieser Gesellschafter kein Gesellschafter der übernehmenden Gesellschaft wird. Die Anteile, auf die sich der Antrag bezieht – also die Anteile des individuellen Minderheitsgesellschafters –, erlöschen in dem Moment, in dem die Verschmelzung wirksam wird (Art. 2:333h Abs. 3 NL-BGB).

89 Der Antrag auf Entschädigung wird im Prinzip bei der übertragenden Gesellschaft gestellt. Ausweislich Art. 2:333i Abs. 4 NL-BGB können jedoch die anderen verschmelzenden Gesellschaften beschließen, dass die übernehmende Gesellschaft die Entschädigung bezahlen muss. Dies bietet den Vorteil, dass die Verschmelzung nicht infolge der Feststellung der Höhe der Entschädigung verzögert wird. In diesem Fall bekommt der Minderheitsgesellschafter ein Forderungsrecht gegenüber der übernehmenden Gesellschaft, die vom Recht eines anderen Mitgliedsstaats beherrscht wird.

90 **bb) Bare Zuzahlungen.** Aufgrund von Art. 2:325 Abs. 2 NL-BGB darf in dem Fall, in dem kraft des für die Anteile vereinbarten Umtauschverhältnisses ein Anspruch auf Geld oder Schuldforderungen besteht, der gemeinsame Betrag derselben den Wert von 10% des Nennwerts der zugeteilten Anteile nicht überschreiten. Falls eine ausländische Gesellschaft als übernehmende Gesellschaft auftritt und nach dem auf diese erwerbende Gesellschaft anwendbaren Recht, eine Zuzahlung von mehr als 10% doch zulässig ist, kann eine solche Verschmelzung stattfinden. In diesem Fall braucht der niederländische Notar keine Erklärung im Sinne von Art. 2:318 Abs. 2 NL-BGB abzugeben. In diesem Fall muss der Notar zwar eine Bestätigung abgeben (Art. 2:333i Abs. 3 NL-BGB), diese braucht aber keine Aussagen über das Umtauschverhältnis und über ggf. kraft des Umtauschverhältnisses geleistete Zuzahlungen zu enthalten.[17]

91 **cc) Verschmelzungsprüfung.** Art. 2:328 Abs. 1 zweiter Satz NL-BGB (sog. Einlageerklärung, „inbrengverklaring"; s. oben unter Rn. 54) ist nicht deutlich und scheint zumindest wortwörtlich auch uneingeschränkt auf eine grenzüberschreitende Hinausverschmelzung anwendbar zu sein. Dadurch könnten jedoch Regeln des niederländischen Kapitalschutzes, die ihre Grundlage in der Zweiten Richtlinie haben, auf eine nicht vom niederländischen Recht beherrschte übernehmende Gesellschaft angewandt werden. In der niederländischen Literatur wurde bereits verteidigt, dass auf der Basis einer richtlinienkonformen Interpretation die niederländischen Verschmelzungsvorschriften in Art. 2:328 Abs. 1 zweiter Satz NL-BGB bei einer grenzüberschreitenden Hinausverschmelzung nicht im Hinblick auf die übernehmende ausländische Gesellschaft gelten müssen.[18]

92 Zum Zeitpunkt der Abgabe der Erklärung im Sinne von Art. 2:328 Abs. 1 zweiter Satz NL-BGB besteht noch keine Sicherheit über den Gesamtbetrag der Entschädigungen, der möglicherweise an die Minderheitsgesellschafter, die gegen den Verschmelzungsbeschluss gestimmt haben, sowie an die Eigner von stimmrechtslosen Anteilen (aufgrund der Austrittsregelung von Art. 2:333h NL-BGB) ausgezahlt werden muss. Schließlich ist unsicher,

---

[16] Parlamentsdokumente – Kamerstukken II, 2007, 30 929, Nr. 3, S. 20.
[17] D.F.M.M. Zaman, Grensoverschrijdende fusie: enige juridische aspecten („Grenzüberschreitende Verschmelzung: einige rechtliche Aspekte"), Tijdschrift Fiscaal Ondernemingsrecht 2007, S. 119–125.
[18] G.C. van Eck, E.R. Roelofs, De rol van de accountant bij grensoverschrijdende fusie (Die Rolle des Wirtschaftsprüfers bei der grenzüberschreitenden Verschmelzung), in: Vennootschap & Onderneming 2010/4, S. 61–67.

ob und wenn ja wie viele Minderheitsgesellschafter und Eigentümer von stimmrechtslosen Anteilen ihr Recht auf Entschädigung in Anspruch nehmen wollen. Zum Zeitpunkt der Festlegung des Verschmelzungsplans ist der Verschmelzungsbeschluss ja noch nicht gefasst worden. In diesem Fall muss der Wirtschaftsprüfer berechnen, wie groß der maximale Betrag der Entschädigungen wäre, der ausgezahlt werden müsste, falls sämtliche Minderheitsgesellschafter und Inhaber von stimmrechtslosen Anteilen ihr Recht auf Entschädigung in Anspruch nehmen sollten (Art. 2:333g iVm. Art. 2:333h NL-BGB).

dd) Übertragende Gesellschaft: Beschluss durch die Gesellschafterversammlung. Der Verschmelzungsbeschluss wird in Bezug auf die übertragende Gesellschaft grundsätzlich von der Gesellschafterversammlung gefasst (Art. 2:317 Abs. 1 NL-BGB). Von diesem Grundsatz wird nur in einem Ausnahmefall abgewichen. Dabei handelt es sich um den Fall, in dem eine übernehmende Gesellschaft mit einer Gesellschaft verschmilzt, von der sie sämtliche Anteile besitzt. In diesem Fall kann auch die übertragende Gesellschaft die Verschmelzung durch einen Beschluss des Leitungsgremiums beschließen, außer wenn in der Satzung anderes vorgesehen ist (Art. 2:331 Abs. 4 NL-BGB). Die Möglichkeit, dass die übertragende Gesellschaft die Verschmelzung durch einen Beschluss des Leitungsgremiums beschließen kann, wenn sich alle Anteile im Besitz der übernehmenden Gesellschaft befinden, ergibt sich zwingend aus Art. 25 i.V.m. Art. 7 der RL 2011/35/EU. Siehe Rn. 63 für die Beschlussbildung in der Gesellschafterversammlung.

93

ee) Rechtliche Folgen des Inkrafttretens der Verschmelzung. Falls es sich bei der grenzüberschreitenden Fusionierung bei der erwerbenden Gesellschaft um eine Gesellschaft nach dem Recht eines anderen EU- oder EWR-Mitgliedsstaats handelt, tritt die Verschmelzung auf die Weise und zu dem Zeitpunkt in Kraft, die vom Recht des Landes, in dem die erwerbende Gesellschaft ihren satzungsmäßigen Sitz hat, bestimmt wird (Art. 2:333i Abs. 1 NL-BGB). Falls dieses Recht die Möglichkeit bietet, das Inkrafttreten der Verschmelzung von einer Voraussetzung oder einer Zeitangabe abhängig zu machen, so kann auch die Verschmelzung, durch die die niederländische Gesellschaft übernommen wird, unter einer Voraussetzung oder einer bestimmten Zeitangabe in Kraft treten. Das auf die übernehmende Gesellschaft anwendbare Recht ist übrigens nicht nur anwendbar auf den Zeitpunkt des Inkrafttretens der Verschmelzung, sondern auch die Weise, in der die Verschmelzung in Kraft tritt, wird von dem auf die übernehmende Gesellschaft anwendbaren Recht beherrscht.

94

ff) Eintragung einer grenzüberschreitenden Hinausverschmelzung in das niederländische Handelsregister. Art. 2:333j NL-BGB (in dem bestimmt wird, dass der Verwalter des Handelsregisters, in das die übernehmende Gesellschaft eingetragen ist, unverzüglich nach der Eintragung der Verschmelzung eine Mitteilung im Sinne von Art. 2:333e NL-BGB an die Register – d.h. die Register, in die die übertragende(n) Gesellschaft(en) eingetragen ist/sind – vornimmt) bezieht sich nur auf den Fall, in dem die niederländische Gesellschaft als übernehmende Gesellschaft auftritt (sog. Hineinverschmelzung aus der niederländischen Perspektive), und nicht auf eine grenzüberschreitende Hinausverschmelzung. Falls die übernehmende Gesellschaft vom Recht eines anderen Mitgliedsstaats beherrscht wird, muss der Verwalter des Handelsregisters, in dem die übernehmende Gesellschaft aufgrund der Bestimmungen des auf diese Gesellschaft anwendbaren Rechts geführt wird, nach der Verschmelzung eine Mitteilung an die Register vornehmen, in denen die übertragende(n), vom niederländischen Recht beherrschte(n) Gesellschaft(en) eingetragen ist bzw. sind.

95

2. Steuerliche Folgen

a) Regeln

96 Nach dem niederländischen Steuerrecht ist die steuerrechtliche Betreuung einer grenzüberschreitenden Verschmelzung bereits seit dem 1.1.2001 möglich. Grundsätzlich gilt dabei jedoch die Voraussetzung, dass die übertragende und die übernehmende juristische Person in den Niederlanden, in einem Mitgliedstaat der Europäischen Union oder in einem durch eine ministerielle Regelung angewiesenen Staat, der den Vertrag über den Europäischen Wirtschaftsraum unterzeichnet hat, ansässig sein müssen.[19] Sollte die übertragende oder übernehmende juristische Person zwar nicht in einem EU-Mitgliedstaat, aber in einem Vertragsstaat ansässig sein, so wird im Einzelfall entschieden, ob die steuerrechtliche Betreuung einer solchen Verschmelzung möglich ist.[20]

97 Nachstehend wird auf die (möglichen) niederländischen steuerrechtlichen Aspekte[21] grenzüberschreitender Verschmelzungen eingegangen. Dabei werden die niederländischen steuerrechtlichen Folgen für sowohl die Hineinverschmelzung als auch die Hinausverschmelzung besprochen für:

– die übertragende und übernehmende Gesellschaft;
– inländisch steuerpflichtige Anteilseigner: natürliche Personen und/oder Körperschaft;

---

[19] Ab 1.1.2001 ist der Hinweis auf Art. 2:309 NL-BGB aus Art. 14b des NL-KöStG verschwunden (juristischer Verschmelzungsartikel, vgl. Paragraph 1.2.2). Art. 2:309 NL-BGB verwies auf Art. 2:308 NL-BGB. Dadurch war eine juristische Verschmelzung nur für bestimmte niederländische Entitäten möglich. Vgl. in diesem Zusammenhang auch die parlamentarische Besprechung der Steuerreform 2001: „Darüber hinaus findet die steuerrechtliche Betreuung des Übergangs im Wege der Gesamtnachfolge im Rahmen einer Verschmelzung oder einer Spaltung auch dann Anwendung, wenn die an der Verschmelzung oder der Spaltung beteiligten juristischen Personen nicht in den Niederlanden, sondern in einem anderen Mitgliedstaat der Europäischen Union ansässig sind." Parlamentsdokumente, Begründung – MvT, Kamerstukken II 1998/99, 26 728, Nr. 3, Seite 8, V-N BP21/2.4, Seite 663. „Weiterhin wird die Fazilität auch für Körperschaften freigegeben, die nicht in den Niederlanden, sondern in einem anderen Mitgliedstaat der Europäischen Union ansässig sind." Parlamentsdokente, Begründung – MvT, Kamerstukken II 1998/99, 26 728, Nr. 3, Seite 55, V-N BP21/2.6, Seite 746. „In Bezug auf die Reichweite der steuerrechtlichen Betreuung von Verschmelzungen und Spaltungen innerhalb der EU bemerken wir, dass es keine Voraussetzung ist, dass die Gesellschaften in verschiedenen Mitgliedstaaten ansässig sind. Es genügt, dass die Gesellschaften in einem Mitgliedstaat der Europäischen Union ansässig sind. In der Änderungsvorlage wird diese Bestimmung in diesem Punkt verdeutlicht". Parlamentsdokumente, NNV, Kamerstukken II 1999/2000, 26 727, Nr. 17, Seite 72, V-N BP21/6.5, Seite 1915.

[20] „Im Falle von Verschmelzungen oder Spaltungen, an denen juristische Personen aus Nicht-EU-Mitgliedstaaten beteiligt sind, wird – ausgehend von einem im Verhältnis zu dem betreffenden Land anwendbaren Diskriminierungsverbot – auf der Grundlage der Fakten und Umstände des Falles betrachtet werden, inwieweit es sich um eine vergleichbare Situation handelt, auf die die steuerrechtliche Betreuung abgestimmt werden kann. Die steuerrechtliche Betreuung wird in den Niederlanden dann sowohl auf Gesellschaftsebene als auch auf Anteilseignerebene erteilt". Parlamentsdokumente, NV- Kamerstukken II, 1997/98, 25 709, Nr. 5.
[...] In der dazwischenliegenden Periode wird bezüglich eines niederländischen Steuerpflichtigen, der an einer Verschmelzung oder Spaltung beteiligt ist mit bzw. von in einem anderen Staat der Europäischen Union ansässigen Gesellschaften oder von Gesellschaften, die in einem Staat ansässig sind, mit dem die Niederlande ein Doppelbesteuerungsabkommen abgeschlossen haben, in der Situation, in der dieser andere Staat steuerrechtliche Betreuung bietet, die niederländische Steuerbehörde im Ausführungsbereich mit einer freundlichen Haltung betrachten, ob und in welchem Ausmaß eine steuerrechtliche Betreuung im Geiste der derzeit diskutierten Vorschläge geboten werden kann. Dasselbe gilt für die Betreuung einer Verschmelzung oder Spaltung in einem anderen Land, an der eine nach niederländischem Recht gegründete, aber faktisch in diesem anderen Staat ansässige juristische Person beteiligt ist, sowie für die grenzüberschreitenden Situationen, die nicht von der Verschmelzungsrichtlinie erfasst werden. [...]". Brief des Staatssekretärs für Finanzen, Kamerstukken II 1997/98, Nr. 11, Seite 2.

[21] In den nachstehenden Paragraphen wird eine allgemeine Beschreibung gegeben. Selbstverständlich sind für eine spezifische Situation die spezifischen (steuerrechtlichen) Folgen zu untersuchen.

– ausländisch steuerpflichtige Anteilseigner: natürliche Personen und/oder Körperschaft.

b) Besteuerung auf der Ebene der *niederländischen* übertragenden Gesellschaft

aa) Einführung. Der Rechtsträger A mit Sitz/Hauptverwaltung in den Niederlanden 98
(„Wohnsitzstaat") soll mit einem Rechtsträger B mit Sitz/Hauptverwaltung in Deutschland verschmelzen. Als Folge dieser Verschmelzung erlischt der Rechtsträger A. Der Rechtsträger A besitzt u.a. folgende Vermögenswerte:

(1) Anteile an anderen Unternehmen (die im Wohnsitzstaat, in der EU und außerhalb der EU ansässig sind),
(2) Betriebsstätten im Wohnsitzstaat, in der EU und außerhalb der EU,
(3) Immobilien im Wohnsitzstaat.

bb) Niederländische ertragsteuerliche Folgen für die übertragende und die 99
übernehmende Gesellschaft. Ausgangspunkt für die niederländische Körperschaftsteuer ist, dass für den Rechtsträger A als übertragende Gesellschaft gilt, dass er (i) all seine Vermögensgegenstände auf die übernehmende Gesellschaft (Rechtsträger B) übertragen hat und (ii) aufgehört hat, Gewinn aus dem Unternehmen in den Niederlanden zu erzielen (Endbesteuerung).[22] Das führt grundsätzlich zur Steuererhebung für die Körperschaftsteuer auf die (womöglich) vorhandenen stillen Reserven und steuerlichen Rücklagen bei dem Rechtsträger A und (womöglich) auf den Goodwill.[23] Das ist eine sog. „besteuerte" Verschmelzung. Unter gewissen Voraussetzungen[24] kann der Verschmelzungsgewinn aufgrund einer „Buchwertfortführungsregelung" außer Acht gelassen werden. Das ist eine sog. „steuerneutrale" Verschmelzung. Aufgrund dieser Regelung wird der steuerliche Anspruch an die übernehmende Gesellschaft (Rechtsträger B) verlagert. Diese Gesellschaft tritt dann für alle erworbenen Vermögensgegenstände an die Stelle der übertragenden Gesellschaft und hat die steuerlichen Buchwerte der übertragenden Gesellschaft zu übernehmen.[25] Die Regelung findet keine Anwendung, wenn die Verschmelzung überwiegend zum Zwecke der Steuerhinterziehung oder -umgehung stattfindet. Sofern nicht das Gegenteil glaubhaft gemacht wird, gilt für die Verschmelzung, dass ihr Zweck überwiegend die Steuerhinterziehung oder -umgehung ist, wenn die Verschmelzung nicht aufgrund wirtschaftlicher Gründe erfolgt, wie zB Neustrukturierung oder Rationalisierung der aktiven Geschäftstätigkeiten der übertragenden und der übernehmenden juristischen Person.[26]

Die Fazilität gilt nicht für die übertragenen Vermögensgegenstände, die nach der Ver- 100
schmelzung nicht mehr der niederländischen Steuererhebung unterliegen.[27] Im Falle einer Steuererhebung haben die Niederlande natürlich auch der Besteuerungsbefugnis aufgrund der abgeschlossenen Doppelbesteuerungsabkommen Rechnung zu tragen. Es ist darauf hinzuweisen, dass anlässlich des EuGH-Urteils *National Grid Indus* vom 29.11.2011[28] eine Gesetzgebung[29] eingeführt wurde, aufgrund deren der Steuerpflichtige zum verzinslichen

---

[22] Art. 14b Abs. 1 NL-KStG.
[23] Art. 15d NL-KStG.
[24] Eine der Voraussetzungen besteht darin, dass die übertragende und die übernehmende juristische Person in den Niederlanden oder in einem Mitgliedstaat der Europäischen Union ansässig sind. Art. 14b Abs. 8 NL-KStG.
[25] Art. 14b Abs. 2 und 3 NL-KStG.
[26] Art. 14b Abs. 5 NL-KStG.
[27] Vgl. Standardbedingung 6, Beschluss vom 19.12.2000, Nr. CPP2000/3131M, V-N 2001/8.3.
[28] Nr. C-371/10, V-N 2011/67.8.
[29] Art. 25a Invorderingswet 1990.

Aufschub der Einforderung der Wegzugsbesteuerung in Bezug auf nicht realisierte Ergebnisse optieren kann (unter der Voraussetzung, dass eine Sicherheitsleistung, etwa durch eine Bankbürgschaft, erfolgt). Spätere Wertminderungen werden dabei nicht berücksichtigt. Diese Gesetzgebung hat rückwirkende Geltung bis zum 29.11.2011. Die Gesetzgebung bezieht sich auch auf Verschmelzungen und Spaltungen. Es wird darauf hingewiesen, dass die vorgeschlagene Regelung nur für EU- und EWR-Situationen gilt.

101 Vorausgesetzt, dass die Anteilsbeteiligungen des Rechtsträgers A nach der Verschmelzung nicht einer niederländischen Betriebsstätte zugerechnet werden können, heißt das, dass Rechtsträger A grundsätzlich für die Mehrwerte zu zahlen hat, die in den gehaltenen Anteilsbeteiligungen enthalten sind. Das Doppelbesteuerungsabkommen zwischen Deutschland und den Niederlanden schränkt diese Besteuerung nicht ein (vgl. Art. 8 des Abkommens[30]). Es kann jedoch das niederländische Schachtelprivileg[31] hinsichtlich dieser Anteilsbeteiligungen gelten, wodurch die Niederlande den Gewinn schließlich freistellen.

102 Für die Betriebsstätten gilt Folgendes. Im Hinblick auf die niederländische Betriebsstätte sind die Niederlande weiterhin besteuerungsberechtigt. Im Falle einer steuerneutralen Verschmelzung fallen dafür somit keine Steuern an. Für die ausländischen Betriebsstätten wäre dagegen grundsätzlich zu zahlen. Art. 10 Abs. 1 Satz 1 der Verschmelzungsrichtlinie bietet dafür jedoch keinen Spielraum. Übrigens wäre die Abrechnung in der Praxis sowieso beschränkt, weil die Niederlande aufgrund der Doppelbesteuerungsabkommen und des innerstaatlichen Rechts das den ausländischen Betriebsstätten angerechnete Ergebnis grundsätzlich freistellen (wobei aber unter bestimmten Bedingungen auf der Grundlage des innerstaatlichen Rechts ein endgültiger Beendigungsverlust abgezogen werden kann).[32]

103 Für die inländischen Immobilien braucht in den Niederlanden nicht abgerechnet zu werden, weil diese Immobilien aufgrund des Doppelbesteuerungsabkommens zwischen den Niederlanden und Deutschland immer noch in den Niederlanden besteuert werden dürfen.

104 Falls der Rechtsträger A noch ausgleichsfähige Verluste hätte, würde seine Auflösung bedeuten, dass auch die ausgleichsfähigen Verluste verloren gehen. Der Staatssekretär für Finanzen hat jedoch genehmigt, dass bei der Anwendung der Buchwertfortführungsregelung die Verluste des Rechtsträgers A auf den Rechtsträger B übergehen. Dagegen finden dann die sog. „Gewinnzuteilungsregeln" Anwendung. Kurz gesagt heißt das, dass die vor der Verschmelzung entstandenen Verluste des Rechtsträgers A nur gegen die von dem ehemaligen Unternehmen des Rechtsträgers A erzielten (niederländischen) Gewinne verrechnet werden können. Die nach der Verschmelzung entstandenen Gewinne des Rechts-

---

[30] Auch das neue DBA (das wahrscheinlich am 1.1.2014 in Kraft tritt) beschränkt das Besteuerungsrecht der Niederlande nicht, S. Art. 13.
[31] Das niederländische Schachtelprivileg findet (u.a.) Anwendung, wenn (kurz gesagt) der Steuerpflichtige (Rechtsträger A) zu mindestens 5% des eingezahlten Nennkapitals Anteils eigner einer Gesellschaft ist, deren Kapital ganz oder teilweise in Anteile verteilt ist. Die Beteiligung darf keine niedrigbesteuerte Anlagebeteiligung sein. Vgl. Art. 13 NL-KStG.
[32] Art. 15w, 15i NL- KStG. Bis zum 1.1.2012 galt eine andere nationale Regelung, aufgrund derer die von der ausländischen Betriebsstätte erzielten Verluste gleich von dem niederländischen Ergebnis abgesetzt werden konnten. Der von der Betriebsstätte später erzielte Gewinn wurde dann nicht freigestellt, sofern frühere Verluste abgesetzt worden sind die sog. Ausgleichsregelung, Art. 35 Beschluss zur Vermeidung von Doppelbesteuerung 2001 (alt). Für Situationen, in denen in der Vergangenheit Betriebsstättenverluste abgesetzt worden waren, gilt ein Übergangsrecht, wodurch im Prinzip immer noch eine Aufholregelung gilt (Art. 33b NL-KStG). Hätte die ausländische Betriebsstätte deshalb in früheren Jahren Verluste erzielt, so dürfen die Niederlande aufgrund dieser Ausgleichsregelung noch für die möglichen stillen Rücklagen und den Goodwill zahlen. Art. 10 Abs. 1, Satz 2 der Verschmelzungsrichtlinie bietet dafür die entsprechenden Möglichkeiten. Nach der Verschmelzung sind die Niederlande dann nicht mehr berechtigt, die Ausgleichsregelung effektiv auf den Rechtsträger B anzuwenden.

trägers B sind also in Gewinne aufzuteilen, die von (1) dem ehemaligen Unternehmen des Rechtsträgers A und (2) dem ehemaligen Unternehmen des Rechtsträgers B erzielt worden sind.[33, 34]

cc) Niederländische Kapitalertragsteuer, Grunderwerbsteuer und Umsatzsteuer. Ausgehend vom Wortlaut des Gesetzes und von den Gesetzesmaterialien[35] wird in der Literatur[36] verteidigt, die Verschmelzung sei keine steuerpflichtige Tatsache im Sinne der niederländischen Kapitalertragsteuer. Infolge der Verschmelzung würden die Niederlande grundsätzlich ihren Kapitalertragsteueranspruch verlieren. Für die alten Anteilseigner des Rechtsträgers A fänden statt der niederländischen Kapitalertragsteuerveranlagung künftig die deutschen steuerrechtlichen Regeln Anwendung. Die praktische Erfahrung zeigt, dass die niederländische Steuerbehörde nicht im Voraus die Zusicherung erteilt, dass über eine grenzüberschreitende Verschmelzung keine Dividendensteuer anfällt. 105

Infolge der Verschmelzung sind auf die niederländischen unbeweglichen Sachen grundsätzlich 6%[37] niederländische Grunderwerbsteuer zu zahlen. Im niederländischen Gesetz ist jedoch eine spezifische Steuerbefreiung für eine Verschmelzung vorgesehen, und zwar sowohl für eine konzerninterne als auch für eine konzernexterne Verschmelzung.[38, 39] 106

Für die Erhebung der Umsatzsteuer gilt als Steuertatbestand die Lieferung von Gegenständen gegen Entgelt und die Erbringung von Dienstleistungen gegen Entgelt. Durch das Erlöschen der ausländischen Gesellschaft werden alle ihre Vermögensgegenstände im Wege der Gesamtnachfolge auf die übernehmende niederländische Gesellschaft übertragen. Mangels Rechtsprechung hinsichtlich der umsatzsteuerlichen Folgen einer Verschmelzung ist momentan unklar, ob die Übertragung infolge einer Verschmelzung überhaupt einen Steuertatbestand für die Umsatzsteuererhebung darstellt. Fraglich ist nämlich, ob die Übertragung infolge einer Verschmelzung gegen Entgelt stattfindet. Zudem wird vertreten, dass die Übertragung im Wege der Gesamtnachfolge keine Lieferung von Gegenständen bzw. Erbringung von Dienstleistungen im umsatzsteuerlichen Sinne darstellen kann. Darum ist anzuraten, nachzuprüfen, welche Regelung in dem jeweiligen Land gilt. Für die Niederlande würde nach herrschender Meinung Folgendes gelten: Die Übertragung ist (sogar dann, wenn die Übertragung infolge einer Verschmelzung in den Bereich der Umsatzsteuer fallen würde) für die Erhebung der Umsatzsteuer als eine Übertragung eines Gesamt- oder Teilvermögens iSv Art. 19 und Art. 29 der Umsatzsteuer-Richtlinie zu betrachten. Aufgrund dieses Artikels der Europäischen Richtlinie wird, als Ausnahme von der Haupt- 107

---

[33] Bedingung 2, Beschluss vom 19.12.2000, Nr. CPP2000/3131M.
[34] Selbstverständlich finden auch die normalen Verlustregeln von Art. 20 (Verlustrücktrag, Verlustvortrag; Qualifizierung von Verlusten) und Art. 20a (Anteilseignerwechsel) NL-KStG Anwendung.
[35] Gesetzesmaterialien zu Art. 3, Abs. 2 (alt), Dividendensteuer, Kamerstukken 25 709, Nr. 5, S. 14–15.
[36] S. beispielsweise *P.H.M. Simonis*, Grensoverschrijdende fusie, fiscale aspecten, (Grenzüberschreitende Verschmelzung – steuerliche Aspekte), Tijdschrift Fiscaal Ondernemingsrecht, 2007, 126.
[37] Es wird darauf hingewiesen, dass beim Erwerb von Wohnobjekten und von Rechten, denen diese unterliegen, sowie in bestimmten Fällen für den Erwerb von Anteilen und Rechten an Immobilienkörperschaften, sofern diese Anteile und Rechte direkt oder indirekt Wohnungen vertreten, ein gesenkter Steuersatz von 2% anfällt. Art. 14 WBvR.
[38] Art. 15 Abs. 1 Buchstabe h WBvR (Gesetz über die Steuern über den Rechtsverkehr) und Art. 5b Uitvoeringsbesluit WBvR (Ausführungsbeschluss zum Gesetz über die Steuern über den Rechtsverkehr). Dabei ist darauf hinzuweisen, dass eine anti-Missbrauchsregelung gilt, aufgrund derer in bestimmten Fällen keine Befreiung gilt oder die nicht erhobene Steuer nachentrichtet werden muss. Art. 5b Abs. 3 und Abs. 4 7 Uitvoeringsbesluit WBvR.
[39] Art. 15 Abs. 1 Buchstabe h WBvR (Gesetz über die Steuern über den Rechtsverkehr) und Art. 5 bis Uitvoeringsbesluit WBvR. Die rechtliche Verschmelzung muss hauptsächlich aufgrund geschäftlicher Erwägungen stattfinden. Dabei ist darauf hinzuweisen, dass eine anti-Missbrauchsregelung gilt, aufgrund derer in bestimmten Fällen keine Befreiung gilt oder die nicht erhobene Steuer nachentrichtet werden muss. Art. 5 bis Abs. 2 – Abs. 7 Uitvoeringsbesluit WBvR.

regel, dass Lieferungen und Dienstleistungen gegen Entgelt für die Umsatzsteuer Steuertatbestände sind, eine Übertragung eines Gesamtvermögens oder eines Teilvermögens für umsatzsteuerliche Zwecke so behandelt, als ob keine Lieferung von Gegenständen und/oder Erbringung von Dienstleistungen vorliegen würde. Im Falle der Übertragung eines Gesamtvermögens oder eines Teilvermögens tritt der Käufer für umsatzsteuerliche Zwecke nämlich von Rechts wegen an Stelle des Verkäufers. Aufgrund der vorhergehenden Ausführungen fällt bei der Übertragung eines Gesamtvermögens oder eines Teilvermögens keine Umsatzsteuer an. Aufgrund der Rechtsprechung des EuGH (Urteil vom 27.11.2003, *Zita Modes Sarl*, C-497/01) wird für die Übertragung des Gesamtvermögens oder eines Teilvermögens gefordert, dass ein Unternehmen oder ein Unternehmensteil, mit dem eine selbständige wirtschaftliche Tätigkeit fortgeführt werden kann, übertragen wird. Da diese Voraussetzungen nicht bei jeder Übertragung infolge einer Verschmelzung erfüllt werden (zB bei Abwesenheit eines Unternehmens oder eines Unternehmensteils), kann nicht ausgeschlossen werden, dass sich letztendlich herausstellt, dass die herrschende Praxis falsch ist. In diesem Zusammenhang ist zu betrachten, dass obwohl die Voraussetzung der Fortführung seit 24.6.1998 (wegen vermeintlicher Gegensätzlichkeit mit der Richtlinie) in der niederländischen Regelung gestrichen ist, sie nach herrschender Meinung wegen der Rechtsprechung des Europäischen Gerichtshofs aber noch immer gilt.

c) Besteuerung auf der Ebene der niederländischen übernehmenden Gesellschaft

108 **aa) Einführung.** Der Rechtsträger B mit Sitz/Hauptverwaltung in Deutschland soll mit einem Rechtsträger A mit Sitz/ Hauptverwaltung in den Niederlanden („**Wohnsitzstaat**") verschmelzen. Der Rechtsträger B besitzt u.a. folgende Vermögenswerte:

(1) Anteile an anderen Gesellschaften (die im Wohnsitzstaat, in der EU und außerhalb der EU ansässig sind),
(2) Betriebsstätten im Wohnsitzstaat, in der EU und außerhalb der EU,
(3) Immobilien im Wohnsitzstaat.

109 **bb) Niederländische ertragsteuerliche Folgen für die übertragende und die übernehmende Gesellschaft.** Für die niederländische Körperschaftsteuer gilt, dass der Rechtsträger A und der Rechtsträger B zu niederländischen Steuerzwecken „besteuert" verschmelzen. Der Rechtsträger A nimmt die Vermögensgegenstände des Rechtsträgers B zum Verkehrswert in seine Bücher auf. Soweit der Rechtsträger B eine Betriebsstätte oder Immobilien in den Niederlanden hat, kann in Bezug auf die Vermögensgegenstände, die der niederländischen Betriebsstätte zugerechnet werden können, sowie in Bezug auf die niederländischen Immobilien die Verschmelzung trotzdem steuerneutral erfolgen.[40] Rechtsträger A darf dann die steuerlichen Buchwerte dieser Vermögensgegenstände und Immobilien fortschreiben.

110 Falls der Rechtsträger B noch ausgleichsfähige niederländische (Betriebsstätten-)Verluste hatte, würde das Erlöschen des Rechtsträgers B bedeuten, dass diese ausgleichsfähigen Verluste verloren gingen. Wie in Rn. 103 beschrieben wird, hat der Staatssekretär für Finanzen unter bestimmten Voraussetzungen genehmigt, dass die Verluste auf den übernehmenden Rechtsträger (Rechtsträger A) übergehen, vorausgesetzt, dass die sog. „Gewinnzuteilungsregeln" angewendet werden.[41, 42] Auf der Grundlage dieser Regeln kann ein

---

[40] Unter der Bedingung, dass bestimmte Voraussetzungen erfüllt worden sind, vgl. Rn. 103.
[41] Bedingung 3, Beschluss vom 19.12.2000, Nr. CPP2000/3131M.
[42] Selbstverständlich finden auch die normalen Verlustregeln von Art. 20 (Verlustrücktrag, Verlustvortrag; Qualifizierung von Verlusten) und Art. 20a (Anteilseignerwechsel) NL-KStG Anwendung.

Gewinn oder Verlust der übertragenden Gesellschaft (Rechtsträger B) nur gegen nach der Verschmelzung eingetretene Verluste und Gewinne ausgeglichen werden, die den von Rechtsträger B übertragenen Vermögensbestandteile zuzurechnen sind.

Es wird darauf hingewiesen, dass für Verschmelzungen, die nach dem 15.11.2011 statt- **111** gefunden haben, bestimmte Anti-Missbrauchregeln gelten können, durch die der Zinsabzug eingeschränkt werden kann. Diese Gesetzgebung bezieht sich auf Zinsen (einschließlich Kosten und Wechselkursergebnisse) über Verbindlichkeiten, die mit dem Erwerb einer Beteiligung an einer Körperschaft anfallen („Übernahmeschuld"), und zwar in Fällen, bei denen nach der Verschmelzung sowohl die Übernahmeschuld als auch das Vermögen der Körperschaft, an der eine Beteiligung erworben hat, in das Vermögen derselben Körperschaft übergangen sind. Diese Zinsen können nur bis zu dem Betrag abgezogen werden, auf den sich der Gewinn der Körperschaft, die die Schuld aufgenommen hat, belaufen hätte, wenn die Verschmelzung nicht stattgefunden hätte („zulässiger Betrag").[43] Diese Beschränkung gilt nur für den jeweils niedrigsten der folgenden beiden Beträge: (i) die jährlichen Zinsaufwendungen in Bezug auf die Übernahmeschuld, die den zulässigen Betrag überschreiten, abzüglich Euro 1 Mio., oder (ii) die jährlichen Zinsaufwendungen über den überhöhten Teil der Übernahmeschuld. Mittels eines transaktionsbasierten Tests (*Transaction Based Test*) wird festgestellt, ob die Rede von überhöhten Übernahmeschulden ist.[44]

cc) Niederländische Kapitalertragsteuer, Grunderwerbsteuer und Umsatz- **112**
steuer. Die Verschmelzung ist kein steuerpflichtiger Tatbestand für die niederländische Kapitalertragsteuer.[45] Bei einer Verschmelzung zwischen zwei Gesellschaften gilt, dass auf die von der übernehmenden Gesellschaft im Zuge der Verschmelzung ausgegebenen Anteile grundsätzlich höchstens derjenige Betrag als eingezahltes Kapital betrachtet werden kann, der auf die Anteile der übernommenen Gesellschaft eingezahlt worden ist.[46] Der Verkehrswert spielt dabei keine Rolle. Bei einer Verschmelzung, bei der die ausländische juristische Person die übernommene juristische Person ist, bekommen die Niederlande dadurch einen Kapitalertragsteueranspruch, der außer Reichweite des niederländischen Fiskus entstanden ist. Bei einem Anteilstausch, bei dem ausländische Anteile (in diesem Fall des Rechtsträgers B) auf Anteile an einer niederländischen Gesellschaft (in diesem Fall Rechtsträger A) eingezahlt werden, wird der Verkehrswert der eingebrachten Anteile zum Zeitpunkt der Einzahlung dagegen als eingezahltes Kapital betrachtet, außer wenn dieser Anteilstausch in überwiegendem Maße auf die Umgehung oder Aufschiebung der Besteuerung ausgerichtet ist.[47] Logisch wäre es, in dieser Linie bei einer Verschmelzung den Verkehrswert der übertragenen Bestandteile auch als Einzahlung auf die Anteile zu betrachten.[48] Bemerkungen, die vom Staatssekretär gemacht wurden, scheinen dafür einen gewissen Spielraum anzudeuten[49], aber die praktische Erfahrung mit der niederländischen

---

[43] Art. 14b Abs. 9 NL-KStG. Dabei wird darauf hingewiesen, dass die Missbrauchsschutzbestimmung sich auch auf die Zinsen von Schulden bezieht, die mit dem Erwerb von Anteilen zusammenhängen, die im Rahmen der Fusionierung ausgegeben wurden, bzw. mit der Rückzahlung auf Anteile im Rahmen der Fusionierung. Art. 14b Abs. 11 NL-KStG.
[44] Art. 14b Abs. 10 NL-KStG und Art. 15ad Abs. 2–8 NL-KStG.
[45] Art. 3 NL-KapStG.
[46] Falls im Rahmen der Verschmelzung eine Zuzahlung in Bar stattfindet, wird hinsichtlich der Anwendung des vorigen Satzes das in der übernommenen juristischen Person auf die Anteile eingezahlte Kapital um diese Zuzahlung vermindert. Art. 3a Abs. 3 NL-KapStG.
[47] Art. 3a Abs. 1 NL-KapStG.
[48] *P.H.M. Simonis*, Grensoverschrijdende fusie, fiscale aspecten, (Grenzüberschreitende Verschmelzung – steuerliche Aspekte), Tijdschrift Fiscaal Ondernemingsrecht, 2007/126, S. 131.
[49] Parlamentsdokumente -NV, Kamerstukken II, 2005/06, 30 322, Nr. 7, S. 30–31.

Finanzbehörde zeigt, dass nicht jedes Finanzamt dieser Auffassung folgt. Sollte eine derartige Situation vorkommen, empfiehlt es sich, dies vorher mit der Finanzbehörde zu besprechen.

113 Infolge der Verschmelzung sind grundsätzlich 6% niederländische Grunderwerbsteuer auf die niederländischen Immobilien zu zahlen. Im niederländischen Gesetz ist jedoch eine spezifische Steuerbefreiung für eine Verschmelzung vorgesehen, und zwar sowohl für eine konzerninterne als auch für eine konzernexterne Verschmelzung.[50][51]

114 Für die Erhebung der Umsatzsteuer wird verwiesen auf Rn. 106.

(1) Besteuerung auf der Ebene der Gesellschafter – niederländische übertragende Gesellschaft

115 **(a) Allgemeines.** Infolge der Verschmelzung erwerben die Anteilseigner des Rechtsträgers A im Tausch für ihre Anteile an Rechtsträger A Anteile an Rechtsträger B. Die Frage ist, ob dieser „Tausch" zur (sofortigen) niederländischen Steuererhebung führt. Diese Frage wird für die nachstehenden Formen von Anteilseignern (kurz) beantwortet:

(aa) Inländisch steuerpflichtiger Anteilseigner/natürliche Person mit:
– Anteilen an Rechtsträger A, gehalten an seinem/ihrem Unternehmen;
– Anteilen an Rechtsträger A, die eine wesentliche Beteiligung[52] bilden;
– Anteile an Rechtsträger A in Privatvermögen; (Box 3);
(bb) Inländisch steuerpflichtiger Anteilseigner/Körperschaft mit:
– Anteilen an Rechtsträger A, auf die das Schachtelprivileg Anwendung findet;
– Anteilen an Rechtsträger A, auf die das Schachtelprivileg keine Anwendung findet;
(cc) Ausländisch steuerpflichtiger Anteilseigner/natürliche Person;
(dd) Ausländisch steuerpflichtiger Anteilseigner/Körperschaft.

116 **(b) Inländisch steuerpflichtiger Anteilseigner/natürliche Person.** Für den inländisch *steuer*pflichtigen Anteilseigner, bei dem es sich um eine natürliche Person handelt, gilt Folgendes:

117 *(aa) Unternehmen.* Werden die Anteile an Rechtsträger A in seinem/ihrem Unternehmen gehalten, so braucht der Anteilseigner den Gewinn grundsätzlich nicht zu berücksichtigen, vorausgesetzt, dass der steuerliche Buchwert der „alten" Anteile an die Anteile an Rechtsträger B fortgeführt wird[53]. Für den Anteilseigner des Rechtsträgers B hat die Verschmelzung keine direkten Folgen (selbstverständlich kann durch die Verschmelzung die Beteiligung reduziert werden).

118 *(bb) Wesentliche Beteiligung.* Bilden die Anteile an Rechtsträger A eine wesentliche Beteiligung, so gilt, dass infolge der obenstehenden Verschmelzung der Anteilseigner die Rede ist von einer fiktiven Veräußerung seiner wesentlichen Beteiligung, über die grundsätzlich

---

[50] Art. 15 Abs. 1 Buchstabe h WBvR (Gesetz über die Steuern über den Rechtsverkehr) und Art. 5b Uitvoeringsbesluit WBvR (Ausführungsbeschluss zum Gesetz über die Steuern über den Rechtsverkehr). Dabei ist darauf hinzuweisen, dass eine Missbrauchsschutz-Gesetzgebung gilt, aufgrund derer in bestimmten Fällen keine Befreiung gilt oder die nicht erhobene Steuer nachtrichtet werden muss. Art. 5b Abs. 3 und Abs. 4 7 Uitvoeringsbesluit WBvR.
[51] Art. 15 Abs. 1 Buchstabe h WBvR (Gesetz über die Steuern über den Rechtsverkehr) und Art. 5bis Uitvoeringsbesluit WBvR. Die Verschmelzung muss hauptsächlich aufgrund geschäftlicher Gründen stattfinden. Dabei ist darauf hinzuweisen, dass eine anti-Missbrauchsregelung gilt, aufgrund derer in bestimmten Fällen keine Befreiung gilt oder die nicht erhobene Steuer nachtrichtet werden muss. Art. 5 bis Abs. 2–Abs. 7 Uitvoeringsbesluit WBvR.
[52] Eine wesentliche Beteiligung ist (kurz gesagt) eine Beteiligung von zumindest 5% am gezeichneten Kapital einer Gesellschaft, deren Kapital ganz oder teilweise in Anteile verteilt ist, siehe art. 4.6 NL-EStG.
[53] Art. 3.57 NL-EStG 2001.

abzurechnen ist. Auf Antrag wird der Vorteil nicht sofort besteuert.[54] Der Erwerbspreis der Anteile an der übertragenden Gesellschaft A gilt dann als Erwerbspreis der Anteile an dem erwerbenden Rechtsträger B.[55] Falls durch die Verschmelzung die wesentliche Beteiligung verschwindet, ist ebenfalls die Rede von einer fiktiven Veräußerung, über die abgerechnet werden muss. Ggf. kann eine Abrechnung aufgeschoben werden.[56] Dann wird ausgegangen von einer fiktiven wesentlichen Beteiligung.[57] Auch in diesem Fall wird der Erwerbspreis der Anteile an der übertragenden Gesellschaft A betrachtet als Erwerbspreis der Anteile am erwerbenden Rechtsträger B.[58] Hat der inländisch steuerpflichtige Anteilseigner eine wesentliche Beteiligung am Rechtsträger B, so kann dieser Anteilseigner infolge der obenstehenden Verschmelzung seine wesentliche Beteiligung verlieren. Dies ist ebenfalls eine fiktive Veräußerung, über die grundsätzlich abzurechnen ist. Auf Antrag wird der Vorteil nicht sofort besteuert und es entsteht eine fiktive wesentliche Beteiligung.[59]

(cc) Privatvermögen (Box 3). Der Anteilseigner nimmt statt des Wertes der Anteile an Rechtsträger A den Wert der Anteile an Rechtsträger B in die Berechnung der Renditegrundlage für die Besteuerung in Box 3 auf.[60] Es gibt keinen unmittelbaren Besteuerungszeitpunkt.

(c) Inländisch steuerpflichtiger Anteilseigner/Körperschaft. *Schachtelprivileg.* Es gibt grundsätzlich keine Besteuerung aufgrund des Schachtelprivilegs.[61] Durch die Verschmelzung kann jedoch die Beteiligung reduziert werden.[62]

Kein Schachtelprivileg. Der Anteilseigner braucht den bei der Verschmelzung erzielten Gewinn grundsätzlich nicht zu berücksichtigen, vorausgesetzt, dass der Buchwert der Anteile an Rechtsträger A an die Anteile an Rechtsträger B fortgeführt wird[63]. Für den Anteilseigner des Rechtsträgers B hat die Verschmelzung keine direkten Folgen (obwohl durch die Verschmelzung natürlich die Beteiligung reduziert werden kann).

(d) Ausländisch steuerpflichtiger Anteilseigner/natürliche Person und/oder Körperschaft. Der ausländische Anteilseigner, bei dem es sich um eine natürliche Person handelt, ist grundsätzlich nur steuerpflichtig in den Niederlanden, wenn es sich um eine wesentliche Beteiligung an einer in den Niederlanden ansässigen Gesellschaft handelt und die Beteiligung nicht zum Unternehmensvermögen gehört.[64]

Der ausländische Anteilseigner, bei dem es sich um eine Körperschaft handelt, ist grundsätzlich nur steuerpflichtig in den Niederlanden, wenn es sich um eine wesentliche Beteiligung an einer in den Niederlanden ansässigen Gesellschaft handelt und (i) die Beteiligung nicht zum Unternehmensvermögen gehört oder (ii) die wesentliche Beteiligung mit dem Zweck gehalten wird bzw. es einer ihrer wichtigsten Zwecke ist, die Erhebung von Ein-

---

[54] Art. 4.16 Abs. 1, Buchstabe d NL-EStG 2001. Art. 4.41 Abs. 3 NL-EStG 2001.
[55] Art. 4.42 Abs. 3 NL-EStG 2001.
[56] Art. 4.16 Abs. 1, Buchstabe d NL-EStG 2001. Art. 4.41 Abs. 3 NL-EStG 2001.
[57] Art. 4.11 NL-EStG 2001.
[58] Art. 4.42 Abs. 3 NL-EStG 2001.
[59] Art. 4.16 Abs. 1, Buchstabe g NL-EStG 2001. Art. 4.40 NL-EStG 2001 Art. 4.11 NL-EStG 2001.
[60] Art. 5.3 NL-EStG 2001.
[61] Art. 13 Abs. 1 NL-KStG.
[62] Es wird nicht auf die Regeln für die Berechnung des Werts der bei der Verschmelzung veräußerten Anteile eingegangen. Verwiesen wird auf Art. 13h NL-KStG (vor der Verschmelzung keine Beteiligung und nach der Verschmelzung eine Beteiligung) und 13k NL-KStG (vor und nach der Verschmelzung eine Beteiligung).
[63] Art. 8 NL-KStG i.V.m. Art. 3.55 und Art. 3.57 NL-EStG 2001.
[64] Art. 7.1 NL-EStG 2001.

kommensteuer bei einer anderen Person zu umgehen.[65] [66] Weiterhin ist es selbstverständlich möglich, dass das Besteuerungsrecht der Niederlande aufgrund der Doppelbesteuerungsabkommen beschränkt ist.

124 Für die ausländisch steuerpflichtige natürliche Person handelt es sich infolge der Verschmelzung um eine fiktive Veräußerung der Beteiligung an Rechtsträger A.[67] Es ist nicht möglich, die Gewinnrealisierung zu stunden.[68] Sind infolge der Verschmelzung in den Niederlanden Steuern zu zahlen, so werden diese durch einen sog. Konservierungsbescheid erhoben. Der ausländische Anteilseigner kann Zahlungsstundung beantragen. Im Allgemeinen wird eine Stundung von 10 Jahren gewährt, wonach die Steuern erlassen werden.[69]

125 Auch für die ausländisch steuerpflichtige Körperschaft handelt es sich infolge der Verschmelzung um eine fiktive Veräußerung der Beteiligung an Rechtsträger A.[70] Dieser Anteilseigner kann aber die Stundung der Gewinnrealisierung beantragen[71], wodurch effektiv der Steueranspruch auf die wesentliche Beteiligung für die Niederlande erlischt. Eine Stundung der Gewinnrealisierung ist nicht möglich, wenn die Verschmelzung überwiegend auf die Umgehung oder den Aufschub der Steuererhebung ausgerichtet ist. In diesem Fall wird der Gewinn sofort in Betracht genommen.[72]

126 Aufgrund des Doppelbesteuerungsabkommens zwischen den Niederlanden und Deutschland ist die Besteuerung im Falle der Veräußerung einer Beteiligung an einer Gesellschaft durch einen deutschen Anteilseigner übrigens an Deutschland zugewiesen (Art. 8 Abs. 1 des Abkommens[73]).

(2) Besteuerung auf der Ebene der Gesellschafter – niederländische übernehmende Gesellschaft

127 **(a) Allgemeines.** Infolge der Verschmelzung erwerben die Anteilseigner des Rechtsträgers B im Tausch für ihre Anteile an Rechtsträger B Anteile an Rechtsträger A. Die Frage ist, ob dieser „Tausch" zur (sofortigen) niederländischen Steuererhebung führt. Diese Frage wird für die nachstehenden Gattungen von Anteilseignern (kurz) beantwortet:

(aa) Inländisch steuerpflichtiger Anteilseigner/natürliche Person mit:
– Anteilen an Rechtsträger B, gehalten an seinem/ihrem Unternehmen;
– Anteile an Rechtsträger B, die eine wesentliche Beteiligung[74] bilden;
– Anteile an Rechtsträger B an Privatvermögen (Box 3);

---

[65] Art. 17 Abs. 3, Buchstabe b NL-KStG. Falls die wesentliche Beteiligung zu dem Zweck gehalten wird, die Dividendensteuer zu umgehen, wird die Körperschaftsteuer effektiv auf 15% der Dividendenausschüttungen beschränkt. Art. 17 Abs. 5 NL-KStG.
[66] Auf die Möglichkeit, dass die wesentliche Beteiligung einer Betriebsstätte des Beteiligten in den Niederlanden zugerechnet werden kann, wird hier nicht eingegangen.
[67] Art. 4.16 Abs. 1, Buchstabe d NL-EStG 2001.
[68] Art. 7.5 Abs. 5 NL-EStG 2001: eine Fortführung des Buchwerts ist nicht möglich, wenn die übernehmende Gesellschaft nicht in den Niederlande ansässig ist.
[69] Art. 2.8 Abs. 2, Art. 2.9 und Art. 9.1 NL-EStG 2001, Art. 25 Abs. 8 und 26 Abs. 4 des NL-Beitreibungsgesetzes.
[70] Art. 17 Abs. 3bb i.V.m. Art. 18 Abs. 2 NL-KStG i.V.m. Art. 4.16, Abs. 1, Buchstabe d NL-EStG 2001.
[71] Art. 4.41 Abs. 3 NL-EStG 2001. Hier gilt Art. 7.5 Abs. 5 NL-EStG 2001 nicht.
[72] Art. 4.41 Abs. 3 i.V.m. Art. 3.57 Abs. 4 NL-EStG 2001.
[73] Auch das neue DBA (das wahrscheinlich am 1. Januar 2014 in Kraft tritt) verleiht Deutschland das Besteuerungsrecht, s. Art. 13.
[74] Eine wesentliche Beteiligung ist (kurz gesagt) eine Beteiligung von zumindest 5% am gezeichneten Kapital einer Gesellschaft, deren Kapital ganz oder teilweise in Anteile verteilt ist, s. Art. 4.6 NL-EStG.

(bb) Inländisch steuerpflichtiger Anteilseigner/Körperschaft mit:
- Anteilen an Rechtsträger B, auf die das Schachtelprivileg Anwendung findet;
- Anteilen an Rechtsträger B, auf die das Schachtelprivileg keine Anwendung findet;
  (cc) Ausländisch steuerpflichtiger Anteilseigner/natürliche Person;
  (dd) Ausländisch steuerpflichtiger Anteilseigner/Körperschaft.

(b) Inländisch steuerpflichtiger Anteilseigner/natürliche Person und/oder 128 Körperschaft. Für den inländisch steuerpflichtigen Anteilseigner/natürliche Person-Körperschaft gilt, dass die juristische Verschmelzung keine direkten Folgen zu haben braucht, wenn der Buchwert der Anteile des Rechtsträgers B an die Anteile des Rechtsträgers A weitergegeben werden kann oder das Schachtelprivileg Anwendung findet (siehe die Paragraphen 1.(iv).b.2 und 1.(iv).b.3).

(c) Ausländisch steuerpflichtiger Anteilseigner/natürliche Person und/oder 129 Körperschaft. Der ausländische Anteilseigner, bei dem es sich um eine natürliche Person handelt, ist grundsätzlich nur steuerpflichtig in den Niederlanden, wenn es sich um eine wesentliche Beteiligung an einer in den Niederlanden ansässigen Gesellschaft handelt und die Beteiligung nicht zum Unternehmensvermögen gehört.[75]

Der ausländische Anteilseigner, bei dem es sich um eine Körperschaft handelt, ist grund- 130 sätzlich nur steuerpflichtig in den Niederlanden, wenn es sich um eine wesentliche Beteiligung an einer in den Niederlanden ansässigen Gesellschaft handelt und (i) die Beteiligung nicht zum Unternehmensvermögen gehört oder (ii) die wesentliche Beteiligung mit dem Zweck gehalten wird bzw. es einer ihrer wichtigsten Zwecke ist, die Erhebung von Einkommensteuer bei einer anderen Person zu umgehen.[76] [77] Weiterhin ist es selbstverständlich möglich, dass das Besteuerungsrecht der Niederlande aufgrund der Doppelbesteuerungsabkommen beschränkt ist.

Für diesen Anteilseigner gilt grundsätzlich dasselbe wie für einen inländischen steuer- 131 pflichtigen Anteilseigner.[78]

II. Grenzüberschreitende Spaltungen mit einer niederländischen Gesellschaft

1. Gesellschaftsrecht

a) Anwendbare Regeln

Mit dem Sevic-Urteil[79] ist deutlich geworden, dass eine grenzüberschreitende Spaltung 132 auf der Grundlage der Niederlassungsfreiheit möglich ist, die in Art. 43 EU-Vertrag, jetzt Art. 49 AEUV, festgeschrieben ist. Es erscheint glaubhaft, dass nicht nur die Möglichkeit zur grenzüberschreitenden Verschmelzung eine besondere Weise der Ausübung der Niederlassungsfreiheit bildet, sondern dies auch für eine grenzüberschreitende Spaltung zutrifft, die somit ebenfalls unter den Bereich der Niederlassungsfreiheit fällt. Was das auf

---

[75] Art. 7.1 NL-EStG 2001.
[76] Art. 17 Abs. 3, Buchstabe b NL-KStG. Falls die wesentliche Beteiligung zu dem Zweck gehalten wird, die Dividendensteuer zu umgehen, wird die Körperschaftsteuer effektiv auf 15 % der Dividendenausschüttungen beschränkt. Art. 17 Abs. 5 NL-KStG.
[77] Auf die Möglichkeit, dass die wesentliche Beteiligung einer Betriebsstätte des Beteiligten in den Niederlanden zugerechnet werden kann, wird hier nicht eingegangen.
[78] Art. 7.5 Abs. 1 NL-EStG 2001 und Art. 18 NL-KStG.
[79] EuGH 13.12.2005, Az C-411/03 (Sevic), Jurisprudentie 2005, S. I–10805.

eine grenzüberschreitende Spaltung anwendbare Recht betrifft, kann analog zum ungeschriebenen Konfliktrecht für grenzüberschreitende Verschmelzungen verfahren werden, das vor der Umsetzung der Zehnten Richtlinie in die Gesetzgebungen der Mitgliedstaaten galt.

133 Den Ausgangspunkt dieses Konfliktrechts bildet die differenzierte, kumulierte Anwendung sowohl der Gesellschaftssatzung der spaltenden Gesellschaft als auch der Gesellschaftssatzung jeder der bei der grenzüberschreitenden Spaltung beteiligten übernehmenden Gesellschaft. Falls die Rede ist von verschiedenen abweichenden Regelungen, kann die strengste Vorschrift angewendet werden (unter der Voraussetzung, dass diese nicht mit der Niederlassungsfreiheit konfliktiert); in Ermangelung jeglicher Regelung können Regeln substitutiv angewandt werden, wobei es naheliegend ist, die Regeln aus der Zehnten Richtlinie analog anzuwenden.[80]

134 Zum heutigen Zeitpunkt gibt es in den Niederlanden keine gesetzliche Regelung, die eine grenzüberschreitende Spaltung ermöglicht bzw. deren Folgen regelt. Soweit bekannt wurde bis heute mindestens eine grenzüberschreitende Spaltung umgesetzt, an der eine vom niederländischen Recht beherrschte Gesellschaft beteiligt war.[81]

135 Die innerstaatliche Spaltung wurde in den Niederlanden am 1.2.1998 eingeführt, womit die Sechste Richtlinie[82] in Bezug auf die rechtliche Aufspaltung in den Niederlanden umgesetzt wurde. Die Spaltung kennt zwei Hauptformen: die Aufspaltung und die Abspaltung. Bei der Aufspaltung geht das gesamte Vermögen des aufspaltenden Rechtsträgers auf dem Wege der Gesamtrechtsnachfolge auf zwei oder mehr übernehmende Rechtsträger über, die bereits bestehen oder im Rahmen der Aufspaltung gegründet werden. Die aufspaltende juristische Person hört auf zu bestehen. Bei der Abspaltung geht ein Teil des Vermögens des abspaltenden Rechtsträgers auf dem Wege der Gesamtrechtsnachfolge auf einen oder mehrere übernehmende Rechtsträger über, die bereits bestehen oder im Rahmen der Abspaltung neu gegründet werden. Die abspaltende juristische Person besteht weiterhin.

136 Die niederländische Regelung über die Spaltung bezieht sich grundsätzlich nur auf Spaltungen von niederländischen Rechtsträgern (Art. 2:308 NL-BGB). Die niederländische Gesetzgebung enthält aber auch kein ausdrückliches Verbot von grenzüberschreitenden Spaltungen, an denen niederländische Rechtsträger beteiligt sind. Trotz fehlender Regelungslage in den Niederlanden wird eine grenzüberschreitende Spaltung innerhalb der EU-Mitgliedstaaten aufgrund der Niederlassungsfreiheit für möglich erachtet.[83] Dies ist die vorherrschende Meinung in Reaktion auf das Vale-Urteil.[84]

137 Bei einer grenzüberschreitenden rechtlichen Spaltung sind neben einer oder mehreren vom niederländischen Recht beherrschten Gesellschaften auch von ausländischem Recht

---

[80] *E.R. Roelofs*, Grensoverschrijdende splitsing op basis van de vrijheid van vestiging (Grenzüberschreitende Spaltung auf der Basis der Niederlassungsfreiheit), WPNR 2009, 6793, S. 272–281.

[81] S. Voorstel van splitsing door overneming van YSL Beauté Benelux SE (België) door enerzijds L'Oréal Produits de Luxe Belgilux S.A. (België) en anderzijds L'Oréal Nederland B.V. (Nederland) (Plan zur Spaltung durch Übernahme von YSL Beauté Benelux SE (Belgien) durch einerseits L'Oréal Produits de Luxe Belgilux S.A. (Belgien) und andererseits L'Oreal Nederland B.V.), hinterlegt beim Handelsregister in Amsterdam am 18.11.2009).

[82] Sechste Richtlinie 82/891/EWG des Rates vom 17.12.1982 gem. Art. 54 Abs. 3 Buchstabe g) des Vertrages betreffend die Spaltung von Aktiengesellschaften, Amtsblatt Nr. L 378 vom 31.12.1982 Seite 0047–0054.

[83] *E.R. Roelofs*, Grensoverschrijdende splitsing op basis van de vrijheid van vestiging (Grenzüberschreitende Spaltung auf der Basis der Niederlassungsfreiheit), WPNR 2009,6793. H.J.M.M. van Boxel, ,(In)flexibiliteit over de grens', Ondernemingsrecht 2012, 118, S. 645.

[84] EuGH 12.7.2012, Vale Epitesi kft., C-378/10, Jur. 2012, p. 00000, RO 2012/60 und JOR 2012, 285, mit Anmerkung G.-J. Vossestein.

(d.h. EU- oder Nicht-EU-Recht) beherrschte Gesellschaften beteiligt. Sowohl die spaltende Gesellschaft als auch die übernehmenden Gesellschaften können vom Recht eines anderen EU-Mitgliedsstaats beherrscht werden, und diese Situation kann sowohl bei einer Aufspaltung als auch bei einer Abspaltung auftreten. Außerdem ist es möglich, dass nur eine der übernehmenden juristischen Personen bei der grenzüberschreitenden Spaltung vom Recht eines anderen Staates beherrscht wird.

Wie bereits erwähnt: kann aus dem Sevic-Urteil geschlossen werden, dass eine grenzüberschreitende Spaltung auf der Grundlage der Niederlassungsfreiheit möglich ist. Bei einer grenzüberschreitenden Aufspaltung steht dies völlig außer Zweifel. Es ist die Rede von einer Niederlassung im Sinne von Art. 49 AEUV, wenn eine Zweigniederlassung einer der übernehmenden Gesellschaften in dem Mitgliedsstaat zurückbleibt, in dem die spaltende Gesellschaft ansässig war. In diesem Fall nimmt eine der übernehmenden Gesellschaften die Niederlassungsfreiheit in Anspruch. Bei einer grenzüberschreitenden Abspaltung gestaltet sich dies etwas komplizierter. Wenn der Anteilseigner der spaltenden Gesellschaft (oder die spaltende Gesellschaft selbst) eine beherrschende Beteiligung an der übernehmenden Gesellschaft erwirbt, liegt ebenfalls eine Niederlassung im Sinne von Art. 49 AEUV vor. Wenn keine beherrschende Beteiligung erworben wird, kann bezweifelt werden, ob eine Niederlassung vorliegt, lässt sich aber verteidigen, dass eine solche Spaltung aufgrund der Freiheit des Kapitalverkehrs Anwendung finden kann.[85] 138

Genau wie bei einer grenzüberschreitenden Verschmelzung kann bei einer grenzüberschreitenden Spaltung – aus der niederländischen Perspektive – unterschieden werden zwischen einer grenzüberschreitenden Hineinspaltung und einer grenzüberschreitenden Hinausspaltung. Unter einer Hinausspaltung ist eine Spaltung zu verstehen, in deren Rahmen sich eine niederländische juristische Person in eine oder mehrere ausländische (EU-) juristische Personen spaltet, während unter einer Hineinspaltung eine Spaltung zu verstehen ist, in deren Rahmen mindestens eine niederländische juristische Person infolge einer Spaltung eine ausländische (EU-)juristische Person übernimmt. 139

b) Mögliche beteiligte Rechtsträger

Die formalrechtlichen Anforderungen, die das auf die Gesellschaften anwendbare Recht für die Möglichkeit der Spaltung stellt, müssen kumulierend für jede Gesellschaft angewandt werden. Dabei ist – was das niederländische Recht angeht – an die Anforderung, zu denken, dass die an einer Spaltung beteiligten Parteien dieselbe Rechtsform aufweisen müssen, wobei die N.V. und die B.V. als juristische Person mit derselben Rechtsform betrachtet werden (Art. 2:334b Abs. 1 und Abs. 3 NL-BGB). 140

Bei der Bestimmung, ob Gesellschaften dieselbe Rechtsform haben, können – auch wenn diese nicht speziell für dieses Ziel erstellt wurde – Anlage I und Anlage II der SE-Verordnung angewendet werden. 141

Auch die Regel, der zufolge eine Gesellschaft nicht eine Partei einer Spaltung sein kann, wenn sie sich im Insolvenz- oder gerichtlichen Stundungsverfahren befindet, kann kumulierend angewandt werden. Sollte sich die ausländische Gesellschaft in einem Insolvenzverfahren befinden, ist dies mit einer niederländischen Insolvenz bzw. einem niederländischen gerichtlichen Stundung vergleichbar. Bei Vergleich derartiger Verfahren können Anlage A und Anlage B der EU-Insolvenzverordnung hilfreich sein.[86] 142

---

[85] *E.R. Roelofs*, Grensoverschrijdende splitsing op basis van de vrijheid van vestiging (Grenzüberschreitende Spaltung auf der Basis der Niederlassungsfreiheit), WPNR 2009, 6793, S. 278.
[86] Verordnung (EG) Nr. 1346/2000 des Rates vom 29.5.2000 über Insolvenzverfahren, Amtsblatt L 160 vom 30.6.2000, S. 1–18.

c) Vorgang der Spaltung einer deutschen Gesellschaft in eine niederländische Gesellschaft und einer niederländischen Gesellschaft in eine deutsche Gesellschaft

143 **aa) Die Vorbereitungsphase.** Bei der internen Vorbereitung einer grenzüberschreitenden Spaltung kann an alle der grenzüberschreitenden Spaltung vorangegangenen Rechtshandlungen gedacht werden, wie die Erstellung des Spaltungsplans und der Erläuterung zum Spaltungsplan, die erforderlichen Erklärungen der Wirtschaftsprüfer und die Beschlussbildung für den Spaltungsbeschluss. Hinsichtlich des Teils der Vorbereitung, der die Gesellschaften einzeln betrifft, kann jede Gesellschaft das auf sie selbst anwendbare Recht befolgen.

144 Anders verhält sich dies bei dem Teil der Vorbereitung, bei dem eines der anwendbaren Rechtssysteme eine gemeinsame Vorbereitung vorschreibt. In diesem Fall müssen die auf die Gesellschaften anwendbaren Regeln kumuliert werden. Dies ist beispielsweise bei der Erstellung des gemeinsamen Spaltungsplans der Fall. Dieser Spaltungsplan muss alle Anforderungen erfüllen, die nach beiden Gesellschaftssatzungen gestellt werden. Dies führt dazu, dass auch vom ausländischen Recht gestellte Vorschriften angewandt werden müssen, wobei sicherheitshalber die strengste Vorschrift anzuwenden ist.

145 Der Plan zur Spaltung wird gemeinsam von den an der Spaltung beteiligten Parteien erstellt. Der Plan muss sowohl die Anforderungen gem. Art. 2:334f Abs. 2 und Art. 2:334y NL-BGB als auch die vom ausländischen Recht gestellten Anforderungen erfüllen. In Anbetracht des grenzüberschreitenden Charakters können auch die in Art. 2:333d NL-BGB über den Verschmelzungsplan für eine grenzüberschreitende Verschmelzung aufgeführten Angaben aufgenommen werden.

146 Die Erläuterung zum Spaltungsplan ist je nach Gesellschaft unterschiedlich. Das Leitungsgremium jeder Gesellschaft erstellt separat eine Erläuterung entsprechend dem auf die jeweilige Gesellschaft anwendbaren Recht. Für niederländische Gesellschaften muss diese Erläuterung den Art. 2:334g und 2:334z NL-BGB genügen.

147 Der Spaltungsplan muss nach den niederländischen gesetzlichen Vorschriften unterzeichnet werden von den Mitgliedern des Leitungsgremiums jeder an der Spaltung beteiligten Partei und muss außerdem vom Aufsichtsrat (wenn die Gesellschaft einen solchen besitzt) genehmigt werden (Art. 2:334f Abs. 3, 4 NL-BGB). Für die an der grenzüberschreitenden Spaltung beteiligte niederländische Partei muss der Spaltungsplan von allen Mitgliedern des Leitungsgremiums unterzeichnet werden. Falls das auf die andere(n) an der Spaltung beteiligte(n) Gesellschaft(en) anwendbare Recht eine Unterzeichnung durch einige Mitglieder des Leitungsgremiums zulässt, so ist für die jeweilige Partei bei der Spaltung die Unterzeichnung durch einige Mitglieder des Leitungsgremiums hinreichend.

148 Der Spaltungsplan muss für jede Gesellschaft von einem Wirtschaftsprüfer geprüft werden, der eine Erklärung darüber abgibt, ob er das vorgeschlagene Umtauschverhältnis für angemessen hält (Art. 2:334aa Abs. 1 NL-BGB). Eine solche Untersuchung ist jedoch nicht erforderlich, wenn die Anteilseigner jeder an der Spaltung beteiligten Partei ihre Zustimmung geben, auf die Erklärung des Wirtschaftsprüfers zu verzichten (Art. 2:334 aa Abs. 7 NL-BGB).[87]

149 Falls eine vom niederländischen Recht beherrschte N.V. im Rahmen einer grenzüberschreitenden Spaltung als übernehmende Gesellschaft auftritt, ist außerdem Art. 2:334bb NL-BGB anwendbar. Auf dessen Grundlage finden bestimmte Absätze von Art. 2:94a und Art. 2:94b NL-BGB sinngemäße Anwendung. Dies beinhaltet unter anderem, dass ein Wirtschaftsprüfer eine Erklärung darüber ablegen muss, was bei der Spaltung auf die im Rahmen einer Spaltung zuzuweisenden Anteile „eingebracht" wird.

---

[87] Parlamentarische Dokumente Kamerstukken 2007/2008, 31 334 und Stb. 2008, 469.

bb) Die Veröffentlichungsphase. Die Festlegung des Spaltungsplans sowie der dazu- 150
gehörigen Erläuterung muss für jede Gesellschaft entsprechend dem auf die jeweilige Gesellschaft anwendbaren Recht erfolgen. Was die niederländischen Gesellschaften betrifft, kann dabei Art. 2:334h Abs. 1 und 2 NL-BGB angewendet werden. Neben der Ankündigung der Festlegung in einer Tageszeitung mit landesweiter Verbreitung könnte es aus der Perspektive der Rechtssicherheit auch empfehlenswert sein, auch die in Art. 2:333e NL-BGB aufgelisteten Angaben in Bezug auf die niederländische spaltende Gesellschaft im Staatsanzeiger („Staatscourant") anzukündigen. In der Begründung des Gesetzesentwurfs, mit dem die Zehnte Richtlinie in niederländisches Recht umgesetzt wurde, hat der Justizminister darauf hingewiesen, dass durch die Ankündigung im Staatsanzeiger („Staatscourant") auch ausländische Gläubiger über die beabsichtigte grenzüberschreitende Verschmelzung informiert sein können.[88] Auch aus dieser Perspektive empfiehlt es sich, das Vorhaben einer grenzüberschreitenden Spaltung im Staatsanzeiger anzukündigen.

cc) Die Ausführungsphase. Auch der Spaltungsbeschluss muss für jede einzelne Ge- 151
sellschaft in der dafür vorgeschriebenen Weise gefasst werden. Für die beteiligten niederländischen Gesellschaften bedeutet dies, dass die Gesellschafterversammlung den Spaltungsbeschluss fasst (Art. 2:334m i.V.m. 2:334ee NL-BGB), oder, falls es um eine übernehmende Gesellschaft geht, die Unternehmensleitung den Spaltungsbeschluss fassen darf (Art. 2:334ff NL-BGB). Falls die übernehmende(n) Gesellschaft(en) alle Anteile an der spaltenden Gesellschaft hält bzw. halten, kann die spaltende Gesellschaft ebenfalls durch Beschluss des Leitungsgremiums die Spaltung beschließen, außer wenn in der Gesellschaftssatzung anders bestimmt ist (Art. 2:334ff Abs. 4 NL-BGB).

Eine grenzüberschreitende Verschmelzung kann nicht vernichtet werden, und es kann 152
auch nicht die Nichtigkeit einer grenzüberschreitenden Verschmelzung ausgesprochen werden (Art. 17 Zehnte Richtlinie und Art. 2:333l NL-BGB). Grenzüberschreitende rechtliche Spaltungen können bei kumulierter Anwendung der Gesellschaftssatzung dagegen nichtig sein bzw. vernichtet werden (Art. 2:334u NL-BGB, Art. 19 Sechste Richtlinie). Die (Un-)Möglichkeit der Nichtigkeit bzw. Vernichtung hängt davon ab, was diesbezüglich in dem jeweiligen Recht der Staaten bestimmt ist, das auf die an der grenzüberschreitenden Spaltung beteiligten Gesellschaften anwendbar ist.

Eine weitere detaillierte Analyse des Verfahrens zur grenzüberschreitenden Spaltung, 153
zur gesellschaftsrechtlichen Mitbestimmung der Arbeitnehmer bei der grenzüberschreitenden Spaltung und zur Position der Gläubiger und (Minderheits-) Gesellschafter bei der grenzüberschreitenden Spaltung würde wohl den Rahmen dieses Beitrags sprengen; es wird jedoch darauf verwiesen, dass diese Regelungen nach den Linien der nationalen Spaltungsregelungen sowie entsprechend den Regelungen für grenzüberschreitende Verschmelzung ausgestaltet werden müssen.

2. Steuerliche Folgen

a) Anwendbare Regeln

Nach dem niederländischen Steuerrecht ist die steuerrechtliche Betreuung einer grenz- 154
überschreitenden Aufspaltung und Abspaltung bereits seit dem 1.1.2001 möglich. Grundsätzlich gilt dabei jedoch die Voraussetzung, dass die übertragende und die übernehmende juristische Person in den Niederlanden, in einem Mitgliedstaat der Europäischen Union oder in einem durch ministerielle Regelung angewiesenen Staat, der den Vertrag über den

---

[88] Vgl. Parlamentsdokumente Kamerstukken II, 2006/2008, 30 929 Nr. 3 (Memorie van Toelichting – Begründung), S. 13 und 14.

Europäischen Wirtschaftsraum unterzeichnet hat, ansässig sein müssen.[89] Sollte die übertragende oder übernehmende Körperschaft zwar nicht in einem EU-Mitgliedstaat, jedoch in einem Vertragsstaat ansässig sein, so wird per Einzelfall betrachtet, ob die steuerrechtliche Betreuung einer solchen Verschmelzung oder Spaltung möglich ist.[90]

155   Nachstehend wird weiterhin auf die (möglichen) niederländischen steuerrechtlichen Aspekte[91] grenzüberschreitender Spaltungen eingegangen. Dabei werden die niederländischen steuerrechtlichen Aspekte für sowohl eine Variante der Hineinabspaltung als auch eine Variante der Hinausabspaltung besprochen für:

– die spaltende und übernehmende Gesellschaft;
– inländisch und ausländisch steuerpflichtige Anteilseigner.

b) Besteuerung auf der Ebene der *niederländischen* übertragenden Gesellschaft

156   **aa) Einführung.** Der Rechtsträger A mit Sitz/Hauptverwaltung in den Niederlanden („Wohnsitzstaat") überträgt durch eine grenzüberschreitende Abspaltung seine bestehenden Anteile gegen die Gewährung von Anteilen an dem Rechtsträger B auf den Rechtsträger B mit Sitz/Hauptverwaltung in Deutschland. Der Rechtsträger A besitzt u.a. folgende Vermögenswerte:

– Anteile an anderen Gesellschaften (die im Wohnsitzstaat, in der EU und außerhalb der EU ansässig sind),
– Betriebsstätten im Wohnsitzstaat, in der EU und außerhalb der EU,
– Immobilien im Wohnsitzstaat.

157   **bb) Niederländische ertragsteuerliche Folgen für die übertragende und die übernehmende Gesellschaft.** Für die niederländische Körperschaftsteuer gilt in diesem Fall die gesetzliche Fiktion, dass der Rechtsträger A als spaltende (übertragende) Gesellschaft zum Zeitpunkt der Spaltung alle seine Vermögensgegenstände zum Verkehrswert auf die übernehmende Gesellschaft (Rechtsträger B) übertragen hat.[92] Im Falle des Rechtsträgers A führt das für die übertragenen Vermögensgegenstände grundsätzlich zur Erhebung der Körperschaftsteuer auf die (ggf.) vorhandenen stillen Reserven und steuerlichen Rücklagen und (ggf.) den Goodwill. Genauso wie bei der Verschmelzung kann dieser Gewinn unter gewissen Voraussetzungen[93] aufgrund einer Buchwertfortführungsregelung außer Acht gelassen werden. Aufgrund dieser Regelung wird der steuerliche Anspruch an

---

[89] S. Fußnote 19.
[90] S. Fußnote 20.
[91] In den nachstehenden Paragraphen wird eine allgemeine Beschreibung gegeben. Selbstverständlich sind für eine spezifische Situation die spezifischen (steuerrechtlichen) Folgen zu untersuchen.
[92] Art. 14a Abs. 1 NL-KStG.
[93] Eine der Voraussetzungen ist, dass die Spaltung nicht vorwiegend auf die Steuerhinterziehung oder -umgehung gerichtet sein darf. Sofern nicht das Gegenteil glaubhaft gemacht wird, gilt für die Spaltung, dass ihr Zweck überwiegend die Steuerhinterziehung oder -umgehung ist, wenn die Spaltung nicht aufgrund geschäftlicher Erwägungen erfolgt, wie zB Neustrukturierung oder Rationalisierung der aktiven Tätigkeiten der spaltenden – und der übernehmenden juristischen Person. Werden Anteile an der gespaltenen juristischen Person, oder an einer übernehmenden juristischen Person innerhalb von drei Jahren nach der Spaltung ganz oder teilweise, direkt oder indirekt an eine Körperschaft veräußert, die nicht mit der gespaltenen juristischen Person und mit der übernehmenden juristischen Personen verbunden ist, so gelten geschäftliche Erwägungen als nicht vorhanden, sofern nicht das Gegenteil glaubhaft gemacht wird. Art. 14a Abs. 6 NL-KStG.
Grundsätzlich gilt dabei jedoch die Voraussetzung, dass die übertragende und die übernehmende juristische Person in den Niederlanden, in einem Mitgliedstaat der Europäischen Union oder in einem durch ministerielle Regelung angewiesenen Staat, der den Vertrag über den Europäischen Wirtschaftsraum unterzeichnet hat, ansässig sein müssen. Art. 14a Abs. 11 NL-KStG.

die übernehmende Gesellschaft (Rechtsträger B) weitergegeben. Diese Gesellschaft tritt dann für alle erworbenen Vermögensgegenstände an die Stelle der übertragenden Gesellschaft und hat die steuerlichen Buchwerte der übertragenden Gesellschaft zu übernehmen.[94]

Die Buchwertfortführungsregelung gilt nicht für die übertragenen Vermögensgegenstände, die nach der Spaltung nicht mehr der niederländischen Besteuerung unterliegen. Im Falle einer Besteuerung haben die Niederlande natürlich auch der Besteuerungsbefugnis aufgrund der abgeschlossenen Doppelbesteuerungsabkommen Rechnung zu tragen. Es ist darauf hinzuweisen, dass anlässlich des EuGH-Urteils *National Grid Indus* vom 29.11.2011[95] die Gesetzgebung[96] eingeführt wurde, aufgrund deren der Steuerpflichtige zum verzinslichen Aufschub der Einforderung der Wegzugsbesteuerung in Bezug auf nicht realisierte Ergebnisse optieren kann (unter der Voraussetzung, dass eine Sicherheitsleistung, etwa durch eine Bankbürgschaft, erfolgt). Spätere Wertminderungen werden dabei nicht berücksichtigt. Diese Gesetgebung hat rückwirkende Geltung bis zum 29.11.2011. Die Gesetzgebung bezieht sich auch auf Verschmelzungen und Spaltungen. Es wird darauf hingewiesen, dass die vorgeschlagene Regelung nur für EU- und EWR-Situationen gilt. **158**

Für die Besteuerung der abgespaltenen Anteilsbeteiligungen und Immobilien wird auf Rn. 100 und 102. hingewiesen. Für die Betriebsstätten gelten grundsätzlich auch dieselben Ausführungen wie in Rn. 101[97] **159**

Wird die Buchwertfortführungsregelung angewendet und bilden die übertragenen Anteile an dem Rechtsträger B eine Beteiligung für den Rechtsträger A, so wird der Wert dieser Anteile grundsätzlich auf den steuerlichen Buchwert des übertragenen Vermögens festgesetzt[98] (abzüglich bestimmter Rücklagen[99]). **160**

Im Falle einer Abspaltung besteht die übertragende juristische Person (Rechtsträger A) weiterhin. Im Gegensatz zur Aufspaltung oder Verschmelzung gehen die noch ausgleichsfähigen Verluste nicht verloren. Nach der Abspaltung kann die übertragende Gesellschaft (Rechtsträger A) diese Verluste normal ausgleichen. Im Falle der Abspaltung wird deswegen grundsätzlich keine Möglichkeit geboten, die Verluste der abspaltenden juristischen Person auf die übernehmende juristische Person zu übertragen. Wird die Buchwertfortführungsregelung angewandt, so gelten für die Verrechnung der (niederländischen) Vorspaltungsverluste der übernehmenden juristischen Person (Rechtsträger B) die sog. „Gewinnzuteilungsregeln". Die (niederländischen) Verluste sind nur ausgleichsfähig gegen die Gewinne der (niederländischen) Vermögensgegenstände, die die Verluste in der Vergangenheit ausgelöst haben.[100, 101] **161**

---

[94] Art. 14a Abs. 2 und 3 NL-KStG.
[95] Nr. C-371/10, V-N 2011/67.8.
[96] Art. 25a Invorderingswet 1990.
[97] Bis zum 1.1.2012 galt eine Regelung, aufgrund derer die von der ausländischen Betriebsstätte erzielten Verluste gleich von dem niederländischen Ergebnis abgesetzt werden konnten. Der von der Betriebsstätte später erzielte Gewinn wurde dann nicht freigestellt, sofern frühere Verluste abgesetzt worden sind (die sog. Ausgleichsregelung (Art. 35 Beschluss zur Vermeidung von Doppelbesteuerung 2001 (alt). Für Situationen, in denen in der Vergangenheit Betriebsstättenverluste abgesetzt worden waren, gilt ein Übergangsrecht, wodurch im Prinzip immer noch eine Aufholregelung gilt (Art. 33b NL-KStG). In diesem Fall beinhaltet dies, dass – sofern die Verluste der ausländischen Betriebsstätten bei der Spaltung noch nicht aufgeholt worden sind, das Schachtelprivileg keine Anwendung findet auf die Erträge, die mit den erworbenen Anteilen an dem Rechtsträger B erzielt wurden.
[98] Art. 14a Abs. 4 NL-KStG.
[99] Rücklagen im Sinne von Art. 3.53 und 3.54 NL-EStG 2001 (Rückstellung für zu erwartende Kosten, Altersrücklage und Reinvestitionsrücklage).
[100] Vgl. Paragraph 3 und Bedingung 2, Beschluss vom 19.12.2000, Nr. CPP2000/3131M.
[101] Selbstverständlich finden auch die normalen Verlustausgleichsregeln von Art. 20 (Verlustrücktrag, Verlustvortrag; Qualifizierung von Verlusten) und Art. 20a (Anteilseignerwechsel) NL-KStG Anwendung.

162 **cc) Niederländische Kapitalertragsteuer, Grunderwerbsteuer und Umsatzsteuer.** Die Abspaltung ist kein Steuertatbestand im Sinne der niederländischen Kapitalertragsteuer, außer wenn die Spaltung überwiegend dem Zwecke dient, eine Besteuerung zu umgehen oder aufzuschieben. Im letzteren Fall wird der Verkehrswert der erworbenen Anteile an der übernehmenden Gesellschaft als Ausschüttung von Gewinn seitens des spaltenden Rechtsträgers betrachtet.[102] Der spaltende Rechtsträger muss die Kapitalerstragsteuer einbehalten und abführen.

163 Grundsätzlich sind infolge der (Ab-)Spaltung 6 % niederländische Grunderwerbsteuer über die niederländischen Immobilien zu zahlen. Im niederländischen Gesetz ist unter gewissen Voraussetzungen eine spezifische Steuerbefreiung für eine Spaltung vorgesehen.[103]

164 Im Hinblick auf die Erhebung der Umsatzsteuer gelten für die Abspaltung dieselben Hinweise wie für die Verschmelzung, s. Rn. 106.

c) Besteuerung auf der Ebene der *niederländischen* übernehmenden Gesellschaft

165 **aa) Einführung.** Der Rechtsträger B mit Sitz/Hauptverwaltung in Deutschland überträgt durch eine grenzüberschreitende Abspaltung seine Wirtschaftsgüter gegen die Gewährung von Anteilen an dem Rechtsträger A auf den Rechtsträger A mit Sitz/Hauptverwaltung in den Niederlanden („Wohnsitzstaat"). Der Rechtsträger B besitzt u.a. folgende Vermögenswerte:

(1) Anteile an anderen Gesellschaften (die im Wohnsitzstaat, in der EU und außerhalb der EU ansässig sind),
(2) Betriebsstätten im Wohnsitzstaat, in der EU und außerhalb der EU,
(3) Immobilien im Wohnsitzstaat.

166 **bb) Niederländische ertragsteuerliche Folgen für die übertragende und die übernehmende Gesellschaft.** Für die niederländische Körperschaftsteuer gilt in diesem Fall die gesetzliche Fiktion, dass Rechtsträger B als übertragende Gesellschaft zum Zeitpunkt der Spaltung alle seine Vermögensgegenstände auf die übernehmende Gesellschaft (Rechtsträger A) übertragen hat.[104] Der Rechtsträger A nimmt die Vermögensgegenstände des Rechtsträgers B zum Verkehrswert in seine Steuerbücher auf. Bei dem Rechtsträger B führt dies hinsichtlich seiner niederländischen Vermögensgegenstände grundsätzlich zur Erhebung niederländischer Körperschaftsteuer auf die (ggf.) vorhandenen stillen und steuerlichen Rücklagen und (ggf.) den Goodwill. Unter gewissen Voraussetzungen[105] können die Vermögensgegenstände, die der niederländischen Betriebsstätte zugerechnet werden können, und die niederländischen Immobilien jedoch trotzdem steuerneutral abgespalten werden, unter der Bedingung, dass die steuerliche Buchwerte dieser Vermögensgegenstände und Immobilien in diesem Fall von dem Rechtsträger A fortgeführt werden.[106]

167 Falls die an Rechtsträger B ausgegebenen Anteile eine Beteiligung bilden, wird der für diese Anteile aufgewendete Betrag angesetzt auf die steuerlichen Buchwerte des Vermögens, das im Rahmen der Aufspaltung übertragen wurde (abzüglich ggf. darin enthaltener steuerlicher Rücklagen und Neubewertungsrücklagen).[107]

---

[102] Art. 3a Abs. 4 NL-Kapitalertragsteuergesetz. S. a. Kamerstukken, 26 728, Nr. 202a, S. 99.
[103] Art. 15 Abs. 1 Buchstabe h WBR i.V.m. Art. 5c Uitvoeringsbesluit WBR.
[104] Art. 14a Abs. 1 NL-KStG.
[105] S. Rn. 26.
[106] Art. 14a Abs. 2 und 3 NL-KStG.
[107] Art. 14a Abs. 4 NL-KStG.

Übrigens gilt für den Rechtsträger B, dass dieser in den Niederlanden nur steuerpflichtig wird, wenn es sich um eine wesentliche Beteiligung an dem Rechtsträger A handelt und (i) die Beteiligung nicht zum Unternehmensvermögen gehört oder (ii) die wesentliche Beteiligung zu dem Zweck gehalten wird bzw. es einer ihrer wichtigsten Zwecke ist, die Erhebung von Einkommensteuer oder Dividendensteuer bei einer anderen Person zu umgehen.[108] Das niederländische Besteuerungsrecht wird in der Praxis jedoch oft von den niederländischen Doppelbesteuerungsabkommen beschränkt. 168

Im Falle der Abspaltung besteht die übertragende juristische Person (Rechtsträger B) weiterhin. Wie beschrieben wird in Rn. 30 im Falle der Abspaltung grundsätzlich keine Möglichkeit geboten, die Verluste der abspaltenden juristischen Person auf die übernehmende juristische Person zu übertragen. Das heißt in dem Fall, dass die abspaltende Gesellschaft (wie hier) eine ausländische Gesellschaft ist, die ihr vollständiges in den Niederlanden betriebenes Unternehmen abspaltet, die Verluste effektiv nicht mehr ausgleichsfähig sind. Schließlich ist die abspaltende Gesellschaft (Rechtsträger B) nach der Abspaltung nicht mehr in den Niederlanden körperschaftsteuerpflichtig. Für diese Fälle hat der Staatssekretär unter gewissen Voraussetzungen genehmigt (unter anderem durch die Anwendung der Buchwertfortführungsregelung), dass die Verluste auf gemeinsamen Antrag der übertragenden und der übernehmenden Gesellschaft trotzdem auf die übernehmende Gesellschaft (Rechtsträger A) übergehen.[109] 169

cc) Niederländische Kapitalertragsteuer, Grunderwerbsteuer und Umsatzsteuer. Die Abspaltung, bei der der ausländische Rechtsträger B die übertragende Gesellschaft ist, ist kein Steuertatbestand im Rahmen der niederländischen Kapitalertragsteuer.[110] 170

Grundsätzlich sind infolge der Abspaltung 6% niederländische Grunderwerbsteuer auf die Immobilien zu zahlen. Im niederländischen Gesetz ist unter gewissen Voraussetzungen eine spezifische Steuerbefreiung für eine Spaltung vorgesehen.[111] 171

Im Hinblick auf die Erhebung der Umsatzsteuer gelten für die Abspaltung dieselben Hinweise wie für die Verschmelzung, s. Rn. 106 172

d) Besteuerung auf der Ebene der Gesellschafter

aa) Niederländische ertragsteuerliche Folgen für die inländischen und die ausländischen Anteilseigner – *niederländische übertragende* **Körperschaft.** Für die Anteilseigner des Rechtsträgers A und des Rechtsträgers B ändert sich grundsätzlich nichts. Sie sind weiterhin Anteilseigner des Rechtsträgers A beziehungsweise des Rechtsträgers B. Es kann jedoch durch die Ausgabe der Anteile an dem Rechtsträger A die gehaltene Anteilsbeteiligung an dem Rechtsträger A reduziert werden. 173

bb) Niederländische ertragsteuerliche Folgen für die inländischen und die ausländischen Anteilseigner – *niederländische übernehmende* **Körperschaft.** Für die Anteilseigner des Rechtsträgers A und des Rechtsträgers B ändert sich grundsätzlich nichts. Sie sind weiterhin Anteilseigner des Rechtsträgers A beziehungsweise des Rechtsträgers B. Es kann jedoch durch die Ausgabe der Anteile an dem Rechtsträger A die gehaltene Anteilsbeteiligung an dem Rechtsträger A reduziert werden. 174

---

[108] Art. 17 Abs. 3, Buchstabe b NL-KStG. Falls die wesentliche Beteiligung zu dem Zweck gehalten wird, die Dividendensteuer zu umgehen, wird die Körperschaftsteuer effektiv auf 15% der Dividendenausschüttungen beschränkt. Art. 17 Abs. 5 NL-KStG.
[109] Beschluss vom 22.6.2006, Nr. 2006/19M, Stcrt. Nr. 127. Selbstverständlich finden auch die niederländischen Verlustausgleichsregeln Anwendung.
[110] Art. 1 NL-Kapitalertragsteuergesetz.
[111] Art. 15 Abs. 1 Buchstabe h WBR iVm. Art. 5c Uitvoeringsbesluit WBR.

III. Sonstige grenzüberschreitende Umwandlungsformen

1. Gesellschaftsrecht

a) Grenzüberschreitende Sitzverlegung und Umwandlung

175 Eine Regelung für eine grenzüberschreitende Verlegung des Unternehmenssitzes kennt das niederländische Recht nur für die Europäische Wirtschaftliche Interessenvereinigung (EWIV), die Europäische Gesellschaft (Societas Europaea, SE) und die Europäische Genossenschaft (Societas Cooperativa Europaea, SCE). Diese Regelungen beruhen auf den europäischen Verordnungen, durch die diese Rechtsformen begründet wurden. Das wichtigste Merkmal dieser Formen der Sitzverlagerung besteht darin, dass die juristische Person dieselbe Rechtsform behält, aber infolge der Sitzverlagerung die Bindung mit dem Gesellschaftsrecht des Wegzugmitgliedstaats endet und die Gesellschaft dem Gesellschaftsrecht des Zuzugsstaats unterliegt.

176 Eine andere Form der grenzüberschreitenden Sitzverlagerung ist die grenzüberschreitende Umwandlung. Die grenzüberschreitende Umwandlung hat mit der grenzüberschreitenden Sitzverlagerung gemein, dass die Bindung mit dem Wegzugsmitgliedstaat endet und anschließend die Gesellschaft dem Gesellschaftsrecht des Zuzugsstaats unterliegt. Der Unterschied zur grenzüberschreitenden Sitzverlagerung aufgrund der oben zitierten Verordnungen besteht darin, dass die Gesellschaft sich unter Fortführung ihrer Existenz und ihrer Rechtspersönlichkeit in eine andere Rechtsform umwandelt, die vom Recht das Zuzugsstaats beherrscht wird. Das auf die Gesellschaft anwendbare Recht, die Lex societatis, ändert sich vom Recht des Wegzugsstaats in das Recht des Zuzugsstaats.

177 Dass eine grenzüberschreitende Umwandlung möglich ist, ist aus dem Cartesio-Urteil hervorgegangen.[112]

178 Der Kern dieses Urteils liegt darin, dass Gesellschaften im Sinne von Art. 48 EU-Vertrag (jetzt: Art. 54 AEUV) aufgrund von Art. 43 EG-Vertrag (jetzt: Art. 49 AEUV) die Verknüpfung mit dem Recht des Gründungsstaates durchtrennen können, indem sie sich in eine Rechtsform umwandeln, die vom Recht eines anderen Mitgliedsstaates beherrscht wird. Das Recht des Wegzugsmitgliedstaats darf diese Form der grenzüberschreitenden Umwandlung nicht – zumindest nicht ohne weiteres – behindern. Dies bringt mit sich, dass auch eine grenzüberschreitende Umwandlung einer niederländischen Gesellschaft in eine vom Recht eines anderen Mitgliedsstaats beherrschte Gesellschaft, die sog. „Hinausumwandlung", grundsätzlich möglich ist. Grundsätzlich, weil das Recht des Zugzugsmitgliedstaats die Umwandlung gestatten muss (nach Auffassung des EG-Gerichtshofs), (jetzt: Gerichtshof der Europäischen Union). Eine „Cartesio-Umwandlung", bei der sich eine ausländische Gesellschaft in eine niederländische Form einer juristischen Persönlichkeit umwandelt, die sog. „Hineinumwandlung", war bis vor Kurzem somit nach Ansicht der meisten niederländischen Autoren durch das Cartesio-Urteil nicht eröffnet und wurde ausgehend von der niederländischen Perspektive nicht für möglich gehalten.[113] Dies hat

---

[112] EuGH 16.12.2008, Az C-210/06, NJ 2009, 202, mit Anmerkung *P. Vlas*.
[113] Entscheidungsgrund 112. S. P.M. Storm, „Cartesio: stapjes in de processie van Echternach" (Cartesio: Schritte in der Echternacher Prozession), Ondernemingsrecht 2009, 7, S. 328 ff., der der Ansicht ist, dass der Gerichtshof die Hineinumwandlung zu Unrecht aus der Niederlassungsfreiheit ausgegrenzt hat. *G.J. Vossestein*, JOR 2009, 35, S. 354–359 ist übrigens der Ansicht, dass der Einreise-Mitgliedstaat die Umwandlung anerkennen muss, insbesondere bei der Emigrations- und der Herausumwandlung für zulässig hält; *A.F.M. Dorresteijn/B. Verkerk*, Nakaarten over Cartesio (Nachbesprechung des Cartesio-Urteils), Onderneming en Financiering, 2009 (17)2, S. 64 ff. vertreten die Auffassung, dass der Zuzugsmitgliedstaat angemessene Bedingungen stellen darf, den Zuzug aber nicht im absoluten Sinn verhindern darf.

sich durch das Vale-Urteil geändert.[114] Klar geworden ist, dass nicht nur „Hinausumwandlung", sondern auch „Hineinumwandlung" unter den Geltungsbereich der Niederlassungsfreiheit fällt.

Die geographischen Möglichkeiten zur grenzüberschreitenden Umwandlung aufgrund des Cartesio-Urteils und des Vale-Urteils sind darum nicht unbeschränkt. Erstens ist der Bereich des Urteils beschränkt auf die Länder, die zum Europäischen Wirtschaftsraum (EWR) gehören. Die zweite Beschränkung lautet, dass das Recht des angestrebten Zuzugslands die Umwandlung und den „Zuzug" von Gesellschaften zulassen muss. Mit dem Vale-Urteil wurde klar, wann das Zuzugsland so eine Umwandlung zulassen muss. Dies ist der Fall wenn das Zuzugsland eine Regelung für eine interne Umwandlung hat. Dann kann eine andere EU-Gesellschaft auch davon gebrauch machen. Wenn die grenzüberschreitende Sitzverlagerung in einen Mitgliedsstaat angestrebt wird, der eine grenzüberschreitende Umwandlung nicht zulässt, kann dies nur mit Hilfe eines EWIV, einer SE oder einer SCE abgewickelt werden. Besonders die SE wird dazu in der niederländischen Praxis regelmäßig eingesetzt. Diese Europäischen Rechtsformen haben den großen Vorteil gegenüber den nationalen Rechtsformen, dass für grenzüberschreitende Sitzverlegungen schon ein ganz klarer Rechtsrahmen besteht. Die Beschränkungen und Probleme, die bei Europäischen Rechtsformen eine Rolle spielen, würden den Rahmen dieses Beitrags sprengen.[115]

179

b) Niederländische Praxis

In der niederländischen Praxis wird die grenzüberschreitende Umwandlung auf der Basis des Cartesio-Urteils umgesetzt durch eine analoge Anwendung der Regelung über die Sitzverlagerung entsprechend der SE-Verordnung und des Entwurfs für die Vierzehnte Richtlinie. Auch in der Literatur wird diese analoge Anwendung befürwortet.[116]

180

c) Einbringung eines Unternehmens(teils) in eine ausländische Körperschaft gegen Ausgabe von Geschäftsanteilen (Unternehmensverschmelzung)

Ein Unternehmen (bzw. ein Unternehmensteil) kann nach niederländischem Zivilrecht nicht kraft eines Vertrages auf dem Weg der Gesamtrechtsnachfolge übertragen werden. Aufgrund von Art. 3:80 Abs. 2 NL-BGB ist ein Erwerb von Sachen auf dem Wege der Gesamtrechtsnachfolge nur möglich durch eine Vererbung, durch eine (grenzüberschreitende) rechtliche Verschmelzung im Sinne von Art. 2:309 NL-BGB und durch eine (nationale) rechtliche Spaltung im Sinne von Art. 2:334a NL-BGB (Art. 2:334a Abs. 2 bzw. Abs. 3 NL-BGB im Hinblick auf die Aufspaltung bzw. Abspaltung). Bei der Einbringung eines Unternehmens (bzw. eines Unternehmensteils) ist die Rede von einem Erwerb auf

181

---

[114] *E.R. Roelofs*, Het Vale-arrest: een nieuwe stap op het gebied van grens-overschrijdende omzetting, WPNR 2012, nr. 6950, S. 792–798. *G.C. van Eck und E.R. Roelofs*, Vale: from outbound to inbound cross border conversion?, European Company Law, 2012/6.

[115] S. diesbezüglich *H.J.M.M. van Boxel, G.C. van Eck* u.a., „De Europese Vennootschap (SE), Nederlandse civiel-en fiscaalrechtelijke aspecten" (Die Europäische Gesellschaft (SE), niederländische zivil- und steuerrechtliche Aspekte), Sdu, Amersfoort 2004, *W.J.M. van Veen* u.a., De Europese naamloze vennootschap (SE), (Die europäische Aktiengesellschaft [SE]), Serie Recht en Praktijk, Nr. 130, Kluwer, Deventer, 2004, S. 219 ff., sowie für die SCE *W.J.M. van Veen* (Hrsg.), De Europese coöperatieve vennootschap (SCE) (Die Europäische Genossenschaft, SCE), Serie Recht en Praktijk, Nr. 147, Kluwer, Deventer 2006, S. 223 ff. Eine grenzüberschreitende Sitzverlagerung eines EWIV beruht auf Art. 14 EWIV-Verordnung.

[116] *W.J.M. van Veen*, Grensoverschrijdende omzetting volgens het Cartesio-arrest (I) en (II, slot) (Grenzüberschreitende Umwandlung entsprechend dem Cartesio-Urteil, I und II (Schluss)), WPNR 2010, 6840, S. 329–332, und WPNR 2010, 6841, S. 352–355 und *G.C. van Eck, I.C.P. Groenland*, Cartesio: een nieuwe stap op het gebied van grensoverschrijdende herstructureringen (Cartesio: ein neuer Schritt im Gebiet der grenzüberschreitenden Umstrukturierungen), in: JBN 2010/1, S. 9–13.

dem Wege der Sondernachfolge durch Übertragung (bzw. auf eine andere gesetzlich für die Kategorie von Sachen speziell bezeichnete Weise des Rechtserwerbs) (Art. 3:80 Abs. 3 NL-BGB). Dies bringt es mit sich, dass dann auch ausnahmslos alle für die fraglichen Aktiva und Passiva vorgeschriebenen Übertragungsformalitäten erfüllt werden müssen. Für Verträge bedeutet dies beispielsweise, dass eine Vertragsübernahme mittels einer Urkunde (eines Vertrags) zwischen der übertragenden Partei und der übernehmenden Partei stattfinden muss, wofür die Mitwirkung der Gegenpartei erforderlich ist (Art. 6:159 NL-BGB). Müssen beispielsweise sehr viele Verträge übertragen werden, kann sich gerade Letzteres als sehr zeitraubend erweisen und zu Komplikationen führen. So besteht dann das Risiko, dass die Gegenpartei erneut zu verhandeln beginnt und die erforderliche Mitwirkung mit Bedingungen verknüpft. In derartigen Fällen ist oft ein Übergang auf dem Wege der Gesamtrechtsnachfolge infolge einer Verschmelzung oder Spaltung vorzuziehen.

2. Steuerliche Folgen

a) Grenzüberschreitende Umwandlung

182 Wie oben beschrieben kann aufgrund des Cartesio-Urteils[117] eine niederländische Gesellschaft den Sitz in ein Land verlagern, in dem die Sitztheorie gilt, und anschließend sich in einen ausländischen Rechtsträger umwandeln. In den Niederlanden gilt die Gründungstheorie. Ein ausländischer Rechtsträger kann sich nach herrschender Meinung nicht in eine niederländische juristische Person umwandeln (s. Rn. 175–179).

183 Hinsichtlich der steuerrechtlichen Folgen einer grenzüberschreitenden Umwandlung wurde keine gesonderte niederländische Regelung getroffen.[118] Nach niederländischem Steuerrecht wird die Verlagerung in der Regel bedeuten, dass die niederländische Gesellschaft im Rahmen des fraglichen Doppelbesteuerungsabkommens nicht mehr als niederländischer Einwohner betrachtet wird. Schließlich verlangt die Systematik der Sitztheorie, dass auch der tatsächliche Sitz verlagert wird. Die faktische Leitung der juristischen Person befindet sich dann außerhalb der Niederlande. Aufgrund der niederländischen Steuergesetzgebung[119] gelten die Vermögensbestandteile, deren Vorteile zum Zeitpunkt unmittelbar vor der Sitzverlagerung nicht mehr im niederländischen steuerpflichtigen Gewinn enthalten sind, als zum Verkehrswert veräußert. Eventuelle Vorteile, die nicht bereits aus einem anderen Grund berücksichtigt wurden, werden dem zu versteuern Gewinn des Jahres zugerechnet, in dem der Rechtsträger aufhört, in den Niederlanden steuerpflichtige Gewinne zu genießen.[120] Ggf. anwesende stille Reserven und Goodwill werden aufgrund dessen noch in den Niederlanden besteuert. Diese Fiktionen führen nicht in allen Fällen zu einer effektiven niederländischen Besteuerung. Werden der satzungsmäßige und der tatsächliche Sitz, zB einer Holding-Gesellschaft, verlagert, so findet grundsätzlich keine niederländische Besteuerung statt, falls die gehaltenen Beteiligungen unter das niederländische Schachtelprivileg fallen.

184 Es ist darauf hinzuweisen, dass anlässlich des EuGH-Urteils *National Grid Indus* vom 29.11.2011[121] eine Gesetzgebung[122] eingeführt wurde, aufgrund deren der Steuerpflichtige zum verzinslichen Aufschub der Einforderung der Wegzugsbesteuerung in Bezug auf

---

[117] EuGH 16.12.2008, Nr. C-210/06.
[118] Der Staatssekretär der Finanzen hat zwar einen Beschluss in Bezug auf die Umwandlung einer juristischen Person abgegeben, aber dieser Beschluss bezieht sich nicht auf Umwandlungen nach ausländischem Recht.
[119] Art. 15c NL-KStG.
[120] Art. 15d NL-KStG.
[121] Nr. C-371/10, V-N 2011/67.8.
[122] Art. 25a Invorderingswet.

nicht realisierte Ergebnisse optieren kann (unter der Voraussetzung, dass eine Sicherheitsleistung, etwa durch eine Bankbürgschaft, erfolgt). Spätere Wertminderungen werden dabei nicht berücksichtigt. Die Gesetzgebung wird rückwirkend bis zum 29.11.2011 eingeführt. Für die Gewährung einer Stundung gilt u.a. die Bedingung, dass der Steuerpflichtige jedes Kalenderjahr einmal dem Finanzamt einen Überblick über die „nicht realisierten" Vermögensbestandteile bereitstellt, damit die Stundung insofern verlängert werden kann. Bei diesem Überblick kann es sich um eine Fortführung der Bilanz (mit Aufschlüsselung der Rücklagen) handeln. Wenn der Steuerpflichtige diesen Überblick nicht bereitgestellt hat, wird der Aufschub vom Finanzamt vollständig beendet. Die vGesetzgebung bietet neben der Möglichkeit, die geschuldeten Steuern zum Zeitpunkt der Realisierung des Vorteils zu zahlen, auch noch die Möglichkeit, in zehn jährlichen Raten zu zahlen. In einem solchen Fall braucht der Steuerpflichtige weniger strenge verwaltungsmäßige Verpflichtungen zu erfüllen.

Die Frage, die hier weiterhin eine Rolle spielt, lautet, ob der Rechtsträger neben der Erteilung des oben genannten Überblicks noch eine niederländische Körperschaftsteuererklärung einreichen muss. Aufgrund des niederländischen Steuerrechts wird davon ausgegangen, dass eine nach niederländischem Recht gegründete Körperschaft als in den Niederlanden ansässig gilt.[123] Hat die Verlegung des satzungsmäßigen Sitzes nun zur Folge, dass diese Gründungsfiktion nicht mehr gilt und somit keine Pflicht zur Abgabe einer Steuererklärung mehr besteht? Diese Frage lässt sich jetzt noch nicht eindeutig beantworten. Wie die Erfahrung mit der niederländischen Finanzbehörde zeigt, stellen sich manche Finanzämter auf den Standpunkt, es müsse nach wie vor eine Steuererklärung eingereicht werden, während andere Ämter davon ausgehen, dies sei nicht mehr erforderlich (ausgehend davon, dass der Rechtsträger beispielsweise keine niederländische Betriebsstätte in den Niederlanden mehr besitzt). Diesen Punkt wird der grenzüberschreitende Rechtsträger somit mit dem zuständigen niederländischen Finanzamt besprechen müssen. **185**

Ausgehend vom Wortlaut des niederländischen Dividendensteuergesetzes bildet die grenzüberschreitende Umwandlung kein Steuertatbestand.[124] Es stellt sich die Frage, ob die Ausschüttungen des Rechtsträgers nach der Umwandlung weiterhin noch unter die niederländische Dividendensteuer fallen. Auch für die Dividendensteuer gilt nämlich eine Fiktion, der zufolge der Rechtsträger immer als in den Niederlanden ansässig gilt, wenn die Gründung des Rechtsträgers nach niederländischem Recht erfolgt ist. Fraglich ist, ob diese Fiktion auch nach einer Umwandlung weiterhin gilt. In der Praxis bieten die EU-Mutter-Tochter-Richtlinie und die DBA oft eine Lösung, durch die die Niederlande keine Dividendensteuer mehr erheben dürfen. **186**

b) Verlegung des Ortes der Geschäftsleitung

Eine niederländische Gesellschaft kann der Ort der Geschäftsleitung in das Ausland verlegen. Nach der in den Niederlanden geltenden Gründungstheorie bleibt die Gesellschaft dann trotzdem eine niederländische juristische Person. Die Verlagerung des Ortes der Geschäftsleitung wird in der Regel bedeuten, dass die niederländische Gesellschaft im Rahmen des fraglichen Doppelbesteuerungsabkommens nicht mehr als niederländischer Einwohner betrachtet wird. Weiterhin gelten auch hier die oben unter Paragraph 3(b) beschriebenen Folgen hinsichtlich der niederländischen Körperschaftsteuer. Die Gesellschaft muss in diesem Fall in den Niederlanden über alle diejenigen Vermögensbestandteile abrechnen, deren Vorteile infolge der Beendigung der Einwohnerschaft nicht in den **187**

---

[123] Art. 2 Abs. 4 NL-KStG.
[124] Art. 3 Dividendensteuergesetz.

Niederlanden besteuert werden können.[125] Ggf. kann die Möglichkeit einer Stundung in Anspruch genommen werden, die anlässlich des EuGH-Urteils *National Grid Indus* in die niederländische Gesetze aufgenommen wurde (s. Rn. 9).

188 Aufgrund des niederländischen Steuerrechts wird davon ausgegangen, dass eine nach niederländischem Recht gegründete Körperschaft als in den Niederlanden ansässig gilt. Nach der Verlagerung bedeutet dies, dass die niederländische Gesellschaft in der Regel weiterhin eine Körperschaftsteuererklärung bei der niederländischen Finanzverwaltung einreichen muss.[126] In der Praxis wird dann oft eine sog. Nullerklärung eingereicht, in der aufgeführt wird, das durch die Verlagerung der Ort der Geschäftsleitung die Gesellschaft im Rahmen des DBAs nicht mehr als Einwohner der Niederlande gilt und das zu besteuernde Ergebnis gleich Null ist (ausgehend davon, dass in den Niederlanden keine Betriebsstätte zurückgeblieben ist).

189 Ausgehend vom Wortlaut des niederländischen Dividendensteuergesetzes bildet die Verlagerung der tatsächlichen Unternehmensleitung keinen Steuertatbestand.[127] Wie oben bereits erwähnt, gilt für die Dividendensteuer eine Fiktion, der zufolge der Rechtsträger immer als in den Niederlanden ansässig gilt, wenn die Gründung des Rechtsträgers nach niederländischem Recht erfolgt ist. Falls die Gesellschaft nach der Verlagerung der Ort der Geschäftsleitung eine Dividendenausschüttung vornimmt, haben die Niederlande somit aufgrund des nationalen Rechts immer noch eine Besteuerungsbefugnis. In der Regel wird die Besteuerung in den Niederlanden durch die geltenden DBA beschränkt werden.

190 Die Frage, ob die tatsächliche Unternehmensleitung verlagert wurde, wird übrigens anhand der tatsächlichen Umstände beantwortet. Zu diesem Thema gibt es viel Rechtsprechung.[128]

c) Einbringung eines Unternehmens(teils) in eine ausländische Körperschaft gegen Ausgabe von Geschäftsanteilen (Unternehmensverschmelzung)

191 Eine niederländische Körperschaft kann gegen Ausgabe von Geschäftsanteilen ihr ganzes Unternehmen oder einen selbstständigen Teil desselben in eine (ausländische) Körperschaft einbringen. Den mit dieser Übertragung erzielten Gewinn braucht die niederländische übertragende Körperschaft nicht in Betracht zu nehmen, wenn bestimmte Voraussetzungen erfüllt sind. Zu diesen Voraussetzungen gehört u.a., dass bei der übertragenden Körperschaft und der übernehmenden Körperschaft dieselben Bestimmungen zur Gewinnermittlung gelten, dass die übernehmende Körperschaft keinen Verlustvortrag hat und eine spätere Veranlagung sichergestellt ist. Wird der Gewinn nicht in Betracht genommen, tritt die übernehmende Körperschaft hinsichtlich sämtlicher Vermögensbestandteile, die im Rahmen der Unternehmensverschmelzung erworben wurden, an die Stelle der übertragenden Körperschaft.[129] Falls diese Voraussetzungen nicht erfüllt sind, kann auf gemeinsamen Antrag der übertragenden und der übernehmenden Körperschaft trotzdem genehmigt werden, dass der Gewinn (teilweise) außer Betracht bleibt, wenn im Einzelnen zu stellende Bedingungen erfüllt werden.[130]

---

[125] Art. 15c NL-KStG.
[126] S. das Urteil des ‚Hoge Raad' vom 26.8.1998 (Nr. 33 687).
[127] Art. 3 Dividendensteuergesetz.
[128] S. beispielsweise das Urteil des ‚Hoge Raad' vom 23.9.1992 (Nr. 27 293), das Urteil des Gerichts Arnheim vom 8.6.2010 (Nr. 08/3213), das Urteil des Gerichts Breda vom 1.1.2010 (Nr. 08/4948), das Urteil des Gerichts Arnheim vom 15.5.2009 (Nr. 07/3278), das Urteil des Berufungsgerichts Den Bosch vom 16.5.2008 (Nr. 03/01043) und das Urteil des ‚Hoge Raad' vom 17.12.2004 (Nr. 39713–39721).
[129] Art. 14 Abs. 1 NL-KStG.
[130] Art. 14 Abs. 2 NL-KStG.

Hingewiesen wird darauf, dass in dem Fall, in dem eine niederländische Körperschaft 192
ihr Unternehmen (oder einen selbstständigen Teil desselben) gegen Ausgabe von Geschäftsanteilen an eine deutsche (oder andere ausländische) Körperschaft überträgt und die Vermögensbestandteile keinen Teil einer niederländischen Betriebsstätte bilden, die spätere Veranlagung nicht sichergestellt ist. In diesem Fall ist eine Steuerbefreiung des Gewinns in den Niederlanden nicht möglich. Falls dagegen ein Teil der Vermögensbestandteile einen Teil einer niederländischen Betriebsstätte bildet, ist unter im Einzelnen zu stellenden Bedingungen für den jeweiligen Teil doch eine Befreiung für den Gewinn in den Niederlanden möglich.[131]

Der bei einer Unternehmensverschmelzung erzielte Gewinn wird sowieso in Betracht 193
genommen, wenn die Unternehmensverschmelzung überwiegend dem Zweck dient, eine Versteuerung zu umgehen bzw. aufzuschieben. Das ist auf jeden Fall zu bejahen, wenn die Unternehmensverschmelzung nicht aufgrund von geschäftlichen Erwägungen, wie Umstrukturierung oder Rationalisierung der aktiven Tätigkeiten erfolgt, oder wenn die Geschäftsanteile an der übertragenden Körperschaft bzw. an der übernehmenden Körperschaft innerhalb von drei Jahren nach der Übertragung ganz oder teilweise direkt oder indirekt, an einen Dritten veräußert werden, außer wenn das Gegenteil nachgewiesen wird. Der Steuerpflichtige kann einen Antrag bei der Finanzverwaltung stellen, um sich bestätigen zu lassen, dass die Unternehmensverschmelzung nicht als überwiegend auf die Umgehung bzw. den Aufschub der Versteuerung ausgerichtet zu betrachten ist.[132]

---

[131] Bedingung 8, Beschluss vom 29.12.2008, Nr. CPP2008/1008M.
[132] Art. 14 Abs. 3, 8 und 8 NL-KStG.

C. Großbritannien
Bearbeiter: Duncan **Bellamy**

Gliederung

	Rz.
I. Cross-Border Mergers with a UK Company	1–65
1. Corporate Law	1–60
a) Applicable Rules	1, 2
b) Qualifying Entities	3–6
c) Process of Merger of a German Company into a UK Company	7–55
aa) Pre-Merger Requirements	7
bb) Merger Terms	8–14
cc) Exchange/Compensation Offer	15, 16
dd) Merger Report	17–19
ee) Expert's Report	20–23
ff) Consent Resolution of UK Company	24–30
gg) Formalities for Completion of the Cross-Border Merger	31–35
hh) Legal Effect	36–38
ii) Shareholder Protection	39
jj) Creditor Protection	40, 41
kk) Employee Protection	42
ll) Employee Participation Rights	43–48
mm) Other Provisions Applicable under UK Law	49–55
d) Process of Merger of a UK Company into a German Company	56–60
aa) Control of the Cross-Border Merger	59
bb) Creditor Protection	60
2. Tax Consequences	61–65
II. Cross-Border Transfers of UK Insurance and Banking Businesses	66–73
III. Cross-Border Divisions	74–77

I. Cross-Border Mergers with a UK Company

1. Corporate Law

a) Applicable Rules

1 Cross-border mergers in the United Kingdom are governed by The Companies (Cross-Border Mergers) Regulations 2007 (the **UK Regulations**) which came into force on 15 December 2007 and implemented the Cross Border Mergers Directive 2005/56/CE dated 26 October 2005.

2 A minor typographical amendment was made to the UK Regulations in March 2008 under the Companies (Cross Border Mergers) (Amendment) Regulations 2008. The UK Regulations were further amended from 1 August 2011 by the Companies (Reporting Requirements in Mergers and Divisions) Regulations 2011 following a European Council directive making a number of minor changes to the Cross Border Mergers Directive.

b) Qualifying Entities

3 The UK Regulations apply where a "UK company" is involved in a merger with one or more EEA companies. A UK company is defined as a company within the meaning of the

UK Companies Acts (see section 1 of the UK Companies Act 2006) other than a company limited by guarantee without a share capital or a company being wound up (Regulation 3). It includes public and private limited companies and unlimited companies. In addition the term UK company includes:

(a) unregistered companies (Regulation 5); and
(b) companies in administration.

An EEA company is a body corporate governed by the law of an EEA state other than the UK (Regulation 3(1)). 4

The UK Regulations do not apply to partnerships, including limited partnerships and limited liability partnerships, or unincorporated entities. 5

Under the UK Regulations, there are three forms of cross-border merger where at least one of the companies involved is a UK company (Regulation 2): 6

(a) a "merger by absorption", in which a transferor company transfers all its assets and liabilities to an existing transferee company in exchange for shares (or shares and cash) in the transferee company receivable by the members of the transferor company;
(b) a "merger by absorption of a wholly-owned subsidiary", in which a wholly-owned subsidiary transfers all its assets and liabilities to its immediate parent company, where there is no exchange of shares (or shares and cash); or
(c) a "merger by formation of a new company", in which two or more transferor companies, at least two of which are governed by the laws of a different EEA State, transfer all their assets and liabilities to a transferee company formed specifically for the purposes of the cross-border merger in exchange for shares (or shares and cash) in the transferee company receivable by the members of the transferor companies.

c) Process of Merger of a German Company into a UK Company

aa) Pre-Merger Requirements. A number of pre-merger requirements apply to a UK company involved in a cross-border merger. The UK company must obtain a certificate from the relevant court (in England and Wales, the High Court; in Scotland, the Court of Session; and in Northern Ireland, the High Court) confirming that it has complied with the pre-merger requirements set out in regulations 7 to 10 and 12 to 15 of the UK Regulations (Regulation 6). 7

bb) Merger Terms. The directors of the UK merging company must draw up and adopt a draft of the proposed terms of the cross-border merger (known as the draft terms of merger or the cross-border merger agreement). The language of the cross-border merger agreement is freely determined by the merging companies but, in any case, a certified translation into English will need to be prepared for administrative filing purposes. 8

The cross-border merger agreement should contain, at the very least, the information set out in Regulation 7(2) of the UK Regulations, namely: 9

(a) the name, registered office and the legal form and governing law of each transferor company and the transferee company;
(b) the share exchange ratio and the amount of any cash payment;
(c) the terms relating to the allotment of shares or other securities in the transferee company;
(d) the likely effects of the cross-border merger for employees of each merging company;

(e) the date from which the holding of shares or other securities in the transferee company will entitle the holders to participate in profits, and any special conditions affecting that entitlement;
(f) the date from which the transactions of the transferor companies are to be treated for accounting purposes as being those of the transferee company;
(g) any rights or restrictions attaching to shares or other securities in the transferee company to be allotted under the cross-border merger to the holders of shares or other securities in a transferor company to which any special rights or restrictions attach, or the measures proposed concerning them;
(h) any amount or benefit paid or given or intended to be paid or given to the independent expert referred to in Regulation 9 (independent expert's report) or to any director of a merging company, and the consideration for the payment of benefit;
(i) the transferee company's articles of association;
(j) information on the procedures by which any employee participation rights are to be determined in accordance with Part 4 of the UK Regulations (for details on employee participation rights, see below);
(k) information on the evaluation of the assets and liabilities to be transferred to the transferee company; and
(l) the dates of the accounts of every merging company which were used for the purpose of preparing the draft terms of merger.

10 Particulars of the matters referred to in sub-paragraphs (b), (c) and (e) above may be omitted in the case of a merger by absorption of a wholly-owned subsidiary.

11 If Part 4 of the UK Regulations apply (employee participation, please see below), the management or administrative body of the UK absorbing company must inform and consult the works council or employee representatives of the company, if any, as soon as possible after adopting the draft cross-border merger agreement.

12 The draft cross-border merger agreement (together with a number of other particulars concerning the merging entities) must be filed with the registrar of companies for England and Wales, Scotland or Northern Ireland, as applicable, not less than two months before the date of the first meeting of the members, or any class of members, of the UK merging company (Regulation 12(1)). Once the registrar has received the particulars required under Regulation 12(1), he must publish notice of such receipt in the relevant Gazette (for companies registered in England and Wales, the London Gazette; for companies registered in Scotland, the Edinburgh Gazette; and for companies registered in Northern Ireland, the Belfast Gazette).

13 This publication starts a period of one month during which creditors are entitled to "oppose" the merger (please see below).

14 These formalities must be completed at least one month prior to the shareholder's meeting convened to vote upon the cross-border merger (Regulation 12(4)).

15 **cc) Exchange/Compensation Offer.** As consideration for the merger, the transferee company must issue new shares to the shareholders of the transferor company/companies. However, no share issue is required for a merger implemented by way of absorption of a wholly-owned subsidiary.

16 The cross-broder merger agreement can also provide for the consideration to be paid partly in cash, regardless of whether the UK company involved is the transferee or the transferor.

17 **dd) Merger Report.** The directors of the UK merging company must issue a written report to the UK company's shareholders (Regulation 8(1)). This report must explain the

legal and economic grounds for the cross-border merger, in particular the exchange ratio and valuation methods, the consequences of the merger for shareholders, employees and creditors and any material interests of the directors (whether in their capacity as a director, a shareholder, a creditor or otherwise) (Regulation 8(2)).

This report must be made available to the shareholders and to the employee representatives or, where there are no such representatives, to the employees themselves at least two months prior to the shareholders' meeting convened to vote upon the merger (Regulation 8(5)).

If the works council or employee representatives have formally notified their opinion on the merger report at least one month prior to the shareholders' meeting convened to vote upon the proposed merger, every copy of the merger report issued after the date on which the opinion was delivered must be accompanied by the opinion.

ee) Expert's Report. Subject to certain exceptions set out below, each merging company must itself appoint, or all merging companies must seek the joint appointment by the court, of an independent expert to prepare an expert's report on the terms of the merger. An independent expert appointed by a UK merging company must be eligible for appointment as a statutory auditor in accordance with, and meet the independence criteria set out in, the UK Companies Act 2006.

The independent expert is responsible for drafting a written report which must be made available for inspection by all shareholders and employee representatives (or if there are no such representatives, the employees) of the merging companies at least one month prior to the shareholder's meeting convened to vote upon the cross-border merger (Regulation 10(3)).

Pursuant to Regulation 9(5), the independent expert's report must describe the methods used to determine the share exchange ratio and must indicate whether these methods are appropriate, the value resulting from each method and the relative importance of each method in determining the value eventually retained. The report should indicate the difficulties, if any, encountered in the valuation process and give an opinion as to whether the share exchange ratio is reasonable.

There are three exceptions to the requirement for an independent expert's report (Regulation 9(1)). Firstly, the shareholders of the merging companies can unanimously decide that an independent expert's report is not required (due to the time period in which the independent expert's report would be required to be made available, this decision should be made more than one month prior to the shareholders' meeting convened to vote upon the cross-border merger). Secondly, an independent expert's report is not required for a merger implemented by way of absorption of a wholly-owned subsidiary. Finally, an independent expert's report is not required for a merger implemented by way of absorption where the transferee company holds at least 90 per cent. (but less than 100 per cent.) of the transferor company's shares, provided that the minority shareholders of the transferor company are entitled under the terms of the merger to require the transferee company to acquire their shares for consideration that is fair and reasonable (Regulation 9(A)).

ff) Consent Resolution of UK Company

(1) Shareholders' Information. Certain documents need to be made available to the shareholders of each company and its employee representatives (or if there are no such representatives, the employees) for information purposes at their registered offices, at least one month prior to the shareholders' meetings convened to vote on the merger (Regulation 10(1)). These documents are (i) the draft terms of merger; (ii) the directors' report; and (iii) the independent expert's report (if such report is required by Regulation 9).

25   **(2) Shareholders' Approval.** Pursuant to Regulation 13(1), the draft terms of merger must be approved by a majority in number, representing 75% in value, of each class of shareholders of the UK merging company, present and voting at a shareholders' meeting summoned by the court under Regulation 11.

26   The approval of the UK company's shareholders may be made subject to the ratification of any arrangements adopted for employee participation in the transferee company in accordance with Part 4 of the UK Regulations (employee participation) or an order of a competent authority of another EEA State which amends the share exchange ratio in accordance with Article 10.3 of the Cross Border Mergers Directive (Regulation 13(2)).

27   There are two instances where approval by a UK company's shareholders is not required. Firstly, shareholder approval is not required where a company is absorbing its wholly owned subsidiary (Regulation 13(3)).

28   Shareholder approval will also not be required in the case of an existing UK transferee company where the following conditions apply:

(a) the notice (required by Regulation 12) was published in the relevant Gazette at least one month before the date of the first meeting of members of the transferor companies;
(b) the shareholders of the transferee company were able during the one month period before such meeting to inspect and obtain copies of the documents listed in Regulation 10(3) at the registered office of the transferee company;
(c) one or more members of the transferee company, who together held not less than 5% of the paid-up capital of the company which carried the right to vote at general meetings of the company (excluding any shares held as treasury shares), would have been able, during that period, to require a meeting of each class of members to be called for the purpose of deciding whether or not to agree to the scheme; and
(d) no such requirement to call a meeting of each class of members was made (Regulation 13(4)).

29   However, it is noted that where no shareholder meeting is held to vote upon the proposed merger, the UK Regulations are unclear in setting the timeline for complying with the pre-merger formalities as these are determined by reference to "the date of the first meeting of the members, or any class of members, of the company" and no alternative event is provided to start this period where no meeting of the shareholders is required. Because the filing and inspection requirements are not only for the benefit of the merging company's shareholders but are also intended to give creditors and employees an opportunity to object to the proposed merger, a suitable period for inspection must still be provided in a situation where no shareholder approval is required.

30   This issue was addressed by the High Court in Waltz Properties Limited and Strelingstav [2010] EWHC 333 (Ch), where the Court indicated that it would not sanction a merger unless it was satisfied that the creditors and employees had been given the same opportunity to object as they would have had if shareholder approval had been required. This could be satisfied either by holding a shareholders' meeting even though one is not strictly required. Alternatively, the requirement could be satisfied by filing the relevant documents at Companies House at least two months, and making the documents available for inspection at least one month, before the court hearing at which the pre-merger certificate is sought in order to give creditors and employees sufficient opportunity to object to the merger on the terms proposed.

gg) Formalities for Completion of the Cross-Border Merger

(1) Pre-Merger Certificate. A UK merging company must apply to the court for an order certifying that it has properly completed the pre-merger acts and formalities for the cross-border merger (Regulation 6(1)). 31

(2) Court Approval of the Cross-Border Merger. Completion of the cross-border merger requires the further approval of the court by way of a joint application of all the merging companies (Regulation 16(1)). 32

The court must ensure that the merging companies have each approved the cross-border merger agreement in the same terms and, where appropriate, that any arrangements for employee participation have been determined in accordance with applicable employment laws. 33

In order for the court to make an order giving effect to the merger under Regulation 16, the application must be made not more than 6 months after the making of the order in respect of each merging company that the pre-merger requirements have been complied with. 34

Where the court order approving the completion of the merger is made by an English court, the UK transferee company and every UK transferor company (as applicable), must deliver the court order (together with additional particulars required under Regulation 19(2) where a transferor company is an EEA company) to the registrar of companies for registration not more than 7 days after the date on which it is made. 35

hh) Legal Effect

(1) Effective Date of the Cross-Border Merger. In the case of a merger by way of absorption by a UK company, the cross-border merger takes effect at the date specified in the court order. Where the transferee company is not a UK company, the cross-border merger will take effect on the date fixed in accordance with the law of the EEA State under which the order was made (Regulation 17(2)). 36

The cross-border merger may not be declared null and void as from its effective date and the transferee company must take such steps as required by law for the transfer of the assets and liabilities of the transferor companies to be effective in relation to other persons. 37

(2) Legal Effect. A cross-border merger results in (i) the winding up without liquidation of the absorbed company; (ii) the transfer of all assets and liabilities of the company being merged to the absorbing company; (iii) the rights and obligations arising from the contracts of employment of the absorbed company being transferred to the absorbing company; and (iv) in the case of a merger by absorption or a merger by formation of a new company, the shareholders of the merged company becoming shareholders of the absorbing company (Regulation 17(1)). 38

ii) Shareholder Protection. Except in the circumstances set out above, cross-border mergers must be approved by collective decisions of the shareholders acting by qualified majority and on the basis of the merger report and, where applicable, the independent expert's report(s) (please see above). Any opposing minority will be bound by the majority decision. Except as described above, UK law does not provide for any specific protective measures with regard to minority shareholders. For instance, there is no right for minority shareholders to redeem their shares. 39

40 **jj) Creditor Protection.** A special procedure for creditor protection is provided by Regulation 11 of the UK Regulations, which gives creditors a right to petition the court to convene a meeting of creditors (or any class of creditors) to approve the merger.

41 If a meeting of creditors or a class of creditors is summoned by the court under Regulation 11, the draft merger agreement must be approved by a majority in number, representing 75% in value, of the creditors or class of creditors (as the case may be), present and voting at the meeting (Regulation 14).

42 **kk) Employee Protection.** Other than in relation to employee participation rights and certain protections for members of a special negotiating body (SNB) (please see below) there is no general employee protection under UK law specific to cross-border mergers. However:

- if the proposed merger impacts employee terms and conditions, no company should formally start a merger process (i.e. sign the merger agreement) until the employee representatives (or if there are no such representatives, the employees) have been informed and consulted about the proposed merger and its impact on employment;
- all employment contracts of employees working for the absorbed entity are automatically transferred to the absorbing company. As a result, all contractual terms and conditions of employment in force at the time of the merger continue automatically post-transfer. Under UK law, the transferee entity has the same right to amend the transferred employee's terms and conditions of employment as it has in respect of its own employees. It may seak to harmonize terms and conditions of employees but the employee's consent may be required.

43 **ll) Employee Participation Rights.** The rules governing employee participation (employee rights to representation in the governing body of a merging company) in cross-border mergers in respect of UK companies are set out in Part 4 of the UK Regulations. Part 4 of the UK Regulations apply where the transferee company is a UK company and at least one of the following conditions is satisfied:

(a) a merging company has, in the six months before the publication of the draft merger agreement, an average number of employees that exceeds 500 and has a system of employee participation, or
(b) a UK merging company has a proportion of employee representatives amongst the directors, or
(c) a merging company has employee representatives amongst members of the administrative or supervisory organ or their committees or of the management group which covers the profit units of the company.

44 Furthermore, Chapter 4 and Chapters 6 to 9 of Part 4 of the UK Regulations apply to a UK merging company, its employees or their representatives, regardless of whether the transferee company is a UK company.

45 **Special Negotiating Body ("SNB").** A special negotiating body (SNB) must be established by each merging company to reach an employee participation agreement with the merging companies, except where the merging companies decide that, from the date upon which the cross-border merger take effect, the UK transferee company shall be subject to the standard rules of employee participation in Regulation 38 (Regulation 25).

46 Once an SNB has been formed, each merging company must provide that body with such information as is necessary to keep it informed of the plan and progress of establish-

ing the UK transferee company until the consequences of the cross-border merger take effect.

Management and the employees through the SNB must negotiate a written agreement determining the employee participation within the company resulting from the merger (Regulations 28 and 29). 47

The SNB is established as soon as possible after publication of the draft terms of the merger. Negotiations may last for six months and the parties may decide by mutual agreement to extend these negotiations with a total duration not exceeding one year. 48

mm) Other Provisions Applicable under UK Law

(1) The Prospectus Rules. The Prospectus Rules apply to cross-border mergers in the usual way. For example, a prospectus may be required if the merger entails an offer of securities to the public or an application for admission of securities to trading on a regulated market. 49

(2) The Takeover Code. The UK Takeover Code may apply to the proposed merger, depending on the type of merger contemplated and the identity of the transferor companies. The Takeover Panel has issued a practice statement[1] on cross-border mergers, which states that certain cross-border mergers will be subject to the Takeover Code as the Takeover Code regulates takeover bids and merger transactions of the relevant companies, however effected, including by means of a statutory merger or scheme of arrangement (section 3 of the Introduction to the Takeover Code). 50

According to the practice statement, mergers by way of absorption will be subject to the Takeover Code if one or more of the transferor companies is a company to which the Code applies by virtue of section 3(a)(i) or (ii) of the introduction to the Takeover Code (a "**Code Company**"), which includes entities with their registered office in the United Kingdom if any of their securities are admitted to trading on a regulated market in the United Kingdom. Any such transferor company will be treated as an "offeree company" for the purposes of the Code and the transferee company will be treated as the "offeror". 51

However, a merger by way of absorption will not be considered to be subject to the Code where the transferee company is a Code Company but none of the transferor companies are Code Companies. This is the case even where the size of one or more of the transferor companies is greater than that of the transferee company, and even if the transferee company will, upon completion of the transaction, increase its issued share capital by more than 100%. 52

Similarly, mergers by formation of a new company will be usually be considered to be subject to the Takeover Code if one or more of the transferor companies is a Code Company. Any transferor Code Company will be treated as an "offeree company" and the transferee company will be treated as the "offeror". However, if it can be established to the satisfaction of the Takeover Panel that the substance of the transaction is the acquisition by the Code Company of a company that is not a Code Company, the takeover panel may agree that the transaction should not be treated as an offer subject to the Code (as is consistent with the position for mergers in the UK without a cross-border element). 53

Finally, the practice statement provides that the Takeover Code is not considered to apply to a Cross-Border Merger effected by means of a "merger by absorption of a wholly-owned subsidiary", even if the transferor company is technically a company to which the Code applies. 54

---

[1] Practice statement 18 issued on 24 October 2007, as amended 19 September 2011.

55 The Takeover Panel should be consulted at an early stage whenever parties are considering a cross-border merger which may be subject to the Takeover Code.

d) Process of Merger of a UK Company into a German Company

56 The rules described above also apply to a UK company being absorbed by a company of another Member State.

57 For instance, the provisions relating to the cross-border merger agreement, such as mandatory statements and publicity requirements, and the provisions relating to the management report and independent expert report(s) are also applicable where the transferor company is a UK entity. Also, the provisions relating to information to be provided to shareholders and shareholder approval requirements are relevant for a UK transferor company.

58 Similarly, where a UK transferor company is a wholly-owned subsidiary of the transferee company, the cross-border merger does not need to be approved by the shareholders of the UK transferee company (please see above).

59 **aa) Control of the Cross-Border Merger.** A pre-merger certificate must be obtained by the UK company from the relevant court. However, the approval of the cross-border merger will be conducted under the rules in Germany applicable to the transferee company.

60 **bb) Creditor Protection.** The creditor protection procedure described above also applies where the transferee company is a UK company. The creditors of the UK company can petition the court in order to protect their rights and the procedure as described above is applicable (Regulation 11 of the UK Regulations).

2. Tax Consequences

61 The European Mergers Tax Directive (the **Tax Directive**) provides for cross-border mergers to be tax neutral for shareholders and the transferor company, provided that the assets of the transferor company remain within the charge to tax in its jurisdiction of residence. However, the local law of the relevant jurisdictions must also be checked to confirm how the Tax Directive has been implemented in the domestic legislation of all the member states involved.

62 Generally speaking, provided that the transferor company has an active business and retains a permanent establishment in the UK after the merger, it should be possible for it to merge into its parent or another group member without an immediate tax charge for either the transferor company or the shareholders. There may however be other relevant tax issues that need to be considered, for example the fact that branch taxation is different from the taxation of subsidiaries.

63 The Tax Directive will not protect a merger that results in the assets of the transferor company ceasing to be within the charge to tax in the UK (for example the merger of a pure holding company into its parent), but it still may be possible to rely on a domestic exemption in the UK to eliminate, or at least mitigate, any tax payable. An advantage of using a cross-border merger of such a holding company's subsidiary into its parent over a liquidation of the subsidiary is that it may avoid a capital gain arising on the cancellation of the subsidiary's shares. In the case of a UK parent, for example, a merger may be useful where the substantial shareholdings exemption would not apply on a disposal of shares in its subsidiary.

64 It should be noted that some of the tax reliefs introduced by the Tax Directive are dependent on the transaction not deemed to be being carried out for tax avoidance purposes.

However, the restructuring or rationalisation of the activities of the participating companies would normally be considered to be for commercial purposes.

Finally, it is possible to argue that, in the UK, a cross-border merger would not attract any transfer taxes. Firstly, under the UK Regulations, there is no transfer document as such but rather a transfer effected by the operation of Regulation 17. The court order itself does not effect the transfer but is rather a trigger towards the consequences of Regulation 17 taking effect. Secondly, in the case of a merger by absorption of a wholly owned subsidiary, the consideration is nil so there should be no consideration to apply stamp duty against (Regulation 2(3)). **65**

II. Cross-Border Transfers of UK Insurance and Banking Businesses

Where a proposed merger includes the transfer of a UK insurance business, Part VII of the Financial Services and Markets Act 2000 (**FSMA**) must be used to transfer the UK insurance business instead of the cross-border merger regime. Section 104 FSMA provides that no insurance business transfer scheme is to have effect unless an order has been made in relation to it under section 111(1) FSMA, making the FSMA transfer scheme compulsory in respect of insurance business transfer schemes in the UK. **66**

Part VII of FSMA also applies to the tranfer of UK banking businesses, however, in this case section 104 FSMA does not make a Part VII transfer scheme mandatory. A Part VII transfer scheme is therefore an alternative to a cross-border merger involving a UK banking business within the scope of section 106 FSMA (see below). **67**

Pursuant to s.107 FSMA, an application may be made to the High Court for an order sanctioning an insurance business transfer scheme, a banking business transfer scheme or a reclaim fund business transfer scheme. **68**

Insurance business transfer schemes are defined in section 105 FSMA. An application for an insurance business transfer scheme can be made if one of the following conditions is satisfied, if the transferee operates in an EEA state and if the scheme is not classified as an excluded scheme: **69**

(a) the whole or part of a business, carried on in one or more member states by a UK authorised person who has permission to effect or carry out contracts of insurance, is to be transferred;
(b) the whole or part of the business, so far as it consists of reinsurance, carried on in the United Kingdom through an establishment there by an EEA firm qualifying for authorisation under Schedule 3 to FSMA, which has permission to effect or carry out contracts of insurance is to be transferred; or
(c) the whole or part of the business, carried on in the United Kingdom by an authorised person who is neither a UK authorised person nor an EEA firm, but who has permission to effect or carry out contracts of insurance, is to be transferred.

Banking business transfer schemes are defined in section 106 FSMA. In order to qualify for a Part VII banking business transfer, one of two conditions must be satisfied: **70**

(a) the whole or part of the business carried on by a UK authorised person, whether or not carried on in the UK, who has permission to accept deposits is to be transferred to another body; or
(b) the whole or part of the business carried on in the UK by an authorised person, who is not a UK authorised person but who has permission to accept deposits, is to be transferred to another body who will carry it on in the UK.

71 In either case, the transferee must have the authorisations required to enable it to carry on the transferred business in the place to which it was transferred. Certain schemes are also excluded.

72 It is not a requirement under Part VII that either the transferor or transferee must be incorporated in the UK nor that only the deposit-taking aspects of a banking business may transfer. Furthermore, the UK courts have sanctioned transfers under Part VII which contain other businesses, providing that the deposit-taking business also transfers and forms an integral part of the transferring business.

73 An insurance business transfer scheme, a banking business transfer scheme or a reclaim fund business transfer scheme must be sanctioned by court order under section 111(1) FSMA. The court must be satisfied the following matters have been satisfied before granting such an order:

(a) that the transferor has obtained a certificate from the relevant authority certifying that the transferee will have adequate financial resources available to it once the scheme is in effect and, if appropriate, that the home state regulator has been notified of the scheme and has responded to it or not made any objection within a period of three months;
(b) that the transferee has the authorisation required (if any) to enable the business, or part, which is to be transferred to be carried on in the place to which it is to be transferred (or will have it before the scheme takes effect) and, if applicable, the transferee is or will be a UK authorised person if the scheme takes effect; and
(c) that the court, after consideration of all the relevant circumstances, considers it is appropriate to sanction the scheme.

III. Cross-Border Divisions

74 Divisions at national level have for some years been harmonised by Directive 82/891/EEC.

75 Part 27 of the UK Companies Act 2006 provides for the domestic merger and division of UK public limited companies but not private limited companies or unlimited companies. The UK regulations governing divisions apply only to companies within the meaning of the UK Companies Acts (see section 1 of the UK Companies Act 2006) including all companies resulting from the division. Accordingly, the UK courts cannot apply domestic legislation enabling the division of a company to any company that is not incorporated under the UK Companies Acts.

76 Because divisions have not yet been reflected in EU legislation on cross-border transactions, UK companies wishing to undertake a cross-border division currently have to undertake multiple corporate operations, such as a domestic split and a subsequent cross-border merger, or the creation of a non-UK subsidiary and a subsequent contractual transfer of assets.

77 In 2013 the Commission is expected to consider an initiative to provide a framework for cross-border divisions, possibly though an amendment of the cross-border mergers Directive. [EC COM(2012) 740/2]

D. Frankreich

Bearbeiter: Frederic **Moreau**, Joana **Nicolas**, Siamak **Mostafavi**, Nicolas **André**

Gliederung

	Rz.
I. Cross border merger with a French company	1–96
1. Corporate Law	1–67
a) Applicable Rules	1
b) Qualified entities	2–4
c) Process of merger of a German company into a French company	5–60
aa) Merger Plan	5–9
bb) Exchange/compensation offer	10–12
cc) Merger report	13–16
dd) Merger audit	17–22
ee) Consent resolution of French company	23–29
ff) Foundation formalities in case of a merger into a newly founded entity	30–32
gg) Formalities for effectiveness, e.g. registration, court decision or other measure	33–41
hh) Legal effect	42–45
ii) Shareholder protection	46
jj) Creditor protection	47–53
kk) Employee protection	54
ll) Employee participation in future co-determination	55–60
d) Process of merger of a French company into a German company	61–67
aa) Control of the cross-border merger	64
bb) Creditor protection	65–67
2. Tax consequences	68–96
a) Applicable rules	68–77
aa) French special tax regime applicable to domestic mergers	68–72
bb) French special tax regime applicable to cross-border mergers	73–77
b) Taxation at the level of a French absorbing entity	78–84
aa) Corporate income tax	78–80
bb) Transfer taxes	81
cc) Accounting treatment	82
dd) Preservation of tax losses	83, 84
c) Taxation at the level of a French absorbed entity	85–89
aa) Corporate income tax	85, 86
bb) Transfer taxes	87
cc) Accounting treatment	88
dd) Losses	89
d) Taxation at the level of shareholders	90–96
aa) The absorbing company is a French company	90–93
bb) The absorbing company is a non-French company	94–96
II. Cross-border splits with a French company	97–127
1. Corporate Law	97–124
a) Applicable rules	97–99
b) Qualified Entities	100
c) Process of a split of a German company into a French company	101–119
aa) Procedure	104–113
bb) Creditor protection	114–116
cc) Split involving contributions to new companies	117–119
d) Process of a split of a French company into a German company	120–124
2. Tax consequences	125–127

	Rz.
III. Other cross-border transfer structures	128–150
1. Corporate law	129–135
2. Tax consequences	136–150
a) French special tax regime applicable to domestic mergers	136–139
aa) Contributions eligible to the favourable tax regime	136,137
bb) Contributions requiring an administrative ruling	138
cc) Mechanism for tax deferral	139
b) French special tax regime applicable to cross-border mergers	140–150
aa) Applications (contributions of assets/liabilities)	141–144
bb) Contributions of shares	145–150

I. Cross border merger with a French company

1. Corporate Law

a) Applicable Rules

1   Cross-border mergers under French law are governed by articles L.236-25 through L.236-32 of the French Commercial Code. These articles were introduced by the law no. 2008-649 dated 3 July 2008 which implemented the Cross Border Mergers Directive 2005/56/CE dated 26 October 2005 into French law. The above provisions are supplemented by implementation decrees no. 2008-1116 dated 31 October 2008 and no. 2009-11 dated 5 January 2009 (now articles R.236-13 through R.236-20 of the Commercial Code).

b) Qualified entities

2   Article L.236-25 of the Commercial Code provides a list of companies entitled to participate in a cross-border merger. These are joint stock companies (*sociétés anonymes*), partnerships limited by shares (*sociétés en commandite par actions*), simplified joint stock companies (*sociétés par actions simplifiée*), limited liability companies (*sociétés à responsabilité limitée*) and European companies (*sociétés européennes*) incorporated in France.

3   Some of the above companies can be held by a sole shareholder, such as the *société par actions simplifiée* or the *société à responsabilité limitée*. Although, these companies are not expressly listed, they are generally regarded as being within the scope of the rules governing cross-border mergers.

4   Conversely, cross-border mergers rules (unlike domestic mergers rules) do not apply to partnerships (*sociétés en nom collectif* and *sociétés en commandite simple*) and unincorporated entities. Also, open-ended investment companies (*sociétés d'investissement à capital variable* (*SICAV*)) and real estate investment companies (*sociétés de placement à prépondérance immobilière à capital variable*) are expressly excluded from the rules applicable to cross-border mergers.

c) Process of merger of a German company into a French company

5   **aa) Merger Plan.** A draft of a cross-border merger plan (named merger agreement) must be drawn up by the management or administrative body of each merging company, e.g. the board of directors in the case of a French *société anonyme*. The language of the cross-border merger agreement is freely determined by the merging companies but, in any case, a French translation or French version will need to be prepared for administrative filing purposes (please see below margin no. 8).

The cross-border merger agreement should contain at least the information set out in article R.236-14 of the Commercial Code, namely:

- the form, corporate name and registered office of the merging companies, and of the company resulting from the cross-border merger;
- the ratio applicable to the exchange of securities or shares representing the company's capital and, as the case may be, the amount of any cash payment;
- the terms for the allotment of securities or shares representing the capital of the company resulting from the merger, together with the date from which these securities or shares will bear dividends and any special conditions affecting that entitlement;
- the date on which the transactions of the merging companies will be deemed to be performed from an accounting point of view by the company resulting from the cross-border merger;
- the rights granted by the company resulting from the cross-border merger to shareholders holding special rights as well as holders of securities other than shares representing the company capital, or the measures proposed concerning them;
- any special advantage granted to the experts who examine the draft terms of the cross-border merger or to members of the administrative, management, supervisory or controlling bodies of the merging companies;
- information as to the evaluation of assets and liabilities transferred to the company resulting from the cross-border merger;
- the dates of accounts of the merging companies used to establish the conditions of the cross-border merger;
- the articles of association of the company resulting from the cross-border merger;
- where appropriate, information on the procedures by which arrangements for the involvement of employees in the definition of their rights to participation in the company resulting from the cross-border merger are determined;
- the likely impacts of the cross-border merger on employment.

Prior to the signing of the draft cross-border merger agreement, the management or administrative body of the French absorbing company must inform and consult the works council of the company, if any (please see below margin no. 54).

Once signed, the cross-border merger agreement must be filed with the registry of the relevant Commercial Court. Also, a notice of the contemplated cross-border merger must be published in (i) a newspaper empowered to publish legal notices of the department in which the absorbing company has its registered office and (ii) in the *Bulletin Officiel des Annonces Civiles et Commerciales* (BODACC)[1]. This publicity starts a period of thirty days during which creditors are entitled to "oppose" the merger (please see below margin no. 48 and the following).

These formalities must be completed at least one month prior to the shareholder's meeting convened to vote upon the cross-border merger (article R.236-15 of the Commercial Code).

bb) Exchange/compensation offer. As consideration for the merger, the absorbing company or the newly incorporated company must issue new shares to the shareholders of the merged company/companies. No share issue is however made where the absorbing company owns, prior to the merger, 100% of the shares in the merged company.

---

[1] In the event the shares of one of the merging companies are listed on a regulated market or are not in registered form, a notice must also be published in the *Bulletin des annonces légales obligatoires (BALO)*.

11   The merger agreement can also provide for the consideration to be paid partly in cash if the legislation of at least one Member State involved in the cross-border merger allows a cash consideration, regardless of whether the French company involved is the absorbing entity or the absorbed one.

12   The limitation provided by French legislation in relation to domestic mergers, pursuant to which the cash portion may not exceed 10% of the value of the shares allotted, does not apply to cross-border mergers as article L.236-26 of the Commercial Code expressly derogates to this limitation.

13   **cc) Merger report.** The management body of each merging company must issue a written report to the company's shareholders (article L.236-27 of the Commercial Code). This report must explain and justify the cross-border merger, especially its legal and economic aspects as regards the exchange ratio and valuation methods, which must be consistent for each company involved, and the consequences entailed by the merger for shareholders, employees and creditors (article R.236-16 of the Commercial Code).

14   This report must be made available to the shareholders and to the employee delegates or, where there are no such delegates, to the employees themselves at least one month prior to the shareholders' meeting convened to vote upon the merger (article R.236-16 of the Commercial Code).

15   Moreover, if the works council or the employee delegates have formally notified their opinion as to the merger at least one month prior to the shareholders' meeting convened to vote upon the proposed merger, such opinion must be attached to the management report to the shareholders.

16   In the case of a wholly owned subsidiary absorbed by its parent company, this management report is not required (article L.236-11 of the Commercial Code). It is also not required when the absorbing company holds at least 90% of the absorbed company provided that the minority shareholders of the absorbed company were offered the redemption of their shares by the absorbing company prior to the merger. This exception applies only where both merging companies are joint stock companies (article L.236-11-1 of the Commercial Code).

17   **dd) Merger audit.** Each merging company must seek the appointment of a merger auditor (*Commissaire à la Fusion*) from its relevant commercial court, or the companies can seek the appointment of a joint merger auditor. The merger auditor is responsible for drafting a written report which must be made available to all shareholders of the merging companies at least 30 days prior to the shareholder's meeting convened to vote upon the cross-border merger (article R.236-3, 2° of the Commercial Code).

18   Pursuant to article L.236-10 I of the Commercial Code, the merger auditor's report must describe the methods used to determine the share exchange ratio and must indicate whether these methods are appropriate, the value resulting from each method and the relative importance of each method in determining the value eventually retained. The report should indicate the difficulties, if any, encountered in the valuation process.

19   The merger auditor must also prepare a report on the contribution in kind and, where the absorbing company is a *Société Anonyme*, prepare a report on the individual benefit granted to shareholders as part of the merger, to the extent relevant (article L.236-10 of the Commercial Code). This report supplements the report on the draft terms of the merger and is made available under the same conditions.

20   The shareholders of the merging companies can unanimously decide not to appoint a merger auditor by decision which should be made more than one month prior to the shareholders' meeting convened to vote upon the cross-border merger. However, the above

reports on the contribution in kind and on the individual benefit, if relevant, remain mandatory.

Where the absorbing company holds 100% of shares or securities of the absorbed company, the appointment of a merger auditor and the reports mentioned above are not required (article L.236-11 of the Commercial Code).

Such exemptions also apply where the absorbing company holds at least 90% of the absorbed company, provided that the minority shareholders of the absorbed company were offered, prior to the merger, the redemption of their shares by the absorbing company. This exception applies only if the merging companies are both joint stock companies (article L.236-11-1 of the Commercial Code).

ee) Consent resolution of French company.

(1) Shareholders' information. Certain documents need to be made available to the shareholders of each company for information purposes at their registered offices, at least 30 days prior to the shareholders' meetings called to vote on the merger (article R. 236-3 of the Commercial Code), such as the contribution auditor's reports, the management report, the draft merger agreement, the annual accounts as approved by the shareholders as well as the management reports for the past three years of all merging companies[2].

(2) Shareholders' approval. The approval of the cross-border merger by the merging companies is subject to the quorum and majority requirements as laid down in each jurisdiction.

Under French law, the quorum and majority conditions for mergers are those which apply to an amendment of the articles of association (article L.236-2, al. 2 of the Commercial Code). These vary depending upon the legal form of the company.

For instance, in a *Société Anonyme*, the cross-border merger must be voted by a special majority of two-third of the voting rights of the shareholders present or represented at the meeting. For the shareholders' meeting to be validly held, attending or duly represented shareholders must hold one-quarter of the voting rights when first convened, or one-fifth upon the second convening (article L. 225-96 of the Commercial Code). In a *Société par Actions Simplifiée*, the quorum and majority requirements will depend upon the relevant company's article of association.

For cross-border mergers, the shareholders deciding upon the cross-border merger may decide that the merger shall be subject to the approval of the participation of employees in the company resulting from the merger (article L.236-28 of the Commercial Code).

In the case of a company absorbing its wholly owned subsidiary, approval of the shareholders is not required in these companies. However, one or several shareholders of the absorbing company holding together at least 5% of the share capital can request the court to appoint an authorised representative to convene the general meeting of the absorbing company to vote upon the terms of the merger (article L.236-11 of the Commercial Code).

Moreover, when the absorbing company holds 90% of the absorbed company, approval by the absorbing company shareholders is not required. This exception applies only if the merging companies are both joint stock companies. The above mentioned right to convene the general meeting conferred to the shareholders holding more than 5% is also applicable (article L.236-11-1 of the Commercial Code).

---

[2] In addition, where the latest set of annual accounts available relate to a financial year which ended more than six months before the signature of the merger agreement, an accounting statement must be drawn up as at a date which is less than three months prior to the date of the merger agreement.

30 **ff) Foundation formalities in case of a merger into a newly founded entity.** In the case of a merger into a newly founded French company, the rules governing the incorporation of this new company should be followed according to its legal form.

31 This new company may be formed without any contributions other than those from the companies which are merging. The draft articles of association of the new company must be approved by the shareholders in each of the merging companies (article L.236-12 of the Commercial Code).

32 Where a new company is created, the merger shall take effect as of the date of registration of the new company in the commercial and companies register (article L.236-31 of the Commercial Code).

gg) Formalities for effectiveness, e.g. registration, court decision or other measures.

33 **(1) Pre-merger certificate.** Each merging company must require from the competent authority of its Member State the certificate provided for by Article 10 of the Cross-Border Merger Directive.

34 The French merging company is required to file with the Commercial Court registry, within the jurisdiction in which its registered office is located, a declaration of conformity in which it must record all the acts carried out in order to proceed with the cross-border merger and by which it shall confirm that this transaction has been carried out in accordance with the applicable laws and regulations (article L.236-29 of the Commercial Code).

35 The registrar must issue a certificate of conformity within eight days from the receipt of the declaration of conformity, after having verified the compliance of the declaration (article R.236-17 of the Commercial Code).

36 The certificate of conformity also specifies whether a procedure of analysis and amendment of the ratio applicable to the exchange of securities or shares or a procedure of compensation for minority shareholders is ongoing.

37 **(2) Scrutiny of the legality of the cross-border merger.** A scrutiny of the legality of the cross-border merger is performed by the competent authority of the absorbing company. In France, either a notary or the registrar of the Commercial Court, within the jurisdiction in which the absorbing company is registered, are competent (article L.236-30 of the Commercial Code).

38 For practical reasons, the French absorbing company may submit both controls (pre-merger certificate and scrutiny of the legality) to the same authority, that is the Commercial Court registry. However, the intervention of a notary is mandatory if the merger leads to real estate transfer.

39 The relevant authority must ensure that the merging companies have approved the common merger agreement in the same terms and that the arrangements for employee participation have been determined in accordance with applicable employment laws.

40 For this purpose, each merging company must submit to the relevant registrar or notary (i) its certificate of conformity within six months of its issue, (ii) the draft cross-border merger agreement as approved by its shareholders, (iii) a copy of the minutes of the general meetings of each merging company, (iv) a copy of the relevant legal notices, and (v) a document certifying that the merging companies have approved the proposed merger in the same terms and that the arrangements for employee participation have been determined in accordance with labour law (article R.236-19 of the Commercial Code).

41 The notary or the registrar, as the case may be, must issue a certificate of legality within fifteen days from receipt of the above documents (article R.236-20 of the Commercial Code).

hh) Legal effect.

(1) Effective date of the cross-border merger. In the case of an absorption by a French existing company, the cross-border merger takes effect at the date specified in the cross-border merger agreement, provided that this date cannot be (i) prior to the scrutiny of the legality (please see above) nor (ii) later than the closing date of the current financial year of the absorbing company (article L.236-31 of the Commercial Code).

The cross-border merger may not be declared null and void as from its effective date. Indeed, the scrutiny of the legality of the cross-border merger cures any defects that may affect the merger.

As from the effective date, the registry of the absorbing company must notify without delay the effectiveness of the cross-border merger to the relevant authority of the absorbed company in order to dissolve and strike out the absorbed company from the registry of its Member State.

(2) Legal effects. A cross-border merger results in (i) the winding up without liquidation of the absorbed company, (ii) the transfer of all assets and liabilities of the company being merged to the absorbing company and (iii) the shareholders of the merged company becoming shareholders of the absorbing company.

ii) Shareholder protection. Cross-border mergers are determined by collective decisions of the shareholders acting by qualified majority and on the basis of the management report and, where applicable, the merger auditor's report(s) (please see above). The minority is thus bound by the majority decision. Except as described above, French law does not provide for any specific protective measures with regard to minority shareholders. For instance, no provision is intended for any right of minority to redeem for their shares except as described above.

jj) Creditor protection. The Cross Border Mergers Directive does not provide for any mechanism for creditor protection and refers to the local protection rules of each merging company.

Under French Law, the creditors of a merged company, other than bondholders, become creditors of the absorbing company. A special procedure for creditor protection is provided by article L.236-14 of the Commercial Code.

Within 30 days following the publication required to be carried out after completion of the merger (please see above), the creditors of the merging companies whose claim is prior to the publication of the merger, other than bondholders, can petition the Commercial Court in order to protect their rights (article R.236-8 of the Commercial Code).

The court may reject the objection or order either the repayment of the relevant claim or the granting of guarantees if the absorbing company offers this option and if these are deemed sufficient.

If the beneficiary company fails to repay the claim or to grant the guarantees ordered, the merger is not binding on the relevant creditor, who retain a preferential right to be paid out of the profits of the absorbing company over its other creditors.

However, the objection made by a creditor do not have the effect of preventing the merger from continuing.

A specific protection is provided for the bondholders of the absorbing company. The merger agreement does not need to be submitted to the absorbing company's bondholders' meeting. However, the bondholders' meeting may empower the representatives of the bondholders to raise an objection to the merger the same way as non-bondholder creditors (article L.236-15 of the Commercial Code).

54 **kk) Employee protection.** There is no specific employee protection under French law. However:

- as for any transaction having an impact on employment conditions, no company may formally start a merger process (i.e. sign the merger agreement) until the works council (if any) has been informed and consulted about the proposed merger and its impact on employment;
- all employment contracts of employees working for the absorbed entity are automatically transferred to the absorbing company. As a result, all contractual terms and conditions of employment in force at the time of the merger continue automatically post-transfer. However, under French law, the absorbing entity has the same right to amend the transferred employee's terms and conditions of employment as it has in respect of its own employees. It may therefore harmonize terms and conditions of employees but the employee's consent is required;
- transfer of so called "protected" employees (including notably trade union representatives and works councils delegates) is subject to the prior authorization of the relevant labour authorities;
- the absorbing entity is required to continue the provisions of collective agreements applicable to the employees transferred for a limited time period, during which it is required to enter into negotiation with the trade union representatives to determine collective rights. If no agreement is reached, the supplier will remain bound by some of the previous collective rights applicable to the transferred employees.

ll) Employee participation in future co-determination

55 **(1) Employee participation rules within the absorbing company.** According to the Cross-Border Mergers Directive, the company resulting from the cross-border merger is subject to the rules in force concerning employee participation in the Member State where it has its registered office.

56 The rules governing the employee participation in cross-border mergers are set forth by articles L.2371-1 through L.2375-1 of the French Labour Code.

57 The employee participation within the French absorbing company depends on the legal form of this company. For instance, the articles of association of a *société anonyme* may provide for employee participation on its board of directors or supervisory board (articles L.225-27 and L.225-79 of the Commercial Code).

58 **(2) Special negotiating body ("SNB").** A special negotiating body (SNB) must be established in the event that (i) the law applicable to the company resulting from the cross-border merger, i.e. French law, does not provide for at least the same level of employee participation as operated in the relevant merging companies or (ii) at least one of the merging companies applies employee participation rules and employs at least five hundred employees (article 2372-1 of the Labour Code).

59 Management and the employees through the SNB must negotiate a written agreement determining the employee participation within the company resulting from the merger (articles L.2371-3 and L.23-72-2 of the Labour Code).

60 The SNB is established as soon as possible after publication of the draft terms of the merger. Negotiations may last for six months and the parties may decide by mutual agreement to extend these negotiations with a total duration not exceeding one year.

d) Process of merger of a French company into a German company

61 The rules described above also apply to a French company being absorbed by a company of another Member State, to the extent of their compatibility with applicable rules.

62 For instance, the provisions relating to the cross-border merger agreement, such as mandatory statements and publicity requirements, and the provisions relating to the management report and the merger auditor report(s) are also applicable in the event the absorbed company is a French entity. Also, the provisions concerning shareholders' information and shareholders' approval on the cross-border merger agreement are relevant for the absorbed French company.

63 In addition, in the event that the absorbed French company is a wholly-owned subsidiary of the absorbing company, the cross-border merger does not need to be approved by the general meeting of the absorbed company and no management report is required (please see above).

aa) Control of the cross-border merger. A pre-merger certificate must be obtained 64 by the French absorbed company from the relevant Commercial Court registry. However, the scrutiny of the legality of the cross-border merger will be conducted under the sole provisions of the rules applicable to the absorbing company.

bb) Creditor protection. The creditor protection procedure as described above, other 65 than the specific rules applying to bondholders, also applies where the absorbed company is a French company. The creditors of the absorbed company can petition the Commercial Court in order to protect their rights and the procedure as described for mergers is applicable (article R.236-8 of the Commercial Code).

66 As regard bondholders, the company may decide not to consult the bondholders on the cross-border merger. In this case, the reimbursement of the bonds must be offered to the bondholders (article L.236-13 of the Commercial Code). The reimbursement offer is subject to several publications to ensure due information of the bondholders. As from the publication of such decision, the bondholders benefit from a period of three months to request the reimbursement of their bonds (article R.236-12 of the Commercial Code). Any bondholder who has not requested the reimbursement within the time limit shall retain its status as a bondholder of the absorbing company under the terms set out in the merger agreement.

67 Alternatively, the company may consult the bondholders in a general meeting with respect to the cross-border merger agreement. If the general meeting of the bondholders, resolving upon the cross-border merger draft, approve the merger, they automatically become bondholders of the absorbing company. The decision taken by the bondholders' general meeting is enforceable against all the bondholders. If they disapprove the cross-border merger, the issuer can either repay the bonds or may override the bondholders' refusal. In such case, the bondholders, through the representatives of the bondholders, may oppose the merger under the same conditions and effects as other creditors (please see above).

2. Tax consequences

a) Applicable rules

aa) French special tax regime applicable to domestic mergers. In principle, 68 mergers are treated as a termination of the business of the absorbed company for French tax purposes and therefore trigger the immediate taxation of the profits of the relevant fiscal year, and the taxation of all unrealised gains and profits for which taxation has been deferred.

69 However, Article 210-A of the French tax code provides, upon election and subject to condition, for a tax deferral mechanism. The special tax deferral mechanism only applies to companies that are subject to corporate tax.

70 **(1) Mechanism for tax deferral.** Under Article 210-A of the French tax code the capital gains realised by the absorbed company upon the transfer of its assets to the absorbing company may benefit from a tax deferral regime, provided that the absorbing company:

– books as liabilities on its balance sheet the provisions which have not been taxed upon the merger;
– substitutes itself to the absorbed company in connection with any deferred taxation;
– computes any capital gains made on the subsequent sale of non-depreciable fixed assets on the basis of their tax basis in the absorbed company's accounts;
– adds-back to its taxable income the capital gains realised upon the contribution of depreciable assets (generally over 5 years);
– books all current assets for an amount equal to their tax basis in the absorbed company's accounts. Alternatively, it may book them at their fair market value but it shall then include in its taxable income the difference between that value and their tax basis in the absorbed company's accounts value.

The tax treatment in that last two items would mainly depend on the accounting treatment in that:

– if the assets are booked in the absorbing company balance sheet at book value (please see margin no. 82 below), then the transfer of depreciable asset to the absorbing company will not trigger any add-back obligation;
– similarly, in the case of a merger accounted for at book value, the transfer of current assets would generally not generate a taxation of the unrealised gain on such asset.

71 **(2) Preservation of tax losses.** In principle, the tax losses of the absorbed company, incurred before the merger, cannot be offset against the taxable profits of the absorbing company, it being noted that in the case where no election is made for the deferral mechanism, they may be used by the absorbed company to offset any taxable profit recognised upon the merger. These tax losses may however be transferred to the absorbing company, in accordance with article 209 II of the French tax code, subject to a prior ruling being issued by the French tax authorities (so-called *Bureau des Agréments et Rescrits*).

72 The tax losses incurred before the merger at the level of the absorbing company can be offset against the profits realised after the merger, provided that the absorbing company does not deeply change its business activities as a result of the merger. Indeed, should the merger result in a change of activity of the absorbing company, the tax losses could not be carried forward. Up until 2012, what constituted a so-called change of activity was not defined by the French tax code, and the general guidance emerging from numerous case law decisions was that the change in the business activity had to be sufficiently material and permanent. More stringent tests have since been introduced in order to determine whether a change of activity may be characterised. Under those tests, a change of activity is *inter alia* characterised upon (i) the addition of an activity that would lead to a yearly increase of more than 50% (y) of either the company's turnover or (z) both the average workforce of the company and the gross amount of the company's fixed assets; or (ii) the closing down or transfer (even partially) of an activity that would lead to a yearly decrease of more than 50% of (y) either the company's turnover or (z) both the average workforce of the company and the gross amount of the company's fixed assets.

bb) French special tax regime applicable to cross-border mergers. The Cross 73
Border Mergers Directive 2005/56/EC dated 26 October 2005 does not cover the tax
aspects of cross-borders mergers. A special tax regime is available for cross-border mergers
since the Merger Tax Directive 90/434/EC dated 23 July 1990 which ensures, under certain conditions, that cross-border mergers are tax neutral and considered as an interposed
transaction with the consequence that such mergers can benefit from a tax deferral regime.
The Merger Tax Directive was implemented into French tax law under Article 210-0A
and *seq.* of the French tax code.

(1) Definition of mergers for French tax purposes. Under Article 210-0A of 74
the French tax code, the definition of mergers for tax purposes is independent from the
legal definition. As a general rule, the special tax regime applies to transactions which
result in a transfer of all assets and liabilities (*transmission universelle de patrimoine*) from
one or more company to another, followed by dissolution without liquidation of the
companies that have transferred their assets and liabilities, and the issuance by the absorbing company of new shares allocated to the shareholders of the absorbed company
(it being noted that the shareholders of the absorbed company may receive cash in exchange for their shares, the cash amount received being limited to 10% of the par value
of the shares issued by the absorbing company). So-called *dissolutions-confusions* – corresponding to transactions where the absorbing company holds 100% of the share capital
of the absorbed entity and hence does not issue any new shares in consideration for the
absorbed company's assets and liabilities transferred – would also be regarded as mergers
for French tax purposes.

(2) Qualifying foreign entities. The qualifying entities would include: 75
- entities falling within the scope of the Merger Tax Directive; and
- any other (absorbed or absorbing) company with its head office located in a state or
  territory which has entered into a tax treaty in France with an administrative assistance
  clause against tax fraud and evasion.

(3) Special tax regime upon ruling for cross-border merger. When a French 76
company merges into a non-French company[3], the transaction may benefit from the special tax regime as described under Article 210-A of the French tax code (please see margin
no. 70 above) subject to a previous ruling from the French tax authorities pursuant to Article 210-C-2 of the French tax code. Under Article 210-B-3 of the French tax code, the
ruling would be granted if (i) the merger is economically justified (i.e. the company provides evidence of valid economic justification for the transaction), (ii) the merger is not
mainly aimed at tax fraud or tax evasion and (iii) the merger enables the future taxation in
France of capital gains which taxation has been deferred upon the merger. From a practical
stand point, this last condition requires the non-French absorbing company to have a permanent establishment in France, (either before the merger or as a result of the merger), that
will book all the transferred assets and liabilities on its balance sheet.

(4) Retroactivity. Under French law, a merger may, subject to certain conditions, have 77
a retroactive effect for both accounting and tax purposes (it being noted that a dissolution

---

[3] The tax treatment applying to non-French entities, as described in the developments below, would generally apply to the extent that France has signed a tax treaty with the jurisdiction of that entity, providing for an administrative assistance clause against tax fraud and evasion.

without liquidation (*transmission universelle de patrimoine*) could however not have a retroactive effect for accounting purposes, but only for tax purposes).

b) Taxation at the level of a French absorbing entity

78   **aa) Corporate income tax.** There is no direct French tax consequence in the case where a non-French entity merges into a French absorbing entity, provided that the non-French entity has no French permanent establishment and is not a subsidiary of the French absorbing entity.

79   In the case where the non-French entity has a permanent establishment in France, the merger would trigger the contribution of all assets and liabilities of the permanent establishment to the French absorbing entity which should be treated as a termination of business hence subject to corporate income tax. The merger may benefit from a tax deferral regime for the French assets provided that the French absorbing company complies with the undertakings listed in Article 210-A of the French tax code. In principle, the special tax regime may apply without any prior ruling / approval from the French tax authorities.

80   In the case where the non-French entity is a subsidiary of the French entity, the French absorbing entity may realise a capital gain upon the cancellation of the shares. Pursuant to Article 210-A-1 of the French tax code, the special tax regime may apply without any prior ruling / approval from the French tax authorities, subject to the compliance with the requirements set out in Article 210-A of the French tax code.

81   **bb) Transfer taxes.** The merger is only subject to a registration duty amounting to EUR 375 if the absorbing company's share capital is lower than EUR 225,000 and EUR 500 in other cases (Article 816 of the French tax code), provided that no French real estate assets are transferred.

Moreover, the financial transaction tax (*taxe sur les transactions financières*) set forth under Article 235 *ter* ZD is not applicable to agiven transfer of shares to the extent that such transfer takes places within the frame of a reorganisation to which Articles 210 A or 210 B of the French tax code applies.

82   **cc) Accounting treatment.** The following accounting method would apply in the case where the absorbing company is a French entity:

– the asset of the absorbing company are booked at net book value for transfers operated between related companies within the meaning of the accounting consolidation rules, *i.e.* companies under the same exclusive control as defined by Article L.233-16 of the French commercial code;
– the fair market value is used for transfers between unrelated companies.

83   **dd) Preservation of tax losses.** In the case where the non-French absorbing entity does not have a permanent establishment in France before the merger, the tax losses cannot be offset against the profits of the French absorbing entity.

84   However, if there is a French permanent establishment, the tax losses incurred by such permanent establishment may be transferred to the French absorbing entity subject to a prior ruling from the French tax authorities. The ruling would be granted to the extent that (i) the merger benefits from the special tax regime as provided under article 210-A of the French tax code, (ii) the merger is economically justified, (iii) the activity having generated the tax losses is pursued by the absorbing entity for at least three years. Without undergoing really significant changes (as defined in (iv) below), (iv) the activity that generated the tax losses has not undergone, during the period over which the losses were generated, any significant changes in terms of clientele, workforce, actual operating resources,

nature or size; and (v) the tax losses to be transferred are not derived from (y) the management of securities by a company whose assets mainly comprise portfolio participations or (z) the management (e.g. renting out) of real estate assets.

c) Taxation at the level of a French absorbed entity

aa) Corporate income tax. Subject to the delivery by the French tax authorities of a ruling, the special tax regime would be applicable in accordance with Article 210-C-2 of the French tax code. Such ruling would be granted provided that the assets and liabilities transferred as a result of the merger are booked in the balance sheet of a French permanent establishment of the non-French absorbing entity. 85

In the case where the non-French absorbing entity does not have a permanent establishment in France following the merger (this is particularly the case where the French absorbed entity is a pure holding company), the French tax authorities would not grant a ruling on the basis that the capital gains would not remain taxable in France. Hence, the special tax regime (*i.e.* the tax deferral mechanism) would not be available in such case. 86

bb) Transfer taxes. The merger is only subject to a registration duty amounting to EUR 375 if the absorbing company's share capital is lower than EUR 225,000 and EUR 500 in other cases (Article 816 of the French tax code), provided that no French real estate is transferred. 87

cc) Accounting treatment. The merger of a French company into a non-French company would not fall within the scope of French accounting rules. Therefore, whether the merger should be realised at net book value or at fair market value would depend upon accounting rules applicable in the jurisdiction of the absorbing company. 88

dd) Losses. In principle, the French tax authorities may grant a ruling pursuant to which the non-French absorbing entity would benefit from the pre-merger carry-forward tax losses incurred by the French absorbed entity. Consequently, such carry-forward tax losses could be offset against the taxable profits generated at the level of the French permanent establishment of the non-French absorbing entity. The ruling would be granted subject to the following conditions being satisfied: (i) the merger is economically justified and its main reasons are not tax, (ii) the absorbing company would continue to operate the business which had originated the tax losses for a minimum 3-year period. Without undergoing any significant changes (as defined in (iii) below), (iii) the activity that generated the tax losses has not undergone, during the period over which the losses were generated, any significant changes in terms of clientele, workforce, actual operating resources, nature or size; and (iv) the tax losses to be transferred are not derived from (y) the management of securities by a company whose assets mainly comprise portfolio participations or (z) the management (e.g. renting out) of real estate assets. 89

d) Taxation at the level of shareholders

aa) The absorbing company is a French company. The attribution of the shares of the French absorbing entity to the shareholders of the non-French absorbed entity upon cancellation of their shares would not qualify as a distribution of the liquidation proceeds of the non-French absorbed entity, and therefore would not be subject to tax. 90

The shareholders may however recognise a capital gain corresponding to the difference between the fair market value of the shares of the French absorbing company received and their tax basis in the absorbed company: 91

92　If the shareholder are French tax residents, the capital gain would be subject to French taxation; however, the taxation of the capital gains realised by such shareholders may be:

- where the shareholders are individuals, automatically deferred until the tax year during which the shares are sold (Article 150-0B of the French tax code);
- where the shareholders are companies, deferred, under election, until the tax year during which the shares are sold. In the case of deferral and for the purpose of computing the capital gains (Article 38-7 *bis* of the French tax code), the shares received will be recorded at the tax basis of the shares originally held.

93　If the shareholders are not French tax residents, any capital gains realised upon exchange of their shares would not be subject to tax in France (as there is no nexus to France).

94　**bb) The absorbing company is a non-French company.** The attribution of shares of the non-French absorbing entity to the shareholders of the French absorbed entity would not qualify as a distribution of the liquidation proceeds of the French absorbed entity to its shareholders. Therefore, such attribution would not be subject to any tax or withholding tax in France.

95　If the shareholders are French tax residents, any capital gain realised by such individuals or corporate shareholders (upon election in the case of corporate shareholders) would benefit from a tax deferral until the subsequent sale of the shares received upon the merger (Articles 150-0B and 38-7 *bis* of the French tax code).

96　If the shareholders are non-French tax residents, capital gains realised by such individuals or corporate shareholders may be subject to French tax:

- If the French absorbed entity is a French real estate company (i.e. more than 50% of its assets consist in French real estate assets), the gain would be subject to a $33^1/_3\%$ levy (increased to 34,5% – or more in certain cases – for individuals), subject to more favourable tax treaties provisions.
- If the French absorbed entity is not a French real estate company, a non-French shareholder would be subject to a up to 45% (reduced to 33,33% for corporate shareholders, unless the capital gains participation exemption regime is available – see below) French tax on the capital gains realised if it holds more than 25% of the French absorbed company, subject to more favourable tax treaties provisions. The France Germany tax treaty provides in that respect that capital gains realised on the sale of shares issued by a French corporation is only taxable in Germany. If the shares qualify as substantial participation for capital gains participation exemption purposes, the taxation may for corporate shareholders be reduced to an effective 4% taxation (subject to certain conditions being satisfied).

II. Cross-border splits with a French company

1. Corporate Law

a) Applicable rules

97　European provisions regarding cross-border mergers do not apply to cross-border splits. Moreover, French law does not provide for a specifc legal regime for cross-border splits. As a consequence, the national rules applying to each company involved in the cross-border split (i.e. the rules applying to the split company on the one hand, and the rules applying to the receiving company(ies) on the other hand) would apply to a cross-border split transaction.

98 The law of the split company and the law of the beneficiary company(ies) may apply distributively or cumulatively. In principle, a distributive application of the laws involved should be sufficient. Applying distributively the law governing each company involved in the transaction means that certain aspects of the contribution do not need to fulfill the conditions required under both legal systems. This means that the receiving company must comply with the rules of its governing law, while, the split company must comply with the rules laid down by its governing law. However, there are issues affecting each company and for which a cumulative application of the laws will be required, notably by applying the most severe law.

99 Under French law, most of the provisions related to mergers are also applying to split transactions. The procedure for mergers as described above must, to the extent practicable, be complied with in a split procedure.

b) Qualified Entities

100 The companies eligible for the merger procedure can also benefit from the split procedure, such as joint stock companies (*Sociétés Anonymes*), partnerships limited by shares (*Sociétés en Commandite par Actions*), simplified joint stock companies (*Sociétés par Actions Simplifiée*) or limited liability companies (*Sociétés à Responsabilité Limitée*).

c) Process of a split of a German company into a French company

101 Under French law, a split (*Scission*) is defined as the transaction by which a company transfers its assets and liabilities to several existing companies or to several new companies (article L.236-1 of the Commercial Code).

102 A split has the same legal effects as a merger, resulting in (i) the winding up without liquidation of the disappearing company, (ii) all assets and liabilities of the split company being transferred to the French companies and (iii) the shareholders of the German company becoming shareholders of the French companies.

103 To determine the applicable law, a distributive or cumulative application of the laws of the German split company and the French receiving company must be respected.

104 **aa) Procedure.** French law will be applicable to the decision-making process of the receiving company, and notably to determine the conditions of the share capital increase of the French receiving company.

105 Pursuant to article L.236-16 of the Commercial Code, most provisions which apply to mergers, notably the requirements to have a draft split agreement, to obtain shareholders' approval and to establish a management report are also applicable to splits.

106 The split agreement must comply with the conditions required by the laws of each company involved in the split process which are therefore subject to a cumulative application.

107 Under French law, the split agreement must contain the same statements and is subject to the same legal publicity and shareholders' information requirements as a merger agreement.

108 Prior to the signing of the split agreement, the works council of the French company (if any) must be consulted with respect to the proposed transaction and its potential consequences on employment and the conditions for employment.

109 The decision of the general meeting called to vote upon the split agreement is subject to the same conditions as to quorum and majority as those required for an amendment of the articles of association (article L.236-2, al. 2 of the Commercial Code) which vary depending on the legal form of the company.

110   The management of the participating companies must establish a report as for a merger, unless this obligation is unanimously waived by the shareholders of the participating companies (article L.236-9 of the Commercial Code).

111   As for a merger, one or more independent auditors must be appointed. The independent auditors are responsible for assessing the relevance of the value assigned to the shares of the companies involved in the split and the fairness of the share exchange ratio. They must prepare a report on the split agreement which must be presented to the shareholders of the companies participating in the split (article L.236-10 of the Commercial Code).

112   The exemptions applying to wholly owned subsidiaries in the case of a merger also apply in the case of a split of a company wholly owned by the receiving companies.

113   Each participating company must request a certificate of conformity from the competent authority, as in the merger procedure.

114   **bb) Creditor protection.** The French company(ies) receiving the contributions resulting from the split are jointly and severally liable for the debts of the German company being split (article L.236-20 of the Commercial Code).

115   However, the parties may agree in writing that the receiving French company(ies) shall be bound only with regard to the part of liabilities of the split German company being expressly transferred to them, without any joint and several liability between them. In this case, the creditors of the participating companies may "oppose" the split in accordance with the same rules as those applying to the merger (as described above margin no. 48) (article L.236-21 of the Commercial Code).

116   The split agreement does not need to be submitted to the bondholders of the French company(ies) to which the assets are transferred. However, bondholders may authorize their representatives to oppose the split as any other creditor (article L.236-19 of the Commercial Code).

117   **cc) Split involving contributions to new companies.** When the split involves contributions to newly incorporated French companies, each of the new companies may be formed without any contribution other than from the company being split. The conditions of the incorporation of the new company(ies) will only be governed by French law.

118   In this case, and if the shares of each of the new French companies are allotted to the shareholders of the split German company in proportion to their rights in the capital of this company, the management and the auditor reports do not need to be prepared (article L.236-17 of the Commercial Code).

119   In all cases, the draft articles of association of the new French companies must only be approved by the shareholders of the split German company. The split does not need to be approved by the shareholders of each new company.

d) Process of a split of a French company into a German company

120   The rules described above are also applicable to a split of a French company into a German company, to the extent of their compatibility with German law. If the split involves contribution to new German companies, French law will not be applicable to these new companies.

121   French law is applicable to the decision-making process of the split company. Therefore, French law will apply to determine the conditions of dissolution of the French split company, as well as the publicity requirements.

The split agreement must comply with the provisions of laws of each company involved in the split process which are therefore subject to a cumulative application.

The split involves the dissolution of the company and the transfer of its assets and liabilities to the benefit of companies subject to the law of other states, which leads to a change of applicable law for the split company or a change of nationality, such as a transfer of the registered office of the company. Under French law, the transfer of the registered office of a company in another state requires a unanimity vote of the shareholders. The legal doctrine considers, by analogy with the transfer of the registered office, that the split may be also subject to the unanimous agreement of the shareholders.

The above provisions governing creditors protection are applicable, except with respect to bondholders. The split agreement must be submitted to a bondholders' meeting of the split French company, unless the bondholders are offered redemption of their bonds. When the redemption is offered, the companies benefiting from the contributions of the split company become jointly and severally liable towards the bondholders who request redemption (article L.236-18 of the Commercial Code).

2. Tax consequences

From a French tax standpoint, a cross-border split with a French company may be regarded as a transaction whereby a French company would contribute one (or several) "complete branch of activity" (please see margin no. 137) below for further details on such concept) to one (or several) non-French companies, and where the contributing company may subsequently be wound up, the shares issued by the beneficiary company(ies) being in each case attributed to the shareholders of the contributing company.

The benefit of the favourable tax regime set forth under Article 210-A of the French tax code will be conditional upon the issuing of a ruling by the French tax authorities, in accordance with Article 210-C of the French tax code (please see margin no. 143) below for further details on the conditions to be satisfied for such a ruling to be issued).

Although, to the best of our knowledge, there has been no example of cross-border splits in practice, one could expect that the French tax authorities would impose the same requirements they impose with respect to cross-border mergers and/or cross-border contributions, as applicable, in order for such transaction to benefit from the favourable tax regime set forth under Article 210-A of the French tax code.

III. Other cross-border transfer structures

Apart from cross-border mergers, a contribution is the most common structure to operate a transfer of assets from a French company to a non-French entity.

1. Corporate law

Under French law, a contribution is a transaction whereby a company makes a contribution to another company of part of its assets and receives, in exchange for such contribution, shares issued by the receiving company. The transfer of assets can be operated through a contribution in kind (*apport en nature*) which can be used to transfer any movable (tangible or intangible) or immovable assets. The transfer will in principle be strictly limited to the assets designated in the contribution agreement.

The transfer can also be operated through a partial contribution of assets (*Apport Partiel d'Actif*) which may include (i) one or more isolated assets (e.g. a building or a portfolio of securities), or (ii) a set of assets, including assets and liabilities associated to a particular business or branch of activity.

131 The shareholders of the contributing company may decide to submit this partial contribution of assets to the rules applicable to French splits (article L.236-22 of the Commercial Code). Pursuant to these rules, the partial contribution of assets will benefit from the universal transfer of assets and liabilities. Therefore all assets and liabilities relating to the branch or assets being transferred will be automatically transferred to the receiving company as part of the contribution.

132 To benefit from the French legal regime applicable to splits, the governing law of both companies must recognize the concept of universal transfer of assets and liabilities.

133 The law applicable to the transaction depends on the type of contribution.

In the case of a contribution in kind, the law of both companies is applying to the terms of the decision of the contribution. The law of the receiving company will govern the terms, effects and publicity of the contribution.

In the event of a partial contribution of assets, the law governing the contributing company and the law governing the receiving company must be applied distributively. As far as the French company is concerned, the relevant provisions are those applicable to splits, as set forth in articles L.236-16 through L.236-22 of the Commercial Code, as described above.

134 For instance, the decision of the contribution is only subject to the law of the transferring company, whereas the increase of the share capital of the receiving company is only governed by the law applicable to this company.

135 However, other aspects of the transaction must fulfill the conditions provided for under both the law governing the contributing company and the law governing the receiving company. For instance, the contribution agreement must fulfill the conditions required by the laws of both companies.

2. Tax consequences

a) French special tax regime applicable to domestic mergers

136 **aa) Contributions eligible to the favourable tax regime.** The contribution of assets triggers the same tax consequences as those mentioned above (please see margin no. 68) in the case of the merger of a French company, *i.e.* all capital gains and profits would be immediately taxed. However, under Article 210-B of the French tax code, the special tax regime applicable to mergers is also applicable to the contribution of a so-called "complete branch of activity". The French tax authorities have defined such concept accordingly with the definition provided for by the Merger Tax Directive 90/434/EC dated 23 July 1990, *i.e.* as referring to "all the assets and liabilities of a division of a company which, from an organizational point of view, constitutes an independent business, that is to say an entity capable of functioning by its own means".

137 The following contributions of shares may further qualify to the favourable tax regime:
– contributions of shares representing more than 50% of the share capital of the company whose shares are contributed;
– contributions of shares where the beneficiary is granted more than 30% of the voting rights of the company whose shares are contributed provided no other shareholder of such company holds more voting rights;

– contributions of shares where the beneficiary already (i) holds more than 30% of the voting rights of the company whose shares are contributed, and (ii) is now granted the highest percentage of voting rights.

bb) Contributions requiring an administrative ruling. Should a contribution of assets/liabilities or shares not qualify as a complete branch of activity within the meaning of Article 210-B of the French tax code, a ruling from the French tax authorities would have to be sought in order to benefit from the favourable tax regime set forth under Article 210-A of the French tax code. Article 210-B-3 of the French tax code provides that the issue of such ruling is conditional upon the following requirements: (i) the existence of an economic purpose to the contribution, (ii) tax avoidance or tax fraud not being the main motivation or one of the main motivation, and (iii) features allowing for the future taxation in France of capital gains.

cc) Mechanism for tax deferral. To the extent the assets/liabilities or shares contributed qualify for the favourable tax regime set forth under Article 210-A of the French tax code, their contribution will benefit from a tax deferral provided that both the contributing company and the beneficiary of the contribution satisfy following requirements:

– the contributing company will have to undertake to (a) hold the shares received upon its contribution for at least three years and (b) compute any capital gains, to be realised upon a subsequent transfer of the shares received upon contribution, on the basis of the tax basis of the assets transferred upon the contribution, and
– the beneficiary of the contribution will have to take the same undertakings as those to be taken by the absorbing company seeking the benefit of the favourable tax regime set forth under Article 210-A of the French tax code (please see margin no. 70 above). This may result in a double taxation as (a) any capital gains realised by the beneficiary of the contribution on the subsequent sale of the contributed assets will have to be computed on the basis of their tax basis in the contributing company's accounts, and (b) any capital gains realised by the contributing company on the subsequent sale of the shares received upon the contribution will have to be computed on the basis of the tax basis of the contributed assets in the contributing company's accounts (it being noted that such risk of double taxation may be mitigated by virtue of the French participation-exemption regime that applies to capital gains deriving from substantial shareholdings).

b) French special tax regime applicable to cross-border mergers

Article 210-C of the French tax code requires that a ruling from the French tax authorities be issued (subject to the same conditions as those described above, please see margin no. 76) whenever a French company contributing assets/liabilities or shares to a non-French company seeks the benefit of the favourable tax regime set forth under Article 210-A of the French tax code. The consequence of such provision is that any outbound transaction will *de facto* be subject to the issuance of a ruling by of the French tax authorities. In this respect, it should be noted that the double taxation risk mentioned above (please see margin no. 139) could be regarded as contrary to EU law.

aa) Applications (contributions of assets/liabilities). The examples below illustrate the rules applicable under French tax law to a cross-border contribution of assets/liabilities depending on the location of (i) the contributing company, (ii) the beneficiary of the contribution, and (iii) the assets/liabilities contributed (assuming for clarity purposes such assets/liabilities constitute a permanent establishment).

142 **Contribution by a non-French company of a French permanent establishment to a French company.** Such operation would in substance carry out the transformation of the French permanent establishment of a non-French company into a French company. Under Article 210-B of the French tax code, it would be possible to benefit from the favourable tax regime set forth under Article 210-A of the French tax code without applying for a ruling from the French tax authorities, provided the undertakings attached thereto are complied with. In addition to the mandatory three-year holding period and the undertakings to be taken by the beneficiary of the contribution with respect to the computation of future capital gains, it would therefore be necessary to undertake to compute any capital gains to be realised upon a subsequent transfer of the shares of the French company (*i.e.* the beneficiary of the contribution) on the basis of the tax basis of the assets transferred upon the contribution. Such condition should be fulfilled where the double tax treaty, entered into between France and the jurisdiction of the contributing company, would allow France to impose tax on the capital gains generated by the contributing company at the time of the sale of the French shares received upon contribution (so-called substantial participation provision). However, in the case of Germany, because the tax treaty entered into between France and Germany does not provide for such substantial participation provision, the French tax authorities would consider that the future taxation condition could only be fulfilled to the extent that the non-French contributing company would maintain a permanent establishment in France that would hold the shares of the French beneficiary company. Alternatively, the contributing company may set up a new holding company (or use an existing one) to which it would allocated the shares of the French beneficiary company.

143 **Contribution by a French company of a French permanent establishment to a non-French company.** Under Article 210-C of the French tax code, a ruling will have to be issued by the French tax authorities in order for such contribution to benefit from the favourable tax regime set forth under Article 210-A of the French tax code. A ruling should be obtained where both (i) the capital gains which would subsequently be realised by the non-French beneficiary company upon transfer of the contributed assets and (ii) the capital gains the French contributing company would realise upon transfer of the shares received upon contribution, would remain taxable in France. The non-French beneficiary company will have to book the transferred assets and liabilities for the tax basis they had at the level of the French contributing company. The contributing French company will further have to undertake to (i) hold the shares in the non-French company it received upon contribution for at least three years, and (ii) compute subsequent capital gains arising from the transfer of such shares on the basis of the tax value of the assets transferred.

144 **Contribution by a non-French company of a French permanent establishment to a non-French company.** Such operation would similarly require to obtain a ruling from the French tax authorities under Article 210-C of the French tax code as the beneficiary of the contribution is a non-French company.

145 **bb) Contributions of shares.** Contributions of shares fall within the scope of the concept of "exchange" within the meaning of the Directive 2009/133/EC dated 19 October 2009.

146 Under French tax law, such contributions of shares fall within the scope of Article 210-C-2 of the French tax code. As a result, a ruling issued by the French tax authorities is required in order to benefit from the favourable tax regime set forth under Article 210-A of the French tax code. By virtue of the non-discrimination principle, contributions of shares

usually benefit, in practice, from a ruling issued by the French tax authorities provided they fit in either of the categories that qualify for domestic contributions of shares (please see margin no. 37 above). Absent a tax ruling, the contribution would be subject to standard corporate income tax rules (the 33.33% standard corporate income tax rate may be reduced to an effective 4% taxation of the capital gains where the shares contributed qualify for the capital gains participation exemption).

147 Moreover, the French tax authorities may issue rulings with respect to other contributions of shares such as, for instance, contributions which do not lead to the attribution of the majority of the voting rights of the company whose shares are contributed, but nonetheless allow to exercise an effective control over such company.

148 According to Article 210-C-2 of the French tax code, the conditions to be satisfied in order to obtain a ruling from the French tax authorities are those provided for by Article 210-B-3. It should in particular be noted that the necessity to preserve the possibility for France to impose tax on subsequent capital gains triggers the following requirements: (i) a minimum three-year holding period (*i.e.* of the shares received by the contributing company in exchange for the shares contributed, it being noted that the latter will also have to be held by the non-French beneficiary of the contribution as long as the former are held by the contributing company), (ii) the undertaking to compute any capital gains to be realised upon a subsequent transfer of the shares received upon contribution on the basis of the tax basis of the shares transferred upon the contribution, and (iii) appropriate filings to be made by the contributing company.

149 The ruling issued by the French tax authorities may be withdrawn where (i) the shares received upon the contribution of shares are transferred by the contributing company prior to the expiry of the three-year holding period, or (ii) the shares contributed are transferred by the non-French beneficiary of the contribution whilst the shares received in exchange for the contribution are still held by the contributing company. Such a withdrawal would trigger the immediate taxation of the capital gains which benefited from the tax deferral.

150 It should finally be noted that, in theory, the French tax authorities may also issue rulings with respect to so-called contributions-distributions (*apports-attributions* within the meaning of Article 115, 2 of the French tax code) whereby (i) shares are contributed by a company (the contributing company) to another company (the beneficiary), and (ii) such contributing company then distributes the shares received upon contribution to its shareholders. In order to preserve the possibility for France to impose tax on subsequent capital gains (accordingly with the rationale of Article 210-B-3 of the French tax code), the French tax authorities however deny the issuance of a ruling whenever the beneficiary of the initial contribution ((i) above) is a non-French entity without French permanent establishment.

E. Italien

Bearbeiter: Paolo **Ghiglione**, Marco **Biallo**, Marco **Muratore**, Francesco **Guelfi**, Giuseppe **Franch**

Gliederung

	Rz.
I. Cross-border mergers with an Italian company	1–109
1. Corporate law	1–73
a) Applicable rules	1–4
b) Qualified entities	5–10
c) Process of merger of a German company into an Italian company	11–65
aa) Merger Plan	11–13
bb) Exchange/compensation offer	14, 15
cc) Merger report	16–18
dd) Merger audit	19–23
ee) Consent resolution of Italian company	24–28
ff) Foundation formalities in case of a merger into a newly founded entity	29–31
gg) Formalities for effectiveness	32–42
hh) Legal effect of effectiveness	43, 44
ii) Shareholder protection	45, 46
jj) Creditor protection	47, 48
kk) Employee protection	49–57
ll) Merger leveraged buy out	58–60
mm) Simplified formalities	61–65
d) Process of merger of an Italian company into a German company	66–73
aa) Formalities for effectiveness	67–70
bb) Shareholder protection	71
cc) Simplified formalities	72, 73
2. Tax consequences	74–109
a) Italian tax regime applicable to domestic mergers	74–86
b) Italian special regime applicable to EU cross-border mergers	87–91
c) An Italian company is absorbed by an EU eligible company	92–101
d) An EU eligible company is absorbed by an Italian acquiring entity	102–104
e) Taxation at the level of shareholders	105–107
f) Indirect taxes	108, 109
II. Cross-border splits with an Italian company	110–133
1. Corporate Law	110–121
a) Applicable Rules	110–112
b) Qualified entities	113, 114
c) Process of split of a German company into an Italian company	115–120
aa) Split plan	116, 117
bb) Split report	118
cc) Joint liability	119, 120
d) Process of split of an Italian company into a German company	121
2. Tax consequences	122–133
a) Italian tax regime applicable to domestic splits	122–127
b) Italian special regime applicable to EU cross-border divisions	128–132
c) Taxation at the level of shareholders	133
III. Other Cross-border Transfer Structures	134–176
1. Corporate law	136–148
a) Applicable rules	136–139
b) Contribution in kind from a German company into an Italian company	140–146

		Rz.
aa)	Contribution of shares or quotas of an Italian company	143, 144
bb)	Contribution of a business as a going concern located in Italy	145, 146
c) Contribution in kind from an Italian company into a German company		147, 148
2. Tax consequences		149–176
a) Italian tax regime applicable to an Italian company		150–163
b) Italian tax regime applicable to a non-resident contributing company		164–166
c) Special tax regime for the EU contribution of a business as a going concern .		167–170
d) Special tax regime applicable to EU contributions of shares or quotas		171–173
e) Transfer taxes.		174–176

I. Cross-border mergers with an Italian company

1. Corporate law

a) Applicable rules

In Italy cross-border mergers are regulated by the Italian Legislative Decree 30 May 2008, No. 108 (the **Italian Decree**) which has implemented Directive 2005/56/EC of the European Parliament and of the Council dated 26 October 2005 on cross-border mergers of corporations (*società di capitali*). 1

With respect to Italian companies – *i.e.* companies incorporated in accordance with Italian law – involved in cross-border mergers, the Italian Decree is supplemented by Articles 2501 ff. of the Italian Civil Code (the **ICC**) which have residual application, *i.e.* which apply where not expressly regulated by the Italian Decree. 2

In addition to the aforesaid provisions of the ICC, the Italian Decree does not prejudice the application of a number of other Italian laws regulating specific sectors and matters, such as banking, finance, insurance and anti-trust.[1] 3

In the case of conflict of law among the provisions of the Italian Decree and those applicable to companies of another EU member State participating in the cross-border merger, pursuant to Article 4, second paragraph, of the Italian Decree, the governing law of the company resulting from the merger shall prevail on the one(s) regulating the other companies involved in the merger process. However, if a conflict of laws arises, the provisions of Article 11 of the Italian Decree regulating the pre-merger certificate (*certificato preliminare alla fusione*) shall nonetheless apply.[2] 4

b) Qualified entities

From a general standpoint, Article 3, first paragraph, of the Italian Decree states that a cross-border merger may only involve companies having a corporate form allowed to participate in a (domestic) merger by the relevant applicable national laws. In this respect, it has to be noted that Italian law does not provide specific limits participating in a (domestic) merger with respect to the corporate form of the companies involved. 5

---

[1] In particular, the Italian Decree does not prejudice the application of the Italian Legislative Decree 1 September 1993, No. 385 (*i.e.* the Italian Banking Consolidated Act), the Italian Legislative Decree 24 February 1998, No. 58 (*i.e.* the Italian Financial Consolidated Act), the Italian Legislative Decree 7 September 2005, No. 209 (*i.e.* the Italian Insurance Code), the Italian Law 10 October 1990, No. 287 (*i.e.* the Italian anti-trust regulation) and the Italian Law Decree 31 May 1994, No. 332 (*i.e.* the Italian golden shares regulation). Furthermore, the Italian Decree does not prejudice the application of the provisions of Council Regulation (EC) No. 2157/2001 of 8 October 2001 and of Council Regulation (EC) No. 1435/2003 of 22 July 2003 concerning, respectively, the incorporation of the European company by merger and the incorporation of the European cooperative company by merger.

[2] In this respect, please see margin no. 32 below.

6   In particular, the Italian Decree applies to cross-border mergers involving corporations (*società di capitali*) incorporated in accordance with Italian law and corporations (*società di capitali*) incorporated in accordance with the law of another EU member State and having their registered office, central administration or principal place of business within the territory of the European Union.

7   Under the Italian Decree, corporations (*società di capitali*) subject to the rules on cross-border mergers are the following:

− Italian joint-stock companies (*società per azioni*), Italian partnerships limited by shares (*società in accomandita per azioni*), Italian limited liability companies (*società a responsabilità limitata*),[3] Italian cooperative companies (*società cooperative*),[4] European companies (*società europee*) and European cooperative companies (*società cooperative europee*);
− the companies mentioned in Article 1 of Council Directive 68/151/EEC of 9 March 1968;[5] and
− any other company incorporated in an EU member State having the status of a legal entity and a corporate capital, possessing separate assets which alone serve to cover the company's debts and subject, pursuant to the national applicable laws, to the provisions of the Council Directive 68/151/EEC of 9 March 1968[6] regulating the protection of the interests of members and of third parties.

8   The Italian Decree also applies to cross-border mergers involving companies other than corporations (*società di capitali*) or involving corporations (*società di capitali*) not having their registered office, central administration or principal place of business within the territory of the European Union, provided that the application of the rules implementing Directive 2005/56/EC is nonetheless provided by the laws applicable to each of the companies of other EU member States participating in the cross-border merger. In this case, however, a number of provisions of the Italian Decree[7] do not apply to the relevant cross-border merger.

---

[3] Recent Italian Law Decree 24 January 2012, No. 1 (converted into Italian Law 24 March 2012, No. 27) and Italian Law Decree 22 June 2012, No. 83 (converted into Italian Law 7 August 2012, No. 134) introduced two new forms of Italian limited liability companies (società a responsabilità limitata), being, respectively, the Italian limited liability simplified company (società semplificata a responsabilità limitata) and the Italian limited liability company with reduced capital (società a responsabilità limitata a capitale ridotto). The Italian limited liability simplified company (società semplificata a responsabilità limitata) has, among others, the following main features: (i) the incorporating quotaholders shall necessarily be natural persons being, at the date of incorporation of the company, under 35 years old; (ii) the quotaholders are not entitled to transfer their quotas to either natural persons over 35 years old or legal persons; (iii) the corporate capital shall be at least equal to Euro 1 and lower than Euro 10,000; and (iv) the directors shall necessarily be quotaholders of the company. The Italian limited liability company with reduced capital (società a responsabilità limitata a capitale ridotto) has the same features of the Italian limited liability simplified company (società semplificata a responsabilità limitata) apart from (i) the limit to the age of the incorporating quotaholders who can be, at the date of incorporation of the company, over 35 years old; and (ii) the limit to the appointment of directors, which shall not necessarily be quotaholders of the company.

[4] According to Article 3 of the Italian Decree, Italian cooperative companies with prevailing mutual purposes (società cooperative a mutualità prevalente) pursuant to Article 2512 of the ICC (*i.e.* cooperative companies (i) performing their activity mainly in favour of their members, consumers or users of assets or services, (ii) mainly using, in the performance of their activity, the work of their members, or (iii) mainly using, in the performance of their activity, the contributions of assets or services by their members) can not participate in a cross-border merger.

[5] Council Directive 68/151/EEC of 9 March 1968 has been replaced by Directive 2009/101/EC of the European Parliament and of the Council of 16 September 2009, thus all references to Council Directive 68/151/EEC shall be to Directive 2009/101/EC. German companies mentioned in Article 1 of the Directive 2009/101/EC are: (i) Aktiengesellschaft, (ii) Kommanditgesellschaft auf Aktien, and (iii) Gesellschaft mit beschränkter Haftung.

[6] See previous footnote.

[7] In particular, Article 19 of the Italian Decree, regarding the participation of the employees in the management of the company resulting from the merger, is not applicable. In this respect, please see below margin no. 52 ff.

9 Italian open-end investment companies (*società di investimento a capitale* variabile) are expressly excluded from the application of the Italian Decree.

10 Ultimately, Italian law provides for certain limits as to the status of the companies involved in a domestic merger. In particular, according to Article 2501, second paragraph, read in combination with Article 2505-*quater* of the ICC, Italian joint stock companies (*società per azioni*), Italian partnerships limited by shares (*società in accomandita per azioni*) and Italian cooperative companies limited by shares (*società cooperative per azioni*) under liquidation can not participate in a (domestic) merger as long as the distribution of their assets has already been started. As a consequence thereof, said Italian companies can not even be part of a cross-border merger.

c) Process of merger of a German company into an Italian company

11 **aa) Merger Plan.** According to Articles 2501-*ter* of the ICC and 6 of the Italian Decree, the managing body of each merging company has to approve a common merger plan containing the following information:

- corporate form, corporate name, registered office and governing law of each merging company;
- the articles of association of the Italian incorporating company with any amendment, if any, arising out from the merger;
- the exchange ratio of the shares[8] and the amount of any cash settlement;
- the terms for the allotment of the shares representing the corporate capital of the Italian incorporating company, the date as of which these shares will bear dividends and any special condition affecting the distribution of profits;
- the date as of which the transactions of the German incorporated company are apportioned to the balance sheet of the Italian incorporating company;
- the treatment of any special category of shareholders[9] and any holder of securities other than shares;
- any proposed special advantage granted to the experts who examine the common merger plan or to the members of the managing and controlling bodies of the merging companies;
- where appropriate,[10] information on the procedures for the involvement of employees in the definition of their rights to participate in the Italian incorporating company;
- the likely impacts of the merger on employment;
- information as to the evaluation of the assets and liabilities which will be transferred to the Italian incorporating company;
- the reference date of the balance of assets or of the balance sheet of each merging company used to establish the conditions of the merger;
- the effective date of the merger or the criteria based on which the effective date can be determined; and
- additional information, if any, to be included in the common merger plan according to German law.[11]

---

[8] For convenience purposes, and save as otherwise specified, reference to "shares" in the following paragraphs shall be intended as including "quotas" of limited liability companies (società a responsabilità limitata) as well.

[9] For convenience purposes, and save as otherwise specified, reference to "shareholders" in the following paragraphs shall be intended as including "quotaholders" of limited liability companies (società a responsabilità limitata) as well.

[10] Please see below margin no. 52 ff.

[11] Please see the above Teil 2 margin no. 56 ff.

12 Furthermore, pursuant to Article 7 of the Italian Decree, the following information shall be published in the Italian official gazette (*Gazzetta Ufficiale della Repubblica Italiana*) at least 30 days prior to the date of the shareholders' meeting convened to resolve upon the merger:

- corporate form, corporate name, registered office and governing law of each merging company;
- the relevant Companies' Register and registration number of each merging company; and
- the arrangements, for each of the merging companies, made for the exercise of the rights by the creditors and by the minority shareholders of the merging companies as well as the modalities by means of which this information can be obtained free of charge from the merging companies.

13 According to Article 2501-*ter*, fourth paragraph, of the ICC, the merger plan must be registered in the Companies' Register – or published on the website[12] – of the merging companies no later than 30 days[13] before the date on which the shareholders' meeting is convened to resolve upon the merger, unless these terms are waived unanimously by the shareholders of the relevant merging company.

14 **bb) Exchange/compensation offer.** As stated above, the merger plan must contain the exchange ratio according to which the participations held by the shareholders of the German incorporated company will be exchanged with the participations of the Italian incorporating company.

15 Under Article 6, second paragraph, of the Italian Decree, the merger plan can also provide for a cash settlement which, however, cannot exceed 10% of the nominal value of the participations of the Italian incorporating company to be assigned to the shareholders of the German incorporated company,[14] unless German legislation allowed a cash settlement for greater amounts[15] which is not the case.[16]

---

[12] The possibility of publishing the merger plan on the website has been recently introduced by the Italian Legislative Decree 22 June 2012, No. 123.

[13] According to Article 2505-quater of the ICC, in case of merger involving companies other than Italian joint stock companies (società per azioni), Italian partnerships limited by shares (società in accomandita per azioni) and Italian cooperative companies limited by shares (società cooperative per azioni), this 30-day term is reduced to 15 days. The possibility of applying this reduction to cross-border mergers has not been dealt with by Italian scholars; however, since the rationale of the said Italian provision hinges on the need to shorten the merger process as far as "simplified" entities are involved, it could be reasonably held that the reduction from 60 days to 30 days applies also to a cross-border merger between an Italian limited liability company (società a responsabilità limitata) and a German company having a corporate structure similar to the one of the Italian limited liability company (società a responsabilità limitata), i.e. a Gesellschaft mit beschränkter Haftung.

[14] If the by-laws of the incorporating company do not set forth the nominal value of its participations, a cash settlement shall not exceed 10% of the accounting balance (parità contabile) – *i.e.* the amount resulting by dividing the share capital by the number of shares – of the new participations.

[15] A number of Italian scholars have maintained that Article 6, second paragraph, of the Italian Decree – allowing a cash settlement higher than the said threshold of 10%, provided that a higher threshold is set forth under the legislation applicable to a foreign company involved in the merger process – would entail an unjustified discrimination between cross-border mergers (where the cash settlement could be higher that the domestic threshold) and mergers among Italian companies (where the cash settlement cannot exceed the domestic threshold). According to such scholars, this discrimination could not be compliant with the Italian constitutional principle of parity (parità di trattamento) as per Article 3 of the Italian Constitution. In this respect please see, among others, *G. Rescio*, Dalla libertà di stabilimento alla libertà di concentrazione: riflessioni sulla Direttiva 2005/56/CE in materia di fusione transfrontaliera, in Riv. dir. soc., 2007, p. 46 and *P. Menti*, Attuazione della Dir. 2005/56/CE relativa alle fusioni transfrontaliere delle società di capitali, in Le Nuove Leggi Civili Commentate, 2009, p. 1329.

[16] Please see the above Teil 2 margin no. 88.

cc) **Merger report.** According to Articles 2501-*quinquies* of the ICC and 8 of the Italian Decree, the management body of each merging company has to approve a merger report. This report must (i) explain and justify, from a legal and economic perspective, the merger plan and especially the exchange ratio[17] and (ii) explain the consequences of the cross-border merger for shareholders, creditors and employees of the relevant merging company.

In addition, the managing body of each merging company has to inform both the shareholders and the managing body of the other merging company of any material change in the assets and liabilities occurred as of the date on which the merger plan has been filed in the registered office – or published on the website – of the relevant merging company up to the date on which the merger is resolved by the shareholders' meeting.

According to Article 8, second paragraph, of the Italian Decree, the merger report must be delivered to the employees' delegates – or, in the absence of these delegates, be made available to the employees – at least 30 days before the date on which the shareholders' meeting resolving upon the approval of the merger is convened. If received in time, the opinion of the employees' delegates must be attached to the merger report.

dd) **Merger audit.** Under Article 2501-*sexies* of the ICC, the managing body of each merging company must appoint one or more auditors (*esperti*) who shall draft a report on the fairness of the exchange ratio, pointing out the methods used for, and any possible difficulties in, assessing this ratio.[18] This report must also contain an opinion on the fairness of these methods and on the importance of each of them in assessing the exchange ratio.

Should the incorporating company be an Italian joint stock company (*società per azioni*) or an Italian partnership limited by shares (*società in accomandita per azioni*), the auditor(s) is/are appointed by the competent Court where the Italian incorporating company has its registered office.

In any case, a common report for both merging companies can be drafted by one or more independent auditors, provided that they have been (i) jointly appointed by the merging companies or (ii) qualified by the competent administrative or judiciary authority under German or Italian law.[19] This common report shall contain all the information referred to above plus the additional ones, if any, required under German law.

According to Article 9, first paragraph, of the Italian Decree, the persons eligible for being appointed as an auditor (*esperto*) are chartered legal accountants (*revisori legali dei conti*) and auditing companies (*società di revisione legale*). If one or both merging companies are listed companies, the auditor is chosen from auditing companies enrolled in the special register kept by the Italian authority regulating the Italian securities market (*i.e. Commissione Nazionale per le Società e la Borsa – CONSOB*).

The auditors' report is not needed if it is unanimously waived by the shareholders of each merging company.

---

[17] According to Article 2501-quinquies, second paragraph, of the ICC, the merger report must also point out (i) the criteria under which the exchange ratio has been assessed and (ii) any possible difficulties in assessing this ratio.

[18] Under Article 2501-sexies, first paragraph of the ICC, the auditors' report must also indicate the value resulting from each method used to assess the exchange ratio.

[19] The mentioned authority being: (i) the competent regional court (please see above Teil 2 margin no. 136), as far as German legislation is concerned; and (ii) the competent Court where the Italian incorporating company has its registered office, as far as Italian legislation is concerned.

24 **ee) Consent resolution of Italian company.** Under Article 2501-*septies*, first paragraph, of the ICC, the following documents must be kept in the offices – or published on the website[20] – of each merging company:

- the merger plan together with the merger report and the auditors' report(s), if any;
- the financial statements of the last three fiscal years of both merging companies together with the reports of their managing and auditing bodies; and
- an interim financial statement (*situazione patrimoniale*) drafted by the managing body of each merging company having a reference date falling within 120 days before the date on which the merger plan was deposited in the registered office – or published on the website – of the merging companies.[21]

25 The mentioned documentation must be kept or, as the case may be, published for at least 30 days[22] before the date on which the shareholders' meeting resolving upon the approval of the merger is held, unless this term is waived unanimously by the shareholders of the relevant merging company. Any shareholder is entitled to examine – and obtain, free of charge, a copy of – any of the mentioned documents.

26 According to Article 2502, first paragraph, of the ICC, the merger is resolved by the shareholders' meeting of the merging companies with the majorities required for the amendment of the by-laws of the relevant merging company.[23]

27 Under Article 10, first paragraph, of the Italian Decree, the shareholders' meeting of each merging company may elect to make the effects of the resolution upon conditional the subsequent approval (by the same shareholders' meeting) of modalities under which the employees will participate in the management of the Italian incorporating company. The shareholders' meeting is also entitled to allow the minority shareholders of the German incorporated company to exercise their right to amend the exchange ratio or to obtain compensation.[24]

28 Under Articles 2502, second paragraph, of the ICC and 10, third paragraph, of the Italian Decree, the shareholders' meetings of both merging companies are entitled to jointly amend the merger plan, provided that the amendments do not affect shareholders' or third parties' rights.

29 **ff) Foundation formalities in case of a merger into a newly founded entity.** If, as a result of the cross-border merger, a new Italian company is founded, the rules govern-

---

[20] The possibility of publishing the aforementioned documents on the website has been recently introduced by Italian Legislative Decree 22 June 2012, No. 123.

[21] Under Article 2501-quater, second paragraph, of the ICC, the asset position can be replaced with (i) the last financial statements provided that they relate to a fiscal year ended within 180 days before the date on which the merger plan was deposited in the registered office – or published on the website – of the merging companies or (ii) if the relevant merging entity is a listed company, the six-monthly financial report, set forth under Article 154-ter, second paragraph, of the Italian Legislative Decree 24 February 1998, No. 58 (*i.e.* the Italian Financial Consolidated Act), provided that its reference date is within 180 days before the date on which the merger plan was deposited in the registered office.

[22] According to Article 2505-quater of the ICC, in case of merger involving companies other than Italian joint stock companies (*società per azioni*), Italian partnerships limited by shares (*società in accomandita per azioni*) and Italian cooperative companies limited by shares (*società cooperative per azioni*), this 30-day term is reduced to 15 days. As to the possibility of applying this reduction to cross-border mergers, please see under footnote No. 13 above.

[23] The majorities vary depending on the form of the entities involved. For instance, as far as an Italian limited liability company (*società a responsabilità limitata*) is concerned, unless a different majority is provided for under the by-laws of the company, a cross-border merger can be resolved by the shareholders' meeting with the favourable vote of shareholders representing at least 50% of the corporate capital of the company.

[24] The mentioned decision of the shareholders' meeting does not prevent the registration of the minutes of the shareholders' meeting in the competent Companies' Register.

ing the foundation of this new company shall apply.[25] In addition, under Article 2501-*ter*, first paragraph, No. 2, of the ICC, the merger plan must contain the incorporation deed of the new company resulting from the merger.

However, under Italian law it is not possible to found a new company further to a merger by incorporation. From an Italian perspective, this scenario could therefore only apply if two non-Italian companies were merged into a newly created Italian company.

Where a new Italian company results from the cross-border merger, the merger shall take effect as of the date on which the merger deed is registered in the Companies' Register of the newly incorporated company, as per Article 2504-*bis*, second paragraph, of the ICC.

gg) Formalities for effectiveness. Pursuant to Article 11 of the Italian Decree, upon the request of the Italian merging company, an Italian notary shall issue without delay a pre-merger certificate attesting the proper execution, in compliance with the applicable law, of the pre-merger acts and formalities. In particular, the pre-merger certificate shall attest the following:

- the filing of the shareholders' resolution approving the cross-border merger with the Companies' Register;
- the expiration of the term for the opposition by the creditors or the fulfilment of the conditions allowing the execution of the cross-border merger prior to the expiration of the term for the opposition by the creditors or, in case of opposition by the creditors, the relevant court having stated that the merger can be executed notwithstanding the opposition;[26]
- the approval of the modalities for the participation of the employees in the management of the company, in case the shareholders' meeting, pursuant to Article 10, first paragraph, of the Italian Decree, elected to make the effects of the resolution approving the common merger plan conditional upon the approval of the modalities for the employees' participation in the management of the company;
- the resolution of the shareholders' meeting, if adopted pursuant to Article 10, second paragraph, of the Italian Decree, allowing the minority shareholders of the German incorporated company to exercise their right to amend the exchange ratio or to obtain a compensation; and
- the non-occurrence of circumstances relating to the company requesting the pre-merger certificate which prevent the execution of the cross-border merger.

Furthermore, according to Article 11, third paragraph, of the Italian Decree, within 6 months from the issue of the pre-merger certificate, the pre-merger certificate together with the common merger plan approved by the shareholders' meeting shall be transmitted by the Italian incorporating company to the Italian notary public in charge for the execution of the legitimacy control over the implementation of the cross-border merger pursuant to Article 13 of the Italian Decree.

Article 13 of the Italian Decree provides that within 30 days from the receipt of the pre-merger certificate and of the resolution approving the common merger plan by each of the

---

[25] The legal requirements to incorporate an Italian company are various and depend on the legal form of the company to be incorporated. For instance, should the new company be either an Italian joint-stock company (*società per azioni*) or an Italian partnership limited by shares (*società in accomandita per azioni*), its corporate capital must be equal to or higher than Euro 120,000.

[26] Pursuant to Article 2445, fourth paragraph, of the ICC, the court, notwithstanding opposition by the creditors, may authorise the merger when the risk of prejudice for the creditors is ungrounded or because the merging companies have granted an appropriate guarantee.

merging companies, the Italian notary shall execute the legitimacy control over the implementation of the cross-border merger, by verifying that:

- the Italian and German merging companies have approved the same common merger plan;
- the pre-merger certificate of each of the merging companies have been provided; and
- the modalities, if any, for the participation of the employees in the management to the Italian incorporating company have been determined.

35 Following the legitimacy control over the implementation of the cross-border merger, the Italian notary public shall issue a statement confirming the execution of said control.

36 In addition, pursuant to Article 12 of the Italian Decree, the cross-border merger shall be made by public deed drafted by an Italian notary public following the execution of the aforementioned legitimacy control.

37 According to Article 14 of the Italian Decree, the following documents shall be filed with the Companies' Register of the Italian incorporating company within 30 days from the date on which the merger deed is executed:

- the merger deed;
- the statement by the Italian notary public in charge of drafting the merger deed concerning the execution of the legitimacy control over the implementation of the cross-border merger; and
- the pre-merger certificates.

38 The Italian Decree does not specify the person responsible for carrying out the filings with the Companies' Register. In this respect, according to Article 2504 of the ICC, the filing of the merger deed with the Companies' Register shall be carried out by the Italian notary public in charge of drafting the merger deed or by the members of the managing body of the Italian incorporating company.

39 As to the effective date of the cross-border merger, pursuant to Article 15 of the Italian Decree, unless a subsequent date is provided under the merger deed, the merger is effective from the filing date of the merger deed with the Companies' Register of the Italian incorporating company.

40 The Companies' Register of the Italian incorporating company shall immediately inform the Companies' Register of the German incorporated company that the merger is effective in order to proceed with the cancellation of the German incorporated company.

41 In addition, pursuant to Article 16, second paragraph, of the Italian Decree, the Italian incorporating company shall fulfil the specific formalities, if any, provided by German law applicable to the effects *vis-à-vis* third parties (*opponibilità a terzi*) of the transfer of certain goods, rights and obligations included in the corporate assets of the German incorporated company to the Italian incorporating company.

42 Furthermore, under Article 17 of the Italian Decree, once the cross-border merger becomes effective, the merger cannot be declared invalid. However, the occurred effectiveness of the merger shall not prejudice the right to compensation for the damages suffered by the shareholders and the third parties as a consequence of the implementation of the cross-border merger.

43 **hh) Legal effect of effectiveness.** According to Article 16, first paragraph, of the Italian Decree, a cross-border merger has the same legal effects as a domestic merger pursuant to Article 2504-*bis*, first paragraph, of the ICC, *i.e.* the Italian incorporating company assumes the rights and obligations of the German incorporated company, maintaining all its existing relationships, including those deriving from litigations.

Furthermore, pursuant to Article 16, third paragraph, of the Italian Decree, when all companies participating in the cross-border merger have authorised – by approving the common merger plan – the procedure to scrutinise and amend the exchange ratio or the procedure to compensate minority shareholders[27], the relevant decision is binding for the Italian incorporating company and for all its shareholders. 44

ii) Shareholder protection. The instrument provided for under the Italian Decree to protect the shareholders of the companies participating in a cross-border merger is granting the one who dissented to the cross-border merger the right of withdrawal from the relevant merging company. The Italian Decree, however, expressly regulates the withdrawal of the shareholders of the Italian merging company only in the case that the company resulting from the merger is a company of an EU member State other than Italy.[28] Therefore, if the company resulting from the merger is an Italian company, the rules provided by the ICC shall apply. In this respect, the rules regulating the withdrawal of the shareholders from the company vary depending on the specific corporate form of the company concerned. For instance, for Italian joint stock companies (*società per azioni*), the rules regulating the withdrawal of the shareholders (see Article 2437 of the ICC) do not expressly provide the merger as grounds for withdrawal. As a consequence thereof, according to Italian scholars,[29] the withdrawal from Italian joint stock companies (*società per azioni*) in case of merger would be possible only if the merger is affected by another transaction or circumstance representing a specific ground for withdrawal under Article 2437 of the ICC, such as, for instance, in the case that the cross-border merger entails a significant change to the corporate purpose of the Italian incorporating company,[30] or specifically provided in the by-laws of the relevant company. 45

On the contrary, with respect to Italian limited liability companies (*società a responsabilità limitata*), applicable rules regulating the withdrawal of relevant quotaholders (see Article 2473 of the ICC) expressly include the merger as a specific ground for the withdrawal of the quotaholders; therefore, if the Italian incorporating company is a limited liability company (*società a responsabilità limitata*), its quotaholders are entitled to withdraw if they did not approve the cross-border merger. 46

jj) Creditor protection. With respect to the protection of the creditors of the companies participating in the cross-border merger, the Italian Decree does not contain specific rules but expressly refers to the remedy of the "opposition by creditors" provided by the ICC. In particular, Article 2503, first paragraph, of the ICC provides that the merger can only be executed after 60 days[31] as from the filing with the Companies' Register of the resolution of the shareholders' meetings of the merging companies approving the merger, 47

---

[27] Please see margin no. 27 above.
[28] In this respect, please see margin no. 71 below.
[29] See, among others, C. *Bolognesi*, Commento sub art. 2502 c.c., in Commentario delle società, a cura di G. Grippo, 2009, p. 1264; M. *Tamburini*, Commento sub art. 2502 c.c., in Il nuovo diritto delle società, a cura di A. Maffei Alberti, 2005, p. 2548; and M.E. *Salerno*, Commento sub art. 2502 c.c., in La riforma delle società, a cura di M. Sandulli – V. Santoro, 2003, p. 438.
[30] Apart from the change to the corporate purpose of the merging company, other circumstances which may affect a merger, thus, grounding the withdrawal from Italian joint stock companies (società per azioni), may be represented, among others and pursuant to Article 2437 of the ICC, by the transfer of the registered office of the company abroad or a change of the corporate form of the merging company.
[31] According to Article 2505-quater of the ICC, in the case of merger involving companies other than Italian joint stock companies (società per azioni), Italian partnerships limited by shares (società in accomandita per azioni) and Italian cooperative companies limited by shares (società cooperative per azioni), the 60-day term provided by Article 2503, first paragraph, of the ICC is reduced to 30 days. As to the possibility to apply this reduction to cross-border mergers, please see under footnote No. 13 above.

except: (i) the merging companies' creditors whose credit existed prior to the filing of the merger plan with the Companies' Register – or prior to the publication of the merger plan on the website of the merging companies[32] – have consented to the cross-border merger, (ii) the dissenting creditors have been paid, (iii) amounts corresponding to the credit of any dissenting creditor have been deposited with a bank, or (iv) the report by the experts pursuant to Article 2501-*sexies* of the ICC is drafted for all merging companies by a single auditing firm which certifies under its liability that the assets and financial position of the merging companies does not require guarantees to protect the creditors.

48   If none of the above mentioned exceptions apply, prior to the expiry of the 60-day term (or 30-day term, as applicable), the creditors of the merging companies have the right to oppose the cross-border merger, but the court assessing any such opposition may rule that the merger be executed notwithstanding the opposition in the event it holds that the risk of prejudice for the creditors is ungrounded or in case the merging companies have granted an appropriate guarantee.

kk) Employee protection

49   **(1) General Protection.** Article 4, fourth paragraph, of the Italian Decree expressly provides that Articles 2112 of the ICC and 47 of the Italian Law 29 December 1990, No. 428 apply to the cross-border merger.

50   In particular, Article 2112 of the ICC provides the following to protect the rights of the employees involved in, among others, a cross-border merger:

- the employment relationship of the employees of the German incorporated company continues with the Italian incorporating company and said employees retain all rights deriving from their employment relationship with the German incorporated company;
- the Italian incorporating company has to apply the economic and legal treatments provided by the national, territorial and company's collective agreements applied at the effective date of the cross-border merger, until their expiration, unless they are replaced by other collective agreements applicable to the Italian incorporating company;[33]
- the cross-border merger does not represent *per se* a cause for dismissal of the employees; however, the employees of the German incorporated company whose employment conditions undergo a significant detrimental change within three months from the effective date of the cross-border merger are entitled to resign and receive a compensation equal to the amount of payment in lieu of notice to which they would have been entitled had they resigned for a good reason.

51   Article 47 of the Italian Law 29 December 1990, No. 428 provides that in the case that the cross-border merger involves more than 15 employees, the Italian and the German merging companies must follow a specific union procedure. The process is carried out through the following main steps:
- the Italian and the German merging companies must jointly inform in writing the work councils and the local branches of the national organisations of trade unions;[34]

---

[32] See footnote 12 above.

[33] However, according to Article 2112 of the ICC, the replacement of the collective agreements applied at the effective date of the cross-border merger with the collective agreements applicable to the Italian incorporating company may occur exclusively between collective agreements of the same level (*i.e.* between collective agreements at national or at territorial or at company's level).

[34] In the case of lack of appointment of the work councils within the involved companies, only the local branches of the national organisations of trade unions shall be informed.

- the notice must be delivered to the work councils and trade unions at least 25 days before the execution of the merger deed;[35]
- both the work councils and the trade unions have the right to (i) be informed by the Italian and the German merging companies of their intention to carry out a cross-border merger, and (ii) be informed of the terms, conditions and consequences of such merger; in particular, within seven days of receipt of the aforementioned notice, the work councils and the union representatives may ask that a consultation process begin with the Italian and the German merging companies jointly;
- within seven days of the receipt of said request, the German and the Italian merging companies must start the consultation process; and
- after ten days as of the commencement of the consultation process, also in the event that the parties have not been able to reach an agreement with the unions, the requirements concerning the consultation process are nonetheless deemed to have been fully accomplished, and the cross-border merger can be freely carried out. This is because the purpose of the Italian Law No. 428/1990 is not to limit the parties' freedom to carry out the cross-border merger, but rather to ensure that the trade unions are fully informed in advance of it and of any possible consequences on employment relationships.

(2) Employee participation in future co-determination. Article 19 of the Italian Decree regulates the participation of the employees of the merging companies in the management of the Italian incorporating company.

In particular, Article 19, paragraph 1, of the Italian Decree provides that in the case that at least one of the merging companies has an average number of employees higher than 500 in the six months prior to the publication of the common merger plan and provides the employees' participation in the management of the company, then the participation of the employees in the management of the Italian incorporating company shall be regulated pursuant to procedures, criteria and conditions set in agreements entered into among the parties to the collective agreements applied to the Italian company. In the absence of said agreements, the employees' participation shall be regulated pursuant to various provisions of the Council Regulation (EC) No. 2157/2001 of 8 October 2001 on the statute for the European company and of the Italian Legislative Decree 19 August 2005, No. 188 implementing the Council Directive No. 2001/86/EC of 8 October 2001 supplementing the statute for the European company with regard to the involvement of the employees in the decision-making process of the companies.[36]

Furthermore, Article 19, second paragraph, of the Italian Decree, provides that the management bodies of the German and the Italian merging companies may resolve to apply, without preliminary negotiations and starting from the effective date of the cross-border merger, the provisions of Annex I, third section, first paragraph, letter b) of the Italian Leg-

---

[35] The notice must include (i) the date or the scheduled date for the cross-border merger, (ii) the reasons for the cross-border merger, (iii) the legal, economic and social implications for the employees of the cross-border merger, and (iv) the measures envisaged in relation to the employees. The information supplied to the work councils and the trade unions must be as complete as possible. In fact, the purpose of Italian Law No. 428/90 is to oblige the employers to make a full disclosure and to inform the work councils and the trade unions of the reasons for, and the consequences of, the cross-border merger.

[36] In particular, Article 19, paragraph 1, of the Italian Decree provides for the application of the following provisions regulating the arrangements for the involvement of the employees in the decision-making process of the European company: (i) Article 12, second, third and fourth paragraphs, of the Council Regulation (EC) No. 2157/2001 of 8 October 2001; and (ii) Article 3, first, second, third, fourth, letter a), fifth, sixth and eleventh paragraphs; Article 4, first, second, letter a), letter g) and letter h), and third paragraphs; Article 5; Article 7, first, second, letter b), and third paragraphs; Articles 8, 10 and 12; and Annex I, third section, first paragraph, letter b), of the Italian Legislative Decree 19 August 2005, No. 188.

islative Decree 19 August 2005, No. 188 regulating the number of members of the management or supervisory body which can be appointed by the employees of an European company and/or by their representative body.[37]

55 According to Article 19, third paragraph, of the Italian Decree, in the case that, following preliminary negotiations, the provisions of Annex I, third section, first paragraph, letter b), of the Italian Legislative Decree 19 August 2005, No. 188 apply, the number of representatives of the employees as members of the management or supervisory body of the Italian incorporating company may be limited. However, in the case that the representatives of the employees are at least one third of the members of the management or supervisory body in one of the merging companies, the number of the employees' representatives can not be lower than one third of the members of the management or supervisory body.

56 Moreover, pursuant to Article 19, fourth paragraph, of the Italian Decree, in the case that at least one of the companies participating in a cross-border merger provides the participation of the employees in the management of the company, the Italian incorporating company shall adopt a corporate form allowing the exercise of the rights of the employees to participate in the management of the company.[38]

57 Finally, Article 19, fifth paragraph, of the Italian Decree provides that the Italian incorporating company allowing the participation of the employees in the management of the company shall adopt appropriate measures to protect the rights of the employees to participate in the management of the company in the case of subsequent mergers of the same company with other Italian companies within three years from the effective date of the cross-border merger.

58 **ll) Merger leveraged buy out.** Pursuant to Article 4, third paragraph, of the Italian Decree, the Italian regulation on merger leveraged buy-out provided by Article 2501-*bis* of the ICC does not apply in the case that the target company in the context of a merger leveraged buy-out transaction (*i.e.* the company subject to acquisition by another company and whose assets, as a consequence of the merger between the two companies, represent

---

[37] Annex I, third section, first paragraph, letter b), of the Italian Legislative Decree 19 August 2005, No. 188 provides that the employees of an European company and/or their representative body shall have the right to elect, appoint, recommend or oppose the appointment of a number of members of the management or supervisory body of the European company equal to the highest number applicable to the participating companies concerned before the registration of the European company.

[38] According to the prevailing opinion among Italian scholars, the application of this provision is problematic since, under Italian law, the corporate governance models of Italian companies do not specifically provide for the participation of the employees in the management of the companies. In this respect, see P. Menti, footnote 15, p. 1351 ff. and M. Benedettelli – G. Rescio, Il Decreto Legislativo n. 108/2008 sulle fusioni transfrontaliere (alla luce dello Schema di legge di recepimento della X Direttiva elaborato per conto del Consiglio Nazionale del Notariato e delle massime del Consiglio notarile di Milano), in Riv. dir. soc., 2009, p. 754. An Italian scholar – V. Ferrante, I diritti di «partecipazione» dei lavoratori nel caso di fusione transfrontaliera fra società di capitali. Brevi note al D.lgs. 30 maggio 2008, n. 108, in Riv. it. dir lav., 2009, p. 363 ff. – refers to the Italian "two-tier system" (*sistema dualistico*) as a possible corporate governance model suitable to allow the participation of the employees in the management of Italian companies. Yet, other scholars – see N. Facchin, Commento sub art. 2409-octies c.c., in Commentario delle società, a cura di G. Grippo, 2009, p. 657 and V. Buonocore, Le nuove forme di amministrazione nelle società di capitali non quotate, in Giur. comm., 2003, p. 409 – noted that the Italian "two-tier system" model (*sistema dualistico*), even if inspired by the German corporate governance model based on the *Aufsichtsrat* and the *Vorstand*, does not exactly replicate the relevant German model. Indeed – contrary to what provided for by the German Mitbestimmung for the German Aufsichtsrat – the Italian "two-tier system" model (*sistema dualistico*) does not provide for a pluralistic composition of the Italian supervisory board allowing the participation of the employees in the management of the relevant company. However, following the entry into force of the Italian Decree in 2008, various bills (*progetti di legge*) aiming at introducing a specific regulation for the participation of the employees in the management of the companies have been presented and discussed by the Italian Parliament but none of them has been converted into law yet.

the general guarantee or the source of repayment of the debts contracted by the purchasing company for the acquisition of the target company) participating in a cross-border merger is not an Italian company. As a consequence thereof, the Italian regulation on merger leveraged buy-out shall only apply in the case that the target company participating in a cross-border merger is an Italian company, and this is both in the case of a "direct" merger (*i.e.* in case of merger of the Italian target company into a German company) and in the case of a "reverse" merger (*i.e.* in case of merger of a German company into the Italian target company).

Article 2501-*bis* of the ICC provides that in the case of a merger leveraged buy-out transaction the following rules shall apply: **59**

– the merger plan referred to in Article 2501-*ter* of the ICC must indicate the financial resources available to pay the liabilities of the company resulting from the merger;
– the report by the management body referred to in Article 2501-quinquies of the ICC must indicate the reasons for the transaction and must include an economic and financial plan mentioning the source of the financial resources and the description of the targets to be reached;
– the report by the experts referred to in Article 2501-sexies of the ICC must certify the fairness of the contents of the merger plan concerning the financial resources available to pay the liabilities of the company resulting from the merger;
– a report by the person entrusted with the auditing of the target company or of the purchasing company must be attached to the merger plan;
– Articles 2505 and 2505-bis of the ICC, regulating the merger by incorporation, respectively, of a wholly-owned company and of a 90%-owned company, do not apply to merger leveraged buy-out transactions (in this respect, see paragraph below).

The reason for the application of the Italian regulation on merger leveraged buy-out only in the case of an Italian target company instead of any target company, irrespective of its nationality, hinges on the specific purpose of Article 2501-*bis* of the ICC which is to protect the shareholders and the creditors of the target company. Therefore, in the case that the target company is a German company, the protection of the relevant shareholders and creditors should be provided by German law. Furthermore, it must be noted that, in the case of an Italian target company, the provisions of Article 2501-*bis* of the ICC (with specific regard to provisions concerning the reports by the management body and by the person entrusted with the auditing of the target and the purchasing companies) shall apply not only to the Italian target company but also to the German purchasing company. Conversely, in the case of a German target company, if specific rules having the same purpose of Article 2501-*bis* of the ICC are provided by German law, these provisions shall apply not only to the German target company but also to the Italian purchasing company.[39] **60**

mm) Simplified formalities. Article 18 of the Italian Decree regulates simplified formalities in the case of cross-border merger by incorporation of a wholly-owned company and of a 90%-owned company. **61**

In particular, in the case of a cross-border merger by incorporation of a German wholly-owned company into an Italian company, Article 18, first paragraph, of the Italian Decree provides that the provision of Article 6, first paragraph, letter b) of the Italian Decree shall not apply; therefore, there is no need for the common merger plan to include information relating to special conditions affecting the distribution of profits. Furthermore, Article 18, first paragraph, of the Italian Decree does not prejudice the application of Article 2505, **62**

---

[39] See *P. Menti*, footnote 15, p. 1323 ff. and *M. Benedettelli – G. Rescio*, footnote 38, p. 751 ff.

first paragraph, of the ICC, which provides that in case of merger by incorporation of a wholly-owned company the provisions of Article 2501-*ter*, first paragraph, No. 3, 4, and 5, of Article 2501-*quinquies* and of Article 2501-*sexies* of the ICC shall not apply. Therefore, in the case of a cross-border merger by incorporation of a German wholly-owned company into an Italian company, on the one hand, the common merger plan shall not mention information relating to (i) the exchange ratio of the shares and the amount of any cash settlement, (ii) the terms for the allotment of the shares representing the corporate capital of the company resulting from the merger, and (iii) the date as of which the shares representing the corporate capital of the company resulting from the merger will bear dividends, and, on the other hand, the reports by the management body and by the experts are not required.

63 Furthermore, in the case of a cross-border merger by incorporation of a German wholly-owned company into an Italian company, Article 18, second paragraph, of the Italian Decree also does not prejudice the application of Article 2505, second and third paragraphs, of the ICC to the Italian incorporating company. Specifically, Article 2505, second paragraph, of the ICC[40] provides that the merger by incorporation of a wholly-owned company may be resolved by the management body (instead of the shareholders' meeting pursuant to Article 2502 of the ICC) of the Italian incorporating company provided that (i) this is allowed by the by-laws of the Italian incorporating company, and (ii) the merger is carried out in accordance with Article 2501-*ter*, third and fourth paragraphs, of the ICC and Article 2501-*septies* of the ICC both relating to filings and deposit formalities of the merger plan and other required documents prior to the adoption of the resolution for the approval of the merger. In addition, Article 2505, third paragraph, of the ICC provides that the shareholders representing at least 5% of the corporate capital of the Italian incorporating company may ask in any case, by means of request addressed to the company within eight days from the filing of the merger plan with the Companies' Register – or from the publication of the merger plan on the website of the merging companies[41] – pursuant to Article 2501-*ter*, third paragraph, of the ICC, that the resolution for the approval of the merger by the Italian incorporating company is adopted by means of resolution of the shareholders' meeting pursuant to Article 2502, first paragraph, of the ICC.

64 Article 18 of the Italian Decree does not specifically regulate the merger by incorporation of a German 90%-owned company into an Italian company and, therefore, relevant provisions of the ICC shall apply. In this respect, Article 2505-*bis*, first paragraph, of the ICC[42] provides that Article 2501-*quater*, Article 2501-*quinquies*, 2501-*sexies* and Article 2501-*septies* of the ICC, regulating, respectively, the draft of the asset position (*situazione patrimoniale*), the report by the management body, the report by the experts and deposit formalities of the required documents prior to the adoption of the resolution for the approval of the merger, do not apply to the merger by incorporation of a 90%-owned company provided that the other shareholders of the German incorporated company are granted the right to have their shares purchased by the Italian incorporating company for a consideration determined in accordance with the criteria provided for the liquidation of the shares in the case of withdrawal of a shareholder from the company.[43]

---

[40] As recently amended by the Italian Legislative Decree 22 June 2012, No. 123.
[41] See footnote 12.
[42] As recently amended by the Italian Legislative Decree 22 June 2012, No. 123.
[43] The criteria for the determination of the liquidation value of the shares in the case of withdrawal of a shareholder from the company may vary depending on the corporate form and the specific provisions contained in the by-laws of the company concerned. For instance, in case of joint stock companies (società per azioni), the value for the liquidation of the shares of the withdrawing shareholder is determined taking into account, among others, the value of the assets, the profits' perspectives and the market value of the shares of the company.

Furthermore, Article 2505-*bis*, second paragraph, of the ICC[44] states that the merger by incorporation of a 90%-owned company may be resolved by the management body of the Italian incorporating company provided that (i) this is allowed by the by-laws of the Italian incorporating company, (ii) the merger is carried out in accordance with Article 2501-*septies* of the ICC concerning deposit formalities of the required documents prior to the adoption of the resolution for the approval of the merger, and (iii) the filing of the merger plan – or its publication on the website of the merging companies[45] – referred to in Article 2501-*ter*, third paragraph, of the ICC is carried out by the Italian incorporating company at least 30 days prior to the date agreed for the resolution upon the merger by the German incorporated company. Finally, Article 2505-*bis* of the ICC provides that provisions of Article 2505, third paragraph, of the ICC shall apply to a merger by incorporation of a 90%-owned company. Therefore, also in case of a merger by incorporation of a German 90%-owned company into an Italian company, the shareholders representing at least 5% of the corporate capital of the Italian incorporating company may ask in any case, by means of request addressed to the company within eight days from the filing of the merger plan with the Companies' Register – or from the publication of the merger plan on the website of the merging companies[46] – pursuant to Article 2501-*ter*, third paragraph, of the ICC, that the resolution for the approval of the merger by the Italian incorporating company is adopted by means of resolution of the shareholders' meeting pursuant to Article 2502, first paragraph, of the ICC.

d) Process of merger of an Italian company into a German company

The required steps outlined under margin no. 11 ff. above also apply *mutatis mutandis* to a cross-border merger of an Italian company into a German company with the following main exceptions:

aa) Formalities for effectiveness. As regards the legitimacy control over the implementation of the cross-border merger, pursuant to Article 13, second paragraph, of the Italian Decree, this control shall be carried out by the competent German commercial register.

According to Article 12, third paragraph, of the Italian Decree, the public merger deed shall be made by public deed, by the Italian notary.

With respect to publicity formalities, pursuant to Article 14, second paragraph, of the Italian Decree, within 30 days from the execution of the legality review on the implementation of the cross-border merger pursuant to Article 13, second paragraph, of the Italian Decree, the public merger deed, together with the statement by the competent German authority concerning the execution of the legality control over the implementation of the cross-border merger, shall be filed with the Companies' Register of the place where the registered office of the Italian merging company is located.

As to the effective date of the cross-border merger, pursuant to Article 15, third paragraph, of the Italian Decree, the effective date shall be determined in accordance with German law. Moreover, the Italian incorporated company can be cancelled from the relevant Companies' Register only following the communication by the Companies' Register of the German incorporating company stating that the merger is effective and provided that the filing with the Companies' Register under Article 14, second paragraph, of the Italian Decree has been carried out (in this respect, see paragraph immediately above).

---

[44] As recently amended by the Italian Legislative Decree 22 June 2012, No. 123.
[45] See footnote 12.
[46] See footnote 12.

71 **bb) Shareholder protection.** Pursuant to Article 5 of the Italian Decree, the dissenting shareholders of the Italian incorporated company shall have in any case the right to withdraw from the company. The formalities for the exercise of the withdrawal right and the criteria for the determination of the liquidation value of the shares may vary depending on the specific corporate form of the Italian incorporated company concerned. Furthermore, Article 5 of the Italian Decree does not prejudice the application of other circumstances underlying the withdrawal from the Italian incorporated company provided, in case, by applicable Italian laws or by the by-laws of the relevant Italian incorporated company.

72 **cc) Simplified formalities.** According to Article 18, second paragraph, of the Italian Decree in the case of cross-border merger by incorporation of an Italian wholly-owned company into a German company, the approval of the merger plan by the shareholders' meeting of the Italian incorporated company is not required.

73 In the case of cross-border merger by incorporation of an Italian 90%-owned company into a German company, pursuant to Article 18, third paragraph, of the Italian Decree, the report by the experts under Article 2501-*sexies* of the ICC is not required provided that the other shareholders of the Italian incorporated company are granted the right to have their shares purchased by the German incorporating company pursuant to Article 2505-*bis*, first paragraph, of the ICC.[47]

2. Tax consequences

a) Italian tax regime applicable to domestic mergers

74 **General remarks.** In principle, mergers between companies, whether through the incorporation of a new company (*fusione propria*) or through the absorption of one or more companies into another existing company (*fusione per incorporazione*), are neutral from a tax viewpoint. In particular, according to Article 172, first paragraph, of the Presidential Decree 22 December 1986, No. 917 (the **ITC**), these transactions do not give rise to the taxable realisation or distribution of capital gains or losses on the assets of the merging companies (including inventory and goodwill) even when these gains or losses are recorded in the financial statements of the company resulting from the merger pursuant to Article 2501-*quater* of the ICC. Specific rules apply in relation to tax deferred reserves registered in the financial statements of the merging companies.

75 Accordingly, in determining the taxable income of the company resulting from the merger, no tax relevance is generally given to the merger differences (*differenze di fusione*) shown in the financial statements of this company as a result of the share exchange ratio and/or the cancellation of the shares of the merged companies, which were previously owed by the companies taking part in the merger. Neither is it relevant, taxwise, the step-up in value of the assets (including goodwill) booked for civil law and accounting purposes by the company resulting from the merger, unless this company elects for the so-called tax step-up in value (which is described below).[48]

76 **Retroactivity.** According to Articles 2504-*bis*, third paragraph, of the ICC and 172, ninth paragraph, of the ITC, a merger may have retroactive effects for accounting and direct tax purposes. The retroactive effects must be set out in the deed of merger and, in any

---

[47] In this respect, please see margin no. 61 ff. above.
[48] If the balance sheet entries for civil law and accounting purposes differ from those for tax purposes, the company resulting from the merger must keep and attach to the tax return a recapitulative statement of these differences.

case, cannot start before the end of the last financial period of each of the merging companies. No retroactive effects are allowed for VAT purposes.

Preservation of tax losses. According to the general rule set forth by Article 84 of the ITC, losses can be carried forward without any time limit for Italian corporate tax purposes. However, there are restrictions as to the utilisation of these losses: the taxable income generated in each time period can be set off against carried forward tax losses only up to 80% of that taxable income (exceptions may apply for start-up losses).

In addition to this general rule, there are some limitations for the acquiring company in utilising tax losses generated by the companies taking part in the merger (including the tax losses of the company resulting from the merger). These limitations apply to carried forward tax losses and, if the merger has retroactive effects, to the losses generated in the tax year in which the merger takes place up to the effective date of the merger. In particular:

– tax losses generated by each of the merging companies can only be utilised up to the amount of the net equity of the merging company that has generated those losses, as shown in its last financial statements (or, if lower, in the interim financial statements required for the purpose of the merger procedure according to Article 2501-*quater* ICC), without taking into account, for the computation of the net equity, the equity contributions effected during the 24-month period preceding the date of the statements;
– if the shares or quotas of the company, the losses of which have to be carried forward, were owned by the company resulting from the merger or by another merging company, the losses can in any event be carried forward only for the amount exceeding the write-off (if any) of these shares or quotas made for tax purposes by these latter companies or by the company that has transferred the shares or quotas to these companies after the occurrence of the losses and before the merger. This provision aims at avoiding double deduction of tax losses where the write-off of shares is recognised for tax purposes. Following the 2003 tax reform in Italy, however, tax relevant write-off is no longer allowed after the period running from 31 December 2003; hence, this restriction is only applicable in relation to write-off of participations effected on or before this tax period;[49] and
– finally, losses of merging companies may be used to reduce the income of the company resulting from the merger only if the profit and loss account of the company, whose losses are to be carried forward, shows, in the fiscal year prior to the merger resolution, gross income and labour costs and related social security contributions of at least 40% of the average of the two previous fiscal years, as per the so-called "vitality test".

The restrictions *sub* (I) and (III) above can be disregarded if the company applies for an advanced tax ruling to claim non application of these provisions in the specific case and obtains a positive outcome from the tax administration.[50]

The above limitations also apply to non-deductible interest expenses that have been carried forward by the merging companies pursuant to Article 96 of the ITC.[51] In particular, the Italian tax authorities hold that the restriction sub (I) applies to the overall aggregate of

---

[49] As the restriction is still in force, the companies involved in the merger have nevertheless to keep a track record of the tax relevant write-off of shares made before the tax reform, if relevant losses are carried forward.

[50] To this aim, the taxpayer must prove that the avoidance effects that the provision aims to counter would not arise in the specific case. The relevant procedure is set out by Ministerial Decree no. 259 of 19 June 1998 in accordance with Article 37-bis Presidential Decree no. 600 of 29 September 1973. The procedure required to obtain the tax ruling may take up to 90 days starting from the date when the request is filed with the competent tax office.

[51] According to Article 96 of the ITC, interest expenses, net of interest receivable, are deductible for corporate income tax purposes up to a maximum amount computed as 30% of "reddito operativo lordo" (**Ceiling**).

tax losses and non-deductible interest expenses: this aggregate cannot exceed the net equity of the relevant company.[52] As a consequence, if this aggregate exceeds the net equity, the company can choose whether to qualify the exceeding amount as tax losses rather than as interest expenses and, mirroring this qualification, shall carry forward the remaining portion of tax losses and/or interest expenses only.

81 **Tax-deferred reserves.** According to Italian law, certain tax-deferred reserves trigger taxation in any case when utilised, while other tax-deferred reserves trigger taxation only upon distribution to the shareholders. These reserves are treated in a different way in the case of merger of the relevant company. Indeed, one should bear in mind that a merger generally entails the cancellation of the net equity of the merged companies, thus causing the cancellation of the tax-deferred reserves recorded in their balance sheet. Where the tax-deferred reserves that trigger taxation when utilised are cancelled because of the merger, if and to the extent they are not reinstated in the balance sheet of the acquiring company, they are included in the income of the acquiring company, thus causing a taxable event, according to Article 172, fifth paragraph, of the ITC. By contrast, reserves that are exclusively taxable upon distribution are included in the taxable income of the company resulting from the merger only if (I) the merger generates a merger surplus or a capital increase for this company that exceeds the overall corporate capital of the companies involved in the mergers (net of the capital represented by shares owned by these companies), which allows the reinstatement of these reserves and (II) this surplus is subsequently distributed to shareholders or the increased corporate capital is reduced as excessive. Any reserves that were transferred to the capital of the transferring company prior to the merger are deemed to be transferred to the capital of the company resulting from the merger and are included in its income if the capital is reduced as excessive.

82 **Tax Consolidation.** According to Articles 117 and ff. of the ITC, the domestic consolidation for Italian tax purposes (the **Tax Consolidation**) is not deemed to terminate in the case of merger between two or more companies that have been joining the Tax Consolidation (with their subsidiaries, if any). Specific rules apply if the consolidating company is involved in the merger. In particular, the merger between the consolidating company and a consolidated company would terminate the consolidation between these companies; in this case, however, the effects generally caused by an early termination of Tax Consolidation would not arise, according to Article 124 of the ITC. Further, when the consolidating company is merged with (or into) a company not joining the Tax Consolidation, the Tax Consolidation is not terminated provided that a positive ruling is obtained by the

---

Ceiling is computed based on the results of the profit and loss account of the same fiscal year to which interest relates, as the difference between:
(a) proceeds shown in Section A (numbered from 1 to 5) of the scheme of profit and loss account provided for by Article 2425-bis of the ICC for non-financial institutions; and
(b) costs shown in Section B (numbered from 6 to 14) of the scheme of profit and loss account provided for by Article 2425-bis of the ICC, but excluding costs shown in Section B, number 10, letters a) and b) (that is, depreciation allowances for tangible and intangible assets) and also excluding financial lease rentals shown in the profit and loss account.
Interest capitalised on the cost of the assets is excluded from the above computation.
Banking and financial institutions, insurance companies, holdings of banking or insurance groups and some specific project companies are excluded from the application of the above-mentioned limitations to interest deductibility. In these cases specific rules apply as to the limitation of interest deductibility.
A carry-forward mechanism is laid down, aimed at allowing the deduction of interest expenses not deducted in a certain tax period if and to the extent the Ceiling of the following tax periods is higher than the amount of interest expenses (net of interest proceeds) incurred in such periods. In the case of merger, the carry-forward of these non-deducted interest expenses is limited by the restrictions described above. A carry-forward of the residual part not used Ceiling is also available.
[52] See Italian Tax Administration, Circular Letter 21 April 2009, No. 19.

Italian tax authority, according to Article 124, fifth paragraph, of the ITC. In the case of merger that does not cause termination of the Tax Consolidation, the restrictions in carrying forward of tax losses (as described above) only apply with reference to the tax losses generated by companies before joining the Tax Consolidation.[53]

Tax step-up of assets. As mentioned above, if the merger deficit is attributed, for accounting purposes, to the assets of the merged company in the financial statements of the company resulting from the merger, this step-up in value is not relevant, as a general rule, for tax purposes. As a consequence, in the tax books of the company resulting from the merger, depreciation and amortisation funds maintain the same values as prior to the merger and subsequent computation of depreciation and amortisation allowances is made on the basis of the same tax values prior to the merger. Further, if a portion of the merger deficit is attributed to goodwill, the relevant value cannot be amortised nor written off for tax purposes. As an exception to this general rule, however, a depreciable step-up of tangible and intangible assets is allowed for the company resulting from the merger up to their accounting value by paying a substitutive tax, according to Article 172, tenth paragraph, read in combination with Article 176, paragraph 2-*ter*, of the ITC, at the rate of:

- 12% on the portion of the step-up in value up to Euro 5 million;
- 14% on the portion of the step-up in value from Euro 5 million up to Euro 10 million; and
- 16% on the portion of step-up in value exceeding Euro 10 million.

Step-up in value of goodwill, trademarks and other intangible assets is alternatively allowed by paying a substitutive tax at the rate of 16% (in this latter case the depreciation period of these items would be reduced to ten years instead of the ordinary depreciation period of 18 years at least), while step-up in value of receivables is allowed upon payment of a substitutive tax at the 20% rate. Finally, step-up in value of other assets received (including participations) is generally allowed by paying taxes at ordinary rates.

Tax regime for the shareholders. If the shareholders of the merged company, whether corporations or individuals, exchange their participation with shares or quotas of the company resulting from the merger, no taxable capital gain or capital increase is deemed to be realised. However, a cash settlement may give rise to taxable income.

Anti abuse rules. According to article 37-*bis* Presidential Decree No. 600 of 29 September 1973 the tax administration is allowed to disregard tax effects of any transaction (or series of transactions) carried out without sound economic reasons if these transactions aim at avoiding tax obligation or prohibitions and obtaining undue tax savings[54]. This provision applies to a number of transactions, among others, mergers, divisions, contributions and transactions concerning transfer of a business as a going concern and it applies also to EU cross-border mergers, divisions, contribution in kind and exchanges of shares. It is therefore paramount, as a general consideration, that the above transactions are supported by sound economic reasons.

b) Italian special regime applicable to EU cross-border mergers

General remarks. The provisions of the Directive 90/434/EC adopted by the Council on 30 July 1990 (the **Merger Tax Directive**) are currently implemented in Italy with Article 178 and the following of the ITC. These rules address mergers through incorporation of a new company as well as mergers through absorption, provided that at least one of

---

[53] See Italian Tax Administration, Circular Letter 9 March 2010, No. 9/E.
[54] A taxpayer may apply for an advance ruling with the Italian tax administration to claim non application of this provision.

the merging companies or the acquiring company (*i.e.* resulting from the merger) is resident in Italy and companies of another EU Member State are involved.

88   These rules also apply where a merger involves companies resident in EU countries[55] in relation to their permanent establishment located in Italy. In the latter case it is however paramount that the legal procedure that entails the combination of the permanent establishments, under the foreign applicable laws, is assimilable to a merger from an Italian legal viewpoint.[56]

89   **Eligible companies.** To apply these rules the Italian resident company taking part in the merger must have the legal form of limited liability company (*società a responsabilità limitata*), joint stock company (*società per azioni*) and limited partnership with shares (*società in accomandita per azioni*).[57] Given the generic reference to the tax residence made by Article 178 of the ITC, one can infer that this tax regime applies to companies resident in Italy for tax purposes regardless of whether they have been set up abroad. Further, Italian tax law does not literally prevent application of these rules if the Italian resident company is deemed to be resident outside of the EC under a double taxation convention concluded with a third state.[58]

90   Companies taking part in the merger which are resident in another EU Member State must have one of the legal forms listed in Annex A to the ITC[59] and be subject to one of the taxes listed in Annex B to the ITC.[60] The legal status and the tax residence of the shareholders of the merged companies is not relevant.

91   **Special tax regime.** If these conditions are met, the same rules laid down for domestic mergers apply. The general principle of tax neutrality of mergers finds however some exceptions in order to safeguard the authority of Italy to levy taxation in respect of companies taking part in the merger. Indeed, to the extent that assets of a company taking part in the merger are diverted to another country because of the cross-border merger, Italy may lose the ability to levy taxation on the latent capital gains deriving from these assets. Further, specific issues arise, if the acquiring company is resident in Italy, in connection with the identification of the tax value, for Italian purposes, of the items acquired by them following the merger. Preservation of tax losses represents a further critical aspect of cross-border mergers. Some of these aspects have been expressly ruled out by the provisions that

---

[55] In this case, the companies taking part in the merger must be resident in (at least) two different EC countries, otherwise the transaction would not qualify as an EC merger for tax purposes (*e.g.* the merger between two companies having their tax residence in Germany with a permanent establishment in Italy), thus preventing application of the EC merger rule. In the latter case, however, one could maintain that the tax regime of the domestic merger is applicable, thus safeguarding tax neutrality of the transfer of the permanent establishment from the merged company to the acquiring company, provided that the transaction qualifies as a merger from the Italian legal angle and that the companies taking part in the merger have a legal form corresponding to those to which the domestic tax rules apply (see Italian Tax Administration, Resolution 3 December 2008, No. 470).

[56] Italian tax authorities have denied that the merger tax regime is applicable in Italy if the combination of the permanent establishments of two English companies follows an amalgamation procedure under English laws as (among others) this procedure, on the basis of its features, does not qualify as a merger procedure from the Italian angle (see Italian Tax Administration, Resolution 12 February 2008, No. 42/E).

[57] This regime also applies to Italian cooperative companies, mutual insurance companies and public and private entities referred to in Article 73, first paragraph, letter b), of the ITC.

[58] G. *Maisto*, Implementation of the EC Merger Directive, in Tax Bulletin, 1993, p. 483. By contrast, this limitation is expressly set out for companies resident in a EU Member State, which must not be deemed as resident outside of the EU under an applicable treaty to avoid double taxation (see Article 178, first paragraph, of the ITC).

[59] This list equates to that set out in the relevant attachment to the Merger Tax Directive, as amended by Article 1 of the Directive of the Council 2005/19/CE of 17 February 2005 as subsequently updated.

[60] This list equates to that set out in the relevant attachment to the Merger Tax Directive as subsequently updated.

implement the Merger Tax Directive, while in other cases a possible solution must be catered for on the basis of the general principles. We will hereinafter illustrate the main tax implications where an Italian company is absorbed by a company resident in another EU Member State and then where an Italian company is the company resulting from the cross-border merger.

c) An Italian company is absorbed by an EU eligible company

General remarks. In principle, the same rules applicable to domestic mergers apply 92 here. If the items transferred as a result of the merger do not form part of a permanent establishment in Italy, however, any capital gains on these items are taxable in Italy. Italian taxation is also triggered if these items are subsequently transferred or taken away from the permanent establishment (*e.g.* if they are attributed to the headquarters or to a foreign permanent establishment of the company).

It is debated whether, in order to be considered as part of the permanent establishment 93 for the purpose of this rule, it is sufficient for an item to be registered in the books of the permanent establishment (so-called accounting criterion) or, rather, it is necessary that this item is effectively connected to the permanent establishment, meaning, under the interpretation of the OECD commentary, that there is an economic link with the permanent establishment.[61] Indeed, the Italian provisions do not literally require that these items are effectively connected to the permanent establishment, thus suggesting that the mere record of these items in the books of the permanent establishment should theoretically be sufficient to avoid taxation in Italy. In this respect, however, one should bear in mind that the mere attribution of items to a permanent establishment for accounting purposes only, without sound economic reasons, could be scrutinised by the tax authority on the basis of the anti-abuse rules.

In the event that the business as a going concern of the Italian absorbed company does 94 not flow into a permanent establishment in Italy, and therefore triggers Italian taxation, it is debated whether goodwill (that is not shown in the books of the absorbed company) is deemed to be disposed of together with the business. Although the negative solution preferable, at least where this goodwill is not recognised for tax purposes in the jurisdiction of the acquiring company,[62] the position of the tax administration on this topic is not clear cut and the adoption of a conservative approach in the future – *i.e.* trying to include goodwill in the taxable base – cannot be excluded.[63]

---

[61] M. *Piazza*, Guida alla fiscalità internazionale, 2004, p. 1225; S. *Mayer*, Effetto del trasferimento della sede all'estero, in Corriere tributario, 1995, p. 27. Other scholars are inclined to require that an effective connection exists with the permanent establishment, under the meaning of the OCSE Commentary (see G. *Maisto*, supra footnote No. 58, p. 484 and A. *Nuzzolo* – E. *Felter*, Le direttive sul risaprmio e sulle fusioni, in Aa.Vv. Manuale di fiscalità internazionale, 2010, p. 245).

[62] In particular with reference to the migration of a company outside of Italy: M. *Piazza*, supra footnote No. 61, p. 1225; contra V. *Ficari*, Il trasferimento della sede all'estero, continuità della destinazione imprenditoriale e contrarietà al trattato CE dell'exit tax sulle plusvalenze latenti, in Rassegna Tributaria, 2004, p. 2146 and S. *Mayer*, Il trasferimento della residenza delle società: i problemi che dovrà affrontare il decreto attuativo, in Bollettino Tributario, 2012, p. 332.

[63] In a ruling concerning the liquidation of the permanent establishment in Italy of an English company (see Italian Tax Administration, Resolution 7 November 2006, No. 124/E) the Italian tax authority has held that in determining the valore normale of the business for the purposes of the Italian taxation, one must also take into consideration the *valore normale* of the client list and the know-how which are not shown in the books of the permanent establishment. Even though the tax ruling does not address the goodwill, the tax authority has clearly extended the scope of the provision – according to which tax is levied in Italy when items are diverted form the permanent establishment here – to intangibles that are not shown in the books of the company.

95   In the light of the above, Italian taxation would arise where the company resulting from the merger does not consequently have a permanent establishment in Italy following the merger to which the items of the absorbed company may flow: this may be the case where the Italian incorporated entity was a pure holding company (unless the activities of the holding are carried on at the level of permanent establishment) or where the Italian company performed activities that are included in the number of activities treated as exceptions to the general definition of permanent establishment (*e.g.* when it only operates storage, or display of delivery of goods)[64]. In these cases Italian taxation would be triggered, thus jeopardising the tax neutrality of the merger.

96   The deemed disposal is at arm's length, more precisely at "normal value", as defined by Italian law.[65]

97   **Tax value of the items flowed to the permanent establishment.** The items flowed to the Italian permanent establishment of the acquiring company, as a result of the merger, maintain the same value for tax purposes that they had for the merged company. In case of step-up in value of these items for accounting purposes, the step-up in value is not relevant for tax purposes[66] unless the acquiring company opts for a tax-step-up by paying substitutive tax according to the terms mentioned above in 1. Teil margin no. 83 above.

98   **Permanent establishments of the Italian absorbed company.** Assets relating to any permanent establishment of the absorbed company located outside Italy are deemed to be disposed of at "normal value". In this case, however, if the permanent establishment is located in an EU member State, a notional tax credit is granted to the company. The notional tax credit equates to the tax that the foreign EU member State would have applied in the event of effective realisation of the permanent establishment at that moment. The notional tax credit applies up to the amount of Italian tax due. According to Article 165 of the ITC, in all other cases a double taxation might occur with reference to the assets of the foreign permanent establishment of the company and only the domestic tax credit on foreign taxes can be claimed, whereby only taxes effectively paid in a foreign country would be granted against the tax due on the deemed transfer of the permanent establishment.

99   **Retroactive effects.** Under Articles 2504-*bis*, third paragraph, of the ICC and Article 172, ninth paragraph, of the ITC, this merger may have retroactive effects, for accounting and direct tax purposes, with the limitations set out for domestic mergers, provided that

---

[64] This is the case which has been addressed in the Italian Tax Administration, Resolution 27 January 2009, No. 21/E, where the Italian tax authority has denied tax neutrality in a merger where, based on the activity carried on in Italy by the acquiring company after the merger, a permanent establishment cannot be deemed to exist in Italy.

[65] According to Article 9, third and fourth paragraphs, of the ITC, "normal value" means the average price or consideration paid for goods and services of the same or a similar type, in free market conditions and at the same level of commerce, at the time and place at which the goods and services were purchased or performed, or, if no such criteria are available, at the time and place nearest thereto. In determining normal value, reference must be made – to the extent possible – to price lists or tariffs of the party which has supplied the goods and services or, if necessary, to the indices and price lists of the Chamber of Commerce and to professional tariffs, taking normal discounts into account. For goods and services subject to price control, reference must be made to the regulation in force. Normal value is determined: (i) for shares, bonds and other securities listed on a stock exchange or traded over-the-counter, on the basis of the average settlement price or the actual prices in the last month; (ii) for other shares, quotas of companies not limited by shares and for securities or quotas representing participations in the capital of entities other than companies, in proportion to the net worth of the company or entity or, for newly-incorporated companies, to the total amount of the transfers to capital; and (iii) for bonds and securities other than those indicated under (i) and (ii) above, by comparison with securities having similar features listed on a stock exchange or traded over-the-counter and, if there are none, on the basis of other precise factors.

[66] Differences between the accounting values and tax values of the entries in the Italian permanent establishment must be reported in a recapitulative statement attached to the tax return in Italy of the company resulting from the merger.

the merger does not cause a taxable event as a consequence of the fact that items of the absorbed company do not flow to a permanent establishment in Italy. Therefore, retroactive effects are generally prevented if the Italian absorbed company has a permanent establishment outside of Italy, which passes to the acquiring company due to the merger.

Preservation of losses. Tax losses accrued before the tax period in which the merger has effect can be carried forward in the hands of the Italian permanent establishment: (i) in the same proportion as the endowment fund of the permanent establishment to the net equity of the company before merger; and (ii) for an amount not exceeding the endowment fund. It is worth noting that the endowment fund means here the difference between positive and negative items effectively connected to the permanent establishment of the acquiring company after the merger, according to Article 181 of the ITC. The above restrictions to the carry forward of tax losses in the domestic merger apply to tax losses of both the company and the permanent establishment, to the extent that the acquiring company has a permanent establishment in Italy to which flows the business of the Italian absorbed company.[67]

Tax-deferred reserves. Under Article 180 of the ITC, tax-deferred reserves shown in the balance sheet of the absorbed company trigger taxation upon merger to the extent they are not reinstated in the records of the permanent establishment in Italy. Based on a literal interpretation no distinction is made – as, by contrast, is done in the domestic merger[68] – between tax-deferred reserves that are taxable in any case when utilised and tax-deferred reserves that trigger taxation only upon distribution to the shareholders.

d) An EU eligible company is absorbed by an Italian acquiring entity

General remarks. The same rules applicable to domestic mergers apply here. If the absorbing company has a permanent establishment in Italy, the Italian acquiring company will receive the assets connected to this permanent establishment, which maintain the same value for tax purposes. Differences between the accounting values and tax values must be reported in the tax return, whilst the acquiring company can opt for the tax step-up of these values, up to their relevant accounting value, by paying a substitutive tax.

Tax values of the items that do not pertain to an Italian permanent establishment. In this case it is essential to identify the tax value that will be attributed, for Italian tax purposes, to the items of the acquiring company.[69] Indeed, before the merger these items would not generally have a tax value recognised in Italy, which could be passed to the acquiring company following the merger. On the other hand, it is doubtful that the tax value of these items in the relevant foreign State – *i.e.* the State of the absorbed company or, if different, the State where its permanent establishment is located – can automatically be adopted as the tax value for Italian tax purposes as well. Indeed, the main scholars hold that the tax value of these items for Italian tax purposes should rather equate their market value[70], thus avoiding Italy triggering taxes on capital gains accrued, before merger, in the home country, on the one hand, and avoiding "double taxation" when the home country levies an exit tax on these capital gains, on the other hand. In view of these considerations,

---

[67] Italian Tax Administration, Circular Letter 30 March 2007 No. 66/E.
[68] Please refer to margin 81 above.
[69] This would be the case, by way of example, if following the merger the acquiring company results in having a permanent establishment in Germany, or in another EU country or holding items located in a foreign country, which however do not pertain to a permanent establishment in Italy. The question could also arise with reference to an item located in Italy but pertaining to a permanent establishment located outside of Italy.
[70] Ex multis: D. *Stevanato*, Le riorganizzazioni internazionali di imprese, in (coordinated by) V. Uckmar, Diritto tributario internazionale, 2005, p. 527 and G. *Zizzo*, Le riorganizzazioni societarie, nelle imposte sui redditi, 1996, p. 352.

it seems rather preferable to distinguish whether or not the merger has triggered taxation in the home country.[71] If no taxation has been applied,[72] it is reasonable to maintain that the tax value, for Italian purposes, equates to the book-value of these items in the home country, thus including depreciation and amortisation. Otherwise, their market value[73] should in principle be considered as the tax value for tax purposes in Italy.

104 **Retroactive effects.** Under Articles 2504-*bis*, third paragraph, of the ICC and 172, ninth paragraph, of the ITC, this merger may have retroactive effects, for accounting and direct tax purposes, under the terms illustrated above, provided that the merger has legal effect from a date falling in the first half of the tax period. By contrast, if the legal effects of the merger commence in the second half of the tax period, the retroactivity to a previous date would not be allowed to the extent that it would include in the taxable income of the acquiring company the income generated by the absorbed company outside of Italy (other than through a permanent establishment in Italy). Finally, the retroactive effect should be allowed without specific restrictions (in any case not before the end of the previous tax period for Italian tax purposes) in the case of a merger between companies resident outside of Italy with reference to the income of their permanent establishment in Italy.

e) Taxation at the level of shareholders

105 The attribution of the shares of the acquiring company to the shareholders of the absorbed company does not trigger Italian taxation for the shareholders. The tax value of the cancelled shares represents the tax value of the shares received in exchange.

106 Under Articles 44, 58 and 87 of the ITC, cash settlement must be included in the taxable income of the shareholders by applying the specific rules set out for the determination of the income deriving from the withdrawal from a company.

107 When the cash settlement is made by the Italian incorporated company to a non-Italian resident shareholder (without permanent establishment in Italy to which the shareholding is

---

[71] This approach seems to be that adopted by the tax administration in rulings released about the migration of companies from an EU country to Italy, namely about the tax value that must be attributed to the items of the permanent establishment, which is set up in the home country following the migration of the tax residence from that country to Italy (Resolution No. 67/E of 30 March 2007 and Resolution No. 345/E of 5 August 2008).

[72] This should not be the case where taxes have not been actually applied because of specific exemption rules applicable in the home country (*e.g.* on the basis of participation exemptions rule).

[73] The meaning of "market value" for this purpose is indeed debated: in a ruling concerning the migration of an individual from Germany to Italy (Resolution No. 67/E of 30 March 2007) the tax authority have agreed to consider as tax value in Italy the value adopted by the home country for the purposes of its exit tax. In this respect, the tax authorities referred to the rule set out by Article 12 of the Protocol to the Italy-Germany Tax Treaty, although, as a matter of fact, this rule was not applicable in the case examined. In particular, this provision sets out that "where a Contracting State subjects to tax, on the occasion of emigration of an individual resident in that State, the appreciation of the value of a substantial participation in a company resident in that State, the other State shall, in the case of a subsequent alienation of this participation, to the extent it subjects to tax the gains from such an alienation (…), accept as the acquisition cost for the purpose of determining the gains from the alienation the amount established by the firstmentioned State as the fictional value of the participation at the moment of emigration. The term „substantial participation" means a participation of at least 25 % in the capital of the company. Despite this isolated resolution – from which it is not possible to deduct a general principle – we are still in a grey area as to the identification of this "market value" given the lack of expressed provisions of law. To this aim, one could refer to the concept of "valore normale" as laid down by domestic rules (Article 9, third and fourth paragraphs, of the ITC - please refer to footnote No. 65); an alternative route could be to refer to the "arm's length value" as defined in the OECD Transfer Pricing Guidelines for Multinational Enterprises and Tax Administrations dated July 2010, which has been expressly accepted in the Italian jurisdiction following the recent provisions about transfer pricing (Article 26 of the Italian Legislative Decree dated 31 May 2010 and the Regulation of the Italian Revenues' Agency No. 137654 dated 29 September 2010).

connected) an income from capital may arise from the Italian viewpoint, according to Article 23 read in combination with Article 44 of the ITC, and trigger outbound withholding tax. In this case, withholding tax applies at the ordinary rate of 20% (which can however be reduced according to the applicable tax treaty to avoid double taxation) or at a reduced rate of 1.375% when the beneficial owner of the payment is a company resident and subject to corporate income tax in a EC Member State or in a State of the EEA that allows an adequate exchange of information with the Italian tax authorities, as per Article 27 of the Italian Presidential Decree 29 September 1973, No. 600. Finally, in this latter case an exemption may be available under the EU Directive 435/90/CEE (so-called "parent-subsidiary directive"), as implemented in Italy by Article 27-*bis* of the Italian Presidential Decree 29 September 1973, No. 600.[74]

f) Indirect taxes

108 According to Article 2, third paragraph, letter f, of the Italian Presidential Decree 26 October 1972, No. 633, transfers of assets upon a merger transaction are not subject to value-added tax.

109 Mergers are subject to registration tax at a flat amount of Euro 168.00, as per Article 4 of the Tariff of the Italian Presidential Decree 26 April 1986, No. 131. If the merger entails the transfer of real estate assets located in Italy, the deed of merger is also subject to a mortgage and cadastral taxes at a flat amount of Euro 168.00 each, according to Articles 4 and 10 of the Tariff of the Italian Decree 31 October 1990, No. 347.

According to Article 15, first paragraph letter c) of the Ministerial Decree of 21 February 2013, no Italian financial transaction tax applies upon assignment to the shareholders of the merged company of newly issued shares of the company resulting from the merger. If the assigned shares have not been newly-issued upon merger, the safe harbour for intragroup transactions may apply, according to which no financial transaction tax is levied upon transactions carried out between a company and its controlling company, nor between companies which are controlled by the same company.

II. Cross-border splits with an Italian company

1. Corporate Law

a) Applicable Rules

110 Italian law, to the inclusion of the Italian Decree, does not contain any express references to cross-border splits involving Italian companies.

111 However, even if Italian jurisprudence has not nearly dealt with cross-border splits, the prevailing Italian scholars maintain that the provisions of the Italian Decree apply by analogy to cross-border splits.[75]

112 What follows assumes that the provisions of the Italian Decree are applicable *mutatis mutandis* to cross-border splits involving Italian companies.

---

[74] The qualification as parent company under this provision requires, among others, that the shareholder is a qualified EU company that holds at least a 10% shareholding in the acquired company. This shareholding must have been held by the shareholder uninterruptedly for at least one year at the time of the cash payment. If the holding period elapses after the payment, the shareholder is allowed to claim for withholding tax refund (provided that all other conditions are met).

[75] See, among others, *M. Benedettelli – G. Rescio*, footnote 38, p. 746 and *F. Magliulo*, La scissione delle società, 2012, Milan, p. 92 f. Contrariwise, see *P. Menti*, supra footnote No. 15, p. 1318, according to whom cross-border splits are out of the scope of the Italian Decree since it expressly carves out the transfer of a branch of business.

b) Qualified entities

113 The same entities eligible for cross-border mergers are entitled to take part to cross-border splits.

114 In this respect, please see margin no. 5 ff. above.

c) Process of split of a German company into an Italian company

115 The required steps outlined under margin no. 11 ff. above apply, save for the following main exceptions:

116 **aa) Split plan.** In addition to the information set forth under margin no. 11 ff. above, under Article 2506-*bis,* first paragraph, of the ICC, the split plan must contain the description of the assets and liabilities of the German split company to be assigned to the Italian beneficiary company.[76]

117 According to Article 2506-*bis,* fourth paragraph, of the ICC, the split plan may also provide an allotment of the new participations of the Italian beneficiary company which is non-proportional to the original participations held by the shareholders of the German split company,[77] provided that the plan expressly states that the shareholders who do not approve the split will be entitled to sell their participations to one or more identified persons for a fair consideration.

118 **bb) Split report.** In addition to the information set forth under margin no. 16 ff. above, under Article 2506-*ter,* second paragraph, of the ICC, the split report must also contain the actual net asset value assigned to the Italian beneficiary company and of the one which will remain within the German split company after the split.

119 **cc) Joint liability.** Under Article 2506-*quater,* third paragraph, of the ICC, upon the cross-border split becoming effective, the German split company and the Italian beneficiary company shall be held jointly, but not severally (*obbligazione solidale, ma sussidiaria*), liable with respect to any debts existing at the time the split becomes effective which are unsatisfied by the company that has assumed such debt as a result of the demerger, *i.e.* a debt of the German split company can be claimed against the Italian beneficiary company only after it has been unsuccessfully enforced against the German company and vice versa.[78]

120 Moreover, the German split company would be held liable *vis-à*-vis third parties with respect to any unsatisfied debts of the Italian beneficiary company only within the limits of

---

[76] If the destination of a given asset of the German split company is not clearly stated under the split plan, this asset remains within the German split company. If the destination is not clear in connection with a debt, the German split company and the Italian beneficiary company are jointly liable for it and the liability of the Italian beneficiary company is limited to the actual value of the net assets assigned by the German split company as a result of the split.

[77] For instance, the corporate capital of the German company Alfa GmbH is held equally by the shareholders A and B. Alfa splits a part of its assets to the Italian company Beta S.p.A. who has a sole shareholder C. The split plan may provide that, as a consequence of the split, Alfa GmbH will be participated in by A and B at 70% and 30%, respectively, while Beta S.p.A. will be participated in by A, B and C at 50%, 30% and 20%, respectively.

[78] It is worth highlighting that, according to the prevailing opinions on the matter, the joint, but not several, liability arising as a consequence of a demerger must be construed as assisted by the benefit of enforcement (beneficium excussionis), *i.e.* a creditor of the demerging company would be entitled to claim against the beneficiary companies only after the enforcement of its claims against the split company and to the extent the assets of the split company are insufficient to satisfy such claim.

the actual net asset value retained by the German split company as a result of the split, with recourse against the Italian beneficiary company. Symmetrically, the Italian beneficiary company would be held liable *vis-à-vis* third parties with respect to any unsatisfied debts of the German split company only within the limits of the actual net asset value assigned to the beneficiary companies as a result of the split, with recourse against the German split company.

d) Process of split of an Italian company into a German company

The required steps outlined under margin no. 115 f. above also apply to a cross-border split of an Italian company into a German company. **121**

2. Tax consequences

a) Italian tax regime applicable to domestic splits

General remarks. Splits of an Italian company, regardless of whether total or partial, are neutral from a tax angle. In particular, according to Article 173, first paragraph, of the ITC, splits do not give rise to taxable realisation or distribution of capital gain or losses on the assets being split (including inventory and goodwill) even though these gains or losses are shown in the financial statements of the beneficiary company (or companies) to which these items are assigned regardless of whether this is a newly incorporated company or an existing company. **122**

It should be noted that to apply domestic rules on splits, it is not necessary that the shares or quotas of the beneficiary companies are allotted to the shareholders of the split company in the same proportion as the rights in the capital of this latter company (so-called proportional division). Further, to apply this tax regime it is not necessary that the assets transferred due to the division constitute a business as a going concern.[79] **123**

The same rule set out for mergers applies here with regard to (I) the retroactive effects for accounting and direct tax purposes, but only in relation to the total split and provided that the end of the fiscal period of the split company equates to that of the beneficiary companies,[80] (II) the possible tax step-up in tax values of the assets of the split company which are attributed to the beneficiary companies[81]; (III) anti abuse rules[82] and (IV) indirect taxes.[83] **124**

Attribution of fiscal rights and duties. These are attributed to the beneficiary companies (or maintained by the divided company in the case of partial division) in proportion to the net equity of the split company transferred to each of the beneficiary companies (or maintained by the divided company). However, to the extent they relate to specific assets (*e.g.* depreciation allotments) they are passed to the beneficiary company that acquires the relevant asset, according to Article 174, fourth paragraph, of the ITC. Tax liabilities of the split company for tax periods prior to the split remain with the split company. In the case of a total split, they are passed to the beneficiary company specifically identified as such in the deed of division. However, each of the beneficiary companies is jointly liable for taxes, sanctions and interest related to the tax period prior to the division, according to Article 173 of the ITC. **125**

---

[79] *M. Leo*, Le imposte sui redditi, I, Milano, 2010, p. 2573. Splits not involving business concerns may however be generally scrutinised from the perspective of the anti-abuse rule.
[80] Please see margin 76 above.
[81] Please see margin 83 above.
[82] Please see margin 86 above.
[83] Please see margin no. 108 ff. above.

126 **Preservation of tax losses and deferred reserves.** Tax losses of the split company are attributed to the beneficiary companies (or maintained by the split company in case of partial split) in proportion to the net equity of the split company assigned to each of the beneficiary companies (or maintained by the split company). The same limitations set out for the carry forward of tax losses in the case of merger apply here.[84]

127 The same rules set out for mergers in relation to the tax deferral reserves apply here as well, whereby the attribution of the tax-deferred reserves to the beneficiary companies (or maintained by the split company in the case of a partial split) is proportional to the net equity of the divided company transferred to each of the acquiring companies (or maintained by the divided company). However, tax-deferred reserves connected to specific assets (*e.g.* reserves set aside in connection with tax step-up in values of assets according to specific laws) follow the relevant assets.

b) Italian special regime applicable to EU cross-border divisions

128 **General remarks.** Italian rules implementing the Merger Tax Directive apply to cross-border splits involving eligible companies[85] where two or more EU member States are involved and provided that: (I) the split is proportional; (II) the items assigned (and those maintained by the split company in case of partial split) to the beneficiary company constitutes a business – or a branch thereof – as a going concern; and (III) the cash settlement is less than 10% of the nominal value of the shares or quotas issued by the beneficiary company. The conditions for EU splits are therefore more strict than those for domestic ones, which do not expressly require that the split items form a business as a going concern or a branch of a business as a going concern, nor that the split is proportional.

129 At least one company involved in the split (the split company or one of the beneficiary companies) must be resident in Italy. Further, in the event that the split partially qualifies as an EU split and partially as a domestic split (*e.g.* an Italian company is split into an Italian company and to an EU eligible company) the special regime only applies to the portion of the net equity assigned to the EU beneficiary company.[86]

130 The legal status and tax residence of the shareholders of the split company is not relevant.

131 These rules also apply where a split involves companies resident in EU countries, in relation to their permanent establishment located in Italy.

132 **Special tax regime.** If the above conditions are satisfied, the same rules for domestic split and – to the extent applicable in this case – the special rules laid down for EU mergers (*e.g.* those relating to the tax deferred reserves and carry forward of tax losses) apply.

c) Taxation at the level of shareholders

133 No taxable capital gain or capital increase is deemed to be realised in the hands of the shareholders of the split company, who exchange their participation with shares or quotas of the beneficiary companies. Tax value of the exchanged shareholding is attributed to the received shares or quotas. As in the merger, a cash settlement may give rise to taxable income.[87]

---

[84] Please see margin no. 78 above.
[85] Please see margin no. 89 above for the definition of the eligible company.
[86] See G. *Maisto*, supra footnote No. 58, p. 488.
[87] Please see margin no. 106 ff. above.

III. Other cross-border Transfer Structures

Apart from cross-border mergers and splits, international reorganisations entailing a cross-border transfer of assets and/or liabilities could be structured as a contribution in kind. **134**

What follows is the legal framework under Italian law of contributions in kind from German companies into Italian companies and vice versa. **135**

1. Corporate law

a) Applicable rules

Italy has not enacted a special legislation regulating cross-border contributions. **136**

However, under Article 25, second paragraph, letter g), of Italian Law 31 May 1995, No. 218, the governing law of the relevant entity applies as far as the procedural aspects allowing the acquisition of the quality of shareholder are concerned. **137**

Accordingly, Italian law applies to the procedural rules of a cross-border contribution (whether in kind or in cash) as far as the receiving entity is an Italian company.[88] **138**

Furthermore, certain special Italian provisions may apply nonetheless – i.e. irrespective of the nationality of the receiving company – if the assets contributed are located in Italy. **139**

b) Contribution in kind from a German company into an Italian company

Under Italian law, the German contributing company must file a sworn appraisal report of an expert[89] containing (I) the description of the assets to be contributed, (II) the indication of the criteria of evaluation adopted and (III) the certification that the value of the assets to be contributed is at least equal to the one attributed to them for the purpose of the determination of the relevant issued capital stock and of the possible premium[90]. **140**

Pursuant to Article 2441, sixth paragraph, of the ICC, should the Italian receiving entity be a joint-stock company (*società per azioni*), a partnership limited by shares (*società in accomandita per azioni*) or a cooperative company limited by shares (*società cooperativa per azioni*), the directors of the Italian receiving company must approve a report pointing out the reasons for the contribution in kind and the criteria of evaluation adopted for assessing the price of the shares to be issued. The directors' report must be delivered to the board of **141**

---

[88] See G. Conetti – S. Tonolo – F. Vismara, Commento alla riforma del diritto internazionale privato italiano, Turin, 2001, p. 106.

[89] If the Italian receiving entity is an Italian limited liability company (or an Italian cooperative company whose by-laws opted for the application of the provisions regulating Italian limited liability companies), the expert must be a chartered auditor or a chartered auditing company, as per Article 2465, first paragraph, of the ICC. However, if the Italian receiving entity is a joint-stock company, an Italian partnership limited by shares (società in accomandita per azioni) or an Italian cooperative company limited by shares (società cooperativa per azioni), the expert must be appointed by the Court where the Italian receiving entity has its registered office, as per Article 2343, first paragraph, of the ICC.

[90] Should the Italian receiving entity be a joint-stock company (società per azioni), a partnership limited by shares (società in accomandita per azioni) or a cooperative company limited by shares (società cooperativa per azioni), Article 2440, second paragraph, of the ICC (read in combination with Article 2343-ter, first paragraph, of the ICC) provides that, with the favourable decision of the directors of the Italian receiving company, the report is not necessary in a number of circumstances. For instance, the said report is not necessary for the report is not required as well for other assets to be contributed provided that the value assigned to them is equal to or lower than (i) their fair value shown in the audited financial statements of the German contributing company or (ii) the value certified by an independent expert having a reference date falling within the six month period before the contribution.

statutory auditors of the Italian receiving company at least 30 days prior to the shareholders' meeting resolving upon the capital increase. Within 15 days following the delivery of the directors' report, the board of statutory auditors must issue its opinion on the fairness of the price of shares to be issued and this opinion must be deposited in the registered office of the Italian receiving entity at least 15 days prior to the shareholders' meeting resolving upon the capital increase and until this increase is resolved.

142 The shareholders' meeting of the Italian receiving company must approve the increase of its corporate capital with the majorities required to amend the by-laws[91]. The minutes of the shareholders' meeting must be drafted by an Italian notary public who will act as the secretary of the meeting and shall file the relevant minutes with the competent Companies' Register of the Italian receiving entity within 30 days as of the date of the resolution, pursuant to Article 2436, first paragraph, of the ICC.

143 **aa) Contribution of shares or quotas of an Italian company.** If the assets to be contributed are shares or quotas of an Italian company, the formalities provided by Italian law for the transfer of these shares or quotas shall apply.

144 In particular, as far as a contribution of shares of an Italian company is concerned, the most common way to transfer shares in Italy is by means of an endorsement certified by an Italian notary public, as per Article 2355, third paragraph, of the ICC; while, as far as a contribution of quotas of an Italian company is concerned, the transfer deed must be certified by an Italian notary public, who shall file it in the competent Companies' Register where the Italian receiving company has its registered office within 30 days following the transfer, according to Article 2470, second paragraph, of the ICC.[92]

145 **bb) Contribution of a business as a going concern located in Italy.** If the assets to be contributed form a business as a going concern[93] located in Italy, special Italian regulations – aimed at both (I) simplifying the transfer of those agreements, credits and debts pertaining to the business as a going concern and (II) protecting the employees whose employment agreement would be transferred – apply.[94]

146 In particular:

- according to Article 2558 of the ICC, unless otherwise provided by the German contributing company and the Italian receiving entity, all **agreements** pertaining to the business as a going concern are automatically transferred to the Italian receiving company (*i.e.* no specific authorisation or consent of the assigned contractual counterparty is required), except for the agreements having a "personal nature",[95] in any case, the

---

[91] Please see under footnote No. 23.

[92] Pursuant to Article 36, paragraph 1-*bis*, of the Italian Law Decree 25 June 2008, No. 112 (as converted by the Italian Law 6 August 2008, No. 133), the transfer deed can be also executed with a digital signature and filed by an Italian chartered accountant.

[93] Under Article 2555 of the ICC, a business as a going concern is "the aggregate of assets organized by the entrepreneur for the conduct of its enterprise".

[94] The same regulations apply whether the contracts, debts and/or credits pertain to a branch of a business as a going concern. In this respect, a branch of a business as a going concern is defined by Article 2112, fifth paragraph, of the ICC as "an autonomous part of an organised economic activity identified by the assignor and the assignee at the time of its transfer".

[95] The Italian prevailing case law and scholars maintain that the agreements having a "personal nature" are those agreements in relation to which the personal qualities of the transferor of the going concern are of particular relevance for the counterparty or, otherwise, those agreements under which the transferor of the going concern has to perform non-fungible activities. In this respect, see, among others, *A. Vanzetti*, Osservazioni sulla successione nei contratti relativi all'azienda ceduta, in Riv. Soc., 1965, p. 539 ff., *G.E. Colombo*, L'azienda, in Tr. Galgano, p. 82 ff. and Court of Appeal of Milan 21 January 1986, in Rep. Foro It., 1986, Azienda [0790], No. 5.

assigned contractual counterparty is entitled to terminate the relevant agreement on the basis of a just cause[96] within three months from the transfer of the business as a going concern;
- under Article 2559 of the ICC, the assignment of the **credits** pertaining to the business as a going concern is effective as of the date on which the transfer of such business is registered in the competent Companies' Register; however, the relevant debtor is released if it pays in good faith to the German contributing company;
- pursuant to Article 2560, second paragraph, of the ICC, the **debts** are transferred to the Italian receiving company to the extent they are shown in the mandatory accounting records of the transferred business as a going concern; however, the transferor is jointly liable for these debts unless the relevant creditor consented to the transfer;
- as per Article 2112, first paragraph, of the ICC, the **employees** pertaining to the business as a going concern are transferred to the Italian receiving company and maintain all their rights accrued before the transfer. The German contributing company and the Italian receiving company are jointly and severally liable for any and all sums due to the employees as at the date of the transfer of the business as a going concern. In the event of a transfer of a business as a going concern employing more than 15 employees, the German contributing company and the Italian receiving company must follow the union procedure set forth under Article 47 of the Italian Law 29 December 1990, No. 428.[97]

c) Contribution in kind from an Italian company into a German company

German law applies to the procedural rules of a cross-border contribution as far as the receiving entity is a German company.

In addition, should the assets to be contributed be either (a) shares or quotas of Italian companies or (b) a business – or a branch thereof – as a going concern located in Italy, the Italian special regulations pointed out under margin no. 143 ff. and 145 ff., respectively, above apply.

2. Tax consequences

From a tax angle, the tax treatment of a contribution in exchange for shares or quotas may vary depending on the tax status of the contributing entity and the object of the contribution. In the following we will distinguish between domestic tax regimes (which under certain circumstances also apply in cross-border transactions, as explained below) and tax regimes deriving from the Merger Tax Directive.

The majority of Italian scholars have also affirmed that contractual clauses expressly excluding the possibility to assign the agreement to third parties may attribute a "personal nature" to the agreement at stake as long as the agreement expressly refers to the specific context of a transfer of a business as a going concern. In this respect, see, among others, *D. Rubino*, La compravendita, Milan, 1971, p. 165, note 132 and *G. Ferrari*, Enciclopedia del diritto, sub "Azienda", Milan, 1978, p. 721–722.

[96] According to the prevailing case law and scholars, the existence of a just cause can be successfully alleged mainly in respect of the financial and economic weakness of the transferee which hinders the reliability of such party in respect to its capacity to duly fulfil its contractual obligations *vis-à-vis* the assigned contractual counterparty. In this respect, see, among others, *G.F. Campobasso*, Diritto Commerciale, Turin, 2003, I, p. 151 and *G. Bonfante – G. Cottino*, L'imprenditore, in Trattato di diritto commerciale, Milan, 2001, I, p. 6367.

[97] Please see margin no. 49 ff. above.

a) Italian tax regime applicable to an Italian contributing company

150 **Tax implications for the Italian contributing company.** The contribution in kind is treated as a sale and purchase of the contributed assets from Italian tax viewpoint, that may give rise to a taxable capital gain (or a deductible capital loss) for the Italian contributing company, according to Article 9, second paragraph, of the ITC. In general, the gain or loss resulting from the contribution is included in the business income of the contributing company and is subject to Italian Corporate Income Tax and, in certain limited circumstances, to Local Tax on Productive Activities.

In the event that the contribution is represented by a participation or interest in a company or partnership, the capital gain deriving from contribution is 95%-exempt from Italian Corporate Income Tax (*i.e.* only 5% of the gain is subject to tax) in the hands of the contributing company if the following conditions are met[98]:

(I) the participation has been held for at least 12 months. If shares have been purchased at different times, in order to identify shares eligible for the participation exemption regime, the shares which have been more recently purchased are deemed to have been sold first;

(II) the participation has been classified as fixed financial assets (in the case of companies adopting IAS/IFRS fixed financial assets are the assets other than those held for trading) in the financial statements relating to the fiscal year in which the acquisition of the participation has taken place;

(III) the participation relates to a subsidiary that carries out an actual business activity[99, 100]. This requirement, however, does not apply to companies listed on a regulated market or to sales made in the context of public offerings;

(IV) the subsidiary to which the participation relates is not resident in a country or territory deemed to be a tax haven for Italian tax purposes[101];

At the time of disposal of the participation, the requirements (III) and (IV) must have been existing for at least three consecutive fiscal years.

In turn, capital losses generated from disposal of participations that satisfy the above requirements are not deductible tax.

If the contributed assets were owned by the contributing company for at least three years prior to the contribution as an alternative to the full payment of the relevant corporate income tax in the year in which the contribution has been effected, the company can opt to pay this tax in equal instalments in this latter year and in the following four tax periods[102]. This rule also applies in the case of contribution of finaneial assets provided that:

---

[98] Article 87 of the ITC.

[99] If the participation relates to a holding company (*i.e.* a company which has as an exclusive or main business activity in respect of the holding of participations), in order to verify whether this requirement is met, reference must be made to the subsidiaries of the holding company ("look-through" approach). This requirement is deemed to be fulfilled if the participations that are held by the holding company and which comply with such requirements represent the greater part of the assets of the holding company.

[100] Some limitations apply to disposal of participation in "real estate companies". In particular, the business activity requirement is not satisfied if the assets of the company mainly consist of real estate assets other than the ones that are built or purchased by the same company in order to be (re)sold or used to carry out a business activity.

[101] These countries and territories are currently itemised in a Ministerial Decree dated 21 November 2001. This requirement is however deemed to be satisfied if the contributing company obtains a positive ruling from the tax administration according to the procedure illustrated in Footnote 50. To this end, the contributing company must demonstrate that the subsidiary generated at least 75% of its income outside of the tax haven and that this income was subject to ordinary taxation (Tax Administration, Circular Letter 4 August 2004 No. 36/*sub* 2.3.3).

[102] Article 86, fourth paragraph of the ITC.

(i) the transaction does not benefit from the participation exemption[103] and (ii) the participation was recorded in the last three financial statements of the contributing company.

Finally, if the contributed asset is located outside of the Italian territory or pertains to a permanent establishment of the contributing company outside of Italy, possible double taxation (i.e, in Italy and in the state where the asset and/or the permanent establishment is located) can be mitigated through the applicable tax treaty to avoid double taxation entered into by Italy.

The capital gain (or capital loss) in the hands of the contributing company corresponds to the difference between (i) the market value[104] of the contributed assets[105] and (ii) the tax value of these assets in the books of the contributing company prior to the contribution. If the shares received in exchange for the contribution are listed in a regulated market, however, the market value of the contributed assets cannot be lower than the average value of these shares in the last month.

151 In the case of contribution of qualified shares or quotas, specific rules may apply to determine the taxable base in the hands of the contributing company.[106] Further, a special tax regime applies if the contributed assets form a business as a going concern or branch thereof.

aa) Contribution of qualified participation into an Italian company in exchange for shares or quotas

152 According to Article 175 of the ITC, if an Italian company contributes a qualified participation to another Italian company[107], the capital gain for the contributing company is computed as the difference between:

(i) the higher of the accounting value attributed by the contributing company to the shares or quotas received in exchange for the contribution, or the accounting value attributed by the receiving company to the qualified participation in its books; and

(ii) the tax value of the transferred participation in the books of the contributing company prior to the contribution.

153 This provision represents an exception to the general rule laid down by Article 9 of the ITC as to the computation of the capital gain in the event of a contribution in kind for shares or quotas[108].

154 For these purposes, a qualified participation means a participation that allows the direct[109] exercise of a "dominant influence" (*influenza dominante*) or of a "significant influence" (*influenza notevole*) on the subsidiary according to Article 2359 of the ICC. Please note that, according to this provision, a dominant influence is deemed to exist *inter alia* when the contributing company owns the majority of the voting rights at the ordinary shareholding's meeting, while a significant influence is deemed to exist when the contrib-

---

[103] Please see 1. Teil margin no. [151].

[104] More precisely their "normal value" as defined by law; please refer to footnote No. 65 above.

[105] In the case of contribution of qualified shares or quotas, specific rules apply to determine the taxable base in the hands of the contributing company.

[106] In particular, we refer to Article 175 of the ITC – which addresses the contribution of a qualifying shareholding *inter alia*, from an Italian company to another Italian company – and to Articles 176 and 177 of the ITC.

[107] This rule has a wider scope, indeed, as it applies if a qualified participation is contributed by a tax resident person (transferor) to another tax resident person, and both parties are conducting an entrepreneurial activity.

[108] Please see 1. Teil margin no. [154]. Further, the capital gain realised by an Italian contributing company may be computed according to Article 177 of the ITC, as illustrated in the next margin no. [171].

[109] Italian Tax Administration, Circular Letter 22 February 2005 no. 60/E.

uting company owns at least 20% of the voting rights in the ordinary shareholders' meeting (10% at the shareholders' meeting of a listed company).

155 For the purpose of this rule it is immaterial where the subsidiary to which the participation refers has its tax residence[110]. Therefore, this tax regime may be of relevance where an Italian company contributes to another Italian company a qualifying shareholding in a non-resident company.

156 The participation exemption regime[111] applies to the capital gain, which has been determined according to this rule, provided that the relevant conditions are satisfied. However, according to the anti-avoidance provision under Article 175, second paragraph of the ITC, if the contributed participation does not qualify for the participation exemption while the received shares or quotas do, the capital gain deriving from the contribution is not computed according to this tax rule but according to the ordinary rule of Article 9 of ITC[112]. Finally, this rule does not apply.

bb) Contribution of a business as a going concern in exchange for shares or quotas

157 Article 176 of the ITC sets out a tax neutrality regime in the event that a tax resident company (or entrepreneur or entity) transfers a business – or a branch thereof – as a going concern to a tax resident company in exchange for shares or quotas of the acquiring entity. This regime also applies when the contributing company and/or the acquiring entity is not resident in Italy for tax purposes, provided that the contributed business as a going concern is located in Italy.

158 In this respect, it is important that the collection of assets that is transferred qualifies as a business – or a branch thereof – as a going concern from a legal angle: tax treatment follows the legal qualification.[113]

159 However, to benefit from this tax relief, the contributing company must record, for tax purposes, the shares or quotas of the acquiring company which it has received in exchange for the contribution, at the same tax values as the business as a going concern was recorded in its books before contribution has made.

160 Under these conditions, the contribution does not entail the realisation of taxable capital gain for the contributing company, regardless of the accounting values attributed to these shares or quotas in the financial accounts of the contributing company.

161 **Rollover relief.** According to this tax regime, a rollover relief is granted on the assets of the business, *i.e.* the assets and liabilities of the business as a going concern must be recorded, for tax purposes, by the acquiring company, at the same value as they were recorded by the contributing company. It is worth noting that, other than in the case of merger and division, the tax positions passed to the acquiring company are exclusively those pertaining to the contributed assets and liability and do not include those of the net equity (e.g. tax-deferred reserves) which, in principle, remain with the contributing company.

162 If, for accounting and civil law purposes, these assets are recorded at a different value to their tax value, the acquiring company must keep and attach to the tax return a statement summarising these differences. This mechanism substantially mirrors that set out for mergers and divisions as illustrated above.

163 **Tax step-up of assets.** When the accounting values of the contributed assets differ from their tax value in the hands of the acquiring company, the latter may opt for a depre-

---

[110] Italian Tax Administration, Circular Letter 25 September 2008 no. 57/E.
[111] Please see 1. Teil margin no. [151].
[112] Please see 1. Teil margin no. [154].
[113] For the qualification of the business concern and of the branch hereof please see footnote 93 above.

ciable step-up of these tangible and intangible assets up to their accounting value by paying a substitutive tax under the same terms illustrated in the case of a merger. The option for the step-up in value of the other acquired assets illustrated with reference to the merger applies here as well.[114]

b) Italian tax regime applicable to a non-resident contributing company

In principle, no taxable capital gain would arise upon disposal of the contributed assets, in the hands of a non-Italian resident contributing company without permanent establishment in Italy, unless the assets are deemed to be located in Italy for tax purposes, thus making the relevant capital gain subject to tax in Italy pursuant to Article 23 of the ITC.[115] In particular, focusing on the contribution of shares and quotas, according to this provision no taxable capital gain would arise in Italy for the foreign contributing company without permanent establishment in Italy: (I) if the contributed asset is the participation in non Italian companies, provided that the relevant certificates are not-physically located in Italy at the moment of contribution; and/or (II) if the contributed asset is a non-substantial participation[116] in an Italian company, whose shares are listed in regulated markets.[117] 164

Where the contribution raises a tax relevant capital gain in Italy for the foreign contributing company, a tax exemption may still apply under certain circumstances. In particular, disposal of non-substantial participations[118] realised by qualifying non-residents are exempt. Qualifying non-residents are those who are resident in a state with which Italy has concluded a tax treaty that contains an exchange of information clause and who are not resident in a country or territory outside the European Union with a preferred tax regime.[119] 165

Besides this, exemptions from Italian taxation can also derive from the relevant applicable tax treaty to avoid double taxation entered into by Italy: namely, where a tax treaty 166

---

[114] Please see margin no. 83 above.

[115] If a real estate asset, located in Italy, is contributed by a non-resident company (which does not have permanent establishment in Italy) to an Italian company for shares, the capital gain (if any) is however not Subject to Tax in Italy, provided that this asset has been owned by the contributing company for at least five years and certain conditions are met, according to Article 67, first paragraph, of the ITC.

[116] I.e. not higher than 2% of the voting rights or 5% of the company's capital, according to Article 67, first paragraph, letter c-bis, of the ITC.

[117] By contrast, any capital gains realised by non-resident companies with a permanent establishment in Italy, to which the contributed assets are connected, would be taxable in Italy. Finally, if a non-resident company with a permanent establishment in Italy disposes of assets which are not connected with the permanent establishment (*e.g.* when directly held by the headquarters) the question arises whether the relevant capital gain, if any, is taxable in Italy. Indeed, according to domestic rules, *i.e.* Articles 151 and 152 of the ITC, capital gains realised from a business activity in Italy by a non-resident company with a permanent establishment in Italy are subject to taxation in Italy, although the capital gains are not realised through the existing permanent establishment. The practical implications of these rules are debated (see *M. Leo*, supra footnote No. 79, p. 2420 and *M. Piazza*, supra footnote No. 61, p. 885). In such a case, however, the tax administration seems inclined to accept that the disposal of a participation in an Italian company by the headquarter of a non resident company with a permanent establishment in Italy would not *per se* be considered as deriving from a business activity in Italy, according to Italian Tax Administration, Circular Letter 24 June 1998, No. 165/E, and therefore the exemptions illustrated above should apply in principle. Further, it is worth mentioning that pursuant to Article 13 Paragraph 37 of the OECD Commentary, Italy has reserved the right to subject capital gains from Italian sources to taxes whenever the alienator has a permanent establishment in Italy, even if the property or assets alienated did not form part of this permanent establishment. As a matter of fact, however, Italy has seldom applied this reservation in its treaties to avoid double taxation.

[118] I.e. not higher than 20% of the voting rights or 25% of the company's capital if the participation is not represented by shares listed in a regulated market. If the shares are listed in a regulated market the thresholds shown in footnote No. 109 apply.

[119] These countries are currently itemised by the Italian Ministerial Decree 4 September 1996.

applies according to which in the case of sale of an asset (other that immovable property), which is not connected to a permanent establishment of the seller in the other country, taxation is triggered only in the state where the seller is resident for tax purposes. It is worth noting that such a clause is included in most of the tax treaties entered into by Italy, including that entered into with Germany.

Article 177, second paragraph of the ITC lays down a special rule to determine the taxable base in the case of exchange of shares or quotas through which an Italian company acquires, integrates or increases(pursuant to an obligation laid down by the law or by-laws) a controlling shareholding (as defined below) in another Italian company and assigns to the shareholder(or shareholders) of the latter company shares or quotas of the acquiring company. The status of the shareholders is irrelevant and therefore the scope of this provision also includes the case where a foreign company contributes to an Italian company a controlling shareholding in another Italian company. It is worth stressing that this provision only addresses the computation of the capital gain and does not set out a tax neutrality regime[120]; to ascertain whether taxation is levied in Italy, the rules mentioned in the previous margin 150 shall apply.

In this case, the capital gain for the shareholders is computed as the difference between (I) the increase in equity of the acquiring company; and (II) the tax value of the contributed shares or quotas in the hands of the shareholders. As a result, a transaction that falls within the scope of this provision does not give rise to taxable capital gains, provided that the contributed shares are recorded in the books of the acquiring company at the same value as when they were, for tax purposes, in the hands of the transferor[121].

For these purposes, a controlling shareholding means a participation that facilitates the exereise of more than 50% of the voting rights in the ordinary shareholders' meeting of the acquiring company[122].

c) Special tax regime for the EU contribution of a business as a going concern

167 **General remarks.** The Italian provisions implementing the Merger Tax Directive apply to business contributions made between two eligible subjects from two different EU member States, one of which is resident in Italy for tax purposes.

168 Moreover, these provisions apply to contributions that involve companies resident in different EU Member States in relation to a permanent establishment located in Italy. Also, the case where a non-resident company contributes its Italian permanent establishment to an Italian company falls within the scope of this provision.

169 In these cases the same rules illustrated above for the domestic contribution of a business as a going concern apply. However, if the contributing company (or the Italian permanent establishment) has tax-deferred reserves, these must be reinstated in the permanent estab-

---

[120] As that laid down for the contribution of controlling shareholding pursuant to the Merger Tax Directive, as illustrated below.

[121] This provision only addresses the computation of the capital gain. Accordingly, if the transaction gives rise to a capital loss, this will only be deductible, taxwise, to the extent that a deductible capital loss is realised according to ordinary rules: i.e. if the normal value of the received shareholding is lower than the tax value of the contributed participation, according to the Italian Tax Administration, resolution 20 April 2012, No. 38/E.

[122] The condition to benefit from this lax regime is deemed to be satisfied if the shareholder (or a number of shareholders together) contributes a number of shares into the acquiring company and if, as a result of the contribution, this latter acquires more than 50% of the shareholding, as occurs, for example, when a 2% shareholding is contributed to the acquiring company that already holds 49% of the same company.

lishment of the acquiring company, according to Article 180 of the ITC. Otherwise, they are subject to taxation.

In view of this, a number of examples may be envisaged: **170**

- **An Italian company contributes to a German company its business as a going concern located in Italy:** the same rules described above apply here (according to Articles 176, second paragraph, and 179, second paragraph, of the ITC). The tax value of the contributed business as a going concern is rolled over the participation received by the Italian company in exchange for the contribution.
- **An Italian company contributes to a German company a business as a going concern located in another EU Member State (and forming a permanent establishment there):** in this case the roll-over relief does not apply: the contribution is deemed to be effected at market value and may trigger taxation in Italy. A tax deduction is however granted equal to the tax that would have been levied in the State where the permanent establishment is located. This is the same mechanism laid down in relation to the merger whereby the permanent establishment in a EU Member State of the Italian absorbed company is passed to the acquiring company as a result of the merger. Further, in this case, the tax value of the shares assigned to the contributing company in exchange for the contributed permanent establishment will be equal to the tax value of the contributed assets plus an amount equal to the taxable base corresponding to the taxes actually due (net of the notional tax credit).
- **An Italian company contributes to a German company a business as a going concern located in a non-EU Member State (and forming a permanent establishment there):** in this case a tax neutrality regime does not apply and the contribution gives rise to taxation in the hands of the Italian contributing company. Further, as the notional tax credit under Article 179, first paragraph, No. 5, of the ITC cannot be claimed, the Italian company is only entitled to the ordinary tax credit on taxes actually paid abroad according to Article 165 of the ITC. Finally, the tax value of the participation received in exchange for the contribution should equate to the fair market value of the permanent establishment.[123]
- **A German company contributes to an Italian company a business as a going concern that constitutes a part of its permanent establishment in Italy:** no taxable gain or tax relevant loss arises from the transfer of the business as a going concern to the acquiring company according to article 179 of the ITC. Further, the value for tax purposes of the business transferred is carried over to the shares received in exchange. It is questionable, in this case, whether the received shares are deemed to be attributed to the German company or rather to a permanent establishment of the German company in Italy. The former solution seems to be preferable as it is more in compliance with a systematic interpretation of the rule under discussion; the topic is not yet settled.[124]
- **A German company contributes to a French company the business as a going concern exercised through its permanent establishment in Italy:** in this case the roll-over applies in relation to assets of the business that, after the contribution, form part of a permanent establishment of the acquiring company in Italy. Accordingly, no taxable gain or loss arises from the contribution in Italy provided that the value for tax purposes of the business transferred is carried over to the shares received in exchange (Article 178, first paragraph, letter (d) of the ITC). Otherwise, if the assets transferred as a result of the

---

[123] G. *Maisto*, supra footnote No. 58, p. 491.
[124] See Assonime Circular Letter 2008, No. 51; M. *Leo*, sub footnote No. 79, p. 2763; M. *Gusmeroli*, L'attuazione in Italia delle modifiche del 2005 alla direttiva fusioni, in Bollettino tributario, 2009, p. 765.

contribution do not form part of the permanent establishment of the acquiring company in Italy, any capital gains on these assets are taxable in Italy. Italian taxation is also triggered if these items are subsequently transferred or taken away from the permanent establishment.

d) Special tax regime applicable to EU contributions of shares or quotas

171   Finally, a tax neutrality regime is catered for in the case of "exchange of shares" under the meaning of the Merger Tax Directive, as implemented in Italy in Article 179 of the ITC. In the case of contribution of shares in exchange for shares, this special regime applies when:

- the shares or quotas that are contributed represent an interest in an eligible company under the meaning of the Merger Tax Directive;
- one of the EU eligible companies (under the meaning of the EC Merger Tax Directive) or a resident company acquires, integrates or increases (according to an obligation laid down by law or by the by-laws) a controlling interest in an Italian company or in an EU eligible company (i.e. the company whose shares or quotas are contributed);
- shares or quotas of the acquiring EU eligible company are assigned to the shareholders of the contributed company;
- at least one of the participants is resident in Italy or the participation exchanged is connected to a permanent establishment in Italy of a foreign eligible company; and
- any cash settlement does not exceed 10% of the par value of the shares.

172   In other terms, the contributed company and the acquiring company must be eligible companies and be resident in two different EU Member States for tax purposes. By contrast, the nature and tax residence of the shareholders of the contributed company is not relevant: at least one of these must be resident in Italy, however, or the acquired shares must, as a result of the transfer, be connected to a permanent establishment in Italy of an EU eligible company.

173   **Special tax regime.** If the above conditions are satisfied, any income or gain realised from the contribution in Italy is not deemed to be taxable income and the tax value of the contributed shares or quotas is carried over to the shares or quotas received in exchange. It is of note that, to achieve tax neutrality, Article 179 of the ITC does not lay down any requirements as to the value that the acquiring company must assume in its records with reference to the contributed shares or quotas.[125]

e) Transfer taxes

174   Contribution of assets, when made by a VAT subject, is generally subject to VAT or VAT exempt depending on the nature of the assets transferred, on the subjective position of the contributing company and of the acquiring company: in this respect the same rule applicable in the case of sale of assets for consideration applies. In particular it is worth mentioning that the contribution of a going concern or a branch of a going concern is out of the scope of VAT, while contribution of shares or quotas are generally VAT exempt (i.e. zero rate VAT).

175   Registration tax at a flat amount of Euro 168.00 is levied if the contribution is subject to VAT, if the contribution is effected in cash and where the contributed assets qualify as a going concern (or a branch of a going concern). In other cases, a proportional registration

---

[125] See Italian Tax Administration, Resolution 25 July 2003, No. 159/E.

tax applies; the amount of the relevant tax rate ranges between 0.5% and 15%, depending on the nature of the asset contributed.

If the contribution entails the transfer of real estate assets located in Italy, mortgage and cadastral taxes apply at a proportional rate of 3% or 4% depending on the nature of the contributed asset, on the subjective position of the contributing entity and of the receiving company. If the real estate asset forms part of a going concern (or a branch of a going concern) however, mortgage and cadastral taxes apply at a flat amount of Euro 168.00 each.

Assignment to the contributing company of newly-issued shares upon contribution in kind does not trigger the Italian financial transaction tax pursuant to Article 15, first paragraph letter (c) of the Ministerial Decree of 21 February 2013.

If the contributed assets are shares in an Italian company, the financial transaction tax may be triggered upon transfer of the relevant property right to the receiving company unless the safe harbour for intra-group transactions applies[126] or the transaction falls under the meaning of reorganisation transaction pursuant to Article 4 of the Directive 2008/7/CE adopted by the Council on 12 February 2008[127].

---

[126] Please see 1. Teil margin no. [110].
[127] Article 15, first paragraph, letter (h) of the Ministerial Decree of 21 February 2013.

F. Spanien
Bearbeiter: Miguel **Cremades Schulz**, Rafael **Garcia Llaneza**

Gliederung

	Rz.
Introduction	1–8
I. Material Aspects	9–22
II. Cross border mergers with a Spanish company	23–95
1. Corporate Law	23–26
a) Applicable rules	23, 24
b) Qualified entities	25, 26
2. The process of merger of a German company into a Spanish company	27–95
a) Preparatory phase	28–44
aa) Merger project	28–34
bb) Exchange ratio	35–37
cc) Complementary reports	38–44
b) Decision-making phase	45–49
c) Execution Phase	50–52
d) Timing	53–55
e) Labor Law Requirements	56
f) Commercial balance sheet of the companies resulting from the merger process	57–61
g) Cross-border mergers into a German Company	62–64
h) Tax implications	65–95
aa) Corporate Income taxation of involved entities	66–83
(1) General Tax Regime	66–71
(2) Special Tax Regime	72–83
bb) Income Taxation of shareholders	84–90
(1) General Tax Regime	84
(2) Special Tax Regime	85–90
cc) Other relevant taxes triggered by cross-border reorganizations	91–95
(1) General Tax Regime	91–94
(2) Special Tax Regime	95
III. Cross-Border Split	96–115
1. The procedure under the LCR	96–112
a) Preparatory phase	101–105
b) Decision-making phase	106–110
c) Execution phase	111
d) Labor Law Requirements	112
2. Tax implications	113–115
IV. Some additional tax issues: election; the anti-avoidance clause	116–118

1   Spain has implemented Directive 2005/56/EC of the European Parliament and of the Council of 26 October 2005 on cross-border mergers of limited liability companies[1], the *"Cross-Border Merger Directive"* through Law 3/2009, of April 3, on Corporate Reorganizations (*Ley 3/2009, de 3 de abril, de modificaciones estructurales de las sociedades mercantiles*, the *"LCR"*). However, cross-border mergers and splits had already been made and accepted in Spain.

---

[1] Directive 2005/56/EC has to be adopted by the different states not later than December, 2007.

The first piece of legislation governing cross-border mergers in Spain is the Regulation governing the *Societas Europaea*. Before this rule was in place, there were two possible courses of action supporting the validity under Spanish law of a cross-border merger: (i) an international treaty or, within the European Union, an EU rule; or (ii) domestic laws including some provisions referring to the cross-border merger within their merger regulations.

EU legislation did not provide a sufficient foothold, although EU legislation referred to cross-border reorganizations in several pieces of legislation: (i) the express legal recognition of the possibility of merging companies being subject to different national laws was already recognized by Directive 90/434/EEC[2], Regulation 4064/89 and *ex* Article 293 of the Rome Treaty; and (ii) Directives 78/855/EEC and 90/434/EEC introduced a high level of harmonisation of the national laws concerning the merger as a corporate transaction achieved both from a substantive perspective and from a tax perspective. Finally, (iii) that effectively has forced the different Member States to implement specific legislation to facilitate this type of transactions.

However, lack of specific regulation had not impeded Spanish companies to participate in cross-border mergers. On the contrary, Spanish practice shows several cases where cross-border mergers have taken place[3], even before the Cross-Border Merger Directive was in place.

The legal basis for cross-border reorganizations was:

- Article 9.11.II of Spanish Civil Code ("**CC**") recognizes the possibility of a cross-border merger, and requires that *"in the merger of companies with different nationality their respective personal laws shall be taken into account"*.
- The Corporations Act (*Texto refundido de la Ley de Sociedades Anónimas, aprobado por Real Decreto legislativo 1564/1989, de 22 de diciembre,* "**CA**") regulated the transfer of the corporate domicile to a foreign country, but did not refer to the merger between companies of different nationalities. Nevertheless, Articles 233 *et seq* did not expressly exclude such possibility and the literal sense of Article 233.1 (*"the merger of whatever companies into a new company."*) addressed both mergers between Spanish companies and mergers between Spanish and foreign companies.
- From a tax perspective, the Corporate Income Tax Law (*Texto Refundido de la Ley del Impuesto sobre Sociedades, aprobado por Real Decreto Legislativo 4/2004, de 5 de marzo,* "**CIT Law**"), which replaced Law 29/1991, of December 16, implementing certain tax concepts to EU regulations (mainly Directive 90/434/EEC), expressly provides for the participation in the merger by *"resident entities"* and *"non-resident entities"*[4].

---

[2] Directive 90/434/EEC (the "**Merger Directive**") was partially modified by Directive 2005/19/EC, of February 17, and has been repealed by Council Directive 2009/133/EC of 19 October 2009 on the common system of taxation applicable to mergers, divisions, partial divisions, transfers of assets and exchanges of shares concerning companies of different Member States and to the transfer of the registered office of an SE or SCE between Member States (codified version).

[3] Intra-EU mergers were feasible in certain countries. As far as we are aware, inter alia, the following cross-border mergers have taken place involving Spanish companies:
- Reno de Medici (Italian, non-listed, absorbing company) and Sarrió, S.A. (Spanish, listed, absorbed company).
- Henkel Ibérica, S.A. (Spanish, non-listed, absorbing company) and Henkel Portuguesa – Productos Químicos, S.A. (Portuguese, totally-owned, absorbed company).
- Belmart (French, non-listed, absorbing company) and Damart, S.A. (Spanish, non-listed, totally-owned, absorbed company).
- BNP Paribas Lease Group, S.A. (French, non-listed, absorbing company) and BNP Paribas Lease Group, S.A. (Spanish, non-listed, totally-owned, absorbed company).

The Rhyne seems to remain the old Roman *limes* until the new directive on cross border mergers is in place in all European Union Member States.

[4] Art. 84 et seq. of the CIT Law.

6 Therefore, under Spanish law, the possibility of a merger between a Spanish company and a foreign company was – and, therefore, still is – feasible, even with companies outside the EEA, provided the laws governing the companies that participate in the merger do not prohibit it[5].

7 LCR provides for an specific framework on cross-border reorganizations with EEA companies and a basis for cross-border mergers with non-EEA entities.

8 From a Spanish law perspective, feasibility of a cross-border merger is based on two requirements: (i) the compatibility (not to be confused with similarity) between the national regulations involved as regards the merger procedure, i.e., that the fulfilment of the steps required under one national law does not prevent the compliance of the analogous steps required by the other national law; and (ii) the *similarity* of the transaction under the two types of national regulations, i.e., that there is a common essential design of the merger which ensures that the relevant corporate resolutions produce analogous effects.

I. Material aspects

9 The influence of a cross-border element in the material aspects of the takeover must be analysed. Such aspects can be mainly identified as the integration of assets and liabilities of the absorbed company into the absorbing company (i.e. the universal succession by the absorbing company) and the integration of shareholders within the absorbing company. Obviously these material issues are already sorted out by the LCR when dealing with intra EEA cross-border mergers.

10 **Universal succession and integration of assets and liabilities.** The presence of a foreign party within the merger does not prevent the effective integration of assets and liabilities. On the one-hand, under the *similarity* premise, the merger effect consisting of the global assignment of all assets and liabilities of the absorbed company to the absorbing company takes place, provided that all formalities and requirements are cumulatively complied with under the national laws involved; on the other hand, in the case of intra-EEA mergers, under Directive 78/855/EEC (and, therefore, under the national laws of all EU countries), all merger effects take place *"ipso iure and simultaneously"*[6].

11 The fact that this global assignment is legally featured as automatic and *uno actu* ensures the effectiveness of the integration of assets and liabilities without a separate transfer of the different items of the equity.

12 The real question then is whether the absorbing company is able to take the absorbed company's position in legal relationships governed by a national law different from the respective law of the merging companies. This concern can only be resolved on a case by case basis under the criteria of the national laws involved.

13 Notwithstanding the above, certain conclusions may be advanced if the absorbed company is a Spanish company. In such an event, the universal succession certainly implies a change of the debtor's *lex societatis* that may affect the legal position of the absorbed company's creditors. However, the creditor's rights are sufficiently protected under the merger provisions, primarily by granting the creditors with an opposition right. As a consequence,

---

[5] At the time the Cross-Border Merger Directive was implemented, Italy, Luxembourg, Portugal, Spain, the UK and France allowed cross-border merger to take place; Belgium authorized cross-border merger by means of an absorption; and the Netherlands, Sweden, Ireland, Austria, Germany, Greece, Finland, and Denmark did not authorize such transaction. A more detailed analysis can be found in the Report of the Economic and Social Committee on the proposed Directive on cross-border mergers.

[6] Art. 19 of the Directive 78/855/EEC.

the assignment of liabilities by virtue of the takeover of the Spanish company by a foreign company should not be questioned by creditors.

In fact, the main difficulties of the universal succession derive from the need to harmonise the global assignment of assets and liabilities with the legal provisions as regards the nationality of corporations[7] and the transfer of the corporate domicile to a foreign country[8].

– **The nationality of corporations:** Once the integration of assets and liabilities has taken place, the national law of the absorbing company becomes the applicable *lex societatis*. Under the Companies Law (*Texto refundido de la Ley de Sociedades de Capital, aprobado por Real Decreto Legislativo 1/2010, de 2 de julio,* "**Companies Law**"), the nationality of a corporation is governed by two compulsory rules: (i) *"all corporations with corporate domicile in the Spanish territory, regardless of where they have been incorporated shall be considered to be Spanish and governed by this law"*; and (ii) *"the corporations whose main place of business are in the Spanish territory must be domiciled in Spain"*.

In accordance with these rules, the takeover of a Spanish company by a foreign company will only be possible if, after the integration of assets and liabilities, the main office or business is not actually located in Spain.

Otherwise, mandatory provisions of the Companies Law would be breached and the merger resolution taken by the Spanish company would be against the law and, thus, null and void. The link between the *main place of business* and *nationality* is relevant for the corporate resolutions affecting the nationality of the company (such as those taken in a cross-border merger) and would act, indeed, as a limit for the power of the majority and as protection for the minority shareholders who, as mentioned above, would have capacity to challenge the imposition of a *lex societatis* unrelated with the actual activity of the company. However, the difficulties that this challenge would encounter would concern the determination of where the resulting company actually performs its principal activity.

– **The transfer of the corporate domicile:** Article 92 *et seq*. LCR provides for the rules applicable to *"the resolution transferring the corporate domicile to a foreign country"*, which determine, unless otherwise provided by an international treaty, a change in the nationality of the company and, therefore, in its *lex societatis*.

Article 93 LCR provides that the transfer of the corporate domicile is possible only if *"the transferring company is allowed to maintain the same legal personality"*.

As regards the *"international treaty"* requirement, Spain is not a party to any international treaty as required by Article 92 LCR. In our opinion, however, this requirement is rather superfluous when referring to a cross-border merger whereby a Spanish company is the absorbed company. In this event, there is no transfer of domicile but an extinction of the Spanish company's legal personality, and there is no change in the company's *lex societatis* (already extinguished) but a replacement of the status of the absorbed company's shareholders that become subject to the absorbing company's *lex societatis*. As such, the *"international treaty"* requirement addresses the problems concerning the recognition of the cross-border merger by the national laws involved and their coordination, which, as analysed above, are taken back to the *similarity* requirement.

Integration of shareholders and their separation rights. The merger of a Spanish company by a foreign company determines a change in the position of the absorbed company's shareholders that become subject to the status provided by the absorbing company's *lex societatis*.

---

[7] Article 8 of the Companies Law.
[8] Article 199 *et seq*. of the Companies Law.

16   This circumstance leads to the majority to impose upon all shareholders the exchange of shares by virtue of the merger corporate resolution when the shares delivered are foreign company shares. However, Art. 99 LCR grants a **separation right** or a right to dissent and obtain payment for shares, also known as the appraisal right or the appraisal remedy to those shareholders that have voted against the resolution transferring the corporate domicile abroad or against a cross-border merger and the shareholders without voting rights (the "**Dissident Minority Shareholders**"). In fact, before LCR was enacted, this separation right was recognised in 1998 by the Commercial Registry in favour of the Dissident Minority Shareholders of the Spanish company SARRIÓ, S.A. when it was taken over by the Italian absorbing company RENO DE MEDICI, SpA.

17   These provisions do not refer to the nationality of the companies involved in the merger. In fact, the separation right granted to the Dissident Minority Shareholders can be construed as consideration for the applicability of the majority principle in the corporate merger resolutions.

18   The practical consequence of the separation right is that the cross-border merger procedure must include a reduction of capital in the amount required to redeem the shares of the Dissident Minority Shareholders that may exercise their separation right.

19   This implies that in connection with the reduction of capital, the merger procedure must comply with the legal requirements for an amendment of the by-laws, namely: (i) a report issued by the directors explaining the reasons for the reduction of capital; (ii) the express mention within the calling of the General Shareholders' Meeting of the terms for the capital reduction; (iii) the observation of the shareholders' information rights on the capital reduction; and (iv) the approval of the capital reduction by the voting majority at a General Shareholders' meeting attended, at first call, by at least 50% of the voting stock capital, whether present or represented.

20   Furthermore, the merger resolutions must be published by complying, not only with its own legal requirements, but also with those established to carry out the capital reduction, in particular: publication in the Official Gazette of the Commercial Registry and in one newspaper of the corporate domicile.

21   The Dissident Minority Shareholders shall exercise their separation right within one month from the publication of the merger (and capital reduction) resolution in the Official Gazette of the Commercial Registry. The consideration for the shares redeemed should be equal to the actual value attributed to the shares of the absorbed company under the exchange ratio for the merger.

22   Certain provisions of the Spanish merger regulation, though, demand a closer examination when a foreign absorbing company is involved:

- The merger procedure provided by the Spanish merger regulation is the only scheme under which it is feasible to compel the shareholders of a Spanish company to exchange their shares for the shares of the absorbing company, regardless of whether the absorbing company's law provides for any other schemes to integrate the shareholders of the absorbed company.
- The shareholders of the Spanish absorbed company must necessarily receive shares or quotas ("*participaciones*")[9]. Any additional compensation will only be admitted if (i) it is necessary to adjust the exchange ratio; (ii) it is paid in cash; and (iii) it does not exceed 10% of the face value of the shares delivered[10].

---

[9] Articles 24.1 LCR.
[10] Art. 57 LCR allows for a larger compensation in case of EEA cross-border mergers provided the laws of the other Member State involved in the merger foresees such compensation.

II. Cross border mergers with a Spanish company

1. Corporate Law

a) Applicable rules

Articles 54 et seq. of the LCR governs cross-border reorganizations with EEA companies, provided their corporate seat, place of management or main location of activities are located within the EEA.

As referred before, LCR allows for cross-border mergers with entities outside the EEA, in accordance with their national laws.

b) Qualified entities

Cross-border reorganizations are limited, in accordance with Art. 54.2 of the LCR, to *sociedades anónimas (S.A.), sociedades comanditarias por acciones (S.C.p.A.) and sociedades limitadas (S.L.)*.

The provisions of the LCR may not apply to cooperatives (*sociedades cooperativas*) – these type of mergers are governed by its specific legislation- and to certain undertakings for collective investment in transferable securities, as set forth by Art. 3.1 of the [Directive 2005/56/EC].

2. The process of merger of a German company into a Spanish company

The merger is defined, in the LCR, as a *process*, in which the production of all its effects requires not only the fulfilment of certain formalities and requirements, but such fulfilment must be accomplished by strictly following the stages and the order established in the relevant legal provisions. This implies that a Spanish absorbing company must comply with every step provided for by Article 30 *et seq* LCR and in the order stated.

a) Preparatory phase

aa) Merger project. The first stage of the merger procedure under Spanish law is the drafting and approval of a merger project by the managing bodies of the companies involved. The merger resolution to be adopted by the General Shareholders' Meetings of each company shall be taken by agreement with the merger project.

The merger project under Spanish law must be drafted, approved and signed by all the directors of all the companies involved. In case the signature of a director is missing, the project must specifically state so and its cause.

No additional special action is required other than the publishing of the project in the official web page[11] of the companies participating in the merger. If any of those companies do not have official web page, then the project must be filed with the Commercial Registry.

The merger project must be drafted in Spanish. The project must include all information required in a regular merger project: (i) name, domicile and registry identification details of the companies involved; (ii) exchange ratio and exchange proceedings; (iii) effect of the merger over working contributions or complementary obligations of the sharehold-

---

[11] A web page is valid for these purposes if the Shareholders meeting has validly passed a resolution approving such page. The resolution must be filed with the Commercial Registry.

ers; (iv) rights to be granted by the absorbing company to special shareholders; (v) benefits to be granted by the absorbing company to the independent experts or the directors of the companies (vi) date when the new shareholders of the absorbing company will have the right to participate in its profits; (vii) date when the effects of the merger will be taken into consideration for accounting purposes; (viii) by-laws; (ix) information on the value of the assets and liabilities of each of the companies involved in the merger; and (x) effects of the merger over the employment, gender representation at the management bodies or on the social responsibility of the company.

32 In addition to these information requirements, a cross-border merger project must include information about employees participation rights in the company resulting from the merger.

33 It must be taken into consideration that the merger project will not take effect in the event it is not approved by the General Shareholders Meeting of the companies involved within the 6 months as from its date. In said case, if the companies involved are still interested in carrying it out, their directors shall approve again the merger project or prepare a new one.

34 No merger project, directors' report or other documents are required if the merger is passed in a universal shareholders meeting and by unanimity.

35 **bb) Exchange ratio.** As mentioned above, the merger project must include the exchange ratio for the merger. The exchange ratio is the paramount element of the merger: it quantitatively determines the integration of the absorbed company's shareholders into the absorbing company. According to Article 25.1 LCR the exchange ratio *"will be calculated on the basis of the fair value of the net worth"*. The LCR allows, in order to adjust the exchange ratio, a supplemental cash payment that should not exceed 10% of the face value of the shares.

36 The exact meaning of this provision has been argued by scholars, though the following conclusions can be drawn: (i) the exchange ratio cannot be freely determined and, thus, the *"fair value"* is a limit for the directors and a shareholders' right, who can challenge the merger resolution based on the nullity of an exchange ratio below the *"fair value"* of the company's assets and liabilities; and (ii) the *"fair value"* is an open legal concept with a significant discretional nature, which results in moderating the drastic consequences mentioned in paragraph (i) above (only an evident mistake in the valuation of the net worth arising from independent assessment or a clear inadequacy of such valuations with the exchange ratio adopted would be an appropriate basis for an action by the shareholders to challenge).

37 Please note that the Spanish Accounting Chart (*Plan General de Contabilidad*) limits the possibility to back-date the accounting effects of a merger until the moment when control is acquired by the absorbing entity – or until the date when the group has acquired controlled, with the limit of the beginning of the fiscal year. In accordance with International Accounting Standards, the absorbing company from a legal standpoint is not necessarily the absorbing company accounting wise.

38 **cc) Complementary reports.** Once the merger project is published and, in any event, before the Shareholders' Meeting is called, the directors must facilitate to the shareholders, bondholders, holders of special rights and workers' representatives the following documents: (i) the merger project; (ii) directors' reports, (iii) independent experts reports; (iv) annual accounts of the last three years, together with the audit reports; (v) merger balance sheets; (vi) by-laws; (vii) draft public deed of the merger; and (viii) identity of the directors of the companies involved in the merger and of the directors of the company resulting

from the merger. This information must be handled – or being available through the web page – at least a month prior to the Shareholders' Meeting.

Some of these documents require a special reference.

(i) Directors' reports. This report shall explain and justify the merger project in all its economic and legal aspects. It must be stressed that this requirement of Spanish law compels the directors of the foreign absorbing company, even if it is not required by its national regulations, to produce a report that must explain and justify the merger project in financial and legal terms.

(ii) Independent experts' reports. Independent experts' reports are required in case a *sociedad anónima* or a *comannditaria* are involved. The reports must deal with *"the merger project"* and *"the assets and liabilities contributed by the absorbed companies"*. These two roles give rise to the following conditions:

- The experts' reports must declare "whether the exchange ratio of the shares is fair or not, what methods have been used to calculate it, and whether these methods are appropriate, including the figures they have produced and the difficulties for the appraisal, if any" (Article 34 LCR). The experts' reports are, indeed, a scheme for the shareholders' protection intended to ensure, by means of an independent control, the fairness of the exchange ratio.
- The independent experts must state "whether the assets and liabilities transferred by the extinguishing companies equals, at least, the stock capital of the new incorporated company or the capital increase of the absorbing company, as the case may be" (Article 34.3 LCR). This addresses to the generic report required in any contribution in kind in order to confirm that the value attributed to the contributed assets equals the "face value" and, as the case may be, "the premium of the issuing shares". In fact, this requirement is not provided by Directive 78/855/EEC, but by Article 10 of Directive 77/91/EC, of December 13th, 1976.

Directors of all companies involved may request to the Commercial Registry to appoint one expert or group of experts to produce a single report.

(iii) Balance sheet. The companies involved in the cross-border merger must prepare a **merger balance sheet** in accordance with the terms provided by Article 36 et seq. LCR, and make it available to the company's shareholders. The merger balance sheet must be closed within the first day of the three months before the date of the merger project. The latest annual balance sheet approved by the company – or the interim financial report corresponding to the first 6 months of the fiscal year, in case of listed entities – could be considered a merger balance sheet, provided that such annual balance sheet is closed within the six months prior to the date of the merger project.

The merger balance sheet must be verified by the auditors of the company, if the company has to verify its annual accounts.

The Spanish company's shareholders should be provided with the merger balance sheets of every company involved in the merger and, as the case may be, with their corresponding auditor's report.

b) Decision-making phase

General Shareholders' Meetings Call. Once the merger project has been signed and made public, the General Shareholders' Meetings can be called. Upon such calling, the documents referred in the previous section must be made available to the Spanish company's shareholders, bondholder or workers' representatives.

46 **Information.** The shareholders of the involved entities shall have the right to access to the information on the merger. This right may be implemented in different ways: (i) the documentation must be able to be downloaded and printed from the web page or (ii) if no official web page exists, the documentation must be available to the shareholders in the registered office[12] of the companies involved or must be delivered, for free, upon request. In addition, the directors must facilitate to the shareholders any information about any significant change that may occur in the merging Companies' assets or liabilities.

47 **Merger resolutions.** Each merging company must resolve on the merger. In this regard, it must be borne in mind that, at first call, the merger can be approved by the voting majority, provided that at least 50% of the voting stock capital is attending, present or represented, at the General Shareholders' Meeting. The by-laws of the company may require other quora and voting requirements.

48 **Publication.** The resolutions passed by the General Shareholders' Meetings approving the merger must be published in the Commercial Registry's Official Gazette (*Boletín Oficial del Registro Mercantil*) and in one local newspaper.

49 **Creditors protection.** Creditors of the companies involved in the merger may oppose the merger during the month following the date of the last publication of the announcement of the merger resolution. Within such period, the merged Company's creditors whose credits have accrued before the date when the merger project was published may object to the merge until such credits which have not matured are sufficiently secured. Should it be the case, the merger may not take place until the aforementioned credits have been sufficiently secured or, alternatively, until the creditors who have objected to the merger have been notified of the fact that a joint and several bank guarantee has been issued in favor of the merged Company.

c) Execution Phase

50 **Merger deed.** Once these stages have been completed, the merging companies shall record the merger resolutions approved by their respective General Shareholders' Meetings in a public deed.

51 **Registration and publication at the Commercial Registry.** The merger deed must be filed with the Commercial Registry.

In case of a merger of a German company into a Spanish company, the Commercial Registrar must verify the legality of the process in accordance with German law. To that extent, the companies involved in the merger must submit to the Registrar a certificate issued by the corresponding entity whereby it is evidenced that all legal requirements have been fulfilled.

52 Finally, the merger is subject to a compulsory publicity provision that is made effective by virtue of its **registration** with the Commercial Registry and its **publication** in the Official Gazette of the Commercial Registry.

d) Timing

53 Effective time for the implementation of a merger depends, largely, on the capacity to pass decisions unanimously and through universal shareholders meetings. Obviously, the merger of 100% controlled companies can be implemented much faster than meregres of listed entities.

---

[12] Said information shall also be made available to the employees' legal representatives.

The key issues to determine the timing are: (i) the possibility to use the annual acounts of the company as the merger balance[13]; and (ii) the possibility to avoid independent expert valuations[14] or some of the formalities. **54**

In any event, two months plus is the minimun required period for any type of mergers – one month for calling the shareholders meeting and one month creditor opposition period. From a practical standpoint, assuming the accounting documents are in place, it is difficult to have a merger complete in less than 3 months. Complex transactions – like those involved in a cross-border merger – will normally imply at least 4 months before everything is in place. **55**

e) Labor Law Requirements

Notification to the Spanish Social Security Authorities of the change of employer (as a consequence of the subrogation of the absorbing company in the employment contracts of the absorbed Company) must be made within a term of six (6) days as from the effective date of the transfer of the employees, that is, within a term of six (6) days as from the date of the execution of the public deed. **56**

f) Commercial balance sheet of the companies resulting from the merger process

Spanish Accounting Chart (*Plan General de Contabilidad*) has implemented the Accounting Directives and, thus, it has adjusted Spanish accounting to EU Accounting regulation and to IFRS. The Accounting Chart – a kind of regulation which develops and expands the accounting rules set forth in the Commercial Code and the Companies Law – includes, for the first time[15], specific rules governing the accounting treatment of business combinations[16]. **57**

As a general rule, step-up on the accounting value of the assets of an absorbed company is accepted in those cases where the merger is regarded as a purchase, provided its fair market value can be measured reliably. In this regard, the Chart does not necessarily accepts as acquirer the entity that legally is the absorbing entity: as a result of the substance over form principle, size of the total assets and liabilities as well as who are the directors controlling the entity resulting from the merger may play a key role in determining who is the absorbing company for accounting purposes. **58**

Accounting rules limit capacity for stepping-up the value of assets in case of mergers within companies of the same group. Recognition of assets resulting from a merger process is governed, in accordance with the Accounting Chart, by consolidation valuation rules: step-up is feasible within the range set forth in the so called first consolidation, therefore, up to the fair market value of the assets when the absorbed entity was acquired by the group of companies. **59**

Goodwill amortization[17] is no accepted by the Accounting Chart, although any goodwill is subject to an impairment test. However, under Spanish law, the company that has recognized goodwill in its assets, must allocate to a non-distributable reserve 5% of the **60**

---

[13] For this purpose, the merger project must be passed by the directors within six months following the end of the fiscal years.

[14] These reports are not required, inter alia, in case of mergers 100% direct or indirectly controlled by the same company if no share capital increase takes place. SLs do not require independent expert reports.

[15] The *Instituto de Contabilidad y Auditoría de Cuentas* ("ICAC") published some years ago a draft document on accounting rules governing mergers. Such draft regulation has never been passed by the Spanish Government, although it has been wide and customarily used as a guidance for merger accounting.

[16] Valuation rules 19 and 21 of the Accounting Chart.

[17] Art. 39.4 of the Commercial Code.

goodwill, until such reserve equals the amount of the goodwill. This rule should apply to a goodwill recognized as a result of a merger process.

61 Please note that the Companies Law, allows to set the date for the accounting effect of a merger but within the limits set forth by the Chart: backdate, as a general rule, is limited up to the moment when the acquirer has taken control over the acquired company.

g) Cross-border mergers into a German Company

62 The process described above for the merger of a German company into a Spanish company applies, mutatis mutandis, to a merger of a Spanish company into a German company.

63 The sole issue to take into account is the separation right granted by Art. 62 LCR to the shareholders of the Spanish company that have voted against the merger into the German company.

64 In case the separation right is exercised, the shareholders must receive the fair value of their shares in cash. Unless the company and the shareholders reach an agreement on the value, the Commercial Registry must appoint an auditor to value the company. Shares of listed companies will be valued at the average listing price during the last quarter.

h) Tax implications

65 The tax analysis of cross-border mergers under Spanish law is made assuming that all the parties involved that are resident in Spain or that operate in Spain from a permanent establishment located in Spain are subject to tax in accordance with the laws enacted by the Spanish Parliament. The Basque Country historic territories[18] and Navarra have the capacity to enact their own tax laws and regulations and collect their own taxes. Although these territories have the obligation to keep their taxes within the general framework set forth by the Spanish Central State, the regulations in place may have some differences with respect to the laws and regulations in place in the rest of Spain.

aa) Corporate Income taxation of involved entities

66 **(1) General tax regime.** Spanish Corporate Income Tax ("**CIT**") determines the taxable base of a company in accordance with the profit and loss account as determined by generally accepted accounting rules, with the corresponding adjustments set forth in the Corporate Income Tax Law. Mergers and, in general, other types of corporate reorganizations do not follow the general rule: all assets and liabilities transferred as a result of a merger process are valued at market, irrespective of the accounting treatment corresponding to such merger. In fact, from a Spanish CIT standpoint a merger of a company into another has very similar consequences to those corresponding to a liquidation.

67 Therefore, a merger triggers, from a CIT standpoint, capital gains or losses equal to the difference between the tax basis of the assets of the absorbed company and their market value. Market value is determined using the same valuation procedures set forth for related party transactions. Tax basis of each specific asset is equal to the acquisition cost of the corresponding asset, reduced by the corresponding depreciation or amortization that has been regarded as deductible for CIT purposes.

68 Capital gains or losses of the absorbed company resident in Spain are treated like any other gains or losses:

---

[18] Vizcaya, Guipuzcoa and Alava.

(i) The tax basis of the transferred real estate is adjusted to inflation by applying the specific rates as determined by CIT regulations.
(ii) Gains realized on participations in the share capital of companies resident in Spain, subject to the general CIT rate, are entitled to a 100% tax credit on the part of the gain corresponding to retained earnings generated during the holding period, provided the transferor has held at least a 5% participation in the share capital of the company resident in Spain which shares have been transferred and such participation has been held for more than one year.
(iii) Gains deriving from the alienation of shares representing the share capital of companies not resident in Spain are subject to tax in Spain. However, under certain conditions the absorbed entity may credit those taxes paid abroad on the transfer of such participation, thus reducing the final tax liability of a Spanish company. In case of gains deriving from holdings representing at least 5% of the share capital of non-resident operating entities, held longer than one year, participation exemption may apply. In order for the gain to be exempt, the subsidiary must be an operating entity, that does not generate passive source income or any other tainted income[19] that represents more than 15% of the total income generated by such subsidiary.
(iv) A similar exemption exists for profits obtained through permanent establishments located outside Spain that are engaged in a trade or business and are located in a country where the permanent establishment is subject to a tax of similar nature than the CIT[20].

CIT does not establish different rates for capital gains or losses, thus gains are subject to the same rate than any other kind of income. CIT general rate is 30%[21]. **69**

The absorbing entity will recognize the assets acquired as a result of the merger at their fair market value. If the absorbing entity is a company resident outside Spain, a permanent establishment is likely to be created as a result of the merger and the activities carried by the transferor. **70**

In that case, depending on the value of the absorbed company, goodwill may be recognized for accounting purposes. The CIT Law regards as a deductible expense up to 5% of the goodwill, provided such depreciation is properly recorded in the accounting books of the absorbing entity; deductible goodwill requires in addition that it is not recognized as a result of a related party transaction. **71**

---

[19] Services rendered to companies resident in Spain that generate deductible expenses in the Spanish counterpart are regarded as tainted. In addition, income deriving from a tax haven jurisdiction does not qualify for the Spanish participation exemption.

[20] The CIT Law does not cover gains related to the transfer of a permanent establishment, probably on the basis that a permanent establishment is not anything different than the assets and liabilities allocated to it. However, exemptions must be interpreted in a restricted form; therefore, it is not easy to conclude that the transfer of the permanent establishment should be exempt, specially if as a result of the merger process, the permanent establishment cease to exist. From a pure Spanish CIT standpoint, such a result leads to an absurd position: transfer of assets generates a profit that may be freely distributed without any additional taxation, whereby the transfer of the permanent establishment itself is fully subject to tax.

[21] CIT Law provides for a 25% reduced rate for the first 300,000 € generated by small and medium size companies – generally, those having a turnover below 10 million €. Other reduced rates – 25%, 20%, 1% or 0% – apply for pension funds, investment funds and companies, certain cooperatives and other entities as set forth in Art.28 of the CIT Law; a 35% rate applies for companies engaged in the extraction, exploration, research and storage of hydrocarbons.

72 **(2) Special Tax Regime**[22]. The Merger Directive pretends to provide for a common regime where reorganization transactions could be implemented within the European Union without the interference of the taxes that might be levied on such a complex process: the local level of taxation in the different Member States of the EU should provide for a level playfield where taxes should not play a role on determining the result of such reorganization; on the other hand the Merger Directive does not provide for an exemption on potential income deriving from a merger process, but a defer of taxes until the moment when the corresponding assets are transferred by the entity resulting from the reorganization process.

73 The Special Tax Regime in Spain has evolved from a broad and generous system – with an effective loss of capacity of tax capital gains in certain cases – towards a system, more in line with the current wording of the Merger Directive, in which the neutrality of the regime is respected so far Spain retains the capacity to tax the gains related to those assets transferred as a result of the reorganization process. Some restrictions apply mainly to those cases where the entities involved or the shareholders receiving new shares are not resident in Spain or in the EU.

74 On the other hand, the Special Tax Regime is not limited just to a specific form of companies[23]: any entity that is subject to CIT may elect for the Special Tax Regime to apply in case of a reorganization. However, in cross-border mergers, the benefits of the regime are restricted, in certain cases, to transfers of assets when the acquirer is either a permanent establishment in Spain of the acquiring entity or to entities resident in the EU which corporate form is included in the annex to the Merger Directive.

75 The neutrality of Special Tax Regime applies so long the transaction is based on valid business reasons, such us the reorganization or rationalization of the activities of the entities involved, but not if it aims to obtain a tax advantage. This anti-avoidance rule has become the corner stone of the whole Special Tax Regime. We will get in detail over this issue in section III. margin no. 117 and 118.

76 The CIT Law includes a set of definitions of the transactions that may benefit from the Special Tax Regime in line with the definitions of the [Merger Directive][24]. As such, a merger takes place when (i) one or more entities, as a consequence of, and upon their dissolution without liquidation, transfer all their assets and liabilities to another entity -newly incorporated or already in existence – which delivers to its shareholders, in consideration for the assets and liabilities received in the merger process, shares or quotas representing the share capital of the acquiring entities and, as the case may be, a cash compensation not exceeding 10% of the face value of such shares or quotas[25]; or (ii) one entity, as a consequence of its dissolution without liquidation, delivers all its assets and liabilities to its sole shareholder.

---

[22] The Merger Directive was implemented in Spain by Law 19/1991. Currently, the Directive is implemented in the CIT Law, Articles 83 to 96. Last amendment to the regime includes specific references for the application of the regime to transactions involving the incorporation or transfer of domicile of a *Societas Europaea* or an European Cooperative. In this document, references to the regime regulated by this section of the CIT Law are made to the "Special Tax Regime".

[23] Art. 83.6 of the CIT Law.

[24] The CIT Law contains one additional category which is not included in the Merger Directive: the so-called special contribution in kind (*aportación no dineraria especial*). Contributions in kind of any asset may qualify for the Special Tax Regime if the transferor receives, as a result of such contribution, shares or quotas representing at least 5% of the share capital of the company that has received those assets. It is governed by Art. 94 of the CIT Law.

[25] Art. 83.1 of the CIT Law.

(a) **Taxation of the absorbed company, being resident in Spain.** As a general rule, 77 any capital gain or loss arising from the merger is not allocated to the CIT base of the absorbed company. However, the neutrality is only effectively achieved in those cases where the Spanish Tax Authorities retain the capacity to tax those gains. As such, the following gains generated by a company resident in Spain on the transfer of assets deriving from a cross border merger may benefit from the Special Tax Regime:

(i) Gains deriving from the transfer of assets or rights located in Spain provided those assets are allocated to a permanent establishment located in Spain.
(ii) Gains deriving from the transfer of permanent establishments located in a member state of the EU in favor of entities resident in an EU member state having one of the forms listed in the Annex to the Merger Directive.

Gains deriving from the transfer of assets located outside Spain may benefit from the 78 Special Tax Regime only in those cases where the acquirer of the assets is an entity resident in Spain. As per taxation of gains deriving from these assets, please refer to the General Tax Section, above.

Under the Special Tax Regime, the above referred gains are not included in the taxable 79 CIT base of the company that is being dissolved as a consequence of the merger process, thus no CIT is due in connection with those gains that benefit from the regime. The company is, therefore, dissolved and liquidated without being taxed on the gains embedded in those assets. The Spanish Tax Authorities maintain the capacity to tax those gains in the absorbing company.

(b) **The absorbing company, being resident in Germany.** In principle, if the absorbing company does not hold shares in the Spanish company which is being absorbed, 80 no income or loss arises from the acquisition of the assets and liabilities of such absorbed company.

Assets or rights located in Spain must be allocated to a permanent establishment in 81 Spain in order to avoid CIT on the gain corresponding to those assets (in the hands of the absorbed entity). The permanent establishment to which the assets and rights are allocated will receive those assets with the same tax basis and holding period they had in the absorbed company. As a result of this system, Spanish Tax Authorities retain the capacity to tax any future capital gain realized on the transfer of those assets in circumstances similar to those that would have resulted if the transfer would have been made by the absorbed company; depreciation rates and period remain as if they kept being made by the absorbed company.

Those assets located outside Spain that are transferred to the absorbing company will be 82 received outside the scope of the CIT; it is German law, in this case, which will determine the tax basis corresponding to those assets and the consequences of a subsequent transfer.

The transfer of permanent establishments within the EU in favor of the German ab- 83 sorbing company will be entitled to the regime provided the German company has one of the corporate forms of the Merger Directive and irrespective of the way in which the German resident company is taxed. The Spanish Tax Authorities are, thus, losing the capacity to tax subsequent gains on such a permanent establishment, since the CIT Law does not require any specific allocation of those assets to a permanent establishment in Spain. As referred above, despite the wording of the CIT law, the conclusion seems the logical consequence steaming from the participation exemption on profits deriving from permanent establishments located in jurisdictions with a similar tax than the Spanish CIT that are allocated to an active trade or business.

bb) Income Taxation of shareholders

84 **(1) General Tax Regime.** The shareholders of a Spanish company which is absorbed by another entity may obtain capital gains or losses on the difference between the tax basis of the shares of the absorbed entity and the fair market value of the shares received in consideration. Final taxation depends on the shareholder and its residency:

(i) Individuals resident in Spain for Income Tax on Individual purposes[26] are subject to tax on gains at rates ranging from 19% to 21%[27].
(ii) Non-residents in Spain are subject to a 19%[28] flat rate, however,
   (x) gains realized by residents in EU Member states on shares representing the share capital of companies resident in Spain are exempt of taxation, provided the main assets of such company is not real estate located in Spain, the shareholder does not hold more than 25% of the share capital of the Spanish company and the gain is not obtain through a tax haven jurisdiction;
   (y) gains realized on shares of Spanish listed entities transferred by shareholders resident in a country that has entered into with Spain in a treaty for the avoidance of double taxation including an exchange of information clause[29] are exempt of taxation provided they are not obtained through a tax haven country or jurisdiction; and
   (z) gains realized by residents in treaty countries that are entitled to its benefits will be subject to tax in accordance with the limitations set forth in the treaty; generally, Spain does not have the capacity to tax gains unless those gains derive from companies which main assets are real estate located in Spain or where the transferor has a significant participation.
(iii) Entities subject to CIT are taxed on the gain at the regular CIT rate. A tax credit equal to 100% of the tax liability realized on the gain may be claimed on the gain corresponding to retained earnings in the absorbed company generated during the holding period; in order to claim such credit, the shareholder must have a minimum 5% participation and must have kept the shares for one year before the transfer takes place. A tax credit for reinvestment is also available for those shareholders holding at least a 5% participation provided that they reinvest partial or totally an amount equal to the value of the shares received in the merger in qualified assets; such credit may reduce the effective rate of CIT[30].

85 **(2) Special Tax Regime.** Any capital gain generated by the shareholders of the absorbed company as a consequence of the merger is not taxed in Spain provided that said shareholders are resident for tax purposes in Spain or in any other country within the European Union.

---

[26] Generally, those that remain in Spanish territory longer than 183 days – temporary absences included – or that have their main economic and social interest located in Spain. An individual is deemed to be resident in Spain if his/her spouse or children are resident in Spain.

[27] A special regime applies for assets acquired prior to December 31, 1994: part of the gain is exempt depending on the holding period of the shares and the kind of assets of the absorbed company. The rates range from 21% to 27% during fiscal years 2012 to 2014.

[28] 21% during 2012, 2013 and 2014.

[29] All treaties entered by Spain have this clause.

[30] The shares received in the merger process may qualify for the tax credit for reinvestment if the shareholder of the absorbed entity receives at least a 5% participation in the entity resulting from the merger provided such entity is operating in an active trade or business and its assets meet certain requirements.

The shares received in exchange for the shares of the absorbed company will retain the tax basis of the shares of the absorbed company, increased or decreased by the money received or paid in the merger process. **86**

Shareholders resident for tax purposes outside the EU are not entitled to any deferral unless the shares received as a consequence of the merger process are shares of an entity resident in Spain for CIT purposes. **87**

Please note that the Special Tax Regime would not apply to those cases where entities resident in tax haven jurisdictions are involved. **88**

If the absorbing company holds a participation in the share capital of the absorbed company, special rules apply[31]. **89**

A question that remains unsolved in cross-border mergers is whether the absorbing company has the possibility to recognize a goodwill for tx purposes as a result of the merger process and if such goodwill could be allocated to a permanent establishment in Spain. The Special Tax Regime allows Spanish absorbing companies that participate in the share capital of the absorbed entity to recognize goodwill[32] on a merger process if the absorbing company has held more than 5% of the share capital of the absorbed company and those shares have been acquired from a person – either an individual or an entity – that is not related and that has paid or it is presumed that has paid taxes on the transfer of those shares. In case of a cross border merger, it is likely that in order to be able to recognize such goodwill, prior to the merger, the absorbing German company should allocate the shares of the absorbed company it holds to a permanent establishment in Spain in order for the absorbed entity being merged into the permanent establishment of the German company. **90**

cc) Other relevant taxes triggered by cross-border reorganizations

(1) General Tax Regime
– A merger is exempt from Capital Duty (*"Impuesto sobre Transmisiones Patrimoniales y Actos Jurídicos Documentados, modalidad de Operaciones Societarias"*). **91**
– Transfer of all assets and liabilities is, generally, not subject to Value Added Tax (*"Impuesto sobre el Valor Añadido"*). **92**
– The Local Tax on the Increase of Value of Urban Land (*"Impuesto sobre el Incremento de Valor de los Terrenos de Naturaleza Urbana"*) is levied on any transfer of real estate located in an urban area. The taxable base is calculated as an estimation of the value added to the real estate by the activity of the townhall where the real estate is located throughout the years the owner has held such piece of land. Tax rates depend on the number of habitants of the municipality where the land seats. **93**
– Effective date of the merger affects Business Tax (*"Impuesto sobre Actividades Económicas"*) and may lead to an effective double taxation if the merger does not take place at the end of a fiscal quarter. **94**

(2) Special Tax Regime. Mergers under the Special Tax Regime are exempt from Capital Duty and Local Tax on the Increase of Value of Urban Land. No VAT is due either on the transfer of all assets and liabilities to the German absorbing company. **95**

---

[31] If the participation is less than 5%, capital gains are not deferred. Participations of 5% or more do not trigger any gains. The provision is irrelevant if the absorbing company is resident in Germany and is entitled to the benefits of the treaty for the avoidance of double taxation entered into by Germany and Spain: the treaty provides that Spain has no capacity to tax those gains.

[32] The goodwill is calculated in accordance with consolidated accounting rules.

III. Cross-Border Split

1. The procedure under the LCR

96   A split, under Spanish Corporate Law, is a process similar to the merger. The LCR governs also this type of reorganizations by regulating the specific aspects of the process that are different from the merger. All issues not specifically regulated are referred to those set forth for a merger.

97   The LCR distinguishes three basic types of splits: (i) a total split; (ii) a partial split; or (iii) a segregation.

98   As a result of a total split, a company (the "**Segregated Company**") divides all of its assets and liabilities into two or more parts and transfers the same to two or more acquirors (the "**Beneficiaries**") in exchange for the pro rata issue to its shareholders of shares of the Beneficiaries and, if applicable, a cash payment not exceeding 10% of the face value of the newly issued Beneficiaries' shares. As a result of a total split, the Segregated Company is dissolved, without being liquidated.

99   In case of a partial split, the Segregated Company is not dissolved, but remains as a legal person holding assets and liabilities; however, as a result of the process, the Segregated Company transfers to one or more beneficiaries a pool of assets and liabilities that form a business unit. The shareholders of the Segregated Company receive shares of the Beneficiaries pro rata to their participation in the share capital of the Segregated Company.

100   As a result of a segregation, the Segregated Company delivers a pool of assets and liabilities that form a business unit to a Beneficiary in consideration for shares representing its share capital. In a segregation, the Segregated Company remains as a legal person and, contrary to a partial split, no shares are delivered to the Segregated Company shareholders.

a) Preparatory phase

101   **The split project.** The split project is drafted and signed by the directors of the Segregated Companies and, *inter alia*, shall contain the following particulars: (i) corporate name and registered office of the Segregated Companies and of the Beneficiaries; (ii) the distribution amongst the shareholders of the Segregated Companies of the participations (*participaciones sociales*) to be held by them in the share capital of the Beneficiaries, as well as the basis on which such distribution will be made; (iii) the date of effectiveness of the split-off from an accounting point of view (which can be prior or subsequent to the date of the splitting project but that has to be identical for all the companies involved in the split-off procedure); (v) the precise designation of the assets and liabilities to be split-off and contributed to the Beneficiaries and (vi) the intention to obtain the benefits of the Special Tax Regime.

102   Once the directors have approved the splitting project, it must be published at the official web page of the Segregated Companies and the Beneficiaries or filed with the Commercial Registry in which the companies involved in the split-off procedure are recorded.

103   **Complementary reports to the split project.** As it is the case of the merger, a report from independent experts on the economic unit to be segregated from the Segregated Company is required, in similar terms and content than those set forth in case of the merger; in addition, the report must value the net worth to be transferred to each of the Beneficiaries.

The Segregated Company's directors on the split-off project must explain and justify the 104
split-off project in all its economic and legal aspects and shall specifically refer to any difficulty that may arise in the valuation of the economic units to be split-off.

The directors of the Segregated Company shall prepare a split-off balance sheet closed 105
as at a date subsequent to the first day of the third month preceding the date of the splitting project. The preparation of such balance sheet may not be necessary in the event that the last approved annual balance sheet is closed within the six (6) months preceding the split project.

b) Decision-making phase

General Shareholders' Meeting Call. The General Shareholders' Meeting to be held 106
by the Segregated Company shall take place one (1) month in advance. Simultaneously to the call of the meeting, the directors must announce the split and its consequences to the employees' legal representatives of the Segregated Companies.

The shareholder's right to access information on the split-off available is implemented 107
either through the official web page or by depositing the documentation at the registered office[33]. The directors must also inform the shareholders of any significant change that may occur in the Segregated Companies' assets or liabilities.

Spin-off Resolution. General Shareholders' Meeting of the Segregated Companies' 108
should deal with the split-off (on the basis of the split-off project) and the intention to obtain the benefits of the Special Tax Regime.

Publication. Once the resolutions are passed by the General Shareholders' Meeting: 109
said resolutions shall be published in the Commercial Registry's Official Gazette (*Boletín Oficial del Registro Mercantil*) and in one local newspaper.

Creditors rights. Creditors opposition period starts one month as from the date of the 110
last of the aforementioned publications; within such period, the Segregated Companies' creditors whose credits have accrued before the date of the split project publications may object to the split-off until such credits which have not matured are sufficiently secured. Should it be the case, the split-off may not take place until the aforementioned credits have been sufficiently secured or, alternatively, until the creditors who have objected to the split-off have been notified of the fact that a joint and several bank guarantee has been issued in favor of the Segregated Companies.

c) Execution phase

Execution of the public deed of split-off (which, shall also include the legal references 111
necessary to incorporate the Beneficiary) shall only take place once the creditors opposition period referred to in the paragraph above has elapsed without any Segregated Companies' creditors having objected the split-off or, otherwise, once the credits of the Segregated Company' creditors having objected to the split-off have been sufficiently secured.

Once the deed of split-off is executed, it must be filed with the Commercial Registry.

d) Labor Law Requirements

Notification to the Spanish Social Security Authorities of the change of employer (as a 112
consequence of the subrogation of the Beneficiaries in the employment contracts of the Segregated Company) must be made within a term of six (6) days as from the effective date of the transfer of the employees, that is, within a term of six (6) days as from the date of the execution of the public deed referred to in point 10 above.

---

[33] Said information shall also be made available to the employees' legal representatives.

2. Tax implications

113 The same consequences referred above for a merger apply, *mutatis mutandis*, to a spin-off or a division.

114 Notwithstanding the above, under the Special Tax Regime, some specific elements should be noted:

  (i) A partial division may be achieved by segregating a portfolio of shares representing the majority of the share capital of other entities. Such split may qualify under the Special Tax Regime if a similar portfolio or a branch of activity is retained by the company which is being split.
  (ii) The Special Tax Regime may apply to partial divisions or divisions of a portfolio even if the shareholders of the entities affected by the process do not participate pro-rata in the share capital of all the entities involved. Such non-proportional allocation could be made under the Special Tax regime if the entities involved in the process are running independent business units.
  (iii) A segregation does not qualify as a split, but as a contribution of a branch of activity.

115 The critical element, in all cases, is the concept of branch of activity. The Merger Directive resembles a branch of activity in an economic nature: any pool of assets that is able to be managed on its own once it has been segregated should be regarded as such. However, Spanish Tax Authorities have interpreted the concept in quite a restrictive way: a branch of activity must pre-exist in the Segregated Company. If no proper evidence of a prior independent organization and management exists, the Spanish Tax Authorities have lately denied the possibility to apply the Special Tax Regime, constraining significantly the possibilities of this type of reorganization.

IV. Some additional tax issues: election; the anti-avoidance clause

116 Taxpayers benefiting from the Special Tax Regime must elect for its application fulfilling certain formal requirements. The election for the application of the Special Tax Regime must be documented in the merger or split project as well as in the corporate resolutions approving the merger or the split. Additionally, the absorbing company must notify to the Spanish Tax Authorities the election for the Special Tax Regime within three months following the registration of the public deed of merger with the Spanish Commercial Registry.

117 As briefly discussed before, the CIT Law has implemented the anti-avoidance clause included in the Merger Directive: if the aim of the reorganization is not a valid business reason, the Special Tax Regime does not apply to such a reorganization; thus, the general tax regime would apply. Originally, tax fraud was the limit set forth in the CIT Law. However, the current wording of the law, identifies as tax fraud any tax advantage or benefit if those are pursued as the main objectives of the reorganization.

118 In order to limit the effects of a potential denial of the Special Tax Regime, current Spanish practice tend to favor the submission of a ruling before the Spanish Tax Authorities in order to verify, before the transaction takes place, whether the objective of the transaction has sufficient merits for the authorities or lacks a proper business reason. Such a ruling must be obtained before the transaction is implemented and is binding on the authorities provided the factual description of the transaction is correct.

G. Österreich

Bearbeiter: Dr. Franz **Althuber**, Dr. Christian **Knauder**, Dr. Babette **Prechtl-Aigner**

Gliederung

	Rz.
I. Verschmelzung mit einer österreichischen Gesellschaft	1–78
1. Gesellschaftsrechtliche Grundlagen	1–43
a) Anwendbares Recht	1, 2
b) Mögliche beteiligte Rechtsträger	3–10
aa) Rechtsträger aus EU-Mitgliedstaaten und EWR-Vertragsstaaten	3
bb) Der Begriff der Kapitalgesellschaft iSd EU-VerschG	4–6
cc) Zulässigkeitsvorbehalt nach nationalem Recht	7–10
c) Ablauf der Verschmelzung einer deutschen auf eine österreichische Gesellschaft	11–38
aa) Verschmelzungsplan	11–18
bb) Anteilsaustausch/Abfindung	19, 20
cc) Verschmelzungsbericht	21, 22
dd) Prüfung des Verschmelzungsplans	23–26
ee) Zustimmung der Gesellschafterversammlung der österreichischen Gesellschaft	27, 28
ff) Anmeldung, Prüfung und Eintragung der Verschmelzung im Firmenbuch	29–35
(1) Wirksamkeit der grenzüberschreitenden Verschmelzung	29–30
(2) Gerichtszuständigkeit in Österreich	31–35
gg) Arbeitsrechtliche Aspekte	36–38
d) Ablauf einer Verschmelzung einer österreichischen auf eine deutsche Gesellschaft	39–43
aa) Allgemeines	39–41
bb) Barabfindung widersprechender Gesellschafter bei der Export-Verschmelzung	42
cc) Sonstige Gläubigerschutzbestimmungen	43
2. Steuerrechtliche Grundlagen	44–78
a) Allgemeines zum Umgründungssteuergesetz	44, 45
b) Anwendbarkeit des UmgrStG auf Verschmelzungen	46, 47
c) Ebene der übertragenden Gesellschaft – Exportverschmelzung	48–59
aa) (Partielle) Steuerwirksamkeit und Steuerneutralität der Verschmelzung	48–50
bb) Aufgeschobene Entstrickungsbesteuerung	51–55
cc) Aufwertungswahlrecht	56–58
dd) DBA-befreites Betriebsstättenvermögen	59
d) Ebene der übernehmenden Gesellschaft – Importverschmelzung	60–63
aa) Buchwertfortführung	60
bb) Aufwertung auf den gemeinen Wert	61, 62
cc) Internationale Schachtelbeteiligung	63
e) Verluste	64, 65
aa) Export-Verschmelzung	64
bb) Import-Verschmelzung	65
f) Auswirkungen auf Gesellschafterebene	66–73
aa) Keine Einschränkung des Besteuerungsrechts am übertragenen Vermögen	67–69
bb) Keine Einschränkung des Besteuerungsrechts am übertragenen Vermögen, aber Entstrickung auf Anteilsinhaberebene	70, 71
cc) Einschränkung des Besteuerungsrechts am übertragenen Vermögen	72
dd) Zeitpunkt des Anteilserwerbs	73
g) Sonstige steuerliche Rechtsfolgen	74–76
h) Missbrauch	77, 78

	Rz.
II. Spaltung	79–131
1. Gesellschaftsrechtliche Grundlagen	79–97
a) Allgemeines	79–88
aa) Zum Begriff der Spaltung in Österreich	79–86
(1) Abspaltungen versus Aufspaltungen	82, 83
(2) Spaltung zur Neugründung versus Spaltung zur Aufnahme	84, 85
(3) Verhältniswahrende versus nicht verhältniswahrende Spaltungen	86
bb) Grenzüberschreitende Spaltungen	87, 88
b) Zivilrechtliche Konsequenzen für die involvierten Gesellschaften	89–97
aa) Spaltungen als Gesamtrechtsnachfolgevorgänge	89–90
bb) Die Haftungsbestimmung des § 15 Abs. 1 SpaltG im Überblick	91, 92
cc) Sonstige Haftungsbestimmungen (inter alia)	93–97
(1) Haftung nach § 1409 ABGB	93, 94
(2) Übergang verbandsstrafrechtlicher Konsequenzen	95
(3) Haftung des Spaltungsprüfers und der vertretungsbefugten Organe gem. § 3 Abs. 5 und § 5 Abs. 3 SpaltG	96, 97
2. Steuerrecht	98–120
a) Allgemeines	98, 99
b) Ebene der übertragenden Gesellschaft – Exportspaltung	100–106
aa) (Partielle) Steuerwirksamkeit und Steuerneutralität der Spaltung	100–102
bb) Aufwertungswahlrecht	103, 104
cc) DBA-befreites Betriebsstättenvermögen	105
dd) Rückwirkende Korrekturen	106
c) Ebene der übernehmenden Körperschaft – Importspaltung	107–109
aa) Buchwertfortführung	107
bb) Aufwertung auf den gemeinen Wert	108
cc) Internationale Schachtelbeteiligung	109
d) Übergang von Verlustvorträgen	110–112
e) Besteuerung auf Ebene der Anteilsinhaber	113–116
f) Sonstige steuerliche Folgen	117–119
g) Missbrauch	120
3. Exkurs: Steuerspaltungen	121–131
a) Allgemeines und gesellschaftsrechtliche Einordnung	121–125
b) Auswirkungen auf die spaltende Körperschaft	126–128
c) Auswirkungen auf die übernehmende Körperschaft	129
d) Auswirkungen auf die Gesellschafter der spaltenden Gesellschaft	130, 131

I. Verschmelzung mit einer österreichischen Gesellschaft

1. Gesellschaftsrechtliche Grundlagen

a) Anwendbares Recht

1 Das österreichische Bundesministerium für Justiz hat in Umsetzung der Richtlinie 2005/56/EG im April 2007 den Ministerialentwurf für ein Gesellschaftsrechts-Änderungsgesetz 2007 (GesRÄG 2007) erlassen, welches unter anderem den Entwurf eines *„Bundesgesetzes über die grenzüberschreitende Verschmelzung von Kapitalgesellschaften in der Europäischen Union"* (EU-Verschmelzungsgesetz; EU-VerschG) vorsah. Eine darauf basierende Regierungsvorlage, die im Juni 2007 veröffentlicht wurde und gegenüber dem Ministerialentwurf zum Teil ganz erhebliche Änderungen beinhaltete, wurde am 27. September 2007 im österreichischen Nationalrat beschlossen, die Kundmachung des Gesetzes im

BGBl erfolgte im Rahmen des GesRÄG 2007 am 24. Oktober 2007.[1] Richtlinienkonform trat das EU-VerschG am 15. Dezember 2007 in Kraft (§ 17 EU-VerschG). Durch das Inkrafttreten des EU-VerschG sollte iSd der europarechtlichen Vorgaben ein Verfahren geschaffen werden, das den Anforderungen und Problemen der grenzüberschreitenden Verschmelzung – va auf den Gebieten des Minderheiten- und Gläubigerschutzes, der Arbeitnehmermitbestimmung und der Zusammenarbeit der nationalen Behörden – gerecht wird.[2]

Anders als in Deutschland hat es der österreichische Gesetzgeber vermieden, die Bestimmungen über die grenzüberschreitende Verschmelzung direkt in den Materiengesetzen (AktG, GmbHG) zu regeln. Vielmehr wurde ein eigenes Gesetz geschaffen, was – ausweislich der Erläuternden Bemerkungen zum Ministerialentwurf – den Vorteil hat, dass die Grundsätze der grenzüberschreitenden Verschmelzung besser dargestellt werden können und auf eine allfällige zukünftige Erweiterung bestehender Verschmelzungsmöglichkeiten besser reagiert werden kann.[3]

Ein praktischer Kritikpunkt an dieser Regelungsweise ergibt sich freilich daraus, dass infolge der Neuregelung etwa bei grenzüberschreitenden Verschmelzungen von Gesellschaften mit beschränkter Haftung drei Gesetze – nämlich das AktG, das GmbHG (welches zu großen Teilen auf das AktG verweist) und das EU-VerschG – nebeneinander anzuwenden sind. Es wurde daher bereits im Zuge der Begutachtung des Ministerialentwurfs die Forderung laut, aus Praktikabilitätsgründen – ähnlich wie in Deutschland – ein eigenes Gesetz zu schaffen und die entsprechenden verschmelzungsrechtlichen Regelungen des AktG bzw. des GmbHG sowie das EU-VerschG zusammenzuführen und in ihrer Gesamtheit einheitlich zu kodifizieren.[4]

b) Mögliche beteiligte Rechtsträger

aa) Rechtsträger aus EU-Mitgliedstaaten und EWR-Vertragsstaaten.
Das EU-VerschG gilt nur für Verschmelzungsvorgänge innerhalb der Mitgliedstaaten der EU und den Vertragsstaaten des Abkommens über den EWR[5], dies freilich nur unter entsprechender Beteiligung einer österreichischen Kapitalgesellschaft. Neben den derzeit 27 Mitgliedsländern der EU sind dies Liechtenstein, Island und Norwegen. Verschmelzungen mit Drittstaatengesellschaften – in welcher Konstellation auch immer – sind vom Anwendungsbereich des EU-VerschG nicht umfasst.

bb) Der Begriff der Kapitalgesellschaft iSd EU-VerschG.
§ 1 Abs. 2 EU-VerschG definiert den Begriff der „Kapitalgesellschaft" und subsumiert darunter – wie Art. 2 der

---

[1] Gesellschaftsrechts-Änderungsgesetz 2007, BGBl I 72/2007; vgl dazu auch ausführlich *Althuber/Vavrovsky*, GesRÄG 2007.– Aktuelle Änderungen im Umgründungsrecht, GeS 2007, 416 sowie *Kaufmann*, die grenzüberschreitende Verschmelzung nach dem EU-Verschmelzungsgesetz, RdW 2008, 123.
[2] So bereits Straube/Rauter, JAP 2007/2008, 105; vgl auch *Frotz* in *Frotz/Kaufmann* (Hrsg), Grenzüberschreitende Verschmelzungen (2008) § 1 EU-VerschG Rz 28.
[3] Siehe bereits *Frotz* in *Frotz/Kaufmann* (Hrsg.), Grenzüberschreitende Verschmelzungen (2008), § 1 EU-VerschG Rn. 27.
[4] Stellungnahme 6/SN-56/ME (XXIII. GP) der Kammer der Wirtschaftstreuhänder zum Ministerialentwurf des EU-VerschG.
[5] Auch die EWR-Vertragsstaaten hatten die RL 2005/56/EG umzusetzen. Dies ergibt sich aus Art. 7 des EWR-Abkommens, der die Vertragsstaaten zur Umsetzung aller in den Anhängen des EWR-Abkommens enthaltenen Rechtsakte verpflichtet. Gemäß dem Beschluss des gemeinsamen EWR-Ausschusses zur Änderung des Anhangs XXII des EWR-Abk. (22.9.2006, Nr. 127/2006) wurde auch die RL 2005/56/EG in den Anhang aufgenommen, womit diese ebenso Bestandteil des EWR-Abk. wurde; vgl. dazu etwa *Schwarz*, Europäisches Gesellschaftsrecht (2000) Rn. 50.

RL 2005/56/EG⁶ – jede Gesellschaft „*im Sinn des Artikels 1 der Richtlinie 2009/101/EG*"⁷ sowie jede Gesellschaft „*die Rechtspersönlichkeit besitzt und über gesondertes Gesellschaftskapital verfügt, das allein für die Verbindlichkeiten der Gesellschaft haftet, und die nach dem für sie maßgebenden innerstaatlichen Recht Schutzbestimmungen im Sinn der Richtlinie 2009/101/EG im Interesse der Gesellschafter sowie Dritter einhalten muss*". Wenngleich dieser Hinweis auf sonstige Gesellschaften mit Rechtspersönlichkeit und gesondertem Gesellschaftskapital – wie auch die wortgleiche Regelung in der RL 2005/56/EG – uE unglücklich formuliert ist und diverse Fragen in diesem Zusammenhang offen bleiben, ist dem EU-VerschG in seiner Gesamtheit zu entnehmen, dass es einerseits nur solche juristischen Personen als vom Anwendungsbereich des Gesetzes umfasst sehen will, die in das Firmenbuch (Handelsregister) eingetragen sind und dass andererseits eigentümerlose Gebilde, wie etwa Privatstiftungen und Sparkassen vom Anwendungsbereich des Gesetzes ausgeschlossen bleiben. Nicht erfasst sind ferner Versicherungsvereine auf Gegenseitigkeit (VVaG), so man diese überhaupt als Kapitalgesellschaft iSd § 1 Abs. 2 EU-VerschG beurteilt.⁸

5   Des Weiteren könnten Genossenschaften zwar unter den erwähnten Begriff der „Kapitalgesellschaft" subsumiert werden, doch erlaubt Art. 3 Abs. 2 der RL 2005/56/EG, eben diese Rechtssubjekte von der grenzüberschreitenden Verschmelzung auszunehmen.⁹ Von dieser Möglichkeit wurde im EU-VerschG durch die ausdrückliche Beschränkung der (internationalen) Verschmelzungsfähigkeit auf AG und GmbH Gebrauch gemacht.

6   Aus österreichischer Sicht beschränkt sich der Anwendungsbereich des Gesetzes daher auf Aktiengesellschaften (AG), Europäische (Aktien-)Gesellschaften (SE)¹⁰ und Gesellschaften mit beschränkter Haftung (GmbH). § 3 EU-VerschG regelt dementsprechend, dass sich Aktiengesellschaften und Gesellschaften mit beschränkter Haftung mit Kapitalgesellschaften, die nach dem Recht eines anderen Mitgliedstaats gegründet worden sind und ihren satzungsmäßigen Sitz, ihre Hauptverwaltung oder ihre Hauptniederlassung in der Gemeinschaft haben, grenzüberschreitend verschmelzen können. Ebenso ist es zulässig, dass solche Gesellschaften aus einer Verschmelzung von Kapitalgesellschaften, die nach dem Recht eines anderen Mitgliedstaates gegründet worden sind, hervorgehen. Auf eine Definition des Begriffes der Verschmelzung wird im EU-VerschG verzichtet, zumal die in Art. 2 Z 2 der RL 2005/56/EG enthaltene Begriffsbestimmung weitestgehend dem Begriff der Verschmelzung in § 219 AktG und § 96 GmbHG entspricht, auf die wiederum in § 3 Abs. 2 EU-VerschG ausdrücklich verwiesen wird.

7   **cc) Zulässigkeitsvorbehalt nach nationalem Recht.** Gemäß Art. 4 Abs. 1 lit a der RL 2005/56/EG sind grenzüberschreitende Verschmelzungen nur zwischen Gesellschaften solcher Rechtsformen möglich, die sich nach dem innerstaatlichen Recht der jeweiligen Mitgliedstaaten verschmelzen dürfen. Sowohl die (grundsätzliche) aktive als auch die passive Verschmelzungsfähigkeit bestimmt sich nach dem jeweiligen Personalstatut der beteiligten Gesellschaften. Die RL 2005/56/EG gebietet somit die Zulassung grenzüber-

---

⁶ Art. 2 der RL 2005/56/EG verweist noch auf die Erste Richtlinie 68/151/EWG des Rates vom 9. März 1968; diese wurde zuletzt geändert durch die RL 2009/101/EG des Europäischen Parlaments und des Rates vom 16. September 2009 zur Koordinierung der Schutzbestimmungen, die in den Mitgliedstaaten Gesellschaften iSd Art. 48 Abs. 2 im Interesse der Gesellschafter sowie Dritter vorgeschrieben sind, um diese Bestimmungen gleichwertig zu gestalten (ABl L 2009/258, 11; kodifizierte Fassung).

⁷ Das sind die AG und GmbH in Österreich sowie die entsprechenden Rechtsformen der anderen Mitgliedstaaten.

⁸ So bereits *Frotz* in *Frotz/Kaufmann* (Hrsg.), Grenzüberschreitende Verschmelzungen, § 3 EU-VerschG Rn. 7 mwN.

⁹ Diese Sonderregel zum Anwendungsbereich gilt nach den Vorgaben der RL auch dann, wenn die Genossenschaft unter die Definition des Begriffs „Kapitalgesellschaft" fällt.

¹⁰ Aufgrund deren Gleichstellung mit der AG gem. Art. 10 SE-VO.

schreitender Verschmelzungen nur insoweit, als eine Verschmelzung zwischen Gesellschaften solcher Rechtsformen auch nach dem innerstaatlichen Recht der betroffenen Mitgliedstaaten möglich ist.[11]

Im Zuge der Schaffung des EU-VerschG galt es zu beachten, dass die konkrete Verschmelzungsfähigkeit eines Rechtsträgers nach österreichischem Recht in bestimmten Fällen von der Rechtsform der anderen, am fraglichen Verschmelzungsvorgang beteiligten Gesellschaft(en) abhängig war. Der Ministerialentwurf orientierte sich an den existierenden innerstaatlichen gesellschaftsrechtlichen Regelungen, was zur Konsequenz gehabt hätte, dass auch die grenzüberschreitende Verschmelzung einer AG auf eine – der österreichischen GmbH vergleichbare – ausländische Kapitalgesellschaft und der umgekehrte Fall der Verschmelzung einer ausländischen (mit einer österreichischen AG vergleichbaren) Gesellschaft auf eine österreichische GmbH nach dem EU-VerschG fortan nicht möglich gewesen wäre. Um die Zulässigkeit einer Verschmelzung nach dem EU-VerschG beurteilen zu können, wäre es demnach stets notwendig gewesen, vorab zu klären, welche ausländischen Kapitalgesellschaften mit österreichischen Aktiengesellschaften oder Gesellschaften mit beschränkter Haftung vergleichbar sind. Die amtlichen Erläuterungen zum Ministerialentwurf sahen in diesem Zusammenhang daher noch vor, dass hinsichtlich der Vergleichbarkeit mit einer österreichischen AG die Zweite bzw. die Dritte gesellschaftsrechtliche Richtlinie (RL 77/91/EWG bzw. RL 78/660/EWG) zur Auslegung heranzuziehen seien und hinsichtlich der Vergleichbarkeit mit einer österreichischen GmbH auf Art. 1 der Ersten gesellschaftsrechtlichen Richtlinie (RL 68/151/EWG) abzustellen sei. **8**

Um diese – in der Praxis oft schwierige Prüfung – zu vermeiden, wurde in der endgültig kundgemachten Fassung des EU-VerschG keinerlei Beschränkung mehr vorgesehen. Maßgeblich ist demnach nur, dass die an der Verschmelzung beteiligte ausländische Gesellschaft als Kapitalgesellschaft iSd Art. 2 der RL 2005/56/EG bzw. § 1 Abs. 2 EU-VerschG zu qualifizieren ist. Ergänzend dazu wurde die Verschmelzung einer AG auf eine GmbH auch für den Bereich des innerstaatlichen Gesellschaftsrechts in einem neu geschaffenen § 234a AktG geregelt. Folglich ist seither auch die rein innerstaatliche Verschmelzung einer österreichischen AG auf eine österreichische GmbH zulässig. **9**

Eine österreichische AG soll auf eine niederländische B.V. (Besloten Vennootschap) verschmolzen werden. Kommt man im Rahmen eines Rechtsformvergleiches (zutreffend) zum Schluss, dass die B.V. mit einer österreichischen GmbH vergleichbar ist, so wäre die grenzüberschreitende Verschmelzung nach der Rechtslage vor Inkrafttreten des GesRÄG 2007 nicht möglich gewesen, da die österreichische AG zu diesem Zeitpunkt nach nationalem Recht auch nicht auf eine österreichische GmbH verschmolzen werden konnte.

Im Ergebnis ist in Bezug auf österreichische Kapitalgesellschaften (AG, GmbH) nunmehr festzuhalten, dass diese ohne jegliche Beschränkung und ungeachtet der Verschmelzungsrichtung mit allen ausländischen Kapitalgesellschaften iSd Art. 2 der RL 2005/56/EG bzw. § 1 Abs. 2 EU-VerschG verschmolzen werden können. Die Societas Europaea (SE) ist in diesem Zusammenhang gem. Art. 10 SE-VO[12] wie eine Aktiengesellschaft zu behandeln, d.h. auch eine SE kann übertragende oder übernehmende Gesellschaft im Anwendungsbereich des EU-VerschG sein. Auf grenzüberschreitende Verschmelzungen zur Gründung einer SE ist das EU-VerschG hingegen nicht anwendbar, zumal für diesen Fall **10**

---

[11] Ausführlich dazu *Bayer/Schmidt*, Die neue Richtline über die grenzüberschreitende Verschmelzung von Kapitalgesellschaften – Inhalt und Anregungen der Umsetzung in Deutschland, NJW 2006, 401 sowie *Ratka*, Die neue Richtline zur grenzüberschreitenden Verschmelzung von Kapitalgesellschaften, GES 2006, 52.
[12] Verordnung (EG) Nr. 2157/2001 über das Statut der Europäischen Gesellschaft (SE), ABl 2001, L 294/1.

die spezielleren Vorschriften der Art. 17 ff. SE-VO existieren und vorrangig zur Anwendung kommen.

c) Ablauf der Verschmelzung einer deutschen auf eine österreichische Gesellschaft

11 **aa) Verschmelzungsplan.** Art. 5 der RL 2005/56/EG wird durch § 5 EU-VerschG umgesetzt. Demnach haben die Leitungs- oder Verwaltungsorgane der sich verschmelzenden Gesellschaften, bei österreichischen Kapitalgesellschaften somit die Geschäftsführer der GmbH bzw. die Vorstandsmitglieder der AG,[13] jeweils in vertretungsbefugter Zahl, einen gemeinsamen Plan für die grenzüberschreitende Verschmelzung aufzustellen („Verschmelzungsplan"). Prokuristen sind dann zur Aufstellung des Verschmelzungsplanes berechtigt, wenn sie die Gesellschaft kollektiv mit einem Geschäftsführer oder einem Vorstandsmitglied vertreten. Mittels Spezialvollmacht können Dritte zur Unterfertigung namens der Organe bevollmächtigt werden.

12 Der Verschmelzungsplan hat einen bestimmten Mindestinhalt aufzuweisen, der in § 5 Abs. 2 EU-VerschG in enger Anlehnung an die entsprechenden Regelungen in der RL 2005/56/EG detailliert geregelt wird. Notwendig ist demnach (mindestens) die Angabe folgender Informationen:

- Rechtsform, Firma und Sitz der übertragenden und der aus der Verschmelzung hervorgehenden Gesellschaft;
- das Umtauschverhältnis der Gesellschaftsanteile und gegebenenfalls die Höhe der baren Zuzahlungen;
- die Einzelheiten für die Gewährung von Anteilen der aus der Verschmelzung hervorgehenden Gesellschaft; werden keine Anteile gewährt, sind die Gründe hiefür anzugeben;
- die voraussichtlichen Auswirkungen der Verschmelzung auf die Beschäftigung;[14]
- den Zeitpunkt, von dem an die Gesellschaftsanteile deren Inhabern das Recht auf Beteiligung am Gewinn gewähren, sowie alle Besonderheiten, die eine Auswirkung auf dieses Recht haben;
- den Stichtag, von dem an die Handlungen der sich verschmelzenden Gesellschaften als für Rechnung der aus der Verschmelzung hervorgehenden Gesellschaft vorgenommen gelten (Verschmelzungsstichtag);
- die Rechte, welche die aus der Verschmelzung hervorgehende Gesellschaft den mit Sonderrechten ausgestatteten Gesellschaftern und den Inhabern von anderen Wertpapieren als Gesellschaftsanteilen gewährt, oder die für diese Personen vorgeschlagenen Maßnahmen;
- jeden besonderen Vorteil, der einem Mitglied des Verwaltungs-, Leitungs-, Aufsichts- oder Kontrollorgans, einem Abschlussprüfer der an der Verschmelzung beteiligten Gesellschaften oder einem Verschmelzungsprüfer gewährt wird;[15]

---

[13] Die Kompetenz zur Unterfertigung des Verschmelzungsplanes namens der Gesellschaft ist nach dem jeweiligen Personalstatut der beteiligten Gesellschaften zu beurteilen; vgl. auch *Hable/Gassner*, EU-VerschmelzungsG 86 mit Hinweis auf *Adensamer/Eckert*, Das Kollisionsrecht der grenzüberschreitenden Verschmelzung (Teil I), GES 2007, 100.

[14] Hierzu wird in der deutschen Literatur – aus guten Gründen – die Ansicht vertreten, dass sich die entsprechenden Angaben auf Grundzüge beschränken können, da sowieso ein detaillierter Verschmelzungsbericht zu erstellen ist; vgl. dazu *Kallmeyer/Kappes*, Grenzüberschreitende Verschmelzungen und Spaltungen nach SEVIC und der EU-Verschmelzungsrichtlinie, AG 2006, 231.

[15] Augenscheinlicher Zweck dieser Vorschrift ist der Schutz der Gesellschafter; sie sollen darüber informiert werden, ob den an der Verschmelzung beteiligten und dafür verantwortlichen Personen Vorteile gewährt wurden, die unter Umständen deren Objektivität beeinträchtigen könnte (zB Abfindungen für Organmitglieder der übertragenden Gesellschaft, deren Funktionen mit Wirksamkeit der Verschmelzung untergehen).

- die Satzung oder der Gesellschaftsvertrag der aus der Verschmelzung hervorgehenden Gesellschaft;
- gegebenenfalls Angaben zu dem Verfahren, nach dem die Einzelheiten über die Beteiligung von Arbeitnehmern an der Festlegung ihrer Mitbestimmungsrechte in der aus der grenzüberschreitenden Verschmelzung hervorgehenden Gesellschaft geregelt werden;
- Angaben zur Bewertung des Aktiv- und Passivvermögens, das auf die aus der grenzüberschreitenden Verschmelzung hervorgehende Gesellschaft übertragen wird: unklar ist in diesem Zusammenhang, ob damit die Ermittlung des Werts oder die bilanzielle Bewertung des übergehenden Vermögens gemeint ist; unseres Erachtens ist der zweiten Auslegungsvariante der Vorzug zu geben, womit bei einer Hereinverschmelzung nach Österreich[16] von § 202 Abs. 1 UGB[17] auszugehen ist, also insbesondere darüber Auskunft zu geben ist, ob die beizulegenden (Tages-)Werte angesetzt oder die bisherigen Buchwerte fortgeführt werden;[18]
- den Stichtag der Jahresabschlüsse der an der Verschmelzung beteiligten Gesellschaften, die zur Festlegung der Bedingungen der grenzüberschreitenden Verschmelzung verwendet werden.
- Gemäß Art. 4 Abs. 2 letzter Satz der RL 2005/56/EG kann jeder Mitgliedstaat Regelungen zum Zweck des Schutzes jener Minderheitsgesellschafter erlassen, die der grenzüberschreitenden Verschmelzung nicht zustimmen. Der österreichische Gesetzgeber hat sich entschlossen, diesen Schutz durch ein gesetzliches Austrittsrecht zu gewähren. Jedem Gesellschafter einer Gesellschaft, die ihr Vermögen auf eine Gesellschaft mit Sitz in einem anderen Mitgliedstaat überträgt, steht nach § 10 Abs. 1 EU-VerschG gegenüber der Gesellschaft oder dem Dritten, der eine Barabfindung angeboten hat, das Recht auf angemessene Barabfindung gegen Hingabe seiner Anteile zu, wenn er gegen den Verschmelzungsbeschluss Widerspruch zur Niederschrift erklärt hat. § 5 Abs. 4 EU-VerschG regelt daher, dass bereits der Verschmelzungsplan ein Angebot für die Barabfindung widersprechender Gesellschafter sowie die entsprechenden Bedingungen dieses Angebotes zu enthalten hat.

Ergänzend zum genannten Mindestinhalt findet sich in § 5 Abs. 3 EU-VerschG eine – bereits bisher für nationale Verschmelzungen vorgesehene (vgl. § 232 AktG, § 96 Abs. 2 GmbHG) – Vereinfachungsbestimmung, wonach im Fall des *Up Stream Merger* bestimmte Angaben im Verschmelzungsplan entfallen können.[19] Im Einzelnen gehören dazu 13

- die Angaben über das Umtauschverhältnis,
- Einzelheiten über die Anteilsgewährung sowie
- der Zeitpunkt, von dem an neue Gesellschaftsanteile deren Inhabern das Recht auf Beteiligung am Gewinn gewähren.

Die im nationalen Verschmelzungsrecht (§ 220 Abs. 1 AktG) für den Verschmelzungsvertrag vorgesehene Möglichkeit der Anfertigung eines – mit der Zustimmung der Gesellschafterversammlungen aufschiebend bedingten – Entwurfes des Verschmelzungsplanes, wird im EU-VerschG nicht ausdrücklich erwähnt. UE ist die Erstellung eines solchen 14

---

[16] Da § 5 Abs. 2 Z 11 EU-VerschG die Bewertung des Aktiv- und Passivvermögens des auf die übernehmende Gesellschaft übergehenden Vermögens betrifft, sind die bilanzrechtlichen Vorschriften jenes Mitgliedstaats anzuwenden, in dem diese ihren Sitz hat. Österreichische Rechnungslegungsvorschriften kommen deshalb nur bei Hereinverschmelzungen nach Österreich zur Anwendung.
[17] Unternehmensgesetzbuch, dRGBl 1897, 219 (Umbenennung in UGB durch BGBl. I 2005 S. 120).
[18] Ebenso *Inwinkl*, Vermögensbewertung – Angaben bei grenzüberschreitenden Verschmelzungen, GesRZ 2008, 209.
[19] Siehe dazu die Vorgaben in Art. 15 RL 2005/56/EG; vgl. auch *Arlt*, Die grenzüberschreitende Verschmelzung von Kapitalgesellschaften in der EU, FJ 2008, 85; *Hable/Gassner*, EU-VerschmelzungsG S. 91 f.

15 Ob der Verschmelzungsplan zwingend in der Form eines einziges Dokumentes erstellt werden muss, oder ob auch mehrere Schriftstücke mit bloß identischem Inhalt den Anforderungen der RL 2005/56/EG genügen, ist dem EU-VerschG nicht zu entnehmen (vgl. § 5 Abs. 1 EU-VerschG: *„Die Vorstände [...] der sich verschmelzenden Gesellschaften haben einen gemeinsamen Plan für die grenzüberschreitende Verschmelzung aufzustellen"*). Die in Deutschland hA geht davon aus, dass der Verschmelzungsplan als eine einzige Urkunde ausgestaltet werden muss. Abgesehen vom wohl eindeutigen Gesetzestext in Deutschland (vgl. § 122c Abs. 1d UmwG: *„Das Vertretungsorgan einer beteiligten Gesellschaft stellt zusammen mit den Vertretungsorganen der übrigen beteiligten Gesellschaften einen gemeinsamen Verschmelzungsplan auf"*) wird dies insbesondere mit einem Verweis auf Art. 20 SE-VO sowie Art. 26 Abs. 3 SE-VO begründet, welche – anders als Art. 5 der RL 2005/56/EG – den Begriff *„gemeinsam"* nicht enthalten, weshalb es naheliege, dass mit dem *„gemeinsamen Verschmelzungsplan"* ein einziger Plan gemeint sei. Dieses Argument überzeugt uE aus österreichischer Sicht aus mehreren Gründen nicht:

- Aus Erwägungsgrund 4 der RL 2005/56/EG (*„Der gemeinsame Plan für die grenzüberschreitende Verschmelzung muss für alle an der grenzüberschreitenden Verschmelzung beteiligten Gesellschaften, die verschiedenen Mitgliedstaaten angehören, gleich lauten"*) ergibt sich, dass der europäische Gesetzgeber selbst davon ausging, dass zwei getrennte Dokumente mit identischem (gleichlautendem) Inhalt ausreichend sind.
- Auch der Wortlaut der französischsprachigen Version des Art. 5 der RL 2005/56/EG (*Les organes de direction ou d'administration de chacune des sociétés qui fusionnent établissent un projet commun de fusion transfrontalière qui comprend..."*) bestätigt diese Sichtweise.
- Im Übrigen besteht keine Notwendigkeit, dass alle beteiligten Gesellschaften gemeinsam ein einziges Dokument erstellen. Der Verschmelzungsplan (im gesetzlich vorgesehenen Mindestumfang) ist – wie *Hügel*[20] bereits zutreffend zur SE-Verschmelzung ausgeführt hat – kein Verschmelzungsvertrag, da er keine wechselseitigen Verpflichtungen der beteiligten Gesellschaften enthält, sondern lediglich eine organisationsrechtliche Grundlage für die nach der Verschmelzung bestehende Gesellschaftsstruktur darstellt. Ob ein solcher „Organisationsplan" getrennt oder gemeinsam erstellt wird, ist ohne praktische Bedeutung.

16 Entgegen der hM in Deutschland ist daher davon auszugehen, dass es nach österreichischem Recht ausreicht, wenn jede der beteiligten Gesellschaften einen eigenen Verschmelzungsplan mit dem gesetzlichen Mindestinhalt aufstellt, sofern alle Verschmelzungspläne inhaltlich identisch sind.[21] Eine Klarstellung durch den Gesetzgeber in diesem Punkt wäre aus Gründen der Rechtssicherheit wünschenswert. Für die Praxis ist zu empfehlen, vorab mit dem in Österreich zuständigen Richter Rücksprache zu halten, um dessen Rechtsansicht angemessen berücksichtigen zu können.

Eine luxemburgische S.A. (Société Anonyme) soll grenzüberschreitend auf eine österreichische AG verschmolzen werden. Es wird daher ein Verschmelzungsplan erstellt, der durch die vertretungsbefugten Organe der S.A. in Luxemburg vor einem Notar unterschrieben wird. Gleichzeitig unterzeichnen die österreichischen Vorstandsmitglieder der AG ein wortgleiches Dokument vor einem österreichischen Notar in Form eines Notariatsaktes. Beide Dokumente werden den zuständigen

---

[20] *Hügel* in *Hügel/Kalss*, (Hrsg.), SE-Kommentar § 17 SEG Rn. 2.
[21] IdS auch *Hable/Gassner*, EU-VerschmelzungsG S. 85.

Registergerichten vorgelegt. Die Rechtmäßigkeit einer solchen Vorgangsweise hängt davon ab, ob dies sowohl in Luxemburg als auch in Österreich nach den jeweiligen nationalen Rechtsordnungen zulässig ist.

Hinsichtlich der notwendigen Formvorschriften für die Erstellung des Verschmelzungsplanes enthält die RL 2005/56/EG keine besonderen Vorgaben, sodass bereits aufgrund des allgemeinen Verweises in Art. 4 Z 1 lit b der RL 2005/56/EG die Formvorschriften des nationalen Rechts in Bezug auf rein innerstaatliche Verschmelzungen – für Österreich konkret § 222 AktG – zur Anwendung kommen. Nach § 5 Abs. 5 EU-VerschG ist nunmehr ausdrücklich geregelt, dass der Verschmelzungsplan grenzüberschreitender Verschmelzungen nach österreichischem Recht der „*notariellen Beurkundung*" bedarf. Dabei ist die Pflicht zur notariellen Beurkundung wie in § 222 AktG als Pflicht zur – die Wirksamkeit des Verschmelzungsplans bedingenden – Errichtung eines sog „*Notariatsaktes*"[22] zu verstehen.[23] Eine Beurkundung durch einen ausländischen Notar kann den österreichischen Notariatsakt nur dann ersetzen, wenn die ausländische Beurkundung, also die Urkundenform und die Rechtsbelehrungspflicht, den österreichischen Formvorschriften „gleichwertig" ist. Soweit ersichtlich, gibt es in Österreich lediglich eine einzige höchstgerichtliche Entscheidung[24], in der die Beurkundung durch einen deutschen Notar als für österreichische Zwecke ausreichend angesehen wird. Aus Gründen der Vorsicht wird daher in der Beratungspraxis meist empfohlen, den Verschmelzungsplan jedenfalls durch einen österreichischen Notar beurkunden zu lassen. 17

Weder das EU-VerschG noch die RL 2005/56/EG enthalten Regelungen darüber, in welcher Sprache der Verschmelzungsplan zu erstellen ist. Nach österreichischem Recht ist in diesem Zusammenhang zu beachten, dass der Verschmelzungsplan beim österreichischen Firmenbuchgericht eingereicht wird und daher jedenfalls in deutscher Sprache vorliegen muss. Ob bereits das Original des Verschmelzungsplanes in deutscher Sprache erstellt wird oder vom (fremdsprachigen) Original lediglich eine beglaubigte deutsche Übersetzung eingereicht wird, ist ohne Bedeutung.[25] 18

bb) Anteilsaustausch/Abfindung. Den Gesellschaftern der übertragenden Gesellschaft(en) sind als (wirtschaftliche) Gegenleistung für die Vermögenshingabe grundsätzlich neue Anteile an der übernehmenden Gesellschaft zu gewähren. Unvermeidbare bare Zuzahlungen (d.h. zusätzlich zur Gewährung von Anteilen) zum Ausgleich von Spitzen sind gem. § 224 Abs. 5 AktG im Ausmaß von höchstens zehn Prozent des Gesamtnennbetrages der gewährten Aktien (bzw. Anteile bei der GmbH) der übernehmenden Gesellschaft zulässig.[26] 19

Ausnahmen vom Grundsatz der Gewährung von neuen Aktien bzw. Geschäftsanteilen der übernehmenden Gesellschaft als Gegenleistung sind abschließend in § 224 AktG geregelt. In dieser Bestimmung werden jene Voraussetzungen angeführt, unter denen eine Anteilsgewährung unterbleiben muss (§ 224 Abs. 1 AktG) oder darf (§ 224 Abs. 2 AktG):[27] 20

---

[22] Gemäß § 2 der österreichischen Notariatsordnung (NO) handelt es sich bei einem Notariatsakt um eine öffentliche Urkunde; der Notariatsakt muss vor dem Notar bzw. durch diesen errichtet werden und dient vor allem dem Zweck der rechtlichen Belehrung.

[23] So bereits *Frotz* in *Frotz/Kaufmann* (Hrsg.), Grenzüberschreitende Verschmelzungen § 5 EU-VerschG Rn. 34; siehe auch die Materialien zum EU-VerschG. Zu § 222 AktG vgl. jüngst *Kalss*, Verschmelzung – Spaltung – Umwandlung², § 222 Rn. 4 und *Szep* in *Jabornegg/Strasser* (Hrsg.), AktG II⁵, § 222 Rn. 3 jeweils unter Hinweis auf *Hügel* ecolex 1996, 532; *Umfahrer* GesRZ 1997, 6.

[24] OGH v. 23.2.1989 – 6 Ob 525/89, GesRZ 1989, 225.

[25] *Hable/Gassner*, EU-VerschmelzungsG S. 85.

[26] Siehe auch *Szep* in *Jabornegg/Strasser* (Hrsg.), AktG II⁵, § 224 Rn. 23.

[27] Weiterführend insb *Szep* in *Jabornegg/Strasser* (Hrsg.), AktG II⁵, § 224 Rn. 1 ff.

– Demnach **darf** die übernehmende Gesellschaft keine Anteile gewähren, soweit sie selbst Anteile an der übertragenden Gesellschaft besitzt (§ 224 Abs. 1 Z 1 AktG) bzw. soweit die übertragende Gesellschaft selbst eigene Anteile hält (§ 224 Abs. 1 Z 2 AktG).[28]

Zum Fall der *Up Stream*-Verschmelzung des § 224 Abs. 1 Z 2 AktG ist zunächst anzumerken, dass im österreichischen Recht der Erwerb eigener Anteile bei der AG nur in den ausdrücklich gesetzlich geregelten Fällen (§ 65 AktG) zulässig ist. Einer GmbH war der Erwerb eigener Anteile bis zum GesRÄG 2007 überhaupt schlechthin untersagt. Seither ist in § 81 GmbHG ausdrücklich zumindest vorgesehen, dass der unentgeltliche Erwerb eigener Anteile sowie der Erwerb eigener Anteile im Wege der Gesamtrechtsnachfolge bzw. zum Zweck der Abfindung von Minderheitsgesellschaften nach Maßgabe der aktienrechtlichen Bestimmungen zulässig ist.[29] Besitzt die übernehmende Gesellschaft Anteile der übertragenden Gesellschaft, darf sie dafür keine Anteile gewähren.[30] Sie bekommt durch die Verschmelzung nichts, was sie (wirtschaftlich) nicht ohnehin schon hätte. Die von der übernehmenden Gesellschaft gehaltenen Anteile gehen mit der Eintragung der Verschmelzung unter, an ihre Stelle tritt das im Wege der Gesamtrechtsnachfolge übergegangene Vermögen der übertragenden Gesellschaft.[31] Hält die Mutter nicht sämtliche Anteile an der Tochtergesellschaft, erfolgt eine aliquote Kapitalerhöhung.[32]

Auch im zweiten Fall muss eine Anteilsgewähr gem. § 224 Abs. 1 Z 2 zwingend unterbleiben, da die übertragende Gesellschaft im Zuge der Verschmelzung untergeht und sich die übernehmende Gesellschaft als Rechtsnachfolgerin der übertragenden Gesellschaft diesfalls unzulässigerweise selbst Anteile zu gewähren hätte.[33]

– Darüber hinaus **kann** von der Anteilsgewährung abgesehen werden, soweit die Gesellschafter sowohl an der übernehmenden als auch an der übertragenden Gesellschaft im gleichen Verhältnis unmittelbar oder mittelbar beteiligt sind (§ 224 Abs. 2 Z 1 AktG) oder soweit die Gesellschafter der übertragenden Gesellschaft auf die Gewährung von Anteilen verzichten (§ 224 Abs. 2 Z 2 AktG).

Gerade bei Verschmelzungen im Konzernverbund ist § 224 Abs. 2 Z 1 AktG von großer praktischer Bedeutung, zumal davon sämtliche Verschmelzungen von jenen Gesellschaften umfasst sind, die im alleinigen Eigentum einer gemeinsamen Muttergesellschaft stehen (*Side Stream Merger*). Der Anwendungsbereich der Bestimmung ist jedoch wesentlich weiter. Auch in sämtlichen Fällen, in denen mehrere Gesellschaften im gleichen Beteiligungsausmaß – unter Umständen auch bloß mittelbar über andere Rechtsträger, wie etwa eine zwischengeschaltete Holding – an den beteiligten Gesellschaften Anteile halten, kann auf die Anteilsgewährung und damit regelmäßig auf die Durchführung einer (kosten- und zeitintensiven) Kapitalerhöhung verzichtet werden. Damit wird insb. die *Side Stream*-Verschmelzung von Schwestergesellschaften ohne Aktiengewähr ermöglicht, ebenso aber die Verschmelzung zwischen Enkelgesellschaften, Nichten und

---

[28] Diese Bestimmung ist zwingend. Wird trotz Erfüllung eines Tatbestandes des § 224 Abs. 1 AktG eine Kapitalerhöhung bei der übernehmenden Gesellschaft durchgeführt, so ist der Kapitalerhöhungsbeschluss gem. § 199 Abs. 1 Z 3 AktG nichtig; so etwa *Szep* in *Jabornegg/Strasser* (Hrsg.), AktG II⁵, § 224 Rn. 24 mwN.

[29] Weiterführend *Kalss/Eckert*, Änderungen im Aktien- und GmbH-Recht durch das GesRÄG 2007, GesRZ 2007, 222.

[30] So würde beispielsweise die Gewährung von Aktien auf eine Zeichnung neuer Aktien durch die Übernehmerin selbst hinauslaufen, was unzulässig ist.

[31] *Kalss*, Verschmelzung – Spaltung – Umwandlung², § 224 Rn. 9.

[32] *Szep* in *Jabornegg/Strasser* (Hrsg.), AktG II⁵, § 224 Rn. 2.

[33] Vgl. *Kalss*, RdW 2000, 137 sowie näher *Kalss*, Verschmelzung – Spaltung – Umwandlung², § 224 Rn. 12 mwN.

Tanten.³⁴ Die Bestimmung setzt das Vorliegen gleicher Beteiligungsverhältnisse voraus, wobei es idR auf die durch die Beteiligung am Grundkapital vermittelten Rechte ankommt.³⁵ Dieser Regelung liegt die Annahme zugrunde, dass in den genannten Fällen keine Vermögens- und Einflussverschiebung stattfindet und das Vermögen der übertragenden Gesellschaft – mit gewissen Einschränkungen – ohne Kapitalerhöhung in das Vermögen der Übernehmenden übernommen werden kann.³⁶ Allerdings muss im Rahmen der Anteilsgewähr abgefunden werden, wenn die Verschmelzung sonst zu verdeckter Einlagenrückgewähr oder der Befreiung von Einlageverpflichtungen führen würde.³⁷

cc) Verschmelzungsbericht. Ergänzend zum Verschmelzungsplan ist – in Umsetzung 21 des Art. 7 der RL 2005/56/EG – gem. § 6 EU-VerschG ein Verschmelzungsbericht durch die Organe der beteiligten Gesellschaften zu erstellen³⁸. Anders als bei rein nationalen Verschmelzungen, in deren Rahmen auf die Erstellung des Verschmelzungsberichts (§ 220a AktG) gem. § 100 Abs. 1 GmbHG bzw. § 232 Abs. 2 AktG verzichtet werden kann, ist ein solcher Verzicht in der RL 2005/56/EG nicht vorgesehen und darum bei grenzüberschreitenden Verschmelzungen nach dem EU-VerschG nicht möglich. Dies ist auch in § 6 Abs. 1 EU-VerschG ausdrücklich festgehalten.

Unklar ist, ob der Verschmelzungsbericht durch alle beteiligten Gesellschaften gemein- 22 sam erstellt werden kann. Dies ist bei rein nationalen Verschmelzungen zulässig, wenn die notwendigen Angaben für sämtliche Gesellschaften gemacht werden.³⁹ Aus Gründen der Praktikabilität ist diese Vorgangsweise uE auch bei grenzüberschreitenden Verschmelzungen statthaft. Hinsichtlich der Form des Verschmelzungsberichtes ist § 220a AktG maßgeblich. Dieser ist daher von den dazu befugten Personen schriftlich zu fassen, eine notarielle Beurkundung ist nach österreichischem Recht nicht notwendig. Wird ein gemeinsamer Verschmelzungsbericht erstellt, so können sich freilich strengere Formerfordernisse aus ausländischen Vorschriften ergeben.

dd) Prüfung des Verschmelzungsplans. § 7 EU-VerschG setzt unter dem Titel 23 „Prüfung des Verschmelzungsplans" Art. 8 der RL 2005/56/EG um und verweist in diesem Zusammenhang auf die entsprechenden Regelungen in § 100 Abs. 2 GmbHG und § 220b AktG, wonach – auch bei nationalen Verschmelzungen – der Verschmelzungsplan durch einen gerichtlich zu bestellenden Verschmelzungsprüfer zu prüfen ist. Während in § 100 Abs. 2 erster Satz GmbHG für nationale Verschmelzungen vorgesehen ist, dass die Verschmelzungsprüfung bei der GmbH nur auf Verlangen eines Gesellschafters stattzufinden hat, kann die Verschmelzungsprüfung bei grenzüberschreitenden Verschmelzungen – ganz im Gegensatz – sowohl bei der AG als auch bei der GmbH lediglich dann entfallen,

---

³⁴ So bereits *Fries*, Handbuch der Verschmelzungen, Umwandlungen und Vermögensübertragung (1993) 51; *Hügel*, Verschmelzung und Einbringung (1993) 651 ff.
³⁵ Treuhändisch für die Gesellschafter gehaltene Beteiligungen sind diesen nach der ausdrücklichen Regelung des § 224 Abs. 4 AktG zuzurechnen; zum Beteiligungsbegriff in diesem Zusammenhang und zur Frage gleicher Beteiligungsverhältnisse eingehend *Kalss*, Verschmelzung – Spaltung – Umwandlung², § 224 Rn. 18 ff.
³⁶ Für die betroffenen Gesellschafter ist es grundsätzlich gleichgültig, zu welchen Nennbeträgen sie letztlich beteiligt sind, es kommt allein auf die Beteiligungsquote an. Kritisch im Hinblick auf eine mögliche Entwertung der Vermögens- und Einflussrechte iZm bloß mittelbar gleichen Beteiligungsverhältnissen freilich *Kalss*, Verschmelzung – Spaltung – Umwandlung², § 224 Rn. 17.
³⁷ *Szep* in *Jabornegg/Strasser* (Hrsg.), AktG II⁵ § 224 Rn. 18.
³⁸ Auch hier genügt – wie beim Verschmelzungsplan – die Unterfertigung in vertretungsbefugter Anzahl.
³⁹ *Kalss*, Verschmelzung – Spaltung – Umwandlung², § 220a Rn. 8 mwN.

wenn sämtliche Gesellschafter aller beteiligten Gesellschaften darauf verzichten oder wenn es sich um eine vereinfachte Verschmelzung (*Up Stream*-Merger auf den Alleingesellschafter) handelt. Hat die beteiligte österreichische Gesellschaft einen Aufsichtsrat (bei der AG zwingend; bei der GmbH gem. § 29 GmbHG nur in bestimmten Fällen), so hat idR. auch dieser die beabsichtigte Verschmelzung gem. § 220c AktG auf der Grundlage des Verschmelzungsberichts und eines allfälligen Prüfungsberichts zu prüfen und darüber einen schriftlichen Bericht zu erstatten.

24   Wie bereits oben zu § 5 Abs. 4 EU-VerschG ausgeführt (siehe Rn. 12), sollen Minderheitsgesellschafter, welche die grenzüberschreitende Verschmelzung ablehnen, durch ein Austrittsrecht geschützt werden. Im Rahmen der Verschmelzungsprüfung ist daher gem. § 7 Abs. 3 EU-VerschG auch die Angemessenheit der im Verschmelzungsplan enthaltenen Bedingungen der Barabfindung zu prüfen; insbesondere ist vom Prüfer darzulegen, nach welchen Methoden das vorgeschlagene Barabfindungsangebot ermittelt worden ist und aus welchen Gründen die Anwendung dieser Methode im konkreten Fall angemessen ist. Die Prüfung der Angemessenheit der Barabfindung ist nur dann nicht erforderlich, wenn sich alle Anteile der Gesellschaft in der Hand eines Gesellschafters befinden oder wenn sämtliche Gesellschafter – schriftlich oder in der Niederschrift zur Gesellschafterversammlung – auf die Barabfindung verzichten.

25   Art. 6 Abs. 1 der RL 2005/56/EG bestimmt, dass der (geprüfte) Verschmelzungsplan mindestens einen Monat vor dem Tag der Gesellschafterversammlung gem. Art. 3 der Ersten gesellschaftsrechtlichen Richtlinie (68/151/EWG)[40] für jede der beteiligten Gesellschaften offen zu legen ist. Der Verschmelzungsplan ist somit beim zuständigen Firmenbuchgericht einzureichen, im Anschluss daran ist ein Hinweis auf die Einreichung in den öffentlichen Bekanntmachungsblättern zu veröffentlichen.[41] Alternativ dazu kann seit Inkrafttreten des GesRÄG 2011 die Veröffentlichung auch in der offiziellen Ediktsdatei erfolgen (vgl. § 8 Abs. 2a EU-VerschG).[42] Mit der Notwendigkeit der Veröffentlichung des Verschmelzungsplans wird im Wesentlichen wiederholt, was – in Bezug auf Aktiengesellschaften bei rein innerstaatlichen Verschmelzungen – bereits in § 221a Abs. 1 AktG geregelt ist. Eine Verschärfung gegenüber dem nationalen Recht ergab sich durch die RL 2005/56/EG somit nur bei der Beteiligung einer österreichischen GmbH, da die in § 97 Abs. 1 letzter Satz GmbHG enthaltene Vereinfachungsregelung[43] bei grenzüberschreitenden Verschmelzungen nicht zur Anwendung kommt.

26   Darüber hinaus ist gem. § 8 Abs. 4 EU-VerschG die Verzichtsregelung des § 232 Abs. 2 AktG, wonach alle Gesellschafter auf die Einreichung des Verschmelzungsplans und die Veröffentlichung verzichten können, nicht anzuwenden. Dies liegt daran, dass gleichzeitig mit der Veröffentlichung auch die Gläubiger über ihre Rechte zu informieren und auf die Modalitäten für die Ausübung derselben hinzuweisen sind (§ 8 Abs. 2 Z 3 EU-VerschG).

---

[40] Art. 6 Abs. 1 der RL 2005/56/EG verweist noch auf die Erste Richtlinie 68/151/EWG des Rates vom 9. März 1968; diese wurde zuletzt geändert durch die RL 2009/101/EG des Europäischen Parlaments und des Rates vom 16. September 2009 zur Koordinierung der Schutzbestimmungen, die in den Mitgliedstaaten Gesellschaften iSd Art. 48 Abs. 2 im Interesse der Gesellschafter sowie Dritter vorgeschrieben sind, um diese Bestimmungen gleichwertig zu gestalten (ABl L 2009/258, 11; kodifizierte Fassung).

[41] Die Offenlegung erfolgt im „Amtsblatt zur Wiener Zeitung", vergleichbar mit dem deutschen Bundesanzeiger; www.wienerzeitung.at/amtsblatt.

[42] Diese ist im Internet unter www.edikte.justiz.gv.at kostenlos abrufbar; nach der Änderungsrichtlinie 2009/109/EG muss den Gesellschaften alternativ die Möglichkeit zur elektronischen Veröffentlichung des Verschmelzungsplans zur Verfügung stehen. Von den dabei zulässigen Varianten hat sich der österreichische Gesetzgeber dann entschieden, bei der der Plan direkt auf der „zentralen elektronischen Plattform" (ZEP) veröffentlicht wird.

[43] So sind iZm. Gesellschaften mit beschränkter Haftung die Einreichung des Verschmelzungsvertrags oder dessen Entwurfs bei Gericht und die Veröffentlichung eines Hinweises darauf in den jeweiligen Bekanntmachungsblättern nicht erforderlich.

ee) Zustimmung der Gesellschafterversammlung der österreichischen Gesellschaft.
Durch § 3 Abs. 2 EU-VerschG iVm. den nationalen Reglungen sowie durch § 9 EU-VerschG wird Art. 9 der RL 2005/56/EG umgesetzt, wonach die Gesellschafterversammlungen den Verschmelzungsplan beschließen müssen. Da hinsichtlich der notwendigen Mehrheitserfordernisse in der Richtlinie keine näheren Vorgaben gemacht wurden, gilt für die Beschlussfassung der österreichischen Gesellschaft § 221 AktG (mindestens 3/4 des bei der Beschlussfassung vertretenen Grundkapitals) bzw. § 98 GmbHG (3/4 der abgegebenen Stimmen), wobei aber im Gesellschaftsvertrag bzw. der Satzung weitere Erfordernisse geregelt sein können. Formell bedarf es der notariellen Beurkundung des Beschlusses in der Form eines Notariellen Protokolls.

Bei der Import-Verschmelzung nach österreichischem Recht entfällt die Notwendigkeit der Zustimmung der Gesellschafterversammlung der übernehmenden österreichischen Gesellschaft, wenn diese Gesellschaft zumindest 9/10 des Grundkapitals der übertragenden ausländischen Gesellschaft hält (§ 231 AktG). Daraus ergibt sich, dass beim grenzüberschreitenden *Up Stream*-Merger – anders als nach rein nationalem Verschmelzungsrecht – die Situation eintreten kann, dass bei keiner der beteiligten Gesellschaften die Zustimmung der Gesellschafterversammlung zur Verschmelzung einzuholen ist.

Eine deutsche GmbH wird auf ihre 100%-ige österreichische Muttergesellschaft (ebenfalls eine GmbH) verschmolzen. Nach österreichischem Recht entfällt in einem solchen Fall gem. § 96 Abs. 2 GmbHG iVm. § 231 Abs. 1 Z 1 AktG die Notwendigkeit der Zustimmung der Generalversammlung der österreichischen übernehmenden GmbH. Dasselbe gilt vice versa in Deutschland, da die deutsche Bestimmung des § 122g Abs. 2d UmwG (entspricht § 9 Abs. 2 EU-VerschG) zur Anwendung kommt und damit auch bei der übertragenden deutschen Gesellschaft kein Generalversammlungsbeschluss einzuholen ist. Die grenzüberschreitende Verschmelzung erfolgt in diesem Fall somit ohne jegliche formelle Zustimmung der Generalversammlungen der beteiligten Gesellschaften.

ff) Anmeldung, Prüfung und Eintragung der Verschmelzung im Firmenbuch

(1) Wirksamkeit der grenzüberschreitenden Verschmelzung. Die Frage des anwendbaren Rechts ist – abgesehen von einer in § 3 Abs. 3 EU-VerschG normierten Sonderbestimmung – nach den allgemeinen kollisionsrechtlichen Regelungen der §§ 10 und 12 IPRG[44] zu bestimmen. Vereinfacht gesagt gilt daher: Für das vor der Wirksamkeit der Verschmelzung durchzuführende Verfahren kommt für die an der Verschmelzung beteiligte österreichische Gesellschaft stets österreichisches Gesellschaftsrecht zur Anwendung. Dabei handelt es sich um die Bestimmungen des EU-VerschG sowie des AktG bzw. GmbHG. Für die an der Verschmelzung beteiligte ausländische Gesellschaft gelten hingegen die gesetzlichen Bestimmungen ihres Personalstatuts. Die Gesamtrechtsnachfolge und das Erlöschen der übertragenden Gesellschaft ist nach dem Personalstatut der übertragenden Gesellschaft zu beurteilen, die Gewährung von Anteilen nach dem „Heimatrecht" der übernehmenden bzw. neu gegründeten Gesellschaft.

§ 3 Abs. 3 EU-VerschG regelt, zu welchem Zeitpunkt die grenzüberschreitende Verschmelzung wirksam wird und verweist in diesem Zusammenhang – wie Art. 12 der RL 2005/56/EG – darauf, dass diese Frage nach dem Personalstatut der aus der Verschmelzung hervorgehenden Gesellschaft[45] zu beurteilen ist. Hat diese Gesellschaft ihren

---

[44] Bundesgesetz vom 15. Juni 1978 über das internationale Privatrecht (IPR-Gesetz), BGBl 1978/304.

[45] Die Richtlinie verwendet in einer Reihe von Bestimmungen die begriffliche Definition einer „*aus der Verschmelzung hervorgehenden Gesellschaft*", wobei sie hierunter eine übernehmende als auch durch die Verschmelzung gegründete neue Gesellschaft gleichermaßen versteht. Der Ministerialentwurf schloss sich dieser – etwas unklaren – Terminologie noch an, wohingegen § 1 Abs. 4 EU-VerschG nunmehr ausdrücklich bestimmt, dass hierunter sowohl übernehmende Gesellschaften als auch aufgrund der Verschmelzung neu entstehende Gesellschaften fallen.

Sitz in Österreich, so wird die Verschmelzung mit der Eintragung derselben im Firmenbuch der österreichischen übernehmenden oder neu gegründeten Gesellschaft zivilrechtlich wirksam (§ 225a Abs. 3 AktG).

31   **(2) Gerichtszuständigkeit in Österreich.** Gemäß § 2 EU-VerschG obliegt die Durchführung der grenzüberschreitenden Verschmelzung dem für die österreichische Gesellschaft zuständigen Firmenbuchgericht, somit dem Landesgericht am Sitz der Kapitalgesellschaft. Diese Landesgerichte (in Wien „Handelsgericht" genannt) führen auch das Firmenbuch (Handelsregister), in das die grenzüberschreitende Verschmelzung einzutragen ist. Maßgeblich für die örtliche Zuständigkeit ist das Bundesland, in dem die Kapitalgesellschaft ihren statutarischen Sitz hat. Innerhalb des Bundeslandes ist sodann bei Existenz mehrerer Landesgerichte regional nach der Sitzgemeinde zu differenzieren.[46]

32   Wenn an der grenzüberschreitenden Verschmelzung sowohl eine übertragende als auch eine aus der Verschmelzung hervorgehende Gesellschaft mit Sitz in Österreich beteiligt sind, und für diese beiden Gesellschaften nicht dasselbe Gericht örtlich zuständig ist, gilt für die übertragende Gesellschaft § 225 Abs. 3 AktG (§ 2 letzter Satz EU-VerschG). Das bedeutet, dass das zuständige Gericht der übertragenden österreichischen Kapitalgesellschaft seine Unzuständigkeit auszusprechen, dem zuständigen Gericht der übernehmenden österreichischen Kapitalgesellschaft den Übergang der Zuständigkeit mitzuteilen und die Gerichtsakten zu übermitteln hat.

33   Die §§ 14 und 15 EU-VerschG enthalten – getrennt nach Export- und Import-Verschmelzung – Bestimmungen über die Anmeldung, die gerichtliche Prüfung und die Eintragung der (beabsichtigten) Verschmelzung im österreichischen Firmenbuch.

34   Gemäß § 15 Abs. 1 EU-VerschG haben die Vertretungsorgane sämtlicher beteiligter Gesellschaften die Verschmelzung zur Eintragung bei dem Gericht, in dessen Sprengel die aus der Verschmelzung hervorgehende Gesellschaft ihren Sitz hat, samt Vorlage diverser Urkunden (insbesondere die Vorabbescheinigung des ausländischen Registergerichts[47], die im Zeitpunkt der Vorlage nicht älter als sechs Monate sein darf) anzumelden.

35   Das Gericht hat sodann zu prüfen, ob die verschmelzenden Gesellschaften einem gemeinsamen gleichlautenden Verschmelzungsplan zugestimmt haben und gegebenenfalls, ob erforderliche Verhandlungen mit den Arbeitnehmervertretern über die Beteiligung der Arbeitnehmer in der aus der Verschmelzung hervorgehenden Gesellschaft ordnungsgemäß geführt und abgeschlossen wurden. Von praktischem Interesse ist in diesem Zusammenhang, dass die österreichischen Firmenbuchgerichte – wie die Autoren aus eigener Erfahrung berichten können – dazu tendieren, die vom ausländischen Registergericht ausgestellte Bescheinigung bzw. die davon umfassten Rechtsakte inhaltlich kritisch zu hinterfragen bzw. zu prüfen. Dies ist uE nicht nur unzulässig, sondern führt auch den Zweck der Rechtmäßigkeitsbescheinigung ad absurdum. Mit dieser soll dem Umstand Rechnung getragen werden, dass die notwendigen ausländischen Rechtsakte bzw. die nach ausländischem Recht zu erstellenden Dokumente dem österreichischen Juristen in der Regel nicht geläufig sein werden. Deshalb wird die inhaltliche Prüfkompetenz der österreichischen Firmenbuchgerichte durch eine Bestätigung der nach ausländischem Recht hierfür zuständigen Behörde substituiert. Nach der Eintragung der Verschmelzung in Österreich ist dem ausländischen Registergericht zu melden, dass die Verschmelzung in das österreichische Firmenbuch eingetragen und die Verschmelzung wirksam geworden ist.

---

[46] Vgl. dazu auch die offizielle Gerichtsdatenbank auf der Homepage des österreichischen Bundesministeriums für Justiz unter www.justiz.gv.at.

[47] In manchen EU-Mitgliedstaaten ist für die Ausstellung der Bescheinigung ein Notar zuständig, so etwa im Großherzogtum Luxemburg und in den Niederlanden.

gg) Arbeitsrechtliche Aspekte. Das EU-VerschG selbst enthält keinerlei Bestimmun- 36
gen arbeitsrechtlicher Natur. Die Regelung dieses Teilbereiches wurde vielmehr einer
eigenen Novelle des ArbVG[48] überlassen, die am 13. November 2007 im BGBl kundge-
macht wurde und ebenfalls am 15. Dezember 2007 in Kraft trat.

Quasi im Vorfeld dieser ArbVG-Novelle kam es in Entsprechung des Art. 16 Abs. 6 der 37
RL 2005/56/EG zu einer Anpassung des § 29 GmbHG, welcher die Aufsichtsratspflicht
bei Gesellschaften mit beschränkter Haftung – quasi als notwendige Bedingung für eine
Arbeitnehmermitbestimmung – regelt: Nunmehr ist bei der österreichischen GmbH neben anderen Fällen[49] auch dann zwingend ein Aufsichtsrat zu bestellen, wenn *„aufgrund
des VIII. Teils des Arbeitsverfassungsgesetzes die Organe zur Vertretung der Arbeitnehmer einer aus
einer grenzüberschreitenden Verschmelzung hervorgehenden Gesellschaft das Recht haben, einen Teil
der Mitglieder des Aufsichtsrates zu wählen oder zu bestellen oder deren Bestellung zu empfehlen
oder abzulehnen"* (§ 29 Abs. 1 Z 5 GmbHG idF GesRÄG 2007). Eine Anpassung des AktG
konnte unterbleiben, da bei österreichischen Aktiengesellschaften jedenfalls zwingend ein
Aufsichtsrat zu bestellen ist.

Die Umsetzung der übrigen Regelungen des Art. 16 der RL 2005/56/EG erfolgte durch 38
die Neuschaffung eines VIII. Teils des ArbVG (§§ 258 ff. ArbVG), in dem nunmehr detaillierte Regelungen zur Arbeitnehmermitbestimmung bei grenzüberschreitenden Verschmelzungen enthalten sind. Diese orientieren sich im Wesentlichen an den entsprechenden Bestimmungen für die Societas Europaea und werden im Folgenden nicht näher behandelt.[50]

d) Ablauf einer Verschmelzung einer österreichischen auf eine deutsche Gesellschaft

aa) Allgemeines. Hat die übertragende Gesellschaft ihren Sitz in Österreich, so haben 39
deren Leitungs- bzw. Verwaltungsorgane die beabsichtigte Verschmelzung der österreichischen Gesellschaft samt Vorlage diverser Dokumente[51] im Original oder in beglaubigter
Abschrift beim zuständigen Firmenbuchgericht anzumelden. In dieser Anmeldung ist dem
Gericht auch mitzuteilen, ob und wie viele Gesellschafter von ihrem Recht auf Barabfindung gem. § 10 EU-VerschG Gebrauch gemacht haben, dass die Anteile der austrittswilligen Gesellschafter entsprechend den gesetzlichen Bestimmungen übernommen wurden
und dass eine Klage auf Anfechtung oder Feststellung der Nichtigkeit des Verschmelzungsbeschlusses innerhalb eines Monats nach der Beschlussfassung nicht erhoben oder
zurückgezogen worden ist oder dass alle Gesellschafter durch notariell beurkundete Erklärung auf eine solche Klage verzichtet haben. Fehlt eine dieser Erklärungen, so hat das
Gericht das Verfahren bis zur Vorlage der Erklärung zu unterbrechen. Nachdem sämtliche
Dokumente und Erklärungen vorgelegt wurden, hat das Gericht eine formell- und materiell-rechtliche Prüfung des Verschmelzungsvorganges durchzuführen (§ 14 Abs. 3 EU-
VerschG).[52] Ist das Ergebnis der gerichtlichen Prüfung positiv, so wird die beabsichtigte

---

[48] Arbeitsverfassungsgesetz, BGBl 1974/22.
[49] Vgl. zu den sonstigen Fällen der verpflichtenden Aufsichtsratsbestellung im Detail ua. *Koppensteiner/ Rüffler*, GmbHG³, § 29 Rn. 7 ff. mwN.
[50] Im Detail zur ArbVG-Novelle *Kaufmann*, Die Arbeitnehmermitbestimmung bei grenzüberschreiten- den Verschmelzungen, RdW 2008, 150 sowie *Eckert/Schimka*, Die Arbeitnehmermitbestimmung bei grenzüberschreitenden Verschmelzungen nach dem EU-VerschG, wbl 2008, 201.
[51] Der Anmeldung beizufügen sind gem. § 14 Abs. 1 Z 1–9 EU-VerschG insb. der Verschmelzungsplan, die Niederschrift des Verschmelzungsbeschlusses der übertragenden Gesellschaft, der Verschmelzungs- so- wie der Prüfungsbericht für die übertragende Gesellschaft und die Schlussbilanz der übertragenden Gesell- schaft; näher ua. *Kaufmann* in *Frotz/Kaufmann* (Hrsg.), Grenzüberschreitende Verschmelzungen, § 14 EU- VerschG Rn. 4 ff.
[52] Hierbei ist insb. zu untersuchen, ob die Forderungen der Gläubiger und allfällige Abfindungsansprü- che der austrittswilligen Gesellschafter sichergestellt wurden.

Verschmelzung im Firmenbuch angemerkt und eine amtliche Bestätigung hierüber ausgestellt. Art. 10 Abs. 2 der RL 2005/56/EG verlangt in diesem Zusammenhang eine Bescheinigung, aus der zweifelsfrei hervorgeht, dass die der Verschmelzung vorangehenden Rechtshandlungen und Formalitäten ordnungsgemäß vollzogen wurden. In diesem Sinne spricht auch § 14 Abs. 4 EU-VerschG von der Ausstellung einer „Bescheinigung über die Ordnungsmäßigkeit der der Verschmelzung vorangehenden Rechtshandlungen und Formalitäten".[53] Sobald die Verschmelzung nach dem Recht, dem die aus der Verschmelzung hervorgehende Gesellschaft unterliegt, wirksam geworden ist, hat das Vertretungsorgan[54] dieser ausländischen Gesellschaft unter Anschluss der Mitteilung des Registergerichts am neuen Sitz die Eintragung der Durchführung der Verschmelzung und der Löschung der österreichischen Gesellschaft beim österreichischen Firmenbuch anzumelden. Ist diese Mitteilung nicht in deutscher Sprache verfasst, so ist überdies eine beglaubigte Übersetzung beizufügen. Übermittelt das Register, in dem die aus der grenzüberschreitenden Verschmelzung hervorgehende Gesellschaft eingetragen wird, eine Meldung über das Wirksamwerden der grenzüberschreitenden Verschmelzung unmittelbar an das Gericht, so ist das Vertretungsorgan vom Gericht von Amts wegen zur Anmeldung des Vorganges aufzufordern. An die Rechtswirksamkeit der grenzüberschreitenden Verschmelzung ist gem. § 14 Abs. 5 EU-VerschG folglich die Pflicht des Vertretungsorgans der übernehmenden bzw. neuen ausländischen Gesellschaft geknüpft, die Durchführung der Verschmelzung und die Löschung der übertragenden österreichischen Gesellschaft zur Eintragung in das österreichische Firmenbuch anzumelden.[55] Letzter Schritt wäre dann die Löschung der übertragenden österreichischen Gesellschaft im Firmenbuch.

40 Interessant ist in diesem Zusammenhang, ob beim österreichischen Firmenbuch mit Ausstellung der Ordnungsmäßigkeitsbescheinigung eine „Registersperre", also eine allgemeine Sperre für Eintragungen im Firmenbuch bei der betreffenden Gesellschaft, eintritt. Wie auch *Kalss*[56] bereits zutreffend zur SE ausführte, ist uE nach Ausstellung der Bescheinigung jedenfalls die Vornahme solcher Eintragungen in das Firmenbuch unzulässig, welche den Inhalt der Bescheinigung nachträglich unrichtig machen würden. Das ausländische Registergericht soll sich auf die Korrektheit der Bescheinigung verlassen dürfen, weshalb das österreichische Firmenbuchgericht keine Akte setzen darf, die diese Richtigkeit berühren würden.

41 Bei der Export-*Up-Stream*-Verschmelzung kann die Zustimmung der Gesellschafterversammlung der übertragenden Gesellschaft uU unterbleiben (vgl. § 9 Abs. 2 EU-VerschG, in dem darauf abgestellt wird, dass sich alle Anteile der übertragenden Gesellschaft in der Hand der übernehmenden Gesellschaft befinden).

42 **bb) Barabfindung widersprechender Gesellschafter bei der Export-Verschmelzung.**[57] Minderheitsgesellschafter, welche die Verschmelzung ablehnen, werden in Österreich durch ein gesetzliches Austrittsrecht geschützt.[58] Zu diesem Zweck ist es lediglich

---

[53] Die Bescheinigung wird nicht direkt dem ausländischen Registergericht, sondern der antragstellenden übertragenden österreichischen Gesellschaft zugestellt.
[54] Auch hier genügt nach hA die notarielle Unterfertigung in vertretungsberechtigter Anzahl; vgl. *Hable/Gassner*, EU-VerschmelzungsG 166.
[55] *Kaufmann* in *Frotz/Kaufmann* (Hrsg.), Grenzüberschreitende Verschmelzungen, § 14 EU-VerschG Rn. 48.
[56] *Kalss* in *Hügel/Kalss* (Hrsg.), SE-Kommentar, § 15 SEG Rn. 38.
[57] Dazu ausführlich *Kaufmann*, Das Antrittsrecht der Minderheitsgesellschaft nach dem EU-VerschG, RWZ 2008, 203 mwN.
[58] Zu beachten ist, dass nach der RL 2005/56/EG ein Austrittsrecht nicht explizit vorgesehen ist. Die Mitgliedstaaten haben bloß für angemessene Schutzvorschriften betreffend die Minderheitsgesellschafter zu sorgen. Wie dieser Schutz im Einzelnen ausgestaltet wird, bleibt den Mitgliedstaaten als Normadressaten der Richtlinie überlassen.

notwendig, dass der Widerspruch des Gesellschafters in das notarielle Protokoll über die Gesellschafterversammlung der übertragenden österreichischen Gesellschaft aufgenommen wird. Der Anspruch auf Barabfindung wird sodann mit der Eintragung der Verschmelzung im Firmenbuch fällig und verjährt in drei Jahren ab Fälligkeit (§ 10 Abs. 1 EU-VerschG)[59]. Für die Erfüllung der Barabfindungsverpflichtung ist dem abfindungsberechtigten Minderheitsgesellschafter Sicherheit zu leisten. Überdies können widersprechende Gesellschafter binnen einem Monat nach dem Verschmelzungsbeschluss bei Gericht einen Antrag auf Überprüfung der Barabfindung stellen und eine höhere Barabfindung fordern (§ 11 EU-VerschG).[60] Zu guter Letzt kann der widersprechende Gesellschafter seinen Anteil gem. § 10 Abs. 3 EU-VerschG zwischen dem Tag des Verschmelzungsbeschlusses und der Eintragung der Verschmelzung im Firmenbuch auch veräußern. Allfällige gesellschaftsvertragliche Übertragungsbeschränkungen (Vinkulierungsbestimmungen) sind in diesem Fall nicht anwendbar.

cc) Sonstige Gläubigerschutzbestimmungen. Neben der Gläubigerinformation 43 im Zuge der öffentlichen Bekanntmachung der Einreichung eines Verschmelzungsplans enthält das EU-VerschG weitere Bestimmungen, die dem Schutz der Gläubiger der (österreichischen) übertragenden Kapitalgesellschaft im Rahmen der Export-Verschmelzung dienen:

– So regelt § 7 Abs. 4 EU-VerschG, dass der Bericht des Verschmelzungsprüfers eine Erklärung über die Höhe des gebundenen Kapitals der beteiligten Gesellschaften zu enthalten hat.[61] Ebenso hat der Verschmelzungsbericht selbst gem. § 6 Abs. 2 EU-VerschG entsprechende Angaben zu beinhalten. Hintergrund dieser Bestimmungen ist, dass nach der österreichischen Judikatur bei einer Verschmelzung mit kapitalherabsetzendem bzw. kapitalentsperrendem Effekt (= gebundenes Kapital der übertragenden Gesellschaft ist höher als gebundenes Kapital der übernehmenden Gesellschaft)[62] zum Schutz der Gläubiger der übertragenden Kapitalgesellschaft die Verschmelzung nur dann im Firmenbuch eingetragen werden darf, wenn vor der Verschmelzung bei der übertragenden Gesellschaft eine ordnungsgemäße Kapitalherabsetzung erfolgt oder dem Gericht die Befriedigung oder Sicherstellung der Gläubiger nachgewiesen wird.[63] Um dem Gericht die Prüfung der Kapitalerhaltung im Fall der Verschmelzung auf eine ausländische Gesellschaft zu erleichtern, muss in den Verschmelzungsplan und in den Prüfungsbericht eine Erklärung über die Höhe des gebundenen Kapitals der beteiligten Gesellschaften aufgenommen werden.

– Ergänzend dazu sieht § 8 Abs. 2 Z 3 EU-VerschG vor, dass bekannte Gläubiger der österreichischen übertragenden Gesellschaft bei Eintritt eines kapitalherabsetzenden Effekts unmittelbar (individuell) zu verständigen sind.

---

[59] Zu berücksichtigen ist, dass § 10 EU-VerschG auf Import-Verschmelzungen nicht anwendbar ist. Minderheitsgesellschafter einer übernehmenden österreichischen Gesellschaft haben daher nicht das Recht, gegen Gewährung einer Barabfindung im Zuge der grenzüberschreitenden Verschmelzung aus der Gesellschaft auszuscheiden.

[60] Zu Zweck und Ablauf dieses Verfahrens ausführlich *Kalss*, Verschmelzung – Spaltung – Umwandlung, § 225c Rn. 3 ff. mwN sowie *Hommelhoff*, Minderheitenschutz bei Umstrukturierungen, ZGR 1993, 452.

[61] Als „gebundenes Kapital" im Sinne dieser Bestimmung ist dabei jener Teil des Kapitals zu verstehen, das an die Gesellschafter nicht ausgeschüttet werden darf und daher den Gläubigern als Haftungsfonds zur Verfügung steht.

[62] Da im österreichischen Kapitalgesellschaftsrecht im europaweiten Vergleich hohe Mindestkapitalausstattungen vorgesehen sind (GmbH: EUR 35.000,–; AG: EUR 70.000,–) wird gerade bei grenzüberschreitenden Export-Verschmelzungen regelmäßig ein kapitalherabsetzender Effekt eintreten.

[63] Grundlegend dazu OGH v. 11.11.1999 – 6 Ob 4/99 b; *Reich-Rohrwig*, Grundsatzfragen der Kapitalerhaltung 227 ff. mwN; *G. Nowotny*, NZ 2006/64; *Eckert*, Kapitalentsperrung bei Verschmelzungen, GES 2006, 383 (Teil I), 436 (Teil II) sowie *Fellner*, Vermögensbindung bei der Verschmelzung, NZ 2000, 225.

Diese Notwendigkeit der individuellen Gläubigerverständigung mutet im Hinblick auf einen Rechtsvergleich mit der nationalen Regelung des § 178 AktG seltsam an: Individualverständigungen sind im österreichischen Recht nur bei Kapitalherabsetzungen von Gesellschaften mit beschränkter Haftung gem. § 55 Abs. 2 GmbHG[64] vorgesehen. Wird hingegen bei einer AG eine ordentliche Kapitalherabsetzung durchgeführt, so sind deren Gläubiger nur generell im Rahmen der Veröffentlichung des Kapitalherabsetzungsbeschlusses über die Möglichkeit der Sicherheitsleistung zu informieren, eine individuelle Verständigungspflicht besteht nicht. Wenn der Gesetzgeber nicht einmal bei einer ordentlichen Kapitalherabsetzung einer AG eine individuelle Verständigung der Gläubiger für notwendig erachtet, so müsste dies uE erst Recht bei einer indirekten Kapitalherabsetzung durch „bloßen" Eintritt eines kapitalherabsetzenden Effekts gelten. Eine individuelle Verständigungspflicht bei AG und GmbH jeglicher Größe geht zu weit und kann auch in der Praxis Schwierigkeiten verursachen. Insbesondere bei großen Gesellschaften mit einer Vielzahl von Gläubigern ist die förmliche Abwicklung der Individualverständigung in vielen Fällen nicht unproblematisch.[65]

– § 13 EU-VerschG normiert zu guter Letzt, dass bei der Export-Verschmelzung Gläubigern der (österreichischen) übertragenden Gesellschaft, wenn sie sich spätestens binnen zwei Monaten nach Bekanntmachung des Verschmelzungsplans schriftlich zu diesem Zweck bei der übertragenden österreichischen Gesellschaft melden, für bis dahin entstehende Forderungen Sicherheit zu leisten ist,
  – soweit sie nicht Befriedigung verlangen können (etwa weil die Forderung noch nicht fällig ist) und
  – soweit sie glaubhaft machen, dass durch die Verschmelzung die Erfüllung ihrer Forderungen gefährdet wird.

Die Notwendigkeit der Glaubhaftmachung der Gefährdung durch den Gläubiger entfällt dann, wenn die Export-Verschmelzung kapitalherabsetzend wirkt, d.h. wenn die Summe des Nennkapitals und der gebundenen Rücklagen der aus der Verschmelzung hervorgehenden Gesellschaft, wie sie nach der Eintragung der Verschmelzung besteht, niedriger ist als die Summe des Nennkapitals und der gebundenen Rücklagen der übertragenden Gesellschaft (vgl. dazu schon oben). In den Fällen der grenzüberschreitenden Export-Verschmelzung mit kapitalherabsetzendem Effekt wird daher ex lege das Bestehen einer Gefährdungslage vermutet und der Gläubiger von seiner Pflicht zur Glaubhaftmachung befreit. Diese generelle „Beweislastumkehr" wurde in der Literatur als überzogen kritisiert, da es durchaus Fälle gibt, in denen der kapitalherabsetzende Effekt zu keinem zusätzlichen Ausschüttungspotential führt und daher den Gläubigern der übertragenden Gesellschaft keine Nachteile entstehen.[66]

– Über den Verweis in § 3 Abs. 2 EU-VerschG kommt überdies die Gläubigerschutzbestimmung des § 226 AktG zur Anwendung, welche die Möglichkeit der Sicherheitsleistung bei entsprechender Antragstellung binnen sechs Monaten nach der Veröffentlichung der Eintragung der Verschmelzung im Firmenbuch eröffnet. Anders als § 13 EU-VerschG handelt es sich bei § 226 AktG um einen Fall des nachgelagerten Gläubigerschutzes, der überdies auch bei der Import-Verschmelzung auf die Gläubiger der übernehmenden österreichischen Gesellschaft anzuwenden ist.[67]

---

[64] Nach dieser Bestimmung ist bei einer GmbH die iZm einer Kapitalherabsetzung vorgesehene Mitteilung bekannten Gläubigern unmittelbar zu machen.
[65] Kritisch auch *Hable/Gassner*, EU-VerschmelzungsG 124 mwN.
[66] Praktische Beispiele dazu finden sich etwa bei *Hable/Gassner*, EU-VerschmelzungsG 150 f.
[67] Vgl. *Hable/Gassner*, EU-VerschmelzungsG 152.

2. Steuerrechtliche Grundlagen

a) Allgemeines zum Umgründungssteuergesetz

Das österreichische UmgrStG[68] ist ein steuerrechtliches Sondergesetz (vergleichbar mit dem deutschen UmwStG), durch welches für bestimmte Arten von Umstrukturierungen der mit der Anwendung allgemeiner steuerrechtlicher Bestimmungen regelmäßig verbundene Eintritt nachteiliger fiskalischer Konsequenzen verhindert wird. Der sachliche Anwendungsbereich des UmgrStG beschränkt sich auf sieben Umgründungsarten[69], namentlich auf

– Verschmelzungen (Art. I UmgrStG),
– Umwandlungen (Art. II UmgrStG),
– Einbringungen (Art. III UmgrStG),
– Zusammenschlüsse (Art. IV UmgrStG),
– Realteilungen (Art. V UmgrStG), sowie
– Handels- und Steuerspaltungen (Art. VI UmgrStG).

Im gegenständlichen Beitrag interessieren nur die Rechtsinstitute der Verschmelzung und Spaltung. Auf die Darstellung der anderen möglichen steuerlichen Umgründungsarten wird daher im Folgenden verzichtet.[70]

b) Anwendbarkeit des UmgrStG auf Verschmelzungen

Verschmelzungen sind nach allgemeinem Steuerrecht als Liquidationsvorgänge zu qualifizieren, die grundsätzlich zur Liquidationsbesteuerung bei der untergehenden Gesellschaft sowie bei deren Gesellschaftern führen. Art. I UmgrStG unterdrückt diese Liquidationsbesteuerung für bestimmte Fälle und verhindert die Aufdeckung und Versteuerung stiller Reserven im Zeitpunkt der Verschmelzung. Ob das UmgrStG zur Anwendung kommt, richtet sich ausschließlich danach, ob der jeweilige Verschmelzungsvorgang sämtliche im UmgrStG hiefür genannten Voraussetzungen erfüllt, d.h. insbesondere handelsrechtlich (gesellschaftsrechtlich) zulässig ist. Ist dies der Fall, so ist die Verschmelzung zwingend nach den Regelungen des UmgrStG zu beurteilen, ein Wahlrecht besteht nicht.

Wie bereits erwähnt, war bereits in der jüngeren Literatur weithin anerkannt, dass grenzüberschreitende Verschmelzungen zulässig sind. Mit In-Kraft-Treten des EU-VerschG wurden auch die letzten Zweifelsfragen in diesem Zusammenhang beseitigt. Ist die grenzüberschreitende Verschmelzung handelsrechtlich möglich und wird diese im Firmenbuch eingetragen, findet Art. I UmgrStG sowohl auf Export-Verschmelzungen als auch auf Import-Verschmelzungen Anwendung.[71] Die steuerlichen Folgen für diese beiden Grundtypen der grenzüberschreitenden Verschmelzung werden maßgebend davon geleitet, ob das Besteuerungsrecht Österreichs bestehen bleibt, verloren geht oder aber ob ein solches erst begründet wird.

---

[68] Umgründungssteuergesetz, BGBl 1991/699.
[69] Der österreichische Begriff der „Umgründung" entspricht dem deutschen Umwandlungsbegriff.
[70] Vgl. ausführlich zur Rechtslage vor In-Kraft-Treten des UmgrStG sowie zu den Konsequenzen von Umgründungen nach allgemeinem Steuerrecht *Wiesner*, Körperschaftsteuerrechtliche Einlagen und Entnahmen, in *Doralt/Hassler/Kranich/Nolz/Quantschnigg* (Hrsg.), Die Besteuerung der Kapitalgesellschaft – FS Egon Bauer (1986) 349 ff.; *Kirchmayr*, Besteuerung von Beteiligungserträgen (2004) 186 ff. sowie *Hügel*, Umgründungssteuergesetz: Allgemeine Grundlagen – Verschmelzung, ecolex 1991, 802 mwN.
[71] *Kofler/Achatz*, Internationale Verschmelzungen nach dem AbgÄG 2004, GeS 2005, 119 mwN; *Hirschler/Schindler*, Grenzüberschreitende Verschmelzung nationaler Kapitalgesellschaften unter Beachtung gesellschafts- und steuerlicher Aspekte, RdW 2006, 607.

c) Ebene der übertragenden Gesellschaft – Exportverschmelzung

48 **aa) (Partielle) Steuerwirksamkeit und Steuerneutralität der Verschmelzung.** Für die Export-Verschmelzung gilt nach der allgemeinen Regel des § 1 Abs. 2 UmgrStG der Grundgedanke, dass Verschmelzungen nur insoweit steuerneutral erfolgen sollen, als das Besteuerungsrecht Österreichs hinsichtlich der stillen Reserven einschließlich eines allfälligen Firmenwertes durch den Verschmelzungsvorgang nicht eingeschränkt wird. Für jenen Teil des übertragenen Vermögens, für den auch nach der Verschmelzung eine beschränkte – nicht durch DBA eingeschränkte – Steuerpflicht bestehen bleibt (zB Vermögen einer steuerlichen Betriebsstätte in Österreich), erfolgt die Verschmelzung daher steuerneutral. Der Rechtsnachfolger hat die steuerlichen Buchwerte fortzuführen. Fällt das österreichische Besteuerungsrecht am übertragenen Vermögen im Zuge der grenzüberschreitenden Verschmelzung hingegen weg, kommt es sowohl auf Gesellschaftsebene sowie auf Gesellschafterebene zur (partiellen) Steuerwirksamkeit der Verschmelzung.

49 Zu einem Wegfall des Besteuerungsrechts am übertragenen Vermögen kann es etwa bei Kapitalanteilen an in- oder ausländischen[72] Körperschaften kommen, die keinem österreichischen Betriebsstättenvermögen zuzurechnen sind. So tritt bei inländischen Kapitalanteilen eine Entstrickung ein, wenn das DBA mit dem Ansässigkeitsstaat der übernehmenden Körperschaft das Besteuerungsrecht hinsichtlich der Anteile entsprechend Art. 13 Abs. 5 OECD-MA dem Ansässigkeitsstaat zuweist. Bei ausländischen Kapitalanteilen kommt es zu einer Steuerentstrickung, wenn eine (fiktiv) teilwertberichtigte internationale Schachtelbeteiligung[73] oder eine internationale Schachtelbeteiligung, für die nach § 10 Abs. 3 KStG zur Steuerwirksamkeit optiert wurde, verschmelzungsbedingt auf eine ausländische übernehmende Körperschaft übergeht und dadurch das inländische Besteuerungsrecht erlischt.

50 Daneben kommt es auch für ausländisches Vermögen, wie etwa Betriebsstättenvermögen, für welches bisher die Anrechnungsmethode vorgesehen war, zum Verlust des österreichischen Besteuerungsrechts. Schließlich ist ein Verlust des österreichischen Besteuerungsrechts ausnahmsweise auch bei inländischen Betriebsstätten denkbar, wenn nach dem DBA mit dem Ansässigkeitsstaat der aufnehmenden Gesellschaft die inländische Geschäftseinrichtung nicht mehr als Betriebsstätte gilt.[74]

51 **bb) Aufgeschobene Entstrickungsbesteuerung.** Da eine partielle Steuerwirksamkeit mit sofortiger Entstrickungsbesteuerung im Falle des Verlustes des österreichischen Besteuerungsrechts gemeinschaftsrechtlich problematisch wäre, zumal keine tatsächliche Realisierung der stillen Reserven erfolgt, hat der österreichische Gesetzgeber als Reaktion auf die Urteile des EuGH in den Rechtssachen *X und Y*[75] und *Hugh de Lasteyrie du Saillant*[76] mit dem AbgÄG 2004[77] die Möglichkeit einer „aufgeschobenen Entstrickungsbesteuerung" geschaffen. Danach wird die sofortige Steuerpflicht bei Verschmelzungen auf EU-Körperschaften, die eine in der Anlage zum UmgrStG aufgelistete Rechtsform aufweisen, sowie auf EWR-Körperschaften, die einer inländischen Kapitalgesellschaft vergleichbar sind und ihren Ort der Geschäftsleitung sowie ihren Sitz in einem EWR-Staat haben, mit

---

[72] Soweit sie nicht der Schachtelbefreiung nach § 10 Abs. 2 KStG unterliegen oder eine Option zur Steuerwirksamkeit abgegeben wurde.
[73] Gemäß § 26a Abs. 16 Z 3 KStG müssen Körperschaften, die innerhalb der für sie vorgesehenen Frist (§ 26a Abs. 16 Z 2 lit a und b KStG) keine Option zur Steuerpflicht ausgeübt haben, bis zu diesem Zeitpunkt vorgenommene Teilwertabschreibungen über einen Zeitraum von sieben Jahren gewinnerhöhend ansetzen; dies ab jenem Wirtschaftsjahr, welches dem der versäumten Optionsausübung folgt.
[74] *Achatz/Kofler* in *Achatz/Aigner/Kofler/Tumpel* (Hrsg.), Internationale Umgründungen 35.
[75] EuGH, Urteil v. 21.11.2002 – Rs C-436/00, *X und Y*, Slg 2002, I-10829.
[76] EuGH, Urteil v. 11.3.2004 – Rs C-9/02, *Hugh de Lasteyrie du Saillant*, Slg 2004, I-2409.
[77] Abgabenänderungsgesetz 2004, BGBl I 2004/180.

dem Österreich eine umfassende Amts- und Vollstreckungshilfe hat, hinausgeschoben. Für derartige grenzüberschreitende Verschmelzungen tritt daher gem. § 1 Abs. 2 UmgrStG trotz Einschränkung des Besteuerungsrechts der Republik Österreich keine sofortige Besteuerung der stillen Reserven und eines allfälligen Firmenwertes ein. Eine Ausnahme gilt für selbst hergestellte Wirtschaftsgüter des Anlagevermögens. Wird für diese auf Ebene der ausländischen übernehmenden Gesellschaft ein Aktivposten angesetzt, so ist von jenen Aufwendungen, die bei der übertragenden Gesellschaft bereits als Betriebsausgaben berücksichtigt wurden, die Steuerschuld sofort festzusetzen. Eine Steueraufschubmöglichkeit besteht nicht. Weist der Steuerpflichtige die tatsächlichen Aufwendungen nicht nach, werden die Aufwendungen mit 65% des Wertes des Wirtschaftsgutes im Zeitpunkt der Verschmelzung geschätzt, maximal wird jedoch der im Ausland angesetzte Aktivposten als Bemessungsgrundlage herangezogen.

Die im Übrigen anzuwendende aufgeschobene Entstrickungsbesteuerung gilt unabhängig von einer allfälligen Betriebsstättenverhaftung des aus der österreichischen Besteuerungshoheit ausscheidenden Vermögens. Ein Steueraufschub ist daher auch für jenes Vermögen möglich, das keiner österreichischen Betriebsstätte zuzurechnen ist, und daher nach der Fusionsrichtlinie eine Besteuerung der stillen Reserven zulassen würde.[78] Voraussetzung für die aufgeschobene Entstrickungsbesteuerung ist ein Antrag der übertragenden Körperschaft auf Nichtfestsetzung der Körperschaftsteuer.[79] Im Ergebnis erfolgt die Verschmelzung daher auf Ebene der übertragenden Körperschaft nur insoweit steuerwirksam, als entweder das Besteuerungsrecht nicht zugunsten eines EU oder EWR Staates, mit dem ein umfassendes Amtshilfeabkommen besteht, eingeschränkt wird oder kein Antrag auf Nichtfestsetzung gestellt wird. 52

Im Fall der Antragstellung werden die zum Verschmelzungsstichtag bestehenden stillen Reserven, die auf das in das Ausland transferierte Vermögen entfallenden, bescheidmäßig festgestellt.[80] Festgesetzt wird die (aufgeschobene) Steuer jedoch erst dann, wenn es bei der übernehmenden Körperschaft zur Veräußerung oder zum sonstigen Ausscheiden des Vermögens(teils) kommt. Nach Auffassung in der Literatur ist unter dem Begriff des sonstigen Ausscheidens neben der Liquidation der übernehmenden Gesellschaft jede Art. von Tausch wie auch eine (verdeckte) Ausschüttung an die Gesellschafter zu verstehen. Ein Ausscheiden im Zuge einer gewinnrealisierenden Umgründung soll ebenfalls als ein die Steuerfestsetzung auslösender Tatbestand gelten.[81] Dagegen soll ein nachfolgendes Ausscheiden der im Rahmen der vorgelagerten Verschmelzung übergegangenen Wirtschaftsgüter bei der übernehmenden Gesellschaft im Rahmen einer nachgelagerten steuerneutralen Umgründung keine Steuerfestsetzung verursachen.[82] In gleicher Weise sollen auch die Übertragung auf eine im Drittland befindliche Betriebsstätte der übernehmenden Gesellschaft oder ein Wechsel des Vermögens(teils) von der betrieblichen in die außerbetriebliche Sphäre der übernehmenden Gesellschaft kein (die Nachversteuerung auslösendes) „sonstiges Ausscheiden" darstellen.[83] 53

---

[78] Vgl. zur strittigen Frage, ob und inwieweit das Betriebsstättenverhaftungserfordernis des Art. 4 der Fusionsrichtlinie als gemeinschaftsrechtliche Vorgabe eine Beschränkung der Grundfreiheiten durch die Entstrickungsbesteuerung zu rechtfertigen vermag *Kofler/Achatz*, GeS 2005, 119 und die dort genannten weiterführenden Nachweise.
[79] Der Antrag kann nach Auffassung in der Literatur bis zur Rechtskraft des entsprechenden Veranlagungsbescheides gestellt werden; vgl. *Hirschler/Schindler*, RdW 2006, 607; *Achatz/Kofler* in *Achatz/Aigner/Kofler/Tumpel* (Hrsg.), Internationale Umgründungen 47.
[80] UmgrStR 2012 Rn. 44b.
[81] *Hirschler/Schindler*, RdW 2006, 607; *Hirschler*, Änderungen des Umgründungssteuergesetzes durch das AbgÄG 2004 (Teil I), taxlex 2005, 12.
[82] *Achatz/Kofler* in *Achatz/Aigner/Kofler/Tumpel* (Hrsg.), Internationale Umgründungen 47 mit Hinweis auf die Materialien zu § 1 Abs. 2 UmgrStG; *Hirschler/Schindler*, RdW 2006, 607.
[83] *Hirschler*, taxlex 2005, 12.

54 Findet eine steuerrelevante Veräußerung oder ein steuerrelevantes sonstiges Ausscheiden statt, so gilt dieser Vorgang als rückwirkendes Ereignis iSd § 295a BAO[84] (vergleichbar mit § 175 Abs. 1 Z 2 der deutschen AO). Dementsprechend kommt es zu einer Änderung des früheren Bescheides, in dem die Nichtfestsetzung der Steuerschuld aufgrund der grenzüberschreitenden Verschmelzung erfolgte.[85] Eine derartige Abänderung des Bescheides ist jedoch gem. § 302 Abs. 1 BAO nur innerhalb der (absoluten) Verjährungsfrist des § 209 Abs. 3 BAO (10 Jahre) möglich. Soweit daher der steuerrelevante Veräußerungstatbestand oder der Tatbestand des sonstigen Ausscheidens nach Verjährungseintritt erfüllt werden, ist eine Änderung des Bescheides nach § 295a BAO nicht mehr möglich.[86] Die übernehmende ausländische Körperschaft trifft für die Festsetzung der Steuer aufgrund der zivilrechtlichen Gesamtrechtsnachfolge eine verfahrensrechtliche Mitwirkungspflicht nach § 120 Abs. 3 BAO. Die tatsächliche oder gesetzlich fingierte Realisierung der stillen Reserven im Ausland ist daher binnen Monatsfrist dem zuständigen österreichischen Finanzamt anzuzeigen.

55 Hinsichtlich der Höhe der durch Bescheidänderung nach § 295a BAO festzusetzenden Einkünfte sieht § 1 Abs. 2 UmgrStG eine doppelte Deckelung vor. Maximale Bemessungsgrundlage sind die im Entstrickungszeitpunkt bestehenden stillen Reserven. Zwischen Wegzug und Realisierung eingetretene Wertminderungen sind (höchstens) im Umfang der Bemessungsgrundlage zu berücksichtigen. Sind also die stillen Reserven seit der Entstrickung abgesunken, wird nur der geringere Betrag im Realisationszeitpunkt erfasst. Besteuert wird somit nur die positive Differenz zwischen den Anschaffungskosten und dem gemeinen Wert im Entstrickungszeitpunkt oder dem (tatsächlichen oder fiktiven) Veräußerungserlös, sofern dieser niedriger ist.[87] Verluste aus der Veräußerung bzw. dem sonstigen Ausscheiden sind nicht zu berücksichtigen.

56 **cc) Aufwertungswahlrecht.** Nach § 2 Abs. 2 UmgrStG besteht, sofern durch die grenzüberschreitende Export-Verschmelzung das österreichische Besteuerungsrecht nicht eingeschränkt wird, und daher eine Buchwertfortführung möglich wäre, unter bestimmten Voraussetzungen ein Aufwertungswahlrecht für im Ausland gelegenes Vermögen, das aufgrund eines DBA mit Anrechnungsmethode der inländischen Besteuerung unterliegt oder für welches eine vergleichbare innerstaatliche Maßnahme zur Vermeidung der Doppelbesteuerung getroffen wurde.[88] Für dieses Vermögen kann nach Wahl der übertragenden Körperschaft eine Aufwertung erfolgen, wenn im Ausland anlässlich der Umgründung tatsächlich eine Aufdeckung der stillen Reserven einschließlich des Firmenwerts erfolgt.[89]

57 Zu betonen ist, dass dieses Aufwertungswahlrecht nur dann besteht, wenn das österreichische Besteuerungsrecht im Grunde nicht eingeschränkt wird. Ist die Export-Ver-

---

[84] Vgl. zu dieser Bestimmung im Detail *Perktold/Huber*, Die Abänderung von Bescheiden aufgrund rückwirkender Ereignisse (§ 295a BAO), in *Althuber/Toifl* (Hrsg.), Rückforderung rechtswidrig erhobener Abgaben (2005) 139 ff.

[85] In der Literatur wird in diesem Zusammenhang zum Teil die Ansicht vertreten, dass nach der grenzüberschreitenden Verschmelzung erfolgende Steuersatzänderungen oder Änderungen in der Steuerbemessungsgrundlage zugunsten des Abgabepflichtigen zu berücksichtigen sind; vgl. *Achatz/Kofler* in *Achatz/Aigner/Kofler/Tumpel* (Hrsg.), Internationale Umgründungen 50.

[86] *Wiesner*, Die Ertragsbesteuerung der Kapitalgesellschaft nach dem AbgÄG 2004, RWZ 2004/90, 353; *Hirschler*, taxlex 2005, 12; *Hirschler/Schindler*, RdW 2006, 607.

[87] *Kofler/Achatz*, GeS 2005, 119; zudem lässt es der Wortlaut der Regelung nach Auffassung der beiden Autoren auch zu, bei entsprechendem Nachweis eine Erfassung stiller Reserven dann zu vermeiden, wenn es nach der Entstrickung zu Wertminderungen kommt, im Realisationszeitpunkt also zwar stille Reserven vorhanden sind, allerdings nicht jene, die im Entstrickungszeitpunkt bestanden haben.

[88] Denkbar ist zB der Fall, dass im Zuge der Export-Verschmelzung verbleibenden inländischen Betriebsstätten im Ausland belegenes Vermögen tatsächlich zugehörig ist und dieses aufgrund im DBA vorgesehenen Anrechnungsmethode im steuerlichen Ergebnis der Betriebsstätte erfasst wird.

[89] UmgrStR 2002 Rn. 101.

schmelzung dagegen mit einem Verlust des Besteuerungsrechts am ausländischen Vermögen, für welches die Anrechnungsmethode vorgesehen war, verbunden, ist eine Besteuerung der stillen Reserven im Wege einer Liquidationsbesteuerung, wie bereits oben ausgeführt, grundsätzlich zwingend. Ein Aufwertungswahlrecht besteht in diesem Fall somit nicht.

Die sofortige Besteuerung unterbleibt wie erwähnt nur dann, wenn das Besteuerungsrecht im Verhältnis zu EU-Staaten oder EWR-Staaten eingeschränkt wird und der Steuerpflichtige einen diesbezüglichen Antrag auf Steueraufschub stellt. Unterlässt der Steuerpflichtige einen Antrag auf aufgeschobene Besteuerung, und kommt es daher grundsätzlich zur sofortigen Besteuerung der stillen Reserven, wird uE jedoch die Möglichkeit bestehen, durch unmittelbare Berufung auf Art. 10 Abs. 2 der Fusionsrichtlinie eine Anrechnung der fiktiven Veräußerungsgewinnbesteuerung des Betriebsstättenstaates zu erhalten.[90] 58

dd) DBA-befreites Betriebsstättenvermögen. Nach § 2 Abs. 8 EStG ist es möglich, 59 auch bei DBA mit Befreiungsmethode ausländische Betriebsstättenverluste in Österreich zu verwerten. Erfolgt in späteren Jahren eine Berücksichtigung dieser Verluste im Ausland, hat im Inland eine Nachversteuerung zu erfolgen. Ist eine Verlustverwertung nach § 2 Abs. 8 EStG in Österreich erfolgt, und scheidet das verlustverursachende ausländische Betriebsstättenvermögen im Zuge der Export-Verschmelzung aus der Nachversteuerungshängigkeit aus, dürfen nach Art. 10 Abs. 1 zweiter Satz der Fusionsrichtlinie im Inland abgezogene und noch nicht mit Gewinnen ausgeglichene Betriebsstättenverluste einer Nachversteuerung unterzogen werden. Nach Auffassung der Finanzverwaltung soll eine Nachversteuerung im Inland jedoch erst dann eintreten, wenn die Verluste im Ausland berücksichtigt werden.[91]

d) Ebene der übernehmenden Gesellschaft – Importverschmelzung

aa) Buchwertfortführung. Nach § 3 UmgrStG gilt auch für Import-Verschmelzungen 60 grundsätzlich die zwingende Buchwertfortführung beim Rechtsnachfolger.[92] Die übernehmende Körperschaft hat für jenes Vermögen, das schon vor der Verschmelzung der beschränkten Steuerpflicht unterlegen ist, die in der steuerlichen Verschmelzungsbilanz der übertragenden Körperschaft gem. § 2 UmgrStG angesetzten Werte zwingend fortzuführen.

bb) Aufwertung auf den gemeinen Wert. Wächst Vermögen im Zuge der Import- 61 Verschmelzung erstmals in die österreichische Steuerhängigkeit hinein (zB Auslandsvermögen ist nach der Verschmelzung nicht durch ein DBA von der inländischen Besteuerung abgeschirmt) normiert § 3 UmgrStG generell eine Bewertung mit dem gemeinen Wert. Die Bewertung mit dem gemeinen Wert gilt grundsätzlich für jeden Vermögensteil, für den durch die Verschmelzung ein Besteuerungsrecht der Republik Österreich entsteht.[93]

Eine Ausnahme von der Bewertung mit dem gemeinen Wert besteht allerdings inso- 62 weit, als es sich um die neuerliche Verstrickung von Vermögen handelt, das zu einem früheren Zeitpunkt steuerneutral[94] aus Österreich nach den Bestimmungen des UmgrStG zur aufgeschobenen Entstrickungsbesteuerung oder der Regelung des § 6 Z 6 EStG in das

---

[90] Vgl. auch *Achatz/Kofler* in *Achatz/Aigner/Kofler/Tumpel* (Hrsg.), Internationale Umgründungen 29.
[91] UmgrStR 2002 Rn. 72; Nach Ansicht in der Literatur ist diese hinausgezögerte Nachversteuerung auch (entgegen dem Wortlaut der Fusionsrichtlinie) aufgrund primärrechtlicher Vorgaben zwingend und überdies auch unmittelbar aus § 2 Abs. 8 Z 3 EStG ableitbar; vgl. *Achatz/Kofler* in *Achatz/Aigner/Kofler/Tumpel* (Hrsg.), Internationale Umgründungen 47.
[92] Allfällige Buchgewinne, etwa bei einer *Up Stream*-Import-Verschmelzung sind steuerneutral.
[93] *Hirschler*, taxlex 2005, 12.
[94] Methodisch korrekt müsste anstelle von steuerneutraler Entstrickung von einer Entstrickung ohne Steuerfestsetzung gesprochen werden.

Ausland überführt worden ist. Für dieses Vermögen sind anstelle des gemeinen Wertes die Buchwerte im Zeitpunkt der vorgelagerten Umgründung bzw. Überführung anzusetzen, sodass sämtliche stille Reserven dieses Vermögens(teils) in Österreich wieder steuerhängig sind. Bei dieser Sachlage gilt dann auch die spätere tatsächliche Veräußerung bzw. das steuerneutrale Ausscheiden nicht als rückwirkendes Ereignis iSd § 295a BAO. Zur Vermeidung einer doppelten Besteuerung jener stillen Reserven, die im Zeitraum zwischen Entstrickung und späterer umgründungsbedingter Verstrickung entstanden sind, sind nachweislich eingetretene Wertsteigerungen im EU/EWR-Raum vom steuerpflichtigen Veräußerungserlös wieder abzuziehen, wobei der Nachweis wohl durch den Abgabepflichtigen zu erbringen ist. Er ist somit gehalten, die stillen Reserven, im Zeitpunkt der neuerlichen Verstrickung zu dokumentieren.[95]

63   cc) **Internationale Schachtelbeteiligung.** Für den Fall, dass im Zuge einer grenzüberschreitenden Verschmelzung internationale Schachtelbeteiligungen untergehen, entstehen oder erweitert werden, trifft das UmgrStG besondere Vorkehrungen, um zu gewährleisten, dass bislang steuerverstrickte stille Reserven weiterhin steuerverfangen bzw. bislang steuerbefreite stille Reserven auch nach der Verschmelzung weiterhin steuerfrei bleiben. Die dafür vorgesehenen Regelungen sind im Einzelnen wie folgt ausgestaltet.

– Geht im Zuge einer grenzüberschreitenden Verschmelzung eine internationale Schachtelbeteiligung auf die übernehmende Körperschaft über, tritt die übernehmende Körperschaft in die Stellung der übertragenden Körperschaft ein.[96] Die Einjahresfrist für die Steuerfreiheit der Ausschüttungen und die Veräußerung der Beteiligung wird von der übernehmenden Körperschaft fortgesetzt.
– Entsteht durch die Verschmelzung eine internationale Schachtelbeteiligung, indem die übertragende Körperschaft eine Beteiligung an einer ausländischen Körperschaft von weniger als 10% auf die übernehmende Körperschaft überträgt, die ebenfalls zu weniger als 10% an der ausländischen Gesellschaft beteiligt ist, so beginnt die für die Steuerbefreiung maßgebende Einjahresfrist für die gesamte Beteiligung mit dem Beginn des dem Verschmelzungsstichtag folgenden Tages zu laufen. War nur die übernehmende Körperschaft mit weniger als 10% beteiligt, die übertragende Körperschaft hingegen bereits über 10%, so setzt die übernehmende Körperschaft die von der übertragenden Körperschaft begonnene Besitzfrist fort. Für die am Verschmelzungsstichtag in den Beteiligungen steuerhängigen stillen Reserven ist dahingehend Sorge zu tragen, dass diese auch nach der Verschmelzung steuerhängig bleiben. Diese sind im Falle der Veräußerung von der Veräußerungsgewinnbefreiung nach § 10 Abs. 3 KStG ausgenommen.
– Im Falle der Erweiterung einer internationalen Schachtelbeteiligung durch Übertragung einer Beteiligung von weniger als 10%, wird die Minderheitsbeteiligung ebenfalls sofort in die bestehende Schachtelbeteiligung einbezogen und beginnt keine neue Jahresfrist zu laufen. Die am Verschmelzungsstichtag steuerhängigen stillen Reserven sind wiederum von der Veräußerungsgewinnbefreiung ausgenommen.[97]

---

[95] *Hirschler*, taxlex 2005, 12; *Achatz/Kofler* in *Achatz/Aigner/Kofler/Tumpel* (Hrsg.), Internationale Umgründungen 56; *Hirschler/Schindler*, RdW 2006, 607.
[96] Diese Konstellation könnte iZm grenzüberschreitenden Import-Verschmelzungen etwa dann eintreten, wenn die internationale Schachtelbeteiligung bereits vor der Umgründung tatsächlich einer inländischen Betriebsstätte zugehörig war.
[97] UmgrStR 2012 Rn. 180.

e) Verluste

aa) Export-Verschmelzung. Für Verlustvorträge gelten im Falle der Export-Verschmelzung die Bestimmungen des § 4 UmgrStG. Nach dieser Regelung gehen, unter der Voraussetzung der Buchwertfortführung[98], Verlustvorträge auf die nachfolgende inländische Betriebsstätte über, sofern der Verlustvortrag durch das übertragene Vermögen verursacht ist und eine umfangmäßige Vergleichbarkeit besteht.[99] Entgegen der Auffassung der Finanzverwaltung[100] sollen nach Meinung in der Literatur die Einschränkungen betreffend den Verlustvortrag von inländischen Betriebsstätten beschränkt Steuerpflichtiger in § 102 Abs. 2 EStG[101] nicht gelten. Diese Sichtweise ist wohl auch vor dem Hintergrund der Fusionsrichtlinie geboten, zumal nach Art. 6 der Fusionsrichtlinie der Verlustabzug in selber Art und Weise wie bei Inlandsverschmelzungen zu gewähren ist.[102] Die Möglichkeit der Verwertung vorhandener Verluste ist daher ausschließlich nach § 4 UmgrStG zu beurteilen und unterliegt nicht den Einschränkungen nach § 102 Abs. 2 Z 2 EStG.[103] Kann die übernehmende ausländische Körperschaft den übergehenden Verlustabzug im Ausland ohne eine Verpflichtung zur Nachversteuerung verwerten, steht der übergehende Verlustabzug im Inland nicht zur (doppelten) Verrechnung zur Verfügung.[104]

64

bb) Import-Verschmelzung. Bei einer Import-Verschmelzung gehen die von einer inländischen Betriebsstätte der übertragenden ausländischen Gesellschaft gem. § 102 Abs. 2 Z 2 EStG entstandenen und noch nicht verrechneten Verluste entsprechend den Regelungen des § 4 UmgrStG auf die übernehmende Gesellschaft über.[105] Ausländische Verluste, die bis zur Verschmelzung angefallen und noch nicht verwertet worden sind, sollen nach Auffassung der Finanzverwaltung dagegen nicht auf die inländische übernehmende Körperschaft übergehen, weil den ausländischen Verlusten nicht die Eigenschaft von Verlusten nach § 8 Abs. 4 Z 2 KStG zukommt. Diese Verluste sollen nur im Rahmen der ausländischen Betriebsstätte verwertet werden können.[106]

65

f) Auswirkungen auf Gesellschafterebene

Welche steuerlichen Konsequenzen die grenzüberschreitende Verschmelzung auf Anteilsinhaberebene hat, bestimmt sich gem. § 5 Abs. 1 UmgrStG grundsätzlich danach, ob es

66

---

[98] Vgl. UmgrStR 2012 Rn. 194; wonach im Falle der Aufwertung eines Auslandsvermögens der Übergang des Verlustvortrages hinsichtlich des dem Inlandsvermögen zuordenbaren Verlustes nicht beeinträchtigt ist.
[99] Vgl. dazu ausführlich zB *Hügel* in *Hügel/Mühlehner/Hirschler*, UmgrStG (2000), § 4 Rn. 30 ff.
[100] UmgrStR 2012 Rn. 193, wonach auf die bereits im Rahmen der unbeschr. Stpfl. entstandenen Verlustverträge die Einschränkungen des § 102 Abs. 2 Z 2 EStG anwendbar sein sollen; lediglich für den Fall, dass ein abkommensrechtl. Diskriminierungsverbot besteht, sollte nach Auffassung der Finanzverwaltung die Einschränkung des § 102 Abs. 2 Z2 EStG nicht gelten; vgl. auch *Loukota*, Aktuelle Entwicklungen bei internationalen Umgründungen aus abkommensrechtlicher Sicht in *Achatz/Aigner/Kofler/Tumpel* (Hrsg.), Internationale Umgründungen 386 f.; EStR 2011 Rn. 8059.
[101] Nach dieser Regelung kann ein Verlustabzug beim inländischen Betriebsstättenergebnis nur insoweit berücksichtigt werden, als er die nicht der beschränkten Steuerpflicht unterliegenden Einkünfte überstiegen hat. § 102 Abs. 2 Z 2 EStG geht somit von einer vorrangigen Verrechnung des Verlustes mit den im Ausland (d.h. im Sitzstaat des beschr. Steuerpfl.) erzielten Einkünften aus.
[102] *Achatz/Kofler* in *Achatz/Aigner/Kofler/Tumpel* (Hrsg.), Internationale Umgründungen 57.
[103] Gegen eine Anwendung der Einschränkungen des § 102 Abs. 2 Z 2 EStG für zukünftige Verluste bestehen im Hinblick auf die Fusionsrichtlinie grundsätzlich keine Bedenken. Dies vermag aber freilich nicht die allgemeinen gemeinschaftsrechtlichen Bedenken gegen die Regelung des § 102 Abs. 2 Z 2 EStG zu zerstreuen.
[104] UmgrStR 2012 Rn. 193.
[105] *Hirschler/Schindler*, RdW 2006, 607.
[106] UmgrStR 2012 Rn. 160a; dagegen sofern kein Fall von Verlustshopping vorliegt *Achatz/Kofler* in *Achatz/Aigner/Kofler/Tumpel* (Hrsg.), Internationale Umgründungen 58; *Loukota* in *Achatz/Aigner/Kofler/Tumpel* (Hrsg.), Internationale Umgründungen 385; *Hirschler* in *König/Schwarzinger* (Hrsg.), Körperschaften

durch die grenzüberschreitende Verschmelzung zu einer Einschränkung des Besteuerungsrechts an den stillen Reserven und am Firmenwert hinsichtlich des übertragenen Vermögens kommt oder ob dieses Besteuerungsrecht durch die Umgründung nicht berührt wird. Darüber hinaus bestehen seit dem Abgabenänderungsgesetz 2007 aber auch Regelungen für den Fall, dass zwar das Besteuerungsrecht Österreichs am übertragenen Vermögen nicht eingeschränkt wird, es jedoch zu einer Entstrickung auf Anteilsinhaberebene kommt.

67   **aa) Keine Einschränkung des Besteuerungsrechts am übertragenen Vermögen.** Wird das Besteuerungsrecht am übertragenen Vermögen nicht eingeschränkt (zB weiterhin Betriebsstätte in Österreich) erfolgt der Anteilstausch auf Gesellschafterebene – vorbehaltlich der Ausführungen unten – sowohl bei Export als auch bei Importverschmelzungen gem. § 5 Abs. 1 UmgrStG steuerneutral. Dies gilt im Allgemeinen unabhängig davon, ob der Anteilseigner im Inland, im EU-Raum, in einem EWR-Staat oder im Drittland ansässig ist.[107]

68   Sondervorschriften bestehen für den Fall, dass der Anteilsinhaber eine inländische Körperschaft ist und bei ihr durch den Anteilstausch die Eigenschaft der Beteiligung als internationale Schachtelbeteiligung untergeht oder entsteht. Geht die Eigenschaft als internationale Schachtelbeteiligung unter, so ist zur Vermeidung der Besteuerung bisher nicht steuerhängiger stiller Reserven der Buchwert der Beteiligung auf den höheren Teilwert aufzuwerten.[108] Entsteht durch die grenzüberschreitende Verschmelzung beim Anteilsinhaber eine internationale Schachtelbeteiligung gilt hinsichtlich der bisher nicht steuerbefreiten Beteiligungsquoten der Unterschiedsbetrag zwischen höherem Teilwert und Buchwert als Teilwertabschreibung.[109]

69   Bei in Privatvermögen gehaltenen Beteiligungen ist für die Beurteilung dessen, ob Alt- oder Neubestand vorliegt, für die neuen Anteile der Anschaffungszeitpunkt der alten Anteile maßgebend.

70   **bb) Keine Einschränkung des Besteuerungsrechts am übertragenen Vermögen, aber Entstrickung auf Anteilsinhaberebene.** Kommt es im Zuge der Verschmelzung zwar nicht zu einer Einschränkung des Besteuerungsrechts am übertragenen Vermögen, entfällt jedoch das Besteuerungsrecht hinsichtlich der Anteile der übertragenden Körperschaft an der übernehmenden Körperschaft, soll nach dem AbgÄG 2007 nunmehr eine Tauschbesteuerung auf Anteilsinhaberebene greifen.

71   Diese Konstellation ist insbesondere bei *Down Stream*-Verschmelzungen mit ausländischen Anteilseignern denkbar, wenn eine inländisch übertragende Gesellschaft auf eine inländisch übernehmende Gesellschaft verschmolzen wird und die Anteile an der inländischen übernehmenden Gesellschaft an die ausländischen Anteilseigner ausgekehrt wer-

---

im Steuerrecht, FS Wiesner 151; *Grau/Stefaner*, Nutzung ausländischer Verluste durch Umgründungen, SWI 2007 217ff, wenden gegen die Rechtmäßigkeit der Auffassung der Finanzverwaltung zudem ein, dass diese nicht nur gegen die Niederlassungsfreiheit, sondern auch im Hinblick auf die Rückwirkung gegen Treu und Glauben verstößt.

[107] Ob die Anteile betrieblich oder privat gehalten werden, ist unmaßgeblich; Voraussetzung ist lediglich, dass der Verlust des Besteuerungsrechts aufgrund einer Verschmelzung auf eine EU-Gesellschaft oder eine vergleichbare Kapitalgesellschaft eines EWR-Staates, mit dem eine umfassende Amts- und Vollstreckungshilfe besteht, eintritt.

[108] Der Buchwert vermindert sich um tatsächliche Teilwertabschreibungen, soweit diese noch nicht nach § 26a Abs. 16 KStG nachversteuert wurden, fiktive Teilwertabschreibungen iSd UmgrStG idF vor dem BBG 2003 und Beträge, die nach dem UmgrStG von der Steuerneutralität nach § 10 Abs. 3 Satz 1 KStG ausgenommen sind; vgl. *Walter*, Umgründungssteuerrecht[8] Rn. 153.

[109] *Walter*, Umgründungssteuerrecht[8] Rn. 155.

den.¹¹⁰ Von der Tauschbesteuerung betroffene Anteilseigner aus EU-Staaten oder EWR-Staaten mit umfassender Amts- und Vollstreckungshilfe können jedoch analog zu § 1 Abs. 2 UmgrStG eine aufgeschobene Entstrickungsbesteuerung beantragen. Eine sofortige Entstrickungsbesteuerung im Falle des Verlusts des Besteuerrechts an den Anteilen tritt damit nur im Verhältnis zu Gesellschaftern in Drittstaaten ein.

cc) Einschränkung des Besteuerungsrechts am übertragenen Vermögen. Kommt 72 es durch die grenzüberschreitende Verschmelzung zum Verlust des Besteuerungsrechts am übertragenen Vermögen, löst die Umgründung – wie auf Gesellschaftsebene – grundsätzlich auch auf Anteilsinhaberebene eine sofortige Tauschbesteuerung aus, und zwar unabhängig davon, ob eine Import- oder Exportverschmelzung vorliegt. Eine Ausnahme von diesem Grundsatz besteht jedoch wiederum für im Inland und im EU- bzw. EWR-Raum ansässige Gesellschafter, wenn der Verlust des Besteuerungsrechts aufgrund einer Verschmelzung auf eine EU-Gesellschaft oder eine vergleichbare Kapitalgesellschaft eines EWR-Staates, mit dem eine umfassende Amts- und Vollstreckungshilfe besteht, eintritt. Der Anteilstausch erfolgt in diesem Fall trotz Verlustes des Besteuerungsrechts am übertragenen Vermögen für die genannten Gesellschafter steuerneutral.¹¹¹ Eine Einschränkung des Besteuerungsrechts am übertragenen Vermögen zugunsten eines EU- oder EWR-Staates im Zuge einer Export-Verschmelzung führt damit lediglich für im Drittstaat ansässige Gesellschafter zu einer Besteuerung der in den Gesellschaftsanteilen enthaltenen stillen Reserven.¹¹²

dd) Zeitpunkt des Anteilserwerbs. Nach § 5 Abs. 1 Z 1 und 3 UmgrStG idF AbgÄG 73 2007 gelten die Anteile an der übernehmenden Körperschaft mit Beginn des dem Verschmelzungsstichtag folgenden Tages als erworben. Dieser Anschaffungszeitpunkt gilt sowohl für inländische Gesellschafter als auch für EU- bzw. EWR- Gesellschafter, sofern mit dem Ansässigkeitsstaat eine umfassende Amts- und Vollstreckungshilfe besteht. Für Drittstaatsgesellschafter sollte hingegen mangels besonderer Regelung die Fortsetzungsfiktion gelten.

g) Sonstige steuerliche Rechtsfolgen

Das UmgrStG legt für Verschmelzungen, die im Anwendungsbereich des UmgrStG 74 stattfinden, fest, dass der dadurch bewirkte Leistungsaustausch nicht umsatzsteuerbar ist. Durch diese Fiktion setzt die übernehmende Körperschaft die Unternehmereigenschaft der übertragenden Körperschaft fort. Zwar kennt das UmgrStG für den Bereich der USt keine Rückwirkungsfiktion, doch kann nach Auffassung der Finanzverwaltung aus Vereinfachungsgründen der Übergang der umsatzsteuerlichen Zurechnung mit dem der Anmeldung zur Eintragung im Firmenbuch folgenden Monatsersten angenommen werden.¹¹³

Verschmelzungen auf inländische Körperschaften sind nach § 6 Abs. 4 UmgrStG von 75 der Gesellschaftsteuer befreit, wenn die übertragende Körperschaft am Tag der Anmeldung des Verschmelzungsbeschlusses zur Eintragung in das Firmenbuch länger als zwei Jahre besteht. Daneben besteht auch in § 6 Abs. 1 Z 3 KVG¹¹⁴ eine Befreiung von der Gesellschaftsteuer für den Erwerb von Gesellschaftsrechten oder deren Erhöhung, wenn

---

¹¹⁰ Darüber hinaus könnte eine Entstrickung auf Anteilsinhaberebene auch bei einer gesellschaftsrechtlich gedeckten Anteilsgewährung an andere – im Inland nicht steuerpflichtige – Personen als den Anteilsinhaber der übertragenen Körperschaft eintreten.
¹¹¹ Ob die Anteile betrieblich oder privat gehalten werden, ist unmaßgeblich.
¹¹² Dies dürfte in dieser Allgemeinheit nicht der Fusionsrichtlinie entsprechen, da es nach der Fusionsrichtlinie für die Steuerneutralität des Anteilstausches lediglich darauf ankommt, dass die übertragende und die übernehmende Gesellschaft Gesellschaften eines Mitgliedstaates sind.
¹¹³ UmgrStR 2012 Rn. 319.
¹¹⁴ Kapitalverkehrsteuergesetz vom 16. Oktober 1934; dRGBl 1934, 1058.

und soweit auf die Kapitalgesellschaft als Gegenleistung das gesamte Vermögen, ein Betrieb oder Teilbetrieb einer anderen Kapitalgesellschaft übertragen wird. Die Befreiungsbestimmung nach § 6 Abs. 1 Z 3 KVG und jene nach § 6 Abs. 4 UmgrStG bestehen nebeneinander. Es sind grundsätzlich die für die Abgabepflichtigen jeweils günstigeren Bestimmungen anzuwenden.[115]

76 Wird aufgrund einer grenzüberschreitenden Verschmelzung iSd § 1 UmgrStG im Inland gelegenes Grundvermögen übertragen, so wird die Grunderwerbsteuer anstelle des dreifachen Einheitswertes, der nach den allgemeinen Regelungen heranzuziehen wäre, nur vom zweifachen Einheitswert berechnet. Die Grundbucheintragungsgebühr wird vom dreifachen Einheitswert berechnet. Resultiert die Steuerpflicht aus einer Anteilsvereinigung (§ 1 Abs. 3 GrEStG), bemisst sich die Grunderwerbsteuer vom dreifachen Einheitswert.

h) Missbrauch

77 Nach dem Missbrauchstatbestand des § 44 UmgrStG erfolgt entgegen den vorstehenden Ausführungen eine Verschmelzung dann nicht steuerneutral, wenn ein Fall von Missbrauch iSd § 22 BAO vorliegt, d.h. nicht wirtschaftliche Gründe Anlass für die grenzüberschreitende Verschmelzung waren, sondern der hauptsächliche Beweggrund in der Steuerhinterziehung oder -umgehung lag.

78 Nach Auffassung der Finanzverwaltung kommt Missbrauch insbesondere bei mehrstufigen Umgründungen in Betracht, die ausschließlich oder fast ausschließlich der Umgehung oder Minderung der Abgabenpflicht dienen, ohne dass für diese Maßnahme außersteuerliche Gründe vorliegen. Ein einzelner Rechtsakt soll hingegen keine Gestaltung iSd § 22 BAO darstellen und daher als solcher nicht als Missbrauch qualifiziert werden können.[116]

II. Spaltung

1. Gesellschaftsrechtliche Grundlagen

a) Allgemeines

79 **aa) Zum Begriff der Spaltung in Österreich.** Im Gegensatz zur Verschmelzung, die als Zusammenführung von Gesellschaften im Wege der Gesamtrechtsnachfolge definiert werden kann, ist die Spaltung eine Form der Gesellschaftsteilung, somit der contrarius actus zur Verschmelzung.

80 Rechtsgrundlage der Spaltung ist das Spaltungsgesetz (SpaltG),[117] welches in Umsetzung der Richtlinie 82/891/EWG[118] im Jahre 1996 geschaffen wurde. Darin wird grundsätzlich zwischen vier Arten der Spaltung unterschieden, die untereinander kombiniert werden können. Je nach dem ob die spaltende (übertragende) Gesellschaft bestehen bleibt oder untergeht, differenziert man zwischen der Abspaltung und der Aufspaltung. Diese beiden Grundformen können wiederum – abhängig davon, ob die übernehmende Gesellschaft bereits besteht oder erst im Zuge der Spaltung neu gegründet wird – in (Auf- oder

---

[115] *Knörzer/Althuber*, GesSt § 6 Rn. 42.
[116] UmgrStR 2002 Rn. 1907.
[117] Bundesgesetz über die Spaltung von Kapitalgesellschaften, BGBl 1996/304; dazu im Detail *Hügel*, Das neue Spaltungsgesetz und die Reform des Umgründungsrechts, ecolex 1996, 527; *Nowotny*, Die Spaltung zur Aufnahme: Ein neues handelsrechtliches Allzweckinstrument, RdW 1996, 298 sowie *Stern*, Verhältniswahrende Spaltung zur Aufnahme, RdW 1997, 259.
[118] Sechste Richtlinie 82/891/EWG des Rates vom 17. Dezember 1982 betreffend die Spaltung von Aktiengesellschaften, ABl 1982, L 378/47.

Ab-)Spaltungen zur Aufnahme oder (Auf- oder Ab-)Spaltungen zur Neugründung unterteilt werden.

Anders als vor In-Kraft-Treten des GesRÄG 2007 sind Spaltungen in Österreich seit jeher rechtsformübergreifend in jede Richtung (GmbH ➔ GmbH; GmbG ➔ AG; AG ➔ GmbH; AG ➔ AG) möglich.[119]

(1) Abspaltungen versus Aufspaltungen. Sowohl die Auf- als auch die Abspaltung erfolgt zivilrechtlich im Wege der Gesamtrechtsnachfolge. § 1 Abs. 2 Z 1 SpaltG definiert die Aufspaltung als Übertragung aller Vermögensteile der spaltenden Kapitalgesellschaft auf andere neu gegründete oder bereits bestehende Kapitalgesellschaften im Wege der Gesamtrechtsnachfolge unter Beendigung, aber ohne Liquidation der spaltenden Kapitalgesellschaft. Bei der Aufspaltung muss das Vermögen daher auf zumindest zwei Rechtsnachfolger übergehen. Gesellschaftsrechtlich erlischt die spaltende Kapitalgesellschaft im Zeitpunkt der Eintragung der Spaltung in das Firmenbuch.

§ 1 Abs. 2 Z 2 SpaltG definiert die Abspaltung als Übertragung eines oder mehrerer Vermögensteile auf eine oder mehrere neu gegründete oder bereits bestehende Kapitalgesellschaften mit Gesamtrechtsnachfolge unter Fortführung der spaltenden Kapitalgesellschaft. Bei dieser Spaltungsform genügt es somit, wenn das Vermögen auf bloß einen Rechtsnachfolger übertragen wird. Die spaltende Kapitalgesellschaft bleibt bestehen.

(2) Spaltung zur Neugründung versus Spaltung zur Aufnahme. Bei der Spaltung zur Neugründung wird das Vermögen der spaltenden Kapitalgesellschaft auf Grund eines Spaltungsplanes (§ 2 SpaltG) bei Aufspaltungen auf mindestens zwei dadurch gegründete neue Kapitalgesellschaften mit Beendigung der spaltenden Kapitalgesellschaft bzw. bei Abspaltungen auf eine oder mehrere dadurch gegründete neue Kapitalgesellschaft(en) unter Fortführung der spaltenden Kapitalgesellschaft übertragen. Bei dieser Spaltungsform ist die Anteilsgewährung an die Gesellschafter der spaltenden Kapitalgesellschaft begriffsnotwendig. Diese erhalten Anteile an der neu gegründeten Kapitalgesellschaft. Neben den Vorschriften des SpaltG sind bei der Spaltung zur Neugründung überdies die gesellschaftsrechtlichen Gründungsvorschriften zu beachten.

Die Spaltung zur Aufnahme unterscheidet sich von der Spaltung zur Neugründung nur dadurch, dass das Vermögen der spaltenden Gesellschaft gemäß einem Spaltungs- und Übernahmevertrag bei Aufspaltungen auf mindestens zwei bestehende Gesellschaften mit Beendigung der spaltenden Kapitalgesellschaft bzw. bei Abspaltungen auf eine oder mehrere bestehende Gesellschaft(en) unter Fortführung der spaltenden Kapitalgesellschaft übergeht. Gemäß § 17 SpaltG sind bei der Spaltung zur Aufnahme die Verschmelzungsvorschriften des AktG ergänzend zu den spaltungsrechtlichen Vorschriften anzuwenden. Demnach gibt es bei der Spaltung zur Aufnahme Fälle, in denen es zur Anteilsgewährung kommt, solche in denen auf eine Anteilsgewährung verzichtet werden kann und solche in denen eine Anteilsgewährung ausgeschlossen ist (§ 224 AktG; vgl. bereits oben).[120]

(3) Verhältniswahrende versus nicht verhältniswahrende Spaltungen. Eine verhältniswahrende Spaltung liegt vor, wenn die Gesellschafter der spaltenden Gesellschaft in jenem Verhältnis an den Nachfolgegesellschaften beteiligt werden, der ihrer Beteiligung an der spaltenden Kapitalgesellschaft entspricht bzw. entsprochen hat. Weicht das Beteiligungsverhältnis an den Nachfolgegesellschaften vom Beteiligungsverhältnis an der spalten-

---

[119] *Kalss*, Verschmelzung – Spaltung – Umwandlung[1], § 1 SpaltG Rn. 9.
[120] Vgl. auch *Kalss*, Verschmelzung – Spaltung – Umwandlung § 17 SpaltG Rn. 60 ff.

den Kapitalgesellschaft ab, wird demgegenüber von einer nicht verhältniswahrenden Spaltung gesprochen.

87 **bb) Grenzüberschreitende Spaltungen.** Die vier genannten Spaltungsarten können sich auf rein innerstaatlicher Ebene abspielen oder grenzüberschreitend stattfinden, wenn entweder die übertragende oder die übernehmende Gesellschaft im Ausland ansässig ist. Die gesellschaftsrechtliche Beurteilung der Zulässigkeit grenzüberschreitender Spaltungen ähnelt jener bei der Verschmelzung. Nach der in Österreich früher herrschenden Auffassung waren grenzüberschreitende Spaltungen – genau wie grenzüberschreitende Verschmelzungen – nicht zulässig.[121] Begründet wurde dies nicht zuletzt damit, dass § 1 SpaltG auf „*Kapitalgesellschaften*" verweist und daher ausländische Rechtsträger mangels Nennung in dieser Bestimmung weder übertragende noch übernehmende Spaltungsbeteiligte sein können. Da das Verschmelzungsrecht eng mit dem Spaltungsrecht verbunden ist, muss man sich im Gefolge der EuGH-Entscheidung *Sevic* die Frage stellen, ob durch diese nicht auch ein entscheidender Schritt in Richtung der Zulässigkeit von grenzüberschreitenden Spaltungen gesetzt worden ist.

88 Ohne im Rahmen dieses Beitrages auf nähere Details eingehen zu wollen, ist nach dem derzeitigen Stand der Rechtsprechung des EuGH wohl anzunehmen, dass auch grenzüberschreitende Spaltungen – ebenso wie grenzüberschreitende Verschmelzungen – innerhalb der EU zulässig sind. Von dieser Prämisse wird im Folgenden ausgegangen.

b) Zivilrechtliche Konsequenzen für die involvierten Gesellschaften

89 **aa) Spaltungen als Gesamtrechtsnachfolgevorgänge.** Wie erwähnt erfolgen Spaltungen iSd SpaltG zivilrechtlich – wie auch Verschmelzungen – stets durch Übergang des Vermögens im Wege der Gesamtrechtsnachfolge. Maßgeblicher Zeitpunkt des Vermögensüberganges im Wege der Gesamtrechtsnachfolge ist die Eintragung der Spaltung in das Firmenbuch (§ 14 Abs. 2 Z 1 SpaltG).

90 Bei der Aufspaltung einer Gesellschaft geht das gesamte Vermögen der aufgespaltenen Gesellschaft auf die Rechtsnachfolger über, wobei für die Zuordnung die im Spaltungsplan bzw. im Spaltungs- und Übernahmevertrag vorgenommene Aufteilung des Vermögens von Bedeutung ist. Dasselbe gilt bei Abspaltungen, bei denen nur ein Vermögensteil auf einen anderen Rechtsträger übertragen, die übertragende Gesellschaft selbst jedoch bestehen bleibt und jene Vermögensteile behält, die nicht infolge Nennung im Spaltungsplan bzw. im Spaltungs- und Übernahmsvertrag auf die übernehmende Gesellschaft übergehen („*partielle Gesamtrechtsnachfolge*"). Da sich – wie schon dargestellt – die steuerrechtliche Gesamtrechtsnachfolge an der zivilrechtlichen Gesamtrechtsnachfolge orientiert, wird auch der Umfang der steuerrechtlichen Gesamtrechtsnachfolge unter Rückgriff auf die zivilrechtlichen Gegebenheiten ermittelt. Zur steuerrechtlichen Gesamtrechtsnachfolge iSd § 19 Abs. 1 BAO kommt es bei partieller Gesamtrechtsnachfolge daher nur insoweit, als steuerliche Rechte und Pflichten dem übertragenen Vermögen zuzurechnen sind.[122]

91 **bb) Die Haftungsbestimmung des § 15 Abs. 1 SpaltG im Überblick.** Die aus gesellschaftsrechtlicher Sicht relevante Haftungsnorm bei Spaltungen ist die Bestimmung des § 15 Abs. 1 SpaltG: „*Für die bis zur Eintragung der Spaltung begründeten Verbindlichkeiten der übertragenden Gesellschaft, einschließlich Verbindlichkeiten aus späterer nicht gehöriger Erfüllung*

---

[121] Vgl. dazu etwa die Nachweise bei *Huemer*, Grenzüberschreitende Verschmelzungen von Kapitalgesellschaften, RWZ 2006, 33 (Teil I), 65 (Teil II).
[122] *Varga/Wolf*, Die abgabenrechtliche Rechtsnachfolge iSd § 19 BAO bei Handelsspaltungen und Haftungsbegrenzung, ÖStZ 2003, 349; *Althuber* in *Vavrovsky* (Hrsg.), Handbuch Konzernhaftung 62 f.

und aus späterer Rückabwicklung, haften neben der Gesellschaft, der die Verbindlichkeit nach dem Spaltungsplan zugeordnet wird, die übrigen an der Spaltung beteiligten Gesellschaften bis zur Höhe des ihnen jeweils zugeordneten Nettoaktivvermögens (Wert der der haftenden Gesellschaft zugeordneten aktiven Vermögensteile abzüglich Wert der ihr zugeordneten Verbindlichkeiten) als Gesamtschuldner. Jede haftende Gesellschaft wird insoweit frei, als sie Schulden für andere Gesellschaften berichtigt hat. (…)".

Diese Haftungsbestimmung erstreckt sich auf alle Verbindlichkeiten der übertragenden Gesellschaft, die bis zur Eintragung der Spaltung begründet wurden, wobei der Terminus „*begründet*" idZ so zu verstehen ist, dass die Entstehungsursache bzw. der Rechtsgrund der Verbindlichkeit bereits im Zeitpunkt des Wirksamwerdens der Spaltung existiert haben muss. Die Fälligkeit der Forderung zu diesem Zeitpunkt ist hingegen nicht erforderlich. Ebenso ist deren Kenntnis oder fahrlässige Unkenntnis ohne Bedeutung. Verbindlichkeiten der übertragenden Gesellschaft, die erst nach der Eintragung der Spaltung begründet werden, richten sich allein gegen die übertragende Gesellschaft. Die Haftung der beteiligten Gesellschaften nach § 15 Abs. 1 SpaltG ist eine primäre und solidarische – jedoch betraglich begrenzte – Haftung. Der Gläubiger kann somit – unabhängig von der Zuordnung seiner Forderung im Spaltungsplan – jede der beteiligten Gesellschaften in Anspruch nehmen und von jeder Gesellschaft grundsätzlich die ganze Leistung fordern. Die Höhe des für die betragsmäßige Haftungsbeschränkung maßgeblichen „*Nettoaktivvermögens*" errechnet sich aus dem Wert der jeweils zugeordneten aktiven Vermögensteile abzüglich des Wertes der zugeordneten Verbindlichkeiten, wobei zu bedenken ist, dass nicht die Buchwerte, sondern die tatsächlichen Werte (Verkehrswerte) bei der Berechnung heranzuziehen sind.[123] Für die Berechnung der Haftungshöhe ist auf den Zeitpunkt der Eintragung der Spaltung im Firmenbuch abzustellen, der Vermögensstand am Spaltungsstichtag ist irrelevant.[124] 92

cc) Sonstige Haftungsbestimmungen (inter alia)

(1) Haftung nach § 1409 ABGB. Neben der in § 15 Abs. 1 SpaltG angeordneten Haftung kann sich im Zuge von Spaltungen eine Haftung auch nach allgemeinem Zivilrecht ergeben. So normiert § 1409 ABGB, dass der „*Übernehmer eines Vermögens*" den Gläubigern für die zum Vermögen oder zum Unternehmen gehörigen Verbindlichkeiten haftet, wenn er diese bei der Übergabe kannte oder kennen musste. Auch die Spaltung kann eine „*Vermögensübernahme*" iSd Bestimmung darstellen und vom Anwendungsbereich des § 1409 ABGB umfasst sein. 93

Wie bei § 15 Abs. 1 SpaltG ist auch im Rahmen des § 1409 ABGB die Haftung des Erwerbers betragsmäßig beschränkt. Allerdings nicht mit der Höhe des übernommenen Nettoaktivvermögens, sondern mit dem Wert der übernommenen Aktiven, also ohne Abzug von Verbindlichkeiten.[125] 94

---

[123] Vgl. auch *Fellner*, Asset Deal versus Share Deal, in *Polster-Grüll/Zöchling/Kranebitter* (Hrsg.), Handbuch Mergers & Acquisitions 457 mwN.

[124] Weiterführend zur Haftung bei Spaltungen *Kalss/Schauer*, Die Reform des österreichischen Kapitalgesellschaftsrechts, 16. ÖJT Band II/1 641 ff.; *Hofbauer*, Die Spaltung als geeignetes Instrument zur Minimierung von Haftungsrisiken? taxlex 2006, 485; *Heiss*, Gläubigerschutz bei der Unternehmensspaltung, DZWiR 1994, 12; *Kalss*, Verschmelzung – Spaltung – Umwandlung, § 15 SpaltG Rn. 6 ff. mwN sowie *dieselbe*, Ausgewählte Fragen der Haftung der sonstigen Gesellschaften gem. § 15 SpaltG, wbl 2003, 49.

[125] Vgl. zu § 1409 ABGB etwa Bucher, Unternehmensübergang und Altlasten, ecolex 1997, 646 sowie zur Anwendbarkeit auf Spaltungen im Detail *Heidinger* in *Schwimann* (Hrsg.), ABGB³ § 1409 Rn. 25 ff. mwN sowie *B. Jud*, Haftung nach § 15 Abs. 1 SpaltG im Konkurs der Hauptschuldnerin, NZ 2003/47.

95 **(2) Übergang verbandsstrafrechtlicher Konsequenzen.** Auch bei Spaltungen ist § 10 VbVG (vgl. dazu oben) von Bedeutung, wenngleich unklar ist, ob auch bloße Abspaltungen im Anwendungsbereich der Norm gelegen oder ob nur Aufspaltungen von der Bestimmung umfasst sind. Nach verbreiteter Meinung in der Literatur[126] ist der Untergang des übertragenden Rechtsträgers Voraussetzung für die Anwendbarkeit des § 10 VbVG, zumal das Gesetz nur die Übertragung des Gesamtvermögens, nicht aber die bloße Übertragung von Vermögensteilen umfasst (arg „*die Rechte und Verbindlichkeiten*").

96 **(3) Haftung des Spaltungsprüfers und der vertretungsbefugten Organe gem. § 3 Abs. 5 und § 5 Abs. 3 SpaltG.** § 3 Abs. 5 SpaltG sieht eine Haftung der Vorstandsmitglieder und des Aufsichtsrates der spaltenden Gesellschaft für Schäden vor, die Anteilsinhaber oder eine der beteiligten Gesellschaften im Zuge der Spaltung erleiden. Diese Bestimmung entspricht im Wesentlichen der für Verschmelzungen geltenden Bestimmung des § 227 AktG, auf die somit verwiesen wird.

97 Der Spaltungsprüfer haftet gem. § 5 Abs. 3 SpaltG. Diese Bestimmung ist identisch mit jener des § 220b Abs. 3 AktG. Es kann daher auf die obigen Ausführungen verwiesen werden.

2. Steuerrecht

a) Allgemeines

98 Wie vorstehend erörtert, lässt der derzeitige Stand der Rechtsprechung des EuGH vermuten, dass auch grenzüberschreitende Spaltungen – ebenso wie grenzüberschreitende Verschmelzungen – innerhalb der EU zulässig sind. Eine Befassung mit den steuerlichen Konsequenzen von grenzüberschreitenden Export-Spaltungen (d.h. übertragende Gesellschaft ist in Österreich, übernehmende Gesellschaft im Ausland ansässig) und Import-Spaltungen (übernehmende Gesellschaft ist in Österreich, die übertragende Gesellschaft im Ausland ansässig) scheint damit jedenfalls gerechtfertigt.

99 Die handelsrechtliche Zulässigkeit ist dabei insofern von wesentlicher Bedeutung als auch für grenzüberschreitende Spaltungen – vergleichbar den Verschmelzungen – gilt, dass diese aufgrund des Verweises in § 32 Abs. 1 Z 1 und 2 UmgrStG nur dann in den Anwendungsbereich des UmgrStG fallen, wenn sie vom österreichischen SpaltG gedeckt sind oder – bei Spaltungen ausländischer Körperschaften im Ausland – aufgrund von vergleichbaren ausländischen Vorschriften erfolgen.[127] Die gesellschaftsrechtliche Zulässigkeit ist somit Vorfrage und Grundvoraussetzung für die Anwendbarkeit der steuerlichen Begünstigungen des UmgrStG.[128] Neben der gesellschaftsrechtlichen Zulässigkeit ist im Unterschied zu Verschmelzungen für Spaltungen als weitere Voraussetzung, damit diese in den Anwendungsbereich des UmgrStG fallen können, vorgesehen, dass sog „begünstigtes Vermögen" übertragen wird. Gemäß § 32 Abs. 2 iVm § 12 Abs. 2 UmgrStG müssen daher in- und ausländische Betriebe, Teilbetriebe, Mitunternehmeranteile oder wesentliche Ka-

---

[126] *Steininger*, VbVG § 10 Rn. 1; ebenso *Maderbacher*, § 10 VbVG verfassungskonform? ecolex 2007, 109.

[127] Aufgrund der ausschließlichen Anknüpfung an handelsrechtliche Vorschriften ist es für steuerliche Zwecke auch unerheblich, ob der spaltenden und übernehmenden Körperschaft In- oder Ausländereigenschaft zukommt; zur Frage, ob eine grenzüberschreitende Spaltung auch dann in den Anwendungsbereich des UmgrStG fällt, wenn die Spaltung zwar gesellschaftsrechtlich zulässig, das SpaltG jedoch nicht zur Gänze anwendbar sein sollte vgl. *Urtz*, Internationale Spaltungen, in *Achatz/Aigner/Kofler/Tumpel* (Hrsg.), Internationale Umgründungen 188 ff., der diese Frage letztendlich bejaht.

[128] UmgrStR 2012 Rn. 1654a.

pitalanteile[129] an unbeschränkt steuerpflichtigen Kapitalgesellschaften und Genossenschaften, vergleichbaren ausländischen Körperschaften oder ausländischen EU-Körperschaften gemäß der Anlage zum UmgrStG übertragen werden. Die Übertragung von sonstigem Vermögen ist nicht begünstigt und schließt daher eine Anwendung des UmgrStG bereits im Vorfeld aus. Dass im Fall der Abspaltung zugleich bei der abspaltenden Gesellschaft ein Teilbetrieb verbleiben muss (eine Einschränkung, welche die Fusionsrichtlinie erlauben würde) ist nach nationalem Recht nicht erforderlich.

b) Ebene der übertragenden Gesellschaft – Exportspaltung

aa) (Partielle) Steuerwirksamkeit und Steuerneutralität der Spaltung.
Ist die gesellschaftsrechtliche Zulässigkeit der Spaltung geklärt und wird auch tatsächlich begünstigtes Vermögen übertragen, gilt in weiterer Folge auch für Spaltungen der Grundsatz, dass Steuerneutralität nur insoweit gegeben ist, als das Besteuerungsrecht der Republik Österreich hinsichtlich der stillen Reserven einschließlich eines allfälligen Firmenwertes beim Rechtnachfolger nicht eingeschränkt wird. Es kann daher auf die obigen Ausführungen zur Verschmelzung verwiesen werden. **100**

Im Unterschied zu Verschmelzungen wurden für Spaltungen allerdings keine Bestimmungen eingefügt, wonach Entstrickungen im Verhältnis zu EU und EWR-Staaten, mit umfassender Amts- und Vollstreckungshilfe mit Steueraufschub erfolgen könnten. Nach dem Gesetzeswortlaut wäre daher im Falle des Verlustes des österreichischen Besteuerungsrechts eine sofortige volle Entstrickungsbesteuerung vorzunehmen. **101**

Die mangelnde Adaptierung im Bereich der Spaltungen lässt sich wohl damit erklären, dass grenzüberschreitende Handelsspaltungen nach dem derzeitigen Stand der Diskussion nicht zweifelsfrei für möglich gehalten werden, weshalb offenbar auch der Steuergesetzgeber eine Adaptierung der steuerlichen Regelungen für entbehrlich erachtete.[130] Ausgehend davon, dass grenzüberschreitende Export-Spaltungen jedoch aufgrund gemeinschaftsrechtlicher Vorgaben zulässig sein sollten, wäre wohl auch im Falle der Entstrickung durch Spaltung ein Steueraufschub im Verhältnis zu EU und EWR-Staaten, mit umfassender Amts und Vollstreckungshilfe aufgrund gemeinschaftsrechtlicher Vorgaben zwingend zu gewähren.[131] Eine analoge Anwendung der für Verschmelzungen maßgeblichen Bestimmung des § 1 Abs. 2 UmgrStG, wie sie oben dargestellt wurde, müsste damit zulässig sein.[132] **102**

bb) Aufwertungswahlrecht.
Wird durch die grenzüberschreitende Export-Spaltung das österreichische Besteuerungsrecht nicht eingeschränkt und sind prinzipiell die Buchwerte fortzuführen, besteht für die spaltende Körperschaft gem. § 33 Abs. 2 UmgrStG unter bestimmten Umständen ein Aufwertungswahlrecht. Von diesem kann die spaltende Gesellschaft jedoch nur dann Gebrauch machen, wenn die Spaltung im Ausland zur Gewinnverwirklichung führt und mit dem ausländischen Staat ein DBA besteht, das die An- **103**

---

[129] Wesentliche Kapitalanteile iSd UmgrStG sind solche, die mind. ein Viertel des gesamten Nennkapitals oder des rechnerischen Wertes der Gesamtanteile umfassen oder solche, die für sich alleine oder gemeinsam mit bei der übernehmenden Gesellschaft bereits vorhandenen Anteilen unmittelbar die Mehrheit der Stimmrechte an der Gesellschaft, deren Anteile im Zuge der Spaltung übergehen, vermitteln oder erweitern.
[130] *Urtz* in *Achatz/Aigner/Kofler/Tumpel* (Hrsg.), Internationale Umgründungen 195.
[131] EuGH 21.11.2002, Rs C-436/00, *X und Y*, Slg 2002, I-10829; 11.3.2004, Rs C-9/02, *Hugh de Lasteyrie du Saillant*, Slg 2004, I-2409.
[132] *Huber*, Internationale Umgründungen im UmgrStG idF AbgÄG 2005, ÖStZ 2006, 211; *Urtz* in *Achatz/Aigner/Kofler/Tumpel* (Hrsg.), Internationale Umgründungen 190 ff.; *Kofler/Schindler*, Grenzüberschreitende Umgründungen: Änderungen der steuerlichen Fusionsrichtlinie und Anpassungsbedarf in Österreich (Teil I), taxlex 2005, 496.

rechnungsmethode vorsieht oder eine vergleichbare innerstaatliche Maßnahme zur Vermeidung der Doppelbesteuerung getroffen wurde.[133]

104 Aufgrund des Verweises auf § 16 Abs. 3 Z 3 UmgrStG gelten als ausländisches Vermögen, für welches dieses Wahlrecht in Anspruch genommen werden kann, jedoch nur ausländische Betriebe, Teilbetriebe und Anteile an ausländischen Mitunternehmerschaften sowie Kapitalanteile iSd § 12 Abs. 2 Z 3 UmgrStG. Für einzelne im Ausland gelegene Wirtschaftsgüter inländischer Betriebe steht die Aufwertungsoption nicht zur Verfügung.[134]

105 **cc) DBA-befreites Betriebsstättenvermögen.** Die Bestimmungen zur Verschmelzung sollten im Falle der grenzüberschreitenden Export-Spaltung entsprechend gelten, weshalb auf die dortigen Ausführungen (vgl. oben) verwiesen werden kann.

106 **dd) Rückwirkende Korrekturen.** § 33 Abs. 4 und 5 UmgrStG ermöglicht es, rückwirkende Korrekturen des aufgespalteten Vermögens vorzunehmen. So kann etwa durch Gewinnausschüttungen, Einlagenrückzahlungen oder Einlagen der Anteilsinhaber das Spaltungsvermögen rückwirkend gestaltet werden. Die Rückbeziehung erfolgt durch Aufnahme dieser Vorgänge in die Übertragungsbilanz für jene Nachfolgegesellschaft, der die Ausschüttungen, Einlagenrückzahlungen oder Einlagen zugeordnet werden sollen. Neben diesen Vorgängen kann der zu übertragende (Teil-) Betrieb auch gem. § 16 Abs. 5 Z 4 UmgrStG rückwirkend durch Verschieben von Wirtschaftsgütern zwischen den einzelnen (Teil-) Betrieben in seinem Umfang verändert werden. Dadurch können nicht betriebszugehörige Wirtschaftsgüter und das mit diesen unmittelbar zusammenhängende Fremdkapital mit einem (Teil-) Betrieb übertragen bzw. betriebszugehörige Wirtschaftgüter einem anderen (Teil-) Betrieb zugeordnet werden.

c) Ebene der übernehmenden Körperschaft – Importspaltung

107 **aa) Buchwertfortführung.** Nach § 34 UmgrStG gilt für die im Zuge der Spaltung begünstigtes Vermögen übernehmende Körperschaft der Grundsatz der Buchwertfortführung. Allfällige Buchgewinne oder Buchverluste sind bei der Gewinnermittlung der übernehmenden Körperschaft steuerneutral (§ 34 Abs. 2 UmgrStG). Die übernehmende Körperschaft hat daher für jenes Vermögen, das schon vor der Umgründung der beschränkten Steuerpflicht unterlegen ist, die in der steuerlichen Spaltungsbilanz der übertragenden Körperschaft gem. § 34 UmgrStG angesetzten Werte zwingend fortzuführen.

108 **bb) Aufwertung auf den gemeinen Wert.** Für den Fall, dass im Zuge der Import-Spaltung Vermögen erstmals in die österreichische Steuerhängigkeit hineinwächst, enthält das UmgrStG keine besonderen Vorschriften. Mangels einer der Verschmelzung vergleichbaren Bestimmung, wonach bei Entstehen eines österreichischen Besteuerungsrechts eine Aufwertung zu erfolgen hat, wäre sonach auch in diesem Fall grundsätzlich eine Buchwertfortführung vorzunehmen. Aufgrund gemeinschaftsrechtlicher Überlegungen scheint jedoch eine analoge Anwendung der Bestimmung nach § 3 UmgrStG (vgl. oben) geboten und ist daher eine Bewertung mit dem gemeinen Wert vorzunehmen.[135]

109 **cc) Internationale Schachtelbeteiligung.** § 34 Abs. 3 UmgrStG enthält für den Fall des Entstehens einer internationalen Schachtelbeteiligung eine der Verschmelzung ver-

---

[133] UmgrStR 2012 Rn. 1668.
[134] UmgrStR 2012 Rn. 1669.
[135] *Huber*, ÖStZ 2006, 211; *Urtz* in *Achatz/Aigner/Kofler/Tumpel* (Hrsg.), Internationale Umgründungen 197.

gleichbare Regelung weshalb diesbezüglich auf die dortigen Erläuterungen verwiesen werden kann. Geht durch die Spaltung hingegen die Eigenschaft einer Beteiligung als internationale Schachtelbeteiligung unter, so gilt, soweit für sie keine Option zugunsten der Steuerwirksamkeit nach § 10 Abs. 3 KStG erklärt worden ist, der höhere Teilwert zum Spaltungsstichtag, abzüglich vorgenommener oder als nach dem UmgrStG als vorgenommen geltender Teilwertabschreibungen als Buchwert.

d) Übergang von Verlustvorträgen

Hinsichtlich des Verlustabzuges der spaltenden Körperschaft und der Nachfolgekörperschaft verweist das UmgrStG auf die Bestimmungen zur Einbringung. Danach ist, sofern Buchwertfortführung erfolgt, grundsätzlich ein objektbezogener Verlustübergang vorgesehen. Voraussetzung für einen Verlustübergang ist daher, dass das verlusterzeugende Vermögen zum Spaltungsstichtag noch vorhanden ist, die Verluste dem übertragenen Vermögen zugerechnet werden können und der Umfang des übertragenen Vermögens zum Spaltungsstichtag gegenüber jenem im Verlustentstehungszeitraum vergleichbar ist. Ist eine eindeutige Zuordnung der Verluste zu den noch vorhandenen und nicht mehr vorhandenen Betrieben, Teilbetrieben bzw. zu den nicht einem Betrieb zurechenbaren Vermögensteilen nicht möglich, hat nach Auffassung der Finanzverwaltung[136] eine sachgerechte Aliquotierung der Verlustvorträge zu erfolgen. 110

Eine Doppelverlustverwertung ist aufgrund des Verweises des § 35 UmgrStG auf § 21 UmgrStG bei Handelsspaltungen zwischen gesellschaftsrechtlich in vertikaler Struktur verbundenen Körperschaften nicht zulässig. Wird im Zuge der Spaltung auf die ausländische übernehmende Körperschaft eine inländische Betriebsstätte übertragen, sollten unter den genannten Voraussetzung Verlustvorträge auf Ebene der inländischen Betriebsstätte abzugfähig sein, und zwar analog zu Verschmelzungen ohne die Einschränkungen nach § 102 Abs. 2 Z 2 EStG. 111

Auch für Spaltungen sollte sich dies aufgrund der Vorgaben in Art. 6 der Fusionsrichtlinie ergeben. Bei einer Import-Spaltung werden die von einer inländischen Betriebsstätte der übertragenden ausländischen Gesellschaft verursachten und noch nicht verrechneten Verluste entsprechend den oben dargestellten Vorraussetzungen auf die übernehmende Gesellschaft übergehen. Für ausländische Verluste, die bis zur Spaltung angefallen und noch nicht verwertet worden sind, wird die österreichische Finanzverwaltung wohl wie bei Verschmelzungen die Ansicht vertreten, dass diese nicht auf die inländische übernehmende Körperschaft übergehen, sondern nur im Rahmen der ausländischen Betriebsstätte verwertet werden können. 112

e) Besteuerung auf Ebene der Anteilsinhaber

Soweit es durch die Spaltung zu keiner Einschränkung des Besteuerungsrechts an den stillen Reserven und am Firmenwert beim Rechtsnachfolger kommt, erfolgt die Spaltung, unabhängig davon, ob eine Import oder Exportspaltung vorliegt, auch auf Anteilsinhaberebene steuerneutral. Die Steuerneutralität gilt sowohl für in- als auch für ausländische Anteilsinhaber, d.h. sowohl für EU-Gesellschafter, EWR-Gesellschafter und drittstaatsangehörige Gesellschafter. Wie im Bereich der Verschmelzungen wurde mit dem Abgabensicherungsgesetz 2007 nun allerdings auch bei Spaltungen eine Tauschbesteuerung für den Fall eingeführt, dass es im Zuge der Spaltung zwar nicht zu einer Einschränkung des Besteuerungsrechts am übertragenen Vermögen kommt, jedoch das Besteuerungsrecht hinsichtlich der Anteile der übertragenden Körperschaft an der übernehmenden Körperschaft 113

---

[136] UmgrStR 2012 Rn. 1707.

entfällt.[137] Von der Tauschbesteuerung betroffene Anteilseigner aus EU-Staaten oder EWR-Staaten mit umfassender Amts- und Vollstreckungshilfe können jedoch wiederum analog zu § 1 Abs. 2 UmgrStG eine aufgeschobene Entstrickungsbesteuerung beantragen. Eine sofortige Entstrickungsbesteuerung im Falle des Verlusts des Besteuerrechts an den Anteilen tritt damit nur im Verhältnis zu Gesellschaftern in Drittstaaten ein.

114 Bei privaten Anteilsinhabern sind für Beurteilung dessen, ab Alt- oder Neubestand vorliegt, für die neuen Anteile die Anschaffungszeitpunkte der alten Anteile maßgebend. Entsteht durch die grenzüberschreitende Spaltung beim inländischen Anteilseigner eine internationale Schachtelbeteiligung, wird diese erweitert oder fällt diese weg, gelangen die Vorschriften des § 36 Abs. 4 UmgrStG zur Anwendungen. Diese Regelungen entsprechen inhaltlich jenen bei Verschmelzungen, weshalb auf eine Wiederholung der dortigen Ausführungen verzichtet wird.

115 Soweit es im Zuge der (Import- oder Export-)Spaltung zu einer Einschränkung des Besteuerungsrechts an den stillen Reserven und am Firmenwert beim Rechtsnachfolger kommt, gelangt wie auf Gesellschaftsebene grundsätzlich auch auf Anteilsinhaberebene eine sofortige Tauschbesteuerung zur Anwendung. Gemeinschaftsrechtliche Überlegungen führen allerdings auch in diesem Fall zum Ergebnis, dass jedenfalls für EU und EWR-Gesellschafter, sofern mit deren Ansässigkeitsstaat eine umfassende Amts- und Vollstreckungshilfe besteht, trotz Einschränkung des österreichischen Besteuerungsrechts an den stillen Reserven des übertragenen Vermögens analog zu § 5 Abs. 1 UmgrStG Steuerneutralität gegeben sein müsste.

116 Nach dem AbgÄG 2007 gilt analog den Verschmelzungen auch für Spaltungen, dass die Anteile an der neuen oder übernehmenden Körperschaft rückwirkend mit Beginn des dem Verschmelzungsstichtag folgenden Tages als erworben gelten.[138]

f) Sonstige steuerliche Folgen

117 Auch der bei Spaltungen bewirkte Leistungsaustausch gilt kraft expliziter Anordnung als nicht steuerbarer Umsatz. Da das UmgrStG für den Bereich der Umsatzsteuer keine Rückwirkungsfiktion kennt, nimmt die Finanzverwaltung aus Vereinfachungsgründen den Übergang der umsatzsteuerlichen Zurechnung jedoch schon mit dem der Anmeldung der Spaltung zur Eintragung in das Firmenbuch folgenden Monatsersten an, sofern der zuständigen Abgabenbehörde kein anderer Stichtag des tatsächlichen Wechsels der Unternehmereigenschaft dargelegt wird.[139]

118 Spaltungen führen dann zu keiner Belastung mit Gesellschaftsteuer wenn im Falle der Aufspaltung die spaltende Körperschaft am Tag der Anmeldung länger als zwei Jahre besteht, oder im Falle der Abspaltung das zu übertragende Vermögen am Tag der Anmeldung länger als zwei Jahre als Vermögen der spaltenden Körperschaft bestanden hat. Außerhalb dieser Befreiung ist – ohne zeitliche Beschränkung – schon nach § 6 Abs. 1 Z 3 KVG der Erwerb von Gesellschaftsrechten oder deren Erhöhung von der Gesellschaftsteuer befreit, wenn auf die Nachfolgekörperschaft als Gegenleistung das gesamte Vermögen oder ein (Teil-) Betrieb der spaltenden Körperschaft übergeht[140].

119 Wird aufgrund einer grenzüberschreitenden Spaltung im Inland belegenes Grundvermögen übertragen, so wird die Grunderwerbsteuer anstelle des dreifachen Einheitswertes,

---

[137] Gedacht ist an jenen Fall, in dem es bei einer Spaltung zu einer gesellschaftsrechtlich gedeckten Anteilsgewährung an im Inland nicht steuerpflichtige Personen kommt und damit ein Verlust des Besteuerungsrechts eintritt.
[138] Für die Beurteilung dessen, ob Alt- oder Neubestand vorliegt, sind für die neuen Anteile die Anschaffungszeitpunkte der alten Anteile maßgebend.
[139] Vgl. UmgrStR 2012 Rn. 319 zur Verschmelzung.
[140] *Knörzer/Althuber*, GesSt² § 6 Rn. 70 ff.

wie dies nach den allgemeinen Regelungen der Fall wäre, nur vom zweifachen Einheitswert berechnet. Ergibt sich die GrESt-Pflicht aufgrund einer Anteilsvereinigung, bemisst sie sich wiederum vom dreifachen Einheitswert. Die Grundbucheintragungsgebühr iHv 1%, bemisst sich ebenfalls vom dreifachen Einheitswert.

g) Missbrauch

Auch für Spaltungen gilt der Missbrauchstatbestand des § 44 UmgrStG. Auch diese erfolgen daher dann nicht steuerneutral auf Gesellschaftsebene bzw. Anteilsinhaberebene, wenn ein Fall von Missbrauch vorliegt, d.h. nicht wirtschaftliche Gründe Anlass für die grenzüberschreitende Spaltung waren, sondern der hauptsächliche Beweggrund in der Steuerhinterziehung oder -umgehung lag. **120**

3. Exkurs: Steuerspaltungen

a) Allgemeines und gesellschaftsrechtliche Einordnung

Da das SpaltG erst nach In-Kraft-Treten des UmgrStG erlassen wurde und der ursprüngliche Spaltungstatbestand des Art. VI UmgrStG über den Anwendungsbereich des SpaltG hinausgeht, kennt man in Österreich auch die Rechtsfigur der sog Steuerspaltung, die ausschließlich ein steuerrechtliches Gestaltungsinstrument darstellt und abseits des SpaltG nach den allgemeinen gesellschaftsrechtlichen Sacheinlagevorschriften im Wege der Singularsukzession erfolgt. **121**

Unterschieden wird hierbei zwischen **122**

– **Steueraufspaltungen** unter handelsrechtlicher Abwicklung der (aufspaltenden) Gesellschaft: Dabei bringt in einem ersten Schritt die aufspaltende Gesellschaft zum Spaltungsstichtag ihr gesamtes einbringungsfähiges Vermögen – ident mit dem begünstigten Vermögen bei der Handelsspaltung – im Wege der Sacheinlage in neu zu gründende oder bereits bestehende Körperschaften ein. Nach der Beendigung des ersten Schrittes dürfen der aufspaltenden Körperschaft ausschließlich Anteile an den übernehmenden Körperschaften, liquide Mittel und allfällige restliche Verbindlichkeiten verbleiben. Im Anschluss daran wird die aufspaltende Gesellschaft liquidiert und ihr Vermögen verhältniswahrend oder nicht verhältniswahrend auf deren Gesellschafter übertragen. Die ausgekehrten liquiden Mittel dürfen dabei 10% des gemeinen Wertes des insgesamt an die Gesellschafter übertragenen Vermögens nicht übersteigen (§ 38a Abs. 2 letzter Satz UmgrStG).
– **Steuerabspaltungen** durch Vermögenseinbringung einer fortbestehenden (abspaltenden) Gesellschaft in eine oder mehrere neugegründete oder bestehende Tochtergesellschaften: Dabei wird in einem ersten Schritt zum Spaltungsstichtag in zumindest eine Tochtergesellschaft einbringungsfähiges Vermögen eingelegt. Im zweiten Schritt überträgt die abspaltende Gesellschaft die als Gegenleistung für die Einbringung gewährten Anteile verhältniswahrend oder nicht verhältniswahrend an ihre Gesellschafter (sog „*Anteilsdurchschleusung*").[141]

Die Funktionsweise beider Arten der Steuerspaltung lässt bereits erahnen, dass diese zivilrechtlich im Wege der Singularsukzession erfolgen und im Wesentlichen den Bestimmungen für Einbringungen nach Art. III UmgrStG unterliegen. **123**

Notwendige Voraussetzung dafür, dass die Steuerspaltung im Anwendungsbereich des UmgrStG erfolgen kann, ist somit vor allem die Übertragung von einbringungsfähigem („*begünstigtem*") Vermögen. Wie bei Handelsspaltungen können daher auch für Steuerspal- **124**

---

[141] Vgl. dazu *Walter*, Umgründungssteuerrecht[8] Rn. 964 ff.

tungen die Begünstigungen des UmgrStG nur dann in Anspruch genommen werden, wenn in- oder ausländische Betriebe, Teilbetriebe, Mitunternehmeranteile oder „wesentliche"[142] Kapitalanteile an unbeschränkt steuerpflichtigen Kapitalgesellschaften und Genossenschaften, vergleichbaren ausländischen Körperschaften oder ausländischen EU-Körperschaften lt. Anlage zum UmgrStG übertragen werden. Da handelsrechtlich einfache Sacheinlagevorgänge im Wege der Einzelrechtsnachfolge vorliegen, sind auch grenzüberschreitende Steuerspaltungen im Anwendungsbereich des UmgrStG gelegen und damit steuerlich begünstigt. So liegt eine Steuerspaltung iSd UmgrStG ua dann vor, wenn eine in- oder ausländische EU-Körperschaft[143], welche in der Anlage zum UmgrStG enthalten ist, auf eine oder mehrere andere übernehmende Körperschaften aufgrund eines Spaltungsvertrages Vermögen im Wege der Aufspaltung mit Einbringung, oder im Wege der Abspaltung mit Anteilsdurchschleusung überträgt.

125 Die Regelungen für Steuerspaltungen sind im Einzelnen sehr komplex. Dennoch soll im Folgenden versucht werden, die steuerlichen Konsequenzen für Steuerspaltungen zumindest in Grundzügen darzustellen.

b) Auswirkungen auf die spaltende Körperschaft

126 Wird begünstigtes Vermögen übertragen und kommt es zu keiner Einschränkung des österreichischen Besteuerungsrechts am Einbringungsvermögen, erfolgt die Vermögensübertragung durch die spaltende inländische Körperschaft bzw. EU-Körperschaft auf die übernehmende in- oder ausländische Körperschaft grundsätzlich zu Buchwerten bzw. zu Anschaffungskosten. Sofern die Einbringung im Ausland zur Gewinnverwirklichung führt, und die Anrechnungsmethode vorgesehen ist, besteht die Möglichkeit zur Aufwertung.

127 Anderes gilt nur für die Einbringung durch Drittstaatsangehörige in eine übernehmende ausländische Körperschaft oder in eine übernehmende inländische Körperschaft ohne österreichischem Besteuerungsrecht an den Gegenleistungsanteilen. In diesem Fall ist das (in- und ausländische) Vermögen unabhängig von einer fortbestehenden Steuerhängigkeit des eingebrachten Vermögens in Österreich mit dem gemeinen Wert zu bewerten. Bewirkt die Einbringung dagegen einen Verlust des österreichischen Besteuerungsrechts am Einbringungsvermögen, so haben der inländische Einbringende bzw. der im EU- bzw. EWR-Raum Ansässige grundsätzlich eine sofortige Entstrickungsbesteuerung vorzunehmen. Art. III UmgrStG ist insoweit partiell nicht anwendbar. Bei Einbringung in eine übernehmende EU- bzw. EWR-Körperschaft sollte jedoch analog zu § 1 Abs. 2 UmgrStG eine aufgeschobene Entstrickungsbesteuerung beantragt werden können.

128 Eine Sonderregelung besteht für die steuerentstrickende Einbringung von Kapitalanteilen durch eine unbeschränkt steuerpflichtige Körperschaft oder eine beschränkt steuerpflichtige EU/EWR-Körperschaft. Diese erfolgt trotz Entstrickung bei Einbringung in eine beschränkt steuerpflichtige EU-Körperschaft steuerneutral zu Buchwerten (d.h. weder sofortige noch aufgeschobene Entstrickungsbesteuerung).[144] Diese Steuerneutralität ist allerdings nicht immer endgültig. Entsteht nämlich durch die Einbringung beim Einbringenden eine internationale Schachtelbeteiligung oder wird diese erweitert, und werden

---

[142] Wesentliche Kapitalanteile sind solche, die mind. ein Viertel des gesamten Nennkapitals oder des rechnerischen Wertes der Gesamtanteile umfassen oder solche, die für sich alleine oder gemeinsam mit bei der übernehmenden Gesellschaft bereits vorhandenen Anteilen unmittelbar die Mehrheit der Stimmrechte an der Gesellschaft, deren Anteile im Zuge der Spaltung übergehen, vermitteln oder erweitern.
[143] Als spaltende Körperschaft kommen daneben auch Erwerbs- und Wirtschaftsgenossenschaften und unbeschränkt steuerpflichtige Versicherungsvereine auf Gegenseitigkeit in Betracht.
[144] Die Steuerneutralität ist durch Art. 8 der Fusionsrichtlinie geboten. Die Einschränkung der Steuerneutralität auf einbringende inländische, sowie EU- und EWR Körperschaften ist allerdings zu eng, da nach der Fusionsrichtlinie der Anteilsinhaber beliebig sein kann.

die eingebrachten Anteile in weiterer Folge veräußert oder scheiden sie sonst aus dem Vermögen der übernehmenden Körperschaft aus, so entsteht im Veräußerungszeitpunkt (ex nunc) bei der vormals einbringenden Körperschaft eine Steuerschuld für jene stillen Reserven (abzüglich zwischenzeitiger Wertminderungen), die zum Einbringungsstichtag in den eingebrachten Anteilen enthalten waren. Die im zweiten Schritt erfolgende Anteilsübertragung an der übernehmenden Gesellschaft an die Gesellschafter der spaltenden Gesellschaft erfolgt gem. § 38c UmgrStG steuerneutral. Es findet daher weder im Falle der Aufspaltung durch Einbringung mit anschließender Übertragung der Anteile und der restlichen liquiden Mitteln an die Gesellschafter eine Liquidationsbesteuerung statt, noch führt die Anteilsdurchschleusung im Falle der Abspaltung zu einer gewinnrealisierenden (verdeckten) Gewinnausschüttung.[145] Der durch den abgehenden Buchwert der durchgeschleusten Kapitalanteile entstehende Buchverlust ist ebenfalls steuerneutral.[146]

c) Auswirkungen auf die übernehmende Körperschaft

Die übernehmende Körperschaft hat die von der spaltenden Körperschaft entsprechend **129** den vorangegangenen Ausführungen angesetzten Werte zu übernehmen. Wächst Vermögen erstmals in die österreichische Steuerhängigkeit hinein, hat eine Bewertung mit dem gemeinen Wert zu erfolgen. Bei erneuter Verstrickung nach vorgelagerter Entstrickung wären wiederum die Buchwerte im Zeitpunkt der vorgelagerten Umgründung bzw. Überführung anzusetzen.

d) Auswirkungen auf die Gesellschafter der spaltenden Gesellschaft

Auch die Steuerspaltung erfolgt wie die Handelsspaltung auf Anteilsinhaberebene gem. **130** § 38d UmgrStG steuerneutral, soweit es durch die Spaltung zu keiner Einschränkung des Besteuerungsrechts an den stillen Reserven und am Firmenwert des übertragenen Vermögens beim Rechtsnachfolger kommt. Der Gesellschafter hat die erhaltenen Kapitalanteile im Falle der Aufspaltung mit dem Buchwert bzw. den Anschaffungskosten der Beteiligung an der aufgespaltenen Körperschaft, vermindert um die erhaltenen liquiden Mittel anzusetzen. Bei der Abspaltung hat der Gesellschafter den Buchwert bzw. die Anschaffungskosten der Beteiligung an der abspaltenden Körperschaft den übertragenen Anteilen an der übernehmenden Körperschaft anteilig zuzuordnen. Die Zuordnung erfolgt jeweils entsprechend den Verkehrswerten.[147] Sondervorschriften bestehen wiederum für das Entstehen oder den Untergang einer internationalen Schachtelbeteiligung bzw. für im Privatvermögen gehaltene Beteiligungen. Da diese Bestimmungen jenen für Verschmelzungen gleichen, kann auf die obige Darstellung verwiesen werden.

Für den Fall, dass es zu einer Einschränkung des Besteuerungsrechts am eingebrachten **131** Vermögen kommt, tritt auf Anteilsinhaberebene hingegen grundsätzlich eine sofortige Tauschbesteuerung ein. Im Fall der Einschränkung des Besteuerungsrechts im Verhältnis zu EU- bzw. EWR-Staaten sollte jedoch wiederum, wie dies auch für Handelsspaltungen argumentiert wurde, im Sinne einer analogen Anwendung von § 5 Abs. 1 UmgrStG Steuerneutralität möglich sein. Eine Regelung, wonach die neuen Anteile rückwirkend mit Ablauf des dem Spaltungsstichtag folgenden Tages als angeschafft gelten, besteht im Bereich der Steuerspaltungen nicht. Es gilt daher uneingeschränkt die Fortsetzungsfiktion.

---

[145] *Walter,* Umgründungssteuerrecht[7] Rn. 1000 f.
[146] *Walter,* Umgründungssteuerrecht[7] Rn. 1002.
[147] *Walter,* Umgründungssteuerrecht Rn. 1006 f.

Sachverzeichnis

Fette Zahlen bezeichnen die Teile, magere die Randziffern.

Abfindungsangebot
  Bekanntmachung **2** 97
  Erfordernis **3** 59 ff.
  Erwerb eigener Aktien **2** 92 f.
  Erwerb eigener Anteile **3** 62
  Höhe **2** 94 f.; **3** 63, 226
  Kapitalerhaltung **3** 224 f.
  Überprüfung Angemessenheit **2** 98 f. ; **3** 64, 227
  Widerspruch **2** 96
Abspaltung
  HGB **3** 147 ff.; 153
  IFRS **3** 157, 162
Anmeldung Verschmelzung
  Anlagen **2** 168, 419
  Versicherung Sicherheitsleistung **2** 165 ff., 183
Ansatzwahlrecht
  Hereinverschmelzung
    EU-/EWR Kapitalgesellschaften **2** 540 ff.
Anschaffung
  Hereinverschmelzung **2** 340 f., 708
Anschaffungskostenprinzip
  HGB **2** 615 ff., 646 ff.; **4** 105 f.
Anschaffungsnebenkosten
  HGB **2** 621, 634
  IFRS **2** 674
Anteilsgewährung
  Hinausverschmelzung **2** 224
Anteilsinhaber
  HGB **2** 311 f., 642 f.; **3** 152 ff.
  IFRS **2** 314 f., 683; **3** 160 ff.
Anteilstausch
  Besteuerungsrecht Bundesrepublik Deutschland **3** 316 ff., 332 ff.
  Buchwertansatz **3** 321 ff., 330 ff.
    Antrag **3** 329, 336
  Drittstaatengesellschaft Anwendungsbereich **3** 390 ff.
  einbringende Gesellschaft **3** 315 ff.
  EU-/EWR-Gesellschaft Anwendungsbereich **3** 312 f.

  qualifizierter Anteilstausch **3** 321, 330, 335
  übernehmende Gesellschaft **3** 330 ff.
  Wertverknüpfung **3** 315 ff.
  Zwischenwertansatz **3** 321 ff., 330 ff.
    Antrag **3** 329, 336
Antrag
  Hinausverschmelzung **2** 240, 254
Anwachsung 1 114
  Formen **4** 9
  grenzüberschreitend **4** 10
  HGB **4** 49, 105 ff.
  IFRS **4** 50, 109 ff.
  Wesen **4** 8
Anwendbares Recht
  Einheitstheorie **3** 14
  Vereinigungstheorie **3** 15 ff., 182, 200, 366
  Verfahrensrecht **3** 18
  Voraussetzungen **3** 17
  Wirkung **3** 19
Anwendung Gründungsvorschriften
  Aktiengesellschaft **3** 241 ff.
  GmbH **3** 233 ff.
Anwendungsbereich, persönlicher
  Hereinverschmelzung
    EU-/EWR Kapitalgesellschaften **2** 229 ff., 535 ff.
Anwendungsbereich, sachlicher
  Hereinverschmelzung
    EU-/EWR Kapitalgesellschaften **2** 217 ff., 530 ff.
  Hinausverschmelzung
Arbeitnehmermitbestimmung
  Anwendbarkeit **2** 195 ff., 447 ff.
  Auffanglösung **2** 200 ff., 452 ff.
  Bestandsschutz **2** 208 f., 515 ff.
  Deutsche Mitbestimmungsregelungen **2** 442
  Eintragungsvoraussetzung **2** 446
  Hereinverschmelzung **2** 191 ff., 440 ff.
  Sitzlandprinzip **2** 440
  Umfang Verhandlungslösung **2** 445

Verhandlungslösung **2** 204 ff.
Voraussetzungen **2** 195 ff., 447 ff.
Zahl Arbeitnehmer **2** 197, 448
Asset Deal
  Besteuerung des Erwerbers im Ausland **4** 234 ff.
  Besteuerung des Erwerbers im Inland **4** 273 ff.
  Besteuerung des Veräußerers im Ausland **4** 267 ff.
  Gestaltungsmöglichkeiten **4** 27 ff.
  Grunderwerbsteuer **4** 232, 271
  HGB **4** 205, 251 ff.
  IFRS **4** 206
  Überblick **4** 23
  Umsatzsteuer **4** 233, 272
  Wesensmerkmale **4** 24
  Besteuerung Veräußerers im Inland **4** 228 ff.
Auffanglösung
  Abberufung Arbeitnehmervertreter **2** 469
  Anfechtung Wahl Arbeitnehmervertreter **2** 469
  Anwendbarkeit **2** 452 ff.
  Entscheidung der Leitungen **2** 455 f.
  Fristablauf **2** 454
  Inhalt **2** 202, 461 ff.
  Konstituion besonderes Verhandlungsgremium **2** 458
  Rechte Arbeitnehmervertreter **2** 470
  Satzung **2** 465
  Sitzverteilung **2** 466
  Tendenzunternehmen **2** 452
  Vereinbarung **2** 453
  Voraussetzungen **2** 453 ff.
  Wahl ausländische Arbeitnehmervertreter **2** 468
  Wahl deutsche Arbeitnehmervertreter **2** 467
  Zahl Arbeitnehmervertreter **2** 462
  Zahl Geschäftsführer/vorstände **2** 464
Aufspaltung
  HGB **3** 146, 152; **4** 159
  IFRS **3** 158, 161; **4** 161
Ausgleichsposten
  § 4g EStG **1** 169
Ausgliederung
  HGB **3** 151, 155
  IFRS **3** 159, 163

Außereuropäische Verschmelzung
  anwendbares Recht **2** 322
  Mitbestimmung **2** 691
  Verfahren **2** 322 ff., 688 ff.
  Wirkung **2** 329, 696
  Zulässigkeit **2** 321, 687
Bare Zuzahlung
  Höhe **2** 88 f., 398
Bekanntmachung Verschmelzungsplan
  Abfindungsangebot **2** 40, 197
  Auskunftsstelle **2** 48
  Fehler **2** 49 ff.
  Form **2** 54
  Frist **2** 52
  Gläubigerrechte **2** 44 f., 376
  Rechte ausländischer Beteiligter **2** 377
  Rechte Minderheitsgesellschafter **2** 46, 375
  Verzicht **2** 53
Besonderes Verhandlungsgremium
  Abbruch Verhandlungen **2** 499
  Beschlüsse **2** 496 f.
  Billigung Verhandlungslösung **2** 498
  Einsetzung **2** 472 ff.
  Entscheidungen **2** 496
  Grenzen Informationspflicht **2** 505
  Information **2** 475
  Inhalt Information **2** 476
  Kosten **2** 507
  Nichtaufnahme Verhandlungen **2** 499
  Niederschrift **2** 500
  Schutz Mitglieder **2** 489
  Streitigkeiten **2** 478
  Verschwiegenheitspflicht **2** 506
  Vertrauensvolle Zusammenarbeit **2** 504
  Wahl deutscher Mitglieder **2** 483 f.
  Wahldauer **2** 488
  Wahlgremium **2** 479 ff.
  Zeitpunkt Information **2** 474
  Zusammensetzung **2** 483 ff.
Besteuerung der Gesellschafter
  Hereinverschmelzung
    EU-/EWR Kapitalgesellschaften **2** 604 ff.
Besteuerung der übernehmenden Gesellschaft
  Hereinverschmelzung

EU-/EWR Kapitalgesellschaften
  2 575 ff.
Bewertung
  bare Zuzahlung 3 52, 218
  kollisionsrechtliche Anpassungsmethode
  3 48, 217
  Marktkapitalisierung 3 51
Buchwertfortführung
  HGB 1 119; 2 628 ff., 646 ff.; 4 105,
  107
Buchwertverknüpfung
  HGB 2 628 ff.

CARTESIO-Urteil 1 148

Doppelbesteuerungsabkommen
  Schrankenwirkung 4 61
Down Stream Merger
  HGB 2 624, 639, 653
  IFRS 2 681
Drittlandsgesellschaften
  Gleichbehandlungsgrundsatz 3 176 ff.,
  362
  Staatsverträge 3 166 ff., 356 ff.
Drittlandsverschmelzung
  Hereinverschmelzung 2 330 ff., 698

Eigentum, wirtschaftliches
  HGB 2 308, 612 f.; 3 145
Einbringungen
  Anwendungsbereich UmwStG
    Persönlich 1 115 ff.
    Sachlich 1 111 ff.
  Besteuerung 1 140 ff.
  sperrfristbehaftete Anteile 1 142 f.
Entstrickung 1 122, 123 ff.
  Anrechnungsmethode 1 127
  Freistellungsmethode 1 126
  Hinausverschmelzung 2 241 ff., 335 ff.
  Theorie der finalen Entnahme 1 126
Entstrickungstatbestand
  allgemeiner 1 168
Entstrickungszeitpunkt
  Hinausverschmelzung 2 249
Erwerber
  IFRS 2 664 ff.
Erwerbsmethode
  IFRS 2 657 ff.
Erwerbszeitpunkt
  IFRS 2 669

EU-/EWR Kapitalgesellschaften
  Begriff 2 523 ff.
EU-Mutter/Tochter Richtlinie
  Betriebsstätte 4 71

Funktionale Zuordnung
  Betriebsstätte
    EU-/EWR Kapitalgesellschaften
    2 581, 606, 609
Fusionsrichtlinie 1 63, 64 ff.
  Anteilstausch 1 5; 3 321, 323 ff.
    Anrechnung ausländischer Steuern
    3 327
    Treaty Override 3 326
  Anwendungsbereich 1 66
    doppelt ansässige Gesellschaften 1 66
  Betriebsstättenvorbehalt 1 68
  einbringende Gesellschaft 1 67
  Europäische Union 1 6
  Gesellschafterbesteuerung 1 71
  Hereinverschmelzung 2 717
  Missbrauchsvermeidung 1 73
  Rechtsentwicklung 1 65
  Regelungsziel 1 64
  Sekundärrecht 1 7
  Teilbetrieb 1 67
  Übernahmegewinn 1 70
  Verlustübernahme 1 69

Geschäfts- oder Firmenwert
  HGB 2 627, 632
  IFRS 2 674 ff.; 4 207 ff., 254
Geschäftsbereichsveräußerung
  IFRS 4 207 ff., 254
Gesetz zum Internationalen Privatrecht der Gesellschaften
  Referentenentwurf 2 12, 319
Gestaltungsalternativen
  Anwachsung 4 5
  Realteilung 4 5
  Übertragung Einzelwirtschaftsgüter
  4 5
grenzüberschreitende Anwachsung
  Einsatzmöglichkeiten 4 11 ff.
  Formwechsel 4 12
  Umstrukturierung Nicht-EU/EWR-
  Gesellschaften 4 13
  Up Stream Merger 4 11
grenzüberschreitende Spaltung
  siehe Spaltung

grenzüberschreitende Verschmelzung
1 5 ff. *siehe auch Verschmelzung*
Gründungstheorie
Sitzverlegung 1 153

Heraus-Anwachsung
§ 15a EStG Verluste 4 92
Anmelde- und Anzeigepflichten 4 47
Anwendbares Recht 4 37
Arbeitsverhältnisse 4 51
Ausscheiden Gesellschafter 4 38
Ausscheiden GmbH 4 72
Ausscheidensvereinbarung 4 40 f.
bei kapitalmäßiger Beteiligung des Austretenden 4 74
Betriebsübergang 4 52
Betriebsverfassung 4 55
Eintritt in die steuerliche Rechtstellung 4 84
Grunderwerbsteuer 4 81
Haftung 4 44
Heraus-Verschmelzung 4 59
Kartellrecht 4 57
Kündigung 4 39
Mitbestimmung 4 53
Organschaft 4 91
Rechtsfolgen 4 43 ff.
Side Stream-Verschmelzung 4 34
Tarifrecht 4 56
Übersicht 4 31 ff.
Verlust des deutschen Besteuerungsrechts 4 75
Verlustvorträge 4 80

Hereinspaltung
siehe Spaltung
Bewertungswahlrecht 3 273 ff.
Buchwertansatz 3 273 ff.
Antrag 3 276 ff.
Drittstaatengesellschaft 3 374 ff.
Anwendungsbereich 3 374 ff.
Dividende 3 378 f.
Korrespondenzprinzip 3 379
liquidationsähnlicher Vorgang 3 376
steuerliches Einlagekonto 3 381
Veräußerungsgewinn 3 378
EBITDA-Vortrag 3 279 ff., 282
EU-/EWR-Gesellschaft 3 270 ff.
Anwendungsbereich 3 270 ff.
Gesellschafter 3 285
Rückwirkung 3 278

Schlussbilanz 3 274, 278
Sidestream 3 272, 284, 374, 376
steuerlicher Übertragungsstichtag 3 278
Übernahmeergebnis 3 283
übernehmende Gesellschaft 3 281 ff.
übertragende Gesellschaft 3 273 ff.
Upstream 3 272, 275, 283, 284, 374, 376
Wertverknüpfung 3 281
Zinsvortrag 3 279 ff., 282
Zwischenwertansatz 3 273 ff.
Antrag 3 276 ff.

Hereinverschmelzung
Anwendungsbereich, persönlicher
EU-/EWR Kapitalgesellschaften 2 535 ff.
Anwendungsbereich, sachlicher
EU-/EWR Kapitalgesellschaften 2 530 ff.
Begriff
EU-/EWR Kapitalgesellschaften 2 523 ff.
Besteuerung der Gesellschafter
Betriebsvermögen 2 714 ff.
Privatvermögen 2 723 f.
EU-/EWR Kapitalgesellschaften 2 604 ff.
Besteuerung der übernehmenden Gesellschaft 2 575
Aufstockungsgewinn 2 580
Bewertung übernommenes Vermögen 2 575
Drittlandsgesellschaften 2 708 ff.
Funktionale Zuordnung 2 581
Konfusionsgewinn 2 595
Konfusionsgewinn 2 595
Rechtsnachfolge 2 592
steuerliches Einlagekonto 2 599
Übernahmeergebnis 2 591
Übertragungsbilanz 2 578
Verlustverrechnung 2 594
Verstrickung 2 577
Verstrickung zum gemeinen Wert 2 580
Wertansatz 2 575
Wertaufholung 2 585
Wertverknüpfung 2 575
Besteuerung der übertragenden Gesellschaft
Drittlandsgesellschaften 2 702 ff.

EU-/EWR Kapitalgesellschaften
    2 539 ff.
Buchwertübertragung **2** 702 ff.
Doppelansässige Gesellschaft **2** 704
Drittlandsgesellschaft **2** 697 ff.
Konfusionsgewinn **2** 595
    Vermeidung **2** 596
steuerliche Rückwirkung **2** 701
Steuerliches Einlagekonto
    Frist **2** 603
    Schattenrechnung **2** 601
    vereinfachte Ermittlung **2** 601
    Verfahrensrechtliche Aspekte **2** 602
Übernahmeergebnis **2** 589
    Ermittlung **2** 590
    Side Stream-Verschmelzung **2** 591
Umwandlung, grenzüberschreitend
    EU-/EWR Kapitalgesellschaften
    2 527
        Fallbeispiele **2** 528
Verlustverrechnung **2** 594
Verstrickung
    Funktionale Zuordnung **2** 581
    Geschäftsleitung **2** 583
    Holdinggesellschaft **2** 583
    Tatsächliche Handlung **2** 581
    Verstrickungsgewinn **2** 581
Wertaufholung **2** 585
HGB
Abspaltung **3** 147 ff., 153
Anschaffungskostenprinzip **2** 615 ff.,
621, 634, 646 ff.; **4** 105 f.
Anteilsinhaber **2** 311 f., 642 f.; **3** 152 ff.
Anwachsung **4** 49, 105 ff.
Asset Deal **4** 205, 251 ff.
Aufspaltung **3** 146, 152; **4** 159
Ausgliederung **3** 151, 155
Buchwertfortführung **2** 628 ff., 646 ff.;
4 105, 107
Buchwertverknüpfung **2** 628 ff.
Down Stream Merger **2** 624, 639, 653
Eigentum, wirtschaftliches **2** 308, 612 f.;
3 145
Geschäfts- oder Firmenwert **2** 627, 632
Kapitalerhöhung **2** 618 ff.
Konzernabschluss **2** 644 ff.
Minderheitsgesellschafter **2** 651 ff.
Naturalteilung **4** 157 f.
Neubewertungsmethode **2** 648
Schlussbilanz **2** 296 ff.; **3** 141 ff.

Side Stream Merger **2** 312, 625, 639
Side Stream Spin-off **3** 154
Side Stream Split-up **3** 154
Tauschgrundsätze **4** 158
Übernahmebilanzierung **2** 614 ff.
Übertragungsbilanz **2** 296 ff.
Unterschiedsbetrag **2** 639
Up Stream Merger **2** 623, 639, 654 ff.
Verschmelzungen, konzernintern
2 650 ff.
Hinaus Asset Deal
Anmelde- und Anzeigepflichten **4** 203
Anwendbares Recht **4** 197
Arbeitsrecht **4** 216 ff.
Arbeitsverhältnisse **4** 218 f.
Asset Deal-Vertrag **4** 200
Betriebsübergang **4** 217
Betriebsverfassung **4** 220
Formerfordernis **4** 199
Gestaltungsmöglichkeiten, andere **4** 223
Kartellrecht **4** 222
Kauf- und Übertragungsvertrag **4** 196
Mitbestimmung **4** 220
Rechtsfolgen **4** 202
Rechtswahl **4** 197
Sachenrecht **4** 198
Tarifbindung **4** 221
Übersicht **4** 194
Zustimmungserfordernis **4** 201
Hinausspaltung 3 188 ff. *siehe Spaltung*
Anteilsgewährung **3** 129
Anwendungsbereich **3** 123
aufnehmende Gesellschaft **3** 193
Drittlandsgesellschaft **3** 188 ff.
Gesamtrechtsnachfolge **3** 130
Gesellschafter **3** 194 ff.
Missbrauchsregelung **3** 138
Teilbetriebserfordernis **3** 137
Übertragende Gesellschaft **3** 189 ff.
Umwandlungsteuergesetz **3** 188 ff.
Vergleichbarkeitsprüfung **3** 125
Hinausverschmelzung 2 330 ff.
Anteilseigner **2** 275
Anteilsgewährung **2** 224
Antragsausübung **2** 254
aufnehmende Gesellschaft **2** 340 ff.
ausländischer Anteilseigner **2** 288
Buch- oder Zwischenwertansatz **2** 240
Drittlandsgesellschaft **2** 330 ff.
Entstrickungszeitpunkt **2** 249

Fallbeispiel **2** 347 ff.
Gesamtrechtsnachfolge **2** 226
Gesellschafter **2** 343 ff.
Hinausspaltung **3** 125
  EU-/EWR Kapitalgesellschaften
  3 123, 134
Inländischer Anteilseigner **2** 277
Kapitalertragsteuer **2** 339
Kapitalertragsteuerpflicht **2** 258
Körperschaftserhöhungsbetrag **2** 257
Kriterium der doppelten Ansässigkeit
  2 233
Organschaft **2** 274
Rückbeziehung **2** 260
Rückwirkungszeitraum **2** 260
steuerliche Rückwirkung **2** 333
Übernahmeerfolg **2** 271
übernehmende Kapitalgesellschaft **2** 270
übertragende Gesellschaft **2** 335 ff.
übertragende Kapitalgesellschaft **2** 237
Übertragungsgewinn **2** 238
Übertragungsstichtag **2** 260
Vergleichbarkeit **2** 219
Vergleichbarkeitsprüfung **2** 220
Zentralfunktion des Stammhauses **2** 241, 245, 248

Hinein Asset Deal
Anmelde- und Anzeigepflichten **4** 249
Anwendbares Arbeitsrecht **4** 256
Anwendbares Recht **4** 243
Arbeitsrecht **4** 255 ff.
Arbeitsverhältnisse **4** 258
Asset Deal-Vertrag **4** 246
Betriebsübergang **4** 257
Betriebsverfassung **4** 259
Formerfordernis **4** 245
Gestaltungsmöglichkeiten, andere **4** 262
Kartellrecht **4** 261
Kauf- und Übertragungsvertrag **4** 242
Mitbestimmung **4** 259
Rechtsfolgen **4** 248
Rechtswahl **4** 243
Sachenrecht **4** 244
Tarifbindung **4** 260
Übersicht **4** 239
Zustimmungserfordernis **4** 247

Hinein-Anwachsung
Anmelde- und Anzeigepflichten **4** 103
Anwendbares Recht **4** 98
Arbeitsverhältnisse **4** 112

ausländische Betriebsstätte/Personen-
  gesellschaft **4** 131
ausländische Kapitalgesellschaft **4** 132
Ausscheiden Gesellschafter **4** 100
Betriebsübergang **4** 113
Betriebsverfassung **4** 117
Deutsches Internationales Privatrecht
  4 99
Gesellschafter, übernehmender **4** 102
Grunderwerbsteuer **4** 133
Hinein-Verschmelzung **4** 121
inländische Betriebsstätte/Personen-
  gesellschaft **4** 129
inländische Kapitalgesellschaft **4** 130
Kartellrecht **4** 119
Kollektives Arbeitsrecht **4** 114
Mitbestimmung **4** 115
Rechtsfolgen **4** 101
Side Stream Verschmelzung **4** 97
Tarifrecht **4** 118
Übersicht **4** 93 ff.
Umsatzsteuer **4** 134
Verlustvorträge **4** 135 f.

IFRS
Abspaltung **3** 157, 162
Anschaffungsnebenkosten **2** 674
Anteilsinhaber **2** 314 f., 683
Anteilsinhaber **3** 160 ff.
Anwachsung **4** 50, 109 ff.
Asset Deal **4** 206
Aufspaltung **3** 158, 161; **4** 161
Ausgliederung **3** 159, 163
Down Stream Merger **2** 681
Erwerber **2** 664 ff.
Erwerbsmethode **2** 657 ff.
Erwerbszeitpunkt **2** 669
Geschäfts- oder Firmenwert **2** 674 ff.
Geschäftsbereichsveräußerung **4** 207 ff., 254
Konzernabschluss **2** 679 ff.
Naturalteilung **4** 160
Schlussbilanz **2** 313
Side Stream Merger **2** 678
Tauschgrundsätze **2** 314
Übernahmebilanzierung **2** 670 ff.
Übertragungsbilanz **2** 313
Unternehmenserwerb, umgekehrt **2** 664, 682
Unterschiedsbetrag **2** 676

Up Stream Merger **2** 681
Verschmelzungen, konzernintern
2 677 ff.

Kapitalerhöhung
HGB **2** 618 ff.
Kollektivarbeitsrecht
Mitbestimmung **3** 113 ff.
Konfusionsgewinn
Hereinverschmelzung
EU-/EWR Kapitalgesellschaften
2 595 ff.
Konzernabschluss
HGB **2** 644 ff.
IFRS **2** 679 ff.

Minderheitsgesellschafter
HGB **2** 651 ff.

Naturalteilung
Durchführung **4** 147
HGB **4** 157 f.
IFRS **4** 160
Realteilung **4** 142 ff.
Neubewertungsmethode
HGB **2** 648
Niederlassungsfreiheit 1 33, 75 ff.
Formwechsel **1** 40
Gründung **1** 38 f.
Schlussbesteuerung
Entstrickung **1** 75 ff.
Sicherheitsleistung **1** 78
Verhältnismäßigkeit **1** 78
Verzinsung **1** 78 f.
Wahrung der Aufteilung der Besteuerungsrechte zwischen den Mitgliedstaaten **1** 77
Wegzug **1** 37
Zuzug **1** 34 f.

Organschaft
Hinausverschmelzung **2** 274

Prüfung
Erfordernis **3** 71, 229
Prüfer **3** 72 f., 230
Verzicht **3** 76, 230
Prüfungsbericht
Sprache **3** 74, 230

Quellensteuer
ausländische **4** 70

Realteilung
Arbeitsverhältnisse **4** 164 f.
Aufspaltung **4** 152 ff.
Anwendbares Recht **4** 154
Durchführung **4** 153
Rechtsfolgen **4** 155
Auseinandersetzung Gesellschaftsvermögen **4** 144
Auseinandersetzungsvertrag **4** 145
ausländische Betriebsstätten **4** 181 f.
ausländische Tochterkapitalgesellschaft
4 184
ausländische Tochterpersonengesellschaft
4 183
Besteuerung **4** 174 ff.
Betriebsübergang **4** 162 ff.
Betriebsverfassung **4** 167
Bilanzrecht **4** 19
Buchwertverknüpfung **4** 189
Eintritt in die steuerliche Rechtstellung
4 190
Gestaltungsmöglichkeiten **4** 21 f.
Grunderwerbsteuer **4** 178, 180
Handelsrecht **4** 18
inländische Tochterkapitalgesellschaft
4 179
Kapitalkontenanpassungsmethode **4** 186
Mitbestimmung **4** 166
Naturalteilung **4** 142 ff.
Durchführung **4** 147
Gesellschafterbeschluss **4** 143
Rechtsfolgen **4** 150
Übersicht **4** 142
persönlicher Anwendungsbereich **4** 16
Rechtsfolgen **4** 150
sachlicher Anwendungsbereich **4** 17
Spitzen- oder Wertausgleich **4** 146, 185
Tarifbindung **4** 168
Übersicht **4** 137 ff.
Übertragung Einzelwirtschaftsgüter
4 187
Umsatzsteuer **4** 188
Varianten **4** 188
Verlustvorträge **4** 192 f.

Rückwirkungszeitraum
Hinausverschmelzung **2** 260 ff.

Sacheinlage
  Anschaffungskosten 3 289 ff.
  Antrag zum Buch- oder Zwischenwert
    3 297 ff.
  Buchwertansatz 3 294 ff.
  Drittstaatengesellschaft
    Anwendungsbereich 3 382 ff.
    tauschähnlicher Vorgang 3 387 ff.
  einbringende Gesellschaft 3 288 ff.
  EU-/EWR-Gesellschaft
    Anwendungsbereich 3 286 f.
  Rückwirkung 3 301 ff.
    Antrag 3 304
    Ausnahme 3 305 ff.
    weiße Einkünfte 3 305 ff.
  Schlussbilanz 3 301 ff.
  steuerlicher Übertragungsstichtag
    3 301 ff.
  übernehmende Gesellschaft
    3 294 ff.
  Veräußerungsgewinn 3 289 ff.
  Veräußerungspreis 3 289 ff.
  Wertverknüpfung 3 289 ff., 295
  Zwischenwertansatz 3 294 ff.
Schlussbilanz
  HGB 2 296 ff.; 3 141 ff.
Schlussbilanz
  IFRS 2 313
Schutz Anteilsinhaber
  Anfindungsangebot 3 95
  Verbesserung Barabfindungsangebot
    3 96
  Verbesserung Umtauschverhältnis
    3 96
Schutz Arbeitnehmer
  Individualarbeitsrecht 3 109
  Kollektivarbeitsrecht 3 110 ff.
Schutz Gläubiger
  gesamtschuldnerische Haftung 3 101,
    106 f., 184, 266, 370
  Sicherheitsleistung 3 101, 103 ff., 184,
    267, 371
SEVIC-Entscheidung 1 40
Side Stream Merger
  HGB 2 312, 625, 639
  IFRS 2 678
Side Stream Spinoff
  HGB 3 154
Sitztheorie
  Sitzverlegung 1 154

Sitzverlegung
  Besteuerung SE 1 162 f.
  Gesellschafter 1 164
  Europarechtliche Vorgaben 1 160
  Formen 1 145
  Gesellschafterbeschluss 1 155
  Gründungstheorie 1 153
  MoMiG 1 151
  Niederlassungsfreiheit 1 146
  Satzungssitzverlegung 1 156, 159
  Sitztheorie 1 154
  Societas Europaea 1 150
  sonstiger Kapitalgesellschaften 1 161
  Umstrukturierung 1 144
  Verlegung Satzungssitz 1 145
  Verlegung Verwaltungssitz 1 145
  Verwaltungssitzverlegung 1 152, 157
  Vorgaben Europarecht 1 147
  Wegzug 1 148, 152 ff.
  Zuzug 1 149, 157 ff.
  Zuzug EU/EWR-Gesellschaft 1 157
  Zuzug Nicht-EU/EWR-Gesellschaft
    1 158
Societas Europaea
  Gründung 1 8 ff.
  Sitzverlegung 1 150
Spaltung
  Abfindungsangebot 3 58 ff., 223 ff.
  Alternativen 3 25 ff.
  Anmeldung 3 88, 258
  Anwendbares Recht 3 14 ff.
  Anwendung Gründungsvorschriften
    3 232
  Besteuerung 1 137 ff.
  Drittlandsgesellschaft 3 164 ff., 354 ff.
  Durchführung 3 35 ff., 180, 201, 364
  EU-Gesellschaft 3 1 ff., 199 ff.
  Hereinspaltung 3 8, 169 ff.
  Hinausspaltung 3 1 ff., 9 ff.
  Kapitalerhöhung 3 84, 250 ff.
  Kapitalherabsetzung 3 85, 255
  Prüfung 3 70 ff., 229 ff.
  Registereintragung 3 86, 256
  Schutz Anteilsinhaber 3 94 ff., 183,
    263 f., 367 f.
  Schutz Arbeitnehmer 3 108 ff., 185, 269,
    373
  Schutz Gläubiger 3 99 ff., 184, 265 f.,
    369 f.
  Spaltungsbericht 3 65 ff., 228

Spaltungsvertrag/-plan **3** 36 ff., 204,
Überblick **3** 1 ff., 164 ff., 199 f., 354
Umtauschverhältnis **3** 46, 216
Voraussetzungen **3** 28 ff., 180, 201 ff., 364 ff.
Wirksamkeit **3** 86, 256 f.
Wirkung **3** 89, 259 ff.
Zulässigkeit **1** 56 ff.
Zustimmungsbeschlüsse **3** 77 ff., 231
Spaltungsbericht
Aufstellungspflicht **3** 66
Sprache **3** 68
Verzicht Anteilsgewährung **3** 69
Spaltungsfähigkeit
aktive **3** 31, 181, 203, 365
passive **3** 32 ff., 181, 203, 365
Spaltungsplan
anwendbares Recht **3** 36
Aufstellung **3** 42, 206
Form **3** 43, 207
inhaltliche Mindesterfordernisse **3** 39, 210 f.
Mitteilung an Gesellschafter **3** 45, 209
Spaltungsstichtag **3** 40, 215
Sprache **3** 41, 205
Zeitpunkt Beurkundung **3** 44, 208
Zuleitung an Betriebsrat **3** 55, 221
Spaltungsvertrag *siehe Spaltungsplan*
Spaltunsbericht
gemeinsamer Spaltungsbericht **3** 67
Spruchverfahren
internationale Zuständigkeit **2** 429
Steuerliche Rückbeziehung
Hereinverschmelzung
EU-/EWR Kapitalgesellschaften **2** 558 ff.
Steuerliches Einlagekonto
Aufwärtsverschmelzung **2** 710, 725
Drittland **2** 711
Gesonderte Feststellung **2** 712
Hereinspaltung **3** 284
Hereinverschmelzung **3** 334
Drittlandsgesellschaften **2** 710 ff., 725
EU-/EWR Kapitalgesellschaften **2** 599 ff.
Hinausverschmelzung **3** 334
Steuerneutralität 1 119 ff.
Dogmatik **1** 119 ff.

Tauschgrundsätze
HGB **4** 158
IFRS **2** 314
Übernahmebilanzierung
HGB **2** 614 ff.
IFRS **2** 670 ff.
Übernahmeergebnis
Hereinverschmelzung
EU-/EWR Kapitalgesellschaften **2** 599 ff.
Übertragungsbilanz
HGB **2** 296 ff.
IFRS **2** 313
Übertragungsgewinn
Hinausverschmelzung **2** 238
Übertragungsstichtag
Hinausverschmelzung **2** 260
Umtauschverhältnis
Besondere Rechte **2** 84
Bewertung **2** 83, **3** 47, 217
Verzicht Anteilsgewährung **3** 54, 219
Zeitpunkt Beginn Gewinnberechtigung **2** 87
Umwandlungen 1 63
Umwandlungsteuererlass 1 82
Allgemeines **1** 80 ff.
Anwendungsbereich
Allgemein **1** 96 ff.
Umwandlungsteuergesetz
Anwendungsbereich
Drittstaaten **1** 104
Einbringungen **1** 111 ff.
Umwandlungen **1** 99 ff.
vergleichbarer ausländischer Vorgang **1** 101,
Vergleichbarkeitsprüfung **1** 106
Wirksamkeitsprüfung **1** 105
Zeitlich **1** 118
Dogmatik **1** 90 ff.
Doppelbesteuerungsabkommen **1** 81
Rechtsanwendung **1** 82, 90
Rechtsentwicklung **1** 84 ff.
SEStEG **1** 89
Unternehmenserwerb, umgekehrt
IFRS **2** 664, 682
Unterschiedsbetrag
HGB **2** 639
IFRS **2** 676

695

Up Stream Merger
  HGB **2** 623, 639, 654 ff.
  IFRS **2** 681

Vale-Urteil 1 148
Vergleichbarkeitsprüfung
  Hinausverschmelzung **2** 220
Verhandlungslösung
  Beendigung Vereinbarung **2** 518
  Beginn Verhandlungsfrist **2** 492
  Dauer Vereinbarung **2** 518
  Dauer Verhandlungen **2** 491 ff.
  Einsetzung besonderes Verhandlungsgremium **2** 472 ff.
  Inhalt **2** 508 ff.
  Konstituierende Sitzung **2** 493 f.
  Satzungsautonomie **2** 511
  Satzungsstrenge **2** 511
  Sitzungen **2** 493 ff.
  Stichentscheid **2** 512
  Verfahren **2** 204 ff., 471 ff.
  Weitere Sitzungen **2** 495
  Wiederaufnahme Verhandlungen **2** 513
Verlustvortrag
  Hereinspaltung **3** 279 ff., 282
  Hereinverschmelzung **2** 338, 707, 709
Verschmelzung
  § 613a BGB **2 210,** 520
  Abfindungsangebot **2** 90 ff., 400
  Ablauf **2** 3
  Anmeldung übernehmende Gesellschaft **2** 418 f.
  Anmeldung übertragende Gesellschaft **2** 164
  Anteilsgewährung durch Dritte **2** 396
  anwendbare Regeln **2** 2, 352
  Anwendungsbereich **2** 6 ff., 354 ff.
  Anwendungsbereich UmwStG
    Persönlich **1** 107 ff.
    Sachlich **1** 100
  Arbeitnehmermitbestimmung **2** 191 ff., 440 ff.
  außerhalb §§ 122a ff. **1** 53 ff., 316 ff.
  Bare Zuzahlung **2** 88 ff., 398
  Bestandsschutz **2** 175
  Besteuerung **1** 133 ff.
  Definitionen **2** 1
  Deutsche Gesellschaft **2** 11 ff., 357 ff.
  Drittlandgesellschaft **2** 316 ff., 684 ff.

  Drittstaaten **1** 54; **2** 316 ff., 684 ff.
  Gläubigerschutz **2** 182 ff., 430 ff.
  Modifizierte Vereinigungstheorie **1** 47 ff.
  Neugründung **2** 402 ff.
  nicht verhältniswahrend **2** 86
  Personengesellschaft **1** 41; **2** 10
  Prüfungsumfang Registergericht **2** 418
  Sicherheitsleistung **2** 432 f.
  Sicherheitslistung **2** 182
  Societas Europaea **2** 8 f., 355
  Spruchverfahren **2** 179 ff.
  Squeeze-out **2** 157, 414
  Übernahmeangebot **2** 211, 521
  Umfang Anteilsgewährung **2** 81
  Umtauschverhältnis **2** 79 ff., 82, 391 ff.
  Verbesserung Umtauschverhältnis **2** 176 ff., 426 ff.
  Verbot Anteilsgewährung **2** 393 f.
  Verbot Unterpariemission **2** 399
  Verschmelzungsbericht **2** 100 ff., 401
  Verschmelzungsprüfung **2** 128 ff., 406 ff.
  Verzicht Anteilsgewährung **2** 80, 392
  Vollzug Hereinverschmelzung **2** 417
  Vollzug Hinausverschmelzung **2** 162
  Vorabbescheinigung **2** 163, 416
  Vorratsgesellschaft **2** 7
  Wirksamkeit **2** 173 ff., 423
  Wirkung **2** 174 f., 424
  zeitlicher Ablauf **2** 212, 522
Verschmelzung zur Neugründung
  AG **2** 403
  anwendbare Gründungsvorschriften **2** 402
  GmbH **2** 403
  Gründungsprüfung **2** 404
  Gründungsprüfungsbericht **2** 404
  Nachgründung **2** 405
Verschmelzungen, konzernintern
  HGB **2** 650 ff.
  IFRS **2** 677 ff.
Verschmelzungsbericht
  Aufstellung **2** 101
  Auswirkungen Arbeitnehmer **2** 110
  Auswirkungen Gläubiger **2** 109
  Form **2** 102
  Gemeinsame Aufstellung **2** 104 f.
  Hereinverschmelzung **2** 401
  Hinausverschmelzung **2** 100 ff.
  Inhalt **2** 107 ff.

Nachteilige Tatsachen **2** 111
Sprache **2** 103
Verzicht **2** 106
Zugänglichmachen Adressat **2** 113 ff.
Zugänglichmachen Arbeitnehmer **2** 112 ff.
Zugänglichmachen Frist **2** 121 ff.
Zugänglichmachen Nachweis **2** 125

Verschmelzungsbescheinigung
Frist **2** 171

Verschmelzungsbeschluss
Anfechtung **2** 153 f.
Auslegungspflichten **2** 144
Entbehrlichkeit **2** 155 ff., 412 f.
Form **2** 150
Gegenstand **2** 152
Mehrheiten **2** 147, 409
Vertretung **2** 151
Vorbehalt Mitbestimmung **2** 158 ff.
Vorbereitung **2** 143, 408
Zeitpunkt **2** 145
Zustimmung aller Gesellschafter **2** 148 f., 409 f.

Verschmelzungsplan 2 21 ff.
Abfindungsangebot **2** 386
Angaben bei Einreichung **2** 42 ff., 375 ff.
Angaben in Geschäftsanteilen **2** 378 ff.
Angaben zu Gewinnberechtigung **2** 382
Arbeitnehmerbeteiligungsverfahren **2** 71
Aufnahme Satzung **2** 70, 388 ff.
Aufsteller **2** 31 ff., 367 ff.
Auswirkungen auf Beschäftigung **2** 67 f.
Bekanntmachung **2** 40 ff., 375 ff.
besondere Vorteile **2** 65 f.
Beurkundung **2** 39, 373
Bewertung Aktiv- und Passivvermögen **2** 72 f., 387
Fehler **2** 75 ff.
Form **2** 37 ff., 373 ff.
Gemeinsame Aufstellung **2** 25 f.
Hereinverschmelzung **2** 346
Inhalt **2** 56 ff.
Rechtsnatur **2** 22
Rechtsordnung **2** 27, 365
Sonderrechte **2** 64
Sprache **2** 28 f., 366
Stichtag Bilanzen **2** 74
Stichtag Verschmelzung **2** 63
weitere Angaben **2** 24

Zahl Arbeitnehmervertreter **2** 390
Zuleitung Betriebsrat **2** 55

Verschmelzungsprüfer
Auswahl **2** 135
Bestellung **2** 136
Qualifikation **2** 140

Verschmelzungsprüfung
Bericht **2** 132 f.
Bestellung **2** 402
Entbehrlichkeit **2** 129 f.
Form Bericht **2** 132
Gemeinsamer Bericht **2** 141
Gemeinsamer Prüfer **2** 137 ff.
Inhalt **2** 131
Prüferbestellung **2** 166, 402
Sprache Bericht **2** 133
Verzicht **2** 129

Verschmelzungsprüfungsbericht
Form **2** 132
Sprache **2** 133
Vorlagefrist **2** 134

Verschmelzungsrichtlinie 1 8 f.
Anwendungsbereich **1** 14
Bestandsschutz **1** 25 ff.
Definition Verschmelzung **1** 16
Entstehung **1** 10
Gläubigerschutz **1** 18
Minderheitenschutz **1** 16
Mitbestimmung **1** 30 ff.
Rechtmäßigkeitskontrolle **1** 23
Umsetzungsfrist **1** 12 ff.
Verschmelzungsbericht **1** 20
Verschmelzungsplan **1** 19
Verschmelzungsprüfung **1** 21
Wirksamkeit der Verschmelzung **1** 24
Zustimmungsbeschluss **1** 22

Verstrickung 1 122, 131 ff.
Hereinspaltung **3** 281
Hereinverschmelzung
  Drittlandgesellschaften **2** 714
  EU-/EWR Kapitalgesellschaften **2** 577 ff.
Sacheinlage **3** 291, 296
Verstrickungswert **1** 132

Voraussetzungen
Spaltungsfähigkeit Rechtsträger **3** 30, 181, 203, 365
Zulässigkeit Spaltung **3** 29, 164 f., 199, 354

Wegzug
  Besteuerung Gesellschafter **1** 171 ff.
  Drittstaaten **1** 170
  Kapitalgesellschaften **1** 165 ff.
Wirksamkeit
  Zeitpunkt **3** 86 f., 257
Wirkung
  Bestandsschutz **3** 93, 262

Zentralfunktion des Stammhauses
  Hinausverschmelzung **2** 248
Zustimmungsbeschlüsse
  Form **3** 79
  Gegenstand **3** 78
  Mehrheitserfordernisse **3** 80
  Vertretung **3** 83
Zuzug
  Besteuerung Gesellschafterebene **1** 174 ff., 176 ff.